D1691920

Nina Baur · Hermann Korte · Martina Löw
Markus Schroer (Hrsg.)

Handbuch Soziologie

Nina Baur
Hermann Korte
Martina Löw
Markus Schroer (Hrsg.)

Handbuch Soziologie

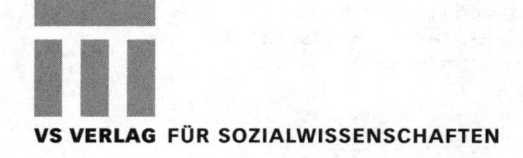

VS VERLAG FÜR SOZIALWISSENSCHAFTEN

Bibliografische Information der Deutschen Nationalbibliothek
Die Deutsche Nationalbibliothek verzeichnet diese Publikation in der
Deutschen Nationalbibliografie; detaillierte bibliografische Daten sind im Internet über
<http://dnb.d-nb.de> abrufbar.

1. Auflage 2008

Alle Rechte vorbehalten
© VS Verlag für Sozialwissenschaften | GWV Fachverlage GmbH, Wiesbaden 2008

Lektorat: Frank Engelhardt

VS Verlag für Sozialwissenschaften ist Teil der Fachverlagsgruppe Springer Science+Business Media.
www.vs-verlag.de

Das Werk einschließlich aller seiner Teile ist urheberrechtlich geschützt. Jede Verwertung außerhalb der engen Grenzen des Urheberrechtsgesetzes ist ohne Zustimmung des Verlags unzulässig und strafbar. Das gilt insbesondere für Vervielfältigungen, Übersetzungen, Mikroverfilmungen und die Einspeicherung und Verarbeitung in elektronischen Systemen.

Die Wiedergabe von Gebrauchsnamen, Handelsnamen, Warenbezeichnungen usw. in diesem Werk berechtigt auch ohne besondere Kennzeichnung nicht zu der Annahme, dass solche Namen im Sinne der Warenzeichen- und Markenschutz-Gesetzgebung als frei zu betrachten wären und daher von jedermann benutzt werden dürften.

Umschlaggestaltung: KünkelLopka Medienentwicklung, Heidelberg
Druck und buchbinderische Verarbeitung: Těšínská Tiskárna, a. s., Tschechien
Gedruckt auf säurefreiem und chlorfrei gebleichtem Papier
Printed in Czech Republic

ISBN 978-3-531-15317-9

Inhalt

Vorwort · 7

Alter & Altern · 11
Udo Kelle

Arbeit · 33
Hartmut Hirsch-Kreinsen

Ethnizität · 55
Mathias Bös

Familie · 77
Tanja Mühling und Marina Rupp

Geschlecht · 97
Mechthild Bereswill

Globalisierung · 117
Helmuth Berking

Individualisierung · 139
Markus Schroer

Institution · 163
Raimund Hasse und Georg Krücken

Klassen · 183
Gerd Nollmann

Körper · 201
Paula-Irene Villa

Kommunikation & Medien · 219
Christiane Funken und Lutz Ellrich

Kultur · 237
Gabriele Klein

Macht · 253
Katharina Inhetveen

Markt *Nina Baur*	273
Migration *Annette Treibel*	295
Nation & Nationalstaat *Ulrich Bielefeld*	319
Organisation *Klaus Türk*	337
(Post)Moderne *Thorsten Bonacker und Oliver Römer*	355
Prozess *Bernhard Miebach*	373
Raum & Stadt *Silke Steets*	391
Religion *Katharina Liebsch*	413
Sexualität *Martina Löw*	431
Technik *Ingo Schulz-Schaeffer*	445
Wissen *Hubert Knoblauch*	465
Wohlfahrtsstaat *Stephan Lessenich*	483
Über die Autorinnen und Autoren	499

Vorwort

Am Anfang des 19. Jahrhunderts benutzte Auguste Comte (1798 – 1857) zum ersten Mal den Begriff „Soziologie" für eine neue Sichtweise auf gesellschaftliche Entwicklungen. Es war eine Sichtweise, die sich weniger an metaphysischen Erklärungen orientierte, sondern sich um soziale Kriterien für die Beschreibung und Erklärungen von gesellschaftlichen Zuständen und Prozessen bemühte. Comte war der Auffassung, dass diese neue Wissenschaft in der Lage sein solle, sich zu aktuellen gesellschaftlichen Problemen zu äußern.

Am Ende des 19. Jahrhunderts steht vor allem das Werk Emile Durkheims (1858 – 1917) für den Versuch, die Soziologie als eine Wissenschaft zu begründen, die sich mit ihren Fragestellungen und theoretischen Antworten abgrenzt von benachbarten Disziplinen wie Psychologie, Geschichte, Pädagogik oder Nationalökonomie, indem sie soziale Realitäten unabhängig von den einzelnen Individuen zu interpretieren versucht.

Spätestens seit dieser Zeit stellen sich zentrale Fragen der Theoriebildung immer wieder neu: Fragen nach dem Verhältnis von Individuum und Gesellschaft, Fragen nach dem wechselseitigen Einfluss gesellschaftlicher Strukturen und des Handelns von Menschen sowie Fragen nach angemessenen Regeln der empirischen Sozialforschung, seien es nun quantitative oder qualitative Methoden.

Bis heute zeichnet sich das Fach Soziologie gerade dadurch aus, dass es keine einheitliche, allgemein gültige Antwort auf diese Fragen gefunden hat. Vielmehr stehen sich Handlungstheorien auf der einen und Struktur- bzw. Systemtheorien auf der anderen Seite scheinbar ebenso unversöhnlich gegenüber wie quantitative und qualitative Methoden. Gleichzeitig fehlt es gerade in jüngster Zeit nicht an Versuchen, die das Fach geradezu konstituierenden Gegensätze zu überwinden. Namentlich die Theorien von Norbert Elias, Pierre Bourdieu und Anthony Giddens unternehmen den umfassenden Versuch, die Dualismen zusammenzuführen. Wenn sich die Schwerpunkte der soziologischen Theoriearbeit im Zeitablauf verschieben, so hat das – neben theoretischen Konjunkturen – vor allem damit zu tun, dass sich der Gegenstand der Soziologie – die Gesellschaften, die die Menschen miteinander bilden – wandelt. Veränderung bringt Dynamik wie Entwicklung und ist weder Ausnahme noch per se Krise. Es hat von Anfang an immer wieder Versuche gegeben, der Soziologie eine einheitliche theoretische Basis zu geben und sie unabhängig von gesellschaftlichen Veränderungen zu machen. In der Retrospektive lässt sich aber erkennen, dass die Soziologie als Wissenschaft der Moderne durch konkurrierende theoretische Interpretationen des Zeitgeschehens geprägt war – und durch die Konfrontation verschiedener Argumentationsgänge produktiv wird.

Die Soziologie wird schließlich nicht nur durch interne Theoriedynamiken und durch ihren Gegenstand zu einer prozesshaften Disziplin, sondern auch durch Theoriekarrieren in Nachbardisziplinen. Historischen bedingt, aber auch je nach dem zu erklärendem Gegenstand finden zum Beispiel Psychoanalyse, Konstruktivismus, Poststrukturalismus oder moderne Nationalökonomie mehr Aufmerksamkeit. Die verschiedenen Arbeitsbereiche der Soziologie erfordern unterschiedliche Zugriffe auf Theorietraditionen und fachnahe Entwicklungen. Zum Beispiel wird das Thema „Stadt" bis heute primär mit materialistischen

Konzepten bearbeitet, während bei Arbeiten zum „Körper" strukturalistische oder interaktionistische Ansätze dominieren. Das Werk von Karl Marx wird in der Industriesoziologie anders gelesen als in der Familiensoziologie, Niklas Luhmann in der Religionssoziologie anders rezipiert als in der Rechtssoziologie.

Wenn die Soziologie von innen oder außen betrachtet heterogen erscheint, konkurrierende theoretische Ansätze scheinbar einen geringen Reifegrad der Soziologie vermuten lassen, so ist das Gegenteil der Fall. Die Soziologie hat ihre theoretischen Grundlagen im historischen Ablauf nach und nach verbessert und vertieft. Gleichzeitig musste sie aber auch auf Entwicklungen ihres Gegenstandes reagieren und dabei theoretische Aussagen neu bedenken. So macht es etwa einen Unterschied, ob nur nationale oder auch globale Perspektiven zu bedenken und zu bearbeiten sind.

Das „Handbuch Soziologie" hält die Heterogenität soziologischer Theoriebildung im Zentrum. Es werden nicht einzelne Theorierichtungen erklärt oder empirische Forschungsergebnisse zu einzelnen Forschungsfeldern ausgebreitet, sondern systematisch die soziologische Gegenstandskonstitution erläutert: An zentralen soziologischen Themenfeldern wird dargelegt, mit welchen theoretischen Konzepten zurzeit gearbeitet wird oder in der Vergangenheit gearbeitet wurde. Die für das Handbuch ausgewählten Themen spiegeln die in deutschen, angloamerikanischen und französischen Fachzeitschriften am intensivsten bearbeiteten Problemstellungen wider. Es geht in den einzelnen Artikeln um die Erklärungskraft von theoretischen Konzepten je nach Gegenstand. Das schließt ein, konkurrierende Ansätze ebenso darzustellen wie international existierende Unterschiede. So wird das soziologische Deutungsangebot zentraler gesellschaftlicher Gegenstandsbereiche nachvollziehbar und überprüfbar.

Soziologische Fachdebatten werden heute oft auf einem hohen wissenschaftlichen Niveau geführt, bleiben aber häufig rein interne Diskurse, denen es an Außenwirkung mangelt. Die außerdem seit langem zu beobachtende Ausdifferenzierung verschleiert die Systematik der Perspektiven in Teildisziplinen. Im interdisziplinären Diskurs verschwimmt, was die soziologisch-spezifische theoretische Fragestellung ist und viel zu oft lernen Studierende einzelne Theorien nur auswendig, statt ihre jeweilige Erklärungskraft und Grenzen für einen spezifischen Gegenstand zu erfahren.

Seit Auguste Comte wollte die Soziologie eine öffentlich wirksame Wissenschaft sein. Noch in den 1950er Jahren nahmen Soziologen wie Helmut Schelsky („Die skeptische Generation") oder Ralf Dahrendorf („Bildung ist Bürgerrecht") mit erheblicher Resonanz an den öffentlichen Debatten teil. Mit dem von René König herausgegebenen Fischer-Lexikon „Soziologie" stand lange Zeit eine weit gespannte Übersicht über die theoretischen und empirischen Möglichkeiten der Soziologie einer interessierten Öffentlichkeit zur Verfügung. Ab Mitte der 1960er Jahre änderte sich sowohl das öffentliche Bild der Soziologie als auch die öffentliche Wahrnehmung: Eine unverständliche Sprache und abgeschottete Rezeptionszirkel zum einen und eine Soziologisierung der Gesellschaft zum anderen, die originäres soziologisches Wissen als solches nicht mehr erkennen konnte, schwächte das Ansehen. Inzwischen gibt es Versuche, für die Soziologie die öffentliche Wirksamkeit zurück zu erlangen, die ihr einstmals zukam – man denke nur an die umfängliche Verbreitung der Schriften von Zygmunt Bauman, Norbert Elias, Ulrich Beck, Richard Sennett oder Alain Touraine.

Öffentliche Resonanz lässt sich kaum durch reine Theoriewerke erzielen, auch wenn diese für den fachinternen Diskurs notwendig sein mögen. Sie vermittelt sich auch nur unzureichend durch die Präsentation von Debatten und empirischen Ergebnissen zu „Anwendungsfeldern". Öffentliche Aufmerksamkeit erlangt die Soziologie vielmehr dann, wenn sie es aufgrund ihres spezifischen Blickwinkels vermag, scheinbar bekannte Sachverhalte und nur allzu vertraute Probleme in einem anderen, von der üblichen Darstellung abweichenden Licht darzustellen. Das „Handbuch Soziologie" will deshalb nicht nur Studierenden ein besseres Verständnis von Theorie am konkreten Beispiel ermöglichen und in der Zusammenschau der Artikel die Systematik, Fruchtbarkeit und Grenzen der theoretischen Zugriffe für die soziologische ‚scientific community' in den Vergleich stellen, sondern auch die Reichweite und die Spezifik soziologisch-theoretischer Perspektive in angemessener Sprache öffentlich machen. In den Literaturverzeichnissen ist zudem die Basisliteratur dunkel markiert, die den vertiefenden Einstieg in ein Forschungsfeld erleichtern soll.

An der Fertigstellung dieses Buches haben viele Menschen mitgewirkt. Wir danken den Autorinnen und Autoren für ihre Bereitschaft, sich mit uns auf das Projekt einzulassen. Mit dem Lektorat waren Meherangis Bürkle, Jutta Güldenpfennig und Wiebke Kronz betraut. Auch ihnen gilt unser Dank. Gunter Weidenhaus unterstützte uns mit hilfreichen Hinweisen und Verweisen zwischen den Texten. Frank Engelhardt und seinen Mitarbeitern und Mitarbeiterinnen beim VS-Verlag danken wir für die gute Zusammenarbeit.

Nina Baur, Hermann Korte, Martina Löw, Markus Schroer

Alter & Altern

Udo Kelle

1 Einleitung

Prozesse des Wachstums und der Reifung, des Alterns und des körperlichen Verfalls, denen wir als Menschen unterliegen, muss nicht nur jeder Einzelne von uns im Laufe seines Lebens bewältigen – hieraus ergeben sich auch Probleme für das gesellschaftliche Zusammenleben und die soziale Ordnung. In allen bekannten Kulturen gibt es deshalb mehr oder weniger komplexe Regeln, um die biologische Tatsache des Alterns sozial zu bewältigen. Aus soziologischer Sicht ist das menschliche Altern deshalb mehr als ein biologisches Faktum, nämlich eine eigene soziale „Strukturkategorie" wie Klasse und Geschlecht (Amann/Kolland 2008: 39), mit deren Hilfe ungleiche Verteilungen von Statuspositionen, Rechten, Pflichten, Ressourcen und Teilhabechancen zwischen Gesellschaftsmitgliedern gesellschaftlich legitimiert und soziologisch verstanden werden können.

Soziologische Analysen des Umgangs mit Alter und Altern in unterschiedlichen Gesellschaften und Zeiten sind zudem besonders gut geeignet, um die Bedeutung sozialen und kulturellen Wandels und die Veränderbarkeit sozialer Normen zu untersuchen. Auch die Thematik „Altern" selbst hat in der letzten Zeit gesellschaftlich und wissenschaftlich an Bedeutung gewonnen. Noch vor zwanzig Jahren galt die Soziologie des Alter(n)s als eine eher randständige „Bindestrichsoziologie"; der rapide demographische Wandel der letzten Jahrzehnte führte dann aber dazu, dass Altern zunehmend als ein gesamtgesellschaftlich relevantes und sozialpolitisch brisantes Problem (Backes 1997) thematisiert wird.

Arbeiten aus unterschiedlichen sozialwissenschaftlichen Disziplinen wie der Lebenslauf- und Biographieforschung, der Demographie, der Familiensoziologie und der Sozialhistorik zeigen dabei die enge Verschränkung von Mikro- und Makroebene sozialwissenschaftlicher Beschreibung: Individuelles Altern auf der Mikroebene einerseits und das Altern gesamter Bevölkerungen, die „demographische Alterung", auf der Makroebene andererseits sind in vielfältiger Weise aufeinander bezogen – was aus der Sicht einzelner Akteure als unausweichliches Schicksal erlebt wird, stellt sich aus soziologischer Perspektive dar als durch gesellschaftliche Regeln geprägt, die das „gute und richtige Altern" definieren und das „Kollektivsingular Alter" als „typisch neuzeitliche Erfindung" erst hervorbringen (Saake 2006: 70).

In einer offenen Gesellschaft können gesellschaftliche Normen dieser Art immer auch zum Gegenstand von Kontroversen werden. Soziologen haben diese Kontroversen mit ihren theoretischen Arbeiten und empirischen Befunden beeinflusst, aber auch in den letzten zehn Jahren verstärkt die Beteiligung der eigenen Disziplin an öffentlichen Problemdiskursen kritisch reflektiert: ohne die statistischen Werkzeuge der Sozialwissenschaften wäre die „Überalterung" kaum je als gesellschaftliches Problem diagnostiziert worden. Und die Sozialwissenschaften haben die gesellschaftlichen Altersdiskurse nicht nur mit objektiven

Daten versorgt, sondern auch mit Angeboten an „Welt- und Daseinsdeutungen" (Tenbruck 1984), so etwa mit Konzepten eines „erfolgreichen Alterns".

Alter bzw. Altern ist systematisch mehrdeutig: auf der Mikroebene wird hiermit der Vorgang des Älterwerdens von Individuen ebenso bezeichnet wie eine bestimmte Lebensphase, das höhere Lebensalter. Auf der Makroebene bezieht sich der Begriff auf die Alterung ganzer Bevölkerungen. Dieses Phänomen der demographischen Alterung stellt eines der typischen „kollektiven Explananda" dar, die den Ausgangspunkt bilden für soziologische Erklärungsversuche (Esser 1999) und steht deshalb am Anfang des Kapitels. Daran anschließend werden Befunde der modernen Lebenslaufsoziologie zur Bedeutung des Alterns im gesamten Lebenslauf in verschiedenen Gesellschaften und historischen Zeiten diskutiert. Abschließend werden aktuelle theoretische Entwicklungen und empirische Erkenntnisse aus soziologischen Untersuchungen zum höheren Lebensalter dargestellt.

2 Demographische Alterung

Bereits im Übergang vom 17. zum 18. Jahrhundert entstand die Demographie als Teil einer Vorläuferdisziplin der Soziologie: der Kameralistik, die an den Universitäten der absolutistischen Staaten Beamtennachwuchs ausbildete. Bei der Beschäftigung mit Bevölkerungsstruktur und -umfang als einer Grundlage für wirtschaftliche Prosperität und staatliche Macht wurden schnell die Möglichkeiten einer dynamischen Perspektive, d.h. der Beobachtung von Bevölkerungswachstum und -schrumpfung erkannt, zumal die hierfür wichtigen Ereignismaße, nämlich Geburten und Todesfälle, bereits im frühen 18. Jahrhundert einigermaßen valide erfasst werden konnten. Die Demographie des 19. und 20. Jahrhunderts entwickelte dann jene grundlegenden Darstellungsweisen und Maßzahlen, die sich mit vielen Ausarbeitungen und Verfeinerungen bis heute gehalten haben und die die öffentliche Diskussion bis heute beeinflussen (für einen Überblick vgl. Mueller 1999).

2.1 Alterspyramiden, Lebenserwartung und Überlebenskurven

Dies trifft insbesondere für die sog. *Alterspyramiden* zu, die die Altersstruktur einer Bevölkerung zu einem gegebenen Zeitpunkt abbilden und die bereits durch ihre Form unterschiedliche Dynamiken von Bevölkerungswachstum oder -schrumpfung erkennen lassen. In rasch wachsenden Bevölkerungen mit hoher Geburtenziffer bzw. „Natalität" handelt es sich tatsächlich um eine sich nach oben verjüngende Pyramide mit breiter Basis. In europäischen Industriestaaten mit zurückgehender Fertilität wandelt sich die Pyramide langsam zu einer „Zwiebel" (wenn die mittleren Altersgruppen in der Bevölkerung sehr stark repräsentiert sind) und wird – bei weiterem Geburtenrückgang – schließlich zu einem „Eimer" oder einer „Urne", bei der ein breiter Oberbau aus Personen mittleren und höheren Alters auf einer schmalen Basis (d.h. einer relativ geringen Zahl von Kindern und Jugendlichen) aufsitzt. Solche Diagramme geben Hinweise auf Sterblichkeit bzw. Mortalität: ein ähnlich hohes Sterberisiko in allen Altersgruppen verstärkt die Pyramidenform.

Schlussfolgerungen von der aktuellen Bevölkerungsstruktur auf die Bevölkerungsentwicklung sind allerdings mit Fehlerrisiken behaftet. Dies trifft etwa zu für die Berechnung der *Lebenserwartung*, die in der Regel anhand einer Durchschnittsbildung der in einem bestimmten Zeitabschnitt Gestorbenen erfolgt. Solch ein Durchschnitt lässt die Streuung des Sterbealters außer Acht (und damit die Frage, ob eine niedrige Lebenserwartung durch hohe Kindersterblichkeit oder durch ein hohes Sterberisiko mittlerer Altersgruppen bedingt ist). Aussagen, dass die Menschen „in früheren Jahrhunderten nur dreißig Jahre alt wurden" (Thane 2000: 18ff.), reflektieren diesen statistisch erzeugten Irrtum. Zwar lassen sich Natalität und Mortalität nur für die Zeit seit dem Beginn des 18. Jahrhunderts und auch dort nur für bestimmte Weltgegenden anhand einigermaßen verlässlicher Daten rekonstruieren, während frühere Zahlen zur Lebenserwartung sehr ungenaue Schätzungen darstellen. Historische Quellen zeigen aber, dass Menschen auch in früheren Zeiten bereits ein hohes Alter erreichen konnten (so heißt es etwa im biblischen Psalm 90, der im ersten vorchristlichen Jahrtausend entstanden ist: „Unser Leben währt siebzig Jahr und wenn es hoch kommt, sind es achtzig"). Schätzungen für das römische Reich gehen von einem Anteil älterer Menschen an der Bevölkerung aus, der sich durchaus mit Verhältnissen der frühen Neuzeit vergleichen lässt (Laslett 1999: 116) und der erst im frühen Mittelalter wieder sank.

Zudem können Zahlen zur statistischen Lebenserwartung zukünftige Ereignisse, die die Sterblichkeit beeinflussen können (etwa Verbesserungen medizinischer Versorgung oder Naturkatastrophen und Kriege), nicht berücksichtigen. Eine zuverlässige Ermittlung des durchschnittlichen Sterbealters ist immer nur für bereits Gestorbene möglich, wobei sich diese Berechnung entweder auf eine „Geburtenperiode" (d.h. die in einem bestimmten Zeitabschnitt Gestorbenen) oder auf eine „Geburtskohorte" (d.h. der in einem bestimmten Zeitabschnitt Geborenen) beziehen kann. Mit Hilfe einer „Kohortensterbetafel" kann dargestellt werden, wie viel Angehörige einer Geburtskohorte jeweils ein bestimmtes Alter erreicht haben. Die Analyse solcher Kohortensterbetafeln bzw. ihrer grafischen Umsetzung als *Überlebenskurven* macht dabei Mortalitätstrends deutlich. So ist seit Ende des 19. Jahrhunderts in den westlichen Industriegesellschaften das Sterberisiko der jüngeren Altersgruppen, insbesondere der Säuglinge und Kinder, stark zurückgegangen. Menschen im jungen und mittleren Lebensalter konnten jedoch schon damals damit rechnen, relativ alt zu werden (die Restlebenserwartung eines 20-Jährigen war zu Beginn des 20. Jahrhunderts zwölf Jahre niedriger als heute), das Sterberisiko für Menschen im mittleren Alter ist im letzten Jahrhundert noch einmal deutlich gesunken (Klein 2004). Dieser Umstand hat weit reichende kulturelle Folgen: Die Allgegenwart des Todes, die das Bewusstsein der Menschen in den Industriestaaten bis in das 19. Jahrhundert stark beschäftigte und einen intensiven Niederschlag in bildender Kunst, Musik und Literatur fand, ist geschwunden (Imhof 1984), und die Planbarkeit des Lebenslaufs hat zugenommen.

In der demographischen Darstellung zeigt sich dieser Trend als „Rektangulierung" der Überlebenskurven von Geburtskohorten: die Anzahl der Überlebenden einer Geburtskohorte bleibt bis zu einem höheren Lebensalter stabil, um dann auf einmal sehr stark abzufallen. Es muss vorerst fraglich bleiben, ob es einen natürlichen Endpunkt dieses Prozesses gibt in dem Sinn, dass irgendwann alle Menschen ein gleich hohes Sterbealter erreichen, oder ob die Lebenserwartung (etwa durch einen Abbau gesundheitsgefährdender Risikolagen und neue medizinische Verfahren) weit darüber hinaus verlängert werden kann. Zumindest lässt sich seit etwa 25 Jahren in den hochindustrialisierten Ländern ein Rückgang der Sterblichkeit auch in der Gruppe der über 80-Jährigen sog. „Hochaltrigen" feststellen (Rott 2004).

Die Verlängerung der durchschnittlichen Lebenszeit ist ein weltweiter Trend mit allerdings unterschiedlichen Folgen in verschiedenen Weltgegenden: Während er in industriell weniger entwickelten Ländern bei gleich bleibender Natalität zu Bevölkerungswachstum führt (Klein 2004: 78), klagt man in den entwickelten Industrienationen und zunehmend auch in Schwellenländern über eine starke Zunahme älterer gegenüber jüngeren Bevölkerungsgruppen, wobei noch unklar ist, ob hierfür eher die Verlängerung der durchschnittlichen Lebenserwartung („Alterung von oben") oder eher die zurückgehende Natalität („Alterung von unten") verantwortlich ist (Schimany 2003). In den Industriegesellschaften wächst dabei gegenwärtig die Gruppe der Hochaltrigen am stärksten, so dass die Gruppe der Älteren in sich altert („doppelte Alterung").

2.2 Demographie, soziale Sicherungssysteme und Arbeitsmarkt

Die möglichen (sozial)politischen Folgen der demographischen Alterung (der wertende Begriff der „Überalterung" wird in der Demographie heute vermieden) beschäftigen Politik und Öffentlichkeit seit der Zwischenkriegszeit: Machte man sich früher vor allem Sorgen um das „Aussterben der Deutschen" und eine drohende „Entvölkerung", ist es seit den 1970er Jahren die Sorge um die *Finanzierbarkeit der sozialen Sicherungssysteme*, die die öffentliche Debatte beherrscht. Hier geht es um die gesetzliche Kranken- und vor allem um die Rentenversicherung, mit der in Deutschland seit 1881 die Absicherung der Industriearbeiterschaft bei Invalidität und eine zusätzliche Unterstützung (neben einer als selbstverständlich unterstellten Absicherung durch Familie und Ersparnisse, vgl. Tennstedt 1999) angestrebt wurde. Dieses ursprünglich auch zur politischen Befriedung der Arbeiterklasse dienende soziale Sicherungssystem wurde nur sehr langsam auf andere Bevölkerungskreise übertragen. Die Hyperinflation des Jahres 1923, die immense Vermögensverluste der Mittelschicht zur Folge hatte, führte zu der Verallgemeinerung des Systems und zu einer Umstellung vom Kapitaldeckungs- auf ein Umlageverfahren, dass die Grundlagen für die heute diskutierten Strukturprobleme legte: Beim Umlageverfahren werden Rentenzahlungen nicht mehr aus dem Zinsertrag eines angesammelten Kapitalstocks geleistet, sondern direkt aus Beiträgen pflichtversicherter Erwerbstätiger. Dieses System kann bei einem starken Rückgang der Anzahl von Beitragszahlern zusammenbrechen (was tatsächlich kurzzeitig in der Weltwirtschaftskrise 1929 geschah). Es gelang nie mehr, zum Kapitaldeckungsverfahren zurückzukehren – bei der großen Rentenreform 1957 wurde das Umlageverfahren endgültig institutionalisiert und durch eine Bindung der Rentenzahlungen an die Höhe durchschnittlicher Erwerbseinkommen sogar noch empfindlicher gegen demographische Veränderungen und gesamtwirtschaftliche Störungen.

Damit wurden familienbezogene und individuelle Versorgungsstrukturen zunehmend ersetzt durch einen wohlfahrtsstaatlich vermittelten makrosozietären Ausgleichs- und Verteilungsmechanismus (der von den in den 1950er Jahren die Sozialpolitik prägenden Vertretern der katholischen Soziallehre als „Generationenvertrag" bezeichnet wurde). Die Funktionsfähigkeit der sozialen Sicherungssysteme hängt ab von der Erwerbstätigenquote und dem zahlenmäßigen Verhältnis zwischen Erwerbstätigen und Rentenempfängern. Die seit der Einführung des Rentensystems sinkende Geburtenrate führt hier nun zu einem immer ungünstigeren Verhältnis, welches sich mit Hilfe verschiedener Quotienten, Versorgungs- und Abhängigkeitsquoten darstellen lässt (für einen Überblick vgl. Schimany 2003), die in der öffentlichen Debatte oft popularisiert werden in Form von Aussagen „Im Jahre x müssen y Erwerbspersonen für einen Rentner aufkommen". Hier deuten sich neue gesellschaftliche Konfliktlagen an: Neben die klassischen Verteilungskonflikte, wie den zwischen Kapital und Arbeit, treten Auseinandersetzungen zwischen „Erwerbsklassen" und „Versorgungsklassen im Wohlfahrtsstaat" (Alber 1984), die sich an generationenspezifischen Disparitäten zwischen Beiträgen und Leistungen der Rentenversicherung entzünden (vgl. auch den Beitrag zu „Wohlfahrtsstaat" in diesem Band).

Es muss allerdings fraglich bleiben, ob der manchmal befürchtete „Krieg der Generationen" mehr ist als ein mediales Schreckensszenario. Empirische Untersuchungen zeigen jedenfalls, dass der Transfer von Einkommen zwischen den Generationen keinesfalls so einseitig ist, wie es öffentliche Diskussionen vermuten lassen – so leisten viele ältere Menschen zum Teil erhebliche innerfamiliäre Unterstützungsleistungen (Motel-Klingebiel 2006).

2.3 Demographie und (Bio)politik

Die öffentliche Debatte und das Handeln sozialpolitischer Akteure stützt sich stark auf *demographische Modellrechnungen*, die oft als sichere Vorhersagen der zukünftigen Altersstruktur der Bevölkerung und sich daraus ergebender Relationen zwischen Beitragszahlern und Rentenempfängern angesehen werden. Nun sind solche Vorausberechnungen tatsächlich recht verlässlich verglichen mit manch anderen sozialwissenschaftlichen Prognosen, weil die Kenntnis über die Anzahl der jetzt Geborenen gute Abschätzungen des zukünftigen Bevölkerungsaufbaus ermöglicht. Trotzdem gehen in solche Vorhersagen zahlreiche (in der öffentlichen Diskussion kaum je thematisierte) *ceteris paribus* Annahmen ein, wonach sich wesentliche Faktoren der Bevölkerungsdynamik (insbesondere die Sterblichkeit, die Geburtenziffer und die Migration) nur wenig ändern und Naturkatastrophen, Epidemien und Kriege in den nächsten Jahrzehnten ausbleiben. Das Statistische Bundesamt versucht diesem Umstand durch die Veröffentlichung unterschiedlicher Szenarien der Bevölkerungsentwicklung Rechnung zu tragen, die auf jeweils verschiedenen Annahmen beruhen. Diese Modelle verdeutlichen bspw., dass sich die Altersstruktur und damit die demographischen Belastungsquoten realistischerweise auch bei starker Zuwanderung von jüngeren Erwerbspersonen stark verändern werden – bei ungefähr gleich bleibender Fertilität und Morbidität müssten ansonsten jährlich mehrere Millionen Menschen nach Deutschland immigrieren und dabei die Bevölkerung auf mehrere Hundert Millionen Menschen anwachsen, um die aktuelle Altersstruktur bis in die Mitte des 21. Jahrhunderts aufrechtzuerhalten (Schimany 2003). Dennoch lässt sich allein aus demographischen Altersquotienten die Stabilität oder Fragilität sozialer Sicherungssysteme nur bedingt erschließen, weil hier zahlreiche andere (z.T. wenig beachtete) Faktoren Bedeutung haben: So macht bspw. Struck (2008) darauf aufmerksam, dass eine (auch nur moderate) Erhöhung der Frauenerwerbsquote in Deutschland und flexible Beschäftigungsmöglichkeiten für Menschen im höheren Lebensalter die erwarteten Veränderungen der Altersquotienten mehr als ausgleichen könnten.

Demographische Modellrechnungen geben leider zu oft Anlass zu alarmistischen Krisenszenarien: bereits im frühen 19. Jahrhundert warnte der Ökonom Robert Malthus vor einem dramatischen Bevölkerungswachstum und daraus resultierenden Hungersnöten. Eine damals nicht vorhersehbare Industrialisierung und Produktivitätssteigerung in der Landwirtschaft half dann, die stark wachsende Bevölkerung mit Arbeitsplätzen und Nahrung zu versorgen. In den 1960er und 1970er Jahren wurde die Öffentlichkeit in den westlichen

Industrienationen durch die Rede von der „Überbevölkerung" aufgeschreckt, die bereits in den frühen 1990er Jahren zu schweren weltweiten Hungerkatastrophen und Kriegen führen sollten. Auch hier zeigte sich, dass die „Grenzen des Wachstums" (Meadows et al. 1972) keinesfalls so schnell erreicht waren, wie manche Krisenpropheten es in den 1970ern befürchtet haben.

Hierbei darf nicht vergessen werden, dass sich demographische Krisenszenarien in politischen Diskursen oft mit Maßnahmen zur Kontrolle und Manipulation der Bevölkerungsstruktur verbinden, die nur durch umfassende staatliche Eingriffe zu bewerkstelligen sind. Der Sozialphilosoph Michel Foucault (2004) hat den Begriff der *Biopolitik* für staatliches Handeln geprägt, das sich auf die Bevölkerung als Ganzes richtet und deren Struktur, Wohlfahrt und Gesundheit beeinflussen soll. Biopolitik hat stets eine ethisch und politisch hochgradig riskante Seite. Ein dehumanisierender Charakter bevölkerungspolitischer Krisenszenarien und darauf aufbauender biopolitischer Maßnahmen liegt dabei nicht immer so offen zutage wie bei der NS-Ideologie des „Volkes ohne Raum". So hat es einige Zeit gedauert, bis deutlich wurde, dass die „Ein-Kind-Politik" in der Volksrepublik China den verdeckten Mädcheninfantizid fördert.

Der Auf-, Um- und Abbau sozialer Sicherungssysteme stellt Biopolitik im reinsten Sinne dar. Hier kann eine gute Kenntnis demographischer Zusammenhänge dafür sensibilisieren, wenn (extreme) demographische Szenarien (die nur eine einzelne aus einer Vielzahl möglicher Zukünfte darstellen) von Politikern verwendet werden, um schwerwiegende Veränderungen des Rentenversicherungssystems zu rechtfertigen, die starke Kaufkraftverluste der jetzt lebenden Rentnergeneration nach sich ziehen (so etwa, wenn der vormalige Vizekanzler Franz Müntefering behauptet „2050 haben wir nicht mehr 39 bis 40 Millionen Menschen, sondern nur noch 24", vgl. Ebert/Kistler 2007: 58).

3 Die Soziologie des Lebenslaufs

3.1 Zum Verhältnis von Demographie, Gesellschaft und Lebenslauf

Die Demographie macht Altern als gesamtgesellschaftliches Phänomen und Problem empirisch sichtbar. Die Soziologie des Lebenslaufs (Sackmann 2007) versucht, die Bedeutung des Alterns in einen soziologischen Theorierahmen verstehbar zu machen. Soziale Ordnung beruht stets auf der (oft ungleichen) Verteilung von Statuspositionen und auf der Zuweisung sozialer Rollen, die die soziale und personale Identität der Rollenträger entscheidend beeinflussen kann. Das biologische Altern des Menschen und die hiermit verbundenen Veränderungen von Fähigkeiten erfordern den Wechsel zwischen Statuskonfigurationen und Rollenanforderungen. Altern stellt damit nicht nur eine Herausforderung für die individuelle Identitätsbildung dar, sondern macht auch die potentielle Brüchigkeit sozialer Ordnung deutlich. Um diese Herausforderungen und Risiken zu bewältigen, haben bislang alle Kulturen Institutionen geschaffen, die eine sinnhafte Ordnung des Lebenslaufs herstellen und die Gesellschaftsmitglieder auf altersentsprechende Rollen vorbereiten. Dabei markieren *Statuspassagen* wie Konfirmation und Hochschulexamen, Hochzeit und Trauerzeremoniell, die Übergangspunkte zwischen Statuskonfigurationen sowie den damit verbundenen Identitätswechsel und helfen dadurch, die hiermit verbundenen Beunruhigungen zu ertragen.

Die ältere strukturfunktionalistische Theorie des Lebenslaufs nahm noch an, dass in allen Gesellschaften kulturunabhängige universelle Altersnormen existieren, die das „timing" von Lebensereignissen beeinflussen (Cain 1964: 272). Empirische Lebenslaufstudien haben jedoch gezeigt, dass in vielen Kulturen eine große Variation in der Aufeinanderfolge von Lebensereignissen herrscht (z.B. Rindfuss et al. 1987). Auch haben kohortenvergleichende Lebenslaufstudien deutlich gemacht, dass in vergangenen Epochen die Zeitspanne im Lebenslauf, in der bestimmte biographisch relevante Ereignisse stattfinden konnten, wesentlich größer als heute war. So hat sich, um ein Beispiel zu nennen, das Heiratsalter in Deutschland erst seit Mitte des 19. Jahrhunderts vereinheitlicht (Imhof 1984: 183).

3.2 Wandel von Lebenslaufstrukturen

Strukturen des Lebenslaufs unterliegen einem starken sozialen Wandel. Ein wesentlicher Grund hierfür besteht in dem Wechsel zwischen *Kohorten bzw. Generationen*. Einschneidende historische Ereignisse, wie Kriege, Revolutionen, ökonomische Krisen usw., beeinflussen die Mitglieder einer Geburtskohorte in einer bestimmten Phase ihres Lebenslaufs und führen dazu, dass sie durch ähnliche Erfahrungen geprägt werden. Karl Mannheim (1928) spricht von der gemeinsamen „Lagerung", deren bewusste Wahrnehmung eine „Generationseinheit" schafft und die das Handeln, Denken und Fühlen der Mitglieder einer Generation bis zu einem gewissen Grad standardisieren kann. Sozialer Wandel vollzieht sich oft im Generationenwechsel, indem nachwachsende Generationen in Auseinandersetzung mit ihrer spezifischen soziohistorischen Lagerung neue Werte, Deutungsmuster und Leitbilder entwickeln, die dann, wenn die Mitglieder dieser Generation in einem bestimmten Lebensalter gesellschaftliche Schlüsselpositionen übernehmen, die Entstehung machtvoller Institutionen begründen können – die Entwicklung der Geschlechterpolitik von der Frauenbewegung der 1970er Jahr bis zum modernen „*gender mainstreaming*" liefert hierfür sicher ein gutes Beispiel (vgl. auch den Beitrag zu „Geschlecht" in diesem Band).

Bis etwa in die 1960er und 1970er Jahre lässt sich in den Industriestaaten eine wachsende Vereinheitlichung von Statuspassagen im Lebenslauf feststellen. Dieser „segmentierte Lebenslauf" (Mayer/Müller 1989) ist ein Produkt des industriegesellschaftlichen Erwerbssystems und des modernen Wohlfahrtsstaates. Mit der Entstehung der Industriegesellschaft löste sich die Einheit von Konsum und Produktion in bäuerlichen und städtischen Handwerker- und Kaufmannshaushalten auf – die Vergesellschaftung der Menschen, die einen Zugang zu Gütern und Ressourcen sowie eine Teilhabe an verschiedensten Institutionen ermöglicht, wurde zunehmend vermittelt über den Arbeitsmarkt (vgl. auch den Beitrag zu „Arbeit" in diesem Band). Der im Erwerbssystem erreichbare Status wurde dabei immer abhängiger von formalen Bildungszertifikaten. Die für die moderne Gesellschaft so charakteristische Unterteilung des Lebenslaufs in Kindheit, Jugend, aktives Erwachsenenalter und Ruhestand zeigt dessen Abhängigkeit vom Erwerbssystem: nach einer Phase, in der Menschen durch Bildung und Ausbildung auf das Erwerbsleben vorbereitet werden, folgt die eigentliche Aktivitätsphase, die schließlich in eine Ruhephase mündet, in der die Menschen dem Erwerbssystem nicht mehr zur Verfügung stehen. Ein „*chronologisch standardisierter Normallebenslauf*" (Kohli 1985: 2) entstand, dessen Statuspassagen der moderne Wohlfahrtsstaat (vgl. Lessenich in diesem Band) durch Zugangs- und Übergangsregeln strukturiert (Mayer/Müller 1989: 53). Dieser Prozess, von Martin Kohli als „Institutionalisierung des Lebenslaufs" bezeichnet, lässt sich als Teil einer umfassenden abendländischen Rationalisierungsbewegung im Sinne Max Webers verstehen, bei der die Spontaneität des Lebens einer Orientierung an langfristigen Zielen untergeordnet wird. Für den Einzelnen bedeuten diese Strukturen allerdings nicht nur persönliche Sicherheit, sondern eine Zunahme an sozialer und bürokratischer Kontrolle. Soziales Handeln an Statusübergängen wird strukturiert durch die Sozialisation in einer bestimmten Kohorte, durch den offenen Druck wohlfahrtsstaatlichen Regiments oder durch den „stummen Zwang" ökonomischer Verhältnisse.

3.3 Individualisierung, Modernisierung und Pluralisierung von Lebensläufen

Die Institutionalisierung des Lebenslaufs kann auch wachsende Handlungsspielräume schaffen – darauf haben insbesondere individualisierungstheoretische Ansätze aufmerksam gemacht (vgl. auch den Beitrag zu „Individualisierung" in diesem Band). Wenn es zur allgemeinen gesellschaftlichen Erwartung wird, eine *eigene* Erwerbsbiographie und einen *eigenen* Familienlebenslauf zu haben, dann wachsen die Möglichkeiten zur Selbstgestaltung des Lebens. So gesehen ist die Entwicklung des modernen Lebenslaufs ein Teil der seit der Aufklärung im abendländischen Kulturraum stattfindenden Individualisierung, wobei Einstellungen und Handlungsmuster immer stärker die Folge individueller Entscheidungen und immer weniger von sozialen Herkunftsmilieus, Klassen- oder Standeszugehörigkeiten bestimmt werden (vgl. auch den Beitrag zu „Klassen" in diesem Band). Bildungssystem und sozialstaatliche Sicherungssysteme werden dabei nicht nur als kontrollierende Instanzen erlebt, sondern können auch die Entwicklung und Umsetzung eigener Handlungspläne sowie biographischer Entwürfe unterstützen, wie sich in vielen empirischen Lebenslaufstudien zeigte.

Zudem *pluralisieren und entstandardisieren sich Lebensläufe* nach einer langen Phase der Vereinheitlichung seit den 1960er Jahren in manchen Bereichen wieder: in jüngeren Geburtskohorten streut bspw. das Erstheiratsalter viel stärker als in älteren (Diekmann 1996), und seit längerer Zeit werden sowohl männliche, als auch weibliche Berufsverläufe immer unterschiedlicher (Buchmann/Sacchi 1995).

Die Frage aber, ob die Sozialstruktur der (west)deutschen Industriegesellschaft seit den 1970er Jahren einen tief greifenden Wandel durch einen neuen „Individualisierungsschub" erfährt, wird kontrovers diskutiert. Auf jeden Fall haben klassische soziale Ungleichheitsstrukturen keineswegs an Bedeutung verloren. So werden trotz vieler Bemühungen um Chancengleichheit und trotz/ungeachtet einer erheblichen Ausweitung des höheren Bildungswesens Bildungskarrieren nach wie vor stark von der sozialen Herkunft beeinflusst, wie die aktuellen PISA-Vergleichsstudien (Baumert/Schümer 2001) und bildungssoziologische Studien immer wieder eindrucksvoll zeigen (z.B. Schuchart 2007, Müller-Benedict 2007).

Auch in anderen Bereichen kann die Veränderung von Lebenslaufmustern nicht nur als ein Beleg für wachsende Individualisierung, sondern auch als Hinweis auf die Entstehung neuer Strukturen und Festlegungen gewertet werden. Nun muss *Individualisierung*, „verstanden als ein Abbau traditionaler normativer Verbindlichkeiten", natürlich nicht „per se eine Erweiterung der Optionsvielfalt bei der Wahl der Lebensform" bedeuten (Huinink/Wagner 1998: 103). Denn es „kann eine Schwächung traditionaler Normen durch einen Aufbau neuer Regelungen und Institutionen abgelöst werden." (ebd.). Diese Widersprüchlichkeit von Individualisierungsprozessen hatte schon Ulrich Beck im Blick, als er schrieb, dass zwar „der Einzelne (...) aus traditionalen Bindungen und Versorgungsbezügen herausgelöst [wird], (...) dafür aber die Zwänge des Arbeitsmarktes und der Konsumexistenz und der in ihnen enthaltenen Standardisierungen und Kontrollen ein[tauscht]," die ihn „zum Spielball von Moden, Verhältnissen, Konjunkturen und Märkten machen." (Beck 1986: 211).

So wird die Frage, ob Modernisierungsprozesse eine Vervielfältigung von Handlungsspielräumen bewirkt haben, die zu einer Pluralisierung von Lebensläufen führen, oder ob neue Strukturen kulturell geprägt und institutionell verfestigt werden, die einer freien Entfaltung individueller Lebensläufe enge Grenzen setzen, lebhaft diskutiert. Einig ist man sich allerdings darüber, dass sich Strukturen des Lebenslaufs fortgesetzt gewandelt haben und sich im Übergang zwischen Industriegesellschaft und postindustrieller Gesellschaft weiterhin verändern. Die Lebenslaufsoziologie liefert dabei nicht eine umfassende Theorie zur Erklärung von Lebensläufen, sondern repräsentiert ein Forschungsprogramm mit einer Reihe heuristischer Konzepte, mit deren Hilfe Prozesse des Alterns und des sozialen Wandels anhand der vergleichenden Analyse von Lebensläufen und Biographien untersucht werden können, wobei verschiedene spezielle Soziologien wie Jugend-, Familien-, Bildungs-, Berufs- und Alterssoziologie eng zusammenwirken.

4 Höheres Lebensalter

Während die Lebenslaufsoziologie Alternsprozesse über die ganze Lebensspanne untersucht, konzentrieren sich die „Soziologie des Alterns" (Prahl/Schröter 1996), „sozialwissenschaftliche Alternsforschung" (Backes/Clemens 2003) und „Sozialwissenschaftliche Gerontologie" (Karl 2003) auf das höhere Lebensalter. Diese sich überschneidenden Disziplinen begründen ein in der empirischen Forschung aktives, aber auch manchmal unübersichtliches und schwer abgrenzbares Feld. Im Folgenden werden zuerst zwei zentrale Gebiete behandelt, in denen ein wichtiger Teil der empirischen Arbeiten und der aktuellen Debatten stattfindet, nämlich sozialstrukturelle Aspekte des höheren Lebensalters und gesellschaftliche und kulturelle Altersbilder. Daran anschließend soll diskutiert werden, wie die Konstruktion des Alterns als gesellschaftliches Problem verstanden werden kann, und es werden einige Konsequenzen für die soziologische Theoriebildung aufgezeigt.

4.1 Sozialer Strukturwandel und Lebenslagen im Alter

Eine sozialwissenschaftliche Dauerbeobachtung der älteren Bevölkerung wurde in Deutschland in den letzten Jahrzehnten etabliert durch eine Reihe von Längsschnittstudien, wie die in den 1990er Jahren begonnene „Berliner Altersstudie" (BASE) (Baltes/Meyer 1999), die „Interdisziplinäre Langzeitstudie des Erwachsenenalters" (ILSE) (Schmitt/Martin 2003) sowie der „Alters-Survey" (Tesch-Römer et al. 2006). Auch hier hat sich empirisch und methodisch die Lebenslaufperspektive durchgesetzt: Eine Längsschnittbetrachtung durch Panelstudien gilt gegenwärtig als sozialwissenschaftlicher „Goldstandard", an dem sich jede empirische Sozialberichterstattung über Altern messen lassen muss.

Das besondere Interesse von Sozialpolitikern an einer solchen Forschung kommt in den mittlerweile fünf „Berichten zur Lage der älteren Generation in der Bundesrepublik Deutschland", den sog. „Altenberichten", zum Ausdruck, die die Bundesregierung aufgrund der Arbeit von Sachverständigenkommissionen vorgelegt hat und welche die zahlreichen empirischen Einzelbefunde zur Lebenssituation älterer Menschen bündeln.

Seit langem bekannt und ausführlich beschrieben sind fünf säkulare Trends des „Strukturwandels des Alters" (Tews 1993):

- Mit *„Verjüngung" des Alters* wird der Umstand angesprochen, dass heute mehr Menschen als früher ein höheres Lebensalter bei guter Gesundheit, guter psychischer Verfassung und erhaltener Leistungsfähigkeit erreichen.
- Die *„Entberuflichung" des Alters* ist eine Folge der Institutionalisierung des Lebenslaufs. In vielen (insbesondere westeuropäischen) Industriestaaten ist diese Tendenz durch eine Ausweitung der Frühverrentung in den vergangenen Jahrzehnten noch erheblich verstärkt worden. Bemühungen von EU-Staaten, diesen Trend zumindest für die Altersgruppen der unter 60-Jährigen zu brechen, scheinen jedoch erste Erfolge zu zeitigen (Engstler 2006).
- Der Begriff der *„Singularisierung"* beschreibt den Trend zu Einpersonenhaushalten unter älteren Menschen, der durch Verwitwung, durch höhere Trennungs- und Scheidungsraten und durch „Entfamilialisierung" (d.h. durch die Abnahme von Mehrgenerationenhaushalten) zustande kommt (Prahl/Schroeter 1996, vgl. auch den Beitrag zu „Familie" in diesem Band).
- Seit Beginn des 20. Jahrhunderts hat sich die Lebenserwartung von Männern und Frauen auseinander entwickelt und eine *„Feminisierung"* des Alters bewirkt – während das zahlenmäßige Verhältnis von Männern und Frauen bei den 60-Jährigen noch völlig ausgeglichen ist, stehen 36 männlichen 80-Jährigen 64 Frauen dieses Alters gegenüber (StatisBA 2008).
- Schließlich ist im 20. Jahrhundert die *Zahl der Hochbetagten* deutlich gewachsen (im Jahr 2006 lebten in Deutschland ungefähr 8.000 Menschen, die das 100ste Lebensjahr erreicht hatten, während noch hundert Jahre zuvor die Statistik nur wenige Dutzend Menschen in dieser Altersgruppe auswies).

Das höhere Lebensalter war zu allen Zeiten mit spezifischen Risikolagen verbunden: Die mit einem Verlust von körperlichen und geistigen Fähigkeiten einhergehenden schwindenden Kräfte zur Erwerbsausübung sowie die im höheren Lebensalter wachsende Wahrscheinlichkeit von Krankheit und Behinderung bringen Abhängigkeitsrisiken mit sich. Vor der Entwicklung der Sozialversicherungen mussten solche Risiken vor allem durch persönliche Sparleistung und durch familiäre Netzwerke aufgefangen werden, ansonsten war man angewiesen auf beschränkte Angebote karitativer Fürsorge und auf die begrenzten Möglichkeiten kommunaler Armenfürsorge. Der moderne Wohlfahrtsstaat hat die Risiken des höheren Lebensalters in einer vorher nie gesehenen Weise verstaatlicht und dabei zum Gegenstand politischer Einflussnahme, öffentlicher Willensbildung und eben auch empirischer Forschung gemacht.

Diese Forschung gibt uns ein Bild von den im modernen Wohlfahrtsstaat veränderten und neu entstandenen Risikolagen des Alters, die mit Hilfe des Konzepts der „Lebenslage" bezogen auf unterschiedliche „Spielräume des Handelns" untersucht werden können (Clemens/Naegele 2004) – diese beziehen sich auf Vermögen und Einkommen, materielle Versorgung, sozialen Kontakt, Kooperation und Aktivität, Lern- und Erfahrungsmöglichkeiten, Muße und Regeneration sowie auf soziale Bindungen und Unterstützungsnetzwerke. Lebenslagen im Alter sind sozial ungleich verteilt und abhängig von sozialen Lebenslagen in früheren Lebensaltern (und damit von sozialer Herkunft, Geschlecht und Bildung) und von den individuellen Handlungskompetenzen der Menschen, werden aber auch durch Eingriffe von Staat und Politik (bspw. durch die Festlegung von Rentenformeln) mehr oder weniger stark beeinflusst.

Insgesamt verfügen ältere Menschen zwar durchschnittlich über deutlich weniger Einkommen als Personen im mittleren Lebensalter (Motel-Klingebiel 2006), dennoch ist Altersarmut in Deutschland ein nicht mehr derart großes Problem wie noch in den 1960er Jahren (Clemens/Naegele 2004). Trotz eines insgesamt „stabilen und positiven Bildes der Einkommens- und Vermögenslage" der Älteren (Motel-Klingebiel 2006: 221) steigt seit dem Ende der 1990er Jahre der Anteil der einkommensarmen Menschen im Alter langsam wieder an (ebd.). Neben älteren Menschen in Ostdeutschland sind es vor allem die allein stehenden Rentnerinnen über 80 (Clemens/Naegele 2004), die von Altersarmut häufig betroffen sind. Vor allem ihres Engagements in Ehe und Familie wegen weisen Frauen in dieser Generation oft eine vielfach unterbrochene Erwerbsbiographie auf und haben seltener als Männer einen gehobenen beruflichen Status erreicht, wodurch ihr Einkommen im Alter durchschnittlich geringer ist als das der Männer (Backes 2007: 155). Eine Absenkung der Alterseinkommen durch Dämpfung der Rentenanpassung ist gerade für Menschen aus diesen Gruppen besonders problematisch und wird mehr Altersarmut erzeugen.

Einkommen (vgl. auch Hirsch-Kreinsen in diesem Band) ist sozialpolitisch von besonderer Bedeutung, weil es mit anderen Dimensionen der Lebenslage eng verbunden ist. Niedriges Einkommen führt oft zu einer Kumulation von Risikolagen: geringe Einkommensspielräume schränken bspw. die Wohnverhältnisse ein, die gerade für ältere Menschen besonders wichtig sind. Einkommenshöhe ist zudem mit Morbidität und Lebenserwartung (Klein 2004) sowie mit der Intensität und Häufigkeit sozialer Kontakte statistisch korreliert. Eine kausale Interpretation solcher Zusammenhänge muss allerdings vorsichtig vorgenommen werden: Natürlich ist es plausibel, dass Einkommensarmut zu schlechterer Gesundheit oder zu weniger sozialen Kontakten führt (Clemens/Naegele 2004: 391), jedoch ist es eben auch möglich, dass umgekehrt schlechtere (körperliche und psychische) Gesundheit einen geringeren beruflichen Status und ein niedrigeres Einkommen sowie eine Einschränkung sozialer Kontakte nach sich zieht.

Diese Zusammenhänge verdeutlichen die Wichtigkeit familiärer und anderer sozialer Netzwerke als Unterstützungsressourcen im Alter, mit deren Hilfe Risikolagen gemildert werden können. Dies betrifft nicht nur Ehe und Partnerschaft (der aufgrund empirischer Befunde ein starker Protektionseffekt für Morbidität und Mortalität zugeschrieben wird, vgl. Klein 2004), sondern auch weitere verwandtschaftliche Beziehungsnetzwerke, an erster Stelle die Beziehung zu den eigenen Kindern.

Neueste empirische Daten insbesondere des Alterssurveys (Hoff 2006) zeigen hier deutliche Trends sozialen Wandels in den Familienbeziehungen: Auch wenn immer noch die Mehrheit der älteren Menschen mit anderen Menschen im selben Haushalt lebt, so wächst doch der Anteil der Eingenerationen- und der Einpersonenhaushalte. Hierfür gibt es zahlreiche Gründe: So leben u.a. wegen der seit den 1970er Jahren steigenden Scheidungs- und Trennungsrate und der Pluralisierung von Lebensformen heute deutlich mehr Menschen als früher im Alter alleine. Dieser Trend trifft Frauen noch stärker als Männer, weil Männer aufgrund ihrer niedrigeren Lebenserwartung oft gar keine Phase des Alleinlebens erleben, wenn sie in einer fortdauernden und intakten Partnerschaft leben. Auch die erwachsenen Kinder stellen heute seltener als früher Unterstützungsressourcen zur Verfügung. Das liegt weniger daran, dass sich Familienbindungen allgemein auflösen würden – so werden Eltern-Kind-Beziehungen im Alterssurvey nach wie vor als eng und emotional positiv getönt wahrgenommen. Nur ist es immer seltener der Fall, dass die Generationen in einem Haus oder in enger Nachbarschaft zusammenleben. Die schon in den 1960er Jahren beschriebene Tendenz von „innerer Nähe bei äußerer Distanz" (Tartler 1961) bzw. von „Intimität auf Abstand" (Rosenmayr/Köckeis 1965) setzt sich damit fort. Hans Bertram (2000) hat hierfür den Begriff der „multilokalen Generationenfamilie" geprägt. Alle diese Umstände erschweren bei Pflege- und Hilfsbedürftigkeit eine direkte Hilfeleistung der Angehörigen, so dass die Übernahme häuslicher Pflegeverantwortung für Angehörige der jüngeren Kindergeneration oft gar nicht oder nur mit großen persönlichen Einschränkungen möglich ist.

4.2 Gesellschaftliche Altersbilder

Ein besonderes Interesse der Soziologie des höheren Lebensalters gilt seit langem gesellschaftlich vermittelten Altersbildern. 1969 hatte Robert Butler den Begriff des *„ageism"* geprägt, um unterschiedliche Formen der Altersdiskriminierung (analog zur sexistischen und rassistischen Diskriminierung) zu beschreiben. Butler zufolge kann sich *ageism* ausdrücken durch vorurteilsgeladene Einstellungen gegenüber älteren Menschen, dem hohen Lebensalter und dem Alterungsprozess, durch diskriminierendes Handeln gegenüber älteren Menschen sowie durch institutionelle Praktiken, die altersbezogene Stereotypen stabilisieren (Butler 1969, Nelson 2002). *Ageism* beschreibt eine zu allen Zeiten und in allen Kulturen auftretende Tendenz, alte Menschen zu diskriminieren und ihnen gesellschaftliche Teilhabe zu verweigern. Parallel dazu findet sich aber (oft in denselben Kulturen) eine hohe Wertschätzung des hohen Lebensalters – der Diskurs des Alters bewegte sich oft schon zwischen Altenehrung und Altentötung, großes Ansehen des Alters findet sich neben einer brutalen Vernachlässigung alter Menschen (Saake 2007: 70 ff.).

Die von Gerontologen manchmal getroffene Annahme, dass in der modernen Gesellschaft negative Altersbilder dominieren (vgl. etwa Lehr 1994) lässt sich empirisch allerdings nicht halten. Zwar zeigen in manchen empirischen Einstellungsuntersuchungen viele Befragte negative Altersstereotype, beim genaueren Hinsehen aber entpuppen sich viele solcher Ergebnisse als Methodenartefakte (Schmitt 2004), die entstehen, wenn Befragte durch bestimmte Fragebogen-items dazu veranlasst werden, hochgradig pauschale Einschätzungen abzugeben. Werden Einstellung dem Alter und alten Menschen gegenüber in differenzierterer Weise operationalisiert, zeigen Befragte oft sehr abgewogene Einstellungen und ein Nebeneinander „negativer" und „positiver" Einstellungen gegenüber alten Menschen: In den Köpfen vieler Menschen existieren Bilder von „Altersstarrsinn" und von Leiden und Einsamkeit im höheren Lebensalter unproblematisch neben Ideen von „später Freiheit im Ruhestand" und „Altersweisheit".

Bereits die Frage nach den gesellschaftlich vorherrschenden Altersbildern lässt sich als Teil eines Konstruktionsprozesses verstehen, der das Phänomen erst hervorbringt, das untersucht werden soll – schließlich schafft bereits die Kategorisierung nach Alter Ähnlichkeiten und eine Einheitlichkeit, die in der vielgestaltigen Realität alter Menschen so gar nicht existiert (Göckenjan 2000). Eine ernsthafte Analyse löst das „allgemeine gesellschaftliche Altersbild" dann schnell auf in bereichsspezifische Altersbilder mit allerdings teilweise hoher sozialpolitischer Relevanz und moralischer Bedeutung. Dazu gehört etwa der hilfsbedürftige, weil gebrechliche und multimorbide, einsame und sozial isolierte ältere Mensch, der zuhause unversorgt oder im Pflegeheim „dahinvegetiert". Dem stehen Medienbilder dynamischer, jugendlich gebliebener Mittsechziger gegenüber, wie sie in zeitgenössischen *soap operas* oder in der Werbung auftreten.

Soziologisch muss die Frage nach einem allgemeinen gesellschaftlichen Altersbild also umformuliert werden zur „Frage nach den Kriterien, die Altersbilder in Teilsystemen, Organisationen und Interaktionen zugrunde liegen" (Saake 2007: 193). Bislang existieren nicht viele empirische Arbeiten, die solche bereichsspezifischen Altersbilder und ihre soziale Bedeutung näher in den Blick nehmen und untersuchen, wie etwa die Untersuchung von Irmhild Saake (2007: 183) über die Entstehung spezifischer Altersbilder in stationären Pflegeeinrichtungen, die mehr an den funktionalen Erfordernissen des Alltags in diesen Organisationen orientiert sind als an den alten Menschen selbst.

4.3 Die Konstruktion von Alter(n) als sozialem Problem

Was für den Einzelnen und für die Gesellschaft das „gute und richtige Altern" ausmacht, wird sozial konstruiert, gesellschaftlich normiert und ist dabei in einer offenen Gesellschaft immer auch Gegenstand von Kontroversen. Sozialwissenschaftler beliefern diese Kontroversen nicht nur mit objektiven empirischen Daten, die sozialpolitische Problemdefinitionen anregen, sondern auch mit Welt- und Daseinsdeutungen (Tenbruck 1984).

Dieser Umstand rückt zunehmend in die Aufmerksamkeit einer sich kritisch verstehenden, selbstreflexiven Soziologie des höheren Lebensalters (Ammann/Kolland 2008), die „danach fragt, welchen Beitrag sie zu Bildung von Ideologien, Mythen und Meinungen leistet" und „wie sie durch Daten und Diskurse politische Entscheidungen beeinflusst" (Prahl/Schroeter 1996: 26). Sozialwissenschaftliche Alternsforscher haben wesentlich mitgewirkt bei der Entdeckung und Definition von „Alter(n) als gesellschaftlichem Problem" (Backes 1997). Viele Soziologen sehen ihre Aufgabe nun verstärkt darin, zu zeigen, nach welchen Regeln die öffentlichen Diskurse über dieses Problem verlaufen. Sie wollen aufzeigen, welche Machtinteressen dabei wirksam sind, und Ideologien dekonstruieren, die das gesellschaftliche Alltagsbewusstsein prägen. Was heute mancher Leserbriefschreiber sicher zu wissen glaubt, dass „wer 2020 mit 67 Jahren in Ruhestand geht, lediglich eine Rente in Höhe von 44% des letzten Einkommens (bekommt)" (Die Welt vom 9.5.08: 9), kann durch eine gleichermaßen kritische und empirisch fundierte Alternsforschung auf seine unthematisierten Voraussetzungen hin befragt werden. Es kann gezeigt werden, wie „irreführende Zukunftsszenarien, die unhinterfragt in der Öffentlichkeit kursierend ein „Eigenleben" entwickeln, (...) dazu herangezogen (werden), die angebliche Zwangsläufigkeit politischer Reformen zu begründen" (Ebert/Kistler 2007: 58).

Wissenschaftlich begründete alternative Szenarien, in denen sozialpolitische Optionen jenseits von Verteilungskämpfen zwischen Generationen und Rentenkürzungen aufgezeigt werden, können allerdings entwickelt werden (vergleiche dazu etwa die Überlegungen von

Struck 2008 zur Bewältigung demographischen Wandels). Die bereits dargestellte systematische Sozialberichtserstattung aufgrund laufender Längsschnittstudien ist hierbei sehr hilfreich, um eine realistische Einschätzung von Problemen zu ermöglichen und politische Debatten zu versachlichen, indem öffentlich noch wenig thematisierte Gesichtspunkte (etwa die umfangreichen finanziellen und sachlichen Unterstützungstransfers, die von der älteren zur jüngeren Generation fließen, vgl. Motel-Klingebiel 2006) in das Bewusstsein gehoben werden.

Die alternssoziologische empirische Forschung hat einen starken sozialpolitischen Anwendungsbezug, der sich in der Forschungsförderung durch Bundes- und Landesministerien und in den Organisationszielen zentraler wissenschaftlicher Institute (etwa des „Deutschen Zentrums für Altersfragen") ebenso zeigt wie in der in vielen Publikationen deutlich werdenden Tendenz, sozialpolitische Empfehlungen abzugeben (als Beispiele für viele andere siehe etwa Clemens/Naegele 2004: 400f. oder Hoff 2006: 278ff.). Hierbei stehen naturgemäß Fragen nach staatlicher Intervention im Vordergrund, wobei stets die Gefahr droht, dass die (ursprünglich biopolitisch motivierte) Konstitution der Kategorie „alter Menschen" als Kollektivobjekt staatlichen Handelns Theorienbildung und empirische Forschung in unreflektierter Weise bestimmt. Denn nicht nur die Nutzung vorhandener Daten (wenn etwa demographische Informationen über die Altersstruktur für die Abschätzung von Pflegebedarf und Unterstützungspotenzial verwendet werden sollen, vgl. Tesch-Römer/Motel-Klingebiel 2004), sondern auch die Forschungsinteressen, Untersuchungsinstrumente und Datenformen der sozialgerontologischen Forschung selbst sind oft durch politische Interessen vorstrukturiert. Eine reflexive und kritische Soziologie des Alterns widmet sich diesem Problem in den letzten Jahren verstärkt. So moniert etwa Saake (2006: 156), dass die Forschung über soziale Beziehungen im Alter sehr stark auf innerfamiliäre Beziehungen fokussiert, um das Unterstützungspotential bei Hilfs- und Pflegebedarf abzuschätzen und dass andere Beziehungsformen, etwa selbstgewählte Intimbeziehungen, zu wenig Beachtung erfahren.

Hier zeigt sich, dass theoretische und forschungsmethodische Fragen eng miteinander verbunden sind. Dort, wo quantitative Methoden der empirischen Sozialforschung mit ihren vorab entwickelten Variablen und Kategorien besonders gefährdet sind, die Herrschaftslogik administrativen Denkens und Handelns nur unbegriffen zu reproduzieren, können qualitative Methoden dabei helfen, die Relevanzsetzungen, Handlungsorientierungen und Interessen der älteren Menschen selbst in den Blick zu nehmen. Hierdurch werden methodische Wege eröffnet zur Aufdeckung von blinden Flecken einer rein anwendungsorientierten Sozialforschung, etwa wenn in qualitativen Interviews und bei der qualitativen Analyse von Interaktionsprotokollen deutlich wird, wie Instrumente zur vermeintlichen Messung von „Kundenzufriedenheit" und „Pflegequalität" reale Probleme verschleiern und ein verzerrtes Bild sozialer Problemlagen zeichnen (Kelle 2007; Kelle et al. 2008). Quantitative Verfahren sind zwar unverzichtbare Werkzeuge der Altersforschung, aber für eine kritische und reflexive Soziologie des Alter(n)s sind oft qualitative Methoden notwendig, weil diese es oft besonders gut ermöglichen, das gesellschaftliche Problem des Alters nicht nur aus einer administrativen Außenperspektive zu analysieren, sondern als Probleme, wie sie alte Menschen selber wahrnehmen.

Die Analyse der gesellschaftlichen Probleme des Alterns bedeutet schließlich auch, wissenschaftliche Altersbilder selbst zu untersuchen. Hier wurden insbesondere jene Bilder des kompetenten und produktiven „erfolgreichen Alterns" kritisch reflektiert, die in der psychogerontologischen Forschung entwickelt wurden (Baltes/Baltes 1989). In polemischer Absetzung zu einem „Defizitmodell" des Alterns haben Alternspsychologen seit den 1970er Jahren die Fähigkeit des alternden Menschen, durch „selektive Optimierung" auch „im späten Leben eine möglichst positive Gewinn-Verlust-Bilanz" zu erreichen, betont und gefordert (Baltes 2002).

Kritische soziologische Einreden richten sich hier gegen einen Bewältigungsoptimismus, der Alterung zu einem individuell zu bewältigenden Leistungs- und Kompensationsproblem macht. Das Bild eines äußerst flexibel „copenden" Individuums, das seine Lebensmöglichkeiten beständig optimiert und auch im hohen Alter Sinn und Erfüllung bspw. darin findet, durch Bewegung, Sport, Bildung usw. ein möglichst langes gesundes, ereignisreiches und ggf. gesellschaftlich nützliches Leben zu erreichen, kann den Blick für soziale Probleme und existenzielle Grundfragen vieler alter Menschen eher verschließen als öffnen. Das liegt daran, dass hinter solchen Konzepten ein Menschenbild sichtbar wird, das in seiner Überhöhung individueller Gestaltungskraft und Leistungsfähigkeit stark mittelschichtorientiert und sozialstrukturblind ist (Prahl/Schroeter 1996: 258 ff.; Backes/Clemens 2003: 118). Dabei geraten dann die oftmals größere Vulnerabilität vieler älterer Menschen, kumulierende Benachteiligungen und soziale Risikolagen leicht aus dem Blick (Naegele/Clemens 2004).

Das, was erfolgreiches Altern genannt wird, ist nämlich stark abhängig von ökonomischen Möglichkeiten, erreichter gesellschaftlicher Teilhabe und von Bildungsressourcen. Dies wird gut sichtbar dort, wo die Idee des erfolgreichen, aktiven Alterns aus den gerontologischen Diskursen in die Populärkultur gelangt ist, so etwa in der 2006 erschienenen Bestsellerveröffentlichung des ehemaligen Bremer Bürgermeisters Henning Scherf „Grau ist bunt", die die Lebensoptionen eines hoch gebildeten und sozial engagierten Angehörigen der oberen Mittelschicht mit sehr guter ökonomischer Absicherung und umfassender gesellschaftlicher Teilhabe im Alter ausmalen.

Es fragt sich, „inwiefern das propagierte Bild des produktiven Alter(n)s am Alltag einer kleinen, privilegierten Minderheit orientiert ist, deren (neue) Freiheiten zu (disziplinierenden) Normierungen für andere werden." (Ebert/Kistler 2007: 109). In der von Altersforschern geforderten „Geroprophylaxe" (Lehr 1978), die bei der Herstellung des kompetenten und vor allem aktiven alten Menschen pädagogisch helfen soll, können sich durchaus Trends zu einer disziplinierenden Pädagogisierung und Therapeutisierung des hohen Alters andeuten. Prahl und Schroeter (1996: 123) sprechen hier von einer „Geragogisierung" des Alters, die mit dem Foucault'schen Machtbegriff zu analysieren wäre. Tatsächlich kann eine „Foucaultianische Gerontologie" (van Dyck 2007: 105ff.) deutlich machen, wie Menschen durch die Konstruktion von Alterskategorien immer wieder auf verschiedene Weise administrativ in den Griff genommen werden: Während bis in die späten 1990er Jahre eine gesellschaftlich vermittelte und durch staatliche Maßnahmen flankierte „Entberuflichung" für viele Menschen den Ausschluss aus einer für sie ökonomisch notwendigen und individuell befriedigenden Berufstätigkeit bedeutete, wird heute auf der Grundlage neuer Sachzwänge ein „aktives Alter" propagiert, in dem der Mensch möglichst seine Produktivität der Allgemeinheit lange zur Verfügung stellen soll (Tews 1994). Die Analyse solcher Diskurse und gesellschaftlicher Zwänge ist eine wichtige Aufgabe für eine Lebenslauf- und Alternsforschung, die „Alter(n) als gesellschaftliches Problem" (Backes 1997) ernsthaft wahrnehmen und verstehen (und nicht nur sozialplanerische Gestaltungsphantasien inspirieren) will.

4.4 Das Theorieproblem der Soziologie des Alter(n)s

Bereits 1990 monierte Martin Kohli, dass viele Arbeiten zur Alterssoziologie vor allem durch den Problemdruck ihres spezifischen Realitätsausschnitts und durch eine rein empirische und praktische Erforschung sozialer Probleme gekennzeichnet seien. Nach wie vor wird die „Soziologie des Alter(n)s" als eine anwendungsorientierte „Bindestrichsoziologie" wahrgenommen, deren „Themen, Begriffe und Konzepte" aber „bisher mehr durch einen Problemdruck der gesellschaftlichen Praxis [als durch] zentrale Fragen der Gesellschaftstheorie" bestimmt würden (Clemens 1999: 342). Die Verankerung vieler alternssoziologischer Diskurse in der Sozialberichterstattung und der politiknahen Anwendungsforschung, die Stärke der Soziologie des höheren Lebensalters in pflegerischen und sozialpolitischen Kontexten (Saake 2006: 7f.), korrespondiert dabei mit einer oft beklagten „Theoriearmut" (Prahl/Schröter 1996: 243), in der die Brauchbarkeit unterschiedlicher Theorieansätze aus der allgemeinen Soziologie lebhaft diskutiert wird (vgl. Backes 2000, Backes et al. 2001).

Die Lösung für diese Theorieprobleme ist allerdings kaum von einer einheitlichen soziologischen Theorie des Alterns zu erwarten, welche die gesellschaftlichen Alternsprozesse und den sozialen Umgang damit umfassend erklärt – vielmehr kann gerade das Fehlen einer solchen Theorie als eine notwendige Folge der Pluralität und Kontingenz sozialer Ordnungen des Alters betrachtet werden (Kelle 2000, Kelle 2001). Aus einer solchen Perspektive lässt sich ein fortbestehender Theorienpluralismus eher als Ressource denn als Hindernis für die Forschung begreifen, wie ein Blick auf die bereits in den frühen 1960er Jahren begonnene Kontroverse über Disengagement- vs. Aktivitätstheorie zeigt. Beide Theorien setzen aus der Perspektive des Strukturfunktionalismus an der Ruhestandsproblematik und der sich daraus ergebenden „Funktionslosigkeit" des älteren Menschen an.

Der *Aktivitätstheorie* (Tartler 1961) zufolge haben ältere Menschen dieselben Bedürfnisse nach Aktivität und gesellschaftlicher Teilhabe wie Menschen im mittleren Lebensalter. Ihre erzwungene Ausgliederung aus dem Arbeitsprozess, der diese Teilhabe und Aktivität verbürgte, fördert deshalb psychophysischen Abbau und sozialen Rückzug. Die gesellschaftspolitische Pointe dieser Theorie besteht darin, dass solche Funktionsverluste am besten vermieden oder zumindest kompensiert werden müssen durch andere Formen der Partizipation wie Ehrenamt, Hobby, Freizeitaktivitäten usw.

Die *Disengagementtheorie* (Cumming/Henry 1961) dagegen betont, dass ein gegenseitiger Rückzug von Gesellschaft und alten Menschen voneinander stattfindet, der für beide Teile funktional und sinnvoll ist: ältere Menschen bemerken ihren körperlichen und geistigen Abbau und das Schwinden ihrer Kräfte, verringern daraufhin ihre Beteiligung an der Arbeitsgesellschaft und ziehen sich aus Rollen und Aktivitäten zurück. Dieser Prozess sei funktional für die soziale Ordnung, weil hierdurch sozialer Wandel und die Besetzung von Statuspositionen mit Jüngeren möglich wird. Gelungenes Disengagement führt aber auch zu größerer Zufriedenheit der älteren Menschen. Die Desozialisation der Älteren wird somit geradezu zum Systemerfordernis, weil altersbedingte Defizite sonst das Funktionieren der Gesellschaft erschweren würden, wobei Funktionslosigkeit älterer Menschen zu einer durchaus begrüßenswerten „späten Freiheit" führen kann (Woll-Schumacher 1980).

Alterspsychologen haben dem Disengagement-Konzept oft die Orientierung an einem „Defizitmodell des Alters" vorgeworfen. Aber auch die Aktivitätstheorie mit ihrer Programmatik des aktiven Alterns stellt eine keineswegs unproblematische Alternative dar, wie die ausführliche Kritik an Konzepten „erfolgreichen Alterns" weiter oben zeigte. Empirisch sind nun beide Theorien als Beschreibungen von Verhaltensweisen bestimmter alter Menschen richtig, als universelle Alternstheorien jedoch falsch – „sowohl Aktivitäts- als auch Disengagementansatz gehen von vereinzelt vorliegenden Verhaltensweisen im Alter aus (…) und (generalisieren) diese als für alle alten Menschen `typisch'". (Backes/Clemens 2003: 125). Wenn man sich nur für die Existenz bestimmter Altersphänomene interessiert und keinen Generalisierungsanspruch erhebt, hätte sogar das viel gescholtene „Defizitmodell" seine Berechtigung. Dass „konstatierbare Defizite" nur noch für „Stigmatisierungen" taugen, wie Prahl und Schröter meinen (1996: 278), ist jedenfalls falsch, denn körperliche Defizite haben für die Betroffenen oft leidvolle persönliche und soziale Konsequenzen, müssen sozial (etwa durch Unterstützungsleistungen) kompensiert werden, können gesetzliche Ansprüche begründen u.a.m.

Der Streit über diese verschiedenen „Konzepte zur Analyse der Lebensphase Alter" (Backes/Clemens 2003: 109ff.) lässt sich durch empirische Argumente offensichtlich nur schwer beilegen. Das liegt daran, dass in die Konzepte moralische und politische Vorstellungen tief eingelassen sind und der vermeintliche Theorienstreit auf konfligierende normative Vorstellungen über die Ziele, die eine Gesellschaft und einzelne Akteure haben bzw. haben sollten, rekurriert. Die Debatten werden dadurch verschärft, dass durch die Definitionsprozesse der Wissenschaft und der Sozialpolitik ein sozialwissenschaftlicher, sozialpolitischer und sozialplanerischer Homunculus entsteht: „der" alte Mensch. Viele theoretischen Probleme verschwinden umgehend, wenn man sich vor Augen hält, dass empirisch nicht *der* alte Mensch existiert, sondern nur sehr unterschiedliche ältere Menschen mit jeweils verschiedenen Lebensbedingungen und Biographien, sozialen Strukturerfahrungen, Handlungsorientierungen und Interessen.

Theorienpluralismus ergäbe sich dann einfach aus der Akzeptanz der Tatsache, dass in einer offenen und gleichzeitig sozial strukturierten Gesellschaft Menschen immer unterschiedliche Interessen und Ziele verfolgen, die sich nie hundertprozentig angleichen lassen: Unter belastenden Arbeitsbedingungen und angesichts innerbetrieblicher Konflikte kann „Disengagement" und eine Nutzung später Freiheiten die richtige Strategie sein, während in anderen Fällen Aktivität in Beruf und Ehrenamt die bessere Lösung darstellt. Unter einer solchen Perspektive dienen Disengagementtheorien und Aktivitätstheorien nicht als universelle Theorien des Alterns, sondern als brauchbare Heuristiken der Theoriebildung und der empirischen Erforschung konkreter und spezifischer Gegenstandsbereiche. In manchen empirischen Feldern mag es sogar sinnvoll sein, diese vermeintlich sich widersprechenden Theorien gemeinsam und nebeneinander zu verwenden. Ein universelles Erklärungsmodell des Alterns wäre demgegenüber nicht nur empirisch fehlerhaft, es könnte auch sehr schnell zu einer recht autoritären Angelegenheit werden, aus der sich Vorschriften über das „richtige" Altern ableiten lassen (welches man dann entweder desengagiert oder in später Freiheit, mit vielen sozialen Kontakten oder ohne, aktiv oder nicht aktiv zu verbringen hätte). Die Gestaltung des eigenen Alterns kann jedoch nur Sache der älteren Menschen selbst und nicht Angelegenheit von Sozialforschern und Sozialplanern sein.

Literatur

Alber, Jens (1984): Versorgungsklassen im Wohlfahrtsstaat. In: Kölner Zeitschrift für Soziologie und Sozialpsychologie. 36: 225-251

Amann, Anton/Kolland, Franz (Hrsg.) (2008): Das erzwungene Paradies des Alters? Fragen an eine kritische Gerontologie. Wiesbaden: VS

Amann, Anton/Kolland, Franz (2008): Kritische Sozialgerontologie – Konzeptionen und Aufgaben. In: Amann, Anton/Kolland, Franz (2008): 9-44

Backes, Gertrud M. (1997): Alter(n) als Gesellschaftliches Problem? Zur Vergesellschaftung des Alterns im Kontext der Modernisierung. Opladen: Westdeutscher Verlag

Backes, Gertrud (Hrsg.) (2000): Soziologie und Alter(n). Neue Konzepte für Forschung und Theorieentwicklung. Opladen: Leske + Budrich

Backes, Gertrud M. (2007): Geschlechter – Lebenslagen – Altern. In: Pasero, Ursula et al. (Hrsg.): 151-184

Backes, Gertrud M./Clemens, Wolfgang (2003): Lebensphase Alter. Eine Einführung in die sozialwissenschaftliche Alternsforschung. Weinheim: Juventa

Backes, Gertrud/Clemens, Wolfgang/Schroeter, Klaus (Hrsg.) (2001): Zur gesellschaftlichen Konstruktion des Alter(n)s. Opladen: Leske + Budrich

Baltes, Paul B./Baltes, Margret M. (1989): Optimierung durch Selektion und Kompensation. Ein psychologisches Modell erfolgreichen Alterns. In: Zeitschrift für Pädagogik 1: 85-107

Baltes, Paul B. (2002): Erfolgreiches Altern. In: GEO-Magazin 2/2008: Lebenslauf-Forschung

Baltes, Paul B./Mayer, Karl Ulrich (Hrsg.) (1999), The Berlin Aging Study: Aging from 70 to 100. New York/Cambridge: University Press

Beck, Ulrich (1986): Risikogesellschaft. Auf dem Weg in eine andere Moderne. Frankfurt a.M.: Suhrkamp

Behrens, Johann/Voges, Wolfgang (Hrsg.) (1996): Kritische Übergänge. Statuspassagen und sozialpolitische Institutionalisierung. Frankfurt a.M./New York: Campus

Berger, Peter/Hradil, Stefan (Hrsg.) (1990): Lebenslagen, Lebensläufe, Lebensstile. Sonderband 7 der Sozialen Welt. Göttingen: AG Sozialwissenschaftliche Institute

Berger, Peter A./Sopp, Peter (Hrsg.) (1995): Sozialstruktur und Lebenslauf. Opladen: Leske + Budrich

Bertram, Hans (2000): Die verborgenen familiären Beziehungen in Deutschland: Die multilokale Mehrgenerationenfamilie. In: Kohli, Martin/Szydlik, Mark (Hrsg.): 97-121

Baumert, Jürgen/Schümer, Gundel (2001): Familiäre Lebensverhältnisse, Bildungsbeteiligung und Kompetenzerwerb. In: Deutsches PISA – Konsortium (Hrsg.) (2001): PISA 2000: Basiskompetenzen von Schülerinnen und Schülern im internationalen Vergleich. Opladen: Leske + Budrich

Buchmann, Marlis/Sacchi, Stefan (1995): Zur Differenzierung von Lebensverläufen. In: Berger, Peter A./Sopp, Peter (Hrsg.): 49-64

Butler, Robert (1969): Ageism: Another form of bigotry. In: The Gerontologist 9: 243-246

Cain, Leonard D. (1964): Life Course and Social Structure. In: Faris, Robert E.L. (Hrsg.): 272-309

Clemens, Wolfgang (1999): Soziologie. In: Jansen, Birgit/Karl, Fred/Radebold, Hartmut (Hrsg.): Soziale Gerontologie. Weinheim: Beltz: 341-355

Clemens, Wolfgang/Naegele, Gerhard (2004): Lebenslagen im Alter. In: Kruse, Andreas/Martin, Mike (Hrsg.): 387-402

Cumming, Elaine/Henry, William E. (1961): Growing old: The process of disengagement. New York: Basic Books

Diekmann, Andreas (1996): Zeitpunkt der Erstheirat und Streuung des Heiratsalters. In: Behrens, Johann/Voges, Wolfgang (Hrsg.): 154-168

Dyck, Silke van (2007): Kompetent, aktiv, produktiv? Die Entdeckung der Alten in der Aktivgesellschaft. In: PROKLA 37: 93-112

Ebert, Andreas/Kistler, Ernst (2007): Demographie und Demagogie – Mythen und Fakten zur „demographischen Katastrophe". In: PROKLA 146: 39-60
Engstler, Heribert (2006): Erwerbsbeteiligung in der zweiten Lebenshälfte und der Übergang in den Ruhestand. In: Tesch-Römer, Clemens et al. (2006): 85-154
Esser, Hartmut (1999): Soziologie. Allgemeine Grundlagen. Frankfurt a.M./New York: Campus
Faris, Robert E.L. (Hrsg.): Handbook of Modern Sociology. Chicago: Rand Mc Nally
Friedrichs, Jürgen. (Hrsg.) (1998): Die Individualisierungsthese. Opladen: Leske + Budrich
Foucault, Michel (2004): Geschichte der Gouvernementalität II: Die Geburt der Biopolitik. Frankfurt a.M.: Suhrkamp
Göckenjan, Gerd (2000): Das Alter würdigen. Altersbilder und Bedeutungswandel des Alters. Frankfurt a.M.: Suhrkamp
Hoff, Andreas (2006): Intergenerationelle Familienbeziehungen im Wandel. In: Tesch-Römer, Clemens et al. (Hrsg.): 231-288
Huinink, Johannes/Wagner, Michael (1998): Individualisierung und Pluralisierung von Lebensformen. In: Friedrichs, Jürgen (Hrsg.): 85-106
Imhof, A. E. (1984): Von der unsicheren zur sicheren Lebenszeit. In: Vierteljahresschrift für Sozial- und Wirtschaftsgeschichte 71: 175-198
Jansen, Birgit/Karl, Fred/Radebold, Hartmut (Hrsg.) (1999): Soziale Gerontologie. Weinheim: Beltz
Karl, Fred (Hrsg.) (2003): Sozial- und verhaltenswissenschaftliche Gerontologie. Alter und Altern als gesellschaftliches Problem und individuelles Thema. Weinheim: Juventa
Kelle, Udo (2000): Pluralität und Kontingenz sozialer Ordnungen im Alter. Konsequenzen für Theoriebildung und Sozialforschung in der Alter(n)ssoziologie, In: Backes, Gertrud (Hrsg.): 175-192
Kelle, Udo (2001): Gesellschaftliche Probleme des Alter(n)s zwischen Mikro- und Makroebene – Zur Methodologie alter(n)ssoziologischer Erklärungen. In: Backes, Gertrud/Clemens, Wolfgang/ Schroeter, Klaus (Hrsg.): Zur gesellschaftlichen Konstruktion des Alter(n)s. Opladen: Leske + Budrich: 65-80
Kelle, Udo (2007): „Kundenorientierung" in der Altenpflege? Potemkinsche Dörfer sozialpolitischen Qualitätsmanagements. In: PROKLA, 37: 113-128
Kelle, Udo/Niggemann, Christiane/Metje, Brigitte (2008): Datenerhebung in totalen Institutionen als Forschungsgegenstand einer kritischen gerontologischen Sozialforschung. In: Amann, Anton/Kolland, Franz (Hrsg.): 163-193
Klein, Thomas (2004): Lebenserwartung – gesellschaftliche und gerontologische Bedeutung eines demografischen Konzepts. In: Kruse, Andreas/Martin, Mike (Hrsg.): 66-81
Kohli, Martin (1985): Die Institutionalisierung des Lebenslaufs. In: Kölner Zeitschrift für Soziologie und Sozialpsychologie 37: 1-29
Kohli, Martin (1990): Das Alter als Herausforderung für die Theorie sozialer Ungleichheit. In: Berger, Peter/Hradil, Stefan (Hrsg.): 387-406
Kohli, Martin/Szydlik, Mark (Hrsg.) (2000): Generationen in Familie und Gesellschaft. Opladen: Leske + Budrich
Kruse, Andreas/Martin, Mike (Hrsg.) (2004): Enzyklopädie der Gerontologie. Bern: Verlag Hans Huber
Laslett, Peter (1999): Das dritte Alter. Historische Soziologie des Alterns. Weinheim/München: Juventa
Lehr, Ursula (1978): Älterwerden als Frau – ein Beitrag zur differentiellen Gerontologie. In: dies. (Hrsg.): Seniorinnen. Zur Situation der älteren Frau. Darmstadt: 6-26
Lehr, Ursula (1994): Kompetenz im Alter. In: Lehr, Ursula/Repgen, Konrad (Hrsg.): Älterwerden. Chance für Mensch und Gesellschaft. München: Olzog Verlag: 9-28
Mannheim, Karl (1928): Das Problem der Generationen. In: Kölner Vierteljahreshefte für Soziologie. 1998: 157-185 und 309- 30
Mayer, Karl Ulrich/Müller, Walter (1989): Lebensverläufe im Wohlfahrtsstaat. In: Weymann, Ansgar (Hrsg.): 41-60

Meadows, Dennis/Meadows, Donella/Zahn, Erich/Milling, Peter (1972): Die Grenzen des Wachstums, Bericht des Club of Rome zur Lage der Menschheit. Reinbek: Rowohlt

Motel-Klingebiel, Andreas (2006): Materielle Lagen älterer Menschen: Verteilungen und Dynamiken in der zweiten Lebenshälfte. In: Tesch-Römer, Clemens et al. (Hrsg.): 155-230

Mueller, Ulrich (1999): Bevölkerungsstatistik und Bevölkerungsdynamik. Berlin: de Gruyter

Müller-Benedict, Volker (2007) Wodurch kann die soziale Ungleichheit des Schulerfolgs am stärksten verringert werden? In: KZfSS Kölner Zeitschrift für Soziologie und Sozialpsychologie 59 (4)

Naegele, Gerhard/Tews, Hans Peter (Hrsg.) (1993): Lebenslagen im Strukturwandel des Alters. Opladen: Westdeutscher Verlag

Nelson, T. (Hrsg.) (2002). Ageism: Stereotyping and Prejudice against Older Persons. MIT Press

Pasero, Ursula/Backes, Gertrud M./Schroeter, Klaus R. (Hrsg.) (2007): Altern in Gesellschaft. Ageing – Diversity – Inclusion. Wiesbaden: VS

Prahl, Hans-Werner/Schroeter, Klaus (1996): Soziologie des Alterns. Zürich: Schöningh

Rindfuss, R./Swicegood, C./Rosenfeld, R.A. (1987): Disorders in the Life Course. In: American Sociological Review 52: 785-801

Rosenmayr, Leopold/Köckeis, Eva (1965) Umwelt und Familie alter Menschen. Neuwied: Luchterhand

Rott, Christian (2004): Demografie des hohen und sehr hohen Alters. In: Kruse, Andreas/Martin, Mike (Hrsg.): 51-65

Saake, Irmhild (2006): Die Konstruktion des Alters. Eine gesellschaftstheoretische Einführung in die Alternsforschung. Wiesbaden: VS

Sackmann, Reinhold (2007): Lebenslaufanalyse und Biographieforschung. Eine Einführung. Wiesbaden: VS

Scherf, Henning (2006): Grau ist bunt. Was im Alter möglich ist. Freiburg: Herder

Schimany, Peter (2003): Die Alterung der Gesellschaft. Frankfurt a.M./New York: Campus

Schmitt, Eric (2004): Altersbild – Begriff, Befunde und politische Implikationen. In: Kruse, Andreas/Martin, Mike (Hrsg.): 135-147

Schmitt, Marina/Martin, Mike (2003): Die Interdisziplinäre Längsschnittstudie des Erwachsenenalters (ILSE) über die Bedingungen gesunden und zufriedenen Älterwerdens. In: Karl, Fred (2003): 205-224

Schuchart, Claudia (2007): Bildungsverhalten in institutionellen Kontexten: Schulbesuch und elterliche Bildungsaspiration am Ende der Sekundarstufe I. KZfSS Kölner Zeitschrift für Soziologie und Sozialpsychologie 59(4)

StatisBA 2008: Altersaufbau 2006 Deutschland. [http://www.destatis.de, 5.Mai 2008, 19: 15]

Struck, Olaf (2008): Demografische Entwicklung als Herausforderung. Ein Essay zu Entwicklung und Bewältigungsstrategien. In: Ammann, Anton/Kolland, Franz (Hrsg.): 275-296

Tartler, Rudolf (1961): Das Alter in der modernen Gesellschaft. Stuttgart: Enke

Tenbruck, Friedrich (1984): Die unbewältigten Sozialwissenschaften oder Die Abschaffung des Menschen. Graz: Verlag Styria

Tennstedt, Florian (1999): Sozialpolitik (1871-1945). In: Jansen, Birgit/Karl, Fred/Radebold, Hartmut (Hrsg.): Soziale Gerontologie.Weinheim: Beltz: 184-196

Tesch-Römer, Clemens/Motel-Klingebiel, Andreas (2004): Gesellschaftliche Herausforderungen des demografischen Wandels. In: Kruse, Andreas/Martin, Mike (Hrsg.): 561-575

Tesch-Römer, Clemens/Engstler, Heribert/Wurm, Susanne (Hrsg.) (2006): Altwerden in Deutschland. Sozialer Wandel und individuelle Entwicklung in der zweiten Lebenshälfte. Wiesbaden: VS

Tews, Hans-Peter (1993): Neue und alte Aspekte des Strukturwandels des Alters. In: Naegele, Gerhard/Tews, Hans Peter: 15-42

Tews, Hans-Peter (1994): Alter zwischen Entpflichtung, Belastung und Verpflichtung. In: Verheugen, Günter (Hrsg.): 51-60

Thane, Pat (2000): Old Age in English History. Past experiences, present issues. Oxford: Oxford University Press
Verheugen, Günter (Hrsg.) (1994): 60 plus. Die wachsende Macht der Älteren. Köln: Bund Verlag
Weymann, Ansgar (Hrsg.) (1989): Handlungsspielräume. Untersuchungen zur Individualisierung und Institutionalisierung von Lebensläufen in der Moderne. Stuttgart: Enke
Woll-Schumacher, Irene (1980): Desozialisation im Alter. Stuttgart: Enke

Arbeit

Hartmut Hirsch-Kreinsen

1 Grundbegriffe

Arbeit ist soziologisch als Beziehung zwischen Menschen, ihren Einstellungen und ihrem Handeln zu verstehen, die bestimmten historisch variablen Ordnungsstrukturen und Regelungsformen unterliegt. Arbeit ist eine Form sozialen Handelns, das auch als *strategisches Handeln* gefasst werden kann; bei ihm stehen die materiellen Aspekte einer Handlungssituation und die damit verbundenen Interessen der beteiligten Akteure im Vordergrund (Esser 2000: 15f.). Im deutschen Sprachraum befasst sich besonders die Arbeits- und Industriesoziologie mit dem Thema Arbeit (z.B. Minssen 2006). Im angloamerikanischen Raum ist dieses Thema nur schwer disziplinär zuzuordnen; entsprechende Fragestellungen werden beispielsweise im Bereich des „Human Resource Managements", der „Labor and Industrial Relations" und der „Employment Studies" behandelt (z.B. Rubery/Grimshaw 2003; Ackroyd et al. 2005). Im französischen Sprachraum ist die „Sociologie du Travail" die mit der deutschen Arbeits- und Industriesoziologie vergleichbare soziologische Teildisziplin (z.B. Lallement 2007).

Generell geht es bei den damit angesprochenen Debatten allerdings nicht um Arbeit im Allgemeinen, sondern um *Erwerbsarbeit*. Erwerbsarbeit ist eine Erfindung der Moderne und zentrales Merkmal der Industrialisierung: Sie ist grundsätzlich ökonomisch ausgerichtet und ihre Verteilung und Bezahlung regelt sich über den Markt. Sie gilt als Quelle des Wohlstandes und der Zivilität, als Kern menschlicher Existenz und Selbstverwirklichung, als Inbegriff menschlicher Naturbeherrschung und tugendhaften Zusammenlebens. Erwerbsarbeit bezeichnet ökonomische, geregelte und vergütete Tätigkeiten in Form von Berufen. Davon zu unterscheiden ist der weite Bereich der informellen, nicht-offiziellen oder auch autonomen Arbeit, mit dem der ganze ‚Rest' wirtschaftlicher Aktivitäten bezeichnet wird, der im Begriff der Erwerbsarbeit nicht aufgeht. Gemeint sind hier beispielsweise Tätigkeiten in Non-Profit-Organisationen, der weite Bereich der bis heute geschlechtsspezifisch bestimmten Haus- und Familienarbeit, freiwillige Arbeit wie Nachbarschaftshilfe wie auch Schwarzarbeit. Freilich sind die Übergänge zwischen offizieller Erwerbsarbeit und dem angesprochenen Rest fließend (Mikl-Horke 1997: 323f.).

Das Aufkommen der Erwerbsarbeit war von der Durchsetzung einer Lebensführung begleitet, die Max Weber als den Geist des Kapitalismus fasst und deren Hauptmerkmal er als Berufspflicht ansah (Weber 1972, orig. 1922). Berufspflicht richtet sich auf den Erwerb und den Erfolg in der Arbeit um seiner selbst und geht dabei weit über den ursprünglichen Zweck von Arbeit, den notwendigen Lebensunterhalt zu sichern, hinaus. Max Weber bezeichnete damit ein Arbeitsethos, das er als eine grundlegende Voraussetzung der kapitalistischen Entwicklung ansah. Dabei war und ist Erwerbsarbeit mehrheitlich *Lohnarbeit*. Gemeint sind damit Tätigkeiten, für die der Austausch von Geld gegen Arbeitsvermögen bzw. der Verkauf des Arbeitsvermögens durch die Arbeitskraft charakteristisch und deren konkrete Ausübung grundsätzlich fremdbestimmt ist. Denn die Arbeitsziele und der Arbeitsverlauf werden von jenen bestimmt, die den Lohn zahlen (Gorz 1988). Von Lohnarbeit zu unterscheiden sind jene Tätigkeiten, die einen selbständigen oder freiberuflichen Charakter haben. Wenn im Folgenden von Arbeit die Rede ist, geht es primär um Lohnarbeit.

Lohnarbeit tritt allerdings in vielfältigen Formen auf. Eine grundlegende Unterscheidung ist die zwischen Industrie- und Dienstleistungsarbeit. Für diese Unterscheidung wird traditionell die Kategorie des Wirtschaftssektors herangezogen, wobei zwischen dem *primären Sektor* (alle Wirtschaftszweige, die Rohstoffe gewinnen), dem *sekundären Sektor* (alle Bereiche des produzierenden Gewerbes) sowie dem *tertiären Sektor,* d.h. dem Dienstleistungsbereich, differenziert wird. Die Einteilung von Unternehmen und ihrer Beschäftigten erfolgt hierbei nach dem Schwerpunkt ihrer wirtschaftlichen Aktivitäten, während die konkrete Tätigkeit der Beschäftigten für diese Zuordnung irrelevant ist. Weiterhin kann dichotomisch nach der Art des Produktes unterschieden werden: Gegenstand von Industriearbeit ist danach die Herstellung eines *materiellen* Produktes durch die manuelle oder maschinelle Bearbeitung einer Sache, wie etwa die Montage eines Autos am Fließband. Dienstleistungsarbeit hingegen richtet sich auf die Erstellung *immaterieller* Produkte, etwa die Aufsicht eines Bademeisters im Schwimmbad oder die Beratung durch den Finanzierungsexperten des Automobilunternehmens. Während Industriearbeit damit einigermaßen genau bestimmbar ist als Tätigkeit, die sich auf die Gewinnung, Verarbeitung und Bearbeitung von Sachgütern richtet, sind Dienstleistungen *negativ* bestimmt als solche Tätigkeiten, die sich nicht auf die Herstellung von Sachgütern richten. Damit ist eine Vielzahl von Arbeitsformen unter dem Begriff Dienstleistung zusammengefasst, was zu einigen Problemen bei ihrer Abgrenzung und Analyse führen kann. Um diese Abgrenzungsprobleme zu vermeiden, wird zumeist mit einer funktionalen Gliederung operiert, bei der die tatsächlich ausgeübte Tätigkeit unabhängig von ihrer sektoralen Zuordnung erfasst wird. Grob zusammengefasst wird hier zwischen *produktionsorientierten Dienstleistungen*, die indirekt zur Herstellung eines Produktes beitragen und zur Überwachung eines industriellen Produktionsprozesses dienen, und *konsum- und personenorientierten* sowie *distributiven und sozialen Dienstleistungen* unterschieden (zusammenfassend z.B. Häußermann/Siebel 1995).

Historisch hat der Begriff ‚Lohnarbeit' mehrere miteinander verwobene Bedeutungsinhalte: In sozialstruktureller Hinsicht verbindet sich damit die Entstehung einer Arbeiterschaft, die als eigene soziale Gruppe mit bestimmten Lebenslagen, Positionen im gesellschaftlichen Gefüge und einer eigenen Haltung und Orientierung anzusehen ist (vgl. auch den Beitrag zu „Klasse" in diesem Band). Die Gesellschaft verändert sich damit in einer Weise, dass die Art der Teilnahme am wirtschaftlichen Leben – die Stellung im Arbeitsprozess – die politische Position und den sozialen Status bestimmen (Hradil 1999: 177f.).

Zu betonen ist, dass der historische Prozess der Entwicklung von Lohnarbeit keineswegs kontinuierlich und bruchlos im Rahmen der fortschreitenden technologischen Entwicklung und einer kapitalistischen Dynamik, die auf kontinuierliche Effizienzsteigerung drängt, verlaufen ist. Vielmehr handelt es sich um einen diskontinuierlichen und durchaus auch widersprüchlichen Prozess. Diese Perspektive legt die industriesoziologische Rationalisierungsforschung nahe, die von einer ausgeprägten Ungleichzeitigkeit der Entwicklung und einem Nebeneinander verschiedenster Arbeitsformen wie handwerkliche Prozesse einerseits, großindustrielle Strukturen andererseits spricht (z.B. Piore/Sabel 1985). Erklärbar wird diese Annahme nicht zuletzt mit der gesellschaftlichen Einbettung ökonomischer Prozesse: Nicht eine universalistische ökonomische Logik bestimmt die Entwicklung von

Lohnarbeit, sondern das wechselseitige Zusammenspiel institutioneller Arrangements und das Handeln der beteiligten Akteure mit ihren divergierenden Interessen. Daraus resultieren historisch spezifische Handlungskonstellationen, die sich durch ein hohes Maß an Divergenz und Ungleichzeitigkeit auszeichnen.

2 Strukturprobleme

Erwerbsarbeit als Lohnarbeit erfolgt bis heute zum überwiegenden Teil im Rahmen von Wirtschaftsorganisationen, konkret privatwirtschaftlich verfassten Unternehmen. Basis hierfür ist ein Beschäftigungsverhältnis bzw. Lohnarbeitsverhältnis, das durch den Grundkonflikt zwischen Kapital und Arbeit bzw. Management und Beschäftigten geprägt ist und das stets der Lösung durch spezifische Formen der Abstimmung und Koordination bedarf. Angesprochen ist damit der Austauschprozess zwischen dem Unternehmer bzw. dem Management und der Arbeitskraft. Erstere erwerben gegen die Zahlung von Lohn von der Arbeitskraft eine zu erbringende Arbeitsleistung, festgelegt im Arbeitsvertrag zwischen beiden. Allerdings handelt es sich dabei nicht um einen Austauschprozess zwischen mehr oder weniger gleichberechtigten Akteuren. Vielmehr ist das Lohnarbeitsverhältnis eingebettet in eine grundlegende Machtasymmetrie zwischen beiden Parteien. Die Unternehmerseite verfügt grundsätzlich über einen ‚längeren Atem', das heißt, das in der Regel verfügbare Kapitalvermögen versetzt sie in die Lage, über Investitionen, Einstellungen und Unternehmensstandorte zu entscheiden. Die einzelne Arbeitskraft hingegen verfügt normalerweise nicht über solche Ressourcen und Wahlmöglichkeiten. Ihre Existenz und Reproduktion ist grundlegend an den Verkauf ihrer Arbeitskraft gebunden. Freilich kauft der Unternehmer ‚die Katze im Sack', denn die konkrete Arbeitsleistung einer Arbeitskraft lässt sich im Voraus kaum exakt bestimmen (Deutschmann 2002: 96f.); sie muss im Arbeitsalltag ständig festgelegt und aktualisiert werden. Mit einem Arbeitsvertrag allein kann diese Transaktion, wie etwa die neoklassische Ökonomie annimmt, nicht gelöst werden. Vielmehr bleibt er in Hinsicht auf die konkrete Arbeitsleistung unbestimmt, es wird daher auch von der *Offenheit des Arbeitsvertrages* gesprochen (z.B. Baldamus 1960).

Zweifellos enthält der Arbeitsvertrag grundlegende Regelungen über das Beschäftigungsverhältnis wie die Art der Arbeit, ihre Dauer und die Höhe ihrer Gratifikation. Aber es ist ziemlich unmöglich, den Vertrag so zu spezifizieren, dass sämtliche Arbeitsleistungen, wie die genauen Arbeitsverrichtungen, die zu erbringende Arbeitsqualität und die Arbeitsintensität, im Voraus bis ins letzte Detail geregelt werden. Zunächst ist ein Unternehmen grundsätzlich auf einen sachlich und zeitlich flexiblen Arbeitskräfteeinsatz angewiesen, ohne den ein Arbeitsprozess nicht störungsfrei ablaufen würde und wechselnde Bedingungen des Absatzmarktes nicht bewältigt werden könnten. Darüber hinaus ist die konkrete Arbeitsleistung stets an die Person der Arbeitskraft gebunden, das heißt, sie ist abhängig von Affekten, Bedürfnissen und Interessen, generell von den subjektiven Bedingungen der „lebendigen Arbeit" (Marx 1968, orig. 1867). Es liegt auf der Hand, dass diese ebenfalls kaum ex ante wirklich kalkulierbar sind. Schließlich sind Arbeitsprozesse oftmals auf Grund ihrer technischen und stofflichen Bedingungen schwer vollständig planbar und ihr störungsfreier Ablauf ist abhängig von spezifischen Qualifikationen und impliziten Erfahrungen der beteiligten Arbeitskräfte, zu denen Dritte, etwa Planungsexperten aus der Arbeitsvorbereitung, strukturell keinen Zugang haben.

Bezeichnet wird damit das *Transformationsproblem von Arbeit* (Müller-Jentsch 2003: 47; Minssen 2006: 19ff.): Das Unternehmen bzw. das Management muss durch spezifische Regelungen sicher stellen, dass die auf dem Arbeitsmarkt eingekaufte Arbeitskraft eine Arbeitsleistung erbringt, die den funktionalen und technischen Erfordernissen des jeweiligen Arbeitsprozesses entspricht. Ziel ist dabei, einen möglichst effizienten Arbeitsprozess zu realisieren. Voraussetzung hierfür ist es, die Arbeitsanforderungen und die Qualifikationen der Arbeitnehmer möglichst genau aufeinander abzustimmen – arbeitsmarkttheoretisch auch als Allokationsproblem von Arbeitskraft zu fassen. Dabei gilt es zudem, folgt man den Argumenten der ‚Neuen Institutionellen Ökonomie' (Williamson 1990), zwischen den Vertragspartnern Opportunismus zu vermeiden. Denn das Beschäftigungsverhältnis basiert auf zweckrationalem, instrumentellem Handeln, welches stets die Möglichkeit einschließt, den jeweils Anderen ‚übers Ohr zu hauen'. Die nur schwer ex ante kalkulierbaren Bedingungen eines Arbeitsprozesses und die damit verbundenen Informationsasymmetrien der Beteiligten sind hierfür besonders günstig. Einerseits wird davon ausgegangen, dass unter den Arbeitenden eine generelle Tendenz zur Leistungszurückhaltung verbreitet sei – oft als „Bremsen" bezeichnet – die es zu überwinden gelte. Andererseits ist opportunistisches Verhalten auf der Unternehmensseite, etwa ‚Lohndrückerei', nicht auszuschließen. Im Zusammenspiel mit ihren im Vergleich zu den Arbeitskräften überlegenen Machtressourcen können Vorgesetzte in ihrem eigenen partikularen Interesse versuchen, Anweisungen durchzusetzen, die eingespielten Regelungen und Praktiken zuwiderlaufen.

Eine zentrale Voraussetzung zur Bewältigung des Transformationsproblems ist das Direktionsrecht des Managements gegenüber den Arbeitskräften, beispielsweise das Recht, Arbeitsaufgaben zuzuweisen, Arbeitsverfahren festzulegen oder Arbeitsnormen in Hinblick auf Intensität und Qualität der Arbeit zu definieren. Darin manifestiert sich das grundlegende Machtungleichgewicht zwischen Kapital und Arbeit und der hierarchische Charakter der Arbeitsorganisation bzw. ein *Herrschaftsverhältnis* im Sinne Max Webers (Weber 1972, orig. 1922). Herrschaft umfasst aber bekanntlich stets ein zweiseitiges Verhältnis: einerseits die Anweisungsbefugnis vorgesetzter Personen und andererseits die Akzeptanz und das ‚Mitspielen' der Untergebenen (vgl. auch den Beitrag zu „Macht" in diesem Band). Dabei sind Herrschaft bzw. Hierarchie in Unternehmen empirisch allerdings sehr unterschiedlich ausgeprägt. Man denke nur an den Gegensatz zwischen einem von einem Alleineigentümer autoritär geführten mittelständischen Unternehmen und einem Softwarehaus, in dem Computerfreaks und sonstige Spezialisten völlig autonom und gleichberechtigt nebeneinander arbeiten und die Chefs allenfalls die grobe Linie der Geschäftspolitik bestimmen.

Zusammengefasst: die Beschäftigungsbeziehung enthält eine grundlegend prekäre und labile Konstellation von teils gegensätzlichen, teils kongruenten Interessen. Das Management muss die Arbeitskräfte zu effizienten Leistungen motivieren, denn anders käme kein funktionierender Arbeitsprozess zustande. Dem steht das Interesse der Beschäftigten am Erhalt ihrer Arbeitskraft, an der Berechenbarkeit der Lohn-Leistungsrelation und der Sicherheit des Arbeitsplatzes entgegen. Dieser Interessenausgleich wird in der Unternehmenspraxis in der Regel durch Kompromisse geregelt. Ansatzpunkte sind hier Leistungs- und Einkommensanreize, die Eröffnung von Aufstiegschancen, Handlungs- und Entscheidungsmöglichkeiten, formale Mitsprachemöglichkeiten wie Mitbestimmungsregelungen. Gebaut wird daher auch auf die Freiwilligkeit, die Leistungsbereitschaft, die Motivation und das ‚Zutun' der Arbeitskräfte. Sie sollen keinesfalls nur ‚Dienst nach Vorschrift' machen, sondern kreativ, flexibel, innovativ etc. handeln. Diese Haltung wird in der Regel nicht allein durch monetäre Anreize und formale Mitbestimmungsmöglichkeiten erreicht. Wichtig sind vielmehr auch Konsens, Engagement und Eigeninteresse der Arbeitskräfte im Kontext gemeinsamer Grundüberzeugungen innerhalb eines Unternehmens (Berger 1992) sowie ein etwa durch Karriereaufstieg anerkannter Status bzw. eine institutionell gesicherte ‚Anerkennung' der abhängig Beschäftigten (Deutschmann 2002).

3 Die Regelungsebene Arbeitsmarkt

Ob die erforderliche Leistungsbereitschaft der abhängig Beschäftigten nun tatsächlich erreicht wird, ist allerdings nicht allein von innerbetrieblichen Entscheidungs-, Verhandlungs- und Gestaltungsprozessen abhängig, sondern ebenso von der Frage, wie ein Unternehmen externe institutionelle Einflüsse bei der konkreten Gestaltung von Arbeit und Arbeitsorganisation nutzt oder sich gegen diese abschottet. Als relevant können hierbei die Regelungen des Systems der industriellen Beziehungen, die vorherrschenden Arbeitsmarktstrukturen und das damit verbundene Bildungs- und Ausbildungssystem, das System der „Corporate Governance", die Systeme der sozialen Sicherung sowie die gesellschaftlichen Familienstrukturen und Geschlechterverhältnisse angesehen werden (Rubery 2005). Für die Regelung der Beziehungen zwischen Kapital und Lohnarbeit und die Ausgestaltung des Beschäftigungsverhältnisses ist allerdings das Zusammenspiel der betrieblichen Ebene mit den je gegebenen Arbeitsmarktstrukturen von besonderer Bedeutung. Denn die damit bezeichneten Zusammenhänge und Bedingungen beeinflussen in hohem Maße, wie sich die grundlegende Machtasymmetrie zwischen Kapital und Arbeit konkretisiert, über welche Verhandlungspositionen die beteiligten Akteure tatsächlich verfügen und wie dadurch die Strukturprobleme des Beschäftigungsverhältnisses bewältigt werden. Diese sollen im Folgenden genauer betrachtet werden.

3.1 Das Allokationsproblem von Arbeit

Auf der Regulationsebene des Arbeitsmarktes stellen sich die skizzierten Grundprobleme des Beschäftigungsverhältnisses als ‚doppeltes' Allokationsproblem von Arbeitskraft dar: einerseits müssen die Unternehmen mit den von ihnen benötigten Arbeitsleistungen versorgt werden, andererseits müssen die Arbeitskräfte mit Monetärem (Einkommen) und Sozialem (Status) versorgt werden (Offe/Hinrichs 1984: 48). Dieses Allokationsproblem wird grundsätzlich marktförmig geregelt. Es stehen sich, wie auf allen anderen Märkten, Anbieter und Nachfrager gegenüber, die in diesem speziellen Fall mit Arbeit ‚handeln' und die dabei zu anderen Anbietern und Nachfragern in Konkurrenz stehen. Arbeitskraft wird auf dem Arbeitsmarkt als ‚Ware' gehandelt.

Freilich ist dieses Marktmodell den tatsächlichen Verhältnissen eines Arbeitsmarktes nicht angemessen. Der Arbeitsmarkt kann nicht als ‚echter' Markt angesehen werden, weil auf Grund ihrer beschriebenen Subjektgebundenheit Arbeit lediglich eine ‚fiktive' Ware ist (Polanyi 1997: 102 ff.). Zudem wird gerade auch auf dem Arbeitsmarkt das grundlegende Macht- und Ressourcenungleichgewicht zwischen Kapital und Arbeit bzw. der Nachfrager- und der Anbieterseite von Arbeit greifbar. Denn die Anbieter, die Arbeitskräfte, sind, um zu überleben, auf den Verkauf ihres Arbeitsvermögens angewiesen. Der Arbeitskraftbesitzer kann in der Regel nicht sonderlich lange warten, bis er seine ‚Ware' günstig verkaufen kann; seine ‚Liquidität' ist in der Regel begrenzt. Hingegen verfügt die Nachfragerseite, nämlich die Unternehmen, in der Regel über ausreichende Ressourcen, um Angebotsengpässe zu überwinden – sie hat den vergleichsweise ‚längeren Atem'.

Auch wäre es auf einem ausschließlich preisbestimmten Arbeitsmarkt für die Unternehmen ziemlich unmöglich, jene Qualifikationskomponenten zu mobilisieren, ohne die kaum ein Arbeitsprozess die gewünschte Produktivität erreichen würde: nämlich Motivation, Loyalität und Engagement jenseits aller Vorschriften. Diese extrafunktionalen Qualifikationen können, wie schon diskutiert, grundsätzlich nicht erzwungen, sondern nur ‚freiwillig' im Gegenzug zu bestimmten Gegenleistungen der Unternehmensseite erbracht werden. Diese Gegenleistungen bestehen eben nicht nur aus Lohn, sondern vor allem aus ‚Status' und ‚Anerkennung', wodurch das grundlegende Machtgefälle zu Gunsten der Arbeitnehmerseite relativiert wird (Deutschmann 2002: 142). Dies ist allerdings dauerhaft nur durch institutionelle Regelungen möglich, die individuelle und kollektive Arbeitnehmerrechte festschreiben und ausschließlich preisbestimmte Marktprozesse einschränken. Nur unter diesen Bedingungen, so die arbeitsmarktsoziologische Forschung, ist gewährleistet, dass der Arbeitsmarkt seine Allokationsfunktion auch tatsächlich erfüllt.

Die Herausbildung der Institutionensysteme des Arbeitsmarktes lässt sich generell auf eine Reihe verschiedener Einflussfaktoren zurückführen: zum einen Abschottungsstrategien der Unternehmen gegenüber dem externen Arbeitsmarkt, um bestimmte Arbeitskräfte zu halten, zum zweiten staatlich-regulative Eingriffe, die sich auf den Schutz bestimmter gefährdeter Arbeitskräftegruppen wie Frauen und Kinder richten, zum dritten die Entstehung von Gewerkschaften zur kollektiven Interessenvertretung der Arbeiter (wie umgekehrt auch die historisch sich anschließende Gründung von Arbeitgeberverbänden) und zum vierten das Aufkommen von *Berufen* (zum Begriff z.B.: Fürstenberg 2000). Konsequenz dieser Entwicklung ist eine soziale Strukturierung der Lohnarbeit mit einer fortschreitenden Ausdifferenzierung des Arbeitsmarktes in verschiedene Segmente, in denen sich sehr unterschiedliche Formen von Austauschprozessen einspielen. Vor allem zerlegt die berufliche Gliederung der Angebotsseite den Arbeitsmarkt in eine ganze Reihe mehr oder weniger von einander abgeschotteter Bereiche, in denen Angebot und Nachfrage in spezifischer Weise aufeinander abgestimmt und die Konkurrenz zwischen den Anbietern kanalisiert wird. Darüber hinaus aber verbinden sich mit den verschiedenen Segmenten des Arbeitsmarktes je unterschiedliche Muster der industriellen Beziehungen zwischen Gewerkschaften und Arbeitgebern, die die unterschiedlichen Formen der Austauschprozesse gleichermaßen prägen.

Es entstehen auf diese Weise unterschiedliche *Teilarbeitsmärkte* für verschiedene Gruppen von Akteuren, deren Beziehungen sich in spezifischer Weise ausprägen und reguliert werden. In den Worten von Offe und Hinrichs, es bildet sich auf dem Arbeitsmarkt im Rahmen der grundlegenden ‚primären' Machtasymmetrie zwischen Unternehmen und Arbeitskräften ein gruppentypisch differenziertes ‚sekundäres' Machtgefälle zwischen verschiedenen Gruppen von Arbeitskraftanbietern mit unterschiedlichen Markt- und Strategiechancen gegenüber den Nachfragern heraus (Offe/Hinrichs 1984: 70).

3.2 Das Konzept der Teilarbeitsmärkte

Das Konzept der Teilarbeitsmärkte fragt nach den Konstitutionsbedingungen und den Merkmalen unterschiedlicher Segmente des Arbeitsmarktes. Es basiert auf theoretischen Überlegungen, die in den sechziger und siebziger Jahren des zwanzigsten Jahrhunderts in den USA entwickelt (Doeringer/Piore 1971; Gordon 1972) und die in den siebziger und achtziger Jahren in Deutschland vor allem von Burkart Lutz (1987) und Werner Sengenberger (1987) aufgegriffen und weiterentwickelt worden sind. Mit dem Begriff des Teilarbeitsmarktes wird ein durch bestimmte Merkmale von Arbeitskräften und spezifisch strukturierten Arbeitsplätzen abgegrenztes Teilsystem des gesamten Arbeitsmarktes bezeichnet, innerhalb dessen die Allokation, Gratifizierung und Qualifizierung der Arbeitskräfte besonderen, mehr oder weniger stark institutionalisierten Regeln folgen (Sengenberger 1987: 117). Fasst man die segmentationstheoretischen Überlegungen zusammen (z.B. Tilly/Tilly 1994: 294 ff.), so können zwei grundlegende Merkmale eines Teilarbeitsmarktes genannt werden: zum einen die Spezifität der Qualifikation der Arbeitskräfte, zum anderen die damit zusammenhängende Art und der Grad der Bindung zwischen Arbeitgebern und Arbeitnehmern bzw. die Art der Austauschbeziehung zwischen diesen beiden Akteursgruppen. Teilarbeitsmärkte weisen einen je eigenen Grad der Schließung gegenüber dem Restarbeitsmarkt auf und unterscheiden sich nach dem Niveau der Beschäftigungs- und Einkommenssicherheit sowie der Qualität der Arbeitsbedingungen. Je nach Ausprägung und Kombination dieser Merkmale wird von einer mehr oder weniger dauerhaften Differenzierung des gesamten Arbeitmarktes in einzelne Teilarbeitsmärkte ausgegangen.

Teilarbeitsmärkte können daher als institutionell verfestigte Teilsysteme des gesamten Arbeitsmarktes begriffen werden. Entgegen der klassischen Vorstellung eines Arbeitsmarktes, auf dem homogene Arbeitskräfte und homogene Unternehmen über den Preismechanismus vermittelt in Konkurrenz zueinander stehen, werden die einzelnen Teilarbeitsmärkte als mehr oder weniger gegeneinander abgeschottete Segmente begriffen, die unterschiedliche Allokationsmechanismen aufweisen. Neben strukturell eingeschränkten Mobilitätsmöglichkeiten zwischen den Teilarbeitsmärkten bestehen vor allem auch ungleiche, restringierte Zugangschancen – soziologisch als Phänomen der *sozialen Schließung* diskutiert. Folgt man weiter diesen Überlegungen und dem Mainstream der soziologischen Arbeitsmarktforschung, so können idealtypisch drei Typen von Teilarbeitsmärkten unterschieden werden: unstrukturierte, fachliche und betriebsinterne.

Der *unstrukturierte Arbeitsmarkt* zeichnet sich durch das weitgehende Fehlen sowohl spezifischer Qualifikationen als auch institutioneller Regelungen aus. Das Verhältnis zwischen Arbeitgebern und Arbeitnehmern, das heißt die Allokation von Arbeitskraft, wird nahezu ausschließlich über den Preis- bzw. Lohnmechanismus bestimmt, wobei das beschriebene primäre Machtungleichgewicht zwischen der Kapital- und der Arbeitsseite den Handlungsrahmen bildet. Der Arbeitsmarkt funktioniert weitgehend wie ein ungleich strukturierter Gütermarkt, der lediglich durch generelle Arbeitsnormen, in Deutschland beispielsweise Kündigungsschutzgesetze und Arbeitszeitbestimmungen, geregelt ist. Arbeitsplätze und Arbeitskräfte sind homogen und undifferenziert, es bestehen wenig bis keine Mobilitätshemmnisse und weder für den Arbeitgeber noch für den Arbeitnehmer entstehen bei einem Wechsel des Arbeitsplatzes größere Rekrutierungs- und Anpassungskosten. Voraussetzung für den Ausgleich von Angebot und Nachfrage ist hier eine weitgehende Flexibilität der Löhne und jegliche Regulierung der Lohnstruktur oder jegliches Mobilitäts- oder

Substitutionshemmnis würde den Funktionsmechanismus dieses Marktes einschränken. Je größer die Flexibilität der Jobs ist, desto weniger spielen Qualifikationsaspekte eine Rolle und auf Grund der unsicheren Situation haben weder die Arbeitgeber noch die Beschäftigten ein Interesse an Qualifikationsentwicklung, das heißt an Investitionen in ‚Humankapital'. Zudem begrenzt die geringe Bindung der Arbeitskräfte an ihre Arbeitsplätze ihre Bereitschaft und ihre Fähigkeit, sich kollektiv zu organisieren und dadurch das kaum existierende Regelungssystem in ihrem Interesse zu beeinflussen. Anders formuliert, der regulative Einfluss von Gewerkschaften und der betrieblichen Interessenvertretung auf die Arbeitsverhältnisse ist zumeist gering. Auf Grund dieser Bedingungen, so die segmentationstheoretischen Überlegungen, entwickeln sich unstrukturierte Teilarbeitsmärkte nicht nur, wohl aber in hohem Maße für einfache, unqualifizierte Tätigkeiten; typisches Beispiel hierfür ist das Gaststättengewerbe mit einfachsten und anspruchslosen Servicetätigkeiten sowie dem vielfach hier vorherrschenden Hire-and-fire Prinzip.

Mit dem Begriff des *fachlichen Arbeitsmarktes* wird ein Teilarbeitsmarkt bezeichnet, der institutionell stark geregelt ist und der auf der Existenz allgemein anerkannter, beruflicher Qualifikationen beruht. Typisch sind hier Arbeitskräfte mit Facharbeiter- oder Gesellenbrief, Sachbearbeiterausbildung oder auch akademische Abschlüsse. Die Inhalte und Standards dieser Berufe werden durch überbetriebliche Einrichtungen festgelegt und schaffen die Voraussetzung für die Allokation von Arbeitskräften. Denn die zertifizierten Ausbildungsabschlüsse weisen arbeitskräftesuchende Unternehmen darauf hin, dass die jeweiligen Arbeitnehmer über bestimmte Mindestkenntnisse und -fähigkeiten verfügen. Sengenberger spricht hier von einem „Arbeitsmarktausweis", der den Unternehmen einen bestimmten Qualifikationsstandard anzeigt (1987: 126). Sie können sich daher an diesen Standards orientieren und die Struktur ihrer Arbeitsplätze und die damit zusammen hängenden Qualifikationsanforderungen daran ausrichten. Der Zugang zum beruflichen Teilarbeitsmarkt ist beschränkt, da einerseits nur Arbeitskräfte mit zertifizierten Qualifikationen Zutritt haben, andererseits die Nachfrager ihr Rekrutierungsinteresse häufig nur auf diese Qualifikationen ausrichten. Insofern bilden fachliche Arbeitsmärkte relativ geschlossene soziale Teilsysteme auf dem Arbeitsmarkt insgesamt. Sowohl die Konkurrenz zwischen verschiedenen Arbeitskräftegruppen als auch das Machtgefälle zwischen Unternehmen und Arbeitskräften sind daher begrenzt. Verstärkt wird diese Begrenzung des Machtungleichgewichts oftmals durch ausgeprägte Formen kollektiver Interessenvertretung der Beschäftigten, durch die sowohl auf der überbetrieblichen als auch auf der betrieblichen Ebene ein starker Einfluss auf die konkreten Regelungsformen der Beschäftigungsverhältnisse ausgeübt wird.

Von überbetrieblich ausgerichteten unstrukturierten und beruflichen Teilarbeitsmärkten sind *betriebsinterne Märkte* zu unterscheiden. Ihr zentrales Merkmal ist, dass die Qualifizierung und Allokation von Arbeitskräften grundsätzlich innerhalb einzelner Unternehmen stattfindet (Marsden 1999: 214). Der Bezug zum externen Arbeitsmarkt ist in der Regel nur über bestimmte ‚Einstiegsarbeitsplätze' gegeben, über die Arbeitskräfte rekrutiert werden, die dann relativ stark geregelte, etwa durch Betriebsvereinbarungen festgelegte, betriebsinterne Anlern-, Aufstiegs- und Versetzungsprozesse durchlaufen. Die Einstiegsqualifikationen sind vielfach niedrig bzw. fach- und betriebsfremder Natur. In einem Großteil der internen Arbeitsmärkte hat die nach längerer Betriebszugehörigkeit erreichte Qualifikation der Arbeitnehmer einen ausgesprochen betriebs- oder tätigkeitsspezifischen Charakter, vorherrschend sind Prozesse des ‚training-on-the-job' und des kontinuierlichen

Sammelns von Erfahrungen. Die Qualifizierung der Arbeitskräfte geschieht eher beiläufig im laufenden Prozess, sei es durch Anleitung von Kollegen oder Vorgesetzten, sei es autodidaktisch etwa durch die Behebung von Fehlern und Selbstkorrekturen. Dieser Qualifikationserwerb findet zudem häufig im Rahmen eines nach der Beschäftigungsdauer geregelten innerbetrieblichen Aufstiegs statt. Arbeitsorganisatorische Voraussetzung hierfür sind relativ eindeutig definierte funktionale und hierarchische Aufgaben- und Tätigkeitsstrukturen, zwischen denen die Arbeitskräfte versetzt werden können und die einen planbaren Arbeitskräfteeinsatz möglich machen. Zudem erfordert die Vielstufigkeit der Aufstiegs- und Qualifizierungsprozesse eine Mindestgröße der Unternehmen, typisch hierfür waren in den sechziger und siebziger Jahren beispielsweise die Großbetriebe der Automobilindustrie. Auf Grund des spezifischen Charakters der erworbenen Qualifikationen sind sie nicht allgemein anerkannt und zertifiziert, das heißt, sie können nur begrenzt bei einem Betriebswechsel transferiert werden. Im Extremfall werden sie dann wertlos und der Arbeitnehmer muss nach einem Betriebswechsel wieder ‚bei Null' anfangen. Insgesamt sind daher betriebsinterne Arbeitsmärkte von einer hohen Stabilität und Betriebsbindung der Arbeitnehmer gekennzeichnet. Voraussetzung wie Folge dieser Besonderheit sind teilweise ausgeprägte Formen kollektiver Interessenvertretung der Beschäftigten. Diese haben vor allem auf der betrieblichen Ebene einen starken Einfluss nicht nur generell auf die Regelungsformen der Beschäftigungsverhältnisse, sondern oftmals auch auf die Gestaltung einer ausdifferenzierten Arbeitsorganisation, die wiederum Strukturvoraussetzung eines betriebsinternen Arbeitsmarktes ist.

3.3 Notwendige Differenzierungen

Resümiert man die Ergebnisse der sozialwissenschaftlichen Arbeitsmarktforschung, so lässt sich festhalten, dass die Segmentationstheorie zwar mit ihrer Grundkategorie des Teilarbeitsmarktes ‚entdeckt' hat, dass Arbeitsmärkte in vielfältig strukturierte, mehr oder weniger voneinander abgeschottete Teilsysteme zerfallen. Jedoch übersieht das Modell zugleich Differenzierungen und erfasst vor allem auch neuere Entwicklungstendenzen keineswegs vollständig (Köhler et al. 2007; 2008):

Erstens gilt dies in Hinblick auf das breite Spektrum tatsächlich vorhandener Qualifikationen und damit einhergehend sehr verschiedener Formen der Bindung zwischen Arbeitgebern und Arbeitnehmern. So ist etwa die Marktsituation für hoch qualifizierte Arbeitnehmer wie Wissenschaftler und Manager mit den Merkmalen eines berufsfachlichen Teilarbeitsmarktes nicht ohne weiteres kompatibel. Denn die hohen Qualifikationen der hier in Frage stehenden Arbeitskräfte, die ihnen in der Regel eine hohe Marktgängigkeit und eine starke Verhandlungsposition verleihen, ist gepaart mit teilweise sehr flexiblen Beschäftigungsbeziehungen und zeitlich wie auch sachlich oft nur begrenzten Arbeitsverträgen, die individuell ausgehandelt werden und sich nicht an kollektivvertraglichen Regeln orientieren.

Zweitens können nicht in jedem Fall die Grenzen zwischen internen und externen Arbeitsmärkten eindeutig gezogen werden, und sie sind mit denen eines Unternehmens meist nicht identisch. Vor allem lassen sich interne Märkte nicht immer von beruflichen Märkten eindeutig unterscheiden. So verweist Marsden (1999: 218) auf ‚hybride Fälle' (hybrid cases) wie „berufliche interne Märkte" (occupational internal markets). Sie sind beispielsweise in solchen Organisationen anzutreffen, deren Beschäftigte eine bestimmte berufliche

Qualifikation aufweisen, zugleich aber ausschließlich intern geregelte Weiterqualifizierungs- und Aufstiegsprozesse durchlaufen; typisch hierfür sind weite Bereiche des öffentlichen Dienstes wie etwa das Gesundheits- und Krankenhauswesen. Oft finden sich auch in der Industrie Arbeitsmärkte, die auf Grund ihrer Regelungen alle Merkmale eines internen Arbeitsmarktes aufweisen, während das Personal jedoch beruflich qualifiziert ist. Auch muss oft innerhalb des gleichen Unternehmens zwischen verschiedenen Beschäftigtengruppen, die ebenso verschiedenen Teilarbeitsmärkten angehören, unterschieden werden. Denn Unternehmen, die sowohl beruflich qualifizierte, als auch langjährig angelernte und ungelernte Arbeitskräfte nebeneinander einsetzen, sind eher die Regel als eine Ausnahme.

Drittens ist eine Differenzierung des dreigeteilten Modells des Arbeitsmarktes auch in Hinblick auf die *geschlechtsspezifische Segregation des Arbeitsmarktes* angezeigt. Angesprochen wird hiermit die unterschiedliche Position von Frauen und Männern auf dem Arbeitsmarkt, die von einer starken wechselseitigen Abschottung bestimmter und typischer Frauen- wie Männerberufe und teilweise damit verbundener unterschiedlicher Allokationsmechanismen geprägt ist. Zum einen wird von horizontaler Segregation, differenziert nach Branchen und Berufen gesprochen; Berufe gelten als segregiert, wenn der Anteil des jeweils anderen Geschlechts unter 30% liegt. Zum anderen wird von vertikaler Segregation in Hinblick auf Einkommens- und Hierarchiepositionen gesprochen. Geschlechtsspezifisch segregierte Teilarbeitsmärkte überlagern und ergänzen die skizzierten drei Grundtypen von Teilarbeitsmärkten (vgl. auch den Beitrag zu „Geschlecht" in diesem Band). Verschiedentlich wird von einer besonderen Konzentration von Frauenarbeit auf dem unstrukturierten Teilarbeitsmarkt mit seinen prekären Arbeitsverhältnissen und restriktiven Arbeitsformen ausgegangen (Moldaschl 1993: 141; Marsden 1999: 231f.). Insgesamt gesehen ist die Erwerbstätigkeit in allen entwickelten Industrieländern von einer wachsenden Integration der Frauen in den Arbeitsmarkt gekennzeichnet. Ohne Frage kann die „Feminisierung der Arbeitswelt" als „eine der größten sozialen Veränderungen am Ende des zwanzigsten Jahrhunderts" angesehen werden (Maruani 2002: 25). Zugleich aber, so resümiert die Forschung, verfügen Frauen im Vergleich zu Männern bis heute über schlechtere Arbeitsmarktchancen; dies gilt sowohl beim Eintritt in das Erwerbsleben als auch beim Verbleib, bei der Entlohnung, bei den Aufstiegschancen, den Weiterbildungsmöglichkeiten und der Arbeitsplatzsicherheit (zusammenfassend Geißler 2006: 306ff.). Die traditionellen Segregationslinien verschieben sich offensichtlich kaum oder nur sehr zögerlich.

Viertens sind *ethnische Ungleichheiten* auf dem Arbeitsmarkt in die Analyse einzubeziehen. Dabei wird deutlich, dass sich die Arbeitsmarktsituation der verschiedenen Gruppen von Arbeitsmigranten nur teilweise mit den segmentationstheoretischen Kategorien und Erklärungsansätzen erfassen lässt (vgl. auch die Beiträge zu „Ethnizität" und „Migration" in diesem Band). Die Forschung zeigt zweierlei (zusammenfassend Kalter 2005): Zum einen ist von einer nachhaltigen und weiter steigenden Bedeutung von Migranten und ihren Nachkommen auf dem deutschen Arbeitsmarkt auszugehen. Zum anderen gelingt es diesen Gruppen mehrheitlich nicht, sich über alle Arbeitsmarktsegmente hinweg ähnlich erfolgreich und dauerhaft wie Einheimische zu etablieren. Die meisten Arbeitsmigranten und ihre Nachkommen lassen sich im Segment des unstrukturierten Teilarbeitsmarktes verorten, und sie finden sich vornehmlich am unteren Ende der Arbeitshierarchie und besonders in konjunkturabhängigen Branchen. Diese Ungleichheit gilt allen vorliegenden Daten zufolge vor allem für die „klassischen" Arbeitsmigranten aus den früheren Anwerbeländern, wie aber auch für jene aus Mittel- und Osteuropa. Als Gründe für diese Nachteile gelten: Erstens die auf dem deutschen Arbeitsmarkt nicht anerkannten bzw. entwerteten Bildungsabschlüsse und Kompetenzen aus dem Heimatland. Zweitens verfügen Migranten oft über niedrige Qualifikationen, Arbeitsmigration ist in Hinblick auf die Aufnahmegesellschaft „negativ selektiv". Drittens stabilisiert sich ethnische Ungleichheit durch eine tatsächliche oder unterstellte „Rückkehrorientierung", die Investitionen in Qualifikationen bremst. Schließlich geht die Arbeitsmarktforschung von der intergenerationalen Vererbung dieser Nachteile aus, wobei insbesondere dem mangelnden Bildungserfolg der Nachfolgegeneration eine bestimmende Rolle zugeschrieben wird.

Fünftens verweist die Arbeitsmarktforschung auch auf eine Reihe von strukturellen Veränderungen im Zuge der Globalisierung (vgl. auch den Beitrag zu „Globalisierung" in diesem Band), die eine internationale Öffnung von Arbeitsmärkten nach sich ziehen (z.B. Hönekopp et al. 2004). So wird vermutet, dass sich im Rahmen einer grenzüberschreitenden Organisationsentwicklung und Personalpolitik internationaler Unternehmen ein interner Arbeitsmarkt mit spezifischen Regelungen und Qualifikationsmustern herausbildet, der von denen, die an den jeweiligen Unternehmensstandorten anzutreffen sind, abweicht und als ein Fall eines *transnationalen* Teilarbeitsmarktes bezeichnet werden kann. Weiterhin wird auf die zunehmende und kontinuierliche Öffnung inländischer Teilarbeitsmärkte im Zuge der wachsenden Arbeitsmigration verwiesen. Ein Beispiel hierfür ist der faktisch unstrukturierte Arbeitsmarkt des Baugewerbes. Schließlich sind internationale Teilarbeitsmärkte Gegenstand der Forschung, die im Kontext sich neu bildender grenzüberschreitender Regionen etwa in Westeuropa im Begriff sind, sich zu bilden. Zwar betont die sozialwissenschaftliche Arbeitsmarktforschung einen von der Internationalisierung der Wirtschaft ausgehenden Druck in Richtung auf die Deregulierung von Arbeitsmärkten und die Angleichung nationaler arbeitspolitischer Regulationsformen, jedoch zeigt sie zugleich, dass die Arbeitsmarktstrukturen bislang insgesamt bemerkenswert nationalspezifisch ausgerichtet blieben (Deutschmann et al. 1999).

4 Entwicklungstendenzen

Insgesamt hat die sozialwissenschaftliche Arbeitsforschung die skizzierten Strukturbedingungen von Lohnarbeit weitgehend bestätigt (Köhler et al. 2008). Zugleich aber wird auf den Wandel der bisherigen Regelungsformen der Beschäftigungsverhältnisse gepaart mit einer Erosion der gewachsenen Arbeitsmarktstrukturen verwiesen. Diese Wandlungstendenzen werden als Moment der Erosion des in der Nachkriegszeit dominanten Produktionssystems der Massenproduktion, als *Fordismus* bezeichnet, angesehen. Die historische Phase des Fordismus, von 1950 bis etwa Mitte der 1970er Jahre, kann als das „goldene Zeitalter" industriell-kapitalistischer Entwicklung bezeichnet werden. Sie wurde bestimmt von hohen Wachstumsraten des Sozialprodukts, einer stetigen Zunahme von Arbeitsplätzen, Vollbeschäftigung und spürbaren zumeist jährlichen Einkommenssteigerungen. Typisch hierfür waren hoch arbeitsteilige Arbeitsstrukturen und betriebsinterne Teilarbeitsmärkte, die vor allem in den Schlüsselbranchen der Industrie anzutreffen waren.

Dieser Wachstumsprozess verlor spätestens in der zweiten Hälfte der 1970er Jahre seine Wirksamkeit. Die Zuwachsraten des Sozialproduktes, der Produktivität und der Einkommen reduzierten sich deutlich und es kam zu einer kontinuierlich steigenden Arbeitslosigkeit. Als zentrale Ursachen hierfür werden die folgenden angesehen: eine Sättigung der

Nachfrage in vielen Marktsegmenten und damit Überkapazitäten in vielen Wirtschaftsbranchen; die wachsende Konkurrenz im internationalen Maßstab, vor allem durch Unternehmen aus neuindustrialisierten Ländern; ein schneller und nur schwer beherrschbarer technologischer Wandel; immer engere Grenzen für eine nachfrageorientierte staatliche Politik insbesondere in Folge der globalen ökonomischen Verflechtungen der Finanzmärkte.

In der sozialwissenschaftlichen Debatte wird daher seit den 1980er Jahren von der beginnenden Phase des *Post-Fordismus* gesprochen (z.B. Boyer/Durand 1997; Dörre 2002). Festgemacht wird diese Sichtweise an einer Reihe von Merkmalen, die auf Wandlungsprozesse des bisherigen fordistischen Produktionssystems hindeuten: So lässt sich das System der Massenproduktion in seiner ausgeprägten Form nur noch in sehr engen Grenzen, etwa in Sektoren traditioneller Industrien wie der Nahrungsmittelindustrie oder Teilen der Metall- und Kunststoffindustrie, realisieren. An Bedeutung gewinnt jener Typus eines Produktionssystems, bei dem im Rahmen wenig arbeitsteiliger Arbeitssysteme mit qualifiziertem Personal und dezentralisierten Unternehmensstrukturen flexibel in kleinen und höchstens mittleren Serien ein breites Spektrum kundenspezifischer Produkte besonderer Qualität und hoher Innovativität hergestellt wird. Begleitet ist diese Entwicklung vom Aufstieg des Dienstleistungssektors in seinen verschiedenen Dimensionen (z.B. Baethge/Wilkens 2001). Als generelle Konsequenz der hier nur angedeuteten ökonomischen und sozialen Strukturveränderungen wird die Erosion der bisher dominanten Muster der Regulation von Arbeit, wie aber auch das Phänomen der Massenarbeitslosigkeit angesehen (z.B. Lutz 2001).

4.1 Tendenz zur Flexibilisierung

Resümiert man die neueren Forschungsergebnisse (zusammenfassend: Kratzer/Sauer 2005), so ist zunächst von der Tendenz zu einer nachhaltigen *Flexibilisierung* von Arbeit auszugehen. Auf der Ebene der betrieblichen Arbeitsorganisation findet danach eine immer direktere Kopplung der Arbeit an die wechselnden Anforderungen der Konkurrenz und des Marktes statt, und die Risiken und Ungewissheiten von Marktprozessen schlagen verstärkt auf die eingespielten Regelungsformen von Arbeit durch. Als wesentliche Ursachen hierfür werden angesehen: wachsender Kostendruck auf die Unternehmen und eine verschärfte Rationalisierung der Arbeitsprozesse mit der Folge sinkender Einkommen, indem etwa Einkommenszuschläge der verschiedensten Art, für Überstunden, Nachtschichten, besondere Belastungen, im Kontext sog. Beschäftigungssicherungspakte oder Vereinbarungen zur Standortsicherung zwischen dem Unternehmensmanagement und den Belegschaftsvertretern wegfallen. Hinzu kommt vielfach eine Ausweitung kosten-, auslastungs- und absatzorientierter Einkommensbestandteile. Verbunden sind damit zudem eine Flexibilisierung und Ausdehnung von Arbeitszeiten, der Abbau fester Arbeitszeiten und die Bindung von Arbeitszeiten an die Auftragslage und Kapazitätsauslastung des Unternehmens. Die insbesondere unter den Bedingungen der früheren stabilen Systeme der Massenproduktion anzutreffende Standardisierung der Arbeitsnormen und die damit einhergehende Abschottung der internen Teilarbeitsmärkte gegenüber den Unwägbarkeiten des Marktes erodiert dadurch. Diese Tendenzen gelten nicht nur für den weiten Bereich der Dienstleistungsarbeit, der vielfach strukturell unmittelbar mit Marktanforderungen verkoppelt ist, sondern in zunehmendem Maße auch für Produktionsarbeit.

Weil diese Entwicklungstendenzen den festgefügten Regelungen des Beschäftigungsverhältnisses zuwider laufen, gewinnt der neueren Debatte zufolge eine Regulationsform von Lohnarbeit an Bedeutung, deren Logik als *Subjektivierung von Arbeit* gefasst wird (z.B. Moldaschl/Voß 2002; Lohr 2003). Abgestellt wird damit auf den Verzicht auf konkrete objektivierte Arbeitsvorgaben zu Gunsten von Rahmendaten und unternehmensintern ‚simulierten' Märkten, in deren Kontext die Beschäftigten autonom agieren sowie ihre Arbeit selbst organisieren und rationalisieren. Greifbar wird dies beispielsweise am vielfach zu hörenden Appell der Managements, die Mitarbeiter sollten ‚unternehmerisch' handeln lernen. Dies ist etwa beobachtbar in Arbeitsgruppen, die als autonome Unternehmenssegmente, sog. Cost- und Profit-Center, agieren. Dieser Auffassung zufolge wird dabei die abhängige Arbeitskraft selbst zum ökonomischen Subjekt. Sie gewinnt Handlungsfreiheiten einerseits, andererseits ist sie verstärkt ökonomischem Druck, Risiken und Unsicherheiten ausgesetzt. Es entwickeln sich neue Widerspruchs- und Spannungsmomente der Arbeit, die insgesamt bislang nur schwer einzuschätzen sind. Formeln wie „Herrschaft durch Autonomie" (Moldaschl/Sauer 2000) sollen die Ambivalenz der Veränderungen signalisieren. Konkreter, Subjektivität von Arbeit ist seit jeher ein essentielles Element des Beschäftigungsverhältnisses und die Notwendigkeit seiner Mobilisierung bezeichnet den Kern des Transformationsproblems von Arbeit. Jedoch gewinnt dies eine neue Qualität: An eine wachsende Zahl von Arbeitskräften tritt nun die explizite Anforderung, sich immer stärker auf den Arbeitsprozess einzulassen und selbst zum Akteur betrieblicher Rationalisierung zu werden (Kratzer/Sauer 2005: 129).

4.2 Wandel des Normalarbeitsverhältnisses

Als Konsequenz der Flexibilisierung der Beschäftigungsverhältnisse wird der reduzierte Stellenwert des so genannten *Normalarbeitsverhältnisses* angesehen. Gemeint ist damit ein Beschäftigungsverhältnis, das sich durch einen festen Arbeitsvertrag, eine unbefristete Vollzeitbeschäftigung, Lohnarbeit in Organisationen (Unternehmen oder öffentlichen Dienststellen) und Sozialleistungen der verschiedensten Art, die an eine feste Betriebszugehörigkeit gekoppelt sind, auszeichnet (z.B. Mückenberger 1985). Das Normalarbeitsverhältnis kann fraglos als die in der Nachkriegszeit dominante Form männlicher Beschäftigung angesehen werden. In der Arbeitsmarktforschung wird nun von einem Bedeutungsverlust des Normalarbeitsverhältnisses zu Gunsten verschiedener Formen *prekärer Beschäftigung* ausgegangen (zusammenfassend z.B. Schmid 2000; Bosch et al. 2000). Obgleich die Reichweite dieses Wandlungsprozesses je nach Bezugsgröße und zu Grunde liegenden Daten unterschiedlich interpretiert wird, ist die Zunahme prekärer Beschäftigungsverhältnisse in der Arbeitsmarktforschung unstrittig. Gemeint sind damit Formen unsicherer Beschäftigung, die auch als „kontingent", „atypisch" oder „marginalisiert" bezeichnet werden (Dörre 2005). Sie weisen nicht die bisherigen Stabilitätsmechanismen auf, vielmehr sind sie gekennzeichnet durch eine unkalkulierbare Beschäftigungsperspektive, unsichere und niedrige Einkommen und keine oder nur geringfügige Ansprüche an die Sozialversicherung. Beispiele sind die befristete Beschäftigung, die verschiedenen Formen von Teilzeitarbeit, Leih-, Zeit-, Heim-, Saison- und Gelegenheitsarbeit, geringfügige Beschäftigung und Scheinselbständigkeit.

Als Ursache für die Zunahme prekärer Beschäftigung wird eine gewandelte Interessenlage der beteiligten Akteure angesehen: Auf der Seite der Unternehmen richten sich die Interessen auf Grund wachsender Flexibilitätsanforderungen von Märkten, enger werdenden Terminen, lagerlosen Produktionsverfahren und Prozessen unternehmensinterner ‚Vermarktlichung' vermehrt auf flexible Arbeitsformen. Eine Umgehung des Normalarbeitsverhältnisses mit seinen dafür teilweise zu rigiden Regelungen und Kosten liegt daher nahe. Auf der Seite der Anbieter bzw. Arbeitssuchenden drängt naturgemäß der Mangel an Beschäftigungsmöglichkeiten zur Annahme prekärer Tätigkeiten. Hinzu kommt die zunehmende Erwerbsquote von Frauen mit einem rollenbedingten Interesse an Teilzeitarbeit sowie die Ausweitung der tertiären Bildungsgänge, die durch Nebentätigkeiten mit zwangsläufig atypischem Charakter finanziert wird. Schließlich wird verschiedentlich auf wechselnde und häufig nur mehr wenig eindeutige Berufsorientierungen infolge des viel diskutierten Wertewandels in entwickelten Gesellschaften verwiesen (Schmid 2000; Kratzer/Sauer 2005).

4.3 Erosion der Teilarbeitsmärkte

Zudem wird die These einer generellen „Entstrukturierung des Arbeitsmarktes" diskutiert (Deutschmann 2002: 152ff.). Danach gelten vor allem die Effizienz- und Funktionsvoraussetzungen betriebsinterner Teilarbeitsmärkte infolge veränderter Unternehmensstrategien zunehmend als gefährdet (Rubery 2005; Ostermann/Burton 2005). Dezentralisierung mit Abflachung der Hierarchien, fortschreitendes Outsourcing von Unternehmensfunktionen und Netzwerkbildung, die damit verbundene wachsende Bedeutung kleiner Unternehmen und eine steigende Flexibilität der Personalpolitik vieler Betriebe bieten danach kaum mehr die organisatorischen Voraussetzungen für größere und damit funktionsfähige interne Arbeitsmärkte. Diese Entwicklung ist insbesondere in den traditionellen Industrien der Massenproduktion anzutreffen, deren Kernfunktionen fortschreitend verkleinert werden und die unter verstärkten Flexibilisierungsdruck der Absatzmärkte geraten sind. Das hat zur Konsequenz, dass die früher weitgehend gegen Außeneinflüsse wie kurzfristige Auftragsschwankungen abgeschotteten internen Arbeitsmärkte unter Öffnungsdruck geraten. Greifbar wird dies beispielsweise an den verschiedentlich in der Automobilindustrie anzutreffenden neuen Arbeitsmodellen, die Personaleinsatz, Arbeitsgestaltung, Arbeitszeit und Teile des Einkommens der Beschäftigten nicht mehr entsprechend den über Jahre eingespielten Kriterien der Qualifikation oder Seniorität regeln, sondern in flexibler Weise an das je gegebene Produktions- und Auftragsvolumen binden.

Darüber hinaus wird in der arbeitsmarktsoziologischen Debatte auf den Bedeutungsverlust des traditionellen Herzstücks des deutschen Arbeitsmarktes, nämlich seines berufsfachlichen Teilarbeitsmarktes und der industriellen Facharbeit verwiesen. Danach ist jener Arbeitskräftetypus im Begriff zu erodieren, der über viele Jahre hinweg die intensive Auseinandersetzung der industriesoziologischen Forschung mit Fragen der Qualifikationsentwicklung auf dem Shop Floor begründete. Neueren Thesen zufolge weisen das duale Ausbildungssystem und die industrielle Facharbeit nur mehr geringe Zukunftschancen auf. Als die eine Ursache hierfür gilt die ‚Bildungsferne' dieses Ausbildungssystems, mit dem sich angesichts der Expansion der weiterführenden Bildung immer unattraktivere Arbeits- und Berufsperspektiven für die meisten Jugendlichen verbinden. Als die andere Ursache werden seine hohen institutionellen Rigiditäten, die festgefügten internen Demarkationslinien und externen Abgrenzungen angesehen. Gestützt werden damit, so neuere Analysen, überkommenes Spezialistentum, Verkrustungen und hierarchische Abschottungen, die ein wesentlicher Grund für oft diagnostizierte Wandlungsprobleme des deutschen Produktionsmodells sind (Kern/Sabel 1994; Lutz 1996). Diese Diagnose beschränkt sich keineswegs nur auf die Facharbeiterausbildung, sondern letztlich auf alle dualen Ausbildungsformen wie darüber hinaus auch auf die Ausbildungsgänge von Technikern und Ingenieuren. Neue Arbeits- und Unternehmensformen sind offensichtlich immer weniger mit ausgeprägt berufsfachlichen Qualifikationen und Mobilitätsorientierungen verträglich. Nicht zuletzt ist in diesem Zusammenhang offen, welche grundlegend neuen Aufstiegs- und Karrieremuster sich unter den Bedingungen dezentralisierter und projektförmig organisierter Unternehmen einspielen werden.

4.4 Arbeitslosigkeit

Weiteres Merkmal der Entwicklungsdynamik des Arbeitsmarktes ist das Phänomen der Massenarbeitslosigkeit, das unübersehbar das Ende des „goldenen Zeitalters" des Fordismus bezeichnet. Die einschlägigen Daten sind bekannt: spätestens seit Beginn der 1980er Jahre ist eine kontinuierlich steigende Arbeitslosigkeit beobachtbar, die lediglich Ende der 1980er Jahre in der Phase eines Konjunkturaufschwungs begrenzt zurückging. Seit der Rezession Anfang der 1990er Jahre stieg die Arbeitslosigkeit wieder kontinuierlich an, um dann erst wieder seit 2006 geringer zu werden. Obgleich dieses Phänomen international anzutreffen ist, darf nicht übersehen werden, dass Deutschland (neben wenigen anderen westlichen Ländern wie Frankreich, Italien und Spanien) im internationalen Vergleich eine überdurchschnittliche Arbeitslosenquote aufweist. Als besonderes deutsches Problem erweist sich dabei die international überdurchschnittlich hohe Langzeitarbeitslosigkeit; nach Angaben der Bundesagentur für Arbeit umfasst der Anteil jener, die mehr als zwölf Monate arbeitslos sind, im Jahr 2006 rd. 42%.

Als Arbeitslosigkeit ist eine Situation zu begreifen, in der das Angebot an Arbeitskräften, das heißt der Erwerbspersonen, von der Nachfrage nach Arbeitskräften, dem Angebot an Arbeitsplätzen nicht vollständig ausgeschöpft und daher die Allokationsfunktion des Arbeitsmarktes nur suboptimal erfüllt wird. Die Ursachen für die kontinuierlich steigende Massenarbeitslosigkeit liegen sicherlich grundlegend in dem angesprochen krisenhaften Strukturwandel der gegenwärtigen Gesellschaft. Darin ist sich die nur schwer überschaubare ökonomische und sozialwissenschaftliche Arbeitsmarktforschung weitgehend einig (zusammenfassend z.B. Ludwig-Mayerhofer 2005). Im Einzelnen ist die Diagnose jedoch umstritten, denn ihre Ergebnisse legen immer auch Therapievorschläge nahe, die hochgradig politischen Charakter haben.

Grundsätzlich wird zwischen saisonaler, konjunktureller, technologischer und struktureller Arbeitslosigkeit unterschieden, wobei diese verschiedenen Formen realiter nur schwer voneinander zu trennen sind. Saisonale Arbeitslosigkeit ist in der Regel Folge jahreszeitlich bedingter Nachfrageschwankungen, die besonders in bestimmten Branchen wie dem Baugewerbe oder der Forstwirtschaft auftreten. Als konjunkturelle Arbeitslosigkeit wird jene bezeichnet, die infolge zu geringer gesamtwirtschaftlicher Güternachfrage entsteht. Der Begriff der technologischen Arbeitslosigkeit bezeichnet das bekannte Phänomen der Verdrängung menschlicher Arbeit aus dem Arbeitsprozess durch seine fortschreitende Automatisierung. Die These vom *jobless growth*, wonach auf Grund fortschreitender technischer Rationalisierung insbesondere im industriellen Sektor immer weniger menschliche Arbeitskraft benötigt werde, findet hier ihre Begründung (z.B. Rifkin 1995).

Im Unterschied dazu wird von struktureller Arbeitslosigkeit dann gesprochen, wenn Arbeitslosigkeit infolge des Wandels der Wirtschaftsstruktur auftritt. Hierzu kann zunächst die friktionelle bzw. Fluktuationsarbeitslosigkeit gerechnet werden, die dann anzutreffen ist, wenn ein Arbeitsloser auf der vergeblichen Suche nach einer neuen Beschäftigung ist, weil für ihn die Arbeitsmarktsituation insgesamt intransparent ist. Die Bewältigung dieser Form der Arbeitslosigkeit wird von der Qualität der Informationen über neue Beschäftigungsmöglichkeiten, generell von der Transparenz des jeweiligen Teilarbeitsmarktes beeinflusst. Weiterer Aspekt der strukturellen Arbeitslosigkeit ist die sog. ‚Mismatch-Arbeitslosigkeit'. Bezeichnet wird damit eine Situation, in der Angebot und Nachfrage auf dem Arbeitsmarkt nicht zusammenpassen, weil qualifikatorische, sektorale oder räumliche Disparitäten zwischen Angebot und Nachfrage existieren. Hier spielen die Grenzen zwischen verschiedenen Teilarbeitsmärkten, die der Arbeitskräftemobilität entgegenstehen, eine große Rolle. Auf dieses Problem lässt sich vielfach auch der paradoxe Befund zurückführen, dass trotz hoher Arbeitslosigkeit in vielen Tätigkeitsbereichen ein ungedeckter Bedarf an qualifizierten Arbeitskräften herrscht.

Obgleich die Arbeitsmarktforschung monokausale Erklärungen der Arbeitslosigkeit verwirft, verweist sie relativ übereinstimmend darauf, dass ein Teil der Probleme des deutschen Arbeitsmarktes auf strukturelle Ursachen zurückgeführt werden müsse (Eichorst u.a. 2001: 87). Angesprochen werden damit institutionelle Anpassungsprobleme des Arbeitsmarktes an gewandelte Beschäftigungserfordernisse. Danach sind die institutionellen und gesellschaftlichen Regelungsmechanismen in Deutschland zu stark an der bisherigen industriell geprägten Produktionsweise ausgerichtet und werden den gewandelten Anforderungen des wirtschaftlichen Lebens wie der steigenden Flexibilität, Dynamik, Dienstleistungsorientierung und Wissensintensität nicht gerecht (z.B. Baethge 2000; Heinze/Streeck 2000). So wird von einer zunehmenden und nur schwer bewältigbaren Disparität zwischen den Marktanforderungen an Unternehmen und den gewachsenen und herkömmlichen Formen der Arbeit und Beschäftigung ausgegangen. Dies gilt insbesondere für die großen Bereiche der unmittelbar marktorientiert arbeitenden Dienstleistungsbereiche, deren Erfordernisse mit denen des vorherrschenden Normalarbeitsverhältnisses immer weniger kompatibel sind. Auch wird verschiedentlich betont, dass die Potentiale neuer Technologien mit den herkömmlichen Formen der Arbeit nur begrenzt ausgeschöpft werden können; verwiesen wird etwa auf die nur zögerliche Verbreitung von internetbasierten Formen der Arbeit wie Telearbeit. Weiterhin wird die mangelnde Passung zwischen Anforderungen der Unternehmen und verfügbaren beruflichen Qualifikationen hervorgehoben, die einem flexiblen und polyvalenten Personaleinsatz entgegensteht. Schließlich wird die Stabilität gesellschaftlich-kultureller Verhaltensmuster betont, die sich trotz aller Wandlungstendenzen wie wachsendes Bildungsniveau, Pluralisierung der Familienverhältnisse etc. in Deutschland nach wie vor an den bürgerlich-industriegesellschaftlichen Traditionen orientieren. Die in Deutschland im internationalen Vergleich hinterherhinkende Frauenerwerbsquote gilt hierfür als wichtiges Indiz.

Die konkreten Schlussfolgerungen, die aus dieser Diagnose gezogen werden, sind sehr verschiedener Natur (zusammenfassend z.B.: Koch u.a. 2002). Nur verweist sie grundsätzlich darauf, dass die Bewältigung der Arbeitslosigkeit keineswegs, wie vielfach in der öffentlichen Debatte angenommen, als eine ausschließlich ökonomische (Kosten-) Frage betrachtet werden kann. Vielmehr handelt es sich ganz offensichtlich primär um ein Problem der institutionellen und politischen Regulation des Arbeitsmarktes und der eingespielten Handlungsmuster der beteiligten Akteure, die angesichts gewandelter sozialer und ökonomischer Strukturbedingungen ihre Funktionsfähigkeit teilweise eingebüßt haben.

5 Resümee

Die Tendenzen der Flexibilisierung des Beschäftigungsverhältnisses und der Entstrukturierung des Arbeitsmarktes kann man als wachsende Bedeutung weitgehend ungeregelter Beschäftigungsverhältnisse begreifen. Marsden (Marsden 1999: 236f.) spricht vom Aufkommen marktorientierter Formen der *Selbständigkeit* (self-employment). Ähnlich argumentieren die beiden Industriesoziologen Voß und Pongratz (Voß/Pongratz 1998), die die These vom *Arbeitskraft-Unternehmer* formuliert haben. Danach wandelt sich der traditionelle Arbeitnehmer hin zu einem Arbeitskräftetypus, der seine Arbeitskraft eigenständig, aus eigener Kraft und ohne Bezug zu den institutionalisierten Regeln des Arbeitsmarktes vermarktet. Als charakteristisch für solche Arbeitsformen gilt, dass das Austauschverhältnis zwischen Nachfrager und Anbieter auf der Basis ihrer ungleichen Machtressourcen ohne jegliche institutionalisierte Regelungen ausschließlich markt- und preisförmig koordiniert ist, indem die zu erbringende Arbeitsleistung im Unterschied zu den herkömmlichen Formen der Beschäftigung im Rahmen der verschiedenen Teilarbeitsmärkte ex ante sachlich und zeitlich genau definiert ist. Selbst generelle institutionelle Regelungen des Beschäftigungsverhältnisses wie Tarifnormen, Kündigungsschutz und Arbeitszeitregelungen greifen unter diesen Bedingungen der Selbständigkeit kaum. Das Beschäftigungsverhältnis regelt sich in diesem Fall auch nicht über einen Arbeitsvertrag, dessen Offenheit immer nur eine ex post Spezifikation der Leistung erlaubt, sondern der Austausch von Leistung und Gegenleistung regelt sich über einen Vertrag mit dem Charakter eines Kaufvertrages, in dem der Austausch ex ante so genau wie möglich definiert ist. Als typisch hierfür können die erwähnten kurzfristig und saisonal Beschäftigten, freie Mitarbeiter, sog. Schein-Selbständige, Heimarbeiter oder auch Telearbeiter angesehen werden. Für diese Beschäftigtengruppen sind die zu erbringende Arbeitsleistung und das entsprechende Entgelt vor dem Abschluss eines Beschäftigungsvertrages sehr genau bestimmt und die Ausführung der Arbeit erfolgt in hohem Maße selbstorganisiert.

Ohne Zweifel bezeichnen diese Thesen den Trend zu einer forcierten Ausrichtung der Arbeitsfähigkeit an ökonomischen Erfordernissen. Zugleich aber dürfen strukturelle Grenzen dieser Entwicklung nicht übersehen werden (Deutschmann 2002: 156ff.). Zwar beginnen durch die skizzierten Tendenzen die bisherigen Allokationsmuster von Arbeitskraft und die damit verbundene mehr oder weniger starke Begrenzung des grundlegenden Machtungleichgewichts zwischen Unternehmen und Arbeitskräften ihre Funktionsfähigkeit einzubüßen, jedoch bleiben institutionelle Arrangements letztlich unverzichtbar, sollen konfliktfreie und produktive Beschäftigungsverhältnisse gewährleistet bleiben und die Strukturprobleme des Beschäftigungsverhältnisses bewältigt werden. Zudem sind institutionelle Regelungen Voraussetzung für den Erhalt des öffentlichen Gutes Qualifikation, da allein dadurch die hierfür erforderlichen längerfristigen Handlungsperspektiven sowohl für die Arbeitnehmer als auch die Arbeitgeber gesichert werden können. Einerseits müssen mit individuellen Entscheidungen der Arbeitnehmer für bestimmte Berufe und Qualifikationen begründete Erwartungen auf ihre Zukunftsfähigkeit einhergehen, andererseits benötigen die Arbeitgeber ein Minimum an Kalkulierbarkeit der Risiken, Kosten und Erträge, die mit ihren Investitionen in die betriebliche Ausbildung einhergehen. Denn die Erträge solcher Investitionen, sei es die volle Leistungsfähigkeit eines Arbeitnehmers, sei es eine als angemessen zu betrachtende Bezahlung für eine bestimmte Qualifikation, stellen sich oftmals erst am Ende einer Ausbildungszeit wirklich ein. Auf einem weitgehend ‚de-institutionalisierten' Arbeitsmarkt würde die Gefahr opportunistischen Verhaltens auf beiden Seiten eine solche Situation ziemlich unmöglich machen. Die Nachfrager würden ihre Investitionen zu vermeiden suchen und kurzfristig auf schon vorhandene Qualifikationen zurückgreifen, während die Arbeitnehmer nach Abschluss einer Qualifizierungsphase ihr Einkommen durch einen schnellen Arbeitsplatzwechsel versuchen würden zu steigern (Marsden 1999: 222ff.). Schließlich ist festzuhalten, dass die Institutionen des Arbeitsmarktes Such- und Informationskosten für alle Beteiligten begrenzt halten und auch daher ein großes Interesse an ihrem Erhalt besteht. Insofern dürfen trotz unübersehbarer Tendenzen der Flexibilisierung und der Entstrukturierung von Arbeit die Wirkungen stabilisierender und restrukturierender Gegenkräfte nicht übersehen werden.

Literatur

Abraham, Martin/Hinz, Thomas (Hrsg.) (2005): Arbeitsmarktsoziologie. Wiesbaden: VS
Ackroyd, Stephen/Batt, Rosemary/Thompson, Paul/Tolbert, Pamela S. (Hrsg.) (2005): The Oxford Handbook of Work and Organization. Oxford: Oxford University Press
Baethge, Martin: Der unendlich langsame Abschied vom Industrialismus und die Zukunft der Dienstleistungsbeschäftigung. In: WSI-Mitteilungen 53. 3/2000: 149-156
Baethge, Martin/Wilkens, Ingrid (Hrsg.) (2001): Die große Hoffnung für das 21. Jahrhundert? Perspektiven und Strategien für die Entwicklung der Dienstleistungsbeschäftigung. Opladen: Westdeutscher Verlag
Baldamus, Wilhelm (1960): Der gerechte Lohn. Eine industriesoziologische Analyse. Berlin: Verlag Duncker & Humblot
Beck, Ulrich/Brater, Michael (1978): Berufliche Arbeitsteilung und soziale Ungleichheit. Eine historisch-gesellschaftliche Theorie der Berufe. Frankfurt a.M./New York: Campus
Beckenbach, Niels/van Treeck, Werner (Hrsg.) (1994): Umbrüche gesellschaftlicher Arbeit. In: Soziale Welt, Sonderband 9. Göttingen: Verlag Otto Schwartz
Berger, Johannes (1992): Der Konsensbedarf der Wirtschaft. In: Giegel, H.-J. (Hrsg.): Kommunikation und Konsens in modernen Gesellschaften. Frankfurt a.M.: Suhrkamp, 151-196
Bosch, Gerhard/Kalina, Thorsten/Lehndorff, Steffen/Wagner, Alexandra/Weinkopf, Claudia (2000): Zur Zukunft der Erwerbsarbeit. Eine Positionsbestimmung auf der Basis einer Analyse kontroverser Debatten. Düsseldorf: Hans-Böckler-Stiftung, Arbeitspapier Nr. 43
Boyer, Robert/Durand, Jean-Pierre (1997): After Fordism. Basingstoke: MacMillan
Clement, Ute/Lipsmeier, Antonius (Hrsg.) (2003): Berufsbildung zwischen Struktur und Innovation. In: Zeitschrift für Berufs- und Wirtschaftspädagogik. Beiheft 17
Deutschmann, Christoph (2002): Postindustrielle Industriesoziologie. Theoretische Grundlagen, Arbeitsverhältnisse und soziale Identitäten. Weinheim: Juventa
Deutschmann, Christoph/Diekmann, Andreas/Flecker, Jörg (1999): Nationale Arbeitsverhältnisse – Internationale Arbeitsmärkte. Einleitung. In: Honegger et al. (1999): 503-505

Doeringer, Peter B./Piore, Michael J. (1971): Internal Labor Markets and Manpower Analysis. Lexington: Heath Lexington Books
Dörre, Klaus (2002): Kampf um Beteiligung. Arbeit, Partizipation und industrielle Beziehungen im flexiblen Kapitalismus. Wiesbaden: Westdeutscher Verlag
Dörre, Klaus: Prekarität – Eine arbeitspolitische Herausforderung. In: WSI Mitteilungen 5. 2005: 250-258
Eichhorst, Werner/Profit, Stefan/Thode, Eric (2001): Benchmarking Deutschland: Arbeitsmarkt und Beschäftigung. Bericht der Arbeitsgruppe Benchmarking und der Bertelsmann Stiftung. Berlin: Springer Verlag
Esser, Hartmut (2000): Soziologie. Spezielle Grundlagen, Bd. 3: Soziales Handeln. Frankfurt a.M./New York: Campus
Fürstenberg, Friedrich (2000): Berufsgesellschaft in der Krise. Auslaufmodell oder Zukunftspotential? Berlin: Edition Sigma
Geißler, Rainer (2006): Die Sozialstruktur Deutschlands. Zur gesellschaftlichen Entwicklung mit einer Bilanz zur Vereinigung. 4. überarb. und aktualisierte Aufl., Wiesbaden: VS
Gordon, David M. (1972): Theories of Poverty and Underemployment. Orthodox, Radical and Dual Labor Market Perspectives. Lexington: Heath
Gorz, André (1988): Abschied vom Proletariat. Jenseits des Sozialismus. Frankfurt a.M.: Athenäum Verlag
Häußermann, Hartmut/Siebel, Walter (1995): Dienstleistungsgesellschaften. Frankfurt a.M.: Suhrkamp
Heinze, Rolf G./Streeck, Wolfgang (2000): Institutionelle Modernisierung und Öffnung des Arbeitsmarktes: Für eine neue Beschäftigungspolitik. In: Kocka/Offe (2000): 234-261
Hirsch-Kreinsen, Hartmut (2005): Wirtschafts- und Industriesoziologie. Grundlagen, Fragestellungen, Themenbereiche. Weinheim und München: Juventa
Hönekopp, Elmar/Jungnickel, Rolf/Straubhaar, Thomas (Hrsg.) (2004): Internationalisierung der Arbeitsmärkte. In: Beiträge zur Arbeitsmarkt- und Berufsforschung Nr. 282. Nürnberg: IAB
Honegger, Claudia/Hradil, Stefan/Traxler, Franz (Hrsg.) (1999): Grenzenlose Gesellschaft? Verhandlungen des 29. Kongresses der Deutschen Gesellschaft für Soziologie 1998 in Freiburg im Breisgau. Opladen: Leske + Budrich
Hradil, Stefan (1999): Soziale Ungleichheit in Deutschland. 7. überarb. und erw. Aufl. Opladen: Leske + Budrich
IfS Frankfurt, INIFES Stadtbergen, ISF München, SOFI Göttingen (Hrsg.) (1993): Jahrbuch Sozialwissenschaftliche Technikberichterstattung. Schwerpunkt: Produktionsarbeit. Berlin: Edition Sigma
Kalter, Frank (2005): Ethnische Ungleichheit auf dem Arbeitsmarkt. In: Abraham/Hinz (2005): 303-332
Kern, Horst/Sabel, Charles (1994): Verblaßte Tugenden. Zur Krise des deutschen Produktionsmodells. In: Beckenbach et al. (1994): 605-624
Kocka, Jürgen/Offe, Claus (Hrsg.) (2000): Geschichte und Zukunft der Arbeit. Frankfurt a.M./New York: Campus
Köhler, Christoph/Loudovici, Kai/Struck, Olaf (2007): Generalisierung von Beschäftigungsrisiken oder anhaltende Arbeitsmarktsegmentation? In: Berliner Journal für Soziologie 17. 3/2007. 387-406
Köhler, Christoph/Struck, Olaf/Grotheer, Michael/Krause, Alexandra/Krause, Ina/Schröder, Tim (2008): Offene und Geschlossene Beschäftigungssysteme – Determinanten, Risiken und Nebenwirkungen. Wiesbaden: VS
Koch, Susanne/Walwei, Ulrich/Wießner, Frank/Zika, Gerd (2002): Wege aus der Arbeitsmarktkrise. IAB Werkstattbericht Nr. 11. Nürnberg: Institut für Arbeitsmarkt und Berufsforschung
Kratzer, Nick/Sauer, Dieter (2005): Flexibilisierung und Subjektivierung von Arbeit. In: SOFI et al. (2005): 125-150
Lallement, Michel (2007): Le travail. Une sociologie contemporaine. Paris: Folio essais

Lohr, Karin (2003): Subjektivierung von Arbeit. Ausgangspunkt einer Neuorientierung der Industrie- und Arbeitssoziologie? In: Berliner Journal für Soziologie 13. 2003: 511-529
Ludwig-Mayerhofer, Wolfgang 2005: Arbeitslosigkeit. In: Abraham, Martin/Hinz, Thomas (Hrsg.): Arbeitsmarktsoziologie. Wiesbaden: VS: 199-240
Lutz, Burkart (1987): Arbeitsmarktstruktur und betriebliche Arbeitskräftestrategie. Eine theoretisch-historische Skizze zur Entstehung betriebszentrierter Arbeitsmarktsegmentation. Frankfurt a.M./New York: Campus
Lutz, Burkart (Hrsg.) (2001): Entwicklungsperspektiven von Arbeit. Ergebnisse aus dem Sonderforschungsbereich 333 der Universität München. Berlin: Akademie
Lutz, Burkart, 1996: Der zukünftige Arbeitsmarkt für Industriearbeit. Entwicklungstendenzen und Handlungsbedarf. In: Burkart, Lutz/Hartmann, Matthias/Hirsch-Kreinsen, Hartmut (Hrsg.): Produzieren im 21. Jahrhundert. Herausforderungen für die deutsche Industrie. Frankfurt a.M.: Campus: 103-144
Marsden, David (1999): A Theory of Employment Systems. Micro-Foundations of Societal Diversity. Oxford: Oxford University Press
Maruani, Margaret (2002): Ein unvollendetes Projekt. Die Gleichheit von Männern und Frauen in der Arbeitswelt. Köln: Köppe
Marx, Karl (1968, orig. 1867): Das Kapital. Kritik der politischen Ökonomie. Bd. 1. (MEW 23), 2. Aufl. Berlin: Dietz
Mikl-Horke, Gertraude (1997): Industrie- und Arbeitssoziologie. 4. unwesentl. veränd. Aufl., München: Oldenbourg
Minssen, Heiner (Hrsg.) (2000): Begrenzte Entgrenzungen. Wandlungen von Organisation und Arbeit. Berlin: Edition Sigma
Minssen, Heiner (2006): Arbeits- und Industriesoziologie. Eine Einführung. Frankfurt a.M./ New York: Campus
Moldaschl, M. (1993): Restriktive Arbeit: Formen, Verbreitung, Tendenzen der Belastungsentwicklung. In: IfS Frankfurt et al. (1993): 140-172
Moldaschl, Manfred/Sauer, Dieter (2000): Internalisierung des Marktes. Zur neuen Dialektik von Kooperation und Herrschaft. In: Minssen (2000): 205-224
Moldaschl, Manfred/Voß, G. Günter (Hrsg.) (2002): Subjektivierung von Arbeit. München: Hampp
Mückenberger, Ulrich (1985): Die Krise des Normalarbeitsverhältnisses. Hat das Arbeitsrecht noch Zukunft? In: Zeitschrift für Sozialreform 31. 1985: 415-434, 457-475
Müller-Jentsch, Walther (2003): Organisationssoziologie. Eine Einführung. Frankfurt a.M./ New York: Campus
Offe, Claus (Hrsg.) (1984): „Arbeitsgesellschaft": Strukturprobleme und Zukunftsperspektiven. Frankfurt a.M.: Campus
Offe, Claus/Hinrichs, Karl (1984): Sozialökonomie des Arbeitsmarktes. Primäres und sekundäres Machtgefälle. In: Offe (1984): 100-121
Ostermann, Paul (1987): Choice of Employment Systems in Internal Labor Markets. In: Industrial Relations 26. 1987. 46-67
Ostermann, Paul/Burton, Diane M. (2005): Ports and Ladders: The Nature and Relevance of Internal Labor Markets in a Changing World. In: Ackroyd et al. (2005): 425-448
Piore, Michael J./Sabel, Charles F. (1985): Das Ende der Massenproduktion. Studie über die Requalifizierung der Arbeit und die Rückkehr der Ökonomie in die Gesellschaft. Berlin: Wagenbach
Polanyi, Karl (1997) The Great Transformation. Politische und ökonomische Ursprünge von Gesellschaften und Wirtschaftssystemen. 4. Aufl., Frankfurt a.M.: Suhrkamp
Rifkin, Jeremy (1995): Das Ende der Arbeit und ihre Zukunft. Frankfurt a.M./New York: Campus
Rubery, Jill (2005): Labor Markets and Flexibility. In: Ackroyd et al (2005): 31-51
Rubery, Jill/Grimshaw, Damien (2003): The organization of employment: an international perspective. Basingstoke: Palgrave Macmillan
Schmid, Günther (2000): Arbeitsplätze der Zukunft. Von standardisierten zu variablen Arbeitsverhältnissen. In: Kocka et al. (2000): 269-292

Sengenberger, Werner (1987): Struktur und Funktionsweise von Arbeitsmärkten. Die Bundesrepublik Deutschland im internationalen Vergleich. Frankfurt a.M.: Campus

Smelser, Neil/Swedberg, Richard (Hrsg.) (1994): The Handbook of Economic Sociology. Princeton: Princeton University Press

SOFI (Soziologisches Forschungsinstitut), Institut für Arbeitsmarkt- und Berufsforschung (IAB), Institut für Sozialwissenschaftliche Forschung (ISF) und Internationales Institut für empirische Sozialökonomie (INIFES) (Hrsg.) (2005): Berichterstattung zur sozioökonomischen Entwicklung in Deutschland. Arbeit und Lebensweisen. Wiesbaden: VS

Tilly, Chris/Tilly, Charles (1994): Capitalist Work and Labor Markets. In: Smelser et al. (1994): 283-312

Voß, Gerd-Günter/Pongratz, Hans J. (1998): Der Arbeitskraftunternehmer. Eine neue Grundform der Ware Arbeitskraft? In: Kölner Zeitschrift für Soziologie und Sozialpsychologie 50. 1998: 131-158

Weber, Max (1972, orig. 1922): Wirtschaft und Gesellschaft. Grundriß der verstehenden Soziologie. 5. rev. Aufl. Tübingen: Mohr Siebeck

Williamson, Oliver E. (1990): Die ökonomischen Institutionen des Kapitalismus. Unternehmen, Märkte, Kooperationen. Tübingen: Mohr Siebeck

Ethnizität

Mathias Bös

1 Zur Definition von Ethnizität und Rasse

Am 17.3.2006 ziehen über 150.000 Menschen, zumeist mit grünen Kleidungsstücken bekleidet, durch die Straßen New Yorks und feiern Irland. Mitte der 1990er Jahre haben etwa 80% der aus Bangladesch nach Großbritannien eingewanderten Männer zwischen 40 und 59 Jahren keine private Rentenversicherung und sind damit in großer Gefahr, als Rentner unter die Armutsgrenze zu fallen (Ginn/Arber 2001: 295–296). Am 26.7.1841 verfasst August Heinrich Hoffmann (Künstlername: Hoffmann von Fallersleben) auf der zu dieser Zeit englischen Badeinsel Helgoland passend zu einer Melodie von Joseph Haydn ‚Das Lied der Deutschen'.

So unterschiedlich die genannten Ereignisse auch anmuten, aus soziologischer Sicht spielt in all diesen Begebenheiten Ethnizität eine Rolle. Der irische Nationalfeiertag, Saint Patrick's Day, wird am 17.3.2006 von den vielen irischen Auswanderern in den USA gefeiert, die so ihre irische Tradition und ihr Bewusstsein als Gruppe aufrecht erhalten, das sympathische Volksfest wird aber auch von vielen anderen New Yorkern mitgefeiert, egal ob sie sich als Iren fühlen oder nicht.

Männliche Angehörige der in Großbritannien Bangladeshis genannten Gruppe haben eine etwa 55% niedrigere Wahrscheinlichkeit, ihre Rente durch selbst erworbene private Rentenanwartschaften aufzustocken, als weiße Briten. Dies lässt sich zum großen Teil dadurch erklären, dass diese Gruppe eine besonders hohe Wahrscheinlichkeit hat, Arbeiten mit niedrigem Status, vergleichsweise geringem Einkommen und mit oft nur einer geringen Anzahl von Berufsjahren auszuüben: Bangladeshis gelten als eine der benachteiligsten Bevölkerungsgruppen in Großbritannien (Ginn/Arber 2001).

Wie viele deutsche Nationalisten seiner Zeit war Hoffmann von Fallersleben der Meinung, dass sich die zahlreichen Klein- und Kleinst-Fürstentümer, in denen verschiedene Dialekte des Deutschen gesprochen wurden, aufgrund ihres gemeinsamen ‚Deutsch-Seins' zu einer politischen Einheit zusammenfinden sollten. Die Gründung dieser Einheit als Deutsches Reich unter Bismarck konnte er 1871 im Alter von 73 Jahren noch miterleben.

Wie lässt sich nun das Gemeinsame der oben genannten Ereignisse – Ethnizität – definieren? Ethnizität bezeichnet eine Eigenschaft einer Gruppe bzw. eines Mitgliedes einer Gruppe. Es gibt zahlreiche unterschiedliche Definitionen einer ethnischen Gruppe, wobei die überwiegende Anzahl der Definitionen meist folgende drei Aspekte umfasst: Erstens nehmen sich die Mitglieder einer Gruppe selbst als verschieden von anderen Menschen wahr, zweitens wird diese Gruppe von anderen ebenfalls als verschieden wahrgenommen, und drittens nehmen die Mitglieder der Gruppe an gemeinsamen Aktivitäten teil, die sich auf ihre (reale oder mythische) gemeinsame Herkunft oder Kultur beziehen (einen Überblick über die zahlreichen Perspektiven bietet Hutchinson/Smith 1996, eine gut lesbare Sammlung wichtiger Texte ist Sollors 1996b, zur Definition vergleiche Yinger 1994: 3-4).

1.1 Geschichte und Definition des Begriffs Ethnizität

Besondere Bedeutung erlangte die Forschung zu ethnischen Gruppen in der Soziologiegeschichte durch die Arbeiten, die zwischen dem Ersten und Zweiten Weltkrieg an der Universität von Chicago angefertigt wurden, etwa Thomas' und Znanieckis ‚The Polish Peasant in America' (1958, orig. 1918) oder Louis Wirths ‚The Ghetto' (1982, orig. 1928). Auch wenn der Begriff ‚Ethnizität' selbst von den Autoren zu dieser Zeit nicht verwendet wurde, wurden hier im Kontext der entstehenden Migrations- und Stadtsoziologie viele Erkenntnisse gewonnen, die heute unter dem Begriff ‚Ethnizität' subsumiert werden. Der Begriff ‚Ethnizität' (‚ethnicity') selbst wurde zum ersten Mal systematisch von W. Lloyd Warner, ebenfalls zu dieser Zeit Professor an der Universität von Chicago, in den vierziger Jahren des letzten Jahrhunderts in die Soziologie eingeführt (Sollors 2001). Das von ihm gemeinsam mit Srole verfasste Buch ‚The Social Systems of American Ethnic Groups' (1945) ist die erste Analyse, in der dieser Begriff durchgehend verwendet wird.

In der amerikanischen Soziologie findet der Begriff ‚ethnicity' dann seit Ende der 1950er Jahre häufig Verwendung. Zunehmend wird seit den 1990er Jahren das Wort auch im Kontext der Schilderung ‚ethnischer Konflikte' gebraucht, hier dann meist in Bezug auf oft gewaltsame Konfliktverläufe. In Deutschland wird der Begriff ‚Ethnizität' überhaupt erst seit den 1990er Jahren innerhalb der Soziologie populär, dies zeigt sich zum einen in der zunehmenden Zahl migrationssoziologischer Arbeiten, die den Begriff verwenden, und zum anderen in einer ‚Amerikanisierung' von Konzeptionalisierungen, insbesondere in der empirisch orientierten Sozialforschung und der Sozialstrukturanalyse.

Die Begriffe ‚ethnische Gruppe' (‚ethnic group') bzw. ‚ethnische Gemeinschaft' (‚ethnic community') sind älter als der Begriff ‚Ethnizität' selbst, beide werden schon vor dem Zweiten Weltkrieg häufiger verwendet. Der Begriff ‚ethnische *Gemeinschaft*' betont das Zugehörigkeitsgefühl der Gruppenmitglieder, während der Begriff ‚ethnische *Gruppe*' auf die kategoriale Gemeinsamkeit der Gruppenmitglieder verweist.

Das englische Adjektiv ‚ethnic' wird schon etwa seit dem 15. Jahrhundert verwendet, meist in Bezug auf Gruppen, die nicht christlichen bzw. jüdischen Glaubens sind, oder auch als Synonym für ‚heidnisch' (Sollors 1996a: x). Seit dem 19. Jahrhundert taucht der Begriff dann in seiner heutigen Verwendung auf (Wilson 1853 nach OED 2003): Der Begriff ‚ethnisch' wird seitdem in Bezug auf eine Gruppe gemeinsamer Abstammung verwendet. Insbesondere in den deutschen Sozialwissenschaften wird im 19. Jahrhundert der Begriff ‚Ethnos' (wie etwa in Ethnographie bzw. Ethnologie) populär. Der Begriff ‚Ethnos' geht auf eine durch Bibelübersetzungen entstandene Unterscheidung in ‚éthnos' als Volk und ‚ethnikós' als unzivilisiertes Volk zurück (Nederveen Pieterse 2007: 23). Der Begriff ‚Ethnos' wird im Gegensatz zum Begriff ‚Ethnie' oder ‚ethnisch' manchmal als weniger problematisch eingeschätzt, aufgrund der fehlenden Implikation des ‚Unzivilisierten', ein Aspekt der auch in heutigen soziologischen Definitionen des Begriffs ‚Ethnizität' praktisch nicht mehr vorkommt. Definitorisch unterscheidet der Begriff ‚Ethnizität' meist ebenfalls nicht, ob er sich auf eine Mehrheit oder eine Minderheit bezieht. Die Begriffstradition von ethnisch als heidnisch bzw. primitiv hat aber in zahlreichen Kontexten dazu geführt, dass die Bezeichnung ethnisch oder ethnische Gruppe eine pejorative bzw. exkludierende Konnotation in Bezug auf eine Minderheit haben kann.

‚Ethnizität' ist also eine noch relativ junge Wortschöpfung, basierend auf dem Adjektiv ‚ethnisch', das eine Gruppe oder Gemeinschaft bzw. deren Mitglieder kennzeichnet, wobei solche Gruppen manchmal auch als ‚Ethnien' bezeichnet werden. Der definitorische Kern, der das Begriffsfeld eint, ist der von den Beteiligten geteilte Glaube an eine Abstammungsgemeinsamkeit. Dies wird auch deutlich, wenn wir die oben genannte Definition genauer betrachten: Dass, erstens, Mitglieder einer Gruppe sich als besonders wahrnehmen und, zweitens, von anderen als besonders wahrgenommen werden, kann für Mitglieder des Fußball-Klubs Bayern München ebenso gelten wie für politische Parteien oder die Frauenbewegung. Mitgliedschaften werden auch in diesen Fällen oft mit besonderen ‚Kulturen' oder manchmal auch körperlichen Merkmalen begründet. Eigentliche differentia spezifika ist, dass, drittens, soziale Handlungen auf einer realen oder mythischen gemeinsamen Herkunft einer Bevölkerungsgruppe aufbauen. Eine frühe Begriffsbestimmung stammt von Max Weber, der folgende Aspekte zur Definition vorschlägt:

> „Wir wollen solche Menschengruppen, welche auf Grund von Aehnlichkeiten des äußeren Habitus oder der Sitten oder beider oder von Erinnerungen an Kolonisation und Wanderung einen subjektiven Glauben an eine Abstammungsgemeinsamkeit hegen, derart, daß dieser für die Propagierung von Vergemeinschaftungen wichtig wird (...) ‚ethnische' Gruppen nennen, ganz einerlei, ob eine Blutsgemeinsamkeit objektiv vorliegt oder nicht." (Weber 1985, orig. 1922: 237)

Bei dieser Definition ist zunächst bemerkenswert, dass die übliche ‚common sense'-Kausalität umgekehrt wird: Nicht Ethnizität ist der Grund für eine besondere Lebensweise, ein Gruppenschicksal oder gemeinsames Aussehen, sondern weil diese Merkmale vorliegen, entsteht Ethnizität, im Sinne des geteilten Abstammungsglaubens, der dann zur ‚Propagierung' eines spezifischen ethnischen Gruppenhandelns verwendet wird. Ethnizität ist damit auch kein universelles Muster, das gleichsam überall und zu jeder Zeit entstehen muss (Gabbert 2006). Für Weber drückte sich der Abstammungsglaube als Blutsverwandtschaftsglaube aus. Dieser Blutsverwandtschaftsglaube muss sich nicht notwendiger Weise auf den Glauben an einen einzigen gemeinsamem Vorfahren beziehen, es genügt die Vorstellung der gemeinsamen Herkunft der Vorfahren in der eigenen Familie aus einem bestimmten Gebiet oder als Angehörige einer vorgestellten historischen Gemeinschaft. Der so gehegte Abstammungsglaube kann, muss aber nicht mit tatsächlichen historischen Ereignissen einhergehen.

Technisch gesprochen ist Ethnizität eine abhängige und keine unabhängige Variable. Unter dem Vorliegen bestimmter struktureller Prozesse oder anderer wahrgenommener Gemeinsamkeiten neigen Menschen dazu, einen ethnischen Abstammungsglauben zu bilden. Erst wenn eine ethnische Interpretation sozialen Handelns in die Welt gesetzt wurde, tendieren Akteure dazu, alle Handlungen als ethnisch ‚gefärbt' zu betrachten. In einem ethnischen Weltbild wird alles ethnisch, da sind dann bestimmte Wortverwendungen, Kleidungsstücke, Automarken oder gar bestimmte Kühlschränke (und nicht nur deren Füllung) typisch für eine ethnische Gruppe. Erst durch diese als ethnisch interpretierten Vorlieben und Lebensweisen wird Ethnizität dann zur ‚Ursache' sozialen Handelns. In einem ethnisierten Weltbild bestimmt Ethnizität alle Handlungen eines Menschen mit, Ethnizität wird zur zentralen Identifikation und beginnt alle Lebensbereiche zu beeinflussen, ähnlich wie bei Religion oder Familienzugehörigkeit kann Ethnizität dann zum hoch emotionalisierten, oft konflikthaften Motor sozialen Handelns werden.

1.2 Geschichte und Definition des Begriffs Rasse

Aus soziologischer Sicht bezeichnet der Begriff Rasse eine ethnische Gruppe, bei der die Zugehörigkeit aufgrund von sozial definierten körperlichen Merkmalen bestimmt wird (Cornell/Hartmann 1998: 35). Die Geschichte des Begriffs Rasse ist umfangreich ideengeschichtlich dokumentiert (Geiss 1988, Gossett 1997, orig. 1963, Smedley 1999). Vermutlich stammt der Begriff aus dem Spanischen bzw. Castilianischen (‚raza') und kam seit dem 15. bzw. 16. Jahrhundert in breiteren Gebrauch, einerseits zur Bezeichnung einer adligen Herkunft, andererseits, insbesondere im Zusammenhang mit der Inquisition, als negative Bezeichnung für die ungewollte ‚Mischung' verschiedener Bevölkerungsgruppen. Der Begriff teilt also mit dem Begriff ‚ethnisch' seinen ambivalenten Ursprung. Bis in die 1930er Jahre hinein wurde der Ausdruck sowohl in der deutschen wie auch in der amerikanischen Soziologie oft verwendet. Mit dem Gebrauch des Begriffs in den faschistischen und nationalsozialistischen Bewegungen des zwanzigsten Jahrhunderts mit ihren schrecklichen Folgen, wurde der Begriff zunehmend in Gesellschaft und Soziologie als problematisch empfunden (Montagu 1997, orig. 1942, Sollors 2001). Dies hat jedoch nicht in allen nationalen Soziologien zu seiner Abschaffung geführt, so wird er etwa in den USA noch weiter verwendet. Dies geschieht deshalb, um die Diskriminierung besonderer Gruppen, etwa der Afroamerikaner, besser beschreiben zu können (Myrdal 1998, orig. 1944: 622).

Moderne soziologische Definitionsversuche setzen sich explizit von biologistischen Rassedefinitionen ab, aber auch aus biologisch-genetischer Sicht ist eine Vorhersage von Gruppenmerkmalen aufgrund des Genoms einer Menschengruppe nur sehr eingeschränkt möglich (hierzu und warum der Begriff Rasse aus genetischer Sicht kaum brauchbar ist vgl. Barbujani 2001). Soziologischen Definitionen ist gemeinsam, dass körperliche Merkmale als sozial konstruiert angesehen werden. Ein sozial konstruiertes körperliches Merkmal bedeutet in diesem Falle, dass ein spezifisches Merkmal, wie etwa besonders lockiges Haar, als kennzeichnend für eine bestimmte rassische Zugehörigkeit angesehen wird. Nicht das ‚lockige Haar' ist also sozial konstruiert, sondern die Verwendung des Merkmals zur Typisierung einer bestimmten Rasse. Alle vermeintlich eindeutigen körperlichen Merkmale für eine Rasse sind dies jedoch keineswegs, z.B. haben weder alle Afroamerikaner lockiges Haar noch sind alle Amerikaner mit lockigem Haar Afroamerikaner. Auch zeigen soziologische Untersuchungen zur Rassenzuordnung in den USA, dass die Zugehörigkeit zu dieser Gruppe in alltäglichen Situationen nur bedingt über das Aussehen bestimmt wird. Wie die historische Rekonstruktion der ‚one-drop-rule' zeigt (Davis 1991), setzte sich nach der Abschaffung der Sklaverei rechtlich und später auch sozial die Definition eines Afroamerikaners als einer Person mit auch nur einem einzigen afroamerikanischen Vorfahren durch. Diese Definition über die Abstammung führt dazu, dass viele Menschen, die sich in den USA als Afroamerikaner fühlen, ‚eigentlich weiß' aussehen. ‚Wahrnehmbare' körperliche Merkmale, wie sie z.B. in den USA der Jim Crow-Ära prominent waren, verlieren in den heutigen USA zunehmend an Nützlichkeit zur Einordnung von Menschen. Dass trotzdem an der ‚one-drop-rule' festgehalten wird, verweist auf die soziale Definition eines körperlichen Merkmals, in diesem Falle auf ein unsichtbares körperliches Merkmal (die Abstammung von einem Schwarzen). Hier zeigt sich konzeptionell deutlich der Übergang zwischen Rasse und Ethnizität.

Wie verhalten sich nun die Begriffe Rasse und Ethnizität zueinander? Ursprünglich wurde der Begriff der ‚ethnischen Gruppe' in der Chicagoer Soziologie vermehrt verwendet, um den Begriff Rasse zu vermeiden, da zu Recht befürchtet wurde, mit den problematischen biologistischen Auffassungen des wissenschaftlichen Rassismus in Beziehung gebracht zu werden. Der Versuch den Begriff der Rasse ganz aus der Soziologie zu verbannen, ist jedoch im englischsprachigen Raum gescheitert (Bös 2005). Zwei grundsätzliche Modelle, Rasse und Ethnizität miteinander in Verbindung zu setzen, können unterschieden werden: Erstens, das hier vertretene Modell, das oft auch mit dem Namen Max Weber (1985, orig. 1922: 234ff.) verbunden wird, in dem Rasse als eine spezifische Form der Ethnizität angesehen wird (mit einem ähnlichen Modell arbeitet etwa auch Cox 1970, orig. 1948). Rassen sind hier ethnische Gruppen, bei denen der Glaube an eine gemeinsame Abstammung auch auf sozial definierten körperlichen Merkmalen beruht. Zweitens, eine überwiegend in der amerikanischen Soziologie verbreitete Auffassung ist, dass zwischen Rasse und Ethnizität zu unterscheiden sei. Diese in der Tradition von Warner (1945) stehende Auffassung begreift ethnische Gruppen als Untergruppen von Rassen. Hier wird der Begriff Rasse insbesondere für Großgruppen verwendet, bei denen ein Assimilationsprozess als nicht oder nur schwer möglich angesehen wird, bzw. eine besonders starke Diskriminierung vorliegt.

Die Begriffe Ethnizität und, in geringerem Maße, auch der Begriff ‚Rasse' werden in sehr unterschiedlichen Kontexten verwendet, sie werden herangezogen, um Folgen der Kolonialisierung zu analysieren, Konflikte zwischen Interessengruppen zu interpretieren oder das Spezifische eines Volksfestes zu beschreiben. Gerade in den letzten Jahren wird Ethnizität auch immer stärker im Kontext der zunehmenden Globalisierung diskutiert (Nederveen Pieterse 2007: 33). Diese verschiedenen Kontexte spiegeln sich in unterschiedlichen Perspektiven und Theorieansätzen wider, so dass meist bestimmte Theorien der Ethnizität für einen dieser Kontexte besonders geeignet sind.

Der folgende Überblick ist vor allem systematisch aufgebaut, das heißt das Hauptziel ist es, die jeweils entscheidenden Argumentationsfiguren in ihrem Zusammenhang darzustellen. Der Überblick verfolgt dabei weder das Ziel, alle oder auch nur die meisten Werke beziehungsweise Perspektiven zu Ethnizität darzustellen, noch werden einfach nur die am häufigsten verwendeten Perspektiven aufgelistet.

Folgt man der Analyse W.E.B. Du Bois', der sein soziologisches Lebenswerk dem Problem der ‚Rassifizierung' (Du Bois verwendet den Begriff Rasse, nicht den der Ethnizität) gesellschaftlicher Großgruppen gewidmet hat, so lassen sich die Argumente zur Formation ethnischer Gruppen auf drei Ebenen systematisieren (vgl. z.B. Du Bois 2007, orig. 1903, als Überblick Zuckerman 2004):

(1) Ethnizität als individuelle Zugehörigkeit, die sich alltagsweltlich über den Glauben an gemeinsame Vorfahren konstituiert, meist ausgehend von einem unterstellten gemeinsamen historischen Kollektiv und/oder von als spezifisch gesehenen kulturellen Äußerungen. Ethnische Zugehörigkeit ist in dieser Hinsicht auch eine Quelle von Stolz, Gemeinschaftlichkeit und eine Möglichkeit des Widerstandes gegenüber einer hegemonialen Kultur.

(2) Ethnizität als Muster sozialer Ungleichheit, einerseits bestimmt in Dimensionen sozialer Ungleichheit (z.B. ökonomisch, rechtlich und politisch), andererseits verkontinuierlicht durch spezifische Institutionen (z.B. Familie, Nachbarschaften, Kirche, Arbeit und Vereinigungen). Ethnische Zugehörigkeit ist damit auch ein Konzept sozialer Über- und Unterordnung, das Chancen der Machtausübung und der Diskriminierung eröffnet.

(3) Ethnizität als Strukturmoment der Weltgesellschaft, zum einen als Element verschiedener Vorstellungen zur Konstitution nationalstaatlich verfasster Gesellschaften (z.B.

Multikulturalismus, nationale Homogenitätsvorstellungen), zum anderen als Element von Nationalstaaten übergreifenden Mustern wie Diaspora, Kolonisation oder Migration. Ethnizität verweist somit auf historische Erfahrungen, auf oft sehr durchgreifende, manchmal gewalttätige Wandlungsprozesse, die das Schicksal sehr großer Bevölkerungsgruppen häufig beeinflussen.

Anhand dieser drei Ebenen sollen nun im Folgenden die zentralen Perspektiven und Argumentationsmuster zu Ethnizität dargestellt werden.

2 Ethnizität als individuelle Zugehörigkeit

Die Feier des irischen Nationalfeiertags an Saint Patrick's Day ist sicherlich eine fröhliche Angelegenheit für die meisten Beteiligten. Sie verwirklicht in ihrem Bezug auf die Geschichte einer Gruppe von Menschen mit gemeinsamer Herkunft die Zugehörigkeit zu einer ethnischen Gruppe. Dieser Effekt wird geradezu verstärkt, wenn an diesem Ereignis Menschen teilnehmen, die sich selbst ohne irische Herkunft empfinden. Indem ‚Nicht-Iren' mitfeiern, erkennen sie an, dass hier eine ethnische Gruppe ihre Wurzeln, ihre Gemeinsamkeit feiert. Was bedeutet es aber für Mitglieder einer ethnischen Gruppe, dass sie dieser Gruppe angehören? Woher ‚wissen' eigentlich Menschen an Saint Patrick's Day, dass sie Angehörige der Gruppe der irischen Amerikaner sind? Die gefühlte Authentizität und die intuitive Sicherheit der Gruppenzuordnung, die für den Beobachtenden oft irritierend sind, verweisen auf den individuell gehegten Abstammungsglauben und den damit verbundenen Glauben an die Zugehörigkeit zu einer Gruppe als dem definitorischen Kern von Ethnizität. Wenden wir uns also Perspektiven zu, die besonderen Wert auf die Analyse dieser individuellen Situationsdefinitionen legen.

2.1 Ethnizität als primordial und situational

Als eine wichtige Antwort auf die Frage nach der Bedeutung ethnischer Zugehörigkeit seien die Arbeiten des Ethnologen Clifford Geertz genannt. In einer Aufsatzsammlung diskutiert Geertz (1973) die Rolle von primordialen Bindungen (‚primordial attachments') in der Staatenbildung während Dekolonialisierungsprozessen (vgl. auch den Beitrag zu „Nation, Nationalstaat" in diesem Band). Primordial ist ein Anglizismus und bedeutet ‚ursprünglich'. Geertz arbeitet die starke emotionale Bedeutung und subjektive Wichtigkeit dieser ursprünglichen Bindungen heraus. ‚Ursprünglich' meint hier etwa die starke Verbindung zur Gemeinde in der jemand aufwuchs oder zur Herkunftsfamilie. Diese Bindungen sind primordial, weil sie individuell als ursprünglich wahrgenommen werden, sie werden aus Sicht des Einzelnen ‚vorgefunden' oder sind ‚immer schon vorhandene' Aspekte des eigenen Lebens. Sie sind meist verbunden mit Erfahrungen in der Kindheit während des Sozialisationsprozesses, in dem gelernt wird, was als ‚normal' und ‚richtig' im täglichen Leben empfunden wird (aus psychologischer Sicht vgl. Roberts et al. 1998, Phinney 2001). Bindungen, die aufgrund dieser Herkünfte in Bezug auf geographische Räume, aber auch herkunftsbezogene Nahrungsmittel, generell kulturelle Muster, Dialekte, Sprachen und insbesondere in Bezug auf Personen, zu denen man aufgrund der Herkunft Verwandtschaftsgefühle hegt, entstanden sind, werden von den Akteuren meist als zwingend, unhintergehbar und authentisch empfunden.

Ethnizität als primordial im Sinne der jeweiligen Definition des Einzelnen, meint also ‚schon immer vorhanden' für den Einzelnen, dem es aufgrund seines Lebenslaufs so erscheint. Ob eine Historikerin bei der Untersuchung einer Gruppe von Menschen über mehrere Generationen hinweg auch zu diesem Schluss kommen würde, ist meist nicht zu erwarten, allerdings für den Einzelnen unerheblich. Untersuchungen z.B. zur Geschichte von Speisen zeigen, dass es über Generationen hinweg substantielle Wandlungsprozesse gibt und trotzdem sind Individuen in der Lage, typische Mahlzeiten für ihre Herkunftsregion anzugeben. Dieses Argument zum Verhältnis von historischem Wandel und der persönlichen Konstruktion von Kontinuität lässt sich für ethnische Gruppen verallgemeinern. So fühlen wohl manche Deutsche eine ethnische Kontinuität zwischen den Germanen, die Tacitus beschrieb, und den Deutschen im heutigen Deutschland, und das, obwohl sie weder germanisches Recht noch die germanische Küche als besonders akzeptabel für ihre eigenes Leben empfinden würden. Diese völlige Unterschiedlichkeit in den kulturellen und sozialen Mustern hindert Menschen nicht daran, trotzdem eine Art naturgegebene Schicksalsgemeinschaft zu empfinden. Hier verhält es sich ähnlich wie bei der Wahl des Liebespartners im Kontext der romantischen Liebe. Für die Beteiligten handelt es sich um ein authentisches, zwangsläufiges Ereignis. Dass in der Soziologie ganze Bücherregale gefüllt werden mit Studien, die nachweisen, dass es sich tatsächlich um einen stark sozial bestimmten Wahlakt handelt, ist aus der Sicht eines frisch Verliebten von kaum zu übertreffender Irrelevanz. Eine Situationsdefinition, die also ‚von außen' als ausgehandelt, dynamisch und oft willkürlich erscheint, kann für die Beteiligten trotzdem zwangsläufig, authentisch und traditionsbestimmt sein.

Egal, welchen Standpunkt man einnimmt, ob man Ethnizität als willkürliches Konstrukt oder als Ausdruck gefühlter historischer Kontinuität sieht, Ethnizität drückt sich notwendiger Weise immer in einer aktuellen gelebten Situation aus. Die Betonung dieser ‚Situationalität' ist z.B. mit dem Namen Fredrik Barth verbunden. In seiner Einleitung zu dem Sammelband ‚Ethnic Groups and Boundaries' (1969) beschreibt er Ethnizität als Ausdruck eines dynamischen, jeweils situational-bestimmten symbolischen bzw. kulturellen Differenzierungsprozesses (vgl. auch Jenkins 1997: 12). In Barths Perspektive unterscheiden sich Gruppen über ‚ethnic boundary markers': Bestimmte spezifische Symbole kennzeichnen, wer zu einer ethnischen Gruppe gehört oder nicht, Kleidung, Haartracht oder auch Sprache finden hier oft als Marker Verwendung, zum Teil also Merkmale, die in der primordialen Perspektive Gegenstand tiefer emotionaler Bindung sind. Eine Pointe von Barths Ansatz besteht darin, dass tatsächliche Unterschiede in den materiellen und immateriellen Elementen einer Kultur keine Rolle spielen. Ethnische Grenzen werden nicht über ‚absolute' Differenzen in kulturellen Mustern gekennzeichnet, sondern über ‚Marker', die jedes Individuum erkennt und damit die Zuordnung zu einer ethnischen Gruppe vornimmt.

2.2 Ethnizität in modernen Gesellschaften

Eine Übertragung und Weiterentwicklung der Ideen von Barth auf die Großgruppenstruktur in den USA war das Konzept der ‚symbolic ethnicity' von Herbert Gans (1999, orig. 1979). Gans betont, dass nicht nur keine größeren Unterschiede in den kulturellen Mustern zwischen Gruppen vorliegen müssen, sondern dass auch strukturelle Merkmale, wie etwa die Position in der Sozialstruktur oder religiöse Institutionen, nicht besonders stark ausgeprägt sein müssen und trotzdem Ethnizität als wichtige Identitätsressource verwendet werden kann. Für ihn war der Prototyp symbolischer Ethnizität die jüdische Gemeinschaft in den USA. Die Einstellungen und Werte dieser Gruppe sind praktisch nicht von der amerikanischen Mehrheitsgesellschaft zu unterscheiden, trotzdem bildet eine starke ethnische Kohäsion einen wichtigen Aspekt im Leben vieler jüdischer Amerikaner. Sozialstrukturell sind Minderheiten mit symbolischer Ethnizität kaum von anderen Gruppen einer Mehrheitsgesellschaft zu unterscheiden, trotzdem empfinden sie sich als abgrenzbare subjektiv bedeutungsvolle Gruppe. Ethnizität drückt sich in wenigen symbolischen Handlungen, etwa speziellen Essensgepflogenheiten oder religiösen Ritualen, aus, die sich problemlos in die Lebensweise der Gesamtgesellschaft einpassen. In dieser Perspektive wird Ethnizität zu einer Identifikation unter vielen, auf die von Individuen gezielt in bestimmten Situationen zurückgegriffen werden kann, die aber kaum noch umfassend oder gar zwangsläufig in andere Lebensbereiche eindringt.

Diese Perspektive auf Ethnizität als symbolischer Differenzierungsprozess lieferte Argumente dafür, warum Ethnizität auch in westlichen, oft als modern oder gar postmodern bezeichneten Gesellschaften weiterhin ein wichtiges Moment der Vergemeinschaftung ist. Die Durchmischung sozialer Kreise, Funktionalisierung und Rationalisierungen von Beziehungen, all das sollte doch die oft als archaisch und unzeitgemäß empfundene Identifikation mit einer ethnischen Gruppe auflösen. Für europäische Einwanderer in den USA ist dies jedoch nicht der Fall: Zwar weisen diese Einwanderergruppen untereinander sehr hohe Heiratsquoten auf, so dass Euro-Amerikaner auf ein breites Set unterschiedlicher Herkünfte verweisen könnten, sie tun dies interessanterweise aber nicht. Im amerikanischen Zensus liegt der Prozentsatz der Menschen, die eine gemischte Herkunft angeben, bei erstaunlich geringen 22% (United States Department of Commerce 2004), die überwiegende Mehrheit behauptet von sich selbst ‚ethnisch-homogene' Vorfahren zu haben. Mary Waters' ‚Ethnic Options: Choosing Identities in America' (1990) ist ein wichtiges Werk, das sich diesem Problem widmet. Waters weist nach, dass es Euro-Amerikanern und Euro-Amerikanerinnen möglich ist, ihre ethnische Identität zu wählen. So zeigt sie, wie etwa die Tochter irischer Einwanderer nach der Heirat mit einem Italiener zur italienischen Mama mutiert, nicht nur, indem sie die Rezepte der italienischen Küche lernt, sondern, indem sie in ihrem Stammbaum italienische Vorfahren findet, deren Herkunft sich in ihr revitalisiert. Die strukturelle Mehrdeutigkeit der Herkunft ist also notwendig zur Konstruktion der subjektiven, aktuell eindeutigen Herkunft. Die Mischung ethnischer Gruppen ist eine wichtige Voraussetzung für die persönliche Wahlfreiheit, eine Wahl, die von den jeweils Beteiligten als völlig authentische und unausweichliche Selbstfindung empfunden wird. Dass in derselben Gesellschaft die Durchmischung ethnischer Gruppen nicht notwendigerweise zu dieser Wahlfreiheit führt, ist am Beispiel der Afroamerikaner und der ‚one-drop-rule' zu sehen (Davis 1991). Ethnizität als symbolische Ethnizität wird zwei Ansprüchen in modernen Gesellschaften gerecht: einerseits ist sie flexibel und offen genug, sich jeweils in die spezifische Biografie jedes Einzelnen einzupassen, ja sogar wählbar zu sein, andererseits entspricht sie den Bedürfnissen nach authentischer Zugehörigkeit. Ethnizität produziert zugleich individuelle Besonderheit wie auch Gemeinsamkeit mit anderen.

Eine ethnische Situationsdefinition wird also von den Beteiligten als authentisch und ‚naturgegeben' empfunden, wird aber jeweils situational aktualisiert, dies kann, muss aber nicht, durch strukturelle oder kulturelle Unterschiede bedingt sein, zentral ist jedoch, dass ethnische Marker definiert sind, die Zugehörigkeiten festlegen. Diese Marker können dann selbst wieder zum zentralen Moment kultureller und struktureller Differenzierung werden. Die Beschreibung von Ethnizität als jeweils spezifische Situationsdefinition legt die Idee nahe, dass der ‚historisch kontingente' Aspekt, das oft künstlich konstruiert Wirkende, gezielt herbeigeführt wurde. Dieser manipulative Gesichtspunkt von Ethnizität findet in vielen Perspektiven seinen Niederschlag, auf individueller Ebene ist die Vorstellung von Ethnizität als rationaler Wahl ein wichtiges Beispiel.

2.3 Ethnizität als rationale Wahl

Schon im Abschnitt zur Definition von Ethnizität wurde erwähnt, dass ethnische Vergemeinschaftungsprozesse auf anderen sozialen Prozessen ‚aufruhen'. Rational Choice-Ansätze zu Ethnizität übernehmen dieses Grundmuster der Argumentation, schieben aber sozusagen zwischen strukturelle Ursachen und ethnische Vergemeinschaftung eine Ebene der rationalen Wahl der Akteure (Banton 1983, Hechter 1975, Hechter/Friedmann/Appelbaum 1982). Bekanntlich bezieht die Theoriearchitektur von rational choice-Theorien ihren Reiz aus der Tatsache, dass der Hauptmechanismus zur Verhaltenserklärung gleichsam als ‚extra-sozialer Prozess' in die Köpfe der Akteure verlegt wird. In ihrer reinsten Form reduzieren diese Ansätze Ethnizität zu einem persönlichen Akt der Nutzenmaximierung. Dies hat insofern eine erfrischende Kontraintuitivität, da gerade ethnische Konflikte oft als Standardbeispiele irrationalen Verhaltens herangezogen werden (Malešević 2001: 193). In vielen Fällen kann aus einer Rational Choice-Perspektive gezeigt werden, dass ethnisch orientiertes Verhalten rational und profitorientiert sein kann. So ist es etwa für einen amerikanischen Studenten sehr nützlich, bestimmten, als besonders diskriminiert anerkannten, ethnischen Minderheiten anzugehören, weil er dadurch zusätzliche Pluspunkte bei einer Bewerbung an einer Universität erhält. Ähnliches lässt sich auch über politische Bewegungen oder Parteien sagen. Insbesondere viele politische und ökonomische Erklärungsansätze zu Ethnizität können in einem solchen Theorierahmen reformuliert werden, in dem die Handlungsmotivation mit der Präferenz zur Maximierung von Geld- bzw. Machtgewinnen ‚erklärt' wird.

Ein Beispiel der Anwendung einer rational choice-Perspektive ist Cornells (1995a) konzeptioneller Integrationsversuch von Ansätzen der Erklärung ethnischer Diskriminierung. Danach ist Diskriminierung auf die Präferenz von Menschen zurückzuführen, mögliche ‚Decodierungsprobleme' in der Interaktion zu minimieren. Wie oben schon ausgeführt verweist ethnische Zugehörigkeit auf einen Sozialisationsprozess, in dem nach Cornell erlernt wird, wie bestimmtes Verhalten von anderen zu interpretieren und wie angemessen darauf zu reagieren ist. Bei Angehörigen anderer ethnischer Gruppen steht in Frage, ob dieser Decodierungsprozess einwandfrei funktioniert. Es ist also rational von Akteuren, kulturelle Distanzen zu anderen Akteuren in ihrer engsten Umgebung zu minimieren, d.h. gegenüber Menschen mit anderem ethnischen Hintergrund zu diskriminieren. Dabei ist zu erwarten, dass je höher die ‚kulturelle Distanz' zwischen zwei Gruppen ist, die Diskriminierungsneigung steigt (vgl. hierzu auch die interessante Diskussion bei Cornell 1995b, Hechter 1995). Die Probleme einer solchen Erklärung sind offensichtlich, tatsächlich ist die Differenz in kulturellen Mustern zwischen ethnischen Gruppen oft nur unterstellt oder sehr gering. Das Cornellsche Erklärungs-Modell zeigt jedoch recht schön, wie mit einfachen

Mitteln sehr überschaubare und plausible ‚Erklärungen' für Verhalten in ethnischen Situationen gefunden werden können (vgl. auch den Beitrag zu „Kultur" in diesem Band).

2.4 Ethnozentrismus und Vorurteile

Im weiteren Sinne zu Perspektiven auf Ethnizität gehörend sind verschiedene Ansätzen der Vorurteilsforschung. Ausgangspunkt der Überlegung ist hier der Versuch, Abwertungen von anderen und die Bevorzugung der Eigengruppe zu verstehen bzw. zu erklären. Theoriehistorisch wird hier oft Bezug auf das Konzept des Ethnozentrismus genommen. Der Begriff geht auf das Werk ‚Folkways' von William Graham Sumner (1907, orig. 1906: 12-15) zurück, der diesen Begriff insbesondere in Bezug auf ‚primitive Gesellschaften' diskutiert, um deren nach Ansicht Sumners kriegerische Neigungen zu erklären.

> „Ethnocentrism is the technical name for this view of things in which one's own group is the center of everything, and all others are scaled and rated with reference to it. Folkways correspond to it to cover both the inner and the outer relation. Each group nourishes its own pride and vanity, boasts itself superior, exalts its own divinities, and looks with contempt on outsiders. Each group thinks its own folkways the only right ones, and if it observes that other groups have other folkways, these excite its scorn." (Sumner 1907, orig. 1906: 13)

Ethnozentrismus bezeichnet erhöhte Gefühle der Loyalität und Solidarität zu der eigenen Gruppe und gleichzeitig die Abwertung einer anderen Gruppe sowie aggressives Verhalten dieser Gruppe gegenüber. Sumner führt in diesem Zusammenhang auch die Begriffe der ‚we- bzw. in-group' und ‚out-group' ein. Auch wenn viele Phänomene in Gruppenbeziehungen derart beschrieben werden können, wurden das Konzept und sein universalistischer Anspruch in der Soziologie stark kritisiert. So verweist Merton (1965, orig. 1957) darauf, dass Individuen nicht einfach nur Mitglied in *einer* Gruppe sind, sondern in vielen Gruppen, so dass das wirkliche soziologische Problem darin besteht zu erklären, warum eine Gruppenmitgliedschaft in bestimmten Situationen alle anderen Mitgliedschaften dominiert. Darüber hinaus sind Gruppengrenzen oft unklar, Zugehörigkeiten wechseln und oft werden auch Gruppen, zu denen man nicht gehört, bewundert. Unter anderem aufgrund dieser Argumente gelten Ethnozentrismus und die von Sumner noch angenommene direkte Verbindung von Ethnozentrismus und gewalttätigen bzw. kriegerischen Handlungen gegenüber anderen Gruppen heute nicht mehr als unvermeidlicher Automatismus, sondern als ein historisch-kontingentes Phänomen, das in seinem jeweiligen sozialen Kontext erklärt werden muss.

Heute wird der Begriff des Ethnozentrismus meist in einer schwächeren Form verwendet und bezeichnet eher allgemein den Glauben daran, dass die eigene Kultur höherwertiger sei als die einer anderen Gruppe, oft verbunden mit abwertenden Vorstellungen oder Urteilen über die andere Gruppe. Diese abwertenden Vorstellungen oder Urteile über andere werden als Vorurteile bezeichnet. Dabei wird angenommen, dass Vorurteile besonders negative Eigenschaften betreffen, die in unzulässiger Weise für eine Gruppe generalistiert werden. Vorurteile können sich nicht nur auf ethnische Gruppen beziehen, sondern auf jede Gruppe wie Arbeitslose, Frauen, Fußballer oder Wissenschaftler. Allerdings wird in vielen Kontexten vermutet, dass Vorurteile gegenüber einer Gruppe meist einhergehen mit Vorurteilen gegenüber anderen Gruppen (vgl. klassisch Allport 1979, orig. 1954).

Die schon im Konzept des Ethnozentrismus angelegten, mit Vorurteilen verbundenen zwei Aspekte, einerseits die Loyalität und die Beziehung zur eigenen Gruppe und andererseits die Beziehung zur anderen Gruppe und mögliche aggressive Gefühle, werden in unterschiedlichen Kombinationen zur Erklärung von Vorurteilen verwendet. Psychoanalytische und psychodynamische Ansätze betonen etwa, dass Vorurteile oft durch Frustration entstandene aggressive Äußerungen sind (Dollard et al. 1939). Ansätze, die ihr Augenmerk eher auf die Dynamik zwischen Gruppen legen, kommen zum Schluss, dass Statusängste einer Gruppe gegenüber anderen Gruppen als Erklärung von Vorurteilen herangezogen werden können (Blumer 1958). Andere legen besonderen Wert auf den Kontakt zwischen Gruppen (Allport 1979, orig. 1954), wobei fehlender Kontakt Vorurteilen förderlich ist und Kontakt, zumindest unter spezifizierten Bedingungen, Vorurteile reduziert. Ebenso zentral sind Argumente, die die Bevorzugung der Eigen-Gruppe aufgrund einfacher Kategorisierung nachweisen (Tajfel 1978). Einen etwas anderen Weg geht z.B. Adorno (1950), der die Ursache von Vorurteilen in bestimmten Persönlichkeitsstrukturen sucht.

So unterschiedlich verschiedene Erklärungen sind, so gut dokumentiert sind die Veränderungen von Vorurteilskonstellationen, z.B. in den USA (Schuman et al. 1997, orig. 1985). In den letzten Jahren kann sogar von einer Renaissance der Vorurteilsforschung gesprochen werden. So weist Bobo (2000) im Anschluss an Du Bois darauf hin, dass sozialstrukturelle und vorurteilsbasierende Einflüsse auf die Diskriminierung ethnischer Gruppen oft ineinandergreifen und gerade die Analyse dieser Kombination besonders wichtig ist. Viele der oben genannten Theorietraditionen integrierend dokumentiert das Projekt ‚Gruppenbezogene Menschenfeindlichkeit' die Entwicklung eines Syndroms von Vorurteilen in Deutschland (Heitmeyer 2003). Ein Befund – der auch für viele Minderheiten in den USA festgestellt wurde – ist, dass das Niveau von Vorurteilen gegenüber Einwanderern in Deutschland umgekehrt proportional zum Anteil der Einwanderer in einer Gebietseinheit ist. D.h. ein höherer Anteil von Einwanderern verringert Vorurteile; ein schöner Beleg für die schon von Gordon Allport geäußerte ‚Kontakthypothese' (Wolf/Wagner/Christ 2005).

3 Ethnizität als Muster sozialer Ungleichheit

Zu Beginn des Beitrags wurde das Beispiel der männlichen Bangladeshis in Großbritannien genannt, die höhere Gefahr laufen, als Rentner unter die Armutsgrenze zu fallen, als weiße Briten, weil vier Fünftel keine private Rentenversicherung haben (Ginn/Arber 2001). An diesem Beispiel einer Migrationsminderheit zeigt sich, wie ethnische Zugehörigkeit und soziale Ungleichheit miteinander verwoben sind. Dabei ist es für ethnische Gruppen oft charakteristisch, dass die Mitglieder ein Set von Merkmalen teilen, die der Grund für diese Benachteiligung sind, wie etwa eine hohe Wahrscheinlichkeit, Arbeiten mit niedrigem Status auszuüben. Diese typische Situation, in der sich Menschen befinden, kann dann der Grund für die Entstehung von Ethnizität als subjektiver Abstammungsglaube sein, aber Ethnizität kann auch Ursache von Prozessen sozialer Ungleichheit sein, etwa im Falle von Diskriminierung.

3.1 Ethnizität, Ökonomie und Politik

Zur Beschreibung von Ungleichheitsprozessen im Bezug auf ethnische Gruppen wird es meist als besonders wichtig angesehen, eine ethnische Gruppe mit ihrem Namen und der Größe der Population zu definieren. In den Sozialwissenschaften führt dies zu einer Art ethnischen Buchführung, die versucht, möglichst umfassend die ethnischen Gruppen innerhalb eines Landes (oder auch auf der Welt) zu benennen. Ein klassisches Beispiel ist die 122 Gruppennamen umfassende ‚Harvard Encyclopedia of American Ethnic Groups' (Thernstrom/Orlov/Handlin 1980); eine deutsche Version einer solchen Enzyklopädie von Schmalz-Jacobsen und Hansen (1997) bringt es immerhin auf die stolze Anzahl von 191 ethnischen Gruppen in Deutschland. Die Schätzungen zur Anzahl ethnischer Gruppen auf der gesamten Welt schwanken von ca. 7.000 im Sinne von länderübergreifenden Sprachgruppen bis zu ca. 16.000 als Anzahl aller jeweils in unterschiedlichen Ländern lebenden ethnischen Gruppen (zur Diskussion dieser stark schwankenden Zahlen vgl. Bös 2004: 157). Die Anerkennung als ethnische Gruppe kann dabei nicht nur von Mitgliedern einer ethnischen Gruppe als besonders wichtig empfunden werden, sondern sie kann auch von großer Bedeutung für mögliche Sonderrechte von Gruppenmitgliedern sein und ist deshalb oft ein politisch umstrittener Prozess.

Wie oben erwähnt ist die erste Studie, die das Wort ‚Ethnizität' verwendete, eine Studie von Ungleichheitsstrukturen in ‚Yankee City', einer Gemeinde in New England (Warner/Srole 1945). Hier ist Ethnizität ein Aspekt sozialer Ungleichheit zwischen Gruppen. Ähnliche Studien gab es auch schon früher, etwa die Arbeit von Du Bois (Du Bois/Eaton 1996, orig. 1899) oder die oben erwähnten frühen Arbeiten an der Universität von Chicago. Warner und Srole wollten die Idee des ‚great melting pot' (1945: 32) überprüfen und kamen zu dem Schluss, dass der ‚Schmelztiegel' der amerikanischen Gesellschaft in Bezug auf europäische Einwanderer funktionierte (vgl. auch den Beitrag zu „Migration" in diesem Band). Der Hauptfaktor, der die Auflösung ethnischer Gruppen befördert, ist nach ihrer Ansicht die zunehmende ökonomische Ungleichheit innerhalb ethnischer Gruppen, insbesondere der ökonomische Aufstieg bewirke dabei eine ‚De-Ethnisierung' von Migranten (Warner/Srole 1945: 295–296). Typisch für Untersuchungen zur Situation ethnischer Gruppen in der Tradition von Warner und Srole ist es, verschiedene Aspekte dieser ethnischen Gruppen zu beleuchten: Meist beginnt die Untersuchung mit der räumlichen Verteilung von ethnischen Gruppen in einer Stadt, dann wird über die ökonomischen Aktivitäten berichtet, manchmal kombiniert mit einer Analyse der Klassenstruktur. Wichtiger Fokus sind auch immer die Familie, die Kirche und natürlich das viel diskutierte Schulsystem. Last not least werden dann die politischen Organisationen und die Selbsthilfeorganisationen von ethnischen Gruppen beschrieben.

Viele wichtige Argumente, die sich in Anschluss an Warner innerhalb der Soziologie entwickeln, lassen sich am Beispiel von Milton Gordons Buch ‚Assimilation in American Life' (1964) zeigen. Wichtig für Gordon ist der Zusammenhang zwischen Ethnizität und der sozialen Klasse in den USA. Aufgrund des Verschwindens nachhaltiger Nord-Süd- und Stadt-Land-Unterschiede sieht Gordon Klasse als die zunehmend wichtigste Dimension von Ethnizität an (Gordon 1964: 51). Neben der Kreation des Begriffs ‚ethclasses' ist bemerkenswert, dass Gordon bereits die Begrifflichkeit der vertikalen und horizontalen Ungleichheit verwendet. Vertikale Dimensionen sozialer Ungleichheit beziehen sich auf Aspekte, die eine klare Hierarchie aufweisen, wie etwa Geld oder Bildung, während horizontale Ungleichheit, z.B. in Bezug auf Milieus oder Lebensstile, auch ein Nebeneinander implizieren kann. Oft ist Ethnizität genau an der Schnittstelle beider Ungleichheitsformen anzusiedeln.

Grundsätzlich kann also ökonomische Ungleichheit zwei Folgen für ethnische Gruppen haben, nach Warner und Srole ist der ökonomische Aufstieg und die zunehmende ökonomische Ungleichheit innerhalb einer Gruppe ein zentraler Prozess, der ethnische Gruppen auflöst, andererseits ist nach Gordon die Ähnlichkeit der ökonomischen Lage ein Faktor, der das ethnische Gruppenbewusstsein befördert. Viele Ansätze zu ethnischen Gruppen sehen ökonomische Prozesse als besonders wichtige oder gar primäre soziale Prozesse gerade in Bezug auf die Integration einer Gesellschaft an (Anthias 2001, Anthias/Yuval-Davis 1992). Traditionell haben hier auch marxistische oder neo-marxistische Ansätze ihren Schwerpunkt (Malešević 2004: 32ff.).

Eine der wichtigsten Hypothesen ist die der segmentierten Arbeitsmärkte (‚split labour market hypothesis'; Bonacich 1972; 1976). Hier ist es die spezifische Kombination von Qualifikationen und Zugängen zu Berufspositionen, die die ökonomische Grundlage einer ethnischen Gruppe bestimmt und nicht deren kulturelle Spezifika (vgl. auch den Beitrag zu „Arbeit" in diesem Band). Es sind die Möglichkeitsstrukturen in einer bestimmten Sphäre der Gesellschaft, der Ökonomie, und hier wiederum in einem bestimmten Marktsegment, die dauerhafte Ungleichheiten zwischen Gruppenformationen produzieren. So wie diese Arbeitsmarktsegmentierung als eine Strategie von Mehrheiten gesehen werden kann, Chancen zu monopolisieren, so gibt es auch die Möglichkeit, dass bestimmte ökonomische Nischen ganz bewusst von einer ethnischen Gruppe belegt werden, und die Gruppe versucht die ökonomischen Chancen dieser Nische zu monopolisieren. Ähnlich argumentiert Wilson in seinem Buch ‚The Declining Significance of Race' (1980, orig. 1978). Er erweitert jedoch die Perspektive, indem er den Begriff der ‚underclass' einführt. Wilson zeigt, dass es ‚farbenblinde' ökonomische Prozesse, wie geringe oder gar keine Ausbildung und Arbeitslosigkeit, sind, die die deprivierte Position von Afroamerikanern in den USA stabilisiert.

Neben ökonomischer Ungleichheit ist politische Ungleichheit ein wichtiger Aspekt in der Diskussion um Ethnizität. Wichtig für diese Tradition ist das Buch von Nathan Glazer und Daniel P. Moynihan ‚Ethnicity: Theory and Experience' (1975). Für die Autoren ist Ethnizität eine neue soziale Form, die eine Gruppe zum politischen System relationiert. Obwohl die Autoren annehmen, dass kulturelle Differenzen zwischen verschiedenen ethnischen Gruppen abnehmen, so sind sie doch der Meinung, dass der überwiegende Teil einer ethnischen Gruppe jeweils eine typische Position etwa im ökonomischen System einnimmt. Diese typischen Positionen begründen jeweils spezifische politische Interessen, die sich über ethnische Vergemeinschaftung mobilisieren lassen. In den Augen der Autoren haben sich durch die immensen Wohlfahrtssteigerungen in modernen Gesellschaften Klassenlagen soweit verbessert, ja oft angeglichen, dass sie als Mobilisierungsgrundlage nicht mehr genügen, damit wird Ethnizität zum letzten effektiven, typisch modernen Mobilisierungsmechanismus für das politische System (Bell 1975). Ethnische Gruppen und das politische System stabilisieren sich gegenseitig, wobei Ethnizität ein effizienter Mechanismus zur Generierung von Loyalität und zur Bereitstellung von Ressourcen im politischen System ist.

3.2 Ethnizität und Integration

Ökonomie und politisches System sind zentrale Aspekte sozialer Ungleichheit, wie stehen nun diese Ungleichheiten in Beziehung zu Konzepten wie Integration oder Assimilation? In seinem Aufsatz ‚Full Citizenship for the Negro American?' (1966) weist Parsons die Idee der Assimilation zurück, weil sie zu stark mit der Vorstellung eines völligen Verschwindens einer Gruppe verbunden sei. Er verwendet den Begriff der Inklusion, um zu beschreiben, dass eine Gruppe in eine Gesellschaft integriert und trotzdem als (ethnische) Gruppe klar sichtbar sein kann.

Parsons verwendet das Konzept der Staatsbürgerschaft (‚citizenship'), um die volle Mitgliedschaft in einer Gesellschaft zu beschreiben, basierend auf den Arbeiten von T. H. Marshall (1992) und dessen drei Hauptbestandteilen von Staatsbürgerschaft: zivilen (in Bezug auf das Rechtssystem), politischen und sozialen Rechten. Wichtig ist die Erkenntnis, dass Mitgliedschaft in einer Gesellschaft nicht einfach eine Dichotomie ist zwischen Voll-Mitgliedschaft und Nicht-Mitgliedschaft oder integriert und nicht-integriert, sondern beide Extrempunkte eines Kontinuums darstellen, auf dem es viele Abstufungen gibt. Staatsbürgerschaft steuert komplexe Mitgliedschaftsmuster mit jeweils spezifischen Mitgliedschaftskonfigurationen für bestimmte Gruppen in der Gesellschaft. Ethnische Mitgliedschaft ist bzw. sollte dabei einfach eine unter vielen Mitgliedschaften sein (Parsons 1966: 715). Staatsbürgerschaft steuert im weitesten Sinne das Recht auf Ungleichheit in einer Gesellschaft, da sie Unterschiede in Form und Ausprägung der Mitgliedschaften wie auch in deren Verhältnis zueinander zulässt. Als System von Rechten ist volle Staatsbürgerschaft eine notwendige Bedingung für die volle Mitgliedschaft in einer Gesellschaft, bestimmt das Positionssystem in einer Gesellschaft aber nicht vollständig. Auch eine Staatsbürgerin mit allen Rechten kann etwa Opfer von Diskriminierung oder bestimmten Formen der Exklusion werden. Staatsbürgerschaftsrechtlich festgelegt ist nur, welche Formen der Exklusion legal sind und welche nicht (Mackert 1999).

Neben Rechtsstrukturen lassen sich weitergehend unterschiedliche Prozesse der Integration analysieren (Esser 1980), die nicht notwendigerweise synchron ablaufen (Gordon 1964: 71): Zum einen ist zwischen struktureller Integration (structural assimilation) und Akkulturation (cultural assimilation) zu unterscheiden. Darüber hinaus gibt es noch Prozesse der psychologischen (identificational) und biologischen Assimilation. Zuzüglich zu diesen Dimensionen der Assimilation zeigt sich Integration auch in der Abwesenheit von Diskriminierung, der Abwesenheit von Vorurteilen und der Abwesenheit von Wert- bzw. Machtkonflikten. All diese Aspekte können in Bezug auf eine Gruppe in unterschiedlicher Weise ausgeprägt sein, so können sich Menschen etwa mit einer Gruppe identifizieren, zu der sie selbst weder strukturell noch kulturell gehören.

4 Ethnizität als nationales und globales Strukturmoment

Der deutsche Nationalismus des 19. Jahrhunderts war von ethnischen Elementen geprägt. Hoffmann von Fallerslebens Deutschlandlied, das 1841 in Hamburg zum ersten Mal öffentlich gesungen wurde, zeigt diese Aspekte deutlich. (Das Lied wurde erst 1922 zur deutschen Nationalhymne.) Die erste Textzeile ‚Deutschland, Deutschland über alles' sollte ausdrücken, dass aus seiner Perspektive zur damaligen Zeit die Einigung Deutschlands das wichtigste politische Ziel vor allen anderen sein sollte. ‚Deutsche Frauen, deutsche Treue, deutscher Wein und deutscher Sang', die ersten Zeilen der zweiten Strophe, sind unschwer als Rekurs auf eine als spezifisch vorgestellte deutsche Kultur zu verstehen. Hingegen verweist die dritte Strophe mit ‚Einigkeit und Recht und Freiheit' auf Rechtsstaatlichkeit als ein zentrales Element des nationalstaatlichen Projekts. Nationalstaaten als segmentäre Aufteilung der Weltgesellschaft sind ein wichtiger Bestandteil der Globalisierung, normative Vorstellungen zur Struktur dieser Gesellschaften sind auch Teil weltgesellschaftlicher Prozesse (Meyer et al. 1997, Robertson 1992). Beispiele für über Nationalstaaten selbst hinausgehende Muster der Ethnizität werden etwa in Forschungen zur Diaspora, zur Arbeitsmigration oder aber zu nationalen Minderheiten untersucht. Der neue Raumbezug von Ethnizität wird unter dem Begriff des Transnationalismus thematisiert.

4.1 Ethnizität und Nationalstaat

Anthony D. Smiths ‚The Ethnic Origins of Nations' (1986) ist wohl eines der wichtigsten Werke, das Ethnizität und Nationalstaatenbildung als ineinander greifende Prozesse beschreibt. In der Rekonstruktion der Geschichte europäischer Nationalstaaten stellt Smith dar, wie Mehrheitskulturen in Nationalstaaten langsam historisch gewachsen sind. Sie basieren meist auf Sprache und Kultur einer ethnischen Kerngruppe, wie etwa die der französischen Herrscherhäuser von der Île-de-France, die im Zuge ihres Machtgewinns innerhalb eines Staates eigene kulturelle Muster und Herkunftsmythen durchsetzt. Es kann gerade als Merkmal der Nationalstaatenbildung angesehen werden, dass Homogenisierungsprozesse durch die Propagierung einer Nationalsprache und einer Nationalgeschichte aktiv vorangetrieben werden. Untersuchungen zur Nationalstaatenbildung zeigen, wie hoch der Anteil oft recht willkürlich anmutender ‚Konstruktionsarbeit' bei der Erfindung solcher Traditionen ist (Hobsbawm/Ranger 1983).

Ethnisierungsprozesse erleichtern erheblich die Propagierung von Solidaritätsanforderungen eines Nationalstaates an ‚seine' Bevölkerung, etwa in Kriegszeiten. Zentral ist dabei eine entstehende ‚Gemeinsamkeitsvorstellung', die allen Mitgliedern Gemeinsamkeiten unterstellt, obwohl es für jedes Mitglied offensichtlich kaum möglich ist, dies empirisch zu überprüfen. Benedict Anderson (1983) bezeichnete dies mit der griffigen Rede von nationalstaatlich verfassten Gesellschaften als den ‚imagined communities'. Nationalstaaten sind selbst ethnisch, sie haben meist ethnische Herkunftsmythen, Geschichten von Helden und goldenen Zeiten, typische Speisen und Feiertage, die dem Bewusstsein eines gemeinsamen Schicksals förderlich sind und Grundlage der Propagierung ethnischer Vergemeinschaftungen werden (Bös 1993). Innerhalb der politischen Soziologie entstand aus diesen Argumenten eine breite Diskussion darüber, welche ‚typischen' Kombinationen von ethnischen und republikanischen Vorstellungen verschiedene Nationalstaaten haben (vgl. z.B. Brubaker 1992, Greenfeld 1992).

Auf nationalstaatlicher Ebene sind ethnische Homogenitätsvorstellungen kontrafaktisch (McNeill 1986). Jeder Nationalstaat hat innerhalb seiner Grenzen selbst wieder Gruppen, die oft – basierend auf bestimmten Dialekten oder Bräuchen – den Glauben an eine gemeinsame Herkunft hegen und damit ethnisch sind. Somit ist auch der ethnische Mitgliedschaftsraum eines Nationalstaates vielschichtig. Die für Nationalstaatenbildung typisch vielschichtigen Ethnizitätsformationen enthalten, wie bei einer russischen Matrjoschka, auf mehreren Ebenen die Möglichkeit einer ethnischen Identität. Als Beispiel für diese typischen ‚Matrjoschka-Identitäten' wäre etwa die Tochter chinesischer Immigranten in den USA zu nennen, die sich innerhalb der chinesischen Population in den USA als ‚Zhuang' bezeichnet, in Bezug auf die Gruppe der ‚Asian-Americans' als Chinesin, aber im statistischen System für die Gruppenstruktur der USA einfach als ‚Asian-American' auftaucht; auf einer Europareise wird sie sich vermutlich hauptsächlich als Amerikanerin fühlen. Ethnische Identifikationen zeigen, dass es schwierig ist, einfach von *einer* ethnischen Zugehörigkeit zu sprechen, da unterschiedliche ethnische Identifikationen in unterschiedlichen Situationen auffallen.

Im Spannungsfeld zwischen nationalstaatlichen Homogenitätsvorstellungen und der komplexen ethnischen Pluralität nationalstaatlich verfasster Gesellschaften sind nun verschiedene Modelle der ‚ethnischen Binnenstruktur' von Nationalstaaten angesiedelt. So wie Gordon (1964) die Komplexität von Integrationsprozessen in Bezug auf soziale Ungleichheit betont, so tut er dies auch in Bezug auf gesamtgesellschaftliche Vorstellungen zur Großgruppenstruktur. In den USA können diese Vorstellungen grob in drei Modelle aufgeteilt werden: Anglo conformity, the melting pot und cultural pluralism. Er weist darauf hin, dass alle drei Prozesse oft nebeneinander in der amerikanischen Geschichte stattfanden.

(1) In Bezug auf politische Werte, wie die Trennung zwischen Staat und Kirche oder die Wertschätzung von Demokratie, besteht in den USA ein ungebrochener Anpassungsdruck an das amerikanische Verfassungsmodell (Anglo conformity).

(2) Die melting pot-Idee wird seit der Unabhängigkeitserklärung von vielen Amerikanern propagiert, wie etwa Crèvecoeur in seinem Buch ‚Letters from an American farmer' im Kapitel ‚What is an American?' (1904, orig. 1782). Sie bezieht sich auf die Entstehung neuer Ideen, Techniken und kultureller Muster durch das Einschmelzen traditioneller Muster. Dieser ‚melting pot' zeigt sich in der kreativen Erfindung spezifisch amerikanischer Lebensweisen. Bestes Beispiel für diesen Prozess ist die amerikanische Pizza, die in ihrer basalen Struktur (Teigscheibe und Belag) ihrem italienischen Vorbild folgt, die Konsistenz des Teiges wie auch der fettig-üppige Belag sind jedoch nicht mehr mit dem ‚Original' in Zusammenhang zu bringen.

(3) Beobachtet man die hohe Stabilität mancher Einwanderungsminderheiten in den USA, so kann dies leicht als Beispiel für das Fortbestehen des Modells des ‚cultural pluralism' gelten. Ein Beispiel für ein Fest, das innerhalb einer ethnischen Gruppe erfunden wurde, um die eigene kulturelle Eigenart zu betonen, ist das zur Weihnachtszeit stattfindende Kwanzaa. Es wurde 1966 von dem afroamerikanischen Nationalisten Maulana Ronald Karenga in Los Angeles erfunden (Bös 2005: 250). Seit Ende der 1980er Jahre hat es Kwanzaa geschafft, neben Weihnachten und dem Chanukka-Fest öffentlich als typischer Feiertag der jährlichen ‚Feiertagssaison' anerkannt zu sein, d.h. es wird in Schulen dargestellt oder in den Auslagen von Geschäften beworben.

Die inzwischen gängigen Vorstellungen zu Großgruppenstrukturen lassen sich in der folgenden Tabelle darstellen. Die in der Literatur verwendete Begrifflichkeit ist leider sehr heterogen und widersprüchlich, Assimilation und Inkorporation werden oft auch als Integration bezeichnet. Hier wird Inkorporation als Bezeichnung für strukturelle Assimilation gepaart mit kulturellem Pluralismus verwendet. Unabhängig von der begrifflichen Verwirrung in der Literatur ist die logische Struktur der Gruppenrelationen einfach.

Tabelle 1: Die logische Struktur verschiedener Gesellschaftsmodelle

Bezeichnung des Modells	Ausgangspunkt=>	Idealgesellschaft
Assimilation („anglo-saxon dominance')	$A+B+C =>$	A
Assimilation („melting pot')	$A+B+C =>$	D
Inkorporation	$IA+B+C =>$	$IA+IB+IC$
Multikulturalismus („cultural pluralism'; schwach)	$A+B+C =>$	$A_{bc}+B_{ac}+C_{ab}$
Multikulturalismus („cultural pluralism'; stark)	$A+B+C =>$	$A+B+C$

Die Darstellung basiert teilweise auf der Formulierung in Bahr/Chadwick/Stauss 1979: 531

In der Tabelle bedeutet A die dominante ethnische Gruppe, B und C beziehen sich auf andere ethnische Gruppen, z.B. Einwanderungsminderheiten, D verweist auf eine neue kulturelle und sozialstrukturelle Gruppe; A_{bc} steht für eine Gruppe, die zwar viele Merkmale der Ursprungsgruppe aufweist, aber mit den Merkmalen anderer Gruppen eine neue soziale Form bildet; I markiert die Partizipation an wichtigen gesellschaftlichen Institutionen.

4.2 Ethnische Konflikte und Globalisierung

Ethnische Großgruppenstrukturen können eine Gesellschaft einigen oder teilen. Wenn der teilende Aspekt des Abstammungsglaubens innerhalb, aber auch zwischen Gesellschaften in den Vordergrund gestellt wird, wird oft von ethnischen Konflikten gesprochen. Obwohl die Literatur zu diesem Thema stark anwächst, ist das Konzept des ethnischen Konflikts weder klar noch unumstritten (Gilley 2004). Dabei ist wohl eines der Hauptprobleme, dass eine große Spannbreite unterschiedlicher Konflikte als ethnische Konflikte bezeichnet werden können bzw. werden (einen guten Überblick über die Problematik aus soziologischer Sicht gibt Robin M. Williams Jr. 2003).

Wichtig ist es, sich darüber Klarheit zu verschaffen, was eigentlich ethnisch an einem Konflikt sein kann. In einer Konfliktanalyse kann grob zwischen Konfliktparteien, Konfliktgegenstand, Konfliktursachen bzw. -auslöser, Konfliktverlauf und Konfliktregelung unterschieden werden (Imbusch/Zoll 2006). Zunächst als besonders einfach scheint die Definition eines ethnischen Konflikts als ein Konflikt zwischen zwei Parteien, die sich selbst als ethnische Gruppen empfinden. Das Problem besteht jedoch darin, dass Parteien innerhalb eines Konfliktverlaufs nicht konstant sind. Dieser Prozess wird ‚switching' genannt und führt zu den oft sehr irritierenden Ethnisierungen und De-Ethnisierungen von Konfliktparteien (Elwert 2002). Zwei Parteien, die selbst nicht ethnische Gruppen sind, können sich um einen Gegenstand streiten, der als ethnisch einzustufen ist, etwa ein Mitgliedsstaat der EU und die Europäische Union in einem Rechtsstreit um das Tragen von ethnisch-religiösen Zeichen in der Schule. Auch eine Konfliktursache kann im Bereich ethnischer Vergemeinschaftung liegen, z.B. wenn eine Sprache oder ein Fest nicht von einer anderen Gruppe anerkannt werden. Aber es ist genauso denkbar, dass eine Ursache etwa in starker ökonomischer Ungleichheit liegt, der Auslöser aber Gewalt von Jugendlichen in einem ethnisch homogenen Stadtteil ist, sodass Ethnizität zum Auslöser eines vorher latenten Verteilungskonfliktes wird. Mit der Zunahme historischer und vergleichender Studien treten Aspekte wie ethnischer Nationalismus, multiethnische Gesellschaften, Demo- und

Genozid in den Mittelpunkt der Ursachenforschung. Last not least gibt es verschiedene Formen der Konfliktregelung, die ethnische Kategorien beinhalten können, gerade im internationalen Bereich hat die verstärkte Wahrnehmung von ethnischen Gruppen zu einer Ethnisierung von Regelungen geführt (Saideman 2001).

Wir haben schon oben den Konfliktverlauf angesprochen, in dem sich Parteien und Konfliktgegenstände, aber auch die von Parteien formulierten Ursachen ändern können. Besonders problematisch und gewalttätig sind dabei Konflikte von ethnischen Gruppen um die zentrale Staatsgewalt (Gurr 1993) bzw. Konflikte in neu gebildeten Staaten (Horowitz 1985). Wenn gewalttätige Konflikte begonnen haben, ist die Dynamik kaum noch vorhersehbar: Politische Opportunisten tauchen verstärkt auf oder starke Emotionen wie etwa Rache perpetuieren Konfliktlagen. Sicherlich ist es so, dass in vielen Konflikten ethnische Elemente vorhanden sind und insofern oft von ethnischen Konflikten gesprochen werden kann. Als Faustregel kann jedoch gesagt werden, dass die Forcierung vorhandener oder die Entstehung neuer ethnischer Vergemeinschaftungen eher als Konfliktfolge denn als Konfliktursache anzusehen sind. Konflikte und ethnische Gruppenformierungen sind also meist interaktive Prozesse. Oder, um einen Aphorismus von Charles Tilly abzuwandeln, Kriege machen ethnische Gruppen und ethnische Gruppen machen Kriege.

Weltweit besonders wichtige, oft gewalttätige und kriegerische Prozesse, die die Entstehung ethnischer Gruppen fördern, waren und sind Kolonialisierung und Dekolonialisierung. Insbesondere für postkoloniale Situationen ist dabei einer der zentralen Abläufe die Erfindung von (nationalen) Traditionen. Ethnische Gruppen – oder fast noch problematischer das Konstrukt des Stammes – sind erfundene Traditionen, einerseits bestimmt durch die Kolonialherren sowie deren Wissenschaftler und Missionare und andererseits durch lokale Intellektuelle und Politiker, die durch ihr Forschen und Arbeiten daraufhin wirken, eine Form nationaler Geschichtsschreibung und eine Nationalsprache zu entwickeln. Ein einfaches Beispiel zur Konstruktion von Geschichte ist Estland, das 1993 den 75. Jahrestag der Staatsgründung (1918) feierte, gerade so, als ob die Sowjetzeit nie existiert hätte (Bös/Zimmer 2006: 177).

Ethnopolitische Strategien sind oft ein Elitephänomen (Brass 1991): Politische Eliten versuchen durch Rekurs auf ethnische Gemeinschaften beziehungsweise ethnische Unterdrückung ihre Legitimität zu erhöhen. So bezeichnet etwa Michael Hechter (1975) das Verhalten der britischen Zentralregierung gegenüber der Bevölkerung von Wales als ‚internal colonialism'. Grundsätzlich werden historische Prozesse über dasselbe Zentrum- und Peripheriemodell rekonstruiert, wie wir es schon bei Anthony D. Smith kennengelernt haben. Zentraler Unterschied ist nicht der Erfindungscharakter, den ethnische Traditionen haben, sondern das Spezifikum der kolonialen bzw. postkolonialen Situation, das zu besonderen Dynamiken in der Nationalstaatenbildung führt.

Das zunehmende Bewusstsein innerhalb der Sozialwissenschaften hinsichtlich der Verbundenheit innerhalb der Weltgesellschaft drückt sich spätestens seit Anfang der 1990er Jahre unter dem Begriff der Globalisierung aus (Robertson 1992). Diesen Ansätzen gemein ist, dass sie davon ausgehen, dass soziale Prozesse nicht an nationalen Grenzen enden (vgl. auch den Beitrag zu „Globalisierung" in diesem Band). Insbesondere durch Migration ist gesellschaftliche Mitgliedschaft nicht mehr an einen Nationalstaat gebunden, dies wird versucht, unter dem Begriff ‚transnational communities' (Georges 1990) zu fassen. Migration verknüpft strukturell Gesellschaften über nationale Grenzen hinaus (Kivisto 2001). Auch wenn diese Formen transnationaler Ethnizität Probleme für Mitgliedschaftsregelungen mit sich bringen, wie sie etwa unter dem Konzept der Staatsangehörigkeit thematisiert werden, besteht kein Grund anzunehmen, dass diese Mitgliedschaftsformen nicht in nationalstaatlich verfassten Gesellschaften integriert werden könnten. Neben dem Nationalstaat ist der Prozess der Globalisierung einer der wichtigsten Motoren für ethnische Gruppenbildung. Nationalstaatenbildung und Globalisierung tragen dazu bei, dass Ethnizität auch weiterhin ein zentraler Bestandteil unserer heutigen Welt bleiben wird.

Literatur

Adorno, Theodor W./Frenkel-Brunswik, Else/Levinson, Daniel J./Sanford, R. Nevitt (1950): The Authoritarian Personality. New York: Harper

Allport, Gordon W. (1979, orig. 1954): The Nature of Prejudice. Reading/Mass.: Addison-Wesley Pub. Co.

Anderson, Benedict R. (1983): Imagined Communities: Reflections on the Origin and Spread of Nationalism. London: Verso

Anthias, Floya (2001): The Concept of 'Social Division' and Theorizing Social Stratification: Looking at Ethnicity and Class. In: Sociology 35 (4): 835-854

Anthias, Floya/Yuval-Davis, Nira (1992): Racialized Boundaries: Race, Nation, Gender, Colour, and Class and the Anti-Racist Struggle. London/New York: Routledge

Bahr, Howard M./Chadwick, Bruce A./Stauss, Joseph H. (1979): American Ethnicity. Lexington, Mass.: Heath

Banton, Michael P. (1983): Racial and Ethnic Competition. Cambridge: Cambridge University Press

Barbujani, Guido (2001): Race: Genetic Aspects. In: Neil J. Smelser/Baltes, Paul B. (eds.): International Encyclopedia of the Social & Behavioral Sciences. Amsterdam: Elsevier: 12694-12700

Barth, Fredrik (1969): Ethnic Groups and Boundaries. The Social Organization of Culture Difference. Bergen, London: Universitetsforlaget, Allen & Unwin

Bell, Daniel (1975): Ethnicity and Social Change. In: Glazer, Nathan/Moynihan, Daniel P. (Hrsg.): Ethnicity: Theory and Experience. Cambridge, Mass.: Harvard University Press: 141-176

Blumer, Herbert (1958): Race Prejudice as a Sense of Group Position. In: The Pacific Sociological Review 1 (1): 3-7

Bobo, Lawrence (2000): Reclaiming a Du Boisian Perspective on Racial Attitudes. In: The Annals of the American Academy 568. 2000: 186-202

Bonacich, Edna (1972): A Theory of Ethnic Antagonism: The Split Labor Market. In: American Sociological Review 37 (5): 547-559

Bonacich, Edna (1976): Advanced Capitalism and Black/White Race Relations in the United States: A Split Labor Market Interpretation. In: American Sociological Review 41 (1): 34-51

Bös, Mathias (1993): Die Ethnisierung des Rechts? Staatsbürgerschaft in Deutschland, Frankreich, Großbritannien und den USA. In: Kölner Zeitschrift für Soziologie und Sozialpsychologie 45 (4): 619-43

Bös, Mathias (2004): Ethnicity and Religion: Structural and Cultural Aspects of Global Phenomena. In: Protosociology 20: 143-164

Bös, Mathias (2005): Rasse und Ethnizität: Zur Problemgeschichte zweier Begriffe in der amerikanischen Soziologie. Wiesbaden: VS

Bös, Mathias/Zimmer, Kerstin (2006): Wenn Grenzen wandern: Zur Dynamik von Grenzverschiebungen im Osten Europas. In: Eigmüller, Monika/Vobruba, Georg (Hrsg.): Grenzsoziologie: Die politische Strukturierung des Raumes. Wiesbaden: VS: 157-184

Brass, Paul R. (1991): Ethnicity and Nationalism: Theory and Comparison. Newbury Park, Calif.: Sage

Brubaker, Rogers (1992): Citizenship and Nationhood in France and Germany. Cambridge, Mass.: Harvard University Press
Cornell, Bradford (1995a): A Hypothesis Regarding the Origins of Ethnic Discrimination. In: Rationality and Society 7 (1): 4-30
Cornell, Bradford (1995b): A Hypothesis Regarding the Origins of Ethnic Discrimination: Reply to Michael Hechter. In: Rationality and Society 7 (4): 491-493
Cornell, Stephen E./Hartmann, Douglas (1998): Ethnicity and Race: Making Identities in a Changing World. Thousand Oaks, Calif: Pine Forge Press
Cox, Oliver C. (1970, orig. 1948): Caste, Class, and Race: A Study in Social Dynamics. New York: Modern Reader paperback
Crèvecoeur, J. Hector St. John (1904, orig. 1782): Letters from an American Farmer. New York: Fox, Duffield and Company
Davis, F. James (1991): Who Is Black? One Nation's Definition. University Park: Pennsylvania State University Press
Dollard, John/Doob, Leonard W./Miller, Neal E./Mowrer, Orval H./Sears, Robert R. (1939): Frustration and Aggression. New Haven: Yale University Press
Du Bois, William E. B. (2007, orig. 1903): The Souls of Black Folk. Oxford: Oxford University Press.
Du Bois, William E. B./Eaton, Isabel (1996, orig. 1899): The Philadelphia Negro: A Social Study. Philadelphia: University of Pennsylvania Press
Elwert, Georg (2002): Primordial Emotions and the Social Construction of We-Groups – Switching and Other Forgotten Features. In: Schlee, Günther (eds.): Imagined Differences: Hatred and the Construction of Identity. Münster: Lit: 33-54
Esser, Hartmut (1980): Aspekte der Wanderungssoziologie. Darmstadt: Luchterhand
Gabbert, Wolfgang (2006): Concepts of Ethnicity. In: Latin American and Caribbean Ethnic Studies 1 (1): 85-103
Gans, Herbert J. (1999, orig. 1979): Symbolic Ethnicity. In: Gans, Herbert J. (eds.): Making Sense of America: Sociological Analyses and Essays. Lanham, Md.: Rowman & Littlefield: 167-202
Geertz, Clifford (1973): The Interpretation of Cultures: Selected Essays. New York: Basic Books
Geiss, Imanuel (1988): Geschichte des Rassismus. Frankfurt a.M.: Suhrkamp
Georges, Eugenia (1990): The Making of a Transnational Community: Migration, Development, and Cultural Change in the Dominican Republic. New York: Columbia University Press
Gilley, Bruce (2004): Against the Concept of Ethnic Conflict. In: Third World Quarterly 25 (6): 1155-1166
Ginn, Jay/Arber, Sara (2001): Pension Prospects of Minority Ethnic Groups: Inequalities by Gender and Ethnicity. In: British Journal of Sociology 52 (3): 519–539
Glazer, Nathan/Moynihan, Daniel P. (eds.) (1975): Ethnicity: Theory and Experience. Cambridge, Mass.: Harvard University Press
Gordon, Milton M. (1964): Assimilation in American Life: The Role of Race, Religion, and National Origins. New York: Oxford University Press
Gossett, Thomas F. (1997, orig. 1963): Race: The History of an Idea in America. New York: Oxford University Press
Greenfeld, Liah (1992): Nationalism: Five Roads to Modernity. Cambridge, Mass.: Harvard University Press
Gurr, Ted R. (1993): Minorities at Risk: A Global View of Ethno-Political Conflicts. Washington, D.C.: United States Institute of Peace
Hechter, Michael (1975): Internal Colonialism: The Celtic Fringe in British National Development, 1536-1966. Berkeley: University of California Press
Hechter, Michael (1995): Comment on Cornell. In: Rationality and Society 7 (4): 489-491
Hechter, Michael/Friedmann, Debra/Appelbaum, Malka (1982): A Theory of Ethnic Collective Action. In: International migration review 16 (1): 412-434
Heitmeyer, Wilhelm (Hrsg.) (2003): Deutsche Zustände. Folge 1. Frankfurt a.M.: Suhrkamp

Hobsbawm, Eric J./Ranger, Terence O. (1983): The Invention of Tradition. Cambridge/New York: Cambridge University Press
Horowitz, Donald L. (1985): Ethnic Groups in Conflict. Berkeley: University of California Press
Hutchinson, John/Smith, Anthony D. (1996): Ethnicity. Oxford/New York: Oxford University Press
Imbusch, Peter/Zoll, Ralf (Hrsg.) (2006): Friedens- und Konfliktforschung. Eine Einführung. Wiesbaden: VS
Jenkins, Richard (1997): Rethinking Ethnicity. London: Sage
Kivisto, Peter (2001): Theorizing Transnational Immigration: A Critical Review of Current Efforts. In: Ethnic & Racial Studies 24 (4): 549-577
Mackert, Jürgen (1999): Kampf um Zugehörigkeit. Wiesbaden: Westdeutscher Verlag
Maleševic, Siniša (2001): Rational Choice Theory and the Sociology of Ethnic Relations: A Critique. In: Ethnic and Racial Studies 25 (2): 193-212
Maleševic, Siniša (2004): The Sociology of Ethnicity. London: Sage
Marshall, Thomas H (1992): Bürgerrechte und soziale Klasse. Frankfurt a.M.: Campus
McNeill, William H. (1986): Polyethnicity and National Unity in World History. Toronto: University of Toronto Press
Merton, Robert K. (1965, orig. 1957): Continuities in the Theory of Reference Groups and Social Structure. In: Merton, Robert K. (eds.): Social Theory and Social Structure. Glencoe: Free Press: 281-386
Meyer, John W./Boli, John/Thomas, George M/Ramirez, Francisco O. (1997): World Society and the Nation-State. In: American Journal of Sociology 103 (1): 144-181
Montagu, Ashley (1997, orig. 1942): Man's Most Dangerous Myth: The Fallacy of Race. New York: Columbia University Press
Myrdal, Gunnar (1998, orig. 1944): An American Dilemma: The Negro Problem and Modern Democracy. New Brunswick, N.J.: Transaction Publishers
Nederveen Pieterse, Jan (2007): Ethnicities and Global Multiculture: Pants for an Octopus. Lanham: Rowman & Littlefield Publisher, Inc.
OED (2003): Oxford Dictionary of Modern English (Online). http://ftp.ub.uni-heidelberg.de/dictionary.oed.com/entrance.dtl (14.7.2003). Oxford: Oxford University Press
Parsons, Talcott (1966): Full Citizenship for the Negro American? A Sociological Problem. In: Parsons, Talcott/Bancroft Clark, Kenneth (eds.): The Negro American. Boston: Houghton Mifflin: 709-755
Phinney, Jean S. (2001): Psychology of Ethnic Identity. In: Smelser, Neil J./Baltes, Paul B. (eds.): International Encyclopedia of the Social & Behavioral Sciences. Amsterdam: Elsevier: 4823-4821
Roberts, Robert E./Phinney, Jean S./Masse, Louise C./Chen, Y. Richard/Roberts, Catherine R./Romero, Andrea (1998): The Structure of Ethnic Identity of Young Adolescents from Diverse Ethnocultural Groups. In: Journal of Early Adolescence 19: 301-322
Robertson, Roland (1992): Globalization: Social Theory and Global Culture. Newbury Park: Sage
Saideman, Steven (2001): The Ties That Divide: Ethnic Politics, Foreign Policy and International Conflict. New York: Columbia University Press
Schmalz-Jacobsen, Cornelia/Hansen, Georg (Hrsg.) (1997): Kleines Lexikon der ethnischen Minderheiten in Deutschland. Bonn: Bundeszentrale für politische Bildung
Schuman, Howard/Steeh, Charlotte/Bobo, Lawrence/Krysan, Maria (1997, orig. 1985): Racial Attitudes in America: Trends and Interpretations. Cambridge, Mass.: Harvard University Press
Smedley, Audrey (1999): Race in North America: Origin and Evolution of a Worldview. Boulder, Colo.: Westview Press
Smith, Anthony D. (1986): The Ethnic Origins of Nations. Oxford: Blackwell Publishers
Sollors, Werner (1996a): Foreword: Theories of American Ethnicity. In: Sollors, Werner (eds.): Theories of Ethnicity: A Classical Reader. New York: New York University Press: x-xliv

Sollors, Werner (eds.) (1996b): Theories of Ethnicity: A Classical Reader. New York: New York University Press
Sollors, Werner (2001): Ethnic Groups/Ethnicity: Historical Aspects. In: Smelser, Neil J./Baltes, Paul B. (eds.): International Encyclopedia of the Social & Behavioral Sciences. Amsterdam: Elsevier: 4813-4817
Sumner, William G. (1907, orig. 1906): Folkways: A Study of the Sociological Importance of Usages, Manners, Customs, Mores, and Morals. Boston: Ginn
Tajfel, Henri (1978): Differentiation between Social Groups: Studies in the Social Psychology of Intergroup Relations. London/New York: Published in cooperation with European Association of Experimental Social Psychology by Academic Press
Thernstrom, Stephan/Orlov, Ann/Handlin, Oscar (1980): Harvard Encyclopedia of American Ethnic Groups. Cambridge, Mass.: Harvard University Press
Thomas, William Isaac/Znaniecki, Florian (1958, orig. 1918): The Polish Peasant in Europe and America. New York: Dover Publications
United States Department of Commerce (2004): Ancestry 2000 – Census Brief. Washington, D.C.: United States Printing Office (http://www.census.gov/prod/2004pubs/c2kbr-35.pdf, 04.12.2007)
Warner, W. Lloyd/Srole, Leo (1945): The Social Systems of American Ethnic Groups. New Haven, London: Yale University Press; H. Milford Oxford University Press
Waters, Mary C. (1990): Ethnic Options: Choosing Identities in America. Berkeley: University of California Press
Weber, Max (1985, orig. 1922): Wirtschaft und Gesellschaft. Tübingen: J.C.B. Mohr
Williams Jr., Robin M. (2003): The Wars Within: Peoples and States in Conflict. Ithaca and London: Cornell University Press
Wilson, William J. (1980, orig. 1978): The Declining Significance of Race: Blacks and Changing American Institutions. Chicago: University of Chicago Press
Wirth, Louis (1982, orig. 1928): The Ghetto. Chicago: University of Chicago Press
Wolf, Carina/Wagner, Ulrich/Christ, Oliver (2005): Die Belastungsgrenze ist nicht überschritten. Empirische Ergebnisse gegen die Behauptung vom 'vollen Boot'. In: Heitmeyer, Wilhelm (Hrsg.): Deutsche Zustände. Folge 3. Frankfurt a.M.: Suhrkamp: 73-91
Yinger, J. Milton (1985): Ethnicity. In: Annual Review of Sociology 11: 151-180
Yinger, J. Milton (1994): Ethnicity: Source of Strength? Source of Conflict? Albany: State University of New York Press
Zuckerman, Phil (2004): The Social Theory of W.E.B. Du Bois. Thousand Oaks: Pine Forge Press

Familie

Tanja Mühling und Marina Rupp

1 Familienbegriffe

Die überwiegende Mehrheit der Menschen hat im Laufe ihres Lebens zwei Familien: Die *Herkunftsfamilie*, also die Familie, in die man hineingeboren wird und in der man aufwächst, und die *Zeugungsfamilie*, die man selbst im Erwachsenenalter gründet. Im *Alltagsverständnis* kann sich die Bezeichnung „meine Familie" daher sowohl auf die Eltern und Geschwister als auch auf den Partner und die eigenen Kinder beziehen. Auch in der *Familiensoziologie* existieren enge und weite Familienbegriffe nebeneinander. Eine zentrale Unterscheidung, die bei der Darstellung des soziologischen Gegenstands „Familie" immer mehr Schwierigkeiten bereitet, ist die Differenzierung zwischen Haushalt und Familie. Familie wurde lange Zeit implizit mit einem gemeinsamen Haushalt gleichgesetzt. Abgesehen von der Tatsache, dass familiale Beziehungen auch über Haushaltsgrenzen hinweg existieren, gewinnt die Frage an Relevanz, wie das Kriterium „Zusammenleben" definiert wird.

Oftmals wird Familie im eingeschränkten Sinne der sogenannten *Klein-* oder *Kernfamilie* (Parsons 1964) gebraucht: Damit ist ein (Ehe-)Paar mit seinen Kindern gemeint, d.h. es wird auf zwei Generationen abgestellt, die idealerweise auch zusammen leben. Familie umspannt aber schon in historischer Perspektive einen größeren sozialen Kontext. Die zunehmende Wahrnehmung der Bedeutung der Generationenbeziehungen (Lüscher/Liegle 2003) hat dazu geführt, dass nach einer zeitweiligen Engführung des Familienbegriffes heute in der Familiensoziologie wieder verstärkt auf die Einbindung der Kleinfamilie in ein Netzwerk familialer Beziehungen geachtet wird. Dies steht auch vor dem Hintergrund, dass zu keiner Zeit die Wahrscheinlichkeit so groß war wie heute, dass mehrere Generationen zugleich leben – ein Effekt der deutlich gestiegenen Lebenserwartung. *Mehrgenerationenfamilien* mit *gemeinsamem* Haushalt sind dennoch die Ausnahme.

Eine sehr enge Definition, die bis in die 1980er Jahre vorherrschte, definierte Familie über die *Ehe*. Dieses traditionale Familienkonzept resultierte zum einen aus der sozialen und teils auch rechtlich verankerten Diskriminierung nichtehelicher Lebens- und Familienformen, die jedoch zwischenzeitlich deutlich abgenommen hat, und zum anderen aus der früher selbstverständlichen Erwartung, dass aus Ehen Kinder hervorgehen. In dieser traditionalen Perspektive wurden Familien mit nur einem Elternteil als „unvollständig" erachtet.

Ein weiterer Aspekt, nach dem Familien differenziert werden, ist die Form der Elternschaft. Diesbezüglich lassen sich *Stief-, Adoptiv- und Pflegefamilien* unterscheiden, je nach rechtlicher und/oder sozialer Stellung des Kindes zu den Eltern. Eine seltene Variante der Stieffamilie ist die *Patchworkfamilie*, die sich dadurch auszeichnet, dass leibliche Kinder beider Partner vorhanden sind. Weiterhin ist heute auch die Frage nach der biologischen Elternschaft zu stellen. Bei den *Inseminationsfamilien* entsteht durch evtl. Beziehungen zum Samenspender möglicherweise ein spezifisches Beziehungsgeflecht. Wachsen Kinder bei zwei gleichgeschlechtlichen Partner(inne)n auf, spricht man von *Regenbogenfamilien*.

Diese weisen vielfältige Formen auf, da die Kinder den unterschiedlichsten Konstellationen entstammen und damit sehr verschiedene Rechtspositionen zu den Eltern haben können. Eine weitere Unterscheidung kann anhand der Kinderzahl der Familie vorgenommen werden, wobei der Begriff *„kinderreiche Familie"* heute für Haushalte mit drei oder mehr Kindern verwendet wird. Da Familienformen zudem hinsichtlich der Institutionalisierung der Paarbeziehung differenziert werden können (s.o.), ergibt sich eine breite Palette von Varianten.

In der amtlichen Statistik wird bei der Klassifikation von Lebens- und Familienformen stets auf den gemeinsamen Haushalt als Voraussetzung Bezug genommen. In dem sogenannten *Lebensformenkonzept* des Statistischen Bundesamtes gelten als Familien in Deutschland seit dem Jahr 2005 Haushalte mit ledigen Kindern, die wiederum nach Ehepaaren, nichtehelichen Lebensgemeinschaften, gleichgeschlechtlichen Paaren und Alleinerziehenden differenziert werden. Das Lebensformenkonzept entspricht im internationalen Vergleich u.a. der Vorgehensweise in den skandinavischen Ländern, während im angloamerikanischen Sprachraum in Anlehnung an das Familienkonzept der Vereinten Nationen zumeist auch kinderlose Ehepaare unter den Familienbegriff subsumiert werden.

Grundsätzlich lassen sich nach dem Lebensformenkonzept drei Dimensionen benennen, die den Bereich Familie und die damit verbundenen Bezeichnungen kultur- und zeitübergreifend strukturieren: Basis für Familie ist stets das Vorhandensein von (mindestens) zwei Generationen. Als weiterer zentraler Aspekt wird die sogenannte „biologisch-soziale" Doppelnatur erachtet, welche jedoch – wie gezeigt wurde – an Bedeutung eingebüßt hat. Zudem ist Familie gekennzeichnet durch ein spezifisches Beziehungs- und Solidaritätsverhältnis (vgl. Nave-Herz 2004: 30). Der Begriff „Familie" steht demnach für Eltern-Kind-Gemeinschaften in sehr unterschiedlichen Lebens- und Beziehungsformen. Vor diesem Hintergrund muss stets eindeutig definiert werden, welches Konzept von Familie den sozialwissenschaftlichen Betrachtungen zu Grunde gelegt wird.

2 Grundbetrachtungsweisen und Theorien der Familiensoziologie

Auch ohne den Begriff der Familie als „Keimzelle" der Gesellschaft bemühen zu müssen, steht fest, dass die Familie für die Mitglieder einer Gesellschaft ein in besonderer Weise prägendes und ordnendes Element darstellt und dass Familie „ein integrales Element der sozialen Struktur einer Gesellschaft" (Huinink/Konietzka 2007: 12) bildet. Vor diesem Hintergrund ist die Familie ein wichtiges Forschungsfeld der Soziologie. Die Familiensoziologie entwickelte sich daher als eigenständige Disziplin bereits im Laufe des 19. Jahrhunderts.

Dabei verfolgten praktisch alle Vorläufer der Familiensoziologie ein moralisches oder politisches Ziel und haben Familie folglich sehr normativ beschrieben. Allerdings wird auch in späteren Werken der Familiensoziologie das Postulat der Werturteilsfreiheit der Wissenschaft nicht immer eingelöst. Bei emotional und ethisch besetzten Themen wie der Familie bleibt es eine Herausforderung für die Forschung, neutral und objektiv an den Untersuchungsgegenstand heranzugehen.

Idealtypisch lassen sich laut René König (König 1976: 27ff.) zwei grundlegende Perspektiven der Familiensoziologie unterscheiden, nämlich die Analyse der Familie als eine soziale Institution und die Betrachtung der Familie als soziale Gruppe:

Beim makrosoziologischen Blick auf die *Familie als soziale Institution* steht das vielschichtige Verhältnis von Gesellschaft und Familie im Vordergrund des Interesses (vgl. auch den Beitrag zu „Institution" in diesem Band). Aus einer Art Vogelperspektive wird hierbei untersucht, welche Aufgaben die Familie in der Gesellschaft übernimmt und welchen Einfluss die durch das Familienrecht und die Familienpolitik gesetzten sowie andere gesellschaftliche Rahmenbedingungen auf die Institution Familie haben. Zu den zentralen Funktionen der Familie gehören unabhängig vom kulturellen und zeitlichen Kontext die Reproduktions- und Sozialisationsfunktion, d.h. Kinder werden in der Familie geboren und erfahren dort ihre primäre Sozialisation. Darüber hinaus kommt der Familie eine soziale Platzierungsfunktion zu, denn der Status einer Person, ihre Bildungs- und Einkommenschancen hängen maßgeblich vom sozialen Kapital der Herkunftsfamilie ab. Andere Funktionen der Familie unterliegen stärker dem sozialen Wandel. So hat die Familie insbesondere im Zuge der Industrialisierung eine Reihe von Aufgaben an andere gesellschaftliche Institutionen abgegeben. Durch die räumliche Trennung von Wohnung und Arbeitsstätte hat die Familie ihre Produktionsfunktion weitgehend eingebüßt, hinsichtlich ihrer Erziehungsfunktion wurde die Familie seit der Einführung der allgemeinen Schulpflicht im Jahr 1871 durch Schulen und die neu entstehenden Kindergärten entlastet, und die Freizeitfunktion der Familie ging teilweise an Vereine und Verbände über. Die Entlastung von den genannten Funktionen, die aus heutiger Sicht sogar familienfremd erscheinen, eröffnete im 19. Jahrhundert im Zuge der Durchsetzung des bürgerlichen Familienideals Raum für einen Wandel hin zu emotionalen und Schutzfunktionen. Aktuelle familiensoziologische Studien befassen sich – ebenso wie die familienpolitischen Diskussionen – vor allem mit der Reproduktionsfunktion der Familie und untersuchen vor dem Hintergrund der gesunkenen Geburtenzahlen Unterschiede im generativen Verhalten nach sozialer Schicht, dem Geschlecht und den regionalen Kontextfaktoren.

Die Mikrosoziologie der Familie beschäftigt sich mit der inneren Ordnung und Struktur der Familie als eigenständigem Sozialgebilde, sie schaut gewissermaßen in die Familie hinein. Nimmt die Familiensoziologie eine derartige Perspektive ein, so betrachtet sie die *Familie als soziale Gruppe* und setzt den Fokus ihrer Fragestellungen und Erklärungsansätze auf die Binnenstruktur der Familie. Im mikrosoziologischen Verständnis besteht die Familie demnach aus einer überschaubaren Anzahl von Personen, die auf Dauer in enger emotionaler und solidarischer Verbindung zueinander stehen. Die Familie bildet einen von äußeren Zwängen relativ entlasteten Sozialbereich („Insulation"), in dem die Ausgestaltung der Beziehungen in erster Linie den Bedürfnissen der Mitglieder folgt. Von familiensoziologischem Interesse sind hier vor allem Fragen von Macht und Autorität in der Familie, die innerfamilialen Kommunikationsstrukturen, Rollenverteilungen und die Emotionalität der Paar- wie der Eltern-Kind-Beziehungen. Untersucht werden z.B. die innerfamiliale Arbeitsteilung zwischen den Geschlechtern, die familiale Sozialisation und Generationenbeziehungen sowie die Veränderungen, denen diese Ebenen in den verschiedenen Phasen der Familienbiographie unterliegen.

Insgesamt ist in der Familiensoziologie ein deutlicher Trend von den makro- hin zu mikrotheoretischen Betrachtungen zu beobachten, was u.a. an der zunehmenden Zahl von Forschungsarbeiten zu einzelnen familialen Prozessen zu erkennen ist. Im Folgenden werden die wichtigsten theoretischen Ausrichtungen innerhalb der Familiensoziologie skizziert. Für eine umfassendere Einführung in die familiensoziologische Theorie empfehlen sich z.B. Huinink und Konietzka (2007), Nave-Herz (2004), Peuckert (2008) sowie Hill und Kopp (2006).

2.1 Differenzierungstheorie

Die Theorie gesellschaftlicher Differenzierung ist eine soziologische Makrotheorie, als deren klassischer Vertreter Durkheim gilt. „Höhere" Gesellschaften setzen sich nach Durkheim aus stark spezialisierten Teilbereichen zusammen, sie sind demnach funktional differenziert und durch einen hohen Grad der Arbeitsteilung geprägt. Dieser Grundgedanke spiegelt sich später auch in Parsons' Strukturfunktionalismus (siehe 2.2) wider. Aus differenzierungstheoretischer Sicht ist die moderne Kernfamilie im Zuge der Industrialisierung durch die Auslagerung von Aufgaben an andere Teilbereiche und die Konzentration auf einen eigenen Funktionsbereich entstanden.

Generell wird Differenzierung als das fundamentale Kennzeichen der sozialen Evolution betrachtet, da funktionale Spezialisierungen die Anpassungsfähigkeit an die Umwelt steigern. Die zunehmende Ausdifferenzierung führt dann in der Regel zu komplexer werdenden Binnenstrukturen. Die Flexibilitätsanforderungen infolge der Durchsetzung des Marktprinzips in modernen Gesellschaften bedingen einen Stabilitätsverlust der „Normalfamilie", und es entwickeln sich Alternativen. Dies führt zu einer Wählbarkeit der Lebensform aus einem Angebot mehr oder weniger flexibler und/oder angepasster Versionen, bis schließlich die bürgerliche Kernfamilie ihr Monopol verliert (Meyer 1992, 1993). Die Wahl der Lebensform erfolgt nach der dominanten Orientierung des Einzelnen, die eher individualistisch (freiwillige Singles, WG), paarorientiert (Nichteheliche Lebensgemeinschaft, kinderlose Ehe) oder kindorientiert (Ehepaare mit Kindern, Alleinerziehende) ausfallen kann. Die Normalfamilie differenziert sich also in plurale Lebensformen mit unterschiedlichen Freiheits- und Individualisierungsgraden aus.

Sozialer Wandel wird aus Sicht der Differenzierungstheorie stets in der Form interpretiert, dass „ein Subsystem auf äußere Störungen des Gleichgewichtszustands durch funktionale Spezialisierung reagiert, um einen neuen Gleichgewichtszustand zu erreichen" (Huinink/Konietzka 2007: 104). Problematisch an der Differenzierungstheorie ist die Tatsache, dass sie einen Trend beschreibt, ohne einen expliziten Bezug zu den Handlungen von Individuen herzustellen. Für die Erklärung und Analyse konkreter Aspekte des familialen Wandels ist sie daher kaum zu gebrauchen.

2.2 Die Perspektive des Strukturfunktionalismus in der Familiensoziologie

Die Grundannahme des *strukturell-funktionalen Zugangs*, der lange Zeit der vorherrschende Ansatz in Deutschland war, lautet, dass die (Überlebens-)Erfordernisse der Gesellschaft die Form und Funktionen der Familie bestimmen. In Anknüpfung an Durkheim ging Talcott Parsons davon aus, dass sich die „isolierte Kernfamilie" im Zuge eines funktionalen Spezialisierungsprozesses herausgebildet habe. Die moderne, bürgerliche Kleinfamilie habe sich auf die Befriedigung der emotionalen und psychischen Bedürfnisse ihrer Mitglieder sowie auf die primäre Sozialisation des Nachwuchses als Handlungs- und Funktionsbereiche spezialisiert, nachdem die Familie als Produzent ökonomischer Güter durch die industrielle Erwerbsarbeit an Bedeutung verloren habe (vgl. z.B. Parsons/Bales 1956). Im Rahmen des AGIL-Schemas kommt der Familie die Funktion der Strukturerhaltung und Spannungsbewältigung zu, d.h. sie steht für die Bewahrung latenter gesellschaftlicher Funktionen ein, während beispielsweise die Wirtschaft als Teilsystem den Aufgabenbereich Adaption bzw. Bereitstellung von Mitteln zur Zielerreichung innehat.

Die Familie selbst wird als soziales System betrachtet, und zwar als ein Interaktionssystem, in dem Handlungen vorstrukturiert sind, weil sich die Handelnden als Rollenträger an gemeinsamen Normen orientieren. Die Vierfeldertafel des AGIL-Schemas lässt sich damit auch auf die Binnenstruktur der Familie übertragen. Zur optimalen Funktionserfüllung wird hierbei die zweifache Differenzierung nach instrumental (d.h. nach außen gerichteten Funktionen) vs. expressiv (d.h. den nach innen gerichteten Funktionen wie der Versorgung der Familienmitglieder) sowie nach Dominanz vs. Subdominanz vorgenommen. Während die erste Differenzierung der Unterscheidung nach männlicher und weiblicher Geschlechterrolle entspricht, mithin die innerfamiliale Arbeitsteilung kennzeichnet, bezieht sich die zweite Differenzierung auf das Generationenverhältnis und regelt so die Autoritätsverhältnisse und Prinzipien der Sozialisation.

Parsons' Beschreibungen der Kleinfamilie entstanden in Amerika in der Mitte des 20. Jahrhunderts, vor dem „Pillenknick" und dem Anstieg der Scheidungsraten, und beziehen sich demnach auf eine spezielle historische Situation. Die Hauptkritik am struktur-funktionalen Zugang innerhalb der Familiensoziologie stellt daher vor allem darauf ab, dass der heutige Variantenreichtum familialer Strukturen in dieser makrosoziologischen Perspektive ausschließlich aus den Bedürfnissen der Gesellschaft abgeleitet wird, als könnte diese als handlungsfähige Entität angesehen werden. Außerdem werden die Akteure vorwiegend als Rollenträger betrachtet und dabei ihre individuellen Handlungsspielräume vernachlässigt.

2.3 Interaktionistischer Fokus

Aus Kritik und als Ergänzung zum strukturfunktionalistischen Handlungskonzept entstand der symbolische Interaktionismus, als dessen Vertreter George Herbert Mead, Herbert Blumer und insbesondere Ernest Burgess zu nennen sind. Der interaktionistische Ansatz weist eine große Nähe zur Sozialpsychologie auf und ist ein Teil der verstehenden, interpretativen Soziologie, welche die Bedeutungen erschließen will, die Individuen mit ihren Handlungen verbinden.

Die grundlegende Prämisse des symbolischen Interaktionismus lautet, dass Menschen Objekten, d.h. materiellen Dingen und geistigen Produkten, gegenüber auf Grund der Bedeutung, die diese Dinge für sie haben, handeln. Diese Bedeutung entsteht in einem Interaktionsprozess und ist historisch wandelbar. Individuen sind bestenfalls lose an Rollenvorgaben gebunden, stattdessen besitzen sie erhebliche Handlungsspielräume, die sich daraus ergeben, dass konkrete Situationsdefinitionen meist erst ausgehandelt werden müssen, da in sozialen Situationen das Handeln anderer einen grundlegenden Bestandteil der Situation darstellt. Ziel der empirischen interaktionistischen Forschung ist das Verstehen dieses Prozesses, dies soll durch eine möglichst detaillierte Beschreibung erreicht werden. Voraussetzung hierfür ist die Kenntnis der signifikanten Symbole einer Kultur.

Ein wichtiger Gegenstandsbereich der interpretativen Familienforschung ist daher die Frage, welche subjektiven Bedeutungen Ehe und Familie für die handelnden Individuen haben. Zwar gibt es Rollenentwürfe für das Familienleben, aber diese sind nicht konkret, so dass sie auf Basis von subjektiven Deutungsprozessen mit Handeln gefüllt werden müssen. Folglich zwingt Familie und insbesondere die Ehe die Beteiligten im höheren Maße als andere Interaktionszusammenhänge zur Konstruktion einer eigenen, exklusiven Sinn-Welt, indem fortwährend Situationsdefinitionen ausgehandelt werden. Ehe bzw. Partnerschaft sind damit Prozesse, welche die Individualität der Beteiligten (unbeabsichtigt) verändern und deren Erfolg von den jeweiligen Biographien und dem Prozessverlauf selbst abhängen.

Kritisch anzumerken ist, dass unklar bleibt, welche Mechanismen den Deutungsprozess der Individuen letztlich determinieren. In Bezug auf Ehe und Familie bedeutet dies, dass kausale Aussagen darüber fehlen, von welchen sozialen Faktoren der Verlauf des Prozesses gegenseitiger Aushandlung abhängt. Der symbolische Interaktionismus ist durch eine gewisse Skepsis gegenüber großen Theorien, wenn nicht sogar durch Theorieabstinenz geprägt und zeichnet sich in seinen Thesen durch einen hohen Pragmatismus aus. Generell ist festzuhalten, dass er keine Erklärungen liefert. Probleme ergeben sich ferner daraus, dass basierend auf dem interaktionistischen Ansatz ausschließlich qualitative Forschung betrieben wird, was die Verallgemeinerbarkeit der empirischen Befunde einschränkt. Dies mag dazu beigetragen haben, dass diese Forschungstradition heute innerhalb der Familiensoziologie nur eine nachrangige Position einnimmt.

2.4 Individualisierungsthese

Der Grundgedanke einer zunehmenden Individualisierung der Gesellschaft findet sich bereits bei Durkheim, Simmel, Weber und Tönnies. Gegenwärtig wird die Individualisierungsthese am stärksten mit Ulrich Beck (1986) in Verbindung gebracht, der die Erosion von Klassen- und Schichtgrenzen, die „Diversifizierung von Lebenslagen", die Herauslösung aus traditionalen Sozialformen, neue Arten sozialer Einbindung und einen Verlust an Sicherheiten und Verhaltensleitlinien konstatiert (vgl. auch den Beitrag zu „Individualisierung" in diesem Band). Individualisierung führt zu einer zunehmenden Breite der Verhaltensmöglichkeiten sowie einer wachsenden Betonung des Individuums und seiner Einzigartigkeit. Kennzeichnend dafür sind gestiegene Handlungsmöglichkeiten, aber auch gestiegene Gestaltungszwänge im Rahmen von individualisierten „Bastelbiographien" (Beck 1986: 217). Der Zwang zur individuellen Lebensgestaltung unter gesellschaftlichen Restriktionen wie Unsicherheit und dem Fehlen von Vorgaben hat eine starke Instabilität und Unattraktivität der Normalfamilie und einer Zunahme anderer Lebens- und Familienformen zur Folge (Beck-Gernsheim 1998: 18).

Der Individualisierungsprozess hat in den vergangenen Jahrzehnten insbesondere die Optionen der Lebensgestaltung von Frauen erweitert (Beck/Beck-Gernsheim 1990: 44). Durch die Bildungsexpansion und die gestiegene Erwerbsbeteiligung haben Frauen Abhängigkeitsverhältnisse überwunden und neue Entfaltungsmöglichkeiten gewonnen, der Preis dafür ist jedoch ein Verlust traditioneller Sicherheiten und verbindlicher Rollenmuster. Hinsichtlich Partnerschaft, Ehe und Familie ist der Individualisierungsprozess für beide Geschlechter, jedoch gerade für Frauen, oftmals gleichbedeutend mit Entscheidungs- und Handlungskonflikten, etwa zwischen der Erfüllung eines Kinderwunsches und beruflichen Ambitionen (vgl. 3.3).

2.5 Das Paradigma der Deinstitutionalisierung

Die These der Deinstitutionalisierung ist eng mit der Individualisierungsthese verwandt. Während die Individualisierungsthese jedoch eine allgemeine Theorie sozialen Wandels ist, die auf die Familie angewendet werden kann, bezieht sich die These der Deinstitutionalisierung explizit auf den Wandel der Institution ‚Familie' seit dem „golden age of marriage" der 1960er Jahre. Die These der Deinstitutionalisierung besagt nicht, dass Familie und Ehe keine sozialen Institutionen mehr seien, sie konstatiert jedoch, dass der Verbindlichkeitscharakter der Familie und Ehe abgenommen habe und sich die Regeln und Leitbilder, die diese Institutionen betreffen, wandeln.

Tyrell (1988) beschreibt den Prozess der Deinstitutionalisierung anhand der folgenden Merkmale: Früher habe sich die bürgerliche Familie durch Wertformeln wie „naturgemäß", „heilig" und „gesund" legitimiert und umfassenden verfassungsrechtlichen Schutz genossen, nun seien jedoch Legitimitätseinbußen der behördlich-förmlichen Eheschließung festzustellen. Außerdem führe die sinkende Inklusion der Bevölkerung in die Institution Ehe – man heiratet später oder gar nicht und verbleibt oftmals nur zeitlich begrenzt in der Ehe – zu einem Verlust ihrer vormals exklusiven Monopolstellung. Des Weiteren unterliege die Ehe einer „motivationalen Rezession", was nicht zuletzt durch den Abbau sozialer Kontrollen im Sinne einer „Privatisierung der Moral" bedingt sei. Die Entkoppelung von Ehe, Partnerschaft, Sexualität, Haushaltsgründung und Elternschaft habe dazu geführt, dass man heute einzelne Elemente isoliert erleben oder auf verschiedene Weise kombinieren könne. Der einst verbindliche Zusammenhang zwischen diesen Lebensbereichen ist weitgehend aufgelöst, man kann ohne gravierende soziale Sanktionen auch auf längere Sicht unverheiratet zusammen leben, als Ehepaar getrennte Haushalte führen oder ohne feste Partnerschaft Mutter werden.

Analog zur Individualisierungsthese impliziert die These der Deinstitutionalisierung der Familie gleichermaßen einen Freiheitsgewinn für das Individuum wie auch einen Verlust der Sicherheiten, die verbindliche Institutionen gewähren.

2.6 Entscheidungstheorien

Ähnlich wie im symbolischen Interaktionismus steht bei den verschiedenen mikrosoziologischen Entscheidungstheorien, die heute in der Familiensoziologie eine bedeutsame Rolle einnehmen, der Mensch als handelndes Individuum im Mittelpunkt:

Die *ökonomische Theorie der Familie*, deren wichtigster Vertreter Gary S. Becker (1981, 1993) ist, basiert auf der Grundidee, dass Familienprozessen – wie Eheschließung, Fertilität, Aufgabenteilung – Entscheidungen zu Grunde liegen, die den Einsatz und die Verteilung von knappen Gütern zum Inhalt haben. Die wichtigsten dieser knappen Güter sind Zeit und Humankapital. Dabei wird unterstellt, dass die Entscheidungsträger rational handeln, d.h. sie maximieren eine eindeutig definierte Nutzenfunktion. Die Zielgröße (Outputs) dieser Nutzenfunktion sind soziale Güter („commodities"), wie z.B. Wohlstand, Prestige, gegenseitige Zuneigung, Pflege, Kinder etc., die für die Familie bzw. den Haushalt produziert werden. Dieser Ansatz erlaubt mit Hilfe verschiedener Zusatzannahmen und inhaltlicher Komponenten die Generierung von Hypothesen zu fast allen Fragestellungen der Familiensoziologie.

Kritiker der ökonomischen Theorie der Familie wenden sich in der Regel gegen die Anwendung einer so grundlegenden Rationalitätsannahme im Kontext eines Sozialgebildes, das auf emotionalen Bindungen beruht. Außerdem behandelt Becker die Familie wie einen „Ein-Personen-Haushalt", denn es gibt nur eine gemeinsame Haushaltnutzenfunktion. Die Annahme einer derartigen Haushaltsnutzenfunktion und ihrer kollektiven oder diktatorischen Maximierung durch die Familienmitglieder ist sehr umstritten. Insbesondere werde hierbei die große Bedeutung von in der Sozialisation vermittelten sozialen Normen, Rollenvorgaben und Familienleitbildern vernachlässigt, die beispielsweise für die Erwerbsbeteiligung von Müttern und Vätern höhere Relevanz haben als geschlechtsspezifische Spezialisierungseffekte und komparative Vorteile, wie sich empirisch belegen lässt.

Die Grundthese der *Austauschtheorie* (Thibaut/Kelley 1959, Foa/Foa 1980) ist, dass Individuen Beziehungen eingehen, weil beide Partner jeweils über Fähigkeiten, Güter oder Mittel verfügen, die für den anderen gewinnbringend sind, z.B. weil er sie selbst nicht besitzt. Soziale Beziehungen sind demnach Tauschbeziehungen, die eingegangen und aufrechterhalten werden, wenn dabei eine günstige Kosten-Nutzen-Bilanz realisiert werden kann. Obwohl es prinzipiell keine Restriktionen beim Tausch verschiedener Ressourcen gibt, ist es in der Praxis beispielsweise unüblich, Zärtlichkeit gegen finanzielle Zuwendungen zu tauschen. Je größer die Distanz zwischen zwei Arten von Ressourcen ist, umso weniger ist ihr Tausch sozial akzeptiert. Allerdings bleibt die Begründung für diese Thesen ebenso unklar wie die Konsequenzen. Dauerhaft ungleichgewichtige Beziehungen erklären sich entweder durch eine unterschiedlich starke emotionale Bindung der Partner aneinander oder dadurch, dass einer der Partner auf dem Partnermarkt mit einem Mangel an guten Alternativen zur bestehenden Beziehung konfrontiert ist.

Die *Theorien der rationalen Wahl* bestimmen in der Familiensoziologie derzeit weitgehend die Forschungslandschaft und greifen sowohl Hypothesen der ökonomischen Theorie als auch der Austauschtheorie auf (z.B. Esser 2002). Die Argumentationen der New Home Economics und der Austauschtheorie bereichern sich hierbei jeweils um wichtige Aspekte. So erscheint es oftmals unplausibel, dass sich Partner der Logik ihrer gemeinsamen Haushaltsnutzenfunktion unterordnen, was durch die Betonung von individuellen Interessen in den austauschtheoretischen Zugängen auf zielführende Weise ergänzt werden kann. Umgekehrt erweitert die ökonomische Grundidee, dass gerade im arbeitsteiligen Handeln eine Stärke von Paarbeziehungen liegt, die austauschtheoretische Argumentation. In den „Rational Choice-Ansätzen" wird davon ausgegangen, dass Familienprozesse als Ergebnis zielgerichteten Handelns erklärt werden können, wobei unintendierten Handlungskonsequenzen eine wesentliche Bedeutung zukommt.

2.7 Familiale Entwicklung im Modell des Familienzyklus

Aufbauend auf den breit angelegten empirischen Studien, die seit den 1930er Jahren im Zuge der Umorientierung der sozialwissenschaftlichen Methoden hin zur quantitativen empirischen Sozialforschung vor allem in den USA durchgeführt wurden, entwickelte sich der Familienzyklus als Forschungsansatz (Diekmann et al. 1993). In diesem heuristischen und deskriptiven Konzept, das in der englischsprachigen Familiensoziologie auch als „family development" oder „family career" bezeichnet wird, wird Familie als dynamisches Gebilde betrachtet, das im Lauf seiner Entwicklung mehrere typische Phasen durchläuft.

Diese Phasen weisen qualitative Unterschiede in der Rollen- und Interaktionsstruktur der Familie auf. Die Übergänge im Familienentwicklungsprozess sind zumeist durch konkrete Ereignisse (z.B. Geburten der Kinder) im Lebenslauf der Familie bestimmt.

In der Literatur findet sich eine Fülle von Familienzyklus-Modellen, die sich nicht nur durch die Anzahl der Phasen unterscheiden, sondern je nach Forschungsinteresse und theoretischen Vorüberlegungen im Hinblick auf die Beschreibung des familialen Wandels auch inhaltlich verschiedene Akzente setzen. In einfachen Vier-Phasen-Modellen werden in der Regel die mit der Eheschließung beginnende Aufbauphase, die durch die Geburt des ersten Kindes eingeleitete eigentliche Familienphase, die durch den Auszug des letzten Kindes initiierte nachelterliche Phase (sog. „Empty Nest") und die durch den Tod des ersten Partners hervorgerufene Auflösungsphase differenziert.

Die Nutzung des Familienzyklus-Ansatzes kann aus verschiedenen Perspektiven geschehen: Eine Grundidee ist, dass die einzelnen Entwicklungsstufen eine unabhängige Variable darstellen, die ursächlich ist für Unterschiede hinsichtlich der anstehenden Aufgaben und der praktizierten Rollenaufteilung. Ein anderer Blickwinkel auf das Modell des Familienzyklus betrachtet die Phasenzugehörigkeit als abhängige Variable und fragt nach den Determinanten der phasenbestimmenden Ereignisse, dem Lebensalter bei Phasenbeginn und -ende, der Dauer der Phase und ihrer Verortung in der Biographie, den Veränderungen der Familienzusammensetzung und möglichen Veränderungen im Zeitablauf der Phasen. Die meisten dieser Konzepte unterstellen allerdings eine nicht-kinderlose, stabile Ehe, so dass Ereignisse und Phänomene wie Scheidung, Wechsel im Personalbestand der Familie und Kinderlosigkeit gänzlich unberücksichtigt bleiben. Dadurch verdecken diese Modelle die zunehmende Pluralität von Lebensformen und die Ausdifferenzierung von Familienbiographien. Dieser tendenziell normative Charakter der Modelle wird kritisch gesehen, da es hierdurch zu einer Ausgrenzung abweichender Verläufe und Lebensformen, etwa von Alleinerziehenden oder von bilokalen Familien, kommen könne.

2.8 Familiale Entwicklung aus der Lebenslaufperspektive

Aufgrund der genannten Schwachpunkte des Familienzyklus-Modells werden familiale Entwicklungen heute immer weniger vor dem Hintergrund vorgezeichneter und geordneter Abläufe als vielmehr als Bestandteil individueller, komplexer Lebensläufe analysiert (Huinink/Konietzka 2007: 42-46). Der Lebenslauf ist ein Ensemble von Einzelprozessen, in denen die Partnerschaftsbiographie und Familienentwicklung eng verwoben sind mit der Bildungs- und Berufsbiographie, der Gesundheitsbiographie sowie Mobilitätsprozessen und daher mit diesen abgestimmt werden müssen. Der Lebensverlauf wird strukturiert durch biographische Übergänge, besondere zeitgeschichtliche Ereignisse, die Einflüsse gesellschaftlicher Institutionen und durch die Orientierung an „Normallebensverläufen". Die Unterschiede zwischen den institutionellen Rahmenbedingungen in verschiedenen Wohlfahrtsstaaten schlagen sich in unterschiedlichen Lebensverlaufsmustern nieder, weswegen im Rahmen der Lebenslaufforschung neben Kohortenvergleichen zu bestimmten Problemen und Statusübergängen (vgl. Alwin/McCammon 2003) internationale Vergleiche weit verbreitet sind (z.B. Mayer 2005).

In der Lebensverlaufsperspektive werden die jeweils spezifischen individuellen und gesellschaftlichen Bedingungen erklärt, unter denen Akteure weichenstellende Entscheidungen, z.B. für oder gegen Paarbeziehungen oder Kinder, treffen. Dabei ist zu berücksichtigen, dass der Lebenslauf aus Sicht des Individuums ein multidimensionaler, komplexer Handlungszusammenhang ist, der durch vielfältige Interdependenzen gekennzeichnet ist und in dem der zeitlichen Dimension des Handelns große Bedeutung zukommt. Gegenwärtige Handlungsmöglichkeiten, Einstellungen und Präferenzen sind maßgeblich geprägt durch frühere Entscheidungen und Handlungen sowie durch biographische Erfahrungen in der Vergangenheit. Zugleich wirken sich subjektive Antizipationen künftiger Ereignisse auf aktuelle Entscheidungen aus. Pfade, die im beruflichen oder privaten Bereich einmal eingeschlagen wurden, besitzen häufig eine gewisse Eigendynamik und sind nicht einfach wieder zu verlassen.

In der Familiensoziologie wird die Familienentwicklung heute als Komponente des individuellen Lebenslaufs betrachtet. Zentrale familiale Ereignisse wie die Eheschließung oder die Geburt eines Kindes werden vor diesem theoretischen Hintergrund als Statusübergänge verstanden, welche die soziale Position und Lage des Individuums verändern und Auswirkungen auf den künftigen Lebenslauf haben. Dabei wird auch aus dieser Perspektive deutlich, dass sich die Freiräume für die individuelle Lebens- und Familienplanung insgesamt vergrößert haben und die Heterogenität von Lebensstilen zugenommen hat. Der Lebensverlauf wird dadurch im Hinblick auf Beruf, Familie und soziale Absicherung immer mehr zur Entwicklungsaufgabe des Einzelnen.

3 Anwendbarkeit theoretischer Ansätze auf Aspekte familialer Realität

Unbestritten ist, dass die Familienlandschaft insbesondere im Vergleich zur frühen Nachkriegszeit an Vielfalt und Dynamik gewonnen hat. Familie ist damit zu einem sehr veränderlichen Forschungsgegenstand geworden, der nur in der Prozessdimension (Heinz/Marshall 2003) begriffen werden kann, wobei es dennoch wichtig ist, auch die Binnenstrukturen zu berücksichtigen (vgl. auch den Beitrag zu „Prozess" in diesem Band). Im Folgenden werden daher die familialen Entwicklungsverläufe vor dem Hintergrund ihrer theoretischen Erklärung anhand der zentralen Parameter ‚Beziehungsentwicklung', ‚Institutionalisierung' und ‚Ausgestaltung' des familialen Alltags besprochen.

3.1 Partnerwahl und Partnerschaft

In der Familiensoziologie, aber auch im Alltagsverständnis gilt in der Regel das Paar als Ausgangs- bzw. Bezugspunkt für die Familie. Somit ist die Frage der Partnerwahl eine zentrale Frage für die Familienentwicklung. Umgekehrt wird in der Familienökonomie die Familiengründung als ein wichtiges Motiv für die Paarbindung erachtet (Becker 1981). Partner finden sich überwiegend in ihren sozialräumlichen Gelegenheitsstrukturen, wobei Ausbildungs- und Arbeitsstätten die wichtigsten „Marktplätze" sind (Blossfeld/Timm 2003). Die Partnerwahl folgt in erster Linie emotionalen Kriterien, doch lassen sich typische Muster feststellen, so dass sich vor allem in sozio-ökonomischer und sozio-kultureller Hinsicht ähnliche Partner zusammenfinden. Dabei spielen neben den Gelegenheitsstrukturen auch soziale Normen eine bedeutsame Rolle.

In Bezug auf die Partnerschaft lässt sich in den letzten Jahrzehnten eine zunehmende Deinstitutionalisierung (vgl. 2.5) und Individualisierung (vgl. 2.4) feststellen, d.h. die Ausgestaltung der Beziehungen wird immer mehr den Partnern selbst überlassen und somit Gegenstand individueller Erwägungen (Beck 1986). Ehedem regulierende gesellschaftliche Normen haben an Kontrolleinfluss eingebüßt. Im Gegensatz zu Erwartungen der 1950er und 1960er Jahre ist die Ehe keineswegs mehr Voraussetzung für intime Paarbeziehungen, vielmehr kann eine Liebesbeziehung in verschiedenen Formen gelebt werden. Die Partner können getrennt wohnen, ohne Trauschein zusammenleben oder auch heiraten. Diese Wahlfreiheit gilt jedoch vor allem für Paare ohne Kinder, für Eltern ist – insbesondere in Westdeutschland – der Deinstitutionalisierungsprozess weniger stark ausgeprägt.

Als positive Konsequenzen dieser Deinstitutionalisierungs- und Individualisierungstrends werden zunehmende Gestaltungsspielräume wahrgenommen. Die Kehrseite bilden erhöhte Risiken, Unsicherheiten und Ungleichheiten in den unterschiedlichen Beziehungsformen. Im Hinblick auf die gestiegene Optionalität ist auch zu thematisieren, dass gesellschaftliche Rahmenbedingungen diese Wahlmöglichkeiten beeinflussen oder sogar vorstrukturieren: So entstehen z.B. Beziehungen auf Distanz nicht selten vor dem Hintergrund der zunehmenden Anforderungen an Mobilität und Flexibilität, welche sich in modernen Gesellschaften etabliert und im Zuge der Globalisierung immer höhere Bedeutung erlangt haben (Blossfeld et al. 2005).

3.2 Von der Partnerschaft zur Ehe

Generell ist ein Trend zu sinkender Heiratsneigung und damit einhergehend zu einem steigenden Anteil von Personen, die auf eine Ehe verzichten, festzustellen. Dabei hat sich insoweit ein neues Ablaufmuster etabliert, als sich die nichteheliche Lebensgemeinschaft als „normales" Stadium zwischen Partnerschaft und Ehe geschoben hat. Dennoch wird ein Großteil der Paar-Beziehungen in eine Ehe überführt. Die erhöhte Verbindlichkeit und die größeren Ausstiegskosten werden dann zu Vorzügen der Institution, wenn die Beziehung langfristig geplant wird und gemeinsame Investitionen getätigt werden sollen. Unter solchen Vorzeichen fällt eine Kosten-Nutzen-Erwägung (vgl. 2.6) leicht zugunsten einer Heirat aus, wenn wie in Deutschland noch deutliche formale Unterschiede zwischen den Lebensformen bestehen. Hier spielen z.B. Vorteile im Steuerrecht und bei der Sozialversicherung, die sich besonders bei großen Einkommensdifferenzen zwischen den Partnern bemerkbar machen, und die Elternrechte eine Rolle. Dementsprechend ergibt sich je nach (angestrebter) Paarkonstellation eine unterschiedlich hohe Motivation zu heiraten. Eine wichtige Voraussetzung der Ehe bilden vor diesem Hintergrund eine langfristige Bindungswilligkeit und antizipierte Beziehungsstabilität – dies gilt jedoch nicht nur aus familienökonomischer Perspektive. Obgleich man die Entscheidung über eine Heirat durchaus als Kosten-Nutzen-Abwägung modellieren kann, wird die Komplexität des Vorganges besser erfasst, wenn man verschiedene Motivationslagen expliziert.

Unbestritten ist in der neueren Forschung, dass normative Vorgaben für viele Eheschließende eine hohe Bedeutung besitzen (z.B. Schneider/Rüger 2007). Die Heirat wird als wichtige biographische Passage angesehen. Neben die wahrgenommenen materiellen und rechtlichen Vorteile tritt bei vielen die Wertschätzung der Institution, ihrer Bindungskraft und ihres Symbolcharakters. Im Gegensatz zum Eingehen der nichtehelichen Lebensgemeinschaft, das meist unspektakulär verläuft, wird die Heirat – obwohl sie in den meisten Fällen nach geraumer Zeit des Zusammenlebens erfolgt – als ritualisierter Übergang, üblicherweise in Form eines festlichen Aktes, begangen. So tritt neben die Selbstbindung der Partner auch die öffentliche Darstellung als Paar.

Weiterhin ist zu beachten, dass die Ehe zwar einerseits eine tragfähige Partnerschaft voraussetzt, andererseits aber auch selbst als Stabilisator fungieren kann und mit entsprechenden Erwartungen, wie z.B. Bekräftigung der Beziehung, Erhöhung des Zusammengehörigkeitsgefühles, verbunden wird, was die Investitionsbereitschaft in diese Beziehung stärkt. Ein weiteres Motiv für den Übergang zur Ehe, das gleichermaßen eine Mischung aus eher normativen und pragmatisch-nutzenorientierten Aspekten umfasst, ist der Kinderwunsch bzw. der Übergang zur Elternschaft. Somit werden hier zwei sehr langfristige Entscheidungen und Verpflichtungen miteinander verbunden. Dazu kommt auch – dies gilt für Westdeutschland, nicht jedoch für die neuen Bundesländer – die Vorstellung, dass die Ehe den passenden Rahmen für die Familie darstelle.

Angesichts der in hohem Maße vorhandenen normativen Motivation zur Heirat haben Individualisierungs- und Deinstitutionalisierungsthesen (vgl. 2.4 und 2.5) hier eine gewisse, doch eher begrenzte Erklärungskraft. Wahlfreiheit und Ablehnung der Institution sind zudem in der Bevölkerung recht unterschiedlich verteilt, so dass vor allem in den oberen sozialen Schichten und bei stark beruflich Orientierten ein stärker individualisiertes Entscheidungsverhalten vorfindbar ist (Schneider/Rüger 2007). Je stärker sich die Lebensformen Ehe und nichteheliche Lebensgemeinschaft annähern, um so weniger lassen sich entscheidungs- oder differenzierungstheoretische Erklärungen (vgl. 2.6 und 2.1) für die Wahl der Lebensform anführen und umso stärker wirken individuelle und normative Konzepte, die durch die Interaktion der Partner (vgl. 2.3) zu einer geteilten Lebensgestaltung zusammengeführt werden müssen.

3.3 Generatives Verhalten

Geringe Fertilitätsraten prägen die familiensoziologische und noch stärker die familienpolitische Diskussion seit längerer Zeit. Ein Absinken der Geburtenraten unter das Bestandserhaltungsniveau war in nahezu allen Industrienationen zu beobachten (vgl. auch den Beitrag zu „Sexualität" in diesem Band). Ging man bislang vor allem davon aus, dass die niedrige Fertilität in erster Linie eine Folge unerfüllter Kinderwünsche sei, so lassen die neuen Ergebnisse vermuten, dass sich das Aspirationsniveau langsam der Realität anpasst und die soziale Akzeptanz von kinderlosen Lebensentwürfen gestiegen ist.

Einen Hintergrund der sinkenden Bereitschaft, Eltern zu werden, bildet die erhöhte (Planungs-)Unsicherheit angesichts der individuellen biographischen Perspektiven (Blossfeld et al. 2005). Dabei ist zunächst auf die subjektiv und normativ gesetzten Vorbedingungen einer Familiengründung zu verweisen, die relativ hohe Hürden darstellen. In der Regel wird erwartet, dass beim Übergang zur Elternschaft die Ressourcenausstattung gewissen Standards entspricht: Es sollte nicht nur eine abgeschlossene Berufsausbildung vorliegen, sondern auch die Erwerbsintegration befriedigend verlaufen sein, und die materiellen Rahmenbedingungen sollten die künftige Familie tragen können. Haushaltsausstattung und Wohnverhältnisse werden gleichfalls auf den Prüfstand gestellt (IfD 2004). Zudem ist eine tragfähige Beziehung eine schier unverzichtbare Voraussetzung dafür, ein Kind zu bekommen (IfD 2004). Unsicherheit in einer dieser wichtigen Ressourcen-Dimensionen senkt die Wahrscheinlichkeit der Entscheidung pro Kind. Die Folge ist, dass der Übergang zur Elternschaft immer später erfolgt, vor allem aufgrund langer Ausbildungszeiten und erschwerter Berufseinmündung (vgl. Blossfeld et al. 2005). Die Forderung des Arbeitsmarktes nach Flexibilität und Mobilität verstärken und verlängern die genannten Unsicherheiten weiter und bedingen Aufschub oder gar das gänzliche Ausbleiben der Familiengründung. Subjektiv spielen in diesem Kontext die Erwartungen von negativen Konsequenzen der Elternschaft eine bedeutsame Rolle, wie verschiedene Studien belegen. Die geschilderten Einflussfaktoren lassen sich gut mit institutionellen und funktionalistischen Paradigmen darstellen. Es wirken normativ verankerte und in Leitbildern der Elternschaft eingewobene Richtlinien – dies betrifft ganz besonders den Aufschub der Elternschaft. In den Argumenten gegen eine Familiengründung spiegeln sich Ängste sowie Unsicherheit und zeigen, dass die genannten Vorgaben nicht erfüllt scheinen.

In der modernen Familiensoziologie werden zur Erklärung des fertilen Verhaltens vor allem entscheidungstheoretische Paradigmen herangezogen (z.B. Brüderl 2006, vgl. auch 2.6). In diesem Kontext stellt sich die Frage, welche Kosten- und Nutzenarten Kindern grundsätzlich attribuiert werden können. Da Kinder in unserer Gesellschaft nicht mehr als Arbeitskräfte zum Familieneinkommen beitragen, spielen auf der Positivseite vor allem ihr Eigenwert (Sinn, Freude) und die emotionale Bindung eine Rolle. Demgegenüber sind die Kosten von Kindern sehr vielfältig, wobei sowohl diverse direkte Aufwendungen, wie Unterhalt, Mehrausgaben für Wohnen etc., als auch indirekte Kosten, wie entgangenes Einkommen, Verlust von Anwartschaften und Zeitaufwand, ins Kalkül zu ziehen sind (Becker 1993). Der Weg in die Elternschaft wird als eine Abwägung zwischen den erwarteten Anforderungen und den vorhandenen Ressourcen sowie zwischen antizipierten Kosten und Gratifikationen des Lebens mit Kindern interpretiert. Ein Modell zur Erfassung dieser unterschiedlichen Erwartungen an die Elternschaft bildet der sogenannte „Value-of-Children-Ansatz" (z.B. Nauck 2001), wobei verschiedene Versionen existieren, die positive und negative Assoziationen in unterschiedlicher Differenziertheit abbilden. Die Bedeutung der Elternschaft für die eigene Lebensgestaltung wie auch die erwarteten Nachteile daraus sind in hohem Maße abhängig von gesellschaftlich und sozialisatorisch vermittelten Werten, den individuellen biographischen Erfahrungen und Einstellungen und den materiellen sowie immateriellen Ressourcen.

Trotz der aktuellen Dominanz entscheidungstheoretischer Paradigmen ist ihre Erklärungskraft für die Frage der Familiengründung keineswegs unumstritten. Vor allem die „Empirie verweist auf Ambivalenzen, Verunsicherungen und Entscheidungsunsicherheit" (Burkart 2002: 36). Gerade bei diesem Übergang spielen „viele irrationale, emotionale, kulturell bestimmte und sozialisationsbedingte Momente eine Rolle" (Huinink/Konitzka 2007: 151), weshalb normative und wertorientierte Aspekte als eigenständige Einflussfaktoren zu berücksichtigen seien. Familiale Entwicklungen sind daher nur bedingt als logisch stringente Entscheidungsprozesse interpretierbar.

3.4 Aufgabenteilung in der Familie

Der Übergang zur Elternschaft ist – besonders ausgeprägt in Westdeutschland – zumeist mit einer Veränderung in der familialen Aufgabenteilung verbunden. Diese vollzieht sich vor dem Hintergrund, dass in Westdeutschland die Erwartung vergleichsweise hoch ist, dass Mütter ihre Kinder selbst betreuen und nicht in Einrichtungen geben (IfD 2004), während die Väter die Ernährerrolle übernehmen. Folglich nehmen die meisten Frauen eine „Auszeit" oder reduzieren ihren zeitlichen Einsatz im Berufsleben, um sich der Familienarbeit widmen zu können. Die Frage, wie lange bzw. in welchem Umfang dies geschieht, variiert stark mit den gesellschaftlichen Rahmenbedingungen, insbesondere mit den durch Kinderbetreuungsangebote und steuerrechtlich gesetzten positiven und negativen Anreizen zur Erwerbstätigkeit von Müttern, den Elternurlaubsregelungen und den faktischen Lohndifferenzen zwischen Männern und Frauen. In den neuen Bundesländern erscheint ähnlich wie in den egalitären Geschlechterregimen der skandinavischen Länder das Familienleben in deutlich höherem Maße mit einer Müttererwerbstätigkeit vereinbar und die institutionelle Betreuung auch für Kleinkinder als akzeptable Lösung.

Die Neigung der (westdeutschen) Eltern zur geschlechtsspezifischen Differenzierung der familialen Aufgaben erweist sich theoretisch wie alltagspraktisch in verschiedener Hinsicht als problematisch. Spezialisierungsgewinne aus dieser Aufgabenteilung können nicht realisiert werden, da es sich nicht (mehr) um eine generelle und dauerhafte Lösung handelt. Vielmehr bewegen sich Eltern immer mehr zwischen zwei Systemen – Erwerbs- und Familiensystem – die sich durch deutlich unterschiedliche, teils sogar konfligierenden Anforderungen und Binnenstrukturen auszeichnen. Je nach Dauer und Umfang des Ausstiegs und der Höhe der beruflichen Position kann dies zu relativen Nachteilen derjenigen führen, die sich der Familientätigkeit widmen. Aufgrund der vorliegenden Aufgabenteilung betrifft dies fast ausschließlich die Frauen (Bertram 2006). Das „male breadwinner/female housewife model" passt nicht mit berufsorientierten Biographieentwürfen von Frauen zusammen (vgl. auch den Beitrag zu „Geschlecht" in diesem Band). Gerade Akademikerinnen in Westdeutschland schieben daher aus Furcht vor der „Traditionalisierungsfalle" der innerfamilialen Arbeitsteilung den Übergang zur Elternschaft auf oder verzichten überdurchschnittlich oft vollkommen auf eigene Kinder.

Abhilfe könnte hier eine weniger geschlechtsspezifisch ausgerichtete Aufgabenteilung schaffen (Krüger 2006). Aktive Väter, die Familien- und Erziehungstätigkeit übernehmen, bedeuten eine Entlastung für ihre Frauen und fördern zugleich die Akzeptanz der Vereinbarkeit, indem sie familiale Belange stärker im Erwerbssystem sichtbar werden lassen. Indikatoren wie die mit Kindern verbrachte Zeit und der Anteil von Vätern, die sich an der Elternzeit beteiligen, zeigen, dass es zunehmend mehr Männer gibt, die sich aktiv ihrer Familie widmen, auch wenn eine Unterbrechung der Berufstätigkeit oder Teilzeitarbeit für sie noch immer nur sehr selten in Frage kommt.

In Bezug auf die Aufgabenteilung liegt es nahe, eine rollentheoretische Perspektive einzubeziehen, denn Einstellungen und Haltungen in diesem Bereich sind in hohem Maße durch Geschlechtsrollen geprägt und die Geschlechtsidentitäten werden im Rahmen der partnerschaftlichen Interaktion hergestellt (Fenstermaker et al. 1991). Neben dem sogenannten „Doing-gender-Ansatz" können auch ökonomische Erklärungen herangezogen werden: Es scheint opportun, dass die Frau den Part der Erziehenden übernimmt und beruflich pausiert bzw. reduziert, weil bzw. wenn sie weniger verdient als der Mann, was bei den meisten Paaren der Fall ist. Hinzu kommen austauschtheoretische Aspekte: Aufgrund der niedrigeren Beiträge zum Familienbudget haben Frauen eine geringere Verhandlungsmacht; es ist für sie daher schwieriger, ihre Arbeitsteilungswünsche durchzusetzen. Diese schlechtere Position verschärft sich durch den Wechsel zum Ernährermodell noch, so dass eine Rückkehr zu mehr egalitären Mustern immer schwieriger wird (Blossfeld et al. 2006).

3.5 Trennung und Scheidung

Zunehmende Trennungs- und Scheidungsraten lassen sich in allen Industrienationen beobachten. Erklärt wird dies zum einen dadurch, dass sich die Wertvorstellungen und in Wechselwirkung damit auch die rechtlichen Rahmenbedingungen gelockert haben. Ehen werden heute nicht mehr unbedingt „fürs Leben" geschlossen, vielmehr ist es legitim, unbefriedigende Beziehungen aufzulösen – nicht zuletzt, um die Chance auf ein neues Glück zu bekommen. Trennungen und Scheidung werden nicht mehr diskriminiert, und der formale Prozess, den Scheidungswillige durchlaufen müssen, wurde in den letzten Jahrzehnten durch verschiedene Gesetzesreformen entdramatisiert. Zum anderen haben sich die Lebensformen und deren Rahmenbedingungen in den vergangenen fünfzig Jahren so entwickelt, dass Scheidungen sozio-ökonomisch möglich – wenngleich oftmals schwierig – sind. Eine Reihe von Faktoren verringern die Abhängigkeit beider Partner und erleichtern die Trennung. Dazu zählen die geringe Kinderzahl und die Veränderungen der Rolle der Frau, welche heute mit Selbstbestimmung und Selbstverwirklichung verknüpft und nicht mehr auf das „Dasein für andere" reduziert wird (Beck-Gernsheim 1983).

Frauen und Männer definieren sich heute nicht mehr in erster Linie über ihre familiale Herkunft oder die eigene Familie, sondern über ihre individuellen Leistungen, ihre beruflichen Positionen oder persönlichen Einstellungen, Lebenspläne und im Rahmen ihrer sozialen Milieus. Diese veränderten Orientierungen tragen aber auch zur Instabilität von Beziehungen bei. Die Partnerschaft wird zunehmend ausschließlich als emotional-affektive Beziehung definiert, wobei hohe Ansprüche an deren Qualität gestellt werden. Enttäuschungen dieser Erwartungen führen – vor allem bei kinderlosen Paaren – vergleichsweise leicht zu einer Lösung. Alternativen zu haben, relativiert das Vorhandene – dies gilt auch für potenzielle neue Partner und so steigt mit zunehmender Bewegung auf dem Heiratsmarkt die Wahrscheinlichkeit von Trennung und Scheidung erneut.

Gemeinsame Kinder zählen demgegenüber aus mehreren Gründen zu den ehestabilisierenden Faktoren: Erstens sind Mütter, wie oben beschrieben, deutlich weniger sozioökonomisch unabhängig bzw. selbstständig als kinderlose Frauen; zweitens verbinden Kinder die Partner und drittens wird es als günstig für die Kinder erachtet, wenn sie in einer „intakten Familie" aufwachsen.

Trennung und Scheidung können als Indikatoren für die fortgeschrittene Deinstitutionalisierung (vgl. 2.5) von Paarbeziehungen gesehen werden. So hat die Institution Ehe nicht nur an Selbstverständlichkeit, sondern auch hinsichtlich der Gültigkeitsdauer und der Modalitäten ihrer Lösung an Bedeutung und Strenge eingebüßt. Auf individueller Ebene wird der Weg zur Trennung allerdings meist als Entscheidungsprozess (vgl. 2.6) modelliert, in dessen Zusammenhang von den Akteuren positive Effekte negativen Erwartungen gegenüber gestellt werden (Esser 2002). Demgegenüber ist festzuhalten, dass das Scheitern einer Beziehung zumeist mit Versagens- und Verlustgefühlen verbunden wird, sich im Vorfeld oftmals Unzufriedenheit über längere Zeit aufbaut, bis Konsequenzen gezogen werden. Auch ist zu bedenken, dass ein Partner alleine in der Lage ist, die Beziehung aufzukündigen, so dass dem anderen gar keine Entscheidungsmöglichkeit bleibt. In diesem Kontext zeigen die entscheidungstheoretischen Paradigmen wichtige Einflussfaktoren auf, können das Feld aber nicht gänzlich erklären.

4 Fazit zum gegenwärtigen Stand der Familiensoziologie

In der familiensoziologischen Theorie stoßen wir gegenwärtig auf eine weitgehende Dominanz erklärender Mikrotheorien, die auf der familialen Beziehungsebene bzw. sogar auf der Individualebene ansetzen. Insbesondere den modernen Entscheidungstheorien, die in den letzten Jahrzehnten kontinuierlich weiterentwickelt wurden, kommt heute eine große Bedeutung zu. Die klassischen, überwiegend makrosoziologischen Zugänge spielen in der aktuellen Debatte hingegen nur noch eine untergeordnete Rolle (vgl. Burkart 2006).

Familiensoziologie wird heute als Teilgebiet der Lebenslaufforschung gelehrt und betrieben, da sich lebenslauf- und mehrebenenbezogene Handlungstheorien bei der Erklärung familialer Prozesse als tragfähigstes Fundament erwiesen haben. Insgesamt zeichnet sich die Familiensoziologie inzwischen durch eine starke empirische Ausrichtung und eine große Differenzierung der behandelten Fragestellungen aus. Dabei droht in vielen familiensoziologischen Untersuchungen die Gefahr einer reinen „Variablensoziologie" oder „Demographisierung" der Familiensoziologie, da insbesondere für neuere Familienformen fundierte makrotheoretische Erklärungsansätze fehlen.

Familie ist – wie gezeigt werden konnte – durch komplexe Strukturen und eine zunehmende Dynamik gekennzeichnet. Damit sind auch die „alternativen" Lebensformen, die vor, anstatt und nach der Familie zur Wahl stehen, ins Blickfeld gerückt. Diese Veränderungen machen aber auch deutlich, dass eindimensionale theoretische wie empirische Zugänge zum Themenbereich „Familie" nicht tragfähig sind. Da viele der heute häufig auftretenden Lebensformen nicht als „Familien" einzustufen sind, wäre das Themenfeld der Familiensoziologie im strengen Sinne sehr eng gefasst. Dabei ist es für den Erkenntniszuwachs bezüglich familienbezogener Entscheidungen und Übergänge von großer Bedeutung, dass sich die familiensoziologische Forschung u.a. mit kinderlosen Paaren befasst. Manche Forscher bevorzugen daher den sperrigen Terminus einer „Soziologie der privaten Lebensformen".

Die empirische Familiensoziologie ist heute so ausdifferenziert, aktiv, aber auch institutionell etabliert wie nie zuvor. Und dennoch klagen alle, die sich der Familienforschung widmen, über mangelnde Daten, unzureichende Informationen – und das völlig zu Recht. Es ist der Gegenstand selbst, der diese „Probleme" mit sich bringt:

Erstens ist Familie aufgrund ihres Prozesscharakters nur aus der biographischen Perspektive heraus wirklich erfassbar. Das heißt aber auch, dass wir valide Informationen über familiale Ereignisse, wie z.B. die Fertilität bestimmter Kohorten, erst nach einem langen Zeitraum gewinnen können. Dann aber haben sich die gesellschaftlichen Rahmenbedingungen bereits geändert und es stellt sich die Frage, ob die Erkenntnisse auf nachfolgende Kohorten übertragbar sind.

Zweitens verschränken sich in Bezug auf familiale Prozesse verschiedene Motivationsstränge in kaum trennbarer Weise. So wirken normative, funktionale, emotionale und soziale Aspekte zugleich – auf evtl. biologische Triebfedern wollen wir hier nicht eingehen. Doch ist darauf hinzuweisen, dass gerade in diesem Bereich nicht alle Motive den Akteuren bewusst sind und emotionale Aspekte alle Rationalität dominieren können.

Drittens sind familiale Übergänge ein höchst kompliziertes Zusammenspiel der (bewussten und unbewussten) Intentionen (mindestens) zweier Menschen. Der Komplexität der Interaktionsprozesse, der Schwierigkeit ihrer Interpretation, den Tücken von Missverständnissen etc. wurde u.E. in letzter Zeit viel zu wenig Beachtung beigemessen.

Angesichts der inhaltlichen Nähe der empirischen Familiensoziologie zur Demographie und der Tatsache, dass Familiensoziologie nur ein Teilgebiet der interdisziplinären Familienforschung ist, stellt sich die Frage nach dem spezifischen Beitrag und dem genuinen Gegenstandsbereich der Soziologie innerhalb der Familienforschung. Familiensoziologie konkurriert in ihren zentralen Fragestellungen mit der Demographie, die das Ziel hat, Bevölkerungsentwicklungen statistisch exakt zu erfassen und Regelmäßigkeiten im demographischen Wandel aufzudecken, aber auch mit der Ökonomie. Beide Disziplinen zielen in erster Linie auf strukturelle Merkmale ab. Würde man ihnen die Analyse familialen Wandels überlassen, würde dies zu einer Verengung führen. Die Familiensoziologie analysiert demgegenüber die soziale Bedingtheit und die intendierten wie unintendierten Folgen familialen Handelns unter Berücksichtigung institutioneller Regelungen, kultureller Einflussfaktoren und subjektiver Determinanten. Die Weiterentwicklung der soziologischen Familientheorien und ihre gezielte Überprüfung in zeitnahen empirischen Längsschnittstudien ist daher die zentrale Herausforderung und Aufgabe der Familiensoziologie.

Eine werturteilsgesteuerte „Wissenschaft" ist ohne Zweifel unbrauchbar. Dafür finden sich in den moralisierenden Vorläufern und frühen Entwicklungsphasen der Familiensoziologie viele Beispiele. Schwierigkeiten, Studienergebnisse im Bereich der Familienforschung neutral zu interpretieren, treten aktuell immer wieder bezüglich der Auswirkungen von Frauenerwerbstätigkeit und institutioneller Kinderbetreuung auf Fertilitätsentscheidungen und die Entwicklung der Kinder auf. Dahinter steht das grundsätzliche Problem, dass der Gegenstand der Familienforschung emotional besetzt ist und außerdem im politischen Interesse steht. Settles (2000: 190) betont daher die besondere Verantwortung der Familiensoziologie: „Family sociologists have a stake in the welfare and quality of life of families and households. We are not above the fray only documenting and commenting. The problems we choose to investigate, the recommendations we promulgate, the theories we propose to explain phenomena are part of the social and political discourse that leads to how issues that affect families are addressed." Gerade in Deutschland ist die Verzahnung der Familienforschung mit der praktischen Familienpolitik relativ stark ausgeprägt, wie beispielsweise die regelmäßige Erstellung von bis dato insgesamt sieben Familienberichten durch eine unabhängige Kommission von Sachverständigen sowie die Existenz eines ständigen „Wissenschaftlichen Beirats für Familienfragen" beim Bundesfamilienministerium zeigen. Familiensoziologie hat in diesem Kontext die Aufgabe eines „Frühwarn-Systems" und kann als kritische Instanz in den sozialpolitischen Debatten betrachtet werden.

Die familiensoziologische Forschung in Europa, Nordamerika und zunehmend auch in asiatischen Ländern ist stark vernetzt und steht in internationalen Publikationen, im Rahmen vergleichender Studien sowie auf Konferenzen im Austausch. Andere Teile der Erde, insbesondere Afrika und Lateinamerika, sind demgegenüber in internationalen Schriften der Familiensoziologie noch immer deutlich unterrepräsentiert (vgl. Settles 2000: 189).

Literatur

Alwin, Duane F./McCammon, Ryan J. (2003): Generations, Cohorts, and Social Change. In: Mortimer et al. (2003): 23-49
Beck, Ulrich (1986): Risikogesellschaft – Auf dem Weg in eine andere Moderne. Frankfurt a.M.: Suhrkamp
Beck, Ulrich/Beck-Gernsheim, Elisabeth (1990): Das ganz normale Chaos der Liebe. Frankfurt a.M.: Suhrkamp
Becker, Gary S. (1993): Der ökonomische Ansatz zur Erklärung menschlichen Verhaltens. Tübingen: Mohr
Becker, Gary S. (1981): A Treatise on the Family. Cambridge, Mass./London: Harvard UP
Beck-Gernsheim, Elisabeth (1983): Vom Dasein für andere zum Anspruch auf ein Stück eigenes Leben. Individualisierungsprozesse im weiblichen Lebenszusammenhang. In: Soziale Welt 34: 307-340
Beck-Gernsheim, Elisabeth (1998): Was kommt nach der Familie? Einblicke in neue Lebensformen. München: Beck
Bertram, Hans (2006): Nachhaltige Familienpolitik und die Zukunft der Kinder. In: Bertram et al. 2006: 13-21
Bertram, Hans/Krüger, Dorothea/Spieß, Katharina (Hrsg.) (2006): Wem gehört die Familie? Leverkusen: Barbara Budrich
Blossfeld, Hans-Peter/Mills, Melinda/Klijzing, Erik/Kurz, Karin (2005): Globalisation, uncertainty and youth in society. London: Routledge
Blossfeld, Hans-Peter/Schulz, Florian (2006): Wie verändert sich die häusliche Arbeitsteilung im Eheverlauf? Eine Längsschnittstudie der ersten 14 Ehejahre in Westdeutschland. In: Kölner Zeitschrift für Soziologie und Sozialpsychologie 58(1): 23-49
Blossfeld, Hans-Peter/Timm, Andreas (eds.) (2003): Who marries whom? Educational systems as marriage markets in modern societies. Dordrecht: Kluwer Academic Publishers
Blumberg, Rae Lesser (ed.) (1991): Gender, family, and economy: The triple overlap. Newbury Park, Calif: Sage
Brüderl, Josef (2006): Was kann familiensoziologische Theorie? Korreferat zum Beitrag von Günter Burkart. In: Zeitschrift für Familienforschung, 18, 2: 206-212
Burkart, Günter (2002): Entscheidung zur Elternschaft revisited. Was leistet der Entscheidungsbegriff für die Erklärung biographischer Übergänge? In: Zeitschrift für Familienforschung Sonderheft, 2-2002: 23-49
Burkart, Günter (2006): Positionen und Perspektiven. Zum Stand der Theoriebildung in der Familiensoziologie. In: Zeitschrift für Familienforschung 2/2006: 175-205
Diekmann, Andreas/Weick, Stefan (Hrsg.) (1993): Der Familienzyklus als sozialer Prozess. Sozialwissenschaftliche Schriften, Heft 26, Berlin: Duncker & Humblot
Esser, Hartmut (2002): In guten wie in schlechten Tagen? Das Framing der Ehe und das Risiko zur Scheidung. Eine Anwendung und ein Test des Modells der Frame-Selektion. In: Kölner Zeitschrift für Soziologie und Sozialpsychologie Jg. 54: 27-63
Fenstermaker, Sarah/West, Candance/Zimmerman, Don H. (1991): Gender Inequality. In: Blumberg 1991: 289-307
Foa, Edna B./Foa, Uriel G. (1980): Resource Theory. In: Gergen et al. (1980): 77-101
Gergen, Kenneth J./Greenberg, Martin S./Willis, Richard H. (eds.) (1980): Social Exchange: Advances in Theory and Research. New York: Plenum
Heinz, Walter R./Marshall, Victor M. (eds.) (2003): Social dynamics of the life course. Transitions, institutions, and interrelations. New York: Aldine de Gruyter
Hill, Paul B./Kopp, Johannes (2006): Familiensoziologie. Grundlagen und theoretische Perspektiven. 4. Aufl. Wiesbaden: VS

Huinink, Johannes/Konietzka, Dirk (2007): Familiensoziologie. Eine Einführung. Frankfurt a.M./New York: Campus Verlag
Institut für Demoskopie Allensbach (IfD) (2004): Einflussfaktoren auf die Geburtenrate. Ergebnisse einer Repräsentativbefragung der 18- bis 44-jährigen Bevölkerung. Allensbach
König, René (1976): Soziologie der Familie. In: König et al. (1976): 1-217
König, René/Rosenmayr, Leopold (Hrsg.) (1976): Handbuch der empirischen Sozialforschung, Band 7. Stuttgart: Ferdinand Enke Verlag/dtv
Krüger, Dorothea (2006): Geschlechtsrollen im Wandel – Modernisierung der Familienpolitik. In: Bertram et al. (2006): 191- 206
Lüscher, Kurt/Liegle, Ludwig (2003): Generationenbeziehungen in Familie und Gesellschaft. Konstanz: UVK
Lüscher, Kurt/Schultheis, Franz/Wehrspaun, Michael (Hrsg.) (1988): Die »postmoderne« Familie. Konstanz: Universitätsverlag
Mayer, Karl Ulrich (2005). Life Courses and Life Chances in a Comparative Perspective. In: Svallfors (2005): 17-55
Meyer, Thomas (1992): Modernisierung der Privatheit. Differenzierungs- und Individualisierungsprozesse des familialen Zusammenlebens. Opladen: Westdeutscher Verlag
Meyer, Thomas (1993): Der Monopolverlust der Familie – Vom Teilsystem der Familie zum Teilsystem privater Lebensformen. In: Kölner Zeitschrift für Soziologie und Sozialpsychologie, Jg. 45: 23-40
Mortimer, Jeylan T./Shanahan, Michael J. (eds.) (2003): Handbook of the Life Course. New York et al.: Kluwer Academic/Plenum Publishers
Nauck, Bernhard (2001): Der Wert von Kindern für ihre Eltern. „Value of Children" als spezielle Handlungstheorie des generativen Verhaltens und von Generationenbeziehungen im interkulturellen Vergleich. In: Kölner Zeitschrift für Soziologie und Sozialpsychologie, Jg. 53, Heft 3/2001: 407-435
Nave-Herz, Rosemarie (2004): Ehe- und Familiensoziologie. Eine Einführung in Geschichte, theoretische Ansätze und empirische Befunde. Weinheim/München: Juventa
Parsons, Talcott (1964): Beiträge zur soziologischen Theorie. Neuwied/Berlin: Luchterhand
Parsons, Talcott/Bales, Robert F. (1956): Family. Socialization and Interaction Process. In collaboration with James Olds, Morris Zelditch and Philip E. Slater. London: Routledge & Kegan Paul
Peuckert, Rüdiger (2007): Familienformen im sozialen Wandel. 7. Aufl. Wiesbaden: VS
Quah, Stella R./Sales, Arnaud (eds.) (2000): The International Handbook of Sociology. London/Thousand Oaks/New Delphi: Sage
Schneider, Norbert F./Rüger, Heiko (2007): Der subjektive Sinn der Ehe und die Entscheidung zur Heirat. In: Zeitschrift für Soziologie, 36, 2: 131-152
Settles, Barbara H. (2000): Sociology of the Family: Global Advances and Challenges. In: Quah et al. (2000): 173-196
Strohmeier, Klaus-Peter (1993): Pluralisierung und Polarisierung der Lebensformen im Lebensverlauf. In: Aus Politik und Zeitgeschichte, B17/1993: 11-22
Svallfors, Stefan (ed.) (2005): Analyzing Inequality: Life Chances and Social Mobility in Comparative Perspective. Palo Alto, Calif.: Stanford University Press
Thibaut, John W./Kelley, Harold H. (1959): The Social Psychology of Groups. New York: Wiley
Tyrell, Hartmann (1988): Ehe und Familie – Institutionalisierung und Deinstitutionalisierung. In: Lüscher et al. (1988): 145-156

Geschlecht

Mechthild Bereswill

Im Alltag wird Geschlecht mit Vorstellungen einer natürlichen, am Körper erkennbaren und unveränderbaren Unterscheidung zwischen Frauen und Männern verbunden, eng verknüpft mit der Annahme von differenten Eigenschaften oder Verhaltensweisen. Die Soziologie ermöglicht es, solche Setzungen einer rein biologischen, vorsozialen Natur des Menschen in Frage zu stellen. Soziologisches Denken hilft, „das Soziale der Kategorie Geschlecht" (Gümen 1998) aufzuspüren, zu untersuchen und in wissenschaftliche Begriffe zu übersetzen. Dies setzt eine Reihe systematischer Differenzierungen der Kategorie Geschlecht voraus: Zu unterscheiden ist zwischen Frauen und Männern als je unverwechselbare Personen und als Mitglieder von sozialen Gruppen, denen gesellschaftlich bestimmte Positionen zugewiesen werden, beispielsweise in der Politik oder auf dem Arbeitsmarkt. Ebenso gilt es, zwischen alltäglichen Vorstellungen über Frauen und Männer sowie kulturellen Bildern von Weiblichkeit und Männlichkeit zu differenzieren. Unterstellen Menschen alltäglich, jemand sei selbstverständlich und eindeutig Frau oder Mann, verdeutlichen Begriffe wie Weiblichkeit und Männlichkeit, dass solche Unterscheidungen der Ausdruck von Zuschreibungen sind, die nicht auf das Wesen einzelner Personen, sondern auf ein kulturelles Symbolsystem verweisen, das kollektive Annahmen einer „natürlichen" Zweigeschlechtlichkeit stützt. Die Frage nach dem Sozialen der Kategorie ‚Geschlecht' stellt solche Annahmen in Frage und lenkt den Blick auf die Herausbildung einer „geschlechterstrukturierten sozialen Welt" (Gildemeister 2005: 205), in der Menschen zu Frauen und Männern werden und damit auch bestimmte Plätze im sozialen Gefüge einer Gesellschaft einnehmen.

Historisch gesehen hat die Soziologie allerdings selbst zu fragwürdigen Vorstellungen einer eindeutigen Geschlechterdifferenz und zur Herausbildung einer hierarchisch gegliederten Geschlechterordnung beigetragen. Die Entstehung der Soziologie als eigenständige Disziplin ist an die Geschichte der bürgerlichen Gesellschaft gebunden, deren historische Entwicklung eng mit der Durchsetzung polarisierter Ideale von Weiblichkeit und Männlichkeit verbunden ist (Hausen 1976; Gerhard 1978; Honegger 1991; Meuser 2006).

Vor diesem Hintergrund sind soziologische Theorien bis heute nicht reibungslos anschlussfähig für ein wissenschaftliches Nachdenken über Geschlecht. Ansätze der Geschlechterforschung und Soziologie beziehen sich vielmehr in einer doppelten Bewegung aufeinander: Das interdisziplinär angelegte Projekt einer feministischen Wissenschaft, das seit den 1970er Jahren vielfältige und kontroverse Ansätze und unterschiedliche Selbstbezeichnungen wie feministische Forschung, Frauen- und Geschlechterforschung, Queer Theory oder Männlichkeitsforschung hervor gebracht hat (vgl. Becker/Kortendiek 2004), ist durch soziologische Theorien und Fragestellungen stark vorangetrieben worden. Gleichzeitig haben Wissenschaftlerinnen (und einige Wissenschaftler) die Soziologie in Frage gestellt, ihre blinden Flecke aufgedeckt und Konzepte verworfen oder weiter entwickelt. Dies bezieht sich auf die ganze Bandbreite soziologischer Theorien und Forschungsfelder –

Arbeiten der Geschlechtersoziologie repräsentieren ein „pluralistisches Theoriespektrum" (Aulenbacher et al. 2006: 11) und finden sich in nahezu allen Feldern der Soziologie. Die soziologische Frage nach Geschlecht weist den Weg zu heterogenen und widerstreitenden Wissenshorizonten. Damit verbunden sind unterschiedlich verlaufende Wechselbeziehungen zwischen soziologischen Theorientraditionen, erkenntniskritischen Debatten über diese Traditionen und Öffnungen hin zu interdisziplinärem Denken, das auch durch die Rezeption anglophoner und französischer Ansätze inspiriert ist. Zusammenfassend lässt sich sagen: Soziologisches Denken hat neue Erkenntnisse über Geschlecht hervorgebracht, das Arbeiten an und mit der Kategorie ‚Geschlecht' hat aber auch die Soziologie vorangebracht und – mal mehr, mal weniger – verändert.

1 Theoriebildung als kritische Inspektion

Wer sich dem Gegenstand ‚Geschlecht' aus soziologischer Perspektive nähert, trifft auf eine Diskurslandschaft, die von Beginn an durch vielstimmige Erörterungen, Debatten und Kontroversen geprägt war (Becker-Schmidt/Knapp 2000; Bührmann et al. 2000; Hark 2001; Althoff et al. 2001; Löw/Mathes 2005). Kennzeichnend für diese Entwicklung ist der reflexive Umgang mit den eigenen Theoriebildungsprozessen (Knapp/Wetterer 2003a+b; Aulenbacher et al. 2006; Hark 2006). Das Erkenntnisinteresse und die Erkenntniskritik, die mit der Kategorie ‚Geschlecht' verbunden sind, haben dazu geführt, dass nahezu alle Winkel der Soziologie durchstöbert wurden, um das Soziale des Geschlechts begrifflich zu fassen, wobei die theoretischen Funde einer kritischen Inspektion unterzogen und entsprechend weiter gedacht wurden.

Forscherinnen legten *Gewalt im Geschlechterverhältnis* offen und intervenieren seither fortlaufend in die soziologische Theoriebildung zu Gewalt, aber auch in den gesellschaftlichen Umgang mit Gewaltverhältnissen (Hagemann-White et al. 1981; Hagemann-White 2002; Dackweiler/Schäfer 2002). Historikerinnen wie Soziologinnen betonten *die Bedeutung von Hausarbeit für die Reproduktion einer Gesellschaft* und entlarvten die blinden Flecke soziologischer Theorien zur Geschichte und Gegenwart der Arbeitsteilung in der modernen Gesellschaft (vgl. die historisch wegweisende Arbeit von Bock/Duden 1977; für die Soziologie: Becker-Schmidt 1982; Beer 1983; Diezinger 2000). Die empirische Untersuchung der Erfahrungen von Frauen zwischen Erwerbsarbeit und Familie führte zu gesellschaftstheoretischen Debatten über *die Vergesellschaftung von Frauen* und forderte zugleich soziologische Theorien zu Arbeit, beruflicher Bildung und Arbeitsmarkt heraus (Beck-Gernsheim/Ostner 1978; Becker-Schmidt et al. 1984; Gottschall 1995; Krüger 2003; Born/Krüger 2001; Teubner 2004). Ebenso wurde *die Erwerbszentrierung der Theorien sozialer Ungleichheit* als ein verkürzter, die Ergebnisse von Forschung verzerrender Zugang zur Sozialstruktur moderner Gesellschaften analysiert und theoretisch erweitert (vgl. den Überblick bei Gottschall 2000).

Jedes der genannten Beispiele ist mit Debatten über die Erklärungskraft und Reichweite verschiedener Theorien verbunden. So wurde in den 1980er Jahren beispielsweise sehr kontrovers über die Frage diskutiert, ob Frauen ein ganz bestimmtes Arbeitsvermögen haben, und mit welchen soziologischen Theorien oder Begriffen ihre untergeordneten Positionen im Erwerbsleben zu erfassen seien (Beck-Gernsheim/Ostner 1978; Knapp 1987; Gottschall 2000: 151ff; Teubner 2004). Oder es wurde über die offenkundig enge Beziehung zwischen Männlichkeit und Gewalt gestritten, auf der Suche nach angemessenen theoretischen Konzepten zu Gewalt im Geschlechterverhältnis, aber auch im Hinblick auf das Verhältnis von Wissenschaft und Politik (Gravenhorst 1988a+b; Stövesand 2005; Bereswill et al. 2007a+b). In den 1990er Jahren löste die Rezeption von Judith Butlers zunächst in den USA publiziertem Buch ‚Gender Trouble' (Das Unbehagen der Geschlechter, 1991) heftige Kontroversen über die „Kritik der Kategorie >Geschlecht<" aus (Feministische Studien 1993). Im Mittelpunkt stand die Frage, welche Konsequenzen eine „Auflösung" dieser Kategorie für feministische Theorie, aber auch für Politik hätte. Gerade diese Debatte lohnt es, unter der Perspektive betrachtet zu werden, wie theoretische Konzepte in einem internationalen und interdisziplinären Dialog aufgegriffen und einer kontextspezifischen Aneignung unterzogen werden (Benhabib et al. 1993).

Es handelt sich in allen Fällen um grundsätzliche Erörterungen zur begrifflichen Konzeptualisierung und Reichweite der Analysekategorie ‚Geschlecht'. So regte sich beispielsweise im Kontext der theoretischen Anstrengungen, den Zusammenhang von sozialer Ungleichheit und Geschlecht zu erfassen, Kritik an der Vernachlässigung anderer Ungleichheitskategorien: Würde nach Klasse nun Geschlecht als eine zentrale Kategorie sozialer Ungleichheit in den Blick gerückt, sei darüber hinaus nach dem Zusammenhang von Klasse und Geschlecht mit anderen Kategorien der sozialen Platzanweisung wie Ethnizität/ *race* und Sexualität zu fragen (vgl. Lenz 1995; Gümen 1998/1994; Lutz 2004; Gutiérrez Rodríguez 1999; Hark/Genschel 2003; Bereswill 1997/2007a; Knapp 2005, vgl. auch die Beiträge zu „Klasse", „Ethnizität" und „Sexualität" in diesem Band).

Die Klammer, die solche unterschiedlichen Perspektiven zusammenhält, ist nicht eine einheitliche Fassung der Kategorie ‚Geschlecht'. Es ist vielmehr das Interesse, die Herausbildung und den Wandel der modernen industriekapitalistischen Gesellschaft aus einer geschlechtersoziologischen Perspektive analysieren und verstehen zu lernen.

2 Soziologische Lesarten von Geschlecht

Die soziologische Frauen- und Geschlechterforschung hat nicht *eine* soziologische Lesart der Kategorie ‚Geschlecht' oder *eine* dominierende Theorie hervorgebracht, die sich erfolgreich gegen alle anderen Ansätze durchgesetzt hätte. Die Gemeinsamkeit verschiedener Ansätze liegt vielmehr im übergreifenden Interesse, der Beziehung zwischen der Struktur einer Gesellschaft, dem Handeln ihrer Mitglieder und der Bedeutung, die Geschlecht für ein soziales Gefüge und seine kulturelle Ausgestaltung hat, auf die Spur zu kommen. Viele Arbeiten der soziologischen Frauen- und Geschlechterforschung gehen zudem davon aus, dass das gesellschaftliche Verhältnis der Geschlechter zueinander durch soziale Ungleichheit geprägt ist, die sich gegen allen gesellschaftlichen Wandel durchhält und auf tief sitzende Herrschaftsmechanismen der modernen Gesellschaft verweist. Auch wenn kein Konsens über eine solche Setzung herrscht, muss sie doch als starker Impuls für soziologisches Denken über Geschlecht benannt werden: Soziologische Theorien wurden insbesondere in den 1980er Jahren daraufhin geprüft, ob und wie sie in der Lage sind, Hierarchien zwischen den Geschlechtern zu erfassen und Momente von Herrschaft zu analysieren. Dies ist bis heute eng mit der Frage nach einem möglichen Wandel gesellschaftlicher Verhältnisse verbunden, was nicht zuletzt auf die enge Beziehung zwischen Frauenbewegungen und den Anfängen der Frauen- und Geschlechterforschung verweist (Bock 1977; Althoff et al. 2001; vgl. auch die Kontroverse bei Hirschauer/Knapp 2006).

Wird die Beziehung zwischen der Soziologie und dem Erkenntnisprojekt ‚Geschlecht' weiter in den Blick genommen, lassen sich soziologische Grundfragen zu den Merkmalen einer Gesellschaft und dem sozialen Handeln der in ihr lebenden Menschen systematisch aus einer Geschlechterperspektive formulieren. So nimmt die *makrosoziologische* Perspektive die Strukturen einer Gesellschaft und ihre Institutionen in den Blick – Geschlechtersoziologie fragt in diesem Zusammenhang nach den Wechselwirkungen zwischen verfestigten Regelwerken von Institutionen, sozialen Bewertungen von Geschlecht und den Integrationschancen von Menschen, beispielsweise in das Bildungssystem oder das System der sozialen Sicherung von Wohlfahrtsstaaten.

Die *Mikrosoziologie* nimmt die Perspektive der Akteurinnen und Akteure, die sich in solchen Strukturen bewegen, ein. Hierbei ist zu untersuchen, wie die sozialen Interaktionen von Akteurinnen und Akteuren eines Feldes durch kollektive Vorstellungen von Geschlecht geprägt sind. Fokussiert wird, mit Hilfe welcher Handlungsmuster und Interpretationsleistungen Vorstellungen von Zweigeschlechtlichkeit hervorgebracht, verfestigt oder transformiert werden.

Soll die Trennung von Struktur und Handeln überwunden werden, stehen die *Wechselwirkung* und die *Vermittlung* zwischen beiden Perspektiven im Mittelpunkt: Wie prägen gesellschaftliche Strukturmerkmale das soziale Handeln von Menschen? Reproduzieren oder verändern Akteurinnen und Akteure diese Strukturen mit ihrem Handeln? Fragen nach der Verschränkung von sozialen Positionen, die Frauen oder Männer in einer gesellschaftlichen Struktur einnehmen mit ihren (intersubjektiven) Aushandlungsprozessen und den konkreten Spielräumen, das eigene Leben zu gestalten, korrespondieren mit der grundsätzlichen Frage nach dem sozialen Wandel einer Gesellschaft und der in ihr etablierten Geschlechterbeziehungen.

Vor diesem Hintergrund haben sich unterschiedlich akzentuierte Theorieansätze der soziologischen Frauen- und Geschlechterforschung herausgebildet: Es sind zum einen Theorien und Begrifflichkeiten, die es erlauben, *Geschlecht als Strukturkategorie* zu erfassen. Sie spiegeln die gesellschaftstheoretische Analyse, dass Geschlecht alle wesentlichen Strukturen einer Gesellschaft und ihre sozialen Beziehungen prägt (Gerhard 1978; Beer 1983; Becker-Schmidt 1987; Nickel 1998; Dölling 2003/2005). Ebenso einflussreich ist die Erfassung von *Geschlecht als soziale Konstruktion* aus einer ganz anderen theoretischen Perspektive. Hier stehen interaktionstheoretische Ansätze im Mittelpunkt, mit denen Zweigeschlechtlichkeit nicht länger als Ausdruck biologischer Tatsachen vorausgesetzt, sondern als Resultat komplexer sozialer Interaktionsprozesse und kultureller Deutungsleistungen begriffen und untersucht wird (Kessler/McKenna 1978; Hagemann-White 1984; West/Zimmerman 1987; Lorber/Farrell 1991; Hirschauer 1993a; Gildemeister/Wetterer 1992). Zu nennen sind außerdem dekonstruktivistische und diskurstheoretische Ansätze, die die konstruktivistische Grundthese zu Geschlecht teilen, theoretisch aber nicht auf soziales Handeln, sondern auf die Beziehung von Wissen, Sprache und Macht konzentriert sind (Weedon 1987; Butler 1991, Hark 1996; Wartenpfuhl 2000; Villa 2003/2004).

Die grobe Differenzierung in gesellschafts-, interaktions- und diskurstheoretische Zugänge zu Geschlecht fasst verschiedene, keineswegs nur soziologische Bezugstheorien zu Macht und Herrschaft, sozialer Ungleichheit, sozialem Handeln und Sprache zusammen (vgl. auch den Beitrag zu „Macht" in diesem Band). Die vielschichtige Theorielandschaft der Geschlechtersoziologie stellt Neuankömmlinge in diesem Feld vor die Aufgabe, sich in einem interdisziplinären Theoriegebäude zurecht zu finden, das bisweilen an die räumliche Erfahrung eines Labyrinths erinnert: Die Gefahr, sich zu verlaufen und auf unheimliche Streckenabschnitte oder an Absperrungen zu gelangen, ist nicht zu vermeiden. Dabei entpuppt sich der angestrebte Weg ins theoretische Zentrum der Kategorie ‚Geschlecht' jedoch generell als Irrweg, da dieses Bild die theoretische Qualität einer mehrdimensionalen Kategorie wie Geschlecht nicht trifft. Die soziologische Arbeit mit Geschlecht erfordert mehrfache analytische Differenzierungen, die auf entsprechend unterschiedliche Erkenntnispfade führen: Zu unterscheiden ist zwischen Geschlecht „als Status- oder Strukturkategorie und Geschlecht als Kategorie der Symbolisierung von Männlichkeit und Weiblichkeit" (Teubner 2004: 431; vgl. auch Knapp 1987, Wetterer 1995a; Becker-Schmidt/Knapp 2000; Bereswill 2007b). Das heißt auch, dass die verschiedenen Dimensionen von Geschlecht nicht bruchlos aufeinander übersetzt werden können. Es handelt sich nicht um ein Mehrebenenmodell, bei dem gesellschaftstheoretische Erkenntnisse nur mit interaktions- oder diskurstheoretischen verbunden werden müssten (oder umgekehrt), um die Lücke zwischen „sozialen Strukturierungen und symbolischen Codierungen" (Teubner 2004: 430) zu schließen. Vielmehr stellt sich die Frage nach der Anschlussfähigkeit, der Vermittlung und der Reichweite eines jeweiligen Theorieangebotes im Verhältnis zu einem anderen. Vor diesem Hintergrund werden im Folgenden zwei der drei genannten Ausdifferenzierungen näher beleuchtet, um zu exemplifizieren, welche Potenziale soziologischen Denkens sich in Abstraktionen wie *Geschlecht als Strukturkategorie* und *Geschlecht als soziale Konstruktion* verdichten.

3 Geschlecht als Strukturkategorie – gesellschaftstheoretische Zugänge zu Geschlecht

Was bedeutet es, wenn Geschlecht als eine Strukturkategorie aufgefasst wird? Zum einen strukturiert Geschlecht unter diesem Blickwinkel alle Bereiche einer Gesellschaft. Zum anderen wird für die moderne Gesellschaft von einer Hierarchie der Geschlechter im Verhältnis zueinander ausgegangen, die sich im Lauf eines historischen Prozesses herausgebildet hat. Diese „Ungleichheit [ist] nur im Zusammenhang mit übergreifenden gesellschaftlichen Verhältnissen zu verstehen" (Wolde 1995: 279). Soziale Ungleichheit kann demnach zwar für einzelne Bereiche der Gesellschaft untersucht, nicht aber allein aus diesen heraus erklärt werden (Becker-Schmidt 2004: 67). Konkret bedeutet das, dass beispielsweise die asymmetrische Arbeitsverteilung zwischen Frauen und Männern in heterosexuellen Partnerschaften ihre Ursachen nicht allein im privaten Arrangement der Geschlechter hat. Sie korrespondiert vielmehr mit der gesamtgesellschaftlichen Arbeitsteilung und den damit verbundenen Abhängigkeits- und Anerkennungsbeziehungen.

Mit dem Begriff Strukturkategorie wird Gesellschaft als ein Strukturzusammenhang erfasst, als soziales Gefüge, das nach bestimmten Regeln funktioniert, die auch das Verhältnis verschiedener sozialer Gruppen zueinander regeln. Frauen und Männer werden als soziale Gruppen gesehen, die nach diesen Regeln im Verhältnis zueinander stehen. Solche Regeln können sich reproduzieren, also in der wiederholten Anwendung weiter verfestigen, sie können sich aber auch transformieren, wobei die Frage ist, was eine solche Veränderung in Gang setzt. Zu untersuchen sind unter dieser Perspektive beispielsweise die Rechtsordnung oder die Arbeitsteilung einer Gesellschaft sowie die eingangs bereits erwähnte, für die bürgerliche Gesellschaft charakteristische Trennung zwischen einer öffentlichen und einer privaten Sphäre. So zeigen Forscherinnen, die die Geschichte der bürgerlichen Gesellschaft studiert haben (Hausen 1976, Gerhard 1978), wie die Herausbildung der kapitalistischen Industriegesellschaft, die Arbeitsteilung der Geschlechter und die Entwicklung einer privaten Sphäre, die den Frauen zugeordnet und der männlich definierten öffentlichen Sphäre unterlegen ist, Hand in Hand gingen.

Frauen und Männer bilden jedoch keine homogenen Gruppen: Selbstverständlich etablierte sich auch eine Rangordnung zwischen Männern und zwischen Frauen, beispielsweise zwischen der bürgerlichen Hausherrin und ihrem weiblichen Dienstpersonal (Gerhard 1978). Entscheidend ist, dass von einer sozialen Ordnung ausgegangen wird, in der Frauen gegenüber Männern durch alle sozialen Gruppen hindurch sozial benachteiligt sind – so jedenfalls die zentrale These zu Geschlecht als Strukturkategorie (besonders pointiert bei Becker-Schmidt 1987, 1993, 2004).

Die Dynamiken der sozialen Auf- und Abwertung werden im Begriff *Geschlechterverhältnis* zusammengefasst. Um Geschlechterverhältnisse zu analysieren, so Regina Becker-Schmidt und Gudrun-Axeli Knapp (1995: 16f.), müssen die Regeln und Organisationsprinzipien aufgedeckt werden, durch welche Frauen und Männer als soziale Gruppen, nicht als Individuen, gesellschaftlich zueinander ins Verhältnis gesetzt werden (vgl. dazu auch die ausführlichen Überlegungen bei Becker-Schmidt 1993). Dies betrifft beispielsweise die Arbeitsteilung einer Gesellschaft, aber auch den Zugang zu ökonomischen, politischen und kulturellen Ressourcen, und es betrifft soziale Rangordnungen und ihre Institutionalisierung. Geschlecht ist demnach ein sozialer Platzanweiser: Zur sozialen Gruppe der Frauen oder der Männer gerechnet zu werden, bestimmt über die Lage auf dem Arbeitsmarkt, über Wohlstand, über den Einfluss auf politische Prozesse und zieht unterschiedliche kulturelle Bewertungen, Privilegien oder Sanktionen nach sich, beispielsweise, wenn junge Frauen oder junge Männer Gewalt ausüben und dies öffentlich verhandelt und juristisch abgeurteilt wird (Bereswill 2007b).

3.1 Das Geschlechterverhältnis als Herrschaftszusammenhang

Der mittlerweile weit verbreitete Begriff ‚Geschlechterverhältnis' trägt unterschiedliche theoretische Akzentuierungen in sich, was seine gesellschaftstheoretische Herleitung anbetrifft. Die Akzente spiegeln sich in soziologischen Debatten zu gesellschaftstheoretischen Fragestellungen, die besonders in den 1980er und 1990er Jahren geführt wurden (Gerhard 1978 & 1990; Beer 1990; Becker-Schmidt 1993; Wolde 1995; Gottschall 2000: 165ff., Cyba 2004). Im Rückblick auf diese gesellschaftstheoretischen Erörterungen werden häufig die Untersuchungen von Ute Gerhard, Ursula Beer und Regina Becker-Schmidt genannt, deren Studien und Theoriebezüge weitere Arbeiten angeregt und intensive Diskussionen über die Bedeutung der marxistischen Gesellschaftstheorie für die Geschlechterforschung, über die Reichweite des Patriarchatsbegriffs, über das Verhältnis von Gleichheit und Differenz und nicht zuletzt über die Vermittlung zwischen Struktur und sozialem Handeln ausgelöst haben.

Was die genannten Arbeiten verbindet, ist die empirisch begründete Überzeugung, dass alle gesellschaftlichen Strukturen geschlechtlich geprägt sind. Hinzu kommt, dass die

Geschlechterhierarchie der bürgerlich-kapitalistischen Gesellschaft als eine Herrschaftsstruktur begriffen wird, die der modernen Gesellschaft inne wohnt. Damit verbunden ist die Kritik an modernisierungstheoretischen Auffassungen, in denen Geschlechterhierarchien als vormoderner Überrest einer überkommenen ständischen Gesellschaftsordnung und nicht als Strukturmerkmal der modernen Gesellschaft betrachtet werden.

Um zu zeigen, dass Herrschaft im Geschlechterverhältnis charakteristisch für die bürgerlich-kapitalistische Gesellschaft ist, verfolgen Ursula Beer und Ute Gerhard jeweils eine historische Untersuchungsstrategie. Beide nehmen den Umbruch von der ständischen zur bürgerlich-kapitalistischen Gesellschaft im ausgehenden 18. und im 19. Jahrhundert in den Blick und rekonstruieren einen gravierenden gesellschaftlichen Strukturwandel, setzen jedoch unterschiedliche Akzente. Regina Becker-Schmidt setzt bei den widersprüchlichen Erfahrungen von Frauen zwischen Erwerbsarbeit und Familie an. Eine exemplarische Studie zu Fabrikarbeiterinnen in den 1980er Jahren bildet dabei den Ausgangspunkt für eine gesellschafts- und subjekttheoretische Reformulierung von marxistischen und psychoanalytischen Denkfiguren.

Ursula Beer prägte den Begriff des *Sekundärpatriarchalismus* für die geschlechtsspezifischen Dimensionen des tief greifenden Umbruchs von der feudalen Agrargesellschaft zur industriekapitalistischen Gesellschaft. Mit diesem Begriff erfasst sie die „erstaunliche Durchschlagskraft und Zählebigkeit geschlechtsspezifischer Arbeitsteilungen" (Beer 2004: 56). Sie untersucht die gesellschaftlichen Mechanismen, die zu einer systematischen Schlechterstellung von Frauen, zu ihrer Bindung an unbezahlte Hausarbeit und zu einer Abwertung ihrer Arbeitskraft auf dem Markt führen.

In ihrer 1990 erschienenen Studie „Geschlecht, Struktur, Geschichte" konzentriert Beer sich auf den Formwandel gesellschaftlicher Strukturen und untersucht den Zusammenhang von Arbeit, Generativität und Recht. Ihr zentrales Interesse gilt der Wirtschaftsweise und dem Bevölkerungserhalt einer Gesellschaft, und sie analysiert deren Formwandel im Übergang von der feudal-ständischen zur kapitalistischen Gesellschaft.

Arbeit und Generativität sind demnach die zentralen Prinzipien, durch die Menschen in eine Gesellschaft integriert werden. Arbeit, so Beer unter Bezug auf die marxistische Theorie und in Anknüpfung an Engels Ausführungen zur Familie, ist eine theoretische Schlüsselkategorie, um Macht- und Herrschaftsverhältnisse zu erklären, die Produktionssphäre als Ort der Kapitalakkumulation muss aber in ihrer Wechselwirkung mit der Generativität einer Gesellschaft untersucht werden. Beer führt so die „unterschlagene Dimension" der nichtmarktvermittelten Arbeit wieder in die Gesellschaftstheorie ein (Wolde 1995: 282).

Dabei zeigt sie am Umbruch von der ständischen zur bürgerlich-kapitalistischen Gesellschaft, wie verschiedene Rechtsordnungen einer Gesellschaft zusammenwirken und deren tief greifenden Wandel stabilisieren. Dies weist sie am Beispiel des 1794 in Kraft getretenen Allgemeinen Preußischen Landrechts (ALR) und der von diesem Recht abgekoppelten Gesindeordnung nach, indem sie die Wechselwirkung von familienrechtlichen und dienstrechtlichen Bestimmungen untersucht. Dabei zeigt sich, wie die familienrechtliche Kontrolle des Mannes über die Ehefrau und die bevölkerungspolitische Kontrolle über die land- und besitzlose Bevölkerung ineinander greifen, was zu einer „Verdoppelung patriarchaler Kontrollen" gegenüber Frauen führt (Beer 1990: 188ff.). Dies wird am Fall der eigentumslosen ledigen Frau deutlich, deren soziale Position in der Familie und auf dem Arbeitsmarkt nicht nur durch fehlendes Eigentum, sondern auch durch ihren familienrechtlichen Status bestimmt war: War sie ledig, unterlag sie der Kontrolle ihres Dienstherrn, was auch Sanktionen im Fall einer Schwangerschaft nach sich zog. Heiratete sie, war sie von ihrem Ehemann abhängig, was Auswirkungen auf die Inhalte und Bewertung ihrer Arbeit außerhalb des Hauses hatte.

Im Übergang von der ständischen zur bürgerlichen, industriekapitalistischen Gesellschaft zerfiel die ständische Ordnung und die Kontrolle über die Generativität der besitzlosen Bevölkerung wurde von einer Politik der „relativen Überbevölkerung" (Marx) abgelöst. Zugleich erwiesen sich wesentliche Momente der sozialen Ungleichheit zwischen den Geschlechtern als beständig, indem familien- und eherechtliche Aspekte der ständischen patriarchalen Ordnung erhalten blieben: Die im 1896 verabschiedeten Bürgerlichen Gesetzbuch verankerten Kontroll- und Machtbefugnisse der Ehemänner über die unentgeltliche familiale Arbeit sowie die Generativität und Erwerbsarbeit der Ehefrauen führte zu einer Verallgemeinerung der ehelich-familialen Lebensweise und zur Verankerung des Ernährermodells für Männer aller sozialen Klassen – ein Arrangement, das Beer im Begriff des „familialen Sekundärpatriarchalismus" fasst. Dabei sind Frauen nicht nur in der Familie abhängig, sie sind zugleich auch auf dem Arbeitsmarkt mit Schließungsprozessen konfrontiert und finden keinen Zugang zu privilegierten Bereichen und Positionen der Produktionssphäre. Entsprechend weist Ursula Beer für die von ihr untersuchte gesellschaftliche Umbruchphase nach, wie rechtliche Regulierungen, die die Arbeitskraft von Frauen an die Familie binden, Männer aller Schichten gegenüber Frauen in der Familie und auf dem Arbeitsmarkt privilegieren (Wolde 1995: 290). Diese generelle Minderbewertung der Arbeit von Frauen erklärt sich aus ihrer Sicht unfassend nur unter Bezug auf das Zusammenwirken von kapitalistischen Mechanismen mit der Wirkung eines „geschichtsübergreifenden Patriarchalismus" (Beer 2004: 60).

Ute Gerhard nimmt in ihren rechtshistorischen und rechtssoziologischen Studien stärker Bezug auf die Herrschaftstheorie Max Webers als auf die Theorie von Karl Marx, um gesellschaftlichen Wandel nachzuzeichnen. Ihre 1978 erschienene Studie „Verhältnisse und Verhinderungen" beinhaltet die historische Analyse der Entwicklung von Frauenarbeit, die Stellung von Frauen in der Familie und eine Untersuchung der Rechte von Frauen im 19. Jahrhundert. Im Mittelpunkt dieser auf die preußischen Verhältnisse zwischen 1789 und 1850 konzentrierten Studie steht die Frage nach den Ursachen der Unterdrückung von Frauen unter patriarchalen und kapitalistischen Verhältnissen, wobei Gerhard von einem Übergang *vom ständischen zum bürgerlichen Patriarchalismus* ausgeht. Sie schließt ihre materialreiche Studie zum Wandel der Frauenarbeit, den rechtlichen und sozialen Entstehungsbedingungen der bürgerlichen Familie und den zeitgenössischen, literarischen wie wissenschaftlichen Entwürfen einer bürgerlichen Geschlechterideologie mit zwei wesentlichen Ergebnissen: Das Recht legitimierte den Machtmissbrauch des aufkommenden bürgerlichen Patriarchalismus; das Familienrecht war tatsächlich als ein Sonderrecht für Ehefrauen angelegt, das die Anerkennung von Frauen als Rechtspersonen verhinderte und den allgemeinen Prinzipien des bürgerlichen Rechts widersprach.

Gerhard betont in ihren Studien darüber hinaus den doppelten Charakter von Recht: als Durchsetzung von Ausschluss und Diskriminierung und als Ermöglichung von Gleichheit. So rückt sie mit Titeln wie „Verhältnisse und Verhinderungen" (1978) oder „Gleichheit ohne Angleichung" (1990) einen grundlegenden Widerspruch der bürgerlichen Gesellschaft in den Blick: Sollen einerseits gleiche Bürgerrechte etabliert werden, sind Frauen gleichzeitig aus der Partizipation an solchen Rechten ausgeschlossen. Dabei weist Ute Gerhard in ihren Untersuchungen nicht nur den gesellschaftlichen Ausschluss von Frauen nach, sie untersucht auch deren Rechtskämpfe in Frauenbewegungen (Gerhard 1990). Mit ihrem Blick auf die historischen Akteurinnen von Emanzipationskämpfen regte Gerhard nachhaltige feministische Diskurse zum Verhältnis von *Gleichheit und Differenz* und zahlreiche Folgestudien zu Frauen- und Geschlechterpolitiken an (vgl. Friese 2005). Ihr eigenes Postulat einer „Gleichheit auch in der Differenz" (1990) verweist auf die fortlaufende Spannung zwischen den Gleichheitspostulaten der modernen Gesellschaft und den ihr immanenten Ungleichheitsverhältnissen, nicht nur im Geschlechterverhältnis.

Im Vergleich zu den Ansätzen von Ursula Beer und Ute Gerhard zeigt sich in den Arbeiten von Regina Becker-Schmidt, die den Begriff ‚doppelte Vergesellschaftung' geprägt hat, eine weitere Akzentuierung des Umgangs mit kritischer, marxistischer Gesellschaftstheorie. Sie orientiert sich an der ‚Kritischen Theorie' von Adorno und Horkheimer, indem sie die Untersuchung objektiver Widerspruchsverhältnisse in der kapitalistischen Gesellschaft mit einer psychoanalytisch fundierten Subjekttheorie verbindet, die an den inneren Konflikten der Subjekte ansetzt, die sich mit diesen Verhältnissen auseinandersetzen. Gemeinsam mit einer Gruppe von Forscherinnen entwickelt sie das empirisch begründete Konzept der *doppelten Vergesellschaftung* von Frauen (Becker-Schmidt et al. 1984; Becker-Schmidt 1987). Das in der Folge für viele Studien zu den Lebensentwürfen von Frauen einflussreiche Theorem lenkt die Aufmerksamkeit auf die spezifische Einbindung von Frauen in die kapitalistischen Tauschverhältnisse. Damit verbunden ist „… ein Konflikt, der spezifisch für die Vergesellschaftung von Frauen ist, die ihr Arbeitsvermögen doppelt – als Haus- und Erwerbsarbeit – in den sozialen Zusammenhang einbringen …" (Becker-Schmidt 2004: 63). Diesen Konflikt der Vereinbarkeit divergenter Arbeitsformen beleuchtete die Forschungsgruppe um Becker-Schmidt in einer Studie, die Anfang der 1980er Jahre durchgeführt wurde. Die qualitative Untersuchung setzt an den widersprüchlichen Erfahrungen an, die lohnabhängige Mütter zwischen ihrer Erwerbsarbeit in der Fabrik und ihrer Hausarbeit in der Familie zu verarbeiten haben. Die Frauen erzählen in ständigen Perspektivewechseln über ihre Erfahrungen in den verschiedenen Tätigkeitsfeldern. So wird zum einen deutlich, welchen unterschiedlichen Logiken Erwerbs- und Familienarbeit folgen – was die psychische und zeitliche Beanspruchung und die Auseinandersetzung mit sozialer Anerkennung anbetrifft. Zum anderen wird deutlich, dass Frauen spezifische Fähigkeit entwickeln müssen, um diese unterschiedlichen Logiken zu verkraften, indem sie die Ambivalenzen im Umgang mit den verschiedenen Erfahrungshorizonten täglich neu ausbalancieren. Aus dieser Zerreißprobe einer doppelten Belastung, die zudem unterschiedliche Aneignungs- und Anerkennungsweisen in sich trägt, resultiert nach Becker-Schmidt nicht nur eine Belastung, sie trägt auch entscheidende Impulse für den Wandel „rigider Arbeitsgesellschaften" (ebd.: 65) in sich: Frauen halten – über alle Konflikte hinweg – an ihrer doppelten Orientierung fest, mehr noch: Sie entziehen der geschlechtlichen Arbeitsteilung ihre Legitimation, denn „die Gewissheit, zwei Tätigkeitsfeldern gewachsen zu sein, steigert das Selbstbewusstsein und stärkt die Renitenz gegen androzentrische Bevormundung in der Öffentlichkeit, in sexuellen Beziehungen und in der Alltagspolitik" (ebd.).

Für Regina Becker-Schmidt, das zeigen ihre aktuellen Texte, hatte die Studie in den 1980er Jahren exemplarischen Charakter. Sie bildete den Ausgangspunkt für weit reichende theoretische Überlegungen zum Geschlechterverhältnis als einem herrschaftsförmigen Strukturzusammenhang, in dem Frauen gegenüber Männern einer durchgängigen Benachteiligung unterliegen. Das Theorem der doppelten Vergesellschaftung bezieht sich einerseits auf die Erfahrungskonstellation einer ganz bestimmten Gruppe von Frauen – Lohnarbeiterinnen zwischen Fabrik und Familie. Andererseits verweist es auf generelle Mechanismen sozialer Ungleichheit im Geschlechterverhältnis der kapitalistischen Gesellschaft. Theoretisch entscheidend ist dabei die Auffassung von Gesellschaft als einem arbeitsteilig organisierten Sozialgefüge, dessen voneinander abgetrennte Bereiche in einem hierarchisch strukturierten Interdependenzverhältnis stehen. Diese Dynamik wird im Begriff der doppelten Vergesellschaftung erfasst, indem die objektiven Bedingungen, unter denen Frauen in Gesellschaft integriert werden, mit ihren subjektiven Verarbeitungs- und Aneignungsweisen zusammengebracht werden.

Bemerkenswert ist, dass das ebenfalls in kritischer Auseinandersetzung mit der „materialistischen Gesellschaftstheorie in den 1980er Jahren entwickelte Konzept der *hegemonialen Männlichkeit*" des australischen Soziologen Robert W. Connell (1987) zu dieser Zeit keinen Eingang in die Erörterungen zur Strukturkategorie Geschlecht fand. Im Gegensatz zu anglophonen Debatten über Klasse und Geschlecht und über den Patriarchatsbegriff wurde der theoretische Vorschlag, den Begriff der Hegemonie für die Beschreibung männlicher Herrschaft zu nutzen, nicht in theoretische Debatten zum Geschlechterverhältnis einbezogen. Das Konzept der hegemonialen Männlichkeit fand vielmehr im Kontext soziologischer Männlichkeitsforschung Eingang in den deutschsprachigen Diskurs, wobei seine gesellschaftstheoretische Fundierung auch gegenwärtig selten aufgegriffen wird (Kersten 1986/1997; Meuser 2006; Connell 1999; vgl. auch die kritische Rezeption des Konzepts bei Meuser/Scholz 2005; Bereswill 2007a). Der Begriff ‚hegemoniale Männlichkeit', der im Anschluss an Antonio Gramsci's Klassenanalyse auf die Dynamik sozialer Über- und Unterordnungsmuster zwischen verschiedenen sozialen Gruppen einer Gesellschaft bezogen ist, fokussiert auf die kulturellen Ausdrucksformen dominanter und untergeordneter Formen von Männlichkeit und den damit verbundenen Legitimationsmustern von Geschlechterhierarchien, auch zwischen Männern. Konkret bedeutet das, dass sich ein Männlichkeitsideal gegen andere durchsetzt und zu einer Art kulturellem Leitbild wird, an dem sich Männer wie Frauen orientieren. Dies gilt in den westlichen Industriegesellschaften für das institutionell immer noch verankerte Modell des Ernährers und für die Verknüpfung zwischen Männlichkeit und Erwerbsarbeit. Gegenwärtig wird zudem davon ausgegangen, dass sich die Figur des global agierenden Managers zu einer hegemonialen Version von Männlichkeit entwickelt, die die industriegesellschaftlichen Versionen von Männlichkeit ablöst.

Wie beim Geschlechterverhältnis zeigt sich auch hier der Gedanke einer Relation zwischen Frauen und Männern als soziale Gruppen, die in einem hierarchischen Verhältnis zueinander stehen. Hinzu kommt die Perspektive der doppelten Relationalität: zwischen Männern und Frauen und zwischen Männern. Damit weist das Konzept eine gewisse Nähe zu den weiter oben skizzierten Theorieansätzen auf. Im Mittelpunkt stehen jedoch sehr viel stärker die kulturellen und institutionellen Durchsetzungskämpfe unterschiedlicher Ideale von Männlichkeit und Weiblichkeit in ihren Relationen zueinander, verbunden mit einer Vielzahl möglicher Konfigurationen, in deren Zentrum die soziale Ausdeutung männlicher Herrschaft steht.

3.2 Gesellschaftstheoretische Herausforderungen

Was allen skizzierten Ansätzen gemeinsam ist, ist die Auffassung, dass Geschlecht eine zentrale Achse sozialer Ungleichheit ist. Dies setzt voraus, dass wir Frauen und Männer als soziale Gruppen begreifen. In gegenwärtigen Debatten über die soziologische Bedeutung von Geschlecht werden theoretische Ansätze, in denen von Frauen und Männern die Rede ist oder vom Geschlechterverhältnis als einem hierarchischen Strukturzusammenhang ausgegangen wird, hinterfragt und zurückgewiesen: als unreflektierte Setzung eines Primats von Geschlecht, als normative Unterstellung einer durchgängigen Ungleichheit zwischen Männern und Frauen, als blind gegenüber den multiplen Ungleichheitsdynamiken von Geschlecht, Klasse, Ethnizität/*race*, Sexualität und anderen Platzanweisern, als heteronormative Ausblendung von Lebensentwürfen, die außerhalb einer heterosexuellen sozialen Ordnung stehen, und schließlich als theoretische Reproduktion von Zweigeschlechtlichkeit. Die mit solchen Kritiken verbundenen *gesellschaftstheoretischen Herausforderungen* werden allerdings nur zögerlich und häufig unter Bezug auf US-amerikanische Debatten zur „Intersektionalität" von „*race, class, gender*" aufgenommen (zum Begriff „Intersektionalität" vgl. Crenshaw 1989; Knapp/Wetterer 2003b; Klinger/Knapp 2007). Durchgesetzt hat sich hingegen die Auffassung von Geschlecht als sozialer Konstruktion, deren wissenssoziologisch-interaktionstheoretische Fundierung jedoch einen anderen Untersuchungsblick auf Geschlecht beinhaltet als die bisher dargestellten Theorien und Theoreme.

4 Geschlecht als soziale Konstruktion – interaktionstheoretische Zugänge zu Geschlecht

Eine Herausforderung, die bezogen auf die soziologische Bedeutung von Geschlecht immer wieder diskutiert wird, betrifft die Untersuchung von Geschlecht aus einer Perspektive, bei der Geschlechterdifferenz und die Existenz von Frauen und Männern nicht einfach vorausgesetzt werden. Damit verbunden sind theoretische und methodische Strategien, die es erlauben, soziale Zusammenhänge nicht *mit* der Kategorie ‚Geschlecht' zu untersuchen, sondern die Herstellung *von* Geschlecht selbst zu beobachten. Geschlecht als eine soziale Konstruktion zu begreifen, basiert auf der grundlegenden Auffassung, dass Geschlecht nichts ist, was Menschen haben oder sind. Individuelle Vorstellungen und Handlungen im Zusammenhang von Geschlechterdifferenz sind vielmehr das Resultat wechselseitiger Aushandlungsprozesse, in deren Verlauf Geschlecht immer neu hergestellt und plausibel gemacht werden muss. Geschlecht, besser gesagt Geschlechterdifferenz, ist nichts Vorsoziales, an die Biologie gebundenes, sondern ein durch und durch soziales und kontextabhängiges Phänomen. Diese Argumentation verweist zum einen auf das Verhältnis von Natur und Kultur, das sich im Alltagswissen von Menschen als körpergebundene Vorstellungen einer wesenhaften Weiblichkeit und Männlichkeit niederschlägt – beispielsweise in der Unterstellung einer weiblichen oder männlichen Körperkraft oder von unterschiedlichen, angeblich hormonell bedingten Verhaltensmustern und Eigenschaften (vgl. auch den Beitrag zu „Körper" in diesem Band).

Wissenschaftlich ist damit die kritische Frage nach einer möglichen Differenzierung zwischen ‚*sex*' als dem biologischen und ‚*gender*' als dem sozialen Geschlecht verbunden. Diese Unterscheidung wird aus einer konstruktivistischen Perspektive ebenfalls hinfällig, da hier der Körper „nicht als Basis, sondern als Effekt sozialer Praxis" (Hirschauer 1989: 101) betrachtet wird. Grundlegend ist dabei die Annahme, Natur und Kultur seien „gleichursprünglich" und würden sich „wechselseitig konstituieren" (Wetterer 2004: 122). Einfacher gesagt: Es gibt keine natürliche, von sozialer Bedeutung unabhängige Wahrnehmung des Körpers.

Das Verständnis einer Wechselbeziehung zwischen körperlichen und kulturellen Aspekten der Herstellung von Differenz ist eng verbunden mit der von Carol Hagemann-White schon früh formulierten Nullhypothese, die lautet, „dass es keine notwendige, naturhaft vorgeschriebene Zweigeschlechtlichkeit gibt, sondern nur verschiedene kulturelle Konstruktionen von Geschlecht" (1988: 230). Bereits 1984 formulierte Hagemann-White eine umfassende und sehr materialreiche Kritik an der damals gängigen Sozialisationsforschung zu Geschlecht. Sie plädierte für die Abkehr von einer „vergleichenden Unterschiedsforschung" (Kelle 2004), bei der Mädchen und Jungen bereits als unterschiedene Wesen vorausgesetzt wurden. Stattdessen schlug sie vor, den Fokus von Theorie und Forschung in Richtung des Konstruktionsprozesses von Geschlechterdifferenz zu verschieben. Dieser Zugang erlaubt die Rekonstruktion und Dekonstruktion von Differenz, wobei eine entscheidende Frage die Verknüpfung von Differenz mit Hierarchie ist (Wetterer 1995a). Konkret heißt das, die interaktive Herstellung von Geschlecht, der Prozess des *doing gender* (West/Zimmerman 1987) geht mit einer impliziten Unterordnung des Weiblichen unter das Männliche einher – ein Ergebnis sozialkonstruktivistischer Forschung, dessen allgemeine Gültigkeit gegenwärtig ähnlich umstritten ist wie die gesellschaftstheoretische Setzung der durchgehenden sozialen Benachteiligung von Frauen gegenüber Männern.

Konstruktionsprozesse von Zweigeschlechtlichkeit werden vor allem dann nachvollziehbar, wenn die alltäglich reibungslose Bezugnahme auf das zweigeschlechtliche Symbolsystem in eine Krise gerät, beispielsweise wenn jemand nicht als eindeutig weiblich oder männlich zuzuordnen ist und Handlungsabläufe durch diese Irritation angehalten werden. Eingespielte Muster sozialer Ordnung geraten in Unordnung und etwas, was üblicherweise nicht thematisiert wird, wird plötzlich erklärungsbedürftig: die selbstverständliche Annahme, es gäbe zwei Geschlechter und Zweigeschlechtlichkeit sei natürlich, eindeutig und unveränderbar (Hagemann-White 1984).

Die Unterstellung einer vorgängigen Differenz zwischen den Geschlechtern ist in der deutschsprachigen Soziologie vor allem durch die Arbeiten von Carol Hagemann-White (1984/1988), einem sehr einflussreichen Aufsatz von Regine Gildemeister und Angelika Wetterer (1992) sowie durch die Forschungsarbeiten von Stefan Hirschauer (1993b) und Angelika Wetterer (2002) in Frage gestellt worden. Ihre Arbeiten beziehen sich in unterschiedlicher Weise auf soziologische Traditionen, in deren Mittelpunkt die Überzeugung steht, dass menschliches Handeln auf der Basis symbolischer Bedeutungen geschieht und dass Soziologie die Interaktionsprozesse zwischen Menschen als den Austausch solcher Bedeutungen untersuchen kann. Dieser Zugang zur Entstehung des Sozialen wird auch als „symbolischer Interaktionismus" (Blumer 1969) bezeichnet.

Grundlegend hierfür ist eine an George Herbert Mead (1936) orientierte Konzeption von Intersubjektivität, bei der das Individuum die Fähigkeit entwickelt, sein eigenes Handeln mit den Augen von signifikanten Anderen zu sehen und zu interpretieren. In Interaktionen treffen demnach Menschen aufeinander, die ihre Handlungslinien in einem Prozess wechselseitiger Interpretation aufeinander abzustimmen suchen. Dies geschieht auf der Basis eines als gemeinsam vorausgesetzten, impliziten Wissens über die Bedeutung von

Kontexten und Dingen und wird maßgeblich durch gegenseitige Erwartungsunterstellungen strukturiert (Goffman 1969). Akteurinnen und Akteure interpretieren sich also permanent wechselseitig und pendeln dabei zwischen Akteurs- und Rezipientenrolle.

Vor diesem Hintergrund zeigen sich unterschiedliche theoretische Akzentuierungen einer soziologischen Theorie des symbolischen Handelns. Für die Geschlechterforschung besonders einflussreich sind die ethnomethodologischen Arbeiten Harold Garfinkels (1967), auf die sich beispielsweise die wegweisende Studie „Gender" von Suzanne Kessler und Wendy McKenna aus dem Jahr 1978 bezieht. Sie nutzen Garfinkels Studie zu Transsexualität sowie seine Forschungsstrategie der Verfremdung und des Krisenexperiments, um Konstruktionsregeln der Herstellung von Geschlechterdifferenz aufzudecken. Dies wird in ihrem „Ten Question Gender Game" besonders anschaulich (Kessler/McKenna 1978: 142), bei dem die Versuchspersonen durch fortlaufende Fragen herausfinden sollen, welchen Geschlechts eine ihnen unbekannte Person ist, die nur in der Phantasie der Versuchsleiterin existiert und tatsächlich kein festgelegtes Geschlecht hat. Die Spielleiterin durchkreuzt dabei durch eine zufällig festgelegte Reihenfolge von Ja- und Nein-Antworten jegliche Konsistenz, was eine eindeutige Zuordnung zu Vorstellungen von Weiblichkeit und Männlichkeit angeht – eine Interaktion, die dazu führt, dass die Person, die das Richtige raten will, ihre impliziten Regeln der Zuordnung explizit machen muss.

Ebenso einflussreich ist die Interaktionstheorie Erving Goffmans (1969, 1977, 1994), dessen Konzept der „institutionellen Reflexivität" (Goffman 1994: 107) beispielsweise in die professionssoziologischen Arbeiten von Angelika Wetterer einfließt. Goffmans zentrale Frage lautet, „wie die institutionellen Mechanismen der Gesellschaft sicherstellen konnten", dass an biologischen Unterschieden festemachte Erklärungen der sozialen Unterschiede zwischen den Geschlechtern „stichhaltig erscheinen" (ebd.). Um zu zeigen, wie diese institutionellen Mechanismen funktionieren, untersucht er verschiedene Arrangements, in denen die Geschlechterdifferenz einerseits soziales Handeln und bestimmte Regeln der sozialen Ordnung begründet und diese Ordnung umgekehrt durch bestimmte Handlungsarrangements zwischen den Geschlechtern aufrechterhalten wird. Goffman zeigt dies an alltäglichen Beispielen wie dem heterosexuellen Flirt, der Arbeitsteilung zwischen den Geschlechtern und der kulturellen Übereinkunft, die Geschlechter hätten, (in öffentlichen Räumen der modernen Gesellschaft) getrennte Toiletten zu benutzen. Alle diese Arrangements beruhen auf kulturellen Übereinkünften, auf gemeinsamen „Glaubensvorstellungen" über die Unterschiede zwischen den Geschlechtern, bei denen – so Goffman schon in den 1970er Jahren – die Popularisierung sozialwissenschaftlichen Wissens eine Rolle spielt. Im Kern der Klassifizierung nach Geschlecht findet sich aber immer wieder die biologische Begründung eines sozialen Unterschieds, und so schreibt Goffman zur Praxis der getrennten Toiletten, dass nichts an der Funktionsweise der unterschiedlichen Ausscheidungsorgane von Frauen und Männern ihre Absonderung in getrennte Räume verlangt: „*dieses* Arrangement ist ein rein kulturelles Phänomen. Hier hat man es also mit einem Fall von institutioneller Reflexivität zu tun: Die Trennung der Toiletten wird als natürliche Folge des Unterschieds zwischen den Geschlechtskategorien hingestellt, obwohl sie tatsächlich mehr ein Mittel zur Anerkennung, wenn nicht gar zur Erschaffung dieses Unterschieds ist" (ebenda: 134, Hervorhebung im Orig.).

Im Anschluss an die sozialkonstruktivistische Argumentationsfigur, dass das Arrangement der Geschlechter Ausdruck von kulturellen Übereinkünften und institutionellen Regelwerken ist, rekonstruiert Wetterer aus einer historischen Perspektive „Gender at

Work" (2002). Der Titel ihrer Studie verweist zum einen auf den Zusammenhang der historischen Herausbildung von Berufen oder Professionen mit Konstruktionen von Geschlecht. Zum anderen spielt „Gender at Work" darauf an, dass das Feld der Arbeit selbst eine Arena der Herstellung von Differenz und Hierarchie ist. Die Untersuchung, wie Bedeutungszuschreibungen von Arbeit und von Geschlecht miteinander verschränkt sind, gibt Einblick in die Konstruktionslogiken des ‚*doing gender*', was in einer Formulierung wie ‚*doing gender while doing work*' (vgl. Gildemeister 2004: 137) auf den Punkt gebracht wird. Indem Wetterer sich auf Goffman bezieht, geht sie über die Perspektive der Ethnomethodologie hinaus und fragt nach der Verfestigung sozialer Regeln. Dabei stellt sich auch die Frage nach dem Wandel von institutionellen Arrangements, wie er sich beispielsweise beim „Geschlechtswechsel" von Berufen zeigt (Gildemeister/Wetterer 1992; Wetterer 1992/2002). Damit sind Fälle gemeint, in denen sich die Verknüpfung zwischen einer bestimmten Tätigkeit und Zuschreibungen von Geschlecht im Lauf eines historischen Prozesses verändern kann. So wurden beispielsweise die ersten Computerprogramme in den 1940er Jahren in den USA aufgrund des kriegsbedingten Männermangels von Frauen geschrieben, „das Programmieren wurde nach dieser kurzen und in Vergessenheit geratenen Anfangsphase zu einer Männerdomäne und mit Attributen von Männlichkeit verknüpft" (Wetterer 1992: 20). Wetterer zeichnet solche Prozesse der Vergeschlechtlichung von Professionen und Berufen auch für das Feld der Medizin nach und zeigt, wie die Professionalisierungswünsche der Mediziner, staatliche Interessen der Bevölkerungspolitik und die Ausgrenzung erfahrener Frauen aus der Heilkunde zum Aufstieg einer definitionsmächtigen Profession führten, die Frauen zunächst nur in der Position der Assistentin zuließ. Ähnlich wie in den Alltagsbeispielen von Goffman kommt auch hierbei die Bedeutung von Wissen ins Spiel: als Legitimation eines professionellen „Arrangements der Geschlechter", aus dem Frauen aufgrund ihrer Attribuierung als weiblich ausgeschlossen werden, was zugleich mit einer Analogie zwischen kulturellen Vorstellungen von Geschlechterdifferenz und bestimmten Tätigkeiten einhergeht.

Wie in Garfinkels ethnomethodologischer Studie zu Transsexualität lassen sich die institutionellen Mechanismen, die diese Analogie sicherstellen, besonders gut beobachten, wenn es zu einem Umbruch oder zu Abweichungen kommt. Dies veranschaulichen Studien zu Frauen in Männerberufen und Männern in Frauenberufen (vgl. die Zusammenfassung bei Wetterer 1995a: 236ff.). Beide, Frauen wie Männer, sind generell bestrebt, „Geschlechtszugehörigkeit und berufliches Alltagshandeln als kongruent in Szene zu setzen" (ebd.: 237). Dabei erweist sich, dass das, was sie tun, auch männlich ist, für Männer als weitaus dringlicher, als dies für Frauen im Hinblick auf den Nachweis von Weiblichkeit der Fall ist. „Aufschlussreich ist diese Asymmetrie in der Art und Weise, in der sich Frauen und Männer um ihre Geschlechtskompatibilität ihrer beruflichen Tätigkeit bemühen, deshalb, weil sie erneut auf jene grundlegende Asymmetrie im Geschlechterverhältnis verweist ..." (Wetterer 1995a: 238).

Die Schlussfolgerung, dass wir es mit einer „grundlegenden Asymmetrie im Geschlechterverhältnis" zu tun haben, ist kein Konsens der soziologischen Frauen- und Geschlechterforschung (Wetterer 2004: 128). Aus einer interaktionstheoretischen Perspektive wird entsprechend nach Möglichkeiten des ‚*undoing gender*' oder nach sozialen Kontexten, in denen die Bedeutung der Geschlechterdifferenz für die Aushandlung von sozialem Sinn und die Stabilisierung der sozialen Ordnung nicht prominent gemacht werden muss, gefragt. So wird Garfinkels Erkenntnis, dass Geschlecht *omnirelevant* sei, gegenwärtig zu relativieren gesucht und statt von der *Omnipräsenz* von der *differenziellen Relevanz* von Geschlecht ausgegangen (Gildemeister 2004: 138f.) Mit dieser Differenzierung einher geht die Frage nach dem möglichen Wandel von Geschlechterhierarchien, beispielsweise in Organisationen und Arbeitszusammenhängen. Ob die Geschlechterdifferenz sich „selbstläufig reproduziert" (ebd.) und Geschlecht damit (immer noch) einem Masterstatus für die institutionelle Verfestigung sozialer Asymmetrien genießt, kann aus einer interaktionstheoretisch-sozialkonstruktivistischen Sicht nur empirisch weiter ausgelotet werden.

5 Gesellschaftliche Herausforderungen im Spiegel der Geschlechtersoziologie

Im Hinblick auf die gesellschaftsdiagnostischen Potenziale der soziologischen Frauen- und Geschlechterforschung ergeben sich – über alle theoretischen Unterschiede und Ausdifferenzierungen hinweg – zentrale gesellschaftliche Herausforderungen: Es ist die fortlaufende Bedeutung von sozialer Ungleichheit, nicht nur im Geschlechterverhältnis. Frauen- und Geschlechterforschung schärft den Blick für die Ungleichzeitigkeiten sozialen Wandels – eine Perspektive, die vorschnellen Diagnosen über den Bedeutungsverlust der Kategorie ‚Geschlecht' für die soziale Ordnung einer Gesellschaft widerspricht. Die wissenschaftliche Ausdifferenzierung der für die Frauen- und Geschlechterforschung zentralen Erkenntnis, dass Geschlecht ein sozialer Platzanweiser ist, verweist auf generelle Fragen der sozialen Integration, verbunden mit politischen Entwürfen sozialer Gerechtigkeit, gesellschaftlicher Teilhabe und Demokratie. Die besondere Stärke der Geschlechtersoziologie liegt in der konsequenten Rekonstruktion der Konstitutions- und Konstruktionslogiken von Hierarchien und Ausschlüssen. Von großer Bedeutung ist dabei die Frage nach der fortlaufenden Naturalisierung von Geschlechterdifferenz, die ihre Legitimation nicht nur aus dem Alltagsbewusstsein von Menschen, sondern auch aus wissenschaftlichen Deutungsangeboten gewinnt. Das breite Theoriespektrum der soziologischen Frauen- und Geschlechterforschung leistet einen grundlegenden Beitrag, solche Naturalisierungen des Sozialen zu durchkreuzen – eine wissenschaftliche wie gesellschaftliche Herausforderung, die die gesamte Soziologie betrifft.

Literatur

Althoff, Martina/Bereswill, Mechthild/Riegraf, Birgit (2001): Feministische Methodologien und Methoden. Traditionen, Konzepte, Erörterungen. Lehrbuch zur sozialwissenschaftlichen Frauen- und Geschlechterforschung. Band 2. Opladen: Leske + Budrich

Aulenbacher, Brigitte/Bereswill, Mechthild/Löw, Martina/Meuser, Michael/Mordt, Gabriele/Schäfer, Reinhild/Scholz, Sylka (Hrsg.) (2006): FrauenMännerGeschlechterforschung. State of the Art. Münster: Westfälisches Dampfboot

Beck-Gernsheim, Elisabeth/Ostner, Ilona (1978): Frauen verändern – Berufe nicht? In: Soziale Welt. 3: 257-287

Becker, Ruth/Kortendiek, Beate (Hrsg.) (2004): Handbuch Frauen- und Geschlechterforschung. Theorie, Methoden, Empirie. Wiesbaden: VS

Becker-Schmidt (1982): Lebenserfahrung und Fabrikarbeit: Psychosoziale Bedeutungsdimensionen industrieller Tätigkeit. In: Schmidt, Gert et al. (Hrsg.) (1982): 295-312

Becker-Schmidt, Regina (1985): Probleme einer feministischen Theorie und Empirie in den Sozialwissenschaften. In: Feministische Studien. 2: 93-104

Becker-Schmidt, Regina (1987): Die doppelte Vergesellschaftung – die doppelte Unterdrückung: Besonderheiten der Frauenforschung in den Sozialwissenschaften. In: Unterkircher, Lilo/Wagner, Ina (Hrsg.) (1987): 10-25

Becker-Schmidt, Regina (1993): Geschlechterdifferenz – Geschlechterverhältnis: Soziale Dimensionen des Begriffs „Geschlecht". In: Zeitschrift für Frauenforschung. 1/2: 37-46

Becker-Schmidt Regina (2004): Doppelte Vergesellschaftung von Frauen: Divergenzen und Brückenschläge zwischen Privat- und Erwerbsleben. In: Becker, Ruth/Kortendiek, Beate (Hrsg.) (2004): 62-71

Becker-Schmidt, Regina/Knapp, Gudrun-Axeli/Schmidt, Beate (1984): Eines ist zu wenig – beides ist zu viel. Erfahrungen von Arbeiterfrauen zwischen Familie und Fabrik. Bonn: Verlag Neue Gesellschaft

Becker-Schmidt, Regina/Knapp, Gudrun-Axeli (Hrsg.) (1995): Das Geschlechterverhältnis als Gegenstand der Sozialwissenschaften. Frankfurt a.M./New York: Campus

Becker-Schmidt, Regina/Knapp, Gudrun-Axeli (2000): Feministische Theorien zur Einführung. Hamburg: Junius

Beer, Ursula (1983): Marxismus in den Theorien der Frauenarbeit. Plädoyer für eine Erweiterung der Reproduktionsanalyse. In: Feministische Studien. 2: 136-146

Beer, Ursula (1990): Geschlecht, Struktur, Geschichte. Soziale Konstituierung des Geschlechterverhältnisses. Frankfurt a.M./New York: Campus

Beer, Ursula (2004): Sekundärpatriarchalismus: Patriarchat in Industriegesellschaften. In: Becker, Ruth/Kortendiek, Beate (Hrsg.) (2004): 56-61

Benhabib, Seyla/Butler, Judith/Fraser, Nancy (1993): Der Streit um Differenz. Feminismus und Postmoderne in der Gegenwart. Frankfurt a.M.: Fischer

Bereswill, Mechthild (1997): Migration und Rassismus: eine Herausforderung des westlichen Feminismus. In: Ariadne. 32: 65-71

Bereswill, Mechthild (2007a): Undurchsichtige Verhältnisse. Marginalisierung und Geschlecht im Kontext der Männlichkeitsforschung. In: Klinger, Cornelia/Knapp, Gudrun-Axeli/Sauer, Birgit (Hrsg.) (2007): 84-99

Bereswill, Mechthild (2007b): Abweichendes Verhalten und Geschlecht. Eine vielschichtige Beziehung. In: Kawamura-Reindl, Gabriele/Halbhuber-Gassner, Lydia/Wichmann, Cornelius (Hrsg.) (2007): 35-51

Bereswill, Mechthild/Meuser, Michael/Scholz, Sylka (Hrsg.) (2007): Dimensionen der Kategorie Geschlecht. Der Fall Männlichkeit. Münster: Westfälisches Dampfboot

Bereswill, Mechthild/Meuser, Michael/Scholz, Sylka (2007a): Männlichkeit als Gegenstand der Geschlechterforschung. In: Bereswill, Mechthild/Meuser, Michael/Scholz, Sylka (Hrsg.) (2007): 7-21

Bereswill, Mechthild/Meuser, Michael/Scholz, Sylka (2007b): Neue alte Fragen: Männer und Männlichkeit in der feministischen Diskussion. Ein Gespräch mit Lerke Gravenhorst, Carol Hagemann-White und Ursula Müller. In: Bereswill, Mechthild/Meuser, Michael/Scholz, Sylka (Hrsg.) (2007): 22-50

Blumer, Herbert (1969): Symbolic Interactionism: Perspective and Method. Englewood Cliffs, N.J.: Prentice-Hall

Bock, Gisela (1977): Frauenbewegung und Frauenuniversität. Die politische Bedeutung der Sommeruniversität. In: Gruppe Berliner Dozentinnen (Hrsg.) (1977): 15-22

Bock, Gisela/Duden, Barbara (1977): Arbeit aus Liebe – Liebe aus Arbeit: Zur Entstehung der Hausarbeit im Kapitalismus. In: Gruppe Berliner Dozentinnen (Hrsg.) (1977): 118-199

Born, Claudia/Krüger, Helga (2001): Individualisierung und Verflechtung. Geschlecht und Generation im deutschen Lebenslaufregime. Weinheim/München: Juventa

Bourdieu, Pierre (2005): Die männliche Herrschaft. Frankfurt a.M./New York: Campus

Butler, Judith (1991): Das Unbehagen der Geschlechter. Frankfurt a.M.: Suhrkamp

Bührmann, Andrea/Diezinger, Angelika/Metz-Göckel, Sigrid (Hrsg.) (2000): Arbeit, Sozialisation und Geschlecht. Lehrbuch zur sozialwissenschaftlichen Frauen- und Geschlechterforschung. Band 1. Opladen: Leske + Budrich
Connell, Robert W. (1987): Gender and Power. Cambridge: Stanford University Press
Connell, Robert W. (1999): Der gemachte Mann. Konstruktion und Krise von Männlichkeiten. Opladen: Leske + Budrich
Connell, Robert W./Messerschmidt, James W. (2005): Hegemonic Masculinity. Rethinking the Concept. In: Gender & Society. 6: 829-859
Conze, Werner (Hrsg.) (1976): Sozialgeschichte der Familie in der Neuzeit. Stuttgart: Klett
Crenshaw, Kimberlé (1989): Demarginalizing the Intersection of Race and Class. A black feminist critique of antidiscrimination doctrine. In: Legal Forum: 139-167
Cyba, Eva (2004): Patriarchat: Wandel und Aktualität. In: Becker, Ruth/Kortendiek, Beate (Hrsg.) (2004): 15-20
Dackweiler, Regina/Schäfer, Reinhild (Hrsg.) (2002): Gewalt-Verhältnisse. Feministische Perspektiven auf Geschlecht und Gewalt. Frankfurt a.M./New York: Campus
Diezinger, Angelika (2000): Arbeit im weiblichen Lebenszusammenhang: Geschlechtshierarchische Arbeitsteilung als Ursache der Geschlechterungleichheit. In: Bührmann, Andrea/Diezinger, Angelika/Metz-Göckel, Sigrid (Hrsg.) (2000): 15-19
Dinges, Martin (Hrsg.) (2005): Männer – Macht – Körper. Hegemoniale Männlichkeiten vom 12. Jahrhundert bis zur Gegenwart. Frankfurt a.M.: Campus
Dölling, Irene (2003): Zwei Wege gesellschaftlicher Modernisierung. Geschlechtervertrag und Geschlechterarrangements in Ostdeutschland in gesellschaftstheoretischer Perspektive. In: Knapp, Gudrun-Axeli/Wetterer, Angelika (Hrsg.) (2003b): 73-100
Dölling, Irene (2005): Ostdeutsche Geschlechterarrangements in Zeiten des neoliberalen Gesellschaftsumbaus. In: Schäfer, Eva /Dietzsch, Ina/Drauschke, Petra (Hrsg.) (2005): 16-34
Feministische Studien 2/1993 (11. Jahrgang): Kritik der Kategorie >Geschlecht<
Friese, Marianne (2005): Ute Gerhard: Verhältnisse und Verhinderungen. In: Löw, Martina/Mathes, Bettina (Hrsg.) (2005): 97-119
Garfinkel, Harold (1967): Studies in Ethnomethodology. Englewood Cliffs, NJ: Prentice-Hall
Gerhard, Ute (1978): Verhältnisse und Verhinderungen. Frauenarbeit, Familie und Recht der Frauen im 19. Jahrhundert. Frankfurt a.M.: Suhrkamp
Gerhard, Ute (1990): Gleichheit ohne Angleichung. Frauen im Recht. München: Beck
Gildemeister, Regine (2004): Doing Gender. Soziale Praktiken der Geschlechterunterscheidungen. In: Becker, Ruth/Kortendiek, Beate: 132-140.
Gildemeister, Regine/Wetterer, Angelika (1992): Die soziale Konstruktion der Zweigeschlechtlichkeit und ihre Reifizierung in der Frauenforschung. In: Knapp, Gudrun-Axeli/Wetterer, Angelika (1992): 201-254
Goffman, Erving (1969): Wir alle spielen Theater – Die Selbstdarstellung im Alltag. München: Piper
Goffman, Erving (1977): The Arrangement between the Sexes. In: Theory and Society. 4: 301-331
Goffman, Erving (1994): Interaktion und Geschlecht. Hrsg. und eingeleitet von Hubert A. Knobloch. Frankfurt a.M./New York: Campus
Gottschall, Karin (2000): Soziale Ungleichheit und Geschlecht. Kontinuitäten und Brüche, Sackgassen und Erkenntnispotentiale im deutschen soziologischen Diskurs. Opladen: Leske + Budrich
Gottschall, Karin (1995): Geschlechterverhältnis und Arbeitsmarktsegregation. In: Becker-Schmidt, Regina/Knapp, Gudrun-Axeli (Hrsg.) (1995): 125-162
Gravenhorst, Lerke (1988a): Private Gewalt von Männern und feministische Sozialwissenschaft. In: Hagemann-White, Carol/Rerrich, Maria S. (Hrsg.) (1988): 12-25
Gravenhorst, Lerke (1988b): Opposition gegen das Patriarchat und Solidarität mit Männern – Zur Notwendigkeit und Legitimität eines zentralen feministischen Dilemmas. In: Hagemann-White, Carol/Rerrich, Maria S. (Hrsg.) (1988): 60-76
Gruppe Berliner Dozentinnen (Hrsg.) (1977): Frauen und Wissenschaft. Beiträge zur Berliner Sommeruniversität für Frauen im Juli 1976. Berlin: Courage Verlag.

Gutiérrez Rodríguez, Encarnación (1999): Intellektuelle Migrantinnen – Subjektivitäten im Zeitalter von Globalisierung. Eine postkoloniale Analyse von Biographien im Spannungsverhältnis von Ethnisierung und Vergeschlechtlichung. Opladen: Leske + Budrich

Gümen, Sedef (1994): Geschlecht und Ethnizität in der bundesdeutschen und US-amerikanischen Frauenforschung. In: Texte zur Kunst. 4: 127-137

Gümen, Sedef (1998): Das Soziale des Geschlechts. Frauenforschung und die Kategorie „Ethnizität". In: Das Argument. 224: 187-202

Hagemann-White, Carol (1984): Sozialisation: Weiblich – männlich? Opladen: Leske + Budrich

Hagemann-White, Carol (1988): Wir werden nicht zweigeschlechtlich geboren. In: Hagemann-White, Carol/Rerrich, Maria S. (Hrsg.) (1988): 224-235

Hagemann-White, Carol (2002): Gewalt im Geschlechterverhältnis als Gegenstand sozialwissenschaftlicher Forschung und Theoriebildung: Rückblick, gegenwärtiger Stand, Ausblick. In: Dackweiler, Regina-Maria/Schäfer, Reinhild (Hrsg.) (2002): 29-52

Hagemann-White, Carol/Rerrich, Maria S. (Hrsg.) (1988): FrauenMännerBilder. Männer und Männlichkeit im feministischen Diskurs. Bielefeld: Kleine Verlag

Hagemann-White, Carol/Kavemann, Barbara/Kootz, Johanna/Weinmann, Ute/Wildt, Carola Christine (1981): Hilfe für mißhandelte Frauen. Abschlußbericht der wissenschaftlichen Begleitung des Modellprojektes Frauenhaus Berlin. Schriftenreihe des Bundesministeriums für Jugend, Familie und Gesundheit. Bonn

Hark, Sabine (1996): Deviante Subjekte. Die paradoxe Politik der Identität. Opladen: Leske + Budrich

Hark, Sabine (Hrsg.) (2001): Dis/Kontiuitäten; Feministische Theorie. Lehrbuch zur sozialwissenschaftlichen Frauen- und Geschlechterforschung. Band 3. Opladen: Leske + Budrich

Hark, Sabine (2006): Dissidente Partizipation. Eine Diskursgeschichte des Feminismus. Frankfurt a.M.: Suhrkamp

Hark, Sabine/Genschel, Corinna (2003): Die ambivalente Politik von Citizenship und ihre sexualpolitische Herausforderung. In: Knapp, Gudrun-Axeli/Wetterer, Angelika (Hrsg.) (2003a): 134-169

Hausen, Karin (1976): Die Polarisierung der Geschlechtscharaktere – eine Spiegelung der Dissoziation von Erwerbs- und Familienleben. In: Conze, Werner (Hrsg.) (1976): 363-393

Hirschauer, Stefan (1989): Die interaktive Konstruktion von Geschlechtszugehörigkeit. In: Zeitschrift für Soziologie. 2/18: 100-118

Hirschauer, Stefan (1993a): Dekonstruktion und Rekonstruktion. Plädoyer für die Erforschung des Bekannten. In: Feministische Studien. 2: 55-67

Hirschauer, Stefan (1993b): Die soziale Konstruktion der Transexualität. Über die Medizin und den Geschlechtswechsel. Frankfurt a.M.: Suhrkamp

Hirschauer, Stefan/Knapp, Gudrun-Axeli (2006): Wozu Geschlechterforschung? Ein Dialog über Politik und den Willen zum Wissen. In: Aulenbacher, Brigitte u.a. (Hrsg.) (2007): 22-63

Honegger, Claudia (1991): Die Ordnung der Geschlechter. Die Wissenschaften vom Menschen und das Weib, 1750-1850. Frankfurt a.M.: Suhrkamp

Kawamura-Reindl, Gabriele/Halbhuber-Gassner, Lydia/Wichmann, Cornelius (Hrsg.) (2007): Gender Mainstreaming – ein Konzept für die Straffälligenhilfe? Freiburg im Breisgau: Lambertus

Kelle, Helga (2004): Mädchen: Zur Entwicklung der Mädchenforschung. In: Becker, Ruth/Kortendiek, Beate (Hrsg.) (2004): 360-369

Kersten, Joachim (1986): Gut und (Ge)Schlecht: Zur institutionellen Verfestigung abweichenden Verhaltens bei Jungen und Mädchen. In: Kriminologisches Journal. 4: 241-257

Kersten, Joachim (1997): Risiken und Nebenwirkungen: Gewaltorientierung und die Bewerkstelligung von ‚Männlichkeit, und ‚Weiblichkeit, bei Jugendlichen der underclass. In: Kriminologisches Journal. 6: 103-114

Kessler, Suzanne/McKenna, Wendy (1978): Gender. An Ethnomethodological Approach. Chicago/ London: The University of Chicago Press

Klinger, Cornelia/Knapp, Gudrun-Axeli/Sauer, Birgit (Hrsg.) (2007): Achsen der Ungleichheit – Achsen der Differenz. Verhältnisbestimmungen von Klasse, Geschlecht, Rasse/Ethnizität. Frankfurt a.M./New York: Campus
Knapp, Gudrun-Axeli (1987): Arbeitsteilung und Sozialisation. In: Beer, Ursula (Hrsg.) (1987): 236-273
Knapp, Gudrun-Axeli (2000a): Konstruktion und Dekonstruktion von Geschlecht. In: Becker-Schmidt, Regina/Knapp, Gudrun-Axeli (2000): 63-102
Knapp, Gudrun-Axeli (2000b): Achsen der Differenz – Strukturen der Ungleichheit. In: Becker-Schmidt, Regina/Knapp, Gudrun-Axeli (2000): 103-123
Knapp, Gudrun-Axeli (2005): „Traveling Theories: Anmerkungen zur neueren Diskussion über 'Race, Class, and Gender',.. In: Österreichische Zeitschrift für Geschichtswissenschaften 16/1: 88-110
Knapp, Gudrun-Axeli/Wetterer, Angelika (1992): Traditionen Brüche. Entwicklungen feministischer Theorie. Freiburg im Breisgau: Kore
Knapp, Gudrun-Axeli/Wetterer, Angelika (Hrsg.) (2003a): Soziale Verortung der Geschlechter. Gesellschaftstheorie und feministische Kritik. Münster: Westfälisches Dampfboot
Knapp, Gudrun-Axeli/Wetterer, Angelika (Hrsg.) (2003b): Achsen der Differenz. Gesellschaftstheorie und feministische Kritik II. Münster: Westfälisches Dampfboot
Krüger, Helga (2003): Gesellschaftsanalyse. Der Institutionenansatz in der Geschlechterforschung. In: Knapp, Gudrun-Axeli/Wetterer, Angelika (Hrsg.) (2003a): 63-90
Lenz, Ilse (1995): Geschlecht, Herrschaft und internationale Ungleichheit. In: Becker-Schmidt, Regina/Knapp, Gudrun-Axeli (Hrsg.) (1995): 19-46
Lorber, Judith/Farrell, Susan A. (1991): The Social Construction of Gender. Newbury Park/London/New Dehli: Sage
Löw, Martina/Mathes, Bettina (Hrsg.) (2005): Schlüsselwerke der Geschlechterforschung. Wiesbaden: VS
Lutz, Helma (2004): Migrations- und Geschlechterforschung. Zur Genese einer komplizierten Beziehung. In: Becker, Ruth/Kortendiek, Beate (Hrsg.) (2004): 476-484
Mead, George Herbert (1934/1978): Geist, Identität und Gesellschaft. Frankfurt a.M.: Suhrkamp
Meuser, Michael (2006): Geschlecht und Männlichkeit. Soziologische Theorie und kulturelle Deutungsmuster. 2. aktualisierte Auflage. Wiesbaden: VS
Meuser, Michael/Scholz, Sylka (2005): Hegemoniale Männlichkeit. Versuch einer Begriffsklärung aus soziologischer Perspektive. In: Dinges, Martin (Hrsg.) (2005): 220-241
Nickel, Hildegard Maria (1998): Zurück in die Moderne? Kontinuitäten und Veränderungen im Geschlechterverhältnis. In: Deutsches Institut für Fernstudienforschung an der Universität Tübingen. Studienbrief 5: 5–36
Schäfer, Eva/Dietzsch, Ina/Drauschke, Petra (Hrsg.) (2005): Irritation Ostdeutschland. Geschlechterverhältnisse 13 Jahre nach der Wende. Münster: Westfälisches Dampfboot
Schmidt, Gert/Braczyk, Hans-Joachim/von dem Knesebeck, Jost (Hrsg.): Materialien zur Industriesoziologie. Kölner Zeitschrift für Soziologie und Sozialpsychologie (KZfSS), Sonderheft 24.
Stövesand, Sabine (2005): Gewalt und Macht im Geschlechterverhältnis. In: WIDERSPRÜCHE. 95: 45-60
Teubner, Ulrike (2004): Vom Frauenberuf zur Geschlechterkonstruktion im Berufssystem. In: Becker, Ruth/Kortendiek, Beate (Hrsg.) (2004): 429-436
Treibel, Annette (1993): Einführung in soziologische Theorien der Gegenwart. Opladen: Leske + Budrich
Unterkircher, Lilo/Wagner, Ina (Hrsg.) (1987): Die andere Hälfte der Gesellschaft. Wien: ÖGB-Verlag
Villa, Paula (2003): Judith Butler zur Einführung. Frankfurt a.M./New York: Campus
Villa, Paula-Irene (2004): (De)Konstruktion und Diskurs-Genealogie: Zur Position und Rezeption von Judith Butler. In: Becker, Ruth/Kortendiek, Beate (Hrsg.) (2004): 141-152
Wartenpfuhl, Birgit (2000): Dekonstruktion von Gechlechterdifferenz. Transversale Differenzen. Opladen: Leske + Budrich

Weedon, Chris (1987): Feminist practice and poststructuralist theory. Oxford: Basil Blackwell
West, Candace/Zimmerman, Don (1987): Doing Gender. In: Gender & Society. Heft 2/1: 125-151
Wetterer, Angelika (Hrsg.) (1992): Profession und Geschlecht. Über die Marginalität von Frauen in hochqualifizierten Berufen. Frankfurt a.M./New York: Campus
Wetterer, Angelika (Hrsg.) (1995b): Die soziale Konstruktion von Geschlecht in Professionalisierungsprozessen. Frankfurt a.M./New York: Campus
Wetterer, Angelika (1995a): Dekonstruktion und Alltagshandeln. Die möglichen Grenzen der Vergeschlechtlichung von Berufsarbeit. In: Wetterer, Angelika (Hrsg.) (1995): 223-246
Wetterer, Angelika (2002): Arbeitsteilung und Geschlechterkonstruktion. „Gender at Work" in theoretischer und historischer Perspektive. Konstanz: UVK
Wetterer, Angelika (2004): Konstruktion von Geschlecht. Reproduktion von Zweigeschlechtlichkeit. In: Becker, Ruth/Kortendiek, Beate (Hrsg.) (2004): 122-131
Wolde, Anja (1995): Geschlechterverhältnis und gesellschaftliche Transformationsprozesse. In: Becker-Schmidt, Regina/Knapp, Gudrun-Axeli (Hrsg.) (1995): 279-308

Globalisierung

Helmuth Berking

Kaum ein Wortbild hat unsere Vorstellungen von der Welt, in der wir leben, in den letzten Jahrzehnten stärker beeinflusst als das der ‚Globalisierung'. Ob als Schreckensvision entsolidarisierter Gesellschaften – es gibt heute nichts, von der Arbeitslosigkeit über den Sozialabbau bis zum Hundedreck auf unseren Straßen, woran die Globalisierung nicht, in welch obskurer Weise auch immer, Schuld wäre – oder als Versprechen auf eine paradiesische Zukunft: immer geht es um die dramatischen Folgen einer neuen oder als neu imaginierten sozialräumlichen Ordnung, die sich als „Weltgesellschaft", „global village", the world as „a single place" (Robertson 1992: 6) etc. Geltung verschafft. Globalisierung ist „pop culture" (Albrow 2002: 25) und unabgegoltene intellektuelle Herausforderung zugleich. Die überraschende Karriere des Begriffs im Alltagsbewusstsein wie in den Sozialwissenschaften scheint mit seiner Unschärfe und einem überbordenden Geltungsanspruch zu korrespondieren. Globalisierung dient nicht nur zur Beschreibung realhistorischer Prozesse der Transnationalisierung von Waren-, Finanz-, und Kulturmärkten, sondern intendiert zugleich deren Erklärung. Der Begriff gehört nicht nur zum Kernbestand jenes ideologischen Projekts, das im Zeichen des Neoliberalismus eine neue Weltordnung annonciert, sondern bietet zugleich Anlass für Zeitdiagnosen jedweder Art, deren Eigensinn darin besteht, das Neue als Epochenbruch, als „global age" (Albrow 1996), ins Relief treten zu lassen. Für Zygmunt Bauman etwa ist Globalisierung, was immer sonst noch der Fall sein mag, vor allem eines: Es ist die Rache der Nomaden, das avisierte Ende einer machtvollen 10.000-jährigen Tradition, das Ende der Sesshaftigkeit. Und das ist nicht wenig.

Ein kurzer Google-Blick ins World Wide Web bietet für „globalization" 21,2 Millionen und für die deutsche Version 4,7 Millionen Treffer – Ergebnisse, die in 0,3 Sekunden bereitstehen und so ihrerseits zur Evidenzverstärkung von Globalisierung im Sinne der ubiquitären Verfügbarkeit von Information und Wissen beitragen. Globalisierung nämlich hat mit Grenzen, genauer mit der Entgrenzung aller Bereiche des gesellschaftlichen Lebens zu tun. Die neuen Kommunikationsmedien, auf deren Basis täglich Devisen im Wert von 1,5 Billionen Dollar um die Welt geschickt werden, die weltweiten Migrationsbewegungen, die global zirkulierenden Images, Technologien und Artefakte sind nur der weithin sichtbarste Ausdruck jener zunehmenden Interdependenzen und Netzwerkbildungen, deren Effekte darin bestehen, den distinkten Charakter nationaler Gesellschaften und lokaler Kulturen ebenso wie die liebgewonnene Denkgewohnheit, dass jeder und jedes seinen Ort und seine Zeit habe, verblassen zu lassen. Standarddefinitionen, die Globalisierung „as all those processes, by which the people of the world are incorporated into a single world society, global society" fassen (Albrow/King 1990: 9), betonen genau dies: strukturelle Transformationen, die durch alle geographischen Variationen hindurch zur Hervorbringung der „Einen Welt" führen. Über die Klassifizierung dieser „Einen Welt" wird ebenso heftig gestritten wie über die Identifizierung der treibenden Kräfte. Ist es der globale Kapitalismus, sind es die Märkte, ist es die geographische Diffusion von Standards formaler Rationalität, von

Wissen und Expertise, oder gar das komplizierte, sich selbst verstärkende Zusammenspiel all dieser Faktoren, das die Weltgesellschaft am Horizont aufscheinen lässt? Jenseits der Kontroversen aber geben sich Gemeinsamkeiten wie die zu erkennen, dass Globalisierung tatsächlich der Fall ist, dass sie sich den sozialen Akteuren von außen als unhintergehbarer und kaum beherrschbarer Sachzwang aufdrängt und dass auf diese Weise die räumlichen Ordnungsleistungen territorialer Vergesellschaftungsformen zunehmend außer Kraft gesetzt werden. Insbesondere die These, es mit radikal neuen Raumbildungsprozessen zu tun zu haben, liefert den Rahmen für den Aufstieg jener zeitdiagnostischen Großmetaphern vom globalen Nomadentum, vom Ende des Nationalstaates und der Produktion der einen, globalen Gesellschaft.

1 Globalisierung als postdisziplinärer Diskurs

Es gehört zu den typischen Merkmalen des Globalisierungsdiskurses, dass er sich den traditionellen disziplinspezifischen Grenzen nicht fügt. Das Thema, dem durchaus ein gewisser Größenwahn anhaftet, streut über Ökonomie und Politikwissenschaft, Anthropologie und Kulturwissenschaften, Soziologie und Geographie. Postmoderne und Postkolonialismus spielen eine nicht unerhebliche Rolle, was den akademischen Zurechnungssinn extrem irritiert. Globalisierung ist kein genuin soziologischer Topos. Obwohl als Stichwort in den meisten sozialwissenschaftlichen Lexika mittlerweile präsent, taucht er in der jüngsten „Einführung in die Hauptbegriffe der Soziologie" (Korte/Schäfers 2008) (noch) nicht auf. Dieser vornehmlich als trans- oder postdisziplinär qualifizierte Diskurs hat aufgrund seiner Entgrenzungstendenzen nicht nur zum Wandel der gesellschaftlichen Leitsemantiken entscheidend beigetragen; er signalisiert zugleich einen radikalen Perspektivwechsel in den Sozial- und Kulturwissenschaften. Globalisierung als Konzeptbegriff markiert beides zugleich: die Diskontinuität des realhistorischen Prozesses, seine klare Unterscheidung in ein Davor und ein Danach, und die Diskontinuität, den Bruch in der wissenschaftlichen Organisation und Produktion des Wissens über die Welt, in der wir leben. Auch die Wissenschaftsgeschichte, so scheint es, kennt ein deutliches ‚vor' der Globalisierung.

Ein knappes Resümee der erst 40-jährigen Geschichte des Globalisierungsdiskurses (vgl. Agnew/Corbridge 1995; Beck 1997; Dürrschmidt 2002; Held et al. 1999; Held/ McGrew 2007; Scholte 2000) mag die Hintergrundannahmen verdeutlichen. Während die einen die wissenschaftliche Auseinandersetzung mit der Publikation von George Modelski: „The Principles of World Politics" (1972) – Globalisierung wird hier noch als Synonym für Modernisierung im Sinne der Vereinheitlichung der Welt durch die europäische Expansion verstanden – beginnen lassen (Albrow 2002: 30; Dürrschmidt 2002: 32), identifizieren die anderen Globalisierung als Erfindung US-amerikanischer Management-Schulen, die sich zuallererst in dem Aufsatz von Theodore Levitt: „The Globalization of Markets" (1983) artikuliert und die ökonomische Dominanz der Thematisierung – Entstehung globaler Märkte, Homogenisierung und Standardisierung der Produkte – festschreibt (Tyrell 2005: 18). Der ehemalige Direktor bei McKinsey, Kenichi Ohmae, Starpropagandist und Stichwortgeber des neoliberalen Projekts, das über die Programmatik von Vereinten Nationen und Weltbank die nationalen Regierungen der Welt in radikale Deregulierungspolitiken verstrickte, radikalisiert diese Befunde in „The Borderless World" (1990), in der nicht nur die eine Welt, sondern die Welt als ein einziger Markt konzeptionelle Gestalt gewinnt (vgl.

Tyrell 2005: 18). Fünf Jahre später ist das letzte verbleibende Hindernis beiseite geräumt und das Ende des Nationalstaates (Ohmae 1995) zumindest publizistisch erreicht.

Die zentralen Motive klingen sowohl in der politikwissenschaftlichen wie in der ökonomischen Intervention bereits an: Abstands- und Reichweitenvergrößerung, Enträumlichung und Entterritorialisierung sozialer Praktiken. Insofern ist es kein Zufall, dass die Globalisierungsforschung, die in den 90er-Jahren des letzten Jahrhunderts einen ersten Höhepunkt erreicht, durchsetzt ist mit Konzepten und Ideen aus dem Feld der Geographie und die Geographie selbst, die in Gestalt der cultural and urban geography die Globalisierungsdebatten entscheidend geprägt hat (Harvey 1989; Massey 1995; 2006; Soja 1989; 1996; Agnew/Duncan 1989; Entrikin 1991; King 1997), zu einer Art Leitdisziplin des global talk werden konnte (vgl. auch den Beitrag zu „Raum & Stadt" in diesem Band). „Time-space compression", „space of flows", „hyperspace" „diaspora", „translocalities", „the global-local interplay", „deterritorialization" und „glocalization" sind nur einige der zentralen Kategorien, mittels derer das Neue theoretisch erschlossen wird.

Während die Geographie gleichsam von Haus aus mit den räumlichen Dimensionen des Sozialen beschäftigt ist, sehen sich alle anderen Disziplinen mit der Herausforderung konfrontiert, ihr grundbegriffliches Inventar raumtheoretisch zu reformulieren. Ethnographie und Kulturanthropologie antworten auf die beunruhigende Einsicht, dass das für sie zentrale Paradigma lokaler Kulturen als territoriale und kulturell homogene Einheiten angesichts der globalen Zirkulation von Waren, Ideen und Menschen unhaltbar geworden ist, mit Entwürfen einer „multi-sited ethnography" (Marcus 1998), mit Konzepten von Deterritorialisierung und des „flow of culture" (Appadurai 1996; Gupta/Ferguson 1997; Hannerz 1996). Die Politikwissenschaft stellt sich mit den konzeptionellen Versuchen zu „global governance" (Rosenau 1990) dem Problem, wie bindende Entscheidungen „jenseits des Nationalstaates" (Zürn 1998) hergestellt werden. Und auch die Soziologie sieht sich genötigt, dem Vorwurf, ihre Kategorien seien durch und durch „raumblind" gewesen, durch neue, raumtheoretisch instruierte Theorieansätze zu begegnen, in deren Zentrum, wie nicht anders zu erwarten, der Gesellschaftsbegriff steht. Interessanterweise aber besteht der soziologische Beitrag zum Globalisierungsdiskurs aus zwei, zunächst parallel sich entwickelnden Theoriestrategien, die erst in jüngster Zeit aufeinander Bezug nehmen. Auf der einen Seite finden sich soziologische Globalisierungstheorien (Robertson 1992; Giddens 1990; 1994; Beck 1997; Albrow 1996; Urry 2000; 2003), auf der anderen Seite systemtheoretische Ansätze, die sich um den Begriff der „Weltgesellschaft" entfalten (vgl. Wobbe 2000; Heintz/Münch/Tyrell 2005).

Die vielfältigen Fäden dieser disziplinübergreifenden Thematisierungen verknoten sich zu einem Paradigma-Wechsel, der sich als „spatial turn" (vgl. Döring/Thielmann 2007) Ausdruck und Geltung verschafft. In diesem Kontext könnte man das entscheidende Erkenntnismotiv des Globalisierungsdiskurses auch als Frage nach den neuen räumlichen Organisationsformen sozialer Beziehungen, genauer den sozialräumlichen Dimensionen der Vergesellschaftung reformulieren. Die Beobachtung, dass mit dem Einsatz der Globalisierungsrhetorik, das Globale vor allem als Substitut für die Kategorie des Universalen und Raum als Substitut für die Kategorie der Zeit fungieren (Therborn 2000: 149), veranschaulicht die Perspektivverschiebungen in der professionellen Wissensproduktion. Soziologische Theorien, die das ‚Globale' konzeptionell in Rechnung stellen, sehen sich deshalb veranlasst, das bewährte Begriffssystem abgestufter Relevanzen und kausaler Bezüge systematisch in Frage zu stellen. Galten „Staat" und „Gesellschaft", „Kultur" und „Ökonomie" bisher als die quasi selbstverständlichen analytischen Konzepte, mittels derer soziologisches Wissen über Inklusion und Exklusion, Status- und Machtverteilungen, Armut und soziale Ungleichheiten, über Normen und Werte etc. produziert wurde, so werden diese Konzepte nun selbst zum Problem. Denn das ‚Globale' als oberstes Relevanzsystem anzuerkennen, bedeutet nichts anderes, als der epistemologischen Herausforderung Folge zu leisten, nun ausnahmslos alle sozialen Phänomene in ihrem „Weltbezug" zu analysieren. Für Martin Albrow (2002: 27) ist es genau dieser aus der Alltagserfahrung der empirischen Subjekte selbst resultierende Perspektivwechsel, der „the globe as big idea" auf die Tagesordnung gesetzt hat. Fand das 19. Jahrhundert in der Entdeckung der „Gesellschaft" die formative Idee der sozialwissenschaftlichen Wissensproduktion, steht das 21. Jahrhundert vor der Aufgabe, Abschied zu nehmen von traditionellen Denkstilen, von allen „Heimattheorien der Gesellschaft" (Willke 2001: 196) und stattdessen gegen die fixe Idee von „self-containedness", „territorial enclosure" and „boundedness" (von Gesellschaften, Staaten, Kulturen, Identitäten) den „Weltbezug" des Sozialen neu zu bedenken.

Dass die Soziologie in ihrer historischen Gestalt dieser Perspektive auf die Welt als Ganzes nicht zu genügen vermag, dass ihr grundbegriffliches Inventar gleichsam globalisierungsblind sei und deshalb radikal umgestellt werden müsse, gehört zu den Grundeinsichten soziologischer Globalisierungsentwürfe. Insofern ist die theoretische Gegnerschaft präzise markiert, wenn Ulrich Beck die „Soziologie der Globalisierung als eine (...) Versammlung von Dissidenten nationalstaatlicher Ordnungs-Soziologie" (Beck 1997: 52) typisiert. Die Soziologie als Wissenschaft von der modernen Gesellschaft, so der General-Einwand, habe ‚Gesellschaft' fast ausschließlich als nationalstaatlich organisierte und territorialisierte Einheit, als „bounded nation-state" (Featherstone 1992: 2) konzeptualisiert. Die klassischen und bis heute wirkungsmächtigen soziologischen Theorieentwürfe trugen genau wie die der Politikwissenschaften, der Ökonomie etc. zur Verallgemeinerung eines sehr spezifischen, auf dem Territorialitätsprinzip und der nationalstaatlichen Form aufliegenden Raumkonzepts bei. Die Frage nach der räumlichen Organisation sozialer Beziehungen fand so eine eindeutige Antwort. Eine historisch spezifische Formation – der territoriale Nationalstaat – wurde dehistorisiert und gleichsam als natürlicher Container, in dem alles Leben sich abspielt und als organisierendes Prinzip der sozialwissenschaftlichen Theoriebildung institutionalisiert, ohne seinerseits zum Gegenstand theoretischer Reflexion zu werden (vgl. auch den Beitrag zu „Nation, Nationalstaat" in diesem Band). Das Nationale repräsentiert nicht nur die privilegierte räumliche Maßeinheit, sondern auch das Modell der sozialräumlichen Organisation, nach dessen Vorbild nun alle sozialen Beziehungen analysiert werden. Die Vorstellung, dass soziale Beziehungen sich ausschließlich in territorial umgrenzten Einheiten organisieren, sowie die starke Hintergrundannahme, dass Politik und Kultur, Macht und Identität als isomorph, das heißt als identisch in ihrer Form und als ko-extensiv, das heißt als identisch in ihrer räumlichen Ausdehnung innerhalb einer territorialen Einheit gedacht werden wollen (Brenner 1999; Agnew 1989), werden umstandslos generalisiert und auf allen sozialräumlichen Skalen zur Anwendung gebracht. Dieses von Anthony Smith treffend als „methodologischer Nationalismus" (Smith 1979) bezeichnete Paradigma hinterlässt auch dort seine Spuren, wo der Bezug auf die nationalstaatliche Form keinesfalls offenkundig erscheint. Neighborhoods und ethnic communities, Gemeinden und Dörfer, kollektive Lebensformen und Identitätsformationen werden territorialisiert und so analysiert, als handele es sich um Staaten im Kleinformat. Die Konsequenzen sind folgenreich. Denn nicht nur Ordnungs- und Integrationsmodelle, nicht nur die Konzeptbegriffe wie Gesellschaft, Identität, Kultur etc. sind territorialisierte, über den räumlichen Einschluss konstruierte Wissensobjekte. Auch das Alltagswissen gehorcht dieser Rahmung, für die sich das Eigene als territoriale Einheit und die Welt als hierarchische Ordnung nationalstaatlich organisierter Gesellschaften präsentieren. Olympische Medaillenspiegel sind ebenso bedeutsame Indizes für die Position einer Nation wie das Bruttosozialprodukt oder Armuts- und Exportquoten. Die Rechnungseinheit, auf der die Ordnung der Welt als Wissen beruht, ist der territoriale Nationalstaat (Berking 2006). Soziologie als Heimattheorien der Gesellschaft übersetzt sich dann zwanglos in die Vermutung, dass man mit den elaborierten Kategorien der deutschen Sozialstrukturanalyse etwa die Grundstrukturen der indischen oder der US-amerikanischen Gesellschaft kaum in den Blick bekäme, soziologisches Wissen also, allen universalistischen Geltungsansprüchen zum Trotz, im Wesentlichen regionalspezifisches Wissen ist.

Diesen ebenso unreflektierten wie folgenreichen Denkzwang der Einheit von Territorialität, Kultur und Identität als historische, an die Phase der Durchsetzung des globalen Kapitalismus in seiner nationalstaatlichen Form gebundene Fiktion entschlüsselt zu haben, ist zweifellos das große Verdienst der gegenwärtigen, um Globalisierung, Postmoderne und Postkolonialismus kreisenden Diskurse (Albrow 1996; Appadurai 1996; Beck 1997; Castells 1996; Crang/Thrift 2000; Harvey 1990; Held et al. 1999; King 2004; Robertson 1992; Urry 2000; 2003). Die Kritik des territorialisierenden Denkstils freilich ist nicht gleichzusetzen mit der verbreiteten These vom Ende des Nationalstaates. Während Letzteres darauf zielt, die Existenz und Handlungskompetenz der dominanten politischen Organisationsform des Gemeinwesens in Frage zu stellen, betont die Territorialismus-Kritik die epistemologische Unhaltbarkeit jener gleichfalls dominanten Idee des territorialen Einschlusses. Zugleich liefert diese Kritik an der nun als ‚traditionell' qualifizierten Soziologie entscheidende Hinweise auf das Theorieprogramm, das die Soziologie der Globalisierung als Gegenentwurf zu realisieren sucht: Überwindung des methodologischen Nationalismus und der Containertheorie des Raumes, Entwicklung eines Konzeptbegriffs von Globalisierung, Umstellung der analytischen Aufmerksamkeit von „Stasis" auf „Mobility" (Urry 2000) sowie Gegenwartsdiagnosen, die der Problematik „postnationaler Konstellationen" (Habermas 1998) Rechnung tragen.

Theorien der Globalisierung brechen mit dem bisher beschriebenen Modell des methodologischen Nationalismus, indem sie die Frage nach der räumlichen Organisation sozialer Beziehungen vom nationalstaatlichen auf globale Raumbildungsprozesse verschieben und nun dieser sozialräumlichen Maßeinheit die privilegierte Position einräumen, die das Territorialitätsprinzip innehatte. Wenn der Bezug auf globale Raumbildungsprozesse und Interdependenzverdichtungen das Modell sein soll, nach dem alle anderen, lokalen, nationalen etc. sozialräumlichen Vergesellschaftungsformen gedacht werden, hängt alles davon ab, wie das ‚Globale' konzeptualisiert wird. Wird der methodologische Nationalismus also nun durch eine Art methodologischen Globalismus ersetzt?

2 Soziologien der Globalisierung

Die im engeren Sinne soziologische Globalisierungsdebatte, die Anfang der 90er-Jahre mit den Publikationen von Roland Robertson beginnt, zeichnet sich, zumindest auf den ersten Blick, durch einen weitgehenden Konsens im grundbegrifflichen Vokabular aus. „Globalisierung" wird als Prozess verstanden, „whereby the world becomes a single place" (Robertson 1992: 135), als „intensification of worldwide social relations" (Giddens 1994: 64) oder wie bei Ulrich Beck (1997: 28) als „die Prozesse, in deren Folge die Nationalstaaten und ihre Souveränität durch transnationale Akteure, ihre Machtchancen, Orientierungen, Identitäten und Netzwerke unterlaufen und querverbunden werden". „Globalität" dagegen bezeichnet den Rahmen, den Zustand und ein kognitives Schema: „the circumstance of extensive awareness of the world as a whole" (Robertson 1992: 78), die Tatsache, dass „wir längst in einer Weltgesellschaft (leben), und zwar in dem Sinne, dass die Vorstellung geschlossener Räume fiktiv wird" (Beck 1997: 27f.) oder wie bei Martin Albrow (1996: 83) „obligations toward the world as a whole, where (humans) expose values which take the globe as their frame or reference point".

Im argumentativen Schatten dieser Gemeinsamkeiten aber verbergen sich folgenreiche Differenzen. Ronald Robertson schließt an die einflussreiche Definition des Geographen David Harvey von Globalisierung als „time-space compression" an und konzipiert in der Erkenntnisabsicht, die Einheit der Menschheit als einen langwierigen historischen Prozess fassbar zu machen, einen theoretischen Rahmen, der die empirische Analyse der in sich widersprüchlichen Globalisierungsprozesse anleiten soll. Dieses „globale Feld" (Robertson 1992: 26) besteht aus vier zugleich unabhängigen und sich wechselseitig relativierenden Elementen: „selves", „national societies", „world system of societies" and „humankind". Globalisierung spielt sich in diesem Koordinatensystem so aus, dass sowohl das Bewusstsein von der Welt als Ganzes als auch die institutionelle Absicherung der Globalität sukzessive zunehmen. Relativierung soll heißen, dass jedes einzelne Element alle anderen Elemente beeinflusst und von diesen beeinflusst wird, dass das"self" etwa in Bezug auf „national societies" nicht mehr nur als Staatsbürger agiert, in Relation zum „world system of societies" mit einer Vielzahl alternativer gesellschaftlicher Referenzen und im Verhältnis zu „humankind" mit dem Einpassen der Idee der einen Menschheit in die individuellen Identitätskonstruktionen konfrontiert ist. Auf der Achse nationaler Gesellschaften und Weltsystemen relativiert sich der distinkte Charakter nationaler Kulturen ebenso wie die Komposition des Weltsystems, im Verhältnis von Weltsystem und „humankind" situiert sich die Menschenrechtsproblematik mit Konsequenzen für nationale Gesellschaften usw. Robertson hat kein Problem mit der nationalstaatlich organisierten Gesellschaft, die für ihn selbst ein Produkt der Globalisierung ist. Auch führt die Dynamik des globalen Feldes nicht zu Homogenisierung – im Gegenteil. Mit der Unterscheidung jener Prozesse der Universalisierung des Partikularen, exemplarisch: die geographische Diffusion des Nationalstaates und der Partikularisierung des Universalen, der Adaption in lokale Kontexte (französische Soziologie, japanischer Buddhismus, ostdeutsche Moderne) wird Globalisierung als ein offener, nicht hierarchisch strukturierter Prozess konzeptualisiert. Spätere Überlegungen übersetzen das Universalismus- Partikularismus-Modell in die räumlichen Dimensionen von global und lokal, respektive ‚Globalisierung' und ‚Lokalisierung', die zu dem erfolgreichen Kunstwort der „glocalization" zusammengeführt werden (Robertson 1995). Das globale Feld ist so konstruiert, dass es binäre Oppositionen nicht zulässt, da alle Ereignisse und Prozesse unter der Bedingung der Verstärkung jener ‚global human condition' stattfinden. Für Robertson ist daher das Lokale ein Produkt des Globalen, Lokalisierung (Nationalismus, Ethnisierung, Indigenisierung) selbst ein globaler Prozess (kritisch: Friedman 1995). Das Konzept des globalen Feldes mit seiner Betonung der Bewusstseins- und Wissensprozesse – awareness of the world as a whole – steht gleichermaßen für den Beginn wie den „cultural turn" der soziologischen Globalisierungstheorie.

Im Unterschied zum Konzeptbegriff des „globalen Feldes", mit dem Robertson der Soziologie in der Tat einen neuen Problemhorizont eröffnet, bleiben die theoretischen Einsätze bei Anthony Giddens eher bescheiden. Die zu beobachtenden Intensitäts- und Interdependenzsteigerungen der weltweiten Beziehungen werden als globale Diffusion der Institutionen der Moderne, als „globalising of modernity" (Giddens 1994: 63), gefasst. Globalisierung ist dann die geographische Dehnung jener vier institutionellen cluster der westlichen Moderne: „capitalism" wird zum „world capitalist system", „industrialism" zur „global division of labor", die unter die Kategorie „surveillance" gefasste institutionelle Ordnung des Nationalstaates erweitert sich zum „nation-state system" und „military power" zu „world military order" (ebd.: 55f.). Während diese Vorstellungen einer globalisierten Moderne an klassische Motive der Modernisierungstheorie anschließen, sind es die Prozesskategorien von „time-space distanciation" und „disembedding/reembedding", die in der Globalisierungsdebatte wirkungsgeschichtlich folgenreich werden. „Time-space distanciation" beschreibt die für die westliche Moderne typischen, ebenso abstrakten wie standardisierenden Zeit- und Raumstrukturen, die es ermöglichen, unabhängig von kulturellen Unterschieden, Handlungen über immense geographische Reichweiten zu koordinieren. „Disembedding" und „reembedding" bezeichnen die Folgeprozesse, die sich aus diesen abstrakten zeit-räumlichen Handlungskoordinationen ergeben: die Herauslösung von Institutionen, Images, sozialen Praktiken aus ihren lokalspezifischen Kontexten und ihre Neu-Verortung und Implementierung in andere geographische Regionen sowie die faktische Dominanz von Expertensystemen in der Gestaltung dieser Prozesse. So erklärt sich die Globalisierung der westlichen Moderne. Interessanterweise spricht Giddens nicht von „Weltgesellschaft". Der Gesellschaftsbegriff verbleibt auf der Ebene des Nationalstaates; mehr noch: die nationalstaatlich organisierte Gesellschaft ist für Giddens als Theoretiker des „dritten Weges" gleichsam die natürliche Bezugsgröße der Politik. In dem Maße, so die nicht recht überzeugende These, wie jeder einzelne Staat in seinem Territorium Ordnung schafft, wird auch globale Ordnung geschaffen (vgl. Giddens 2001: 137).

Ulrich Beck (1997) hat die anglo-amerikanische Globalisierungsdebatte für die deutschsprachige Soziologie erschlossen. Gleichzeitig ist er derjenige Theoretiker, dem das Verdienst zukommt, die Ökologieproblematik in der Soziologie der Globalisierung verankert zu haben. Für ihn stellt sich die Weltgesellschaft als „Weltrisikogesellschaft" (Beck 1996) dar. Bezugspunkt der analytischen Anstrengungen ist die ökologische Selbstgefährdung der Menschheit. Umweltkatastrophen von Tschernobyl bis zum Klimawandel veranschaulichen in paradigmatischer Weise, dass ökologische Gefährdungen an den Grenzen nationalstaatlicher Gesellschaften nicht Halt machen, sondern globale Ausmaße erreichen. Sie veranschaulichen freilich auch die strukturelle Unfähigkeit nationaler Regierungen, politischer Parteien und wissenschaftlich-technischer Expertensysteme, diese selbsterzeugten Problemlagen überhaupt zu erkennen oder gar zu beherrschen. Allerdings bleibt der Entwurf der Weltrisikogesellschaft nicht auf die ökologischen Dimensionen der Globalisierung beschränkt. Beck nimmt die empirischen Evidenzen vielmehr zum Anlass einer radikalen Gesellschaftskritik, die in den Entwurf einer ‚anderen' Soziologie mündet. Schon in der „Risikogesellschaft" und ihres bezeichnenden Untertitels: „Auf dem Weg in eine andere Moderne" (Beck 1986) werden die Umrisse dieses Unternehmens erkennbar. Beck beschreibt das Ende, respektive den Wandel einer ganzen Gesellschafts- und Weltbildstruktur als Übergang von der „Industrie-" zur „Risikogesellschaft", von der „ersten" zur „zweiten Moderne". Während die erste Moderne den Reproduktionsmechanismen der „traditionalen Gesellschaft" durch die Etablierung der industriekapitalistischen Produktion den Garaus macht, zeichnet sich der Übergang zur zweiten Moderne dadurch aus, dass die Industriegesellschaft sich selbst zum Problem wird, industrielles Wachstum, technologische Innovationen und Fortschrittsglaube, nicht-intendierte Folgeprobleme zeitigen, die die Steuerungskapazitäten dieser Vergesellschaftungsform weit überschreiten. Es sind die „Modernisierungsrisiken" der Industriegesellschaft, die aufgrund ihrer „immanente(n) Tendenz zur Globalisierung" (Beck 1986: 48) als Auslösemechanismen „reflexiver Modernisierung" identifiziert werden. „If simple (or orthodox) modernization means, at bottom, first the disembedding and second the re-embedding of traditional social forms by industrial social forms, then reflexive modernization means first the disembedding und second the re-embedding of industrial social forms by another modernity" (Beck 1994: 2). Mit der Unterscheidung von erster und zweiter oder „radikalisierter Moderne" lassen sich die Problemlagen einfach sortieren. „Individualisierung" und „Enttraditionalisierung" stehen für die Auflösung der industriegesellschaftlichen Klassen- und Berufsstruktur, der traditionellen Familien und Geschlechterrollen. Die nationalstaatlich organisierte Gesellschaft ist das politische Markenzeichen der ersten, das Aufbrechen dieses Containers, die Politisierung aller gesellschaftlichen Felder, subpolitische Orientierungen, transnationale Akteure, „non governmental organizations", de-territorialisierte Netzwerkverdichtungen die typischen Formen der zweiten Moderne (vgl. auch den Beitrag zu „(Post)Moderne" in diesem Band). Ähnliches gilt für die Transformation soziologischer Wissensbestände. Methodologischer Nationalismus, die „Containertheorie von Staat und Gesellschaft" (Beck 1998: 10f.), die „Zombie-Kategorien" des nationalen Blicks (Beck 2006: 254), kurz alle Konzepte der „nationalstaatlichen Ordnungs-Soziologie" (Beck 1997: 52) bleiben im Kontext einfacher Modernisierung befangen, während sich die „Soziologie der Globalisierung" der sozialräumlichen und machtpolitischen, der ökonomischen und kulturellen Rekonfigurationen der zweiten Moderne zuwendet.

Kritiker haben nicht ganz zu Unrecht die Frage gestellt, ob die Theorie der reflexiven Modernisierung, die sich als eine Art Diskursgemeinschaft zwischen Ulrich Beck, Anthony Giddens und Scott Lash präsentiert (Beck/Giddens/Lash 1994), überhaupt unter dem Topos „Globalisierungstheorie" zu verhandeln ist, geht es doch in erster Linie um eine postmodern instruierte Vernunft- und Wissenskritik, die dem konzeptionellen Rahmen der Moderne verhaftet bleibt (vgl. Dürrschmidt 2002: 86). Ulrich Beck freilich hat sich von der Soziologie der Globalisierung längst wieder verabschiedet. An deren Stelle tritt nun die Forderung nach einer kosmopolitischen Sozialwissenschaft. (Beck 2002; 2004; 2006). Globalisierungstheorien, so der kritische Einwand, zeichnen sich durch eine „räumliche Voreingenommenheit" aus, einen „spatial bias", der die Zeitdimension weitgehend unbedacht lässt. Der methodologische Kosmopolitismus dagegen richte die analytische Aufmerksamkeit nicht nur auf einen Jahrhunderte währenden Prozess der Kosmopolitisierung. Er biete zugleich ein vielversprechendes analytisches Modell im Umgang mit Diversität, indem die Logik des „entweder-oder" durch jenes des „sowohl als auch" ersetzt werde (Beck 2006: 268). Dass diese kosmopolitische Überwindung des „spatial turns" neue Horizonte eröffnet, evoziert einige Zweifel.

Für Martin Albrow ist weder ‚erste' noch ‚zweite' Moderne, weder Post- noch Spätmoderne als Bezugsrahmen relevant. Im Gegenteil, geht es doch wesentlich darum, einen radikalen Epochenwandel zu konstatieren, dessen entscheidender Umschlagspunkt darin zum Ausdruck kommt, dass „the global has displaced the modern as the defining experience of our time" (Albrow 2002: 41). „The globe now is central subject of history, (...) This shift in the last fifty years that mark a new era (...) calls itself the Global Age" (ebd.: 29). Albrow situiert den Terminus „global shift", der im Unterschied zum Globalisierungsbegriff darauf zielt, den vollzogenen Wandel der Weltbildstrukturen und der Handlungsbedingungen in Richtung auf die Welt als Ganzes zu präsentieren. „Globalität" als faktischer Zustand der Welt und Referenz auf die Welt lässt sich genauer fassen. Ganz pragmatisch ist damit zunächst die materielle Einheit und räumliche Endlichkeit des Planeten Erde gemeint. Die Realisierung dieser Faktizität einer räumlich begrenzten und endlichen Einheit als unhintergehbare Basis und Existenzbedingung der Menschheit aber hat weitreichende Konsequenzen. „The globe as big idea" löst das Referenzsystem der Moderne ab, „the global shift is a transformation, not a culmination" (Albrow 1996: 100). Leitideen der Moderne – Universalismus, Modernisierung, Rationalisierung, ökonomisches Wachstum, technischer Fortschritt etc. – verlieren angesichts der realen Globalität ihren selbstevidenten Charakter. Auch die institutionellen Ordnungsentwürfe, die im territorialen Nationalstaat ihre organisatorische und im kategorialen Staatszentrismus ihre kognitive Gestalt fanden, schwinden dahin. Albrow teilt die Kritik am methodologischen Nationalismus und an einem staatszentrierten Gesellschaftsverständnis der Soziologie, beschreibt die Prozesse der Transformation aber, anders als Giddens und Beck, nicht über die Dynamik des „dis- und re-embedding", sondern als „de-linking" (ebd.: 172). Die Entkopplung von „nation and state" richtet die analytische Aufmerksamkeit auf zwei für das globale Zeitalter charakteristische Tendenzen: auf die eigenlogische Entwicklung von Nationalismen außerhalb der territorialen Einheit des Nationalstaates sowie auf die nicht-staatszentrierte Ausweitung staatlicher Organisationsformen, Bürokratien und Verwaltungen in Gestalt der UNO, der WTO oder der Europäischen Union. Die Institutionalisierung der Menschenrechte ist das vielleicht überzeugendste Beispiel für die Organisation eines die nationalstaatlichen Grenzen transzendierenden Rechtsgutes, und die neuen sozialen Bewegungen und NGOs veranschaulichen in prägnanter Weise Relevanz und Reichweite transnationaler Netzwerke. Auch Kultur, Ökonomie und Politik, kurz alle gesellschaftlichen Funktionen, die einmal durch die nationalstaatliche Organisation zur Einheit der „modernen Gesellschaft" verschweißt worden waren, entkoppeln sich vom Staat und seiner territorialen Beschränkung.

Was aber bleibt für die Soziologie, wenn sich die gesellschaftlichen Funktionssysteme verselbständigen und die „Gesellschaft" selbst aus dem Territorialstaatsmodell herausfällt? „Society beyond boundaries", so Martin Albrow (2002: 36), erfordert, die soziologischen Anstrengungen nicht länger auf selbsterhaltende soziale Einheiten wie Staat und Gesellschaft, sondern auf soziale Beziehungen zu fokussieren: „Transgressing the boundaries of society requires us to rethink social relations generally" (ebd.). Globalität als der neue, für alle sozialen Beziehungen relevante Sinn- und Handlungsrahmen impliziert drei fundamentale Brüche mit den Denkgewohnheiten der klassischen Soziologie: erstens die Ablösung klassenstruktureller Ordnung und deren Klassifikationssysteme durch identitätspolitische Aspirationen; zweitens die Ersetzung territorial definierter Wertorientierungen und der damit verbundenen Ideen von sozialer Integration, geschlossenen Räumen und historischer Kontinuität durch „the globe" als einem Identifikationsmuster, das mit nationaler Symbolik und Rhetorik im Widerstreit liegt und auf transnationale Strukturbildung zielt; drittens die Abweisung jener deterministischen Globalisierungserzählungen durch profunde soziologische Analysen, die die spezifische Einbettung von Technologien, von Ökonomie und Kultur in Tiefenstrukturen sozialer Beziehungen (Vertrauen, Anerkennung, soziales Kapital) offen zu legen vermögen. Die „Weltgesellschaft" als Summe aller sozialen Beziehungen ist das Resultat historischer Entwicklung. Die Frage, ob und über welche Strukturbildungen Bedingungen der Möglichkeit einer „global society" erkennbar werden, aber hat die Soziologie zu beantworten.

John Urrys Beitrag zur Soziologie der Globalisierung radikalisiert die soziologischen Konsequenzen des globalen Zeitalters, ohne sich auf die Problematik vom Ende der Moderne einzulassen. Nicht „society beyond boundaries" wie bei Albrow, sondern „sociology beyond societies" gibt die Grundmelodie eines Theorieprogramms vor, das sich ganz auf Bewegung konzentriert (Urry 2000). Die kritischen Einwände gegenüber einer staatszentristischen Soziologie systematisierend, unternimmt Urry den anspruchsvollen Versuch, eine neue Agenda für eine Disziplin zu entwerfen, deren zentrales Konzept – „human society" – abhanden gekommen ist. In die Leerstelle, die der Gesellschaftsbegriff hinterlässt, rücken neue Konzeptbegriffe: „networks", „mobility", „horizontal fluidities" (ebd.: 3) ein. Urry erläutert die raumtheoretische Intervention, die die soziale Topologie der territorialen Gesellschaft ablösen soll, am Beispiel der Anämie: eine systemische Krankheit, die sich keiner spezifischen Körperregion zuordnen lässt. Überall und nirgends lokalisierbar, bewegt sie sich in den Blutbahnen des Körpers, und es sind die räumlichen Eigenschaften des Blutes als einer Flüssigkeit, die sich nicht an die vorgezeichneten Kreisläufe hält, sondern durch ein außerordentlich komplexes Netzwerk schließlich jede Zelle des Körpers erreicht, mittels derer die neuen Topologien von „networks and fluids" plausibilisiert werden. Während Region das altbewährte, durch Grenzen markierte Modell des territorialen Einschlusses von Objekten repräsentiert, zeichnen sich Netzwerke dadurch aus, dass sie an jedem erreichbaren Punkt ein identisches Ergebnis liefern. Für „fluids" wie im Falle des Blutes dagegen spielen weder Grenzen noch Relationen hinsichtlich der Unterscheidung zwischen verschiedenen Punkten eine besondere Rolle. Grenzen kommen und gehen, werden überwunden oder transformiert und Relationen rekonfigurieren sich, ohne Unterbrechungen zu evozieren (ebd.: 33). Die Substitution von Gesellschaft als Region durch „networks and fluids" macht die Signifikanz der Globalisierung aus. Eine zweite ebenso entscheidende Intervention betrifft die Objektseite dieser Prozesse. „Inhuman Globalization" steht für neue Maschinen, Technologien und infrastrukturelle Innovationen – vom Internet bis zum Handy, von der Kreditkarte bis zur „smart bomb", vom Atommüll bis zum „global warming" – mittels derer Raum-Zeit-Kompressionen faktisch realisiert werden. Diese Technologien transportieren Menschen, Informationen, Geld und Risiken jedweder Art. Und es ist dieses spezifische Mensch-Maschine-Verhältnis, das theoretisch in der Weise bedacht werden will, dass Handeln nicht länger als soziales Handeln gefasst werden kann (vgl. auch den Beitrag zu „Technik" in diesem Band). Urry nutzt die ‚actor-network-theory' Bruno Latours (1993) zur kritischen Abweisung soziologischer Handlungstheorien. Wenn es keine ‚reinen' sozialen Strukturen, sondern nur mehr ‚hybride' gibt, wenn die Funktion dieser technologischen Infrastrukturen nicht vorrangig von der Intention ihrer Nutzer bestimmt ist, sondern beide, Objekte und Menschen, einem systemischen Imperativ überantwortet werden, verlieren die soziologischen Konzepte des „Sozialen" ihren analytischen Wert. Mit der Unterscheidung von „scapes and flows" schließlich wird die grundbegriffliche Architektur der Globalisierungstheorie festgelegt. „Scapes" sind die Netzwerke von Maschinen, Technologien, Organisationen, Texten und Akteuren, die einander verbindende Knoten und Verteiler konstituieren. „Flows" hingegen bestehen aus Menschen, Bildern, Informationen, Geld, Müll, Risiken, die sich in diesen strukturierten „scapes" bewegen. Einmal institutionalisiert, sehen sich Individuen, Korporationen und selbst Regierungen zur Teilhabe genötigt. Diese sich selbst regulierenden „scapes" und „flows" gehorchen der räumlichen Logik der Deterritorialisierung. Deterritorialisierung soll heißen, dass die wesentliche Qualität des Globalisierungsprozesses darin besteht, nicht-territorial fixierte Räume zu schaffen, respektive das Territorialitätsprinzip, auf dem nationalstaatlich organisierte Gesellschaften basieren, durch nicht territorial gebundene Vergesellschaftungsformen zu ersetzen. Urry verfeinert die „scape-flow"-Metaphorik durch die neue Unterscheidung von „global networks and global fluids" und zwar in der Absicht, die Unberechenbarkeit und Unebenheit, die Intensitätsvariationen dieser Flüsse von Menschen, Objekten und Informationen deutlich hervorzuheben (Urry 2000: 37f.). So wie das Wasser sich unerwartete Wege bahnt, schaffen auch die „global fluids" Unschärfen und unwahrscheinliche Kombinationen wie Relationen, die eine, nun auf komplexitätstheoretische Ansätze (vgl. Urry 2003) vertrauende „sociology of mobilities" zu erforschen hat.

Vor einem ersten Bilanzierungsversuch zum gegenwärtigen Stand der „Soziologie der Globalisierung" ist es hilfreich, eine zweite Theoriestrategie kurz zu erwähnen, die, ohne der Globalisierungssemantik verpflichtet zu sein, gleichwohl aufs Engste mit diesem Problemfeld verwoben ist. In den 70er-Jahren treten relativ unabhängig voneinander vier Theorieprogramme in Erscheinung, die sich um die Leitwährung „Weltgesellschaft" (zur Begriffsgeschichte vgl. Stichweh 2000) organisieren. Nicht Welt, sondern „Gesellschaft im Singular" (Tyrell 2005) bildet den Focus für die Konstruktion eines umfassenden Systems, das mehr ist als die Summe nationalstaatlich organisierter Gesellschaften. Peter Heintz entwirft Weltgesellschaft als ein „weltweites Interaktionsfeld" (Heintz 1982: 12). Im Mittelpunkt steht die Frage nach der Internationalisierung von Ungleichheit. Die Annahme, dass sich nach dem zweiten Weltkrieg ein weltweites Schichtungssystem herausgebildet hat, wird über den Entwicklungsbegriff so systematisiert, dass tendenziell alle Länder und alle Menschen der Welt in dieses Handlungsfeld einbezogen werden.

Für Niklas Luhmann ist Gesellschaft bekanntermaßen das allgemeine System innerhalb dessen alles Soziale stattfindet. Kommunikative Erreichbarkeit sowie der Modus funktionaler Differenzierung lassen Gesellschaft konzeptionell nur mehr als Weltgesellschaft zu (Luhmann 1971). Der Begriff „bringt zum Ausdruck, dass das umfassendste System menschlichen Zusammenlebens (Gesellschaft) nur welteinheitlich gebildet werden kann, nachdem alle Menschen füreinander kommunikativ erreichbar sind und durch Folgen ihrer Handlungen betroffen werden" (Luhmann 1978: 857). Die Verabschiedung des ‚alteuropäischen', auf Staatlichkeit, Territorialität und normative Integration bezogenen Gesellschaftsbegriffs lässt die in der Globalisierungsdebatte so vehement vorgetragene Kritik an einer staatszentristischen Soziologie folgerichtig ins Leere laufen. Die moderne Gesellschaft ist der Effekt einer evolutionär neuen Systembildung, die auf funktionaler Differenzierung basiert. Als umfassender und inklusiver Kommunikationszusammenhang bildet sie den Bezugsrahmen für alle Teil- und Funktionssysteme, die ihrerseits gesellschaftliche Funktionen erfüllen, in der konzeptionellen Fassung des Gesellschaftsbegriffs aber keinen Eingang mehr finden. Es gibt keinen funktionalen Primat des einen oder anderen Teilsystems, und es gibt keine räumlichen Grenzen. Wenn die Grenzen der Kommunikation zugleich die Grenzen der Gesellschaft sind, lässt sich Weltgesellschaft nur noch „aus den Funktionen,

Erfordernissen und Konsequenzen funktionaler Differenzierung" begreifen (Luhmann 1971: 27).

Im axiomatischen Horizont der „Weltgesellschaft" die geographische Diffusion institutioneller Muster und Strukturähnlichkeiten zu erforschen, die sich über ‚Zwang', ‚Imitation' und ‚normativen Druck' realisiert, ist das erklärte Forschungsziel des von John Meyer und seiner Stanforder Gruppe entwickelten World Society-Ansatzes. Dabei liegt der Hauptakzent nicht so sehr auf dem Begriff der Weltgesellschaft als vielmehr auf dem Konzept der „world polity" als „a broad cultural order" (Meyer 1987: 41) europäischen Ursprungs, die weltweite Homogenisierungsprozesse auslöst. Die Stanforder belegen in imposanten Zeitreihenanalysen globale Strukturähnlichkeiten im Bereich der politischen Organisation – die Universalisierung des nationalstaatlichen Modells – der Erziehungsideale, des Menschenbildes und des Fortschritts. „The visibility of what started as Western models of the nation-state and its citizenry was not an accident. These models were not so much pirated (…) as carried across the world with missionary zeal (…). To be sure this voyage was riddled with inconsistencies and contradictions but the universalistic character of the scripts facilitated their increasingly worldwide use" (Ramirez/Meyer 1998: 60). Die Hintergrundmelodie liefert Max Webers Idee der Rationalisierung der Lebensführung und der Durchsetzung von Standards formaler Rationalität – „the structuring of everyday life within standardized impersonal rules that constitute social organization as means to collective purpose" (Meyer/Boli/Thomas 1987: 24). Globale Strukturähnlichkeiten ergeben sich zwangsläufig aus der Macht der modernen Kultur, die Meyer als ein gemeinsam geteiltes und vor allem bindendes Regelwerk „exogenous to any given society (…)" typisiert. (Meyer 1980: 117). Das Konzept der „world polity", die Konzeptualisierung der Welt als ein einheitliches Handlungssystem, liefert den Rahmen für die Beschreibung jener global zirkulierenden Wissens- und Normenbestände, die die Eliten der Welt mit den Rezepten und „blueprints" versorgen, nach denen Staat und Gesellschaft, „citizenship" und Identitäten organisiert werden wollen. Die aus der Dynamik funktionaler Differenzierung entspringende Ausdifferenzierung von Wissensdomänen schafft globale Expertensysteme, die ihrerseits die globalen Isomorphien verstärken. Dass Verfassungs- und Menschenrechtsdiskurse, Migrations- und Ethnizitätsebenso wie nationale, waffentechnische oder Gesundheitsdiskurse heute globale Veranstaltungen sind, in denen ein bestimmter Typus von Expertise und professionell kontrolliertem Wissen dominiert, steht außer Zweifel. Was der „World Society-Ansatz" gleichsam kontrafaktisch festhält, sind Strukturähnlichkeiten auf der Basis kultureller Vielfalt. Wie aber erklärt sich diese Vielfalt? Die Kritik verweist darauf, dass der „World Society-Ansatz" die bekannte Geschichte von „Modernisierung als Rationalisierung", die immer auch jene vom „West and the Rest" transportierte, gleichsam auf erweiterter Stufenleiter fortsetze.

Der vierte weltgesellschaftliche Theorieentwurf ist die „world system theory" Immanuel Wallersteins (1974; 1980; 1989). „The only kind of social system is a world-system which we define quite simple as a unit with a single division of labor and multiple cultural systems" (Wallerstein 1974: 390). Wallerstein ist nicht nur einer der ersten und einflussreichsten Theoretiker der Globalisierung, sondern auch einer der entschiedensten Kritiker des kategorialen Staatszentrismus, weshalb dem Gesellschaftsbegriff überhaupt keine Funktion mehr zukommt. Sein Interesse zielt darauf, den Kapitalismus als ein geographisch expansives und historisch distinktes System zu erfassen. Der globale Raum wird dementsprechend nicht über das staatszentristische Vokabular von Gesellschaft oder Kultur, sondern als „modern world system" konzeptualisiert. Das historische und logische Gegenüber sind nicht Staaten, sondern Weltreiche, deren systemischer Charakter darin gesehen wird, dass die Teilung der Arbeit, die Machtverhältnisse und kulturellen Formen weitgehend kongruent mit der räumlichen Ausdehnung waren. Im Unterschied dazu basiert das moderne, kapitalistische Weltsystem auf „a single division of labor, but multiple polities and cultures", kurz: es ist die räumliche Nicht-Kongruenz von ökonomischen Strukturen auf der einen und politisch-kulturellen Formationen auf der anderen Seite, die für Wallerstein die spezifische Logik des kapitalistischen Weltsystems ausmacht. Das moderne Weltsystem wird einerseits in staatsübergreifende Zonen von Zentrum, Semiperipherie und Peripherie unterteilt; andererseits aber sind Staaten, genauer die Territorien, über die sie ihre Souveränität exekutieren, die geographische Basiseinheit, aus denen diese Zonen komponiert sind. Die historische Dynamik des Weltsystems entfaltet sich also vorrangig in Gestalt der Hierarchien und Positionskämpfe, die Territorialstaaten um ihren Platz in der Zentrum-Peripherie-Struktur austragen. Wallerstein rechnet die strukturierende ökonomische Systemeinheit – „a single division of labor" – auf eine zweite Systemebene hoch, die als „world interstate system" die politische Arena des globalen Kapitalismus repräsentiert. Die Transposition von „a single division of labor" – „one economy" – zu „the interstate division of labor „– „multiple states" – führt freilich direkt in das Territorialitätsprinzip zurück. Denn der globale Raum, den die „world system theory" konzeptualisiert, ist die Summe seiner nationalstaatlichen Teile, deren regionale Differenzierung das Resultat kapitalistischer Arbeitsteilung ist. Der theoriestrategische Primat der Ökonomie und die Konzentration auf die Differenzierungen auf der nationalstaatlichen Ebene, die mit der Vernachlässigung anderer, sub- oder transnationaler Phänomenbereiche einhergeht, hat der „world system theory" den Fundamental-Einwand des ökonomischen Reduktionismus eingebracht.

3 Jenseits der Container-Theorie des Raumes?

Weltgesellschafts- und Globalisierungsdiskurse unterhalten ein kompliziertes, nicht selten einander ausschließendes Verhältnis. Die Relevanzmuster treffen sich nicht. Während auf der einen Seite Weltgesellschaft als Resultat der Prozesse der Globalisierung thematisiert und der begrifflichen Klärung des Weltbezugs selbst wenig Aufmerksamkeit gewidmet wird, fasst die andere Seite Weltgesellschaft als jenes für die Prozesse der Globalisierung selbst maßgebliche Sozialsystem, ohne den nun als systemintern qualifizierten Prozessen der Globalisierung besondere Aufmerksamkeit zukommen zu lassen. Für die Soziologie der Globalisierung schienen die systemtheoretischen Ansätze kaum anschlussfähig zu sein. Mit einer wichtigen Ausnahme: Wallersteins „world system theory" spielte für die angloamerikanische Debatte eine bedeutende Rolle. Die thematische wie konzeptionelle Nähe zum „globalen Feld" ist, trotz der vehementen Kritik, die Robertson (1992: 15) gegen die Weltsystemtheorie vorbringt, augenfällig. Der mit seiner Position verbundene „cultural turn" bezieht sich auf die kritische Distanzierung vom monokausalen, ökonomistischen Erklärungsmodell. Aber auch Giddens und Beck übernehmen zentrale Thematiken der Weltsystemtheorie, was durch die explizite Kritik und Abweisung des kategorialen Staatszentrismus sicherlich erleichtert wurde. Sieht man einmal von der Zentrum-Peripherie-Metaphorik bei Wallerstein ab, dann besteht eine der auffälligsten Differenzen zwischen der Soziologie der Globalisierung und der Soziologie der Weltgesellschaft darin, dass die systemtheoretischen Ansätze aus theorieimmanenten Erwägungen die Problematik des Raumes nicht kennen, genauer für irrelevant halten. Dies aber ist, aller konzeptionellen Differenzen zum Trotz, der thematische Fokus der soziologischen Globalisierungstheorien: die Frage nach der räumlichen Organisation sozialer Beziehungen.

Die Erkenntnisgewinne, aber auch die Risiken und Sackgassen, die mit der raumtheoretischen Neuorientierung der Soziologie (zur Raumsoziologie allgemein vgl. Löw 2001) einhergehen, lassen sich anhand der zentralen Kontroversen um die Verhältnisbestimmung „global-lokal", „Homogenisierung-Heterogenisierung", „Deterritorialisierung-Territorialität" genauer beschreiben.

Theorien der Globalisierung, die „the production of space" (Lefebvre 1991) in Rechnung stellen, lassen sich von der Annahme leiten, dass das „Globale" der entscheidende Bezugsrahmen für die sozialräumlichen Rekonfigurationen sozialer Beziehungen zu sein habe. Die grundlegende Frage, was das „Globale" denn sei, wird in der Regel mit Verweis auf den Bedeutungsverlust des „Lokalen" beantwortet. Manuel Castells hat in seiner Analyse der „Netzwerkgesellschaft" diese binäre Logik des Raumes auf das anschauliche Bild vom ‚global' „space of flows" versus eines ‚local' „space of places" gebracht (Castells 1996: 376f.). Castells nutzt die Unterscheidung, um technologische Innovationen, Machtbeziehungen und Unterdrückungseffekte zu verräumlichen. Auf diese Weise entstehen sozialräumliche Oppositionen – „capital is global. As a rule labor is local" (ebd.: 475) – die die soziologische Globalisierungsdebatte entscheidend geprägt haben. Denn der globale „space of flows" steht zugleich für entterritorialisierte Raumbildungsprozesse, während der „space of places" dem Territorialitätsprinzip verhaftet bleibt. Globalisierung lässt sich dann als ein Prozess der sukzessiven Transformation von Territorialität in deterritorialisierte Räume fassen. In einer Art Nullsummenspiel gewinnt der „space of flows", was dem „space of places" abhanden kommt. Gleichzeitig korrespondieren dem „space of places" jene Wissensbestände, die als methodologischer Nationalismus, kategorialer Staatszentrismus etc. dem Bild einer veralteten, durch und durch untauglichen Soziologie zugeschrieben werden. Insofern war es kein Zufall, dass in der ersten Runde der Globalisierungsforschung der Nationalstaat als privilegiertes Objekt dazu diente, das Globale als sein Gegenteil zu situieren. Die verbreitete These vom Ende des Nationalstaates und die Kritik des territorialisierenden Denkstils etc. (Albrow 1996; Appadurai 1996; Beck 1997; Castells 1996; Ohmae 1995; Urry 2000) gründeten in der weit fundamentaleren These vom Ende der Territorialität.

Ein Vergleich der bisher präsentierten Theorieentwürfe in Bezug auf ihre raumtheoretischen Implikationen lässt zwei ganz unterschiedliche Modi der Konzeptualisierung des Globalen in den Vordergrund treten. Zum einen: Theorien, die den globalen Raum im Kontext von Territorialität belassen. „World society theory", Ansätze einer „Weltgesellschaft", „global society", „global culture", aber auch die differenzierungstheoretisch instruierten Redeweisen von ökonomischer, politischer und kultureller Globalisierung zeichnen sich dadurch aus, dass sie die staatszentrierten Kategorien von Gesellschaft, Politik etc. ‚globalisieren', das heißt, auf die Welt als Ganzes übertragen. Der globale Raum ist dann raumtheoretisch gesehen, nichts anderes als die geographisch gedehnte, territoriale Form der Organisation sozialer Beziehungen. Naiv scheint dieser „global territorialism" (Brenner 2004: 47) deshalb, weil aus der Kritik an der Containertheorie von Staat und Gesellschaft keine neue Raumtheorie folgt, sondern im Gegenteil der globale Raum nun seinerseits als der zeitlose territoriale Container gedacht wird, der durch Prozesse der Globalisierung gefüllt, aber nicht produziert oder gar transformiert wird. Auch für die „world system theory" wie für die Luhmann'sche Systemtheorie gilt in dieser Hinsicht, dass Weltsystem und Weltgesellschaft raumtheoretisch allenfalls als Behälter erscheinen, in dem sich das Soziale abspielt.

Zum anderen: Globalisierungstheorien, für die, der binären räumlichen Logik des „space of flows" und „space of places" entsprechend, Globalisierung als Deterritorialisierung in den Mittelpunkt rückt. Manuel Castells' „Netzwerkgesellschaft", John Urrys „global networks and global fluids", aber auch die von Arjun Appadurai (1996) entworfenen globalen Landschaften, jene „ethno-, ideo-, techno-, media- und finance-scapes" gehören in diesen Kontext. Der bahnbrechende und innovative Charakter dieser Forschungsstrategie, die in der Tat neue, netzwerkgestützte Geographien, postterritoriale Vergemeinschaftungen und transnationale Räume zu vermessen vermag, steht außer Frage. Und doch bleibt auch hier ein gemeines Dilemma. Globalisierung wird als fortwährende Transformation von Territorialität in nicht-territoriale sozialräumliche Formen gedacht. Dieser Radikalisierung aber entgeht nicht nur, dass Territorialität ein ganz fundamentales räumliches Organisationsprinzip darstellt. Sie verführt auch dazu, die Interdependenz und intime Beziehung zwischen Deterritorialisierung und Territorialität zu vernachlässigen. Der „space of flows" benötigt jenen „spatial fix" (Harvey 1985: 146) – außerordentlich komplexe technologische und sozio-politische Infrastruktursyteme – kurz, jenen vorschnell verabschiedeten „space of places", ohne den die „global flows" nicht fließen. Wenn die globale Rekonfiguration sozialer Räume mit ebenso starken Re-Territorialisierungsprozessen einhergeht, wenn Territorialität weder auf der globalen noch der lokalen Skala einfach entfällt und selbst in seiner nationalstaatlichen Form eher rekonfiguriert als eliminiert wird, kann Deterritorialisierung nicht das letzte Wort sein.

Die Typisierung der Globalisierungsforscher in Hyperglobalisierer, Skeptiker und Post-Skeptiker (Holton 2005: 59) lässt sich historisieren – drei Wellen, die von der Überpointierung des Globalen bis zur Wiederentdeckung des Lokalen reichen. In einer ersten Runde gaben sich als kumulativer Effekt der Globalisierung – flexible Akkumulation, Migration, Deregulierung, mediale Weltbildstrukturen, neue Kommunikationstechnologien etc. – Prozesse der Raumbildung zu erkennen, die das starke Image der Homogenisierung stützten. Ökonomische Globalisierung (Ohmae 1995; Sassen 1996; Altvater/Mahnkopf 1999; Mittelman 2000; kritisch Hirst/Thompson 1996) eliminiert die Steuerungskapazitäten nationaler Regierungen durch globale Märkte und Konkurrenzsysteme, unter denen das Finanzsystem das ausgeprägteste Beispiel für globale Vernetzung darstellt. Ob als Amerikanisierung, McDonaldisierung (Ritzer 1993) oder als allgemeiner Konsumismus, in Szene gesetzt durch transnationale Unternehmen und beherrscht durch eine neue transnationale Klasse (Sklair 2001) – die starken Vorstellungen kultureller Homogenisierung, die so ans Licht traten, schrieben zugleich Grundideen funktionalistischer Modernisierungstheorien fort (Massey 1998; Wimmer 2001). Der mit dem Homogenisierungsparadigma einhergehend funktionalistische Überhang freilich verlor in dem Maße an Bedeutung, wie sich die analytische Aufmerksamkeit auf die kulturellen Effekte räumlicher Rekonfigurationen richtete, die unter den Stichworten von „Kreolisierung" (Hannerz 1996) und „Hybridisierung" (Hall 1990; Pieterse 1995; Tomlinson 1999; Urry 2000) das komplexe Wechselverhältnis von globalen und lokalen Kontextualisierungen zu fassen versuchte. Hitzige Debatten um „global modernities" (Featherstone et al. 1995), „multiple modernities" (Eisenstadt 2000) oder „uneven modernities" (Randeria 2002) führten dazu, den universalistischen Geltungsanspruch jener nun als eurozentristisch qualifizierten Wissensbestände geographisch einzuhegen und damit regional zu beschränken. Neue Konzeptbegriffe wie „Kosmopolitanismus" (Vertovec/Cohen 2002; Beck 2002), „Transnationalismus" (Pries 1997) und „Diaspora" (Clifford 1997; Hall 1990; Cohen 1997) versprachen den Einfluss des „global-local interplay" auf Weltbildstrukturen, kulturelle Wissensbestände und Identitätskonstruktionen analytisch zu erschließen. Doch trotz der außerordentlichen Emphase für Formen kulturellen Synkretismus, seiner Macht- und Herrschaftseffekte, blieb das Konzept des Globalen als „placeless, distanceless, borderless", kurz als entterritorialisierter „space of flows" in Kraft. Dieses robuste und weitgehend kritikresistente Image des Globalen impliziert drei theoretisch folgenreiche Probleme.

Erstens: Im Gegensatz zu Konzepten der Globalisierung als Deterritorialisierung und Denationalisierung gilt es daran festzuhalten, dass Territorialität im Allgemeinen und territoriale Staaten im Besonderen machtvolle Organisationsformen sozialräumlicher Vergesellschaftung bleiben. Wenn das, was als „global" qualifiziert wird, nach wie vor „grounded in national territories" (Sassen 1996: 13) ist, muss sich das Erkenntnisinteresse auch auf jene Prozesse konzentrieren, die nicht in entterritorialisierten Räumen, sondern in der Rekonfiguration von Territorialität münden. Die exklusive Fokussierung auf die globale Maßstabsebene läuft Gefahr, sich in dem zu verfangen, was Saskia Sassen als „endogeneity trap" (Sassen 2006: 4) bezeichnet. Man kann das x – in diesem Fall Globalisierung – nicht durch die Merkmale von x erklären. Prozesse der Denationalisierung dessen, was einmal national konstruiert worden war – Gesellschaften, Ökonomien, Kulturen, kategoriale Identitäten etc. – spielen sich auf der Skala des Nationalen ab. Für Sassen sind deshalb Veränderungen innerhalb der institutionellen Architektur des Nationalstaates mindestens von ebenso großer Bedeutung für die räumliche Strukturierung von „interconnectedness" und Intensitätsverdichtungen wie das, was sich auf der globalen Ebene ereignet. Die empirische Feststellung, dass „der Kapitalismus", „der Nationalstaat" oder „die Tageszeitung" globale Präsenz gewonnen haben, impliziert eben nicht, dass wir zwischen „India Today", dem „Boston Globe" und der „Frankfurter Rundschau" nicht mehr unterscheiden können. Die Macht und die Zwänge, die ‚lokale Kulturen' auf global zirkulierende Artefakte ausüben, sind und bleiben beträchtlich (Berking 1998).

Zweitens: Das Globale als Gegensatz zum Lokalen, zum Nationalen oder Regionalen zu situieren, ist analytisch ebenso wenig überzeugend wie die Verknüpfung dieser sozialräumlichen Skalen mit Typen sozialräumlicher Organisation. Warum sollte das Lokale und das Nationale ausschließlich als territorial und das Globale exklusiv als entterritorialisiert begriffen werden? Es gibt kein Nullsummenspiel zwischen Skalen. In der Geographie ist „scale" ein gut etabliertes Konzept. „Scale" bezeichnet „the level of geographical resolution at which a given phenomenon is thought of, acted on or studied" (Agnew 1997: 100). Sozialräumliche Maßeinheiten fungieren alltagspraktisch als unhintergehbare Ordnungsschemata der Wahrnehmung. Sie werden durch das Handeln von Individuen und Gruppen konstruiert, die mit dieser Politik der räumlichen Abstände Grenzen markieren, Zugehörigkeiten legitimieren und Identitäten territorialisieren. Der „körperbezogene Nahbereich", das „Lokale", das „Regionale", das „Nationale" und das „Globale" als relationale sozialräumliche Maßeinheiten sind weder „natürlich" gegeben noch hierarchisch ineinandergeschachtelt wie das Modell einer russischen Puppe. Stattdessen gilt, dass jede Veränderung auf einer Skala das relationale Gefüge insgesamt ändert. Für die Soziologie der Globalisierung stellt sich die Frage, ob das Konzept der Skalierung nicht hilfreich wäre, die erfolgreichen raumtheoretischen Interventionen systematisch in der Weise voranzutreiben, dass Konzeptbegriffe wie Kultur, Gesellschaft, Staat, Macht etc. nicht länger auf einer Raumstelle beschränkt bleiben, sondern durch alle Skalen hindurch bedacht werden. Typischerweise aber wird in Globalisierungstheorien „Gesellschaft" mit der nationalen und „Welt" mit der globalen Maßeinheit in einer Weise verschweißt, dass nicht nur die Zwischenformen, sondern der relationale Beziehungsrahmen insgesamt aus dem Blick geraten.

Drittens: Begriffliche Konfusionen treten immer dann in Erscheinung, wenn das Globale und das Lokale als interne Gegensätze *und* als Synonyme für „Raum" und „Ort" und vice versa verwendet werden. Die Aufwertung des Globalen geht nicht nur mit der Abwertung des Lokalen einher. Das Lokale als Effekt des Globalen zu imaginieren, bedeutet auch, „Ort" als Produkt externer Beziehungen zu denken, den „space of places" im Unterschied zum „space of flows" als kontextabhängige Variable zu thematisieren. Diese Strategien unterfüttern zugleich jene normativen Zuschreibungen, für die das Globale mit Kapital, Fortschritt, Mobilität und freien Räumen verbunden ist, während das Lokale auf Tradition, territorialen Einschluss und Orte verweist, die von den üblichen Verdächtigen – Arme, Asoziale, Minderheiten, Frauen und Kinder – bewohnt werden.

Nach drei Jahrzehnten Globalisierungsdebatte, nach der Entdeckung des Globalen zeichnet sich eine zunehmende Verschiebung der theoretischen Aufmerksamkeit hin zur Problematik des Lokalen ab (vgl. Garhammer 2003). Gegenüber den dominanten Formen des Globozentrismus geht es nun darum, Antworten auf die Frage nach der Bedeutung von Räumen und Orten, von Identitätspolitiken, Machtkonstellationen und Institutionalisierungsprozessen zu finden, die immer und überall in, durch und gegen bestehende sozialräumliche Arrangements ausgefochten werden. Im soziologischen Feld der Globalisierungsforschung sind die Stimmen der Hyperglobalisierer kaum mehr vernehmbar, die Mythen der Globalisierung entzaubert. Vom „Ende des Nationalstaates" spricht heute niemand mehr. Die „World- und Global-City"-Modelle (Sassen 1991; Sassen 2002; King 1990; Marcuse/van Kempen 2000; Marcuse/van Kempen 2002), für die die „Stadt" vor allem unter der Perspektive der ökonomischen Restrukturierung des globalen Kapitalismus von Interesse war, ist mehr und mehr in den Windschatten stadtsoziologischer Forschungsdesigns gerückt, die auf die alltagskulturellen Praktiken der Produktion von Lokalität zielen. Die Migrations- und Diasporaforschung hat mit der Umstellung ihres staatszentristischen Vokabulars auf raumkonstituierende Perspektiven ebenso wichtige wie weiterführende Erkenntnisse über transnationale Räume und postterritoriale Vergemeinschaftungen gewonnen. Aber auch Klassen- und Sozialstrukturanalyse, Armuts- und Ungleichheitsforschung sehen sich mit der Herausforderung konfrontiert, aus der selbstverständlichen Analyseeinheit der nationalstaatlich organisierten Gesellschaft herauszutreten und den relationalen Charakter ihrer Problemfelder über alle Skalierungen hinweg zu thematisieren. Die klassischen Fragen der Soziologie nach sozialem Wandel, Macht und Herrschaft, nach sozialer Ungleichheit und Ausbeutung sind im Zeichen der Globalisierung keinesfalls obsolet geworden, wohl aber in andere Größenverhältnisse gerückt. In diesem Sinne hat „the globe as big idea" nicht nur die soziologische Theoriebildung, sondern die Gestalt der Soziologie insgesamt transformiert. Soziologie, die als Wissenschaft von der „modernen Gesellschaft" die historische Bühne betrat, ist auf dem Weg, sich als Wissenschaft der (einen) „sozialen Welt" zu konstituieren. Hierzu haben die raumtheoretischen Interventionen, die in den soziologischen Theorieentwürfen zur Globalisierung eine so bedeutende Position einnehmen, richtungsweisende Wegmarken gesetzt.

Literatur

Agnew, John (1989): The Devaluation of Place in Social Science. In: Agnew, John/Duncan, James (Hrsg.): The Power of Place: Bringing Together Geographical and Sociological Imaginations. Boston: Unwin Hyman: 9-29
Agnew, John/Corbridge, Stuart (1995): Mastering Space: Hegemony, Territory and International Political Economy. New York: Routledge
Agnew, John (1997): The dramaturgy of horizons. In: Political Geography, 16/2, 99-112.
Agnew, John/Duncan, James (Hrsg.) (1989): The Power of Place: Bringing Together Geographical and Sociological Imaginations. Boston: Unwin Hyman
Albrow, Martin/King, Elizabeth (Hrsg.) (1990): Globalization, Knowledge and Society: Readings from International Sociology. London: Sage
Albrow, Martin (1996): The Global Age: State and Society Beyond Modernity. Cambridge: Polity Press
Albrow, Martin (2002): The Global Shift and its Consequences for Sociology. In: Genov, Nikolai (Hrsg.): Advances in Sociological Knowledge. Paris: CISS: 25-45
Altvater, Elmar/Mahnkopf, Birgit (1999): Grenzen der Globalisierung. Ökonomie, Ökologie und Politik in der Weltgesellschaft. Münster: Westfälisches Dampfboot
Appadurai, Arjun (1996): Modernity at Large: Cultural Dimensions of Globalization. Minneapolis: University of Minnesota Press
Beck, Ulrich (1986): Risikogesellschaft. Frankfurt a.M.: Suhrkamp
Beck, Ulrich (1994): The Reinvention of Politics: Towards a Theory of Reflexive Modernization. In: Beck, Ulrich/Giddens, Anthony/Lash, Scott (Hrsg.) (1994): Reflexive Modernization. Cambridge: Polity Press
Beck, Ulrich (1996): World Risk Society as Cosmopolitan Society? In: Theory, Culture & Society 13/4: 1-32
Beck, Ulrich (1997): Was ist Globalisierung? Frankfurt a.M.: Suhrkamp.
Beck, Ulrich (Hrsg.) (1998): Perspektiven der Weltgesellschaft. Frankfurt a.M.: Suhrkamp
Beck, Ulrich (2002): Macht und Gegenmacht im globalen Zeitalter: Neue weltpolitische Ökonomie. Frankfurt a.M.: Suhrkamp
Beck, Ulrich (2004): Der kosmopolitische Blick oder: Krieg ist Frieden. Frankfurt a. M.: Suhrkamp
Beck, Ulrich (2006): Kosmopolitisierung ohne Kosmopolitik: Zehn Thesen zum Unterschied zwischen Kosmopolitismus in Philosophie und Sozialwissenschaft. In: Berking, Helmuth (Hrsg.): Die Macht des Lokalen in einer Welt ohne Grenzen. Frankfurt a.M.: Campus: 252-270
Beck, Ulrich/Giddens, Anthony/Lash, Scott (1994): Reflexive Modernization. Cambridge: Polity Press
Berking, Helmuth (1998): Global Flows and Local Cultures. In: Berliner Journal für Soziologie 3/98: 381-392
Berking, Helmuth (2006): Global Images. In: Berking, Helmuth (Hrsg.): Die Macht des Lokalen in einer Welt ohne Grenzen. Frankfurt a.M.: Campus: 66-86
Brenner, Neil (1999): Beyond state-centrism? Space, territoriality, and geographical scale in globalization studies. In: Theory and Society 28 (1): 39-78
Brenner, Neil (2004): New State Spaces: Urban Governance and the Rescaling of Statehood. Oxford: Oxford University Press
Castells, Manuel (1996): The Rise of the Network Society. Cambridge: Blackwell
Clifford, James (1997): Routes: Travel and Translation in the Late Twentieth Century. Harvard: Harvard University Press
Cohen, Robert (1997): Global Diasporas. London: UCL Press
Crang, Michael/Thrift, Nigel (Hrsg.) (2000): Thinking Space. London: Routledge
Dürrschmidt, Jörg (2002): Globalisierung. Bielefeld: transcript

Döring, Jörg/Thielmann, Tristan (Hrsg.) (2008): Spatial Turn. Das Raumparadigma in den Kultur- und Sozialwissenschaften. Bielefeld: transcript
Eisenstadt; Shmuel. (2000): Multiple Modernities. Daedalus 129, 1: 1-29
Entrikin, Nicholas (1991): The Betweenness of Place: Towards a Geography of Modernity. Baltimore: The Johns Hopkins University Press
Featherstone, Mike (Hrsg.) (1992): Global Culture: Nationalism, Globalization and Modernity. London: Sage
Featherstone, Mike/Lash, Scott/Robertson, Roland (Hrsg.) (1995): Global Modernities (Theory, Culture & Society). London: Sage
Friedman, Jonathan (1995): Global System, Globalization and the Parameters of Modernity. In: Featherstone, Mike/Lash, Scott/Robertson, Roland (Hrsg.) Global Modernities (Theory, Culture & Society). London: Sage: 69-90
Garhammer, Manfred (2003): Die dritte Runde der Globalisierungsdebatte: nach der Entdeckung des Globalen die Ethnographie des Lokalen. In: Soziologische Revue, 26/1: 46-63
Giddens, Anthony (1990): The Consequences of Modernity. Stanford: Stanford University Press
Giddens, Anthony (1994): Living in a Post-Traditional Society. In: Beck, Ulrich/Giddens, Anthony/Lash, Scott: Reflexive Modernization. Politics, Tradition and Aesthetics in the Modern Social Order. Cambridge: Polity Press
Giddens, Anthony (2001): Die Frage der sozialen Ungleichheit. Frankfurt a.M.: Suhrkamp
Gupta, Akhil/Ferguson, James (Hrsg.) (1997): Culture, Power, Place: Explorations in Critical Anthropology. Durham: Duke University Press
Habermas, Jürgen (1998): Die postnationale Konstellation. Frankfurt a.M.: Suhrkamp.
Hall, Stuart (1990): Cultural Identity and Diaspora. In: Jonathan Rutherford (Hrsg.): Identity: Community, Culture, Difference. London: Lawrence and Wishart
Hall, Stuart (1997): Old and New Identities, Old and New Ethnicities. In: King, Anthony (Hrsg.): Culture, Globalization and the World System: Contemporary Conditions for the Representation of Identity. Minneapolis: University of Minnesota Press: 41-68
Hannerz, Ulf (1996): Transnational Connections: Culture, People, Places. London: Routledge
Harvey, David (1989): The Condition of Postmodernity. Cambridge: Blackwell
Harvey, David (1985): The Geopolitics of Capitalism. In: Greogory, Derek/Urry, John (Hrsg.): Social Relations and Spatial Structures. London: Macmillan, 128-163
Heintz, Peter (1982): Die Weltgesellschaft im Spiegel von Ereignissen. Diessenhofen: Rüegger
Heintz, Bettina/Münch, Richard/Tyrell, Hartmann (Hrsg.) (2005): Weltgesellschaft. Sonderheft der Zeitschrift für Soziologie. Stuttgart: Lucius und Lucius
Held, David/McGrew, Anthony/Goldblatt, David/Perraton, Jonathan (1999): Global Transformations: Politics, Economics, and Culture. Stanford: Stanford University Press
Held, David/McGrew, Anthony (Hrsg.) (2007): Globalization Theory: Approaches and Controversies. Cambridge: Polity Press
Hirst, Paul/Thompson, Grahame (1996): Globalization in Question. The International Economy and the Possibilities of Governance. Cambridge: Polity Press
Holton, Robert (2005) Making Globalization. Basingstoke: Palgrave MacMillan.
King, Anthony (1990): Global Cities. Post-Imperialism and the Internationalization of London. London/New York: Routledge
King, Anthony (Hrsg.) (1997): Culture, Globalization and the World-System. Minneapolis: University of Minnesota Press
King, Anthony (2004): Spaces of Global Cultures: Architecture, Urbanism, Identity. London: Routledge
Korte, Hermann/Schäfers, Bernhard (Hrsg.) (2008): Einführung in die Hauptbegriffe der Soziologie. 7. Auflage. Wiesbaden: VS
Latour, Bruno (1993): We Have Never Been Modern. Hemel Hempstead: Harvester Wheatsheaf
Lefebvre, Henri (1991): The Production of Space. Oxford: Blackwell
Levitt, Theodore (1983): The Globalization of Markets. Harvard Business Review 3: 92-102

Löw, Martina (2001): Raumsoziologie. Frankfurt a.M.: Suhrkamp
Luhmann, Niklas (1971): Die Weltgesellschaft. In: Archiv für Rechts- und Sozialphilosophie 57: 1-35
Luhmann, Niklas (1978): Stichwort: Weltgesellschaft. In: Fuchs, Werner/Klima, Rolf/Lautmann, Rüdiger/Rammstedt, Otthein/Wienhold, Hanns (Hrsg.): Lexikon zur Soziologie. 2. Aufl. Opladen: Westdeutscher Verlag
Marcus, George (1998): Ethnography through Thick and Thin. Princeton: Princeton University Press
Marcuse, Peter/Kempen, Ronald van (Hrsg.) (2000): Globalizing Cities: A New Spatial Order? Oxford: Blackwell
Marcuse, Peter/Kempen, Roland van (Hrsg.) (2002): Of States and Cities: The Partitioning of Urban Space. Oxford: Oxford University Press
Massey, Doreen (1995, orig. 1984): Spatial Division of Labor: Social Structures and the Geography of Production. New York: Routledge
Massey, Doreen (1998): Power-geometries and the Politics of Time-space. Hettner Lecture II, University of Heidelberg
Massey, Doreen (2006): Keine Entlastung für das Lokale. In: Berking, Helmuth (Hrsg.): Die Macht des Lokalen in einer Welt ohne Grenzen. Frankfurt a.M.: Campus
Meyer, John (1980): The World Polity and the Authority of the Nation-State. In: Bergesen, Albert (Hrsg.): Studies of the Modern World-System. New York: Academic Press: 109-137
Meyer, John (1987): The World Polity and the Authority of the Nation State. In: Thomas, George/ Meyer, John/Boli, John/Ramirez, Francisco (Hrsg.): Institutional Structure: Constituting State, Society and the Individual. Newbury Park: Sage: 41-70
Meyer, John/Boli, John/Thomas, George (1987): Ontology and Rationalization in the Western Cultural Account. In: Thomas, George/Meyer, John/Boli, John/Ramirez, Francisco (Hrsg.): Institutional Structure: Constituting State, Society and the Individual. Newbury Park: Sage: 12-37
Mittelman, James (2000): The Globalization Syndrome: Transformation and Resistence. Princeton: Princeton University Press
Modelski, George (1972): Principles of World Politics. New York: Free Press
Ohmae, Kenichi (1990): The Borderless World: Power and Strategy in the Interlinked Economy. New York: Harper Business
Ohmae, Kenichi (1995): The End of the Nation State: The Rise of Regional Economies. New York: Free Press
Pieterse Nederveen, Jan (1995): Globalization as Hybridization. In: Featherstone, Mike/Lash, Scott/ Robertson, Roland (Hrsg.): Global Modernities (Theory, Culture & Society). London: Sage: 45-68
Pries, Ludger (Hrsg.) (1997): Transnationale Migration. Sonderband 12 der Sozialen Welt. Baden-Baden: Nomos
Ramirez, Francisco/Meyer, John (1998): Dynamics of Citizenship Development and the Political Incorporation of Woman: A Global Institutionalization Research Agenda. In: McNeely, Conny (Hrsg.): Public Rights, Public Rules: Constituting Citizens in the World Polity and National Policy. New York: Garland: 59-80
Randeria, Shalini (2002): Entangled Histories of Uneven Modernities: Civil Society, Caste Solidarities and Legal Pluralism in Post-Colonial India. In: Elkana, Jehuda/Krastev, Ivan/Macamo, Elicio/Randeria, Shalini (Hrsg.): Unraveling Ties – From Social Cohesion to New Practices of Connectedness. Frankfurt a. M.: Campus: 284-311
Ritzer, George (1993): The McDonaldization of Society. Newbury Park CA: Pine Forge Press
Robertson, Roland (1992): Globalization: Social Theory and Global Culture (Theory, Culture & Society). London: Sage
Robertson, Roland (1995): Glocalization: Time-Space and Homogeneity-Heterogeneity. In: Featherstone, Mike/Lash, Scott/Robertson, Roland (Hrsg.): Global Modernities (Theory, Culture & Society). London: Sage: 25-44

Rosenau, James (1990): Turbulence in World Politics. A Theory of Change and Continuity. London: Harvester Wheatsheaf. In: Sassen, Saskia (1991): The Global City. New York: Princeton University Press
Sassen, Saskia (1996): Losing Control? Sovereignty in an Age of Globalization. New York: Columbia University Press
Sassen, Saskia (2002): Global Networks – Linked Cities. London: Routledge
Sassen, Saskia (2006): Territory, Authority, Rights: **From Medieval to Global Assemblages**. Princeton: Princeton University Press
Scholte, Jan Aart (2000): Globalization. A Critical Introduction. London: Palgrave
Sklair Leslie (2001): The Transnational Capitalist Class and the Discourse of Globalization. Oxford: Blackwell
Smith, Anthony (1979): Nationalism in the Twentieth Century. New York: New York University Press
Soja, Edward (1989): Postmodern Geographies: The Reassertion of Space in Critical Social Theory. Cambridge: Blackwell
Soja, Edward (1996): Thirdspace: Journeys to Los Angeles and Other Real-and-imagined Places. Cambridge: Blackwell
Stichweh, Rudolf (2000): Die Weltgesellschaft: Soziologische Analysen. Frankfurt a. M.: Suhrkamp
Therborn, Göran (2000): Introduction: From the Universal to the Global. In: International Sociology 15: 149-50.
Tomlinson, John (1999). Globalization and Culture. Cambridge: Polity
Tyrell, Hartmann (2005): Singular oder Plural – Einleitende Bemerkungen zu Globalisierung und Weltgesellschaft. In: Heintz, Bettina/Münch, Richard/Tyrell, Hartmann (Hrsg.) (2005): Weltgesellschaft. Sonderheft der Zeitschrift für Soziologie. Stuttgart: Lucius und Lucius: 1-50
Urry, John (2000): Sociology Beyond Societies: Mobilities for the Twenty-first Century. London: Routledge
Urry, John (2003): Global Complexity. Cambridge: Polity Press
Vertovec, Steven/Cohen, Robin (Hrsg.) (2002): Conceiving Cosmopolitanism: Theory, Context and Practice. Oxford: University Press
Wallerstein, Immanuel (1974a): The Rise and Future Demise of the World-Capitalist System. In: Comparative Studies in Society and History 16
Wallerstein, Immanuel (1974b): The Modern World-System I. New York: Academic Publishers
Wallerstein, Immanuel (1980): The Modern World-System II. New York: Academic Press
Wallerstein, Immanuel (1989): The Modern World-System III. New York: Academic Press
Willke, Helmut (2001): Atopia. Studien zur atopischen Gesellschaft. Frankfurt a.M.: Suhrkamp
Wimmer, Andreas (2001): Globalizations Avant la Lettre. In: Comparative Studies in Society and History 43: 435-466
Wobbe, Theresa (2000): Weltgesellschaft. Bielefeld: transcript
Zürn, Michael (1998): Regieren jenseits des Nationalstaates: Globalisierung und Denationalisierung als Chance. Frankfurt a.M.: Suhrkamp

Individualisierung

Markus Schroer

Individualisierung – darüber wird seit nunmehr 25 Jahren geforscht und gestritten. Startschuss für diese bis heute anhaltende Debatte war die Individualisierungsthese von Ulrich Beck aus dem Jahre 1983, die den Einzelnen aus traditionellen Sozialbezügen freigesetzt sieht, um nun selbst „zur lebensweltlichen Reproduktionseinheit des Sozialen" (Beck 1986: 209) zu avancieren. Dem Individuum werden damit weit mehr Gestaltungsspielräume zugeschrieben als dies in der Vergangenheit der Fall war. Neben den sich daran anschließenden empirisch-theoretischen Anwendungs- und Widerlegungsversuchen (vgl. Berger 1996, Friedrichs 1998) der Individualisierungsthese auf den verschiedenen Feldern der Soziologie hat die These zu Arbeiten über die Geschichte der Individualisierung innerhalb der Soziologie motiviert (vgl. Ebers 1995, Kippele 1998, Kalupner 2003), denn Individualisierung ist keineswegs eine Erfindung der 1980er Jahre, sondern ein Kernthema der gesamten Soziologiegeschichte. In meinen eigenen Beiträgen zu diesem Problemfeld (Schroer 1997a, 2000, 2001a, 2001b) habe ich den Vorschlag gemacht, drei verschiedene Argumentationslinien zu unterscheiden: die negative, die positive und die ambivalente Individualisierung. Axel Honneth hat diese Klassifikation aufgegriffen und angemerkt, dass inzwischen alles noch viel unübersichtlicher geworden sei: „Zu den drei Deutungsperspektiven (...) sind neue Sichtweisen hinzugetreten, die am Prozess der Individualisierung entweder eine Zuspitzung einzelner Phänomene oder ein vollkommen verändertes Strukturmuster hervortreten lassen." (Honneth 2002: 144f.) Entgegen dieser Annahme möchte ich im Folgenden zeigen, dass sich in Vergangenheit *und* Gegenwart durchaus weitere Positionen finden lassen, deren Argumentation einer der drei Traditionslinien zugeordnet werden kann. Dabei ist anzumerken, dass selbst die hier vorgelegte Erweiterung keineswegs alle Positionen abdeckt, die den einzelnen Deutungsmustern zugeordnet werden könnten. Das Modell ist prinzipiell fortschreibbar.

1 Individualisierung – drei Theorietraditionen

Die folgenden Überlegungen gehen im Anschluss an frühere Überlegungen davon aus, dass sich innerhalb der soziologischen Individualisierungsdiskussion drei Argumentationslinien unterscheiden lassen, die sich von den Soziologen um die Jahrhundertwende bis in die aktuelle Gegenwart hinein verfolgen lassen. Da gibt es zunächst eine Argumentationslinie, die sich von *Max Weber* über *Theodor W. Adorno und Max Horkheimer* bis zu *Michel Foucault* verfolgen lässt. Im vorliegenden Beitrag habe ich diese Linie um *Karl Marx* und *Zygmunt Bauman* erweitert. In der Perspektive all dieser Autoren wird – bei allen selbstverständlich vorhandenen Differenzen im einzelnen – argumentiert, dass das Individuum bedroht und seine (Bewegungs-)Freiheit in Gefahr ist. Das Individuum erscheint als willenloses Rädchen im Getriebe (Marx), das in den eisernen Käfig einer bürokratischen Moderne geraten ist (Weber), von der verwalteten Welt auf eine Nummer reduziert wird (Kritische Theorie), durch Disziplinierungs- und Überwachungsmethoden zu einem Disziplinarindividuum geformt wird (Foucault), zum bloßen Konsumenten verkommt oder überhaupt überflüssig geworden ist (Bauman). Auffällig ist, dass in allen fünf Versionen einer solchen rabenschwarzen Zeitdiagnose dennoch nach Auswegen, Fluchtlinien oder gar utopisch überhöhten Ausbruchsversuchen gefahndet wird. Diese Argumentationslinie firmiert im Folgenden unter dem Namen *negative Individualisierung*. Im Mittelpunkt steht in diesem Fall das *gefährdete Individuum* (vgl. Abschnitt 2).

Die zweite Argumentationslinie reicht von *Emile Durkheim* über *Talcott Parsons* bis zu *Niklas Luhmann*. Neu hinzugefügt sind in diesem Fall *Ferdinand Tönnies* und der *Kommunitarismus*. Obwohl auch hier gravierende Unterschiede zwischen den einzelnen Positionen auszumachen sind, gehen doch alle übereinstimmend davon aus, dass ein ehemals stark an gesellschaftliche Vorgaben gebundenes Individuum im Laufe des Modernisierungsprozesses aus traditionalen Bindungen befreit und auf sich selbst gestellt wird. Das Individuum wird in dieser Sicht gerade nicht immer enger an die gesellschaftlichen Institutionen angebunden. Ganz im Gegenteil lautet hier die These, dass die Bindungen der Individuen an soziale Systeme zunehmend lockerer werden. Die Gesellschaft muss deshalb immer stärkere Anstrengungen unternehmen, um die Individuen überhaupt noch zu erreichen und zu einem sozialverträglichen Verhalten zu motivieren. Insofern ist bei diesen Autoren von einer *positiven Individualisierung* die Rede. Gleichzeitig findet man hier jedoch – oft innerhalb einer Position – die Thematisierung der Gefahr der *Hyperindividualisierung*. Damit ist die Gefahr einer übertriebenen Freisetzung der Individuen gemeint, die zu anomischen Krisenzuständen führen und eine Bedrohung der sozialen Ordnung darstellen kann. Im Mittelpunkt steht in diesem Fall die Konstruktion eines *gefährlichen Individuums*. Nicht die Gefährdung der individuellen Freiheit steht hier im Mittelpunkt, sondern die Gefährdung des gemeinschaftlichen bzw. gesellschaftlichen Zusammenhalts und der sozialen Ordnung (vgl. Abschnitt 3).

Eine dritte, zwischen diesen beiden Versionen stehende Argumentationslinie stellt Individualisierung als einen in sich ambivalenten und widersprüchlichen Prozess vor. Als Vertreter dieser Argumentation sind *Georg Simmel*, *Norbert Elias* und *Ulrich Beck* auszumachen. Als weitere Vertreter werden im Folgenden *George Herbert Mead*, *Anthony Giddens* und *Jean-Claude Kaufmann* vorgestellt. Sowohl Simmel, Mead und Elias als auch Beck, Giddens und Kaufmann stimmen darin überein, dass Individualisierung weder als Pseudoindividualisierung kritisiert noch als Hyperindividualisierung gefürchtet werden muss. Im Mittelpunkt dieser Perspektive steht weder das in seiner Bewegungsfreiheit und Entscheidungsautonomie durch Bürokratisierung, Ökonomisierung und Disziplinierung gefährdete Individuum noch das gefährliche Individuum, das, wenn es nicht frühzeitig und beständig domestiziert wird, eine Gefahr für die soziale Ordnung darstellt. Ihre Argumentation ist vielmehr die eines Weder-noch bzw. eines Sowohl-als-auch. Weder lassen sich die größeren Handlungsspielräume des Individuums rundweg bestreiten, noch bedeuten diese eine Gefahr für den sozialen Zusammenhalt, der mit einer stärkeren Wiedereingliederung des Einzelnen begegnet werden muss. Allerdings kann Individualisierung sowohl Gefährdungen des Individuums mit sich bringen – etwa durch Disziplinierungs-, Uniformierungs- und Standardisierungsprozesse – als auch zur Gefährdung des sozialen Zusammenhalts führen – etwa durch Atomisierungsprozesse, Solidaritätsschwund und Orientierungslosigkeit. Allerdings verdichten sich diese Phänomene bei Simmel, Elias, Beck, Giddens und

Kaufmann nicht zu einer Diagnose, die sich nur für jeweils eine dieser Tendenzen sensibel zeigt. Sie verstehen Individualisierung vielmehr als einen Prozess, der zu komplex, vieldeutig und widersprüchlich ist, um ihn ausschließlich als Atomisierungs-, Entfremdungs- oder Disziplinierungsvorgang zu interpretieren. Aus diesem Grund wird die von Simmel bis Kaufmann reichende Linie unter dem Namen *ambivalente Individualisierung* geführt. Das von ihnen thematisierte Individuum wird als *Risiko-Individuum* bezeichnet, da dem Individuum einerseits Chancen zur selbstbestimmten Lebensführung und individuellen Besonderung zugesprochen, andererseits aber auch Gefahren der Zerstörung individueller Freiräume durch Standardisierungsprozesse thematisiert werden (vergl. Abschnitt 4).

Daraus ergibt sich folgendes Schaubild:

Individualisierung	Klassiker I	Klassiker II	Aktuelle Theorien
Negative – das gefährdete Individuum	Karl Marx	Kritische Theorie	Zygmunt Bauman
	Max Weber		Michel Foucault
Positive – das gefährliche Individuum	Emile Durkheim	Talcott Parsons	Niklas Luhmann
	Ferdinand Tönnies		Kommunitarismus
Ambivalente – das Risiko-Individuum	Georg Simmel	Norbert Elias	Ulrich Beck Anthony Giddens
	G. H. Mead		J.C. Kaufmann

2 Negative Individualisierung – Vom Verlust der Individualität

2.1 Karl Marx und Max Weber – vom entfremdeten zum heroischen Individuum

Obwohl sich *Karl Marx* nicht systematisch mit dem Verhältnis von Individuum und Gesellschaft auseinandergesetzt hat, finden sich dennoch einige zentrale Einsichten zu dieser Kernproblematik soziologischen Denkens in seinen Schriften, die auf nachfolgende Konzeptionen einen erheblichen Einfluss gehabt haben – auf die Theoretiker der Kritischen Theorie ebenso wie etwa auf Pierre Bourdieu. Im Grunde gibt es wohl kaum einen soziologischen Ansatz, der sich nicht in irgendeiner Weise zu Marx verhält. Im Vordergrund steht bei Marx die grundsätzliche Auffassung, dass das Individuum ein gesellschaftliches Wesen ist. Ähnlich wie nach ihm vor allem Simmel, Elias und Bourdieu betont Marx, dass es ein Fehler ist, sich Individuum und Gesellschaft als zwei gegenüberstehende Entitäten vorzustellen, denn das Individuum findet sich immer schon in Gesellschaft vor. Das eine ist ohne das andere gar nicht denkbar, denn so sehr der Mensch „das ensemble gesellschaftlicher Verhältnisse" (Marx 1990: 6) ist, so sehr besteht doch die Gesellschaft aus nichts anderem als aus konkreten, tätigen Individuen, die sich durch Arbeit realisieren und ihre Individualität zum Ausdruck bringen. Die kapitalistische Produktionsweise führt jedoch zur isolierten Existenz der Individuen, die als vom Egoismus getriebene Monaden die Gesellschaft nur mehr als feindliches Gegenüber erleben, das sie in ihren Bestrebungen einschränkt und behindert. Die bürgerliche Klassengesellschaft führt dazu, dass das Individuum zum „Teilindividuum", zum bloßen „Träger einer gesellschaftlichen Detailfunktion" (Marx 1988:

512) verkommt. Die Arbeit wird nicht mehr länger als Erfüllung der eigenen Bedürfnisse empfunden, sondern als gesellschaftlich auferlegter Zwang, dem sich das Individuum beugen muss. Damit entfremdet sich der Arbeiter mehr und mehr von seiner Tätigkeit ebenso wie von der Gesellschaft insgesamt. Zu einer Entfaltung des Individuums und all seiner Anlagen, zu einem freien, selbständigen und solidarischen Individuum kann es nur durch eine revolutionäre Veränderung kommen, die die bürgerliche in eine kommunistische Gesellschaft verwandelt.

Wie immer das Verhältnis zwischen Karl Marx und Max Weber insgesamt interpretiert werden mag – während einige sein Werk als direkte Antwort auf Marx verstehen, hat er für andere kaum Einfluss auf ihn gehabt (vgl. Dahrendorf 1999: 71): Hinsichtlich ihrer pessimistischen Zeitdiagnose gibt es zahlreiche Gemeinsamkeiten zwischen beiden Theoretikern. Insbesondere das Schicksal des Individuums, wie es sich unter den Bedingungen des Kapitalismus entfaltet, wird von Marx und Weber durchaus ähnlich gesehen. Webers Perspektive fällt allerdings noch düsterer aus, entbehrt sie doch der Aussicht auf eine bessere Welt, die durch einen revolutionären Umsturz herbeigeführt werden könnte. Weber ist nicht nur im Hinblick auf seine Gegenwart sehr skeptisch eingestellt, sondern auch im Hinblick auf die zukünftige Entwicklung.

Anders als Marx gelangt *Max Weber* jedoch nicht über eine Analyse der ökonomischen Verhältnisse, sondern durch eine Analyse über den Stellenwert und die Entwicklung der Religion im modernen Zeitalter zu seiner Diagnose. Konstitutiv für den Übergang in die Moderne ist für Weber, dass das Individuum aus rituellen und gewohnheitsgeprägten Lebenswelten herausgelöst und zunehmend gezwungen wird, Sinn- und Existenzfragen selbst zu beantworten. Der Rationalisierung religiöser Weltbilder kommt deshalb eine entscheidende Schrittmacherfunktion für die Individualisierung des einzelnen zu. Während in den frühen, religiös geprägten Stadien alle Bereiche des Lebens gleichsam konzentrisch um Gott geordnet waren, bricht mit dem Anbruch der Moderne diese sinnstiftende Mitte zunächst ersatzlos weg. Nunmehr muss jeder einzelne für sich selbst seinem Leben einen Sinn geben, da er ihm von keiner übergeordneten Instanz mehr abgenommen wird.

Die von der kapitalistischen Wirtschaftsordnung beförderten Prozesse der Rationalisierung und Bürokratisierung aller Lebensbereiche droht den gerade erreichten Zuwachs an individueller Freiheit jedoch wieder zunichte zu machen. Der Kapitalismus schafft sich kleine willenlose Rädchen im Getriebe, die zu keiner aktiven und selbstbestimmten Lebensgestaltung in der Lage sind, sondern sich den vorherrschenden Bedingungen passiv und still ergeben. Der mit Hilfe der Religion, insbesondere des Protestantismus, zur Macht gelangte Kapitalismus verdrängt nach und nach gänzlich die Einflusssphäre der Religion und nimmt damit dem einzelnen eine Instanz, die ihm dabei behilflich sein könnte, die in seinen Alltag eindringenden „kalten Skeletthände rationaler Ordnungen" (Weber 1988a: 561) auf Distanz zu halten. Ohne seine religiöse Grundlage droht der einstmals gezähmte, jetzt derart entfesselte Kapitalismus zu einem „stahlharten Gehäuse" (ebd.: 203) zu mutieren, das eine „unentrinnbare Macht über den Menschen, wie jemals zuvor in der Geschichte" (ebd.: 204) zu erringen vermag.

Webers Untersuchungen werden von der Frage motiviert, was wir „dieser Maschinerie entgegenzusetzen [haben], um einen Rest des Menschentums freizuhalten von dieser Parzellierung der Seele, von dieser Alleinherrschaft bürokratischer Lebensideale?" (Weber 1988b: 414). Doch so dringlich es Weber erscheint, der zur Alleinherrschaft gelangten Bürokratie etwas entgegenzuhalten, so skeptisch zeigt er sich im Hinblick auf die Fähigkeiten des gewöhnlichen Einzelnen, dieser Aufgabe gerecht werden zu können. Abgesehen von seiner elitären Haltung, die in seine Überlegungen zweifellos Eingang gefunden hat, stellt Weber sich die Frage, aus welchen Ressourcen sich das Individuum bedienen soll, um der in alle Poren seines Alltags eindringenden bürokratischen Ordnung Paroli bieten zu können. Die Religion hat zu sehr an Einfluss verloren, um für diese Aufgabe noch zu taugen. Es ist diese Frage, die Webers Interesse an den verschiedensten Lebensführungsmodellen motiviert, mit denen er sich im einzelnen auseinandersetzt. Entscheidend für Webers Einschätzung der Individualisierungsmöglichkeiten zu seiner Zeit scheint mir zu sein, dass er zwar immer wieder fragt, was der Rationalisierung und Bürokratisierung, die das Leben zu beherrschen droht und die individuelle Bewegungsfreiheit immer stärker einschränkt, entgegengesetzt werden kann, sich andererseits aber von der Unabwendbarkeit des sich entfaltenden „stahlharten Gehäuses" überzeugt zeigt. Die Verwandlung der verzauberten in eine entzauberte Welt, das Heraufziehen der modernen Gesellschaft, die eine Pluralität unterschiedlicher Wertsphären etabliert, zwischen denen sich die Individuen souverän bewegen können sollen, statt sich einer mit Haut und Haaren zu verschreiben, ist nach Weber nicht *auf*zuhalten, sondern gilt es *aus*zuhalten.

2.2 Theodor W. Adorno und Max Horkheimer – das liquidierte Individuum

Bis in die Wortwahl hinein nimmt Weber mit dieser rabenschwarzen Diagnose zentrale Motive der kritischen Theorie der Frankfurter Schule vorweg. Auch bei Horkheimer und Adorno werden dem Individuum, das diesen Namen verdient, wenig Überlebenschancen eingeräumt. Ja, mehr noch: Was sich bei Weber – als allerdings unaufhaltbares Schicksal – erst noch anzukündigen schien, ist nach ihrer Perspektive längst eingetreten. Auch bei ihnen ist es der Monopolkapitalismus, der die Liquidation des Individuums besorgt hat. Horkheimer und Adornos These vom Ende und Niedergang des Individuums knüpft offensichtlich direkt an die von Weber beschriebenen und antizipierten Gefahren einer drohenden Eliminierung des Individuums in der modernen Gesellschaft an. Auch sie gehen davon aus, dass die Ressourcen für die Ausbildung einer innen geleiteten Persönlichkeit durch die sozialen Kontrollen, die Bürokratisierung und zunehmende Macht der monopolistischen Organisationen aufgezehrt werden. Statt eines innerlich gefestigten Ichs bildet der moderne Spätkapitalismus nur mehr sich konform verhaltende Sozialcharaktere aus, die sich reflexhaft den jeweils gelten Anforderungen anpassen. Und das geschieht gleichsam ohne Gegenwehr, da die Individuen nicht mit Terror, Gewalt und Zwang dazu gebracht werden, so zu funktionieren, wie „das System" es von ihnen erwartet, sondern auf eine beinahe unmerkliche, subtile und geradezu angenehme Weise.

Es ist die Kulturindustrie, die mit vergleichsweise weichen Methoden herstellt, was sonst nur durch rigide Zwangsmaßnahmen zu erreichen gewesen scheint: eine manipulierbare Masse, die nicht nur zu keinerlei Widerspruch und Widerstand mehr in der Lage ist, sondern auch gar nicht die Motivation hat, weil sie mit dem, was ist, einverstanden ist. Industriell hergestellt und massenhaft verbreitet, lullt sie die Individuen ein, indem sie diese mit Erzeugnissen versorgt, die nicht über bestehende gesellschaftliche Widersprüche wie etwa den Klassenantagonismus oder generell über soziale Probleme informieren und aufklären, sondern über sie hinwegtäuschen und von ihnen ablenken. Sie verdammen die Individuen zur absoluten Passivität, konditionieren sie zu willenlosen Rezipienten, leiten zur

Einfügung und Anpassung in das Bestehende ein, zerstören Kreativität und Phantasie und unterhöhlen damit jegliche Form von Autonomie und Individualität, die damit zur „Pseudoindividualität" (Horkheimer/Adorno 1971: 139) verkommt. Hat Weber mit seiner Annahme einer gestiegenen Wahlmöglichkeit und eines gestiegenen Wahlzwanges des einzelnen noch immerhin einen Anteil an einem fundamentalen Topos der Individualisierungstheorie, so leugnen Horkheimer und Adorno eine solche Wahlmöglichkeit generell. Die Situationen, in denen das Individuum tatsächlich selber wählen kann, welche Handlungen es ausführen will, sind derart vorherbestimmt, die Differenz zwischen zwei Alternativen so gering, dass von Wahl eigentlich gar nicht die Rede sein kann (vgl. Adorno 1979: 52). Kurz: Die „Freiheit in der Wahl" ist eine „Freiheit zum Immergleichen" (Horkheimer/Adorno 1971: 150).

2.3 Michel Foucault und Zygmunt Bauman – vom disziplinierten zum verführten Individuum

*Michel Foucault*s Bilder für den Zustand der modernen Gesellschaft sind nicht weniger düster als Webers *stahlhartes Gehäuse* und Adornos *total verwaltete Welt*: Die zunächst in einzelnen Institutionen erprobten Disziplinierungs-, Kontroll- und Normalisierungssysteme haben sich derart über die Gesellschaft ausgebreitet, dass das Gefängnis als Verwahr- und Besserungsanstalt potentiell überflüssig wird. „Überwachen und Strafen" (Foucault 1977) hat die Veränderung der Strafpraxis vom 18. Jahrhundert bis in die Gegenwart zum Gegenstand. Sie reicht von der körperlichen Züchtigung, der Marter, bis zur Isolierung der Gefangenen in Zellen: Foucault zeigt, wie die Strafe in Form von physischen Zugriffen auf den Körper durch Marter, Folter und Hinrichtung nach und nach durch subtilere Formen wie Einsperrung, Disziplinierung und permanente Überwachung ersetzt worden ist. Die Körper der Individuen werden auf dem Weg in die Moderne immer weniger gemartert, gefoltert und hingerichtet, dafür aber immer häufiger eingesperrt, ab- und zugerichtet (vgl. auch den Beitrag zu „Körper" in diesem Band). Ein ganzes Netz von ausgeklügelten Disziplinierungsprozeduren, Kontrollmechanismen, Normalisierungs- und Überwachungssystemen hilft dabei mit, ein ganz und gar zuverlässiges, berechenbares und effektives Individuum hervorzubringen. Einzig und allein, um sie effektiver observieren und kontrollieren zu können, werden die Individuen aus einer unübersichtlichen Masse herausgelöst, die sie bisher vom sezierenden Zugriff der Macht auch schützte. Individualisierung heißt für Foucault ganz entschieden Vereinzelung und Isolierung, meint die Produktion sich selbst kontrollierender Einzelner.

Die These von der zunehmenden Disziplinierung und Kontrolle des Individuums hat mit den Schriften Foucaults keinen Abschluss gefunden. Vielmehr lassen sich einige zeitgenössische Theorien hier ebenso einordnen wie einige aktuelle soziologische Zeitdiagnosen. Bei den soziologischen Zeitdiagnosen sind es vor allem James Colemans Diagnose der „asymmetrischen Gesellschaft" (Coleman 1986, vgl. Schimank 2000) und George Ritzers These der „McDonaldisierung der Gesellschaft" (Ritzer 1995), die direkt an Max Webers These vom „stahlharten Gehäuse" anknüpfen. Michel Foucaults Thesen zum Zusammenhang von Macht, Herrschaft und Kontrolle werden vor allem innerhalb der Erforschung aktueller Überwachungsphänomene aufgegriffen (vgl. Hempel/Metelmann 2005). Unter den zeitgenössischen Theoretikern verfolgt vor allem Zygmunt Bauman eine an Foucault anknüpfende Argumentation (vgl. auch den Beitrag zu „Macht" in diesem Band).

Die Rezeption von *Zygmunt Bauman*s Schriften beginnt im deutschsprachigen Raum mit seiner Studie über den Holocaust (Bauman 1992). Die darin entfaltete These lautet, dass der Holocaust kein singuläres, vom Programm der Moderne abweichendes Ereignis darstellt, das nur deshalb möglich wurde, weil die Geschichte der Zivilisation sich für ein paar Jahre eine Auszeit genommen hatte. Der Holocaust ist ganz im Gegenteil als *Ausdruck* der auf Rationalisierung gründenden, modernen Gesellschaft zu verstehen. So, wie er sich ereignet hat, konnte er nur innerhalb einer hoch entwickelten Zivilisation stattfinden. Zwar ist die Moderne nicht die Ursache des Holocausts, durchaus aber dessen Voraussetzung. Obwohl sich Bauman in diesem Werk an keiner Stelle auf Horkheimer und Adorno beruft, kann es dennoch als Fortführung der „Dialektik der Aufklärung" gelesen werden (vgl. Miller/Soeffner 1996: 16). In seiner nachfolgenden Schrift „Moderne und Ambivalenz" (Bauman 1995a: 32) stellt er sich denn auch ausdrücklich in die Tradition Adornos und Horkheimers: „Dieses Buch versucht, historisches und soziologisches Fleisch um das Skelett der ‚Dialektik der Aufklärung' zu hüllen." Der Blick auf das Schicksal des Individuums fällt folgerichtig kaum optimistischer aus als bei den Vertretern der Kritischen Theorie. Zwar nimmt Bauman Bezug auf die von Ulrich Beck und Anthony Giddens im Laufe der 1980er Jahre formulierte Individualisierungsthese (vgl. Bauman 2001). Auch nach Bauman leben wir in einer „durch und durch *individualisierten* Welt" (Bauman 1999: 361). Seine Beschreibung der Lebenssituation des Menschen in der Postmoderne fällt jedoch sehr viel düsterer aus. Nach Bauman erleben wir gegenwärtig den Übergang von einer modernen Produzentengesellschaft zu einer postmodernen Konsumentengesellschaft, in der der Konsum an die Stelle der Arbeit tritt. Konsumieren ist nicht mehr einfach nur eine Tätigkeit, der man hin und wieder nachgeht. Der Konsum wird vielmehr zu einem „kohärenten Lebensprogramm" (Bauman 2005: 204), das alle Ebenen des gesellschaftlichen Lebens überformt und ein *„Umschalten der Werte von Dauer auf Flüchtigkeit"* (ebd.) bewirkt. Im postmodernen Zeitalter gelten alle sozialen Beziehungen folglich nur mehr ‚„bis auf weiteres'" (Bauman 1993: 17). Ob Partnerschaft, Familie, Beruf oder eigene Fähigkeiten: Keine der in der „schweren Moderne" gültigen Parameter hat in der „flüchtigen Moderne" länger Bestand. Postmoderne Identitäten sind deshalb nicht auf Kohärenz, Beständigkeit und Einheitlichkeit ausgerichtet wie ihre modernen Vorläufer, sondern auf Wandelbarkeit, Vieldeutigkeit und Kurzlebigkeit. Was das konsumistische Zeitalter auszeichnet, ist die Privatisierung und Individualisierung gesellschaftlicher Risiken. Ehemals kollektive Schicksale werden in individuelle umgemünzt, strukturelle Probleme als persönliches Versagen des Einzelnen dargestellt. Das Ergebnis ist ein täglicher Überlebenskampf (vgl. Bauman 1999: 73) Um in einer solchen Gesellschaft bestehen zu können, reicht es nach Bauman nicht länger aus, über einen nur ‚gesunden' Körper zu verfügen. In einer Konsumgesellschaft kommt es vielmehr darauf an, ‚fit' zu sein (vgl. Bauman 2005).

Während Ulrich Beck und Anthony Giddens immer wieder auf die Chancen verweisen, die dieser Prozess für den Einzelnen mit sich bringt, beleuchtet Bauman vor allem die Kostenseiten des Individualisierungsprozesses. Obgleich auch er davon ausgeht, dass das Individuum aus traditionellen Bindungen freigesetzt wird und nunmehr sehr viel mehr Entscheidungen zu treffen und zu verantworten hat als ehemals, ist dies in seinen Augen doch noch lange nicht als Zuwachs an individueller Freiheit zu bewerten. Vielmehr ist die Freiheit „so verstümmelt wie zuvor" (Bauman 1995a: 334). In der Postmoderne ist sie zur „Entscheidungsfreiheit des Konsumenten" (ebd.) verkommen. Bauman ist weit entfernt von der Annahme, die Individuen hätten sich in der Postmoderne zu frei über ihr Leben verfügende Demiurgen verwandelt (vgl. Bauman 2001). Immerhin aber hat sich die „Doppeltechnik von panoptischer Macht und Verführung" (Bauman 1995b: 42) eindeutig zugunsten der letzteren verschoben. Statt eines nur zu offensichtlichen Kontroll- und Unterdrückungsapparates haben wir es nunmehr mit weitaus subtiler ausgeübten Zwängen zu tun. Allerdings geht Bauman nicht von einer restlosen Ablösung des einen Modells durch das andere aus. Die Herrschaftsausübung durch Überwachung bleibt vielmehr weiterhin bestehen. Kontrolle mittels Verführung kommt ausschließlich bei den marktabhängigen Konsumenten zur Anwendung. Für die Abweichler und Gescheiterten dagegen steht noch immer das pa-noptische Überwachungssystem zur Verfügung. Und: Wann immer die weiche Methode der Verführung versagt, kann jederzeit wieder auf die Mittel der Repression zurückgegriffen werden (vgl. Schroer 2007).

3 Positive Individualisierung – Von der Steigerung der Individualität

3.1 Emile Durkheim – das anomische Individuum

Emile Durkheim hat sich – anders als sein Zeitgenosse Max Weber – wiederholt explizit mit dem Thema Individualisierung befasst. Schon in seiner 1893 erschienen Dissertationsschrift *De la division de travail social* (Über soziale Arbeitsteilung, Durkheim 1988) spielt es eine entscheidende Rolle. Durkheim beschreibt darin den Übergang von traditionalen bzw. einfachen Gesellschaften, die durch eine *mechanische Solidarität* integriert sind, zu modernen bzw. höheren Gesellschaften, deren Integration auf der *organischen Solidarität* beruht. Einschneidende Konsequenzen hat dieser idealtypisch konzipierte Übergang für die Individuen. In einfachen Gesellschaften geht nach Durkheim der einzelne noch ganz in der Gruppe auf, das individuelle Bewusstsein wird nahezu vollständig vom Kollektivbewusstsein absorbiert. Jedes Individuum ist direkt an die Gesellschaft gekoppelt und dadurch einer hohen sozialen Kontrolle ausgesetzt. Die Individualität der einzelnen Gruppenmitglieder in diesem Gesellschaftstypus ist „gleich Null" (Durkheim 1988: 182)

Dies ändert sich entscheidend beim Übergang zu höheren Gesellschaftsformen. Im Zuge dieser Entwicklung wird das Individuum zunehmend aus der Enge der gemeinschaftlichen Bindungen befreit und erhält größere Freiheitsspielräume. Nun ist Durkheim weit davon entfernt, dieses Recht der Individuen auf freie Entfaltung als evolutionäre Errungenschaft zu feiern. Allzu sehr ist ihm bewusst, dass eine zunehmende Individualisierung immer auch eine Gefahr für die soziale Ordnung darstellen kann. Diese Einsicht aber verleitet ihn keineswegs dazu, dafür zu plädieren, die Rechte des Individuums wieder einzuschränken, um die alte Ordnung wiederherzustellen. Vielmehr will er den für ihn irreversiblen Prozess der Individualisierung (ebd.: 227) für die Etablierung einer neuen Moral nutzen. Seine Verteidigung des Individualismus in der berühmten Dreyfus-Affäre speist sich nicht aus einem romantischen Ideal einer allseits ausgebildeten Persönlichkeit. Ebenso wenig resultiert es aus einem politischen Votum für die individuellen Rechte des Individuums. Schon gar nicht ist es das Ergebnis einer Wertentscheidung, die dem Individuum gegenüber der Gesellschaft die größeren Rechte einräumt. Durkheims Eintreten für den Individualismus verdankt sich vielmehr allein der These, dass für eine funktionierende arbeitsteilige Gesellschaft ein gewisses Maß an Individualisierung funktional notwendig ist.

Arbeitsteilung und Individualisierung gehören für Durkheim unauflöslich zusammen, das eine ist ohne das andere nicht zu haben (vgl. ebd.: 475). Die heraufziehende neue Ordnung arbeitsteiliger Gesellschaften geht für ihn weder zu Lasten des Individuums noch ist die zunehmende individuelle Freiheit für die Bindungskraft der arbeitsteiligen modernen Gesellschaft per se eine Gefahr. Durkheims als Steigerungshypothese bekannte Idee ist vielmehr, dass das Individuum gleichzeitig autonomer *und* abhängiger von der Gesellschaft wird (vgl. Durkheim 1988: 82), dass wachsende Autonomie der Individuen und ein moralischer Zusammenhalt zwischen den Gesellschaftsmitgliedern sich nicht nur nicht ausschließen, sondern geradezu gegenseitig bedingen. Die Frage lautet für ihn nicht, ob diese Entwicklung wünschbar ist oder nicht. Die eigentlich entscheidende Frage ist vielmehr, wie sich der nicht aufzuhaltende Individualismus im richtigen, gesunden Maß entwickeln lässt. Denn alle anomischen Erscheinungen, denen sich Durkheim gewidmet hat, wie etwa den hohen Selbstmordraten, ergeben sich aus einem Merkmal, das nicht an sich schon verwerflich oder gefährdend ist, sondern nur in seiner übersteigerten Form: So geht der egoistische Selbstmord aus einer „übermäßigen" (Durkheim 1990: 232) bzw. „übertriebenen Individuation" (ebd.: 419) hervor; der „exzessive Individualismus" (ebd.: 233) ist eine unmittelbare Ursache des Selbstmords, während dagegen der „gemäßigte Individualismus" (ebd.: 253) in den Grundzügen des Christentums ein „Hindernis auf dem Weg zum Selbstmord" (ebd.) darstellt. Durkheims gesamte theoretische Anstrengung ist letztlich darauf ausgerichtet, nachzuweisen, dass alles so lange nicht schädlich ist, wie es in Maßen stattfindet. (ebd.: 242) Der Herstellung eines solch maßvollen moralischen Individualismus geht Durkheim in seinen Vorlesungen über Erziehung und Moral nach. Entscheidend dafür ist es, eine wichtige Funktion und Aufgabe innerhalb des Gesellschaftsgefüges zu übernehmen. Das Individuum bedarf bei Durkheim der Kontrolle und Zwänge der Gesellschaft, um nicht das Opfer seiner maßlosen inneren Triebe und Bedürfnisse zu werden. Gelingt der Erziehungsprozess, ist das Individuum für die Disziplinierungen und Kontrollen regelrecht dankbar, denn nur durch sie konnte es ihm gelingen, die ihn erfüllende Aufgabe überhaupt zu finden, statt orientierungslos mal diesem und mal jenem Impuls nachzugehen.

3.2 Talcott Parsons – das integrierte Individuum

In Talcott Parsons Ausführungen zur Individualisierung ist der Einfluss Durkheims überdeutlich. In völliger Übereinstimmung mit Durkheim geht Parsons davon aus, dass die Entwicklung der modernen Gesellschaft „eher eine Zunahme als eine Abnahme von Autonomie" (Parsons 1968: 224) für das Individuum mit sich bringt. Blieb dem einzelnen in primitiven Gesellschaften letztlich nur „eine Möglichkeit" (Parsons 1975: 70), sein Leben zu leben, so steht dem modernen Individuum „ein häufig verwirrender Bereich von Wahlmöglichkeiten" (Parsons 1980: 68) zur Verfügung. Wurde einstmals jedem Individuum sein Platz in der Gesellschaft zugewiesen, sind die Individuen in modernen Gesellschaften zur „Selbstlokalisierung" (ebd.: 71) aufgerufen. Allerdings macht Parsons hinsichtlich dieser Entwicklung ein deutliches Missverhältnis zwischen den an den einzelnen gestellten Anforderungen und dessen Kompetenzen bei der Bewältigung dieser Anforderungen aus. Würden Fähigkeiten und Erwartungen in gleichem Maße wachsen, wäre das Leben weder schwerer noch einfacher als in früheren Gesellschaftsformen. Doch Parsons geht davon aus (ähnlich wie Weber, Simmel und Durkheim vor ihm), dass sich die beiden Bereiche keineswegs komplementär entfalten. Vielmehr gibt es deutliche Anzeichen für eine Erhöhung der *An*forderungen an die Individuen, mit denen ihre Fähigkeiten nicht Schritt halten und so in *Über*forderungen auszuarten drohen. Es sind diese Überforderungen, die zu krisenhaften Phänomenen führen können, die den einmal erreichten Stand an sozialer Ordnung tatsächlich gefährden könnten. Gleichwohl aber ist er überzeugt, dass dies nur vorübergehende Störungen sind, die letztlich nur zu einem neuen stabilen Gleichgewicht überleiten werden.

Für Parsons wie für Durkheim ist die zunehmende Individualisierung an sich noch kein Krisenphänomen. Es kommt entscheidend darauf an, wie die Individuen den neu entstehenden Autonomiespielraum nutzen. Um erwünschte von krisenhaften Phänomenen trennen zu können, führen beide die Unterscheidung einer erwünschten, funktionalen Individualisierung auf der einen und eines gefürchteten, weil schädlichen Individualismus auf der anderen Seite ein. Ähnlich wie Durkheim unterscheidet Parsons zwischen einem utilitaristischen Individualismus und einem „institutionalisierten Individualismus" (Parsons 1968: 248). Während der eine tatsächlich bedrohliche, anomische, den Zusammenhalt der Gesellschaft gefährdende Folgen haben kann, ist der andere gerade Grundlage der Gemeinschaft und Bedingung sozialer Ordnung. Allerdings setzt die Erreichung eines solchen Individualismus in beiden Theorien Lernprozesse, Internalisierungsleistungen, Sozialisierung und Erziehung des Individuums voraus, das von einem ursprünglich asozialen Wesen zu einem funktionierenden Gesellschaftsmitglied geformt werden muss.

3.3 Niklas Luhmann – das funktionale Individuum

Auch für Niklas Luhmann ist Individualisierung zunächst eine Begleiterscheinung des Differenzierungsprozesses. Der Übergang von segmentärer zur stratifikatorischen bis zur funktional differenzierten Gesellschaft hat radikale Auswirkungen auf die jeweilige Lagerung des Individuums. In *segmentär differenzierten Gesellschaften* erhält jedes Individuum seinen festen Platz, der auch durch individuelle Leistungen nicht entscheidend verändert werden kann. Das Individuum durchläuft keine „Karriere" im heutigen Sinne, sondern beendet sein Leben gewissermaßen an der gleichen Stelle, von der aus es auch gestartet war (vgl. Luhmann 1997: 636): Seine Laufbahn ist weitestgehend festgelegt. Nicht nur wer man ist, sondern auch wer man werden kann, entzieht sich dem Willen, den Wünschen und dem Bestreben des einzelnen. Für Individualisierung, so scheint es, ist hier noch kein Platz. Das wird in den nachfolgenden Differenzierungsformen kaum anders. Ein entscheidender Umbruch ergibt sich erst durch den Übergang zu funktional differenzierten Gesellschaften (vgl. Luhmann 1993a: 30f., 72; 1997: 680, 688, 744). Jetzt kann das Individuum gerade nicht mehr – wie vormals üblich – nur einem Teilsystem angehören, sondern muss sich in die unterschiedlichsten Teilsysteme ‚einbringen' (vgl. Luhmann 1993b: 158). Kein einzelnes System vermag es mehr, gleichsam den ‚ganzen Menschen, in sich zu beherbergen. In keinem der Funktionssysteme allein ist er noch zu Hause, weshalb er von nun an als „sozial ortlos" (Luhmann 1982: 16) vorausgesetzt werden muss: „Man kann nicht Menschen den Funktionssystemen derart zuordnen, dass jeder von ihnen nur einem System angehört, also nur am Recht, aber nicht an der Wirtschaft, nur an der Politik, aber nicht am Erziehungssystem teilnimmt." (Luhmann 1997: 744) Daraus zieht Luhmann die sowohl theorietechnisch als auch zeitdiagnostisch entscheidende Konsequenz, dass der Mensch nicht mehr als Bestandteil der Gesellschaft aufgefasst werden kann, sondern in der Umwelt des Gesellschaftssystems angesiedelt werden muss (vgl. ebd.: 744).

Erst in dem Moment, da Individuen nicht mehr als Bestandteile der Gesellschaft in einem Teilsystem fest verortet sind, sondern „von vornherein als extrasozietal gedacht werden" (ebd.: 160) müssen, kann die Gesellschaft in unterschiedlicher Weise auf die Individuen zugreifen, sie also etwa in ihrer Rolle als Wähler, Väter, Touristen, Organspender, Konsumenten usw. wahrnehmen. Für Individuen in modernen Gesellschaften wird damit normal, was in vormodernen noch als Abweichung, als Monstrosität gegolten hätte: das Leben einer „Mischindividualität" (ebd.: 16) bzw. einer „Mischexistenz" (Luhmann 1993a: 30) zu führen. Niemand mehr kann eine ausschließlich juristische, familiale oder religiöse Existenz führen, sondern muss jederzeit Zugang zu den verschiedenen Teilsystemen haben, ohne auch nur einem dieser Systeme jemals anzugehören: „Eine ausgeprägt funktionale Differenzierung des Gesellschaftssystems muß es dem einzelnen überlassen, in welchem Moment und mit welchen Interessen er an den Funktionssystemen der Gesellschaft partizipiert: wen er heiratet und ob und wieviele Kinder er haben will; welchen Beruf er ergreift und mit welchen Prioritäten er Konsumwünsche befriedigt; ob und in welcher Form er seinem Leben einen religiösen Sinn gibt; für welche Wahrheiten er sich interessiert; ob und wie er politisch wählt oder sich parteipolitisch oder auf andere Weise in der Politik engagiert; welche Rechtspositionen er freiwillig aufbaut und ob er seine Rechte im Falle der Verletzung verfolgt oder die Sache auf sich beruhen läßt; ja in einem nicht unerheblichen Maße sogar: ob er sich für krank und für behandlungsbedürftig hält oder nicht." (Luhmann 1995: 99f.) Doch dass all dies der „Entscheidung des einzelnen überlassen wird" (ebd.), ist für Luhmann kein Zeichen für eine *Zunahme* an Individualisierung, sondern vielmehr ein Zeichen für „die Nichtregulierbarkeit dieser Fragen", die in „Form von Freiheitskonzessionen ausgedrückt werden" (ebd.: 100). Dies dürfte zugleich die entscheidende Differenz zu Becks Individualisierungsthese ausmachen, die aus der von Luhmann beschriebenen Abnahme verbindlicher gesellschaftlicher Regelungen eine Zunahme an individuellen Freiräumen und Chancen für eine selbstbestimmte Lebensführung des Individuums ableitet.

3.4 Ferdinand Tönnies und der Kommunitarismus – das unberechenbare Individuum

Neben Luhmann, der zwar an zentrale Gedanken Durkheims und Parsons anknüpft, kaum aber mehr deren Sorge um den Gemeinschaftsverlust teilt, gibt es eine ebenfalls an Durkheim und Parsons anschließende Argumentationslinie, die sich in den verschiedenen Varianten des Kommunitarismus manifestiert. Der Kommunitarismus greift in seinen verschiedenen Schattierungen (vgl. Reese-Schäfer 1997, 2001) sowohl auf Überlegungen von Alexis de Tocqueville und Ferdinand Tönnies als auch auf die von Durkheim zurück (vgl. Cladis 1992, Peter 1997). Von Talcott Parsons aus gibt es sogar eine direkte Verbindungslinie zum Kommunitarismus – vermittelt über seinen Schüler Robert Bellah und den Funktionalisten Amitai Etzioni, die beide zu den Hauptvertretern des Kommunitarismus zu zählen sind. Geeint werden all diese im einzelnen durchaus verschiedenen Ansätze von der Überzeugung, dass die Gesellschaft nur durch den Glauben an gemeinsame Werte zusammengehalten werden kann. Ohne die Integration in eine überschaubare Gemeinschaft droht ein ausufernder Individualismus jeglichen Zusammenhalt zwischen den Menschen zu zerstören, so die gemeinsame Überzeugung. Das bei Durkheim, Parsons und Luhmann latent gefährliche Individuum wird im Kommunitarismus zu einem manifest gefährlichen Individuum, dem Zügel angelegt werden müssen, soll das Gemeinwesen nicht irreparabel zerstört werden. Als gefährdet ist das Individuum aus dieser Sicht nur dann anzusehen, wenn es sich selbst überlassen wird – wie es in unserer derzeitigen „Kultur der Vereinzelung" (Bellah u.a. 1987: 315) nach Einschätzung der Kommunitaristen der Fall ist.

Die kritische Beurteilung der Individualisierung und des Individualismus kann zweifellos als Grundkonsens des kommunitaristischen Denkens ausgemacht werden. Gerade in der Etzionischen Variante allerdings hat man es keineswegs mit einem Ansatz zu tun, der rückwärtsgewandt die Idylle traditionaler Gemeinschaften beschreiben würde. Ähnlich wie Durkheim argumentiert er nicht traditionalistisch, wenn er nach verbindenden Prinzipien zwischen den vereinzelten Individuen Ausschau hält. Vielmehr hält er Ausschau nach funktionalen Äquivalenten für die historisch überholten Formen der Gemeinschaft. Zwar liefert er zweifellos ein überwiegend positives Bild der amerikanischen Vergangenheit (vor allem der 1950er Jahre), lässt aber auch deren Schattenseiten nicht unerwähnt (vgl. Lange 2000). Ziel seiner theoretischen Überlegungen und praktischen Anstrengungen, den Gemeinschaftsgedanken wieder populär zu machen, ist es letztlich, ein Gleichgewicht zwischen individueller Freiheit und der Autonomie des Einzelnen auf der einen und der Pflicht des Einzelnen gegenüber der Gemeinschaft auf der anderen Seite zu schaffen: „Wenn wir Kommunitarier sagen, das Pendel sei viel zu weit in Richtung extremer Individualismus ausgeschlagen und es sei Zeit für eine Umkehr, dann geht es uns *nicht* darum, zum anderen Extrem zu wechseln und eine Gemeinschaft anzustreben, die der Individualität den Garaus macht." (Etzioni 1998: 30) Ein Ziel, das er mit Durkheim teilt, der ebenfalls immer wieder auf die schädliche Wirkung von Extremen hingewiesen hat. Beiden geht es dabei vor allem darum, dass die Einzelnen nicht durch Zwang, sondern aus Überzeugung im Sinne der Allgemeinheit handeln. Wenn es einen Durkheimianer unter der Kommunitaristen gibt, dann ist es zweifellos Etzioni. Aber auch bei anderen Autoren hat er seine Spuren hinterlassen: Um deutlich zu machen, dass der tief in die amerikanische Kultur eingelenkte Wert des Individualismus nicht generell abgelehnt wird, unterscheiden Robert Bellah u.a. (1987) zwischen dem „utilitaristischen" und dem „expressiven Individualismus". Eine Unterscheidung, die – wie wir gesehen haben – auch bei Durkheim vorzufinden ist. Ähnlich unterscheidet schon Alexis de Tocqueville zwischen Egoismus auf der einen und Individualismus auf der anderen Seite (vgl. Tocqueville 1985: 238f.). In allen drei Fällen wird ein in seinen Auswirkungen auf die Gemeinschaft in der Tat negativ eingeschätzter Egoismus von einem für das Funktionieren moderner Gesellschaften notwendigen Individualismus unterschieden. In Vergessenheit geraten scheint dagegen Tocquevilles folgende Einsicht: „Die individuelle Unabhängigkeit kann mehr oder weniger groß, nie aber könnte sie grenzenlos sein" (ebd.: 221).

In der Beschwörung gemeinschaftlicher Bande kann sich der Kommunitarismus neben Durkheim vor allem auch auf Ferdinand Tönnies (1991) berufen. Tönnies beschreibt die Entwicklung von Gemeinschaft zu Gesellschaft als einen Prozess zunehmender Individualisierung (vgl. Bellebaum 1976: 253). Die Unterscheidung von Gemeinschaft und Gesellschaft lebt von starken Wertungen. Während Gemeinschaft mit Familie, Dorf und Stadt verbunden wird, steht Gesellschaft für Großstadt, Nation und Welt. Entgegen der Auffassung Durkheims gelten die gemeinschaftlich geprägten Sozialbeziehungen als organisch, während die gesellschaftlichen als mechanisch eingestuft werden. Tönnies begrüßt die Entwicklung zur industrialisierten Moderne zwar nicht, hält sie aber für unabwendbar.

Seine Argumentation unterscheidet sich entschieden von der Argumentationslinie der negativen Individualisierung. Tönnies sorgt sich nicht um die mangelnde Bewegungsfreiheit des Einzelnen, er fürchtet nicht, dass der einzelne zu einem willenlosen Rädchen im Getriebe verkommt, dass er zunehmend diszipliniert und kontrolliert wird. Tönnies fürchtet vielmehr umgekehrt, dass die Handlungsspielräume der Individuen die gemeinschaftlichen Sozialbeziehungen zunehmend unterminieren. Nicht das Individuum, sondern die Gemeinschaft ist gefährdet. Obwohl Tönnies eindeutig zur tragischen Linie soziologischer Theorietradition gehört (vgl. Lenk 1964, Rehberg 1993), ist er doch andererseits durchaus nicht durchgängig pessimistisch, wenn es um die Frage der Erneuerung gemeinschaftlicher Bande geht. Entgegen einer weit verbreiteten Lesart hat Tönnies offenbar nicht im Sinn gehabt, den Übergang von der Gemeinschaft zur Gesellschaft als einseitige Verlustdiagnose zu konzipieren. Vielmehr scheinen Gemeinschaft und Gesellschaft als zwei generelle Möglichkeiten menschlichen Zusammenlebens zu gelten. Beim Übergang zur industriellen Gesellschaft verliert die Gemeinschaft ihren Stellenwert als dominierendes Prinzip, das nunmehr der Gesellschaft zukommt, ohne das deshalb aber gemeinschaftlich geprägte Beziehungen vollends von der Bildfläche verschwinden (vgl. König 1955: 400, Joas 1992: 102) Es ist eben dieser Gedanke grundsätzlich erneuerbarer Gemeinschaftsenergien, an die die Kommunitaristen unserer Tage anschließen können.

4 Ambivalente Individualisierung: Chancen und Gefahren der Individualität

4.1 Georg Simmel, Norbert Elias und Ulrich Beck – Das flexible Individuum

Georg Simmel, Norbert Elias, Ulrich Beck, Anthony Giddens und Jean-Claude Kaufmann stehen gewissermaßen zwischen den gerade vorgestellten Strängen, wenn sie übereinstimmend die Ambivalenz der Individualisierung betonen. Sie bestreiten entschieden den oft unterstellten Kausalzusammenhang zwischen Individualisierung und Anomie, individuellen Freiheiten und Desintegration, „Ich"-Betonung und moralisch-sittlichem Verfall ebenso entschieden, wie ihnen Individualisierung nicht schlicht als notwendige Begleiterscheinung des Differenzierungsprozesses gilt. Ebenso fremd jedoch stehen sie der umgekehrten Auffassung gegenüber, die das Individuum in der Moderne zu einem willenlosen Rädchen im Getriebe erniedrigt sieht, das keinerlei eigene Entscheidung mehr zu treffen vermag, sondern ferngesteuert von den Vorgaben des kapitalistischen Wirtschaftsbetriebs und der Kulturindustrie vor sich hin vegetiert. Selbst dort, wo die Gefährdungen individueller Freiheit thematisiert werden, lassen sie sich nicht zu kulturkritischen Untergangsszenarien im Stile Webers oder Adornos hinreißen. An keiner Stelle sehen sie die Einflussmöglichkeiten und Entscheidungsfähigkeiten der Individuen auf ein derart geringes Maß reduziert, dass bloße „Pseudoindividualisierung" konstatiert werden müsste. Sie teilen die Geringschätzung gegenüber den Wahlmöglichkeiten der Individuen nicht, wie sie in der Tradition der kritischen Theorie üblich ist.

Insbesondere Elias hat in seiner wissenssoziologischen Perspektive immer wieder betont, dass sich sowohl die Vorstellung eines völlig determinierten wie auch die Vorstellung eines vollkommen freien Individuums letztlich nicht-theoriefähigen Urteilen verdankt, die ohne jegliche analytische Schärfen daherkommen. Auch in der Erzählung vom Untergang des Individuums sieht Elias letztlich einen Mythos am Werk, der dringend der soziologischen Entzauberung bedarf (vgl. Elias 1991).

Bei Simmel und Elias ist die Vorstellung eines ganz und gar isolierten Individuums zudem schon aus kategorialen Gründen ausgeschlossen. Individuum und Gesellschaft sind nach Simmel letztlich nur „*methodische Begriffe*" (Simmel 1992: 860) und auch nach Elias „nur rein sprachlich" (Elias 1991: 199) als zwei eigenständige Entitäten anzusehen. Gesellschaft besteht nach ihrer gemeinsamen Auffassung qua definitionem aus *Wechselwirkungen* und *Figurationen* von Individuen. Individuen sind prinzipiell in ein Geflecht von sozialen Beziehungen eingewoben, das sich aus ihren Beiträgen ernährt und reproduziert. Immer schon findet sich jeder einzelne in zunächst nicht zur Wahl stehenden Bindungen vor, die ihn vor einem Leben als Solitär oder als einsam seine Kreise ziehende Monade bewahren. Allerdings sind in beiden Beschreibungen der modernen Gesellschaft die Zerstörung tradierter Formen des Zusammenlebens thematisch, die in einem bisher unbekannten Ausmaß Chancen zu selbst gewählten Sozialbezügen eröffnen, ohne dass damit bereits ausgemacht wäre, dass diese Chancen von den einzelnen auch zum Neuaufbau sozialer Beziehungen genutzt werden. Gerade hinsichtlich dieser Frage sind Elias und Beck optimistischer als Simmel. Simmel scheint zunächst deutlich Skepsis gegenüber den Fähigkeiten der Individuen an den Tag zu legen, diese Bindungen herzustellen. Er äußerst die Befürchtung, dass die Individuen „bei der Tatsache der Entwurzelung stehen" bleiben und „oft genug zu keinem neuen Wurzelschlagen" (Simmel 1989b: 554) überleiten. Freilich hat Simmel dabei nicht Bindungslosigkeit überhaupt im Blick, sondern es ist jene „innerliche Bindung, Verschmelzung, Hingabe" (ebd.) an bzw. mit einer Sache oder Person, die in der temporeichen Moderne nicht mehr anzutreffen ist. Das Geld, unter dessen Diktat die Befreiungsvorgänge sich vollziehen, sorgt mit seiner Unbestimmtheit für flüchtigere Beziehungen im zwischenmenschlichen Bereich und zu oberflächlicheren und vergänglicheren gegenüber dem Besitz von Dingen (vgl. ebd.). Insofern hat auch Simmel – ebenso wie Beck und Elias – nicht etwa das endgültige Absterben von Bindungen im Blick, sondern deren charakteristische Veränderungen. In einer verblüffenden Parallele zu Beck fasst auch Simmel Individualisierung als einen Prozess, der sich aus den drei Dimensionen Freisetzung bzw. Herauslösung, Stabilitätsverlust bzw. Entzauberung und Wiedereinbindung bzw. Reintegration zusammensetzt (vgl. Beck 1986: 206). So heißt es bei Simmel: „Wenn die vorgeschrittene Kultur den socialen Kreis, dem wir mit unserer ganzen Persönlichkeit angehören, mehr und mehr erweitert, dafür aber das Individuum in höherem Maße auf sich selbst stellt [*Herauslösungs-* bzw. *Freisetzungsdimension*, M.S.] und es mancher Stützen und Vorteile des enggeschlossenen Kreises beraubt [*Stabilitätsverlust* bzw. *Entzauberungsdimension*, M.S.], so liegt in jener Herstellung von Kreisen und Genossenschaften, in denen sich beliebig viele, für den gleichen Zweck interessierte Menschen zusammenfinden können [*Reintegrationsdimension*, M.S.], eine Ausgleichung jener Vereinsamung der Persönlichkeit, die aus dem Bruch mit der engen Umschränktheit früherer Zustände hervorgeht." (Simmel 1989a: 245; vgl. 1992: 485) Bei Simmel, Beck und Elias (1991: 166ff.) ist der Individualisierungsprozess übereinstimmend als permanente Ablösung von Befreiung und Wiedereinbindung gedacht, was vom Individuum auf unterschiedliche Weise erlebt werden kann, auf jeden Fall aber bedeutet, dass es bei der Befreiung von Zwängen nicht bleibt, weil sich schnell wieder neue Zwänge herausbilden, die an die Stelle der alten treten.

Dennoch steht für alle drei außer Zweifel, dass die Individuen mit dem Übergang in die Moderne vor mehr Wahlen gestellt werden, als ihnen dies in „einfachen" Gesellschaften abverlangt wurde. Sowohl Simmel als auch Elias und Beck sehen damit eine „stark individualisierte Gesellschaft" (Simmel 1989b: 520), eine „hochindividualisierte (...) Gesellschaft" (Elias 1970: 131) bzw. eine „individualisierte Gesellschaft" (Beck/Beck-Gernsheim 1994: 16) entstehen. Schon bei Simmel sind die einfachen Individuen der „Qual der Wahl" (Simmel 1983: 132) zwischen der „Vielheit der Stile" (Simmel 1989b: 641) ausgesetzt, müssen die einzelnen selbst entscheiden, weil sie aus den auch Orientierung versprechenden Instanzen herausgelöst worden sind. Ebenso tritt bei Beck an die Stelle von Beziehungsvorgaben Beziehungswahl, an die Stelle von alternativloser Einbindung in nicht selbst gewählte Herkunftsbindungen die freiwillige Bindung an selbst gewählte Beziehungen. Auch für Elias werden mehr und mehr Wir-Gruppen, wie etwa die Familie, für den einzelnen verzichtbar (vgl. Elias 1991: 271). Viele Familienbeziehungen haben für Elias heute eher den Charakter „einer freiwilligen Verbindung auf Widerruf", während sie „früher für die meisten Menschen obligatorisch, lebenslänglich und fremdzwangartig waren" (ebd.: 272). Sogar Berufe werden häufiger gewechselt und selbst „die Staatsangehörigkeit ist mittlerweile in Grenzen auswechselbar" (ebd.). Kurz und gut: „Der einzelne Mensch ist bei Entscheidungen über die Gestaltung von Beziehungen, über ihre Fortführung oder Beendigung, nun weit mehr auf sich selbst angewiesen" (ebd.) Damit formuliert Elias gleichsam einen Grundkodex aller Individualisierungstheorien. Auch in Elias, Beschreibung der modernen Welt hat sich ein von Fremdzwang und Alternativlosigkeit geprägtes Leben in ein Optionenkarussell verwandelt, das freilich an den einzelnen nicht geringere, sondern höhere Erwartungen – etwa ein ausgeprägtes Vermögen zur Selbstregulierung – stellt, muss doch nun jeder einzelne selbst entscheiden, was für ihn einst entschieden wurde. In dieser Entwicklung sehen Simmel, Elias und Beck durchaus Gefahren, die den einmal erreichten Stand an Individualisierung wieder rückgängig zu machen drohen. Simmel sieht die einzelnen angesichts der *Qual der Wahl* die Flucht in Moden antreten, die ihnen die Überforderung der permanenten individuellen Entscheidung abnehmen, indem sie sich einem allgemeinen Muster beugen – eine Art freiwillige Knechtschaft, wenn man so will. Beck befürchtet ähnlich, dass an die Stelle traditionaler Sozialformen neue Instanzen und Institutionen treten, die den einzelnen „zum Spielball von Moden, Verhältnissen, Konjunkturen und Märkten machen" (Beck 1986: 211).

Insbesondere für Elias und Simmel ist das völlig unabhängige Individuum, das sich allein der Durchsetzung seiner Interessen widmet, ebenso eine Illusion wie die Vorstellung eines völlig determinierten und unfreien Individuums. Beides sind für sie falsche Vorstellungen über den wahren Gehalt des Sozialen, der sich aus den zahlreichen Verknüpfungen und Verbindungen ergibt, in die jedes Individuum verstrickt ist.

4.2 Anthony Giddens – das verunsicherte Individuum

Neben Ulrich Beck gehört Anthony Giddens zu den entschiedenen Verfechtern der Individualisierungsthese, obwohl er nicht der Meinung ist, dass sich mit dem Aufkommen der Risikogesellschaft die Klassengesellschaft auflöst (1988b: 294). Ebenso wie Beck geht jedoch auch Giddens davon aus, dass die Individuen aus traditionalen sozialen Beziehungen und Gemeinschaftsformen herausgelöst und zunehmend auf sich selbst zurückgeworfen werden (vgl. Giddens 1993: 86ff.). Obwohl wir damit keineswegs den Anbruch der Postmoderne erleben – ein Label, das er ebenso ablehnt wie sein deutscher Kollege – ist mit dieser Entwicklung dennoch ein Epochenbruch verbunden. Nach Giddens leben wir in der „Spätmoderne", „Hochmoderne" oder auch „Zweiten Moderne" bzw. in der „posttraditionalen Gesellschaft". Charakteristisch für unsere Zeit sind für ihn vor allem die neuen Entscheidungsspielräume der Individuen: „In posttraditionalen Kontexten haben wir keine andere Wahl, als zu wählen, wer wir sein und wie wir handeln wollen." (Giddens 1996: 142) Allerdings bildet sich damit keineswegs, wie die Kritiker der Individualisierungstheorie stets unterstellt haben, ein Reich der Freiheit, in dem die Individuen unabhängig von strukturellen Vorgaben ihr Leben gestalten können. Sie haben zwar tatsächlich Wahlmöglichkeiten, die ihren Vorfahren nicht zur Verfügung standen, sie sind aber durch „Faktoren eingegrenzt, auf die das davon betroffene Individuum oder die davon betroffenen Individuen keinen Einfluß haben" (ebd.: 143). Beschränkt werden die Wahlmöglichkeiten durch zwei Faktoren. Zum einen ist ein Alltag, der dem Einzelnen permanent Entscheidungen abverlangt, nicht lebbar. Durch Routinen und Gewohnheiten schränkt der Einzelne deshalb seinen Entscheidungsspielraum selbst ein. Sie sind im Grunde ein selbst auferlegter Zwang, der dem Einzelnen als solcher aber gar nicht mehr bewusst wird. Zum anderen verfügen die Individuen in vielen Fällen überhaupt nicht über das Wissen, um Entscheidungen treffen zu können, weshalb sie sich Expertenwissen anvertrauen müssen. Die Entscheidungen hängen insofern vor allem davon ab, für welchen Ratgeber man sich entscheidet. Aufgrund dieser Abhängigkeit entstehen auch wieder neue Machtstrukturen und soziale Schichtungen. Aus Giddens Sicht ist es insofern schlicht absurd, davon zu sprechen, dass sich durch Individualisierungsprozesse die Gesellschaft auflöst.

Giddens teilt den Pessimismus der Theoretiker der negativen Individualisierung ausdrücklich nicht. Max Webers Bild des stahlharten Gehäuses und des Individuums als Rädchen im Getriebe hält er entgegen, dass die „Wirklichkeit der entwickelten Moderne (...) weit offener und kontingenter" ist, „als alle diese Bilder suggerieren". In ihr „sind Chancen und Gefahren gleich verteilt" (Giddens 1996: 116). Ganz im Gegensatz zu den pessimistischen Diagnosen klassischer und zeitgenössischer Soziologie setzt Giddens ein erhebliches Vertrauen in die Gestaltungskraft der Politik. Ebenso fremd wie die Verlustdiagnosen Webers und anderer ist Giddens allerdings die konservativ gefärbte Sehnsucht nach traditionalen Gemeinschaften, die die Autonomie des Einzelnen unterminieren und zur Konformität zwingen (Giddens 1997: 177).

4.3 Jean-Claude Kaufmann – das aktive Individuum

Unterstützung erhält die Individualisierungstheorie neuerdings auch aus Frankreich. Jean-Claude Kaufmann (vgl. Meuser 2004) entwickelt in seinem Werk ein Individualisierungsverständnis, das dem von Ulrich Beck und Anthony Giddens m. E. sehr nah kommt. In Schriften wie „Frauenkörper-Männerblicke" (Kaufmann 1996), „Mit Leib und Seele" (Kaufmann 1999), „Singlefrau und Märchenprinz" (Kaufmann 2002) oder „Kochende Leidenschaft" (Kaufmann 2006) beschäftigt sich Kaufmann mit Paarbeziehungen und Singles, dem Verhalten im Bett, am Strand und in der Küche. Viele aus seinen empirischen Projekten gewonnenen Einsichten, die dem Stellenwert des Individuums in der Gegenwartsgesellschaft gelten, hat er in „Die Erfindung des Ich" (Kaufmann 2005) zu einer „Theorie der Identität" ausgebaut. In einem Interview bestimmt er es als Ziel seiner gesamten Arbeit, „herauszufinden und zu verstehen, was das moderne Individuum ist, woraus es sich zusammensetzt, wie es sich wandelt und wie es interagiert." (Kaufmann 2004) Ein Ziel, das Kaufmann mit Erving Goffman teilt, der auch in Giddens Strukturierungstheorie (Giddens 1988) eine herausragende Rolle spielt. Ähnlich wie dieser entwickelt Kaufmann seine theoretischen Überlegungen zum Verhältnis von Individuum und Gesellschaft anhand empirischer Analysen, in denen immer wieder auch auf Georg Simmel und Norbert Elias Bezug genommen wird. Dabei betont er fortwährend, dass Individualisierung den Motor des sozialen Wandels ausmacht. Ähnlich wie Simmel, Elias und Beck geht er von der historisch gewachsenen Erweiterung der Entscheidungsspielräume des Einzelnen aus, was allerdings keineswegs als Autonomie des Einzelnen gegenüber der Gesellschaft missverstanden werden darf (vgl. Kaufmann 2002: 25, 162). Mit Beck und Giddens hält er die Reflexivität für eine „zentrale Gegebenheit der Moderne" (Kaufmann 2005: 112). Selbst von einer „zweiten Moderne" (ebd.: 93) ist inzwischen bei ihm die Rede. Bei Elias, Beck, Giddens und Kaufmann steht der Nachweis der Gefährdung individueller Freiräume ebenso wenig im Mittelpunkt wie der Nachweis anomischer Zustände durch die Erweiterung individueller Handlungsspielräume. Ihnen geht es übereinstimmend vielmehr darum zu zeigen, wie der Einzelne mit dem nicht bezweifelten Individualisierungsprozess umgeht. Dabei haben sie schon deshalb kein Individuum im Auge, das blind den sozialen Vorgaben gehorcht, weil es die an das Individuum gestellten stabilen Erwartungen kaum mehr gibt. Das Individuum ist vielmehr aufgerufen, sich unter den Wechsel der auf es einströmenden Einflüsse als ein Individuum zu behaupten. An dieser Argumentation wird deutlich, dass der Theorie der ambivalenten Individualisierung noch ein weiterer Klassiker an die Seite zu stellen ist: George Herbert Mead (1968). Gerade in seinem Werk findet sich die für den symbolischen Interaktionismus und die gesamte interpretative Soziologie zentrale Idee des aktiv handelnden Individuums, das nicht immer schon als bereits bestehend, sondern als sich in Interaktionsprozessen permanent hervorbringendes und veränderndes Individuum gedacht werden muss.

5 Das überforderte Individuum – Rückkehr zur Gemeinschaft oder Akzeptanz der Gesellschaft?

Die Aussage, die sich in allen Positionen am meisten wiederholt, ist wohl die, dass Individualisierung im Grunde eine Zumutung ist. Im Mittelpunkt des soziologischen Individualisierungsverständnisses steht nicht das autonome Individuum, das sich aus den Ketten der Gesellschaft befreit hat, um nunmehr völlig selbstbestimmt durchs Leben zu gehen. Im Mittelpunkt steht vielmehr eine Sichtweise, nach der das Individuum von der Gesellschaft dazu angehalten wird, Individuum zu sein – ob es das nun will oder nicht. Insofern geht es im soziologischen Kontext vor allem um die Frage, welche Folgen der Individualisierungsprozess hat. Welche Reaktionen können verzeichnet werden? Wie wird Individualisierung gelebt, gestaltet, umgesetzt? Hinsichtlich der Beantwortung dieser Fragen gibt es nach wie vor erhebliche Differenzen. Der Vorgang der Individualisierung selbst dagegen wird kaum mehr bestritten: „Welchen Bereich man sich auch ansieht (Unternehmen, Schule, Familie), die Welt hat neue Regeln. Es geht nicht mehr um Gehorsam, Disziplin und Konformität mit der Moral, sondern um Flexibilität, Veränderung, schnelle Reaktion und dergleichen. Selbstbeherrschung, psychische und affektive Flexibilität, Handlungsfähigkeit: Jeder muss sich beständig an eine Welt anpassen, die eben ihre Beständigkeit verliert, an eine instabile, provisorische Welt mit hin und her verlaufenden Strömungen und Bahnen. Die Klarheit des sozialen und politischen Spiels hat sich verloren. Die institutionellen Transformationen vermitteln den Eindruck, dass jeder, auch der Einfachste und Zerbrechlichste, die Aufgabe, *alles zu wählen* und *alles zu entscheiden,* auf sich nehmen muss" (Ehrenberg 2004: 222). Zu dieser Einschätzung kommt nicht allein Alain Ehrenberg. Von Zygmunt Bauman bis Richard Sennett (1998) lassen sich ähnliche Aussagen anführen, die ein von den Lasten der täglich zu treffenden Entscheidungen „erschöpftes Selbst" (Ehrenberg 2004) in den Mittelpunkt ihrer Diagnosen rücken. Das ist in der Geschichte der Individualisierungsdebatte durchaus kein neues Argument. Die durch die Individualisierung für den Einzelnen entstehende Überforderung ist vielmehr ein stetig wiederkehrender Topos der Individualisierungsdiskussion. Von Max Weber und Georg Simmel über Anthony Giddens und Niklas Luhmann bis zu Zygmunt Bauman und den Kommunitaristen – also über ihre ansonsten kontroverse Auffassung vom Individualisierungsprozess hinweg – gibt es immer wieder Hinweise auf die Belastungen, die nun jeder einzelne selbst zu tragen hat, und auf die zunehmende Orientierungslosigkeit, die durch die Erosion traditioneller Lebensformen und die Vielzahl der Lebensstilangebote entsteht.

Wie ein roter Faden zieht sich diese Diagnose durch die Vielzahl der Stimmen, die sich mit dem Thema Individualisierung beschäftigen. Eine immer wieder propagierte Antwort auf die prekäre Lage der Individuen, die nunmehr schutzlos den gesellschaftlichen Ansprüchen ausgesetzt sind, ist die Idee der Gemeinschaft. In vorderster Front stehen hier die Kommunitaristen, die die von ihnen ausgemachte Krise der modernen Gesellschaft mit dem Segen der Gemeinschaft heilen wollen. Die Aufrufe zur Herstellung von gemeinschaftlichen Beziehungen wirken allerdings reichlich deplaziert, wenn nachgewiesen werden kann (vgl. Nunner-Winkler 1997, Hondrich/Koch-Arzberger 1992), dass wir es keineswegs mit einem Zuwenig an Engagement und Bindungsbereitschaft zu tun haben: „Der Verlust an Engagement bei den Altparteien, -verbänden und -kirchen wird durch die neuen Vereinigungen absorbiert und sogar in ein Partizipationswachstum umgesetzt. Noch nie waren so viele Bürger in Vereinigungen aktiv wie heute. Von einer Atomisierung der Gesellschaft und einem Verlust der sozialen Aktivität und sozialen Bindungen kann nicht die Rede sein" (Münch 1998: 290). Dass es dennoch zu den massiven Klagen vom Gemeinschaftsverlust und einer mangelnden Orientierung am Gemeinsinn kommen kann, hat wohl nicht zuletzt etwas mit dem von Hans Joas (1993: 57) festgestellten „soziologischen Defizit der Kommunitarismusdiskussion" zu tun. Statt Gemeinschaften normativ zu verordnen, liegt es deshalb sehr viel näher, sich auf die Beobachtung der Entstehung von „posttraditionalen Gemeinschaften" (Hitzler/Pfadenhauer 1998) zu konzentrieren.

Doch wie auch immer die Gemeinschaften im einzelnen konzipiert sein mögen: Erstaunlich ist, in welchem Ausmaß über sonstige bestehende Gräben hinweg „gesellschaftliche Integration (...) letztendlich immer auf Momente der Gemeinschaft zurückgeworfen" wird: „Alles Technische, Künstliche, Vermittelnde, summa summarum: Mediatisierende im sozialen Verkehr gerät dann unter Verdacht" (Sander 1998: 13). In der Tat gibt es eine starke Allianz von Theoretikern, die Lebenswelt und System, Gemeinschaft und Gesellschaft, Sozialintegration und Systemintegration, Ordnung und Unordnung, persönliche und unpersönliche Beziehungen, starke und schwache Bindungen, Nähe und Distanz gegenüberstellen und im Zweifelsfall stets für den ersten Begriff der Unterscheidung plädieren. Die Selbstverständlichkeit, mit der die nur „bis auf weiteres" geltende Beziehungen von Bauman über Giddens bis Sennett als Verfallserscheinung und Krisenphänomen wahrgenommen werden, lassen den Verdacht aufkommen, dass aktuelle Zeitdiagnosen nur wohl vertraute Klänge einer nostalgischen Kulturkritik variieren, die den Übergang in die Moderne schon immer mit Skepsis begleitet hat. Obwohl Gesellschaft als Hauptbegriff der Soziologie gilt, zeigen ihre regelmäßig vorgetragenen Krisendiagnosen doch immer wieder, wie sehr sie sich den Idealen der Gemeinschaft verpflichtet fühlt. Der Schritt von der Gemeinschaft zur Gesellschaft als dominierendes Prinzip sozialer Beziehungen erfolgt in vielen theoretischen Entwürfen nur halbherzig. Nach wie vor wird vielmehr der „Mythos von einer wenn nicht Goldenen, so doch zumindest wohlgeordneten Vergangenheit: vom Goldenen Zeitalter einer in sich geschlossenen Gesellschaftsordnung – der innerweltlich paradiesischen Heimat des Menschen" (Soeffner 1997: 350) bemüht. Wer diesem Mythos nicht länger folgen will, Individualisierung weder explizit noch implizit für ein Krisenphänomen hält, wird Anhaltspunkte dafür finden, dass längst ganz selbstverständlich stattfindet, was professionellen Zeitdiagnostikern offenbar schwer fällt zu akzeptieren: Das Ringen um ein eigenes Leben (vgl. Beck 2001) – von der „Sehnsucht nach Gemeinschaft" (Schroer 1997b) ebenso weit entfernt wie von der Gefahr, zu einem willenlosen Konsumjunkie zu degenerieren. Wenn die moderne Gesellschaft sich tatsächlich „durch eine Steigerung in doppelter Hinsicht auszeichnet: durch mehr Möglichkeiten zu unpersönlichen und durch intensivere persönliche Beziehungen" (Luhmann 1982: 13), dann ist die Warnung vor einem alarmierenden Gemeinschaftsverlust ebenso unangebracht wie die vor einer zu weit gehenden Individualisierung.

Literatur

Adorno, Theodor W. (1979): Soziologische Schriften I. Frankfurt a.M.: Suhrkamp
Bauman, Zygmunt (1992, orig. 1989): Dialektik der Ordnung. Die Moderne und der Holocaust. Hamburg: Europäische Verlagsanstalt
Bauman, Zygmunt (1993): „Wir sind wie Landstreicher – Die Moral im Zeitalter der Beliebigkeit", in: Süddeutsche Zeitung, 16./17.11.1993:17
Bauman, Zygmunt (1995a, orig. 1991): Moderne und Ambivalenz. Das Ende der Eindeutigkeit. Frankfurt a.M.: Fischer
Bauman, Zygmunt (1995b, orig. 1992): Ansichten der Postmoderne. Hamburg/Berlin: Argument Verlag
Bauman, Zygmunt (1999, orig. 1997): Unbehagen in der Postmoderne. Hamburg: Hamburger Edition
Bauman, Zygmunt (2001): The Individualized Society. Cambridge: Polity Press
Bauman, Zygmunt (2005): Politische Körper und Staatskörper in der flüssig-modernen Konsumentengesellschaft. In: Markus Schroer (Hrsg.): Soziologie des Körpers. Frankfurt a.M.: Suhrkamp: 189-213
Beck, Ulrich (1983): Jenseits von Stand und Klasse? Soziale Ungleichheiten, gesellschaftliche Individualisierungsprozesse und die Entstehung neuer sozialer Formationen und Identitäten. In: Kreckel, Reinhard (Hrsg.): Soziale Ungleichheiten. Göttingen: Schwarz: 35-74
Beck, Ulrich (1986): Risikogesellschaft. Auf dem Weg in eine andere Moderne. Frankfurt a.M.: Suhrkamp
Beck, Ulrich (2001): Das Zeitalter des „eigenen Lebens". Individualisierung als „paradoxe Sozialstruktur" und andere offene Fragen. In: Aus Politik und Zeitgeschichte, B 29: 3-6
Beck, Ulrich/Beck-Gernsheim, Elisabeth (Hrsg.) (1994): Riskante Freiheiten. Frankfurt a.M.: Suhrkamp
Bellah, Robert u.a. (1987, orig. 1985): Gewohnheiten des Herzens. Individualismus und Gemeinsinn in der amerikanischen Gesellschaft. Köln: Bund

Bellebaum, Alfred (1976): Ferdinand Tönnies. In: Kaesler, Dirk (Hrsg.): Klassiker des soziologischen Denkens. München: Beck: 232-266
Berger, Peter A. (1996): Individualisierung. Statusunsicherheit und Erfahrungsvielfalt. Opladen: Westdeutscher Verlag
Cladis, Mark S. (1992): A communitarian defense of liberalism. Emile Durkheim and contemporary social theory. Stanford, Cal.: University Press
Coleman, James (1986, orig. 1982): Die asymmetrische Gesellschaft. Vom Aufwachsen mit unpersönlichen Systemen. Weinheim/Basel: Beltz
Dahrendorf, Ralf (1999): Karl Marx. In: Kaesler, Dirk (Hrsg.): Klassiker der Soziologie, Bd. 1: Von Auguste Comte bis Norbert Elias. München: Beck: 58-73
Durkheim, Emile (1986): Der Individualismus und die Intellektuellen. In: Hans Bertram (Hrsg.): Gesellschaftlicher Zwang und moralische Autonomie. Frankfurt a.M.: Suhrkamp: 54-70
Durkheim, Emile (1988, orig. 1930): Über soziale Arbeitsteilung. Studie über die Organisation höherer Gesellschaften. Mit einer Einleitung von Niklas Luhmann und einem Nachwort von Hans Peter Müller und Michael Schmid. Frankfurt a.M.: Suhrkamp
Durkheim, Emile (1990, orig. 1897): Der Selbstmord. Frankfurt a.M.: Suhrkamp
Ebers, Nicola (1995): „Individualisierung". Georg Simmel – Norbert Elias – Ulrich Beck. Würzburg: Königshausen & Neumann
Ehrenburg, Alain (2004, orig. 1998): Das erschöpfte Selbst. Depression und Gesellschaft in der Gegenwart. Frankfurt a.M.: Campus.
Elias, Norbert (1970): Was ist Soziologie? München: Beck
Elias, Norbert (1991): Die Gesellschaft der Individuen. Frankfurt a.M.: Suhrkamp
Etzioni, Amitai (1998, orig. 1993): Die Entdeckung des Gemeinwesens. Ansprüche, Verantwortlichkeiten und das Programm des Kommunitarismus. Frankfurt a.M: Fischer
Foucault, Michel (1976): Mikrophysik der Macht. Berlin: Merve
Foucault, Michel (1977, orig. 1975): Überwachen und Strafen. Die Geburt des Gefängnisses. Frankfurt a.M.: Suhrkamp
Foucault, Michel (1989a): Der Gebrauch der Lüste. Sexualität und Wahrheit, Bd. 2. Frankfurt a.M.: Suhrkamp
Foucault, Michel (1989b): Die Sorge um sich. Sexualität und Wahrheit, Bd. 3. Frankfurt a.M.: Suhrkamp
Friedrichs, Jürgen (1998): Die Individualisierungs-These. Opladen: Westdeutscher Verlag
Giddens, Anthony (1988, orig. 1984): Die Konstitution der Gesellschaft. Grundzüge einer Theorie der Strukturierung. Frankfurt a.M./New York: Campus
Giddens, Anthony (1993, orig. 1992): Wandel der Intimität. Sexualität, Liebe und Erotik in modernen Gesellschaften. Frankfurt a.M.: Fischer
Giddens, Anthony (1996): Die posttraditionale Gesellschaft. In: Beck, Ulrich/Giddens, Anthony/Lash, Scott: Reflexive Modernisierung. Eine Kontroverse. Frankfurt a.M.: Suhrkamp
Giddens, Anthony (1997, orig. 1994): Jenseits von Links und Rechts. Die Zukunft radikaler Demokratie. Frankfurt a.M.: Suhrkamp
Hempel, Leon/Metelmann, Jörg (Hrsg.) (2005): Bild-Raum-Kontrolle. Videoüberwachung als Zeichen gesellschaftlichen Wandels. Frankfurt a.M.: Suhrkamp
Hitzler, Ronald/Pfadenhauer, Michaela (1998): Eine posttraditionale Gemeinschaft. Integration und Distinktion in der Techno-Szene. In: Hillebrandt, Frank/Kneer, Georg/Kraemer, Klaus (Hrsg.): Verlust der Sicherheit? Lebensstile zwischen Multioptionalität und Knappheit. Opladen: Westdeutscher Verlag: 83-102
Hondrich, Karl Otto/Koch-Arzberger, Claudia (1992): Solidarität in der modernen Gesellschaft. Frankfurt a.M.: Fischer
Honneth, Axel (2002): Organisierte Selbstverwirklichung. Paradoxien der Individualisierung, in: Ders. (Hrsg.): Befreiung aus der Mündigkeit. Paradoxien des gegenwärtigen Kapitalismus. Frankfurt a.M./New York: Campus

Horkheimer, Max/Adorno, Theodor W. (1971, orig. 1944): Dialektik der Aufklärung. Frankfurt a.M.: Fischer
Joas, Hans (1992): Die Kreativität des Handelns. Frankfurt a.M: Suhrkamp
Joas, Hans (1993): Gemeinschaft und Demokratie in den USA. Die vergessene Vorgeschichte der Kommunitarismus-Diskussion. In: Brumlik, Micha/Brunkhorst, Hauke (Hrsg.): Gemeinschaft und Gerechtigkeit. Frankfurt a.M.: Fischer: 49-62
Kalupner, Sibylle (2003): Die Grenzen der Individualisierung. Handlungstheoretische Grundlagen einer Zeitdiagnose. Frankfurt a.M./New York: Campus
Kaufmann, Jean-Claude (1996, orig. 1995): Frauenkörper – Männerblicke. Konstanz: UVK
Kaufmann, Jean-Claude (1999, orig. 1997): Mit Leib und Seele. Theorie der Haushaltstätigkeit. Konstanz: UVK
Kaufmann, Jean-Claude (2002, orig. 1999): Singlefrau und Märchenprinz. Über die Einsamkeit moderner Frauen. Konstanz: UVK
Kaufmann, Jean-Claude (2004): Gespräch mit dem Autor über sein Buch „Der Morgen danach", www.single-generation.de/frankreich/jean_claude_kaufmann_danach.htm#uvk (Abfrage: 20.01. 2008).
Kaufmann, Jean-Claude (2005, orig. 2004): Die Erfindung des Ich. Eine Theorie der Identität. Konstanz: UVK
Kaufmann, Jean-Claude (2006, orig. 2005): Kochende Leidenschaft. Soziologie vom Kochen und Essen. Konstanz: UVK
Kippele, Flavia (1998): Was heißt Individualisierung? Die Antworten soziologischer Klassiker. Opladen: Westdeutscher Verlag
König, René (1955): Die Begriffe Gemeinschaft und Gesellschaft bei Ferdinand Tönnies, in: Kölner Zeitschrift für Soziologie und Sozialpsychologie 7: 348-420
Lange, Stefan (2000): Auf der Suche nach der guten Gesellschaft – der Kommunitarismus Amitai Etzionis. In: Schimank, Uwe/Volkmann, Ute (Hrsg.): Soziologische Gegenwartsdiagnosen I. Opladen: Leske + Budrich: 255-274
Lenk, Kurt (1964): Das tragische Bewusstsein in der deutschen Soziologie, in: Kölner Zeitschrift für Soziologie und Sozialpsychologie 16, 257-287
Luhmann, Niklas (1981): Politische Theorie im Wohlfahrtsstaat. München: Olzog
Luhmann, Niklas (1982): Liebe als Passion. Zur Codierung von Intimität. Frankfurt a.M.: Suhrkamp
Luhmann, Niklas (1993a): Gesellschaftsstruktur und Semantik. Studien zur Wissenssoziologie der modernen Gesellschaft, Bd. 1. Frankfurt a.M.: Suhrkamp
Luhmann, Niklas (1993b): Individuum, Individualität, Individualismus. In: Ders.: Gesellschaftsstruktur und Semantik. Studien zur Wissenssoziologie der modernen Gesellschaft, Bd. 3. Frankfurt a.M.: Suhrkamp: 149-357
Luhmann, Niklas (1995): Soziologische Aufklärung, Bd. 6: Die Soziologie und der Mensch. Opladen: Westdeutscher Verlag
Luhmann, Niklas (1997): Die Gesellschaft der Gesellschaft, 2 Bde. Frankfurt a.M.: Suhrkamp
Marx, Karl (1988, orig. 1867): Das Kapital. Kritik der politischen Ökonomie. Bd. 1, MEW, Bd. 23. Berlin: Dietz.
Marx, Karl (1990, orig. 1932): Thesen über Feuerbach, in: MEW, Bd. 3. Berlin: Dietz: 5-7
Mead, George Herbert (1968, orig. 1934): Geist, Identität und Gesellschaft. Frankfurt a.M.: Suhrkamp
Meuser, Michael (2004): Der Alltag, die Familie und das Individuum: Jean-Claude Kaufmann. In: Moebius, Stephan/Peter, Lothar (Hrsg.): Französische Soziologie der Gegenwart. Konstanz: UVK: 269-295
Miller, Max/Soeffner, Hans-Georg (1996): Modernität und Barbarei. Eine Einleitung. In: Dies. (Hrsg.): Modernität und Barbarei. Frankfurt a.M.: Suhrkamp: 12-27
Münch, Richard (1998): Globale Dynamik, lokale Lebenswelten. Der schwierige Weg in die Weltgesellschaft. Frankfurt a.M.: Suhrkamp

Nunner-Winkler, Gertrud (1977): Zurück zu Durkheim? Geteilte Werte als Basis gesellschaftlichen Zusammenhalts. In: Heitmeyer, Wilhelm (Hrsg.): Was hält die Gesellschaft zusammen? Bundesrepublik Deutschland: Auf dem Weg von der Konsens- zur Konfliktgesellschaft. Frankfurt a.M.: Suhrkamp: 360-402

Parsons, Talcott (1968): Sozialstruktur und Persönlichkeit. Frankfurt a.M.: Europäische Verlagsanstalt

Parsons, Talcott (1975): Gesellschaften. Evolutionäre und komparative Perspektiven. Frankfurt a.M.: Suhrkamp

Parsons, Talcott (1980): Der Stellenwert des Identitätsbegriffs in der allgemeinen Handlungstheorie. In: Döbert, Rainer/Habermas, Jürgen/Nunner-Winkler, Gertrud (Hrsg.): Die Entwicklung des Ichs. Königstein/Ts.: Kiepenheuer und Witsch: 68-88

Peter, Lothar (1997): Emile Durkheim – ein früher Kommunitarist? In: Sociologia Internationalis 35, H. 1: 39-59

Reese-Schäfer, Walter (1997): Grenzgötter der Moral. Der neuere europäisch-amerikanische Diskurs zur politischen Ethik. Frankfurt a.M.: Suhrkamp

Reese-Schäfer, Walter (2001): Kommunitarismus. Frankfurt a.M./New York: Campus

Rehberg, Karl-Siegbert (1993): Gemeinschaft und Gesellschaft – Tönnies und wir. In: Brumlik, Micha/Brunkhorst, Hauke (Hrsg.): Gemeinschaft und Gerechtigkeit. Frankfurt a.M.: Fischer: 19-48

Ritzer, George (1995, orig. 1993): Die McDonaldisierung der Gesellschaft. Frankfurt a.M.: Fischer

Sander, Uwe (1998) Die Bindung der Unverbindlichkeit. Mediatisierte Kommunikation in modernen Gesellschaften. Frankfurt a.M.: Suhrkamp

Schimank, Uwe (2000): Das „stahlharte Gehäuse der Hörigkeit", revisited – James Colemans „asymmetrische Gesellschaft". In: Schimank, Uwe/Volkmann, Ute (Hrsg.): Soziologische Gegenwartsdiagnosen I. Opladen: Leske + Budrich: 239-254

Schroer, Markus (1997a): Individualisierte Gesellschaft. In: Kneer, Georg/Nassehi, Armin/Schroer, Markus (Hrsg.): Soziologische Gesellschaftsbegriffe. München: Fink

Schroer, Markus (1997b): Fremde, wenn wir uns begegnen. Von der Universalisierung der Fremdheit und der Sehnsucht nach Gemeinschaft. In: Nassehi, Armin (Hrsg.): Nation, Ethnie, Minderheit. Historische und systematische Beiträge zur Aktualität ethnischer Konflikte. Köln/Weimar/Wien: Böhlan: 157-183

Schroer, Markus (2000): Negative, positive und ambivalente Individualisierung. In: Kron, Thomas (Hrsg.): Individualisierung und soziologische Theorie. Opladen: Leske + Budrich: 13-42

Schroer, Markus (2001a): Das Individuum der Gesellschaft. Synchrone und diachrone Theorie Perspektiven. Frankfurt a.M.: Suhrkamp

Schroer, Markus (2001b): Das gefährdete, das gefährliche und das Risiko-Individuum. Drei Argumentationslinien in der Individualisierungstheorie. In: Berliner Journal für Soziologie 11, H.3: 319-336

Schroer, Markus (2007): Von Fremden und Überflüssigen. Baumans Theorie der Ausgrenzung. In: Kron, Thomas/Junge, Matthias (Hrsg.) (2007): Zygmunt Bauman. Soziologie zwischen Postmoderne, Ethik und Gegenwartsdiagnose. Wiesbaden: VS: 427-446

Sennett, Richard (1998): Der flexible Mensch. Die Kultur des neuen Kapitalismus. Berlin: Berlin Verlag

Simmel, Georg (1983, orig. 1895): Zur Psychologie der Mode. Soziologische Studie. In: Ders.: Schriften zur Soziologie. Eine Auswahl. Hrsg. und eingeleitet von Heinz-Jürgen Dahme und Otthein Rammstedt. Frankfurt a.M.: Suhrkamp: 131-139

Simmel, Georg (1989a, orig. 1890): Über sociale Differenzierung (1890), in: Ders.: Aufsätze 1887 bis 1890, Über sociale Differenzierung, Das Problem der Geschichtsphilosophie, Gesamtausgabe Bd. 2, hg. von Heinz-Jürgen Dahme. Frankfurt a.M.: 109-295

Simmel, Georg (1989b, orig. 1900): Die Philosophie des Geldes. Frankfurt a.M.: Suhrkamp

Simmel, Georg (1992, orig. 1908): Soziologie. Untersuchungen über die Formen der Vergesellschaftung (1908), Gesamtausgabe Bd. 11, Hrsg. Rammstedt, Otthein Frankfurt a.M.: Suhrkamp

Soeffner, Hans-Georg (1997): „Auf dem Rücken eines Tigers". Über die Hoffnung, Kollektivrituale als Ordnungsmächte in interkulturellen Gesellschaften kultivieren zu können. In: Heitmeyer, Wilhelm (Hrsg.): Was hält die Gesellschaft zusammen? Bundesrepublik Deutschland: Auf dem Weg von der Konsens- zur Konfliktgesellschaft. Frankfurt a.M.: Suhrkamp: 334-359

Tocqueville, Alexis de (1985; orig.1835): Über die Demokratie in Amerika. Stuttgart: Reclam

Tönnies, Ferdinand (1991, orig. 1935): Gemeinschaft und Gesellschaft. Grundbegriffe der reinen Soziologie. Darmstadt: Wissenschaftliche Buchgesellschaft

Weber, Max (1988a, orig. 1920/21): Gesammelte Aufsätze zur Religionssoziologie I. Tübingen: J.C.B. Mohr (Paul Siebeck)

Weber, Max (1988b, orig. 1924): Gesammelte Aufsätze zur Soziologie und Sozialpolitik. Tübingen: J.C.B. Mohr (Paul Siebeck)

Institution

Raimund Hasse und Georg Krücken

1 Institution als sozialwissenschaftlicher Grundbegriff – erste Annäherungen

Der Begriff der Institution zählt zu den klassischen Grundbegriffen der Soziologie. Er hat das Fach seit dessen Anfängen begleitet. Wichtige Theorievertreter wie Herbert Spencer, Emile Durkheim und Talcott Parsons haben sich ausführlich mit ihm auseinandergesetzt. Zugleich bezog sich die deutsche Kulturanthropologie an zentraler Stelle auf Institutionen, wobei die Arbeiten Arnold Gehlens und Helmut Plessners hervorzuheben sind. Bis in die 1960er Jahre war die Theorieentwicklung in Deutschland diesen Einflüssen sehr stark ausgesetzt (Schelsky 1970; Luhmann 1965).

Dennoch hat es nur vereinzelte theoriegeschichtliche oder theorienvergleichende Analysen innerhalb der Soziologie gegeben, die detailliert auf Unterschiede und Veränderungen vorherrschender Institutionenkonzepte eingegangen sind (als Ausnahmen siehe Schülein 1987). Theoretische Standortbestimmungen sind daher implizit geblieben oder lediglich auf bestimmte Forschungsfelder bezogen, wobei insbesondere die Organisationsforschung hervorzuheben ist (DiMaggio & Powell 1991; Selznick 1996; Stinchcombe 1997, (vgl. auch den Beitrag zu „Organisation" in diesem Band). Insgesamt und aus der Perspektive der Allgemeinen Soziologie kann man dem Begriff der Institution deshalb noch immer eine große Bedeutungsoffenheit zuschreiben.

Allgemein kann man Institutionen als Phänomene begreifen, die Regelhaftigkeiten bewirken, indem sie bestimmte Strukturmerkmale und Verhaltensweisen unterstützen und andere eher ausschließen. Im Extremfall werden Alternativen zu bestehenden Regelungen – entweder in Form anderer Institutionen oder des Verzichts auf institutionelle Regelung – gar nicht in Betracht gezogen, weil sie für die Beteiligten undenkbar sind (Zucker 1977). Es gibt aber auch Institutionen, die auf positiven oder negativen Anreizen basieren, deren Befolgung bzw. Nicht-Befolgung also mit Förderung bzw. Bestrafung einhergeht, und wiederum andere weisen lediglich eine starke Affinität zu Traditionen und Konventionen auf. Man kann Institutionen deshalb hinsichtlich ihres „Härtegrades" unterscheiden. Ebenfalls kann sich dieser „Härtegrad" einzelner Institutionen im zeitlichen Verlauf ändern, so dass manches, was ehedem undenkbar schien, heute verboten wird und anderes lediglich noch traditionelle Bedeutung hat, wenngleich es ehedem zwingend vorgeschrieben war oder als einzig denkbare Möglichkeit erschien.

Institutionen beziehen sich nicht nur direkt auf soziales Verhalten, z.B. in kirchlichen, familiären, universitären oder massenmedialen Kontexten, sondern auch auf das gesamte Ordnungsgefüge einer Gesellschaft. Hierzu zählen

1. soziale Strukturen, z.B. im Sinne etablierter Ungleichheitskategorien (in der modernen Gesellschaft in Form von Schichten und Milieus, aber weniger in Form von Klassen oder gar Kasten);
2. politische und rechtliche Ordnungen (in westlichen Gesellschaften z.B. Marktwirtschaft, Privateigentum und Unternehmertum – oder in Kontinentaleuropa auch wohlfahrtsstaatliche Prinzipien und korporatistische Arrangements);
3. kulturelle Praktiken, die von vorherrschenden Umgangsformen zu verschiedenen Anlässen (z.B. traditionelle Feierlichkeiten, zeremonielle Verfahren im Berufsleben, diplomatische Gepflogenheiten in der Politik) bis hin zu anerkannten Prinzipien der Bestimmung von Ursache-Wirkungs-Zusammenhängen in der Wissenschaft reichen (z.B. durch Anerkennung von Theorien, die auf Wahrscheinlichkeitsberechnungen basieren);
4. Vorlieben einzelner Gesellschaftsmitglieder, bei denen z.B. Übereinstimmungen im Freizeit- oder Gesundheitsverhalten auffallen, weil sie sich im Zeitraum weniger Generationen stark verändert haben oder weil sie in anderen sozialen Kreisen anders ausgeprägt sind.

Versucht man es mit einer abstrakten Annäherung an diesen überaus weit gefassten Grundbegriff, dann kann man unter Institutionen soziale Phänomene verstehen, die bestimmte Formen sozialen Handelns oder bestimmte Lösungsstrategien erwartbar machen, ohne die genauen Motive der Beteiligten und ohne detaillierte Begleitumstände zu kennen. Institutionen bezeichnen demnach Erwartungsstrukturen und sog. Erwartungserwartungen – also Erwartungen darüber, dass bei anderen bestimmte Erwartungsstrukturen vorherrschen (siehe Luhmann 1965; Jepperson 1991). Institutionen bewirken insofern, dass man weiß, dass ein eventueller Verstoß gegen vorherrschende Erwartungen Reaktionen hervorruft, die von Irritation und Unverständnis bis hin zu Rechtfertigungsnotwendigkeiten und Bestrafung reichen. Die wichtigste Folge von Institutionen sind deshalb ein hohes Maß an Verhaltensabstimmung und Verlässlichkeit, die das alltägliche Leben ebenso prägen wie die gesellschaftliche Entwicklung in ihrer Gesamtheit.

Diese allgemeine und abstrakte Begriffsbestimmung weicht bewusst ab von konkreten Beispielen, die sich zumeist auf explizite Zwänge beziehen, so wie sie von Rechtsnormen und Organisationsregeln ausgehen. Rechtsnormen sind in modernen Gesellschaften kodifiziert und eine Grundlage für allgemein verbindliche Entscheidungen, die notfalls mithilfe staatlichen Zwangs auch gegen den Willen der Betroffenen durchgesetzt werden können. Auch im Falle von Organisationsregeln gibt es ein breites Spektrum ausdrücklicher Vorschriften, die beispielsweise in Arbeitsverträgen, in Beitrittserklärungen oder in internen Dienstanweisungen festgehalten sind. Manches davon ergibt sich aus rechtlichen Bestimmungen, anderes hat seine Begründung in formal freiwilligen Verpflichtungen (etwa zum *Total Quality Management* oder zum *Öko-Audit*) sowie in mehr oder weniger zielgerichteten Festlegungen (also Organisationsentscheidungen), und andere Institutionen sind eher vage im Leitbild oder in der Organisationskultur eines Unternehmens verankert. Darüber hinaus gelten auch traditionell verankerte Sitten, Gewohnheiten und Bräuche als Institutionen, und das gilt sowohl für organisierte als auch für nicht organisierte Kontexte. Ihre Kenntnis setzt oftmals aufwendige Sozialisationsprozesse voraus und ist unabdingbar, um sich in bestimmten kulturellen *Settings* zurechtzufinden. In der Organisationspraxis spricht man dann von *Soft Skills* oder von interkulturellen Kompetenzen, um beispielsweise zu begreifen, warum Kooperationen oder Fusionen unterschiedlich gut funktionieren. In jedem Fall lässt sich anhand einer Gegenüberstellung von Gesetzen und Organisationsregeln einerseits und Sitten, Gewohnheiten und Bräuchen andererseits illustrieren, dass Institutionen in höchst unterschiedlichem Ausmaß formalisiert sind, dass sie sich in ihrem Verpflichtungscharakter unterscheiden und dass die Möglichkeiten und Wege, Institutionen zu verändern, überaus stark variieren.

Institutionen werden oftmals im Zusammenhang mit Themen sozialer Ordnung oder mit Fragen ihrer Leistungsfähigkeit erörtert. Während sich der Zusammenhang von Institution und sozialer Ordnung vor allem auf Aspekte der Sozialisation und Sanktionierung einzelner Gesellschaftsmitglieder bezieht, werden Fragen der Leistungsfähigkeit von Institutionen meist auf überindividueller Ebene erörtert. So sind in der Innovationsforschung sog. institutionelle Arrangements, die vom Bildungssystem über die Wissenschaft bis hin zu wirtschaftlichen und rechtlichen Rahmenbedingungen reichen, einer strengen Funktionsbetrachtung unterzogen worden, um erklären zu können, warum bestimmte Kontexte innovativer und wirtschaftlich erfolgreicher sind als andere, und um Hinweise darauf zu erhalten, was von erfolgreichen Trendsettern gelernt werden kann (Edquist 1992; Lundvall 1992; Nelson 1993). Auch die vergleichende Kapitalismusforschung interessiert sich primär für Institutioneneffekte dieser Art. Bezugspunkt ist dabei der Nationalstaat, und es stehen Formen industrieller Beziehungen, einschlägige Rechtsbedingungen, vorherrschende wirtschaftliche Kooperationsformen und Verflechtungen zwischen Industrie- und Finanzkapital im Zentrum der Aufmerksamkeit. Allerdings sucht man in der vergleichenden Kapitalismusforschung weniger nach universell optimalen Rahmenbedingungen als vielmehr nach Hinweisen auf Kompetenzen und Wettbewerbsfähigkeiten spezifischer institutioneller Arrangements (Hollingsworth & Boyer 1997; Crouch 2005; Miller 2005).

Themenschwerpunkte wie diese plausibilisieren, dass Institution ein Grundbegriff der Soziologie ist, der auch in benachbarten Disziplinen der Politikwissenschaft und der Wirtschaftswissenschaft zentral ist (Evans et al. 1985; Hall & Soskice 2001; North 1990; Hodgson 1998; Voigt 2002). Zwar gibt es auch dort eine akademische Tradition der Beschäftigung mit Voraussetzungen, Erscheinungsformen und Folgen von Institutionen, doch ist diese Diskussion seit einigen Jahren recht stark durch die Einbeziehung genuin soziologischer Perspektiven gekennzeichnet (siehe z.B. Katzenstein 1996; March & Olsen 1989; Eccles & Nohria 1992). Der Soziologie eröffnen sich hierdurch wichtige Anschlussmöglichkeiten, die nicht zuletzt die Auseinandersetzung mit Institutionen innerhalb der Fachdiskussion beflügelt haben. So belegen zahlreiche Zeitschriftenbeiträge und Buchpublikationen ein gestiegenes Interesse am Thema (siehe Walgenbach 1995, 2002 sowie Mizruchi & Fein 1999 für einschlägige Überblicke). Ebenfalls ist die Kodifizierung des Wissens in Form von Einführungen (Scott 2001; Hasse & Krücken 2005a) und Handbüchern (Greenwood et al. 2008; Senge & Hellmann 2006; Hasse & Krücken 2009) ein wichtiges Indiz für die „Institutionalisierung institutionalistischen Denkens in der Soziologie". Dabei versteht sich von selbst, dass diese Beiträge gute Möglichkeiten der Auseinandersetzung mit dem derzeitigen Wissensstand zum Thema ‚Institution' liefern.

2 Grundzüge eines soziologischen Institutionenverständnisses: Aktive Verarbeitung und der Grundgedanke loser Kopplung

In einem allgemeinen Sinn ist es eine Gemeinsamkeit von Institutionen, so wurde weiter oben hervorgehoben, dass sie übergreifende Erwartungszusammenhänge darstellen. Man kann bei diesen Erwartungen von Strukturen sprechen, weil es sich um Vorgaben handelt, die einzelnen Situationen übergeordnet sind. „Soziales Leben ist aufgrund geteilter Rollendefinitionen und Erwartungen vorhersehbar und geordnet", heißt es hierzu bei Scott (1994: 66). Dabei lassen sich normative und kognitive Erwartungen voneinander unterscheiden. Beide Arten der Erwartung leiten soziales Handeln und strukturieren Situationen. Gesellschaftsmitglieder orientieren sich an normativen Vorgaben, und sie stimmen sich über kognitive Erwartungen ab. Nicht alles ist demzufolge gleichermaßen möglich; nicht alles ist gleichermaßen legitim und gleichermaßen wahrscheinlich. Normative und kognitive Erwartungen, von denen man weiß, dass andere um sie wissen, regulieren das gesellschaftliche Miteinander auf grundlegende Weise. Weil Institutionen als übergreifende Erwartungszusammenhänge zu verstehen sind, tragen sie zur gesellschaftlichen Ordnungsbildung bei. Doch wie ist der Prozess der Entstehung und Durchsetzung von Institutionen zu erklären?

Auf diese grundsätzliche Frage finden sich zwei unterschiedliche Antworten: Die eine betont die Wirkung von Interessen- und Machtfaktoren. Institutionen sind aus dieser Perspektive das Resultat absichtsvollen Handelns. Dabei ist einerlei, ob Institutionen freiwillig gebildet werden, indem sich die Beteiligten festlegen, um Konflikte zu vermeiden und Kooperation zu ermöglichen, oder ob sie von einem Herrscher anderen (den Beherrschten) oktroyiert werden, um Gefolgschaft zu sichern. Jeweils, d.h. im Falle des Abkommens zwischen Beteiligten und im Falle des Zwangs durch einen Herrscher, ist die Entstehung und Durchsetzung von Institutionen ein bewusst vorangetriebener Prozess, durch den bestimmte Verhaltensweisen sichergestellt und andere verhindert werden sollen. Ebenfalls hat die Befolgung institutioneller Vorgaben instrumentellen Charakter, sofern beide Aspekte, die Sanktionierung von Devianz und die Belohnung von Konformität, institutionalisierte Verhaltensweisen nahe legen. Dieses Erklärungsmuster findet sich nicht nur in soziologischen, sondern auch in ökonomischen und politikwissenschaftlichen Erklärungen. Der Prototyp dieser Form der Institutionalisierung ist jener der Gesetzesverabschiedung.

Ein zweites, ganz anderes Erklärungsmuster für die Entstehung von Institutionen besteht darin, in ihnen einen Prototyp des unreflektierten und mit der Zeit erwartungsgenerierenden Gebrauchs von Routinen, Sitten und Gebräuchen zu sehen. So verstanden spielen sich Institutionen von selbst ein. Bestimmte Verhaltensweisen und aufeinander bezogene Handlungsketten wiederholen und verselbständigen sich im Laufe ihrer Anwendung. In der allgemeinen Soziologie geht diese Erklärung insbesondere auf Berger & Luckmann (1967) zurück. Ihr zufolge basiert der Aufbau gesellschaftlicher Vorgaben nicht primär auf Entscheidungen, sondern auf der Gewöhnung an routinierte und habitualisierte Verhaltensweisen (vgl. ebd.: 56ff.).

Wichtiger als die Erklärung der Transformation von einem nicht-institutionalisierten in einen institutionalisierten Zustand ist die Frage nach der institutionellen (Weiter-)Entwicklung. Es geht also nicht um die Einführung neuer Gesetze, Richtlinien, Qualitätsstandards etc. in Bereichen, die zuvor ungeregelt waren, sondern es geht um die Frage, wie sich solche Entwicklungen vor dem Hintergrund bereits bestehender anderer Gesetze, Richtlinien, Qualitätsstandards etc. auswirken (vgl. auch Walgenbach 2000). Jepperson (1991: 152f.)

organisiert die Agenda institutionellen Wandels, indem er zusätzlich zu der Frage nach der Entstehung und Durchsetzung neuer Institutionen noch drei weitere Themenkomplexe aufführt: institutionelle Entwicklung (Wandel einer bestimmten Institution), Re-Institutionalisierung (Ersetzung oder Ergänzung bestehender Vorgaben durch neue) und die damit einhergehende De-Institutionalisierung (Abbau gesellschaftlicher Vorgaben).

Von den genannten Themenkomplexen institutionellen Wandels ist der der De-Institutionalisierung am interessantesten, weil er im klassischen Institutionalismus nicht vorgesehen war oder lediglich als Krisenphänomen in Erwägung gezogen wurde (vgl. Hasse 1996: 180). Im Anschluss hieran und mit konkretem Bezug auf Organisationen liefert Oliver (1992: 584) eine Zusammenstellung von Faktoren, von denen De-Institutionalisierungseffekte ausgehen. Diese Prozessperspektive wurde in den 1990er Jahren zu einem eigenständigen und umfassenden Schwerpunkt. So schreibt Scott in der zweiten Auflage von „Institutions and Organizations": „Erst im letzten Jahrzehnt haben Theoretiker und Forscher begonnen, Argumente und Situationen hinsichtlich des institutionellen Wandels zu untersuchen, in denen es um die De-Institutionalisierung existierender Formen und ihre Ersetzung durch neue Arrangements geht, die im Zeitverlauf institutionalisiert werden" (2001: 181). Diese Perspektive bezieht sich keinesfalls lediglich auf die imaginäre Transformation eines gesellschaftsfreien Naturzustandes in einen der sozialen Erwartungsabstimmung, und auch De-Institutionalisierungen sind oftmals in umfassenden Formen der Vergesellschaftung begründet (siehe auch Hasse 2003a: 142ff.), weil neue Institutionen ältere Regulative obsolet machen oder zu diesen im Widerspruch stehen.

Das Spektrum der Arten, wie institutionalisierte Erwartungszusammenhänge wahrgenommen und verarbeitet werden, kann von der nicht-bewussten und quasi-reflexartigen Interpretation bis hin zur bewussten Auseinandersetzung mit diesen Vorgaben reichen. Darüber hinaus gibt der objektive Sachverhalt eines Erwartungszusammenhangs nicht automatisch Aufschluss darüber, inwiefern dieser Vorgabe tatsächlich entsprochen wird. Es ist deshalb wichtig zu betonen, dass die Reaktionen nicht durch die Institutionen determiniert sind, auf die sie bezogen sind. Insbesondere besteht die Möglichkeit, gegenüber einzelnen Vorgaben auf Distanz zu gehen. Sowohl für die Reproduktion als auch für die Struktur- und Handlungseffekte institutionalisierter Vorgaben ist es deshalb eine zentrale Frage, vor welchem Hintergrund, d.h. nach Maßgabe welcher Orientierungen, über den Umgang mit einzelnen Vorgaben entschieden wird.

Die Möglichkeit der Distanzierung gegenüber einzelnen institutionellen Vorgaben eröffnet Freiheitsgrade. Dieser institutionentheoretische Grundgedanke ist in den 1970er Jahren von Meyer & Rowan (1977) formuliert worden. Die Autoren betonen, dass Organisationen institutionelle Vorgaben lediglich symbolisch befolgen; sie wirken sich kaum auf die Kernaktivitäten aus und sind mit diesen nur lose gekoppelt. Dieser Befund ist zuweilen so interpretiert worden, als erfolge die Bezugnahme auf institutionelle Vorgaben entlang einer primär strategischen Orientierung. Institutionen rücken nach dieser Interpretation in die Nähe einer Technologie der Ressourcenakquisition. Sie schränken weniger ein, als dass sie Möglichkeiten eröffnen, sie lassen sich instrumentell in Szene setzen, um Legitimität zu erzielen (siehe insb. Suchman 1996). Oftmals entsteht so der Eindruck, dass sie nur pro forma befolgt werden (vgl. Türk 1997: 132).

Die Betonung einer lediglich losen Kopplung zwischen institutionalisierter Vorgabe und ihren Struktur- und Handlungseffekten relativiert die Bindungswirkung einer derartigen Vorgabe. Diese Relativierung muss jedoch nicht notwendigerweise damit begründet werden, dass Akteursinteressen einer festeren Kopplung im Wege stehen. Sie kann ebenfalls darin begründet sein, dass vielfältige und sich teilweise widersprechende Erwartungszusammenhänge – seien diese nun im Inneren einer Einrichtung fest verankert oder von außen an die Einrichtung herangetragen – gar nicht gleichzeitig und gleichermaßen in die Aktivitätsstruktur übersetzt werden können. Die Gesamtheit institutionalisierter Erwartungszusammenhänge vor Augen, ist die Annahme strategisch orientierter Akteure und ihrer Interessen folglich nicht die einzige Lesart, mit der sich die Frage des Umgangs mit einzelnen institutionellen Faktoren beantworten lässt. Einzelne institutionelle Vorgaben können ebenso mit anderen institutionellen Vorgaben nicht in Einklang zu bringen sein, und in diesen Fällen läuft man mit der vorbehaltlosen Befolgung einzelner Vorgaben Gefahr, gegen andere Vorgaben zu verstoßen. Brunsson (1989) beleuchtet diesen Problemkomplex am Beispiel politischer Organisationen. Die Tendenz moderner Gesellschaften, Kompetenz und Verantwortlichkeit der Politik besonders hoch zu veranschlagen, führt ihm zufolge dazu, dass politische Akteure und Einrichtungen mit einer Fülle sich teilweise widersprechender Erwartungen konfrontiert werden. Es handelt sich um Erwartungen, denen sich Organisationen einerseits aus Gründen der Legitimität schwer entziehen können. Andererseits ist es unmöglich, alle Erwartungen gleichermaßen zu berücksichtigen. Die lediglich symbolische Befolgung institutioneller Vorgaben oder gar ihre Nicht-Berücksichtigung sind folglich nicht unbedingt deshalb zu erwarten, weil diese Vorgaben der Verfolgung von Akteursinteressen entgegenstehen, sondern weil es gar nicht anders geht.

Auf der Ebene formaler Organisationen sind es insbesondere Multifunktionseinrichtungen wie Universitäten oder Krankenhäuser, die Erfahrungen im Umgang mit der Gleichzeitigkeit nicht aufeinander abgestimmter Umwelterwartungen haben. So sehen sich Universitäten gerade heutzutage einer Vielzahl heterogener und potenziell widersprüchlicher Umwelterwartungen ausgesetzt. Dabei sind nicht nur altbekannte Spannungen zwischen ihren beiden Kernaufgaben, Forschung und Lehre, zu bewältigen, sondern auch neu hinzukommende Aufgaben wie z.B. Profilbildung, Qualitätsmanagement, Herstellung von Geschlechtergleichheit und Technologietransfer. Am Beispiel der Errichtung von Technologietransferstellen an deutschen Universitäten konnten die begrenzten Effekte neuartiger Erwartungen, die ebenso den traditionellen Erwartungen an Universitäten wie ihren hierauf basierenden Identitätskonzepten widersprechen, aufgezeigt werden (Krücken & Meier 2003). Die vor allem in der politischen Umwelt formulierte Vorgabe, über den Technologietransfer einen direkten Beitrag zum wirtschaftlichen Strukturwandel zu leisten, wurde von den Universitäten nicht in weitreichenden Organisationswandel umgesetzt, sondern vielmehr in bestehende Strukturen eingepasst.

Auch auf der über die Organisationsebene hinausreichenden Ebene nationalstaatlicher Politik muss potenziell Widersprüchliches bewältigt werden. So gibt es die Gleichzeitigkeit innenpolitischer Erwartungen und transnationaler Einbindungen; zudem sind auch die Erwartungsstrukturen der Staatengemeinschaft und auf diese bezogene Internationale Organisationen selbst heterogen, die sowohl Menschenrechte und Umweltschutz als auch technischen Fortschritt und die Intensivierung wirtschaftlicher Beziehungen einfordert (Boli & Thomas 1997, 1999). So untersucht Hasse (2003b) am Beispiel staatlicher Wohlfahrtspolitik die Stärkung von Rationalisierungsidealen und die Suche nach Möglichkeiten der Kostenreduzierung in einem Bereich, der klassischerweise durch Rechtsansprüche und Gleichheitsideale gekennzeichnet ist. Die Folge hiervon ist eine unauflösbare Ambivalenz: Einerseits Effizienzstreben und Reduzierung von Staatsaufgaben, andererseits ein verstärktes

Engagement in einzelnen wohlfahrtspolitischen Feldern (wie z.B. gesundheitliche Aufklärung und vor allem Bildung, (vgl. auch den Beitrag zu „Wohlfahrtsstaat" in diesem Band).
Dieser Befund lässt sich weiter generalisieren und sozialtheoretisch reformulieren. Demnach besteht für soziale Akteure generell die Notwendigkeit, institutionelle Vorgaben aktiv zu verarbeiten. Vor allem Friedland & Alford (1991) haben diesen Punkt mit der Begrifflichkeit sog. institutioneller Kontradiktionen hervorgehoben. Für sie stellt die potentielle und faktische Widersprüchlichkeit institutioneller Vorgaben das zentrale Charakteristikum der modernen Gesellschaft dar. Dabei betonen sie ebenso wie Brunsson (1989), dass sich aus der Unvereinbarkeit widersprüchlicher Erwartungen die Möglichkeit ergibt, gegenüber einzelnen Vorgaben auf Distanz zu gehen. Eine vorbehaltlose Befolgung einzelner Erwartungen ist in all den genannten Fällen nicht nur nicht erforderlich, sondern sie ist zuweilen gar nicht möglich. Das Schema von Norm und Abweichung mag deshalb wünschenswert sein oder auch nicht, es lässt sich nicht realisieren, wenn dem die Vielfalt widersprüchlicher Erwartungszusammenhänge entgegensteht. Es ist somit dieses institutionelle Dickicht, das es gleichermaßen ermöglicht und erfordert, gegenüber einzelnen Vorgaben auf Distanz zu gehen und sie vor dem Hintergrund anderer Erwartungen abzuarbeiten.

3 Institution, Organisation und makrosoziologischer Kontext

Die meisten theoretischen und empirischen Beiträge zu Erscheinungsformen und Folgen von Institutionen sind auf Organisationen bezogen. Die wichtigsten Gründe sind: Organisationen sind ein gesellschaftlich zentraler und sozialwissenschaftlichen Methoden gut zugänglicher Untersuchungsbereich; eine Vielzahl an Vorarbeiten eröffnet gute Anknüpfungspunkte an empirische und an theoretische Forschungsergebnisse, auf denen sich aufbauen lässt; man begegnet einem breiten Spektrum an Institutionen und institutionellen Entwicklungen, wenn man sich auf Organisationen einlässt. Der zuletzt genannte Aspekt hat jedoch dazu geführt, dass das Verhältnis von Organisation und Institution oftmals Anlass für Unklarheiten oder auch für Missverständnisse gewesen ist (siehe z.B. Luhmann 1997). Um hier zu einem verbesserten Verständnis beizutragen, bietet sich an, das Verhältnis von Organisation und Institution zu behandeln. Dabei lässt sich zeigen, dass Organisationen auf dreifache Art mit dem Institutionenthema verknüpft worden sind.

Zunächst können *Organisationen als Institution* begriffen werden. Damit ist gemeint, dass Organisationsbildung ein zentrales Merkmal der modernen Gesellschaft darstellt und für so selbstverständlich gehalten wird, dass man es sich kaum anders vorzustellen vermag. So verweist Niklas Luhmann auf die massenhafte Ausbreitung von Organisationen als historisches Phänomen und bezieht sich dabei auf die Durchsetzung von Organisationen vor allem in Politik, Religion, Wirtschaft und Wissenschaft während des 17. und 18. Jahrhunderts (Luhmann 1981, 1987). Seitdem kann man Organisationen ganz unabhängig davon erwarten, um welche politische oder religiöse Ausrichtung es sich handelt, was der Gegenstand des Wirtschaftens ist oder um welchen Wissenschaftsbereich es sich handelt. Man kann sogar in Frage stellen, ob es sich überhaupt um normale Formen der Politik, der Religion, der Wirtschaft oder der Wissenschaft handelt, wenn Organisationen fehlen. Klaus Türk (1995) hat ergänzend hierzu Prozesse der Organisationsbildung im 19. Jahrhundert nachgezeichnet, die das öffentliche Leben betreffen und insbesondere Ausdruck einer sich als modern begreifenden bürgerlichen Lebensform sind. Türk interessiert sich dabei insbesondere für Vereine und für andere Organisationen des sog. Dritten Sektors. Er kann dabei an Themen anknüpfen, die bereits bei Jürgen Habermas (1973) behandelt und hinsichtlich ihrer gesamtgesellschaftlichen Bedeutung analysiert worden sind. Seitdem ist es eine Selbstverständlichkeit, dass praktisch jedwede Aktivität in Vereine, Clubs oder ähnliche Organisationsformen eingebunden ist. Auch Boli & Thomas (1999) behandeln die Ausbreitung von Organisationen des Dritten Sektors. Sie beziehen sich jedoch auf das 20. Jahrhundert und interessieren sich vor allem für internationale Zusammenschlüsse sogenannter Nicht-Regierungsorganisationen, die ihnen als Treiber der Weltgesellschaft gelten. Das Spektrum reicht dabei von Organisationen, die sich technischen oder wirtschaftlichen Anliegen widmen, über Professionsvereinigungen und wissenschaftliche Gesellschaften bis hin zu netzwerkartigen Zusammenschlüssen sozialer Bewegungen. Globalisierung findet demnach – wie selbstverständlich und weitgehend unreflektiert – ihren Ausdruck in internationalen Organisationen.

Für die zurück liegenden Jahrhunderte können wir demnach drei große historische Phasen der Ausbreitung von Organisationen identifizieren. Anfangs geht es um solche Organisationen, deren Aktivitäten auf wichtige Funktionsbereiche wie Wirtschaft, Wissenschaft und Politik bezogen sind. Im Anschluss hieran ist eine Organisierung des öffentlichen Raums zu beobachten, bei der Organisationen auch als Foren des kulturellen Ausdrucks in Erscheinung treten. Drittens findet sich schließlich eine starke Tendenz in Richtung Internationale Organisationen, wobei zusätzlich zu den von Boli & Thomas untersuchten Organisationen auch Internationale Wirtschaftsorganisationen in der Wirtschaft (Multinationale Unternehmen als *Global Players*) und in der Politik (internationale Regierungsorganisationen und zwischenstaatliche Einrichtungen) zu berücksichtigen sind. In ihrem Zusammenwirken handelt es sich bei diesen Organisationen um Grundpfeiler gegenwärtiger Gesellschaftsformation, die die Grundlage dafür ist, dass Soziologen die moderne Gesellschaft zuweilen als Organisationsgesellschaft kennzeichnen (Perrow 1991, 2002; Schimank 2001).

Da die Evidenz dieser Entwicklungen unbestritten ist und sich keine Hinweise darauf finden, dass Organisationen in den genannten Bereichen verschwinden, lässt sich für die Gegenwart diagnostizieren, dass Organisationen in den meisten Bereichen des gesellschaftlichen Lebens eine Selbstverständlichkeit darstellen. Organisationen stellen insofern den Regelfall dar, der nicht weiter rechtfertigungspflichtig ist. Dort, wo diese Organisationsbildung noch unausgeprägt ist, man denke an die Anti-Globalisierungsbewegung, herrschen starke gesellschaftliche Erwartungen in Richtung Organisationsgründung vor und selbst im Terrorismus, im Bereich der Kriminalität und bei religiösen Sekten werden Organisationsformen unterstellt, auch wenn man über Details nur wenig informiert ist. Insofern kann man behaupten: Organisationen sind (eine Form von) Institutionen – und das praktisch in sämtlichen Gesellschaftsbereichen.

Als zweites lassen sich *Institutionen in Organisationen* identifizieren. Damit sind spezifische Arrangements bezeichnet, die von Organisationen erwartet werden (und für die gilt: Es ist in Organisationen bekannt, dass sie erwartet werden). So wird allgemein von sämtlichen Organisationen eine Regelung ihrer Kompetenzen und Zuständigkeiten erwartet. Organisationen haben demnach Instanzen, die als Ansprechpartner fungieren. Ebenfalls werden überall Leitungen unterstellt, denen Organisationsverantwortlichkeit und Entscheidungsfähigkeit zugeschrieben wird. Ihre Spitzen sind durch Institutionen der Politik (z.B.

Wahl von Vorständen durch Vereins- oder Parteimitglieder) oder der Wirtschaft (Eigentum) legitimiert.

Bezieht man sich auf bestimmte Organisationen, stößt man auf weitergehende Regelmäßigkeiten und Selbstverständlichkeiten, so wie Universitäten Lehreinrichtungen oder High Tech-Unternehmen F&E-Abteilungen aufweisen. Ebenfalls erwartet man von den meisten größeren Organisationen, dass sie Einrichtungen haben, die sich bestimmten Anliegen wie Mitarbeiterförderung oder *Gender Mainstreaming* widmen. Hinzu kommt eine Vielzahl an institutionellen Vorgaben, die bestimmte Verfahrensweisen erfordern: Für Aktiengesellschaften gibt es Verpflichtungen der Buchführung und Wirtschaftsprüfung, Industriebetriebe verpflichten sich zu *Total Quality Management*, Universitäten besetzen Professuren auf der Grundlage von Berufungsverfahren, die wiederum vielen geschriebenen und ungeschriebenen Regeln gehorchen, usw.

Die empirische Forschung hat in den vergangenen zwei Jahrzehnten zahlreiche Beispiele für derartige Institutionen zusammengetragen, die in Organisationen wirksam werden (siehe Scott 2001 für einen Überblick). Sie hat entdeckt, dass deren Breitenwirkung (d.h. welche Organisationen sind betroffen) und deren Tiefenwirkung (d.h. was sind die erzielten substanziellen Effekte) stark variieren können. Zugleich ist sie sich einig, dass es sich nicht um zufällige Übereinstimmungen handelt, wenn sich z.B. bestimmte *Best Practices* durchsetzen. Ursachen werden vielmehr in der gesellschaftlichen Umwelt identifiziert, so dass *Institutionen als Umwelt von Organisationen* eine dritte Möglichkeit darstellen, Institutionen und Organisationen aufeinander zu beziehen. Insbesondere werden Organisationen durch traditionelle Arrangements, durch Normen der Rationalität sowie durch Werte der Fairness und Gerechtigkeit geprägt. Organisationen sind demnach in eine institutionelle Umwelt eingebettet und hieraus ergeben sich Zwänge und Richtlinien dafür, wie Strukturen und Prozesse einer Organisation zu gestalten sind.

In institutioneller Hinsicht ist der Sog in Richtung Organisationsbildung somit folgenreicher als zunächst zu vermuten ist. Vor allem Recht und Politik, andere Organisationen, die als *Peers* oder als Kooperationspartner in Erscheinung treten, Einflüsse durch Wissenschaft und Beratung, aber auch die öffentliche Meinung und Positionen relevanter *Stakeholder* (Kunden, Aktieninhaber, Arbeitnehmerorganisationen, Berufsvereinigungen etc. pp.) fungieren dabei als institutionelle Umwelt. Die Folgen in der Wirtschaft können beispielsweise sein: Gewinnziele werden lange Zeit und in einer Phase des Managerkapitalismus vernachlässigt, um plötzlich in einem Zeitalter der *Shareholder Value*-Orientierung wiederentdeckt zu werden (Fligstein 1990; Uzzi 1997), und Banken, die in diesem Zusammenhang Fusionen und Akquisitionen vorantreiben, entdecken zugleich ihre *Corporate Social Responsibility* (Campbell 2006; Wieland 2003).

In Ergänzung zu Studien, die das Institutionenthema vornehmlich auf Organisation beziehen, gibt es einen makrosoziologischen Schwerpunkt der soziologischen Institutionenanalyse. Dieser ist insbesondere unter dem Dach des *World Polity*-Konzepts versammelt. Unter *World Polity* ist zunächst recht allgemein „eine breite kulturelle Ordnung, die explizite Ursprünge in der westlichen Gesellschaft hat" (Meyer et al. 1987: 41), zu verstehen. Diese kulturelle Ordnung entspricht im Kern dem, was Klassiker der Soziologie wie Max Weber (1924) und Werner Sombart (1916) unter dem Stichwort „okzidentale Rationalisierung" behandelten. Der dem *World Polity*-Konzept zufolge anhaltende und unabgeschlossene westliche Rationalisierungsprozess zeichnet sich grundsätzlich dadurch aus, dass bestimmte Institutionen hervorgebracht werden, während andere an Legitimation verlieren.

Vor diesem Hintergrund versucht die *World Polity*-Forschung dann, die globale Diffusion vorherrschender Institutionen konkret zu analysieren (vgl. auch den Beitrag zu „Globalisierung" in diesem Band).

Meyer et al. (1997) identifizieren vor allem drei Strukturformen, die im Prozess der Formierung von *World Polity* über ihren Ursprungskontext hinaus ausgedehnt werden: den Staat als Organisationsform des politischen Systems, formale Organisationen als grundlegendes Strukturprinzip in sämtlichen Bereichen der modernen Gesellschaft sowie das rationale und autonome Individuum als Handlungsträger (siehe auch Meyer & Jepperson 2000). Der Staat wird demnach zunehmend zur einzig legitimen Form der Artikulation für territorial gebundene Gemeinschaften im Rahmen der internationalen Politik. Staatengründung und die damit verbundene Anerkennung durch die zentrale Verkörperung von *World Polity*, die Vereinten Nationen, ist folglich vordringlichstes Ziel sämtlicher Unabhängigkeitsbewegungen. Organisationen werden unter den Bedingungen von *World Polity* zur zentralen Instanz kollektiven Handelns aufgewertet. Als dritte Bezugsebene zur Analyse von *World Polity* erscheint schließlich das rationale und autonome Individuum, welches vor allem über die Zuschreibung von Rechten konstituiert wird (siehe Meyer 1986; Meyer & Jepperson 2000).

Prozesse und Mechanismen der Institutionalisierung von *World Polity* sind an unterschiedlichen Beispielen studiert worden. Methodisch setzt man in der Regel statistische Verfahren zur Analyse von Längsschnittdaten ein. In den in Boli & Thomas (1999) versammelten Arbeiten wird ein grundlegender Mechanismus der Institutionalisierung von *World Polity* herausgearbeitet: das quantitative Wachstum internationaler Nicht-Regierungsorganisationen (INROs) seit 1875. Gemeinsames Band dieser in sich sehr heterogenen Organisationen ist die Orientierung an dominanten *World Polity*-Prinzipien wie Universalismus, Individualismus, selbstorganisierte Handlungsfähigkeit, Fortschrittsglaube und Weltbürgerschaft. Aus diesem Grund sind INROs, die weder über formale demokratische Legitimation noch über die Möglichkeit verfügen, rechtlich bindende Entscheidungen durchzusetzen, durchaus handlungsmächtige Akteure im System der Weltgesellschaft. Anhand verschiedener Politikbereiche wird der erhebliche Einfluss von INROs auf die Verabschiedung nationaler Gesetze und internationaler Richtlinien aufgezeigt. Dies gilt Boli und Thomas zufolge nicht nur für die Bereiche, die, wie die Umwelt- und Menschenrechtspolitik, im Zentrum der Medienaufmerksamkeit stehen, sondern auch und insbesondere für die eher verdeckte Einflussnahme auf Standardisierungs- und Normbildungsprozesse in Wirtschaft, Wissenschaft und Technik (siehe auch Brunsson & Jacobsson 2000).

Finnemore (1996) eröffnet ihre Untersuchung zur staatlichen Präferenzbildung durch die internationale Gemeinschaft mit der Frage: Woher wissen Staaten, was sie wollen? Forschungshypothese ist, dass staatliche Zielsetzungen Ergebnis institutioneller Einflussnahmen durch die internationale Gemeinschaft sind. Sie operationalisiert den Begriff der internationalen Gemeinschaft über internationale Organisationen, deren Einflussstärke quantitativ erfassbar ist. Diese in der *World Polity*-Forschung übliche Vorgehensweise bildet den methodischen Hintergrund für Fallstudien, in denen die weltweite Herausbildung staatlicher Wissenschaftsbürokratien (bei der der Einfluss der UNESCO nachgezeichnet wird), die Ausrichtung wirtschaftspolitischer Massnahmen (die in Einflüssen der Weltbank begründet ist) und sogar Erscheinungsformen zwischenstaatlicher Kriege (bei denen zwar keine absolute, aber dennoch eine relativ hohe Bindungswirkung internationaler Vereinbarungen, wie die der Genfer Konvention, aufgezeigt wird) nachgezeichnet werden.

Fasst man die Ergebnisse der *World Polity*-Forschung zusammen, so lässt sich das institutionentheoretische Staatsverständnis wie folgt präzisieren: Einerseits gewinnt der Staat im Prozess der *World Polity*-Formierung an Bedeutung, indem er zum zentralen Adressaten der *World Polity* und ihrer Organisationen avanciert. Andererseits führt seine zunehmende Strukturierung durch die *World Polity* und ihre Organisationen zum Verlust an nationaler Autonomie und Eigenständigkeit. Der *World Polity*-Forschung liegt dabei ein vergleichsweise geradliniges theoretisches Modell gesellschaftlicher Rationalisierung zu Grunde, das von Finnemore wie folgt selbstironisch zusammengefasst wird: „Weberianische Rationalität marschiert schonungslos über die Erde und hinterlässt eine vermarktete und bürokratisierte Welt, die aus ähnlichen Formen besteht" (1996: 138).

4 Von institutionellen Feldern zu *Institutional Entrepreneurship*

Im Vergleich zu den meisten makrosziologischen Beiträgen zur Analyse von Institutionen haben DiMaggio & Powell (1983) einen anderen Startpunkt gewählt. Ihr Beitrag bezieht sich nicht auf eine allumfassende Weltkultur oder auf andere allgemeine sozio-kulturelle Umweltfaktoren, die sämtliche Staaten, Organisationen und Individuen prägen. Stattdessen beziehen sich DiMaggio & Powell auf Organisationen und betrachten diese als beeinflusst von anderen Organisationen, welche als „Signifikante Andere" im Sinne von Berger & Luckmann (1967) in Erscheinung treten. Inter-organisatorische Parameter erhalten hier den Status als unabhängige Variable, und in dieser Hinsicht handelt es sich um eine meso-soziologische Perspektive. Die entscheidende Analyseeinheit sind organisatorische Felder (also nicht einzelne Organisationen), und für Organisationen wird allgemein angenommen, dass sie in spezifische *Settings* von Organisationen eingebettet sind (Greenwood & Hinnings 1996: 1026-1027). Die von DiMaggio & Powell (1983) eingeführten und von Richard Scott (2001) als „Pfeiler der Isomorphie" bezeichneten Mechanismen der Angleichung können in diesem Zusammenhang genutzt werden, um die Prägung von Organisationen durch andere Organisationen zu klassifizieren: Zwang (*coercion*) ergibt sich aus Auflagen von Regulierungseinrichtungen (also insbesondere staatlichen Organisationen); normative Isomorphie basiert auf dem Einfluss von Professionsvereinigungen, Beratungsfirmen und Bildungsinstitutionen; und Mimesis ist Resultat der andauernden Beobachtung von Peers, Wettbewerbern und Kollaborateuren.

DiMaggio & Powell's (1983) Konzept organisatorischer Felder hat das Spektrum institutioneller Analysen entscheidend erweitert. Nicht zuletzt eröffnet die Feldperspektive ein Verständnis für robuste Unterschiede zwischen Feldern. In dem Ausmaß, wie Organisationen durch andere Organisationen (wie insbesondere Regulierungseinrichtungen, Professionsvereinigungen, Beratungsunternehmen, Peers, Konkurrenten usw.) beeinflusst werden, sind sie spezifischen Einflüssen und daraus hervorgehenden Erwartungshaltungen ausgesetzt. Deshalb liegt der Umkehrschluss nahe, dass sich Organisationen nach Maßgabe ihrer Feldzugehörigkeit unterscheiden, die zum Beispiel aus ihrer Einbettung in nationale Kontexte resultiert (Orrù et al. 1991; Dobbin 1994).

Annahmen zur Differenziertheit organisatorischer Kontexte finden sich auch in anderen Beiträgen der 1980er und 1990er Jahre. So unterscheidet Scott (1983) zwischen zwei Sektoren – technischen und institutionellen – und argumentiert, dass Organisationen primär entweder in technische oder in institutionelle Umwelten eingebettet sind. Diese Konzeptualisierung ist später durch die Einsicht ersetzt worden, dass die meisten Organisationen sowohl technische als auch institutionelle Anforderungen zu bewältigen haben (Hasse & Krücken 2005a: 33f.). Zusätzlich hierzu erschien diese Unterscheidung als zu rigide, um Unterschiede und Varianzen innerhalb der beiden Sektoren erfassen zu können. Scott & Meyer (1991) entwickelten daher ein differenzierteres Konzept sozialer Sektoren. Sektoren wurden dabei als funktionale Domänen konzeptualisiert, die sich aus verschiedenen Organisationen sowie aus nicht-organisatorischen Elementen zusammensetzen – z.B. Bedeutungs- und Glaubenssysteme oder *Governance*-Strukturen und andere „Spielregeln". Auf ähnliche Weise betonte Scott (1991) eine breite Palette charakteristischer Elemente organisatorischer Felder. Im Ergebnis erscheinen Organisationen, so wie bereits bei DiMaggio & Powell (1983) herausgestellt, vorwiegend von „ihrem" Organisationsfeld beeinflusst zu sein – und weit weniger von einer allumfassenden Weltkultur.

Der Feldansatz ist zusammenfassend betrachtet durch die Annahme gekennzeichnet, dass Organisationsfelder zwischen einer fokalen Organisation und dem breiteren gesellschaftlichen Kontext vermitteln. Die Implikation einer derartigen Konzeptualisierung besteht darin, universelle Einflüsse abzuwerten, weil diese Einflüsse nur wirksam werden, wenn sie feldspezifisch vermittelt werden. Ein derartiges Verständnis organisatorischer Felder passt sehr gut zu der Beobachtung robuster Unterschiede, weil anzunehmen ist, dass Isomorphie innerhalb einzelner Felder mit Unterschieden zwischen Feldern korrespondiert. Man kann deshalb argumentieren, dass Cluster interagierender Organisationen als Barrieren gegenüber homogenisierenden Trends auf globaler Ebene fungieren.

Auf der Grundlage des Feldansatzes argumentieren einige Institutionalisten seit den 1990er Jahren, dass Organisationen bis zu einem bestimmten Grad aktiv in ihren gesellschaftlichen Kontext intervenieren können. Dies impliziert eine Verabschiedung der lange Zeit dominierenden Unterscheidung zwischen Umweltursachen und darauf bezogenen Organisationsfolgen. Die Feldperspektive betont demgegenüber Prozesse wechselseitiger Beeinflussung. Verglichen mit der *Top Down*-Perspektive des makro-soziologischen *World Polity*-Ansatzes wird für Organisationen nun angenommen, dass sie aktiv an der sozialen Entwicklung beteiligt sind. Entsprechend dieser Perspektive stimmen sich Organisationen mit anderen Organisationen ab, und sie können ebenfalls versuchen, Organisationen und andere institutionelle Faktoren aktiv zu beeinflussen. Analytisch betrachtet, besteht der zentrale Wechsel der Perspektive darin, nicht wie zuvor von institutionellen Umwelten, sondern von institutionellen Kontexten oder Netzwerken auszugehen, weil dieser Perspektivenwechsel impliziert, dass eine fokale Organisation als integraler Bestandteil ihres institutionellen *Settings* fungiert.

Institutionentheoretisch sind dabei zwei Fragen zentral: Was entscheidet über Erfolgswahrscheinlichkeiten, wenn versucht wird, institutionelle Kontexte aktiv mitzugestalten? Und: Was bestimmt darüber, wie vorhandene Gestaltungsspielräume ausgefüllt, d.h. wie sie genutzt werden? Um die erste Frage zu behandeln, ist es wichtig darauf hinzuweisen, dass die Konstituierung von Feldern als andauernder Prozess verstanden wird. Fligstein (1996) hat Felder in diesem Zusammenhang als politische Arenen beschrieben und auf erhebliche Machtasymmetrien verwiesen (ähnlich Greenwood et al. 2002). Während einige Organisationen demnach ihren Feldkontext als weitgehend ausserhalb ihrer Kontrolle erfahren, befinden sich andere in einer Situation, die Möglichkeiten eines institutionellen *Engineering* eröffnet. Es handelt sich dabei im Regelfall um Organisationen, die durch ihre Größe und durch ihr Alter ein hohes Renommee aufweisen.

Die Vorstellung, dass Organisationen aktiv in die Entwicklung ihres Kontextes involviert sind, verweist nicht lediglich auf unterschiedliche Gestaltungsmöglichkeiten und auf Machtasymmetrien. Sie führt auch zu der Frage, wie Organisationen ihr Potential nutzen und bis zu welchem Grad sie dies strategisch handhaben. Fragen dieser Art haben zu einer Wiederentdeckung absichtsvoller Agentschaft geführt (Beckert 1999). Das verwendete Konzept der Agentschaft entstammt jedoch nicht ökonomischen Ansätzen, so wie man es aus Theorien rationaler Wahl und speziell aus jüngeren *Principal/Agency*-Theorien kennt. Stattdessen knüpfen Institutionalisten an soziologische Praxistheorien an, die Ende des 20. Jahrhunderts in Europa aufgegriffen und weiterentwickelt worden sind (Bourdieu 1977, 1987; Giddens 1984; Joas 1996). Agentschaft umfasst dann das Potential aktiven Entscheidens und reflexiven *Monitorings*, aber es wird nicht unterstellt, dass Entscheidungsverhalten durch eine rücksichtslose Orientierung an fixen Präferenzen determiniert ist (siehe auch Feldman & Pentland 2003; Child 1997).

Institutionen können aus dieser Perspektive einem Handeln in Übereinstimmung mit den eigenen Interessen entgegenstehen und können deshalb zum Gegenstand strategischer Modifikationen avancieren. Allerdings sind es nicht unbedingt Organisationen oder gar heroische Individuen, die als derartige *„Institutional Entrepreneurs"* (Thornton 1999; Greenwood et al. 2002) in Erscheinung treten. Vielmehr kommen entscheidende Impulse für institutionellen Wandel oftmals von Professionen (Hwang & Powell 2005) und sozialen Bewegungen (Rao et al. 2003). Institutionen können deshalb als das Ergebnis eines breiten Spektrums institutionellen Unternehmertums betrachtet werden (siehe DiMaggio 1988) – entweder weil für Akteure angenommen wird, dass sie versuchen, der determinierenden Wirkung von Institutionen zu entfliehen, oder weil verschiedene institutionelle Einflüsse überlappen und konfligieren (Dorado 2005: 385). Man kann deshalb behaupten, dass viele institutionelle Zwänge aktiv bewältigt werden (Barley & Tolbert 1997; Friedland & Alford 1991), und in jedem Fall hat das Thema institutionellen Unternehmertums zu einer Wiederentdeckung von Agentschaft geführt (Emirbayer & Mische 1998). Es hat bewirkt, dass in vielen aktuellen Institutionenanalysen versucht wird, das gesamte Spektrum kognitiver, sozialer und materieller Ressourcen zu behandeln, die für eine aktive Intervention in institutionelle Rahmenbedingungen erforderlich sind (Rao 1998; Lounsbury 2001). In diesem Zusammenhang sind sogar Kontingenzfaktoren identifiziert worden, aus denen sich entsprechende Gelegenheiten und Erfolgswahrscheinlichkeiten ableiten (Seo & Creed 2002).

In gewisser Hinsicht bedeutet die gegenwärtige Emphase für Themen der Agentschaft und des institutionellen Unternehmertums einen Schritt zurück in die Vergangenheit. So gibt es auffällige Parallelen zu Theoriediskussionen, die ungefähr ein halbes Jahrhundert zurück liegen und darin ihren Anfangspunkt nahmen, dass damalige Institutionalisten wie Philip Selznick (1949) und Arthur Stinchcombe (1965) Konflikt- und Machtthemen in das Zentrum ihrer Analysen rückten (Greenwood & Hinnings 1996: 103-104). Dadurch verbündete sich die Institutionenforschung mit einer breiten Koalition, die den seinerzeit vorherrschenden Parsonianischen Ansatz als statisch und steril kritisierte. Zu diesen Kritikern zählte auch S.N. Eisenstadt (1964), der Eliten und Inhaber von Führungsrollen als Träger institutionellen Unternehmertums erachtete. In auffälliger Übereinstimmung zu aktuellen Positionen argumentierte Eisenstadt bereits in den 1960er Jahren, dass Bezugnahmen auf andere Institutionen und die Fähigkeit, Unterstützung zu mobilisieren, entscheidende Voraussetzungen für institutionellen Wandel darstellen.

Aufgrund der großen gesellschaftlichen und wissenschaftlichen Bedeutung von Fragen institutionellen Wandels ist nicht überraschend, dass das Thema institutionellen Unternehmertums kontrovers diskutiert wird. Während einige „von vorne herein betonen, dass eine institutionelle Perspektive eher „konstruktivistisch" als „agentisch" ist" (Hwang & Powell 2005: 180), argumentieren andere, dass „der Diskurs des institutionellen Unternehmertums geholfen hat, neo-institutionelle Analysen auf das Studium von Akteuren und deren Rolle als Katalysatoren institutionellen Wandels auszurichten" (Lounsbury 2005: 30). Aus zuletzt genannter Perspektive erzielt diese Debatte hohe Aufmerksamkeit, weil ein verbessertes Verständnis für den dynamischen Charakter institutioneller Kontexte in Aussicht gestellt wird (Greenwood & Hinnings 1996). Ebenfalls ist ein Potential dafür identifiziert worden, paradigmatische Auseinandersetzungen mit der institutionellen Ökonomie und mit jenen Sozialtheorien zu vermeiden, die selbstbestimmtem Handeln und rationalem Entscheidungsverhalten ohnehin eine grössere Bedeutung zuschreiben, als es soziologische Institutionenanalysen tun (Abbell 1995).

Schließlich gibt es wohl auch gravierende außer-wissenschaftliche Faktoren, die für eine Betonung institutionellen Unternehmertums sprechen. So eröffnet die Fokussierung institutionellen Unternehmertums im Vergleich zu makro-soziologischen *Top Down*-Erklärungen verbesserte Perspektiven für Entscheidungsträger und deren Berater (Sahlin-Andersson & Engvall 2002). Sie weist somit ein hohes Maß an Konformität mit vorherrschenden gesellschaftlichen Werten und Grundüberzeugungen auf, die die Offenheit der gesellschaftlichen Entwicklung hervorheben und beteiligten Handlungssubjekten generell große Gestaltungsmöglichkeiten – aber auch Verantwortlichkeiten und Beratungsbedarf – zuschreiben. Aufgrund dieser Konformität kann man kulturelle Unterstützung für diese Perspektive erwarten, und ironischerweise entspricht dies grundlegenden Einsichten der makro-soziologischen Institutionenanalyse, welche die Gestaltungsmöglichkeiten der Beteiligten viel niedriger veranschlagt und gesellschaftliche Entwicklungen als vergleichsweise vorgegeben betrachtet (siehe Hwang & Powell 2005: 182 für eine ähnliche Einsicht).

5 Bilanz und Perspektive

Soziologische Institutionenanalysen beziehen sich auf ein überaus breites Spektrum zeitgenössischer theoretischer Angebote, wobei vor allem Netzwerktheorien und Praxistheorien rezipiert worden sind (siehe als Überblick: Hasse & Krücken 2005a: 77-94). Ebenfalls lassen sich bemerkenswerte Anknüpfungspunkte an die Theorieentwürfe Foucaults und Luhmanns identifizieren (siehe Krücken 2002; Hasse 2005; Hasse & Krücken 2005b; 2008). Theoriegeschichtlich bietet vor allem Max Weber (1972) die wichtigsten Anknüpfungspunkte, weil er große Themen der gesellschaftlichen Entwicklung mit detaillierten empirischen Beschreibungen verbunden hat, bei denen klassische Institutionen (insbesondere des Rechts und formale Organisationen) sowie lebensstilprägende Institutionen (insbesondere ständisch begründete Anschauungen und Verhaltensweisen, aber auch religiös inspirierte ethische Orientierungen) einen zentralen Stellenwert einnehmen. Darüber hinaus hat vor allem der Sozialkonstruktivismus von Berger & Luckmann (1967) entscheidende Impulse geliefert (Meyer 1992; Oliver 1992), weil dort für Fragen der Entstehung und Reproduktion von Institutionen genuin soziologische Antworten entwickelt worden sind. Institutionen sind in dieser Lesart vor allem Ergebnisse sozialer Handlungsmuster, die sich zu

Routinen entwickeln und auch deshalb verselbstständigen, weil ihre Entstehung und ihr Konstruktionscharakter in der gesellschaftlichen Praxis ausgeblendet werden.

Aufgrund dieser breiten Ausrichtung stellen Institutionenanalysen in ihrer Gesamtheit keinen theoretisch und theoriegeschichtlich eindeutig abgrenzbaren Teilbereich der Soziologie dar. Vielmehr repräsentieren sie das Fach, so wie dereinst Emile Durkheim in seinen Regeln der soziologischen Methode die Soziologie als Wissenschaft der Institution etablieren wollte (Durkheim 1980). Dieser Repräsentationscharakter institutioneller Analysen offenbart sich weniger in (insgesamt seltenen) internen Debatten als vielmehr in interdisziplinären Auseinandersetzungen insbesondere mit politikwissenschaftlichen und ökonomischen Perspektiven. Während jene Institutionen vor allem als Ausdruck politischen Macht- bzw. ökonomischen Effizienzstrebens erachten, betont die Soziologie kulturelle Grundlagen und die historische Verankerung institutioneller Arrangements. Wie eingangs hervorgehoben, erscheinen Institutionen dabei als Grundzüge sozialer Ordnung, die Regelhaftigkeiten bewirken, indem sie bestimmte Strukturmerkmale und Verhaltensweisen unterstützen. Erst vor diesem Hintergrund, so die genuin soziologische Annahme, stellen sich Fragen der instrumentellen Verfolgung politischer und/oder ökonomischer Ziele.

Empirisch ist eine Konzentration auf Staaten, Organisationen und Individuen vorherrschend, die praktisch jedoch keine Einschränkung des Untersuchungsbereichs bedeutet. Denn erstens tangieren Staaten über politische Sektoren (Bildungspolitik, Sozialpolitik, Wirtschaftspolitik, Familienpolitik etc.) tendenziell sämtliche Gesellschaftsbereiche, zweitens prägen Organisationen weite Teile der Gesellschaft, so wie es weiter oben aufgezeigt worden ist, und drittens durchdringen Individuen ohnehin sämtliche Sozialformen. Hinzu kommen viertens Beziehungen innerhalb dieser Untersuchungseinheiten (also Beziehungen zwischen Staaten oder zwischen Organisationen sowie zwischen Individuen) und fünftens Beziehungen zwischen diesen drei Schlüsselinstanzen (also zwischen Staaten und Organisation oder zwischen Organisationen und Individuen oder zwischen Staaten und Individuen).

Gleichwohl lassen sich Schwerpunkte und aktuelle Debatten identifizieren, die die derzeitige Forschung bestimmen. So besteht eine zentrale Frage darin, ob die genannten Schlüsselinstanzen der modernen Gesellschaft durch gesellschaftstheoretische *Mastertrends* (wie insbesondere Rationalisierung und Orientierung an universellen Normen und Werten) beeinflusst werden oder ob Entwicklungen nicht stärker durch situative Faktoren einzelner Kontexte und durch spezifische Feldbedingungen geprägt werden. Im ersten Fall materialisiert sich institutioneller Wandel vor allem als Anpassung an übergeordnete Trends. Im zweiten Fall ist einerseits ein höheres Maß an Robustheit und Stabilität anzunehmen, die zur Brechung übergeordneter *Mastertrends* oder sogar zu deren Abschwächung führen. Andererseits erscheinen in dieser Perspektive die Spielräume für eine von *Mastertrends* abweichende Gestaltung von Prozessen institutionellen Wandels grösser. Während für den ersten Fall insbesondere in den 1980er und 1990er Jahren zahlreiche empirische Belege zusammengetragen worden sind, die sich vor allem auf staatliche Politik und auf Organisationen bezogen, finden sich seit den 1990er Jahren Forschungsschwerpunkte, bei denen historisch begründete Unterschiedlichkeiten (vor allem zwischen nationalstaatlichen Kontexten) und die aktive Gestaltung institutioneller Bedingungen durch strategisches Handeln (vor allem auf der Ebene organisatorischer Felder) hervorgehoben werden, so wie es oben unter dem Stichwort des institutionellen Unternehmertums diskutiert worden ist.

Die Auseinandersetzung zwischen diesen beiden Perspektiven wird derzeit vornehmlich auf der Grundlage empirischer Fallstudien geführt. Sie kann auf diese Weise jedoch nicht beendet werden, da es im Kern ja um die Bestimmung dessen geht, was als Normalfall im Sinne des Regelhaften und was als Ausnahmesituation zu berücksichtigen ist. Wollte man diese Debatte schließen, wäre also etwas anderes gefordert als eine auf Einzelfälle bezogene empirische Forschungsstrategie. Aber vielleicht ist eine solche Schließung auch gar nicht vorteilhaft, solange diese Offenheit zu wichtigen Forschungsergebnissen führt und Anschlüsse an aktuelle Theorien der Allgemeinen Soziologie sowie an interdisziplinäre Forschungsschwerpunkte eröffnet.

Literatur

Abbell, Peter (1995): The New Institutionalism and Rational Choice Theory. In: Scott/Christensen (1995): 3-14
Alvarez, Sharon A./Agrawal, Rajshree/Sorenson, Olav (2005): The Handbook of Entrepreneurship Research. New York: Springer.
Barley, Stephen R./Tolbert, Pamela S. (1997): Institutionalization an Structuration: Studying the Links between Action and Institution. In: Organization Studies 18: 93-117
Beckert, Jens (1999): Agency, Entrepreneurs and Institutional Change: The Role of Strategic Choice and Institutionalized Practices in Organizations. In: Organization Studies 20: 777-799
Berger, Peter L./Luckmann, Thomas (1967): The Social Construction of Reality. New York: Doubleday (dt. Übersetzung 1969)
Boli, John/Thomas, George M. (1997): World Culture in the World Polity: A Century of International Non-Governmental Organization. In: American Sociological Review 62: 171-190
Boli, John/Thomas, George M. (1999): INGOs and the Organizaton of World Culture. In: Boli/Thomas (1999): 13-49
Boli, John/Thomas, George M. (Hrsg.) (1999): Constructing World Culture, International Nongovernmental Organizations Since 1875. Stanford, Calif: Stanford University Press
Bourdieu, Pierre (1977): Outline of a Theory of Practice. Cambridge: Cambridge University Press
Bourdieu, Pierre (1987): Sozialer Sinn. Kritik der theoretischen Vernunft. Frankfurt a.M.: Suhrkamp
Brunsson, Nils (1989): The Organization of Hypocrisy; Talk, Decisions and Action in Organizations. New York: John Wiley & Sons
Brunsson, Nils/Jacobsson, Bengt (Hrsg.) (2000): A World of Standards. Oxford: Oxford University Press
Campbell, John L. (2006): Institutional Analysis and the Paradox of Corporate Social Responsibility. In: The American Behavioral Scientist 49: 925
Child, John (1997): Strategic Choice in the Analysis of Action, Structure, Organizations and Environment: Retrospect and Prospect. In: Organization Studies 18: 43-76
Crouch, Colin (2005): Models of Capitalism. In: New Political Economy 10(4): 439-456
DiMaggio, Paul J. (1988): Interest and Agency in Institutional Theory. In: Zucker (1988): 3-21
DiMaggio, Paul J./Powell, Walter W. (1983): The Iron Cage Revisited: Institutional Isomorphism and Collective Rationality in Organizational Fields. In: American Sociological Review 48: 147-160
DiMaggio, Paul J./Powell, Walter W. (1991): Introduction. In: Powell/DiMaggio (1991): 1-38
Dobbin, Frank R. (1994): Forging Industrial Policy. The United States, Britain, and France in the Railway Age. Cambridge/New York: Cambridge University Press
Dorado, Silvia (2005): Institutional Entrepreneurship, Partaking, and Convening. In: Organization Studies 26: 385-414
Durkheim, Emile (1980): Die Regeln der soziologischen Methode. Hrsg. und eingeleitet von René König. Neuwied: Luchterhand
Eccles, Robert G./Nohria, Nitin (1992): Beyond the Hype. Rediscovering the Essence of Management. Cambridge, Mass.: Harvard Business School Press

Edquist, Charles (Hrsg.) (1992): Systems of Innovation. Technology, Institutions and Organiszations. London: Pinter

Eisenstadt, Shmuel N. (1964): Institutionalization and social change. In: American Sociological Review 29: 235–47

Emirbayer, Mustafa/Mische, Ann (1998): What is Agency? In: American Journal of Sociology 4: 962-1023

Evans, Peter B./Rueschemeyer, Dietrich/Skocpol, Theda (Hrsg.) (1985): Bringing the State Back In. Cambridge: Cambridge University Press

Feldman, Martha S./Pentland, Brian T. (2003): Reconceptualizing Organizational Routines as a Source of Flexibility and Change. Administrative Science Quarterly 48: 94-118

Finnemore, Martha (1996): Norms, culture, and world politics: Insights from sociology's institutionalism. In: International Organization 50: 325-347

Fligstein, Neil (1990): The Transformation of Corporate Control. Cambridge, Mass.: Harvard University Press

Fligstein, Neil (1996): Markets as Politics. A Political and Cultural Approach to Market Institutions. In: American Sociological Review 61: 656-673

Friedland, Roger/Alford, Robert R. (1991): Bringing Society Back In: Symbols, Practices, and Institutional Contradictions. In: Powell/DiMaggio (1991): 232-263

Giddens, Anthony (1984): The Constitution of Society. Outline of the Theory of Structuration. Cambridge: Polity Press

Greenwood, Royston/Hinnings, C.R. (1996): Understanding strategic choice: The contribution of archetypes. Academy of Management Journal 36(5): 1052-1081

Greenwood, Royston/Oliver, Christine/Suddaby, Roy/Sahlin, Kerstin (Hrsg.) (2008): Handbook of Organizational Institutionalism. Thousand Oaks, CA/London: Sage

Greenwood, Royston/Suddaby, Roy/Hinnings, C.R. (2002): Theorizing change. The role of professional associations in the transformation of institutional fields. In: Academy of Management Journal 45: 58-80

Habermas, Jürgen (1973): Legitimationsprobleme im Spätkapitalismus. Frankfurt a.M.: Suhrkamp

Hall, Peter A./Soskice, David (Hrsg.) (2001): Varieties of Capitalism. The Institutional Foundations of Comparative Advantage. Oxford: Oxford University Press

Hasse, Raimund (1996): Organisierte Forschung. Arbeitsteilung, Wettbewerb und Networking in Wissenschaft und Technik. Berlin: Sigma

Hasse, Raimund (2003a): Die Innovationsfähigkeit der Organisationsgesellschaft. Wiesbaden: Westdeutscher Verlag

Hasse, Raimund (2003b): Wohlfahrtspolitik und Globalisierung. Zur Diffusion der World Polity durch Organisationswandel und Wettbewerbsorientierung. Opladen: Leske + Budrich

Hasse, Raimund (2005): Luhmann's Systems Theory and the New Institutionalism. In: Seidl/Becker (2005): 248-26

Hasse, Raimund/Krücken, Georg (2005a): Neo-Institutionalismus. 2. vollständig überarbeitete Auflage. Bielefeld: transcript

Hasse, Raimund/Krücken, Georg (2005b): Der Stellenwert von Organisationen in Theorien der Weltgesellschaft. Eine kritische Weiterentwicklung systemtheoretischer und neo-institutionalistischer Forschungsperspektiven. In: Zeitschrift für Soziologie, Sonderband Weltgesellschaft: 186-204

Hasse, Raimund/Krücken, Georg (2008): Systems Theory, Societal Contexts, and Organizational Heterogeneity. In: Greenwood et al.: 539-559

Hasse, Raimund/Krücken, Georg (2009): Neo-institutionalistische Theorie. In: Kneer/Schroer (im Erscheinen)

Hodgson, Geoffrey (1998): The Approach of Institutional Economics. In: Journal of Economic Literature 36: 166-192

Hollingsworth, J. Rogers/Boyer, Raymond (1997): Contemporary Capitalism. The Embeddedness of Institutions. Cambridge: Cambridge University Press

Hwang, Hokyu/Powell, Walter (2005): Institutions and Entrepreneurship. In: Alvarez et al. (2005): 179-210
Jepperson, Ronald L. (1991): Institutions, Institutional Effects, and Institutionalization. In: Powell/DiMaggio (1991): 143-163
Joas, Hans (1996): The Creativity of Action. Chicago, IL: University of Chicago Press
Katzenstein, Peter J. (Hrsg.) (1996): The Culture of National Security. Norms and Identity in World Politics. New York: Columbia University Press
Kieser, Alfred (Hrsg.) (1995): Organisationstheorien. 2. Auflage. Stuttgart: Kohlhammer
Kneer, Georg et al. (Hrsg.) (2001): Klassische Gesellschaftsbegriffe der Soziologie. München: Fink
Kneer, Georg/Schroer, Markus (Hrsg.) (im Erscheinen): Soziologische Theorien. Ein Handbuch. Wiesbaden: VS
Krücken, Georg (2002): Amerikanischer Neo-Institutionalismus – europäische Perspektiven. In: Sociologia Internationalis, 40: 227-259
Krücken, Georg/Meier, Frank (2003): Wir sind alle überzeugte Netzwerktäter. In: Soziale Welt 54: 71-92
Lounsbury, Michael (2001): Institutional Sources of Practice Variation: Staffing College and University Recycling Programs. In: Administrative Science Quarterly 46: 29-56
Lounsbury, Michael (2005): Towards a Practice Perspective on Institutional Entrepreneurship: Mutual Fund Money Management Change and the Performativity-Theorization Link. Manuscript, November 2005
Luhmann, Niklas (1965): Grundrechte als Institution. Ein Beitrag zur politischen Soziologie. Berlin: Duncker & Humblot
Luhmann, Niklas (1981): Organisation und Entscheidung. In: Luhmann (1981): 335-389
Luhmann, Niklas (1987): Die Differenzierung von Politik und Wirtschaft und ihre gesellschaftlichen Grundlagen. In: Luhmann (1987): 32-48
Luhmann, Niklas (1997): Die Gesellschaft der Gesellschaft. 2 Bände. Frankfurt a.M: Suhrkamp
Lundvall, Bengt-Åke (Hrsg.) (1992): National systems of innovation. London: Pinter Publishers.
March, James G. (Hrsg.) (1965): Handbook of Organizations. Chicago: Rand McNally
March, James G./Olsen, Johan P. (1989): Rediscovering Institutions. The Organizational Basis of Politics. New York: Free Press
Meyer, John W. (1986): The Self and the Life Course: Institutionalization and Its Effects. In: Sorensen, Aage B./Weinert, Franz E. /Sherrod, Lonnie R. (eds): Human Development and the Life Course. Hillsdale: Erlbaum: 199-216
Meyer, John W. (1987): The World Polity and the Authority of the Nation-State. In: Thomas, George M./Meyer, John W./Ramirez, Francisco O./Boli, John (Hrsg.): Institutional Structure. Constituting State, Society, and the Individual. Newbury Park, CA, et al.: Sage: 41-70
Meyer, John W. (1992): From Constructionism to Neo-institutionalism: Reflections on Berger and Luckmann. In: Perspectives 15:11-12
Meyer, John W. (2005): Weltkultur. Wie die westlichen Prinzipien die Welt durchdringen. Herausgegeben und eingeleitet von Georg Krücken. Frankfurt a.M.: Suhrkamp
Meyer, John W./Boli, John/Thomas, George M./Ramirez, Francisco O. (1997): World Society and the Nation State. In: American Journal of Sociology 103: 144-181 (Meyer, John W./Boli, John/Thomas, George M./Ramirez, Francisco O., 2005, Die Weltgesellschaft und der Nationalstaat. In: Meyer (2005): 85-132)
Meyer, John W./Jepperson, Ronald L. (2000): The „Actors" of Modern Society: The Cultural Construction of Social Agency. In: Sociological Theory 18: 100-120 (Meyer, John W./Jepperson, Ronald L., 2005, Die „Akteure" der modernen Gesellschaft. Die kulturelle Konstruktion sozialer Agentschaft. In: Meyer (2005): 47 84)
Meyer, John W./Rowan, Brian (1977): Institutionalized Organizations. Formal Structures as Myth and Ceremony. In: American Journal of Sociology 83: 340-363
Meyer, John W./Scott, W. Richard (Hrsg.) (1991): Organizational Environments: Ritual and Rationality, updated edition. Newbury Park, CA: Sage

Meyer, John W./Scott, W.Richard (Hrsg.) (1983): Organizational Environments. Ritual and Rationality. Beverly Hills, CA: Sage
Miller, Max (Hrsg.) (2005): Welten des Kapitalismus – Institutionelle Alternativen in der globalisierten Ökonomie. Frankfurt a.M.: Campus
Mizruchi, Mark S./Fein, Lisa C. (1999): The Social Construction of Organizational Knowledge. A Study of the Uses of Coercive, Mimetic, and Normative Isomorphism. In: Administrative Science Quarterly 44: 653-683
Nelson, Richard R. (Hrsg.) (1993): National Innovation Systems. A Comparative Analysis. Oxford: Oxford University Press
North, Douglass C. (1990): Institutions, Institutional Change and Economic Performance. Cambridge: Cambridge University Press
Oliver, Christine (1992): The Antecedents of Deinstitutionalization. In: Organization Studies 13: 563-588
Orrù, Marco/Woolsey Biggart, Nicole/Hamilton, Gary G. (1991): Organizational Isomorphism in East Asia. In: Powell/DiMaggio (1991): 361-389
Ortmann, Günther/Sydow, Jörg/Türk, Klaus (Hrsg.) (1997): Theorien der Organisation. Die Rückkehr der Gesellschaft. Opladen: Westdeutscher Verlag
Perrow, Charles (1991): A society of organizations. In: Theory and Society 20: 725-762
Perrow, Charles (2002): Organizing America. Wealth, Power, and the Origins of Corporate Capitalism. Princeton/NJ: Princeton University Press
Powell, Walter W./DiMaggio, Paul J. (Hrsg.) (1991): The new Institutionalism in Organizational Analysis. Chicago, IL: University of Chicago Press
Rao, Hayagreeva (1998): Caveat Emptor: The Construction of Nonprofit Consumer Watchdog Organizations. In: American Journal of Sociology 103: 912-961
Rao, Hayagreeva/Monin, Philippe/Durand, Rodolphe (2003): Institutional Change in Toque Ville: Nouvelle cuisine as an Identity Movement in French Gastronomy. In: American Journal of Sociology 108: 795-843
Rodin, J./Schooler, C./Schaie, K.W. (Hrsg.) (1990): Self-Directness: Causes and Effects Throughout the Life Course. Hillsdale, N.J.: Erlbaum: 51-58
Sahlin-Andersson, Kerstin/Engwall, Lars (Hrsg.) (2002): The Expansion of Management Knowledge. Carriers, Flows, and Sources. Stanford, CA: Stanford Business Books
Schelsky, Hemut (Hrsg.) (1970): Zur Theorie der Institution. Düsseldorf: Bertelsmann Universitätsverlag
Schimank, Uwe (2001): Organisationsgesellschaft. In: Kneer et al. (2001): 278-307
Schülein, Johann August (1987): Theorie der Institution. Eine dogmengeschichtliche und konzeptionelle Analyse. Opladen: Westdeutscher Verlag
Scott, Richard W./Christensen, Soren (Hrsg.) (1995): The institutional construction of organizations: international and longitudinal studies. Thousand Oaks, CA: Sage
Scott, W. Richard (1983): Introduction: From Technology to Environment. In: Meyer/Scott (1983): 9-20
Scott, W. Richard (1991): The Organization of Environments: Network, Cultural, and Historical Elements. In: Meyer/Scott (1991): 155-175
Scott, W. Richard (1994): Institutions and Organizations: Toward a Theoretical Synthesis. In: Scott/Meyer (1994): 55-80
Scott, W. Richard (2001): Institutions and Organizations, Zweite, erweiterte und überarbeitete Auflage. Thousand Oaks/CA: Sage
Scott, W. Richard/Meyer, John W. (1991): The Organization of Societal Sectors. In Meyer/Scott (1991): 129-153
Scott, W. Richard/Meyer, John W. (Hrsg.) (1994): Institutional Environments and Organizations. Structural Complexity and Individualism. Thousand Oaks/CA: Sage
Seidl, David/Becker, Kai Helge (Hrsg.) (2005): Niklas Luhmann and Organization Studies. Copenhagen: Copenhagen Business School Press

Selznick, Philip (1949): TVA and the Grass Roots. Berkeley/CA: University of California Press
Selznick, Philip (1996): Institutionalism „old" and „new". In: Administrative Science Quarterly 41: 270-277
Senge, Konstanze/Hellmann, Kai-Uwe (Hrsg.) (2006): Einführung in den Neo-Institutionalismus. Wiesbaden: VS
Seo, Myeong-Gu/Creed, Douglas W.E. (2002): Institutional Contradictions, Praxis, and Institutional Change: A Dialectical Perspective. In: Academy of Management Review 27: 222-248
Smelser, Neil J./Swedberg, Richard (Hrsg.) (1994): Handbook of Economic Sociology. Princeton: Princeton University Press
Sombart, Werner (1916): Der moderne Kapitalismus. Historisch-systematische Darstellung des gesamteuropäischen Wirtschaftslebens von seinen Anfängen bis zur Gegenwart. 2 Bde. München: Duncker & Humblot
Sorensen, Aage B./Weinert, Franz E. /Sherrod, Lonnie R. (Hrsg.) (1986): Human Development and the Life Course. Hillsdale: Erlbaum
Staw, Barry M./Cummings, Larry L. (Hrsg.) (1986): Research in Organization Behavior, Vol. 8. Greenwich/CT: JAI: 355-370
Stinchcombe, Arthur L. (1965): Social Structure and Organizations. In: March (1965): 142-193
Stinchcombe, Arthur L. (1997): On the Virtues of the Old Institutionalism. In: Annual Review of Sociology 23: 1-18
Suchman, Mark (1996): Managing legitimacy: strategic and institutional approaches. In: Academy of Management Review 20: 571-610
Thornton, Patricia H. (1999): The Sociology of Entrepreneurship. In: Annual Revue of Sociology 25: 19-46
Türk, Klaus (1995): Die Organisation der Welt. Herrschaft durch Organisation in der modernen Gesellschaft. Opladen: Westdeutscher Verlag
Türk, Klaus (1997): Organisation als Institution der kapitalistischen Gesellschaftsformation. In: Ortmann et al. (1997): 124-176
Uzzi, Brian (1997): Social structure and competition in interfirm networks: The paradox of embeddedness. In: Administrative Science Quaterly 42: 35 67
Voigt, Stefan (2002): Institutionenökonomik. München: Fink
Walgenbach, Peter (1995): Institutionalistische Ansätze in der Organisationstheorie. In: Kieser (1995): 269-301
Walgenbach, Peter (2000): Die normgerechte Organisation. Stuttgart: Schäffer Poeschel
Walgenbach, Peter (2002): Neoinstitutionalistische Organisationstheorie – State of the Art und Entwicklungslinien. In: Managementforschung 12: 155 209
Weber, Max (1924): Gesammelte Aufsätze zur Sozial- und Wirtschaftsgeschichte. Tübingen: Mohr
Weber, Max (1972, orig. 1922): Wirtschaft und Gesellschaft. Grundriß der verstehenden Soziologie. Fünfte, revidierte Auflage, besorgt von Johannes Winckelmann, Tübingen: Mohr Siebeck
Wieland, Josef (2003): Standards and Audits for Ethics Management Systems. Berlin: Springer
Zucker, Lynne G. (1977): The Role of Institutionalization in Cultural Persistence. In: American Sociological Review 42: 726-743
Zucker, L.G. (Hrsg.) (1988): Institutional Patterns and Organizations: Culture and Environment. Cambridge, MA: Ballinger

Klassen

Gerd Nollmann

1 Diesseits und jenseits der Klassengesellschaft

Ausgangspunkt der langen und folgenreichen Geschichte des Klassenbegriffs ist die Geschichts- und Gesellschaftstheorie von Karl Marx. Nach Marx wird die gesellschaftliche Entwicklung von ihrer materiellen Basis vorangetrieben. Die Geschichte sei eine Geschichte von Klassenkämpfen von der Urgemeinschaft über die Sklavenhaltergesellschaft, die feudalistische Gesellschaft, die kapitalistische Gesellschaft hin zum Endpunkt in der kommunistischen, klassenlosen Gesellschaft. Marx betrachtet wie sein geistiges Vorbild Hegel die Geschichte als dialektischen Prozess: Gesellschaftliche Konflikte sind in sich instabil und neigen dazu, in Synthesen auf einem höheren historischen Niveau aufgehoben zu werden. In der kapitalistischen Gesellschaft stehen sich Proletarier und Kapitalisten gegenüber. Die Zugehörigkeit zu diesen beiden Klassen wird über die Frage definiert, wer Eigentum an Produktionsmitteln hat und wer nicht. Marx analysiert dabei das Auseinanderfallen von objektiver Klassenstruktur und subjektivem Handeln als „Charaktermaske". Kapitalist und Proletarier verfolgen zwar je ihre eigenen Interessen von Gewinn- und Lohnsteigerung, hängen jedoch wie Marionetten an den Fäden kapitalistischer Produktionsgesetze. Die *tatsächlichen* Intentionen sind für Marx in die kapitalistische Konstellation eingeschrieben. Sie seien auch insofern *falsch*, als sie von den „eigentlichen" proletarischen Interessen und ihren wahren Bedürfnissen ablenkten. Im Handeln der Menschen zeigt sich nach Marx *gerade nicht* die wahre Verfassung der Gesellschaft, sondern nur das Ausmaß an Entfremdung. Die Proletarier seien nicht mehr in der Lage zu begreifen, dass kooperative Produktion sowie individuelle Selbstverwirklichung und nicht bloße Lohnsteigerungen das Ziel ihres Handelns sein müssten. Wenn allerdings die Verelendung der Arbeiter und ihre räumliche Konzentration in Städten und Fabriken immer weiter zunehmen, würden die „Klassen an sich" im weiteren Verlauf zu „Klassen für sich". Es breite sich dann ein Solidaritätsgefühl über die gemeinsame Lage aus und die Frustration über die Auswegslosigkeit der Ausbeutungssituation erzeuge letztlich die Kampfmotive, die die Geschichte zu ihrem finalen Umschlag – die kommunistische Revolution – tragen.

Schon wenige Jahrzehnte später gelangte Max Weber zu einer weitaus differenzierteren Betrachtung des Klassenbegriffs. Weber (1980: 531ff.) verzichtet auf geschichtsphilosophische und normative Zuspitzungen und definiert Klassen als „typische Chance der Güterversorgung, der äußeren Lebensstellung und des inneren Lebensschicksals, welche aus der Verfügungsgewalt über Güter oder Leistungsqualifikationen für die Erzielung von Einkommen folgt". Eine Klasse ist eine in einer gleichen Klassenlage befindliche Gruppe von Menschen. Weber unterscheidet dabei Besitzklassen, Erwerbsklassen und soziale Klassen. Besitzunterschiede und Chancen der Marktverwertung von Gütern und Leistungen bestimmen die Lagen der ersten beiden genannten Klassen. Die soziale Klasse dagegen bezeichnet die Gesamtheit der Klassenlagen, zwischen denen ein Wechsel individuell oder zwischen den Generationen problemlos möglich ist und in gewissem Maße auch stattzufinden pflegt. Für Weber gibt es deshalb in der modernen Gesellschaft eine Vielzahl von Besitz- und Erwerbsklassen: die Arbeiterschaft, das Kleinbürgertum, die besitzlose Intelligenz und Fachgeschultheit (Techniker, Angestellte, Beamte) und die Klassen der Besitzenden und durch Bildung Privilegierten.

Webers plurale Betrachtung der Klassengesellschaft zeigt sich auch in seiner Unterscheidung von Klasse, Stand und Partei. Klassen beruhen auf materiellen Ressourcen, Stände auf Prestige und Parteien kämpfen um Macht. Diese Sphären sind nicht monokausal – so wie es Marx Mitte des 19. Jahrhunderts (möglicherweise) erschienen sein mag – sondern folgen je eigenen Logiken. Stände stellen Gruppierungen von Menschen mit ähnlicher Lebensführung dar, die auf positiver und negativer Wertschätzung beruhen. Diese ständische „Ehre" entsteht durch Geburt, Herrschaftspositionen, standesgemäße Erziehung und soziale Schließung. Parteien zielen auf die gemeinsame Beeinflussung kollektiver Entscheidungen in Staat, Gemeinden und Wirtschaft. Dabei sind nicht nur politische Parteien gemeint, sondern jede Interessengruppe, die an der gesellschaftlichen Machtverteilung partizipiert.

Weber hat mit diesen Begriffen keine fertige Theorie und erst recht keine Empirie der gesellschaftlichen Systeme sozialer Ungleichheit vorgelegt, aber immerhin ein wichtiges begriffliches Instrumentarium, das der höheren Differenzierung der Gesellschaft Rechnung trägt und die weitere Forschung maßgeblich beeinflusst hat. So schienen in Webers Modell verschiedene Größen klar unterschieden, die in Marx' Klassenkonzept vermengt worden waren. Dieses Modell wurde später u.a. von Statusinkonsistenztheorien weiterentwickelt, die zeigten, dass soziale Ungleichheiten zwischen Beruf und sonstigem Leben bisweilen ohne jede Struktur erscheinen (Hodge/Strasser 1993). Aber auch die folgenden, bereits von Weber benannten Fragen haben die weitere Forschung nachhaltig bestimmt: Inwieweit pflegen in modernen Ländern soziale Auf- und Abstiege tatsächlich stattzufinden? Wie stark hängen die Marktchancen der Erwerbsklassen von ihrer Geburt ab? Entwickeln soziale Klassen überhaupt ein gemeinsames Bewusstsein? Gerade Webers zentrales Credo, den gemeinten Sinn menschlichen Handelns empirisch ernst zu nehmen und auf seine unerwarteten Folgen hin zu befragen, hat die weitere Diskussion über den Klassenbegriff „auf den Schultern" von Weber und Marx intensiv beschäftigt.

Nach dem Zweiten Weltkrieg hat die Diskussion über Klassen eine grundlegende Transformation erfahren, die die Forschung bis heute prägt. Sie lässt sich veranschaulichen mit der von Dahrendorf (1957) zunächst analytisch gemeinten, dann aber forschungspraktisch tatsächlich erfolgten *Trennung von Klassenbildung und Klassenkonflikt/-handeln*. Auf der einen Seite bildete sich eine internationale Gruppe von Forschern, die die Bildung von Klassen in der Berufswelt *empirisch* vergleichend untersuchte (2). Dieser Zweig institutionalisierte sich im *Research Committee on Social Stratification and Social Mobility* (RC28) der *International Sociological Association* (ISA). Auf der anderen Seite entwickelte sich eine breite Diskussion über die Frage, welche Relevanz Klassen für Wahlverhalten, Bildungsentscheidungen und kollektiven politischen Protest haben und ob moderne Gesellschaften sich nicht längst zu Nachklassengesellschaften entwickelt hätten (3). Ich werde nun einen Überblick über beide Zweige geben.

2 Empirische Klassenforschung

Die unter dem Klassenbegriff versammelte, empirische Forschung spricht seit der Nachkriegszeit von Klassen als *Berufsgruppen*. Klassenschemata wollen die Struktur von Klassenbeziehungen freilegen und verstehen sich deshalb im Gegensatz zu *gradationalen* Prestigemessungen als *relational*. Die beiden wichtigsten Klassenschemata haben Goldthorpe (1980) und Wright (1997) in über zwanzigjähriger Arbeit entwickelt. Die empirische „Erdung" der Klassenanalyse brachte eine Auffächerung des Begriffs mit sich. Die Schemata umfassen inzwischen elf („CASMIN" bzw. „EGP") bzw. zwölf (Wright neu) Einteilungen. Es hat sich eingebürgert, Wrights Schema als *eher* marxistisch anzusehen, weil es den Schwerpunkt der Interpretation auf Ausbeutungsverhältnisse legt, während das CASMIN-Schema als *eher* weberianisch bezeichnet wird, weil Goldthorpe (1980: 40) Berufsgruppen durch typische Markt- und Arbeitssituationen, Autoritätsverhältnisse, Grad der Arbeitsautonomie und -überwachung, Arbeitsplatzsicherheit und Karrierechancen definiert. Auf dieser Basis unterscheidet Goldthorpe zwischen der Dienstklasse (hoch und niedrig), Routineangestellten, Selbständigen und Arbeitern, wobei letztere unterteilt sind in Facharbeiter, gelernte sowie ungelernte Arbeiter und schließlich in Landarbeiter (vgl. auch den Beitrag zu „Arbeit" in diesem Band).

Die Erforschung von Berufsgruppen hat sich in den vergangenen Jahrzehnten zu einer arbeitsintensiven, auch statistisch anspruchsvollen Tätigkeit entwickelt (Savage 2000: 18, Breen/Jonsson 2005: 234ff.). Die damit unvermeidlich einhergehende Spezialisierung der Wissenschaftler hat in der Forschungspraxis das nachvollzogen, was Dahrendorf (1957) zunächst in analytischer Intention eingeführt hatte: die Annahme, die generelle Klassenforschung in zwei Elemente teilen zu können: die Theorie der Klassenbildung einerseits und die Theorie des Klassenhandelns bzw. Klassenkonflikts andererseits. Diese *analytische* Trennung mag auch forschungstechnisch reizvoll erschienen sein: Das *bis dato* weitgehend empirisch unbearbeitete Forschungsfeld der Klassenformierung bot eine weitreichende Aufgabe. Es forderte dazu auf, mit dem Klassenbegriff weiterzuforschen. Die Frage danach, was Klassen für sinnhaftes Handeln bedeuten, konnte ausgeklammert und an andere Forscher delegiert werden. Der Forscher berief sich auf *Klassen-an-sich* und schloss *Klassen-für-sich* aus der Betrachtung aus.

Diese Zerlegung hat sich für die empirische Forschung als höchst hilfreich erwiesen. Die komparative Klassenforschung gehört seit Jahrzehnten zu den aktivsten Forschungsgebieten der Soziologie. Ein wichtiges Forschungsergebnis lautet, dass sich *relative* intergenerationale Mobilitätsraten, also Auf- und Abstiege zwischen Klassen und Generationen, zwischen modernen Ländern nicht grundsätzlich unterscheiden (vgl. Erikson/Goldthorpe 1992). Die vorhandenen Unterschiede lassen sich wahrscheinlich eher auf historische und länderspezifische Besonderheiten als auf grundlegend differierende Mobilitätsregime zurückführen. Üblicherweise wird gleichwohl Schweden eine relativ größere soziale Offenheit attestiert.

Neuere Untersuchungen betonen hingegen, dass sich der Zusammenhang zwischen der sozialen Herkunft eines Individuums und seiner beruflichen Destination im Zeitablauf etwas gelockert zu haben scheint (Breen/Jonsson 2005). Diese Feststellung gilt auch für den Einfluss von Berufsklassen auf soziales Handeln außerhalb der Berufsrolle. So berichten Andersen/Heath (2002) und Müller (1998) im Zeitablauf einen gewissen Rückgang der direkten Klassenabhängigkeit auf individuelles Wahlverhalten. Nichtsdestotrotz bleiben die

Klassenstrukturen gut sichtbar, so dass nach wie vor von einer „politisierten" Sozialstruktur gesprochen werden kann. Unterschiedliche Ergebnisse ergibt die Betrachtung des sozialen Kontextes bzw. der sozialen Bezugsgruppen: Während Andersen/Heath (2002) für Großbritannien einen stabilen und signifikanten Einfluss der Klassenzusammensetzung eines Wahlkreises auf die Wahlergebnisse finden, zeigt Pappi (2002) für Deutschland, dass innerhalb der SPD-Wählerschaft die Zusammensetzung des jeweiligen Freundeskreises anders als 1972 heute keinen Einfluss mehr auf die Wahl hat.

Umstritten sind weiterhin die Effekte der Bildungsexpansion auf soziale Mobilität. Auf der einen Seite behauptet eine umfassende jüngere Untersuchung eine weitreichende Kontinuität von herkunftsbezogener Bildungsungleichheit (Shavit/Blossfeld 1993). Auf der anderen Seite wird nicht bezweifelt, dass Bildung die wesentliche Vermittlungsinstanz zwischen sozialer Herkunft und beruflicher Destination ist und sich herkunftsbedingte Assoziationen mit längeren Bildungswegen schrittweise lockern (Breen/Jonsson 2005).

Aus einer Alltagsperspektive haben Forschungen über klassenspezifische Mortalitäts- und Morbiditätsrisiken besondere Relevanz, denn hierbei geht es um individuell besonders „fühlbare" Konsequenzen der Klassenstruktur. Tod und Krankheit haben auch heute noch eine sehr ausgeprägte Klassenabhängigkeit. So berichten Edwards et al. (2006) von einem starken Rückgang der Kindersterblichkeit durch Verletzungen und Vergiftungen in Großbritannien zwischen 1980 und 2000, von der allerdings die untersten Klassen wenig profitiert haben. Die diesbezüglichen Todesraten der Dienstklasse liegen immer noch um bis zum Fünffachen niedriger als etwa bei Routineangestellten. Smith et al. (1997) unterscheiden in einer 21 Lebensjahre abdeckenden Studie zwischen manuellen und nicht-manuellen Positionen an drei Stellen des Lebenslaufs und bilden daraus einen längsschnittlichen Klassenindex. Im Vergleich zu den nicht-manuell Erwerbstätigen verdoppelt sich die Todesrate – etwa durch Krebs und Herz-Kreislauferkrankungen – für die an allen drei Zeitpunkten in manuellen Berufen Tätigen, und zwar selbst dann, wenn sonstige, *möglicherweise* selbst nicht durch Klassen, sondern genetisch bedingte Effekte (Bluthochdruck, Cholesterin, Asthma, Übergewicht) kontrolliert werden. Long et al. 2002 zeigen, dass sich nicht nur die klassenspezifische Arbeitskarriere des Mannes, sondern auch die eigene Erwerbsbeteiligung der Frau auf die Lebenserwartung auswirkt. In einer Gruppe von 737 klinisch betreuten Frauen im Alter von 72 und höher, die über einen Zeitraum von vier Jahren beobachtet wurden, lag die Sterbewahrscheinlichkeit im Vergleich zu Dienstklassenangehörigen um bis zu 170% erhöht. Diese empirischen Forschungsergebnisse zeigen beispielhaft, dass die Zugehörigkeit zu Berufsklassen weiterhin nachhaltige Folgen für Lebenschancen und -qualitäten hat.

Insgesamt ist die Benutzung der Klassenvariablen nicht nur in der empirischen Sozialforschung, sondern auch in Disziplinen wie der (Sozial)Psychologie, Gerontologie und Medizin heute eine Selbstverständlichkeit. Dieser Befund kontrastiert mit der Umstrittenheit des Klassenbegriffs innerhalb der Soziologie, die ich im nächsten Abschnitt schildere.

3 Klassenhandeln, Klassenkonflikte und das mögliche Ende der Klassengesellschaft

Im Vergleich zur empirischen Klassenforschung hat die Diskussion über die mehr oder minder große Handlungsrelevanz von Klassen meist eine größere öffentliche und fachwissenschaftliche Aufmerksamkeit mobilisiert. Die grundlegende Frage, die dort immer wieder aufgeworfen wurde, bezieht sich auf das Verhältnis von Klassenbildung und Klassenhandeln bzw. -bewusstsein und -konflikte. Im Rahmen der Diskussion über Klassenhandeln und -bewusstsein sind viele kritische Fragen an die empirische Klassenforschung gerichtet worden, die sich auf scheinbar uneindeutige Erklärungsleistungen beziehen: Bilden die aus mehreren Zehntausend Berufsbezeichnungen (etwa im Mikrozensus) in Schemata recodierten Gruppen tatsächlich die *typischen* Differenzen menschlichen Handelns *in* Arbeitsorganisationen präzise ab? Welchen Sinn macht die Behauptung, man könne alle Berufsgruppen in eine Hierarchie einordnen? Wird beachtet, dass so genanntes klassenspezifisches Handeln außerhalb der Berufsrolle neben der Aufdeckung seiner Klassenbedingtheit zusätzlicher hermeneutischer Anstrengungen bedarf, damit entschieden werden kann, welche Regelmäßigkeiten auf verstehbaren Motiven von Akteuren beruhen und damit überhaupt eine kausale Bedeutung im Sinne Max Webers (1980) haben? Gerade die letztgenannte Frage, die sich auf menschliches Handeln bei Bildungsentscheidungen, in Konsummustern, Gesundheitsverhalten, Heiratsmärkten, Wahlen, vor allem aber auf öffentlichen Protest und Verteilungskonflikte bezieht, hat die Diskussion über Jahrzehnte bestimmt.

Oft stand dabei die Diskussion über „Klassenkonflikte" im Zentrum. Angesichts der oft konstatierten „failure of class action" (Crompton 1998: 89ff.) ist die Frage unverändert aktuell, wie die Verbindung zwischen Klasse und kollektivem Handeln – die „weakest link in the chain" (Lockwood 1981) – zu denken sei (Offe 1985). Klassen sind in einer Außenperspektive ein *Beobachterkonstrukt*, das als „epistemologically exciting and difficult to handle" erscheint (Eder 1993: 9). Aber gerade das scheint seine Faszination auszumachen. Klassenforscher sahen oft ihre Aufgabe darin, angesichts des mangelnden Akteurbezuges von Klassen diese mit der beobachtbaren Praxis individueller und kollektiver Akteure zur Deckung zu bringen. *Eine* Strategie bemüht sich um den Nachweis der *Kausal*relevanz des Klassenbegriffs. Sie setzt ein bei sozialstrukturellen Verteilungen, die aus Berufsgruppen abstrahiert werden, und weist die „Klassenstrukturierung des gesellschaftlichen Ganzen" nach (Ritsert 1987: 4). An die Stelle der zerbrochenen Marxschen Theorie gesellschaftlicher Klassentotalität tritt eine Theorie der sozialen *Kausalität*, die die strukturelle Wirksamkeit klassenspezifischer Verteilungen nachweist und in Paarbegriffen wie Sozialstruktur und Kultur (Haferkamp 1990), Sein und Bewusstsein (Erbslöh u.a. 1988), Lagen und Milieus (Zapf u.a. 1987, Vester 1998), Klassenbildung und Schichtung (Haller 1989), Beruf und Geschmack, Einkommensstatus und Lebensstil operationalisiert. Strittig ist das *Ausmaß* dieses Einflusses, also die Frage, wie eng Herkunft, Bildung und Berufsweg verknüpft sind, oder ob nicht eine signifikante „Lockerung" der Relationen in Gefolge von Individualisierung und Wohlfahrtsexplosion stattgefunden habe, die jenseits von Stand und Klasse geführt habe (Shavit/Blossfeld 1993: 44, Beck 1986, Berger 1986, 1996, Nollmann/Strasser 2002).

Von diesen zentralen und mit Recht umstrittenen Fragen unterscheidet die Diskussion ein weiteres Problem, das den Status des Klassenbegriffs für Aussagen über menschliches Handeln problematisiert. So trennen Sørensen (2000) und Goldthorpe (2000a) drei Haupttypen des Klassenbegriffs, die hierarchisch nach ihrem jeweiligen theoretischen Anspruch aufeinander aufbauen. Der erste Typ stellt Dimensionen der Population, etwa Lebenschancen, -bedingungen, Einstellungen, Werte und Handlungsmuster zusammen. Der zweite Typ geht über das erste Konzept hinaus, indem er Klassenlinien zeichnet, die Individuen möglicherweise zu Kollektiven mit erkennbaren kulturellen Identitäten macht. Der dritte, anspruchsvollste Typ zielt auf Klassenhandeln. Er spezifiziert Kollektive mit gemeinsamen Interessen und der Motivation, an Konflikten mit anderen Klassen teilzunehmen. Sowohl Sørensen als auch Goldthorpe stellen klar, dass sie nach einer wohldurchdachten Theorie und Empirie auf allen drei Ebenen suchen.

Mit diesem explizit vertretenen Anspruch wird eine Auseinandersetzung mit dem sinnverstehenden Programm von Weber in mehrfacher Hinsicht unvermeidlich (Goldthorpe 2000). In der Ungleichheitsforschung wurde Weber oft als Gegenpol zur marxistischen Vorstellung einer durch und durch klassenförmigen, eindimensionalen Form sozialer Ungleichheit aufgebaut. Das Webersche Modell schien auf angemessene Weise zwischen sozialen Beziehungen zu unterscheiden, die Marx im Klassenbegriff zusammengezwängt hatte.

Blickt man mit Webers Prämissen auf die Debatte, hängen Erfolg und Misserfolg des Klassenbegriffs nicht nur, wie bei Sørensen (2000), Goldthorpe (2000a) und Wright (2000) diskutiert, davon ab, welche Elemente als Bestandteil der Definition von Klassenschemata herangezogen werden. Vielmehr müssen – wie selbst Goldthorpe (2000) in einigen neueren Aufsätzen ausdrücklich klarstellt – klassentheoretische Erklärungen *auch* beachten, welches sinnhafte Handeln genau als Erklärungsgegenstand vom Forscher gewählt wird und welche sinnhaften Motive dabei zugeschrieben werden. Webers Soziologie hatte den Kollektivbegriff „Gesellschaft" gerade deshalb in sinnhaftes Verhalten aufgelöst, weil seine *Zwischenbetrachtung* den Blick in die entgegengesetzte Richtung gelenkt hatte: weg von kontinuierlichen, übergreifenden Einheiten, hin zur sphärentypischen, durch unüberwindbare Abgründe gekennzeichneten Vielfalt. Gerade weil für Weber (1980: S. 3ff.) die moderne Gesellschaft unwiderruflich zerrissen ist, sieht er in *sozialen Beziehungen* die angemessene Analyseebene. Solche sozialen Beziehungen bezeichnen Typen von Situationen menschlichen Verhaltens, die von mehr oder minder großer Dauer sind, mehr oder minder häufig vorkommen und deren Zurechnungserwartungen mehr oder minder durch explizite Vereinbarung formalisiert sind. Dazu hat inzwischen die empirische sozialpsychologische Forschung präzisierend ergänzt, dass menschliches Handeln in der modernen Gesellschaft je nach Lebensphase, Handlungsproblem und zuhörendem Publikum in sehr unterschiedliche Kanäle der möglichen Zurechnung geglaubter Ursachen eingelassen ist und deshalb zu inkonsistenten Auffassungen über die Ursachen sozialer Ungleichheit kommt (Kluegel/ Smith 1986, Mason/ Kluegel 2000).

Aber dieser Pluralismus des gemeinten Sinns menschlichen Handelns stellt nur den ersten Bestandteil der soziologischen Erklärung nach Weber (1980) dar (Sinnadäquanz). Der zweite Bestandteil umfasst die sonstigen, übergreifenden kausalen Einflüsse auf das typische Handeln (Kausaladäquanz). An dieser Stelle kommt üblicherweise der Klassenbegriff zum Einsatz. *Empirisch* gesehen wird die Forschung zunächst eher mit bestimmten gesellschaftlichen Regelmäßigkeiten aus öffentlichen oder selbst aufgebauten Statistiken konfrontiert. Der Forscher sieht etwa in seinen Daten, dass die Klassenvariable in allen Lebensbereichen „wirkt" und folglich für fast jedes Erklärungsproblem herangezogen werden kann.

Aber genau an dieser Stelle liegt das Problem, wie gerade Goldthorpe (2000: 178, 260) am Beispiel von Bildungsverhalten formuliert, denn die Forschung weiß weniger präzise, wie Bildungsentscheidungen getroffen werden und welche Kausalvorstellungen Menschen dabei in welchen Situationen heranziehen. Generell geben die verfügbaren Daten und Methoden über solches Verhalten selbst weitaus weniger Auskunft als über deren Bedingungen und Konsequenzen, die in Klassenschemata dokumentiert werden. Daraus resultiert die immer wieder vorgetragene und inzwischen tief in die empirische Sozialforschung selbst hineinreichende Kritik an der Unfähigkeit, ungleiches Handeln und seine Konsequenzen *verständlicher* zu machen (vgl. Abbott 1998). Auch Goldthorpes erklärter Wunsch einer Komplementarität von Klassenforschung und Hermeneutik scheint bisher nicht umgesetzt worden zu sein, weil unklar ist, wie die Verbindung zu einer empirisch geerdeten Hermeneutik genau aussehen könnte.

Wird – wie jüngst von Goldthorpe – das Hauptproblem des heutigen Klassenbegriffs in der Frage verortet, wie eine Allianz von Sinnverstehen und Klassenschemata möglich sei, erscheinen allerdings manche der *innerhalb* der Klassenforschung bisher gepflegten Gegensätze als weniger tief greifend. Die heute üblichen Klassenschemata beziehen sich alle auf die soziale Beziehung der Arbeitsorganisation und sind insofern alle mehr oder minder „weberianisch", als es ihnen um sinnhaftes Handeln in Arbeitsorganisationen geht, das durch *typische* Mikromotive rekonstruiert wird (Erikson/Goldthorpe 1992) – wobei durchaus kritisch hinterfragt wird, ob die vorliegenden Schemata das *Typische* menschlichen Handelns in Arbeitsorganisationen wirklich sinnadäquat einfangen (Weeden/Grusky 2005). Die entscheidende Frage der Reichweite der heutigen Klassenforschung entscheidet sich dann nicht allein an den von Sørensen (2000), Goldthorpe (2000a) und Wright (2000) diskutierten Begriffen *exploitation, authority* and *rent*, sondern an der von Weber zu Recht aufgestellten Forderung, Aussagen über *alle anderen* sozialen Beziehungen in der Gesellschaft durch typische Motive interpretativ zu *ergänzen*, denn aus kausal adäquaten Berufsklassenstrukturen allein können keine sinnadäquaten *Deutungen* für Handeln *außerhalb* der Berufsrollen gewonnen werden (Hedström/Swedberg 1996). Das betrifft nicht nur den „ständischen" Lebensstil, das Bildungs-, Konsum-, Heirats-, Wahl- und Gesundheitsverhalten. Auch öffentliche Verteilungskonflikte, Proteste und Tarifkämpfe werden vom Bürger *gerade nicht* direkt in seiner Berufsrolle am Arbeitsplatz ausgetragen (G. Marshall 1997: 38).

Die mangelnde hermeneutische Sensibilität ist über die Jahre zu einer Standardkritik an der Klassenforschung geworden. Dabei darf gleichwohl nicht übersehen werden, dass die Forschung schon immer klassenspezifische Deutungen untersucht hat, um den Zusammenhang von Klasse und Konflikt(handeln) zu operationalisieren. Eine in den 60er Jahren wichtige Forschungsrichtung, die den Klassenbegriff mit sinnhaften Deutungen zu verbinden versucht hat, bezieht sich auf typische Gesellschaftsbilder, die „Mitglieder" von Klassen ausbilden. Lockwood (1966: 249) hob hervor, dass Individuen „visualize the ... structure of their society from the vantage points of their own particular milieus and their perception of the larger society will vary according to their experiences ... in the smaller societies in which they live out their daily lives."

In eine ähnliche Richtung weist ein *zweiter* Zweig implizit sinnverstehender Klassenforschung, der sich mit „fehlendem" Klassenbewusstsein auseinandersetzt. Ein neueres Beispiel dafür liefern Kelley und Evans (1995). Sie zeigen, dass sich von Armut betroffene Menschen in Relation zu ihrem Umfeld als „Normalfall" kategorisieren und – obwohl „objektiv" vom Beobachterstandpunkt aus „eigentlich" erwartbar – sich *nicht* als arm wahrnehmen, weil ihre Referenzgruppe ihre Selbstbewertung umlenkt. Das angenommene „Auseinanderfallen" von Klassenlage und Klassenbewusstsein impliziert in diesem Fall jedoch eine normative Herangehensweise: Der wissenschaftliche Beobachter glaubt, dass die Akteure gemäß ihrer Klassenlage ein bestimmtes Bewusstsein haben „müssten".

Eine *dritte* Forschungsrichtung hat den Handlungsbezug des Klassenbegriffs durch die Kategorie des *Klassenbewusstseins* nachzuweisen versucht. Die Messung von Klassenbewusstsein erfolgte im von Wright geleiteten 10-Länder-Projekt (Erbslöh et al. 1988). Die Operationalisierung des Klassenbewusstseins erfolgte in dieser Untersuchung durch Interviewfragen, die auf „typische" Einstellungen und ihre relativen Ausprägungen zielten. Die Befragten sollten Stellung beziehen zu Positionen wie: In Unternehmen haben Eigentümer Vorteile auf Kosten der Arbeitnehmer und Konsumenten; im Falle eines Streiks sollte das Management gesetzlich daran gehindert werden, anstelle der Streikenden andere Arbeitnehmer einzustellen; wenn die Arbeitnehmer in ihrem Betrieb die Chance hätten, ohne das Management zu arbeiten, dann könnten sie alle Angelegenheiten wirksam genauso gut erledigen; Arbeitnehmer in unserer Gesellschaft brauchen Gewerkschaften, um ihre Interessen durchzusetzen. Um die Stärke der Bewusstseinsbildung messen zu können, mussten die Befragten ihre Antwort auf einer Skala zwischen 1 (Pro-Kapital) und 8 (Pro-Arbeitnehmer) angeben. Die Ergebnisse waren mehr oder minder gut in der Lage, die hierarchische Anordnung der Berufsgruppen abzubilden. Arbeitslose Arbeiter zeigten die höchste und Kapitalisten die niedrigste Ausprägung. Kleinbürgertum, lohnabhängige Mittelklasse, kommerzielle und aggregierte Arbeiterklasse sowie Maschinenpersonal bildeten in aufsteigender Reihenfolge die zwischen den Extremen liegenden Plätze.

Welche Schlussfolgerungen konnten aus diesen Forschungen gezogen werden? Keine der genannten Untersuchungen hatte den Anspruch, Erklärungen für tatsächliches Konflikthandeln zu erreichen. Die Theorie sozialer Bezugsgruppen zielt eher in die entgegengesetzte Richtung. Die Deutungen, auf die die Gesellschaftsbildforschung getroffen ist, verweisen ebenso wenig auf soziale Konflikte, die mit Klassenüber- und Unterordnungen zu tun haben. Soziale Ungleichheit wurde in den Augen des traditionellen Arbeiters, der alten und neuen Mittelschicht, des ‚affluent' und ‚deferential workers' eher resignativ hingenommen oder als legitim bzw. funktional notwendig akzeptiert. Die von den unteren Klassenmitgliedern geäußerten Ansichten erwiesen sich als heterogen, zerbrechlich und inkonsistent, so dass die Forschung schließlich die Erwartung aufgab, aus diesen Bildern konsistente Handlungsmuster ableiten zu können (G. Marshall 1997: 33f.).

Die Messung von Klassenbewusstsein im 10-Länder-Projekt hat zeigen können, wie *Einstellungen* klassenabhängig differieren. Aber Einstellungen haben – wie seit geraumer Zeit bekannt – zumindest einen näher zu präzisierenden Einfluss auf faktisches Handeln (vgl. Ajzen/Fishbein 1975: 17-27, Hage/Meeker 1988: 89). Ob und wenn ja, welche Konsequenzen die gemessenen Einstellungsdifferenzen für mögliches Konflikthandeln haben, hängt auch nach Ajzen (1991) offenbar davon ab, welche Kontroll- und Kausalvorstellungen die Menschen in dem jeweiligen kontextspezifischen Handeln *tatsächlich* zeigen, also ob sie z.B. überhaupt der Meinung sind, dass sie ein als positiv bewertetes Verhalten wirklich durchführen *könnten*. Ein Befragter kann durchaus die Kausalvorstellung haben, dass für mehr erwünschten Erfolg im eigenen Leben höhere Bildung notwendig sei, und trotzdem glauben, dass *er selbst* ein solches Ziel nicht kontrollieren kann (Diewald 2001, Nollmann 2003). Ein Angestellter mag im Interview durchaus auf eine allgemein gehaltene Frage antworten, dass man „eigentlich" im Betrieb auch ohne Management gut auskäme, um dann in der Mitarbeiterbesprechung unter Praxisdruck trotzdem darauf zu verweisen, dass es doch das Management sei, das die Verantwortung trage. Tatsächliche sozialstrukturelle Folgen hat aber immer nur das tatsächlich gezeigte Verhalten, dessen Praxisgehalt nicht mit unterspezifizierten Fragestellungen einzufangen ist. Damit gelangt man erneut zu dem Ergebnis, dass es erst die tatsächliche *Deutung* ungleichen Handelns je nach Handlungsproblem, Kontext, zuhörendem Publikum und Lebensphase ist, die Auskunft über Ursachen und Folgen menschlichen Handelns für sozialstrukturelle Verteilungen gibt.

G. Marshall (1997: 44f.) hat deshalb schließlich darauf bestanden, „Klassenbewusstsein" nicht als Attribut individueller, sondern ausschließlich kollektiver Akteure (Gewerkschaften, Verbände, Parteien etc.) aufzufassen. Die empirische Klassenforschung hat deshalb bis heute das Desiderat hinterlassen, sinnfremde Klasseneinflüsse sinnverstehend zu ergänzen, wobei offen geblieben ist, wie das empirisch genau geschehen soll. Dahrendorfs (1957) Zweiteilung der generellen Klassentheorie hat sich insofern als nicht ausreichend erwiesen, denn die Forschung hat sich mit guten Gründen nicht auf Klassenhandeln und Klassenkonflikte, sondern *erstens* auf die Klassenformierung in Arbeitsorganisationen und *zweitens* auf die kausalen Einflüsse konzentriert, die die berufliche Stellung auf andere gesellschaftliche Felder und Rollen hat.

Über lange Zeit lag es alternativ nahe, tarifpolitische und demokratische Verteilungskonflikte als Ausdruck von Klassenhandeln anzusehen (Andersen/Davidson 1943). Sie konnten auf mindestens zwei Bühnen beobachtet werden. Die eine Bühne wurde von den Tarifkonflikten zwischen Unternehmen und Gewerkschaften gebildet. Die andere Bühne bildet der Wohlfahrtsstaat. Er wurde als „Kompromiss" angesehen, der die so genannte „Klassenspaltung" mildern sollte. Diese Traditionslinie zitiert T. H. Marshalls Bürgerrechtstheorie (1947), der es darum ging, die Spannungen zwischen sozialen Rechten und kapitalistischen Märkten in Großbritannien zu verstehen. Die Klassentheorie hat die wohlfahrtsstaatlichen Redistributionen als Beweis für die ungelösten, auf Dauer gestellten Gegensätze und ihr Wirken in der Klassen*politik* interpretiert. Für sie war damit die Kluft zwischen Klassenstruktur und Klassenhandeln überbrückt.

Doch schon seit den siebziger Jahren meldeten sich Stimmen, deren Kritik sich *cum grano salis* mit der Behauptung zusammenfassen lässt, dass die Klassenforschung die wirklichen Deutungen etwaiger Konfliktteilnehmer nicht sinnadäquat zu rekonstruieren vermöge (Parkin 1979). Daniel Bell (1976) behauptete, dass die kulturellen Widersprüche des Kapitalismus zu einer wachsenden Trennung zwischen Sozialstruktur und Kultur führten, weil beide von einem je anderen Axialprinzip beherrscht würden. Während die Sozialstruktur in funktionaler Rationalität und Effizienz verwurzelt ist, basiert die Kultur auf der antinomischen Rechtfertigung individueller Selbstverwirklichung. Damit schien die Bewusstseinsbasis für ein Klassenhandeln zusammenzubrechen.

Dazu passte Hobsbawms (1981) Beobachtung, dass die Solidarität geteilter Lebensstile und politischer Ziele in der traditionellen Arbeiterklasse durch das Wachstum öffentlicher Beschäftigung und multinationaler Unternehmen unterminiert worden sei. Die Mehrheit der Arbeiter verhandelt seitdem unter Bedingungen um Löhne, die sich vom freien Spiel der Kräfte markant unterscheiden. Die zunehmende Erwerbstätigkeit der Frau, die Expansion nicht-manueller Arbeit und umfassende Immigration habe die Arbeiter in Sektionen und Gruppen getrieben, die je für sich ihre eigenen ökonomischen Interessen unabhängig vom Rest verfolgen.

In jüngerer Zeit hat diese Kritik weitere Nahrung erhalten. Der „welfare state deal" (Crompton 1998: 83), jener sagenumwobene „Nachkriegskonsens zwischen Kapital und Arbeit – das große sozialdemokratische Vermächtnis" (Mackert/Müller 2000: 29), erweist sich vor dem Hintergrund von Globalisierung als wirkungslos. Heute könnte man auch zu der Überzeugung gelangen, dass das historische Bündnis zwischen Kapitalismus, Sozialstaat und Demokratie (Rodrik 2000: 11) nicht erodiert, sondern es vielmehr in diesem Sinne nie existiert hat. Die Prämissen, die Politik und Unternehmen mit Tarifpolitik, Sozialversicherungen und wohlfahrtsstaatlichen Umverteilungen verbunden hatten, waren weitaus unterschiedlicher, als eine über mehrere gesellschaftliche Felder hinweg kausal kurzschließende Klassenperspektive glauben machen wollte. Nachdem auch sozialdemokratische Regierungen an der Reduktion des sozialstaatlichen Ausgleichs festhalten oder diesen gar erst richtig in Gang setzen, steht die klassentheoretische Interpretation des wohlfahrtsstaatlichen Ausgleichs unter Druck. Verschiedenste Vertreter der marxistischen Tradition waren deshalb bereit, Webers Konzept des kontextspezifischen Sinnverstehens nochmals etwas mehr Recht gegenüber den sich nicht bewahrheitenden, gesellschaftlich übergreifenden Klassenlinien zu geben.

Ein weiteres Problem für die klassentheoretische Deutung von Verteilungskonflikten besteht zudem in den oft sinkenden Mitgliedschaftszahlen der Gewerkschaften. *Obwohl* die hohe Arbeitslosigkeit die Machtverhältnisse auf den Arbeitsmärkten zugunsten der Arbeitgeber verschoben hat, verstärken die Menschen diesen Trend, indem sie „ihre" kollektiven Klassenakteure verlassen. Die Klassentheorie bietet – obwohl sie die Verteilungskämpfe in Politik und Tarifpolitik für ausgedrückte *Klassenkämpfe* hält – in ihrem Dilemma von Klassenbildung und Klassenhandeln dafür keine Erklärung, denn die „Klassenangehörigen" handeln offenbar nach anderen, noch nicht genau genug bekannten Kausalvorstellungen, als ihnen qua Klassenzugehörigkeit bisher zugeschrieben wird.

Die Neuen sozialen Bewegungen wurden von Klassenforschern als Agendasetter begrüßt, weil sie in der Lage seien, neue Themen und neue gesellschaftliche Konfliktlinien in die Öffentlichkeit zu transportieren und den alten Abgrund von Kapital sowie Arbeit zu ersetzen (Touraine 1992, Castells 2000). Vertreter der Klassentheorie akzeptierten, dass der „alte" Klassenkampf an Bedeutung verloren habe, sahen aber in Neuen sozialen Bewegungen den neuen, zeitgenössischen Ausdruck von Klassengegensätzen (Eder 1993: 158). Dabei stehen die *neuen Mittelklassen* im Brennpunkt des Interesses, die als die eigentliche Mobilisierungsbasis für neue soziale Bewegungen gelten (Eder 1990: 184). Die starke Ausweitung des tertiären Bildungssektors und der professionellen Humandienstleistungsberufe habe ihnen eine Massenbasis verschafft. Ihre sozialstrukturelle Herkunft aus qualifizierten Produktions- und sozialen Dienstleistungsberufen lege alternative, kulturelle Leitvorstellungen nahe, die über den Materialismus älterer Generationen hinausweist (Inglehart 1977). Ihr postmaterialistisches Wertmuster stellte Selbstverwirklichung, Selbstbestimmung, Partizipation, Gerechtigkeit, friedliche Konfliktlösungen und Harmonie mit der Natur in den Vordergrund. Ihre Suche nach dem „guten Leben" drücke eine klassenspezifische Lebensform aus, die sie durch Umweltschäden gefährdet sehen. Sie seien als Träger ökologischer, antitechnokratischer und pazifistischer Bewegungen besonders sensibel für Folgeprobleme und Selbstgefährdungspotentiale der wirtschaftlichen Entwicklung. Es gehe ihnen nicht um *Produktion*, sondern um *kulturelle Expression*, mit der die offizielle Realität auf rituelle Weise auf den Kopf gestellt wird. Was in der Tradition von Bells *Cultural Contradictions* noch als Erosion klassenspezifischer Verhaltensweisen erschienen war, wird hier zu einer neuen Klassenbeziehung umgedeutet. Die expressiven Kreuzzüge seien Ausdruck neuer, radikaler Mittelklassenbedürfnisse und würden heute am Rande von Weltwirtschaftsgipfeln von Globalisierungskritikern inszeniert.

Die Bewegungsforschung hat diesen Sinnzusammenhang öffentlichen Protests minutiös dokumentiert. Wenn Klassenforscher deckungsgleiche Wertmuster zwischen Bewegungsakteuren und sozialstrukturellen Mobilisierungsgruppen aufdecken, zeigen sie eine informative, klassenförmige *Kausalität* zwischen dem Feld des Protestes und dem Feld der Berufe im Sinne von Max Weber.

Einen vorläufigen Höhepunkt erreichten die Diskussionen schließlich in den 80er und 90er Jahren nicht nur in Deutschland, sondern auch in Großbritannien und den USA mit der oft zu vernehmenden Feststellung des *Todes der Klassen* (Pakulski/Waters 1996, G. Marshall 1997). Gleichwohl wird die polarisierende Konfliktlogik – „Leben oder Tod der Klasse – *tertium non datur*" – den heute mit dem Klassenbegriff verbundenen Forschungen wahrscheinlich nicht gerecht (Benschop et al. 1998: 8). Die empirische Berufsklassenforschung hat die Erklärungsansprüche des Klassenbegriffs inzwischen so weitgehend eingeschränkt, dass sie menschliches Handeln gerade nicht mehr gesellschaftsweit aus dem Klassenbegriff allein verstehen und erklären möchte.

Bisweilen scheinen sich auch Kritiker, die vom Tod der Klassen sprechen, auf „Klassen" mit einem anderen Begriffsumfang zu beziehen, der so nicht mehr von der empirischen Forschung vertreten wird. So ist etwa für Ulrich Beck (1986: 209) der Grund für das von ihm verkündete *Jenseits von Schicht und Klasse* die Freisetzungsdimension von Individualisierung: Sie löst das Individuum aus den überkommenen Bindungen sozial-moralischer Milieus und der Familie heraus und macht es zur „lebensweltlichen Reproduktionseinheit des Sozialen". Der übergreifende kausale Nexus zwischen beruflicher Klassenexistenz im Produktionsbereich und symbolischer Klassenzugehörigkeit sei in der Lebensführung in Milieu und Familie zerbrochen. Die Gründe dafür sind der Fahrstuhleffekt, der die Bevölkerung bei unbestritten konstanten Ungleichheitsrelationen des Einkommens von der Klassen- in die Individualisierungsetage hochfährt; die wohlfahrtsstaatliche Absicherung des allgemeinen Wohlstands; die Chancen und Perspektiven erweiternde Bildungsexpansion; die vermehrte Erwerbstätigkeit der Frauen, die die ständische „Natürlichkeit" der Geschlechterarbeitsteilung zerstört; die Pluralisierung familialer Lebensformen; Tendenzen der Entstandardisierung von Erwerbsarbeit, die in bisher nicht gekanntem Ausmaß flexible Unterbeschäftigung erzeugt (Schroer 2001). An die Stelle der lebensweltlichen Evidenz von Klassen träten neue Formen der Reintegration der Individuen – etwa in Form neuer sozialer Bewegungen und Alternativ- bzw. Jugendsubkulturen (vgl. Beck 1986: 120). Kurz gesagt: Wenn die Individualisierungsthese vom *Ende der Klassengesellschaft* spricht, bezweifelt sie keinesfalls die Kontinuität umfassender Ungleichheit, die im Beruf ihren Ursprung hat, sondern nur das *Verblassen der lebensweltlichen Klassenevidenz* im informellen Interaktions-, Freizeit- und Reproduktionsbereich der Gesellschaft. Becks Kritik am Klassenbegriff scheint anzunehmen, dass mit diesem *allein* menschliches Handeln gesellschaftsweit, also sowohl inner- als auch außerhalb von Arbeitsorganisationen, erklärt *und* verstanden werden solle. Es geht dann um die Frage, ob wir nach wie vor in einer Klassen*gesellschaft* leben, und die Antwort lautet, dass das nicht mehr der Fall sei, weil immer häufiger Menschen jenseits der Arbeit längst individualisierte und nicht (mehr) kollektive, externe, auf ein Klassenschicksal referierende Zurechnungen ihres Verhaltens eingeübt hätten. Selbst wenn dieser empirisch unsicheren, aber nicht unplausiblen Hypothese zugestimmt wird, ergibt sich keinesfalls eine Zurückweisung nützlicher Ergebnisse der empirischen Klassenforschung.

4 Perspektiven und Herausforderungen des Klassenbegriffs

Der Klassenbegriff nimmt bis heute eine prominente Rolle in der Erforschung moderner Gesellschaften ein. Die Individualisierungsdebatte hat diese Rolle eher noch gestärkt, denn sie hat die empirische Klassenforschung zu einer intensiven Reflexion über das eigene Forschungsprogramm angeregt (vgl. auch den Beitrag zu „Individualisierung" in diesem Band). Während die Auseinandersetzungen über das Ausmaß der Klassenstrukturierung zeitgenössischer Gesellschaften ohne Zweifel lebhaft bleiben werden, haben sich längst weitere Herausforderungen der Klassenforschung abgezeichnet, die ihren empirischen Kern berühren: *erstens* das inzwischen weit entwickelte Programm der Lebenslaufforschung, *zweitens* die komparative Forschung zu Einkommensungleichheit und *drittens* der Ruf nach einem differenzierteren Klassenschema.

(1) Die Lebensverlaufsforschung deckt die in Lebensverläufe eingelassenen Einflüsse zwischen gesellschaftlichen Feldern auf. Sie verwendet dabei wie selbstverständlich zwar den Klassenbegriff, hat aber seine Bedeutung grundlegend verändert. Ausbildungs- und Berufskarrieren beruhen auf sich selbst verstärkenden kausalen *Prozessen*. Schon die Verteilung auf Haupt-/Realschule und Gymnasium bedingt irreversible Einschränkungen, die im weiteren Lebensverlauf verstärkt werden. Möglichkeiten für Berufskarrieren engen sich früher ein, als man erwarten würde (Mayer/Blossfeld 1990, Mayer 1990: 11f.). Lebensverlaufsstudien zeigen so, wie Individuen als identische Einheit in den differenzierten Feldern der modernen Gesellschaft handeln und behandelt werden. Ihr Begriff der *Reproduktionsklasse* scheint sich unausweichlich in markantem Gegensatz zur handlungstheoretischen Tradition zu stellen. Wo Handlungstheoretiker die Differenzierung sozialer Beziehungen hervorheben, sieht die Lebensverlaufsforschung die in der individuellen Lebensgeschichte aufbewahrten Kontinuitäten, die über diese Differenzen hinweg gleiten. Leitmotiv ist deshalb Bourdieus Lebensverlaufs*hypothese*, die er in einem diachronen Klassenbegriff fasst: „Einem bestimmten Umfang ererbten Kapitals entspricht ein *Bündel* ungefähr gleich wahrscheinlicher, zu ungefähr gleichwertigen Positionen führender *Lebensläufe* – das einem bestimmten Individuum objektiv gegebene *Möglichkeitsfeld*..." (Bourdieu 1987: 188). Bourdieu sieht typische Lebensverläufe nicht nur als klassen*bedingt*, sondern als klassen*konstitutiv* an. Die messbare Durchlässigkeit von Klassengrenzen erscheint als Prüfstein für die Totalitäten, die sich gegen den Anschein differenzierter Felder als zugrunde liegende Beziehungs*einheit* der modernen Gesellschaft erweisen. Wenn nachgewiesen werden kann, dass die Zuweisung der Individuen zu ihren sozialen Positionen von ihrer Herkunft abhängt, erscheinen die mit dem Mensch verbundenen Verhaltenserwartungen als *stärkere Einheit* als die differentiellen, *erworbenen* Merkmale *innerhalb* der eigenlogischen Beziehungsfelder, die Weber mit dem Begriff des gemeinten Sinns von Verhalten aufgearbeitet hat. Die auch im Zeitablauf stabile *Identität* des Individuums kann in diesem Fall kräftigere endogene Kausalitäten mobilisieren als die eigenlogischen Felder, die im Zentrum von Differenzierungs- und Handlungstheorien stehen.

Klassenzugehörigkeiten werden dabei nicht primär durch *sachliche* Merkmalskombinationen (Weisungsbefugnisse, Ausbeutungsweise) definiert, sondern über die sich kumulativ verstärkende Selektivität von Lebensverläufen *prozess*förmig konstituiert, so dass aktuelle Zustände und Ereignisse aus vergangenen Lebensgeschichten mit mehr oder minder großer Wahrscheinlichkeit *kausal erklärbar* werden (Huinink 1995: 155, Elder/O'Rand 1995: 459). Die in der Lebenslaufforschung erfolgte Transformation des Klassenbegriffs zeigt ihren vollständigen Abschied von veralteten Klassenprämissen nicht nur in der Auflösung des Problems des Klassenhandelns. Sie belegt diesen Abschied auch in ihrem Verzicht auf Konfliktvermutungen. Sie möchte die dynamische Einbettung von Lebensverläufen in eine differenzierte Gesellschaft erforschen und verzichtet darauf, in Klassen einen Akteur zu sehen, der grundsätzlich oder im Einzelfall in Konflikten handelt. Sie versteht den Klassenbegriff kausal aus der Beobachterperspektive: Es geht ihr nicht um Klassen, die in Konflikten handeln, sondern um *genetische Reproduktionsklassen*, deren *Wirkung* in Lebensverläufen nachgewiesen werden kann. Folgerichtig geht sie nicht nur davon aus, dass „Politik für Gruppen in besonderen Lebenslagen ... an die Stelle von Klassenpolitik" tritt (Mayer 1990: 14). Auch plädiert sie vorsichtig, bisweilen gar entschieden für eine Verbindung klassenförmiger Makroregelmäßigkeiten mit Mikroregeln menschlichen Handelns, die sich als Kausal- und Kontrollvorstellungen messen lassen (Mayer 2003, Diewald et al. 1996). Was aus der Sicht der interdisziplinären Lebenslaufforschung als notwendige Verbindung von soziologischer Strukturanalyse und sozialpsychologischer Entwicklungsforschung erscheint, bezeichnet in der von Weber verwendeten Terminologie die Verbindung von kausal adäquaten mit sinnhaft adäquaten Erklärungen.

(2) Eine jüngere empirische Herausforderung der Klassenforschung hat sich aus der international vergleichenden Erforschung von Einkommensungleichheit entwickelt. Auf der Basis der *Luxembourg Income Study* hat die Forschung in den letzten Jahren ihr zeitdiagnostisches Potential erheblich erhöht und die so genannte „große Kehrtwende" in der Ungleichheit der Einkommensverteilung zu ihrem Kernthema gemacht (Alderson/Nielsen 2002). So verwundert es nicht, dass aus diesen Kreisen der Klassenforschung inzwischen vorgeworfen wird, sie habe zur jüngeren Verschärfung von Ungleichheit wenig Erklärungsleistungen beitragen können (Kenworthy 2007, vgl. Weeden et al. 2007). Goldthorpe (2007) hat dazu zwar erwidert, dass sein Klassenschema diese Leistung nicht erbringen könne und gerade unabhängig von aktuellen Ausprägungen der Einkommensungleichheit die Kontinuität von Klassenstrukturen aufdecken wolle. Man mag darin eine weitere, freiwillige Selbstbeschränkung des Forschungsanspruchs erkennen. Damit stellt sich jedoch die Frage, welche zeitdiagnostische Kompetenz die Klassenforschung tatsächlich hat.

(3) Weeden und Grusky (2005) präsentieren eine breit angelegte Kritik an herkömmlichen Klassenschemata und schlagen die Ersetzung von deren „big classes" durch eine deutlich höhere Zahl von „microlevel classes" vor, die enger an empirisch vorfindbaren Berufsgruppen angelehnt sind. Ihr Vorwurf lautet, dass die Aggregation einer sehr großen Zahl von Berufen in 7 bis 11 Berufsklassen einen großen Teil der „horizontalen" Variabilität von Lebenschancen verdeckt, anstatt diese erkennbar zu machen. Ihnen zufolge entwickeln Berufe eigene Werte, Einstellungen, Reputationen, Marktchancen und soziale Schließungen mit nachhaltigen Folgen für ungleiche Lebenschancen. So zeigt etwa Weeden (2002) unter Verwendung neuer Messinstrumente und Daten, dass berufsspezifische Lizenzierungen, Bildungszeugnisse, freiwillige Zertifikate und Assoziationen die Gehälter der Berufe *unterhalb* des Niveaus von „big classes" positiv beeinflussen, wenn die Berufsgruppen mithilfe dieser Instrumente eine kollektive Schließung ihrer Marktchancen erreichen kann. Diese überzeugenden empirischen Ergebnisse sprechen dafür, dass die neue „microlevel class agenda" wertvolle und noch präzisere Erkenntnisse über die Einflüsse des Berufs auf Lebenschancen liefern wird.

Auch wenn diese drei „neuen" Herausforderungen der Klassenforschung kritische Stellungnahmen zum Forschungsprogramm der letzten Jahrzehnte publiziert haben, zielen sie gerade nicht auf den „Tod der Klassen", sondern auf eine weitere Präzisierung ihrer Bedeutung. Sie setzen voraus, dass sich in der heutigen, transformierten Klassenforschung der unmittelbare Handlungsbezug des Klassenbegriffs lediglich auf die typischen Tätigkeiten von Berufsgruppen in Arbeitsorganisationen bezieht. Ob und, wenn ja, auf welche Weise, in welchem Ausmaß und mit welchen Konsequenzen dieses Verhalten zu öffentlichem Protest führt, steht nicht unmittelbar im Zentrum des weiter entwickelten, eingeschränkten Klassenbegriffs.

Damit ist eine große Vorsicht bei der Verwendung des Klassenbegriffs verbunden. Er wird nicht so verwendet, dass der Eindruck entsteht, der Klassenbegriff enthalte Aussagen über gesellschaftsweit gültige Motive menschlichen Handelns. Diese Vorsicht darf auch nicht – wie schon Weber gegen Marx betont hat – dadurch aufgehoben werden, dass die betrachteten Typen von *individuellen* Akteuren mit anderen kollektiven Akteuren (Betriebsräte, Gewerkschaften, Parteien) verwechselt oder mit anderen situativen Schauplätzen (informelle Öffentlichkeiten, politischer Kampf, Stände) kausal kurzgeschlossen werden. Die Prämissen der empirischen Berufsklassenforschung über die Selektivität menschlichen Handelns beruhen allein auf der *typischen* Verortung und Art der Tätigkeit der jeweiligen individuellen Akteure *in ihrer Rolle in Arbeitsorganisationen*. Diese Prämissen müssen aufrechterhalten werden, falls man mit Hilfe des Klassenbegriffs weitergehende Aussagen über menschliches Handeln und seinen sozialstrukturellen Ursachen und Wirkungen in anderen gesellschaftlichen Feldern als Arbeitsorganisationen machen möchte.

Die Klassenforschung hat den von Weber und Dahrendorf geöffneten Abgrund zwischen Klassenformierung und Klassenhandeln nicht schließen können, aber auch nicht mehr schließen wollen. Daraus folgt aber kein Abschied von Klassen. Die Klassenanalyse erscheint heute als „a far more limited project" (G. Marshall 1997: 53), als ihre konflikttheoretische Tradition nahe gelegt hat. Sie ist heute *erstens* zu einem eng mit der Mobilitätsforschung verschwisterten Forschungsinstrument geworden, das in der modernen Gesellschaft sinnfremde *Einheit* aufdeckt, wo viele Forscher nur noch sinnhafte *Differenzen* sehen (vgl. Savage 2000: 72ff.). *Zweitens* verfolgt die Klassenforschung den sozialen Wandel der Gesellschaft auf der Ebene ihrer Berufsgruppen. Auch in dieser Transformation sind die Analysemöglichkeiten des Klassenbegriffs noch lange nicht erschöpft. Vor dem Hintergrund dieser Einschränkungen und Perspektiven erscheint die Nachricht vom *Tod der Klassen* als übertrieben.

Literatur

Abbott, Andrew (1998): The Causal Devolution. In: Sociological Methods&Research 27, 2: 148-181
Ajzen, Icek (1991): The Theory of Planned Behaviour. In: Organizational Behaviour and Human Decision Processes 50: 179-211
Ajzen, Icek/Fishbein, Martin (1975): Understanding Attitudes and Predicting Social Behavior, Englewood Cliffs. New Jersey: Prentice-Hall
Alderson, Arthur S./Nielsen, Francois (2002): Globalization and the Great U-Turn: Income Inequality Trends in 16 OECD Countries. In: American Journal of Sociology. 107: 1244-1299
Andersen, Dewey/Davidson, Percy (1943): The Democratic Class Struggle. Stanford, CA: Stanford University Press
Andersen, Robert/Heath, Anthony (2002): Class matters. The Persisting Effects of Contextual Social Class on Individual Voting in Britain, 1964-97. In: European Sociological Review 18, 2: 125-138

Beck, Ulrich (1986): Risikogesellschaft. Frankfurt a.M.: Suhrkamp
Bell, Daniel (1976): The Coming of Post-Industrial Society. Harmondsworth: Penguin
Benschop, Albert/Krätke, Michael/Bader,Veit (1998): Eine unbequeme Erbschaft – Klassenanalyse als Problem und als wissenschaftliches Arbeitsprogramm. In: dies., Werner van Treeck (Hrsg.): Die Wiederentdeckung der Klassen. In: Argument Sonderband Neue Folge AS 247: 5-26
Berger, Peter A. (1986): Entstrukturierte Klassengesellschaft? Klassenbildung und Strukturen sozialer Ungleichheit im historischen Wandel. Opladen: Westdeutscher Verlag
Berger, Peter A. (1996): Individualisierung. Statusunsicherheit und Erfahrungsvielfalt. Opladen: Westdeutscher Verlag
Bourdieu, Pierre (1987): Die feinen Unterschiede. Frankfurt a.M.: Suhrkamp
Breen, Richard/Jonsson, Jan O. (2005): Inequality of Opportunity in Comparative Perspective: Recent Research on Educational Attainment and SocialMobility. In: Annual Review of Sociology 31: 223-243
Castells, Manuel (2000): The Rise of the Network Society, 2nd edition. Oxford: Blackwell
Crompton, Rosemary (1998): Class and Stratification. An Introduction to Current Debates, 2nd edition. Cambridge: Polity Press
Dahrendorf, Ralf (1957): Soziale Klassen und Klassenkonflikt in der industriellen Gesellschaft. Stuttgart: Enke
Diewald, Martin (2001): Unitary Social Science for Causal Understanding: Experiences and Prospects of Life Course Research. In: Canadian Studies in Population 28, 2: 219-248
Diewald, Martin/Huinink, Johannes/Heckhausen, Jutta (1996): Lebensverläufe und Persönlichkeitsentwicklung im gesellschaftlichen Umbruch. In: Kölner Zeitschrift für Soziologie und Sozialpsychologie 48, 2: 219-248
Eder, Klaus (1990): Gleichheitsdiskurs und soziale Ungleichheit. Zur Frage nach den kulturellen Grundlagen sozialer Ungleichheit in der modernen Klassengesellschaft. In: Hans Haferkamp (Hrsg.): 177-208
Eder, Klaus (1993): The New Politics of Class. London: Sage
Edwards, Phil/Green, Judith/Roberts, Ian/Lutchmun, Suzanne (2006): Deaths frominjury in children and employment status in family: analysis of trends in class specific death rates, BMJ 333: 119-121
Elder, Glen H./O'Rand, Angela M. (1995): Adult Lives in a Changing Society. In: Karen S. Cook et al. (Hrsg.): Sociological Perspectives on Social Psychology, Boston: Allyn and Bacon: 452-475
Erbslöh, Barbara/Hagelstange, Thomas/Holtmann, Dieter/Singelmann, Joachim/Strasser, Hermann (1988): Klassenstruktur und Klassenbewusstsein in der Bundesrepublik Deutschland. Erste empirische Ergebnisse. In: Kölner Zeitschrift für Soziologie und Sozialpsychologie 40: 245-261
Erikson, Robert/Goldthorpe, John H. (1992): The Constant Flux. Oxford: Clarendon Press
Goldthorpe, John H./Llewellyn, Catriona/Payne, Clive. (1980): Social Mobility and Class Structure in Modern Britain. Oxford: Clarendon Press
Goldthorpe, John H. (2000a): On Sociology. Numbers, Narratives, and the Integration of Research and Theory. Oxford: Oxford University Press; 2nd, enlarged edition, 2 vols. Standford University Press 2006
Goldthorpe, John H. (2000b): Rent, Class Conflict, and Class Structure: A Commentary on Sørensen. In: American Journal of Sociology 106: 1572-82
Goldthorpe, John H. (2007): Soziale Klassen und die Differenzierung von Arbeitsverträgen, in: Gerd Nollmann, Sozialstruktur und Gesellschaftsanalyse. Wiesbaden: VS: 36-68
Haferkamp, Hans (Hrsg.) (1990): Sozialstruktur und Kultur. Frankfurt a.M.: Suhrkamp
Hage, Jerald/Foley Meeker, Barbara (1988): Social Causality. Winchester, Mass.: Alen&Unwin
Haller, Max (1989): Klassenbildung und Schichtung im Wohlfahrtsstaat. Ein Beitrag zur Aktualisierung der klassischen Theorie sozialer Ungleichheit. In: Annali di Sociologia 5: 125-148
Hedström, Peter/Swedberg, Richard (1996): Rational Choice, Empirical Research, and the Sociological Tradition. In: European Sociological Review 12: 127-146

Hobsbawm, Eric J. (1981): ‚The Forward March of Labour Halted? and ‚Observations on the Debate'. In: Jacques, M./Mulhearn, F. (Hrsg.): The Forward March of Labour Halted? London: New Left Books, 1-19: 167-182
Hodge, Robert W./Strasser, Hermann (Hrsg.) (1993): Change and Strain in Social Hierarchies: Theory and Method in the Study of Status Inconsistency. New Delhi: Ajanta Books International
Huinink, Johannes (1995): Warum noch Familie? Zur Attraktivität von Partnerschaft und Elternschaft in unserer Gesellschaft. Frankfurt a.M./New York: Campus
Inglehart, Ronald (1977): The Silent Revolution. Changing Values and Political Styles among Western Publics. Princeton, NJ: Princeton University Press
Kelley, Jonathan/Evans, M. D. R. (1995): Class and Class Conflict in Six Western Nations. In: American Sociological Review 60: 157-178
Kenworthy, Lane (2007): Inequality and Sociology, American Behavioral Scientist 50, 5: 584-602
Kerckhoff, Alan C. (Hrsg.) (1996): Generating Social Stratification. Boulder: Westview Press
Kluegel, James R./Smith, Eliot R. (1986): Beliefs about Inequality. Americans' View – what is and what ought to be. New York: De Gruyter
Lockwood, David (1966): Sources of Variation in Working Class Images of Society, Sociological Review 14: 244-267
Lockwood, David (1981): The weakest link in the chain? In: Simpson, S./Simpson, I. (Hrsg.): Research in the Sociology of Work: 1. Greewich, Con.: JAI
Long, Judith A./Ickovics, Jeannette R./Gill, Thomas M./Horwitz, Ralph I. (2002): Social Class and mortality in older women. In: Journal of Clinical Epidemiology 55, 10: 952-958
Mackert, Jürgen/Müller, Hans-Peter (Hrsg.) (2000): Citizenship. Soziologie der Staatsbürgerschaft. Wiesbaden: Westdeutscher Verlag
Marshall, Gordon (1997): Repositioning Class. Social Inequality in Industrial Societies. London: Sage
Marshall, Thomas H. (1947): Citizenship and Social Class. Cambridge: Cambridge University Press
Mason, David S./Kluegel, James R. (2000): Marketing Democracy. Changing Opinion about Inequality and Politics in East Central Europe. Lanham u.a.: Rowman&Littlefield
Mayer, Karl Ulrich (Hrsg.) (1990): Lebensverläufe und sozialer Wandel. In: Sonderheft 31 der Kölner Zeitschrift für Soziologie und Sozialpsychologie. Opladen: Westdeutscher Verlag
Mayer, Karl Ulrich (2003): The sociology of the Life Course and Life Span Psychology – Diverging or Converging pathways? In: Staudinger, Ursula M./Lindenberger, Ulman (Hrsg.): Understanding Human Development: Lifespan Psychology in Exchange with Other Disciplines. Dordrecht: Kluwer Academic Publishers: 463-481
Mayer, Karl-Ulrich/Blossfeld, Hans-Peter (1990): Die gesellschaftliche Konstruktion sozialer Ungleichheit im Lebensverlauf. In: Berger, Peter A./Hradil, Stefan (Hrsg.): Lebenslagen, Lebensläufe, Lebensstile. Soziale Welt Sonderband 7. Göttingen: Schwartz: 297-318.
Müller, Walter (1998): Klassenstruktur und Parteiensystem. Zum Wandel der Klassenspaltung im Wahlverhalten. In: Kölner Zeitschrift für Soziologie und Sozialpsychologie 50, 1: 3-46
Nollmann, Gerd (2003): Warum fällt der Apfel nicht weit vom Stamm? Die Messung subjektiver intergenerationaler Mobilität. In: Zeitschrift für Soziologie 2 (2003): 125-139
Nollmann, Gerd/Strasser, Hermann (2002): Individualisierung als Deutungsmuster sozialer Ungleichheit. Zum Problem des Sinnverstehens in der Ungleichheitsforschung. In: Österreichische Zeitschrift für Soziologie, 3: 1-36
Offe, Claus (1985): Work: the Key Sociological Category? In: ders., Disorganised Capitalism. Cambridge: Polity Press: 129-150
Pakulski, Jan/Waters, Malcolm (1996): The Death of Class. London: Sage
Pappi, Franz Urban (2002): Die politisierte Sozialstruktur heute: Historische Reminiszenz oder aktuelles Erklärungspotential? In: Brettschneider, Frank/Van Deth, Jan W./Roller, Edeltraut (Hrsg.): Das Ende der politisierten Sozialstruktur? Opladen: Leske + Budrich: 25-46
Parkin, Frank (1979): Marxism and Class Theory: A Bourgeois Critique. London: Tavistock
Ritsert, Jürgen (1987): Braucht die Soziologie noch den Begriff der Klasse? In: Leviathan 15: 4-38

Rodrik, Dani (2000): Grenzen der Globalisierung. Ökonomische Integration und soziale Desintegration. Frankfurt a.M./New York: Campus

Savage, Mike (2000): Class Analysis and Social Transformation. Buckingham, Philadelphia: Open University Press

Shavit, Yossi/Blossfeld, Hans-Peter (Hrsg.) (1993): Persistent Inequality: Changing Educational Attainment in Thirteen Countries. Boulder, Col.

Schroer, Markus (2001): Das Individuum der Gesellschaft. Frankfurt a.M.: Suhrkamp

Smith, George Davey/Hart, Carole/Blane, David/Gillis, Charles/Hawthorne, Victor (1997): Lifetime socioeconomic position and mortality: prospective observational study. BMJ 314: 547

Sørensen, Aage B. (2000): Toward a Sounder Basis for Class Analysis. In: American Journal of Sociology 106: 1523-58

Touraine, Alain (1992): Two Interpretations of Contemporary Social Change. In: Haferkamp, Hans/Smelser, Neil J. (Hrsg.): Social Change and Modernity. Berkley/L.A.: University of California Press: 55-77

Vester, Michael (1998): Klassengesellschaft ohne Klassen. Auflösung oder Transformation der industriegesellschaftlichen Sozialstruktur. In: Berger, Peter A./Vester Michael (Hrsg.): Alte Ungleichheiten – Neue Spaltungen. Opladen: Leske + Budrich: 109-148

Weber, Max (1980): Wirtschaft und Gesellschaft. Tübingen: Mohr

Weeden, Kim A. (2002): Why Do Some Occupations Pay More than Others? Social Closure and Earnings Inequality in the United States. In: American Journal of Sociology 108, 1: 55-101

Weeden, Kim A./Grusky, David B. (2005): The Case for a New Class Map. In: American Journal of Sociology 111, 1: 141-212

Weeden, Kim A./Young-Mi, Kim/Di Carlo, Matthew/Grusky, David B. (2007): Social Class and Earnings Inequality. In: American Behavioral Scientist 50, 5: 702-736.

Wright, Erik Olin (1997): Class Counts: Comparative Studies in Class Analysis. New York: Cambridge University Press

Wright, Erik Olin (2000): Class, Exploitation, and Economic Rents: Reflections on Sørensen's „Sounder Basis". In: American Journal of Sociology, 106: 1559-1571

Zapf, Wolfgang/Breuer, Sigrid/Hampel, Jürgen/Krause, Peter/Mohr, Hans Michael/Wiegand, Erich (1987): Individualisierung und Sicherheit. Untersuchungen zur Lebensqualität in der Bundesrepublik Deutschland. München: C.H. Beck

Körper

Paula-Irene Villa

Die Soziologie befasst sich mit Menschen in sozialen Konstellationen, seien es Gruppen, historisch gewordene Verhältnisse, Organisationen, Institutionen, Familien oder was auch immer unter einer „sozialen Tatsache" (Durkheim) verstanden wird. Dabei ist auffällig, dass die schlichte Tatsache, dass Menschen keine abstrakten Geister oder ‚Akteure', sondern – salopp gesprochen – auch aus Fleisch und Blut sind, in der Soziologie überwiegend ignoriert wurde und auch weiterhin vergleichsweise wenig beachtet wird.

1 Sein und Haben: Körper und Leib

„Das Wort ‚Körper'", so schreibt Barbara Duden zusammenfassend (2004: 504) „ist janusköpfig: mal benennt es ein definierbares Objekt und die entsprechende sozial erwünschte Vorstellung [...] und mal die Selbstwahrnehmung". Anders gesagt: Am und im Körper, auch im Reden über und mit dem Körper, fließen soziale Deutungen einerseits und subjektives, individuelles Erleben andererseits zusammen. [Viele (aber nicht alle) handlungsrelevanten Aspekte – Kognition, Biographie, Strategien, wechselseitige Bezugnahmen der Handelnden usw. – haben eine körperliche Dimension.] Für diese Gleichzeitigkeit haben die Anthropologie Helmut Plessners und die (Leib-)Phänomenologie das bislang überzeugendste begriffliche Instrumentarium vorgelegt. Der Sozialanthropologe Helmuth Plessner charakterisiert den Menschen als ein Wesen, das „exzentrisch" und „zentrisch" zugleich ist (Plessner 1975: 291f.) und meint damit, dass wir ein reflexives Verhältnis zu uns selbst haben und damit unserer Umwelt nicht (ausschließlich) unmittelbar ausgesetzt sind. Tiere leben hingegen ausschließlich in einem „zentrischen" Umweltbezug, sie können keine reflexive Distanz zu sich und ihrem Tun herstellen. Die Sozialität des Menschen – als ‚zweite Natur' – ist davon gekennzeichnet, dass wir die zentrische Positionalität zwar beibehalten, zugleich aber exzentrisch positioniert die zentrische Positionalität reflektieren können (vgl. auch Jäger 2004: 111-168 und Villa 2006: 203-252). Aus diesen Perspektiven muss zwischen ‚Körper' einerseits und ‚Leib' andererseits unterschieden werden. Menschen haben nicht nur einen Körper, den sie gewissermaßen besitzen und über den sie verfügen, Menschen sind zudem ein Leib. Das meint, dass wir uns immer selber, und sei dies noch so unbewusst, spüren: So ist uns kalt, wir sind müde oder aufgeregt, der Rücken schmerzt oder der Hunger nagt. Aus unserer Haut können wir in gewisser Weise zwar hinaus (etwa durch Phantasie, Erinnerungen, Zukunftsentwürfe oder durch Empathie mit anderen Menschen), aber ohne sie können wir nicht existieren. Mit dem *Körper*begriff wird die Dimension des ‚Körper-Habens' gefasst, d.h. unsere Fähigkeit, mit unserem Körper wie mit einem Gegenstand instrumentell zu handeln: uns also von ihm ein Stück weit distanzieren zu können, über ihn nachzudenken und zu beeinflussen (durch unsere exzentrische Positionalität). Der Leibbegriff hingegen bezeichnet das unmittelbare, nicht-relativierbare innere Erleben, d.h.

die affektiven Qualitäten der zentrischen Positionierung. Beides, Leib und Körper, zentrische und exzentrische Positionalität, sind beim Menschen immer verschränkt, wechselseitig konstitutiv und gleichursprünglich.

„Den Körper haben wir immer dabei" formulierte der Soziologe Erving Goffman (Goffman 1994: 152) und wenn auch der Körper nicht omnirelevant ist, so ist er doch, vor allem im Rahmen von Handlungen, omnipräsent. [1] Zudem, das macht es soziologisch noch interessanter, haben auch Körper eine je individuelle wie gesellschaftliche Geschichte: Wie dieser Beitrag noch erörtern wird, sind Körper mitnichten unveränderliche, statische, universal gleiche, lebenslang unveränderliche ‚Dinge'. Wir haben also nicht immer denselben Körper dabei, um die Formulierung von Goffman aufzugreifen. Vielmehr ist davon auszugehen, dass individuelle Körper und ihre komplexen Details – Formen, Sinne oder individuelles Eigenerleben z.B. – geschichtlich konstituiert und damit dynamisch bzw. prozessual sind. Auch tief „unter der Haut" (Duden 1987) nistet sich die Gesellschaft also ein. Somit ist der Körper auch politisch und kulturell gleichermaßen bedeutsam wie mit Bedeutung versehen. Vor diesem Hintergrund muss die soziologische Rede vom und über Körperliches einer statischen Verdinglichung von ‚Körpern als Objekten' möglichst widerstehen: Somatisierung, Verkörperung, ‚embodiment' sind geeignetere Begrifflichkeiten als die abstrahierende Rede von ‚dem Körper'. Zugleich aber beinhaltet unsere körperlich gebundene soziale Existenz durchaus ein Element von Ver-*Objekt*ivierung, denn wir verfügen über und handeln mit unserem Körper eben auch wie mit einem Objekt.

Auch wenn die Einsicht in die Relevanz von Verkörperungen für soziale Praxen, wie erwähnt, in der Soziologie keine prominente Rolle spielt und auch wenn der Körper (bislang) kein kanonisierter Begriff des Faches darstellt, so wäre es falsch zu behaupten, kein Soziologe oder keine Soziologin hätte sich je mit der körperlichen Dimension des Sozialen befasst. Es gibt vielmehr eine Reihe, auch früher, soziologischer Perspektiven, die die somatische Dimension der sozialen Welt mehr oder weniger systematisch betrachten. Hierzu gehören mikrosoziologische Ansätze wie die Ethnomethodologie, die Phänomenologie und der symbolische Interaktionismus. Auch historisch orientierte Soziologien haben sich mit dem Körper durchaus befasst, so die Figurationssoziologie von Norbert Elias und viele Arbeiten von Michel Foucault. Ebenso haben sich einzelne Teilbereiche der Soziologie vergleichsweise früh mit dem Körper befasst, so z.B. die Medizin- oder Sportsoziologie. Besonders prominent und produktiv ist die Frauen- und Geschlechterforschung, wenn es um die soziologische Thematisierung des Körpers geht. Diese hat seit ihren Anfängen in den 1970'er Jahren die körperliche Realität der Geschlechterdifferenz und deren soziale Konstruktion in vielfacher Weise unter die soziologische Lupe genommen. Dass dies kein Zufall ist, darauf wird im Verlauf des Textes noch eingegangen (vgl. auch den Beitrag zu „Geschlecht" in diesem Band).

Gegenwärtig ist die Körpersoziologie sowohl im deutschsprachigen Bereich wie international ein ‚boomender' Bereich der Soziologie. Manche sprechen angesichts der steigenden Zahl von einschlägigen Forschungsprojekten, Veröffentlichungen und der zunehmenden fachwissenschaftlichen Institutionalisierung von einem regelrechten „body turn" in den Sozialwissenschaften (Gugutzer 2006). Dass „die Soziologie den Körper (für sich) entdeckt [hat]" (Schroer 2005: 7), ist sicherlich auch eine Folge der Körperbesessenheit, die die öffentliche Sphäre, vor allem die (Massen-)Medien sowie die individuellen Praxen, derzeit kennzeichnet (vgl. Villa 2007: 20ff.): Von Sport, Diäten und Kollagen-Lifting-Hautcremes über Tatoos und Haarverlängerungen bis hin zu plastischer Chirurgie werden Körpermanipulationen diverser Art immer populärer – und womöglich zunehmend zwingender, insofern bestimmte ‚Arbeiten am Körper' zu wirkmächtigen Normen werden. So zeugen etwa die aktuellen Debatten um das Körpergewicht oder das (Nicht-)Rauchen von einem intensiven, auch politisch und ökonomisch motivierten Interesse am individuellen, offensichtlich sozial vermittelten Umgang mit dem Körper, dem sich Menschen kaum noch entziehen können. Verschiedene gesellschaftliche Institutionen wie Bildungseinrichtungen oder das Gesundheitssystem haben längst Programme und so genannte ‚Anreizsysteme' entwickelt, die *alle* Menschen betreffen. Der „Kampf gegen Fette" (Schmidt-Semisch/Schorb 2007) seitens der Politik und der darin eingelagerten ökonomischen Imperative zielt direkt auf Mund, Magen, Muskeln und Masse der Menschen.

Eine soziologische Auseinandersetzung mit dem Körper kann angesichts dieser Entwicklungen aufklärend wirken: Sie kann helfen, den sozialen Umgang mit dem Körper sowohl auf der mikrosoziologischen Ebene der Alltagspraxen wie auf der makrosoziologischen Ebene der Normen, Werte, Bedingungen und Freiräume dieser Handlungen zu verorten. Eine soziologische Auseinandersetzung mit dem Körper kann auch dazu beitragen, vermeintlich objektive Wahrheiten (wie den ‚idealen Body-Mass-Index', die ‚natürliche Sexualität', den ‚gesunden Sport') kritisch zu hinterfragen und stattdessen über deren gesellschaftliche Entstehung und Verwendung nachzudenken. Das mag nicht immer zur sofortigen Verwertbarkeit im Sinne der ‚Problemlösung' – Eindämmung der Kosten im Gesundheitswesen etwa – beitragen, aber solche Reflexionen können vielfache Vorurteile, hysterische Untertöne mancher Debatten und auch sträfliche Gleichgültigkeiten vermeiden helfen.

Zur zunehmenden Thematisierung der somatischen Dimension in der Soziologie trägt derzeit sicher auch die Öffnung für kulturwissenschaftliche Positionen bei. Vor allem im Feld der (zunächst britischen, nunmehr internationalen) ‚Cultural Studies' (vgl. Bromley/ Göttlich/Winter 1999) wird seit Jahrzehnten die Relevanz des Körpers im Kontext vor allem jugendlicher Lebenswelten empirisch beforscht wie theoretisch auf wegweisende Begriffe gebracht. Zahlreiche Studien, z.B. zu Subkulturen, Konsum oder Sport, belegen dabei die wesentlich ‚sinnenhafte' Praxis von jugendlicher Vergesellschaftung im Spannungsfeld von marktförmiger Kulturindustrie und kreativen Aneignungspraxen (vgl. auch Klein 2004). Dass die ‚Cultural Studies' sich ab den 1960ern zunächst im britischen Kontext entwickelten – und im deutschsprachigen Raum zögerlich rezipiert wurden – ist insofern kein Zufall, als Erstere von der lebensweltlichen Verflechtung von ‚race'/‚ethnicity', Geschlecht und Klasse ausgingen, die zu dieser Zeit in GB auch jenseits der Wissenschaft politisch intensiv debattiert wurden. ‚Cultural Studies' bildeten sich also nicht nur aus den Studien zur Arbeiterkultur und migrantischen bzw. ‚hybriden' Gemeinschaften, z.B. der karibischen oder indischen ‚communities' in britischen Großstädten – die Anfänge der ‚Cultural Studies' in den 1960er Jahren verorteten sich zudem in den Debatten um Einwanderungsgesellschaft, New Left, Diskriminierung von Minderheiten, koloniales Erbe usw. (vgl. Bromley 1999: 9-18). Im deutschsprachigen Raum sind analoge Themen erst vergleichsweise spät und zögerlich im ‚Mainstream' der Soziologie (und der Politik) angekommen, was sicher den zeithistorischen Umständen geschuldet ist. Für die Auseinandersetzung mit dem Körper heißt dies, dass in Großbritannien bereits seit den 1960ern etwa über die ‚Herstellung' ethnisch markierter proletarischer Körper in kulturellen Praxen, über Formen des ‚passing' oder über die Darstellung ‚exotischer Frauen' in den Medien geforscht wird, während im deutschsprachigen Raum homogenisierende Zugänge auf Kultur und Gesellschaft auch homogene Körper – inklusive ihrer Dubletten der Alterität – impliziert haben. Dass sich dies nun ändert, kann nur begrüßt werden.

2 Hexis und Mimesis: Den relativen Eigensinn körperlicher Praxis anerkennen

In der Soziologie gibt es derzeit für die somatische Dimension von Vergesellschaftungsprozessen im Wesentlichen zwei viel versprechende theoretische Perspektiven: Den Begriff der Hexis im Anschluss an Pierre Bourdieu und den Begriff der Mimesis, wie ihn vor allem Gunter Gebauer und Christoph Wulf konturieren. Beide Perspektiven greifen den Aspekt der Verinnerlichung sozialer Ordnung auf, indem sie ihn – jedenfalls auch – als körperlichen, als somatischen Prozess betrachten und indem beide Positionen betonen, dass es gerade die somatische Dimension von Vergesellschaftung sei, die einerseits deren Wirksamkeit garantiere und andererseits den Raum für individuellen Eigensinn biete. Anders gesagt: Nimmt man die körperliche Seite von Sozialisationsdynamiken ernst, versteht man ihre Wirksamkeit besser und kann zugleich anerkennen, dass „Verhalten nicht identisch mit Verhältnissen [ist]" (Becker-Schmidt 2004: 191). Das Hauptproblem, auf dass sich die Begriffe ‚Hexis' und ‚Mimesis' als vorläufige soziologische Antworten verstehen, ist: wie genau kommt die Gesellschaft in die Menschen und wie genau eignen sich Menschen diese Gesellschaft derart an, dass auch sozialer Wandel möglich ist? Wie gehen also Reproduktion (Wiederholung) und Produktion (Herstellung) des Sozialen in der individuellen Praxis vor sich, vor allem angesichts der Unbewusstheit und Absichtslosigkeit, mit der diese Prozesse überwiegend ablaufen. Alle Zugänge, die zu Recht auf die präreflexive oder unbewusste Dimension von Sozialisationsprozessen hinweisen, müssen den Körper als Scharnier von Subjekt und Struktur (Villa 2006: 64ff.) anerkennen – ‚Somatisierung' heißt der entsprechende soziologische Begriff. ‚Soma' ist das griechische Wort für Körper und wird gerade im sozial- und kulturwissenschaftlichen Kontext dann verwendet, wenn der Begriff des Körpers allzu zeitgeistig oder semantisch eng geführt erscheint.

Die *Hexis* ist im theoretisch-begrifflichen Universum Pierre Bourdieus die somatische Seite des Habitus. Sie bezeichnet die vor allem „äußerlich wahrnehmbaren" Ausdrucksformen einer inneren Disposition, des Habitus eben (vgl. Fröhlich 1999: 1). Die Hexis ist der fühlbare, unmittelbare und schwer hintergehbare „soziale Sinn" (Bourdieu 1993), der uns allen durch die Vergesellschaftung gegeben ist. Generell theoretisiert Bourdieu Vergesellschaftungsprozesse als die Herausbildung einer klassen(lagen)spezifischen Habitusform:

> „Die Konditionierungen, die mit einer bestimmten Klasse von Existenzbedingungen verknüpft sind, erzeugen die *Habitusformen* als Systeme dauerhafter und übertragbarer *Dispositionen*, als strukturierte Strukturen, die wie geschaffen sind, als strukturierende Struktur zu fungieren, d.h. als Erzeugungs- und Ordnungsgrundlagen für Praktiken und Vorstellungen, die objektiv an ihr Ziel angepasst sein können, ohne jedoch bewusstes Anstreben von Zwecken und ausdrückliche Beherrschung der zu deren Erreichung erforderlichen Operationen vorauszusetzen, die objektiv ‚geregelt' und ‚regelmäßig' sind [...], und genau deshalb kollektiv aufeinander abgestimmt sind, ohne aus dem ordnenden Handeln eines Dirigenten hervorgegangen zu sein." (Bourdieu 1993: 99; Hervorh. i.O.)

Die „Klasse von Existenzbedingungen", die Bourdieu hierzu anführt, ist – analog und in kritischer Erweiterung zu Marx – die von Ungleichverteilung zentraler sozialer Ressourcen wie Bildung und Geld geprägte Sozialstruktur. Es gibt objektiv feststellbare Klassen bzw. Klassenlagen und das Aufwachsen in diesen bringt den individuellen Habitus hervor, der wiederum – wie Bourdieu hier formuliert – wie von alleine zum klassenspezifischen Habitus der Individuen passt (vgl. auch den Beitrag zu „Klasse" in diesem Band). Im Habitus sind Dispositionen angelegt, die präreflexiver Art sind und insbesondere Aspekte wie ästhetisches Empfinden, Geschmack, Normorientierungen, Werte usw. umfassen (vgl. Krais/Gebauer 2002: 74-77). Nun ist der Habitus kein starres Schema konkreter Vorlieben und Geschmäcker, vielmehr ist er ein Ensemble von elastischen und veränderlichen Dispositionen. Der Habitus ist eine „strukturierende Struktur" insofern er die Grundlage dafür ist, wie Menschen im Laufe ihres Lebens mit den normativen und ästhetischen Aspekten der sozialen Praxis umgehen, d.h. welche „Wahrnehmungs-, Denk- und Handlungsschemata" (ebd.: 101) Menschen entsprechend ihrer sozialen Herkunft ausbilden. Dass diese dynamisch sind und dass diese sich im biographischen Verlauf dauernd ändern, dies wird von Bourdieu ausdrücklich betont. Und doch ist der Habitus für die Individuen nicht frei verfügbar, er bildet eine Art strukturierte und strukturierende Grenze, innerhalb derer Handlungen und Wahrnehmungen gebildet werden (vgl. ebd.: 102). Dass der Habitus derart wirksam ist, das verdankt er nicht zuletzt seiner „Unbewusstheit" (ebd.: 105). Wir denken ja nicht (jedenfalls nicht dauernd) darüber nach, was wir unserem Milieu entsprechend gern essen oder wie wir unserer sozialen Lage angemessen die Wohnung einrichten sollten. Das ergibt sich sozusagen ‚von alleine', als „praktischer Sinn" für das jeweils Angemessene.

Die Hexis bildet im Bourdieuschen Kontext den Modus und den praxeologischen Ort diesen unbewussten Sinns ab. Sie ist die „realisierte, *einverleibte*, zur dauerhaften Disposition [...] gewordene politische Mythologie" (Bourdieu 1993: 129; Hervorh. i.O.). Einverleibung ist hier das zentrale soziologische Stichwort, denn sie kann als die oben ausgeführte Verschränkung von Körper und Leib bzw. von sozialem Wissen und authentischem Fühlen und Denken verstanden werden. Sozialer Sinn stellt sich praxeologisch demnach vor allem durch die Ausprägung einer Hexis ein, eines „Zustand des Leibes" (ebd.: 126). Gerade die sozial erzeugte und mit ökonomischen Strukturen eng verstrickte Geschlechterdifferenz ist für Bourdieu ein paradigmatisches Beispiel für die unbewusste und doch hochgradig wirksame Herausbildung einer körperlichen Disposition, die sich als „Einschreibung eines Herrschaftsverhältnisses" darstellt (Bourdieu 1997: 170). Männlich und weiblich stellen sich in der Bourdieuschen Perspektive als je spezifische körperliche Hexis dar, als „zwei entgegengesetzte und komplementäre Klassen von Körperhaltungen, Gangarten, Weisen des Auftretens, Gesten usf." (Bourdieu 1997: 162). Umgekehrt stellt die verkörperte soziale Geschlechterdifferenz eine besonders schwer zu hinterfragende Naturalisierung dar; der Anschein der Naturhaftigkeit dieser ‚zwei Körper' ist, wie Bourdieu nachdrücklich betont, das gewissermaßen perfideste Mittel der männlichen Herrschaft: „Sie legitimiert ein Herrschaftsverhältnis, indem sie es in etwas Biologisches einschreibt" (Bourdieu 1997: 175).

Es lässt sich grundsätzlich zu Bourdieu kritisch einwenden, dass eine solche Konturierung des Zusammenhangs von Sozialität und individuellem Körperleib insofern problematisch verkürzt ist, als hier ein tendenziell deterministisches Modell entworfen wird. Der Leib verkümmert gewissermaßen zu einem Gefäß, einem zu füllenden „Speicher für [...] Gedanken" (Bourdieu 1993: 127), der an sich neutral und leer ist. Und tatsächlich birgt das Konzept der Hexis das Risiko einer deterministischen Sichtweise, derzufolge die Gesellschaft wie ‚von oben' die Individuen füllt. „Die soziale Welt [...] konstruiert den Körper (...)" (Bourdieu 1997: 167). Das Problem an einer solchen Position ist, dass sozialer Wandel nicht angemessen zu verstehen ist. Wie können nämlich Menschen, wenn sie so ‚befüllt' und konstruiert werden, widerständiges, kreatives, eigenes, neues Wissen nicht nur denken, sondern auch verkörpern? Woher kommen etwa eigensinnige Praxen – Moden, Gesten, Ästhetiken, körperliches Tun – wenn immer nur das in der Hexis eingelagert ist, was dem sozialen Ort quasi 1:1 entspricht? Auch wenn im Anschluss an Bourdieu unbedingt anerkannt werden muss, dass die konkreten Bestandteile von Habitus und Hexis flexibel, dynamisch und konflikthaft sind (und damit das gesamte Konzept weniger deterministisch ist, als manchmal kritisiert wird), so bleibt doch durch die pauschale Sichtweise der Einverleibung durch Bourdieu die Frage offen, wie die genuine Neuproduktion des Sozialen durch konkrete Personen soziologisch angemessen gedacht werden kann (vgl. auch Alkemeyer/Schmidt 2003: 91ff.). Anders gesagt: Die *Re*produktion sozialer Ordnung kann anhand der Analyse von Einverleibungsprozessen mit Bourdieu eingefangen werden, die der (performativen) Produktion weniger. Für Letzteres bietet sich das Konzept der Mimesis an.

Mimesis bezeichnet zunächst allgemein „ein breites Spektrum möglicher Bezüge einer vom Menschen gemachten Welt zu einer vorhergehenden Welt, die entweder als wirklich angenommen wird oder die postuliert, hypostasiert oder fiktional ist" (Gebauer/Wulf 1998: 16). Mimetische Praxen meinen nicht beliebige Bezugnahmen einer praxeologischen Konstruktion auf eine vorgängige, reale Welt, sondern genauer *körperliche* Bezüge, d.h. mimetische Handlungen sind „Bewegungen, die auf andere Bewegungen Bezug nehmen" (ebd.: 11). Mimetische Akte vollziehen – als Gesten, Posen, Bewegungen – eine andere Bewegung inklusive ihrer symbolischen Kodierung ‚noch einmal' nach, variieren dabei aber die ursprüngliche Bewegung mehr oder minder kreativ bzw. mehr oder minder bewusst. Ein mimetischer Akt kopiert also nie 1:1 eine Bewegung oder Geste, sondern variiert diese zwangsläufig aufgrund des neuen Kontextes, in den diese immer gestellt wird. Mimetische Handlungen, die körperlich eine „Anähnlichung" (Wulf 2001: 260) durch Körperhandeln meinen, „bringen etwas zur Aufführung", das „es genau so noch nicht gegeben hat" (ebd.: 257). Dadurch, dass wir – auch körperlich – eine individuelle Geschichte haben und damit – auch körperlich – einzigartig sind, sowie dadurch, dass eine Geste niemals dieselbe sein kann, insofern sie jedes Mal in einer neuen Situation getätigt wird, gerät selbst der Versuch einer ‚originalgetreuen Kopie' zu einer Variation und damit zu einer (bedingten) Neuschöpfung. Diese knüpft zwar an das vorgängig Bestehende an (ist insofern bedingt), darauf hebt das Mimesis-Konzept ja ab, doch enthält diese Anknüpfung zwangsläufig immer auch eine kreative Neuproduktion; einen eigensinnigen ‚Überschuss', der vom vorgängig bestehenden abweicht und nicht kontrolliert werden kann. Körperliche Praxis ist damit immer auch produktiv; bringt grundsätzlich auch etwas Neues hervor. Körperliche Praxis ist „performativ" (Wulf/Göhlich/Zirfas 2001).

Die hier mit Hilfe der Begriffe von Habitus und Mimesis skizzierte Gleichzeitigkeit von Reproduktion und Produktion im Rahmen von Vergesellschaftung zu denken, das ist ein soziologischer Gewinn der Betrachtung des Körpers. Der Körper bzw. der Körperleib spielt, wie ausgeführt, eine zentrale Rolle bei Interaktionen und bei der Sozialität des Menschen im Allgemeinen. Im Besonderen wird anhand der Analyse von Prozessen der Einverleibung (Hexis) und der Performativität (Mimesis) diese zentrale Rolle empirisch untersuchbar. Bei sämtlichen Interaktionen sind Verkörperungen im hier gezeichneten Sinne doppelt verfasst: Einerseits als Verkörperung sozialer Normen, andererseits als performative Neuschöpfungen dieser sozialen Deutungen. So ist z.B. professionelles Handeln nicht nur sowieso körperlich; körperbezogene Praxen sind vielmehr ein zentraler Modus der Hervorbringung und Darstellung beruflicher Hierarchien, Kompetenzen und Beziehungen (vgl. Pfadenhauer 2002, die dies in Bezug auf die „Ungeduld" von Experten untersucht hat). Auch die in der soziologischen Theorie diagnostizierte Individualisierung hat eine körperliche Dimension (vgl. Hitzler 2002), die bildungsbürgerliche Kultur muss ebenso verkörpert werden (vgl. Alkemeyer 2007), auch die Postmoderne hält spezifische Körpernormen und -praxen bereit (vgl. Reckwitz 2006: 555ff.); und nicht zuletzt werden die Sozialstruktur einer Gesellschaft, etwa im Sinne von Klassenlagen und/oder Milieus und deren „feine Unterschiede", ganz wesentlich als Körperpraxis real und als jeweilige Hexis gespürt (vgl. z.B. Bourdieu 1982: 739ff.). So gehört zur Vergesellschaftung in spezifischen sozialen Feldern, wie z.B. der Wissenschaft, das Einüben angemessener Körperpraxen, die weit über das bloße Zeigen von Kompetenz hinausgehen. Da es aber hierfür im Normalfall keine allgemein verbindliche Gebrauchsanweisung gibt, ist die mimetische Aneignung einer entsprechenden Hexis ausgesprochen komplex und ausgesprochen implizit. Und ausgesprochen wichtig. Denn gerade die Intransparenz feldspezifischer Habitusformen führt dazu, dass ihre kompetente Inkorporierung eine soziale Kompetenz darstellt. Je undurchsichtiger die Regeln, umso voraussetzungsreicher ihre Befolgung. Nicht zuletzt diese Dynamik macht den Körper als „Speicher" sozialen Wissens (Bourdieu 1993: 127) so zentral und so wertvoll. Inkorporiertes Kapital – im Sinne Bourdieus – lässt sich nicht kaufen oder schnell aneignen, allen Benimmkursen und Coachings zum Trotz. Doch womöglich ändert sich aktuell genau dies, denn die Zunahme der plastischen Chirurgie oder anderer somatischer Selbst-Technologien ersetzt, so könnte man es interpretieren, den langwierigen Somatisierungsprozess, von dem Bourdieu und andere noch getrost ausgehen.

Bei genauer Betrachtung zeigt sich, dass die Komplexität und Verdecktheit mimetischer Sozialisation immer auch Neues hervorbringt. Dies ist nicht zuletzt der Tatsache geschuldet, dass Menschen immer in mehreren Bezügen zugleich eingebunden sind und agieren (müssen): In der Wissenschaft verkörpern wir neben dem professionellen ebenso einen geschlechtlichen Habitus, im sportlichen Tun spielt das Alter eine Rolle, Politiker/-innen agieren immer auch als ethnisch ‚gefärbte' Personen, usw. Schaut die Soziologie auf diese Komplexitäten, die derzeit unter dem soziologischen Stichwort „Intersektionalität" (Knapp 2005) diskutiert werden, so wird der Blick für die produktive Dimension des Körpers offen. Spezifische Körper und spezifische körperliche Praxen machen deutlich, dass es ‚den' Sport, ‚den' professionellen Habitus oder gar ‚die' Frau so nicht gibt. Spezifische Körper sind immer konstituiert durch eine Melange aus einer Vielzahl von sozialen Zugehörigkeiten und Positionierungen, und diese jeweils spezifische Melange bringt im spezifischen Tun neue Praxen hervor.

Nach diesen eher grundsätzlichen Ausführungen zu zentralen analytischen Begriffen wird im Folgenden die Sozialität des Körpers entlang zentraler Autoren/-innen und empirischer Studien entfaltet. Dabei werden sich die Ausführungen im Spannungsfeld von (situativen) Konstruktionsprozessen einerseits und (strukturellen) Konstitutionsverhältnissen andererseits bewegen. Anders formuliert: Es geht darum, wie sich die Soziologie die konstruktive Rolle des Körpers als Generator sozialer Ordnung einerseits und die konstituierte Realität des Körpers als Effekt sozialer Ordnung andererseits vorstellt. Wie Alkemeyer anhand einer (körper-)soziologischen Analyse des Fußballs bündig feststellt: „Wie das Spiel nicht ohne die Spieler existiert, existieren die Spieler nicht ohne das Spiel" (Alkemeyer 2006: 285). In Anlehnung daran lässt sich also sagen, dass die soziale Ordnung nicht ohne die Körper der Individuen existiert, die Körper der Individuen aber auch nicht ohne die soziale Ordnung.

3 Das ‚Wie' des Körpers: Soziale Konstruktionen und Handlungspraxen

Eine der Kernfragen und Forschungsfelder der Soziologie betrifft das Handeln bzw. die Ebene der Interaktionen. In diesem (weiten und heterogenen) Feld – der so genannten Mikrosoziologie – werden konkrete Handlungsvollzüge und Praxen von Menschen untersucht. Dabei haben sich insbesondere zwei Klassiker vergleichsweise früh systematisch mit der zentralen Rolle des Körpers in diesen Praxen befasst: Erving Goffman und Harold Garfinkel. Man kann sie beide als ‚Begründer' einer handlungstheoretisch orientierten Körpersoziologie bezeichnen, deren analytische und empirische Arbeiten bis heute das entsprechende Feld inspirieren. Dabei steht Goffman für den im Fach so genannten „dramaturgischen Ansatz" (Joas 2001: 100ff.), Garfinkel für die Perspektive der „Ethnomethodologie" (ebd.: 102f. und Garfinkel 1967). In systematischer Hinsicht lassen sich beide Autoren und ihre Arbeiten denjenigen zuordnen, die die ‚Konstruktionsleistungen' der Akteure betonen. Soziale Ordnung ist für Goffman und Garfinkel, sofern sie sich überhaupt systematisch mit ihr befassen, das Ergebnis andauernder – und z.T. verobjektivierter, also historisch sedimentierter – Konstruktionsarbeit. Mit einem solchen Fokus gehören beide Perspektiven zu den (sozial-)konstruktivistischen Soziologien, die sich vor allem auf das „wie" des Sozialen konzentrieren, nicht etwa auf das „warum" (Knorr-Cetina 1989: 92). *Wie* also stellen Menschen durch Handeln ihre soziale Welt her? *Wie* wird der Körper dazu eingesetzt?

Wenn wir, wie oben bereits ausgeführt, unseren „Körper immer dabei haben", wenn wir handeln (Goffman 1994: 152), dann heißt dies, dass wir in Handlungspraxen immer auch nonverbal kommunizieren. Unser Körper – seine sichtbare Form, die Mimik des Gesichts, die Kleidung, die ihn umgibt, der Geruch, die vernehmbare Stimme, eventuell auch das, was man am Körper des Anderen fühlen kann usw. – ist selbst ein Akteur in Handlungen, der zwar kein von den Gedanken, Intentionen und sonstigen ‚geistigen' oder ‚kognitiven' Prozessen losgelöstes Eigenleben führt, der aber doch sozial außerordentlich bedeutsam ist. Diese Bedeutsamkeit umfasst mindestens zwei Ebenen: der Körper muss in Interaktionen zum Einen sozial dekodiert werden, d.h. er muss ‚gelesen' und verstanden werden können. Dafür muss er zum anderen logischerweise sozial kodiert sein, er ist also je nach Praxis im Hinblick auf die „Skripte" und „Rahmen" (Goffman 1989) einer Situation gedeutet. Goffman hat in seinen vielfältigen, u.a. empirischen Arbeiten herausgearbeitet, inwiefern vor allem das „Körpermanagement" (vgl. Gugutzer 2004: 94) bedeutsam ist, um das von ihm fokussierte „Eindrucksmanagement" praxeologisch zu betreiben (Goffman 1983:3): Personen wollen (und müssen) sich ihren Mitmenschen andauernd präsentieren, anders ist Handeln unmöglich. Dies tun Menschen vor allem mit und anhand ihres Körpers. Denn dieser ist das sichtbarste und gewissermaßen mitteilungsfreudigste Element einer Handlung. Wir lesen unsere Körper wechselseitig in Interaktionen und bekommen dadurch viele wesentliche „Eindrücke" über unsere Mithandelnden: Die Kleidung verweist auf den sozialen Status, auf das Geschlecht, auf den Beruf bzw. die jeweilige Tätigkeit (Uniform, Kittel, Schürze, Badehose usw.), der Haarschnitt auf das Alter oder eine subkulturelle Zugehörigkeit, die Gesten auf einen professionellen oder durch Hierarchien geprägten Habitus etc. Zugleich inszenieren wir uns selber – oftmals mit größter Sorgfalt, wenn auch nicht immer in völliger Bewusstheit – durch unseren Körper und steuern auch hierüber den Eindruck, den wir machen wollen. Goffman geht davon aus, dass die so vermittelten und gesteuerten Informationen die Situation definieren (ebd.: 5), in der Menschen jeweils handeln. Sie bieten eine Art Sicherheitsgerüst, auf dem die Handlungen gelingen können. Zugleich fungieren die Situationen, in denen wir körperlich agieren, als „Rahmen" (Goffman 1989). Die materiellen Umgebungen unserer Praxen bieten den Deutungshorizont für unser Tun: Wenn wir uns also z.B. in die Mensa einer Universität begeben, so werden wir die vielen Menschen anhand ihrer körperlichen Ausdrücke und Informationen ‚sortieren' können und es entsprechend leichter haben, mit ihnen angemessen zu handeln, auch weil wir wissen, wie bzw. als wen und als was wir die einzelnen Körper zu verstehen haben: Das Personal erkennt man an den Kitteln und den Hauben/Mützen im Haar, die Studierenden an ihrem körperlich taxierbarem Alter, die Angestellten der Universität entsprechend usw. All diese vielen, vielen Informationen sind indexikalische Zeichen, d.h. sie verweisen aus der spezifischen Situation hinaus, sie sind „jenseits von Zeit und Raum der Interaktion oder bleiben in ihr versteckt" (Goffman 1983: 6), insofern wir ihre Bedeutung aus früheren Erfahrungen und früheren Lernprozessen kennen. Körpergebundene Zeichen oder besser: der Körper als Zeichen, als indexikalischer Ausdruck ist bei Goffman ein durch und durch sozial konstituierter Körper. Der Körper ist hier gewissermaßen durchsozialisiert, denn er ist die wichtigste Visitenkarte der handelnden Menschen im sozialen Alltag. Jeder ‚Fehler' kann den Routineablauf von Praxen stören.

Mit solchen ‚Störungen' hat sich insbesondere Harold Garfinkel befasst. Mit seinen berühmt-berüchtigten „Krisenexperimenten" (Garfinkel 1967: 36ff.) hat er gezeigt, wie sehr die Aufrechterhaltung sozialer Ordnung u.a. von der kompetenten Verwendung des Körpers abhängt. Ihm ging es in seinen Arbeiten – die in der Soziologie unter dem Stichwort „Ethnomethodologie" geführt werden – darum, die alltägliche Lebenswelt daraufhin zu untersuchen, wie das Selbstverständliche, das Normale, das Routinierte unseres Alltags zustande kommt und wie voraussetzungsreich dies ist. In einer seiner Studien (zu „Agnes", einer Mann-zu-Frau-Transsexuellen) hat er gezeigt, dass die geschlechtliche Dimension dieser Lebenswelt, d.h. die An- und Erkennung von Menschen als männlich bzw. weiblich kaum von ihrer jeweiligen Anatomie oder genetischen Ausstattung abhängt, dafür aber wesentlich vom ‚korrekten' Einsatz körperlicher Gesten und Zeichen (Garfinkel 1967: 116-185). Das „doing gender" (vgl. Gildemeister 2004) ist dabei überwiegend ein körperliches Tun, kein körperliches Sein im Sinne eines Naturzustands. Indem Menschen lernen, geschlechtsadäquat ihren Körper zu verwenden, werden sie von anderen als ein Geschlecht wahrgenommen – nicht umgekehrt. Männer und Frauen geben sich demnach als solche zu erkennen, indem sie ihre Körper und seine vielfältigen Dimensionen entsprechend dem lebensweltlichen Wissen über die Geschlechter einsetzen. Von Goffman und Garfinkel inspiriert, haben inzwischen zahlreiche, vor allem empirische soziologische Studien gezeigt, wie dies im Einzelnen geschieht. Im US-amerikanischen Kontext haben etwa Kessler/McKenna (1978) im Kontext ihrer ethnomethodologischen Arbeiten eine Fülle von Details zu diesen Praxen herausgearbeitet. Im deutschsprachigen Raum hat Stefan Hirschauer im Rahmen seiner Studie zur Transsexualität gezeigt, wie Geschlechtsdarstellungen und Geschlechtszuweisungen sozial gemacht werden (vgl. Hirschauer 1993).

Die große Stärke solcher Arbeiten liegt darin, dass sie die Relevanz des Körpers im sozialen Alltag und vor allem das ‚wie' sozialer Ordnungen minutiös belegen. Gerade für die angeblich ‚natürlichen Tatsachen' wie Differenzen, die ja in unserem Alltag oft körpergebunden wahrgenommen werden – vor allem Geschlecht, ethnische Zugehörigkeit/‚race', Sexualität, Alter – ist die handlungstheoretische Sicht auf Körpern ungemein erhellend. Sie zeigt nämlich, dass gerade naturalisierte Differenzen (alt/jung, männlich/weiblich, gesund/krank usw.) sozial gemachte sind und dass der Körper in der Herstellung zentrales Mittel und prominenter Modus ist. Überhaupt werden soziale Zugehörigkeiten wie etwa zu einem Geschlecht, zu einer Subkultur oder zu einer Generation wesentlich durch die Verwendung des Körpers im Alltag performativ hervorgebracht. Sie werden also immer und immer wieder performativ inszeniert, sind nicht einfach ‚da'. Hochgradig produktiv sind konstruktionslogische Zugänge z.B. im Rahmen der Bildungsforschung, wie eine Untersuchung von Helga Kelle (Kelle 2003) zeigt: In dieser wurde in ethnographischer Weise rekonstruiert, wie neun- bis zwölfjährige Schulkinder im Rahmen ihrer körperbezogenen Spiele in sehr differenzierter Weise die Geschlechterdifferenz ebenso herstellen wie unterlaufen.

Der Körper ist aus handlungstheoretischer Perspektive, so lässt sich nun zusammenfassen, sowohl „Verkörperung von Wissen" wie „Medium der Kommunikation" und schließlich auch „dinglich gestaltet" (Knoblauch 2005: 110). Was nun handlungstheoretische, auf die alltäglichen Konstruktionsleistungen der Körper bzw. der Akteure/Akteurinnen fokussierte soziologische Perspektiven nicht analysieren, jedenfalls nicht systematisch, ist die Frage nach den normativen Mustern und raumzeitlich spezifischen Deutungen, die der Körper verkörpert. Welche Normen regulieren konkrete Konstruktionspraxen?

4 Das Was des Körpers: Soziale Konstitution und Diskurse

Eine (soziale) Differenz, die den Körper in unserer alltäglichen wie wissenschaftlichen Wahrnehmung prägt, ist die von Natur und Kultur. Dabei gilt der Körper, jedenfalls seit dem späten 18. Jahrhundert, als etwas Natürliches. Insbesondere die Medizin, aber auch Biologie und andere Naturwissenschaften, haben sich seit ihrem Entstehen als deutungsmächtige Disziplinen mit dem Körper befasst. Er gilt im naturwissenschaftlichen Paradigma – verkürzt gesagt – als natürliches Faktum, als universelle, eher von den ‚natürlichen' Kräften wie Evolution, Genetik oder Hormone geprägte und weniger als sozial ‚gemachte' Tatsache. Wenn sich also die Soziologie bzw. die Sozial-, Geistes- und Kulturwissenschaften mit kontingenten, durch Menschen gemachten Ordnungen befassen, dann gehört(e) der Körper nicht dazu (vgl. Jäger 2004: 23). Doch haben eine Reihe von Soziologen und Soziologinnen ebenso wie Philosophinnen und Philosophen insbesondere seit dem 20. Jahrhundert herausgearbeitet, dass auch der Körper eine Geschichte hat. Mehr noch: In den Sozial- und Kulturwissenschaften, auch der Geschichte und der Erkenntnistheorie wurde im Laufe des 20. Jahrhunderts die Frage zunehmend beforscht, ob denn die bislang selbstverständliche Zuordnung des Körpers zum Bereich der Naturwissenschaften nicht selbst eine zu kritisierende Zuordnung darstelle. Dabei wurde darauf hingewiesen, dass die ‚Natur' eine kulturelle, soziale und politische Konstruktion ist (Latour 2002).

Zunächst ist festzuhalten, dass der durch die Medizin oder Biologie als ‚natürliche' Entität definierte Körper dies faktisch nie ist und auch nie war. Aus erkenntnistheoretischer Sicht stellt nämlich die Unterscheidung zwischen ‚Natur' und ‚Kultur' eine soziale Unterscheidungspraxis dar (vgl. auch den Beitrag zu „Kultur" in diesem Band). Medizinische, biologische oder (aktuell) genetische, hirnphysiologische oder evolutionstheoretische Aussagen zur Natur des Körpers sind eben *Aussagen* – und keine objektiven Wahrheiten. Jeder Blick durch ein Mikroskop, jede Messung an einem Körper, jede chemische Untersuchung ist soziale Praxis, kein objektives Abbild einer unberührten Natur (Knorr-Cetina 2002). Jegliches (natur)wissenschaftliches Wissen ist ein von Menschen erzeugtes Wissen. Diese womöglich trivial anmutende Erkenntnis ist im Kontext der Körpersoziologie dennoch von weit reichender – und lange nicht anerkannter – Bedeutung. Sie musste in der Soziologie hart erkämpft werden, galt doch der Körper bis auf wenige Ausnahmen als nicht theorie- oder forschungswürdiger Gegenstand, gerade weil er in die Sphäre der Natur und damit der Naturwissenschaften gehörte. Damit ist angedeutet, dass die Thematisierung und Nicht-Thematisierung spezifischer Aspekte der sozialen Wirklichkeit immer auch Bestandteil der Auseinandersetzungen um Deutungshoheiten zwischen den Disziplinen und innerhalb der einzelnen Fächer und dementsprechend (De)Thematisierungen in der Soziologie verwickelt sind in zeithistorische Auseinandersetzungen – ohne sie darauf reduzieren zu können und ohne hiermit zu implizieren, dass die Soziologie ein bloßes Abbild der sie umgebenden politischen Wirklichkeit sei. Dennoch: Was von wem wie zu welchem Zeitpunkt und mit welcher Absicht zum Thema soziologischer Reflexion wird, das ist eine – im weitesten Sinne – politische Frage.

Diese Problematik – die im Übrigen immer gegeben ist und keinesfalls mit einer ‚bösen Absicht' von verschwörerischen Meinungsmachern zu verwechseln ist – zeigt sich besonders deutlich anhand der Auseinandersetzungen um die Geschlechterfrage im Allgemeinen und um die Natur des (Geschlechts-)Körpers im Besonderen. Diese Frage wurde ab den 1980er Jahren maßgeblich von der Frauen- und Geschlechterforschung in die Soziologie hinein getragen, obgleich sich einige Klassiker des Faches bereits mit den soziologischen Aspekten der Geschlechterdifferenz befasst hatten (so vor allem Simmel 1985). Im Rahmen der zweiten Frauenbewegung der 1970er und 1980er Jahre hatten sich Frauen im politischen, dann auch akademischen Kampf gegen schicksalhafte Zuschreibungen dessen, was eine Frau ‚von Natur aus' oder ‚eigentlich' sei, organisiert. Ob in der Abtreibungsfrage, dem Recht auf ein unabhängiges, eigenes Leben oder dem Kampf gegen sexuelle Gewalt – „Fast alle Forderungen der Frauenbewegung konzentrierten sich auf Körperliches. […],Selbstbestimmung' [wurde] im ‚Umgang mit dem eigenen Körper' eingeklagt", fasst Duden (2004: 505) zusammen. Diese Selbstermächtigung qua Körper stellt radikal jegliche Unterstellung natürlicher Eigenschaften, die ja vor allem körperlich begründet wurden, in Frage: Aus der Gebärmutter folgt noch lange nicht eine universale, für die Hälfte der Menschheit charakteristische Mütterlichkeit; aus der Menstruation folgt noch lange kein zyklischer, sprunghafter, hormongesteuerter Charakter, aus einer Vagina noch lange nicht eine allen Frauen unterstellte Heterosexualität im Dienste der Penetration usw. Kritisch hinterfragt wurden also die großen Folgen des ‚kleinen Unterschieds'. So wurde der Körper zum politischen Schauplatz. Aber dies geschah weder erstmalig noch in unvergleichlicher Weise: Denn wenn die Strategien der feministischen Bewegungen und Projekte – auch international (vgl. Villa/Hieber 2007) – darauf abzielten, den Körper in spezifischer Weise zu politisieren, d.h. ihn öffentlich verhandelbar zu machen, so wies dieser Prozess – der als gesellschaftliche Reflexivierung zu verstehen ist – nachdrücklich auf die immer schon gegebene Politisierung des Körpers hin. Gerade weil viele Projekte, Aktionen und Theoretisierungen der zweiten Frauenbewegung einen emphatischen utopischen Autonomiediskurs pflegten, der die (weibliche) Selbstbestimmung vor allem auf den Körper bezog, machten sie deutlich, dass der Körper selbst bereits Teil sozialer Prägungen und Prozesse ist.

Mit der Wirkmächtigkeit von gesellschaftlichen Redeweisen über die Natur des Körpers befassen sich die soziologische Diskurstheorie und -analyse. Dieses Feld, das sich im Anschluss an Michel Foucault der Konstitution des Körpers durch Diskurse annimmt, steht in der Traditionslinie makrosoziologisch orientierter Perspektiven, insofern davon ausgegangen wird, dass Körper immer schon – d.h. ‚vor' und ‚jenseits' konkreter Handlungspraxen – durch gesellschaftliche Verhältnisse – hier Diskurse – sozial verfasst sind. Die spezifische Realität und Materialität konkreter Körper ist demnach durch historische Prozesse und soziale Deutungen konfiguriert. So bilden beispielsweise die Diskurse der Zweigeschlechtlichkeit oder jene zu Gesundheit/Krankheit die „Intelligibilitätsmatrix" (Butler) dafür, dass spezifische Verkörperungen als normgerechte, sozial anerkannte Körper betrachtet werden – und andere eben nicht. Da diese Muster der sozialen Anerkennung nicht aus den vermeintlich natürlichen Tatsachen des Körpers selbst, sondern aus den Prozessen seiner Konstitution folgen, ist in einer diskurstheoretischen Perspektive die gesellschaftliche Vorprägung von „Körpern von Gewicht" (Butler 1995) ein zentraler Fokus. Über körperbezogene Normen werden zentrale soziale Semantiken mit hoher Wirkmächtigkeit, wie die Begriffe normal/monströs (vgl. Villa/Zimmermann 2007), gesund/krank, natürlich/ künstlich (vgl. Schneider 2005), schön/hässlich (Degele 2004), rational/irrational usw., gewissermaßen erfahrbar und spürbar real. Diese Normen bzw. Deutungen werden vor allem durch ihre subtile Reproduktion und Multiplikation in den (Natur-)Wissenschaften mit dem Status des Objektiven versehen, fließen damit in die gesellschaftliche Wissensproduktion ein und aus dieser wieder in den Alltag zurück. Konkret merken Menschen dies z.B. daran, dass ihre Körper im Rahmen medizinischer Untersuchungen als krank, gesund, normgerecht, auffällig, defizitär, therapiebedürftig, beobachtungswürdig, zu schlank, zu dick, zu gebogen, zu fest, zu weich usw. eingestuft werden. Die Maßstäbe der Beurteilung stammen dabei überwiegend aus Biologie und Medizin und sind, anders als meistens angenommen, wie das breite Feld der Wissenschaftsgeschichte und -forschung zeigt, von normativen, zeithistorisch sehr spezifischen Deutungen durchzogen. Gerade die soziologisch informierte Wissenschaftsforschung bzw. Wissenssoziologie hat hierzu wesentliche Beiträge geliefert, vor allem im angloamerikanischen Kontext und im Feld der Geschlechterforschung. Denn kaum eine andere Differenz ist in der Moderne derart als natürliche und objektive kodiert wie die geschlechtliche (vgl. u.a. Fausto-Sterling 1992; Laqueur 1992; Oudshoorn 1994; Schiebinger 1995). So ist die wissenschaftliche Analyse der sozialen Verknüpfung von als ‚biologisch' bzw. ‚natürlich' kodierten Körpern mit als sozial definierten Eigenschaften, Fähigkeiten, Orientierungen und Merkmalen eine zentrale Stoßrichtung der frühen und auch aktuellen Frauen- und Geschlechterforschung. Die Geschichte des ‚natürlichen Unterschieds' rückt dabei in den Mittelpunkt der soziologischen Aufmerksamkeit.

Inzwischen wird die ‚sex' (natürliches Geschlecht)/‚gender' (soziales Geschlecht)-Unterscheidung in der gegenwärtigen soziologischen Frauen- und Geschlechterforschung kaum noch affirmativ verwendet. Vielmehr ist die Problematisierung der Unterscheidung zwischen Natur und Kultur selbst ein hochproduktives Forschungsfeld geworden und dies reicht weit über Fragen des Geschlechts hinaus. Gegenwärtig steht, auch angesichts einer Gleichzeitigkeit von Körperkult und Leibvergessenheit unserer Gegenwart, die soziale Natur unserer Körper im Mittelpunkt des sozialwissenschaftlichen Interesses. Die Einsicht in die weit reichende und unüberwindbare Konstitution von Verkörperungen und vor allem von Körpern durch soziales Wissen (als Objekten etwa der Statistik, der Wissenschaft, der sozialen Ordnung) bildet dabei die treibende Kraft hinter einer Reihe von Debatten und Forschungen. Im Anschluss etwa an Foucault befassen sich im Feld der Gouvernementalitätsstudien eine Reihe von Arbeiten damit, wie spezifische Verkörperungsmodi und körperbezogene Selbst-Technologien als Ausdruck einer neuen Form der Herrschaft im Sinne neoliberaler Bio-Politik zu deuten sind (z.B. Möhring 2006). Aus einer solchen Perspektive wären ‚gesundes' Essen, Sport, Fitness, Wellness, Diäten usw. nachbürgerliche Formen der individuellen Selbst-Beherrschung, die als Verkörperungsarbeit gesellschaftlicher, ökonomisch motivierter Normen wie Flexibilität, Optimierung, Mobilität usw. sozialen Sinn machen. Nicht nur auf der individuellen Ebene, sondern auch in einer makrosoziologischen Dimension wird der Konstitutionseffekt spezifischer Diskurse und Regierungstechniken etwa für die Bevölkerungs-, Sozial- und Gesundheitspolitik diskutiert (vgl. Schultz 2006 für den Zusammenhang von Reproduktionsrechten, Bevölkerungspolitik und Diskursen). Ähnlich lässt sich der Zusammenhang von politischer Ordnung bzw. Steuerungswünschen und Körpern beforschen. Foucault konnte zeigen, wie die moderne Gesellschaft darauf angewiesen ist, ihre – als Nation verstandene – Bevölkerung über die Körper zu verwalten und zu steuern. Wer als hysterisch oder verrückt gilt, wird durch Exklusion inkludiert (in Gefängnissen oder Psychiatrien, wo nicht zuletzt günstig für den Markt produziert wird), wer als ungesund gilt, wird zur Therapie genötigt, Schwachsinnige werden sterilisiert, Gesundheitskonzepte stehen im Dienste von Ökonomie und Sozialpolitik usw. Insbesondere Diskurse und Wissensformen zur Sexualität spielen in diesem Zusammenhang eine wesentliche Rolle: So gut wie alle gesellschaftlichen Institutionen – Familie, Sozialpolitik, Organisationen, Professionen, Bildungswesen usw. – satteln in der westlichen Moderne auf einer impliziten Heterosexualität auf, die sich aufgrund ihrer ‚stillschweigenden' Wirkmächtigkeit im Modus des Natürlichen als Heteronormativität entlarvt (vgl. Rubin 2003 und Villa 2006). Damit werden Körper wesentlich normiert und reguliert, da manche Körper im normativen Horizont der Zwangsheterosexualität als pervers, krank, unnatürlich, gefährlich oder schmutzig gelten, andere dagegen als gesund, eigentlich, natürlich und richtig. Dies hat nicht nur individuelle, psychische bzw. identitätsrelevante Folgen, sondern greift massiv in die Rechte von Personen ein. Für die soziologische Thematisierung der ‚Bio-Politik' lässt sich feststellen, dass die englischsprachige Diskussion, die sich etwa auf Australien, Südafrika oder den karibischen Raum erstreckt, wesentlich weiter ist als die deutschsprachige. Zu erklären ist dies sicher u.a. (aber nicht erschöpfend) damit, dass die soziologische Thematisierung alltagsweltlicher, auch körperbezogener Differenzen – wie gender, race, sexuality – in Ländern mit einem Selbstverständnis als Einwanderungs- und Migrationsgesellschaft wissenschaftsfähiger ist.

    Zusammenfassend also lässt sich festhalten, dass die Analyse von sozialen Wissenssystemen (z.B. Diskursen) zeigt, dass diese maßgeblich regulieren, welche Körper wir im Alltag auf welche Weise wahrnehmen. Wir erkennen gesunde oder kranke, schöne oder hässliche, dicke oder dünne, normale oder monströse usw. Körper bzw. Verkörperungen in Zeit und Raum – und zwar eben nicht, weil sie an sich so wären. Vielmehr erkennen und anerkennen wir alltagsweltlich spezifische Verkörperungen entlang sozialer (Herrschafts-)Kategorien. Letztere werden nicht zuletzt von den Wissenschaften und anderen Expertendiskursen geliefert, die insofern ein besonders wirkmächtiges Wissen darstellen, als sie durch den Status der (Natur-)Wissenschaften in modernen Gesellschaften als besonders legitime Narrative gelten. Die soziale und durch Wissenschaften gestützte Einordnung einzelner Verkörperungen als natürlich und normal, und anderer als gefährlich oder krank und vor allem als unnatürlich, ist ein zentraler Herrschaftsmodus. Wie aber genau ‚Verkörperungen' von Normen und gesellschaftlichen Diskursen stattfinden und ob dies tatsächlich widerspruchsfrei geschieht, dies können konstitutionslogisch argumentierende (Makro-) Perspektiven kaum beantworten.

5 Der Körper: Soziale Natur

Vor dem Hintergrund der Vielfalt an skizzierten soziologischen Zugängen und Methoden sollte man sich nicht abschrecken oder überwältigen lassen. Die Bandbreite der Theorien, Begriffe und spezifischen Forschungsmethoden ist schlichtweg ein Ausdruck der eingangs formulierten Vielschichtigkeit und Komplexität des ‚Körpers' – der im konkreten Fall immer eine Verkörperung, eine affektive Erfahrung, eine bildliche Darstellung, ein Objekt des Wissens, Subjekt der Handlung, kreativer Überschuss, regulierte und doch lustvolle Sexualität oder vieles andere ist. DER Körper ist eine Abstraktion, die eher im Dienste statistischer Regulierung steht, als dass dieser als Objekt und im Singular der Realität lebensweltlicher Praxen zwischen normierenden Diskursen und praxeologischem Eigensinn entspräche. Wie auch immer die Soziologie mit der somatischen Dimension des Sozialen umgeht, sie kann nicht hinter der Einsicht zurückfallen, dass unsere Natur sozial ist. Die menschliche Natur ist sozial gemacht. Was dies im Einzelnen heißt und wie es sich am plausibelsten beforschen lässt, das wird sich sicher nicht auf den einen analytischen oder methodischen Nenner bringen lassen; und zwar schon deshalb nicht, weil unsere Gegenwart vom Nebeneinander verschiedener Rationalitäten und Perspektiven geprägt ist. Den einen verbindlichen Großdiskurs, etwa Vernunft, Fortschritt, Wachstum, Gerechtigkeit usw., gibt es nicht mehr (sofern es ihn je gab), und so sind auch Menschen und ihre Körper immer ebenso eingespannt wie in der Neuproduktion verschiedenster Sinnhorizonte tätig. Gerade die auch populärkulturelle Dramatisierung von Körperpraxen – plastische Chirurgie, Extremsport, Diät, Model- und Tanzsendungen usw. – ist ein Verweis darauf, wie verfügbar der ‚Rohstoff Körper' geworden ist. Die Verfügbarmachung von ehedem Unverfügbarem zeigt zunächst deutlich, wie auch Reflexivierungsprozesse somatisch gebunden sind. In diesem Lichte bedeutet die Herauslösung des Körpers aus den Fängen der ‚Natur' ebenso Freiheit (zu entscheiden nämlich, was ein jeder/eine jede mit ihrem oder seinem Körper macht) wie Unterwerfungsrisiko (wer entscheidet das? Und nach welchen Kriterien? Sind wir tatsächlich souveräne Entscheider/-innen?). Entscheidungsmöglichkeiten werden zu Entscheidungsgeboten, gar Entscheidungszumutungen. Es wird, so könnte man diagnostizieren, zunehmend unmöglich, sich nicht um seinen Körper zu kümmern und ihn entsprechend sozialen Imperativen zu ‚tunen'. Denn bei der Jobsuche oder der Partnerinnenwahl ist, wie gezeigt, unser Körper auch unsere Visitenkarte. An den Zähnen, dem Bauch und der Kleidung lassen sich nicht nur Status, Milieuzugehörigkeit, Bildungsgrad oder schlicht das Geschlecht ablesen – es lässt sich (zunehmend?) sehen, wer welche Arbeit in die Optimierung seines oder ihres Körpers investiert. Marathonerfahrung macht sich, so hört man, nun auch im mittleren Management sehr gut im Dienste der Karrieren.

Weiter zeigt diese (neue) Verfügbarkeit, wie sehr Normen und individuelle Praxen bzw. Identitäten aufeinander verweisen. Und sie birgt soziale Konflikte, allen voran ‚ethischer' Art. Dies zeigen die aktuellen Debatten um gendiagnostische oder pränatalmedizinische Verfahren (vgl. Samerski 2002) oder um Tod und Sterben (Knoblauch/Zingerle 2005). Für diese Debatten hat die (Körper)Soziologie keine einfachen Antworten oder Gebrauchsanweisungen. Aber sie kann sehr wohl helfen, Bedingungen und Möglichkeiten, Grenzen und Spielräume des Handelns zu rekonstruieren. Und sie kann vor allem zeigen, wie sehr die Gesellschaft uns unter die Haut geht.

Literatur

Alkemeyer, Thomas (2006): Rhythmen, Resonanzen und Missklänge. Über die Körperlichkeit der Produktion des Sozialen im Spiel. In: Gugutzer (Hrsg.) (2006): 265-296
Alkemeyer, Thomas (2007): Aufrecht und biegsam. Eine Geschichte des Körperkults. In: APuZ – Aus Politik und Zeitgeschichte 18/2007: 6-18
Alkemeyer, Thomas/Schmidt, Thomas (2003): Habitus und Selbst. Zur Irritation der körperlichen Hexis in der populären Kultur. In: Alkemeyer et al. (2003): 77-102
Alkemeyer, Thomas/Boschert, Thomas/ Schmidt, Robert/ Gebauer, Gunter (Hrsg.) (2003): Aufs Spiel gesetzte Körper. Aufführungen des Sozialen in Sport und populärer Kultur. Konstanz: UVK
Barkhaus, Annette/Mayer, Matthias/Roughley, Neil/Thrünau, Donatus (Hrsg.) (1996): Identität, Leiblichkeit, Normativität. Neue Horizonte anthropologischen Denkens. Frankfurt a.M.: Suhrkamp
Becker, Ruth/Kortendiek, Beate (2004): Handbuch Frauen- und Geschlechterforschung. Theorie, Methoden, Empirie. Wiesbaden: VS
Becker-Schmidt, Regina (2004): Menschenwürde und aufrechter Gang – ein Balanceakt. Kontroverse Reflexionen über den Körper. In: Freytag et al. (2004): 161-200
Bourdieu, Pierre (1982): Die feinen Unterschiede. Kritik der gesellschaftlichen Urteilskraft. Frankfurt a.M.: Suhrkamp
Bourdieu, Pierre (1993): Sozialer Sinn. Kritik der theoretischen Vernunft. Frankfurt a.M.: Suhrkamp
Bourdieu, Pierre (1997): Die männliche Herrschaft. In: Dölling et al. (1997): 153-217
Bromley, Roger/Göttlich, Udo/Winter, Carsten (Hrsg.) (1999): Cultural Studies. Grundlagentexte zur Einführung. Lüneburg: zu Klampen
Bromley, Roger (1999): Cultural Studies gestern und heute. In: Bromley et al. (Hrsg.) (1999): 9-24
Butler, Judith (1995): Körper von Gewicht. Die diskursiven Grenzen des Geschlechts. Berlin: Berlin Verlag
Degele, Nina (2004): Sich schön machen. Zur Soziologie von Geschlecht und Schönheitshandeln. Wiesbaden: VS
Dölling, Irene/Krais, Beate (Hrsg.) (1997): Ein alltägliches Spiel. Geschlechterkonstruktionen in der sozialen Praxis. Frankfurt a.M.: Suhrkamp
Duden, Barbara (1987): Geschichte unter der Haut. Ein Eisenacher Arzt und seine Patientinnen um 1730. Stuttgart: Klett-Cotta Verlag
Duden, Barbara (2004): Frauen-„Körper": Erfahrungen und Diskurs (1970-2004). In: Becker et al. (2004): 504-518
Fausto-Sterling, Anne (1992): Myths of Gender. Biological Theories about Women and Men. New York: Basic Books
Freytag, Tatjana/Hawel, Markus (Hrsg.) (2004): Arbeit und Utopie: Oskar Negt zum 70. Geburtstag. Frankfurt a.M.: Humanities Online
Fröhlich, Gerhard (1999): Habitus und Hexis. Die Einverleibung der Praxisstrukturen bei Pierre Bourdieu. Unter: http://www.iwp.jku.at/lxe/wt2k/pdf/FrohlichHabHex.pdf (letzter Zugriff am 27.11.2007)
Garfinkel, Harold (1967): Studies in Ethnomethodology. Englewood Cliffs/NJ: Prentice Hall
Gebauer, Gunter/Wulf, Christoph (1998): Spiel – Ritual – Geste. Mimetisches Handeln in der sozialen Welt. Reinbek b. Hamburg: Rowohlt

Gildemeister, Regine (2004): Doing Gender: Soziale Praktiken der Geschlechterunterscheidung. In: Becker et al. (Hrsg.): 132-140
Goffman, Erving (1983): Wir alle spielen Theater. Die Selbstdarstellung im Alltag. München/Zürich: Piper
Goffman, Erving (1989): Rahmen-Analyse. Ein Versuch über die Organisation von Alltagserfahrungen. Frankfurt a.M.: Suhrkamp
Goffman, Erving (1994): Interaktion und Geschlecht. Frankfurt a.M./New York: Campus
Gugutzer, Robert (2004): Soziologie des Körpers. Bielefeld: transcript
Gugutzer, Robert (Hrsg.) (2006): body turn. Perspektiven der Soziologie des Körpers und des Sports. Bielefeld: transcript
Hahn, Kornelia/Meuser, Michael (Hrsg.) (2002): Körperrepräsentationen. Die Ordnung des Sozialen und der Körper. Konstanz: UVK
Hirschauer, Stefan (1989): Die interaktive Konstruktion von Geschlechtszugehörigkeit. In: Zeitschrift für Soziologie Jg. 18, Heft 2. 1989: 100-118
Hirschauer, Stefan (1993): Die soziale Konstruktion der Transsexualität. Über die Medizin und den Geschlechtswechsel. Frankfurt a.M.: Suhrkamp
Hirschauer, Stefan (2004): Praktiken und ihre Körper. Über materielle Partizipanden des Tuns. In: Hörning/Reuter (2004): 73-91
Hitzler, Ronald (2002): Der Körper als Gegenstand der Gestaltung. Über physische Konsequenzen der Bastelexistenz. In: Hahn/Meuser (2002): 71-88
Hörning, Karl H./Reuter, Julia (Hrsg.) (2004): Doing Culture. Neuere Positionen zum Verhältnis von Kultur und sozialer Praxis. Bielefeld: transcript
Jäger, Ulle (2004): Der Körper, der Leib und die Soziologie. Entwurf einer Theorie der Inkorporierung. Frankfurt a.M.: Ulrike Helmer Verlag
Joas, Hans (Hrsg.) (2001): Lehrbuch der Soziologie. Frankfurt a.M./New York: Campus
Kelle, Helga (2003): Geschlechterterritorien. Eine ethnographische Studie über Spiele neun- bis zwölfjähriger Schulkinder. In: Alkemeyer et al. (2003): 187-212
Kessler, Suzanne J./McKenna, Wendy (1978): Gender. An Ethnomethodological Approach. New York: Wiley
Klein, Gabriele (2004): Electronic Vibration. Pop, Kultur, Theorie. Wiesbaden: VS Verlag für Sozialwissenschaften
Knapp, Gudrun-Axeli (2005): „Intersectionality" – ein neues Paradigma feministischer Theorie? Zur transatlantischen Reise von „Race, Class, Gender". In: Feministische Studien. Zeitschrift für interdisziplinäre Frauen- und Geschlechterforschung, 23. Jahrgang, Mai 2005, Nr. 1: 68-81
Knapp, Gudrun-Axeli (2008): Intersektionalität in gesellschaftstheoretischer Perspektive. In: Klinger, Cornelia/Gudrun-Axeli Knapp (Hrsg.): Zusammenhänge. Geschlecht, Klasse, Ethnizität: aus ungleichheits-, gesellschafts- und subjekttheoretischer Sicht (Arbeitstitel). Münster 2008 (im Erscheinen)
Knoblauch, Hubert (2005): Kulturkörper. Die Bedeutung des Körpers in der sozialkonstruktivistischen Wissenssoziologie. In: Schroer (2005): 92-113
Knoblauch, Hubert/Zingerle, Arnold (Hrsg.) (2005): Thanatosoziologie. Tod, Hospiz und die Institutionalisierung des Sterbens. Berlin: Duncker & Humblot
Knorr-Cetina, Karin (1989): Spielarten des Konstruktivismus. Einige Notizen und Anmerkungen. In: Soziale Welt 1/2 1989: 86-96
Knorr-Cetina, Karin (2002): Die Fabrikation von Erkenntnis. Zur Anthropologie der Naturwissenschaft. Frankfurt a.M.: Suhrkamp
Krais, Beate/Gebauer, Gunter (2002): Habitus. Bielefeld: transcript
Kraß, Andreas (Hrsg.) (2003): Queer denken. Queer Studies. Frankfurt a.M.: Suhrkamp
Laqueur, Thomas (1992): Auf den Leib geschrieben. Die Inszenierung der Geschlechter von der Antike bis Freud. Frankfurt a.M./New York: Campus
Latour, Bruno (2002): Die Hoffnung der Pandora. Untersuchungen zur Wirklichkeit der Wissenschaft. Frankfurt a.M.: Suhrkamp

Lindemann, Gesa (1993): Das paradoxe Geschlecht. Transsexualität im Spannungsfeld von Körper, Leib und Gefühl. Frankfurt a.M.: Fischer Verlag
Lindemann, Gesa (1996): Zeichentheoretische Überlegungen zum Verhältnis von Körper und Leib. In: Barkhaus et al. (Hrsg.): 146-175
Möhring, Maren (2006): Die Regierung der Körper „Gouvernementalität" und „Techniken des Selbst", in: Zeithistorische Forschungen/Studies in Contemporary History, Online-Ausgabe, 3 (2006) H. 2, URL: <http://www.zeithistorische-forschungen.de/16126041-Moehring-2-2006 (letzter Zugriff am 26.11.2007)
Oudshoorn, Nelly (1994): Beyond the Natural Body. An Archeology of Sex-Hormones. London/New York: Routledge
Pfadenhauer, Michaela (2002): Markierung von Ungeduld. Der Körper des Professionellen beim Aushandeln von Wirklichkeit. In: Hahn/Meuser (2002): 207-224
Plessner, Helmuth (1975): Die Stufen des Organischen und der Mensch. Berlin: de Gruyter
Raab, Jürgen/Soeffner, Hans-Georg (2005): Körperlichkeit in Interaktionsbeziehungen. In: Schroer (2005): 166-188
Reckwitz, Andreas (2006): Das hybride Subjekt. Eine Theorie der Subjektkulturen von der bürgerlichen Moderne zur Postmoderne. Weilerswist: Velbrück Wissenschaft
Rubin, Gayle (2003): Sex denken. Anmerkungen zu einer radikalen Theorie der sexuellen Politik. In: Kraß (Hrsg.) (2003): 31-79
Samerski, Silja (2002): Die verrechnete Hoffnung. Von der selbstbestimmten Entscheidung durch genetische Beratung. Münster: Westfälisches Dampfboot
Schiebinger, Londa (1995): Am Busen der Natur. Erkenntnis und Geschlecht in den Anfängen der Wissenschaft. Stuttgart: Klett-Cotta
Schmidt-Semisch, Henning/Schorb, Friedrich (Hrsg.) (2007): Kreuzzug gegen Fette. Sozialwissenschaftliche Aspekte des gesellschaftlichen Umgangs mit Adipositas. Wiesbaden: VS
Schneider, Markus (2005): Der Prothesen-Körper als gesellschaftliches Grenzproblem. In: Schroer (Hrsg.) (2005): 371-397
Schroer, Markus (Hrsg.) (2005): Soziologie des Körpers. Frankfurt a.M.: Suhrkamp
Schultz, Susanne (2006): Hegemonie – Gouvernementalität – Biomacht. Reproduktive Risiken und die Transformation internationaler Bevölkerungspolitik. Münster: Westfälisches Dampfboot
Simmel, Georg (1985): Schriften zur Philosophie und Soziologie der Geschlechter. Hrgs. von Heinz-Jürgen Dahme und Klaus Christian Köhnke. Frankfurt a.M: Suhrkamp
Stoller, Robert (1968): Sex and Gender, Bd. 1. New York: Science House
Turner, Bryan S. (1996, orig. 1984): Body & Society: Explorations in Social Theory. London: Sage
Villa, Paula-Irene (2006): Sexy Bodies. Eine soziologische Reise durch den Geschlechtskörper. Wiesbaden: VS
Villa, Paula-Irene (2007): Der Körper als kulturelle Inszenierung und Statussymbol. In: APuZ – Aus Politik und Zeitgeschichte 18/2007: 18-26
Villa, Paula-Irene/Hieber, Lutz (2007): Images von Gewicht. Soziale Bewegungen, Queer Theory und Kunst in den USA. Bielefeld: transcript
Villa, Paula-Irene/Zimmermann, Katherina (2007): Fitte Frauen – Dicke Monster? Empirische Explorationen zu einem Diskurs von Gewicht. In: Schmidt-Semisch/Schorb (Hrsg.) (2007): 171-190
Wulf, Christoph (2001): Mimesis und Performatives Handeln. Gunter Gebauers und Christoph Wulfs Konzeption mimetischen Handelns in der sozialen Welt. In: Wulf et al.: 253-272
Wulf, Christoph/Göhlich, Christoph/Zirfas, Jörg (Hrsg.) (2001): Grundlagen des Performativen. Eine Einführung in den Zusammenhang von Sprache, Macht und Handeln. Weinheim/München: Juventa

Kommunikation & Medien

Christiane Funken und Lutz Ellrich

Die Welt erschließt sich den Menschen nicht im direkten Zugriff. Dies ist eine alte Einsicht, welche sich schon in der griechischen Philosophie findet und bei Platon und Aristoteles zu ersten Entwürfen einer Medientheorie geführt hat. Die Sinne, die sich auf die natürliche und soziale Welt richten, bedürfen der Vermittler. Ohne Zwischenträger wie Luft und Licht zum Beispiel verginge uns Hören und Sehen. Es gäbe keine Erkenntnis, kein Wissen, kein gesellschaftliches Leben. Diese notwendigen medialen Bedingungen reichen aber noch nicht aus, um die besondere Stellung des Menschen in der Welt (z.B. den Aufbau zwischenmenschlicher Beziehungen und die Genese sozialer Institutionen) zu ermöglichen. Die Medien der sinnlichen Wahrnehmung müssen durch Medien der Repräsentation ergänzt werden: nämlich durch ein ganzes Arsenal von Zeichen und Symbolen, mit deren Hilfe man auf Phänomene Bezug nehmen kann, die hier und jetzt nicht anwesend oder zugänglich sind. So lassen sich Dinge, die außer Reichweite liegen, Geschehnisse, die längst vergangen sind, Personen, die sich entfernt haben, durch sicht- und hörbare Stellvertreter (Bilder/Gesten/Worte) vergegenwärtigen. Ohne derartige Zeichen und ohne die besondere Leistung einer *Sprache*, die sie zu einem komplexen Regelsystem verknüpft, das zarte Anspielungen ebenso wie dichte Argumentationsketten und Schlussfolgerungen erlaubt, wäre Gesellschaft nicht vorhanden. Medialität – in den angeführten Bedeutungen – ist folglich nicht nur unhintergehbar, sondern auch unentbehrlich.

Allein der Tastsinn scheint, wie bereits Aristoteles bemerkte, die Gegenstände *unmittelbar* – also gleichsam medienfrei – zu erfassen. Dieser Hinweis auf einen obskuren Ausnahmefall verdient Beachtung, weil er die andere Seite der Medialität, eben die Unmittelbarkeit, thematisiert und dazu auffordert, die Rolle, welche die Verleugnung des Medialen im Erleben und Handeln der Menschen spielt, nicht zu vernachlässigen. An der geläufigen Metapher des ‚Begreifens', mit der kognitive Leistungen gemeint sind, die zumeist auf intensiven Lernprozessen beruhen, lässt sich das Problem exemplarisch ablesen. Indem diese Metapher auf die Direktheit des Wissenserwerbs insistiert, bleibt sie im Gebrauch und behält ihre hohe Attraktivität. Denn sie feiert die Evidenz, die schlagende Überzeugungskraft einer gewonnenen Einsicht, und verbirgt sowohl den *Prozess*, der sie hervorgebracht hat, als auch die *Mittel*, auf die sie sich stützt. Im puren Akt des ‚Begreifens' werden all die medienbasierten Prozeduren und Schritte, die zum Wissen führen, ausgeblendet. Alternative Möglichkeiten der Beschreibung und Erklärung geraten aus dem Blick, weiterführende Fragen sind gekappt und die Vorstellung von einer unabschließbaren Erkenntnisbewegung kann gar nicht erst aufkommen. Der beachtliche Erfolg jener Pathosformeln des Wissens, die Evidenz markieren, zeigt das Unbehagen an, das mit der Erfahrung von Medialität zusammenhängt.

Professionelle Soziologen/Soziologinnen haben die Angewohnheit, einen nüchternen Blick auf die bestehenden Verhältnisse zu werfen. Sie müssen daher feststellen, dass die Sehnsucht nach Unmittelbarkeit in der gegenwärtigen Gesellschaft, welche doch entscheidend durch Kommunikationsmedien wie Presse, Rundfunk, Fernsehen und Computer geprägt ist, keineswegs an Bedeutung verloren hat. Mit dem diffusen Gefühl, von diesen Medien im Beruf und im Alltag gleichermaßen „abhängig" zu sein (Silverstone 2007: 50), steigt der Wunsch, zumindest für eine kurze Zeit den unaufhaltsamen Strom der Informationen, den endlosen Prozess der Wissensermittlung anhalten zu können und damit auch den sanften, aber nachhaltigen Zwang zum permanenten Lernen und Hinterfragen zu lockern. Die Nachfrage nach Evidenz und Klarheit ist folglich soziologisch leicht zu erklären. Einen Beitrag zur Erfüllung solcher Bedürfnisse vermag die Soziologie allerdings nicht zu leisten. Ihre Aufgabe besteht darin, das Vorhandensein der genannten Wünsche zu konstatieren, ihre Entstehung zu rekonstruieren und dann die Kosten zu benennen, die unweigerlich anfallen, wenn die Gesellschaft Ressourcen bereitstellt, um ihnen zu entsprechen. Mit Helmut Willke (2005: 264) mag man „eine aufklärerische Restfunktion der Soziologie" darin sehen, „bestimmte ,Realitäten', die im Verborgenen blühen, ins Öffentliche und damit zur gesellschaftlichen Existenz und Relevanz zu bringen".

Die Mediensoziologie ist mit dem Phänomen der Unsichtbarkeit und Unmerklichkeit in besonderem Maße konfrontiert. Denn Medien – ‚künstliche' (Schrift, Druck, Telegrafie, Radio etc.) ebenso wie ‚natürliche' (Luft, Licht etc.) – erfüllen, so lautet jedenfalls eine weit verbreitete Ansicht, ihre Vermittlungsfunktion dann am effizientesten, wenn sie selbst nicht in Erscheinung treten, sondern störungsfrei operieren und die ungeteilte Aufmerksamkeit der Rezipienten auf den Inhalt lenken, den sie weitergeben oder präsentieren. Dementsprechend entfalten die Medien ihre Prägekräfte und ihre Beeinflussungspotentiale, welche ihnen häufig zugeschrieben werden, nur im Verborgenen. Niemand hat dies markanter formuliert als Marshall McLuhan (1964): Die eigentliche Botschaft der Medien ist nicht etwa der jeweils gesendete Inhalt, der nur die Rolle eines Köders spielt und die Zuschauer auf die falsche Fährte lockt. Vielmehr manifestiert sich das Medium selbst unmerklich (und nur aus der Warte des inspirierten Medientheoretikers erkennbar) als Botschaft, die die Welt *und* ihre Wahrnehmung verändert: „The medium is the message". Lange vor McLuhan hat bereits Walter Benjamin in einem Aufsatz über die modernen Möglichkeiten „technischer Reproduzierbarkeit" von Kunstwerken (1936) darauf hingewiesen, welch tiefgreifenden Einfluss mediale Organisationsweisen auf die Wahrnehmung und Einschätzung von Dingen, Ereignissen und Personen haben.

Auch die Mediensoziologie erhebt – ähnlich wie das Vorgehen McLuhans – den Anspruch, eine Analyse-Methode zum Einsatz zu bringen, die den Blick hinter die Kulissen ermöglicht und das Unsichtbare, das aus der Deckung seine Wirkung entfaltet, zum Vorschein kommen lässt. Dabei kann sie das Studium grundsätzlicher Probleme der Medialität, ihrer Unausweichlichkeit und ihrer Unsichtbarkeit, einer philosophisch bzw. kulturwissenschaftlich orientierten Medienwissenschaft (vgl. Mersch 2006) anheim geben und sich darauf konzentrieren, deutlich zu machen, in welchem Umfange heute die sog. soziale Realität, *mit* der sich Menschen auseinandersetzen und *in* der sie zu leben genötigt sind, durch Medien, insbesondere Massenmedien, erschlossen und zugleich hervorgebracht wird. Niklas Luhmann hat in diesem Zusammenhang sicherlich die provokanteste These vorgetragen: „Was wir über unsere Gesellschaft, ja über die Welt, in der wir leben, wissen, wissen wir durch die Massenmedien" (Luhmann 1996: 9). Man kann es aber auch etwas moderater formulieren: „Direkt gemachte Erfahrungen beziehen sich immer mehr nur noch auf einen kleinen persönlichen überschaubaren Bereich. Die Mehrzahl unserer Erfahrungen über die weitere Umwelt ist sekundär, d.h. medial vermittelt" (Bonfadelli 1990: 19).

Mit dieser Fokussierung des soziologischen Blicks auf die Art und Weise, wie soziale Ordnung unter Bedingungen der Gegenwart hergestellt wird, steckt das Fach innerhalb des weiträumigen Diskurses über Medien (als notwendige Bedingungen der Sinneswahrnehmung, des Wissens und der Weltinterpretation insgesamt) zunächst einmal einen übersichtlichen Claim ab, der dann sowohl mit begrifflichen Mitteln als auch empirischen Verfahren der Datenerhebung erforscht werden kann. Dass man im Zuge der Erfahrung, die eine solche Arbeitsweise stiftet, schließlich dahin gelangt, den Begriff der ‚Massenmedien‘, den man gewöhnlich mit den sog. modernen ‚Leitmedien‘ Presse und Fernsehen in Verbindung bringt, zu relativieren, liegt auf der Hand. Denn mit der gängigen Praxis des ‚Zappens‘, die für die heutige Fernsehnutzung charakteristisch ist, und mit den stark individuell zugeschnittenen Rezeptionsformen, die das Internet den Akteuren geradezu aufdrängt, hat sich ein Umgang mit Medien herausgebildet, der andere Kategorien oder Unterscheidungen – z.B. Massenmedien/Quotenmedien/entgrenzte Medien (vgl. Schulze 1995) bzw. Massenmedien/Individualmedien (vgl. Wehner 2000) – erforderlich macht.

Als Problemformel, mit deren Hilfe die Mediensoziologie ein Profil ausbildet, das zahlreiche Anschlussmöglichkeiten verschafft, ist der Begriff der Massenmedien jedoch kaum zu überbieten (vgl. Ziemann 2006b: 18f.). Mit ihm können nämlich „alle Einrichtungen der Gesellschaft erfasst werden, die sich zur Verbreitung von *Kommunikation* technischer Mittel der Vervielfältigung bedienen" (Luhmann 1996: 10). Diese schnörkellose Bestimmung von Massenmedien lenkt die Aufmerksamkeit auf das soziale (Grund-)phänomen der Kommunikation, dessen Klärung bzw. Bestimmung die Mediensoziologie voraussetzen oder selbst leisten muss, um über die spezifschen Funktionen und Effekte medial bereitgestellter Kommunikationen Auskunft zu geben.

1 Modelle der Kommunikation

1.1 *Der Vorrang des Handelns und die Selbstverständlichkeit der Kommunikation*

Als sich die Soziologie Ende des 19. Jahrhunderts zur wissenschaftlichen Disziplin entwickelte und einen Platz unter den akademischen Fächern erkämpfte, war Kommunikation kein übermäßig attraktives Forschungsobjekt. Das ist heute merklich anders geworden. Damals aber stand zunächst das Verhältnis von individuellem Handeln und gesellschaftlichem Ganzen im Zentrum. Vorteile und Probleme unterschiedlicher Formen der Verknüpfung und Abstimmung von Handlungen wurden diskutiert und es wurden Konzepte gesucht, mit deren Hilfe man den eigenartigen Charakter der Gesellschaft als solchen erfassen konnte. Während z.B. Max Weber die Erklärung der einzelnen Handlung zum Ausgangspunkt einer Betrachtung wählte, die schrittweise zur Analyse von Gruppen überging und schließlich die Funktionsmechanismen großer Verbände und Institutionen aufzuschlüsseln suchte, setzte Emile Durkheim bei der Bestimmung kollektiver Formationen und deren bezwingender Kraft an und machte vor diesem Hintergrund individuelles Handeln nicht gerade ‚verständlich‘, aber zumindest plausibel. Während bei Weber die gesellschaftliche Struktur dasjenige Rätsel aufgibt, welches die Theorie durch Rückbezug auf den Sinn der einzelnen Handlungen lösen möchte, erscheinen bei Durkheim die Motive der Individuen als etwas Unbegreifliches, das sich nur aufhellen lässt, wenn man ein institutionell verkörpertes kollektives Bewusstsein in Betracht zieht. Die Frage, ob die Wechselwirkungen einzelner Handlungen zwangsläufig zur Bildung einer umfassenden Gesellschaftsstruktur führen oder immer schon gegebene strukturelle Voraussetzungen singuläres Handeln überhaupt erst ermöglichen, hat die Soziologie lange umgetrieben. Mit der Fokussierung auf den Begriff der Kommunikation, die nach einer Reihe avantgardistischer Präludien Anfang der 1980er Jahre im Fach einsetzte, veränderte sich die Einstellung zur Debatte um die Beziehung von Handlung und Struktur. Um diese Wende zu verstehen, muss man sich zunächst die Leistungsfähigkeit der ‚klassischen' Figuren vor Augen führen. Mit ihrer Ausrichtung auf den Zusammenhang von Handlung und Gesellschaftsstruktur bzw. das Verhältnis von Teil und Ganzem konnte die frühe Soziologie an Konzepte der Sozialphilosophie und politischen Theorie von Antike, Mittelalter und Neuzeit anknüpfen. Man denke etwa an die mittelalterliche Aufgliederung der maßgeblichen menschlichen Aktivitäten in drei Typen (Beten, Arbeiten, Kämpfen), denen Berufsstände mit entsprechenden Regelsystemen und Organisationsformen zugeordnet waren (Priester/Mönche, Bauern/Handwerker, Krieger/Herrscher). In der Neuzeit wurde diese Version weiterentwickelt und säkularisiert. Man unterschied nun Handlungstypen wie Liebe, Arbeit, Spiel und Kampf/Regierung, die in je eigenen sozialen Sphären und Institutionen zur Geltung kamen: Familie, bürgerliche Gesellschaft, Kunstbetrieb/Mußepraktiken und Staat.

Im Vollzug all dieser Handlungen und beim Aufbau der korrespondierenden Organisationen und Verwaltungsapparate wurde intensiv *kommuniziert*. Die beteiligten Personen benutzten deiktische Hinweise und mimische Ausdrucksformen, komplizierte Gesten und Körpersignale, ikonische und insbesondere sprachliche Zeichen. Sie tauschten Informationen und Meinungen aus und nahmen Einfluss aufeinander, konfrontierten sich wechselseitig mit unterschiedlichen Überzeugungen und Vorstellungen oder versuchten, homogene Weltbilder zu generieren. Sie schmiedeten gemeinsam Pläne und koordinierten ihre Handlungen, um Probleme zu lösen (und auf diese Weise weitere Probleme oder unbeabsichtigte Nebenfolgen zu erzeugen). Dabei kamen extrem unterschiedliche Arten der Kommunikation mit vielfältigen Effekten zum Einsatz: Man verständigte sich und schuf Missverständnisse, man geriet in Streit und gelangte zur Übereinstimmung. Man teilte Kenntnisse mit, reichte sein Wissen weiter, stellte Fragen und Ansprüche, gab Versprechen, äußerte Bitten, Vorwürfe, Klagen, Wünsche und Bedürfnisse, erteilte Ratschläge, Anweisungen und Befehle, verkündete Verbote und Urteile, machte Angebote und Avancen, Scherze und Anspielungen, stieß Beleidigungen und Drohungen aus, brachte Beschwichtigungen und Entschuldigungen vor, bekundete Anteilnahme und Nachsicht, Treue und Vertrauen, verlieh Stimmungen und Gefühlen Ausdruck, beteiligte sich am alltäglichen Klatsch und brachte Gerüchte in Umlauf. Man argumentierte und begründete, lobte und tadelte, bezeugte und bezichtigte, grüßte, dankte, nörgelte und verfiel (mitunter ostentativ) ins Schweigen. Auch sprach man keineswegs immer in vollem Ernst, sondern nutzte oft genug die Mittel der Ironie; zudem bediente man sich häufig metaphorischer oder metonymischer Redeformen.

Die frühe und ‚klassische' Soziologie (Durkheim, Simmel, Weber, Parsons) betrachtete die genannten Phänomene durchweg als integrale Bestandteile des sozialen Handelns, dessen Gelingen ja stets auf ein Zusammenspiel der wie auch immer beteiligten Individuen angewiesen ist und daher einer kommunikativen Rahmung oder Unterfütterung bedarf. Handeln wurde als ein symbolisch imprägniertes Geschehen verstanden, ohne dass im Kontext sozialer Fragen und Problemanalysen die Notwendigkeit zu bestehen schien, Kommunikation eigens zum Thema zu erheben. Kommunikation wurde nicht verleugnet, sie erweckte aus soziologischer Sicht vielmehr den Eindruck des Trivialen. Dazu passt es auch, dass ‚rein' körperliche Vorgänge wie Essen, Scheißen oder Schlafen im weiten Spektrum der Handlungsweisen als Randphänomene galten und nur insoweit das Interesse auf sich zogen, als bestimmte Rituale und Werkzeuge benutzt wurden und gesonderte Örtlichkeiten und Zeitintervalle dafür vorgesehen waren. Fast alle übrigen augenscheinlich rein körperlichen Aktivitäten (etwa die Ausübung von roher Gewalt oder Sexualität sowie zahlreiche Vorgänge in Arbeitsprozessen, z.B. Hämmern, Sägen, Graben, Schichten) waren ersichtlich durch kulturelle Codes oder durch Gestalten eines kommunikativ generierten und geformten Wissens geprägt, so dass sie keinen Anlass boten, bloßes körperliches Handeln vom sozialen Handeln als solchem abzutrennen und dann das Kriterium der Differenz (eben den kommunikativen Aspekt) eingehender zu studieren. Viel näher lag deshalb die Unterscheidung zwischen einem Handeln, das durch Motive, Absichten, Ziele und Zwecke gesteuert wird, und einem Handeln, das quasi automatisch oder routinemäßig (ggf. auch durch externe Kräfte determiniert) abläuft. Diese zweite Art des Handelns erhielt den heute immer noch gebräuchlichen und für Denunziationszwecke besonders geeigneten Titel ‚Verhalten'. Der Begriff ‚Verhalten' oder ‚bloßes Verhalten' (als Kategorie für eine aus dem Bereich des ‚eigentlichen' Handelns ausgeschiedene Menge von Geschehnissen oder Weisen des menschlichen Tuns und Lassens) liefert nützliche Hinweise auf die mehr oder minder verborgenen Prämissen der Handlungstheorie.

Handeln, so wird nun deutlich, ist konzipiert als ein bewusster und kontrollierter Eingriff in die Welt. Sein Träger erscheint als ein souveränes (individuelles oder kollektives) Subjekt, das seine Intentionen ernst nimmt, indem es sich bewusst (und idealiter in freier Wahl) Ziele und Zwecke setzt und diese durch die Verwendung geeigneter Mittel zu verwirklichen sucht. Der Weg des Handelns führt gleichsam von innen nach außen. Zunächst gibt es eine Idee, ein Projekt, einen Plan, und dann den charakteristischen Entschluss, den unerlässlichen Willensakt, der nötig ist, um das Vorhaben, die im Geist ausgemalte Konzeption, in die Tat umzusetzen. Indem die Handlungstheorie die Auswahl der Ziele und Zwecke im Zuge ihrer Analysen zumeist auf die Orientierung an Normen, Nützlichkeitserwägungen und Identitätsprojektionen, mitunter aber auch auf unbezwingliche Affekte zurückführt, hegt sie die Vorstellung von einem inneren Anlass des Geschehens. Und auch dann, wenn die Vorgängigkeit und Dominanz von Strukturen unterstellt wird, kommt es zur Annahme, dass die Strukturen durch Sozialisationsprozesse in das Innere der Individuen einwandern (bzw. ‚internalisiert' werden) und so die entscheidenden Impulse für die Handlungen der einzelnen Personen liefern.

1.2 Der Paradigmenwechsel

Erst die veränderte Perspektive, die sich mit der kommunikativen Wende der Soziologie herausbildete, zog die ins Innere verlegten Elemente des Handelns ans Licht und beschrieb sie als äußerlich sich manifestierende Prozesse, in denen das souveräne Subjekt durch ein intersubjektives Aktionsfeld oder durch ein System symbolischer Ereignisse ersetzt wurde. Wichtige Vorarbeit hierzu leisteten zum einen die ethnographischen Studien von Sapir und Whorf (1956), die den engen Zusammenhang von Sprache und Kultur, Vokabular und Wahrnehmung explizierten und ein Seitenstück in der Wittgensteinschen ‚Sprachspiel'-Theorie fanden, zum anderen die philosophischen Sprechakttheorien von Austin (1962) und Searle (1969). In seiner programmatischen Studie „How to do things with words" entwarf

Austin ein ungewöhnliches Konzept. Sprache wurde hier nicht länger als Ansammlung von Repräsentationen innerer mentaler Zustände, Vorstellungen, Bilder oder als geordnete Menge von Namen für äußere Objekte aufgefasst, sondern als zwischenmenschliche Praxis, die etwas in der Welt zu erzeugen vermag, das ohne Sprache gar nicht existieren würde. Austins Sicht lässt sich mit zwei berühmten soziologischen Theoremen in Verbindung bringen, die viel Beachtung fanden, aber dennoch nicht zu einer begrifflichen Grundlagendebatte oder gar Grundlagenkrise führten: 1. das Thomas-Theorem (1928), das eine Art symbolischer Kausalität beschreibt („If men define situations as real, they are real in their consequences") und 2. die Figur der „self-fullfilling prophecy" (Merton 1949), welche besagt, dass die verbale Beschwörung von Sachverhalten deren faktisches Eintreten zur Folge haben kann.

Die ‚klassische' Soziologie war mithin bereit, die Interpretationsabhängigkeit sozialer Tatsachen zu konzedieren und die Wirksamkeit symbolischer Formen zu berücksichtigen. Sie achtete aber stets darauf, dass sich die markanten Unterschiede zwischen Zeichen und Sachverhalten, Reflexionen und Aktionen nicht auflösten. Solchen Verwischungen stand der sprichwörtliche ‚Wirklichkeitssinn' der Soziologen/Soziologinnen, insbesondere der Empiriker, entgegen. (Schließlich kann man das Wort ‚Brot' beim besten Willen nicht essen.) Vorschnelle begriffliche Generalisierungen, darüber herrschte Einvernehmen im Fach, waren mit Vorsicht zu genießen. Allein der Vorschlag, Sprechen als Handlung, ja als kreative Handlung aufzufassen, führte deshalb noch nicht zu einem Paradigmenwechsel. Es musste noch ein weiteres starkes Argument hinzutreten, das den besonderen Status der Kommunikation deutlich machte und überzeugend darlegte, warum die Handlung des Kommunizierens eben keine Handlung unter anderen ist, die angemessen bedient wird, wenn man ihr eine bestimmte Sparte der Soziologie (das Bindestrich-Fach „Sprach-Soziologie") widmet, sondern ins Zentrum der sozialwissenschaftlichen Aufmerksamkeit gehört. Das erforderliche Argument konnte man teilweise aus der Philosophie importieren, musste es aber den Ansprüchen der Gesellschaftstheorie anpassen. In der Philosophie wurde mit den Arbeiten des späten Wittgenstein (1953) der sogenannte ‚linguistic turn' eingeleitet und eine lange Tradition der Bewusstseinsanalyse, die von Descartes bis hin zu Husserl reichte, beendet. Man verabschiedete die Vorstellung, dass Sinn und Bedeutung vorsprachliche Phänomene sind, die durch Zeichen erst nachträglich zum Ausdruck gelangen, und ging nun davon aus, dass Bedeutung im gemeinsamen alltäglichen Gebrauch der Sprache erzeugt wird.

Eine Reihe von Soziologen griff diese Position auf und gab ihr eine spezifische Schärfe. Ihre These, die für ganz unterschiedliche Weisen der Ausgestaltung offen war, lautete: Kommunikative Prozesse sind die *Basis* des gesellschaftlichen Lebens – ganz unabhängig davon, ob die einzelnen Subjekte, die sich der Kommunikation (mit Absicht, Zuversicht, Skepsis etc.) bedienen, das so sehen oder nicht. Mit diesem Theorieprogramm verloren Erklärungsstrategien, die sich einerseits auf die inneren Antriebe und Einstellungen der Subjekte und andererseits auf Makrostrukturen von Institutionen oder gar auf kollektive Mentalitäten bezogen, erheblich an Plausibilität. Denn Kommunikation, jedenfalls eine das soziale Geschehen tragende Kommunikation, dies war klar geworden, lässt sich nur sinnvoll als Prozess konzipieren, der zwar von strukturellen Vorgaben zehrt, aber nur im Vollzug die ihm zugesprochenen Aufgaben erfüllt.

Sobald die Soziologie ihr Augenmerk auf Eigensinn und Eigenlogik der Kommunikation richtete, traten nicht allein neue Forschungsfelder in den Blick, es ergaben sich auch Möglichkeiten zur Re-Lektüre klassischer Texte und Befunde. So konnten jetzt zum Beispiel die materialreichen Studien über die Verhaltenszwänge und Künstlichkeiten der höfischen Gesellschaft (vgl. Elias 1969) oder die distanzierten Umgangsformen der modernen Stadtkultur (vgl. Simmel 1900) als Analysen einer historisch spezifischen Codierung der Kommunikation, die Klischeebildung und Virtuosentum gleichermaßen begünstigte, gelesen werden.

Die heuristischen Impulse, die von der kommunikativen Wende der Soziologie ausgingen, lassen sich an dem breiten Spektrum von Arbeiten ablesen, die Aufbau, Stabilisierung und Wandel sozialer Ordnungsformen unter der neuen Perspektive beschreiben. Zu den bedeutendsten Ansätzen, die hier Profil gewinnen, sind gewiss die Theorien der deutschen Soziologen Habermas und Luhmann zu rechnen. Aber auch in Frankreich gab es vergleichbare Entwicklungen. Foucaults Diskursanalyse, die die geschichtliche Entwicklung von Regelsystemen rekonstruiert, welche das jeweils Sagbare und Sichtbare bestimmen (1966), verdient in diesem Zusammenhang ebenso Beachtung wie Baudrillards Vier-Phasen-Modell der Weltsimulation, das den Vorrang des Zeichens gegenüber dem Bezeichneten zur Geltung bringt (1976). Zu nennen ist ferner Bourdieus Habitus-Feld-Theorie, die erhebliche Aufschlüsse über die Macht der Symbole und die Symbole der Macht liefert (1972), und obendrein Lyotards Entwurf eines zwangsläufig den permanenten Widerstreit produzierenden Kampf-Spiels der Diskurse (1983).

Noch wichtiger für die internationale Forschung dürften allerdings die Beiträge aus dem angelsächsischen Lager sein. Zuerst und vor allem muss man Meads bahnbrechende Arbeiten (1934) anführen, die den „symbolischen Interaktionismus" begründen. Hier wird dargelegt, warum sich die Ich-Identität des einzelnen Menschen überhaupt nur im Verlauf kommunikativer Auseinandersetzungen mit anderen Individuen bilden kann. Erwähnung verdienen sodann Garfinkels Studien über die verdeckten Grundlagen des Alltagshandelns (1967), Goffmans „Frame Analysis" (1974) und Harvey Sacks' „Lectures on Conversation" (1992). Schließlich wäre noch auf die Arbeiten von Berger/Luckmann (1969) hinzuweisen, in denen die gesellschaftliche Konstruktion der Wirklichkeit als ein kommunikativer Vorgang dargestellt wird. Bemerkenswert an diesen Untersuchungen ist die gelungene Verschmelzung angelsächsischer Sichtweisen mit Ideen und Methoden der kontinentalen Sozial-Phänomenologie, die auf den späten Husserl und Schütz zurückgehen. In zahlreichen kommunikationssoziologischen Studien (Knoblauch 1995, Keppler 1994) hat sich der Ansatz von Berger/Luckmann als äußerst fruchtbar erwiesen und große Aufmerksamkeit im Fach errungen. Dennoch lässt sich kaum übersehen, dass die Theorien von Habermas und Luhmann die Szene beherrschen.

1.3 Die Sonderstellung von Habermas und Luhmann

Habermas' Theorie des kommunikativen Handelns (1981) ist ein großangelegter Versuch, die Subjektorientierung der traditionellen Philosophie und Soziologie zu überwinden. Diese Anstrengung ist (seiner Ansicht nach) nötig, weil die klassischen Konzepte selbst dort, wo sie über die individuellen Akteure hinausblickten und das soziale Ganze anvisierten, die Gesellschaft als eine Art Makrosubjekt entwarfen. Um zu vermeiden, dass die Demontage des Subjekts zur Beschwörung anonymer Strukturen und Kräfte führt, hält Habermas (anders als Luhmann) an einem modifizierten Konzept des Handelns fest. Das Modell eines kommunikativ grundierten Aushandelns und Verhandelns, so könnte man zugespitzt formulieren, tritt als Leitidee an die Stelle des überkommenen Handlungsbegriffs.

Mit dieser Umstellung soll auch die alte Differenz zwischen Denken und Sprechen, die die Systemtheorie mit ihrer scharfen Trennung von Bewusstsein und Kommunikation restauriert, in einem neuen Licht erscheinen. Habermas Vorschlag ist überaus ambitioniert; denn das Verhältnis von Denken und Kommunizieren ist ein altes, seit der Antike diskutiertes und nie bewältigtes Problem: Bei Platon z.B. wird Erkenntnis einerseits als dialogisches Geschehen (sokratisches Gespräch) beschrieben, andererseits als einsame Kontemplation, als innere Schau der Ideen bzw. als Lektüre der ‚Seeleninschrift'. Bei Descartes wird diese prekäre Balance mit neuzeitlicher Entschiedenheit aufgehoben: Das singuläre Subjekt erlebt Denken und Existieren nun als Einheit, die sich durch einen logischen Schluss (‚cogito ergo sum') repräsentieren lässt. Die explizite Kommunikation mit anderen erhält damit einen sekundären Status. Und sogar Kant, der die cartesianische Frage nach letzten Gründen und Gewissheiten unter veränderten historischen Vorzeichen aufgreift, vermag keine überzeugende Lösung zu liefern: Einerseits stellt er klar, dass wir uns der Korrektheit und Objektivität unseres Denkens nicht kraft einsamer Reflexion versichern können, sondern nur dadurch, dass wir in Gemeinschaft mit anderen denken; andererseits entwirft er monologische Figuren der Geltungs-Prüfung (z.B. den ‚kategorischen Imperativ'), mit deren Hilfe wir angeblich in der Lage sind, das richtige, sittlich gebotene Handeln zu ermitteln.

Aus derlei Verlegenheiten und Ambivalenzen, die auch von den soziologischen Klassikern Durkheim, Weber und Parsons nicht beseitigt wurden, will die „Theorie des kommunikativen Handelns" endlich herausführen. Sie unterstreicht Kants Einsicht, dass wir nur dann objektiv denken, wenn wir öffentlich (inter-subjektiv) denken und das heißt: kommunizieren. Und sie versucht darüber hinaus zu zeigen, warum Kommunikation diesen Kredit verdient. Die Tiefenstruktur des kommunikativen Handelns sorgt nämlich – laut Habermas – dafür, dass die Chance, unter den beteiligten Sprechern/Hörern im Laufe der diskursiven Praxis einen Konsens über Sachverhalte, verallgemeinerbare Interessen, Richtlinien des Verhaltens etc. zu erzielen, höher ist als die Gefahr, letztlich nur Missverstehen, Entzweiung und Streit herbeizuführen. Denn mit jedem Kommunikationsakt, den wir vollziehen, wir in die Köpfe der anderen nicht hineinsehen oder uns in ihre Herzensangelegenheiten nur bedingt einfühlen können, nehmen wir nicht nur eine bereits vorhandene Sprache in Anspruch, sondern erheben zugleich (bewusst oder unbewusst) auch spezifische Geltungsansprüche: den Anspruch auf die Verständlichkeit der gemachten Äußerung, die Wahrheit der getätigten Aussage, die eigene Wahrhaftigkeit (d.h. die Überzeugung, dass wir uns selbst nicht missverstehen und andere nicht irreführen wollen) und die Richtigkeit der Normen und Werte, auf die sich die Äußerung bezieht. Zugleich bekunden wir dadurch, dass wir diese Ansprüche erheben, die grundsätzliche Bereitschaft, alle präsentierten Behauptungen, Selbstdarstellungen und normativ aufgeladenen Erwartungen bei Bedarf oder Nachfrage zu begründen. Kommunikation erweist sich derart als der Ort, an dem die menschliche Vernunft qua Ressource der Humanität verankert ist.

Eine solche interne Verknüpfung von Vernunft und Kommunikation wird von der Systemtheorie Niklas Luhmanns (1984, 1997) entschieden bestritten: Erzeugung und Erhaltung sozialer Ordnung haben (aus systemtheoretischer Warte) mit Vernunft wenig zu tun, sondern allein mit leistungsfähigen Operationen, die dafür sorgen, dass die Gesellschaft sich reproduziert. Wissenschaftler, die ergründen wollen, wie das im Detail geschieht, müssen sich dem Phänomen Kommunikation zuwenden; denn Kommunikation „ist eine genuin soziale (und die einzige genuin soziale) Operation" (Luhmann 1997: 81). Diese Einsicht hat – nach Luhmann – erhebliche Konsequenzen und verlangt die Preisgabe einer Reihe geläufiger Vorstellungen. Handlungen verlieren ihren Sonderstatus. Sie lösen sich auf in kommunikative Zurechnungen, mit deren Hilfe man Ereignisse so beschreiben kann, dass Personen als ihre Verursacher gelten und (ggf. rechtlich) zur Verantwortung gezogen werden können. Dass derartige Zurechnungen, die den tatsächlichen Ablauf verdecken, überhaupt entstehen, erklärt Luhmann mit einem funktionalistischen Argument: Motive und Absichten, die als Auslöser von Handlungen gelten, „sind verkehrsnotwendige Fiktionen" (Luhmann 1992: 106; vgl. Willke 2005: 183ff.), die darüber hinwegtäuschen sollen, dass es nicht Menschen sind, die kommunizieren, sondern allein die Kommunikationen selbst.

In einem frühem Text hatte Luhmann das noch anders gesehen: „Soziale Systeme können sich nur bilden und erhalten, wenn die teilnehmenden Personen Wahrnehmungen und Ansichten austauschen, also miteinander durch Kommunikation verbunden sind" (Luhmann 1964: 190). Diese Beschreibung wird aber später verworfen, weil sie Eigenlogik und Eigenart von Kommunikationen nicht adäquat erfassen kann. Wenn man nämlich davon ausgeht, dass Kommunikationen sich zu Wissen verdichten, und dann bemerkt, dass Wissen, soweit es gesellschaftlich relevant ist, nicht in den Köpfen von Menschen steckt, sondern „in den Operationsformen, Artefakten und sonstigen Verkörperungen von Problemlösungskompetenz eines sozialen Systems" (Willke 2002: 130), so muss die „Form der Kommunikation" (Baecker 2005) deutlich von den inneren Zuständen der Menschen (Wahrnehmen, Denken etc.) unterschieden werden. Zur Bezeichnung dieser Prozesse, die keiner direkten Fremd-Erfahrung zugänglich sind, wählt Luhmann den Ausdruck ‚Bewusstsein' (vgl. auch den Beitrag zu „Wissen" in diesem Band).

Beide Bereiche – Kommunikation und Bewusstsein – werden als geschlossene Systeme aufgefasst, die unabhängig voneinander operieren und allein deshalb gekoppelt werden können, weil sie Sinn erzeugen, das heißt: etwas Bestimmtes im Horizont anderer Möglichkeiten auswählen. Mit der scharfen Unterscheidung von Kommunikation und Bewusstsein wird eine (selbst bei Luhmann) gern zitierte These von Watzlawick – „Man kann nicht nicht kommunizieren" (1967: 53) – korrigiert: Und ob, denn man kann wahrnehmen und eigenen Gedanken nachhängen, ohne zwangsläufig zu kommunizieren. Dagegen lassen sich wiederum Einwände geltend machen, die auf Annahmen der sprachanalytischen Philosophie beruhen, denen auch Habermas in diesem Punkt folgt. Aber der Hinweis, dass man als wahrnehmendes und einsam reflektierendes Subjekt an die selben dynamischen Regelstrukturen gebunden ist, die für die manifeste Kommunikation konstitutiv sind, wird von Luhmann mit der Behauptung pariert, dass sich der Kommunikationsprozess eben nicht erklären lasse, wenn man ihn in Relation zu etwas Vorgegebenem und quasi Eingelagertem beschreibe. Vielmehr müsse man ausschließlich die rekursiven Vorgänge des Kommunizierens zum Objekt der Beobachtung machen. Erst dann könne man auch die prinzipielle Unwahrscheinlichkeit der Kommunikation erfassen und die verschiedenen sozialen Errungenschaften würdigen, die dazu dienen, dass die Kommunikation auf mehreren Ebenen wahrscheinlich wird. Zunächst einmal bestehe das Generalproblem der Unwahrscheinlichkeit des Verstehens (das durch die Sprache gemildert werde), sodann sei es unwahrscheinlich, andere mit Kommunikation zu erreichen (hier schüfen technische Verbreitungsmedien wie Schrift, Telefon, Radio etc. Abhilfe) und schließlich sei es unwahrscheinlich, dass andere die jeweilige Kommunikationsofferte akzeptieren und eine entsprechende Anschlussleistung erbringen würden (hier begünstige der symbolische Einsatz von Macht, Liebe, Geld oder Wahrheit als Bezugnahme auf aktuell gültiges Wissen den Erfolg).

Luhmann beschreibt Kommunikation mithin als ein Geschehen, das – obschon es sich gleichzeitig an unendlich vielen Orten und in zahllosen Varianten zuträgt – in erster Linie auf Selbstfortsetzung hin angelegt ist und aus diesem Grunde eine Reihe anderer Phänomene regelrecht in Dienst nimmt: menschliche Artikulationen, technische Apparaturen und so merkwürdig unterschiedliche, nun aber plötzlich in ihrer Funktion vergleichbare Vorkommnisse wie Macht, Liebe, Geld und Wahrheit, die ihrerseits im Zweifels- oder Notfall auf ‚symbiotische Mechanismen' (Gewalt, Sexualität, Bedürfnisse und Wahrnehmung) als physische Deckung verweisen.

Während nach Habermas die Kommunikation letztlich der menschlichen Verständigung dient und die Herstellung vernünftiger Übereinkünfte selbst dann begünstigt, wenn die einzelnen Subjekte egoistische Ziele verfolgen oder aggressiven Impulsen nachgeben, dienen Luhmann zufolge die kommunikativen Anstrengungen der Menschen nur einem einzigen Zweck: die Selbsterhaltung der Kommunikation zu gewährleisten. Trotz der gravierenden Differenzen zwischen den Theorien von Habermas und Luhmann arbeiten beide mit ähnlichen, auf Bühlers Sprachtheorie (1934) zurückgehenden Beschreibungen der Grund-Selektionen, die bei jedem Kommunikationsprozess vorgenommen und verknüpft werden. In Luhmanns Terminologie lauten sie: Information, Mitteilung, Verstehen, Zustimmung/Ablehnung; d.h. der Sprecher muss auswählen, *was* und *wie* er kommunizieren möchte, der Hörer seinerseits muss beides in Betracht ziehen, sich für eine Interpretation entscheiden, und durch ein Ja oder Nein Stellung nehmen.

So verwirrend diese Kombination von Unterschieden und Gemeinsamkeiten bei Habermas und Luhmann auch in mancher Hinsicht sein mag, so produktiv ist sie für die Entwicklung eines geeigneten Fragenkatalogs zur Erforschung der gesellschaftlichen Rolle der Medien. Die soziologische Medienbeobachtung steckt nämlich immer noch in den Kinderschuhen (vgl. Jäckel 2005, Ziemann 2006b) und bedarf nicht nur der Rückbesinnung auf bereits erreichte Wissensstände (vgl. Pöttker 2001: 11), sondern eines scharf geschnittenen Problemdesigns, das sich von Zugriffen und Befunden der Kommunikationswissenschaft und Publizistik (vgl. Burkhart 2002) abhebt, ohne interdisziplinäre Verbindungen zu kappen.

2 Die Rolle der Medien

2.1 Anfänge der Massenkommunikationsforschung

Erfindung und Anwendung von Kommunikationstechniken sind genuin gesellschaftliche Faktoren. Dies war den Gründungsvätern der Soziologie bewusst. Allerdings wurden beide Vorgänge nur als sekundäre Phänomene betrachtet, die die entscheidenden Prozesse des sozialen Wandels zwar beschleunigen oder hemmen, aber nicht auslösen oder verhindern können. Dass z.B. reformatorische oder revolutionäre Ideen mit Hilfe neuer Kommunikationstechniken (Druckerpresse) sowie neuer Transport- und Verteilungsmöglichkeiten (Postkutsche, überregionale Märkte) rasch in Umlauf und zur Wirkung kommen, wurde bemerkt, doch nicht zum forschungsrelevanten Phänomen erklärt. In seiner Studie „Die protestantische Ethik und der Geist des Kapitalismus" (1905) untersuchte Max Weber Genese, Beschaffenheit und Entfaltung geschichtsmächtiger Ideen anhand breit rezipierter Traktate des

16. Jahrhunderts, konzentrierte seine Überlegungen allerdings einzig auf das, *was* hier gesagt, nicht aber darauf, *wie* es verbreitet wird. Dass die Drucktechnik selbst eine regelrechte Evolution der Ideen in Gang setzen und zur Umgestaltung der gesellschaftlichen Ordnung führen kann – wie man heute zu vermuten geneigt ist (vgl. Eisenstein 1979, Giesecke 1991, Anderson 2005) – erschien (noch) undenkbar. Erst Webers frühes Projekt einer umfassenden Presse-Enquete (1910), das auf dem ersten Deutschen Soziologentag vorgestellt wurde, setzte etwas andere Akzente. Weber begriff die „formal ‚freie' Presse" als neue Großmacht, die allein mit den Waffen der Worte streitet und deshalb den Auseinandersetzungen zwischen politisch ambitionierten Gruppen ein neues Gesicht verleiht. Die „Soziologie des Zeitungswesens" sollte daher ermitteln, welche Folgen der „uniformierende, versachlichende und dabei doch kontinuierlich emotional gefärbte Einfluss" von Presseerzeugnissen letztlich hat. Überdies war zu klären, ob das zunehmend kommerziell orientierte und zur Monopolbildung neigende Zeitungswesen die öffentliche Meinung durch den Einsatz „psychischer Suggestionsmittel" zu manipulieren vermag oder ihrerseits zur Anpassung an das herrschende Meinungsklima gezwungen ist. Webers Initiative fand im Fach nicht die nötige Resonanz und so blieb das Forschungsprojekt, dessen Vorbereitung und Sponsoring schon weit gediehen war, unausgeführt. Die ‚eigentlichen' Themen der Soziologie – gesellschaftliche Ordnung, Staat und Recht, Arbeit und Beruf, Industrialisierung, Bevölkerungswachstum, Stadtentwicklung, Armut und Krankheit, Konflikte, Kriminalität, Schichtung, Bürokratie etc. – dominierten, trotz einiger Gegenstimmen, die Szene.

Immerhin gelangte eine Reihe von Soziologen in den ersten Jahrzehnten des 20. Jahrhunderts zu der Einschätzung, dass sich die öffentliche Meinung, die durch die Massenpresse sei es gespiegelt, sei es beeinflusst, als eine soziale Macht etabliert hat, die je nach Stärke und Ausrichtung positive oder bedenkliche Folgen zeitigen kann. Die Arbeiten von Tarde (1901), Cooley (1909), Tönnies (1922), Park (1922), Lippmann (1922), Dewey (1927), Münzner (1927) u.a. legen davon Zeugnis ab. Der Zusammenhang von freier Presse und Demokratie, auf den schon Marx als Redakteur der „Rheinischen Zeitung" hingewiesen hatte, wurde ebenso diskutiert (Tönnies, Münzner, Dewey) wie die identitätsstiftende Funktion publizistischer Organe für Migranten (Park), die mediale Prägung kooperativer Einstellungen (Cooley) oder das erzieherische Potential einer auf Stammleser/Stammleserinnen bezogenen Presse (Tönnies). Darüber hinaus stand die Produktion konformen Verhaltens und die Ausübung sozialer Kontrolle durch das Zeitungswesen zur Debatte (Tarde, Tönnies, Lippmann). Selbst die Vermutung, dass die Wahrnehmung einer dominanten Meinung zur Unterlassung des Widerspruchs führe – also eine Annahme, die später in Noelle-Neumanns Theorie der „Schweigespirale" (1980) ohne gebührende Erwähnung des Vordenkers (vgl. Pöttker 2001: 14) zum Tragen kam – wurde bereits bei Tönnies geäußert.

Mit all diesen Überlegungen fand man Anschluss an die ‚klassischen' Reflexionen von Tocqueville und Mill über die Ambivalenz einer publizistisch erzeugten Öffentlichkeit, welche sich aus der Rezeption von Zeitungen mit hoher Auflage speist (vgl. Habermas 1962). Aber die Frage, ob es für die Gesellschaft gedeihlich oder verderblich ist, wenn sich das vernünftige Räsonnement und die sozialkritische Sprengkraft der Aufklärung im Zeitalter der Massenpresse verflüchtigen und neuen Gestalten der Information und Erbauung weichen, blieb offen. Jedenfalls drängte sich den ersten professionellen Beobachtern der Eindruck auf, dass die medientechnisch bedingte „revolution in communication" (Cooley) zugleich erhebliche Vor- *und* Nachteile hat. Unter den frühen mediensoziologischen Wortmeldungen, denen freilich noch kein angemessenes Echo in der Forschungslandschaft beschieden war, sind es insbesondere die Hinweise von Charles H. Cooley, die den Doppelcharakter medialer Effekte herausstreichen: So steht der erheblichen Steigerung von Kontaktmöglichkeiten und Ausdruckschancen die Nivellierung aller inhaltlichen Differenzen gegenüber. Und die Leichtigkeit, mit der sich nun Gleichgesinnte ermitteln und zu Gemeinschaften zusammenführen lassen, wird mit der Banalisierung und Standardisierung von Gedanken, Gefühlen, Ansichten bezahlt.

Cooleys Arbeiten, die kaum noch gelesen werden, sind aber auch noch in anderer Hinsicht bemerkenswert; denn hier zeichnet sich ab, durch welche Akzentuierungen das Medienthema in der Folgezeit die soziologische Aufmerksamkeit wecken konnte. Medien und ihre (vermeintlichen) Effekte mussten nämlich selbst als dramatisches soziales Problem erscheinen, um die Fachvertreter intellektuell herauszufordern und empirische Studien zu initiieren, von denen etliche Alarm schlugen, aber viele auch immer wieder die Wogen glätteten und genügend offene Fragen für weitere aufwendige Forschungen in den Raum stellten. Cooleys Warnungen vor den negativen Auswirkungen der neuen Kommunikationstechniken (steigende Delinquenz und psychische Beeinträchtigungen etc.) wurden jedenfalls häufig und mit wachsender Besorgnis – wie etwa in Formans Buch „Our Movie-Made Children" von 1933 – nachgesprochen. Die Massenmedien erwiesen sich als geeignete Projektionsflächen für soziale Ängste aller Art. Man warf ihnen vor, dass sie Kinder und Jugendliche verderben, Gewaltbereitschaft und abweichendes Verhalten fördern, materialistische und hedonistische Einstellungen begünstigen sowie zur Vermischung von Fiktion und Realität führen. Dieser Katalog problematischer Medieneffekte beruhte freilich auf der Annahme einer *direkten* Einflussnahme von Zeitungsartikeln, Radiosendungen und Filmen auf die Rezipienten. Hier Zweifel zu säen, erschien als eine genuin soziologische Aufgabe.

Dass die medialen Wirkungsmechanismen eine komplexe Struktur aufweisen und überhaupt nur im Rahmen von Interaktionen greifen, für die eine spezifische Rollenverteilung innerhalb der Nutzergruppen charakteristisch ist, konnten Paul Lazarsfeld u.a. (1944) mit Studien zum Wahlverhalten und dem dort entwickelten Konzept des „opinion leaders" und des „two-step-flow of communication" zeigen. Lazarsfelds Befunde hielten freilich Horkheimer und Adorno (1947/1969) nicht davon ab, das massenmediale Warenangebot als Produktpalette einer „Kulturindustrie" zu beschreiben, die ihre erholungsbedürftigen Kunden mit unterhaltsamen Programmen ökonomisch funktionstüchtig erhält und politisch unmündig macht. Indem die Medienkartelle attraktive, aber gesellschaftlich völlig unangemessene, ja irreführende Problemszenarien liefern, sperren sie – so lautete Adornos immer wieder bekräftigte These – die menschliche Fantasie in das Gefängnis der bestehenden Verhältnisse ein und ersticken jegliche Lust am utopischen und eingreifenden Denken.

2.2 Neue Wege der Mediensoziologie

Diese extrem pessimistische Diagnose, welche nur den Werken der Hochkultur ein wahrhaft kritisches Potential zusprach, wurde später (ca. ab 1969) durch die ‚Cultural Studies' im Umkreis der Birmingham School berichtigt. Deren bedeutendste Vertreter – Raymond Williams, Stuart Hall, David Morley und John Fiske – erforschten den alltäglichen Umgang mit Medien in der Unterschicht und stießen auf eine ganze Bandbreite von Rezeptionsweisen, unter denen kreative und widerspenstige Zugriffe keine Seltenheit waren. (In einem berühmten Aufsatz von 1980 entwarf Hall auf der Folie des erhobenen empirischen Materials sein heuristisch äußerst fruchtbares Encoding-/Decoding-Modell, mit dessen Hilfe die oppositionelle Lesart medialer Angebote präzise beschrieben werden konnte.) Zudem zeigten breit gefächerte Analysen der medial verbreiteten Populärkultur, dass ‚entertainment' und ‚fun' keineswegs automatisch zu Eskapismus und politischer Passivität führen müssen, sondern demokratische Grundeinstellungen und soziales Engagement stärken können. Die konkrete Auseinandersetzung mit den Medien erschien als Teil eines sozialen Kampfes, der nicht nur auf dem Feld der Ökonomie und der politischen Verfügungsgewalt stattfindet, sondern gerade in der kulturellen Sphäre tobt, wo über die hegemonialen Ansprüche bestimmter identitätsstiftender Bedeutungen und Zukunftsentwürfe entschieden wird.

Trotz markanter Korrekturen an zentralen Thesen der klassischen ‚Frankfurter Schule' behielten die ‚Cultural Studies' (vgl. Winter 2001) eine eminent kritische Stoßrichtung bei und monierten den Konzentrationsprozess auf dem Mediensektor ebenso wie die Ausbreitung des „tabloid-style journalism", der ein schiefes Bild von den gesellschaftlichen Zuständen liefert (vgl. auch den Beitrag zu „Kultur" in diesem Band). So konnte einer ihrer Protagonisten jüngst die Ergebnisse zahlreicher Medienanalysen zusammenfassen und konstatieren, „that over the past decades a wide range of social problems have not been adequately addressed and that the corporate media themselves have become a major social problem and have blocked social progress while advancing the interests of corporate institutions and conservative politics." (Kellner 2005: 221) An dieser Beschreibung wird allerdings auch deutlich, in welchem Maße sich die Frontstellungen der älteren Kritischen Theorie – einerseits Anklage der obrigkeitsstaatlichen Zensurpraxis, andererseits Denunziation des Warencharakters aller medialen Angebote, die Entfremdung und Verdinglichung hervorrufen – inzwischen verschoben haben.

Ins Blickfeld der Soziologie gerieten die Medien aber nicht allein als Faktor, der bestimmte gesellschaftliche Probleme verschärft oder selbst zu einem neuartigen Problem wird, das geeignete Gegenmaßnahmen nötig macht (z.B. Medien-Ethik, politische Kontrolle), sondern auch als Phänomen, das die Durchschlagskraft des Modernisierungsprozesses ratifiziert. Im Zuge der funktionalen Differenzierung der Gesellschaft, welche eigenständige Bereiche mit gesonderten Aufgaben und Beobachtungsweisen schafft, kommt es nämlich auch zu einer Verselbständigung der Medien, zu einem „Reflexivwerden von Verbreitungstechniken" (Ziemann 2006b: 61): Die einzelnen Medien beobachten einander, stellen die Welt nach internen Kriterien dar und konzentrieren sich vornehmlich auf Ereignisse, die nur stattfinden, um medial in Erscheinung zu treten. Ob man freilich mit Luhmann (1996) von einem autonomen Funktionssystem der Massenmedien sprechen darf, ist ebenso strittig wie die systemtheoretische These, dass sich die moderne Gesellschaft, die ohne Zentrum bzw. Spitze (also ohne einen Teil, der das Ganze repräsentiert und lenkt) auskommen muss, „zunächst durch die Printmedien, anschließend unter dem Einfluss der elektronischen Medien (Funk und Fernsehen)" als „eine heterarchische Gesellschaft" bilden konnte (Wehner 2000: 99). Mediale Selbstreferenzen lassen sich auch anders interpretieren; zum Beispiel als Fortsetzung einer ökonomischen Akkumulationslogik, die die permanente Steigerung um ihrer selbst willen gebietet.

Richard Münch, dessen neo-parsonsianischer Ansatz (1991; 1995) lange im Schatten von Luhmanns Systemtheorie stand, sprach daher von frei zirkulierenden Kommunikationsströmen, die den Bezug zu realen Verständigungsprozessen und Problemlösungen verloren haben. Damit äußerte er grundsätzliche Bedenken gegenüber soziologischen Konzepten, die davon ausgehen, dass Medien einen unverzichtbaren Beitrag zur Lösung oder Neubestimmung des sogenannten Orientierungsproblems leisten, dessen Relevanz gerade durch die kommunikationstheoretische Wende der Soziologie deutlich wurde. Diese Wende war mehr als eine erkenntnistheoretische Umstellung. Ihre Anziehungskraft bezog sie aus dem impliziten Versprechen, gehaltvolle Antworten auf die Krise der traditionellen sozialen Regulationsmittel und Integrationsweisen zu geben sowie tragfähige Alternativen aufzuzeigen.

Das Zusammenspiel zwischen Mediengebrauch und Deckung des menschlichen Orientierungsbedarfs, der in komplexen modernen Gesellschaften besonders hoch ist, lässt sich auf recht unterschiedliche Weise beschreiben und erklären. Zunächst einmal kommt auch hier die oben erläuterte Differenz der Kommunikationstheorien von Habermas und Luhmann zum Tragen. Nachdem Habermas (1990) seine These, dass die Erfolgsgeschichte der Massenmedien zugleich einer Verfallsgeschichte der bürgerlichen Versammlungsöffentlichkeit sei (1962), revidierte und im Anschluss an Meyrowitz (1985) dem Fernsehen gewisse Demokratisierungspotentiale zusprach, erhielten die Medien eine wichtige soziale Funktion: Sie gelten jetzt als öffentliche Arenen, in denen die aktuelle Krise der Normen und Werte nicht nur zynisch oder spaßhaft vollstreckt, sondern durch die Aushandlung neuer konsensfähiger Regeln auch behoben werden kann. Bei Luhmann ging es hingegen nicht um die Erosion und Wiederbelebung normativer Muster. Er wies den Massenmedien die Aufgabe zu, Themen so ansprechend zu platzieren, dass eine gemeinsame soziale Welt nahtlos verknüpfter Kommunikationen entsteht, und vertrat die These, dass sich die notorischen Orientierungsprobleme erledigen, wenn es gelingt, durch mediale Anreize die Fortsetzung der Kommunikationsprozesse zu garantieren.

Zwischen diese beiden theoretischen Extrempositionen haben sich zwei andere Konzepte mit interessanten Vorschlägen geschoben: zum einen die sozialkonstruktivistische Medienanalyse im Anschluss an Luckmann, zum anderen die diskursanalytische Theorie des medialen Normalismus. Im Unterschied zu den Entwürfen von Habermas und Luhmann, die inzwischen begrifflich fast ausgereizt sind, weisen diese beiden Ansätze noch erhebliche Entwicklungsmöglichkeiten auf. Das *erste* Konzept (Keppler 2006) übernimmt Luhmanns Vorstellung vom medialen Aufbau einer gemeinsamen symbolischen Welt, die unter Bedingungen der zumeist latent ablaufenden ökonomischen Globalisierung unentbehrlich geworden ist. Es ersetzt aber Orientierungsprobleme nicht durch Beschaffungsmaßnahmen für kommunikative Anschlüsse, sondern geht davon aus, dass die Medien Typisierungen erzeugen und darbieten, mit deren Hilfe (auch in einer normativ ausgedünnten Lebenswelt) Erfahrungen gemacht und Erwartungen gebildet werden können. Die Soziologie erhält folglich den Auftrag zu klären, wie sich im Gebrauch der Medien „wirklichkeitsrelevantes Orientierungswissen" (Keppler 2006: 93) bildet. Das *zweite* Konzept (Link 1996, Ellrich 2001, Funken 2005, Bartz/Krause 2007) lässt sich hingegen von der Idee leiten, dass heute in zunehmendem Maße sozial verbindliche Normen als Richtlinien des Handelns von medial zugänglich gemachten Daten abgelöst werden. Statistische Angaben, Game-Shows und die Inszenierung spektakulärer Einzelfälle fügen sich jetzt zu einem normalistischen Panorama zusammen, in dem jeder Mediennutzer eine Vielzahl von Orten besetzen kann, ohne automatisch in eine Identitätskrise zu geraten.

Wenn es zutrifft, dass im Medien*gebrauch* wirklichkeitsrelevantes Orientierungswissen oder aber (wie Luhmann insinuiert) Wissen über die Verwandlung von Orientierungs- in Anschlussmöglichkeiten entsteht, dann ist die Soziologie nicht nur gehalten, Umfang und Art des gesellschaftlich erforderlichen Orientierungsbedarfs zu ermitteln, sie muss auch die verfänglichen Aspekte der Kategorie ‚Gebrauch' ausleuchten. Denn die Betonung des konkreten Nutzerverhaltens verführt leicht zu einem überzogenen ‚Konkretismus', der alle relevanten Weichenstellungen in die jeweilige Situation verlagert. Es ist daher sinnvoll, Prozesse der Typisierung nicht nur auf Seiten der Medien nachzuzeichnen, sondern auch auf Seiten der Nutzer. Genau dies versucht die historisch weit ausholende praxeologische Medienanalyse (Reckwitz 2006) zu leisten. Sie korreliert drei mediale Übungsfelder mit paradigmatischen Subjekttypen und gelangt zu folgenden Thesen:

(1) Die Erfindung des Buchdrucks, die Perfektionierung der Aktenführung, und die Ausbreitung der Tagebuchkultur führen zu besonderen Lese- und Schreibpraktiken, die das innengeleitete bürgerliche Subjekt prägen.

(2) Das nachbürgerliche Subjekt der Angestelltenkultur nutzt die audiovisuellen Medien (Film und Fernsehen) und die von ihnen präsentierten Sinnesreize, um sich in einer Welt des Konsums und der ästhetisch faszinierenden Oberflächen zurecht zu finden.

(3) Für ein post- oder spätmodernes Subjekt schließlich wird die Computertechnik zum geeigneten Experimentier- und Übungsfeld. Dieses Subjekt ist expressiv und kreativ, es verfügt über eine sogenannte Patchwork-Identität und betrachtet die Wirklichkeit als Ensemble kontingenter Dinge und Ereignisse, aus denen es je nach Bedarf einige auswählt, um bestimmte Versuchsanordnungen herzustellen und auszutesten.

Rückhalt findet der praxeologische Ansatz in den Studien von Jonathan Crary (1999), die minutiös aufzeigen, wie sich durch den Umgang mit neuen Medien die Formen des sinnlichen Empfindens und der Aufmerksamkeitssteuerung wandeln und damit neue Subjekttypen erzeugt werden. Das Theoriedesign von Reckwitz hat darüber hinaus den Vorzug, die vorherrschende Fixierung der Soziologie auf die Massenmedien zu lockern und im Rahmen eines historisch-systematischen Entwurfs die Frage aufzuwerfen, was es bedeutet, wenn das computer-vermittelte Kommunikationsgeschehen die massenmediale Stiftung einer „kollektiv zitierbaren Gegenwart" (Keppler 2006: 41) abschwächt und der Medienkonsum nun eher zu stark differenzierten Formen zeitlicher und sachlicher Sinnbildung führt. Dann ließe sich nur noch bedingt davon sprechen, dass „die poly-kontexturalen Selbstbeschreibungen der Gesellschaft (...) am Tropf der Massenmedien" hängen (Ziemann 2006b: 110).

3 Ausblick

Mit den dargestellten Analysemitteln – der Figur medialer Selbstbezüglichkeit, den vier Konzepten zur Analyse des Orientierungsproblems, dem praxeologischen Ansatz – verfügt die aktuelle Mediensoziologie jedenfalls über ein geeignetes Instrumentarium, um den Herausforderungen zu begegnen, die insbesondere mit den unzähligen Einsatzmöglichkeiten der Computertechnik verbunden sind. Man denke nur an den sog. Information-Overflow, an das eigentümliche Zusammenspiel von Anonymität und Interaktivität im Netz, an die drohende digitale Spaltung und die Entstehung einer abgehobenen Cyber-Elite, an neue Formen der Informationsverbreitung und Entscheidungsfindung in Organisationen, an Dating-Praktiken unter virtuellen Bedingungen, an die ausgiebige Nutzung von multifunktionalen Mobiltelefonen und reizintensiven Computerspielen, an die teils manifeste, teils verborgene Dauerüberwachung und Totalverdatung, an die allmähliche Verwandlung vieler Artefakte in para-soziale Träger von Handlungsmacht (agency) und viele andere irritierende Phänomene wie virtuellen Sex, Blogging und Flaming, second life und das versäumte letzte up-date. So unübersichtlich dieses Szenario auch sein mag, so wenig ist zu verkennen, dass die neuen Formen der Netzkommunikation die Felder sind, auf denen die Mediensoziologie Flagge zeigen muss. Denn hier wird entschieden, ob Ansätze, die sich bei der Analyse von Massenmedien bewährt haben (z.B. Agenda-Setting, Uses-and-Gratifications oder Knowledge-Gap), sowie die gängigen Modelle der Medienwirkungsforschung (vgl. Bonfadelli 1999/2000, McQuail 2000, Jennings/Zillmann 2002) auch zur Erfassung computerbasierter Kommunikation geeignet sind und sich ggf. mit den oben genannten Konzepten zusammenführen lassen. Und genau hier wird sich auch zeigen, ob an der Empfehlung von Scott Lash etwas dran ist: „Wenn soziale Normen, d.h. regulative Regeln, schwächer werden, müssen wir zunehmend reflexiv (...) werden. Wir müssen quasi algorithmisch werden." (Lash 2007: 266)

Literatur

Allmendinger, Jutta (Hrsg.) (2001): Gute Gesellschaft? Opladen: Leske + Budrich
Anderson, Benedict (2005): Die Erfindung der Nation. Zur Karriere eines erfolgreichen Konzepts. Frankfurt a.M./New York: Campus
Austin, John (1962): How to do things with words. The William James Lectures delivered at Harvard University in 1955. Oxford: Oxford University Press
Bartz, Christina/Krause, Marcus (Hrsg.) (2007): Spektakel der Normalisierung. München: Fink
Baudrillard, Jean (1976/1982): Der symbolische Tausch und der Tod. München: Mathes&Seitz
Baecker, Dirk (2005): Form und Formen der Kommunikation. Frankfurt a.M.: Suhrkamp
Beck, Klaus (2006): Computervermittelte Kommunikation im Internet. München/Wien: Oldenbourg
Becker, Barbara/Paetau, Michael (Hrsg.) (1997): Virtualisierung des Sozialen. Frankfurt a.M./New York: Campus
Benjamin, Walter (1936/2007): Das Kunstwerk im Zeitalter seiner technischen Reproduzierbarkeit (incl. Kommentar von Detlev Schöttker). Frankfurt a.M.: Suhrkamp
Berger, Peter L./Luckmann, Thomas (1969): Die gesellschaftliche Konstruktion der Wirklichkeit. Frankfurt a.M.: Fischer
Bonfadelli, Heinz (2000, orig. 1999): Medienwirkungsforschung I + II. Konstanz: UVK
Bonacker, Thorsten/Reckwitz, Andreas (Hrsg.) (2007): Kulturen der Moderne. Frankfurt a.M./New York: Campus
Bourdieu, Pierre (1976, orig. 1972): Entwurf einer Theorie der Praxis. Frankfurt a.M.: Suhrkamp
Bühler, Karl (1934): Sprachtheorie. Stuttgart: G. Fischer
Burkhart, Roland (2002): Kommunikationswissenschaft – Grundlagen und Problemfelder. Wien: UTB
Castells, Manuel (2001-2003): Das Informationszeitalter I-III. Opladen: Leske + Budrich
Cooley, Charles H. (1909/1962): Social Organization. A Study of the Larger Mind. New York: Free Press
Crary, Jonathan (1999): Suspensions of Perceptions. Cambridge, Mass.: MIT Press
Crouteau, David/Hoynes, William (2003): Media Society. Industries, Images, and Audiences: Thousand Oakes: Pine Forge Press
Dewey, John (1927): The Public and Its Problem. New York: Henry Hold
Eisenstein, Elisabeth (1979): The Printing Press as an Agent of Social Change. Cambridge: Cambridge University Press

Elias, Norbert (1969, orig. 1932): Die höfische Gesellschaft. Neuwied/Berlin: Luchterhand
Ellrich, Lutz (2001): Medialer Normalismus. In: Allmendinger (2001): 372-398
Flichy, Patrice (1994): Tele. Geschichte der modernen Kommunikation. Frankfurt a.M./New York: Campus
Forman, Henry James (1933): Our Movie-Made Children. New York: Macmillian
Foucault, Michel (1974, orig. 1966): Die Ordnung der Dinge. Frankfurt a.M.: Suhrkamp
Funken, Christiane (2005): Der Körper im Internet. In: Schroer (2005): 215-241
Garfinkel, Harold (1967): Studies in Ethnomethodology. Englewood Cliffs, NJ: Prentice-Hall
Giesecke, Michael (1991): Der Buchdruck in der frühen Neuzeit. Frankfurt a.M.: Suhrkamp
Goffman, Erving (1976): Frame Analysis. New York: Harper and Row
Habermas, Jürgen (1990^2, orig. 1962): Strukturwandel der Öffentlichkeit. Frankfurt a.M.: Suhrkamp
Habermas, Jürgen (1981): Theorie des kommunikativen Handelns. 2 Bde. Frankfurt a.M.: Suhrkamp
Hall, Stuart (1980): Encoding – Decoding. In: Hall/Hobson (1980): 128-138
Hall, Stuart/Hobson, Dorethy (Hrsg.): Culture, Media, Language. London: Routledge
Horkheimer, Max/Adorno, Theodor W. (1947/1969): Dialektik der Aufklärung. Frankfurt a.M.: Fischer
Jäckel, Michael (Hrsg.) (2005): Mediensoziologie. Grundlagen und Forschungsfelder. Wiesbaden: VS
Jäckel, Michael/Mai, Michael (Hrsg.) (2005): Online-Vergesellschaftung? Mediensoziologische Perspektiven auf neue Kommunikationstechnologien. Wiesbaden: VS
Jennings, Bryant/Zillmann, Dolf (Hrsg.) (2002): Media Effects: Advances in Theory and Research. Mahwah: Erlbaum
Kellner, Douglas (2004): The Media and Social Problems. In: Ritzer (2004): 209-225
Keppler, Angela (1994): Tischgespräche. Frankfurt a.M.: Suhrkamp
Keppler, Angela (2006): Mediale Gegenwart. Frankfurt a.M.: Suhrkamp
Knoblauch, Hubert (1995): Die kommunikative Konstruktion kultureller Kontexte. Berlin/New York: De Gruyter
Krallmann, Dieter/Ziemann, Andreas (2001): Grundkurs Kommunikationswissenschaft. München: Fink
Lash, Scott: Auf dem Weg zu einer Moderne verallgemeinerter Medialisierung. In: Bonacker/Reckwitz (2007): 251-266.
Lazarsfeld, Paul u.a. (1944): The people's choice. How the voter makes up his mind in a presidential campaign. New York, N.Y.: Duell, Sloan, and Pearce
Lievrouw, Lena A./Livingstone, Sonia (Hrsg.) (2002): Handbook of New Media. Social Shaping and Consequences of TCTs. London/Thousand Oaks/New Delhi: Sage
Link, Jürgen (1996): Über den Normalismus. Opladen: Westdeutscher Verlag
Lippmann, Walter (1922/1990): Die öffentliche Meinung. Bochum: Rütten und Loening
Luhmann, Niklas (1964/1972^2): Funktion und Folgen formaler Organisation. Berlin: Duncker& Humblot
Luhmann, Niklas (1984): Soziale Systeme. Frankfurt a.M.: Suhrkamp
Luhmann, Niklas (1992): System und Absicht der Erziehung. In: Luhmann/Schorr (1992): 102-124.
Luhmann, Niklas/Schorr, Karl Eberhard (Hrsg.) (1992): Zwischen Absicht und Person: Fragen an die Pädagogik. Frankfurt a.M.: Suhrkamp
Luhmann, Niklas (1996): Die Realität der Massenmedien. Opladen: Westdeutscher Verlag
Luhmann, Niklas (1997): Die Gesellschaft der Gesellschaft. Frankfurt a.M.: Suhrkamp
Lyotard, Jean-Francois (1983/1989): Der Widerstreit. München: Fink
Mead, Georg Herbert (1934): Mind, Self and Society. University of Chicago Press
Mersch, Dieter (2006): Einführung in die Medientheorie. Berlin: Merve
Merton, Robert K. (1949): Social Theory and Social Structure. The Free Press: New York
McLuhan, Marshall (1992, orig. 1964): Die magischen Kanäle. Düsseldorf: Econ
McQuail, Denis (2000): Mass Communication. London: Sage
Meyrowitz, Joshua (1985): No Sense of Place. New York/Oxford: Oxford University Press

Müller-Doohm, Stefan/Neumann Braun, Klaus (1995): Kulturinszenierungen. Frankfurt a.M.: Suhrkamp
Münch, Richard (1991): Die Dialektik der Kommunikationsgesellschaft. Frankfurt a.M.: Suhrkamp
Münch, Richard (1995): Die Dynamik der Kommunikationsgesellschaft. Frankfurt a.M.: Suhrkamp
Münzner, Gerhard (1927): Presse und öffentliche Meinung. Karlsruhe: Braun
Neumann-Braun, Klaus/Müller-Doohm, Stefan (Hrsg.) (2000): Medien- und Kommunikationssoziologie. Eine Einführung in zentrale Begriffe und Theorien. Weinheim/München: Juventa
Noelle-Neumann, Elisabeth (1980): Die Schweigespirale – unsere soziale Haut. München: Piper
Park, Robert Ezra (1922): Immigrant Press and its Control. New York: Harper
Pöttker, Horst (2001): Öffentlichkeit als gesellschaftlicher Auftrag. Klassiker der Sozialwissenschaften über Journalismus und Medien. Konstanz: UVK
Reckwitz, Andreas (2006): Das hybride Subjekt. Weilerswist: Velbrück
Ritzer, George (ed.) (2004): Social Problems. A Comparative International Perspective. Thousand Oaks/London/New York: Sage
Sacks, Harvey (1992): Lectures on Conversation. 2 Bde. Oxford: Blackwell
Schroer, Markus (Hrsg.) (2005): Soziologie des Körpers. Frankfurt a.M.. Suhrkamp
Schützeichel, Rainer (2004): Soziologische Kommunikationstheorien. Konstanz: UVK
Schulze, Gerhard (1995): Das Medienspiel. In: Müller-Doohm/Neumann-Braun (1995): 363-378
Searle, John R. (1969): Speech acts. An Essay on the Philosophy of Language. Cambridge: Cambridge University Press
Silverstone, Roger (2007): Anatomie der Massenmedien. Frankfurt a.M.: Suhrkamp
Simmel, Georg (1900): Die Philosophie des Geldes. Berlin: Duncker&Humblot
Solove, Daniel J. (2004): The Digital Person. Technology and Privacy in the Information Age. New York: B&T
Stöber, Rudolf (2003): Mediengeschichte. 2 Bde. Wiesbaden: Westdeutscher Verlag
Tarde, Gabriel (1901): L'opinion et la foule. Paris: Les Presses universitaires de France
Thiedeke, Udo (Hrsg.) (2004): Soziologie des Cyberspace. Medien, Strukturen und Semantiken. Wiesbaden: VS
Thomas, William Isaak/Thomas, Dorothy Swaine (1928): The child in America: Behavior problems and programs. New York: Knopf
Tönnies, Ferdinand (1922): Kritik der öffentlichen Meinung. Berlin: Springer
Watzlawick, Paul/Beavin, Janet H./Jackson, Don D. (1967): Menschliche Kommunikation. Formen, Störungen, Paradoxien. Bern: Huber
Weber, Max (1905/1972): Die protestantische Ethik und der Geist des Kapitalismus. Tübingen: Mohr
Weber, Max (1910): Vorbericht über eine vorgeschlagene Erhebung über die Soziologie des Zeitungswesens. In: Pöttker (2001): 312-325
Wehner, Josef (2000): Wie die Gesellschaft sich als Gesellschaft sieht – elektronische Medien in systemtheoretischer Perspektive. In: Neumann-Braun/Müller-Doohm (2000): 39-124
Whorf, Benjamin (1956): Language, Thought & Reality. Cambridge, MA: MIT Press
Willke, Helmut (2002): Dystopia. Frankfurt a.M.: Suhrkamp
Willke, Helmut (2005): Symbolische Systeme. Grundriss einer soziologischen Theorie. Weilerswist: Velbrück
Winter, Rainer (2001): Die Kunst des Eigensinns: cultural studies als Kritik der Macht. Weilerswist: Velbrück
Winston, Brian (1998): Media Technology and Society. A History: From Telegraph to the Internet. London/New York: Routledge
Wittgenstein, Ludwig (1953): Philosophische Untersuchungen. Oxford: Basil Blackwell
Ziemann, Andreas (Hrsg.) (2006a): Medien der Gesellschaft – Gesellschaft der Medien. Konstanz: UVK
Ziemann, Andreas (2006b): Soziologie der Medien. Bielefeld: transcript

Kultur

Gabriele Klein

Seit den *cultural turns*, die sich seit den 1970er Jahren in verschiedenen geistes-, kultur- und sozialwissenschaftlichen Disziplinen vollziehen, ist *Kultur* zu einer „Zauberformel" geworden, wenn es darum geht, die Geistes- und Sozialwissenschaften zu modifizieren, zu reformulieren und neue Perspektiven zu eröffnen (vgl. Bachmann-Medick 2007; Hofmann 2004). Ausgelöst von der US-amerikanischen Kulturanthropologie haben die vielfältigen *cultural turns*, ob *performative turn*, *reflexive turn*, *postcolonial turn*, *spatial turn* oder *iconic turn*, zu einer grundsätzlichen Umorientierung auf *Kultur* geführt und damit wegweisende Transformationen im Feld der Kulturanalyse befördert: Eine Distanzierung zu der Vorherrschaft der Repräsentation und der bloßen Selbstreferentialität hin zu Fragen von Selbstauslegung, Körperlichkeit und Inszenierung in kulturellen Praktiken, zu Politiken, Übersetzungs- und Aushandlungstechniken der Erzeugung kultureller Differenz, zur Generierung von Fremdheit, zur Bildlichkeit von Kulturen sowie zu Raumbezügen sozialen Handelns.

Die *cultural turns* vollzogen sich weltweit und in verschiedenen Disziplinen. In Deutschland bewirkten sie nicht nur eine scharfe Diskussion um die Etablierung der Kulturwissenschaften und deren Stellung im akademischen Feld, sondern auch seit den 1970er Jahren um eine (Re-)Etablierung der Kultursoziologie. Kultursoziologie ist heute international verschränkt, interdisziplinär ausgerichtet und durch Grenzerweiterungen und Grenzüberschreitungen zu anderen kulturwissenschaftlichen Disziplinen sowie durch vielfältige konkurrierende Perspektiven, Theorien und Forschungsrichtungen gekennzeichnet. Entsprechend stellt sich die Geschichte der Kultursoziologie als ein Rhizom dar, als ein vielfach verästelter und verzweigter Wurzelstock, der nicht auf einen national, disziplinär oder theoretisch ausgerichteten Stamm verweist.

Dennoch knüpfen auch die jüngeren kultursoziologischen Debatten unmittelbar an kulturtheoretische Traditionen und Diskursfelder an. Diese haben Kultur als Teilbereich des Sozialen oder als dessen Fundament beschrieben, sie haben sich dem Kulturbegriff normativ, idealisierend, beschreibend und erklärend genähert und entsprechend viele Definitionen und Theorieansätze von Kultur geliefert, so dass zu keinem historischen Zeitpunkt ein einheitliches Verständnis von Kultur vorlag. Kultur ist immer auch ein soziales Deutungsmuster, mit dem Gesellschaften sich über sich selbst verständigen. Nicht die Frage, was Kultur ist, sondern wie sie hergestellt – im Sinne von gedacht, gelebt und gemacht – wird und wie sich in, mit und über Kultur soziale Ordnung herstellt, aufrecht erhält und legitimiert, steht dabei im Mittelpunkt. Um diese vielfältigen Perspektiven anschaulich zu machen, zeichnet der folgende historisch und thematisch aufgebaute Text die Begriffs- und Theoriegeschichte der Kultur nach. Dabei konzentriert er sich vor allem auf die Traditionslinien der europäischen Aufklärung und die Theoriegeschichte in Westeuropa und den USA.

1 Vom Begriff zur Theorie

Das Wort Kultur geht zurück auf *cultura*: Bebauung, Bearbeitung, Ausbildung sowie auf das lateinische Verb *colere*: wohnen, bebauen, bestellen, pflegen. Bereits die römische Antike versteht unter *cultura* eine umfassende Lebensgestaltung und -pflege im Umgang mit innerer und äußerer Natur. Dies wird in den Begriffen der *cultura agri* (Landwirtschaft) und der *cultura animi* (Pflege der Seele) zum Ausdruck gebracht. Während erstere auf eine Gestaltung und Formung der äußeren Natur abzielt, verbirgt sich hinter der von Marcus Tullius Cicero in den „Tusculanae Disputationes II, 13" formulierten Idee einer ‚cultura animi' ein Verständnis des Menschen als ein Wesen, dessen Geist und Seele kultivierungsbedürftig sei, der Mensch sich deshalb der Formung seines Charakters widmen solle (Cicero 1957). Diese Aufforderung richtet sich in der antiken Gesellschaft Roms aber nur an die vollwertigen Bürger Roms. *Cultura animi* ist von daher auch immer die Beschreibung eines sozialen Privilegs und damit implizit ein wirksames Medium sozialen Ein- und Ausschlusses.

In dem Kulturbegriff der Antike formuliert sich das Selbstverständnis des europäischen *Kulturmenschen*, das aber erst seit der Renaissance Eingang in die Gelehrtensprache findet und hier ein erweitertes, von den lateinischen Genitivattributen abstrahiertes und selbstständiges Bedeutungsfeld erschließt. Kultur wird nunmehr, etwa bei Francis Bacon (1561-1626) oder konsequenter bei Samuel von Pufendorf (1632-1694), als Gegenbegriff zu Natur konzipiert, die es als innere und äußere Natur zu domestizieren und zu überwinden gelte.

1.1 Kultur versus Zivilisation

Mit der europäischen Aufklärung erhält der Kulturbegriff eine konzeptionelle, an gesellschaftlichem Fortschritt orientierte Bedeutung. Als verbürgerlichter und verzeitlichter Begriff avanciert Kultur zu einem politischen Kampfbegriff der bürgerlichen Aufklärung gegenüber dem höfischen Sittenkodex des Adels, der sich an den Konventionen des übermächtigen französischen Hofes orientiert hatte. Im Gegensatzpaar Kultur und *Civilisation* formuliert sich somit eine standesspezifische, aber auch im politisch zersplitterten Deutschland eine nationale Konfrontation mit Frankreich, die Norbert Elias in den 1930er Jahren in seinem Hauptwerk „Über den Prozeß der Zivilisation" als genuinen Bestandteil von Zivilisation charakterisiert (Elias 1997).

Denker der Aufklärung, im deutschsprachigen Raum vor allem Johann Gottfried Herder (1744-1803), Immanuel Kant (1724-1804), Friedrich von Schiller (1759-1805) und Wilhelm von Humboldt (1767-1835), entwerfen ein nicht-teleologisches Verständnis von Kulturen als historisch gewordenen Einheiten und fragen nach den Bedingungen der Möglichkeit von Kultur als einer kollektiven *Veredlung der Sitten*. Herder begreift eine religiös fundierte und normativ formulierte *Humanität* als Schlüssel zu einer erfolgreichen, mehrere historische Epochen überdauernden Naturformung und Kulturgestaltung. Mit Kant erfolgt eine moralische Aufwertung von Kultur, indem er sie als Gegenbegriff zu ‚civilisation' formuliert. „Fortschritte in der Kultur" sieht er vor allem durch einen Prozeß gegeben, den er Moralisierung nennt (vgl. Kant 1968a: 693 u. 703ff.). Schiller schließlich versteht das *Ästhetische* als Ideal einer historische Phasen übergreifenden Menschheitskultur. Dessen

Einfluss auf den Lebensalltag führe zu einer Lebenskunst, die es dem Menschen ermögliche, seine Natur ästhetisch zu formen und moralisch zu fundieren und zugleich die soziale Welt zu einem freien Zusammenspiel unabhängiger Menschen zu führen. Wilhelm von Humboldt schließlich konzentriert die Konzepte der Moralisierung, Humanität und Lebenskunst auf Bildung. Für Humboldt ist, ähnlich wie für Johann Heinrich Pestalozzi (1746-1827), die Harmonie von Natur und Kultur erst in und über Bildung erreicht, denn sie ermögliche dem Menschen, auf einer höheren Stufe zu seinem ursprünglichen Wesen zurückzufinden.

Die Höherbewertung von Moral und Bildung gegenüber einer *äußerlichen, verkünstelten* Zivilisation, die im 18. Jahrhundert als anti-aristokratischer und anti-französischer Impuls eingesetzt hatte, prägt den kulturphilosophischen Diskurs in Deutschland in der Moderne, jener Epoche, die Ende des 19. Jahrhunderts einsetzt und etwa 100 Jahre andauert.

Mit der Etablierung der Moderne und der damit verbundenen umfassenden Kultur- und Gesellschaftskrise gerät der emphatische und normative Kulturbegriff der Aufklärung in die Kritik und wird als ein der Selbstidentifikation des Bürgertums dienendes Konzept angesehen. Mit Technisierung und Industrialisierung avanciert zugleich der Begriff ‚Zivilisation' vor allem in der Lebensphilosophie zum Inbegriff technischer und ökonomischer Rationalität. Auch Friedrich Nietzsche (1844-1900) bescheinigt der okzidentalen Kulturentwicklung einen Prozess des Verfalls. Dieser sei die Folge eines vom Nihilismus getragenen Zivilisationsprozesses und einer Dekadenz der Lebensformen. Seine kulturpessimistischen Thesen machen Nietzsche zu einem wichtigen kulturtheoretischen Vordenker der Soziologie (Lichtblau 1996).

In Auseinandersetzung mit diesen Denktraditionen entwickelt Norbert Elias (1897-1990) in den 1930er Jahren eine soziologische Theorie der Zivilisation (Elias 1997). Elias setzt den Prozess der Staatenbildung mit der Genese des bürgerlichen Verhaltens-, Sitten- und Moralkodex in Verbindung und deutet das Begriffspaar ‚Kultur und Zivilisation' als einen semantischen Ausdruck historischer Abgrenzungs- sowie nationaler und sozialer Selbstfindungsprozesse. Zivilisation will er weder als kulturell Hochwertiges noch als technische und ökonomische Rationalität verstanden wissen, sondern als menschliches Verhalten im Verbund mit gesamtgesellschaftlichen Entwicklungen. Mit der Zivilisationstheorie setzt Elias einen vorläufigen soziologischen Schlussstrich unter eine Debatte um den Begriff der Zivilisation, der die gesamte europäische Denkgeschichte begleitet und im 19. Jahrhundert seinen Höhepunkt gefunden hatte.

1.2 Kultur als Natur

Zeitgleich mit der deutschen Aufklärung entwickelt sich in Frankreich eine kulturkritische Position, die ausgehend von Jean-Jacques Rousseau (1712-1778) das Gegensatzpaar von Kultur und Natur reaktiviert. Kultur wird dabei nicht als Medium von Zivilisationskritik verstanden, sondern selbst zum Gegenstand der Kritik erklärt und der positiv besetzten Natur entgegen gestellt. Romantik und zu Beginn des 20. Jahrhunderts die Lebensphilosophie und die auf ihr beruhenden bürgerlichen Bewegungen wie Rhythmus- oder Ausdruckstanzbewegung mythisieren in der Folge die Natur im Sinne dieses bürgerlich distinktiven Kulturbegriffs.

Entscheidende kulturtheoretische Impulse in Bezug auf das Verhältnis von Natur und Kultur kommen in den 1950er und 1960er Jahren aus der Anthropologie, die im deutschen, französischen und angloamerikanischen Sprachraum sehr unterschiedliche Richtungen annimmt.

Im deutschen Sprachraum treten mit Helmuth Plessner und Arnold Gehlen vor allem zwei Theoretiker hervor, die im Anschluss an den Wissenssoziologen Max Scheler (1874-1929) die philosophische Anthropologie begründen. Helmuth Plessners (1892-1985) Formel der „ex-zentrischen Positionalität des Menschen" formuliert die Besonderheit des Lebewesens Mensch: Während Tiere eine zentrische Lebensform haben, d.h. in ihrem Körper sind und aus ihm heraus auf Umweltreize reagieren, ohne ihr Verhalten selbst erfahren zu können, ist der Mensch ex-zentrisch, insofern er zu seinem Verhalten in Distanz treten und sich seines Verhaltens bewusst werden kann (Plessner 1975). Der Mensch ist immer zugleich in seinem Körper und hat seinen Körper. Ex-zentrische Positionalität meint die Gleichzeitigkeit von Körper-Sein und Körper-Haben (vgl. auch den Beitrag zu „Körper" in diesem Band).

Für Plessner resultiert die Brüchigkeit der menschlichen Existenz aus seiner Mangelexistenz. Deshalb ist er gezwungen, mit der Umwelt über Sprache, Interaktion und Arbeit in Kontakt zu treten. Denn im Unterschied zum Tier muss sich der Mensch, so das Plessnersche Theorem „zu dem, was er schon ist, erst machen". Diese anthropologische Notwendigkeit bildet die Grundlage jeglicher Kulturleistung.

Arnold Gehlen (1904-1976) leitet ebenfalls Kultur aus der besonderen Stellung des Menschen in der Welt ab. Seine Formel lautet: Der Mensch ist „von Natur ein Kulturwesen" (Gehlen 1986). Im Unterschied zum Tier sei das menschliche Verhalten nicht instinktgeleitet, der Mensch müsse über vernunftgeleitetes Handeln kompensieren. Kultur meint damit die Notwendigkeit des Menschen, sich und seine Welt über kulturelles Handeln erst herstellen zu müssen.

Anders als die philosophische Anthropologie richtet sich das Augenmerk des französischen Anthropologen Claude Lévi-Strauss (1908-1990), der als Begründer der strukturalen, d.h. vom Strukturalismus beeinflussten Anthropologie gilt, auf die Strukturen kultureller Ordnungen. In Anlehnung an den französischen Linguisten Roland Barthes versteht er Kultur als eine Ordnung der Zeichen, zu denen er Denk- und Sprachstrukturen nichtschriftlicher Kulturen, die „elementaren Strukturen der Verwandtschaft" sowie Mythen und Rituale zählt. Mit der Thematisierung symbolischer Strukturen kann Lévi-Strauss nicht nur den von Karl Marx vernachlässigten *Überbau*, die Kultur, durchleuchten, sondern auch die gängige zivilisationsfreundliche These in Frage stellen, der Grad der Abstraktheit der ökonomischen Verhältnisse verweise auf die Komplexität der geistigen Welt. Dennoch unterstellt er ein unterschiedliches Verhältnis von vorzivilisierten und sog. zivilisierten Kulturen zur Natur: *Vorzivilisierte* Völker benutzen ihre Kultur zur Sicherung ihres Lebens in der sie umgebenden Natur, Sinnstiftung erfolgt hier ausschließlich im unmittelbaren Umgang mit der Welt. *Zivilisierte* Kulturen hingegen setzen ihre Technologien ein, um Natur zu beherrschen und sie auf diese Weise an ihre Kultur anzupassen, moderne Zivilisation beruhe von daher auf einer der Natur vollständig entfremdeten Kulturpraxis.

Lévi-Strauss' kulturanthropologische Studien haben nicht nur in der jüngeren Ethnologie zu einer Neuorientierung geführt, sondern auch die französische Kultursoziologie stark beeinflusst. In Deutschland bleibt die Wirkung von Lévi-Strauss', wie der französische Strukturalismus insgesamt, in der sich in den 1970er Jahren neubegründenden Kultursoziologie gering. Hier favorisiert man eher den aus den USA importierten symbolischen Interaktionismus und die Ethnomethodologie. Zwar beschäftigen sich auch diese Forschungsrichtungen mit Fragen nach der Generierung von Sinnstrukturen und dem Studium von Teilkulturen, dies aber vor allem aus mikrosoziologischer Perspektive.

1.3 Kultur und Moderne

Die Soziologie etabliert sich um die Wende zum 20. Jahrhundert im Zuge eines epochalen Transformationsprozesses zur modernen Gesellschaft, der nicht nur durch massive Umwälzungen und Neuerungen in Politik und Wirtschaft, sondern auch durch eine umfassende Kulturkrise gekennzeichnet ist. Soziologie und auch die neu entstandene Kulturphilosophie begleiten diesen Modernisierungsprozess, indem sie Kultur gesellschaftstheoretisch bestimmen, das Selbstverständnis des „modernen Kulturmenschen" formulieren und nach Werten und Deutungsmustern der „Kulturnation" suchen.

Während die Kulturphilosophie (Ludwig Stein, Rudolf Euken) zunächst darauf angelegt ist, den Modernisierungsprozess kompensatorisch zu begleiten, macht sich zeitgleich im Zeichen der umfassenden Kulturkrise Ende des 19. Jahrhunderts in der Volkskunde – so etwa bei Wilhelm Heinrich Riehl oder auch bei dem in Deutschland bekannten Ethnologen Edward B. Tylor – entgegen einem normativen Kulturbegriff der Aufklärung ein wertneutraler Begriff von Kultur breit, der Hochkultur und Volkskultur gleichermaßen umfasst und sich vor allem in der US-amerikanischen Kulturanthropologie, so etwa bei Franz Boas und Margret Mead, zu einem holistischen Konzept von Kultur entwickelt. Diesem Konzept zufolge ist Kultur dreifach bestimmt: als Lebensweise, als Wissen, Glauben und Moral sowie als Kunst und Recht.

Ausgehend von diesem universalistischen Kulturbegriff, der Kultur als das Fundament von Gesellschaften begreift, entfacht in der englischen und nordamerikanischen Soziologie eine Diskussion um das Verhältnis von Kultur- und Gesellschaftstheorie, von Kultur und Struktur, die bereits Anfang des 20. Jahrhunderts zur Bildung von zwei Fachgesellschaften, der englischen Social Anthropology und der US-amerikanischen Cultural Anthropology führt und noch in den 1950er Jahren zwischen den zentralen Vertretern Talcott Parsons und Arnold Kroeber geführt wird (vgl. dazu Kroeber/Kluckhohn 1952; Kroeber/Parsons 1958).

Anders als in angelsächsischen Ländern führt die Soziologie in Deutschland zu Beginn des 20. Jahrhunderts keine Debatte über die Antinomie von Kultur und Gesellschaft. Vielmehr wird hier einerseits ein normativ überhöhter Kulturbegriff dafür in Anschlag gebracht, die neuen Sozial- und Kulturwissenschaften gegen die Naturwissenschaft zu profilieren. Bei der soziologischen Deutung des Stellenwerts von Kultur im Prozess der Modernisierung wird, so bei Max Weber und Georg Simmel, andererseits ein wertneutraler Kulturbegriff eingeführt.

Für eine normative Überhöhung des Kulturkonzeptes steht in der frühen deutschen Soziologie vor allem Alfred Weber (1868-1958). Als erster Soziologe entwickelt er einen geschichts- und kultursoziologischen Forschungsansatz (Weber 1982; 1963). Alfred Weber unterteilt Geschichte in drei Felder: den Gesellschaftsprozess (Staat und Gesellschaft), den Zivilisationsprozess (wissenschaftlicher Fortschritt und kapitalistische Ökonomie) und die Kulturbewegung (menschliche Kreativität, die sich in Ideen und Kunstwerken sowie in religiösen und moralischen Wertvorstellungen zeigt). Webers zentrales Forschungsthema ist die Kulturbewegung, die er, in Umkehrung des Marxschen Theorems, als eigenständig und unabhängig von der ökonomischen Sphäre ansieht. Entsprechend richtet sich seine Forderung auf eine Anerkennung des „Geistig-Schöpferischen" als Basis jeglichen Handelns, was seiner kulturtheoretischen Position eine metaphysische Färbung gibt.

Alfred Weber prägt den Begriff Kultursoziologie, der sich in der deutschsprachigen Soziologie zwar etabliert hat, so z.B. in der 1984 gegründeten Sektion *Kultursoziologie* der Deutschen Gesellschaft für Soziologie, aber aufgrund seines teildisziplinären Charakters nach wie vor umstritten ist.

Anders als sein Bruder Alfred bemüht sich Max Weber (1864-1920) um die Formulierung eines wertneutralen Kulturbegriffs. Auch geht es ihm nicht darum, Gesellschaft und Kultur gegeneinander auszuspielen, sondern eher darum, kulturelle und gesellschaftliche bzw. religiöse und ökonomische Faktoren aufeinander zu beziehen. In seinem Werk „Die protestantische Ethik und der Geist des Kapitalismus" (1904/05) zeichnet er die Eigenlogik von Kultur und Religion nach und veranschaulicht, wie produktiv Kultur im Sinne ökonomischer Prozesse wirken kann (vgl. Weber 2004). Im Rahmen seiner „verstehenden Soziologie" definiert Weber Kultur als „ein vom Standpunkt des Menschen aus mit Sinn und Bedeutung bedachter endlicher Ausschnitt aus der sinnlosen Unendlichkeit des Weltgeschehens" und stellt mit dieser Bestimmung Weichen, um die soziale und zeichenhafte Qualität von Kultur aufeinander beziehen zu können (vgl. Weber 1968).

Die Widersprüche von Kultur und Ökonomie im Prozess der Modernisierung fokussiert wiederum Georg Simmel (1858-1918). Angelehnt an die Kulturphilosophie unterstellt er eine „Tragödie der Kultur", die darin besteht, dass sich der in Waren und Sachen objektivierte menschliche Geist, die „objektive Kultur", von dem eigentlichen „Kulturwert", der subjektiven Kultur, entferne. Kultur wird damit bei Simmel doppelt bestimmt: als Medium der Selbstvollendung und zugleich als Mittel der Entfremdung.

1.4 Kultur als Industrie

Während Kultur als *Überbau* in der marxistischen Theorie eine geringe Rolle zugesprochen und sie bei den soziologischen *Klassikern* als ein ausdifferenziertes und eigenständiges Gegenüber von Gesellschaft thematisiert und mitunter idealisiert und normativ überhöht wird, erhebt die Kritische Theorie der *Frankfurter Schule* seit den 1930er Jahren die Entwicklung einer materialistischen Theorie der Kultur zu ihrem Forschungsprogramm. Die Kritik an einem bürgerlich-affirmativen Kulturbegriff bringt Herbert Marcuse (1898-1979) auf die Formel des „affirmativen Charakters der Kultur", der zufolge die Kulturwelt als eine bessere, höhere Welt gelte, die sich vom alltäglichen profanen Leben unterscheide (vgl. Marcuse 1965). Zugleich suggeriere die affirmative Kultur, dass Kultur eine anthropologische Qualität und deshalb von jedem Individuum, unabhängig von seinem sozialen Status, erreichbar sei. In einer materialistischen Gesellschaftstheorie soll Kultur hingegen als Ausdruck des Spannungsverhältnisses von technologischer Entwicklung und ökonomischer Struktur verstanden werden. Beeinflusst von der politischen Wirksamkeit der neuen Massenmedien Radio, Kino und Fernsehen formulieren die *Frankfurter Schule* die These einer politischen und ökonomischen Vereinnahmung von Kultur, die in den 1947 von Max Horkheimer (1895-1973) und Theodor W. Adorno (1903-1969) vorgelegten Thesen zur Kulturindustrie ihren Niederschlag finden (vgl. Horkheimer/Adorno 1971). Kulturindustrie hat das Verhältnis der Menschen zur Kultur umgekehrt: Nicht mehr die Menschen schaffen Kultur, sondern die Kulturindustrie produziert die kulturellen Bedürfnisse der Menschen. Kultur, für die bürgerliche Aufklärung noch ein Ausdruck der Wahrheit, Echtheit und Tiefe des Menschen, sei durch die Verwertungsinteressen des Kapitals zu einer Ware mutiert. Da die Welt der Kulturindustrie eine Welt der Zerstreuung und des Amüsements sei, könne es nur noch der Kunst gelingen, dem allumfassenden Verblendungszusammenhang zu entkommen. Nur noch in der autonomen Kunst, so versucht Adorno in seinen späteren Ausführungen zur Ästhetischen Theorie diese kulturkritische Grundannahme zu erhärten, seien utopische und emanzipatorische Momente enthalten (vgl. auch den Beitrag zu „Kommunikation & Medien" in diesem Band).

Der gesellschaftstheoretisch fundierte Kulturbegriff der *Frankfurter Schule* eröffnet den gesellschaftskritischen Diskurs um Massenkultur und populäre Kultur, die in den 1970er Jahren zu einem zentralen Forschungsprogramm vor allem der britischen ‚Cultural Studies' wird.

2 Kultursoziologische Positionen seit den 1970er Jahren

2.1 Kultur als Aneignung

Die Neubegründung kulturtheoretischer Ansätze seit den 1970er Jahren erfolgte vor dem Hintergrund einer Vielzahl von umfassenden gesellschaftlichen Transformationen, aber auch, wie schon in der Kulturkrise um die Wende zum 20. Jahrhundert, angesichts eines Bruchs mit der Kultur der Moderne. Stichworte sind nun: Aufhebung der strikten Trennungen von Hochkultur und Massenkultur, von künstlerischer Avantgarde und Pop, Verschwimmen der Grenzen zwischen Wirklichkeit und Virtualität durch neue Medien, eine damit verbundene Fiktionalisierung von Erfahrung, eine Zunahme des Eventcharakters von Kultur, eine Vermischung von Kultur und Konsum sowie eine allumfassende Ästhetisierung des Alltags.

In den 1970er Jahren entwickeln sich zeitgleich in England, Frankreich, den USA und Deutschland kultursoziologische Positionen, die an verschiedene Denktraditionen anknüpfen.

Ausgehend von einer Kritik am Strukturfunktionalismus von Talcott Parsons etabliert sich in Birmingham eine Forschergruppe am Center for Contemporary Cultural Studies (CCCS), um das Verhältnis von kritischer Gesellschaftsanalyse und Kulturwissenschaften auszuleuchten mit dem Ziel, die tragende Rolle der Kultur bei gesellschaftlichen Prozessen, Praktiken und Machtverteilungen zu formulieren. Mit diesem Programm wird der ‚*cultural turn*' in den Gesellschaftstheorien eingeleitet. Theoretische Ausgangspunkte sind der westliche Marxismus, der Strukturalismus und Kulturalismus. Anders als die ‚Kritische Theorie' führt die Forschergruppe eine Vielzahl von empirischen Untersuchungen in jugendlichen Subkulturen (vgl. Willis 1979; Hebdige 1979) oder über Medienrezeption (Morley 1992) durch, in denen es im Wesentlichen um die Frage des Umgangs mit kulturindustriellen Waren und medienindustriellen Angeboten geht. Damit übersetzen sie die schon von der Anthropologie gestellte Frage nach der Konstruktion symbolischer Welten auf das Verhältnis von Kulturindustrien und Alltagskultur.

Stuart Hall, in den 1970er Jahren Direktor des CCCS, legt dazu die theoretischen Grundlagen. Beeinflusst durch den marxistischen Kultur- und Sozialtheoretiker Antonio Gramsci (1891-1937) beschreibt Hall, ähnlich wie etwa zeitgleich Pierre Bourdieu, das Feld der Kultur als einen Schauplatz ständiger ideologischer Kämpfe. Demnach haben Kulturindustrien zwar die Macht, Kulturwaren zu produzieren und weltweit zirkulieren zu lassen, aber es sind die Rezipienten/Rezipientinnen, die im Prozess der Aneignung den Kulturobjekten erst Bedeutung zuweisen. Mit der Auffassung, dass alle kulturellen ‚Texte' verschiedene Lesarten zulassen, orientiert sich Hall an den zeichentheoretischen Überlegungen von Roland Barthes, der eine erweiterte Perspektive auf den *Text* vorstellt, indem er den Text auflöst in die *Lesarten* der Rezipienten.

Kulturelle Stile nähren sich, so die Cultural Studies, aus zwei Quellen: Zum einen aus der eigenen Klassenkultur, zum anderen aus den Symbolsystemen, wie sie von der Kulturindustrie angeboten werden. Von daher können die ‚Cultural Studies' auch keine Kulturanalyse für hinreichend halten, die sich auf die intendierten Bedeutungen von Kulturprodukten konzentriert, da diese nur wenig über die Bedeutung von Kultur für die Konsumenten/Konsumentinnen aussagen.

Haben die Cultural Studies als eine nationale, aber interdisziplinäre Forschergruppe begonnen, so sind sie heute ein weltweites transdisziplinäres Projekt, bei dem auch die Kultursoziologie weiterhin einflussreich ist (Peterson 2000). In Deutschland setzt die Rezeption der ‚Cultural Studies' in der Soziologie erst in den 1990er Jahren ein (vgl. Winter 2001; Göttlich/Winter 2000; Winter 1995), konnte sich aber auch hierzulande als interdisziplinärer Ansatz durchsetzen und sich vor allem in den Medienwissenschaften etablieren (vgl. Kellner 1995).

2.2 Kultur als Lebensstil

In der französischen Kultursoziologie legt Pierre Bourdieu (1930-2002) die theoretischen Fundamente zu einer empirisch geleiteten Erforschung von Kultur. Bourdieu versteht unter Kultur alle Kulturobjekte, kulturelle Praktiken sowie Arten und Weisen des Lebens, also Lebensstile. Sein weiter Kulturbegriff entstammt der Ethnologie in der Tradition von Lévi-Strauss und soll herkömmliche Dichotomien zwischen hoher Kunst und Massenkultur aufheben. Dementsprechend richtet sich sein Fokus auf alle alltagskulturellen Praktiken.

Bourdieu erkennt Kultur als ein entscheidendes Medium im Kampf um soziale Distinktion. Dies gelingt ihm theoretisch, indem er den Marxschen Begriff des ökonomischen Kapitals durch kulturelles und soziales Kapital erweitert und Geschmack als sozialen Platzanweiser im kulturellen Feld ausweist; er ist das Medium, über das Hierarchien in der Kultur aufgestellt und soziale Unterschiede manifestiert werden. Wie schon Elias kulturelle Gewohnheiten im „Psychohaushalt" der Menschen verankert sah, bindet für Bourdieu der Geschmack die Menschen in einem sehr elementaren, weil an den Körper gebundenen Sinn an ihren klassenspezifischen Habitus und Lebensstil. Geschmack, das ist Natur gewordene, inkorporierte Kultur. Indem sich Geschmack in die Körper eingräbt und hier, dem Bewusstsein nur bruchstückhaft zugänglich, als scheinbar Naturhaftes seine Wirksamkeit entfaltet, kann er die Klassenkulturen wirksam reproduzieren. Kulturelle Bedürfnisse sind demnach weder individuell oder natürlich noch primär bewusst, sondern sozial produziert und körperlich manifest.

Den Körper versteht Bourdieu als die materiale Form eines gesellschaftlichen und kulturellen Klassifikationsprinzips. Er ist durchweg sozial konstruiert und konnotiert, was sich in seinen physischen Dimensionen wie Umfang, Gewicht, Form und Muskelaufbau sowie den Haltungen, Gesten, Mimiken und Bewegungen ebenso manifestiert wie in den kulturellen Praktiken, den Körper zu gebrauchen, ihn zu pflegen, zu ernähren und zu benutzen. Aber der Körper drückt das Verhältnis der Menschen zu ihrer Kultur nicht nur aus, ist also nicht nur Träger von distinktiven Zeichen, sondern er produziert auch: erst über den Körper können Zeichen in eine sichtbare stoffliche Form gelangen. Der Körper ist Produkt, Produzent und Instrument von Kultur und als solcher die Basis des Habitus, den er wiederum als Produkt inkorporierter sozialer Strukturen und zugleich als Produzenten kultureller Praxis ansieht.

Bourdieu hat ein komplexes gesellschaftstheoretisches Modell vorgelegt, in dem Klassentheorie und Lebensweltanalyse, Kultur- und Sozialstrukturanalysen, Theorie und Empirie miteinander verknüpft sind. Seine theoretischen Konzepte und empirischen Analysen werden weltweit rezipiert und haben in verschiedenen Wissenschaftsdisziplinen wie der Ethnologie, der Geschichtswissenschaft, der Pädagogik zu weiteren theoretischen und empirischen Forschungen geführt. In der Soziologie wird vor allem in der Lebensstilforschung der Ansatz von Bourdieu theoretisch weiterentwickelt und empirisch umgesetzt (vgl. Wacquant 2003) und mit anderen kulturtheoretischen Ansätzen verknüpft (vgl. Klein 2004).

2.3 Kultur als Zeichen und Text

Bereits die frühe ‚Cultural Anthropology' um Arnold Kroeber favorisiert einen der strukturalistischen Sprachwissenschaft in der Nachfolge Ferdinand de Saussures folgenden zeichentheoretischen Ansatz von Kultur. Sie sichern gegenüber der Soziologie Parsons Kultur als ein eigenes soziales Feld, indem sie in der „pattern theory of culture" Kultur von konkretem Sozialverhalten abstrahieren (vgl. Kroeber/Kluckhohn 1952). Kultur wird hier, etwa bei Milton Singer, als Speicher von kognitiven Schemata verstanden, die der Organisation und Interpretation der Erfahrung dienen. Leslie A. White unterstellt in seiner auf Saussure und Ernst Cassirer (1874-1945) aufbauenden „semiotischen Kulturologie" Kultur als ein sich selbst organisierendes, autonomes System (White 1958; 1949). Auf diesen linguistischen Überlegungen aufbauend entwirft die sog. ‚Ethnoscience' um Ward Goodenough oder auch Umberto Eco eine Kulturtheorie, die nicht-sprachliche Kulturphänomene als sprachanaloge Zeichensysteme konzipiert (vgl. Goodenough 1981). Nach Eco bestimmt Kultur, wie Gesellschaften ihre nicht-sprachlichen und sprachlichen Inhalte auswählen und damit soziale Realität klassifizieren (vgl. Eco 1977).

Auf derartige semiotische Ansätze berufen sich Kulturanthropologen wie Mary Douglas (vgl. Douglas 1996; 1971), Clifford Geertz (vgl. Geertz 1997) und James Clifford (vgl. Clifford 1988; Clifford/Marcus 1986). Demzufolge ist Kultur als *Text* zu lesen, wobei sich die Lesarten von Kultur in ethnographischen Beschreibungen, d.h. Aufzeichnungen erschließen, die eine mikroskopische Deutung des Ablaufs sozialer Ereignisse und alle Dimensionen sozialen Handelns umfassen. Dass Kultur in der jüngeren amerikanischen Kultursoziologie als Code und Text lesbar wird, regt wiederum die Literaturwissenschaft dazu an, sich zur Sozial- und Kulturwissenschaft zu öffnen, indem sie literarische Texte als Medien gesellschaftlicher Selbstbeobachtung deutet, die die soziale Konstruktion von Wirklichkeit erst sichtbar macht (vgl. Smith 1998).

2.4 Kultur und Alltag

Ähnlich wie in den USA setzt in Deutschland eine Reetablierung der Kultursoziologie mit einer kulturtheoretischen Kritik an der Übermacht der Strukturtheorien à la Talcott Parsons (1902-1979) und Niklas Luhmann (1927-1999) in der Soziologie ein. In Wiederaufnahme der Diskussion um das Verhältnis von Struktur und Kultur verurteilen Friedrich H. Tenbruck (vgl. Tenbruck 1996; 1979), Wolfgang Lipp (Lipp/Tenbruck 1979) und Hans-Peter Thurn die gesellschaftstheoretische Degradierung von Werten und Bedeutungen und fordern eine kulturwissenschaftliche Erneuerung der Soziologie (Thun 1979). Diese solle Kultur und Gesellschaft als ein spannungsreiches Interdependenzgeflecht begreifen, die kulturelle Bedingtheit sozialer Prozesse anerkennen und entgegen Parsons Strukturfunktionalismus den handelnden Menschen in den Blick nehmen, ist doch, wie Tenbruck in Anlehnung an die philosophische Anthropologie feststellt, der Mensch „ein Kulturwesen, das sich eine Welt von Bedeutungen erzeugt, welche jenseits der gesellschaftlichen Tatsachen liegen" (Tenbruck 1989).

Diese mikrosoziologisch und handlungstheoretisch ausgerichtete kulturtheoretische Perspektive verfolgt auch die interpretativ verfahrende Soziologie. Während die deutsche Soziologie in den 1970er Jahren den französischen Strukturalismus und Poststrukturalismus weitgehend ignoriert, stammen die wesentlichen theoretischen Einflüsse aus dem symbolischen Interaktionismus in der Nachfolge George H. Meads (1863-1931), der Ethnomethodologie eines Erving Goffman (1922-1982) oder der Wissenssoziologie in der Nachfolge von Alfred Schütz (1899-1959) und Peter Berger/Thomas Luckmann (vgl. Goffman 1994a, 1994b; Schütz/Luckmann 1984; Berger/Luckmann 1986; Luckmann 1986). Kultursoziologie wird hier vor allem als eine interpretativ verfahrende Mikrosoziologie konzipiert, sie legt ihr Augenmerk auf Lebensweltanalysen (vgl. Honer/Unseld 1988; Keppler 1994) oder Normen, Rituale und Symbole (vgl. Soeffner 2000) und rückt in Anlehnung an Max Weber die Kategorie des Handelns, verstanden als symbolisch vermittelte, sinnorientierte, sinndeutende soziale Interaktion, in den Mittelpunkt ihrer Untersuchungen. Dementsprechend gilt Kultur als „eine spezifische Zugangsweise und Aktivität des Menschen auf sich selbst, seine Mitmenschen und seine Umwelt hin (einschließlich der von ihm geschaffenen) als auch die Produkte dieser Aktivität" (vgl. Soeffner 1988b). Das Verhältnis von Kultur und sozialem Handeln entwickelt sich zeitgleich auch als eine Forschungsrichtung in der US-amerikanischen Soziologie (vgl. Swindler 1986).

2.5 Kultur als Praxis

Die Hinwendung zur Alltagskultur und hier vor allem zu Inszenierungs- und Handlungspraktiken markiert zugleich eine theoretische Perspektivenverlagerung. Bislang war in der Kultursoziologie ein Denkmodell vorherrschend, das Kultur als Symbolsystem versteht und sie auf der Ebene der Repräsentation untersucht. Mit der Konzentration auf Alltagskulturen rückt zunehmend die Praxis des Kulturellen in den Mittelpunkt. Damit verbunden ist eine theoretische Wende, die das Repräsentationsmodell *Kultur* in Frage stellt und sich zunehmend auf die Performanzen von Kultur, also auf die Generierung von kultureller Praxis, konzentriert. Auf den ‚*linguistic turn*' der 1970er Jahre, der in Rückgriff auf die Semiotik von Ferdinand de Saussure, Roland Barthes und Umberto Eco die Zeichenhaftigkeit von Kultur thematisiert, folgt in den 1990er Jahren der ‚*performative turn*', in dessen Folge die Materialitäten und Modi der Hervorbringung von kultureller Praktiken in den Mittelpunkt rücken. „Doing culture" thematisiert, in Anlehnung an Pierre Bourdieus Praxisbegriff, entsprechend weniger die Bedeutungsdimensionen und Sinnmuster von Kultur, sondern ihren praktischen Vollzug von Kultur (vgl. Hörning/Reuter 2004). Bei der Frage des kulturellen Vollzugs rücken vor allem die Materialität und Körperlichkeit von sozialen Praktiken in den Mittelpunkt des Interesses.

3 Kultursoziologische Perspektiven seit den 1990er Jahren

3.1 Kulturtheorie als Theorie der Moderne

Die Neubelebung der Kultursoziologie rechtfertigt sich auch aus dem seit den 1980er Jahren steigenden Einfluss der Kultur auf den gesellschaftlichen Alltag, der hier seinen markanten Ausdruck in soziologischen Zeitdiagnosen wie *Kulturgesellschaft* (vgl. Ästhetik und Kommunikation 1987), *Erlebnisgesellschaft* (vgl. Schulze 1993), *Inszenierungsgesellschaft* (vgl. Willems 1998) findet. Kultur wird demnach in Gegenwartsgesellschaften immer mehr als Ereignis und Erlebnis, als Inszenierung und Aufführung, hervorgebracht, wahrgenommen und konsumiert. Diese theatralen und kommerziellen Aspekte von Kultur werden nicht nur interdisziplinär untersucht, sondern haben – in verschiedenen Ländern – auch eine neuere kultursoziologische Forschungsrichtung befördert (vgl. Gebhardt/Hitzler/Pfadenhauer 2000).

Während diese Untersuchungen eher eine zeitdiagnostische Perspektive auf die kulturellen Grundlagen von Gesellschaften entwickeln, widmet sich ein anderer Strang der Kultursoziologie in Anknüpfung an die Diskussionen der soziologischen *Klassiker* zudem erneut dem Verhältnis von Kultur und Moderne (vgl. Neidhardt/Lepsius/Weiss 1986; Münch 1993). Der 24. Soziologentag in Zürich 1988 steht dann auch folgerichtig unter dem Thema „Kultur und Gesellschaft".

Die Diskussion um das Verhältnis von Kultur und Moderne wird in den 1990er Jahren erneut belebt. Sie zeigt sich in der Kontroverse um das Primat von Modernitätstheorie und Kulturtheorie. Während erstere eine Struktur/Kultur-Differenz unterstellt und Kultur, und „das heisst Sinnstrukturen und Bedeutungswelten, von Diskursen und sozialen Praktiken" (vgl. Bonacker/Reckwitz 2007) als Produkt sozialer Strukturen angesehen wird, bestreiten Kulturtheorien der Moderne, wie sie beispielsweise von Shmuel N. Eisenstadt (vgl. Eisenstadt 1973), Jeffrey Alexander (vgl. Alexander 1993; 2000) oder Andreas Reckwitz (vgl. Reckwitz 2000; 2006) vertreten werden, eine Differenz von Struktur und Kultur und die darin angelegte Annahme basaler „vorkultureller" sozialer Strukturen. Sie verstehen die Moderne vor allem als ein Konglomerat sozialer Sinnsysteme und der daraus resultierenden sozialen Praktiken. Entsprechend fragen sie danach, in welchem Verhältnis soziale Differenzierung, Diskurse und kulturelle Prozesse stehen und mit welchen Diskursen, Praktiken und Materialitäten die Codierung und Regulierung von Sinn verbunden sind.

3.2 Kulturelle Globalisierung

Spätestens seit den 1990er Jahren befassen sich kultursoziologische Zeitdiagnosen mit dem Prozess der Globalisierung und fragen nach dem Einfluss einer globalisierten Ökonomie auf die Kultur (vgl. Featherstone 1991; Appardurai 1996; Jameson1991; Ritzer 1995; Robertson 1988; Pieterse 1995). Radikaler als noch die Kritische Theorie konstatieren sie eine Ökonomisierung der Kultur, die durch ein weltweites Zirkulieren von Kulturwaren bedingt ist (vgl. Lash/Lury 2007). Transnationale Konsumkulturen (George Ritzer) unterliegen demnach dem Muster einer McDonaldisierung, wobei die zentrale kultursoziologische Frage lautet, inwieweit dies zu einer weltweiten Homogenisierung von Kultur führt oder gerade eine Heterogenisierung, im Sinne einer lokalen Verankerung in unterschiedlichen kulturellen Kontexten, bewirkt (vgl. auch den Beitrag zu „Globalisierung" in diesem Band). Globalisierte Kulturproduktion ist demnach paradox, indem sie Homogenität und Heterogenität zugleich befördert: Homogenität, weil die Warenproduktion und das Warenangebot international den gleichen Prinzipien ökonomischer Zweckrationalität folgt, heterogen, weil gerade die mit der Kulturware verbundenen Bilder, über die die libidinöse Bindung an die globalisierte Kultur hergestellt wird, im Rahmen des kulturellen Kontextes lokal neu mit Bedeutung versehen werden. Der globalen Vereinheitlichung von Kultur steht somit immer ein Vorgang der lokalen Hybridisierung gegenüber, zum einen, weil globalisierte Produkte allein aus Verwertungsinteressen den lokalen Identitäten angepasst werden müssen, zum anderen, weil, wie schon die ‚Cultural Studies' gezeigt haben, die Aneignung von Kultur immer im Kontext lebensweltlich relevanter Übersetzungen erfolgt. Diese kulturellen „Wechselwirkungen" (Simmel) sind beispielsweise an den globalisierten Kulturen des Pop herausgearbeitet worden (vgl. Klein/Friedrich 2003; Mitchell 1996; Rowe/Schelling 1991).

3.3 Kultur und Ethnizität

Während der Großteil der westlichen Kultursoziologie den Blick auf die eigene Gesellschaft richtet und die Frage der kulturellen Kolonisierung anderer Länder im Namen der westlichen Zivilisation außer Acht lässt, etablieren sich in den 1970er Jahren die „postcolonial studies", die sich einer umfassenden Reformulierung der Geschichte des Kolonialismus und Imperialismus widmen und trotz ihrer späten Rezeption einen starken Einfluss auf die gegenwärtige Kulturanalyse ausüben. Bereits 1955 hatte der aus Martinique stammende Aimé Césaire in „Discourse on Colonialism" die kulturellen Antagonismen zwischen Europa und den *Anderen* betont und hervorgehoben, dass Kolonialismus sich nicht nur auf die Besetzung von Ländern und die Plünderung ihrer Reichtümer beziehe, sondern auch dazu diene, die Kolonisierten selbst aus dem Projekt der Moderne auszuschließen und sie – über Gewalt – zu *Anderen* zu machen (vgl. Césaire 1972). Entsprechend gelte es, nach neuen Identitäten zu suchen, die die westlichen Repräsentationen des *Anderen* unterlaufen. Der ebenfalls aus Martinique stammende Frantz Fanon knüpft 1961 an Césaires einflussreiche antikoloniale Schrift an und verknüpft die Kategorien ‚Klasse' und ‚Rasse', um daran aufzuzeigen, dass orthodoxe marxistische Theorie für den antikolonialen Kampf ungeeignet sei und betont, dass die essentialistische Identität des *Schwarz-Seins*, wie sie in der Négritude-Bewegung oder im Pan-Afrikanismus anklingt, ein wichtiger und unerlässlicher Schritt für die durch die Kolonialländer oktroyierte kulturelle Assimilation sei (vgl. Fanon 1981).

Ausgehend von diesen beiden Schriften und den „Comenwealth Literature Studies", die sich mit der Literatur aus dem ehemaligen Gebiet des britischen Empire beschäftigten, entwickelt sich in den 1970er Jahren eine interdisziplinär und international ausgerichtete postkoloniale Theorie zu deren zentralen Vertretern heute Edward Said, Paul Gilroy, Homi Bhabha und Gayatri Chakravorty Spivak zählen (vgl. Said 1978; Gilory 1993; Bhabba 1994; Spivak 1988). Angelehnt an die französische Theorietradition, und hier vor allem an Konzepte von Michel Foucault, Jacques Derrida und Jacques Lacan, beschäftigt sich die postkoloniale Theorie auf der methodischen Grundlage der kolonialen Diskursanalyse mit den Widersprüchen historischer Prozesse. Postkolonialität wird dabei als ein Set diskursiver Praxen verstanden, die alle jene kulturellen Formationen betreffen, die in kolonisierten Ländern, aber auch in den Metropolen der Welt, Folgen von Kolonisierung und Migration sind.

4 Kulturelle Einwirkungen und interpretative Unbestimmtheiten

Die vorgestellte Vielfalt und Differenziertheit kulturtheoretischer Ansätze zeigt, dass sich Kulturtheorien heute weder auf Homogenitätsmodelle der Kultur beziehen, noch dem Mythos kultureller Integration Folge leisten können. Vielmehr sind kultursoziologische Ansätze aufgefordert, die Zusammenhänge zwischen Macht- und Wissensordnungen, Texten/Artefakten und alltäglichen, körperlichen Praktiken in den Blick zu nehmen und sie in ihrem historischen Gewordensein empirisch als offene, nicht zur Deckung kommende raum-zeitliche Konstellationen zu beschreiben.

Literatur

Ästhetik und Kommunikation (1987). Thema: Kulturgesellschaft, H. 67/68, 18. Jg., Berlin.
Alexander, Jeffrey (1993): Soziale Differenzierung und kultureller Wandel. Frankfurt a.M.: Campus
Alexander, Jeffrey (2000): Das Versprechen der Kultursoziologie. Technologischer Diskurs und die heilige und profane Informationsmaschine. In: Bögenhold (Hrsg.) (2000): 149-175.
Appadurai, Arjun (1996): Modernity at Large. Cultural Dimensions of Globalization. Minneapolis [u.a.]: University of Minnesota Press
Bachmann-Medick, Doris (2007): Cultural Turns. Neuorientierungen in den Kulturwissenschaften. 2. Aufl. Hamburg: Rowohlt
Berger, Peter L./Luckmannn, Thomas (1986, orig. 1967): Die gesellschaftliche Konstruktion der Wirklichkeit. Frankfurt a.M.: Fischer
Bhabha, Homi (1994): The Location of Culture. London/New York: Routledge
Bögenhold, Dieter (Hrsg.) (2000): Moderne amerikanische Soziologie. Stuttgart: Lucius & Lucius
Bonacker, Thomas/Reckwitz, Andreas (2007): Das Problem der Moderne. Modernisierungstheorien und Kulturtheorien. In: Bonacker, Thomas/Reckwitz, Andreas: 7-18
Bonacker, Thomas/Reckwitz, Andreas (Hrsg.) (2007): Kulturen der Moderne. Soziologische Perspektiven der Gegenwart. Frankfurt a.M.: Campus
Bourdieu, Pierre (1987, orig. 1979): Die feinen Unterschiede. Frankfurt a.M.: Suhrkamp
Césaire, Aimé (1972): Discourse on Colonialism. New York: Monthly Review Press
Cicero, Marcus Tullius (1957): Ciceronis Tusculanarum disputationum libri V. Stuttgart: Teubner

Clifford, James (1988): The Predicament of Culture. Twentieth-century ethnography, literature and art. Cambridge: Harvard
Clifford, James/George E. Marcus (Hrsg.) (1986): Writing Culture. The poetics and politics of ethnography. Berkeley: Univiversity of California Press
Douglas, Mary (1971): Natural Symbols. London: Routledge
Douglas, Mary (1996): Thought Styles. Critical Essays on good taste. London: Sage
Eco, Umberto (1977): Zeichen. Einführung in einen Begriff und seine Geschichte. Frankfurt a.M.: Suhrkamp
Eisenstadt, Shmuel N. (1973): Tradition, Change and Modernity. New York [u.a.]: Wiley
Elias, Norbert (1997, orig. 1939): Über den Prozeß der Zivilisation. 2 Bde. Frankfurt a.M.: Suhrkamp
Fanon, Frantz (1981, orig. 1961): Die Verdammten dieser Erde. Frankfurt a.M.: Suhrkamp
Featherstone, Mike (1991): Consumer Culture and Postmodernism. London: Sage
Featherstone, Mike/Lash, Scott/Robertson, Ronald (Hrsg.) (1995): Global Modernities. London: Sage
Gebhardt, Winfried/Hitzler, Ronald/Pfadenhauer, Michaela (Hrsg.) (2000): Events. Soziologie des Außergewöhnlichen. Opladen: Leske + Budrich
Geertz, Clifford (1997, orig. 1983): Dichte Beschreibung. Frankfurt a.M.: Suhrkamp
Gehlen, Arnold (1986, orig. 1940): Der Mensch. Seine Natur und seine Stellung in der Welt. Wiesbaden: Aula
Gilroy, Paul (1993): The Black Atlantic. Modernity and Double Consciousness. Cambridge: Harvard University Press
Goffman, Erving (1994a, orig. 1967): Interaktionsrituale. Frankfurt a.M.: Suhrkamp,
Goffman, Erving (1994b, orig. 1959): Wir alle spielen Theater. München: Piper
Goodenough, Ward (Hrsg.) (1981, orig. 1971): Culture, Language and Society. 2. ed. Menlo Park, Calif.: Benjamin/Cummings
Göttlich, Udo/Winter, Rainer (Hrsg.) (2000): Die Politik des Vergnügens. Zur Diskussion der Populärkultur in den Cultural Studies. Köln: Von Halem
Gross, Peter (Hrsg) (1988): Positive Wirkungen der Schattenwirtschaft? Baden-Baden: Nomos
Hebdige, Dick (1979): Subculture. The meaning of style. London: Methuen
Hofmann, Martin Ludwig u.a. (Hrsg.) (2004): Culture Club. Klassiker der Kulturtheorie. Frankfurt a.M.: Suhrkamp
Hofmann, Martin Ludwig u.a. (Hrsg.) (2006): Culture Club II, Frankfurt a.M.: Suhrkamp
Honer, Anne/Unseld, Werner (1988): „Die Zeit darf man natürlich nicht rechnen". Der Heimwerker und seine Zeiten. In: Gross (1988): 219-226
Hörning, Karl H./Reuter, Julia (Hrsg.) (2004): Doing culture. Neue Positionen zum Verhältnis von Kultur und Praxis. Bielefeld: transcript
Horkheimer, Max/Adorno Theodor W. (1971, orig. 1947): Aufklärung als Massenbetrug. In: Dialektik der Aufklärung. Frankfurt a.M.
Humboldt, Wilhelm von (1907): Gesammelte Schriften. Bd. 7.1. Berlin: Behr
Jameson, Frederic (1991): Postmodernism. Or the Cultural Logic of Late Capitalism. London/New York: Verso
Kant, Immanuel (1786): Mutmaßlicher Anfang der Menschengeschichte, in: Berlinische Monatsschrift 07 (Januar): 1-27
Kant, Immanuel (1968a, orig. 1803): Über Pädagogik. Gesammelte Werke. Bd. XII. Frankfurt a.M.
Kellner, Douglas (1995): Media culture. London/New York: Routledge
Keppler, Angela (1994): Tischgespräche. Über Formen kommunikativer Vergemeinschaftung am Beispiel der Konversation in Familien. Frankfurt a.M.: Suhrkamp
Klein, Gabriele (2004): Electronic Vibration. Pop Kultur Theorie. Wiesbaden: VS
Klein, Gabriele/Friedrich, Malte (2003): Is this real? Die Kultur des HipHop. Frankfurt a.M.: Suhrkamp
Kroeber, Arnold. L./Kluckhohn, Clyde (1952): Culture: A Critical Review of Concepts and Definitions. Cambridge: University Press

Kroeber, Arnold L./Parsons, Talcott (1958): The concepts of culture and of social system. In: American Sociological Review 23: 582-583
Landmann, M. (Hrsg.) (1957): Brücke und Tür. Essays des Philosophen zur Geschichte, Religion, Kunst und Gesellschaft. Stuttgart: Koehler
Lash, Scott/Lury, Celia (2007): Global culture industry: the mediation of things. Cambridge: Polity Press
Lévi-Strauss, Claude (1968, orig. 1962): Das wilde Denken. Frankfurt a.M.: Suhrkamp
Lichtblau, Klaus (1996): Kulturkrise und Soziologie um die Jahrhundertwende. Zur Genealogie der Kultursoziologie in Deutschland. Frankfurt a.M.: Suhrkamp
Lipp, Wolfgang (1979): Kulturtypen, kulturelle Symbole, Handlungswelt. In: KZfSS, Jg. 31: 450-484
Luckmann, Thomas (1980): Lebenswelt und Gesellschaft. Paderborn: Schöningh
Luhmann, Niklas (1995): Kultur als historischer Begriff. In: Ders.: Gesellschaftsstruktur und Semantik. Studien zur Wissenssoziologie der modernen Gesellschaft, Bd. 4, Frankfurt a.M.: 31-54
Marcuse, Herbert (1965, orig. 1937): Über den affirmativen Charakter der Kultur. In: Ders.: Kultur und Gesellschaft I. Frankfurt a.M.: Suhrkamp: 56-100
Mitchell, Toni (1996): Popular Music and Local Identity. Rock, Pop and Rap in Europe and Oceana. London: Leicester University Press
Moebius, Stephan/Quadflieg, Dirk (Hrsg.) (2006): Kultur. Theorien der Gegenwart. Wiesbaden: VS
Morley, David (1992): Television, Audiences and Cultural Studies. London: Routledge
Müller, Hans-Peter/Sigmund, Steffen (Hrsg.) (2000): Zeitgenössische amerikanische Soziologie. Opladen: Leske + Budrich
Münch, Richard (1993, orig. 1986): Die Kultur der Moderne I/II. Frankfurt a.M.: Suhrkamp
Neidhardt, Friedhelm/Lepsius, M. Rainer/Weiss, Johannes (Hrsg.) (1986): Kultur und Gesellschaft. Sonderheft 27 der KZfSS, Opladen: Westdeutscher Verlag
Nederveen Pieterse, Jan (1995): Globalization as Hybridization. In: Featherstone/Lash/Robertson (Hrsg.): 45-68
Peterson, Richard A. (2000): Kultursoziologie aus der Sicht der Produktionsperspektive. Fortschritte und Ausblick. In: Müller/Sigmund (Hrsg.) (2000): 281-312.
Plessner, Helmuth (1975, orig. 1928): Die Stufen des Organischen und der Mensch. 3. Aufl. Berlin /New York: de Gruyter
Reckwitz, Andreas (2000): Die Transformation der Kulturtheorien. Entwicklung eines Theorieprogramms. Weilerswist: Velbrück
Reckwitz, Andreas (2006): Das hybride Subjekt. Eine Theorie der Subjektkulturen von der bürgerlichen Moderne zur Postmoderne. Weilerswist: Velbrück Wiss.
Ritzer, George (1995): Die McDonaldisierung der Gesellschaft. Frankfurt a.M.: Fischer
Robertson, Ronald (1988): The Sociological Significance of Culture. Some General Onsiderations. In: Theory, Culture & Society 5, 1 (1988): 3-23
Rowe, William/Schelling, Vivienne (1991): Memory and Modernity. Popular Culture in Latin America. London/New York: Verso
Said, Edward (1978): Orientalism. New York: Pantheon Books
Schulze, Gerhard (1993): Erlebnisgesellschaft. Kultursoziologie der Gegenwart. Frankfurt a.M.: Campus
Schütz, Alfred/Luckmann, Thomas (1984, orig. 1975): Strukturen der Lebenswelt. 2 Bd. Frankfurt a.M.: Suhrkamp
Simmel, Georg (1957): Vom Wesen der Kultur. In: Landmann (Hrsg.) (1957): 86-94
Smith, Philip (Hrsg.) (1998): The New American Cultural Sociology. Cambridge u.a.: Cambridge University Press
Soeffner, Hans-Georg (Hrsg.) (1988a): Kultur und Alltag, Soziale Welt, Sonderband 6. Göttingen: Schwartz & Co.
Soeffner, Hans-Georg (1988b): Kulturmythos und kulturelle Realität(en). In: Soeffner (Hrsg.), (1988a). 3-20

Soeffner, Hans-Georg (2000): Gesellschaft ohne Baldachin. Über die Labilität von Ordnungskonstruktionen. Weilerswist: Velbrück
Spivak, Gayatri Chakravorty (1988): In Other Worlds. Essays on Cultural Politics. New York/London: Methuen
Swindler, Ann (1986): Culture and social action. In: American Journal of Sociology 51, 3 (1986): 273-286.
Tenbruck, Friedrich H. (1979): Die Aufgaben der Kultursoziologie. In: KZfSS, Jg. 31: 399-421
Tenbruck, Friedrich H. (1996): Perspektiven der Kultursoziologie. Opladen: Westdeutscher Verlag
Thurn, Hans Peter (1979): Kultursoziologie – Zur Begriffsgeschichte der Disziplin. In: KZfSS, Jg. 31: 422-449
Vierkandt, Alfred (Hrsg.) (1931): Handwörterbuch der Soziologie. Stuttgart: Enke
Wacquant, Loic (2003): Leben für den Ring: Boxen im amerikanischen Ghetto. Konstanz: UVK
Weber, Alfred (1982, orig. 1931): Kultursoziologie. In: Vierkandt (Hrsg.): 81-90
Weber, Alfred (1963): Kulturgeschichte als Kultursoziologie. München: Piper (1935)
Weber, Max (1968): Die ‚Objektivität' sozialwissenschaftlicher und sozialpolitischer Erkenntnis. In: Ders.: Gesammelte Aufsätze zur Wissenschaftslehre. Hrsg. von Johannes Winckelmann. Tübingen: Mohr (1904): 146-214
Weber, Max (2004, orig. 1904/05): Die protestantische Ethik und der Geist des Kapitalismus. München: Beck
White, Leslie A. (1959): The evolution of culture. The development of civilization to the fall of Rome. New York: McGraw-Hill
White, Leslie A. (1949): The science of culture. A study of man and civilisation. New York: Grove
Willems, Herbert (Hrsg.) (1998): Inszenierungsgesellschaft: ein einführendes Handbuch. Opladen: Westdeutscher Verlag
Willis, Paul (1979): Spaß am Widerstand. Frankfurt a.M.: Syndikat
Winter, Rainer (1995): Der produktive Zuschauer. Medienaneignung als kultureller und ästhetischer Prozess. München/Köln: Quintessenz
Winter, Rainer (2001): Die Kunst des Eigensinns. Cultural Studies als Kritik der Macht. Weilerswist: Velbrück

Macht

Katharina Inhetveen

1 Max Weber: Ein gemeinsamer Bezugspunkt unterschiedlicher Machtbegriffe

„Macht" gehört zu den zentralen Begriffen der Soziologie. So unterschiedlich die theoretischen Richtungen der Disziplin sind, sie beinhalten fast ausnahmslos Konzepte von Macht – und diese sind so verschieden wie die Theorien, denen sie entstammen. Von *dem* Machtbegriff der Soziologie lässt sich daher nicht sprechen.

Allerdings beziehen sich fast alle Autoren, sich anschließend oder distanzierend, auf eine klassische Definition von Macht, auf diejenige von Max Weber:

> „*Macht* bedeutet jede Chance, innerhalb einer sozialen Beziehung den eigenen Willen auch gegen Widerstreben durchzusetzen, gleichviel worauf diese Chance beruht" (Weber 1972: 28).

Die Definition hat fünf Aspekte, die für das Machtverständnis Webers wesentlich sind und die im Folgenden als Dimensionen dienen können, um die Machtbegriffe unterschiedlicher soziologischer Richtungen einzuordnen.

Erstens bedeutet Macht bei Weber eine „Chance", also eine *Möglichkeit*, ein Potential. Macht sieht er nicht erst dort gegeben, wo jemand seinen eigenen Willen tatsächlich durchsetzt. Definitionsgemäß genügt, dass er es könnte.

Zweitens bezieht sich Weber auf soziale Beziehungen. Er fasst Macht als *relationalen* Begriff. Sie ist nicht Eigenschaft oder Besitz eines isoliert betrachteten Individuums, sondern kennzeichnet das Verhältnis zwischen Menschen. Konkrete soziale Beziehungen können nach Weber sehr unterschiedlich ausgeprägt sein, zum Beispiel als Ehe, Markt oder Staat, als Freundschaft, Feindschaft oder Interessenverband. Sie reichen von der Mikro- bis zur Makroebene und weisen verschiedenste Sinngehalte auf. In allen sozialen Beziehungen jedoch gibt es Macht.

Drittens spricht Weber davon, dass der eigene Willen *durchgesetzt* werden kann, und zwar auch gegen Widerstreben. Widerstand ist also möglich, aber keine Bedingung dafür, dass Macht im Sinne Webers vorliegt. Mit der Formulierung „durchsetzen gegen" hebt die Machtdefinition allerdings den Aspekt des Konfliktiven – im Gegensatz zur bloßen Beeinflussung – hervor.

Viertens ist Webers Nachsatz – „gleichviel worauf diese Chance beruht" – keineswegs nur ein Anhängsel. Er betont, was bereits in der Formulierung „*jede* Chance" enthalten ist: Macht kann auf den verschiedensten Grundlagen basieren. Durch die Allgegenwart und unbegrenzte Vielfalt möglicher Machtquellen ist Macht in Webers Augen schwer fassbar:

"Der Begriff ‚Macht' ist soziologisch amorph. Alle denkbaren Qualitäten eines Menschen und alle denkbaren Konstellationen können jemand in die Lage versetzen, seinen Willen in einer gegebenen Situation durchzusetzen" (Weber 1972: 28f.).

Der Machtbegriff stellt für Weber kein trennscharfes analytisches Instrument dar. Er geht daher direkt zu dem präziseren Begriff der „Herrschaft" über. Hier zeigt sich ein fünftes Merkmal der Macht: Sie kann sich *zu Herrschaft verfestigen*, das heißt zu der „Chance, für einen Befehl bestimmten Inhalts bei angebbaren Personen Gehorsam zu finden" (Weber 1972: 28). In solchen dauerhaften, institutionalisierten Machtkonstellationen sind die Inhalte des durchgesetzten Willens ebenso bestimmbar wie der Personenkreis, auf den sich die Durchsetzung bezieht.

Die von Weber unterstellte Gestaltlosigkeit des Machtbegriffs hat zahllose Soziologen nicht daran gehindert, sich mit dem Konzept auseinanderzusetzen. Von jedem der genannten fünf Aspekte ausgehend liegen konzeptuelle Weiterentwicklungen oder Gegenpositionen vor, und gerade in ihren unterschiedlichen Herangehensweisen machen die Beiträge der Soziologie das opake Phänomen der Macht fassbarer. Nachdem im folgenden zunächst die soziale Entwicklung und soziologische Bedeutung des Machtbegriffs historisch eingeordnet wird, diskutiert Kapitel 2 unterschiedliche Machtkonzepte anhand der oben skizzierten, an Webers Definition orientierten fünf Dimensionen des Machtbegriffs. Darauf aufbauend behandelt schließlich Kapitel 3 Probleme staatlicher Herrschaft, insbesondere des staatlichen Gewaltmonopols.

Die Allgegenwart des Machtbegriffs in der Soziologie hängt mit der Wahrnehmung zusammen, dass Macht in der Gesellschaft allgegenwärtig ist. Diese Wahrnehmung ist nicht selbstverständlich, sondern lässt sich auf einen historischen Prozess zurückführen, den Helmuth Plessner (2003a) als „Emanzipation der Macht" bezeichnet.

Solange in einer Gesellschaft die bestehende Herrschaftsordnung als selbstverständlich hingenommen wird, treten nach Plessner Machtfragen nicht in den Blick. Die Aufklärung kappte die Verbindung von Herrschaftsordnung und göttlicher Gegebenheit. Es bildeten sich neue Nationalstaaten, und ihre Herrschaftsordnungen wurden immer vielfältiger. Wer über wen Macht ausübte, war nicht länger selbstverständlich, sondern zeigte sich als veränderlich, kritisierbar und beeinflussbar. So wurde Macht gesellschaftlich zum Thema. Die Entwicklung der Naturwissenschaften und die Industrialisierung waren einerseits abhängig von der Idee der allgemeinen menschlichen Fähigkeit zur Macht – über Menschen wie über die Natur –; andererseits stärkten sie das menschliche „Könnensbewußtsein (...) und damit das Interesse an Macht als solcher" (Plessner 2003a: 265f.). Unter dem Eindruck enormer technischer Möglichkeiten und mit dem Entstehen unterschiedlicher Machtzentren unabhängig von staatlichen Hierarchien löste sich der Machtbegriff aus seiner Anbindung an den Staat. Damit ließ sich Macht immer schwieriger verorten. Sie war nicht mehr einfach den Inhabern bestimmter, legitimierter Herrschaftspositionen zuzuordnen – sie war anonymisiert. In jeder menschlichen Beziehung war nun eine Machtbeziehung zu vermuten. Heinrich Popitz (1992: 16) bezeichnet diesen historischen Prozess als „Generalisierung des Machtverdachts". Prinzipiell wird Macht überall im gesellschaftlichen Gefüge auffindbar.

Auf der Makro-Ebene stellt Rainer Lepsius (1990a: 146) eine „Pluralisierung der Machtarenen" fest, zu denen neben der Staatsmacht die Marktmacht und die Verbandsmacht zählen. Doch die Machtfrage ist nicht auf Makrophänomene beschränkt. Die moderne Gesellschaft sucht und findet Macht bis in die Verästelungen der Mikro-Ebene hinein.

Ob Eltern-Kind-Beziehung, Partnerschaft oder Musikensemble, die Frage nach der Macht stellt sich heute in allen Bereichen.

Wie für die Gesellschaft insgesamt gilt der ‚generalisierte Machtverdacht', die Allgegenwart der Machtfrage, auch und insbesondere für die Soziologie. Als wissenschaftliche Disziplin entstand die Soziologie auf der Grundlage der gleichen gesellschaftlichen Umwälzungsprozesse, die auch die ‚Emanzipation der Macht' mit sich brachten. Mit der Säkularisierung, Rationalisierung und Industrialisierung sowie der Vervielfältigung von Herrschaftsordnungen durch Revolutionen und Staatenbildung wurde die soziale Welt weniger selbstverständlich und durchschaubar. Die Soziologie ist eine der Antworten auf das hier entstandene Erklärungsbedürfnis, in dem die Machtfrage eine zentrale Stellung einnimmt. Für Plessner (2003a: 276) hat in der Machtdefinition des Soziologen Weber die „Emanzipation der Macht vom Staat (...) ihren Ausdruck gefunden". Angesichts der Koevolution von Machtwahrnehmung und Soziologie verwundert es nicht, dass Macht in fast allen soziologischen Theorien und in allen empirischen Forschungsgebieten der Soziologie thematisiert wird.

2 Dimensionen der Macht in der Soziologie

2.1 Macht als Chance – Macht als Vollzug

Soll „Macht" die *Möglichkeit* bezeichnen, sich durchzusetzen, etwas zu bewirken, oder soll der Begriff für den *Vollzug* dieser Durchsetzung stehen? Diese Frage, von Dennis H. Wrong (1995: 6) als das „Actual/Potential Problem" gefasst, ist besonders in der amerikanischen Soziologie diskutiert worden (vgl. ebd. 1995: 6-10). Die unterschiedlichen Standpunkte kommen dabei weniger auf begrifflicher als auf methodischer Ebene zum Tragen. Konzeptionell ist es – zumindest innerhalb der handlungs- und akteursbezogenen Theorierichtungen – grundsätzlich anerkannt, dass von Macht auch in dem Moment zu sprechen ist, in dem ein Wirkungspotential nicht eingesetzt wird. Der Herrscher hat auch dann Macht, wenn er in seinem Bett liegt und schläft; eine Regierung, die über Atomwaffen verfügt, hat auch dann Macht, wenn sie den roten Knopf nicht drückt.

In der empirischen Forschung allerdings schlägt sich die Frage, ob Macht primär als Chance oder als Vollzug gesehen wird, folgenreich in der Operationalisierung des Machtkonzeptes nieder. Dies zeigt die *Community-Power*-Debatte, die in den 1950er und 60er Jahren in den USA vehement geführt wurde (vgl. Barnes 1988: 8-12; Clegg 1989: 39-65).

Auf der einen Seite stand dabei der *reputational approach*, prominent vertreten durch den Soziologen Floyd Hunter (1953). Dieser Ansatz misst als Indikator für die Macht bestimmter Akteure deren Ansehen. Die Mitglieder eines Kollektivs, etwa die Führungsfiguren verschiedener Organisationen in einer Gemeinde, werden befragt, welchen Akteuren sie welches Einflusspotential auf Entscheidungen dieses Kollektivs zuschreiben. Die Vorgehensweise ermittelt die zugeschriebene *Möglichkeit* eines Akteurs zur Einflussnahme, also Macht als Chance. Auf der anderen Seite stand der vor allem auf den Politikwissenschaftler Robert A. Dahl (1957, 1961) zurückgehende *event approach*. Zunächst erscheint Macht bei Dahl noch als Potential: „A has power over B to the extent that he *can* get B to do something that B would not otherwise do" (Dahl 1957: 202f.; Hervorheb. KI). Dahls weitere Argumentation ist dann stark auf die Operationalisierung von Macht ausgerichtet. Ihren

,Betrag' misst er über den beobachtbaren Einfluss des fraglichen Akteurs auf bestimmte Entscheidungshandlungen. In der empirischen Umsetzung wird Macht damit als *Ausübung* behandelt. Nur die Reaktionen der Machtbetroffenen dienen Dahl als Indikator für die relative Macht von Akteuren, nicht deren Machtressourcen und -mittel. Erhoben wird die beobachtbare Reaktion auf beobachtbare Einflussversuche, also Macht als Ereignis oder Vollzug.

Diese unterschiedlichen Operationalisierungen von Macht – als Möglichkeit oder als Vollzug – führen nun zu verschiedenen Ergebnissen. Folgen Studien dem ereignisorientierten Ansatz Dahls, dann erscheint Macht in Kommunen als unter vielen verteilt und für viele zugänglich, die Gesellschaft als pluralistisch (vgl. Dahl 1961). Wird Macht dagegen methodisch über Reputation bestimmt, erscheint die Machtverteilung in Kommunen in ganz anderem Licht. Sie stellt sich monolithisch dar, als auf wenige Angehörige einer Elite konzentriert. Als kritischer, das pluralistische Selbstbild der USA hart attackierender Beitrag wurde insbesondere das 1956 erschienene Buch „The Power Elite" von C. Wright Mills (1962) auch außerhalb der Soziologie breit rezipiert. Zusammen mit Hunter gehörte Mills zu den Autoren, gegen die sich Dahl mit seiner Betonung pluralistischer Machtkonstellationen in den USA vor allem richtete. Mills beruft sich auf eine Konzeptualisierung von Macht als Potential, gebunden an spezifische Positionen – und sieht sie in Amerika bei einer kleinen ‚Machtelite', die er definiert: „those political, economic, and military circles which as an intricate set of overlapping cliques share decisions having at least national consequences" (Mills 1956: 18). Ihre Angehörigen haben ähnliche Weltsichten und Interessen, und sie halten im Sinne einer ‚Bruderschaft der Erfolgreichen' zusammen (vgl. ebd: 281-283).

Hier wird die politisch-normative Komponente deutlich, die die sozialwissenschaftliche Auseinandersetzung mit Macht fast immer aufweist. Mit der Diagnose der Machtverteilung in einer Gesellschaft kann ein konservativ-stützender oder aber ein kritischer Impetus verbunden sein (vgl. Barnes 1988: 11f.).

2.2 Macht als relationaler Begriff

In der Alltagssprache heißt es, jemand „hat" Macht. Wie eine Eigenschaft oder ein Besitz wird Macht einem bestimmten Akteur zugeschrieben. In der Soziologie dagegen herrscht die Sichtweise vor, dass Macht eine Eigenschaft bestimmter sozialer Beziehungen, also ein *relationaler* Begriff ist. Jeder Mensch ist an unterschiedlichen Machtbeziehungen beteiligt, ob als Überlegener oder Unterlegener. Wo allerdings keine soziale Beziehung besteht, dort ist auch keine Macht.

Die Soziologie ist nicht blind für das Phänomen, das hinter der alltagssprachlichen Zuschreibung von Macht zu einzelnen Akteuren steht: Die Chancen, in Machtbeziehungen als Überlegener zu agieren, sind in keiner Gesellschaft gleich verteilt, und sie sind nicht zufällig verteilt. In jeder sozialen Ordnung gibt es Prinzipien und Muster der Machtverteilung, Bündelungen von Machtbeziehungen. Diese können sich zu überdauernden Mustern und schließlich Herrschaftsordnungen verfestigen (s.u. Pkt. 2.5 und 3). Solchen Mustern nachzugehen ist ein wesentlicher Gegenstand soziologischer Forschungen. Davon zeugt etwa der Begriff der Machtelite. Er stellt eine Antwort auf die Frage dar, in welchen sozialen Positionen sich Machtbeziehungen systematisch bündeln.

Andere Ansätze befassen sich mit der einzelnen Machtbeziehung, deren Eigenschaften und Bedingungen sie theoretisch zu bestimmen suchen. So ist der relationale Charakter von Macht in der *Power-Dependence*-Theorie des US-Soziologen Richard Emerson (1972) zentral. Als Vertreter der ökonomienahen Tauschtheorie geht er davon aus, dass soziale Akteure aufgrund gegenseitiger Abhängigkeiten – etwa von Gütern oder Handlungskapazitäten, über die jeweils andere verfügen – zueinander in Beziehung treten. Aus unterschiedlich großen Abhängigkeiten ergeben sich Machtungleichgewichte. Dabei entspricht die Macht des Akteurs A über den Akteur B der Abhängigkeit des Akteurs B von Akteur A. Dies gilt auf dem Rohstoffmarkt ebenso wie etwa in Liebesbeziehungen (vgl. Blau 1964: 76-85). Macht besteht in dieser Perspektive nur im Rahmen der jeweiligen Beziehung. Innerhalb dieser, und nicht an sich, haben Machtressourcen ihre Bedeutung. Den sozialen Akteuren muss die Macht, die sich aus Abhängigkeiten zwischen ihnen ergibt, nicht bewusst sein, sie kann ohne Intention ausgeübt werden. Hier wird Emersons starke Betonung der strukturellen Ebene im Gegensatz zu Ansätzen deutlich, die im Sinne einer verstehenden Soziologie das sinnhafte Handeln der Akteure in den Blick nehmen.

Über die Ebene sozialer Beziehungen zwischen einzelnen Akteuren hinaus und in die Struktur beziehungsweise das System hinein verlagern den Machtbegriff Talcott Parsons (v.a. 1969a) und, mit der Weiterentwicklung der Systemtheorie, Niklas Luhmann (v.a. 1975, 2000). Mit ihnen verbunden ist die Konzeptualisierung von Macht als symbolisch generalisiertes Kommunikationsmedium.

Parsons führt seinen Machtbegriff in einer Analogie zum Geld ein. Wie Geld in der Wirtschaft, ist Macht das systemspezifische Medium in der Politik. Deren funktionale Zuständigkeit in sozialen Systemen liegt nach Parsons darin, bei den Mitgliedern die Ressourcen zu mobilisieren, die nötig sind, um kollektive Ziele zu erreichen (vgl. Parsons 1969a: 354f.). Parsons benutzt dabei sein AGIL-Schema als analytisches Instrument, das nicht nur auf ‚politisch' definierte Einheiten wie Staaten anwendbar ist, sondern ebenso auf andere Systeme wie Universitäten, Kirchen oder Unternehmen (vgl. Parsons 1969b: 236-240). Sie alle müssen für ihr Fortbestehen ein politisches Subsystem entwickeln, indem je spezifische politische Rollen institutionalisiert werden, wie beispielsweise in formalen Organisationen das Management. Den Rollenträgern wird das Medium Macht als Währung übertragen, die generell einsetzbar ist, aber in ihrem Wert davon abhängt, inwieweit der Machteinsatz den institutionalisierten Rollenerwartungen entspricht.

Wie Geld ist Macht damit ein zirkulierendes, generalisiertes Kommunikationsmedium, und zwar ein symbolisches. In modernen Ökonomien verläuft der Geldverkehr größtenteils über materiell wertlose, symbolische Münzen und Scheine (und heutzutage Buchungen). Ihr Gebrauch beruht auf Vertrauen; nur ein geringer Teil des Geldes ist etwa durch Goldreserven gedeckt. Analog sieht Parsons das Verhältnis der Macht zur Gewalt: Macht funktioniert auf der Grundlage von Legitimität (entsprechend dem Vertrauen beim Geld); sie ist zwar im Prinzip durch eine mögliche Gewaltanwendung gesichert, muss aber Zwangsmittel typischerweise nicht wirklich einsetzen. Entsprechend definiert Parsons Macht:

> „Power then is generalized capacity to secure the performance of binding obligations by units in a system of collective organization when the obligations are legitimized with reference to their bearing on collective goals and where in case of recalcitrance there is a presumption of enforcement by negative situational sanctions" (Parsons 1969a: 361).

Dieses Machtkonzept betont deutlich das Konsensuelle. Bei Parsons (1969a: 361f.) ist der Einsatz von Gewalt, um Widerstand zu überwinden, umgekehrt proportional zum Ausmaß der Macht. Indem er die Funktionalität von Macht für das Erreichen kollektiver Ziele hervorhebt, steht Parsons im Gegensatz zu Autoren wie Mills, die Macht vor allem als Mittel zur Durchsetzung von nicht unbedingt legitimierten Partikularinteressen thematisieren.

Anders als bei Parsons, für den politische Systeme in den verschiedensten empirischen Gebilden bestehen können, zeigt sich bei Luhmann die Tendenz, Politik mit Staatlichkeit zu assoziieren. Er versteht das AGIL-Schema empirisch, woraus eine Suche nach den Trägern der gesellschaftlichen Funktion der Politik resultiert. Luhmanns Behandlung von Macht konzentriert sich stark auf den Bereich der institutionalisierten politischen Entscheidungsfindung (vgl. Luhmann 1975: 61). Die amorphe Allgegenwart von Macht im Sinne Webers, etwa als lebensweltliche Machtdynamiken in Familien, Organisationen oder in kurzfristigen sozialen Situationen, wird zwar anerkannt, aber differenzierungstheoretisch aus dem Fokus herausgerückt. Für Luhmann (1975: 17) ist im Vergleich zum „brutalen und eigensüchtigen Machtgebrauch" bei situativer und informeller Macht „die Institutionalisierung durchsetzbarer legitimer Macht das Phänomen von größerer gesellschaftlicher Tragweite". Entsprechend konzentriert sich seine Theoriebildung auf den letzteren Bereich, der sich in einem spezifischen Funktionssystem für Politik, dem Staat, ausdifferenziert hat (vgl. Luhmann 2000: 55).

Während Luhmann mit dieser empirischen Einengung den Machtbegriff beschränkter einsetzt als Parsons, geht er in der konzeptuellen Abkopplung der Macht von konkreten sozialen Beziehungen einen Schritt weiter als dieser. Bei Parsons ist Machtausübung an institutionalisierte Rollen und die Intentionen der Rollenträger geknüpft. Luhmann dagegen versteht Macht von den Folgen der Kommunikation her. Macht liegt für ihn nicht dann vor, wenn Bürger Politiker intentional beeinflussen wollen, sondern wenn ihr (möglicherweise ganz ‚unpolitisch', etwa ökonomisch motiviertes) Handeln als Kommunikation Wirkungen in der Politik auslöst.

Die tauschtheoretischen Arbeiten zur Macht von Emerson ebenso wie die systemtheoretischen von Luhmann haben große Bedeutung für die Weiterentwicklung der betreffenden Theorien. Außerhalb dieser ist jedoch an beide Machtbegriffe kaum angeknüpft worden. Dies gilt für Parsons weniger. Sein Machtkonzept ist unter anderem ein wesentlicher theoretischer Anknüpfungspunkt für Barry Barnes' (1988) Entwurf einer wissensbezogenen Soziologie der Macht.

2.3 Durchsetzung gegen Widerstand oder konsensuelle Ordnung

Nach Weber wird mit Macht der eigene Wille *durchgesetzt*. Bereits diese Formulierung lässt an einen Widerstand denken, der mit der Durchsetzung überwunden wird. Zudem nennt Weber das mögliche Widerstreben anderer. Macht kann also bedeuten, die Fügsamkeit anderer mit manifestem Zwang zu erreichen.

Bei anderen Machtbegriffen steht der mögliche Widerstand, der Aspekt der *Durchsetzung*, im Hintergrund. Besonders in US-amerikanischen Traditionen wird der Blick vornehmlich auf Macht in Form von Einfluss gelenkt, dem sich niemand offensichtlich widersetzt. Dieser Umstand hängt unter anderem mit der amerikanischen Empirietradition zusammen. In den meist quantitativen Analysen erscheint Macht in ihrer methodischen Operationalisierung als Einfluss.

Die divergenten Betonungen des Durchsetzens einerseits und des Konsensuellen andererseits liegen jedoch nicht primär in unterschiedlichen methodischen Ausrichtungen begründet. Sie sind vielmehr mit grundsätzlich verschiedenen theoretischen Perspektiven auf Macht und ihre Wirkungsweise in der Gesellschaft verbunden. Sie wird entweder als ordnungsstiftend oder als konfliktgenerierend konzeptualisiert. Ralf Dahrendorf (1967a) stellt die Standpunkte, die diesen grundsätzlichen, bereits bei Plato aufscheinenden Dissens markieren, einander als „Gleichgewichtsansatz" und „Zwangsansatz" gegenüber. Ein Vertreter des ersteren ist namentlich Parsons, für den Macht als Austauschmedium zum Fortbestehen konsensbasierter Systeme beiträgt. Der zweite Ansatz dagegen sieht Macht „als ungleich verteilt und daher als bleibende Quelle von Spannungen. Legitimität ist bestenfalls ein prekäres Übergewicht der Herrschaft über den Widerstand, den sie hervorruft. Von allen Zuständen ist der des Gleichgewichtes der am wenigsten wahrscheinliche" (Dahrendorf 1967a: 303). Diese Perspektive vertritt auch Dahrendorf selbst.

Mit dem unterschiedlichen Stellenwert, den Machtkonzepte der Durchsetzung gegen Widerstand einräumen, ändert sich auch das Ausmaß der Sichtbarkeit von Macht. Macht, die in Form von Gewalt und Zwang gegen Widerstreben eingesetzt wird, ist im Prinzip beobachtbar. Tendenziell macht Widerstand Macht sichtbar, und umgekehrt ist es die sichtbare, wahrgenommene Macht, die Widerstand provozieren kann. Besetzen Arbeiterinnen eine Fabrik, marschiert die US-Armee im Irak ein, hindert ein Mann seine Ehefrau mit Schlägen und Drohungen daran, ihn zu verlassen, so ist der Durchsetzungswille dieser Handelnden ebenso offensichtlich wie der Widerstand, gegen den sie angehen.

Soziologische Ansätze, die den Machtaspekt der Durchsetzung betonen, rücken entsprechend häufig sichtbare Machtphänomene in den Blick. Zu diesen Ansätzen gehören insbesondere Forschungen, die Gewalt behandeln, und zwar nicht isoliert, sondern im Rahmen einer Herrschaftssoziologie (z.B. Hanser/Trotha 2002) oder im Kontext gesellschaftlicher Umwälzungen – wie die grundlegende Arbeit zu Revolutionen des amerikanischen Soziologen Charles Tilly (1993). Kollektives, und damit umso wirkmächtigeres, Machthandeln gegen Widerstand untersuchen auch die Soziologie sozialer Bewegungen und die Konfliktsoziologie.

Wird Macht *nicht* primär in gegen Widerstand gesetztem Zwang gesehen, so geht das nicht unbedingt mit dem von Dahrendorf beschriebenen Gleichgewichtsmodell der Gesellschaft einher. Macht kann auch als zwar konfliktträchtig, aber im Verborgenen wirkend konzeptualisiert werden. Ein vornehmlich europäischer Theorienbereich hat sich zur Aufgabe gemacht, Macht weit in die Unsichtbarkeit hinein zu verfolgen. Macht, so die Annahme, wird auch und gerade dort ausgeübt, wo die Betroffenen das selbst gar nicht merken. Hinter diesem Gedanken steht die Beobachtung, dass Menschen willige Beteiligte an sozialen Ordnungen sein können, die von außen betrachtet ihren Interessen zu widersprechen scheinen. Theoriehistorisch wurzelt die Beschäftigung mit dieser unsichtbaren Macht über Menschen, die sich ihrer nicht bewusst sind, vor allem in der marxistischen Tradition.

Das ‚falsche Bewusstsein' spielt in der Kritischen Theorie der Frankfurter Schule eine zentrale Rolle. Es lässt die Menschen in einer ebenso falschen Welt ihre ‚wahren' Interessen und die Möglichkeit einer anderen, richtigen Welt nicht sehen. Das Beispiel der Musik, die ja ganz unverdächtig scheint, macht die Unsichtbarkeit struktureller Machtverhältnisse besonders deutlich. Nach Theodor W. Adorno ist Musik, soweit sie „nicht Erscheinung von

Wahrheit ist", Teil von einem „objektiven Verblendungszusammenhang. (...) Als eine Quelle gesellschaftlich falschen Bewusstseins ist die funktionierende Musik, ohne Absicht der Planenden und ohne Ahnung der Konsumierenden, in den sozialen Konflikt verflochten" (Adorno 1975: 72). In diesem „Verblendungszusammenhang" bleiben Machtstrukturen unsichtbar. Widerstand ist unwahrscheinlich, solange Menschen die Machtverhältnisse nicht als solche erkennen, also ‚Machtverdacht' schöpfen.

Der Standpunkt der Frankfurter Schule führte in der Soziologie zu Debatten um die empirischen Methoden und die gesellschaftliche Rolle der Disziplin (vgl. Adorno et al. 1969). Geht man von einem ‚falschen Bewusstsein' der untersuchten Menschen aus, so der Vorwurf, dann bildet die Umfrageforschung dieses lediglich ab, reproduziert es und stützt affirmativ die ‚falsche' gesellschaftliche Ordnung, ohne die ihr inhärenten Machtstrukturen aufzudecken.

Um unsichtbaren Machtstrukturen nachzugehen, knüpft der britische Soziologe Steven Lukes (1974) an Antonio Gramsci und dessen einflussreiches Konzept der Hegemonie an, das ‚ideologische' Dominanz im Sinn einer ‚hegemonialen Kultur' beinhaltet. Lukes nimmt Machtverhältnisse in den Blick, die mit latenten Interessenkonflikten in Verbindung stehen. Diese werden weder offen ausgetragen noch sind sie bloß ‚verdeckt', indem sie durch bewusstes Nicht-Entscheiden von der politischen Agenda ferngehalten werden – diesen Aspekt haben die Politikwissenschaftler Peter Bachrach und Morton S. Baratz (1962) in einer vielbeachteten Kritik gegenüber Dahl hervorgehoben. Nach Lukes findet Macht bei latenten Interessenkonflikten vielmehr unsichtbar und unbewusst statt. Dabei ist Macht für Lukes kein struktureller Determinismus; im Gegenteil beinhaltet sein Machtbegriff, dass die Akteure auch anders handeln könnten (vgl. Lukes 1974: 54-56).

Ebenso auf unbewusste Machtprozesse, auf die mit Macht konstruierte Grenze zwischen sichtbarer und unsichtbarer Macht, hebt Pierre Bourdieu mit dem Begriff der ‚symbolischen Macht' ab:

> „Die symbolische Macht ist eine Macht, die in dem Maße existiert, wie es ihr gelingt, sich anerkennen zu lassen, sich Anerkennung zu verschaffen; d.h. eine (ökonomische, politische, kulturelle oder andere) Macht, die die Macht hat, sich in ihrer Wahrheit als Macht, als Gewalt, als Willkür verkennen zu lassen. Die eigentliche Wirksamkeit dieser Macht entfaltet sich nicht auf der Ebene physischer Kraft, sondern auf der Ebene von Sinn und Erkennen. (...) Die sozialen Akteure und auch die Beherrschten selbst sind in der sozialen Welt (selbst in der abstoßendsten und empörendsten) durch eine Beziehung hingenommener Komplizenschaft verbunden, die bewirkt, daß bestimmte Aspekte dieser Welt stets jenseits oder diesseits kritischer Infragestellung stehen" (Bourdieu 1992: 82).

Bourdieu geht von objektiv feststellbaren Machtverhältnissen aus, die den Beteiligten selbst vielfach verborgen bleiben. Das Konzept symbolischer Macht soll die sozialen Mechanismen dieses Sich-Verbergens der Macht erfassen. Bourdieus Machtbegriff bleibt dabei durchaus vage, im Zitat paraphrasiert er ihn mit „Gewalt" und „Willkür". Zentral für die „verborgenen Mechanismen der Autorität" (Bourdieu 1992: 86) ist die Sprache, die Durchsetzung bestimmter Wahrnehmungskategorien und Diskursformen, die im Kontext bestimmter sozialer Bedingungen ihre symbolische Machtwirkung entfalten.

Wahrnehmungskategorien und Handlungsschemata, die für bestimmte Teile der Gesellschaft typisch sind und diese von anderen unterscheiden, spricht Bourdieu mit dem Konzept des Habitus an. Es verweist unter anderem auf die somatische Manifestation von

Strukturen der Über- und Unterordnung, etwa im Geschmack, die wiederum zur Anerkennung und Verkennung dieser Strukturen beiträgt. Ebenso wie Bourdieus Unterscheidung ökonomischen, kulturellen und sozialen Kapitals ist sein Habitusbegriff in der Soziologie der Macht vielfach rezipiert worden (vgl. Bourdieu 1982).

Noch stärker präsent ist in soziologischen Beiträgen zur Macht derzeit ein anderer französischer Denker, der allerdings selbst kein Soziologe war, der Philosoph Michel Foucault. Macht ist sein gesamtes Schaffen hindurch ein zentraler, wenn auch in seiner Konzeption changierender Begriff.

Macht hat bei Foucault zwei zentrale Eigenschaften. Sie ist erstens diffus und zweitens produktiv. *Diffus* ist sie, weil sie keine homogene, einseitig wirkende Unterdrückungsmaschinerie ist. Macht ist nicht binär, sondern als netzartiges ‚Dispositiv' organisiert (vgl. Foucault 1978: 82, 211):

> „Nicht weil sie alles umfaßt, sondern weil sie von überall kommt, ist die Macht überall. (...) die Macht ist nicht eine Institution, ist nicht eine Struktur, ist nicht eine Mächtigkeit einiger Mächtiger. Die Macht ist der Name, den man einer komplexen strategischen Situation in einer Gesellschaft gibt" (Foucault 1992: 114).

Macht besteht aus einer Vielfalt von Kräfteverhältnissen, die sich verknüpfen und in Herrschaftsinstitutionen auskristallisieren, aber auch gegenseitig hemmen und verändern können (vgl. Foucault 1992: 113). Nach Foucault hat Macht kein Zentrum, die heterogenen Machtverhältnisse stellen keine Repräsentationen einer übergeordneten Macht dar. Macht in der Familie beispielsweise ist keine Verlängerung staatlicher Macht (vgl. Foucault 1978: 110-112). Obwohl Macht überall vorhanden ist und nicht einseitig repressiv auf benachteiligte Individuen ausgeübt wird, sieht Foucault durchaus ein gesellschaftliches Oben und Unten. Machtbeziehungen sind nie einseitig, aber ungleichgewichtig (vgl. Foucault 1978: 129f.).

Indem er die *Produktivität* von Macht betont, richtet sich Foucault gegen die Auffassung von Macht als negativ und repressiv. Ihre Wirksamkeit erhält Macht eben durch ihren positiv-produktiven Charakter:

> „Der Grund dafür, daß die Macht herrscht, daß man sie akzeptiert, liegt ganz einfach darin, daß sie nicht nur als neinsagende Gewalt auf uns lastet, sondern in Wirklichkeit die Körper durchdringt, Dinge produziert, Lust verursacht, Wissen hervorbringt, Diskurse produziert; man muß sie als ein produktives Netz auffassen, das den ganzen sozialen Körper überzieht und nicht so sehr als negative Instanz, deren Funktion in der Unterdrückung besteht" (Foucault 1978: 35).

Macht wirkt durch ihre Produkte und in ihnen. Eine besondere Rolle spielen hier die Diskurse. Am Beispiel der Sexualität führt Foucault aus, wie innerhalb von Machtbeziehungen Sprechanreize geschaffen werden. Durch forcierte Diskursivierung kann ein gesellschaftlicher Bereich konstituiert und etabliert, kontrolliert, manipuliert und institutionalisiert werden (vgl. Foucault 1992: 28, 46). Bestimmte Diskurse haben in der Gesellschaft Wahrheitsfunktion und damit spezifische Macht, die eng mit der Produktion von Wissen durch Experten und Disziplinen verbunden ist. Widerstand kann die Hegemonie dieser Wahrheitsdiskurse durch Gegendiskurse angreifen.

Foucaults Machtkonzept ist nicht statisch, er geht geschichtlichen Verschiebungen vorherrschender Machtformen nach. In seinem Buch „Überwachen und Strafen" (Foucault

1994) verfolgt er den Übergang von souveräner hin zu disziplinierender Macht, in deren Fokus die Körper der Menschen stehen. Im ersten Band seiner „Geschichte der Sexualität" entwickelt Foucault den Begriff der „Bio-Macht", der sich einerseits auf die Disziplinierung des Körpers und andererseits auf die regulierende Kontrolle der Bevölkerung, des „Gattungskörpers", richtet (Foucault 1992: 166-168). Das Leben wird zum Gegenstand der Politik als „Bio-Politik" (vgl. auch den Beitrag zu „Körper" in diesem Band).

Schließlich setzen macht- und herrschaftssoziologische Studien (z.B. Krasmann/Volkmer 2007) bei Foucaults Begriff der „Gouvernementalität" an. Dieser ist mehrdeutig konzipiert (vgl. Foucault 1991: 102f.), wird aber in der Rezeption vor allem als eine bestimmte Form der Macht gesehen, neben der andere Formen, wie die Souveränität und die Disziplin, zunehmend zurücktreten. Das Konzept der Gouvernementalität erfasst Herrschaftstechniken, die auf einem durch Macht/Wissen abgesicherten Regieren der Bevölkerung auch außerhalb der politischen Sphäre beruhen – nicht zuletzt, indem der Bevölkerung überlassen wird, sich gemäß bestimmter Regeln selbst zu regieren, beispielsweise im schlanken neo-liberalen Staat (vgl. Dean 1999).

Foucaults Insistieren auf die Netzförmigkeit von Macht, auf ihren diffusen und produktiven Charakter, richtet sich gegen eine zentristische, negative Auffassung von Macht. „Man muß dem König den Kopf abschlagen", fordert Foucault (1978: 38) von der politischen Theorie. Er kritisiert deren Fixierung auf die Macht des Souveräns. Dieser Fokus kennzeichnet jedoch bei weitem nicht alle Machttheorien. Er hängt erstens, länderspezifisch, mit der französischen Staatszentrierung zusammen und war zweitens, fachspezifisch, in der Soziologie nie in dieser Form vorhanden. Foucaults Blickwinkel ist deutlich der eines französischen Philosophen, und seine Kritik staatszentrierter Machttheorien trifft weder die angelsächsische noch die deutsche Soziologie. Gleichwohl rezipieren auch diese Foucaults vielfältigen Beiträge zur Macht, die es erlauben, unterschiedliche Formen des Regierens, insbesondere in Bezug auf den in der soziologischen Tradition lange vernachlässigten Körper, in den Blick zu nehmen.

2.4 „... gleichviel worauf diese Chance beruht": Grundlagen der Macht

Die möglichen Grundlagen von Macht sind nach Weber nicht zu überblicken. Unzählige und vielfältigste Eigenschaften und Konstellationen geben Menschen die Chance, ihren Willen durchzusetzen. Eine Konzeptualisierung dieser Grundlagen von Macht bietet – in Deutschland viel beachtet, aber nicht in andere Sprachen übersetzt – das Werk von Heinrich Popitz (1992). Anknüpfend an Weber und Plessner entwickelt er eine Typologie von vier ‚anthropologischen Grundformen der Macht': Aktionsmacht, instrumentelle Macht, autoritative Macht und datensetzende Macht. Die einzelnen Machtformen treten empirisch zumeist in Kombinationen in Erscheinung, jede von ihnen kann in die anderen Machtformen umgesetzt werden.

Unter *Aktionsmacht* versteht Popitz (1992: 24f.) Einzelhandlungen, die ein überlegener Mensch einem unterlegenen antut. Die höhere Verletzungskraft des Machtüberlegenen kann unterschiedliche Grundlagen haben, darunter Muskelkraft, Intelligenz sowie materielle oder organisatorische Mittel, die die Verletzungskraft steigern. Die anthropologische Basis der Aktionsmacht liegt in der Verletzungsfähigkeit und gleichzeitigen Verletzungsoffenheit des Menschen. Hinzu kommt seine Verletzungsphantasie, die Fähigkeit, sich immer neue Arten und Ausmaße der Verletzung auszudenken. Die körperliche Verletzungsoffenheit des Menschen ist augenfällig, er kann physisch verletzt und gequält, verstümmelt und getötet werden. Daneben steht die ökonomische Verletzungsoffenheit des Menschen. Er ist auf materielle Ressourcen – etwa Wasser und Nahrung, ein Dach über dem Kopf – angewiesen, die ihm genommen werden können. Eine dritte Art der Verletzbarkeit ist die menschliche Abhängigkeit von sozialen Ressourcen. Wird einem Menschen die soziale Teilhabe entzogen, wird er ausgegrenzt oder herabgesetzt, etwa verbannt oder geächtet, ist auch das existenzbedrohend.

Mit ihrer unmittelbaren und, im Sinne der Todesgefahr, absoluten Bedrohlichkeit kommt der körperlichen Verletzungsmacht besondere Bedeutung zu. Seit den frühen 1990er Jahren hat die soziologische Gewaltforschung breitere Beachtung gefunden (vgl. Heitmeyer/Hagan 2002).

Der Begriff der Gewalt ist in der Soziologie umstritten. Einige Autoren fassen ihn so weit, dass er zu einem Synonym für ‚Unterdrückung' wird. Prominentes Beispiel ist das Konzept der „strukturellen Gewalt" des norwegischen Soziologen Johan Galtung (1975). Von Gewalt spricht er dann, „wenn Menschen so beeinflußt werden, daß ihre aktuelle somatische und geistige Verwirklichung geringer ist als ihre potentielle Verwirklichung" (Galtung 1975: 9). Galtung unterscheidet zwischen personaler und struktureller Gewalt; letztere ist im Gegensatz zur ersteren indirekt und geschieht ohne Gewaltakteur. Bedingungen struktureller Gewalt sind für Galtung gleichbedeutend mit „soziale(r) Ungerechtigkeit" (Galtung 1975: 12f.). Sein Begriff zielt darauf ab, unsichtbare Machtverhältnisse als Gewaltverhältnisse zu entlarven, und er ist stark normativ aufgeladen.

Im Gegensatz zu dem vielfach als zu weit kritisierten Konzept Galtungs herrschen in der aktuellen soziologischen Diskussion Definitionen vor, die Gewalt in bewusst engem Begriffsverständnis als willentliche körperliche Verletzungen fassen. Viel zitiert ist die Definition von Popitz (1992: 48): „Gewalt meint eine Machtaktion, die zur absichtlichen körperlichen Verletzung anderer führt".

Die Beschränkung auf einen körperbezogenen Gewaltbegriff sorgt allerdings nicht für eine Vereinheitlichung der theoretischen und methodischen Herangehensweisen. Die Soziologie der Gewalt reicht von der traditionellen ätiologischen Forschung, die den Ursachen und Bedingungen von Gewalt in sozialstrukturellen Variablen nachgeht, bis zu neueren Arbeiten, die sich an einer Phänomenologie und dichten Beschreibung der Gewaltprozesse orientieren (vgl. Trotha 1997a). Zu den erstgenannten Beiträgen gehören etwa Studien zu rechtsradikaler Gewalt (z.B. Alber 1995) und makrosoziologische Arbeiten zu interkulturellen und historischen Vergleichen (z.B. Thome 2004). Die letztgenannten umfassen vor allem mikrosoziologische, qualitativ-empirische Studien auf der Mikroebene (vgl. z.B. Liell/Pettenkofer 2004) sowie theoretisch orientierte Beiträge. Unter diesen haben die essayistischen Arbeiten von Wolfgang Sofsky (z.B. 1996) zum Wesen von Gewalt und einzelnen Gewaltphänomenen eine große Öffentlichkeit erreicht, sich aber auch Vorwürfen der Essentialisierung von Gewalt und des Voyeurismus stellen müssen. Besondere Aufmerksamkeit fordert die neuere soziologische Gewaltforschung für die Prozesshaftigkeit von Gewalt. Die Eigendynamik in den Abläufen vor allem kollektiver Gewalt wird zum Erklärungsgegenstand (z.B. Elwert/Feuchtwang/Neubert 1999). Nicht nur theoretische Überlegungen führten dazu, diese Fragestellung stärker zu behandeln; auch jüngere Ereignisse extremer kollektiver Gewalt, wie der Völkermord in Ruanda, waren Anlass, gewaltimmanente Dynamiken in den Blick zu nehmen. Die Geschehnisse machten die Grenzen herkömmlicher Ursachenforschung – so wichtig sie auch in diesen Fällen bleibt – nur allzu deutlich.

Eine aus unterschiedlichen Perspektiven wiederkehrende Fragestellung ist diejenige nach Gewalt und Geschlecht. Nicht nur war die Gewalt (wie auch die Macht generell) in der soziologischen Frauen- und Geschlechterforschung seit ihrer Etablierung in den 1970er Jahren stets ein Thema. Umgekehrt stoßen auch Gewaltforscher auf den Umstand, dass Gewalttäter zum größten Teil (junge) Männer sind, was wiederum auf einen Forschungsbedarf zu sozialen und kulturellen Konstitutionsbedingungen von Maskulinität und ihren Zusammenhang mit Gewalt verweist (vgl. Meuser 2002).

Der hier angesprochene Zusammenhang zwischen Kultur und Gewalt ist machtsoziologisch – und auch mit Blick auf Diskussionen über ‚islamistischen' Terror und sogenannte ‚Stammes'-Kriege in Afrika – hoch relevant, insbesondere die spezifischere Frage nach dem Verhältnis von Kultur, Gewalt und Legitimation. Es zeigt sich erstens, dass in der einen Kultur etwas als legitimer Akt gelten kann, was in der anderen als illegitime Gewalt gewertet wird. Eine Legitimierung von Gewalt kann zweitens durch offensiv propagierte, kulturalisierende Interpretationen gezielt erzeugt werden (vgl. Inhetveen 2005). Drittens können ganze Kulturen durch eine generalisierte Zuschreibung illegitimer Gewalttätigkeit diskreditiert werden – Praktiken wie die des *ethnic profiling* bei Strafverfolgung und Terrorismusbekämpfung sind dabei einerseits Symptom, andererseits Reproduktionsmechanismus solcher gesellschaftlichen Prozesse.

Mit *instrumenteller Macht* bezeichnet Popitz (1992: 79) „die Steuerung des Verhaltens anderer durch Drohungen und Versprechungen". Wer in den Augen anderer über Strafen und Belohnungen verfügt, kann ihr Verhalten langfristig steuern, indem er sie vor Handlungsalternativen stellt. Dem Machtunterlegenen wird eine bestimmte Wahl nahegelegt, indem er durch Belohnungsversprechen zu ihr verlockt oder durch angedrohte Strafen davon abgeschreckt wird, anders zu handeln. Die möglichen Strafen und Belohnungen lassen sich den bei der Aktionsmacht angesprochenen drei Arten menschlicher Abhängigkeit zuordnen, sie können körperlich (z.B. Körperstrafen), materiell (z.B. finanzielle Belohnung) oder sozial (z.B. Ausschluss aus einer Clique) sein.

Menschen treffen Handlungsentscheidungen auf der Grundlage von Erwartungen, und diese Erwartungen werden durch instrumentelle Macht manipuliert (Popitz 1992: 26f.). Instrumentelle Macht steht und fällt damit, dass die Versprechungen und Drohungen glaubhaft sind. Wenn die Unterlegenen ein Abschreckungsszenario als zahnlos erkennen oder zu der Ansicht kommen, dass versprochene Belohnungen ohnehin nie eintreffen werden, verliert die instrumentelle Macht ihre Grundlage. Da es aber für die Machtunterlegenen gefährlich ist, eine Drohung auf ihre Ausführbarkeit zu testen, kann mit einer „ungedeckten Drohung" (Popitz 1992: 85) oft langfristig Macht ausgeübt werden.

Forschungen zu Strategien der Drohung erlebten zur Zeit des Kalten Krieges in der nichtkooperativen Spieltheorie einen besonderen Aufschwung. Neben anderen analysierte der Ökonom Thomas Schelling (1960) strategische Konstellationen wie die des Rüstungswettlaufs, bei denen sich entgegengesetzte und gemeinsame Interessen mischen und in denen die Drohung – beziehungsweise (atomare) ‚Abschreckung' – wesentlicher Bestandteil der Machtstrategien ist. Schelling betont die Relevanz der Glaubwürdigkeit von Drohungen und zeigt, dass diese Glaubwürdigkeit unter Umständen durch ein Beschneiden der eigenen Handlungsalternativen gesteigert werden kann. Der zeitgeschichtliche Bezug von Forschung ist in diesem Fall besonders eng; maßgeblich vermittelt über die militärnahe

Denkfabrik RAND (zu deren Alumni auch Schelling gehört), wandten US-Strategen die Weiterentwicklungen der Spieltheorie in der Situation des Kalten Krieges praktisch an.

Mit dem Begriff der *autoritativen Macht* erfasst Popitz Machtphänomene, die über die Ansichten und Einstellungen der Menschen wirken. Diese „innere Macht" hat „es nicht nötig (...), mit äußeren Vor- und Nachteilen zu operieren", sie erzeugt vielmehr „willentliche, einwilligende Folgebereitschaft" (Popitz 1992: 27f.).

Der Mensch verfügt nicht über angeborene Orientierungen, er muss sie sich sozial verschaffen, indem er einem anderen Menschen Autorität zuschreibt. An dessen Sichtweisen und Urteilskriterien orientiert er sich, nach ihnen nimmt er die Welt wahr und wertet Dinge als gut oder schlecht. Gleichzeitig strebt der Machtunterlegene an, seinerseits von dem Maßstabgeber anerkannt zu werden. Die Autoritätsbeziehung antwortet auf zwei grundsätzliche Bedürfnisse des Menschen: Sie kann sein Angewiesensein auf Maßstäbe, auf soziale Orientierung erfüllen und ihm Selbstwertgefühl geben.

An dem Ziel, von der Autoritätsperson anerkannt zu werden, setzt die Ausübung autoritativer Macht an. Der Machtüberlegene kann, wie bei der instrumentellen Macht, den Unterlegenen vor eine Entscheidung stellen und signalisieren, ihm für seine Gefügigkeit „Zeichen der Bewährung" (Popitz 1992: 29) zu geben, sie ihm aber vorzuenthalten, sollte er sich gegen die von dem Überlegenen bevorzugte Option entscheiden. Wer eine solche „Alternative zwischen erhofften Anerkennungen und befürchteten Anerkennungsentzügen (...) einsetzen kann und bewußt einsetzt, um Verhalten und Einstellungen anderer zu steuern, übt autoritative Macht aus" (Popitz 1992: 29). Dabei übernimmt der Machtunterlegene die Beurteilungsmaßstäbe der Autoritätsperson und kontrolliert sein eigenes Verhalten nach deren Kriterien, auch wenn sie nicht anwesend ist. Allerdings ist die Zuschreibung von Autorität schwer abzusichern. Der Machtunterlegene kann sein Anerkennungs- und Orientierungsbedürfnis auf andere Personen umlenken, wovon beispielsweise Eltern pubertierender Kinder zu berichten wissen.

Als *datensetzende Macht* bezeichnet Popitz die weithin sichtbaren, aber oft unbemerkten Phänomene der „objektvermittelte(n) Macht" (Popitz 1992: 31). Ihre anthropologischen Grundlagen sind die Fähigkeit des Menschen zum technischen Handeln sowie sein Angewiesensein auf die materielle Umwelt (vgl. auch den Beitrag zu „Technik" in diesem Band). Indem Menschen Artefakte und Veränderungen produzieren, ändern sie nicht nur ihre eigene Umwelt, sondern auch die anderer Menschen:

> „jedes Artefakt fügt dem Wirklichkeitsbestand der Welt eine neue Tatsache hinzu, ein neues Datum. Wer für dieses neue Datum verantwortlich ist, übt als ‚Datensetzer' eine besondere Art von Macht über andere Menschen aus, über alle ‚Datenbetroffenen'" (Popitz 1992: 30).

Bauen Menschen eine Sperrmauer, für die sie Wald roden, Gräben ziehen, Beton produzieren, Stromleitungen legen und so weiter, üben sie Macht über die Natur, aber auch über die Lebensbedingungen anderer Menschen aus, die sie im Beispiel der Mauer etwa von Ressourcen abschneiden oder an der Migration hindern.

Nicht immer setzt die Machtwirkung wie in diesem Beispiel unmittelbar ein. Häufig bleibt sie zunächst latent, um erst viel später manifest zu werden. Eben dies treibt die Gegner von Atommüll-Endlagern um und ist bei der Klimaveränderung offensichtlich, die erst mit erheblicher Zeitverzögerung auf den CO_2-Ausstoß folgt. Artefakte und technische Veränderungen, deren Machtwirkung erst lange, nachdem sie gesetzt wurden, manifest wird, bezeichnet Popitz (1992: 31) treffend als „Macht-Minen".

Zu Phänomenen der datensetzenden Macht wird vor allem in Teilen der Techniksoziologie geforscht. In der jüngeren Diskussion stellen die Arbeiten von Bruno Latour einen wichtigen Bezugspunkt dar. Er befasst sich unter anderem mit einer genauen Bestimmung des Verhältnisses zwischen der naturwissenschaftlich-technischen Entwicklung und dem Politischen – zwischen der Macht, die die Dinge repräsentiert, und der, die die Menschen vertritt (Latour 1995). Ihre mit der Moderne behauptete Trennung, so Latour, lässt sich nicht aufrechterhalten; ihm zufolge gilt es, sich ihrer Verbindung gezielt und explizit zu widmen.

2.5 Die Institutionalisierbarkeit von Macht: Herrschaft

Der Begriff der Herrschaft ist in der Soziologie von eminenter Bedeutung. Das Fach begnügt sich nicht mit der Analyse einzelner Machtsituationen. Es befasst sich auch mit auf Dauer gestellten, entpersonalisierten, regulierten, integrierten und legitimierten Machtbeziehungen, also mit Herrschaft. Wenn bei Parsons der Machtgebrauch die Gefolgschaft der Beherrschten aufgrund der Internalisierung einer normativen Ordnung voraussetzt, wenn Luhmann sich für legitimierte Macht im ausdifferenzierten System der Politik interessiert, wenn Foucault (1992: 113f.) über „institutionelle Kristallisierungen" der Macht schreibt, die sich unter anderem „in den Staatsapparaten" und „der Gesetzgebung (...) verkörpern", so verweist dies auf Phänomene, die Weber mit dem Begriff der Herrschaft fasst.

Allerdings differenzieren viele Autoren begrifflich nicht klar zwischen Macht und Herrschaft. Oft wird der Begriff der Macht auch für Phänomene verwendet, die präziser mit dem der Herrschaft bezeichnet wären. Dass sich in der englischsprachigen Soziologie bis heute keine einheitliche Übersetzung des deutschen Wortes „Herrschaft" etabliert hat, sondern unterschiedliche und je spezifisch konnotierte Begriffe wie „authority" oder „domination" verwendet werden (vgl. Wrong 1995: 36), ist eher ein Symptom als die Ursache für eine schwächere genuin *herrschafts*soziologische Tradition in der angelsächsischen Soziologie.

Wenn im Folgenden die Institutionalisierung von Macht zu Herrschaft mit Bezug auf zwei deutsche Soziologen dargestellt wird, impliziert das keineswegs, dass Phänomene der Herrschaft in der internationalen Soziologie zu wenig untersucht würden. Nur selten aber wird der Institutionalisierungsprozess von Macht zu Herrschaft und das Verhältnis der Begriffe zueinander so differenziert theoretisch-konzeptuell untersucht wie in den im Folgenden angesprochenen Beiträgen (vgl. auch den Beitrag zu „Institution" in diesem Band).

Es ist wiederum Popitz (1992: 232-260), der eine detaillierte Analyse des Institutionalisierungsprozesses von Macht zu Herrschaft bietet. Er unterscheidet drei Dimensionen dieses Prozesses. Die erste ist die *Entpersonalisierung* des Machtverhältnisses. Es löst sich von bestimmten Personen und ist zunehmend mit sozialen Positionen verbunden. Deren Inhaber können wechseln, die Machtbeziehung besteht weiter. Um die Stellung des Machthabers herum bilden sich ebenfalls entpersonalisierte Positions*gefüge* heraus, „Herrschaftsapparate" (Popitz 1992: 255). Eine erfolgreiche Entpersonalisierung von Macht zeigt sich darin, dass Nachfolgeregeln für die Position des Machthabers etabliert sind. Nach Weber (1972: 143f., 663-681) stellt sich dieser Schritt insbesondere der charismatischen Herrschaft (s.u.) als typisches Problem.

Zweitens wird Macht im Zuge ihrer Institutionalisierung *formalisiert*. Sie besteht immer weniger aus unberechenbaren Einzelentscheidungen und wird zunehmend regelorientiert ausgeübt. Damit wird das den Machtunterworfenen auferlegte Verhalten immer stärker normiert, Abweichungen werden sanktioniert (vgl. Popitz 1992: 239). Im Sinne von Webers Herrschaftsdefinition werden die Inhalte und Adressaten von Befehlen typisiert und ihre Durchsetzung gesichert.

Die dritte Tendenz des Institutionalisierungsprozesses ist die der *Integration*. Macht ist umso höher institutionalisiert, je stärker sie in die sie umgebende soziale Ordnung integriert ist (vgl. Popitz 1992: 233f.). Die Chance der Integration wächst mit der Entpersonalisierung und Formalisierung von Macht. Eine langfristig berechenbare, arbeitsteilig verwaltete Herrschaftsstruktur wird ausgeprägtere Beziehungen zu ihrer Umgebung entwickeln als ein unberechenbares, an die Kurzlebigkeit persönlicher Beziehungen gebundenes Machtverhältnis.

Die Institutionalisierung von Macht kann in unterschiedliche Formen der Herrschaft münden. Berühmt und nach wie vor einflussreich ist die Typologie von Max Weber. Er differenziert Formen der Herrschaft nach der ihr zugrundeliegenden Legitimitätsgeltung und unterscheidet so drei Idealtypen: traditionale Herrschaft, charismatische Herrschaft und legale (oder rationale) Herrschaft. Die traditionale Herrschaft beruht auf dem Glauben an die Heiligkeit überkommener Ordnungen, am reinsten ist sie für Weber in der patriarchalischen Herrschaft manifestiert. Die charismatische Herrschaft wird etabliert durch einen als außeralltäglich angesehenen Führer, typischerweise einen Propheten, Kriegshelden oder Demagogen. Charakteristisch für sie ist der offene Bruch mit der bestehenden Herrschaft, das „Es steht geschrieben, ich aber sage Euch". Die legale Herrschaft schließlich beruht auf der Vorstellung, dass beliebiges Recht in einem formal korrekten Verfahren zur legitimen ‚gesatzten Ordnung' bestimmt werden kann, also zum festgeschriebenen Reglement für die betreffende Herrschaftsordnung. Die reinste Ausprägung dieser Herrschaftsform sieht Weber in der bürokratischen Herrschaft (vgl. Weber 1972: 122-176; s.a. Breuer 1991).

Unter diesen Herrschaftsformen ist heute die moderne staatliche Herrschaft, der territoriale Nationalstaat, zur empirisch bedeutendsten makrosozialen Organisationsform geworden – wenn auch Ordnungen jenseits des Staates zunehmend Aufmerksamkeit fordern. Er ist nicht nur der zentrale Orientierungspunkt einer ganzen Disziplin, der Politikwissenschaft; auch anderen Wissenschaften wie der Philosophie, der Geschichtswissenschaft und eben der Soziologie gibt er zu breiten Forschungsaktivitäten Anlass. Aus soziologischer Perspektive ist die Auseinandersetzung mit dem Staat gleichzeitig eine Auseinandersetzung mit Macht- und Gewaltverhältnissen (vgl. auch die Beiträge zu „Nation, Nationalstaat" und „Wohlfahrtsstaat" in diesem Band).

3 Staatliche Macht, soziale Kontrolle und Gewaltmonopol

3.1 Staatliche Herrschaft: Monopolisierung der Normfunktionen

Das Charakteristikum staatlicher Herrschaft, als institutionalisierter, zentralisierter Herrschaft über ein Territorium, sieht Popitz (1992: 258) in der Monopolisierung der drei klassischen Normfunktionen: der Normsetzung (Legislative), der Rechtsprechung (Judikative) und der Normdurchsetzung (Exekutive). Zwar sind diese Monopole nicht allumfassend –

jeder Mensch bewegt sich in mehreren sozialen Ordnungen, deren jeweilige Normsysteme nicht vollständig vom Staat gesetzt und durchgesetzt werden (vgl. Popitz 2006: 67f.). Doch unser Alltag bleibt, großenteils selbstverständlich und unbemerkt, durchzogen von staatlichen Normen.

Die Normentheorie ist eine Variante der Theorien sozialer Kontrolle, die ein traditionelles Forschungsgebiet der Soziologie bilden. Die Normentheorie sozialer Kontrolle befasst sich insbesondere mit dem Recht – also einem System sanktionsbewehrter Normen mit spezifischem Sanktionsakteur – als Mittel, das Handeln von Menschen zu steuern und damit soziale Ordnungen zu gestalten (vgl. Sack 1993). Mit der Setzung von Normen wird definiert, welches Verhalten als konform und welches als abweichend gilt und als solches sanktioniert wird. Handlungen, die gegen strafrechtliche Normen verstoßen, werden so als Kriminalität definiert. Mit Blick auf die Machtfrage ist hervorgehoben worden, dass die in der Normsetzung enthaltenen Definitionen häufig umstritten sowie historisch und kulturell variabel sind. Ein bestimmtes Verhalten ist nicht an sich kriminell, sondern in Abhängigkeit von entsprechenden Rechtsnormen, die auch die Definitionsmacht derer widerspiegeln, die ihre Vorstellungen im Prozess der Gesetzgebung politisch durchsetzen können (vgl. Schur 1979: 152-155). Ob beispielsweise Abtreibung eine Straftat ist, entscheidet sich in politischen Machtkämpfen, was in verschiedenen Ländern und im historischen Verlauf zu unterschiedlichen Ergebnissen führt. Die staatliche Monopolisierung der Normfunktionen besagt dabei, dass die Gesetze jeweils von staatlichen Stellen eingeführt und sanktioniert werden. „Selbstjustiz" wird mit der Monopolisierung der Normfunktionen illegitim und selbst zum abweichenden, negativ sanktionierten Verhalten.

3.2 Das Gewaltmonopol und der Teufelskreis der Gewaltbewältigung

Eine besondere Stellung hat innerhalb der monopolisierten Normfunktionen das Gewaltmonopol inne, das im Monopol auf Normdurchsetzung enthalten ist. Mit dem erfolgreich durchgesetzten „*Monopol legitimen* physischen Zwangs" (Weber 1972: 29; Hervorheb. i. Orig.) steht und fällt nach Weber (1972: 29f.) staatliche Herrschaft. Von ihrem Beginn an ist zentralisierte staatliche Herrschaft mit dem Problem der Gewaltkontrolle konfrontiert. Einerseits laufen Prozesse der Staatsbildung typischerweise gewaltsam ab, andererseits legitimiert sich staatliche Herrschaft maßgeblich über den Schutz der Staatsangehörigen, nicht zuletzt vor Gewalt – und dieser Schutz vor Gewalt durch staatliche Gewalt bleibt seinerseits immer verletzbar (vgl. Hanser/Trotha 2002: 317-320).

Einen zentralen Stellenwert hat das Gewaltmonopol in der Theorie des Zivilisationsprozesses von Norbert Elias (1997). Dieser Prozess beinhaltet konstitutiv die Eindämmung nichtstaatlicher Gewalt zwischen Menschen, die Kanalisierung von Konflikten und Zwängen in gewaltlose Bahnen und die Konzentration der Gewaltsamkeit auf den Staat. Das so entstehende Gewaltmonopol bringt Elias mit der Veränderung der gesellschaftlichen Ordnung und zugleich mit der Veränderung des menschlichen Verhaltens und Empfindens in Verbindung. Die Psychogenese und die Soziogenese, die gemeinsam den Zivilisationsprozess ausmachen, erklärt er so in Zusammenhang mit dem sich historisch herausbildenden Gewalt- und Steuermonopol und damit der Entstehung des europäischen Staates.

Das staatliche Gewaltmonopol zu etablieren, bedeutet durchzusetzen, dass Gewalt durch nichtstaatliche Akteure illegitim ist. Sie wird als Normbruch definiert und damit – bis auf wenige, gesetzlich als straffrei definierte Ausnahmen – zum Gegenstand staatlicher Sanktionsmacht. Nichtstaatliche Gewalt wird so zwar eingeschränkt, als Problem stellt sie sich staatlicher Herrschaft aufgrund der prinzipiellen Gewaltfähigkeit des Menschen jedoch immer. Der Staat (oder allgemein der Machthaber einer sozialen Ordnung) tritt der Gewalt anderer Akteure selbst mit Gewalt – als wesentlichem Fundament seiner Sanktionsmacht – entgegen. Es ergibt sich der

> „circulus vitiosus der Gewalt-Bewältigung: soziale Ordnung ist eine notwendige Bedingung der Eindämmung von Gewalt – Gewalt ist eine notwendige Bedingung zur Aufrechterhaltung sozialer Ordnung" (Popitz 1992: 63).

Im Zentrum dieses Teufelskreises steht die Frage, wer die Gewalt der Ordnungshüter, die zum Schutz vor Gewalt nötig ist, eindämmt.

3.3 Aktuelle Fragen zu staatlicher Macht und Gewalt

Im Rahmen dieser klassischen Fragestellung fordern insbesondere zwei rezente Entwicklungen die Aufmerksamkeit der Soziologie. Die erste betrifft die Akteure der legitimen staatlichen Gewalt. Der moderne Staat hat eigene, staatliche Instanzen der gewaltmächtigen Normdurchsetzung ausgebildet. Sein Gewaltmonopol wird nach innen durch die Polizei, nach außen durch das Militär vertreten – wobei die Macht dieser Organisationen, wie Michael Mann (1986/1993) betont, nicht mit der politischen Macht des Staates analytisch gleichzusetzen ist. In jüngerer Zeit allerdings ist in vielen Staaten eine Privatisierung der ‚Sicherheit', und damit auch der gewalttätigen Sicherung der staatlichen Ordnung, zu verzeichnen. Dies gilt wiederum für die Sicherung nach innen und nach außen. Innerhalb von Staaten werden etwa Teile des Strafvollzugs privatisiert, und ganze Wohnanlagen stellen sich unter den Schutz privater Sicherheitsfirmen (vgl. Robert 2005). Nach außen agieren Staaten nicht mehr nur mit regulärem Militär, sondern verbinden es mit nichtstaatlichen Akteuren. Das wird beispielsweise in dem Ausmaß deutlich, in dem der 2003 begonnene Militäreinsatz der USA im Irak mit privaten Sicherheitsfirmen verflochten ist. Diese Veränderungen betreffen mit dem Gewaltmonopol den Kern des modernen Staates.

Die zweite Entwicklung ist die „Rückkehr der Folter" (Beestermöller/Brunkhorst 2006), das zunehmend diskutierte Einbeziehen grausamer Verhörmethoden und Strafen in die Machtstrategien von Staaten, auch von westlichen Demokratien. Im Rahmen des so genannten ‚Krieges gegen den Terror', aber auch mit Blick auf die Strafverfolgung etwa bei Kindsentführungen, machen sich politische Kräfte unüberhörbar für eine Legitimierung staatlicher Folter – zunächst in bestimmten Fällen – stark. Die bisher gültige Einschätzung, dass Rechtsstaatlichkeit Folter ausschließt, scheint brüchig zu werden. Diese Tendenz lässt den ‚Teufelskreis der Gewalt', die Frage, wer die Menschen vor der Gewalt der gewaltmächtigen Ordnungshüter schützt, auf eindringliche Weise virulent werden.

Für die soziologische Analyse beider Phänomene, der Teilprivatisierung des Gewaltmonopols wie der Rückkehr der Folter, sind die Begriffe Gewalt, Macht und Herrschaft zentral. Über diese hinaus allerdings bedarf die Untersuchung der genannten Tendenzen einer Integration weiterer Konzepte in das analytische Instrumentarium. Das Beispiel der Folter macht dies deutlich. Um sie empirisch angemessen zu erforschen, muss der machtsoziologische Blickwinkel zusammengeführt werden mit Perspektiven der Organisationssoziologie, der Soziologie des Körpers und der soziologischen Anthropologie, mit dem Begriff der Würde und mit anderem mehr. Gerade wegen der ‚amorphen' Allgegenwart der Macht in den unterschiedlichsten Bereichen und auf allen Ebenen des Sozialen ist die Soziologie der Macht durch empirisch dichte und zugleich theoretisch-konzeptuell umfassende Analysen weiterzuentwickeln.

Literatur

Adorno, Theodor W. (1975, orig. 1962): Einleitung in die Musiksoziologie. Zwölf theoretische Vorlesungen. Frankfurt a.M.: Suhrkamp
Adorno, Theodor W./Albert, Hans/Dahrendorf, Ralf/Habermas, Jürgen/Pilot, Harald/Popper, Karl R. (1969): Der Positivismusstreit in der deutschen Soziologie. Neuwied/Berlin: Luchterhand
Alber, Jens (1995): Zur Erklärung von Ausländerfeindlichkeit in Deutschland. In: Mochmann/Gerhardt (1995): 35-77
Bachrach, Peter/Baratz, Morton S. (1962): Two Faces of Power. In: American Political Science Review 56. 1962. 4: 947-952
Barnes, Barry (1988): The Nature of Power. Cambridge/Oxford: Polity Press/Basil Blackwell
Beestermöller, Gerhard/Brunkhorst, Hauke (Hrsg.) (2006): Rückkehr der Folter. Der Rechtsstaat im Zwielicht? München: Beck
Bell, Roderick/Edwards, David V./Wagner, Robert Harrison (Hrsg.) (1969): Political Power. A Reader in Theory and Research. New York: Free Press
Berger, Joseph/Zelditch, Morris, Jr./Anderson, Bo (Hrsg.) (1972): Sociological Theories in Progress. Bd. 2. Boston: Houghton Mifflin
Blau, Peter M. (1964): Exchange and Power in Social Life. New York/London/Sydney: Wiley
Bourdieu, Pierre (1982, orig. 1979): Die feinen Unterschiede. Kritik der gesellschaftlichen Urteilskraft. Frankfurt a.M.: Suhrkamp
Bourdieu, Pierre (1992): Die verborgenen Mechanismen der Macht. Schriften zu Politik & Kultur 1. Hrsg. von Margareta Steinrücke. Hamburg: VSA-Verlag
Breuer, Stefan (1991): Max Webers Herrschaftssoziologie. Frankfurt a.M./New York: Campus
Burchell, Graham/Gordon, Colin/Miller, Peter (Hrsg.) (1991): The Foucault Effect. Studies in Governmentality. London usw.: Harvester Wheatsheaf
Clegg, Stewart R. (1989): Frameworks of Power. London/Newbury Park/New Delhi: Sage
Dackweiler, Regina-Maria/Schäfer, Reinhild (Hrsg.) (2002): Gewalt-Verhältnisse. Feministische Perspektiven auf Geschlecht und Gewalt. Frankfurt a.M., New York: Campus
Dahl, Robert A. (1957): The Concept of Power. In: Behavioral Science 2. 1957. 3. 201-215
Dahl, Robert A. (1961): Who Governs? Democracy and Power in an American City. New Haven, London: Yale University Press
Dahrendorf, Ralf (1967a): Lob des Thrasymachos. Zur Neuorientierung von politischer Theorie und politischer Analyse. In: Ders. (1967a): 294-313
Dahrendorf, Ralf (1967b): Pfade aus Utopia. Arbeiten zur Theorie und Methode der Soziologie. Gesammelte Abhandlungen I. München: Piper
Dean, Mitchell (1999): Governmentality. Power and Rule in Modern Society. London, Thousand Oaks, New Delhi: Sage
Elias, Norbert (1997, orig. 1939): Über den Prozeß der Zivilisation. Soziogenetische und psychogenetische Untersuchungen. 2 Bde., Gesammelte Schriften, Bd. 3.1 und 3.2, Frankfurt a.M.: Suhrkamp
Elwert, Georg/Feuchtwang, Stephan/Neubert, Dieter (Hrsg.) (1999): Dynamics of Violence. Processes of Escalation and De-Escalation in Violent Group Conflicts. Berlin: Duncker & Humblot
Emerson, Richard M. (1972): Exchange Theory. Part I and II. In: Berger/Zelditch/Anderson (1972): 38-87

Foucault, Michel (1978): Dispositive der Macht. Michel Foucault über Sexualität, Wissen und Wahrheit. Berlin: Merve
Foucault, Michel (1991): Governmentality. In: Burchell/Gordon/Miller (1991): 87-104
Foucault, Michel (1992, orig. 1976): Der Wille zum Wissen. Sexualität und Wahrheit I. 6. Aufl., Frankfurt a.M.: Suhrkamp
Foucault, Michel (1994, orig. 1975): Überwachen und Strafen. Die Geburt des Gefängnisses. Frankfurt a.M.: Suhrkamp
Galtung, Johan (1975): Strukturelle Gewalt. Beiträge zur Friedens- und Konfliktforschung. Reinbek bei Hamburg: Rowohlt
Hanser, Peter/Trotha, Trutz von (2002): Ordnungsformen der Gewalt. Reflexionen über die Grenzen von Recht und Staat an einem einsamen Ort in Papua-Neuguinea. Köln: Köppe
Heitmeyer, Wilhelm/Hagan, John (Hrsg.) (2002): Internationales Handbuch der Gewaltforschung. Wiesbaden: Westdeutscher Verlag
Heitmeyer, Wilhelm/Soeffner, Hans-Georg (Hrsg.) (2004): Gewalt. Entwicklungen, Strukturen, Analyseprobleme. Frankfurt a.M.: Suhrkamp
Hunter, Floyd (1953): Community Power Structure. A Study of Decision Makers. Chapel Hill: The University of North Carolina Press
Inhetveen, Katharina (2005): Gewalt in ihren Deutungen. Anmerkungen zu Kulturalität und Kulturalisierung. In: Österreichische Zeitschrift für Soziologie. 30. 2005. 3: 28-50
Kaiser, Günther/Kerner, Hans-Jürgen/Sack, Fritz/Schellhoss, Hartmut (Hrsg.) (1993): Kleines Kriminologisches Wörterbuch. 3., völlig neubearb. u. erweit. Aufl., Heidelberg: Müller
Krasmann, Susanne/Volkmer, Michael (Hrsg.) (2007): Michel Foucaults »Geschichte der Gouvernementalität« in den Sozialwissenschaften. Internationale Beiträge. Bielefeld: transcript
Latour, Bruno (1995, orig. 1991): Wir sind nie modern gewesen. Versuch einer symmetrischen Anthropologie. Berlin: Akademie Verlag
Lepsius, M. Rainer (1990a, orig. 1979): Soziale Ungleichheit und Klassenstrukturen in der Bundesrepublik Deutschland. In: Lepsius (1990b): 117-152
Lepsius, M. Rainer (1990b): Interessen, Ideen und Institutionen. Opladen: Westdeutscher Verlag
Liell, Christoph; Pettenkofer, Andreas (Hrsg.) (2004): Kultivierungen von Gewalt. Beiträge zur Soziologie von Gewalt und Ordnung. Würzburg: Ergon
Luhmann, Niklas (1975): Macht. Stuttgart: Enke
Luhmann, Niklas (2000): Die Politik der Gesellschaft. Frankfurt a.M.: Suhrkamp
Lukes, Steven (1974): Power: A Radical View. Basingstoke, London: MacMillan
Mann, Michael (1986/1993): The Sources of Social Power. 2 Bde., Cambridge: Cambridge University Press
Meuser, Michael (2002): „Doing Masculinity" – Zur Geschlechtslogik männlichen Gewalthandelns. In: Dackweiler/Schäfer (2002): 53-78
Mills, C. Wright (1962, orig. 1956): Die amerikanische Elite. Gesellschaft und Macht in den Vereinigten Staaten. Hamburg: Holsten-Verlag
Mochmann, Ekkehard/Gerhardt, Uta (Hrsg.) (1995): Gewalt in Deutschland. Soziale Befunde und Deutungslinien. München: Oldenbourg
Parsons, Talcott (1969a, orig. 1963): On the Concept of Political Power. In: Ders. (1969b): 352-404
Parsons, Talcott (1969b): Politics and Social Structure. New York/London: The Free Press/Collier-Macmillan
Plessner, Helmuth (2003a, orig. 1962): Die Emanzipation der Macht. In: Ders. (2003b): 259-282
Plessner, Helmuth (2003b): Macht und menschliche Natur. Gesammelte Schriften V, hrsg. von Günter Dux und Odo Marquard und Elisabeth Ströker, Frankfurt a.M.: Suhrkamp
Popitz, Heinrich (1992): Phänomene der Macht. 2. stark erweit. Aufl. Tübingen: Mohr
Popitz, Heinrich (2006): Soziale Normen. Hrsg. von Friedrich Pohlmann und Wolfgang Eßbach. Frankfurt a.M.: Suhrkamp

Robert, Philippe (2005, orig. 1999): Bürger, Kriminalität und Staat. Mit einem Vorwort von Fritz Sack. Wiesbaden: VS
Sack, Fritz (1993): Stichwort „Recht und soziale Kontrolle". In: Kaiser et al. (1993): 416-421
Schelling, Thomas C. (1960): The Strategy of Conflict. Cambridge: Harvard University Press
Schur, Edwin M. (1979): Interpreting Deviance. A Sociological Introduction. New York usw.: Harper & Row
Sofsky, Wolfgang (1996): Traktat über die Gewalt. Frankfurt a.M.: Fischer
Thome, Helmut (2004): Theoretische Ansätze zur Erklärung langfristiger Gewaltkriminalität seit Beginn der Neuzeit. In: Heitmeyer/Soeffner (2004): 315-345
Tilly, Charles (1993): European Revolutions, 1492-1992. Oxford/Cambridge: Blackwell
Trotha, Trutz von (1997a): Zur Soziologie der Gewalt. In: Ders. (1997b): 9-56
Trotha, Trutz von (Hrsg.) (1997b): Soziologie der Gewalt. Kölner Zeitschrift für Soziologie und Sozialpsychologie, Sh. 37. Opladen/Wiesbaden: Westdeutscher Verlag
Weber, Max (1972, orig. 1921): Wirtschaft und Gesellschaft. Grundriß der verstehenden Soziologie. 5. rev. Aufl., Studienausg. Tübingen: Mohr: 28-30, 122-180, 541-868
Wrong, Dennis H. (1995, orig. 1979): Power. Its Forms, Bases, and Uses. With a new introduction by the author. New Brunswick/London: Transaction

Markt

Nina Baur

Das Thema „Markt" ist gleichzeitig eines der ältesten und eines der neuesten Themengebiete der Soziologie: Die Entstehung der Soziologie war eng mit der Entstehung des Kapitalismus verknüpft, und fast alle klassischen Soziologen befassten sich mit wirtschaftssoziologischen Themen. Dies galt insbesondere für Deutschland, wo vor dem 2. Weltkrieg ein großer Teil der Soziologie-Ordinarien gleichzeitig Nationalökonomie lehrte (Käsler 1984: 626-628) und noch bis Mitte der 1950er Jahre Volkswirte Mitglieder des DGS-Vorstands waren (Lepsius 1979: 67-68). Erst im Zuge der Herausbildung der Einzelwissenschaften beschränkte sich die Soziologie auf das Thema „Zivilgesellschaft", die Wirtschaftswissenschaften auf den „Markt" (Wallerstein 1999). Ausschlaggebend für diese Entwicklung war einerseits die zunehmende Fokussierung der Ökonomie auf formalisierte Modellbildung im Rahmen der Allgemeinen Gleichgewichtstheorie, andererseits der Vorschlag Talcott Parsons', Soziologie und Wirtschaftswissenschaften sollten sich jeweils analytisch getrennten Faktoren menschlichen Handelns widmen (Beckert et al. 2007a).

In der Folgezeit war – mit Ausnahme der Schweiz – die Wirtschaftssoziologie ein Randgebiet der Soziologie, und Soziologen befassten sich in der Regel nicht explizit mit Märkten (Reinhold 1997: 45). Da Märkte aber ein zentrales Phänomen moderner Gesellschaften sind, ließ sich das Thema jedoch nicht vollständig ausblenden, sondern war ein Randthema in zahlreichen speziellen Soziologien, wobei der Schwerpunkt der Debatte bis etwa Mitte der 1980er Jahre auf der Marktwirtschaft bzw. dem Kapitalismus als System lag, so etwa in der Arbeits- und Industriesoziologie, der Entwicklungssoziologie, der politischen Soziologie oder Soziologie des Sozialstaates.

Zur Renaissance der Marktsoziologie kam es Mitte der 1980er Jahre in den USA und spätestens seit der Jahrtausendwende in Deutschland im Rahmen der „New Economic Sociology" (Granovetter 1990, Granovetter/Swedberg 2001, Swedberg 2004, Maurer 2008a). Dabei wird die alte Tradition der Interdisziplinarität fortgeführt: Beim Thema „Markt" sind die Grenzen der Soziologie zur Ökonomie, Politikwissenschaft, Psychologie, Anthropologie und Geschichtswissenschaft fließend. Gleichzeitig schöpft die Debatte aus einer Vielzahl theoretischer Ansätze aus anderen speziellen Soziologien, etwa der Arbeits- und Industrie-, Organisations-, Medien-, Technik- und Umwelt-, politischen Soziologie sowie der Soziologie des Sozialstaats und der Globalisierungsdebatte. Schließlich wird das Thema „Markt" in verschiedenen Ländern sehr unterschiedlich diskutiert. So liegen etwa Schwerpunkte der französischen Debatte auf dem Verhältnis von Geld und Markt sowie der Funktionsweise von Finanzmärkten; die der britischen Debatte auf dem Verhältnis von Konsum und Markt; die der US-amerikanischen Debatte auf Produktionsgütermärkten sowie dem Verhältnis von Markt und Organisation; die der deutschen Debatte auf der Auseinandersetzung mit den sozialen Voraussetzungen und Folgen des Marktes bzw. der Marktwirtschaft.

Die Folge ist die Gleichzeitigkeit eines Reichtums an möglichen theoretischen Ansätzen, aus denen die Marktsoziologie schöpfen kann, und einer Theoriearmut in dem Sinne, dass die Verknüpfung zur Allgemeinen Soziologie und die Vernetzung der Ansätze erst noch geleistet werden muss (Aspers/Beckert 2008). Entsprechend kann jeder Versuch der systematischen Darstellung sozialwissenschaftlicher Debatten zum Thema „Markt" zum derzeitigen Zeitpunkt nur vorläufig und unvollständig sein. Im Folgenden sollen soziologische Debatten über verschiedene Aspekte des Themas „Markt" skizziert werden.

1 Das neoklassische Marktmodell

Ausgangspunkt fast aller dieser Debatten ist das neoklassische Marktmodell, welches den Markt (als abstrakten Ort des Tauschs) isoliert von der Gesellschaft, vom Staat und von anderen Rahmenbedingungen analysiert. Auf idealen Märkten haben alle Akteure, die am Markt teilnehmen wollen, Zugang zum Markt. Die Marktteilnehmer konkurrieren um knappe Güter. Der Wettbewerb ist dabei vollkommen, die Preise sind flexibel (also weder nach oben noch nach unten beschränkt), und alle Marktakteure haben vollständige Informationen über Angebot, Nachfrage und Preisstrukturen.

Weiterhin unterstellt die Neoklassik das Modell des *homo oeconomicus*, d.h. sie nimmt an, dass Akteure in sich konsistent handeln, über eine klar definierte Präferenzstruktur verfügen und insofern zweckrational ihre eigenen Interessen verfolgen, als dass sie versuchen, als Verkäufer den bestmöglichen Preis für die größtmögliche Menge des verkauften Gutes zu erzielen, als Käufer möglichst viele Güter zum geringst möglichen Preis zu erwerben. Ihnen ist dabei egal, an wen sie verkaufen bzw. von wem sie kaufen – entscheidend ist lediglich der Preis.

Gemäß der *Allgemeinen Gleichgewichtstheorie* sind solche Märkte effizienter als andere Mechanismen gesellschaftlicher Verteilung, da über den Preismechanismus sowohl der individuelle Nutzen maximiert wird, als auch verfügbare Ressourcen so verteilt werden, dass der größtmögliche gesamtgesellschaftliche Wohlstand erzielt wird.

Zusätzlich unterstellen Ökonomen meist, dass Märkte gerecht sind, Freiheit und Demokratie begünstigen sowie rücksichtsvolles, kooperatives, ziviles und friedliches Verhalten fördern. Ihr Argument ist, dass dieses Verhalten im Eigeninteresse der Akteure liegt, da Menschen ihr Verhalten gegenseitig aneinander ausrichten, sprich: Wenn z.B. ein Marktteilnehmer einen anderen betrügt, will künftig niemand mehr mit ihm tauschen (Durkheim 1992, Schack 1967, Bievert/Held 1991, Zafirovski 2007).

Zu jeder dieser Modellannahmen existiert eine eigene soziologische Tradition soziologischer Kritik. Diese beginnt mit dem Ringen um eine soziologische Definition des Begriffes „Markt" (z.B. Buß 1983, Kutsch/Wiswede 1986: 77-93; Swedberg 2005, Aspers 2006, Zafirovski 2007) und einer Diskussion grundlegender Marktprinzipien wie Konkurrenz, Tausch und Preis aus soziologischer Sicht (z.B. Simmel 1901).

Die Kritik am Modell des *homo oeconomicus* und der Trennung von Markt und Gesellschaft hat eine lange Tradition und wird bis heute fortgesetzt. Soziologen setzen Analysen der Wechselbeziehungen zwischen Markt(wirtschaft) und Gesellschaft dagegen (Abschnitt 2). Ebenso lang ist die Kritik an der Ahistorizität und Statik neoklassischer Marktmodelle. Soziologische Markttheorien betonen vielmehr die Dynamik und die räumliche Variation von Märkten (Abschnitt 3).

Schließlich entsprechen die abstrakten Marktmodelle der modernen Volkswirtschaftslehre nicht realwirtschaftlichen Prozessen. Die Reaktion der meisten Ökonomen ist „Modellplatonismus" (Albert 1967): Statt ihre Modellannahmen zu ändern, fordern sie, dass sich reale Märkte – und mit ihnen die Gesellschaft – an ideale Märkte anzupassen hätten (Ganßmann 2003).

Marktsoziologen gehen in jüngster Zeit den umgekehrten Weg, indem sie die Funktionsweise von realen Märkten erforschen. Hierzu verwenden sie eine Vielfalt soziologischer Ansätze, mit deren Hilfe sie entweder die Produktionskette als Ganzes oder das Verhalten einer am Marktgeschehen beteiligten Akteursgruppe (Produzenten, Konsumenten, Handel, Politik, Medien usw.) beleuchten (Fligstein/Dauter 2007). Typische Fragen sind dabei (Abschnitt 4): Wie entstehen neue Märkte? Welche sozialen Strukturen, Institutionen, typischen Interaktionsmuster entwickeln sich auf konkreten Märkten? Wie verhalten sich einzelne Marktakteure? Welche Eigenschaften haben spezifische Märkte, wie etwa Konsumgüter-, Dienstleistungs-, Produktionsgüter-, Finanz-, Arbeits- oder Heiratsmärkte?

2 Die Grenzen des Marktes: Markt(wirtschaft), Moral und Gerechtigkeit

Unter Stichworten wie „Markt und Moral", „Markt und Gerechtigkeit", „Grenzen des Marktes/Kapitalismus" oder „Freiheit und Gleichheit" hat die soziologische Diskussion um die sozialen Voraussetzungen und Folgen von Märkten eine lange Tradition. Das Argument ist dabei, dass das Modell des *homo oeconomicus* empirisch nicht haltbar ist und dass Markt(wirtschaft) eben nicht getrennt von anderen gesellschaftlichen Bereichen gesehen werden kann, sondern dass Märkte sozial, kulturell und politisch eingebettet („embedded") sind (Granovetter 1985, Lie 1997, Beckert 2007).

2.1 Soziale Voraussetzungen des Marktes und der Marktwirtschaft

Bereits Durkheim (1992) wies darauf hin, dass Märkte hochvoraussetzungsvoll sind und nur funktionieren können, wenn die sogenannten nichtkontraktuellen Grundlagen des Kontrakts erfüllt sind, d.h. wenn sich die Marktakteure an bestimmte normative Regeln halten, um das sogenannte *Ordnungsproblem* zu lösen: Wenn man davon ausgeht, dass Akteure frei entscheiden können und zweckrational ihre eigenen Ziele verfolgen, warum sollten sie sich dann etwa an wirtschaftliche Abmachungen halten? Ohne das Vertrauen etwa darin, dass Verträge eingehalten werden, können Märkte aber nicht funktionieren, weil z.B. Produzenten in Vorleistung gehen müssen, wenn sie ein Produkt verkaufen wollen.

Idealerweise fühlt sich das Individuum moralisch gebunden, Verträge einzuhalten. Diese affektuelle Bindung kommt jedoch nicht aus dem Nichts, sondern wird im Rahmen der Sozialisation erworben und ist damit gesellschaftlich vermittelt. Versagt sie bei einzelnen Marktteilnehmern, kann das Funktionieren von Märkten dennoch gesichert werden, und zwar durch äußeren Zwang, in der Regel durch das Rechtssystem. Wirtschaftliches Handeln ist folglich immer institutionell eingebettet (Polanyi et al. 1957). Die Gesellschaft muss dabei u.a. folgende Probleme lösen, damit Märkte funktionieren können:

1. *Das Vorleistungsproblem:* Die Gesellschaft muss zahlreiche Vorleistungen erbringen, auf die der Markt zugreift (Baur 2008). So wird etwa die Sozialisation und Reproduk-

tion von Arbeitskräften auf die Privathaushalte (Kindererziehung, Hausarbeit) und auf das Bildungssystem ausgelagert. Ebenso stellt der Staat eine gut funktionierende Infrastruktur bereit (Verkehr, Rechtswesen, Universitäten, Technik usw.). Schließlich gehören zu den Vorleistungen auch eine bestimmte Markt-, Arbeits- und Zeitkultur, zu der die Bereitschaft gehört, Verträge einzuhalten und den eigenen Zeitrhythmus den Bedürfnissen des Marktes anzupassen.

2. *Das Koordinationsproblem:* Entgegen dem neoklassischen Modell bestehen Märkte nicht nur aus „Anbietern" und „Nachfragern", und diese treffen auch selten direkt aufeinander. Vielmehr produzieren, vertreiben und tauschen Zulieferer, Produzenten, Handel und Konsumenten entlang der Wertschöpfungskette Güter und Dienstleistungen gegen Geld. Weitere wichtige Marktakteure sind Arbeitnehmer, politische Akteure und die Medien. Moderne (Massen-)Märkte sind so gesehen sehr lange und komplexe Interdependenzketten aus individuellen und kollektiven Akteuren. Damit stellt sich die Frage, wie diese Komplexität gehandhabt und die Marktteilnehmer in der Praxis koordiniert werden können (Beckert 2007). Wie etwa findet ein Verkäufer den richtigen Käufer? Wie wird die richtige Menge produziert?

3. *Das Kooperationsproblem:* Im Gegensatz zum neoklassischen Modell haben die Marktteilnehmer nur unvollständige Informationen über die anderen Marktakteure und gehen damit das Risiko ein, übervorteilt zu werden (Beckert 2007).

4. *Das Wettbewerbsproblem:* Die Neoklassik geht von einem allgemeinen Marktgleichgewicht aus. Gewinne sind aber nur bei Marktungleichgewichten möglich, d.h. wenn andere Marktteilnehmer verlieren. Märkte können damit ohne Wettbewerb nicht funktionieren, gleichzeitig bedroht Wettbewerb Gewinnerwartungen von Marktanbietern. Marktteilnehmer haben folglich ein großes Interesse, den Wettbewerb (z.B. durch Monopole, Kartelle, Korruption oder Vereinbarungen) untereinander einzuschränken. Wettbewerb findet demnach eben nicht nur durch den Preis, sondern auch durch einen Tauschkampf statt, in dem Marktmacht eine große Rolle spielt (Kutsch/Wiswede 1986: 84-86; Beckert 2007). Der Staat muss deshalb versuchen, durch Wettbewerbsrecht, Urheberrecht, Verbraucherschutz, Subventionen, Zölle usw. den Wettbewerb zu sichern bzw. zerstörerischen Wettbewerb zu verhindern (Baur 2008, vgl. Abschnitt 4.5).

5. *Das Wertproblem:* Die Neoklassik unterstellt, dass jeder Marktteilnehmer eine vorgegebene Präferenzstruktur hat (Callon et al. 2002, Beckert 2007). Wie aber entstehen Produktpräferenzen? Welche Güter sind überhaupt marktfähig? In welcher Menge und zu welchem Preis werden sie nachgefragt? Welcher Wert wird einer bestimmten Güterklasse (z.B. Milch versus Autos) bzw. einem bestimmten Produkt innerhalb einer Güterklasse (z.B. VW versus BMW) zugeschrieben? Die Präferenzstrukturen werden v.a. auf Konsumentenmärkten sozial ausgehandelt (vgl. Abschnitt 4.3).

Wie groß die gesellschaftlich erbrachten Vorleistungen für das Funktionieren von Märkten sind, zeigt sich bereits in Webers (1923, 1980, 1988) Analyse der Entwicklung des *Kapitalismus*, in der er nachzeichnet, wie komplex dieser Prozess allein für Europa war, da zahlreiche Einflussfaktoren ineinander wirkten, wie etwa religiöse Strömungen, die Entwicklung des modernen Militärwesens, technologische Innovationen (Transport- und Kommunikationswesen, Schreib- und Archivierungstechniken, Geldwesen, Waffen), die wiederum erst die Entwicklung eines modernen, bürokratisch organisierten Staatswesens, des Bürgertums und von Bürgerrechten sowie eines berechenbaren und verlässlichen Rechtssystems ermöglichten.

Parallel entstand in enger Wahlverwandtschaft mit dem Protestantismus eine ausschließlich an den Regeln des Marktes orientierte Wirtschaftsethik, und Menschen führten ihr Leben immer methodischer und organisierter (Collins 1980).

Während manche Theoretiker an der Idee eines idealen institutionellen Rahmens für wirtschaftliches Handeln festhalten, betonten bereits Weber (1980; 1988) und Sombart (1916-1927), dass Menschen in verschiedenen Kulturregionen unterschiedlich wirtschaften und folglich regional und national unterschiedliche *Wirtschaftsstile bzw. Varianten des Kapitalismus* zu beobachten sind. Insbesondere die französische Regulationstheorie (Boyer/ Saillard 2002), der Neo-Institutionalismus und die „Varieties of Capitalism"-Debatte (Hall/Soskice 2001, Crouch/Streeck 2000, Hollingsworth/Boyer 1997) greifen diesen Gedanken auf.

Neben kulturellen Unterschieden in der Wirtschaftsmentalität und der alltäglichen Lebensführung beeinflussen vor allem politisch gestaltete Institutionen den regionalen Wirtschaftsstil, wie etwa das Rechtssystem, der Finanzsektor (Vitols 2001), die typischen Formen der Unternehmenskontrolle (Beyer 2001, Höpner 2003) und der Beziehungen zwischen Unternehmen (Lane 1997), die typische Branchenstruktur, das Produktionsmodell (Jürgens 2003), das Konsummodell, das Innovationssystem (Boyer 2003), die industriellen Beziehungen (Crouch 1993), der Wohlfahrtsstaat (Manow 2001) und das (Aus-)Bildungssystem (Thelen 2002).

Wie diese Institutionen konkret ausgestaltet werden, hängt von den historisch-kulturellen Rahmenbedingungen in ihrer Entstehungszeit ab. Mit der Zeit kommt es zu einem „Lock-in", d.h. alltägliche Lebensführung, Mentalitätsstrukturen und verschiedene Institutionen werden aufeinander abgestimmt und stabilisieren das Gesamtsystem, so dass etablierte Strukturen einen Wettbewerbsvorteil gegenüber Neuerungen haben. Sobald es zu dieser Verfestigung kommt, ist es schwierig, sie wieder aufzulösen (Arthur 1988), weshalb in der Regel typische, relativ persistente nationale Entwicklungspfade zu beobachten sind (Crouch/Farrell 2002, Hollingsworth/Boyer 1997). So existieren innerhalb von Europa seit dem 16. Jahrhundert Unterschiede zwischen wirtschaftlich erfolgreichen, zentralen Regionen einerseits und rückständigen, peripheren Regionen andererseits (Heidenreich 2003).

Beispielsweise wird Deutschland – in Abgrenzung vom angelsächsischen „Konkurrenz-Kapitalismus" – als Modell des „kooperativen Kapitalismus" (Soskice 1999, Streeck 1997) oder „rheinischen Kapitalismus" (Albert 1992, Windolf 2003) bezeichnet. Das „Modell Deutschland" ist im Gegensatz zum angelsächsischen Kapitalismus der „kurzfristigen Zeit" ein Kapitalismus der „langfristigen Zeit" (Sennett 1998). Seine Kennzeichen sind u.a. ein hoher Konzentrationsgrad des Unternehmenseigentums sowie Nicht-Finanzunternehmen als dominanter Eigentümertyp. Diese spezifische Netzwerkkonfiguration erleichtert Kooperation, die sich in einer hohen intrasektoralen Verflechtung, einer hohen Personalverflechtung vor allem zwischen Mutter- und Tochterunternehmen und einer starken Einbindung des Bankensektors in das Netz der Kapitalverflechtung fortsetzt. Auch die industriellen Beziehungen und das Netz sozialer Sicherung sind stark auf Kooperation hin ausgerichtet. Es ist derzeit unklar, ob sich das deutsche Modell des kooperativen Kapitalismus erneuert oder ob Deutschland im Begriff ist, einen Pfadwechsel zu vollziehen – der deutsche Kapitalismus scheint sich in einem hybriden Zustand zu befinden.

2.2 Soziale Folgen des Marktes

Bereits Karl Marx unterstrich, dass Markt(wirtschaft) sozial nicht nur sehr voraussetzungsvoll ist, sondern auch erhebliche soziale Folgen hatte und dass die Gefahr besteht, dass er seine eigenen sozialen Grundlagen zerstört. So wird u.a. kritisiert, dass Märkte statt Freiheit Marktpopulismus brächten (Fourcade/Healy 2007: 294) und dass Menschen Güter nicht kaufen, um Bedürfnisse zu befriedigen, sondern um sie zur sozialen Distinktion benutzen, weshalb Märkte Neid und Begierde hervorrufen (Veblen 1899).

Horkheimer und Adorno (1947) wiesen darauf hin, dass der Markt immer mehr Lebensbereiche erfasse, wie etwa Kultur, Kunst und Medien. Die Vermarktlichung dieser Bereiche ist insofern kritisch, als dass über diese Märkte Kulturgüter transportiert sowie öffentliche Meinung hergestellt werden und sie demnach zentral für den Erhalt der Demokratie sowie des kulturellen Gedächtnisses sind. Der industrielle Produktionsprozess entfremde den Arbeitnehmer von seiner Arbeit, die moderne *Kulturindustrie* reduziere den Menschen auf die Konsumentenrolle, zerstöre Kreativität, persönlichen Stil, Kultur und Vielfalt (vgl. auch den Beitrag zu „Kultur" in diesem Band). Stattdessen werden Produkte nur noch für einen Massengeschmack produziert. Manche Güter verlieren sogar ihren Wert durch Kommodifizierung, d.h. dadurch, dass sie am Markt verkauft werden, da sie nicht käuflich sein sollten (wie etwa Liebe). Im Extremfall können Menschen selbst zu Gütern gemacht werden, etwa zu Sklaven (Fourcade/Healy 2007: 292-295).

Die Kritik an dem neoklassischen Postulat, Markt(wirtschaft) maximiere immer den gesamtgesellschaftlichen Wohlstand und fördere gleichzeitig Freiheit, hat innerhalb der Soziologie die längste Tradition: Bereits Karl Marx wies darauf hin, dass Markt(wirtschaft) soziale Ungleichheit erhöhen und zur Verarmung großer Teile der Bevölkerung ganzer Weltregionen führen kann. Wirtschaftliche Freiheit kann sehr schnell in ein Ausbeutungsverhältnis umschlagen, wenn Marktteilnehmer unter dem Zwang stehen, ihre Arbeitskraft oder Güter unter Wert zu verkaufen (Fourcade/Healy 2007). Selbst wenn der gesamtgesellschaftliche Wohlstand maximiert ist, kann die Verteilung dieses Wohlstands auf die Gesellschaftsmitglieder sozial unerwünscht sein (Baur 2008). Diese Debatte ist im Rahmen der Globalisierungskritik in den letzten Jahren wieder aufgeflammt.

Empirisch versuchen moderne Staaten, diese unerwünschten Verteilungsergebnisse durch *wohlfahrtsstaatliche Umverteilung* auszugleichen (vgl. auch den Beitrag zum „Wohlfahrtsstaat" in diesem Band). Theoretisch diskutieren Soziologen unter den Stichworten „Gleichheit" und „Freiheit" seit langem, wie gerecht die Umverteilung gesellschaftlichen Wohlstands über den Markt bzw. über den (Sozial-)Staat ist.

In seiner idealtypischen Unterscheidung von Wohlfahrtsregimen weist Esping-Andersen (1990) dabei darauf hin, dass Gleichheits- und Freiheitsvorstellungen und damit auch Gerechtigkeitsbegriffe kulturell variieren:

Zunächst ist zu beobachten, dass Menschen von der Teilhabe am Markt ausgeschlossen (exkludiert) werden können, z.B. aufgrund ethnischer Diskriminierung oder weil (wie etwa in Ostdeutschland) schlicht nicht genug Arbeitsplätze vorhanden sind, damit alle Arbeitswilligen auch Arbeit finden (Bude/Willisch 2006). Aus diesem Grund ist Massenarbeitslosigkeit in allen modernen Gesellschaften ein Problem (Baur 2001, vgl. auch den Beitrag zu „Arbeit" in diesem Band). In liberalen Wohlfahrtsmodellen (wie den USA) bedeutet deshalb „Freiheit", überhaupt am Markt teilnehmen zu dürfen. Unter „Gleichheit" wird Chancengleichheit im Sinne von Leistungsgerechtigkeit auf dem Markt verstanden

(Esping-Andersen 1990), d.h. alle Marktteilnehmer sollen im Verhältnis zu den von ihnen erbrachten Leistungen entlohnt werden. Dies ist das im neoklassischen Marktmodell angelegte Gerechtigkeitsmodell, und in diesem Sinne sind ideale Märkte gerecht (Berger 2003a, 2003b, Münch 2003).

Im konservativen Wohlfahrtsmodell, dessen Idealtyp das deutsche Modell der Sozialen Marktwirtschaft ist (Baur 2008), bedeutet „Freiheit", ein selbstbestimmtes Leben nach eigenen Vorstellungen führen zu können, egal ob auf dem Markt oder sonst. Mit „Gleichheit" ist, wie im liberalen Modell, Chancengleichheit gemeint, aber nicht nur im Sinne von Leistungsgerechtigkeit auf dem Markt, sondern auch im Sinne von Zugangsgerechtigkeit zum Markt (Esping-Andersen 1990). Basis ist die Beobachtung, dass – bedingt durch ihre soziale Herkunft – nicht alle Menschen die gleichen Ausgangsbedingungen haben. So werden etwa in Deutschland Kinder aus wohlhabenden, bildungsorientierten Elternhäusern besser gefördert und können deshalb mit geringerem Aufwand ein höheres Bildungsniveau erreichen. Da das Einkommen sehr stark vom Bildungsniveau abhängt, haben sie bessere Startchancen. Das Ideal der Zugangsgerechtigkeit verlangt nun, dass der Staat bzw. die Gesellschaft die gleichen Ausgangsbedingungen zum Zeitpunkt des Markteintritts schafft – ob der Einzelne diese auch nutzt, ist ihm selbst überlassen (Münch 2003).

Im sozialdemokratischen Wohlfahrtsmodell (wie etwa Schweden) wird kritisiert, dass moderne Marktwirtschaften Menschen kommodifizieren, d.h. zwingen, am Markt teilzunehmen, ob sie wollen oder nicht. „Freiheit" bedeutet aus dieser Perspektive, nicht am Markt teilnehmen zu müssen. Gleichzeitig unterstreicht dieses Modell, dass alle Menschen (unabhängig von ihrer Leistungsfähigkeit) gleich viel Wert sind und deshalb das grundsätzliche Anrecht auf dieselben (materiellen) Lebensbedingungen haben. „Gleichheit" bedeutet in diesem Sinne „Verteilungsgerechtigkeit", d.h. eine staatliche Sicherung eines Grundeinkommens (Esping-Andersen 1990).

3 Märkte in Raum und Zeit

In Abgrenzung zum neoklassischen Modell betonen soziologische Markttheorien, dass Märkte dynamisch sind und diese Dynamiken einerseits räumlich variieren können, andererseits eine Tendenz zur Ausdehnung im Raum haben.

Eine der ersten Fragen, mit denen Soziologen auf den Prozesscharakter von Märkten abzielten, bestand darin, *wie Kapitalismus entstehen und sich gegenüber anderen Wirtschaftsformen durchsetzen konnte* (Weber 1923, 1980, 1988, Polanyi 1944). Es lässt sich beobachten, dass sich der Kapitalismus in anderen Weltregionen später durchsetzt (bzw. noch nicht durchgesetzt hat) und dass die Pfade zum Kapitalismus sehr unterschiedlich sind, woraus sich u.a. die Folgefragen ergeben, warum und wie diese Prozesse in anderen Weltregionen anders verlaufen und ob Webers Erklärungsmodell wirklich vollständig ist.

Hat sich die Marktwirtschaft einmal etabliert, bedeutet dies keineswegs, dass sie statisch bleibt. Vielmehr postulieren zahlreiche Theorien die *zyklische Wiederholung bestimmter wirtschaftsrelevanter Handlungen und Marktmuster*. Die bekanntesten Konzepte sind tägliche und saisonale Schwankungen, Kitchin-Zyklen, Juglar-Zyklen, Kuznet-Zyklen und Kondratieff-Zyklen (Baur 2001: 98-126). Andere Theorien nehmen eine *Phasenfolge bestimmter Wirtschaftsformen* an, etwa den Wandel von der Agrar- über die Industrie- und Dienstleistungsgesellschaft (Fourastié 1954, Baumol 1967), von der industriellen zur nachindustriellen Gesellschaft (Bell 1976, Gershuny 1981) bzw. zur Informationsgesellschaft (Kubicek/Rolf 1985), vom Fordismus zum Postfordismus (Fromm 2004, Baur 2001: 98-126) oder vom Familien- über den Manager- bis hin zum institutionellen Kapitalismus (Chandler 1977). Es ist dabei umstritten, ob diese Zyklen bzw. Phasenfolgen zwangsläufig erfolgen und wodurch sie verursacht werden.

Einmal etablierte kapitalistische Märkte haben eine *immanente Tendenz zur Selbstzerstörung*, bedingt durch eines ihrer Wesensmerkmale – den Wettbewerb: Sind zwei Produkte gleich, wählt ein rationaler Kunde immer das billigere Produkt. Die Folge ist ein Preiswettbewerb zwischen Unternehmen. Diese können durch Kostensenkungen – z.B. durch Lohnsenkungen, Produktionsverlagerung in eine Region mit niedrigeren Arbeitskosten oder Prozessinnovationen (neue Produktions- und Verfahrensmethoden, die die Produktion intensivieren und rationalisieren) – versuchen, dasselbe Produkt immer billiger zu produzieren und anzubieten (Massey/Meegan 1982, Cooke 1989). Die Konkurrenten, die in diesem Wettbewerbsprozess nicht mithalten können, werden früher oder später von diesem Markt verdrängt und gehen in Konkurs, sofern sie keine alternativen Produkte auf anderen Märkten anbieten können.

Bereits Karl Marx argumentierte, dass die verbleibenden Unternehmen Monopole oder Kartelle bilden, was ihnen zwar steigende Gewinne einbringt, aber eben genau dadurch, dass der Marktmechanismus außer Kraft gesetzt wird. Gleichzeitig ermöglichen starke Marktpositionen einzelnen Unternehmen, die Arbeitnehmer auszubeuten, was früher oder später zu erheblichen sozialen Konflikten bis hin zu Revolutionen führen kann (Baur 2001: 98-127; 153-172).

Es stellt sich daher die Frage, warum der Kapitalismus nun seit etwa 200 Jahren existiert. Ein Argument ist, dass der Staat (vgl. Abschnitt 4.5) dem Markt einerseits Grenzen setzt und die Aufrechterhaltung des Marktmechanismus sicherstellt, andererseits die sozialen Folgen des Marktes abfedert, u.a. durch den Sozialstaat (Offe 1972), weshalb sich an dieser Stelle Markt- und Sozialstaatsdebatte berühren.

Emile Durkheim (1992) verweist auf einen marktimmanenten Grund für die Aufrechterhaltung des Kapitalismus: Unternehmen, die sich auf einem bestehenden Markt nicht durchsetzen können, versuchen, dem Wettbewerb auszuweichen, entweder indem sie ihn auf einem bestehenden Markt unterbinden (etwa durch Kartellbildung, die Verhinderung des Eindringens neuer Konkurrenten in den Markt oder Preisabsprachen) oder indem sie auf andere Märkte ausweichen. Es existieren wiederum zwei Möglichkeiten, neue Märkte zu schaffen: Produktdifferenzierung, -verbesserung oder -neuentwicklung (Rammert 2008) sowie die Erschließung neuer Absatzgebiete in anderen Regionen.

4 Marktakteure

4.1 Die Wertschöpfungskette („Supply Chain") als Ganzes

Diese Tendenz des Kapitalismus zur ständigen Marktexpansion (Münch 1998) bedeutet allerdings nicht, dass alles überall und jederzeit marktfähig ist – im Gegenteil: Es scheitern mehr Versuche, neue Märkte bzw. neue Produkte auf existierenden Märkten zu etablieren, als erfolgreich sind. Zahlreiche neuere marktsoziologische Arbeiten gehen deshalb der Frage nach, warum und wie sich neue Märkte entwickeln und wie die Dynamiken auf bestehenden Märkten verlaufen. In dem Versuch, diese Frage zu beantworten, betrachten verschiedene theoretische Ansätze der neuen Wirtschaftssoziologie Märkte von verschiedenen Blickwinkeln und ergänzen sich dabei gegenseitig, weshalb es sinnvoll ist, den theoretischen Ansatz je nach Forschungsfrage zu wählen (Lie 1997, Fligstein/Dauter 2007, Aspers/Beckert 2008).

Zunächst kann dabei die Produktionskette als Ganzes in den Blick genommen werden. So konzipieren Ansätze, die sich an Bourdieu (1982, 1983) orientieren, *Markt als Feld*, in dem ökonomisches, kulturelles und soziales Kapital ungleich verteilt ist (Fligstein 2001a, Diaz-Bone 2006: 46-49, 2007, Zahner 2006, Florian/Hillebrandt 2006, Rössel 2007). Die Akteure versuchen, ihre jeweiligen Ressourcen zu vermehren und tragen Positionierungskämpfe aus. Diese Kämpfe finden in alltäglichen Interaktionen statt.

Die *Ökonomie der Konventionen* („*analyse économique des conventions*") unterstreicht, dass diese Interaktionsmuster nur aufrechterhalten werden können, wenn Marktakteure gemeinsame Vorstellungen über das Funktionieren des Marktes konstruieren und ihr Handeln gewohnheitsmäßig daran ausrichten (Diaz-Bone 2006, 2008, Salais 2007). So gestalten etwa die Produzenten die komplette Wertschöpfungskette so, dass sie geeignet ist, das Produkt symbolisch aufzuladen. Beispielsweise gehört zu einem qualitativ hochwertigen Lebensmittel in Frankreich, dass es liebevoll von einem Familienunternehmen produziert, über kleine Läden (Marktstände, Tante-Emma-Laden) vertrieben wird und außergewöhnlich schmeckt – was nur ein kenntnisreicher Verbraucher überhaupt feststellen kann. Großunternehmen produzieren dagegen industriell große Mengen für den Massengeschmack und vertreiben ihr Produkt über große Handelsketten zu günstigen Preisen (Diaz-Bone 2008).

Die *Akteur-Netzwerk-Theorie (ANT)* (Latour 2005) unterstreicht, dass das Produkt selbst die Funktionsweise eines Marktes maßgeblich mit beeinflussen kann. Beispielsweise zwingt eine kurze Haltbarkeitszeit des Produktes den Hersteller, dieses schnell abzusetzen, und verringert so seine Verhandlungsmacht gegenüber den Produzenten. Ein schweres, voluminöses Produkt erzeugt erhöhte Transportkosten und begrenzt damit die maximal mögliche Distanz zwischen Produktionsort und Absatzmarkt usw.

Die Frage, wie Produkteigenschaften den Marktprozess beeinflussen, ist noch eine echte Forschungslücke. Eine Ausnahme bilden Untersuchungen zum Thema „Geld", dem Soziologen wegen seiner scheinbaren Substanzlosigkeit schon früh hohe Aufmerksamkeit widmen (Simmel 1901, Zelizer 1994, Dodd 1994, Deutschmann 2002). Insbesondere die französische Marktsoziologie befasst sich mit den Dynamiken von Finanzmärkten, etwa den Spekulationen und Interaktionspraktiken an der Börse, Finanzpraktiken außerhalb des geregelten Bankensystems, der Auswirkung des Exklusionsmechanismen mittels des Finanzwesens oder dem Sparverhalten (Blomert 2001, Preda 2001, Knorr Cetina/ Bruegge 2002, Windolf 2005, Fromm/Aretz 2006, Godechot 2007, Lütz 2008).

4.2 Die Produzenten und Zulieferer

Ein theoretischer Ansatz oder eine Studie kann sich aber auch auf eine einzelne Akteursgruppe konzentrieren. So fokussieren Markttheorien, die aus der Organisationsforschung stammen (vgl. auch den Beitrag zu „Organisation" in diesem Band), in der Regel auf das wechselseitige Verhältnis von Organisation (Produzenten, Zulieferer) und Umwelt (Markt): Unternehmen beeinflussen aus dieser Perspektive das Marktgeschehen, dieses wiederum setzt den Rahmen für unternehmerisches Handeln (Fligstein 2001b: 32-33). Verschiedene Ansätze erfassen dabei verschiedene Phasen der Marktentwicklung unterschiedlich gut. *Theorien der Pfadentwicklung* unterstreichen, dass diese Phasen der Marktentwicklung nicht beliebig aufeinander folgen, sondern frühere Entwicklungsstadien spätere Entwicklungsmöglichkeiten vorstrukturieren (Arthur 1988, Windeler/Schubert 2007, Meyer/Schubert 2007).

Netzwerkkonzepte (Burt 1992, Uzzi 1997, Granovetter 1985, White 1981, 2002, Mützel 2007) können in besonderem Maße erklären, *wie Unternehmen neue Märkte, neue Kunden, neue Regionen und neue Produkte schaffen bzw. erschließen.*

Diese Ansätze gehen davon aus, dass jeder Marktteilnehmer in ein komplexes Akteursnetzwerk eingebunden ist und dass die Art, wie diese wechselseitigen Beziehungen („relational ties") gestaltet sind, das Marktgeschehen nachhaltig mit beeinflusst. Während Industriegütermärkte in der Regel relativ überschaubar sind und Produzenten mit ihren Konkurrenten, Zulieferern und Abnehmern direkt kommunizieren können, treten Verkäufer auf Konsumentenmärkten – entgegen dem neoklassischen Marktmodell – nie direkt mit ihren Kunden in Kontakt. Vielmehr existieren mindestens drei Kommunikationskanäle zwischen Hersteller und Endverbraucher:

Der Tausch zwischen Produzent und Konsument erfolgt in der Regel über (1) den Handel. Der Produzent erhält über diesen Kanal nur die abstrakte Information, welche Menge der angebotenen Güter zu welchem Preis verkauft wurde, aber nicht an wen und warum. Weitere Informationen über seine Kunden oder Konkurrenten kann der Produzent über (2) Marktforschung(sinstitute) oder (3) die Medien erhalten. Über die Medien kann der Produzent auch versuchen, potenzielle Kunden über die Vorzüge seines Produktes zu informieren, etwa mittels Werbung oder die Schaffung von Marken (Hellmann 2003).

Infolge dieses mangelnden Direktkontakts zum Kunden fällt es Herstellern schwer, (mögliche) Produktpräferenzen von (potenziellen) Endverbrauchern wahrzunehmen. Harrison C. White (1981, 2002) argumentiert, dass Produzenten stattdessen ihre Konkurrenten beobachten und sich relational zu ihnen positionieren. In diesem Prozess schaffen sie Märkte und definieren die Marktgrenzen, d.h. sie bestimmen, welche Produkte überhaupt auf einem Markt konkurrieren dürfen.

Dass Marktgrenzen nicht selbstverständlich oder natürlich gegeben sind, zeigt sich im internationalen Vergleich. So gilt etwa Joghurt-Eis in Deutschland als „Eis" und konkurriert mit anderen Eissorten. In Großbritannien gilt es dagegen als „Joghurt" und konkurriert mit anderen Frischmilchprodukten. Es können sogar scheinbar völlig zusammenhangslose Produkte konkurrieren, wie der Markt für Mittel gegen Cellulitis illustriert: Dort stehen u.a. Cremes, Pillen und Massagebürsten miteinander im Wettbewerb.

Gerade auf Produzentenmärkten konkurrieren nicht länger Einzelunternehmen. Vielmehr sind diese eingebunden in ein immer komplexer werdendes Netz von Interaktionen mit anderen Organisationen – Konkurrenten, Zulieferern, Abnehmern usw. (Windeler 2001). Dies kann soweit gehen, dass verschiedene Unternehmensnetzwerke gemeinsam Zukunftstechnologien entwickeln und sich bereits auf Märkten gegenüber ihren Konkurrenten positionieren, obwohl diese Märkte noch gar nicht existieren (Windeler/Schubert 2007).

Im Gegensatz zu Netzwerkansätzen betrachtet die *Populationsökologie* (= *Organisationsökologie, „Population Ecology Approach"*) *Wettbewerbsmuster auf etablierten Märkten*, insbesondere Verschiebungen der Unternehmenspopulation auf einem bereits etablierten Markt durch Ereignisse wie Gründung, Wachstum, Niedergang, Übernahme und Auflösung von Organisationen (Freeman/Hannan 1989, Carroll et al. 2003).

Die Unternehmenspopulation umfasst dabei alle Unternehmen, die ein bestimmtes Produkt herstellen. Organisationsökologen gehen davon aus, dass Unternehmen auf (mindestens) vier knappe Ressourcen angewiesen sind, um überleben zu können, und dass sie deshalb um diese Ressourcen konkurrieren. Produzenten können nämlich nur Gewinne erzielen, wenn sie mit Hilfe von (1) Arbeitskraft, (2) Rohstoffen und (3) Technologien Produkte herstellen, die sie an (4) Kunden vertreiben.

Um dem Wettbewerb auszuweichen, suchen sich Unternehmen Marktnischen. Massenproduzierende Großunternehmen („Generalisten") beherrschen i.d.R. den Kernmarkt, in dem viele potentielle Kunden vorhanden sind. Ihr entscheidender Wettbewerbsvorteil ist ihre relative Größe im Vergleich zu anderen Herstellern.

Daneben können kleine Unternehmen („Spezialisten") z.B. Marktsegmente besetzen, die für Großunternehmen nicht profitabel sind; Kundensegmente mit sich rasch ändernden, speziellen Wünschen bedienen; oder Waren und Dienstleistungen anbieten, die wegen ihrer vermeintlichen Authentizität gekauft werden.

Wie breit die einzelnen Marktnischen sind, ist dabei von Markt zu Markt unterschiedlich: Je höher die Umweltressourcen eines Marktes konzentriert sind, desto weniger Unternehmen können in der Regel auf dem Markt langfristig überleben, weil sie keine Ausweichstrategie haben und alle im selben Marktsegment konkurrieren (müssen). Erstreckt sich der Wettbewerb dagegen über sehr viele Dimensionen, bleibt mehr Raum für Spezialisten, weil bestimmte Segmente für die Generalisten unrentabel sind.

4.3 Die Konsumenten

Erst der Konsum schließt auf kapitalistischen Märkten den Güter- und Geldkreislauf. Gleichzeitig konstruieren Konsumenten in Interaktionen untereinander und mit anderen Marktakteuren den sozialen Wert von Produkten und damit die Marktfähigkeit und den potenziellen Preis eines Produkts (Callon et al. 2002). Konsumentenmärkte sind damit zentral für die Entstehung von Produktpräferenzen. Beide Mechanismen zusammen verknüpfen Märkte mit der Sozialstruktur und damit mit anderen Feldern der Soziologie: In Konsummustern (Reisch 2002) spiegelt sich die komplette Sozialstruktur wider, da sie u.a. nach Alter, Geschlecht, Milieu (bzw. Klasse, Schicht), Ethnizität und Region variieren (vgl. die Beiträge zu Alter & Altern", „Ethnizität", „Geschlecht", „Klassen" und „Raum & Stadt" in diesem Band). Es stellt sich die Frage, warum dies so ist und wie es das Marktgeschehen beeinflusst.

Im Kapitalismus ist jeder Mensch auf zweierlei Weise mit Märkten verbunden: Über den *Arbeitsmarkt* bietet das Individuum seine Arbeitskraft zur Produktion von Gütern und Dienstleistungen gegen ein Einkommen an, das es dem Markt in Form von Geld entnimmt. Über *Konsumentenmärkte* entnimmt es dem Markt Güter und Dienstleistungen und speist im Gegenzug wieder Geld in das System ein. Jeder Mensch nimmt damit in mindestens zwei, häufig in mehr Positionen gleichzeitig am Marktgeschehen teil – als Verbraucher bzw. Käufer, als Arbeitnehmer und eventuell auch als Unternehmenseigner oder -leiter. Zwar können diese Rollen konfligieren, ermöglichen aber gleichzeitig auch eine Informationsrückkoppelung: Der Manager, der sein Produkt selbst konsumiert, weiß auch, was ihn zum Konsum motiviert.

Die enge Koppelung von Konsum und Erwerbsarbeit hat zur Folge, dass sinkende Einkommen Konsumzurückhaltung („lean consumption") verursachen können, die wiederum Wirtschaftskrisen hervorrufen kann (Wiswede 1997). Gleichzeitig beeinflusst das Markteinkommen eines Akteurs seine Konsumoptionen, so dass Konsum immer auch soziale Ungleichheit ausdrückt.

Häufig ist die Konsumeinheit nicht das Individuum, sondern der Haushalt (Zelizer 2005), der in der bürgerlichen Kleinfamilie eine typische innerfamiliäre Arbeitsteilung aufweist: Der Mann übernimmt die Rolle des Güterproduzenten und Einkommensbeschaffers („männlicher Ernährer"), die Frau die der Konsumentin (Lennox 2005). Sie fungiert bei zahlreichen Produkten (etwa Lebensmitteln oder Kleidung) als Gatekeeperin für ihre gesamte Familie, so dass sich Arbeitsmärkte bis heute eher an typisch männlichen, viele Konsumgütermärkte eher an typisch weiblichen Verhaltensweisen orientieren (Schulze 1986).

Ähnlich wie das Verhalten organisationaler Akteure auf Märkten nicht verstanden werden kann, ohne innerorganisatorische Prozesse zumindest teilweise mit zu berücksichtigen, kann Verbraucherverhalten nicht begriffen werden, wenn man nur die Marktentnahme selbst betrachtet. Konsum ist vielmehr ein mehrstufiger Prozess: Bedürfnisse müssen zunächst generiert, die Verbraucher über ihre Konsummöglichkeiten informiert und die Konsumentscheidung vorbereitet werden. Es folgt die Marktentnahme (der Kaufprozess selbst), an die sich die Verwendungsphase (Lagerung, Nutzung, Demonstration, Gestaltung und Produktion) und Entsorgung anschließt (Wiswede 1972, Rosenkranz/Schneider 2000, Zelizer 2005).

Für Marktgeschehen ist relevant, warum Menschen bestimmte Produkte zu einem bestimmten Preis in einer bestimmten Menge kaufen und konsumieren. Produkte haben zwar in der Regel einen „objektiven" Grundnutzen, der aber sozial überformt ist (Simmel 1901). Der Verwendungszweck und -kontext sowie die soziale Bedeutung werden für jedes Produkt gesondert zwischen Konsumenten, Produzenten und Handel symbolisch ausgehandelt, i.d.R. wenn ein Produkt neu eingeführt wird (Douglas/Isherwood 1978, Goodman et al. 2001).

Dieser Aushandlungsprozess des Produktpreises ist dabei von Marktmacht durchdrungen: Produzenten und Handel haben gegenüber dem Konsumenten den Vorteil eines Informationsvorsprungs (Scherhorn 1983). Sie können versuchen, die Konsumpräferenzen über Marketing zu beeinflussen. Weiterhin können sie ein Produkt künstlich verknappen, indem sie etwa die Produktionsmenge oder die Qualität herabsetzen oder ein Produkt nicht über einen bestimmten Vertriebskanal vertreiben. Um Angebotsvielfalt zu sichern, sind aus Sicht des Verbrauchers Monopole um jeden Preis zu vermeiden.

Seit etwa den 1950ern sind die Industrieländer von Verkäufermärkten (die Nachfrage übersteigt das Angebot) zu Käufermärkten (das Angebot übersteigt die Nachfrage) übergegangen (Zukin/Smith Maguire 2004). Seitdem übernimmt der Verbraucher verstärkt eine Selektionsfunktion und hat die Macht, die symbolische Bedeutung von Produkten zu definieren, die gewünschten Produkte zu kaufen und zu konsumieren (Engelhard 1999): Der Verbraucher wählt Produkte innerhalb einer Produktpalette und kann den Kauf eines Produkts komplett verweigern, indem er auf Ersatzprodukte, Selbstproduktion oder nichtmarktvermittelten Tausch ausweicht. Gleichzeitig bezieht sich der Verbraucher in seinen Konsumpräferenzen primär nicht auf den Verkäufer, sondern auf sein soziales Umfeld wie Familie, Peers und soziales Milieu (Lüdtke 2000).

Mit dem Übergang zur Konsumgesellschaft sind im Rahmen einer ständigen Konsumfelderweiterung Trends zu beobachten wie die Abnahme „knapper Güter" bei gleichzeitiger Erzeugung neuer (künstlicher) Knappheiten, eine voranschreitende Marktsegmentierung durch Marketingstrategien der Produzenten, die ständige Eroberung neuer Märkte („Globalisierung"), die Marktexpansion auf Gebiete, die vormals nicht als „konsumierbar" galten (z.B. Freizeit, Sex, Kunst), die Angebotserweiterung auf bestehenden Gütermärkten (Differenzierung und Spezialisierung der Produktpalette, Qualitätsdifferenzierung, Produktvariation), die zunehmende Symbolisierung von Produkten und Konsumbereichen, die Expansion billiger Substitutionsgüter sowie die Denaturierung (Vorrang des „Gemachten" vor dem „Gewachsenen") (Wiswede 1983). Eng damit verbunden sind „McDonaldisierung" – also die Gleichzeitigkeit von Verwestlichung (vor allem Amerikanisierung), Homogenisierung, Heterogenisierung und Standardisierung (Ritzer et al. 2000) – die Umweltorientierung (Schubert 2000), die Gesundheits- und Schönheitsorientierung (Opaschowski 1990) sowie die Gegenwartsorientierung (Rosenberger 1992).

4.4 Der Handel

Der Handel ist seit jeher zentral für die Koordination von Produzent und Endverbraucher sowie für Transport und Verteilung wirtschaftlicher Güter über große Distanzen hinweg. Innovationen im Bereich der Transporttechniken (Schifffahrt, Eisenbahn, LKW, Flugzeug usw.) und der Kommunikationstechniken (Briefe, Zeitungen, Telefon, Internet, Scype usw.) haben vor allem den *Handel* von Gütern und Dienstleistungen über große räumliche Distanzen und zwischen immer mehr Marktakteuren entweder überhaupt ermöglicht oder beschleunigt und so Marktentwicklung maßgeblich vorangetrieben (Sombart 1929).

Handelsunternehmen sind einerseits eine Akteursgruppe, die stark im Wettbewerb miteinander stehen, andererseits sind sie Zwischenglied zwischen Produzenten sowie Konsumenten und übernehmen damit eine wichtige Gatekeeper-Funktion (Glucksmann 2000): Sie selektieren Produkte vor und schränken damit die Wahlfreiheit des Kunden auf Märkten ein, da diese nur kaufen können, was auch im Regal steht. Gleichzeitig steht der Handel den Produzenten als gebündelte Konsumentenmacht gegenüber, die Verhandlungsmacht von Produzenten bzw. Konsumenten auf einem spezifischen Markt hängt u.a. vom Konzentrationsgrad des Handels und von den Produzenten ab.

Während diese Aushandlungsprozesse zwischen Handel und Produzenten noch kaum erforscht sind, befassen sich in den vergangenen Jahren eine Reihe v.a. angelsächsischer Arbeiten mit dem Verhältnis von Kunden und Handel, etwa dem Kauferlebnis und der Kultur des „Shoppens" (Zelizer 2005, Zukin/Smith Maguire 2004).

4.5 Politische Akteure bzw. politisch agierende Akteure

Entgegen der Annahmen des neoklassischen Modells kann der Markt nicht isoliert von Politik und Gesellschaft gesehen werden. Vielmehr sind Märkte institutionell eingebettet. Aus diesen Institutionen (vgl. auch den Beitrag zu „Institution" in diesem Band) gehen formale Regeln, Normen, Werte, soziale Gewohnheiten usw. hervor, ohne die Märkte nicht funktionieren können, da sie den Rahmen für Markthandeln setzen und den Akteuren einen verlässlichen Orientierungsrahmen bieten. Innerhalb einmal etablierter Rahmenbedingungen verfügen Akteure über gewisse Handlungsfreiräume und können dort ihre eigenen Interessen verfolgen (Fligstein/Dauter 2007, Beckert 2007).

Diese Rahmeninstitutionen werden insbesondere vom Staat geschaffen (z.B. über Wirtschafts-, Handels-, Agrar-, Gesundheits-, Verbraucher- und Umweltpolitik), der damit ein weiterer zentraler Marktakteur ist. Staatliche Politik beeinflusst weiterhin die Eigentumsrechte; die Art und das Ausmaß staatlicher Interventionen in die Wirtschaft; den Organisationsgrad, die Machtverteilung, die Rechte und Pflichten verschiedener Akteursgruppen auf dem Markt (Konsumenten, Arbeitnehmer, Unternehmensleitung, Investoren usw.) sowie typische Konfliktregelungsmechanismen. Ob der Staat in bestimmte Ereignisse eingreift oder auch nicht – immer bevorzugt er gewisse Akteure gegenüber anderen, d.h. nicht alle Akteure haben auf einem Markt dieselben Wettbewerbschancen, sondern Märkte sind von Macht durchdrungen. Hinzu treten kulturelle Unterschiede, die sich insbesondere in der Arbeits- und Konsummentalität niederschlagen. Nicht alle Produkte können in allen Ländern abgesetzt werden, und Produkte werden national unterschiedlich konsumiert.

Die *Politische Ökonomie* (Hall/Soskice 2001 Strange 1996, Streeck 1997, Crouch/Streeck 2000, Scharpf 1999) zeigt, dass diese institutionellen Arrangements in verschiedenen Varianten des Kapitalismus variieren und sich dies auf Marktentwicklung auswirkt. Umgekehrt versuchen Marktteilnehmer – v.a. Unternehmen und Verbraucherverbände – über Lobbypolitik, Politiker und Verwaltungsbeamte in ihrem Sinne zu beeinflussen. Letztere wiederum sind auf den Rat ersterer angewiesen, um das Marktgeschehen überhaupt noch zu verstehen (Eising/Kohler-Koch 2003, Héritier 1997, Münch/Lahusen 2000, Lahusen/Jauß 2001). Auf unterschiedlichen Märkten setzen sich auch unterschiedliche Akteure durch. Bisweilen verschieben sich dabei die Machtverhältnisse zwischen den einzelnen Akteuren.

Besondere Dynamik gewinnt die wechselseitige Verflechtung von Politik und Märkten dadurch, dass sich beide im Verlauf der vergangenen zweihundert Jahre von lokalen über regionale und nationale auf europäische und internationale Institutionen verlagert haben. Umstritten ist dabei, ob der Nationalstaat im Laufe der Globalisierung seine Fähigkeit verloren hat, die Wirtschaft zu steuern, oder ob an Stelle der alten Steuerungsinstrumente neue getreten sind (Baur 2001, vgl. auch den Beitrag zu „Globalisierung" in diesem Band), etwa europäische Regulationsregime, transnationale Politiknetzwerke oder die verstärkte Kooperation mit nichtstaatlichen Akteuren.

Während die Politische Ökonomie das Verhältnis von Politik und Markt vor allem aus der Perspektive der Politik betrachtet, beleuchtet der *(Neo-)Institutionalismus* (Dobbin 1994, Powell/DiMaggio 1994 Scott/Meyer 1994, Meyer/Rowan 1977, North 1992, Williamson 2000) diese Beziehung von der Seite des Marktes. So argumentiert Fligstein (2001a), dass Marktakteure ein komplexes Spiel auf zwei Ebenen spielen:

1. *Wettbewerb um die Spielregeln:* Um einen Markt neu zu etablieren, müssen sich die Marktteilnehmer auf Spielregeln einigen und politische Akteure dazu veranlassen, diese Spielregeln politisch zu legitimieren. Es findet deshalb auf Märkten ein Kampf um die Definitionsmacht dieser Spielregeln statt. Zu den Marktregeln gehören u.a. (a) die Marktgrenzen (Was ist ein Markt? Welche Güter dürfen auf diesem speziellen Markt abgesetzt werden?); (b) die Unternehmenskontrolle; (c) Eigentumsrechte; (d) Governance-Strukturen (Gestaltung von Wettbewerb und Kooperation); (e) Tauschregeln

(Vertragsrecht, Zahlungsverkehr, Bank- und Kreditwesen, Versicherungswesen, Gesundheits- und Arbeitsschutzmaßnahmen).
2. *Wettbewerb um Marktmacht:* Sind Märkte einmal etabliert, müssen sich Marktteilnehmer gegen ihre Wettbewerber durchsetzen. Kleine oder neugegründete Unternehmen („Challengers") fordern die etablierten Unternehmen immer wieder heraus und gefährden so die Machtverhältnisse auf dem Markt. Die etablierten Unternehmen versuchen dagegen, potenziellen Herausforderern den Marktzugang zu verwehren. In diesem Machtkampf müssen sich die Marktakteure nicht unbedingt an die Marktregeln halten, und es hängt vom Staat und anderen Marktakteuren ab, ob und wie stark nicht regelkonformes Verhalten negativ sanktioniert wird. Alternativ können die Akteure die als geltend anerkannten Marktregeln und -bedingungen nutzen, um sich Wettbewerbsvorteile gegenüber anderen Marktteilnehmern zu verschaffen. Ein Beispiel ist, dass in Deutschland sehr lange Getränke in Pfandflaschen aus Glas vertrieben werden mussten und damit Konkurrenten aus dem Ausland deutlich schlechtere Wettbewerbschancen hatten, da für sie die Transportkosten erheblich höher waren und sie häufig noch nicht einmal über Produktionsanlagen für Glasflaschen verfügten, weil sich in den meisten europäischen Ländern bereits seit geraumer Zeit Plastikflaschen und Getränkedosen durchgesetzt hatten.

4.6 Die Medien

Wie in Abschnitt 4.3 erläutert, werden auf Konsumentenmärkten Bedeutung, Preise und Verwendungsmöglichkeiten von Produkten zwischen den Marktteilnehmern ausgehandelt. Produzenten und Handel haben gegenüber dem sozialen Umfeld eines Konsumenten hierbei einen entscheidenden Nachteil: Der Konsument kann ihnen entgehen. Ein Produkt kann zwar durch Preis und Qualität reizen, ein Laden verlockend gestaltet sein, das nützt aber nichts, wenn der Konsument das Produkt oder den Laden nicht kennt. Seit dem Übergang zur Konsumgesellschaft versuchen Unternehmen deshalb mit Hilfe der Methoden des modernen Marketings, potenzielle Kunden von ihrem Produkt zu überzeugen. Wichtigstes Medium hierfür sind die Medien (z.B. Zeitungen, Bücher, Filme, Fernsehen, Radio, Internet), die Produzenten zusätzlich die Möglichkeit geben, die Gatekeeper-Funktion des Handels zu umgehen (vgl. auch den Beitrag zu „Kommunikation & Medien" in diesem Band). Wie die Kommunikation von Marktteilnehmern über die Medien funktioniert, hängt dabei von einer Reihe von Faktoren ab:

Sozialstrukturell unterschiedliche Personengruppen nutzen spezifische Medien sehr unterschiedlich und bewerten die dort produzierten Medieninhalte sehr unterschiedlich. Menschen nehmen folglich die Medieninhalte nicht passiv auf, sondern verarbeiten sie in Interaktion mit ihrem sozialen Umfeld. U.a. wird Nachrichten eine höhere Glaubwürdigkeit zugeschrieben als Werbung. Bei Ersteren fungieren Journalisten als Gatekeeper von Kommunikationsströmen. Einerseits sind Journalisten auf Informationen von Marktakteuren angewiesen. Politiker, Unternehmen und Vertreter von Interessenverbänden (z.B. Verbraucherschützer) versuchen mit Hilfe eines modernen PR-Managements, bestimmte Themen auf die Tagesordnung zu bringen. Gelingt es ihnen, Journalisten in ihrem Sinne zu beeinflussen, erscheinen bestimmte Inhalte in Form von scheinbar neutralen Nachrichten in den Medien. Umgekehrt können Journalisten Skandale medial inszenieren und damit die Chancen eines Produkts, Käufer zu finden, nachhaltig beeinträchtigen. Damit können Journalisten Marktgeschehen maßgeblich beeinflussen.

4.7 Die Wissenschaft

Schließlich sollte man einen wichtigen Marktakteur nicht vergessen: die Wissenschaft selbst (Diaz-Bone 2006, Garcia 1986, Lebaron 2000, Boltanski/Thévenot 2006). Da Märkte sehr komplex sind, bedienen sich andere Marktteilnehmer (wirtschafts-)wissenschaftlicher Modelle, um Marktgeschehen zu verstehen sowie um ihr Markthandeln und die auf dem Markt Personen und Objekten zugeschriebene Wertigkeiten zu rechtfertigen. Sie beurteilen etwa von der Wissenschaft produzierte statistische Maßzahlen, um Marktentwicklung einschätzen zu können, und richten ihr Handeln danach aus. Da wissenschaftliche (Markt-) Modelle aber die Wirklichkeit nicht abbilden, sondern immer Vereinfachungen sind, ist es ganz entscheidend, *wie* diese Modelle Märkte theoretisch und empirisch erfassen. Ein Beispiel für diesen Theorieeffekt ist die weltweit zunehmende Dominanz neoliberaler Paradigmen in der staatlichen Regulierungspraxis (Heidenreich/Bischoff 2006, Lahusen 2006).

5 Ausblick

Da der Theorieeffekt wissenschaftlicher Marktmodelle nicht vermieden werden kann, ist es umso dringlicher, den verkürzten neoklassischen Marktmodellen soziologische Marktmodelle entgegenzusetzen, die der Komplexität und Dynamik des Gegenstandes gerecht werden, statt sie zu leugnen. Dies betrifft einerseits die Märkte selbst: Wann und warum weisen diese typische Muster der Marktentstehung und -entwicklung auf? Welche Kennzeichen haben diese Verlaufsmuster? Wann, warum und inwiefern variieren Marktdynamiken z.B. kulturell, historisch und produktabhängig? Um diese Fragen zu beantworten, wäre – stärker als bisher – ein systematischer Vergleich verschiedener Märkte erforderlich, insbesondere von Finanz-, Arbeits-, Produktions- und verschiedenen Konsumgütermärkten. Andererseits verweisen bisherige Ergebnisse sozialwissenschaftlicher Forschung darauf, dass die Marktsoziologie stärker mit anderen speziellen Soziologien verknüpft werden müsste, insbesondere mit der Sozialstrukturanalyse sowie der Arbeitsmarkt-, Sozialstaats- und Globalisierungsforschung, da ohne diese Verknüpfung die Frage nach den Wechselwirkungen zwischen Markt und Gesellschaft nicht adäquat beantwortet werden kann.

Literatur

Albert, Hans (1967): Marktsoziologie und Entscheidungslogik. Neuwied/Berlin: Luchterhand
Albert, Michel (1992): Kapitalismus contra Kapitalismus. Frankfurt a.M.: Campus
Arthur, Brian (1988): Self Reinforcing Mechanisms in Economics. In: Anderson, P. (Hrsg.) (1988): The Economy as an Evolving Complex System. Reading, Mass.: Addison-Wesley
Aspers, Patrik (2006): Sociology of Markets. In: Beckert, Jens/Zafirovski (Hrsg.) (2006): 427-432
Aspers, Patrik/Beckert, Jens (2008): Märkte. In: Maurer, Andrea (Hrsg.) (2008b): 225-246
Baumol, William J. (1967): Macroeconomics of Unbalanced Growth. In: The American Economic Review 57 (6): 415-426

Baur, Nina (2001): Soziologische und ökonomische Theorien der Erwerbsarbeit. Frankfurt a.M./New York: Campus
Baur, Nina (2008): Konsequenzen des Verlusts des ganzheitlichen Denkens. In: Struck, Olaf/Seifert, Hartmut (Hrsg.) (2008): Arbeitsmarkt und Sozialpolitik. Wiesbaden: VS
Beckert, Jens (2007): Die soziale Ordnung von Märkten. In: Beckert, Jens et al. (Hrsg.) (2007a): 43-62
Beckert, Jens/Diaz-Bone, Rainer/Ganßmann, Heiner (Hrsg.) (2007a): Märkte als soziale Strukturen. Frankfurt a.M./New York: Campus
Beckert, Jens/Diaz-Bone, Rainer/Ganßmann, Heiner (2007b): Einleitung. In: dies. (Hrsg.) (2007a): 11-18
Beckert, Jens/Zafirovski, Milan (Hrsg.) (2006): The International Encycplopedia of Economic Sociology. London/New York: Routledge
Bell, Daniel (1976): Die nachindustrielle Gesellschaft. Frankfurt a.M. u.a.: Campus
Berger, Johannes (2003a): Sind Märkte gerecht? In: ZfS 32 (6): 462-473
Berger, Johannes (2003b): Fördert oder behindert der Wettbewerb die Ungleichheit? In: ZfS 32 (6): 484-488
Beyer, Jürgen (2001): „One best way" oder Varietät? In: Soziale Welt. 52 (1): 7-28
Bievert, Bernd/Held, Martin (Hrsg.) (1991): Das Menschenbild der ökonomischen Theorie. Frankfurt a.M./New York: Campus
Blomert, Reinhard (2001): Sociology of Finance. In: Economic Sociology 2 (2)
Boltanski, Luc/Thévenot, Laurent (2006): On Justification. Princeton: Princeton University Press
Bourdieu, Pierre (1982): Die feinen Unterschiede. Frankfurt a.M.: Suhrkamp
Bourdieu, Pierre (1983): Ökonomisches Kapital, kulturelles Kapital, soziales Kapital. In: Kreckel, Reinhard (Hrsg.) (1983): Soziale Ungleichheiten. Göttingen: Otto Schwarz: 183-198
Boyer, Robert (2003): The Embedded Innovation Systems of Germany and Japan. In: Yamamura, Kozo/Streeck, Wolfgang (Hrsg.) (2003): The End of Diversity? Ithaca: Cornell University Press
Boyer, Robert/Saillard, Yves (Hrsg.) (2002): Régulation Theory. London: Routledge
Bude, Heinz/Willisch, Andreas (Hrsg.) (2006): Das Problem der Exklusion. Hamburg: Hamburger Edition
Burt, Ronald (1992): Structural Holes. Cambridge, Mass.: Harvard University Press
Buß, Eugen (1983): Markt und Gesellschaft. Berlin: Duncker und Humblot
Callon, Michel/Méadel, Cécile/Rabeharisoa, Volona (2002): The Economy of Qualities. In: Economy and Society 31 (2) : 194-217
Carroll, Glenn/Dobrev, Stanislav/Swaminathan, Anand (2003): Theorie der Ressourcenteilung in der Organisationsökologie. In: Allmendinger, Jutta/Hinz, Thomas (Hrsg.) (2003): Organisationssoziologie. Wiesbaden: Westdeutscher Verlag: 381-413
Chandler, Alfred (1977): The Visible Hands. Boston: Harvard University Press
Collins, Randall (1980): Weber's Last Theory of Capitalism: A Systematization. In: ASR 45. 925-942
Cooke, Philip (1989): Localities. London et al.: Unwin Hyman
Crouch, Colin (1993): Industrial Relations and European State Traditions. Oxford: Clarendon Press
Crouch, Colin/Farrell, Henry (2002): Breaking the Path of Institutional Development? MPIfG Discussion Paper 02/5. Köln: MPifG
Crouch, Colin/Streeck, Wolfgang (Hrsg.) (2000): Political Economy of Modern Capitalism. London et al.: Sage
Deutschmann, Christoph (Hrsg.) (2002): Die gesellschaftliche Macht des Geldes. Wiesbaden: Westdeutscher Verlag
Diaz-Bone, Rainer (2006): Wirtschaftssoziologische Perspektiven nach Bourdieu in Frankreich. In: Florian, Michael/Hillebrandt, Frank (Hrsg.) (2006): 44-71
Diaz-Bone, Rainer (2007): Habitusformierung und Theorieeffekte. In: Beckert, Jens et al. (Hrsg.) (2007b): 253-266
Diaz-Bone, Rainer (2008): Économie des Conventions – ein transdisziplinäres Fundament für die neue empirische Wirtschaftssoziologie. Vortrag auf der Jahrestagung der DGS-Sektion Wirt-

schaftssoziologie: Berlin. http://www.mpi-fg-koeln.mpg.de/wirtschaftssoziologie-0802/papers/ DiazBone.pdf am 01.05.2008

DiMaggio, Paul J./Powell, Walter W. (1983): The Iron Cage Revisited. In: ASR 48: 147-160

Dobbin, Frank (1994): Forging Industrial Policy. Princeton: Princeton University Press

Dodd, Nigel (1994): The Sociology of Money. Cambridge/Oxford: Polity Press

Douglas, Mary/Isherwood, Baron C. (1978): The World of Goods. London: Allen Lane/Routledge

Durkheim, Emile (1992): Über soziale Arbeitsteilung. Frankfurt a.M.: Suhrkamp

Eising, Rainer/Kohler-Koch, Beate (2003): Interessendurchsetzung im EU-Mehrebenensystem. Baden-Baden: Nomos

Engelhard, Volker (1999): Paradigmata des Konsumentenverhaltens. Berlin: Duncker & Humblot

Esping-Andersen, Gøsta (1990): The Three Worlds of Welfare Capitalism. Cambridge/Oxford: Polity/Blackwell

Fligstein, Neil (2001a): The Architecture of Markets. Princeton: Princeton University Press

Fligstein, Neil (2001b): Theoretical Debates and the Scope of Organizational Theory. In: Calhoun, Craig/Rojek, Chris/Turner, Bryan (Hrsg.) (2001): Handbook of Sociology. Sage: 1-42

Fligstein, Neil/Dauter, Luke (2007): The Sociology of Markets. In: Annual Review of Sociology 33: 105-128

Florian, Michael/Hillebrandt, Frank (Hrsg.) (2006): Pierre Bourdieu: Neue Perspektiven für die Soziologie der Wirtschaft. Wiesbaden: VS

Fourastié, Jean (1954): Die große Hoffnung des 20. Jahrhunderts. Köln: Bund

Fourcade, Marion/Healy, Kieran (2007): Moral Views of Market Society. In: Annual Review of Sociology 33: 285-311

Freeman, J/Hannan, Michael T. (1989): Organizational Ecology. Cambridge, Mass.: Harvard University Press

Fromm, Sabine (2004): Formierung und Fluktuation. Berlin: wvb

Fromm, Sabine/Aretz, Hans-Jürgen (2006): Institutioneller Wandel als Hybridisierung. Berliner Journal für Soziologie 16 (3): 371-391

Ganßmann, Heiner (2003): Marktplatonismus. In: ZfS 32 (6): 478-480

Garcia, Marie-France (1986): La Construction Sociale d'un Marché Parfait. In: Actes de la Recherche en Sciences Sociales 65: 2-13

Gershuny, Jonathan I. (1981): Die Ökonomie der nachindustriellen Gesellschaft. Frankfurt a.M./New York: Campus

Glucksmann, Miriam (2000): Retailing. In: Economic Sociology 1 (3)

Godechot, Oliver (2007): Der Finanzsektor als Feld des Kampfes um die Aneignung von Gewinnen. In: Beckert, Jens et al. (Hrsg.) (2007b): 267-280

Goodman, Douglas/Ritzer, George/Wiedenhoft, Wendy (2001): Theories of Consumption. In: Ritzer, George/Smart, Barry (Hrsg.) (2001): Handbook of Social Theory. London et al.: Sage: 410-427

Granovetter, Mark (1985): Economic Action and Social Structure. In: AJS 91: 481-510

Granovetter, Mark (1990): The Old and the New Economic Sociology. In: Friedland, Roger/Robertson, A. F. (Hrsg.) (1990): Beyond the Marketplace. New York: de Gruyter: 89-112

Granovetter, Mark/Swedberg, Richard (Hrsg.) (2001): The Sociology of Economic Life. Boulder/Oxford: Westview Press

Grisold, Andrea (2001): Ökonomisierung der Medienindustrie aus wirtschaftspolitischer Perspektive. In: Medien & Kommunikationswissenschaft 49 (2): 237-248

Hall, Peter A./Soskice, David (Hrsg.) (2001): Varieties of Capitalism. New York: Oxford University Press

Heidenreich, Martin (2003): Territoriale Ungleichheiten in der erweiterten EU. In: KZfSS 55 (1): 31-58

Heidenreich, Martin/Bischoff, Gabriele (2006): Die offene Methode der Koordinierung. In: Heidenreich, Martin (Hrsg.) (2006): Die Europäisierung sozialer Ungleichheit. Frankfurt a.M./New York: Campus: 227-312

Hellmann, Kai Uwe (2003): Soziologie der Marke. Frankfurt a.M.: Suhrkamp

Héritier, Adrienne (1997): Policy-Making by Subterfuge. In: Journal of European Public 4 (2): 171-189
Hollingsworth, J. Rogers/Boyer, Robert (Hrsg.) (1997): Contemporary Capitalism. Cambridge: Cambridge University Press
Höpner, Martin (2003): Wer beherrscht die Unternehmen? Frankfurt a.M.: Campus
Horkheimer, Max/Adorno, Theodor W. (1947): Dialektik der Aufklärung. Amsterdam: Querido
Jürgens, Ulrich (2003): Transformation and Interaction. In: Yamamura, Kozo/Streeck, Wolfgang (Hrsg.) (2003): The End of Diversity? Ithaca/New York: Cornell University Press
Käsler, Dirk (1984): Die frühe deutsche Soziologie 1909 bis 1934 und ihre Entstehungs-Milieus. Opladen: Westdeutscher Verlag
Kellermann, Paul (2008): Soziologie des Geldes. In: Maurer, Andrea (Hrsg.) (2008b): 320-340
Knorr Cetina, Katrin D./Bruegge, Urs (2002): Global Microstructures. In: AJS 107(4): 905-950
Kubicek, Herbert/Rolf, Arno (1985): Mikropolis. Hamburg: VSA
Kutsch, Thomas/Wiswede, Günter (1986): Wirtschaftssoziologie. Stuttgart: Enke
Lahusen, Christian (2006): Die öffentlichen Debatten zur Arbeitslosigkeit zwischen nationaler Disparität und europäischer Uniformität. In: Heidenreich, Martin (Hrsg.) (2006): Die Europäisierung sozialer Ungleichheit. Frankfurt a.M./New York: Campus: 313-339
Lahusen, Christian/Jauß, Claudia (2001): Lobbying als Beruf. Baden-Baden: Nomos
Lane, Christel (1997): The Social Regulation of Inter-Firm Relations in Britain and Germany. In: Cambridge Journal of Economics 21: 197-215
Latour, Bruno (2005): Reassembling the Social. Oxford: Oxford University Press
Lebaron, Fréderic (2000): La Croyance Économique. Paris: Seuil
Lennox, Sara (2005): Warum gingen die Trümmerfrauen zurück an den Herd? In: Freiburger Frauen-Studien 16: 57-74
Lepsius, M. Rainer (1979): Die Entwicklung der Soziologie nach dem Zweiten Weltkrieg 1945 bis 1967. In: Lüschen, Günther (Hrsg.) (1979): Deutsche Soziologie seit 1945. Opladen: Westdeutscher Verlag: 25-70
Lie, John (1997): Sociology of Markets. In: Annual Review of Sociology 23: 341-60
Lüdtke, Hartmut (2000): Konsum und Lebensstile. In: Rosenkranz, Doris/Schneider, Norbert F. (Hrsg.) (2000): Konsum. Opladen: 117-132
Luhmann, Niklas (1988): Die Wirtschaft der Gesellschaft. Frankfurt a.M.: Suhrkamp
Lütz, Susanne (2008): Finanzmärkte. In: Maurer, Andrea (Hrsg.) (2008b): 341-360
MacKenzie, Donald/Beunza, Daniel/Hardie, Iain (2007): Die materiale Soziologie der Arbitrage. In: Beckert, Jens et al. (Hrsg.) (2007b): 135-150
Manow, Philip (2001): Welfare State Building and Coordinated Capitalism in Japan and Germany. In: Streeck, Wolfgang/Yamamura, Kozo (Hrsg.) (2001): The Origins of Nonliberal Capitalism. Ithaca: Cornell University Press
Massey, Doreen/Meegan, Richard (1982): The Anatomy of Job Loss. London/New York
Maurer, Andrea (2008a): Perspektiven der Wirtschaftssoziologie. In: dies. (Hrsg.) (2008b): Handbuch der Wirtschaftssoziologie. Wiesbaden: VS: 11-15
Maurer, Andrea (Hrsg.) (2008b): Handbuch der Wirtschaftssoziologie. Wiesbaden: VS
Meyer, John W./Rowan, Brian (1977): Institutionalized Organizations. In: AJS 83: 340-363
Meyer, Uli/Schubert, Cornelius (2007): Integrating Path Dependency and Path Creation in a General Understanding of Path Constitution. In: STI Studies 3: 23-44
Münch, Richard (1998): Globale Dynamik, lokale Lebenswelten. Frankfurt a.M.: Suhrkamp
Münch, Richard (2003): Markt und Gerechtigkeit. In: ZfS 32 (6): 481-483
Münch, Richard/Lahusen, Christian (Hrsg.) (2000): Regulative Demokratie. Frankfurt a.M./New York: Campus
Mützel, Sophie (2007): Marktkonstitution durch narrativen Wettbewerb. In: Berliner Journal für Soziologie 17 (4): 451-464
North, Douglass C. (1992): Institutionen, institutioneller Wandel und Wirtschaftsleistung. Tübingen: Mohr

Offe, Klaus (1972): Die Struktur des kapitalistischen Staates. Frankfurt a.M.: Suhrkamp
Opaschowski, Horst W. (1990): Freizeit, Konsum und Lebensstil. In: Szallies, R./Wiswede, G. (Hrsg.) (1990): Wertewandel und Konsum: Landsberg
Polanyi, Karl (1944/1978): The Great Transformation. Franfurt a.M.: Suhrkamp
Polanyi, Karl/Arensberg, Conrad M./Pearson, H.W. (Hrsg.) (1957): Trade and Markets in the Early Empires. Glencoe: The Free Press
Powell, Walter W./DiMaggio, Paul, J. (Hrsg.) (1994): The New Institutionalism in Organizational Analysis. Chicago: Chicago University Press
Preda, Alex (2001): Sense and Sensibility. In: Economic Sociology 2 (2)
Rammert, Werner (2008): Technik und Innovation. In: Maurer, Andrea (Hrsg.) (2008b): 291-320
Reinhold, Gerd (1997): Wirtschaftssoziologie. München/Wien: Oldenbourg
Reisch, Lucia A. (2002): Symbols for Sale. In: Deutschmann, Christoph (Hrsg.) (2002): Die gesellschaftliche Macht des Geldes. Wiesbaden: Westdeutscher Verlag: 226-248
Ritzer, George/Bögenhold Dieter/Pusch, Ulrike/Völkel, Johanna (2000): Globalisierung, McDonaldisierung und Amerikanisierung. In: Bögenhold, Dieter (Hrsg.) (2000): Moderne amerikanische Soziologie. Stuttgart: Lucius: 219-242
Rosenberger, Günther (1992): Überlegungen zum Wohlstandskonsum im vereinigten Deutschland. In: Ibidem (Hrsg.) (1992): Konsum 2000. Frankfurt a.M.: Campus: 10-24
Rosenkranz, Doris/Schneider, Norbert F. (2000): Konsum. Opladen: Leske + Budrich
Rössel, Jörg (2007): Ästhetisierung, Unsicherheit und die Entwicklung von Märkten. In: Beckert, Jens et al. (Hrsg.) (2007b): 167-182
Salais, Robert (2007): Die „Ökonomisierung der Konventionen". In: Beckert, Jens et al. (Hrsg.) (2007b): 95-112
Schack, Herbert (1967): Das Menschenbild in der Geschichte der Volkswirtschaftslehre. In: Montaner, Antonio (Hrsg.) (1967): Geschichte der Volkswirtschaftslehre. Köln/Berlin: Kiepenheuer & Witsch: 341-353
Scharpf, Fritz W. (1999): Regieren in Europa. Frankfurt a.M./New York: Campus
Scherhorn, Gerhard (1983): Die Funktionsfähigkeit von Konsumgütermärkten. In: Bussmann, Wolf/Irle, Martin (Hrsg.) (1983): Marktpsychologie als Sozialwissenschaft. Göttingen et al.: Verlag für Psychologie
Schubert, Karoline (2000): Ökologische Lebensstile. Frankfurt a.M.: Peter Lang
Schulze, Hans-Joachim (1986): Frau, Haushalt und Konsummarkt. In: KZfSS 38 (1): 85-109
Scott, William Richard/Meyer, John W. (Hrsg.) (1994): Institutional Environments and Organizations. Thousand Oaks: Sage
Sennett, Richard (1998): Der flexible Mensch. Hamburg: Berlin Verlag
Simmel, Georg (1901/1996): Philosophie des Geldes. Frankfurt a.M.: Suhrkamp
Smelser, Neil J./Swedberg, Richard (Hrsg.) (1994): The Handbook of Economic Sociology. New York/Princeton: Sage/Princeton University Press
Sombart, Werner (1916-1927): Der moderne Kapitalismus. Leipzig: Duncker & Humblot
Sombart, Werner (1929): Gewerbewesen. 2 Bände. Berlin: Gruyter
Soskice, David (1999): Divergent Production Regimes. In: Kirschelt, Herbert et al. (Hrsg.) (1999): Continuity and Change in Contemporary Capitalism. Cambridge: Cambridge University Press: 271-289
Strange, Susan (1996): The Retreat of the State. Cambridge: Cambridge University Press
Streeck, Wolfgang (1997): German Capitalism. In: New Political Economy 2 (2): 237-256
Swedberg, Richard (2004): On the Present State of Economic Sociology. In: Economic Sociology 5 (2): 2-17
Swedberg, Richard (2005): Markets in Society. In: Smelser, Neil J./Swedberg, Richard (Hrsg.) (2005): 233-253
Thelen, Kathleen (2002): The Explanatory Power of Historical Institutionalism. In: Mayntz, Renate (Hrsg.) (2002): Akteure – Mechanismen – Modelle. Frankfurt a.M.: Campus

Uzzi, B. (1997): Social Structure and Competition in Interfirm Networks. In: Administrative Science Quarterly 61: 481-505
Veblen, Thorstein (1899): The Theory of the Leisure Class. London: Unwin
Vitols, Sigurt (2001): The Origins of Bank-Based and Market-Based Financial Systems. In: Streeck, Wolfgang/Yamamura, Kozo (Hrsg.) (2001): The Origins of Nonliberal Capitalism. Ithaca: Cornell University Press
Wallerstein, Immanuel (1999): The Heritage of Sociology, the Promise of Social Science. In: Current Sociology 47 (1): 1-38
Weber, Max (1923): Wirtschaftgeschichte. München: Duncker & Humblot
Weber, Max (1980): Wirtschaft und Gesellschaft. Tübingen: Mohr-Siebeck
Weber, Max (1988): Gesammelte Aufsätze zur Religionssoziologie. 3 Bände. Stuttgart: UTB
White, Harrison C. (1981): Where Do Markets Come From? In: AJS 87 (3): 517-547
White, Harrison C. (2002): Markets From Networks. Princeton: Princeton University Press
Williamson, O. E. (2000): The New Institutional Economics. In: Journal of Economic Literature 38: 595-613
Windeler, Arnold (2001): Unternehmungsnetzwerke. Wiesbaden: Westdeutscher Verlag
Windeler, Arnold/Schubert, Cornelius (2007): Technologieentwicklung und Marktkonstitution. In: Beckert, Jens et al. (Hrsg.) (2007b): 217-234
Windolf, Paul (2003): Die Zukunft des Rheinischen Kapitalismus. In: Allmendinger, Jutta/Hinz, Thomas (Hrsg.) (2003): Organisationssoziologie. Wiesbaden: Westdeutscher Verlag: 414-442
Windolf, Paul (Hrsg.) (2005): Finanzmarktkapitalismus. Wiesbaden: VS
Wiswede, Günter (1972): Soziologie des Verbraucherverhaltens. Stuttgart: Ferdinand Enke Verlag
Wiswede, Günter (1983): Marktsoziologie. In: Bussmann, Wolf/Irle, Martin (1983): Marktpsychologie als Sozialwissenschaft. Göttingen/Toronto/Zürich: Verlag für Psychologie
Wiswede, Günter (1997): Lean-Consumption. In: Gräbe, Sylvia (Hrsg.) (1997): Privathaushalte im Umbau des Sozialstaats. Frankfurt a.M.: Campus
Zahner, Nina T. (2006): Die neuen Regeln der Kunst. Frankfurt a.M./New York: Campus
Zafirovski, Milan (2007): Markets. In: Ritzer, George (Hrsg.) (2007): Encyclopedia of Sociology. Blackwell: 2775-2788
Zelizer, Viviana A. (1994): The Social Meaning of Money. Princeton: Princeton University Press
Zelizer, Viviana A. (2005): Culture and Consumption. In: Smelser, Neil J./Swedberg, Richard (Hrsg.) (2005): The Handbook of Economic Sociology. Princeton et al.: Princeton University Press/Sage: 331-353
Zukin, Sharon/Smith Maguire, Jennifer (2004): Consumers and Consumption. In: ARS 30: 173-197

Migration

Annette Treibel

1   Begriffe von Migration und das Anliegen der Soziologie

Migration bedeutet *Wanderung*. In einem ersten Zugriff spricht man von Migration, wenn Menschen ihren *Lebensmittelpunkt* über einen längeren Zeitraum hinweg *verlagern*. Touristische Aufenthalte oder Studienzeiten mit eindeutig befristetem Charakter fallen nicht unter Migration. Das klassische Verständnis von ‚Migration' (vgl. Treibel 2008a) umfasst Emigration (*Auswanderung*) aus einem Herkunftsland und Immigration (*Einwanderung*) in ein Zielland. Dabei hat man die Menschen vor Augen, die ab der zweiten Hälfte des 19. Jahrhunderts zu Millionen Europa den Rücken gekehrt haben und nach Nord- und nach Südamerika eingewandert sind. Nach der Definition der Vereinten Nationen sind Migranten diejenigen Personen, die ihren üblichen Wohnort für einen Aufenthalt von *mehr als einem Jahr* verlassen.

Zusätzlich zu dieser mehr oder weniger definitiven Einwanderung ließen sich Menschen auch immer schon vorübergehend woanders nieder, um z.B. als *Saisonarbeiter* im Ausland ihren Lebensunterhalt zu sichern; oder weil sie zu einer Gemeinschaft gehören, deren Mitglieder als *Nomaden* leben oder weil sie sich, wie manche Künstler oder Diplomaten, sowieso als *nirgendwo fest ansässig* begreift. Seit den 1990er Jahren erfährt eine Form von Migration verstärkte Aufmerksamkeit, die begrifflich schwer zu fassen ist und als Pendelmigration, vielfach auch als Transmigration bezeichnet wird (vgl. Hoerder u.a. 2007; Pries 2001): Menschen pendeln zwischen Polen und Deutschland, andere zwischen Mexiko und Kalifornien, wiederum andere arbeiten in Dubai, betrachten aber unverändert die Philippinen als ihre Heimat. Hier liegt nun keine definitive Entscheidung für ein ‚neues Leben an einem neuen Ort' vor, sondern zum alten Ort kommen ein neuer Ort oder gar mehrere neue Orte hinzu. Unterwegs sein alleine reicht nicht aus: Von *Migration* spricht man, so der zweite Zugriff nach dem neueren Forschungsstand, dann, *wenn Menschen ihren Lebensmittelpunkt verlagern oder zum alten Lebensmittelpunkt ein neuer hinzukommt.* Dieser Migrationsbegriff gilt für den hier vorgelegten Beitrag.

Für die meisten Migrantinnen und Migranten ist, ob ihre Wanderung nun dauerhaft wird oder nicht, ein Grund ausschlaggebend: Sie wollen ihr Leben auf eine bessere Grundlage stellen und sie entscheiden sich mehr oder weniger freiwillig zu diesem Schritt. Dies bezeichnet man im weitesten Sinne als *Arbeitsmigration*. Davon abgegrenzt wird die *Fluchtmigration*. Hier gibt es konkrete Akteure wie Diktatoren oder Ereignisse, wie Kriege oder Erdbeben, die Menschen zur Flucht zwingen. In Anbetracht konkreter Migrationsentscheidungen und -prozesse ist es schwierig, freiwillige und erzwungene Migration zu unterscheiden. Festzuhalten ist, dass sich Menschen durch ihre Lebensumstände gezwungen sehen können, ihre Herkunftsregion zu verlassen – auch wenn niemand eine Waffe auf sie richtet.

Migration wird häufig mit *Mobilität*, also mit der Bewegung im geographisch oder gesellschaftlich verstandenen Raum verbunden. Tatsächlich kann man Migration als eine spezifische Form von Mobilität verstehen (vgl. etwa Tully/Baier 2006). Allerdings wird man den charakteristischen Strukturen von Migration nicht gerecht, wenn man sie schlicht unter Mobilität subsumiert. Menschen, die als Migranten unterwegs sind, weisen überindividuell vergleichbare Motive für ihre Wanderung auf und treffen im Zielland auf vergleichbare Reaktionen.

Hier tritt die Soziologie auf den Plan: Im Vergleich mit den anderen Wissenschaftsdisziplinen, in denen Migration erforscht wird (Geschichtswissenschaft, Geographie, Demographie, Anthropologie, Ethnologie, Ökonomie, Pädagogik oder Politikwissenschaft), steht bei ihr das Bemühen im Vordergrund, die *Grundmuster von Migration* herauszuarbeiten. Die soziologischen Fragen richten sich auf die Beweggründe, die Begleitumstände und die gesellschaftlichen Folgen von Migration. Eine ‚ideale' soziologische Migrationsstudie würde alle diese individuellen und gesellschaftlichen Faktoren zusammen in den Blick nehmen. Angesichts der Komplexität des Migrationsgeschehens ist dies selbst bei umfassenden Projekten nicht möglich, sondern es muss eine Auswahl getroffen werden. So werden Migrantengruppen mit bestimmten gemeinsamen Merkmalen, z.B. weibliche Migrantenjugendliche in Deutschland bei Boos-Nünning/Karakasoglu (2005) oder Forschungsergebnisse und internationale Debatten über den Zusammenhang von Sprache und Integration (vgl. Esser, H. 2006), untersucht.

Ein Spezifikum der soziologischen Migrationsforschung – wie der Soziologie allgemein – ist die *regelmäßige Reflexion über die eigene Begrifflichkeit*. So ist es typisch für Soziologen, einmal darüber nachzudenken, warum eigentlich so viele Menschen, deren Lebenslage der von Migranten gleichzusetzen ist, *nicht* wandern: Was bewegt die einen zu bleiben, die anderen zu gehen – was hat es mit dem „Rätsel der relativen Immobilität" (Faist 2007) auf sich (s. auch Hammar et al. 1997)? Aus dieser Sicht ist in einer globalen Perspektive das Bleiben und nicht das Gehen normal. Gleichwohl betonen viele Migrationsforscher, dass Migration nicht als etwas Spektakuläres, sondern als „Normalfall" (Bade/Oltmer 2004) zu betrachten sei. Diese Aussage richtet sich als aufklärender Appell an eine breitere Öffentlichkeit. Denn in den Massenmedien und den politischen Debatten werden die Akzente meist auf die dramatischen Begleitumstände und Folgen von Migration gesetzt. Favorisierte Themen sind hier – wie im Journalismus überhaupt – ‚schlagzeilentaugliche' spektakuläre Ereignisse, also z.B. die an italienischen Küsten gestrandeten nordafrikanischen Migranten oder sexuell misshandelte Dienstmädchen aus den Philippinen in den Arabischen Emiraten. Mit dieser Spannung von Skandalisierung und Alltäglichkeit muss sich die soziologische Migrationsforschung permanent auseinandersetzen. Im folgenden Beitrag geht es darum, die weniger spektakulären Seiten der Migration zu analysieren und gleichzeitig begreiflich zu machen, was diesen sozialen Prozess so interessant macht, weshalb er zur emotionalen Aufladung einlädt. Im Mittelpunkt stehen Prozesse der Arbeitsmigration, denn sie sind der Schwerpunkt der Migrationssoziologie. Fluchtmigration ist naturgemäß ein ‚flüchtiges' Phänomen, denn Flüchtlinge sind auf ihren Routen, in Flüchtlingslagern und aufgrund ihres häufig illegalen und ungesicherten Status' schwerer zugänglich (vgl. Schmitt 2007).

2 Beschreibung des Phänomens – Dimensionen und Begriffe

Weltweit wird die Zahl der Arbeitsmigrantinnen und -migranten auf ca. 200 Mill. Personen geschätzt. Hierzu zählen Arbeits-, Pendel- und Expertenmigranten, Aus- und Einwanderer, Frauen und Männer. Ihre Erwerbstätigkeit und das Einkommen, das sie im Ausland erzielen, ist nicht nur für sie und ihre Familien von Interesse, sondern ein globaler Wirtschaftsfaktor von erheblicher Bedeutung und von beträchtlichem Ausmaß. Durch ihre Arbeitsmigranten im Ausland erhalten die Entsendeländer weltweit im Jahr 2005 *Rücküberweisungen* in der Höhe von 167 Milliarden Dollar. Die Weltkommission für Migration, einer Expertengruppe, der von deutscher Seite Rita Süßmuth angehörte, betont in ihrem Bericht aus dem Jahr 2005 die Dynamik der jüngeren Entwicklungen:

> „Internationale Migration ist ein dynamisches Phänomen, das immer wichtiger wird. Wie bereits erwähnt, hat sich die Zahl der internationalen Migranten in den letzten 25 Jahren verdoppelt, obwohl ihr Anteil im Verhältnis zur Gesamtbevölkerung, nämlich ungefähr drei Prozent, weltweit relativ gering ist. Internationale Migration hat heute Auswirkungen auf Länder unabhängig ihrer wirtschaftlichen Entwicklung und ideologischen und kulturellen Überzeugung. Migranten kommen und gehen aus fast jedem Land der Welt. Dadurch wird es immer schwieriger, die traditionelle Unterscheidung in Herkunfts-, Transit- und Zielländer aufrecht zu erhalten. Viele Staaten fallen inzwischen unter alle drei Kategorien" (Weltkommission 2006: 5).

Ein Beispiel für den letzt genannten Aspekt ist ein Land wie *Italien*: Es gibt immer noch, wie bereits seit dem 19. Jahrhundert, Migranten ab; außerdem ist es Durchgangsstation für Migranten aus Nordafrika, deren Ziel z.B. die Schweiz oder Deutschland sind; schließlich ist Italien Zielland für Migranten aus Peru, Äthiopien, den Philippinen (vgl. Losi 1996) oder gegenwärtig verstärkt aus Rumänien. Ähnlich schwierig ist die Grenzziehung zwischen einzelnen Typen von Migranten (vgl. Oswald 2007; Treibel 2008a). Eine Bürgerin Thailands, die sich bei einer Heiratsvermittlungsagentur hat registrieren lassen und dann einen deutschen Mann geheiratet hat, kann möglicherweise nicht nur als *Heiratsmigrantin*, sondern auch als *Arbeitsmigrantin* betrachtet werden. Die Zuordnung zur Arbeitsmigration kann dadurch begründet sein, dass die Migration der Tochter oder Schwester eine Haushaltsstrategie der thailändischen Familie darstellt, um auf diese Weise die Angehörigen zu entlasten bzw. auf finanzielle Transfers aus Deutschland zu hoffen. Für zahlreiche Berufsgruppen, die definitionsgemäß mobil sein müssen, wie Diplomaten, Mitarbeiter global operierender Unternehmen oder Journalisten, ist die Frage der Einordnung ebenfalls uneindeutig. Ist eine Auslandskorrespondentin, die bei einer Tageszeitung arbeitet und alle zwei bis drei Jahre an einen neuen Standort ‚abkommandiert' wird, im Rahmen ihres Berufs nur mobil oder doch Arbeitsmigrantin – oder vielleicht eher *Nomadin* (vgl. Oswald 2006: 217-221; Treibel 2007)?

International betrachtet ist die ‚Migranteneigenschaft' an die Überquerung einer Staatsgrenze gekoppelt; dies möchte ich die *formal-juristische Perspektive* nennen. Die Soziologie hat einen anderen Zugang (s. Abschnitt 1): hier ist der Grenzübertritt nicht zwingend. Aus *theoretisch-systematischer Perspektive* ist Migration als sozialer Prozess entscheidend. Bei einem solchen Zugang werden z.B. Migrationsbewegungen zwischen den neuen und den alten Bundesländern in Deutschland oder zwischen einer ländlichen Region in Brasilien und der Mega-City São Paulo untersucht. Der Migrationstypologie nach handelt es sich in beiden Fällen um *Binnenmigrationen*. Für die UN würden diese Personen nicht als Migranten klassifiziert, in der Migrationsforschung durchaus, denn hier geht man davon aus, dass die Staatsangehörigkeit nicht zwangsläufig zentral ist. Desgleichen ist nicht zwangsläufig entscheidend, ob eine Person selbst gewandert ist oder nicht. Die Migrationsforschung beschäftigt sich auch mit denjenigen, deren Eltern oder Großeltern gewandert waren. International wird meist von Einwanderern, Migranten oder von Personen mit einer bestimmten Abstammung gesprochen (vgl. Terkessidis 2000: 6-9). In Deutschland gibt es seit einigen Jahren einen neuen Begriff, der zwar steif und umständlich, dennoch sachlich präzise ist: Person mit *Migrationshintergrund*.

Dieser Begriff hat den Vorzug, dass er die angesprochenen Kategorien abdeckt: er setzt weder voraus, dass eine Person selbst gewandert ist, noch setzt er voraus, dass ein Wechsel der Staatsangehörigkeit erfolgt sein muss. Für den deutschen Kontext ist er ideal, da auf diese Weise die Nachkommen z.B. der griechischen oder marokkanischen Gastarbeiter und die Gruppe der Aussiedler gleichermaßen erfasst werden, die zwar häufig deutsche Staatsangehörige, jedoch aus Kasachstan oder der Ukraine zugewandert sind. Hier kommt es also auf die *Migrationsgeschichte der Familie* an. Das 2005 in Kraft getretene Mikrozensusgesetz setzte diese Neuerung in Gang, indem nun die Staatsangehörigkeiten der Eltern und Großeltern mit abgefragt werden. Der Begriff ‚Migrationshintergrund' dient der Klarheit der Bezeichnung für diejenigen, die ‚vordergründig' keine Ausländer und keine Migranten sind: 2006 lebten 15,1 Mill. Menschen mit Migrationshintergrund in Deutschland. Der Anteil der Bevölkerung mit Migrationshintergrund beträgt 18,4%: „Ausländerinnen und Ausländer machen 2006 mit 7,3 Millionen oder 8,9% der Bevölkerung nur etwas weniger als die Hälfte aller Personen mit Migrationshintergrund aus" (vgl. Statistisches Bundesamt 2008; s. auch Konsortium Bildungsberichterstattung 2006; Migrationsbericht 2006). Stärker als beim Ausländer- und beim Migranten-Begriff ist demnach nicht die einzelne Person, sondern die Herkunftsfamilie das Kriterium. So rückt die Migrationsbiografie einer Familie, der gesamte Kontext, in den Blick – eine überaus soziologische Perspektive. Den Betroffenen muss diese Gruppenzuweisung nicht unbedingt behagen: „‚Ich wachte auf und hatte einen Migrationshintergrund'", konstatiert irritiert ein Journalist, der durch seinen Vater, einen italienischen Gastarbeiter, mit dem er nie etwas zu tun hatte, zur Person mit Migrationshintergrund wird (Heine 2006).

Kurz gefasst: Für die Forschung sind Migrantinnen und Migranten nicht diejenigen, die die UN als ‚Migranten' definiert, sondern die sich selbst so sehen oder von ihrer Umgebung (Einheimische, Regierungen, Angehörige etc.) in dieser Weise wahrgenommen werden. Hier kommt es immer wieder zu aufschlussreichen Irritationen, manchmal unmittelbar zwischen Forschern und ‚Beforschten', wie eine ethnographische Studie über Dänen in Berlin zeigt:

> „Als ich erklärte, Berlinstudien am Beispiel der hiesigen Migranten und Migrationsstudien am Beispiel des Zielortes Berlin machen zu wollen, wurde Migration von meinen Gastgebern als das durch politische oder soziale Umstände erzwungene Fortgehen, nicht aber generell als eine Form von (transnationaler) Mobilität verstanden: Sie wollten offensichtlich nicht als Emigranten im Sinne von Vertriebenen oder Flüchtlingen gelten, ein Typus, der unter Dänen allerdings auch kaum zu finden sein dürfte, und betonten das Freiwillige und Selbstbestimmte ihrer Umzugsentscheidung" (Ostwald 2000: 30).

Über die Migranteneigenschaft entscheiden die politische und soziale Interaktion und die Bedingungen bestimmter Migrationsregime oder -systeme. Von *Migrationsregimen* und *Migrationssystemen* wird sowohl in politischen/unilateralen als auch in wissenschaftlichen

Zusammenhängen gesprochen. So genannte Regime- oder Systemansätze in der Migrationsforschung betrachten Migration primär aus einer Makroperspektive (vgl. Hoerder u.a. 2007: 39-45). Es wird untersucht, wie Migration reguliert, reglementiert, unter welchen Bedingungen sie überhaupt zugelassen wird. Der Umgang staatlicher Akteure mit Migrantengruppen wird z.B. danach befragt, ob und inwieweit bestimmte Migranten privilegiert oder diskriminiert werden. So wird das *Migrationsregime der EU* dadurch charakterisiert, dass es nach innen durch eine stärkere Abstimmung und Vernetzung und nach außen durch eine Abschottung ('Festung Europa') gekennzeichnet sei (vgl. Sassen 1996; Oswald 2007: Kap. 6).

In einem allgemeinen Verständnis wird Regime mit Gewaltherrschaft gleichgesetzt, wenn z.B. im Frühjahr 2008 von den Machthabern in Birma die Rede ist. Das ist hier nicht gemeint; vielmehr geht es um Regelungsinstrumente, Zuschreibungen und Kategorisierungen. Die Autorinnen und Autoren, die von Migrationsregimen und Migrationssystemen sprechen, haben die Vorstellung, dass es übergreifende Muster des politischen und bürokratischen Umgangs mit Migration gibt, die keineswegs nur die (potentiellen) Aufnahmeländer, sondern auch die Entsendeländer betreffen (vgl. Butterwegge/Hentges 2006).

Die skizzierten politischen Dimensionen von Migration werden im Folgenden nicht vertieft, sondern dort miteinbezogen, wo sie für die soziologischen Ansätze relevant sind. Die Einschätzungen darüber, wie *neu* heutige Migrationsformen sind, gehen bei den Expertinnen und Experten auseinander. So lassen die einen offen, ob man in der EU mit den Schengener Abkommen von 1985 und 1990 von einem neuen Migrationsregime sprechen kann (vgl. Hoerder u.a. 2007: 45), während für andere mit dem Jahr 1990 die Ära einer Neuen Migration begonnen hat (vgl. Koser/Lutz 1998). Summarisch sei jedoch festgestellt, dass sich die globale Aufmerksamkeit für Migration kontinuierlich erhöht. Migration ist eines der Top-Themen der internationalen Agenda; sie betrifft Millionen Menschen und lokale wie globale Akteure sowie Institutionen direkt und indirekt (vgl. auch den Beitrag zu „Globalisierung" in diesem Band).

3 Migration in der Soziologie – hier ein Klassiker, dort ein Newcomer

Im *Alltagsverständnis* ist kaum von Migranten die Rede, sondern von *Ausländern*. Wenn im Mai 2008 in Südafrika Arbeitsmigranten aus Zimbabwe und anderen Ländern verfolgt oder gar massakriert werden, so wird dies in den Medien nicht als ‚Migrantenfeindlichkeit', sondern als *Ausländerfeindlichkeit* verhandelt. ‚Ausländer' sind immer diejenigen, die nicht die Staatsangehörigkeit eines Landes besitzen *und* gleichzeitig als fremd wahrgenommen werden. Für die deutsche Öffentlichkeit sind dies dann Menschen aus Kasachstan, der Türkei oder Ghana, während Schweizer, Österreicher oder Franzosen nicht unter diese Kategorie fallen. Das *soziologische* Verständnis unterscheidet sich von diesen Sortierungsmustern. *Migranten* sind Menschen, die ihren Lebensmittelpunkt verlagert haben – gleichgültig ob mit Grenzübertritt von Wien nach Wiesbaden oder ohne Grenzübertritt innerhalb Argentiniens von Mendoza nach Buenos Aires. Die Autorin Cecilia Pavón schildert, wie sie den Umzug von der Provinz in die Metropole innerhalb Argentiniens empfunden hat. Interessanterweise spricht sie in diesem Zusammenhang von *Auswanderung*:

> „Das kulturelle Leben in Mendoza ist beschränkt. Die Aufmerksamkeit konzentriert sich auf einige anerkannte Figuren, die eher Kunsthandwerk als Kunst betreiben. Und es gibt wenige, ei-

gentlich gar keine Orte für junge Leute, was dazu führt, dass man zwangsläufig nach Buenos Aires auswandert, wenn man sich für bildende Kunst, Literatur oder Musik interessiert. Vielleicht funktioniert Buenos Aires aber auf der anderen Seite auch als exklusiver Ort legitimierter kultureller Aktivität. Als ich 1991 aus Mendoza in Buenos Aires eintraf, fiel mir auf, mit welcher Selbstverständlichkeit völlig unbekannte Menschen miteinander umgingen und Beziehungen zueinander knüpften, ohne viel voneinander zu wissen. In der Provinz hat man mit Leuten zu tun, deren Background man kennt. Der Sohn von, der Bruder von und so weiter. In Buenos Aires habe ich das Gefühl, immer wieder neue Leute kennen lernen zu können und dabei die Möglichkeit zu haben, die sozialen Kreise zu wechseln und ein komplett neues Leben beginnen zu können" (Pavón 2008: 47f.).

Dieses Zitat beleuchtet zweierlei: Zum einen den engen Zusammenhang von Migration mit unterschiedlichen Prozessen der *Individualisierung*, in denen sich Menschen aus traditionellen und eher engen Kontexten lösen und in ein ‚neues Leben' stürzen (vgl. auch den Beitrag zu „Individualisierung" in diesem Band). Zum andern den engen Zusammenhang von Migration und Urbanisierung, wie er gegenwärtig für die sog. Mega-Städte konstatiert wird und wie er bis in die Anfänge soziologischer Wissenschaft zurückreicht (vgl. auch den Beitrag zu „Raum & Stadt" in diesem Band). Die Veränderung der großstädtischen Bevölkerungen, nicht zuletzt Chicagos durch deutsche oder polnische Migranten, hat die klassische Chicagoer Schule an der Wende vom 19. zum 20. Jahrhundert zu einer Fülle von Studien und Begriffsdebatten veranlasst, die hier nicht nachgezeichnet werden können (vgl. Han 2000; Hoerder et al. 2007; Oswald 2007; Treibel 2008a). So ist die US-amerikanische Soziologie von ihren Anfängen am Ende des 19. Jahrhunderts an Migrationssoziologie, ohne dass sie sich selbst so bezeichnet hätte. *International* betrachtet ist Migration also ein ‚*Dauerbrenner'* der Soziologie.

Im *deutschsprachigen Raum* gibt es eine breitere soziologische Beschäftigung mit Migration erst seit den 1990er Jahren. Zwar waren einige Fachvertreter seit den 1970er Jahren mit Pionierarbeiten zu Migration, ethnischen communities und zur Ausländerpolitik beschäftigt. Arbeiten wie die von Hans-Joachim Hoffmann-Nowotny (1973), Hartmut Esser (1980), Friedrich Heckmann (1981) oder Hermann Korte (1987) stellten den Anschluss zur internationalen Fachdiskussion her, wurden jedoch von den übrigen Bindestrich-Soziologien und schon gar von der allgemeinen Soziologie nicht registriert. Etwas verkürzt gesprochen, ist zu konstatieren: Die deutsche Soziologie hat in größerem Umfang die Bedeutung der Ursachen und Folgen von Migration erst realisiert, als die Verstetigung von Zuwanderung (also: Einwanderung) unübersehbar war. Die Wiedervereinigung, in deren Kontext Szenarien von einer ‚Überflutung' Deutschlands durch Menschen aus Osteuropa entwickelt wurden, hat zu diesem Aufmerksamkeitsschub sicherlich beigetragen – auch wenn sich die Szenarien nicht bewahrheitet haben, wie sich recht schnell herausstellte (vgl. Morokvasic/Rudolph 1994).

Innerhalb der kurzen Zeit von zehn bis fünfzehn Jahren hat das Thema Migration einen Sprung ganz nach vorne in die soziologischen Charts geschafft. Wesentliche Ursache hierfür ist der Wandel der Bevölkerung und die Normalität von Migration. Man kann heute kaum einen Bereich der Gesellschaft mehr untersuchen, ohne auf ‚Menschen mit Migrationshintergrund' zu stoßen. In Einwanderungsgesellschaften wie den USA gehört diese Einsicht zum allgemeinen Konsens, ohne dass deshalb Einmütigkeit über weitere Zu- und Einwanderung herrschte (vgl. Elschenbroich 1986; Massey 2000). Insofern stellt sich heute die Situation komplett anders dar als noch vor zwanzig Jahren: Migrationsrelevante Befunde sind heute nicht nur in großer Zahl explizit in Büchern und Aufsätzen mit entsprechenden Titeln, sondern auch implizit ‚überall' anzutreffen. Keine jugend- oder bildungssoziologische Studie, keine Untersuchung zum Prekariat, kein Projekt über Geschlechterbeziehungen oder Mediennutzung kann die Thematik mehr ignorieren. Es ist durchaus als Fortschritt zu werten, dass es ganz selbstverständlich auch immer um Migranten geht. Ob eine Person, die außer den Merkmalen ‚weiblich', ‚jugendlich', ‚in der Ausbildung' auch die ‚Migranteneigenschaft' besitzt, als *Migrantin* ‚geoutet' wird, hängt sehr von der Fragestellung einer soziologischen Untersuchung ab. Es ist heute durchaus nicht unüblich, dass die Spuren bereits verwischt sind – oder absichtlich verwischt werden, da man die ‚Migranteneigenschaft' gar nicht stark gewichten und die Aufmerksamkeit z.B. eher auf die soziale Kategorie ‚Geschlecht' lenken will. Migrationssoziologie und allgemeine Soziologie sind mittlerweile eng miteinander verschränkt.

Zum Ende dieses Abschnitts sei skizziert, an welchen Stellen starke *Wahlverwandtschaften* oder auch *Abgrenzungsbedürfnisse* bestehen. Eine interdisziplinäre Perspektive wird von der Mehrheit der Migrationsforscherinnen und -forscher für unumgänglich gehalten; als tendenziell unproblematisch kann das Verhältnis zu Geschichte, Demographie, Ethnologie und Geographie gelten. Gemeinsam mit diesen vertritt die Migrationssoziologie die Auffassung, dass Migration als langfristiger und mehrdimensionaler Prozess zu untersuchen ist und vergleichende, ethnographische und biographische Methoden ein besonders geeignetes Instrumentarium darstellen (vgl. Bade et al. 2007; Hillmann 2007; Liebig 2007; Rostocker Zentrum zur Erforschung des Demografischen Wandels 2007).

Das Verhältnis zwischen Migrationssoziologie und interkultureller (Sozial-) Pädagogik hingegen ist gelegentlich durch Spannungen gekennzeichnet. Diese rühren daher, dass die Gegenstandsbereiche wie Familien- und Geschlechterbeziehungen, Bildung und Ausbildung häufig identisch, die Fragestellungen und Forschungsinteressen jedoch unterschiedlich, teilweise gegensätzlich sind. In der Soziologie ist der gesellschaftskritische Gestus zwischen Aufklärung und Anklage deutlich schwächer ausgeprägt als in der definitionsgemäß normativ und im Sinne der Klientelgruppen häufig parteilich agierenden Pädagogik (vgl. Karaksoglu/Lüddecke 2004; Munsch u.a. 2007). In Anbetracht der Parallelen in den Thematiken ist bei allen Differenzen eine Kenntnis der interkulturellen Pädagogik (vgl. Auernheimer 2003; Badawia 2002; Gogolin 1994; Gogolin/Krüger-Potratz 2006) für Soziologen jedoch unumgänglich. Darüber hinaus hat sich die Forschung zu Interkulturalität in der Pädagogik selbst ausdifferenziert. Mit Interkulturalität sind nicht zwangsläufig die Beziehungen zwischen Migranten und Nicht-Migranten bzw. zwischen ‚fremden' Kulturen gemeint. Es kann dabei auch um vermeintlich unspektakuläre interkulturelle Begegnungen, Irritationen und Konflikte im Kontext des deutsch-französischen Jugendwerks gehen (vgl. Weigand/Hess 2007).

4 Migration in der Soziologie – ein Überblick über die Zentren der Debatte

Im Folgenden werden die soziologischen Zentren der Debatten über Migration vorgestellt. Die Darstellung hat keinen Anspruch auf Vollständigkeit, sondern dient als Überblick über wichtige Tendenzen und soll dazu einladen, sich näher mit den einzelnen Richtungen zu beschäftigen. Der Schwerpunkt liegt auf jüngeren Arbeiten, ohne deren Wurzeln in der klassischen Forschung zu vergessen. Ansätze und Studien, die sich im Kontext von Migration mit dem Feld Rasse – Ethnizität – Ethnisierung beschäftigen, werden mit Blick auf den entsprechenden Beitrag in diesem Handbuch ausgeklammert.

4.1 Integration, Assimilation oder Akkulturation – (wie) kann man Eingliederung messen?

Im Alltagssprachgebrauch ist der Begriff *Integration* für Migranten reserviert. Meist geht es um die Frage, ob und inwieweit sich Migranten an eine Gesellschaft anpassen, ob etwa Wertvorstellungen der Aufnahmegesellschaft übernommen werden (vgl. auch den Beitrag zu „Ethnizität" in diesem Band). In der Debatte über Integrationsprozesse verrät eine Gesellschaft mehr über ihr eigenes Selbstbild und die Brüche in diesem Bild, als ihr bewusst sein mag. Ein aufschlussreiches Beispiel hierfür ist der Gesprächsleitfaden zur Einbürgerung, der in Baden-Württemberg zum Einsatz kam. In der ursprünglichen Fassung wurden Einbürgerungswillige danach gefragt, wie sie sich dazu stellten, wenn ihr volljähriger Sohn ihnen mitteilte, dass er homosexuell sei und gerne mit einem anderen Mann zusammen leben wollte. Das Selbstbild lautet offensichtlich: ‚heute geht man mit Homosexualität entspannt um und toleriert sie – auch bei den eigenen Kindern.' Gleichzeitig markiert man mit dieser Frage eine Abgrenzung zur Traditionalität (meist als Rückständigkeit bezeichnet), die man Migranten unterstellt. Als Maß für Integration ist eine solche Frage eher ungeeignet; im Übrigen wird auch in der einheimischen Bevölkerung über Homosexualität keineswegs nur entspannt verhandelt. Soziologisch hochinteressant ist jedoch, dass dieses Einstellungsmuster als Indikator für Modernität gilt und man die Migranten förmlich einlädt, im Sinne der sozialen Erwünschtheit zu antworten.

In der allgemeinen Soziologie gehören *Migration und Integration* nicht zwangsläufig zusammen. ‚Integration' bedeutet soziologisch ganz allgemein den Grad an Zusammenhalt in einer Gesellschaft und die Teilhabemöglichkeiten *aller* Mitglieder dieser Gesellschaft. Über diesen klassischen Topos laufen in jüngerer Zeit jedoch die verstärkten Bemühungen, Migrationssoziologie und allgemeine Soziologie zu verbinden (vgl. Bommes 2007).

Will man nun nicht politisch-programmatisch, sondern wissenschaftlich untersuchen, ob und inwieweit die Eingliederung von Migranten genau verläuft, so kann man auf unterschiedliche Ansätze zurückgreifen. Ein zentrales Modell der Migrationssoziologie geht auf die Grundannahme zurück, dass sich die Migranten im Lauf der Zeit mehr oder weniger stark an die Aufnahmegesellschaft *angleichen* („assimilieren"). In der deutschsprachigen Forschung war und ist vor allem das von Hartmut Esser in Anlehnung an anglo-amerikanische Theoretiker entwickelte Tableau von vier Assimilationsdimensionen einflussreich. Andere Modelle, die die Begriffe Integration oder Akkulturation favorisieren, unternehmen in der Regel eine vergleichbare Differenzierung. Es geht immer darum, Elemente des Eingliederungsprozesses zu isolieren, die im Forschungsprozess für Befragungen oder Beobachtungen empirisch zugänglich sind.

Im öffentlichen Diskurs wird die Rezeption speziell dieses Modells durch die Vorbehalte gegenüber einer Vorstellung von ‚Angleichung' der Migranten an ihre neue Umgebung erschwert. Was manche Migranten oder manche Kritiker von ‚Assimilation' als Germanisierung oder Aufgabe von Identität ablehnen, ist – soziologisch betrachtet – Voraussetzung für ein Minimum an Teilhabe oder für einen Zugang zu Berufs- und Statuspositionen. Kurz gesagt: nach der Migration ist nichts mehr, wie es war, und Identitäten können nicht konserviert werden. Dies gilt nicht nur für Migranten, sondern auch für die Gesellschaften und die Bilder, die diese von sich entwerfen.

Ungeachtet der politischen Debatten sind Assimilations- oder Akkulturationsdimensionen forschungspraktisch sehr hilfreich. Mit ihnen trägt man der Einsicht Rechnung, dass Migranten sich nicht in allen Bereichen gleich verhalten, und man hat ein Instrumentarium zur Hand, Eingliederungsprozesse differenziert zu untersuchen. Als Beispiel sei die Untersuchung über die Brüche im Assimilationsprozess von bildungserfolgreichen Migranten von Hans-Joachim Schubert genannt, der sich kritisch mit der „‚straight line assimilation theory'" (Schubert 2006: 291) auseinandersetzt. Die Interviews mit den befragten Studierenden türkischer Herkunft wiesen darauf hin, dass es emotional für die Mehrheit der Befragten nicht lohnend sei, sich mit Deutschland zu identifizieren (vgl. Schubert 2006: 298). Vielfach wird auch die Systematik des kanadischen Sozialpsychologen John Berry (1990) zur Akkulturation herangezogen, um Eingliederungsdimensionen zu unterscheiden (vgl. Oswald 2006: 205; Wende 2008).

Übersicht: Assimilationsdimensionen

allgemeine Variablen	*spezifische Variablen*
kognitive Assimilation	Sprache Fertigkeiten Verhaltenssicherheit Regelkompetenz für Gestik und Gebräuche Normenkenntnis Situationserkennung
identifikative Assimilation	Rückkehrabsicht Naturalisierungsabsicht ethnische Zugehörigkeitsdefinition Beibehaltung ethnischer Gebräuche politisches Verhalten
soziale Assimilation	Formelle und informelle interethnische Kontakte De-Segregation Partizipation an Einrichtungen des Aufnahmesystems
strukturelle Assimilation	Einkommen Berufsprestige Positionsbesetzung vertikale Mobilität De-Segregation

(Esser, H. 1980: 221; s. auch Treibel 2008a: 139)

Mit einer weiteren Veralltäglichung von Migration wird langfristig der Integrations-Begriff an Bedeutung gewinnen. Die Einsicht, dass Migranten integriert bzw. assimiliert werden können und Nicht-Migranten keineswegs automatisch integriert sein müssen, schlägt sich gegenwärtig in der Debatte über Inklusion und Exklusion nieder (s. Abschnitt 4.6).

4.2 Fremdheit – klassisch und postmodern

Der ‚Gegentopos' zu dem der Eingliederung in ihren unterschiedlichen Facetten ist die Figur des Fremden. Georg Simmel und Alfred Schütz, prominente Vertreter der klassischen Soziologie, haben hierzu bis heute gültige Texte vorgelegt. Ihre Lektüre kann helfen, den alltagssprachlich eher vagen Begriff von Fremdheit genauer zu fassen. Damit versteht man besser, dass Fremde mehr sind als nur ‚irgendwie anders' (vgl. Treibel 2008a: 103-106; Merz-Benz/Wagner 2002). Simmel hatte bei seinem sozialen Typus des Fremden nicht einen Migranten im modernen Sinne, sondern den jüdischen Händler mittelalterlicher Gesellschaften vor Augen. Für ihn ist der Fremde durch eine eigentümliche Zwischenposition charakterisiert. Er schließt sich einer Gruppe an, die sich von seiner Herkunftsgruppe unterscheidet. Die neue Gruppe betrachtet er quasi von außen, gleichzeitig gehört er ihr selbst an. Er wandert zwar nicht weiter, aber die Vorstellung, dies zu können, macht ihn weniger abhängig. Aufgrund dieser von Simmel sprachlich genau getroffenen Leichtigkeit ist die folgende Passage einer der meistzitierten Auszüge aus der klassischen Migrationsforschung:

> „Es ist hier also der Fremde nicht in dem bisher vielfach berührten Sinne gemeint, als der Wandernde, der heute geht und morgen geht, sondern als der, der heute kommt und morgen bleibt – sozusagen der potenziell Wandernde, der, obgleich er nicht weitergezogen ist, die Gelöstheit des Kommens und Gehens nicht ganz überwunden hat" (Simmel 1992, orig. 1908: 764).

Demgegenüber sieht Schütz Fremdheit als Vorstufe zur Anpassung. Er hatte dabei einen Einwanderer vor Augen, der sich neu orientieren muss, da alte Verhaltensmodelle nicht mehr greifen (vgl. Schütz 1972, orig. 1944). Während Simmel den Fremden trotz seiner ambivalenten Zwischenposition aus Nähe und Distanz zur Gruppe der Einheimischen zählt, lässt Schütz ihn in dieser Zwischenposition. Aus der Annäherung, die für Schütz die Fremdheit ausmacht, wird jedoch nach und nach ein Anpassungsprozess, der mit der Assimilation endet bzw. enden kann.

Sich fremd zu fühlen, ist kein Privileg von Migranten, sondern die eigentümliche Erfahrung eines jeden Stadtbewohners. Und der Fremde selbst wird unterschiedlich wahrgenommen – als Reiz und als Bedrohung, wie unter den Gegenwartssoziologen Zygmunt Bauman in einer ähnlich bilderreichen Sprache wie Simmel und Schütz erläutert:

> „Die Erfahrungsmehrdeutigkeit der postmodernen Stadt spiegelt sich in der postmodernen Ambivalenz des Fremden wieder. Er hat zwei Gesichter: das eine wirkt verlockend, weil es mysteriös ist (…), es ist einladend, verspricht zukünftige Freuden, ohne einen Treueschwur zu verlangen; ein Gesicht unendlicher Möglichkeiten, noch nie erprobter Lust und immer neuen Abenteuers. Das andere Gesicht wirkt ebenfalls geheimnisvoll – doch es ist ein finsteres, drohendes und einschüchterndes Mysterium, das darin geschrieben steht. Beide Gesichter sind nur halb zu sehen und verschwommen. Es bedarf einer Anstrengung, klare Züge dort hineinzulesen, wo das Gesicht sein sollte – einer interpretativen, einer bedeutungszuerkennenden Anstrengung. Es bleibt dem Interpreten überlassen, die Bedeutung zu fixieren, die fließenden Eindrücke in Empfindungen der Lust oder Furcht umzuformen. Und diese Empfindungen verdichten sich dann zu der Gestalt des Fremden – so widersprüchlich und mehrdeutig wie die Empfindungen selbst. Mixophilie und Mixophobie wetteifern miteinander, in einem Wettstreit, der nicht zu gewinnen ist" (Bauman 2007: 224f.).

Fremd ist das, was anders ist, dessen Einschätzung aber noch offen ist. Fremde haben den Vorzug der Neutralität. Wenn ‚der Fremde' näher kommt, wird es erst richtig spannend, dann geht es nämlich um eine neue Form der Beziehung. Nach Bauman ist der Fremde dann nicht mehr fremd, wenn er zu Freund oder Feind wird (vgl. Bauman 2000: 80).

4.3 Feminisierung der Migration

In den 1960er Jahren machten Frauen weltweit knapp 47% aller Migranten aus, heute steigt die Beteiligung von Frauen am Migrationsgeschehen vor allem in den Ländern südlich der Sahara, in Ost- und Südostasien sowie in Lateinamerika. In Europa betrug der Anteil der Migrantinnen an der internationalen Migration im Jahr 2005 54%. Diese Entwicklung wird als „Feminisierung der Migration" (vgl. Deutsche Stiftung Weltbevölkerung 2006: 25) bezeichnet. Damit ist gemeint, dass nicht nur mehr Frauen wandern, sondern die Migrationsprozesse selbst feminisiert sind. Die Expansion des tertiären Sektors (also der Dienstleistungen) in Verbindung mit der Expansion weiblicher Bildung und Emanzipation begünstigen sowohl auf der Angebots- als auch auf der Nachfrageseite die Migration von Frauen. In vielen Teilen der Welt haben sich feminisierte Migrationssysteme entwickelt, wie es Sandra Gruner-Domic für Lateinamerika zusammenfasst:

> „Angefangen bei der Migrationsentscheidung wählen Frauen Wege, die für sie Chancen auf Veränderung bieten. Jedoch nicht allein die Hoffnungen auf sozialen Aufstieg oder auf ökonomische Verbesserung führen zu dem Entschluss auszuwandern, auch die Suche nach attraktiveren Lebensformen oder Lebensstilen. Die Orientierung auf neue Bedürfnisse, wie Konsumgüter oder westliche kulturelle Muster, vermittelt den Migrantinnen aus Lateinamerika einen anderen Horizont für ihre Lebensvorstellungen. Die Kluft zwischen den Lebensrealitäten von Jugendlichen in Lateinamerika und den importierten Konsumtionswünschen wird immer größer (…) Die Vorteile, die sich manche Immigrantinnen versprechen, bilden nur eines von vielen Motiven, warum sie sich für diesen Schritt entscheiden. Jenseits von solchen Motiven sind die Gründe oft sehr persönlicher Natur. Viele Frauen glauben familiäre Konfliktsituationen in ihrem Leben durch die Alternative einer Migration lösen zu können. Was sie erwartet, ist vielen ungewiß, weshalb die Migrantinnen von Abenteuer und Risiko reden (…). Nicht zu unterschätzen bleiben aber auch vorausgegangene Migrationsbewegungen in der Familie oder im näheren Umkreis. In einigen Regionen Lateinamerikas formten Generationen von Land-Land- und Land-Stadtwanderungen von Frauen eine Kultur des Wanderns" (Gruner-Domic 2005: 13f.).

Zur Feminisierung von Migration weltweit tragen die gestiegenen Bildungsqualifikationen und -aspirationen von Mädchen und Frauen ebenso bei wie ihre Veränderungs- und Konfliktbereitschaft. Hinzu kommt die Gewissheit in Tausenden von Familien auf den Philippinen oder in der Dominikanischen Republik, dass die Mütter, Schwestern oder Töchter bei den Rücküberweisungen verlässlicher und insgesamt loyaler sein werden als die männlichen Verwandten. Diese Bindung ist durchaus ambivalent zu bewerten: einerseits gibt sie den Migrantinnen Orientierung, andererseits fühlen sie sich durch die Erwartungen der Familie unter Druck gesetzt.

4.4 Gender und Migration – Studien zum Wandel der Geschlechterverhältnisse

Betrachtet man die heutige Debatte über die Feminisierung der Migration und über ganz unterschiedliche Formen weiblicher Migration, so kann man sich kaum vorstellen, dass die Forschung über Migrant*innen* im Vergleich ein ‚Spätzünder' war. Lange Zeit wurden Mädchen und Frauen sowohl von der Politik als auch von der Wissenschaft allenfalls als Anhängsel betrachtet, die im ‚Schlepptau' männlicher Familienangehöriger mitwanderten (vgl. auch den Beitrag zu „Geschlecht" in diesem Band). Frauen als Akteurinnen in Migrationsprozessen, insbesondere auch als deren Initiatorinnen, kamen kaum in den Blick (vgl. Esser, E. 1982; Phizacklea 1998; Schöttes/Treibel 1997; Treibel 2008c). Mittlerweile kann man fast von einem Boom der Forschung zu Gender und Migration sprechen.

Die internationale Debatte ist in dem wichtigen Sammelband „Global Woman. Nannies, Maids and Sex Workers in the New Economy" dokumentiert, der von Barbara Ehrenreich und Arlie Russell Hochschild (2003) herausgegeben wurde. Die Herausgeberinnen sind bekannt für wegweisende Studien im Bereich der Forschung über Arbeitsbedingungen, insbesondere im Niedriglohnsektor, und Geschlechterverhältnisse in den USA. Hier versammeln sie nun fünfzehn Beiträge derjenigen Forscherinnen, die sich international mit einer bestimmten Gruppe von Migrantinnen beschäftigt haben. Es geht um asiatische Frauen, die über Heiratsagenturen in westliche Länder vermittelt werden, um mexikanische Kindermädchen in Kalifornien oder um tschechische Aupairs in Großbritannien. In diesem Band dominiert der kritische Blick auf dramatische Schicksale und Ausbeutungsverhältnisse, die unterprivilegierte und deklassierte Migrantinnen erleiden.

Der Begriff der *globalen Versorgungskette* selbst stammt von Arlie Russell Hochschild. Zum bekannten *brain drain* kommt nach ihrer Auffassung der *care drain* hinzu:

> „For some time now, promising and highly trained professionals have been moving from ill-equipped hospitals, impoverished schools, antiquated banks, and other beleaguered workplaces of the Third World to better opportunities and higher pay in the First World. As rich nations become richer and poor nations become poorer, this one-way flow of talent and training continuously widens the gap between the two. But in addition to this brain drain, there is now a parallel but more hidden and wrenching trend, as women who normally care for the young, the old, and the sick in their own poor countries move to care for the young, the old, and the sick in rich countries, whether as maids and nannies or as day-care und nursing-home aides. It's a care drain" (Hochschild 2003: 17).

Aus Sicht der Autorinnen von „Global Woman" erfolgt die Emanzipation von westlichen, reichen Frauen auf dem Rücken der Frauen aus der Dritten Welt; außerdem seien die Migrantinnen und ihre zurückgelassenen Kinder (die wiederum von weiblichen Verwandten versorgt werden) in hohem Maße durch diese *transnationale Mutterschaft* belastet. Ähnlich betonen auch die Herausgeberinnen eines deutschsprachigen Bandes das „demokratische Defizit" (Gather u.a. 2002: 11) in den Beziehungen zwischen Arbeitgeberin und Arbeitnehmerin.

Helma Lutz kommt in Rückgriff auf ihre empirische Forschung zu Dienstmädchen in Deutschland in ihrer umfassenden Auswertung (Lutz 2008) zu einem anderen Schluss. Sie betont nicht so sehr die Leidensgeschichten, die es hierzulande auch gibt, sondern analysiert die komplexen Beziehungen zwischen Putz- oder Kinderfrauen und ihren Arbeitgeberinnen. In Anlehnung an die Arbeiten von Jean-Claude Kaufmann zum Beziehungsalltag und zur Haushaltsarbeit heutiger Paare (vgl. Kaufmann 1999) werden hier unterschiedliche Ordnungs-, Reinlichkeits- und Erziehungsvorstellungen ausgefochten oder eher implizit verhandelt. Insofern ist die detailreiche Studie von Lutz nicht nur eine Studie über das Selbst- und Fremdbild von Migrantinnen, sondern auch über Kooperation und Konflikte unter Frauen und über die Inszenierung von (Mittelschicht-) Paaren (s. auch Rerrich 2006). Das Beispiel einer Migrantin aus Ecuador verallgemeinernd, äußert sich Lutz skeptisch zum Erfolg des ‚Projekts Migration' für die Betroffenen:

> „Die Frage, ob sie als eine erfolgreiche Migrantin betrachtet werden kann, wird in unterschiedlichen Kontexten unterschiedlich beantwortet werden müssen: Für ihre Familie in Ecuador sind ihre Remissionen [Rücküberweisungen: A.T.] ein wichtiger Beitrag zur Herstellung und zum Erhalt eines besseren Lebensstandards; ein Vergleich mit gleichaltrigen Frauen und gleichem Bildungshintergrund aus Ecuador, die nicht nach Deutschland, sondern nach Spanien emigriert sind und dort wegen der besseren Legalisierungsmöglichkeiten in der Lage sind, den Haushaltsarbeitssektor zu verlassen und soziale Mobilität zu verwirklichen, würde eher negativ ausfallen. Für andere MigrantInnen ihres Netzwerks dürfte die Legalisierung als Erfolg gelten, obgleich damit noch keine Verbesserung ihrer Lebens- und Arbeitsperspektive verbunden ist. Auch die Frage, ob sie unter diesen Umständen je in der Lage sein wird, eine eigene Familie zu gründen, in Deutschland zu bleiben oder nach Ecuador zurückzukehren, lässt sich zum jetzigen Zeitpunkt schwer vorhersagen" (Lutz 2008: 190).

Die Forschungen über die globalen Versorgungsketten beleuchten in faszinierender Weise, in welchen Kontexten Geschlechterverhältnisse sich heute wandeln und global ineinander verschränkt sind. Die Kehrseite des Begriffs *care drain* sollte jedoch nicht unterschätzt werden: Er birgt das Risiko, dass die Migration von Frauen ausschließlich hierunter zu fassen sei. Feminisierung von Migration findet eben auch im Bereich des *brain drain* statt (vgl. Sassen 2007; Han 2000: 31-37). Es wandern auch hochqualifizierte Frauen; außerdem sind Mädchen mit Migrationshintergrund häufig bildungserfolgreicher als ihre Brüder oder Cousins, setzen ihre besseren Schulabschlüsse häufig jedoch nicht in entsprechende Berufstätigkeiten um (vgl. Granato/Schittenhelm 2004). Gegenwärtig wird unter der Bezeichnung *Intersektionalität* sowohl in der Gender- als auch in der Migrationsforschung intensiv darüber debattiert, ob man die drei Kategorien Ethnie bzw. Rasse, Schicht bzw. Klasse und Geschlecht überhaupt voneinander trennen kann.

4.5 Soziale Ungleichheit und ethnische communities – Kapitalausstattung und Ressourcen von Migranten

Was gibt eigentlich den Ausschlag bei der Platzierung in der gesellschaftlichen Hierarchie? Sind es die Chancen und Risiken, denen man dadurch unterliegt, dass man etwa in eine bildungsferne oder eine bildungsnahe Familie geboren wird? Welche Rolle spielt Migration für soziale Mobilität? Fördern oder bremsen die ethnischen communities die Integration?

Kategorien sozialer Ungleichheit werden in der Soziologie im Zusammenhang betrachtet. Es besteht ein Konsens darüber, dass – ungeachtet der Offenheit des „Leistungsparcours" (Schwinn 2007: 89) für alle Mitglieder in modernen Gesellschaften – unter den zahlreichen Kategorien die folgenden drei die zentrale Rolle spielen:

1. Klasse/Schicht/Milieu (kurz: soziale Herkunft),
2. Geschlecht und
3. Ethnie/Rasse/nationale Herkunft.

Welche dieser Kategorien den ersten Platz beansprucht, ist je nach Perspektive strittig – meist ‚gewinnt' jedoch die soziale Herkunft: Eine Migrantin in einem westeuropäischen Land, die aus einer türkischen Managerfamilie stamme, habe eine bessere Startchance als ein Migrant aus einer marokkanischen Bauernfamilie, so wird mit einiger Plausibilität angenommen. Zentraler Referenzautor für eine solche Argumentation ist Pierre Bourdieu. In Anlehnung an dessen klassische Unterscheidung von ökonomischem, kulturellem und sozialem Kapital (vgl. Bourdieu 1992) wird davon ausgegangen, dass Ungleichheit nicht primär durch die ethnische Herkunft oder den Migrationshintergrund, sondern durch ungleiche Ressourcen im weiteren Sinne bedingt ist. Migranten aus bildungsfernen Milieus verfügen über ein im Vergleich geringeres kulturelles Kapital und möglicherweise über eine noch größere Distanz zu den geschriebenen und ungeschriebenen Regeln von Bildungseinrichtungen als Einheimische aus bildungsfernen Milieus. Hinzu kommt, dass im Herkunftsland erworbene Abschlüsse und Zertifikate von den Institutionen des Aufnahmelandes nicht anerkannt werden (können).

Manche Migranten versuchen, wie Sonja Haug (2000) für die italienischen Zuwanderer in Deutschland gezeigt hat, mangelndes ökonomisches und kulturelles Kapital durch den verstärkten Zugriff auf *soziales Kapital* (kurz: ihre Kontakte und Beziehungen zu anderen italienischen Migranten) zu kompensieren. Haug unterscheidet zwei grundlegende Formen von Sozialkapital: es „sollte bei Beziehungen zu Einheimischen von aufnahmelandspezifischem Sozialkapital gesprochen werden, wohingegen ethnisch homogene Freundesnetzwerke herkunftsortspezifisches Sozialkapital bezeichnen" (Haug/Pointner 2007: 389f.). Der hier verwandte Kapitalbegriff stellt einen ‚Mix' von Bourdieu mit einer ökonomisch fundierten Handlungstheorie dar. Dieser Ansatz erscheint allerdings trotz eines aufwändigen theoretischen und begrifflichen Gebäudes nicht differenziert genug. Es unterstellt, dass für die Migranten der Herkunftsort eine relevante Kategorie sei und direkt in die Gruppierungen in der Aufnahmegesellschaft mündet.

Bei einer stärkeren Prozessorientierung wäre in den Blick gekommen, dass Ethnien bzw. Migrantengruppen sich mit der Migration verändern. Hier wäre hilfreich gewesen, sich an die wertvolle begriffliche Trias von Friedrich Heckmann (1981) zu erinnern. Die Eingewanderten nehmen nicht einfach die Kultur der *Herkunfts*gesellschaft mit, sondern in der *Einwanderungs*gesellschaft entsteht etwas Neues. Diese dritte Kategorie nennt Heckmann *Einwanderer*gesellschaften; meist findet man die Bezeichnung von sog. ethnischen communities. Diese *communities* sind keineswegs schlichte ‚Abziehbilder' der Herkunftsregionen: ‚Italiener in Deutschland' sind eben nicht mit ‚Italienern in Italien' gleichzusetzen (vgl. auch Bovenkerk/Ruland 2007). Im Übrigen ist häufig längst nicht mehr alles das ‚italienisch', was danach klingt oder klingen soll, wie Ursula Apitzsch trefflich reflektiert:

> „Im Rahmen eines Forschungsprojektes ... sollten selbständige italienische Pizza-Bäcker und ihre Kinder als Interview-Partner gewonnen werden. In einer Großstadt im Rhein-Main-Gebiet wurden mehrere Betreiber von Pizzerien auf dieses Projekt hin angesprochen. Die Besitzer sprachen deutsch, wurden von ihren deutschen Kunden jedoch häufig in mehr oder weniger fließendem Italienisch angesprochen, um anzudeuten, dass man sich hier ja gleichsam auf italienischem Territorium befinde, ein wenig wie im Urlaub. Die Pizzeria schien den Kunden so etwas wie ein

transnationaler deutsch-italienischer Grenzraum zu sein, und der Pizzabäcker, der den Erwartungen entgegenkam, antwortete auf Italienisch. Beim Gespräch der Interviewer mit dem Geschäftsinhaber stellte sich später heraus, dass es sich bei ihm – wie bei mehreren Inhabern italienischer Restaurants in der Nachbarschaft – um einen gebürtigen Rumänen deutscher Staatsangehörigkeit handelte, dessen Kinder ebenfalls Deutsche waren. In einem Prozess der ‚ethnic succession' rücken – so hörten die Forscher später auch in Experteninterviews mit italienischen Verbandsvertretern – Rumänen, aber auch Türken und andere Migrantengruppen in die wirtschaftlichen Enklaven nach, die von Italienern vor zwanzig Jahren geschaffen worden waren. Die Kinder der italienischen Vorbesitzer jedoch waren mit ihren Eltern nach Italien zurückgekehrt, waren in Import-Export-Geschäften tätig oder besuchten deutsche Universitäten. Zweifellos kreierten alle diese komplizierten sozialen Prozesse komplexe transnationale soziale Räume, die es lohnten, rekonstruiert zu werden; die Pizzeria jedoch war nur eine kulturindustriell vermarktete Projektionsfläche einer imaginierten Community" (Apitzsch 2003: 71f.).

Die Verstetigung und Normalisierung von Migration ist mit unterschiedlichen Formen sozialer Mobilität verbunden. Abstiege finden statt, jedoch ebenso Aufstiege. Migration führt keineswegs immer zu Erfolg (vgl. Auernheimer 2006), aber auch nicht nur in den Misserfolg. Wie ausdifferenziert die soziale Platzierung von Migranten in einer Aufnahmegesellschaft ist, zeigen anschaulich die Befunde der Sinus-Studie (2007) für Deutschland.

Schaubild: Die Migranten-Milieus in Deutschland 2007. Soziale Lage und Grundorientierung

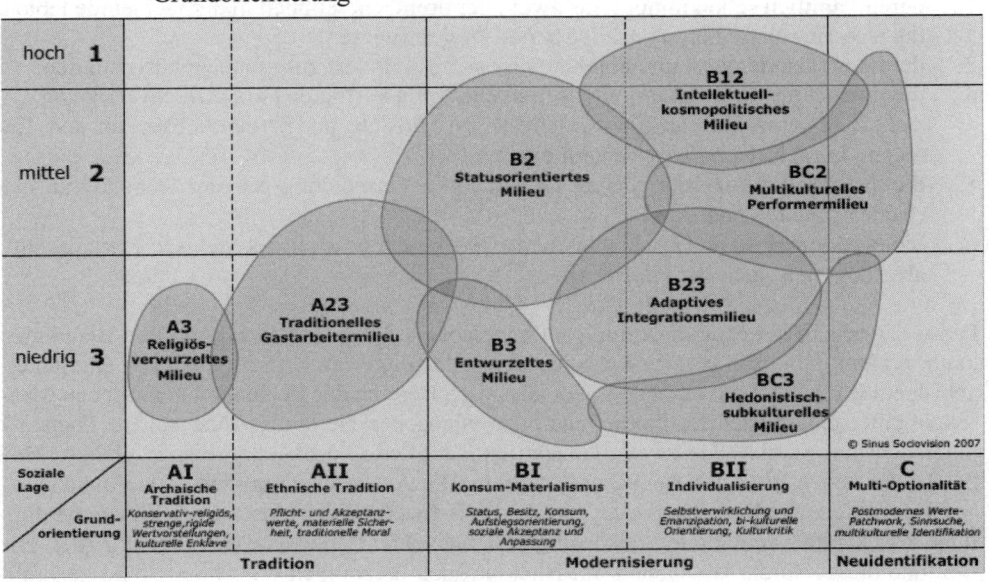

Sinus-Studie 2007

4.6 Figurationen, Inklusion und Exklusion

Die Forschung zur Interaktion zwischen verschiedenen Migrantengruppen und zwischen Migranten und Nicht-Migranten bzw. Einheimischen ist ein heterogenes Feld. Auf der einen Seite gibt es Forschungen wie die zur sog. „Gruppenbezogenen Menschenfeindlichkeit" (vgl. Heitmeyer 2002), die ideologische Grundkonstellationen der deutschen Bevölkerung gegenüber bestimmten Gruppen oder Arbeiten zu Rassismus und Ethnozentrismus entschlüsselt. ‚Normale' und unspektakuläre Formen der Interaktion sind eher gering vertreten. Für solche Alltagsanalysen hat sich der Figurationsbegriff von Norbert Elias als geeignetes Instrument erwiesen (vgl. Treibel 2008b). Hier geht es weniger um spektakuläre Vorfälle oder Übergriffe, als um die Beziehungen etwa von Längeransässigen und Neuankömmlingen. Die Figurationsanalysen in der Migrationsforschung machen deutlich, dass keineswegs immer die Einheimischen die Mächtigen und die Migranten die Ohnmächtigen oder weniger Mächtigen sind bzw. wie sich die Beziehungen verändern.

Grundlage dieser Analysen ist die klassische Studie von Norbert Elias und John Scotson (2002) aus dem Jahr 1965 über „Etablierte und Außenseiter". Die beiden Autoren untersuchen die Beziehungen zwischen zwei – im Übrigen statusgleichen – Gruppen in einem als Winston Parva bezeichneten Ort in England. Ein *hohes Sozialprestige* hatten diejenigen Personen (vgl. Elias/Scotson 2002: 218ff.),

1. deren Familien schon mindestens zwei oder drei Generationen in der Gemeinde lebten, die also ein relativ hohes *soziologisches Alter* aufwiesen;
2. die untereinander zusammenhielten oder sich zumindest zusammengehörig fühlten;
3. die über stabile und verlässliche Verhaltensregeln verfügten (sog. *Kanonvererbung*);
4. die ein höheres Maß an Selbstkontrolle, an Umsicht und Ordentlichkeit an den Tag legten, kurz: sich *zivilisierter* verhielten;
5. die sich an die ungeschriebenen Gesetze, wie Vermeidung privater Kontakte zu den ‚Neuen', hielten und
6. die eine gemeinsame Geschichte aneinander bindet oder auch kettet – in Freundschaft, aber durchaus auch in Feindschaft.

Diese „Dynamik der Rangeinstufung" (Elias/Scotson 2002: 111) wird von den Beteiligten kaum erkannt. Die *tatsächlichen* Eigenschaften der Zugewanderten spielen nur eine untergeordnete Rolle; dies gilt auch und gerade für den Bereich der Beziehungen zwischen Menschen unterschiedlicher Hautfarbe und/oder ethnischer Herkunft. Eine solche Dynamik untersucht die Studie „Die zweite Generation: Etablierte oder Außenseiter?" (Juhasz/Mey 2003), die neben Elias auf Bourdieu rekurriert. Die Autorinnen entwickeln in Anwendung auf Jugendliche ausländischer Herkunft in der Schweiz „Perspektiven der Zusammenführung von kapital- und figurationsbedingter Ungleichheit" (Juhasz/Mey 2003: 79ff.). Die Befunde dieser Studie lassen sich mit Blick auf den derzeitigen Forschungsstand generalisieren: Die soziale Lage der Migrantinnen und Migranten ist zu heterogen, als dass man sie – wie es oft vereinfachend geschieht – als Außenseiter bezeichnen könnte. Manche, die integriert wirken, fühlen sich gleichwohl ausgegrenzt und andere, die man als marginalisiert wahrnimmt, kommen mit ihrer Situation zurecht.

Die Grenze zwischen Etablierten und Außenseitern verläuft keineswegs immer entlang der gesellschaftlichen Hierarchien zugunsten der Statushöheren. Die Anfeindung einer

Obdachlosen in einer spiegelnden Einkaufspassage wird kaum überraschen. Entsprechendes kann einem Kunden in Anzug und Krawatte, der in einem volkstümlichen Bistro nach einer Serviette verlangt, jedoch ebenfalls widerfahren. An den Beispielen wird deutlich, dass es häufig die Überschreitung von Schichtgrenzen ist, die als Verletzung ungeschriebener Regeln empfunden wird und die zu Irritationen führt. So gilt die Bezeichnung ‚Professor', die eigentlich einen hohen gesellschaftlichen Status markiert, in manchen Kontexten als Abwertung, etwa als Bezeichnung für Fußballtrainer, die nach bestimmten Lehrmethoden arbeiten. Im Fußball gilt schon als Außenseiter, wer Abitur oder gar einen Hochschulabschluss hat oder auch nur wissenschaftliche Erkenntnisse bemüht: „auch nach der Klinsmann-Revolution im deutschen Fußball gelten Trainer mit Hochschul-Attitüde, wie Hoffenheims Ralf Rangnick oder der in Schalke entlassene Mirko Slomka, als *Professoren* ohne Stallgeruch und Praxisprägung" (Kielbassa 2008: 31; Hervorh. im Original).

Mit den Begriffen *Inklusion* und *Exklusion* wird seit den 1990er Jahren eine klassische Diskussion in der Soziologie neu akzentuiert, die auch über die Fachgrenzen hinaus starke Beachtung findet (vgl. Bude/Willisch 2006; Bude 2008). Die Vorzüge dieses Konzeptes bestehen wie bei der Figurationstheorie darin, die Veränderungen der Gesellschaft insgesamt zu betrachten und nicht nur auf die Migrantinnen und Migranten zu ‚starren'. Keineswegs sind die Nicht-Migranten automatisch inkludiert und die Migranten exkludiert. Im Falle von Exklusion ist die Frage, wie Migranten in diese Lage gekommen sind, nicht einfach zu beantworten. Nicola Tietze (2006) zeigt in ihrer Studie über junge Männer mit Migrationshintergrund in Hamburg-Wilhelmsburg, die sich primär als Muslime definieren, ein beklemmendes Wechselspiel von Diskriminierung und Selbstausschluss:

> „Mit Hilfe der Dogmen des Islams – insbesondere der Unterscheidung zwischen dem Erlaubten (*halal*) und dem Unerlaubten (*haram*) – geben sich die jungen Wilhelmsburger Orientierungspunkte in einer sozialen Welt, die ‚ziellos' erscheint, in der alles möglich und doch nichts erreichbar ist. Die Anomieerfahrungen, die die Schilderungen des Ausgrenzungsgefühls durchziehen, überwinden sie auf einer subjektiven Ebene durch die Vorstellung von religiös begründeten Grenzen. Die muslimische Identifikation wird in ein ethisches Prinzip übersetzt, das im Sinne einer Lebensführung die Erfahrung vom eigenen Selbst im sozialen Raum und in der Zeit ermöglicht. Gleichzeitig eröffnet sich dem Individuum dadurch eine Perspektive, mit den egozentrischen Beziehungen des ‚Herumhängens' zu brechen" (Tietze 2006: 166f.; Hervorh. im Original).

5 Zusammenfassung

Die soziologische Perspektive trägt zur Genauigkeit der Beobachtung bei, schützt vor Substantialisierungen und stellt globale und systematische Zusammenhänge her. Vor allem sieht sie die Migranten als Individuen in bestimmten Kontexten und nicht als gesichtslose Masse.

Die Soziologie untersucht, wie Menschen sich in Raum und Zeit bewegen und verändern. Es geht dabei weniger um ihre tatsächlichen und vermeintlichen *Eigenschaften* von Migrantinnen und Migranten, z.B. ‚als Deutschtürkin' oder ‚als Mexican American', sondern um das, was sie konkret tun und lassen. Migranten haben gute Gründe, zu wandern und bestimmte Zielregionen zu wählen. Dem, was von außen betrachtet als Abschottung oder Rückzug in eine ‚Parallelgesellschaft' erscheinen mag, liegen bestimmte Strategien zugrunde, die für die Personen selbst rational und sinnvoll sind. Auf diese Weise trägt die Soziologie dazu bei, Migranten mit den Motiven und Zielsetzungen ihrer Handlungen ernst zu nehmen.

,Die Migranten' stellen keine einheitliche Gruppierung dar. Sie unterscheiden sich nach Geschlecht, Alter, sozialer Herkunft, nach ihrem Bildungsstand, dem Grad ihrer wahrgenommenen Fremdheit, nach ihrer Erwerbsbiografie und anderen Kategorien, die im weitesten Sinne *soziale Ungleichheit* markieren. Migranten verfügen – ebenfalls wie Nicht-Migranten – über ökonomisches, kulturelles und soziales Kapital. So ist es nicht weiter überraschend, dass sich die Verkehrskreise von Menschen eher nach der Ähnlichkeit ihres jeweiligen Kapitals als danach ,sortieren', ob jemand zugewandert ist oder nicht. Für die Mitglieder etwa in einem akademischen Feld tritt die Frage, ob jemand Migrant ist oder nicht, hinter der fachlichen Nähe und der gemeinsamen, globalisierten Fachsprache zurück. Damit ist jedoch keineswegs gesichert, dass die soziale Ähnlichkeit vor Ausgrenzung und Konkurrenz schützt. Migranten befinden sich untereinander und mit den Einheimischen in Figurationen und nicht alle bilden ethnische communities. Ein solcher Blick, der ,Migration' mit weiteren sozialen Kategorien in Beziehung setzt, macht verständlich, dass es keine Gesetzmäßigkeiten, aber bestimmte soziale Regelmäßigkeiten gibt, nach denen Migrationsprozesse verlaufen.

Die Lebensentwürfe und Konflikte von Migranten können nicht über einen Kamm geschoren werden. Gruppenbezogene Aussagen markieren meist eine Tendenz, erheben jedoch nicht den Anspruch, für jedes Individuum in der Gruppe zu gelten. Wenn es also heißt, britische Altersmigranten an der Costa del Sol integrieren sich in ihre eigenen Vereine, nicht jedoch in spanische Institutionen (vgl. O'Reilly 2007), so schließt das nicht aus, dass einzelne sich anders verhalten. Ebenso ist der Befund, dass deutsche Migranten in Australien insgesamt betrachtet Erfolg mit ihrem Projekt Migration haben und beruflich gut oder sehr gut klarkommen (vgl. Wende 2008), nicht auf jede einzelne Person gemünzt, die durchaus auch scheitern kann.

Der Opfer-Diskurs über ,arme Migrantinnen und Migranten' ist für die Arbeitsmigration, um die es in diesem Beitrag ging, nicht angemessen. Die Feminisierung der Migration und die intensiven Debatten über ,Gender und Migration' zeigen, dass gerade auch Migrant*innen* als Agierende und nicht als Reagierende gesehen werden sollten. Die Spannung von Handlungsoptionen und Handlungsrestriktionen, die die Forschung als zentral für die Migrantinnen herausgearbeitet hat, ist noch stärker unter Gender- und nicht nur unter Frauenaspekten zu untersuchen.

,Fremde', die sich zum Bleiben entschlossen haben, stoßen keineswegs nur auf Zustimmung – ganz entgegen der Anforderungen, die Migranten sollten sich doch integrieren. Hier greift das Fremdheits-Konzept, denn es beleuchtet die Unterschiedlichkeit der Blicke von und auf Migranten. Wenn die ,Gelöstheit des Kommens und Gehens' beendet ist, stehen Entscheidungen an – auf Seiten der Migranten und auf Seiten der Einheimischen. Manchen Alteingesessenen geht die Annäherung auch zu schnell, wie gegenwärtig die Debatte in der Schweiz über die deutschen Einwanderer zeigt.

In den Mediendiskussionen ist das Bild, wonach Migranten *zwischen* zwei Welten leben und darunter leiden, weder in der Herkunfts- noch in der Aufnahmegesellschaft verankert zu sein, sehr verbreitet. Mit Blick auf die soziologischen Befunde sollte man dieses Bild ergänzen: ob sie wirklich leiden, kommt sehr darauf an, wie es um ihre soziale Lage *in* ihrer jeweils konkreten Welt bestellt ist. Die zukünftige Entwicklung ist – wie die bisherige

– davon abhängig, wie die Migranten sie selbst definieren und gestalten und inwiefern die Aufnahmegesellschaften Migration als normalen sozialen Prozess und gleichwohl als politische Gestaltungsaufgabe begreifen.

Literatur

Apitzsch, Ursula (2003): Migrationsbiographien als Orte transnationaler Räume. In: Apitzsch/Jansen (2003): 65-80

Apitzsch, Ursula/Jansen, Mechtild M. (Hrsg.) (2003): Migration, Biographie und Geschlechterverhältnisse. Münster: Westfälisches Dampfboot

Auernheimer, Georg (2003): Einführung in die interkulturelle Pädagogik. 3. neu bearb. u. erw. Aufl. Darmstadt: Wissenschaftliche Buchgesellschaft

Badawia, Tarek (2002): ‚Der dritte Stuhl'. Eine Grounded Theory-Studie zum kreativen Umgang bildungserfolgreicher Immigrantenjugendlicher mit kultureller Differenz. Frankfurt a.M.: IKO

Bade, Klaus J. (ed.) (1987): Labour and Migration in 19th- and 20th-Century Germany. Leamington/Warwickshire: Berg

Bade, Klaus J./Oltmer, Jochen (2004): Normalfall Migration. Deutschland im 20. und frühen 21. Jahrhundert. Bonn: Bundeszentrale für politische Bildung

Bade, Klaus J./Emmer, Pieter C./Lucassen, Leo/Oltmer, Jochen (Hrsg.) (2007): Enzyklopädie Migration in Europa. Vom 17. Jahrhundert bis zur Gegenwart. Paderborn u.a. München: Verlage Ferdinand Schöningh und Wilhelm Fink

Bauman, Zygmunt (2000, orig. 1990): Vom Nutzen der Soziologie. Frankfurt a.M.: Suhrkamp

Bauman, Zygmunt (2007): Flaneure, Spieler und Touristen. Essays zu postmodernen Lebensformen. Hamburg: Hamburger Edition (darin insbes. Kap. 5: Ein Wiedersehen mit dem Fremden)

Berry, John W. (1990): Psychology of Acculturation. Understanding Individuals Moving Between Cultures. In: Brislin (1990): 232-253

Bommes, Michael (2007): Integration – gesellschaftliches Risiko und politisches Symbol. In: Aus Politik und Zeitgeschichte 22-23/2007: 3-5

Boos-Nünning, Ursula/Karakasoglu, Yasemin (2005): Viele Welten leben. Zur Lebenssituation von Mädchen und jungen Frauen mit Migrationshintergrund. Münster u.a.: Waxmann

Bourdieu, Pierre (1992): Ökonomisches Kapital, kulturelles Kapital, soziales Kapital. In: ders.: Die verborgenen Mechanismen der Macht. Hamburg: VSA

Bovenkerk, Frank/Ruland, Loes (2007): Italienische Eismacher in Europa seit dem späten 19. Jahrhundert. In: Bade et al. (2007): 675-678

Brislin, Richard W. (ed.) (1990): Applied Cross-Cultural Psychology. Newbury Park: Sage

Bude, Heinz (2008): Die Ausgeschlossenen. Das Ende vom Traum der gerechten Gesellschaft. München: Hanser

Bude, Heinz/Willisch, Andreas (Hrsg.) (2006): Das Problem der Exklusion. Ausgegrenzte, Entbehrliche, Überflüssige. Hamburg: Hamburger Edition

Bundesamt für Migration und Flüchtlinge (2005): Die Datenlage im Bereich der Migrations- und Integrationsforschung. Ein Überblick über wesentliche Migrations- und Integrationsindikatoren und die Datenquellen (Verfasserin: Sonja Haug) Working Papers 1/2005

Butterwegge, Christoph/Hentges, Gudrun (Hrsg.) (2006): Zuwanderung im Zeichen der Globalisierung. Migrations-, Integrations- und Minderheitenpolitik. Wiesbaden: VS

Deutsche Stiftung Weltbevölkerung (2006): Weltbevölkerungsbericht 2006. Der Weg der Hoffnung. Frauen und internationale Migration. Stuttgart: Balance Verlag

Durch Europa (2000). In Berlin. Porträts und Erkundungen. Hrsg. v. Institut für Europäische Ethnologie. Begleitbuch zur Ausstellung im Märkischen Museum in Berlin vom 24.8. – 26.11. 2000. Berlin: BasisDruck

Ehrenreich, Barbara/Hochschild, Arlie Russell (eds.) (2002): Global Woman. Nannies, Maids and Sex Workers in the New Economy. New York: Metropolitan Books
Elias, Norbert/Scotson, John L. (2002, orig. 1965): Etablierte und Außenseiter. Hrsg. u. übersetzt von Michael Schröter. Frankfurt a.M.: Suhrkamp
Elschenbroich, Donata (1986): Eine Nation von Einwanderern. Ethnisches Bewußtsein und Integrationspolitik in den USA. Frankfurt a.M./New York: Campus
Esser, Elke (1982): Ausländerinnen in der Bundesrepublik Deutschland: Eine soziologische Analyse des Eingliederungsverhaltens ausländischer Frauen. Frankfurt a.M.: R. G. Fischer
Esser, Hartmut (1980): Aspekte der Wanderungssoziologie. Assimilation und Integration von Wanderern, ethnischen Gruppen und Minderheiten. Eine handlungstheoretische Analyse. Darmstadt/Neuwied: Luchterhand
Esser, Hartmut (2006): Sprache und Integration. Die sozialen Bedingungen und Folgen des Spracherwerbs von Migranten. Frankfurt a.M./New York: Campus
Faist, Thomas (2007): Transnationale Migration als relative Immobilität in einer globalisierten Welt. In: Berliner Journal für Soziologie 17. 2007: 365-385
Fassmann, Heinz/Müz, Rainer (Hrsg.) (1996): Migration in Europa. Historische Entwicklung, aktuelle Trends und politische Reaktionen. Frankfurt a.M./New York: Campus
Franzen, Axel/Freitag, Markus (Hrsg.) (2007): Sozialkapital: Grundlagen und Anwendungen. Wiesbaden: VS (Kölner Zeitschrift für Soziologie und Sozialpsychologie. Sonderheft 47)
Gather, Claudia/Geissler, Birgit/Rerrich, Maria S. (Hrsg.) (2002): Weltmarkt Privathaushalt. Bezahlte Haushaltsarbeit im globalen Wandel. Münster: Westfälisches Dampfboot
Gemende, Marion (2002): Interkulturelle Zwischenwelten. Bewältigungsmuster des Migrationsprozesses bei MigrantInnen in den neuen Bundesländern. Weinheim/München: Juventa
Gogolin, Ingrid (1994): Der monolinguale Habitus der multilingualen Schule. Münster: Waxmann
Gogolin, Ingrid/Krüger-Potratz, Marianne (Hrsg.) (2006): Einführung in die Interkulturelle Pädagogik, Opladen/Farmington Hills: Barbara Budrich
Gomolla, Mechtild/Radtke, Frank-Olaf (2002): Institutionelle Diskriminierung. Die Herstellung ethnischer Differenz in der Schule. Opladen: Leske + Budrich
Granato, Mona/Schittenhelm, Karin (2004): Junge Frauen: Bessere Schulabschlüsse – aber weniger Chancen beim Übergang in die Berufsausbildung. In: Aus Politik und Zeitgeschichte. B 28/2004: 31-39
Gruner-Domic, Sandra (2005): Latinas in Deutschland. Eine ethnologische Studie zu Migration, Fremdheit und Identität. Münster u.a.: Waxmann
Hammar, Tomas/Brochmann, Grete/Tamas, Kristof/Faist, Thomas (eds.) (1997): International Migration, Immobility and Development: Multidisciplinary Perspectives. Oxford: Berg
Han, Petrus (2000): Soziologie der Migration. Erklärungsmodelle – Fakten – Politische Konsequenzen – Perspektiven. Stuttgart: Lucius & Lucius
Haug, Sonja (2000): Soziales Kapital und Kettenmigration: italienische Migranten in Deutschland. Opladen: Leske + Budrich
Haug, Sonja/Pointner, Sonja (2007): Soziale Netzwerke, Migration und Integration. In: Franzen/Freitag (2007): 367-396
Heckmann, Friedrich (1981): Die Bundesrepublik: Ein Einwanderungsland? Zur Soziologie der Gastarbeiterbevölkerung als Einwandererminorität. Stuttgart: Klett-Cotta
Heine, Matthias (2006): Ich wachte auf und hatte einen Migrationshintergrund. Vor dem heutigen Integrationsgipfel im Kanzleramt: Wie nennt man eigentlich diejenigen, über die geredet werden soll? In: Die Welt v. 14.7.2006 (www.welt.de/print-welt/article 229269; Zugriff v. 31.5.2008)
Heitmeyer, Wilhelm (Hrsg.) (2002): Deutsche Zustände. Folge 1. Frankfurt a.M.: Suhrkamp
Hentges, Gudrun/Hinnenkamp, Volker/Zwengel, Almut (Hrsg.) (2008): Migrations- und Integrationsforschung in der Diskussion. Biografie, Sprache und Bildung als zentrale Bezugspunkte. Wiesbaden: VS
Hillmann, Felicitas (2007): Migration als räumliche Definitionsmacht? Stuttgart: Steiner
Hochschild, Arlie Russell (2003): Love and Gold. In: Ehrenreich/Hochschild (2003): 15-30

Hoerder, Dirk/Lucassen, Jan/Lucassen, Leo (2007): Terminologien und Konzepte in der Migrationsforschung. In: Bade et al. (2007): 28-53
Hoffmann-Nowotny, Hans-Joachim (1973): Soziologie des Fremdarbeiterproblems. Eine theoretische und empirische Analyse am Beispiel der Schweiz. Stuttgart: Enke
Husa, Karl/Parnreiter, Christof/Stacher, Irene (Hrsg.) (2000): Internationale Migration. Die globale Herausforderung des 21. Jahrhunderts. Frankfurt a.M.: Brandes und Apsel
Juhacz, Anne/Mey, Eva (2003): Die zweite Generation: Etablierte oder Außenseiter? Biographien von Jugendlichen ausländischer Herkunft. Wiesbaden: Westdeutscher Verlag
Karakasoglu, Yasemin/Lüddecke, Julian (Hrsg.) (2004): Migrationsforschung und Interkulturelle Pädagogik. Aktuelle Entwicklungen in Theorie, Empirie und Praxis. Ursula Boos-Nünning zum 60. Geburtstag. Münster u.a.: Waxmann
Kaufmann, Jean-Claude (1999): Mit Leib und Seele. Theorie der Haushaltstätigkeit. Konstanz: UVK
Kielbassa, Moritz (2008): Das gläserne Spiel. Computer-Analysen entschlüsseln viele Rätsel des modernen Spitzenfußballs – sogar die Champions League wird erklärbar. In: Süddeutsche Zeitung Nr. 95 v. 23.4.2008: 31
Klinger, Cornelia/Knapp, Gudrun-Axeli/Sauer, Birgit (Hrsg.) (2007): Achsen der Ungleichheit. Zum Verhältnis von Klasse, Geschlecht und Ethnizität. Frankfurt a.M./New York: Campus
Konsortium Bildungsberichterstattung im Auftrag der Ständigen Konferenz der Kultusminister der Länder in der Bundesrepublik Deutschland und des Bundesministeriums für Bildung und Forschung (Hrsg.) (2006): Bildung in Deutschland. Ein indikatorengestützter Bericht mit einer Analyse zu Bildung und Migration. Bielefeld
Korte, Hermann (1987): Guestworker Question or Immigration Issue? Social Sciences and Public Debate in the Federal Republic of Germany. In: Bade (1987): 161-186
Koser, Khalid/Lutz, Helma (eds.) (1998): The New Migration in Europe. Social Constructions and Social Realities. Houndmills et al.: Macmillan Press Ltd.
Liebig, Sabine (Hrsg.) (2007): Migration und Weltgeschichte. Schwalbach/Ts.: Wochenschau Verlag
Losi, Natale (1996): Italien – vom Auswanderungsland zum Einwanderungsland. In: Fassmann/Münz (1996): 119-138
Lutz, Helma (2008): Vom Weltmarkt in den Privathaushalt. Die neuen Dienstmädchen im Zeitalter der Globalisierung. 2. überarb. Aufl. Opladen/Farmington Hills: Barbara Budrich
Massey, Douglas S. (2000): Einwanderungspolitik für ein neues Jahrhundert. In: Husa u.a. (2000): 53-76
Merz-Benz, Peter-Ulrich/Gerhard Wagner (Hrsg.) (2002): Der Fremde als sozialer Typus. Klassische soziologische Texte zu einem aktuellen Phänomen. Konstanz: UVK
Migrationsbericht 2006. Migrationsbericht des Bundesamtes für Migration und Flüchtlinge im Auftrag der Bundesregierung. Nürnberg/Berlin
Morokvasic, Mirjana/Rudolph, Hedwig (Hrsg.) (1994): Wanderungsraum Europa. Menschen und Grenzen in Bewegung. Berlin: edition sigma
Munsch, Chantal/Gemende, Marion/Weber-Unger Rotino, Steffi (Hrsg.) (2007): Eva ist emanzipiert, Mehmet ist ein Macho. Zuschreibung, Ausgrenzung, Lebensbewältigung und Handlungsansätze im Kontext von Migration und Geschlecht. Weinheim/München: Juventa
O'Reilly, Karen (2007): Britische Wohlstandsmigranten an der Costa del Sol seit dem späten 20. Jahrhundert. In: Bade u.a. (2007): 429-432
Oswald, Ingrid (2006): Neue Migrationsmuster. Flucht aus oder in ‚Überflüssigkeit'? In: Bude/Willisch (2006): 200-224
Oswald, Ingrid (2007): Migrationssoziologie. Konstanz: UVK
Ostwald, Richard (2000): Dänen in Berlin. Annäherungen an eine unauffällige community. In: Durch Europa (2000): 21-40
Pavón, Cecilia (2008): Mein Platz in der Welt. Andreas Fanizadeh und Eva-Christina Meier im Gespräch mit Cecilia Pavón. In: wespennest. zeitschrift für brauchbare texte und bilder. 151. Themenheft: Argentinien in der Krise: 47-49
Phizacklea, Annie (1998): Gender, Migration and Globalization. London et al.: Sage

Pries, Ludger (Hg.) (1997): Transnationale Migration. Baden-Baden : Nomos (Soziale Welt. Sonderbd. 12)
Pries, Ludger (2001): Internationale Migration. Bielefeld: transcript
Rerrich, Maria S. (2006): Die ganze Welt zu Hause. Cosmobile Putzfrauen in privaten Haushalten. Hamburg: Hamburger Edition
Rostocker Zentrum zur Erforschung des demografischen Wandels (2007): Deutschland im Demografischen Wandel. Ausgabe 2007. Hrsg. v. Thusnelda Tivig u. Pascal Hetze. Rostock: klatschmohn
Sassen, Saskia (1996): Migranten, Siedler, Flüchtlinge. Von der Massenauswanderung zur Festung Europa. Frankfurt a.M.: Fischer
Sassen, Saskia (2007): Die globale Frau. Haushaltshilfe, Prostituierte, Managerin: warum Frauen zum strategischen Faktor der Weltwirtschaft werden. In: Kulturaustausch. Zeitschrift für internationale Perspektiven. Ausgabe IV/2007: 16-19
Schmitt, Birte (2007): ‚Gefangen in einer Stadt'. Eine qualitative Studie zu den Lebensverhältnissen von Flüchtlingen in den ersten Monaten ihres Asylverfahrens am Beispiel Karlsruhe. Frankfurt a.M.: IKO
Schöttes, Martina/Treibel, Annette (1997): Frauen – Flucht – Migration. Wanderungsmotive von Frauen und Aufnahmesituationen in Deutschland. In: Pries (1997): 85-11
Schubert, Hans-Joachim (2006): Integration, Ethnizität und Bildung. Die Definition ethnischer Identität Studierender türkischer Herkunft. In: Berliner Journal für Soziologie 16. 3: 291-312
Schütz, Alfred (1972, orig. 1944): Der Fremde. Ein sozialpsychologischer Versuch. In: ders.: Gesammelte Aufsätze. Bd. 2: Studien zur soziologischen Theorie. Den Haag: Martinus Nijhoff: 53-69
Schwinn, Thomas (2007): Soziale Ungleichheit. Bielefeld: transcript
Simmel, Georg (1992, orig. 1908): Exkurs über den Fremden. In: ders.: Soziologie. Untersuchungen über die Formen der Vergesellschaftung. Hrsg. v. Otthein Rammstedt. Frankfurt a.M.: Suhrkamp: 764-771
Sinus-Studie (2007): Die Milieus der Menschen mit Migrationshintergrund in Deutschland. Heidelberg
Statistisches Bundesamt (2008): Leichter Anstieg der Bevölkerung mit Migrationshintergrund (www.presseportal.de/print v. 22.3.2008)
Terkessidis, Mark (2000): Migranten. Hamburg: Europäische Verlagsanstalt/Rotbuch Verlag
Tietze, Nikola (2006): Ausgrenzung als Erfahrung. Islamisierung des Selbst als Sinnkonstruktion in der Prekarität. In: Bude/Willisch (2006): 147-173
Treibel, Annette (2007): Einwanderung – Nomadismus – Transmigration: Aktuelle Migrationsprozesse aus soziologischer Sicht. In: Liebig (2007): 15-25
Treibel, Annette (2008a): Migration in modernen Gesellschaften. Soziale Folgen von Einwanderung, Gastarbeit und Flucht, 4. Aufl. Weinheim/München: Juventa
Treibel, Annette (2008b): Die Soziologie von Norbert Elias. Eine Einführung in ihre Geschichte, Systematik und Perspektiven. Wiesbaden: VS
Treibel, Annette (2008c): Von der exotischen Person zur gesellschaftlichen Normalität. Migrantinnen in der soziologischen Forschung und Lehre. In: Hentges u.a. (2008)
Tully, Claus J. /Baier, Dirk (2006): Mobiler Alltag. Mobilität zwischen Option und Zwang – Vom Zusammenspiel biographischer Motive und sozialer Vorgaben. Wiesbaden: VS
Weigand, Gabriele/Hess, Remi (Hrsg.) (2007): Teilnehmende Beobachtung in interkulturellen Situationen. Frankfurt a.M./New York: Campus
Weltkommission für Internationale Migration [Global Commission on International Migration; GCIM] (2006): Migration in einer interdependenten Welt: Neue Handlungsprinzipien. Berlin
Wende, Ann-Kathrin (2008): German Migrants in Western Australia and Queensland: Acculturation and Transnational Social Spaces. Ms. (Diss. PH Karlsruhe)

Internet-Adressen (s. dort Links zu einschlägigen Forschungseinrichtungen und Institutionen)

www.migration-info.de (Newsletter *Migration und Bevölkerung*)
www.network-migration.org (Netzwerk Migration in Europa)
www.bamf.de (Bundesamt für Migration und Flüchtlinge)
www.bpb.de (Bundeszentrale für politische Bildung)
www.iom.int (International Organization for Migration)

Nation & Nationalstaat

Ulrich Bielefeld

1 Nation und Gesellschaft

Moderne Gesellschaften begründeten sich als souveräne Nationalstaaten. Ihre Geschichte begann mit der Institutionalisierung der Westfälischen Ordnung und erstreckte sich bis 1950, auch wenn bereits ab 1914 die Blütezeit der souveränen Nation zu enden beginnt.

> „Die Einheit der Nation war (...) die theoretische Grundlage der politischen Legitimität und die praktische Stütze der staatlichen Einheit. Zwischen 1650 und 1950 stellten nur wenige politische Philosophen diese Grundannahme in Frage oder zweifelten daran, dass die Nationalität die natürliche Grundlage der Staatenbildung sei; ihre Hauptfrage war, wie die Nationalstaaten Legitimität erlangten und behielten und mit welchen Mitteln sie den politischen Gehorsam ihrer Untertanen erzwingen durften. Die vorausgehende Frage, in welchem Maße der Nationalstaat vielleicht nur beschränkten Wert als Zentrum der politischen Organisation der sozialen Loyalität hat, wurde nicht gestellt" (Toulmin 1991: 226).

Moderne Gesellschaften organisierten sich also als nationalstaatliche. So wie für die politische Philosophie die Nation zur natürlichen Grundlage des Staates geworden war, wurde die Nation zur selbstverständlichen Grundlage der Gesellschaft. Gesellschaft war Nation und nur Nationen konnten moderne Gesellschaften werden. Schon Johann Gottlieb Fichte wies auf eine doppelte Unterscheidung hin. Die christliche Nation unterschied sich von anderen christlichen Nationen, die sich wechselseitig anerkannten, in einem „ursprünglichen Frieden" zueinander standen, auf dessen Grundlage Kriege um Interessen, aber nicht um die Existenz geführt würden. Nichtchristlichen Staaten wurde die Anerkennung versagt (siehe Fichte 1991: 350). Es gab Völker, die nicht erreichen konnten und sollten, sich als Nation in einem Staat zu organisieren, und solche, die es noch nicht erreicht hatten. Anerkannte Nationen waren aufteilbar in solche, die ausgehend von einer gegebenen staatlichen Herrschaft in einen Nationalstaat transformiert wurden, in dem sie ihre Herrschaftsform nationalisierten (beispielsweise England, Holland, später, 1830, Belgien) oder revolutionär transformierten, und in diejenigen Völker und Nationen, die noch keine Staatsbildung vollzogen hatten und schließlich als verspätete Nationen (etwa Italien und Deutschland) thematisiert wurden. Der moderne Begriff der Nation erbte vom Vorläuferbegriff der ‚nationes' den Bezug auf eine Herkunftsgruppe und verband ihn mit Organisation und Begründung des Politischen. Nation bezog sich nun auf unterschiedlich thematisierbare Zugehörigkeit und auf die Umstellung der Legitimation von Herrschaft. Diese konnte nicht mehr von außen begründet werden und sie ließ sich nicht mehr auf die Formen der ‚natürlichen' Herrschaft der Reichen, der Mächtigen und manchmal der Gebildeten reduzieren (siehe hierzu ausführlich die neuere französische Diskussion zur Demokratie, Rancière 2005). Staatszentriertes Recht inklusive des Zugehörigkeitsrechts als Zwangsinklusion und -exklusion und die Begründung aus sich selbst heraus werden zu den Charakteristika des Nationalstaates als Idealtypus des modernen Staates. Das Volk wird zur pouvoir constituant, klassisch formuliert in Jean Jacques Rousseaus Contrat social, und muss sich doch rechtlich begründen. Kant kontrastiert das empirische und das rechtliche Volk, dieses findet „seine Freiheit überhaupt in einer gesetzlichen Abhängigkeit (...) unvermindert wieder" (Kant, Rechtslehre 1973: 199; zu Kant und Rousseau Balibar 2006: 93ff.). Die Nation ist in ihrer modernen Fassung in dem Paradox befangen, Freiheit und Herrschaft zu begründen und deren Institutionalisierung zu legitimieren. Hieraus ergibt sich eine doppelte Anziehungskraft: Nation bezieht sich auf den Staat und auf die Verwirklichung der Selbstbestimmung. Die Nation aber ist keine Gruppe und sie muss sich dennoch aus sich selbst begründen. Die Nation ist nicht der Staat, aber sie muss sich dennoch auf ihn beziehen, um sich verwirklichen zu können. Das Volk konstituiert sich rechtlich, aber um sich gegen die Formen der natürlichen Herrschaft zu behaupten, muss es sich selbst voraussetzen, um sich immer wieder auf sich selbst beziehen zu können: ‚Wir sind das Volk'. Es realisiert sich aber nur von Zeit zu Zeit, zu historischen Gelegenheiten, in historischen Momenten, auf die man sich dann in den großen Erzählungen beziehen kann, um das ‚unauffindbare Volk' sichtbar zu machen (Rosanvallon 1998).

Das Volk kann dennoch nicht selbst herrschen. In der Struktur der Nation selbst jedoch ist die Möglichkeit angelegt, die beiden Pole, Freiheit und Herrschaft, zur Deckung zu bringen. Dann herrscht das Volk nicht nur unmittelbar, sondern es wird als frei behauptet, weil es herrscht. Hierzu braucht es Vertreter (Partei, Führer) und Identitätskonstruktionen. Die Ausnahmeform der Identität wird in diesem Fall zur allgemeinen gemacht. Theoretisch lassen sich so schließlich eine liberale und eine organische Version unterscheiden (erneut Mann 2007: 86ff.). Die Nation zeigt ihre moderne Struktur in der Ambivalenz des ‚Wir' des Volkes und der Nation zwischen Realisierung und Fiktion. Sozial, im Zusammenleben erweist sich beides als schwierig. Die Kosten der Realisierung sind hoch. Das rechtliche Volk bekommt schnell das Etikett des Fiktiven, des ‚bloß' Konstruierten. Die Aufhebung des Volkes und der Nation im Versuch ihrer Realisierung, in der Erweiterung des Territoriums in den Raum, in der Reduktion auf das „empirische Volk" und der Auflösung des Rechts im völkischen Staat des Nationalsozialismus hängt mit dieser Struktur zusammen. Und tatsächlich beendete der ins Extrem gesteigerte Nationalismus (Lepsius 1966) das, was er herstellen wollte: das Zeitalter des souveränen Nationalstaats endet um 1950. Jetzt kann genauer in den Blick geraten, auch wenn es noch ein wenig dauert, dass es die Realität der Nation ist, konstruiert, gemacht zu sein. Sie muss erfunden und dazu vorgestellt werden (Anderson 1988). Sie braucht Darstellung (Bielefeld/Engel 1998) und Herstellung (Eugene Weber 1976). Nationalisierung bedeutet auch Homogenisierung (Gellner 1991), die zur dunklen Seite der Demokratie werden kann (Mann 2007).

So grundlegend und folgenreich Organisation und Legitimation der Gesellschaft im Nationalstaat für die Moderne war, so wenig wurde dies von der neuen Wissenschaft der Gesellschaft beobachtet (vgl. auch den Beitrag zu „(Post)Moderne" in diesem Band). Lässt sich das Verhältnis der Historiker zum Nationalismus mit dem von Mohnbauern zu Heroinabhängigen vergleichen (Hobsbawm 1996), die Geschichtswissenschaft also als Lieferant eines Stoffes bezeichnen, dessen Nutzung sie nicht kontrollieren kann, so vergisst die Soziologie mit dem Begriff der Gesellschaft, dass sie diese meist als nationale und als nationalstaatliche untersucht, und sie kann seine spezifische Struktur nur implizit wahrnehmen (vgl. auch den Beitrag zu „Globalisierung" in diesem Band). Er scheint immer wieder auf, um meist schnell wieder aufgelöst zu werden. Zudem ersetzte Gesellschaft „Gott als Prinzip der moralischen Beurteilung und wurde, weit mehr als zum Studienobjekt, zum Prinzip der Erklärung und Evaluation von Verhaltensweisen" (Touraine 1992: 30, 31). Mit dem Begriff der Gesellschaft wurde die Nation fast unbemerkt zur Voraussetzung einer Soziologie, die Kapitalismus, Arbeitsteilung, Religion und Differenzierung zu ihren Themen machte. Eine Soziologie der Nation konnte nicht ins Auge gefasst werden, bestimmte Gesellschaft als Nation doch immer schon den Gegenstand. Prägnant formuliert: „The nation-state, let me repeat, is the sociologist's society" (Giddens 1987: 172).

Die entstehende Soziologie war nicht für die Vergangenheit, sondern für die Gegenwart der nationalen Gesellschaft zuständig. Zusammen mit der Geschichtswissenschaft wurde sie zur schließlich institutionalisierten Form der Selbstthematisierung einer Gesellschaft, die ihre Begründung, ihre Struktur, ihre Konflikte und ihre Dynamik von innen heraus verstehen musste. Die Nation war daher nicht Thema und Gegenstand der Beobachtung, sondern sie bildete den Rahmen, den Ausgangspunkt, die mittlere Anhöhe, umgeben von theoretisch meist unbeobachtet gebliebenen Hügeln, von der aus die Beschreibungen und Entwürfe der Gesellschaft verfasst wurden. Ohne die Beschreibung der Siege und der Niederlagen, ohne Erinnern und Vergessen kann kein Nationalismus auskommen. Widmet die Geschichtswissenschaft eine Hälfte der Bibliothek der Moderne explizit der nationalen Frage, so schreibt die Soziologie mit der sozialen Frage die andere Hälfte (Schieder 1991). Vergangenheit und Gegenwart der modernen Gesellschaft müssen beschrieben, analysiert und verstanden werden. Beschreiben die einen Entwicklung und Entstehung des Rahmens, so die anderen dessen Elemente, Zusammensetzung, Konflikte, Dynamiken und Gefährdungen.

Damit aber ist das Verhältnis der Soziologie zur Nation sehr viel uneindeutiger. Soziologisch kann die Einheit nicht gefunden werden, die doch vorausgesetzt wird. Die politisch-philosophisch begründeten Konzepte der Souveränität und des Volkes, Kennzeichen der Moderne, das eine entwickelt, um die Einmischungen zu beenden, die die Religionskriege kennzeichneten, das andere, um die Herrschaftsformen auf Beteiligung umzustellen, entziehen sich der soziologischen Beobachtung. Der Blick auf die Gesellschaft zeigte und zeigt vielmehr Klassenbildung, Arbeitsteilung, soziale und funktionale Differenzierung, Rationalisierung und legale Herrschaft. Faktisch vorausgesetzt entzog sich die Nation dem soziologischen Blick. Kaum entstanden, wurde sie als selbstverständlich angesehen. Man lebte in und mit dem Nationalstaat oder strebte ihn an. Die Nation wurde so zu einer Vergangenheit, die sich in der Gegenwart schon verwirklicht hatte oder in der Zukunft verwirklichen sollte. Im verwirklichten oder geforderten und zu erkämpfenden Staat kam sie zu sich selbst, fand sie ihre Bestimmung und in ihm galt schließlich das Volk als selbstbestimmt. Nation und Volk lassen sich politisch-philosophisch begründen sowie historisch verankern und verorten. Soziologisch aber wurden Nation und Nationalstaat als Gesellschaft verstanden, deren interne Prozesse und Strukturen analysiert wurden. Nation wurde nicht zu einem zu untersuchenden Gegenstand, sie war vorausgesetzt oder wurde dennoch als Abhängige behandelt.

2 Kapitalismus, die Nation als Wert und die organische Solidarität: Die Nation und der Nationalstaat in der klassischen Soziologie

Nation und Nationalstaat standen nicht im Zentrum der Aufmerksamkeit der entstehenden Soziologie. Ihre klassischen Gegenstände waren Arbeitsteilung und Differenzierung, Gruppen- und Klassenbildung, Religion und ihre veränderte Stellung in der modernen Gesellschaft, Herrschaft, Bürokratisierung und Kapitalismus. Die moderne Gesellschaft wurde politisch-philosophisch unter Begründungsaspekten der Herrschaft gefasst, soziologisch aber standen Kapitalismus, Wirtschaft und Arbeitsteilung im Vordergrund, die „Wirtschaft und die gesellschaftlichen Ordnungen und Mächte", so ist der zweite Teil von ‚Wirtschaft und Gesellschaft' überschrieben (Weber 1972: VII). Faktisch widmen sich die im Zweiten Halbband publizierten Texte dann der Rechts-, Staats- und Herrschaftssoziologie. Dennoch bleibt festzuhalten, dass die entstehende Soziologie der Ökonomie, dem Kapitalismus und der industriellen Revolution wenn nicht das Primat, so doch die größte Bedeutung zugestanden hat. Von der Ökonomie ausgehend schienen die Auflösungen der alten und die Bildung der neuen Strukturen zu erklären und die Beschleunigungen zu verstehen zu sein.

Literarisch eindrücklich hat Karl Marx den Auflösungsprozess beschrieben. Es war die revolutionäre Rolle der Bourgeoisie, die alten Verhältnisse zu zerstören. Sie „erkämpfte sich endlich seit der Herstellung der großen Industrie und des Weltmarkts im modernen Repräsentativstaat die ausschließliche, politische Herrschaft" (Marx/Engels 1972: 464). Der nationale Staat war der bürgerliche Staat, der Dritte Stand war, so wie es Abbé Sieyès schon während der französischen Revolution beschrieben hatte, die ganze Nation. Die Durchsetzung des Nationalstaats und der großen Industrie in der kapitalistischen Gesellschaft des 19. Jahrhunderts zerriss das ‚Buntscheckige', besser, es wurde gewünscht, behauptet und gefordert, dass die Epoche der Bourgeoisie eine der großen Vereinfachungen sei, so dass am Ende nur noch zwei Klassen einander gegenüber stehen sollten (vgl. auch den Beitrag zu „Klassen" in diesem Band).

Marx fasste die schon existierenden und sich bildenden nationalen Organisationsformen als von der ökonomischen Struktur des Kapitalismus abhängig. Nation und Nationalstaat wurden nicht eigenständig thematisiert. Der Nationalstaat wurde als abhängig von den widersprüchlichen Dynamiken des Kapitalismus dargestellt und es sollte im Anschluss an Marx ausführlich darüber diskutiert werden, welche Nationen weit genug ‚fortgeschritten' seien, einen Staat zu gründen. Innerhalb der modernen Staaten fand der Kampf zwischen Bourgeoisie und Proletariat als nationaler statt. Die sozialen und politischen Kämpfe waren in ihrer Form national. Das revolutionäre Bürgertum schuf den nationalen Staat als eine Einheit, in der sich der Kampf der Klassen im Kontext des Weltmarktes und der Beziehungen zu anderen Staaten situieren sollte.

Die konkreten Klassenbeziehungen, Strukturen und Kämpfe werden an nationalen Beispielen (Frankreich und Deutschland) analysiert. Systematisch verband Marx die interne Politik mit der Entwicklung der Ökonomie. Seine Analysen zum achtzehnten Brumaire zeigten so auf, dass die Entwicklung der Vereinfachung der Klassenverhältnisse noch nicht weit fortgeschritten war, zu ‚buntscheckig' zeigten sich die sozialen Verhältnisse und Gruppenbildungen, um einen Kampf der beiden Klassen zu ermöglichen. Die Bauern sollten sich schließlich mit der Restauration verbinden. Der „Nationalgeist" (Marx 2007: 26) konnte sich nicht zu einer Eindeutigkeit entfalten. Hatte die Verfassung von 1848 mit der Nationalversammlung „in ihren einzelnen Repräsentanten die mannigfaltigen Seiten des Nationalgeistes" institutionalisiert, so „inkarnierte" sich dieser nach Marx im Präsidenten. „Er besitzt ihr gegenüber eine Art von göttlichem Recht, er ist von Volkesgnaden" (ebd.: 27). Die Verfassung aber wurde hinweggeweht, da sie keine Träger hatte, die Bourgeoisie war in Fraktionen gespalten, die Arbeiterklasse zu klein und die Bauern verbanden sich mit der Reaktion. Klassenkämpfe waren, so Marx in der Analyse zum achtzehnten Brumaire, politisch gewendete Kämpfe um die Verfassung.

Es war das Volk, das hier um seine Freiheit, seine Selbstverwirklichung kämpfte. „Wie die Religion nicht den Menschen, sondern wie der Mensch die Religion schafft, so schafft nicht die Verfassung das Volk, sondern das Volk die Verfassung" (Marx 1976a: 232). Gegen Hegel und gegen die Tradition der Aufklärung war das Volk nicht als rechtliches konzipiert, sondern als faktisch-empirisches. Es wurde nicht nur als These, als Behauptung gegen die selbstverständliche Herrschaft der Reichen und Mächtigen gebraucht, sondern es wurde als Volk zumindest theoretisch real. Faktisch hatte es sich in der Mitte des 19. Jahrhunderts nicht realisiert. Keine einfache Struktur eines Volkes und zweier Klassen, keine Einheit und keine Vereinfachung, weder durch Nationalisierung noch durch Industrialisierung. Und so verblieben die Kämpfe noch, wie Marx glaubte, solche um die Verfassung, um die politische Emanzipation. Diese aber dürfte als Form nicht mit der Substanz verwechselt werden (Marx 1976b).

Nation und Nationalstaat wurden nicht verselbständigt, nicht zum Primären oder Eigentlichen gemacht. Es steckte dennoch etwas dahinter, der Kapitalismus institutionalisierte den Nationalstaat, um seine Interessen zu verwirklichen und das Volk machte die Verfassung. Nation und Nationalstaat entstanden als politische Form des Kapitalismus. Noch bevor aber die durch den Kapitalismus geschaffenen Strukturen verknöchern konnten, wurden sie von diesem selbst wieder eingerissen. Die revolutionäre Bewegung der Arbeiter musste sich auf dem nationalen Boden organisieren. Hier war ihr Ort. Zusammen mit einem substantialistischen Begriff des Volkes ergab sich die systematische Möglichkeit, soziale und nationale Bewegungen zu verbinden und immer wieder, so die These, würde sich der Zusammenhang herstellen.

Marx stellte nach dem Scheitern der Revolutionen in der Mitte des 19. Jahrhunderts die kommende Vereinfachung der Klassenverhältnisse ins Zentrum seiner Analysen. Die entstehende Soziologie ging mit Émile Durkheim und Max Weber einen anderen Weg. Sie konnten auch am Ende des 19. Jahrhunderts keine Vereinfachungen beobachten, sondern sahen soziale und funktionale Differenzierungen, Nationalisierungen und unterschiedliche Kulturkämpfe und Klassenauseinandersetzungen. Durkheim stellte in diesem Kontext die Frage nach der gesellschaftlich noch möglichen Vielfalt, Weber nach den möglichen Trägern der politischen Herrschaft.

Weber fragte in seiner Freiburger Antrittsrede nach der Zukunft der gerade gegründeten Nation (Weber 1993). Die Nation ist ihm der oberste Wert, wertrational als „unbedingter Eigenwert" (Weber 1972: 12) verstanden. So selbstverständlich sie gesetzt und vorausgesetzt wird, so unsicher aber wird sie in ihrer inneren Verfassung beschrieben. Die Gründer der Nation, die Junker, drohten das Projekt zu gefährden, das Proletariat sei noch nicht soweit und das Bürgertum zu wenig selbstbewusst. Eine neue Generation und eine andere, noch nicht existierende Gruppe müsse die Weiterführung übernehmen. Das Selbstverständliche war nicht das Gesicherte. Weber ist Nationalist, aber das machte ihn nicht zu einem Theoretiker der Nation und des Nationalstaates. Er war im Gegenteil ein Theoretiker von Macht und Herrschaft. Er bezog sich akademisch auf die Analyse und Bestimmung der spezifischen Mittel der Politik und nicht auf die sie bestimmenden Werte. Gewalt als Mittel und nicht Nation und Nationalstaat als oberster Wert oder Zweck bilden den Kern seiner Analysen von Macht und Herrschaft (vgl. auch den Beitrag zu „Macht" in diesem Band).

Es ist daher nur verständlich, dass sich Weber von jedem organischen Volksbegriff vehement distanziert (Weber 1973). Dennoch bleiben ihm die Nation und das Volk, die Begriffe werden hier nicht unterschieden, mehr als die „jeweilige Gesamtheit der politisch geeinten Staatsbürger" (ebd.: 10). Weber kritisiert den Versuch, das abstrakte Gattungswesen, die „rein rationalistische Betrachtung des Volks" durch eine naturwissenschaftliche Analogie, durch Biologie, ersetzen zu wollen. Der leere Begriff (des Staatsbürgers) werde durch einen anderen ersetzt, der als konkret behauptet würde. Notwendig hingegen sei die idealtypische (Re-) Konstruktion objektiv möglicher Zusammenhänge. Die Soziologie setzt weder die politische noch die ethnische Nation oder das biologische Volk voraus.

Nicht der Wert der Nation ändert sich, wohl aber können sich die Mittel, ihn zu realisieren, verändern. 1895 stand für Weber mit der ‚Kulturnation' das deutsche Volk auf dem Spiel, zwanzig Jahre später geht es ihm um den Erhalt der Nation als Machtstaat auch durch die Integration unterschiedlicher Nationalitäten. Die veränderte Position in der Polenpolitik zeigt die durchlaufende Wertzuschreibung. Der Nationbegriff Webers kann in den Beziehungen von Wert, Zweck und Mittel, von Macht und Herrschaft sowie von politischem Verband und modernem Staat rekonstruiert werden. Der moderne Staat ist durch Territorium, Zwangsmitgliedschaft, Monopolisierung legitimer physischer Gewalt und durch legale, rechtliche Ordnung gekennzeichnet. Der Staat verfügt über die legitimen Gewaltmittel, die Herrschaft qua Verwaltung und er garantiert die subjektiven Rechte (Colliot-Thélène 2007).

Die politische Gemeinschaft der im Staat realisierten Nation fordert Solidarität und kann sie erzwingen. Der Nationalstaat mutet Solidarität zu, deren Anforderungs- und Einforderungscharakter durch emotionale Vergemeinschaftung und durch Interessen gesichert wird. Es sind die materiellen und ideellen Interessen, insbesondere die Prestigeinteressen der Gebildeten, der Intellektuellen, die sich mit der Nation verbinden. Von ihnen erhält sie ihre pathetischen Formulierungen. Und es ist die sich realisierende Gemeinschaft der kriegerischen Nation zum Tode, die denen, die nichts haben, als Angebot erscheint. Gewalt, Verwaltung, Rechte, Solidarität und existentielle Vergemeinschaftung, das sind die Komponenten einer sich im Staat realisierenden Nation, die nicht mit einem oder dem Volk identisch ist. Der ethnische Gemeinsamkeitsglaube aber, an sich instabil und flüchtig, kann die Tendenz ausbilden, Ort und Zeit seiner Entstehung zu überdauern. Er überlebt dann, existentialisiert in den Erinnerungs- und Vergessensgemeinschaften, die schon von Ernest Renan angesprochen wurden, den politischen Verband, in dem er entstanden ist.

Emile Durkheim kritisierte den bloßen Machtstaat. Dieser sei zu wenig stabil, da er keine Idee von sich selbst entwickelt habe. Seine Kritik, zu Beginn des Ersten Weltkrieges an Treitschke exemplifiziert (Durkheim 1995), hätte er auch unter Bezug auf einige Positionen Max Webers formulieren können. Gesellschaft, so hatte er in seiner Religionssoziologie entwickelt, müsse eine Vorstellung ihrer selbst entwickeln. Sie wird erst in der doppelten Form der sozialen Tatsachen und der Vorstellungen, der Idee, die sie sich von sich macht, real (Durkheim 1994). Das erste Bild, das sich die Gesellschaft von sich macht, ist religiös. In der modernen Gesellschaft übernimmt der Nationalstaat diese Funktion. Gesellschaft fiel für Durkheim mit der Nation und dem Nationalstaat zusammen. Er dachte vom Kollektiv her und auf der normativen Ebene wird ihm die Gesellschaft, d.h. der Nationalstaat, zu einer sowohl notwendigen wie auch hinreichenden moralischen Größe. Der Nationalstaat wird zur höchsten vorstellbaren Form gesellschaftlicher Organisation und zum Garanten gesellschaftlicher Einheit. Durkheims früh und häufig kritisierter Nationalismus aber ist nicht partikular. Er bezieht eine normativ universalistische Position und der Nationalstaat erhält die Aufgabe, als höchste vorstellbare Form der sozialen und politischen Organisation die Interessen der Menschheit zu vertreten. Das Modell der nationalstaatlich integrierten und funktional differenzierten Gesellschaft überhöht nicht die Eigengruppe, sondern ein universaler Menschheitsgedanke wird betont, der sich in der spezifischen Form des republikanischen Staates realisieren soll.

Organische Solidarität ist nicht nur die der differenzierten Gesellschaft angemessene Form der Integration, sondern sie gewährleistet eine höhere Stabilität als in traditionalen Gesellschaften möglich ist. Sie ist arbeitsteiligen, komplexen Gesellschaften angemessen, denn diese sind nicht durch geteilte Überzeugungen und Werte, sondern durch die aktive Teilnahme der moralischen Individuen integriert. Organische Solidarität sucht eine möglichst große Vielfalt, notwendige und mögliche Differenz in der Gesellschaft zu integrieren, die eben hierdurch zu einer höheren Form der Stabilität findet.

Keineswegs ist dieser Staat schon realisiert. Vielmehr ist es eine öffentliche Soziologie, die im Streit um die Organisation der Gesellschaft ihre konzeptionelle Überlegenheit erweisen muss und kann, die Durkheim erfolgreich zu institutionalisieren sucht. Eine differenzierte Gesellschaft kann nicht ‚mechanisch' integriert werden, kann ihre Einheit nicht durch vorgegebene Zugehörigkeit zu den traditionellen nationalen Institutionen, etwa der Kirche oder der Armee, herstellen. Der Staat und vor allem die Intellektuellen sollen die Rechte der Individuen verteidigen, da die Form der Integration der modernen Gesellschaft an die Vermittlung durch das Individuum gebunden ist. Der Staat wird zum Träger des ‚Kult des Individuums' und damit des Universalismus der Menschenrechte (vgl. näher Bielefeld 2003). Es ist in dieser Konzeption die nationale Aufgabe Frankreichs, eine universalistische Moral zu erzeugen. Das moralische Individuum muss geschaffen werden und ist die Voraussetzung der moralischen Integration der Gesellschaft. Die Nation ist nicht die zu realisierende und manchmal dennoch vorgegebene Gruppe, sondern sie realisiert sich durch den Staat, der die Rechte der Individuen einführt, die schließlich in den Schulen gelehrt und von den Intellektuellen und in öffentlichen Auseinandersetzungen verteidigt werden sollen.

Durkheims gesellschaftstheoretische Position formt sich in den vielfältigen Auseinandersetzungen der III. Republik. Sein berühmt gewordener Essay „Der Individualismus und die Intellektuellen" (Durkheim 1986) ist eine öffentliche Intervention im Rahmen der Dreyfus-Affäre. Durkheim prangert die Verletzung der individuellen Rechte an. In der modernen Gesellschaft des ‚Kult des Individuums' ist dies kein nur den Einzelnen betreffendes Problem. Die Integration des Ganzen ist gefährdet und den Intellektuellen kommt die Aufgabe zu, mit den Rechten der Individuen das Ganze, die Integration der modernen Gesellschaft, zu verteidigen. Nicht der des Verrats bezichtigte Dreyfus und seine Unterstützer gefährden die Gesellschaft und die Nation, sondern gerade die, die den Untergang der Nation durch erneute Anrufung der Tradition verhindern wollen. Sie verstünden, so Durkheim, die moderne Gesellschaft als Nationalstaat nicht. Durkheim betreibt eine öffentliche Soziologie, die wissenschaftlich-intellektuelle Stellungnahme beinhaltet. Es wird ein erbitterter Kampf um die Organisation der Nation geführt. Die Intellektuellen sind in diesem Kontext nicht die Träger des Pathos der Nation, sondern sie sollen, wenn sie ihre Aufgabe erfüllen, die Verteidiger der individuellen Rechte und damit der Integration der Gesellschaft sein. Der Staat wird nicht als Machtstaat definiert, sondern als institutioneller Träger der ‚Idee' der

Gesellschaft. Die Idee der modernen Gesellschaft aber ist an die universalen Rechte des Individuums gebunden, deren institutioneller Garant der Nationalstaat ist.

Der moderne Staat als Nationalstaat, d.h. als ein Staat, der sich auf das Volk berufen muss, wird nicht nur bei Durkheim zur Institution, die mit den allgemeinen Rechten auch die individuellen Rechte garantiert. Auch der Staat der legitimen Herrschaft Max Webers ist durch diese Garantie gekennzeichnet. Der methodologische Kollektivist Durkheim verteidigt die Rechte des Individuums, der methodologische Individualist Weber die Wertbeziehung zur Nation. In der Weberschen Rechtssoziologie aber gibt es einen Zugang zu den individuellen Rechten. Ist Herrschaft einerseits Verwaltung, geschieht legitime Herrschaft über legal gesatztes Recht, so ist sie auch die Setzung und Garantie der subjektiven Rechte. Der Staat monopolisierte nicht nur die Gewalt, sondern auch das Recht, Recht zu setzen. Es gab zuvor andere Institutionen, die dieses Recht hatten, eine Rechtsgemeinschaft waren. In der Weltgesellschaft schließlich verliert der Nationalstaat nicht das Recht, aber das Monopol: transnationale Herrschaft ist translegale Herrschaft: „Es bilden sich im Rahmen der privaten Weltwirtschaft neue Organisationsformen nichtöffentlicher Macht, die über den souveränen Staaten steht, ohne selbst Ansprüche auf staatliche Souveränität zu erheben, aber mit partiell Recht stiftender Macht" (Beck 2002: 126). Der Nationalstaat ist nicht mehr der einzige Garant der Rechte, auch nicht der subjektiven, die er immer wieder selbst gefährdet hat.

3   Nationalstaat und demokratische Gesellschaft

Die klassische Soziologie hat sich nur auf den ersten Blick wenig mit der Nation beschäftigt. Meist wurden Nation und Nationalstaat vorausgesetzt, sie wurden nicht zu leitenden Begriffen der sich gründenden Selbstthematisierungswissenschaft der modernen Gesellschaft. Nach innen wurden Differenzierungen thematisiert, ein Volk wurde nicht sichtbar, sondern Gruppen, Klassen und Individuen. Gesellschaft war national, als solche aber war sie sich differenzierende, industrialisierende, technologisch revolutionierende, sich zumindest in den Städten enttraditionalisierende, beschleunigte und in den verschiedenen Kulturkämpfen erregte Gesellschaft, auf die die klassische Soziologie reagierte. Sie entstand mit dem Nationalstaat.

Erst die sich an die Entstehungsphase anschließende, man kann sie nun vielleicht als moderne bezeichnen, Soziologie verallgemeinert den Begriff der Gesellschaft. Sie löst ihn von konkreten Gesellschaften, bestimmten sozialen Systemen oder konkreten nationalstaatlichen Einheiten und diese Abstraktion kann bedeuten, dass nun Nation und Nationalstaat als eine Form der Organisation der politischen Gesellschaft in den Blick geraten. Nun nicht mehr als Gesellschaft an sich, sondern als eine mögliche Form der Gesellschaft.

Allerdings ging eine dramatische historische Erfahrung in die Analyse der neuen Gesellschaften ein. Der Nationalsozialismus berief sich auf Nation und vor allem auf das Volk, das er als ‚reines' in der Vernichtungspolitik zu realisieren suchte. Der Begriff der Volksgemeinschaft, vor 1933 von allen politischen Gruppen gebraucht, war desavouiert (Wildt 2007). Der reale Sozialismus berief sich zudem auf ein, allerdings nicht rassisch bestimmtes Volk, das sich in der Herrschaft der Klasse schon realisiert haben sollte oder zumindest dabei war, sich zu realisieren. Raymond Aron, der neben der Analyse der Klassenkämpfe in industriellen Gesellschaften auch deren Herrschaftsformen untersuchte (Aron

1964; 1970), zog hieraus die Konsequenzen. Er arbeitete heraus, dass der Bezug auf das Volk in modernen Gesellschaften prekär geworden, Souveränität nur noch eine juristische Fiktion sei. „Das Volk der Souverän? Diese Formel kann von den westlichen Regimes, von den faschistischen Regimes, von den kommunistischen Regimes unterschiedslos übernommen werden. Es gibt heute sozusagen kein Regime, das nicht in gewisser Weise von sich behauptet, auf die Souveränität des Volkes gegründet zu sein." (...) „In den Augen des Soziologen entbehrt die Souveränitätstheorie deshalb nicht jeder Bedeutung, jedoch interessiert er sich weniger für das juristische Prinzip der Souveränität als für die Verfahren, durch die die – theoretisch beim Volk oder einer Klasse liegende – Herrschaft auf eine Minderheit übertragen wird, die sie tatsächlich ausübt" (Aron 1970: 40). In der zweiten Hälfte des 20. Jahrhunderts verbindet sich das Konzept des Nationalstaats mit dem der Demokratie, die nun nicht mehr nur von ihrer Begründung her gedacht wird, sondern von ihren Formen und Verfahrensweisen: dem immer mehr Gruppen einbeziehenden allgemeinen Wahlrecht, den Verfahren der Beteiligung, der politischen Teilnahme und der sozialen Teilhabe. Der Demokratiebegriff umfasste nicht mehr nur die Begründung einer (Selbst-) Herrschaft, einer Herrschaftsform, sondern die Verfahren des Einbezugs, der Beteiligung und Teilhabe. Der in diesem Sinne demokratische Nationalstaat konnte von den modernen, totalitär volksdemokratischen Modellen unterschieden werden. Verfahren konnten als Legitimation schaffende und vertrauensbildende Mechanismen gelobt und als technokratische und formale kritisiert werden. Neben die Betonung der Verfahren tritt dann das Recht, einschließlich der subjektiven Rechte, ins Zentrum der Strukturbeschreibungen des Nationalstaats. Die Einzelnen kommen nicht mehr als Angehörige eines Volkes oder einer als gegeben vorgestellten Gemeinschaft in den Blick, sondern als Staatsbürger. Dann sind es nicht mehr Zwangsmitgliedschaft in einer Anstalt und Herkunft, sondern rechtliche, soziale und politische Dimensionen der Staatsbürgerschaft, die den Nationalstaat als demokratische Gesellschaft charakterisieren und an deren Erfüllung er gemessen werden kann (siehe Marshall 1992). Mit den Verfahren rücken die Rechte in den Vordergrund. Der Nationalstaat wird zur politischen und sozialen Form der demokratischen Gesellschaft, die sich als solche nicht mehr nur über ihre Gründung und Begründung ausweist, sondern durch ihre Praxis.

Die Arbeiten Talcott Parsons stehen in diesem Zusammenhang. Theoretisch erarbeitete er einen Begriff der Gesellschaft, der nicht mehr mit einer konkreten nationalen Gesellschaft verbunden war, sondern als ein Modell moderner sozialer Beziehungen gelesen werden kann, die sich auf der Ebene des sozialen Systems, des Nationalstaats und der modernen Gesellschaft als spezifischer Form ‚gesellschaftlicher Gemeinschaft' realisieren. Parsons, lange fast ausschließlich als allgemeiner Theoretiker angesehen, stellt die Konzeptionalisierung des demokratischen Nationalstaates in Spannung zur Analyse konkreter autoritärer Regime, insbesondere des Nationalsozialismus (Parsons/Gerhardt 1993). Er sah in der nationalsozialistischen Gesellschaft, die er in vielen Details beobachtete, „the obverse of American (Anglo-Saxon) democracy" (Gerhardt 2002: 59). Er analysierte die nationalsozialistische Gesellschaft unter anderem als Zusammenbruch institutioneller Integration und als Regression vom Universalismus zum Partikularismus und stellte ihm die Gesellschaft des New Deal als demokratische Modernisierung gegenüber (Gerhardt 1999: 109), in der die Sozialwissenschaften selbst eine entscheidende Rolle übernehmen. Sie entwickelten sich im Zusammenhang des demokratischen Nationalstaats. Der Nationalstaat war nicht die einzige Form der modernen Gesellschaft, sondern er war ein möglicherweise idealisiertes, historisch gefährdetes Produkt der spezifisch europäischen Entwicklung (zur Rekonstruktion Parsons 1975).

Weder Gesellschaft noch Moderne wurden mit dem Nationalstaat gleichgesetzt. Der Nationalstaat war auch nicht die einzige Form der territorialen Organisation des Politischen und des Sozialen, er koexistiert mit anderen Formationen, die ihn gefährden konnten. Dennoch war er die wesentliche Form der „politisch organisierten" (Parsons 1972: 19) Gesellschaft. Hier wird nun auch Parsons Gesellschaftsbegriff nah an den des Nationalstaates geführt. Gesellschaften zeichnen sich durch Selbstgenügsamkeit aus: Kontrolle über organisierte Produktion, Beherrschung eines Territoriums, Bestimmung der Mitglieder. Politisch organisierte Gesellschaften sind solche, die internationale Beziehungen haben. Sie thematisieren sich als Ganzes und in Differenz von anderen. In diesem Kontext lässt sich der Begriff der „gesellschaftlichen Gemeinschaft" verstehen. Die demokratische Entwicklung besteht aus der Differenzierung von politischem Gemeinwesen und der gesellschaftlichen Gemeinschaft mit den Kernbegriffen der Freiheit und Gleichheit. Freiheit kann die Freiheit des Einzelnen (Adam Smith) oder des Volkes (Rousseau) meinen, die schließlich im Politischen nicht genau unterschieden wurden. „Während hinsichtlich der Freiheit der nicht legitimierbare Zwang böse ist, ist es hinsichtlich der Gleichheit die nicht legitimierbare Diskriminierung" (ebd.: 104). Die Einführung der Unterscheidung und die Ausführung des Verhältnisses von politischem Gemeinwesen und gesellschaftlicher Gemeinschaft bestimmen den demokratischen Nationalstaat.

Der Nationalstaat ist nicht die einzige, aber die zu bevorzugende Form der modernen Gesellschaft, da auf seiner Grundlage eine gesellschaftliche Gemeinschaft errichtet werden kann, die staatsbürgerschaftlich organisiert ist, differenzierte Rechte, Freiheiten und Gleichheit als Gleichstellung garantiert. Der Nationalstaat löst sich in seiner staatsbürgerlichen Variante von ethnischen Komponenten. Kultur, ethnische Zugehörigkeit und territoriale Organisation fielen in Europa nie zusammen, obwohl dort zum Teil ein ethnisches Nationalbewusstsein als Grundlage der gesellschaftlichen Gemeinschaft ausgebildet wurde. Hingegen hatte „die amerikanische gesellschaftliche Gemeinschaft (...) vorwiegend *Vereinigungscharakter*" (1972: 117). Parsons unterscheidet den Nationenbegriff nicht. Nation ist für ihn die ethnische Gruppe, meist als Sprachgemeinschaft definiert. Die Nation aber ist keine Gesellschaft. Die gesellschaftliche Gemeinschaft des Nationalstaates erst ist ein komplexes Netz unterschiedlicher Gesamtheiten und Loyalitäten. Sie nimmt eine übergeordnete Stellung ein, da sie Legitimität sichert. Der Nationalstaat als Gesellschaft ist inklusiv, die Nation als Gemeinschaft ist exklusiv, die gesellschaftliche Gemeinschaft erst bildet das komplexe Netz einer Staatsbürgergesellschaft, in der Differenzen anerkannt werden können.

Man kann Parsons Analyse des Systems moderner Gesellschaften als einen Beitrag lesen, die alte binäre Schematisierung des europäischen Nationalismus und damit von Nation und Nationalstaat überhaupt zu überwinden. Die Unterscheidungen sind nur zu bekannt und werden meist dem Paar Deutschland/Frankreich zugerechnet, so klassisch in Friedrich Meineckes Unterscheidung von Staatsnation und Kulturnation, oder im weiteren Sinn geographisch zugeordnet, so in Hans Kohns einflussreicher Unterscheidung vom „Westen" und dem ‚Rest' der nicht-westlichen Welt (Meinecke 1919; Kohn 1950). Diese einfachen Unterscheidungen als Gegensätze wurden vielfach ergänzt: Inklusion gegen Exklusion, Universalismus gegen Partikularismus, staatsbürgerliche Zugehörigkeit gegen ethnischen Nationalismus. All diese Erweiterungen und Ergänzungen ändern nichts daran, dass die Unterscheidungen analytisch unscharf sind und dazu neigen, sich bei genauerer Betrachtung oder engerer Definition aufzulösen (vgl. Brubaker 2007). Vor allem aber wird die Unterscheidung zwischen staatsbürgerlicher und ethnischer Definition meist selbst politisch-normativ gebraucht. Es handelt sich um eine bewertete Unterscheidung, die eine Eindeutigkeit verlangt, die nicht vorliegt. Das französische ‚jus soli', der Einschluss aller im Lande Geborener, war nicht ‚rein': das im Ausland geborene Kind einer Französin ist ebenso zugehörig. Es ist ebenso wenig nur inklusiv. Staatsbürgerschaft, wie immer zugerechnet, ist „ihrem Wesen nach ein exkludierender Status" (ebd.: 199), unabhängig davon, ob sie sich auf ein Bekenntnis oder auf geteilte Kultur und (Bluts-)Verwandtschaft beruft.

Auch staatsbürgerliche ‚gesellschaftliche Gemeinschaften' oder die „Gemeinschaft der Bürger" (Schnapper 1991) sind zunächst vor allem exklusiv. Zudem können sich auch in ihnen Rassismen, Fremdenfeindlichkeit und Diskriminierung entwickeln. Wahrscheinlich aber ist es in ihnen schwieriger, diese zur staatlichen Politik zu erklären, sich positiv auf sie zu beziehen, denn universalistisch und staatsbürgerlich sind sie nicht zu begründen. Andererseits heißt dies nicht, dass keine Diskriminierung vorkommt und vor allem nicht, dass Diskriminierung nicht empfunden wird. Vielleicht ist der Zusammenhang gerade umgekehrt zu vermuten. So wehrten sich die protestierenden französisch-algerischen Jugendlichen der zweiten Generation zu Beginn der 1980er Jahre gegen die Tatsache, dass ihnen die Staatsbürgerschaft unbemerkt verliehen wurde, gegen eine als Zwangsverleihung empfundene Zwangsmitgliedschaft. Möglicherweise neigen sich eher als staatsbürgerlich definierende Nationen dazu, politische Integration als ausreichend bzw. im extremen Fall als vollständig zu empfinden und die soziale Integration zu vernachlässigen. Der staatsbürgerliche Diskurs wäre dann als Versuch interpretierbar, soziale Exklusion zu rechtfertigen. Kulturell-ethnisch definierte Nationalstaaten hingegen versuchen eher, soziale Integration zu fördern, vermeiden oder verhindern jedoch aktiv politisch-rechtliche Integration (vgl. auch die Beiträge zu „Ethnizität" und „Migration" in diesem Band). In der Bundesrepublik der 1970er Jahre war dies der Fall. Sprachpolitik bedeutete die Organisation muttersprachlichen Unterrichts. Die kulturellen Wurzeln sollten nicht verloren gehen oder auch geschützt werden, um soziale Integration und schließlich tatsächliche Einwanderung zu verhindern. Die einheitliche Sprache als öffentliche Sprache war in Frankreich selbstverständlich, ebenso wie die politisch-rechtliche Zugehörigkeit, dafür war der soziale Ausschluss, der sich in der Entstehung der Vororte und ihrer Strukturen ausdrückt, zunächst kein Thema.

Es ist wenig sinnvoll, die behaupteten Unterschiede und ihre immer schon bewerteten Folgen, die zur Logik der Nation und des Nationalismus selbst gehören, soziologisch als tatsächliche zu behandeln. Genauso falsch wäre es, daraus zu folgern, es gäbe keine Unterschiede und vor allem keine Folgen. Die Realität gerade des Gemeinsamkeitsglaubens ist es, konstruiert zu sein. Das macht ihn nicht weniger real und folgenreich. Die Folgen aber müssen nicht die intendierten sein, ebenso wenig wie die Behauptungen, die die Realität prägen, diese beschreiben oder gar analysieren. Die Selbstbeschreibung einer Nation ist als Bestandteil des Untersuchungsgegenstandes selbst anzusehen.

Die binären Unterscheidungen sind Bestandteil der Realität des Nationalen. Es sind Konzepte, die die Realität prägen und die immer wieder benutzt werden können. Ein staatsbürgerlicher Begriff der Nation wird eher von gesicherten und anerkannten Staaten gebraucht. Sie können dadurch Anerkennung von außen verlangen und nicht nur emotionale Zustimmung von innen erzeugen. Es geht dann eher um die Gestaltung der Freiheit der Individuen, die dennoch ein starkes Kollektiv bilden können. Ein ethnischer Nationbegriff richtet sich meist gegen einen Staat, dessen Mitglied man nicht mehr sein will, den man, berechtigt oder nicht, als unterdrückend denunziert und bekämpft. Zudem bezieht er sich auf einen zukünftig eigenen Staat, den man dann eventuell verspricht, staatsbürgerlich zu gestalten (also etwa im aktuellen Fall des Kosovo, bei Eigenstaatlichkeit Minderheiten anzuerkennen). Es kann und ist in vielen Fällen aber auch anders. Die so häufig verwandte Typologie macht Abstraktionen, die zu wenige Fälle umfassen. Die Typologie ist zu sehr an eben das Problem gebunden, das sie zu erfassen sucht (Brubaker 1994).

Denn auch Nationalstaaten verstanden sich weiterhin ‚ethnisch' und nationale Befreiungsbewegungen konnten sich auf soziale Ungleichheit, auf politische Ungerechtigkeit oder historische Rechte berufen. So wenig der Soziologie der Bezug auf das Volk behagt und sie sich auf die Analyse der im weiten Sinne verstandenen Verfahren zur Legitimitätsbeschaffung beziehen sollte, muss sie doch die Bedeutung des gesellschaftlichen Bezugs auf die Rechtfertigung des Kollektivs berücksichtigen. Deutschland gilt als exemplarisches Beispiel der ethnischen Nation und des ethnischen Nationalismus. Er galt nach 1945 als delegitimiert. Einerseits fragte man also besser nicht nach, was sich hinter dem Verfassungsbegriff des deutschen Volkes verbergen sollte, andererseits war man, wie das sich ausbildende Einwanderungsregime zeigen sollte, keineswegs eine staatsbürgerliche Nation mit einer ihr angemessenen gesellschaftlichen Gemeinschaft geworden. Zwar blieb die Ambivalenz erhalten, immer wieder aber wurde politisch explizit auf einen ethnischen Nationenbegriff zurückgegriffen. Nicht das kanadische Motto ‚ein Staat, zwei Nationen und viele Kulturen' wären eine zusammenfassende Charakterisierung der Staatsdoktrin der Bundesrepublik gewesen, sondern ‚eine Nation, eine Kultur, zwei Staaten'. Deutsche auch außerhalb des Staatsgebiets der Bundesrepublik hatten das Recht auf bundesdeutsche Staatsbürgerschaft, sobald sie das Gebiet betraten. Gleichzeitig blieben Einwanderer über Generationen von den politischen Rechten ausgeschlossen. Die DDR, extrem exklusionistisch, fast ohne jede Einwanderung, institutionalisierte sich hingegen als Republik, als Staatsnation ohne Demokratie. Die Staatsnation suchte internationale Anerkennung als souveräne Nation, der Bundesstaat Wiederherstellung einer Einheit, die nicht mehr offensiv als ‚ethnisch' vertreten werden konnte, sondern nun als eine besondere ‚Kultur' dargestellt und weltweit beworben werden musste, und Anerkennung als demokratische Gesellschaft. Die Kulturnation erhielt in diesem Kontext eine neue Bedeutung. Nicht mehr nur die großen Werke, auch die demokratische oder sich demokratisierende Alltagskultur konnte einbezogen werden. Noch die Anwerbungspolitik der ersten Gastarbeiter in den 1960er Jahren wurde als Beitrag der Bundesrepublik Deutschland zur kulturellen Verständigung der Völker dargestellt. Das ethnische Volk wurde zu einer gesellschaftlichen Gemeinschaft, ohne sich dabei von seiner meist implizit belassenen Definition zu lösen. Ralf Dahrendorf konstatierte mit seiner umstrittenen Modernisierungsthese Folgen des Nationalsozialismus für die deutsche Gesellschaft. Er nahm beide deutschen Staaten in den Blick und arbeitete explizit mit einem staatsbürgerlich demokratisch verstandenen Begriff der deutschen Nation (Dahrendorf 1968).

Staatsnation und Kulturnation lassen sich nicht bestimmten Staaten zuordnen, sie sind keine Realtypen. Staatsbürgerliche und ethnische Zugehörigkeitskonstruktionen unterscheiden sich, aber sie treten meist gemeinsam auf, da es sich um Differenzbegriffe handelt, weniger um analytische Kategorien als um solche der Selbstthematisierung. Sie gehören zum europäischen Prozess der Zentralisierung der Gewalt als Staatenbildung, wie er von Norbert Elias als ein gemeinsamer Prozess der europäischen Entwicklung beschrieben wurde, der aber auch Wert- und Bedeutungsunterschiede hervorbrachte, die sich in der deutschen Tradition in der Bildung der Gegensatzbegriffe von Kultur und Zivilisation wieder finden (vgl.

auch den Beitrag zu „Kultur" in diesem Band). Ursprüngliche Spannungen zwischen Schichten wurden zu nationalen Gegensätzen (Elias 1977) und prägten eine Zeit das Verhältnis zweier europäischer Staatsgesellschaften. Der Staat entwickelte sich zum „obersten Koordinations- und Regulationsorgan für das Gesamte der funktionsteiligen Prozesse" (Elias 1977/II: 225). Er sollte diese Aufgaben behalten und doch sein Monopol verlieren.

4 Nation, Europa und Weltgesellschaft

Ob Staatsnation oder Kulturnation, die Nationalisierung Europas bedeutete den Versuch der Homogenisierung. Nach 1950 wurde das nationalstaatliche Modell der Organisation und Anerkennung der politischen Gesellschaft zum Normalfall der sich institutionalisierenden Weltgesellschaft. Das in der europäischen Neuzeit entstandene „System von Gesellschaften" (Parsons) territorialer Nationalstaaten wurde zum Weltmodell politischer Gesellschaften. Ein regional entstandenes und eher unwahrscheinliches Modell der Organisation politischer Macht, ihrer Symbolisierung und der Zuordnung und Bildung von Menschen verteilte sich über die Welt. Nation und Nationalstaat wurden zur weltgesellschaftlichen Normalform. Allerdings nicht, ohne sich dabei zu verändern.

Die Weltgesellschaft institutionalisierte sich mit der Gründung der Vereinten Nationen 1945, mit der Institutionalisierung einer internationalen Organisation der Ökonomie (Bretton Woods 1944) und mit der Veränderung der Organisationsform der Nationalstaaten im Gebiet ihrer Entstehung in Europa. Mit den Vereinten Nationen wurde eine gemeinsame Institution der Nationalstaaten geschaffen, die auf gegenseitiger Anerkennung beruhte. Gleichzeitig wurde von der Versammlung der Nationalstaaten mit der Menschenrechtsdeklaration ein Recht auf Selbstbestimmung eingeführt und durch den über die Nürnberger Prozesse eingeleiteten Prozess der Entstehung eines Weltrechtssystems institutionell flankiert. Zumindest wurde hier die Möglichkeit einer institutionalisierten Weltkommunikation über Gerechtigkeitsfragen begonnen, die in einigen Fällen und bei vorliegenden Evidenzen für Verbrechen auch mehr und mehr mit institutionellen Folgen verbunden war. Auf der weltgesellschaftlichen Ebene ging es um die großen Fragen, um kollektive Anerkennung und Selbstbestimmung und um das Recht des Lebens. Quantitativ wuchsen die Vereinten Nationen von 51 Gründungsmitgliedern 1945 auf 192 Mitglieder im Jahr 2006. Mit den Menschenrechten und den internationalen Gerichtshöfen strukturiert sich ein Recht auf Weltebene, ohne dass schon von einer ausdifferenzierten Weltrechtsgemeinschaft gesprochen werden kann. Etabliert aber hat sich ein formales Modell nationalstaatlicher Organisation (Meyer 2005) und die Möglichkeit, sich auf ein Recht auf kollektive Selbstbestimmung zu berufen. Bestimmt das formale Modell die Form der neuen Nationen, die anerkannt werden wollen und müssen, um gefördert zu werden, ermöglicht das Recht die soziale, politische und unter Umständen rechtliche Rechtfertigung von nationalen Befreiungsbewegungen. Nation und Nationalstaat sind weltgesellschaftlich nicht an ihr Ende gekommen. Der Befreiungsaspekt der Nation, aus dem sie immer wieder ihre kollektive Kraft schöpfen kann, verschwindet nicht mit der Weltgesellschaft. Er bekommt im Entkolonialisierungsprozess eine neue Dynamik, die durchaus an die alte erinnert. Die Befreiungsrhetorik ist identitär, kollektiv und auf die Nation bezogen. Es handelt sich um nationale Bewegungen unter weltgesellschaftlichen Bedingungen. Ihnen steht das Recht auf Selbstbestimmung zu. Und sie nehmen sich dieses Recht als ein nationales. „Der (im Befreiungskampf, v.V.)

Überlebende fühlt zum ersten Mal einen *nationalen* Boden unter seinen Füßen. Von diesem Moment an weicht die Nation nicht mehr von ihm: man findet sie dort, wohin er geht, wo er ist, niemals weiter weg – sie wird eins mit seiner Freiheit." Diesen Satz schreibt im September 1961 Jean Paul Sartre im Vorwort zu Frantz Fanons ‚Die Verdammten dieser Erde' (ebd.: 20). Und der Arzt Fanon, universal gebildet durch die universale Nation, schreibt, dass die Infragestellung der Kolonisation keine Abhandlung über das Universale sei, „sondern die wilde Behauptung einer absolut gesetzten Eigenart" (Fanon 1981: 34). Die Logik des Nationalen, ihr Zusammenhang mit der Ausbildung des Kollektivs und ihr politischer Bezug laufen in der Weltgesellschaft weiter. Sie gelten nun für alle und können und werden tendenziell von allen in Anspruch genommen. Die realisierte Nation aber ist nicht mehr das Volk als Realisierung der gesetzten Eigenart, um es mit Fanon zu formulieren, sondern im erfolgreichen Fall ein Nationalstaat als anerkannter Teil der Weltgesellschaft, zugelassen dazu, Förderungsanträge zu stellen. Immer wieder lassen sich die Dynamiken des Nationalen beobachten – im erfolgreichen Fall in der Gründung eines dann ‚eigenen' Staates, aber auch im Muster weltgesellschaftlicher Mechanismen oder europäischer Regulierungen, sei es durch weltgesellschaftliche Anerkennung und anschließende Normalisierung, sei es durch Skandalisierung und direkte Einflussnahme.

Nation und Nationalstaat entstanden im europäischen Kontext aus eher großen und relativ mächtigen politischen Verbänden im Zusammenhang der Industrialisierung. Von ihnen gab es nur wenige. Sie entsprachen weitgehend der Weberschen Definition des Staates, die eine des modernen Staates war. Die vielen Nationalstaaten der Weltgesellschaft entsprechen in vielen Fällen dieser Bestimmung nicht mehr oder entsprachen ihr nie. Und auch die wenigen europäischen Nationalstaaten änderten ihr Konzept nach 1945. Die Institutionalisierung der postsouveränen Nation geschah in der Mitte des 20. Jahrhunderts. In Europa wurde 1951 mit der Kohle- und Stahlunion eine Entnationalisierung der Ökonomie begonnen. Schon frühe Entwürfe Europas wollten bewusst die Gestaltung der Märkte benutzen, um einen historischen Wandel anzustoßen. Die Internationalisierung der Märkte wurde als Mittel eingesetzt, um die ökonomische Souveränität der Nationalstaaten zu unterlaufen und zu verhindern, die industriellen Apparate für Kriegszwecke einzusetzen. Allmählich entstand ein Handlungsfeld, eine noch allgemeine Struktur und Konzeptionalisierung einer übernationalen Sphäre der theoretischen Vorstellungen, der Analyse und schließlich auch der politischen Interventionen. Nun konnte man folgenreich übernational theoretisieren und zusätzlich zum institutionellen Rahmen entwickelte sich eine ‚Gruppe' von Akteuren und Spezialisten, die nicht nur am Nationalstaat orientiert waren, nicht mehr nur auf dessen Selbstthematisierungsformen und -formeln zurückgriffen, nicht mehr nur in einer national begrenzten Logik von Märkten dachten.

Die Tragweite des Projektes wurde zeitgenössisch kaum erkannt. So war Jean Monnet enttäuscht über die Reaktionen der Journalisten auf die Schumann-Deklaration. Das Gründungsdokument der EU, von Konrad Adenauer mit angeregt, verfasst von Robert Schumann, Jean Monnet und einer kleinen Arbeitsgruppe, zielte auf die Beendigung der Möglichkeit neuer europäischer Kriege durch eine weit reichende Marktintegration, beginnend bei Kohle und Stahl. Seine umfassende Implikation: eine nicht nationalstaatlich orientierte Integration Europas, konnte kaum verstanden werden, da Begriffe und politische Ideologien am Projekt des Nationalen orientiert waren. Sollte die Betonung der Souveränität zur Zeit der Religionskriege Kriege beenden und verhindern, so sollte die teilweise Abgabe von Souveränität zur Mitte des 20. Jahrhunderts genau das Gleiche erreichen.

Keineswegs hatte sich die postsouveräne Nation mit ihrer beginnenden weltgesellschaftlichen und europäischen Institutionalisierung schon durchgesetzt. Sie konnte sich aber von nun an als Modell entwickeln und wir müssen die Veränderungen zur Mitte des 20. Jahrhunderts als eine radikale Zäsur bewerten. Ohne mit Veränderungen der gesellschaftlichen Selbstthematisierung einherzugehen, wurde eine veränderte Institutionalisierung der Weltgesellschaft und der europäischen Staatenwelt eingeleitet. Ein Bruch mit der vorherigen Weltordnung, der zeitgenössisch in seinen Folgen kaum antizipiert werden konnte, kann beobachtet werden. Noch fehlte das Vokabular und die Vorstellung, um sich diese Welt ausmalen zu können. Noch galt die koloniale Ordnung der Welt mit wenigen Nationen in Europa, die die Welt gestalten wollten und die für sich die Überhöhung des Selbstbestimmungsrechts in Anspruch nahmen. Schon zu Beginn der 1970er Jahre aber war der Entkolonialisierungsprozess weitgehend abgeschlossen, bis 1975 war die Mitgliederzahl der Vereinten Nationen verdreifacht: 144. Das postkoloniale Zeitalter war nicht konfliktärmer. Nicht nur steigende Kommunikationsdichte und Interdependenzen, auch die tatsächlichen Einwanderungsprozesse veränderten die Sozialstruktur der europäischen nationalen Gesellschaften. Erneut lösten sich die durch die Nationalisierung eingeleiteten Vereinfachungen auf, die Migration führte zu einer Umschichtung der Bevölkerung.

Die letzte verbliebene Ebene der Souveränitätsfiktion, die Kultur, schien nun neben der ökonomischen und der militärischen Souveränität ins Wanken zu geraten. Einerseits wird sie immer wieder verteidigt und wir erleben Renationalisierungs- und Ethnisierungsprozesse vor allem als kulturelle; andererseits wird derzeit das Zentrum der nationalstaatlichen Homogenisierungspolitik: die Bildung, aktiv europäisiert. „An der Basis der modernen sozialen Ordnung", schrieb Ernest Gellner, „steht nicht der Henker, sondern der Professor" (Gellner 1991: 56). Trotz Bologna aber scheint ein homogener europäischer Wissensraum illusorisch zu sein. Es ist nicht einmal sichergestellt, ob die Mobilität der Studenten zunehmen wird. Gedacht werden müssen postsouveräne europäische Nationalstaaten, die zu einer Europäischen Union gehören, die Einfluss auf mehr Bereiche hat, als sich die Bürger alltäglich vorstellen und die sich den traditionellen Mustern der demokratischen Nationalstaaten, der demotischen Begründung von Herrschaft und der spezifischen diskursiven Öffentlichkeit entzieht. Aus dieser Perspektive tritt die neue Gesellschaft als postnationale in den Blick (Habermas 1998; 2004) und Fragen nach den Grundlagen legitimer Herrschaft in der Weltgesellschaft müssen gestellt werden (siehe Beck 2002). Der methodologische Nationalismus als immer schon vorausgesetzte kulturelle, soziale, ökonomische und politische Zentralstellung der Nation hält der „Kritik des nationalen Blicks" (ebd.: 71ff.) nicht stand. Kann es eine Demokratie ohne Demos geben? Kann es eine demokratische europäische Gesellschaft geben? Wie ist sie zu denken und zu beschreiben? Ist das Recht an die Stelle der Souveränität getreten (Gessner/Nelken 2007)? Bedeutet die These der rechtlichen Integration Europas die oft beklagte Steigerung der Bürokratisierung oder nicht zumindest eine Dialektik von Bürokratisierung und Freiheit? Stellt die Unionsbürgerschaft eine Ergänzung und Erweiterung der Staatsbürgerschaft dar (Schönberger 2005)? Europäische Währung, europäische Bürgerschaft, europäisches Recht, europäisches Parlament – wenn Talcott Parsons die gemeinsame Entstehung und Entwicklung der Sozialwissenschaften und des Nationalstaates beschrieben hat, dann sollte nun eine europäische Soziologie und Sozialforschung gefordert, gefördert und betrieben werden.

Literatur

Anderson, Benedict (1988): Die Erfindung der Nation. Zur Karriere eines erfolgreichen Konzepts. Frankfurt a.M.: Campus.
Aron, Raymond (1964): La lutte de classes. Nouvelles leçons sur les sociétés industrielles. Paris: Gallimard
Aron, Raymond (1970): Demokratie und Totalitarismus. Hamburg: Christian Wegner Verlag.
Balibar, Etienne (2006): Der Schauplatz des Anderen. Formen der Gewalt und Grenzen der Zivilität. Hamburg: Hamburger Edition
Beck, Ulrich (2002): Macht und Gegenmacht im globalen Zeitalter. Neue weltpolitische Ökonomie. Frankfurt: Suhrkamp
Bielefeld, Ulrich (2003): Nation und Gesellschaft. Selbstthematisierungen in Deutschland und Frankreich. Hamburg: Hamburger Edition
Bielefeld, Ulrich/Engel, Gisela (Hrsg.) (1998): Bilder der Nation. Kulturelle und politische Konstruktionen des Nationalen am Beginn der europäischen Moderne. Hamburg: Hamburger Edition
Brubaker, Rogers (1994): Staats-Bürger. Deutschland und Frankreich im historischen Vergleich. Hamburg: Junius
Brubaker, Rogers (2007): Ethnizität ohne Gruppen. Hamburg: Hamburger Edition
Colliot-Thélène, Catherine (2007): Après la souveraineté de l'Etat: que reste-t-il des droits subjectifs? Eurostudia. Revue électronique der Universität Montréal: www.ccae.Umontreal.ca
Dahrendorf, Ralf (1968): Gesellschaft und Demokratie in Deutschland. München: Piper
Durkheim, Émile (1986): Der Individualismus und die Intellektuellen (1898). In: Hans Bertram (Hrsg.), Gesellschaftlicher Zwang und moralische Autonomie. Frankfurt a.M.: Fischer: 54-70
Durkheim, Émile (1994): Die elementaren Formen des religiösen Lebens. Frankfurt a.M.: Suhrkamp.
Durkheim, Émile (1995): Erziehung, Moral und Gesellschaft. Vorlesung an der Sorbonne 1902/1903. Frankfurt a.M.: Suhrkamp
Durkheim, Émile (1999): Physik der Sitten und des Rechts. Vorlesungen zur Soziologie der Moral. hrsg. von Müller, Hans-Peter. Frankfurt a.M.: Suhrkamp
Elias, Norbert (1976/1939): Über den Prozess der Zivilisation. Soziogenetische und psychogenetische Untersuchungen. 2 Bände. 1.Band: Wandlungen des Verhaltens in den weltlichen Oberschichten des Abendlandes. Frankfurt a.M.: Suhrkamp
Elias, Norbert (1976/1939): Über den Prozess der Zivilisation. Soziogenetische und psychogenetische Untersuchungen. 2 Bände. 2. Band: Wandlungen der Gesellschaft. Entwurf zu einer Theorie der Zivilisation. Frankfurt a.M.: Suhrkamp
Fanon, Frantz (1981): Die Verdammten dieser Erde (1961). Vorwort von Jean Paul Sartre. Frankfurt a.M.: Suhrkamp
Fichte, Johann Gottlieb (1991, orig. 1804/05): Grundzüge des gegenwärtigen Zeitalters. In: ders: Werke 1801-1806, Lauth, Reinhard/Gliwitzky, Hans (Hrsg.) Bd. I/8. Stuttgart-Bad Cannstatt: Frommann-Holzboog: 141-396
Gellner, Ernest A. (1991): Nationalismus und Moderne. Berlin: Rotbuch Verlag
Gerhardt, Uta (1999): National socialism and the politics of *The structure of social action*. In: Barber, Benjamin/Gerhardt, Uta (Hrsg.): Agenda for sociology: classical sources and current uses of Talcott Parsons's work. Baden-Baden: Nomos
Gerhardt, Uta (2002): Talcott Parsons. An Intellectual Biography, Cambridge. New York: Cambridge University Press
Gessner, Volkmar/Nelken, David (Hrsg.) (2007): European Ways of Law. Towards a European Sociology of Law. Oxford und Portland: Hart Publishing
Giddens, Anthony (1987): The Nation-State and Violence. Volume Two of A Contemporary Critique of Historical Materialism. Berkley/Los Angeles: University of California Press

Habermas, Jürgen (1998): Die postnationale Konstellation. Politische Essays. Frankfurt a.M.: Suhrkamp
Habermas, Jürgen (2004): Der gespaltene Westen. Frankfurt a.M.: Suhrkamp
Hobsbawm, Eric (1996): Ethnicity and Nationalism in Europe Today. In: G. Balakrishnan (Hrsg.): *Mapping the Nation*. London, New York: Verso: 255-266
Jacobs, Francis (2007): The Sovereignty of Law: The European Way. Cambridge: Cambridge University Press
Kant, Immanuel (1973, orig. 1916): Der allgemeinen Rechtslehre. Zweiter Teil. Das öffentliche Recht. In: ders: Die Metaphysik der Sitten. Der Streit der Fakultäten, Werke Bd. VII, Benzion Kellermann (Hrsg.). Hildesheim: Gerstenberg
Kohn, Hans (1950): Die Idee des Nationalismus. Ursprung und Geschichte bis zur französischen Revolution. Heidelberg: Lambert Schneider
Lepsius, Rainer M. (1966): Extremer Nationalismus: Strukturbedingungen vor der nationalsozialistischen Machtergreifung. Stuttgart: Kohlhammer
Mann, Michael (2007): Die dunkle Seite der Demokratie. Eine Theorie der ethnischen Säuberung. Hamburg: Hamburger Edition
Marshall, Thomas H. (1992): Bürgerrecht und soziale Klassen. Zur Soziologie des Wohlfahrtsstaates. Hrsg. von Rieger, Elmar. Frankfurt a.M.: Campus
Marx, Karl (1976a): Zur Kritik der Hegelschen Rechtsphilosophie. Kritik des Hegelschen Staatsrechts (1843). In: Karl Marx/Friedrich Engels: Werke Band 1. Berlin/DDR: Dietz Verlag: 203-333
Marx, Karl (1976b): Zur Judenfrage (1844). In: Karl Marx/Friedrich Engels: Werke. Band 1. Berlin/DDR: Dietz Verlag: 347-377
Marx, Karl (2007): Der achtzehnte Brumaire des Louis Bonaparte (1852). Mit einem Kommentar von Hauke Brunkhorst. Frankfurt a.M.: Suhrkamp
Marx, Karl/Engels, Friedrich (1972): Manifest der Kommunistischen Partei (1847/48). In: dies., Werke, Bd. 4. Berlin: Dietz Verlag: 459-493
Meinecke, Friedrich (1919): Weltbürgertum und Nationalstaat: Studien zur Genesis des Deutschen Nationalstaates (1907). München/Berlin: Oldenbourg
Meyer, John W. (2005): Weltkultur. Wie die westlichen Prinzipien die Welt durchdringen. Frankfurt a.M.: Suhrkamp
Parsons, Talcott (1972): Das System moderner Gesellschaften. München: Juventa
Parsons, Talcott (1975): Gesellschaften. Evolutionäre und komparative Perspektiven. Frankfurt a.M.: Suhrkamp.
Parsons, Talcott/Gerhardt, Uta (Hrsg.) (1993): Talcott Parsons on national socialism. Hrsg. und mit einer Einleitung von Uta Gerhardt. New York: de Gruyter
Rancière, Jacques (2005): La haine de la démocratie. Paris: La Fabrique éditions
Renan, Ernest (1995): Was ist eine Nation? Und andere politische Schriften. Wien: Folio Verlag
Rosanvallon, Pierre (1998): Le peuple introuvable. Histoire de la représentation démocratique en France. Paris: Éditions Gallimard
Schieder, Theodor (1991): Nationalismus und Nationalstaat. Studien zum nationalen Problem im modernen Europa. Göttingen: Vandenhoeck u. Ruprecht
Schnapper, Dominique (1991): La communauté des citoyens. Paris: Gallimard
Schönberger, Christoph (2005): Unionsbürger. Europas föderales Bürgerrecht in vergleichender Sicht. Tübingen: Mohr Siebeck
Toulmin, Stephen (1991): Kosmopolis. Die unerkannten Aufgaben der Moderne. Frankfurt a.M.: Suhrkamp
Touraine, Alain (1992): Critique de la Modernité. Paris: Fayard
Weber, Eugene (1976): Peasants into Frenchmen: The Modernization of Rural France, 1870-1914. Stanford: Stanford University Press
Weber, Max (1972): Wirtschaft und Gesellschaft. Grundriss der verstehenden Soziologie, Fünfte revidierte Auflage. Hrsg. von Winckelmann, Johannes. Tübingen: Mohr Siebeck

Weber, Max (1973): Roscher und Knies und die logischen Probleme der historischen Nationalökonomie. In: ders.: Gesammelte Aufsätze zur Wissenschaftslehre, 4. erneut durchgesehene Aufl. Tübingen: Mohr: 1-145

Weber, Max (1993): Der Nationalstaat und die Volkswirtschaftspolitik. Akademische Antrittsrede (1895). In: Max Weber, Gesamtausgabe, Abt. I: Schriften und Reden, Bd. 4,2. Halbband: Landarbeiterfrage, Nationalstaat und Volkswirtschaftspolitik. Tübingen: Mohr: 43-574

Wildt, Michael (2007): Volksgemeinschaft als Selbstermächtigung. Gewalt gegen Juden in der deutschen Provinz 1919 bis 1939. Hamburg: Hamburger Edition

Organisation

Klaus Türk

1 Was ist Organisation? – Probleme einer Definition

Was ist ‚Organisation'? Wie gelangt man zu einem Begriff? In der Literatur macht man es sich häufig einfach: An den Beginn einer Abhandlung setzt man eine Definition, ohne anzugeben, welche Funktion diese Definition, welchen Wahrheits- oder Erkenntnisgehalt sie haben soll und wie man zu ihr überhaupt gelangt ist. Dabei werden zwei grundsätzlich verschiedene Ebenen der Begriffsfindung in aller Regel nicht unterschieden, sodass es zu einer fundamentalen Unklarheit kommt. Ein Begriff kann nämlich entweder auf der Ebene des Objektbereichs einer Untersuchung oder auf der Ebene des Theoriebereichs angesiedelt sein. Im ersten Falle wäre der Gebrauch eines Konzeptes im Gegenstandsbereich – hier der Gesellschaft selbst – zu analysieren, eine Definitionsfreiheit des Forschers existiert nicht, jede Begriffsdarlegung ist eine empirische und damit prinzipiell widerlegbare Hypothese. Im zweiten Falle gehört der Begriff der Beobachtungssprache an, ist theoretisches Werkzeug, um den Gegenstandsbereich zu analysieren und zu interpretieren. So ist z.B. typischerweise der soziologische Begriff ‚System' eine analytische Kategorie in diesem Sinne. Ein theoretischer Begriff ist nicht falsifizierbar, es herrscht Definitionsfreiheit; er muss sich allerdings pragmatisch als brauchbar erweisen, indem er Erkenntnisgewinne ermöglicht.

In der organisationstheoretischen Literatur ist der erkenntnistheoretische Status der angebotenen Definitionen in der Regel unklar. Das ist keinesfalls nur ein stilistisches oder erkenntnistheoretisches Problem, sondern es besteht die Gefahr, dass eine Begriffsbildung unter der Hand als eine reale Beschreibung des Organisationsphänomens gemeint und verstanden wird, obwohl es sich vielleicht doch nur um einen analytischen Begriff auf der Ebene der Beobachtungssprache handeln soll. Damit aber könnte die Wissenschaft zu einer ideologischen Affirmation des Organisationsphänomens beitragen, wenn die Begriffsfassungen für kritische Reflexionen nicht offen sind. Genau dies ist aber gängige Praxis.

Die Definitionen von ‚Organisation', die man in der organisationssoziologischen Literatur findet, erscheinen häufig merkwürdig flach und korrespondieren kaum mit stets zu findenden Aussagen über die herausragende Bedeutung von Organisationen für die moderne Gesellschaft. So definieren z.B. Allmendinger/Hinz (2002: 10) ‚Organisation' als „ein kollektives oder korporatives System [...], das vor allem Koordinations- und Kooperationsprobleme lösen soll" oder als arbeitsteilig gegliederte Zusammenschlüsse von Akteuren, die ihre Ressourcen zusammenlegen, um gemeinsame Ziele zu erreichen. So etwas hat es sicherlich schon immer gegeben! Bei der englischsprachigen Ausgabe von Wikipedia findet man eine für den Mainstream der Organisationssoziologie durchaus typische Definition:

„In sociology ‚organization' is understood as planned, coordinated and purposeful action of human beings to construct or compile a common tangible or intangible product. This action is usually framed by formal membership and form (institutional rules)" (www.wikipedia.org).

Solche Definitionen sind ohne jeden historisch-gesellschaftlichen Bezug verfasst, legen nicht dar, ob und inwiefern es sich bei den genannten Merkmalen tatsächlich um die entscheidenden handelt und kein Autor gibt je an, auf welche Weise er zu seiner Definition gelangt ist. Ein solcher Organisationsbegriff umfasst nahezu jegliche Form koordinierter Kooperation in allen Gesellschaften zu allen Zeiten. Der Begriff von Organisation kann aber nicht am Anfang, sondern erst am Ende der Forschung stehen. Organisation ist ein empirisches Phänomen, das nicht nominaldefinitorisch zu erfassen ist, sondern nur durch Erforschung dessen, was Menschen tun, wenn sie das tun, was sie als Organisation bezeichnen. In diesem empirischen Sinne hatte gerade auch Max Weber Bürokratie als strikt historisch-gesellschaftliches Phänomen lokalisiert und in seinen idealtypischen Beschreibungen expliziert.

2 Dimensionalisierung des Konstruktes ‚Organisation'

2.1 Überblick

Organisationen sind die zentralen Orte der Definition, Konzentration, der Verteilung und des Einsatzes gesellschaftlich zentraler, allokativer und autoritativer Ressourcen. Sie verfügen über das ökonomische wie über das politische Kapital, sie konzentrieren Wissen, sie produzieren und reproduzieren gesellschaftliche Ideologien, die über die Religion herrschen und haben die Massenmedien in der Hand. Zugleich definieren sie über interne Hierarchisierungen und Kompetenzzuweisungen autoritativ-differentielle Entscheidungs- sowie Partizipationsstrukturen und bestimmen damit ganz wesentlich gesellschaftliche Strukturen der Ungleichheit. Nicht zuletzt tragen sie entscheidend zu Subjektformen und Identitätsbildungen bei, definieren also auch Fremd- und Selbstbilder der menschlichen Individuen (z.B. über Berufsrollen). Organisationen sind in der modernen Gesellschaft seit etwa 150 Jahren zunehmend mit Bedeutungen und Funktionen geradezu überfrachtet. Es ist deshalb kein Wunder, dass wir es mit einem außerordentlich komplexen Konstrukt zu tun haben, das sich keinesfalls bloß als ein technisches Instrument wie Hammer oder Säge, sondern nur als eine kulturelle Institution begreifen lässt. Vorab zusammengefasst lässt sich Organisation als dreidimensionales Konstrukt explizieren:

1. Organisation zeichnet sich durch eine bestimmte Art von *Ordnung* aus, die sich historisch und zeitgenössisch von anderen Formen der Ordnung unterscheidet. Dabei handelt es sich vornehmlich um spezifische Dispositive von Rationalität und Produktivität.
2. Organisation wird als eine spezifische Einheit, ein *Gebilde*, konstituiert, d.h. als ein eigenständiger Raum, auf den sich die Ordnung bezieht sowie als eine Einheit, die selbst als Akteur/Subjekt/Person gesellschaftlich definiert wird.
3. Organisation wird als eine spezifische Form der Kollektivitätsbildung, der *Vergemeinschaftung* konstituiert, der eigene Normen von Zusammengehörigkeit, Solidarität und Loyalität eigen sind.

Alle drei Dimensionen haben ihre besondere Geschichte und bilden je für sich wiederum hochkomplexe Bedeutungskonstellationen.

Das Wort ‚Organisation' finden wir seit dem Ende des 18. Jahrhunderts im alltäglichen Sprachgebrauch in unterschiedlichen Bedeutungsvarianten, welche diese Dreidimensionalität widerspiegeln. So wird ‚Organisation' in einer Variante als substantiviertes Verb im Sinne von ‚das Organisieren' verwendet und meint die Herstellung von geordneten Abläufen, also von Ordnung. In einer zweiten Variante meint Organisation das, was als Ergebnis des Organisierens erzeugt worden ist, eine Einheit mit einer mehr oder weniger festen Struktur, ein Organisat, ein Gebilde, das sich von anderen unterscheiden lässt, also z.B. die ‚Universität Soundso'. Damit ist nicht eine Eigenschaft eines Gebildes gemeint, sondern das Gebilde selbst; nicht: die Universität hat eine Organisation, sondern sie ist eine Organisation. Schließlich finden wir den Organisationsbegriff auch in der Weise verwendet, dass er nicht eine Struktur oder einen Prozess meint, sondern ein Kollektiv von Personen. Eine solche Verwendung findet man dann, wenn Mitglieder einer Organisation die Wir-Form verwenden, um z.B. appellativ zu formulieren: ‚Wir müssen uns in Zukunft mehr anstrengen' oder um sich von anderen abzugrenzen: ‚Wir von der Uni A haben doch nun wirklich bessere Leistungen vorzuweisen als die von der Uni B'. In einem älteren Beispieltext finden wir alle drei Bedeutungsvarianten:

> „Daher erfordert jede größere oder kleinere gesellschaftliche Verbindung, von welcher Art sie auch sey, gewiße Statuten oder Gesetze, die jedem Societäts=Gliede heilig seyn müßen, weil nur allein durch deren treue Befolgung die sämmtlichen Glieder der Gesellschaft gleichsam nur eine einzige engverbundene Kette bilden; nur auf einen festen Gesichtspunkt in ihren Gesinnungen und Handlungen hinwirken, und durch den Verein ihrer gesammten Kräfte, nur Einen Körper ausmachen, der mittels seiner Stärke die erhabensten Zwecke der Gesellschaft realisirt; indem er jeden frohen Lebensgenuß höher, wärmer und reiner empfinden, und jede Ausbildung, und Veredlung des Herzens, und Geistes leichter und reiflicher gedeihen läßt.
> Wenn dem zufolge der erste Zweck nämlich: froher und erhöhter Lebensgenuß im Kreise trauter Freunde auch vorzüglich der Zweck unserer Vereinigung ist, so dürfen wir doch auf keine Weise zweifeln, dass nicht auch die zweite Absicht unserer Verbindung, nämlich: Kultur, und Veredlung des Herzens, und der Seele, oder die Verbindung alles Nützlichen, Edlen und Guten, mit dem Angenehmen glücklich erreicht werde, und dass wir im trautesten brüderlichen Verein manches Gute und Nützliche zu stiften fähig sind, was dem einzelnen Gliede durch sich allein zu bewirken, unmöglich ist. Blos und allein aus diesem Gesichtspunkte entwarf die Gesellschaft bereits im Jahre 1795 am 27. Januar als an ihrem ersten Stiftungs=Tage ihre ersten Gesetze, […]" (Einleitung zu den Statuten der Neuen Elberfelder Lesegesellschaft vom 31.7.1799, zit. nach Ünlüdâg 1989: 451).

Normen und Vorschriften, Gesetze und Statute bilden in der Ordnungsdimension die Organisation des Vereins. Sie sind orientiert am Zweck des Vereins. Deutlich wird hier der Bezug auf das Konzept instrumenteller Rationalität. Der Verein soll „Einen Körper" bilden, also eine eigene Einheit, die von anderen unterscheidbar ist; es soll eine „Societät" organisiert werden, deren Teile als „Glieder" (und nicht etwa Menschen!) bezeichnet werden. Wir finden hier also einen abstrakten Gebildebegriff, der Verein wird als ein soziales System sui generis angesehen. Schließlich wird aber auch noch die Kollektivitätsdimension angesprochen, es geht um gemeinsamen Lebensgenuss und traute Brüderlichkeit. Um dies zu unterstreichen, wird auch das ‚Wir' benutzt. Man kann den Text vielleicht in einem Satz, der alle drei Bedeutungsvarianten von Organisation enthält, zusammenfassen: ‚Wir wollen ein zweckgerichtet geordneter sozialer Körper sein' (vgl. zur Körpermetaphorik auch Böckenförde/Dohrn-van Rossum 1978 sowie Dohrn-van Rossum 1977). Diese drei Bedeutungsvarianten lassen sich vielfach finden; besonders ergiebiges Studienmaterial sind dafür Geschäfts- und Rechenschaftsberichte von Organisationen (vgl. Wehrs 1998), in denen je nach Bedeutungskontexten und Intentionen zwischen der Ordnungs-, der Gebilde- und der Kollektivitätsperspektive gewechselt wird. Vor dem Hintergrund dieses empirischen Verwendungs- und Bedeutungskomplexes hätte es wohl kaum Sinn zu fordern, sich für eine dieser Bedeutungen zu entscheiden. In der gesellschaftlichen Wirklichkeit ist ‚Organisation' offenbar mehrfach konnotiert, und dies sollten Soziologen/Soziologinnen nicht negieren, sondern bereits als einen ersten Schritt zum Verständnis dieses Phänomens begreifen. Organisation soll deshalb im Folgenden als ein durch diese drei Bedeutungen konstituiertes gesellschaftliches Phänomen näher bestimmt werden.

2.2 Die Dimension der Ordnung

Jede der drei Dimensionen des Organisationskonstruktes repräsentiert nicht nur eine singuläre Bedeutung, sondern je für sich eine Bedeutungskonstellation, d.h. einen komplexen Sinnzusammenhang. Die Abbildung 1 stellt die Bedeutungskonstellation der Ordnungsdimension dar. Sie umfasst drei Bedeutungsmomente:

Abbildung 1: Die Bedeutungskonstellation *Ordnung*

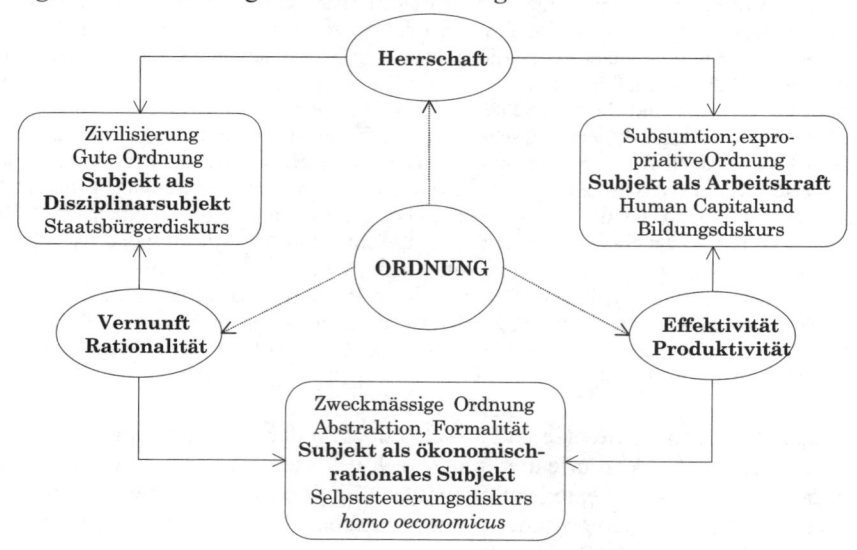

1. Es geht um eine an die Vernunft in ihrer Form als zweckgerichtete Rationalität appellierende Strukturierung sozialer Beziehungen;
2. mit einer solchen Struktur werden Erwartungen an Effektivität und Produktivität verknüpft und
3. das Verfolgen gemeinsamer Ziele erfordert (Selbst-)Disziplin, die Unterwerfung unter die Herrschaft einer Leitungsinstanz (eines Vorstands, eines Arbeitgebers, des Staates), die sozusagen die rollenmäßige Verkörperung des Regelwerks darstellt. Deshalb

kann auch suggeriert werden, man unterwerfe sich eigentlich nur rationalen Regeln, nicht aber Personen.

Diese drei Ordnungsimperative dürften bis heute alle Organisationen prägen. So einfach und selbstverständlich dieses Ordnungskonstrukt auch heute noch erscheinen mag, in seiner historischen Entwicklung war es allerdings an eine ganze Reihe von struktur- und denkgeschichtlichen Voraussetzungen gebunden. Dieses sich hier manifestierende Ordnungsmodell entsteht in der Neuzeit im 16. und 17. Jahrhundert. Frühaufklärung, Absolutismus und Merkantilismus bringen ein innerweltliches Ordnungsdenken hervor, das nicht nur in Kategorien der Machbarkeit auch gesellschaftlicher Verhältnisse denkt, sondern auch und gerade in Effektivitäts- und Produktivitätskategorien und dabei bereits Herrschaft als ‚Management' von zweckverwirklichender Ordnung begreift. Diese Konstruktion ist aber nicht nur voraussetzungsvoll, sondern auch folgenreich. Um dies zumindest anzudeuten, enthält die Abbildung 1 einige Hinweise auf Konzepte, die unmittelbar mit diesem Ordnungskonstrukt verbunden sind und im Folgenden kurz erläutert werden.

Das Vertrauen auf die menschliche Rationalität als befreiende, revolutionäre Kraft kann als Leitkonzept der modernen bürgerlichen Gesellschaft gelten. Dieses Denken, in dem sich das Selbstbewusstsein der bürgerlichen Klasse des 18. Jahrhunderts Ausdruck verschafft und das gleichsam die Speerspitze des kritischen Bewusstseins jener Zeit markiert, geriet im weiteren historischen Verlauf selbst zum Gegenstand der Kritik. Für die deutsche Soziologie sind es vor allem Max Weber und kurz darauf die Kritische Theorie, die der abendländischen Rationalität einen besonderen Platz in ihren Gesellschaftsanalysen eingeräumt haben. Beide theoretischen Linien entwickeln bei allen inhaltlichen Differenzen ihre Theorien der modernen bürgerlichen Gesellschaft entlang der Untersuchung jenes historischen Prozesses, den Weber als „Entzauberung der Welt" bezeichnet. Dieser Rationalisierungsprozess wird jedoch bei Weber und in der Kritischen Theorie in unterschiedlicher Form rekonstruiert. Während sich Weber vor allem für den religionsgeschichtlichen Entstehungsprozess interessiert, versuchen Max Horkheimer und Theodor W. Adorno (1986) den Zustand der modernen Gesellschaft auf die für sie schon im Beginn der abendländischen Kultur vorfindbare Form der gesellschaftlichen Naturaneignung zurückzuführen. Gemeinsam ist beiden Theorien, diesen Prozess als Herrschaftsprozess zu analysieren. Während jedoch Weber am Ende des okzidentalen Rationalisierungsprozesses ein „Gehäuse der Hörigkeit" sieht, beharren Horkheimer und Adorno auf dem emanzipatorischen Potenzial von Vernunft und Aufklärung.

Weber und die Kritische Theorie haben gleichermaßen auf die Tendenz zu einer „instrumentellen Vernunft" hingewiesen, welche das aufklärerische Konzept einer objektiven und herrschaftsfreien Vernunft in eine Mittel optimierende Rationalität wendet. Vernunft gilt hier nicht mehr als allgemein verbindliche Orientierung oder als normativer Maßstab des Handelns, sondern als technisch-wissenschaftliche Fertigkeit oder als effizientes Herrschaftsinstrument. Weber bezeichnet diesen Vernunfttypus als formale Rationalität, die für ihn die Tiefenstruktur der modernen Gesellschaft bildet, eine Struktur, die den unterschiedlichen gesellschaftlichen Prozessen und Bereichen eine gleichartige Prägung verleiht. Organisation steht in seiner Gesellschaftstheorie nicht mehr für die Vorstellung der Möglichkeit einer vernunftbasierten Gesellschaftlichkeit, sondern sie wird zum Inbegriff instrumenteller Vernunft (idealtypisch verkörpert in der modernen Bürokratie). Berechenbarkeit, das Wesen formaler Rationalität, gilt ihm nicht als neutrale Form der Optimierung von Mitteln im Hinblick auf einen Zweck. Vielmehr stellt sie die rationalste Form der Herrschaft dar, und zwar sowohl nach innen auf die Organisationsstruktur bezogen als auch nach außen im Sinne der Ausübung gesellschaftlicher Herrschaft:

> „Die rein bürokratische, also die bürokratisch-monokratische, aktenmäßige Verwaltung ist nach allen Erfahrungen die an Präzision, Stetigkeit, Disziplin, Straffheit und Verlässlichkeit, also Berechenbarkeit für den Herrn wie für die Interessenten, Intensität und Extensität der Leistung, formal universeller Anwendbarkeit auf alle Aufgaben, rein technisch zum Höchstmaß der Leistung vervollkommenbare, in all diesen Bedeutungen: formal rationalste, Form der Herrschaftsausübung" (Weber 1985: 128).

Michel Foucault hat in seinen Vorlesungen zur Geschichte der Gouvernementalität gezeigt, dass diese Verbindung von Rationalität und Herrschaft bereits mit der Entstehung des frühmodernen Staates einsetzt und eine neue Art des Zugriffs auf die Subjekte konfiguriert (Foucault 2000; Lemke 1997). In Staatsräson und Policeywissenschaft geht es um die Herstellung einer ‚guten Ordnung', welche die Menschen als disziplinierte und zivilisierte Untertanen in ein zentral steuerbares System einbaut (s. dazu auch Grimminger 1986). Gesellschaftliche Normen und wissenschaftliche Normalitätskonzepte sorgen für die Einordnung, Identifizierung und Kategorisierung der Individuen und ermöglichen die Produktion von „Disziplinarsubjekten" (Foucault), welche sich der Rationalität der zweckgerichteten Mittel fügen.

Dieses Konzept organisationaler Ordnung ermöglicht eine neue Ökonomie der Macht, indem es Produktivität und Herrschaft, ökonomische Ausbeutung und politische Unterwerfung miteinander verkoppelt (vgl. auch die Beiträge zu „Macht" und „Arbeit" in diesem Band). Das disziplinierte Subjekt wird zu einem disponiblen Produktionsfaktor, zum Arbeitssubjekt, d.h. zum Träger von Arbeitsvermögen, das zweckgerichtet verwendet werden kann. Arbeitskraft wird als ‚Humankapital' definiert, das geformt, gebildet, akkumuliert, aber auch entwertet werden kann (s. zur Rekonstruktion dieses Prozesses an zeitgenössischem Bildmaterial auch Türk 2000). Die Formierung eines Arbeitssubjekts setzt eine Arbeit an sich selbst voraus, welche auf die Disziplinierung der Gesten und Gewohnheiten, der Verhaltensweisen und Mentalitäten zielt:

> „Die Entwicklung der Disziplinen markiert das Auftreten elementarer Machttechniken, die einer ganz anderen Ökonomie zugehören: es handelt sich um Machtmechanismen, die nicht durch Abschöpfung wirken, sondern im Gegenteil durch Wertschöpfung, indem sie sich in die Produktivität der Apparate, in die Steigerung dieser Produktivität und in die Ausnutzung der Produkte vollständig integrieren. An die Stelle des Prinzips von Gewalt/Beraubung setzen die Disziplinen das Prinzip von Milde/Produktion/Profit" (Foucault 1981: 281).

Ein Großteil des pädagogischen Diskurses des 18. und 19. Jahrhunderts thematisiert die Zivilisierung und Kultivierung des Arbeitsvermögens durch Bildung und Erziehung (vgl. auch Dreßen 1982). Rationalität und Produktivität werden also nicht nur von einzelnen Organisationen erwartet und gefordert, sondern auch von den organisationalen Subjekten. Parallel zur Entwicklung des Konzepts moderner Organisation entsteht im 18. Jahrhundert. das rationalistische Handlungsmodell, das nicht nur deskriptiv zu verstehen ist, sondern eine normative Kraft dadurch gewinnt, dass Abweichungen von diesem Modell als irrational, unvernünftig, naturhaft oder bloß emotional bzw. ‚weiblich' diskriminiert werden. Auch das (vor allem männliche) Subjekt habe einer ‚zweckmäßigen Ordnung' in seinem

Handeln zu folgen; es habe sich selbst ‚vernünftig', was nun nichts weiter heißt als ökonomisch, zu steuern. Der *homo oeconomicus* wird so zu einer wünschenswerten Projektion: ein rational-utilitarisches Subjekt, das nutzenorientiert und zugleich nutzbar zu sein hat – ist doch Selbststeuerung allemal billiger als Fremdsteuerung.

2.3 Die Dimension des Gebildes

Jede Ordnung benötigt einen Ort, auf den sie sich bezieht, einen sozialen Raum, dem sie eine Struktur verordnen kann. Jede Ordnungsbildung setzt deshalb die Konstruktion einer Einheit mit klaren Grenzen voraus.

Die Abbildung 2 gibt einen grafischen Überblick über die Bedeutungskonstellation des Gebildes. Heute ist es im Alltag offenbar ganz unproblematisch und selbstverständlich, Organisationen als Personen oder gar als (handlungsfähige) Subjekte zu betrachten. Es ist davon die Rede, dass eine Unternehmung Autos produziere und Gewinn mache, dass eine Partei Entscheidungen getroffen oder dass ein Verein seinen Vorstand entlassen habe. Mit einer solchen Semantik, die ihren rechtlichen Niederschlag in der Konstruktion der Juristischen Person findet, wird offenbar ein „korporativer Akteur" (Coleman 1986) geschaffen. Organisation als ein Gebilde erscheint somit nicht nur als ein Ort, auf den sich eine bestimmte Ordnungskonzeption bezieht, sondern auch als eine zurechnungsfähige Einheit, der Handlungskompetenz, Verantwortung, Eigentumsrecht, Produktivität und Akkumulationsfähigkeit zugeschrieben werden. Franz Eulenburg betont die Entstehung einer neuen Einheit:

> „Es ist die Zusammenfassung verschiedener Teile zu einer ideellen Einheit! Das ist das Entscheidende: wieder eine Einheit und deren Zusammenfassung zu sein (man bezeichnet sie oft als „Integrierung"), und zwar gerade Zusammenfassungen dauernder Art. […] Organisation heißt sonach zusammenfassende Ordnung getrennter Glieder zu einer neuen Einheit. Sie ist immer Sache unseres Willens und zweckbewußten Handelns. Jede künstliche Organisation befolgt einen bestimmten Zweck, den sie erfüllen soll" (Eulenburg 1952: 12).

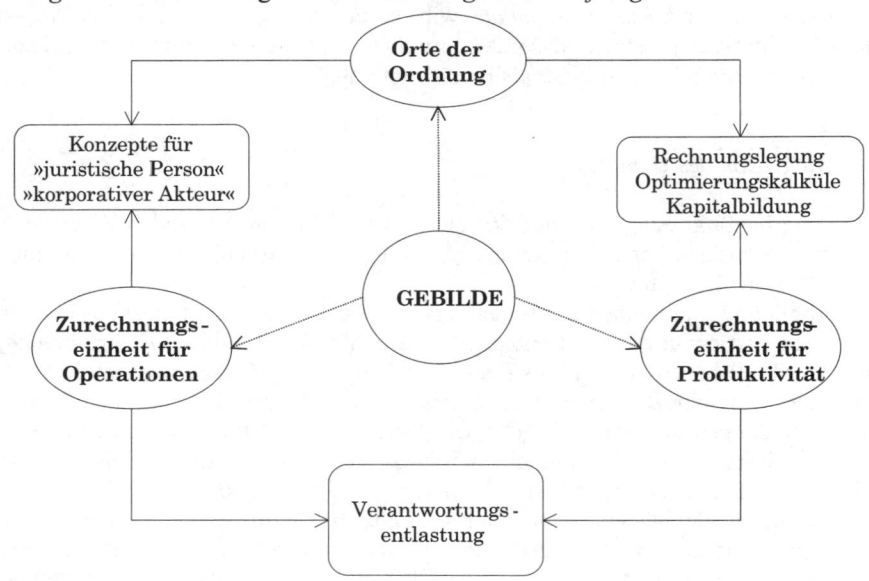

Abbildung 2: Die Bedeutungskonstellation *Vergemeinschaftung*

```
                        Orte der
                        Ordnung
                           ↑
    Konzepte für                          Rechnungslegung
  »juristische Person«                    Optimierungskalküle
  »korporativer Akteur«                   Kapitalbildung
        ↑                                        ↑
                        GEBILDE
  Zurechnungs-          ←  →              Zurechnungs-
   einheit für                             einheit für
   Operationen                             Produktivität

                    Verantwortungs-
                      entlastung
```

Daran schließt sich die berühmte Definition Kosiols bruchlos an, in der Organisation als „integrative Strukturierung von Ganzheiten" bestimmt wird (Kosiol 1966: 55). Ein solches Gebilde kann der gesellschaftliche Ort von Ordnungsproduktion sein; es heißt in diesem Text nämlich weiter:

> „Der entwickelten Auffassung über das Wesen der Organisation liegt die Vorstellung von einer Unternehmung zugrunde, die dem Organisator als technisch-ökonomisches Zweckgebilde erscheint. Die Unternehmung in ihrem Aufbau und Ablauf integrativ zu strukturieren, stellt in dieser Sicht ein technisches Problem dar; organisieren erscheint als bestimmte Verfahrenstechnik im Sinne einer integrativen Strukturtechnik" (ebd.).

Die Verfahrenstechnik der Gebildekonstruktion lässt sich analytisch unter zwei Aspekten betrachten: als ökonomischer und als politisch-rechtlicher Prozess; zunächst zum ökonomischen: Karl Marx (1979) hat in seiner Untersuchung der Entstehung der kapitalistischen Unternehmung zwei Etappen unterschieden, die er mittels des Theorems der formellen bzw. reellen Subsumtion erfasst. Marx zufolge stellen die frühmodernen Verlage und Handelsgesellschaften Aneignungseinheiten dar, die externe Arbeitsprozesse und deren Erträge auf sich beziehen und dabei den übergreifenden Produktionszusammenhang desymbolisieren. In der Phase der reellen Subsumtion tritt eine weitere Transformation ein. Organisation fungiert nun nicht allein als Zurechnungseinheit, sondern sie unterwirft über die Anwendung besonderer Ordnungs- und Rationalitätskonzepte die lebendige Arbeit, wobei sie Sach- und Lebensbezüge aufspaltet und personelle Inklusions- und Exklusionspozesse anleitet. Eine weitere Dimension dieses Abstraktionsprozesses bezeichnet der Marx'sche Begriff des Fetischcharakters der Ware, der die Besonderheit tauschvermittelter Gesellschaftlichkeit und den ihr eigenen Schein thematisiert.

Von einem Fetischcharakter spricht Marx, da die der Ware zugeschriebene Eigenschaft, Wertgegenständlichkeit zu besitzen, als sachliche und nicht als gesellschaftliche Eigenschaft begriffen wird. Die Ursache dafür ist in einem Formwandlungsprozess zu finden, den Marx folgendermaßen zusammenfasst:

> „Das Geheimnisvolle der Warenform besteht also einfach darin, daß sie den Menschen die gesellschaftlichen Charaktere der Arbeitsprodukte selbst, als gesellschaftliche Natureigenschaften dieser Dinge zurückspiegelt, daher auch das gesellschaftliche Verhältnis der Produzenten zur Gesamtarbeit als ein außer ihnen existierendes gesellschaftliches Verhältnis von Gegenständen" (Marx 1979: 86).

Dieser Abstraktionsprozess unterscheidet die bürgerlich-kapitalistische Gesellschaft von der feudalistischen, die durch persönliche Abhängigkeitsbeziehungen charakterisiert ist. Dadurch brauchen weder die Arbeiten noch die Produkte eine von ihrer Materialität verschiedene „phantastische" Form anzunehmen. Sie gehen, so Marx, „als Naturaldienst und Naturalleistungen in das gesellschaftliche Getriebe ein. Die Naturalform der Arbeit, ihre Besonderheit und nicht, wie auf Grundlage der Warenproduktion, ihre Allgemeinheit, ist hier ihre unmittelbar gesellschaftliche Form" (Marx 1979: 91).

Im Gegensatz zur fetischisierten Form der Warenproduktion treten sich die Menschen hier in einer gesellschaftlichen Form gegenüber, in der „die gesellschaftlichen Verhältnisse der Personen in ihren Arbeiten erscheinen". Sie erscheinen als „ihre eigenen persönlichen Verhältnisse und sind nicht verkleidet in gesellschaftliche Verhältnisse der Sachen, der Arbeitsprodukte" (Marx 1979: 92 f.).

Aber die Tendenz zur Entstehung abstrakter Einheiten geht nicht nur auf die Mechanismen einer kapitalistischen Ökonomie zurück. In einem historischen Überblick zeigt James Coleman (1986), dass bereits im Mittelalter vor allem in England Frühformen eines Konzeptes der Juristischen Person zu finden sind. Eine historische Grundlage lag in der Entstehung der mittelalterlichen Stadt, der als Korporation Privilegien verliehen wurden. Rechtsansprüche auf Zölle, Handel mit bestimmten Gütern etc. hatten die Städte als solche inne, nicht die natürlichen Personen. Darüber hinaus ergab sich im Bereich staatlicher Herrschaft die Notwendigkeit, Person und Amt des Herrschers (Königs) zu trennen. Anlass war in England der Verkauf eines Landstücks durch den erst neunjährigen König Edward IV. Zur Sicherung dieses Rechtsgeschäftes wurde argumentiert, dass der König nicht nur eine natürliche, sondern auch eine juristische, eine ‚Staatsperson' sei. Handlungen und Entscheidungen wurden dieser Amtsperson, nicht aber der natürlichen Person zugerechnet.

Diese ersten Versuche der Etablierung abstrakter Gebilde zeigen jedoch auch bereits die enge Verkopplung von ökonomischer Akkumulation und politischer Macht an. Die Rechtsfigur einer juristischen Person entstand, um eine Eigentumskontinuität auch über die Lebensdauer natürlicher Personen hinaus zu sichern. Über die Städte und die staatliche Zentralgewalt hinaus fand sie zum einen Anwendung auf die Kirche und deren Feudaleigentum, zum anderen nutzten sie weltliche Feudalherren, die ihre Eigentumsrechte auf eine Treuhandgesellschaft übertrugen. Mit dieser Konstruktion konnten nach ihrem Tode erbrechtliche Beschränkungen und staatliche Einflussnahmen verhindert werden. Es entstand auf diese Weise ein Dauereigentum und somit eine akkumulationsfähige Basis für weitere Aneignungsprozesse, die vom Leben und Sterben der beteiligten Subjekte unabhängig ist.

Das Gebildekonstrukt erlaubt somit überhaupt erst die anonymisierende Akkumulation von Reichtum, Macht, Wissen in den riesigen Ausmaßen, wie wir sie heute vorfinden. Diese Akkumulationsfähigkeit wird noch dadurch begünstigt, dass eine solche Einheitsfiktion zusammen mit der Selektionsfunktion der internen Ordnungsstruktur ganz bestimmte Internalisierungen und Externalisierungen von Ressourcen, Kosten und Erträgen ermöglicht. So greifen Unternehmungen auf erhebliche Mengen von Ressourcen zurück, die niemals in ihre Kostenrechnung eingehen (wie unbezahlte Hausarbeit, Bildungsleistungen der beschäftigten Menschen, vom Staat bereitgestellte Infrastruktur, wissenschaftliche Forschungsergebnisse) und sind andererseits in der Lage, Folgekosten ihrer Produktion auf die Allgemeinheit oder zukünftige Generationen abzuwälzen. In die Produktivitäts- und Rentabilitätsrechnung bzw. in die Gewinn- und Verlustrechnung geht nur ein kleiner Teil aller Aufwendungen und Kosten ein; das Ergebnis dieser Rechnung aber kann sich die Unternehmung selbst zurechnen. Sie kann sich als ‚produktiv' darstellen und Überschüsse privat aneignen (vgl. auch den Beitrag zu „Markt" in diesem Band).

Hinsichtlich der Rechtsförmigkeit des Gebildekonstrukts ist ein doppelter Prozess zu konstatieren. Zum einen wird für Organisationen ein eigener Rechtsraum geschaffen, der sich von anderen wie dem der Familie oder des Staates unterscheidet. Ein staatlich sanktioniertes spezifisches Gesellschaftsrecht entsteht, das Mitgliedschafts- und Eigentumsverhältnisse, Haftungsrecht, Stellvertretung und Organschaft reguliert. Zum anderen sind Organisationen auch selbst rechtsschöpfende Instanzen, die ein eigenes Recht mit autonomer Gerichtsbarkeit etablieren. Wir finden dies heute noch in den Sportgerichten; aber auch die staatlichen Verwaltungen kennen noch ein eigenes Dienstrecht, und bis in die jüngere Vergangenheit hinein hatten ebenso Universitäten die Möglichkeit, Studierende disziplinarrechtlich zu belangen – selbst dann, wenn das Fehlverhalten nicht direkt universitäre Angelegenheiten betraf.

Diese Verselbstständigung von Organisationen hat noch einen weiteren wichtigen Aspekt: Die Ordnungsstruktur wird nun selbst dem Gebilde zugeschrieben. Dabei werden Positionen und Rollen definiert und arrangiert, die von den natürlichen Personen relativ unabhängig sind. Coleman zufolge besteht der wesentliche Unterschied zwischen den alten Korporationen und den modernen Organisationen darin, dass die traditionellen Korporationen natürliche Personen assoziierten, die modernen Organisationen dagegen Rollen kombinieren. Vermutlich lässt sich zeigen, dass das Konzept der sozialen Rolle historisch mit der Entwicklung des Konzepts der Organisation ko-evoluiert. Das bedeutet, dass die natürlichen Personen nur noch unter dem Aspekt der von ihnen eingenommenen Rollen agieren und somit die Möglichkeit haben, ihr Verhalten der Rolle, also den fremdgesetzten Erwartungen der Organisation und nicht ihrer Person zuschreiben zu lassen. Dies hat eine Verantwortungsentlastung zur Folge; man kann sich nun darauf berufen, nur im Amt, nur als Rollenträger, nicht aber als Person gehandelt zu haben. Auf diese Weise haben zahlreiche Verbrecher des Nazi-Regimes versucht, sich zu entlasten.

In jedem Falle aber hat diese Rollenhaftigkeit Konsequenzen für die Kommunikation zwischen Organisationen und ihren Klienten: Es stehen sich ungleichgewichtig auf der einen Seite eine sich als bloße Vertreterin einer Organisation definierende Person und auf der anderen Seite eine natürliche Person gegenüber. Vor allem aus dieser Konstellation leitet Coleman seine Behauptung von der „asymmetrischen Gesellschaft" ab, die sich nicht über Reziprozitätsnormen zwischen natürlichen Personen reguliere, sondern durch ein Macht- und Ressourcen-ungleichgewicht zwischen korporativen und natürlichen Akteuren gekennzeichnet sei und einer rechtlichen Regulierung wechselseitiger Ansprüche und Verpflichtungen bedarf. Die Macht des modernen Staates – selbst ein organisationales Gebilde – führt er nicht zuletzt auf diesen Regelungsbedarf zurück.

2.4 Die Dimension der Vergemeinschaftung

Ermöglichen die Konstrukte der Ordnung und des Gebildes eine normative Rational-Irrational-Perspektive bzw. eine ereignisbezogene Innen-Außen-Perspektive, so impliziert die Bedeutungskonstellation der Vergemeinschaftung eine personenbezogene Wir-und-die-Anderen-Perspektive. Abbildung 3 gibt wieder einen grafischen Überblick über diese Bedeutungskonstellation.

Abbildung 3: Die Bedeutungskonstellation *Vergemeinschaftung*

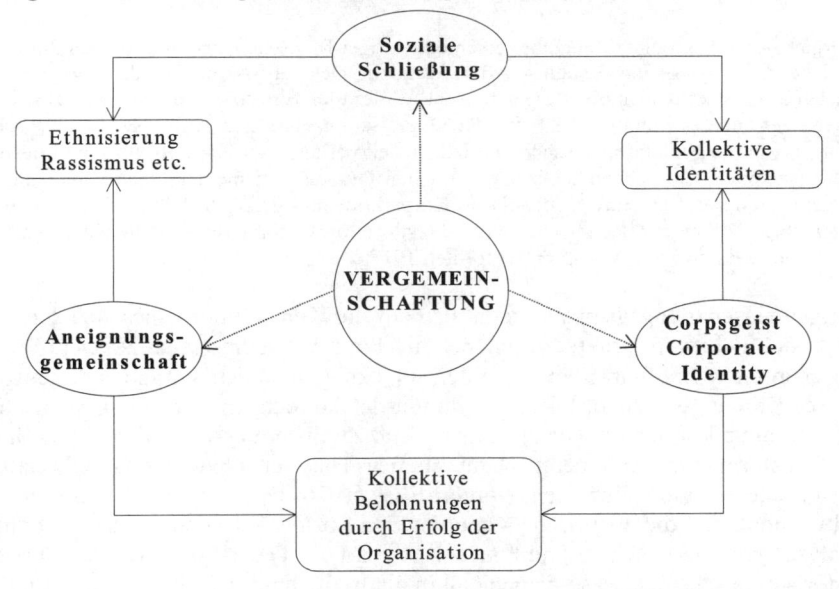

Von Anfang an wies das Konzept der Organisation eine Ambivalenz auf, die sich bereits in der Einleitung zu den Statuten der Neuen Elberfelder Lesegesellschaft findet (s.o.) und die gesamte Geschichte des Konzepts von Organisation durchzieht. Es handelt sich um die Doppelstruktur rein zweckbezogener, kontraktualistischer Vergesellschaftung von Personen, von denen allein vertraglich spezifizierte Leistungen erwartet werden können, also einem bloß utilitaristischen Verhältnis zwischen Menschen einerseits und der Vorstellung einer sozialen Vergemeinschaftung andererseits. Eine solche Konzeption kommt auch in der Formulierung einer der ersten Organisationslehren überhaupt, nämlich derjenigen von Johann Plenge zum Ausdruck, wenn er Organisation als „bewußte Lebenseinheit aus bewußten Teilen" (Plenge 1919: 7) definiert.

Organisationen sind damit nicht nur gesellschaftliche Produktionsmaschinen, sondern in der Regel auch Bünde, die mit einem Ausdruck von Tilly (1998) „opportunity hoarding" (Chancenhortung) betreiben. Zum Teil wird dieser bündische Charakter begünstigt durch die formale Grenzziehung von Organisationen (Gebilde), zum Teil wird er aber auch von der Organisationsspitze eingefordert, und vielfältige Maßnahmen werden ergriffen, solche Gemeinschaften entstehen zu lassen. Begriffe und darauf bezogene Strategien wie ‚Corpsgeist', ‚Teamgeist', ‚Betriebs- oder Werksgemeinschaft', ‚Unternehmenskultur', ‚Betriebsfamilie', ‚Schicksalsgemeinschaft' belegen dies bis heute (vgl. auch Krell 1994). Appelle an Loyalität und Betriebstreue, Solidarität und Aufopferungsbereitschaft finden sich in dieser Beziehungsdimension von Organisationen. Die Neigung zur Ausbildung solcher kollektiven Identitäten ist schon immer von den Organisationsführungen auszunutzen versucht worden; bis hin zu der Anmaßung, man müsse für sein Land (und nicht etwa für andere Menschen) auch sein Leben hingeben wollen. Eine solche Gemeinschaftsbildung stärkt die Moral, den Kampfgeist der immer nach außen, auf Dritte hin ausgerichteten Organisation. So ist es auch nicht verwunderlich, dass in einer im Ersten Weltkrieg von Otto von der Pfordten verfassten Schrift Organisation wie folgt definiert wird:

> „Organisieren heißt eine Mehrzahl verschiedenartiger Menschen aus einer bloßen Summe in eine lebendige zweckvolle Gemeinschaft verwandeln. Der Lebenskraft, die das organische Gebilde lenkt, entspricht hier die Beseelung, der Wille aller Einzelnen zum gemeinsamen Zweck. Hier liegt auch die moralische Seite der Organisation, da etwas Außerpersönliches, eben die Hingabe an die gemeinsame Sache von jedem Teil verlangt wird und als ethische Leistung dieser Einzelpersonen erscheint. Die menschlichen Organe sind nicht willenlos und müssen zur Organisation nicht nur ihre mechanische Körperkraft und geistigen Fähigkeiten, sondern auch ihren guten Willen zur Sache beisteuern; je restloser dies gelingt, umso vollendeter wird die Organisation sein und sich bewähren" (Pfordten 1917: 11 f.).

Das Vergemeinschaftungsdispositiv zielt also auf die Konstruktion eines sozialen Körpers ab, der produktiv bzw. destruktiv gegenüber äußeren Kräften einsetzbar ist. Der „Wille" bei von der Pfordten meint Selbstregulation der Subjekte gemäß den Vorgaben derjenigen, die sich dieses Körpers bedienen. Die Konstitution des kollektiven Subjekts Organisation erfordert bestimmte Formen der Disziplinierung und Zivilisierung der individuellen Subjekte. Dieser Transformation der inneren Natur räumen Theorien moderner Gesellschaft einen zentralen Stellenwert ein. Vor allem Norbert Elias (1976) legt in seiner Zivilisationstheorie den Schwerpunkt auf die historische Kopplung von Sozio- und Psychogenese. Ähnlich wie die Analysen von Marx, Weber und Foucault betreibt die Theorie der Zivilisation von Elias die Historisierung dessen, was wir gemeinhin als Individuum bezeichnen. Die Entstehung des modernen Individuums wird dabei in einen systematischen Zusammenhang mit der Entwicklung weiterer Elemente der modernen Gesellschaft gestellt. Gemeint ist damit nicht, dass ein ‚eigentliches Subjekt' nun durch eine besondere Form der Herrschaft deformiert werde, sondern es geht um den Produktionsprozess des Subjektes/Individuums selbst. Dies hat auch Adorno im Sinn, wenn er die kritisch gemeinte Vorstellung einer Mechanisierung des Menschen seinerseits kritisiert. Diese Vorstellung vom Menschen sei trügerisch, „weil sie diesen als ein Statisches denkt, das durch Beeinflussung von außen, Anpassung an ihm äußerliche Produktionsbedingungen gewissen Deformationen unterliege" (Adorno 1985: 307 f.). Aber, so fährt er fort,

> „es gibt kein Substrat solcher ‚Deformation', kein ontisch Innerliches, auf welches gesellschaftliche Mechanismen von außen bloß einwirken: die Deformation ist keine Krankheit an den Menschen, sondern die der Gesellschaft, die ihre Kinder so zeugt, wie der Biologismus auf die Natur es projiziert: sie ‚erblich belastet'" (Adorno 1985: 308).

Insbesondere Weber hat darauf hingewiesen, dass das gehorsame Subjekt auch das Resultat religiöser Introversion ist. Im Kloster als Proto-Organisation werden – zunächst noch von der übrigen Gesellschaft getrennt – wesentliche Inhalte moderner Subjektivität den Menschen in Form der Askese anerzogen (vgl. auch Treiber/Steinert 2005, vgl. auch den Beitrag zu „Religion" in diesem Band). Die reformatorische Bewegung transformierte diese außerweltliche Askese in eine innerweltliche in Gestalt des protestantischen Berufsethos, dessen Kern eine methodische Lebensführung ist. Dies hatte schon Marx erkannt:

> „Luther hat allerdings die Knechtschaft aus Devotion besiegt, weil er die Knechtschaft aus Überzeugung an ihre Stelle gesetzt hat. Er hat den Glauben an die Autorität gebrochen, weil er die Autorität des Glaubens restauriert hat. Er hat die Pfaffen in Laien verwandelt, weil er die Laien in Pfaffen verwandelt hat. Er hat den Menschen von der äußeren Religiosität befreit, weil er die Religiosität zum inneren Menschen gemacht hat. Er hat den Leib von der Kette emanzipiert, weil er das Herz in Ketten gelegt" (Marx 1981: 386).

Parallel zu dieser Entwicklung lässt sich eine Linie verfolgen, in der die klösterlich-kirchliche Disziplin gleichsam als Vorbild der Einrichtung des frühmodernen Staates und seiner Apparate fungiert. Vermittelt über die politische Philosophie des Späthumanismus und Neostoizismus findet hier in Form der „Stabsdisziplinierung" im späten 16. und frühen 17. Jh. die Übertragung des Disziplingedankens auf den Militär- und Beamtenstab des Herrschers statt (vgl. Oestreich 1969). Organisation in ihrer Frühform tritt hier gleichsam als Experimentierfeld auf, in dem die Idee der Entwicklung eines Selbstzwangs als Selbsterziehung kultiviert wird, bevor sie als Modell auf die Gesellschaft insgesamt Anwendung findet.

Die Kollektivitätsdimension von Organisation hat aber noch eine weitere Bedeutung, auf die wiederum Weber aufmerksam macht. Weber hat für die beiden Strukturmomente, das zweckrationale und das kollektivistische Moment, die Begriffe des „Zweckkontraktes" bzw. des „Statuskontraktes" geprägt. Überdies zielt auch sein Begriff der sozialen Schließung auf die Vergemeinschaftungsdimension. Da er eine ausgeprägte Neigung zur Bildung von reinen Idealtypen hat, kennzeichnet er allerdings zunächst die moderne Organisation allein durch Zweckkontrakte:

> „Dieser tiefgreifenden Wandlung des allgemeinen Charakters der freien Vereinbarung entsprechend wollen wir jene urwüchsigen Kontrakttypen als „Status"-Kontrakte, dagegen die dem Güterverkehr, also der Marktgemeinschaft, spezifischen als „Zweck"-Kontrakte bezeichnen. Der Unterschied äußert sich folgendermaßen: Alle jene urwüchsigen Kontrakte, durch welche z.B. politische oder andere persönliche Verbände, dauernde oder zeitweilige, oder Familienbeziehungen geschaffen wurden, hatten zum Inhalt eine Veränderung der rechtlichen Gesamtqualität, der universellen Stellung und des Habitus von Personen. Und zwar sind sie, um dies bewirken zu können, ursprünglich ausnahmslos entweder direkt magische oder doch irgendwie magisch bedeutsame Akte und behalten Reste dieses Charakters in ihrer Symbolik noch lange bei" (Weber 1985: 401).

Trifft Weber hier eine klare typologische Unterscheidung, mit der er das historisch Neue der Organisationen herausstellen will, so ist ihm klar, dass die sozialen Beziehungen zwischen den Organisationsmitgliedern damit nicht hinreichend beschrieben werden. Vielmehr führt er den Begriff der ‚sozialen Schließung' ein, um zu einer adäquateren Darstellung zu gelangen:

> „Mit wachsender Zahl der Konkurrenten im Verhältnis zum Erwerbsspielraum wächst hier das Interesse der an der Konkurrenz Beteiligten, diese irgendwie einzuschränken. [...] Die gemeinsam handelnden Konkurrenten sind nun unbeschadet ihrer fortdauernden Konkurrenz untereinander doch nach außen eine „Interessengemeinschaft" geworden [...] [S]tets ist dabei als treibende Kraft die Tendenz zum Monopolisieren bestimmter, und zwar der Regel nach ökonomischer Chancen beteiligt. Eine Tendenz, die sich gegen andere Mitbewerber, welche durch ein gemeinsames positives oder negatives Merkmal gekennzeichnet sind, richtet. Und das Ziel ist: in irgendeinem Umfang stets Schließung der betreffenden (sozialen und ökonomischen) Chancen gegen Außenstehende" (Weber 1985: 201 f.).

Das Konzept der sozialen Schließung ist aber nicht ganz klar. Einerseits scheint es so, also ob Weber eigentlich nur sein Konzept des Zweckkontraktes nochmals pointiert und ihm diese Ausschließungsqualität zuschreibt. Andererseits verwendet er Beispiele, die sich auf Rasse, Sprache, Konfession, Herkunft beziehen, also Statusmerkmale im weiten Sinne, und er verwendet zudem den Begriff der Gemeinschaft und nicht den der Vergesellschaftung, der ein nur formales Verhältnis anzeigen würde. Auch bei Weber geht diese Vergemeinschaftung wohl über eine bloße Interessenorganisierung hinaus. Ganz deutlich wird von ihm der Aspekt hervorgehoben, der in der Abbildung 3 als ‚Aneignungsgemeinschaft' bezeichnet wird. Erzeugt schon das Gebildekonstrukt eine Produktivitätsfiktion der Organisation, so verstärkt der Vergemeinschaftungsprozess das kollektive Empfinden eines Anspruchs auf die so zugerechneten Erträge. Auch der überdies wichtige Aspekt der sozialen Schließung nach askriptiven Merkmalen, wie Rasse, Ethnie, Geschlecht oder Herkunft, wird bereits von Weber hervorgehoben. Für Organisationen sind solche Diskriminierungen überaus typisch. Die Vergemeinschaftung macht überhaupt erst eine solche Differenzierung möglich, sie wird stets mittels Kollektividentitäten wirksam, die eine Unterwertigkeit anderer konnotiert und auf diese Weise deren Ausschluss, Gegnerschaft, Ausbeutung oder Marginalisierung zu legitimieren trachtet.

3 Zusammenfassung

Die Abbildung 4 fasst das Gesamtkonstrukt Organisation in einer Grafik zusammen.
Die vier Kästen in den jeweiligen äußeren Ecken sollen erste Hinweise auf Strukturierungszusammenhänge geben, die die einzelnen Organisationen überschreiten. Über die Form Organisation werden Innen-Außen-Perspektiven konstituiert, welche die Umwelt als Manipulationsobjekt oder Störung, als feindlich oder erfolgversprechend qualifizieren. Die der inneren Ordnung entsprechende Hierarchisierung sowie die soziale Schließung bringen über die Organisation hinausweisende gesellschaftliche Stratifizierungen hervor. Vergemeinschaftung impliziert meist die Diskriminierung Außenstehender und über das Gebildekonstrukt erfolgen gesellschaftlich hoch wirksame Internalisierungen und Externalisierungen von Erträgen bzw. Kosten. Über die Ordnungsdimension vollzieht sich eine selektive organisationsspezifische Konstruktion gesellschaftlicher Sachverhalte; es erfolgt eine Abstraktion, eine Umformulierung mittels eines Spezialcodes. So wird etwa in einer Unternehmung die relevante Welt als ‚Kosten' bzw. als ‚Erträge' oder als ‚Risiken' bzw. ‚Chancen' einer Investition beschrieben. Politische Parteien definieren die relevante Welt in Begriffen von Wahlchancen und Gewinn bzw. Verlust an Einfluss. Auch die ‚Produkte' von Organisationen werden nicht etwa als Gebrauchswerte aufgefasst, sondern sie gelangen

ebenfalls in bestimmten, abstrakten Formen in die Zirkulation: als Waren mit einem bestimmten Tauschwert (Unternehmungen), als Texte mit einem bestimmten Wahrheitsanspruch (Universitäten), als formale Qualifikationszertifikate (bei Schulen) etc. Zudem konditioniert die Ordnungsdimension eine Orientierung des Handelns, die allgemein als ‚nutzenorientiert' bezeichnet wird. Dieses rationalistisch-utilitaristische Handlungsmodell und das Ordnungskonzept moderner Organisation entstammen derselben historischen Wissensformation. Organisation wie Individuum gelten als rationale, kompetente und zurechnungsfähige Subjekte.

Abbildung 4: Das Gesamtkonstrukt *Organisation*

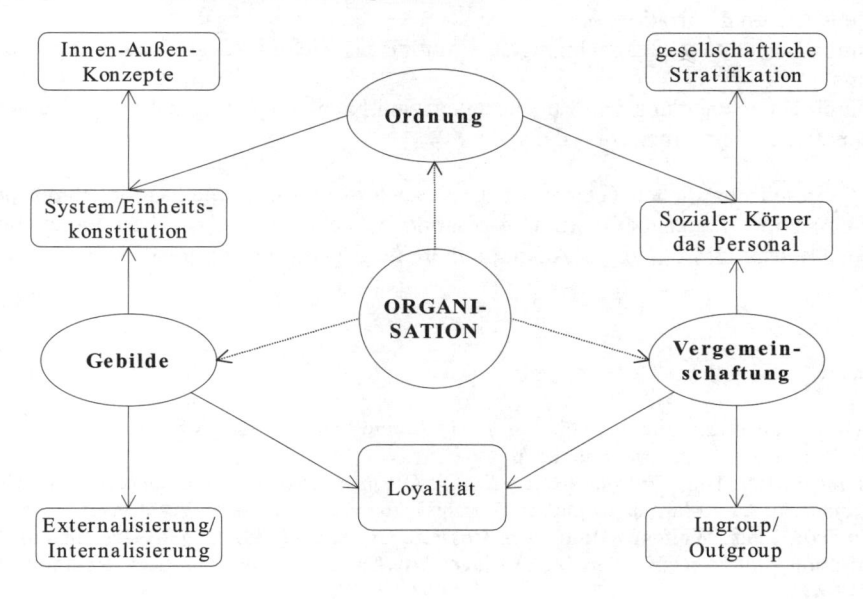

Ein weiterer wichtiger Aspekt: Organisationen sind prinzipiell in ihren Orientierungen gegen Dritte gerichtet. Ihre soziale Bedeutung besteht darin, dass es sich bei ihnen weder um Assoziationen noch um Korporationen handelt. Zum einen geht es in Organisationen nicht um eine assoziative Kooperation zur besseren Bewerkstelligung gemeinsamer Belange, sondern um die Bekämpfung, Unterwerfung, Bearbeitung, Regulierung oder Kontrolle Dritter. So ist eine Unternehmung keine Assoziation von Arbeitenden zur Produktion gemeinsam benötigter Güter, sondern ein sozialer Mechanismus der Anwendung und Nutzung, ggf. Ausbeutung der Arbeitskraft Dritter für gegenüber diesen fremde Zwecke. Ebenso wenig ist eine politische Partei eine Assoziation von Menschen gleicher Weltanschauung zur gemeinsamen Regulierung kollektiver Belange, sondern eine Einrichtung zur Erreichung politischer Macht durch Wahlen vermittels Beeinflussung Dritter. Eine Gewerkschaft ist keine Assoziation von Arbeitnehmern/Arbeitnehmerinnen zur Regelung gemeinsamer Probleme, sondern eine Organisation zur Durchsetzung von Interessen gegenüber Dritten. Andererseits sind Organisationen aber auch keine Korporationen im alten ständischen Sinne. Sie vereinigen nicht alle Personen gleichen Standes mit all ihren Lebensbezügen; sie sind keine selbstregulatorischen Verbände aller Personen mit den gleichen Statusmerkmalen. Vielmehr sind sie deliberative – also auf Entscheidungen über Gründung, Ziele und Mitgliedschaften beruhende – Gebilde, die nicht aus Menschen, sondern aus Rollenkomplexen bestehen und ihrer eigenen Ideologie nach prinzipiell allen Menschen offen stehen. Dies gilt zwar nicht für jede einzelne Organisation, wohl aber für die Form Organisation überhaupt. Jeder und jede kann sich grundsätzlich beliebig organisieren. Die Frage, was Organisationen sind, ist umzuformulieren in die Frage, wie Menschen Organisationen produzieren. Das tun sie durch Grenzziehungen in drei Dimensionen:

1. durch Sortierungen von Relevanzen und Irrelevanzen mittels eines Konzepts von Ordnung (rational – irrational),
2. durch Selektion von Zurechnungen vermittels des Gebildekonstruktes (intern – extern) und
3. durch Unterscheidung von Zugehörigkeit und Nicht-Zugehörigkeit in der Vergemeinschaftungsdimension (wir – die anderen).

Wie alle gesellschaftlichen Formen ist damit auch die Form ‚Organisation' durch permanente Grenzoperationen definiert; Organisation entsteht durch diese besonderen Sortier- und Selektionsprozesse und das Anknüpfen an die Ergebnisse vorangegangener Sortierungen.

Literatur

Adorno, Theodor Wiesengrund (1985, orig. 1951): Minima Moralia. Reflexionen aus dem beschädigten Leben. Frankfurt a.M.: Suhrkamp
Allmendinger, Jutta/Hinz, Thomas (Hrsg.) (2002): Organisationssoziologie. Sonderheft 42/2002 der Kölner Zeitschrift für Soziologie und Sozialpsychologie. Wiesbaden: Westdeutscher Verlag
Böckenförde, Ernst-Wolfgang/Dohrn-van Rossum, Gerhard (1978): Organ, Organismus, Organisation, politischer Körper. In: Brunner, Otto/Conze, Werner/Koselleck, Reinhart (1978): 519-622
Bröckling, Ulrich/Krasmann, Susanne/Lemke, Thomas (Hrsg.) (2000): Gouvernementalität der Gegenwart. Studien zur Ökonomisierung des Sozialen. Frankfurt a.M.: Suhrkamp
Bruch, Michael/Türk, Klaus (2005): Organisation als Regierungsdispositiv der modernen Gesellschaft. In: Jäger, Wieland/Schimank, Uwe (2005): 89-123.
Brunner, Otto/Conze, Werner/Koselleck, Reinhart (Hrsg.) (1978): Geschichtliche Grundbegriffe. Historisches Lexikon zur politisch-sozialen Geschichte in Deutschland. Stuttgart: Klett Verlag
Coleman, James S. (1986): Die asymmetrische Gesellschaft. Weinheim/Basel: Beltz
Dohrn-van Rossum, Gerhard (1977): Politischer Körper, Organismus, Organisation. Zur Geschichte naturaler Metaphorik und Begrifflichkeit in der politischen Sprache. Diss. Bielefeld
Dreßen, Wolfgang (1982): Die pädagogische Maschine. Zur Geschichte des industriellen Bewußtseins in Preußen/Deutschland. Frankfurt a.M./Wien/Berlin: Ullstein-Verlag
Elias, Norbert (1976, orig. 1939): Über den Prozeß der Zivilisation. Soziogenetische und psychogenetische Untersuchungen. 2 Bde. Frankfurt a.M.: Suhrkamp
Erdmann, Rolf (1921): Grundlagen einer Organisationslehre. Leipzig: G. A. Gloeckner Verlagsbuchhandlung
Eulenburg, Franz (1952): Das Geheimnis der Organisation. Aus dem Nachlass herausgegeben von Georg Jahn. Berlin: Duncker & Humblot
Foucault, Michel (1981): Überwachen und Strafen. 4. Aufl. Frankfurt a.M.: Suhrkamp

Foucault, Michel (2000): Die Gouvernementalität. In: Bröckling, Ulrich/Krasmann, Susanne/Lemke, Thomas (2000): 41-67
Grimminger, Rolf (1986): Die Ordnung, das Chaos und die Kunst. Für eine neue Dialektik der Aufklärung. Frankfurt a.M.: Suhrkamp
Horkheimer, Max/Adorno, Theodor Wiesengrund (1986, orig. 1944/1947): Dialektik der Aufklärung. Philosophische Fragmente. Frankfurt a.M.: Suhrkamp Verlag
Jäger, Wieland/Schimank, Uwe (Hrsg.) (2005): Organisationsgesellschaft. Facetten und Perspektiven. Wiesbaden: VS
Kosiol, Erich (1966): Die Unternehmung als wirtschaftliches Aktionszentrum. Reinbek bei Hamburg: Rowohlt
Krell, Gertraude (1994): Vergemeinschaftende Personalpolitik. München/Mering: Rainer Hampp Verlag.
Lemke, Thomas (1997): Eine Kritik der politischen Vernunft. Foucaults Analyse der modernen Gouvernementalität. Hamburg/Berlin: Argument-Verlag
Marx, Karl (1979, orig. 1867): Das Kapital. Kritik der politischen Ökonomie. Bd. 1. Marx-Engels-Werke Bd. 23. Berlin: Dietz
Marx, Karl (1981, orig. 1844): Zur Kritik der Hegelschen Rechtsphilosophie. Marx-Engels-Werke. Bd. 1. Berlin: Dietz
Oestreich, Gerhard (1969): Geist und Gestalt des frühmodernen Staates. Berlin: Duncker & Humblot.
Pfordten, Otto von der (1917): Organisation. Heidelberg: Carl Winter
Plenge, Johann (1919): Drei Vorlesungen über die allgemeine Organisationslehre. Essen: G. D. Baedeker
Tilly, Charles (1998): Durable inequality. Berkeley/Los Angeles: University of California Press
Treiber, Hubert/Steinert, Heinz (2005): Die Fabrikation des zuverlässigen Menschen. Über die „Wahlverwandtschaft" von Kloster- und Fabrikdisziplin. Münster: Westfälisches Dampfboot
Türk, Klaus (1995): „Die Organisation der Welt". Herrschaft durch Organisation in der modernen Gesellschaft. Opladen: Westdeutscher Verlag
Türk, Klaus (2000): Bilder der Arbeit. Eine ikonografische Anthologie. Wiesbaden: Westdeutscher Verlag
Türk, Klaus/Lemke, Thomas/Bruch, Michael (2006): Organisation in der modernen Gesellschaft. Eine historische Einführung. 2. Auflage. Wiesbaden: VS
Ünlüdâg, Tânia (1989): Historische Texte aus dem Wupperthale. Wuppertal: Born
Weber, Max (1985, orig. 1922): Wirtschaft und Gesellschaft. Tübingen: Mohr
Wehrs, Andrea (1998): „Als Verarbeiter ... hat Nestlé eine lange Tradition in der Sensibilität für ..." Die Subjektkonstitution formaler Organisationen. Eine Analyse anhand von Geschäftsberichten. Unveröff. Diplomarbeit. Bergische Universität Wuppertal
www.wikipedia.org

(Post)Moderne

Thorsten Bonacker und Oliver Römer

Die Soziologie ist im doppelten Sinn eine Wissenschaft von der Moderne. Auf der einen Seite entstand die Soziologie als Disziplin im Zuge der Entwicklung der modernen Gesellschaft und ihres ausdifferenzierten, von religiösen Vorgaben emanzipierten Wissenschaftssystems. Die Soziologie ist mithin Ausdruck funktionaler Differenzierung – einem Kernelement der gesellschaftlichen Moderne. Auf der anderen Seite gehört es zu den Charakteristika der Moderne, dass sie von sich selbst gewissermaßen in der dritten Person spricht, also immer schon auf Distanz zu sich selbst geht, und dass sie nicht-moderne Gesellschaften häufig aus der Perspektive der Moderne betrachtet (vgl. Wagner 1995). Als unbekanntes Wesen produziert die Moderne unendlich viele Interpretationen ihrer selbst – außerhalb, aber auch innerhalb der Soziologie. Wenn die Moderne mit Marx (1970) als Zeit verstanden werden kann, in der „alles Stehende und Ständische verdampft", dann müssen in ihr nicht nur neue Formen gesellschaftlicher Selbstorganisationen gefunden werden, sondern es entsteht mit ihr auch strukturell ein niemals zu stillender Bedarf an gesellschaftlichen Selbstdeutungen (vgl. Dubiel 1994). Ein umfassender Überblick über den „soziologischen Diskurs der Moderne" (Nassehi 2006; Berger 1986) müsste deshalb sowohl diese Doppelperspektive berücksichtigen, durch die die soziologische Debatte um die Moderne immer auch eine Debatte über das Selbstverständnis und die eigene Rolle in der Gesellschaft war und ist, als auch die unterschiedlichen soziologischen Konzepte und Perspektiven auf die Moderne darstellen.

1 Der Ausgangspunkt des soziologischen Diskurses der Moderne: Karl Marx

Einen wesentlichen Ausgangspunkt für die Beschäftigung der Soziologie mit dem Phänomen der Moderne liefert das von Hegel inspirierte Verständnis von Geschichte und geschichtlicher Entwicklung, das insbesondere im Werk von Karl Marx seinen Niederschlag gefunden hat (vgl. zur Semantik von Modernität Gumbrecht 1978). Hegels auch für Marx programmatischer Satz, Philosophie sei „ihre Zeit in Gedanken erfaßt" (Hegel 1986: 26), will dabei nicht nur auf die besonderen Herausforderungen der Moderne an das philosophische Denken aufmerksam machen (vgl. Habermas 1988: 26f.), sondern zugleich verdeutlichen, dass die Probleme und Tatsachen des Vergangenen immer aus dem *„was ist"* (Hegel 1986: 26), dem *Gegenwärtigen*, begriffen werden müssen. Marx' Theorie der bürgerlichen Gesellschaft und der Gesetze kapitalistischer Akkumulation als Kernelemente seines Verständnisses der gesellschaftlichen Moderne ist deshalb untrennbar mit einer Theorie historischer Entwicklungsgesetze verbunden (Marx 2005: 39). Den analytischen Ausgangspunkt im *Kapital* bildet im Zuge dieser Überlegungen konsequenterweise eine Analyse von Phänomenen und Problemen in seiner Gegenwart. Zentrales Thema des ersten Bandes des ursprünglich auf mindestens vier Bände angelegten und von Marx selbst nie vollendeten Projektes ist der „Produktionsprozess des Kapitals" und die unmittelbar damit verknüpfte Frage, „wie die Ware als Elementarform des Reichtums der modernen Gesellschaften durch den Tausch ihren Wert erhält" (Tönnies 1921: 79). Während die klassische politische Ökonomie diesen aus der Naturalform gesellschaftlicher Produkte (bspw. Boden) oder aus dem bloßen Austausch fertiger Güter herleitet, steht bei Marx Arbeit bzw. – genauer formuliert – *die Ware Arbeitskraft*, ausgedrückt in geleisteter Arbeitszeit als einzige Ware, die Wert erzeugt, im Mittelpunkt der Analyse. Zur Ware und damit zum Wert im eigentlichen Sinne wird geleistete Arbeit nur im Austausch mit anderen Arbeitsprodukten (vgl. Marx 1966: 55, vgl. auch den Beitrag zu „Arbeit" in diesem Band).

Unabhängige und voneinander notwendig verschiedene Privatarbeiten stehen durch den Austausch auf dem Warenmarkt als quantitativ verschiedene und qualitativ gleichwertige in einem Äquivalenzverhältnis zueinander und werden auf diese Weise zu Formen abstrakt menschlicher Arbeit. Dies ist der entscheidende Charakterzug der kapitalistischen Produktionsweise, die so zwar ein unmittelbar gesellschaftliches Verhältnis zwischen Personen als Privatproduzenten bleibt, diesen selbst aber „unter dinglicher Hülle" (Tönnies 1921: 79) als „sachliche Verhältnisse der Personen und gesellschaftliche Verhältnisse der Sachen" (Marx 1966: 87) erscheinen. Die Versachlichung sozialer Beziehungen ist bei Marx allerdings nicht nur als ein historisch-faktischer Zustand oder materielles Strukturprinzip moderner „kapitalistischer Gesellschaften" zu verstehen, sondern vielmehr als ein „Bewußtseinsreflex, ein ‚objektiver Schein'" (Wehling 1992: 90) und eine „Erfahrung der Modernität" (Lefebvre 1978), die, insofern sie aus Sicht der Akteure ein verdecktes und damit fragmentiertes soziales Verhältnis darstellt, ihnen „die gesellschaftlichen Charaktere ihrer eignen Arbeit als gegenständliche Charaktere der Arbeitsprodukte selbst, als gesellschaftliche Natureigenschaften dieser Dinge zurückspiegelt" (Marx 1966: 86). Es wird damit deutlich, dass Moderne (bzw. *Modernität*) bei Marx nicht nur als ein äußerer Zwang zu verstehen ist, der Handelnden lediglich passiv und schicksalhaft widerfährt. Sie selbst produzieren, stabilisieren und verändern in ihrem Tun immer auch die objektiven sozialen Verhältnisse, in denen sie sich bewegen – auch und gerade wenn sie von diesem Umstand kein Bewusstsein haben (vgl. hierzu auch Lefebvre 1972; 1976).

Die mit dieser Analyse verbundene Kritik der Moderne artikuliert sich dabei in einer zum Teil unklaren Doppelperspektive (vgl. Tönnies 1921: 126). Einerseits werden die Weiterentwicklung von Arbeitsmitteln und die damit verbundene Teilung der Arbeit in Manufaktur und moderne Industrie als Form der Entfremdung von einem autonomen, handwerklich geprägten Produzententum beschrieben. Sie wird von weiten Teilen der in die „freie" Lohnarbeit gezwungenen Bevölkerung als zunehmende Beschränkung oder gar Vernichtung ihrer bisherigen „gemeinschaftlichen" Lebensformen erfahren, da sie ihre eigene Arbeitskraft durch die Konkurrenz einer ständig effektiver werdenden Maschinerie zunehmend entwertet sieht, auch in Westeuropa zumindest bis ins 20. Jahrhundert hinein „chronisches Elend in der mit ihr konkurrierenden Arbeiterschichte" (Marx 1966: 454) verursacht hat. Diese Sicht dominiert vor allem beim jungen Marx (1990): Das Bemühen, den sozialen Wandel seiner Zeit verstehen und erklären zu wollen, geht hier – analog zu vielen anderen soziologischen Klassikern der Moderne (u.a. Simmel 1983, Weber 2004) – spürbar mit dem Bedürfnis einher, eine beinahe kulturkritische Distanz zu diesen Veränderungen zu gewinnen. Andererseits sieht Marx aber auch, dass die ständige Verbesserung moderner Produktionsmittel in Gestalt der „großen Industrie" neben ihren desintegrierenden Wirkungen eine Befreiungsperspektive vom Joch der Arbeit bietet, dem frühere Gesellschaften wesentlich intensiver unterworfen waren: Vor allem dem älteren, von den historischen Erfahrungen der gescheiterten deutschen 1848er Revolution geprägten Marx geht es keineswegs um eine radikale Abschaffung der Maschinerie und der mit ihr verknüpften arbeitsteiligen Produktionsformen, sondern vielmehr um die Frage, in welche Richtung sich eine Gesellschaft entwickeln muss, die ihre Widersprüchlichkeit und damit ihr Integrationsproblem überwinden will. Marx' eigene Entwürfe dazu sind – wenn überhaupt – nur fragmentarisch überliefert. Allerdings hat er mit seinen Überlegungen nicht unwesentlich das Feld für eine Vielzahl von Diskussionen in den Anfangstagen der modernen Soziologie bereitet.

2 Positionen im klassischen soziologischen Diskurs der Moderne: Durkheim, Tönnies, Weber

Das von Marx bemerkte integrative Defizit der modernen bürgerlichen Gesellschaft findet als sozialwissenschaftliche und sozialpolitische Fragestellung ebenfalls in den Schriften von Durkheim und Tönnies einen deutlichen Niederschlag. Beide sind um eine Position bemüht, die zwischen den liberalen Vertragstheorien in der Traditionslinie von Thomas Hobbes bis Herbert Spencer und solchen sozialistischen Überlegungen anzusiedeln ist, die sich beim jungen Marx, aber auch bei Auguste Comte und Henri de Saint Simon finden. In Bezug auf das von Marx aufgeworfene – und für die soziologische Debatte um die Moderne zentrale – Integrationsproblem moderner Gesellschaften erarbeiten Durkheim und Tönnies dabei zwei grundlegend verschiedene Vorschläge. Während Tönnies auf eine Selbstorganisation der Arbeiterschicht in „Gewerk- und Konsumvereinen" setzt und dabei durchaus vergleichbare Organisationsformen zu modernen, bürgerschaftlichen Interessenvertretungen im Sinn hat, die helfen sollen, den Unterschied von Kapital und Arbeit zumindest zu mindern, sieht Durkheim in den sozialen Krisen arbeitsteiliger Gesellschaften ein Defizit an institutioneller Organisation und normativer Regelung und Orientierung.

Durkheims Beschreibung der Moderne ist in vielerlei Hinsicht prägend für den soziologischen Diskurs der Moderne gewesen. Zentral dafür ist seine Unterscheidung zwischen organischer und mechanischer Solidarität als Typen sozialer Integration der modernen und der vormodernen Gesellschaft. Moderne, arbeitsteilige Gesellschaften stehen Durkheim zufolge vor dem Problem, dass sie neue organische Formen des Zusammenhalts ausbilden müssen. Er beschreibt damit sowohl das Problem als auch die Lösung, die moderne Gesellschaften in Bezug auf ihre Integration entwickeln. Organische Solidarität entsteht in dem Maße, wie unterschiedliche Teilbereiche aufeinander angewiesen und damit abhängig voneinander sind. Dabei setzt er auch auf das regulierende Potential des modernen Staates. Getragen ist dieser Gedanke von der Einsicht, dass die Arbeitsteilung zwar wesentlich auf Verträgen beruht, aber „daß sich der Vertrag nicht selbst genügt, sondern eine Regelung voraussetzt, die wie das Vertragsleben selbst, immer ausführlicher wird und sich verkompliziert" (Durkheim 1992: 434): „Zugestanden, wenn sie [die Arbeitsteilung, Anm. d. Verf.] nur die Individuen einander zuführt, die sich für einige Augenblicke vereinigen, um persönliche Dienste auszutauschen, dann könnte sie keine Regelwirkung erzeugen." (ebd.)

Im Unterschied zu eher liberalen Positionen betont Durkheim aber nicht nur die regulierende und beschränkende, sondern auch eine ermöglichende Facette staatlicher Intervention für arbeitsteilige Gesellschaften. Arbeitsteilung und das Regierungsorgan moderner Gesellschaften entwickeln sich notwendig gleichzeitig (vgl. ebd.: 428). Die Aufgabe des Staates, der sowohl als Funktion *innerhalb* der Gesellschaft als auch als organische Verbindung *zwischen* ihren Teilen begriffen wird, ist es dabei nicht (oder zumindest nicht primär), die für entwickelte Gesellschaften typischen Mängel an Ähnlichkeit zwischen den Mitgliedern und Funktionen zu mindern oder aufzuheben. Eine solche Beschneidung von Verschiedenheit würde sich nämlich nicht zuletzt der Gefahr aussetzen, der Arbeitsteilung selbst unmittelbar entgegenzuwirken. Vielmehr hat er eine vermittelnde Funktion und ist dazu bestimmt, die auch für moderne Gesellschaften unentbehrliche Einheit des sozialen Lebens zu bewahren und eine „pathologische Zerstreuung" zu verhindern (ebd.: 426f.). Im gesellschaftlichen Organismus steht er für die Nervenbahnen, die den gegeneinander differenzierten sozialen Organen und Funktionen der Gesellschaft ein *Gefühl* ihrer gegenseitigen Abhängigkeit und Solidarität vermitteln (ebd.: 437), da ein gemeinsames *Wissen* aller unter den Bedingungen einer notwendigen moralischen Vielfalt in der Arbeitsteilung, die nur noch von abstrakten Normen getragen werden kann, immer unwahrscheinlicher wird.

Im Gegensatz zu Durkheim hat Ferdinand Tönnies betont, dass der moderne Staat eben keinen adäquaten Ersatz für Formen gemeinschaftlicher Solidarität biete. Dies mag unter anderem daran liegen, dass er in der Tradition von Marx den Staat als ein dem sozialen Zusammenleben äußerliches Gewaltverhältnis begreift, das so überwiegend durch die Interessen der herrschenden sozialen Klassen bestimmt bleibt und in einem scharfen Gegensatz zu dem steht, was er als „Gemeinwesen" bezeichnet (Tönnies 1998: 405). Vor allem in der Einrichtung von Gewerkschaften, Konsumvereinen und Genossenschaften sieht Tönnies ein wirksames und noch wenig ausgeschöpftes Instrument zur Schaffung *gesellschaftlicher* Solidaritäten. Erreicht werden soll auf die Weise vor allem die Aufhebung der Isolierung der Arbeiter im kapitalistischen Arbeitsvertrag. Zugleich ist für Tönnies die sozialpolitische Intervention durch den modernen Wohlfahrtsstaat immer nur die zweitbeste Lösung in der „sozialen Arbeiterfrage" des 19. und 20. Jahrhunderts. Auch wenn er sie nicht prinzipiell ablehnt, ist er der Überzeugung, dass die Ausdehnung genossenschaftlicher Prinzipien ein soziales System begründen könnte, „aus dem der Stachel des Gegensatzes von Kapital und Arbeit auf die eine oder andere Weise entfernt wäre" (Tönnies 2000b: 418) und dass er sich „mit dem Staat als Nachtwächter" (ebd.) – also einem reinen Rechtsstaat – begnügen könnte. Der herrschaftliche Staat hätte sich dann in eine „allgemeine Genossenschaft" (Tönnies 2000a: 349) verwandelt.

Während Durkheim und Tönnies unter den sich wandelnden sozialen Beziehungen ihrer Zeit die Frage stellen, wie neue Formen sozialer Solidarität aussehen könnten, die in der Lage sind, den handelnden Subjekten unter den Bedingungen der gesellschaftlichen Moderne Handlungsmöglichkeiten und -spielräume zu erhalten bzw. zurückzugeben, ist seit Beginn des 20. Jahrhunderts mindestens noch eine weitere, gegenwärtig sehr viel folgenreichere Diskussion um die Moderne entbrannt, die sich mit Modernisierung als einem fortschreitenden Rationalisierungsprozess befasst und vor allem an die religionssoziologischen Arbeiten Max Webers anschließt (vgl. Wehling 1992: 59ff.). Weber erweitert dabei die soziologische Diskussion um die Moderne systematisch um den Aspekt der kulturellen Rationalisierung (vgl. Habermas 1988). Den wirtschaftshistorischen Ausgangspunkt dieser Untersuchungen bildet die Frage nach den Ursachen der Entstehung und der fortschreitenden Durchsetzung der kapitalistischen Produktionsweise in weiten Teilen Westeuropas und Nordamerikas. Im Vergleich zu den historischen Analysen von Marx und Engels spielen in

Webers Arbeiten Klassenauseinandersetzungen eine eher untergeordnete Rolle. Den Mittelpunkt der Erklärung bildet hier vielmehr der „okzidentale Rationalismus" als spezifisch moderne Kultur- und Bewusstseinsform, dessen historische Vorläufer in besonderen Formen religiöser Askese zu finden sind. Bezogen auf den modernen Kapitalismus hat Weber vor allem Techniken der rationalen Kalkulation und Buchführung im Blick, die einerseits als Ausdruck einer „systematischen Lebensführung" auf ihren religiösen Ursprung verweisen, andererseits einen rein instrumentellen und damit ethisch neutralen Charakter besitzen. Zeitdiagnostisch betrachtet erhält die moderne „technische Rationalität" so zwar keinen universalistischen Status, zeigt sich aber bezogen auf andere Lebensformen als zunehmend alternativlos. Diese Einsicht bildet die Grundlage einer fundamentalen, nicht zuletzt durch die lebensphilosophischen Überlegungen Nietzsches intensiv geprägten Kulturkritik der okzidentalen Moderne, in der für Weber ein authentisches und selbstbestimmtes Leben immer undenkbarer wird. In geradezu dramatischer Weise vergleicht er die Moderne mit einem „stahlharten Gehäuse der Hörigkeit", in dem durch die zunehmende Rationalisierung *des* Handelns individuelle Gestaltungsmöglichkeiten zunehmend beschnitten und so den Handelnden selbst die Verfügung über die gesellschaftlichen Verhältnisse, in denen sie sich bewegen, entzogen wird: „Indem die Askese die Welt umzubauen und in der Welt sich auszuwirken unternahm, gewannen die äußeren Güter dieser Welt zunehmende und schließlich unentrinnbare Macht über den Menschen, wie niemals zuvor in der Geschichte." (Weber 2004: 201)

3 Das modernisierungstheoretische Verständnis der Moderne

Kennzeichnend für die Klassiker der Soziologie ist ein ambivalentes Verständnis der Moderne: Zum einen versuchen Autoren wie Marx, Durkheim, Simmel, Tönnies und Weber den tiefgreifenden gesellschaftlichen Wandel zu verstehen, der mit der Industrialisierung, der Durchsetzung kapitalistischer Produktionsweisen, der Versachlichung sozialer Beziehungen, der zunehmenden sozialen und gesellschaftlichen Differenzierung der Gesellschaft und dem Bedeutungsverlust traditionaler Integrationsformen einher geht. Zum anderen ist das Bedürfnis unübersehbar, Prozesse der gesellschaftlichen Modernisierung und kulturellen Rationalisierung als zunehmende Entfremdung, bürokratische Erstarrung oder als zunehmende Orientierungslosigkeit und Anomie kritisch zu reflektieren. Soziologie ist deshalb in dieser klassischen Phase von ihrer Entstehung bis zum Ende der ersten Hälfte des 20. Jahrhunderts immer beides: ein Kind der Moderne und eine Selbstkritik der modernen Gesellschaft. Die Tatsache, dass eine Gesellschaft wissenschaftlich über sich selbst reflektiert, kritische Maßstäbe an die eigene Entwicklung ansetzt und glaubt, damit zu einer normativ besseren Vergesellschaftung beizutragen, ist selbst Ausdruck eines spezifischen kulturellen Programms der Moderne, nämlich der Vorstellung, dass sich eine ungenügende gesellschaftliche Realität auf ein ideales Ziel, auf einen letztlich utopischen Ort idealer Vergesellschaftung – ohne Entfremdung, Ungerechtigkeit und Gewalt – zubewegen sollte (vgl. auch den Beitrag zu „Kultur" in diesem Band). Eine solche an Webers Konzeption der Moderne anschließende kulturalistische Sichtweise auf Modernität ist in den letzten Jahren vor allem von Shmuel Eisenstadt (2000a, 2000b, 2006, vgl. Schwinn 2006) entwickelt worden. Davor – und zwischen den Klassikern und den postklassischen soziologischen Ansätzen zur Moderne (vgl. Kaesler 2005) – stand aber die modernisierungstheoretische

Engführung der Klassiker, wie sie für die 1950er bis in die 1970er Jahre hinein typisch für die Soziologie war.

Wird bei Weber die Verselbständigung instrumenteller Sozialpraktiken gegenüber Akteuren auch als Form einer krisenhaften und defizitären Modernisierung wahrgenommen und diese Einschätzung von Adorno und Horkheimer (1971) auf Grundlage der historischen Erfahrungen während der ersten Hälfte des 20. Jahrhundert noch radikalisiert, erfährt seine Prognose in der Interpretation Talcott Parsons' und daran anschließenden sozialwissenschaftlichen Modernisierungstheorien eine entscheidende Wendung. Parsons blendet die tragischen Züge der „okzidentalen Modernisierung" und damit die bei den Klassikern virulente Kritik der Moderne weitgehend aus und verwendet Webers Gegenwartsdiagnose als eine Folie zur normativen Selbstverständigung moderner Gesellschaften, die so aufgrund bestimmter struktureller Eigenschaften eine politische Vorbildfunktion für von diesem Bild abweichende und damit „unterentwickelte" Gemeinwesen und Staaten gewinnen (vgl. hierzu Wehling 1992: 107ff.).

Hinter dieser These liegt die für modernisierungstheoretische Ansätze zentrale Unterscheidung zwischen traditionalen und modernen Gesellschaften. Gesellschaftlicher Wandel wird von der Modernisierungstheorie als Weg von traditionalen zu modernen Formen der Vergesellschaftung verstanden. Letztlich, so die Annahme, konvergieren unterschiedliche Gesellschaftssysteme in der Herausbildung moderner Staatlichkeit, parlamentarischer Demokratie, freier Marktwirtschaft und einer rationalisierten Kultur. Eine solche klare Unterscheidung zwischen Tradition und Moderne und die evolutionstheoretische Annahme einer linearen Entwicklung von Gesellschaften stützt sich auch auf klassische Ansätze der Soziologie, die ebenfalls bemüht waren, Kriterien für Trennung von modernen und vormodernen Formen der Vergesellschaftung zu benennen: neben einer bestimmten, einseitigen Lesart von Durkheim und Weber ist dabei vor allem Herbert Spencers sozialdarwinistisch begründetes Stufenmodell gesellschaftlicher Entwicklung von primitiven über militärische hin zu industriellen Gesellschaftstypen hervorzuheben (vgl. Spencer 1896).

Die Modernisierungstheorie und vor allem Parsons wollen darüber hinaus eine neue Antwort auf das von den Klassikern formulierte Integrationsproblem modernder Gesellschaften geben. Zu diesem Zweck und mit Bezug auf Weber und Durkheim wird im Rahmen modernisierungstheoretischer Ansätze zwischen System- und Sozialintegration unterschieden (vgl. Lockwood 1970). Moderne Gesellschaften integrieren sich demzufolge über die zunehmende Interdependenz ihrer ausdifferenzierten Teilbereiche und über hinreichend abstrakte Moral- und Wertevorstellungen, die in der Lage sind, unterschiedliche Lebensformen zusammenzubinden. Modernisierung bedeutet dann letztlich, dass moderne Gesellschaften Mechanismen der System- und Sozialintegration entwickeln, um die selbst produzierten Probleme, die aus zunehmender sozialer und funktionaler Differenzierung und Pluralisierung entstehen, lösen zu können.

Hieran wird erkennbar, dass das modernisierungstheoretische Verständnis der Moderne stark von funktionalistischen Prämissen geprägt war. Ging es Marx, Tönnies und auch Durkheim vor dem Hintergrund einer spürbaren Auflösung vorhandener gemeinschaftlicher Verbindungen noch um die Frage nach der Möglichkeit einer wechselseitigen Integration freigesetzter, moderner Akteure, so wird die Eigenwilligkeit und Kreativität sozialen Handelns etwa bei Parsons als potentielle Störung gesellschaftlicher Ordnung in der Moderne begriffen, die funktional interpretierte „Erfordernisse der Integration" (Parsons 1975. 16f.) hervorruft. Moderne Gesellschaften sind für Parsons dadurch gekennzeichnet, dass sie mit einer fortschreitenden Differenzierung ihrer Funktionen immer weniger auf die Fähigkeiten einzelner authentischer oder charismatischer Personen angewiesen sind, sondern machen „die Fähigkeit, Dienste zu leisten, zu einem mobilen Vermögen der Gesellschaft" (ebd.. 25) selbst. Das Handeln von Personen geht so in der Erfüllung pluralistischer Rollenerwartungen differenzierter Sozialsysteme auf und die Ausgangsfragestellung der klassischen Soziologie nach integrativen Potentialen unter modernen gesellschaftlichen Verhältnissen erfährt auf diese Weise eine Wendung hin zu den Bedingungen dauerhafter sozialer Stabilität (vgl. für eine daran anschließende, neofunktonalistische Theorie der Moderne Münch 1984).

Parsons thematisiert mit der Frage nach den Integrationsbedingungen moderner Gesellschaften einen Aspekt, der in der Folge die soziologische Debatte um die Moderne wesentlich stärker beschäftigt hat, als dies für die Modernisierungstheorie charakteristisch ist, nämlich die Frage nach dem normativen Gehalt der Moderne. Vor allem Habermas (1985) hat sich im Rahmen der Kritischen Theorie mit dem Problem auseinandergesetzt, ob moderne Gesellschaften einen immanenten, jede partikulare Gesellschaft letztlich transzendierenden normativen Kern haben. Parsons selbst rekonstruiert diesen Kern letztlich über die Aspekte moderner Staatsbürgerschaft (vgl. Marshall 1992), während Habermas in den Bedingungen der Möglichkeit eines intersubjektiven Einverständnisses über Normen den eigentlichen moralischen Gehalt der Moderne erkennt. Habermas verlässt damit den engen funktionalistischen Rahmen der Modernisierungstheorie. Als unabgeschlossenes Projekt ist die Moderne ihm zufolge dadurch gekennzeichnet, dass in ihr gesellschaftliche Rationalität kommunikativ verflüssigt ist. Die Geltung von Normen ist damit an empirische Verständigungsprozesse geknüpft, von denen wir nur dann vernünftige und von allen Gesellschaftsmitgliedern anerkannte Resultate erwarten können, wenn sie möglichst herrschaftsfrei und zwanglos stattfinden. Das in der Moderne steigende „Dissensrisiko" (Habermas 1992) ist dann kein Problem, wenn zugleich die Möglichkeit gegeben ist, Dissens argumentativ austragen, so dass sich der „zwanglose Zwang des besseren Arguments" (Habermas 1988) entfalten kann. Funktional ist eine solche Form der Sozialintegration durch eine rationalisierte, auf Verständigung basierte Lebenswelt in dem Maße, wie moderne Gesellschaften nicht nur auf Systemintegration, d.h. auf Ökonomie und Bürokratie, beruhen können, sondern essentiell auf einen normativen Konsens angewiesen sind. Dieser Konsens kommt in den Bedingungen der Möglichkeit der Herstellung von Verständigung zum Ausdruck. Kurz gesagt: Für Habermas kann in der Moderne über alles gestritten werden, nur nicht über die Art und Weise, wie dieser Streit ausgetragen werden soll. Habermas teilt mit der Modernisierungstheorie dabei durchaus die These, dass kulturelle Rationalisierung und gesellschaftliche Modernisierung letztlich unabwendbare gesellschaftliche Entwicklungen hin zur Moderne sind, die einen normativen Eigensinn haben. Die Moderne ist ihm zufolge erstens eine gegenüber vormodernen Gesellschaften normativ ausgezeichnete Gesellschaftsform. Und zweitens ist sie in den Lesarten von Habermas wie von Parsons im Wesentlichen identisch mit der westlichen Moderne.

4 Kritik der Modernisierungstheorie

Die Modernisierungstheorie hatte letztlich als soziologische Theorie eine „kurze Blüte" (Knöbl 2001: 155) in den 1950er und 1960er Jahren. Trotz dieser relativ kurzen Zeit hatte sie zwei weitreichende Folgen: Zum ersten beeinflusste sie das gesellschaftliche Selbstverständnis von Modernität und die implizite Gleichsetzung von Moderne und westlicher Moderne. Zum zweiten prägte sie die Wahrnehmung der Klassiker der Soziologie als Vorläufer der Modernisierungstheorie. Beides ist in letzter Zeit vielfach kritisiert worden. Für die Klassiker lässt sich sicherlich sagen, dass sie weit mehr als die Modernisierungstheorie die Ambivalenzen und destruktiven Potentiale der Moderne thematisiert haben. Auf Letzteres hat vor allem die Kritische Theorie hingewiesen. Adorno und Horkheimers „Dialektik der Aufklärung" (1971) thematisiert mit Rückgriff auf Weber und auf Marx – und gleichsam als Gegenprojekt zur Modernisierungstheorie – die dunkle Seite der Moderne, ihre Gewaltexzesse, ihr Zerstörungspotential und damit ihre innere Widersprüchlichkeit zwischen sozialem und moralischem Fortschritt und Barbarei (vgl. Imbusch 2005; Miller/Soeffner 1996)

Die Kritik an der Modernisierungstheorie umfasst aber nicht nur ihre Vernachlässigung der Schattenseite der Moderne. In Frage gestellt wurde darüber hinaus auch die Dichotomie von Tradition und Moderne, die vor allem zur Selbstcharakterisierung moderner Gesellschaften dient, die aber empirisch schnell fragwürdig wird, etwa wenn man an die Bedeutung von Religiosität in westlichen Gegenwartsgesellschaften denkt (vgl. Kaufmann 1986). Religiöse Traditionen scheinen demzufolge immer noch ein wesentlicher Bestandteil sogenannter moderner Gesellschaften zu sein (vgl. auch den Beitrag zu „Religion" in diesem Band). Umgekehrt weisen Gesellschaften, die modernisierungstheoretisch als traditional beschrieben werden, eine Reihe typischer Elemente moderner Gesellschaften – etwa bürokratische Organisationen, formale Bildungsabschlüsse oder ein ausdifferenziertes Wissenschaftssystem – auf.

Ein zweiter wichtiger Kritikpunkt betrifft den häufig uneingestandenen normativen Unterton eines modernisierungstheoretischen Verständnisses der Moderne. Demnach ist die Moderne im Wesentlichen eine „große Erzählung" (Lyotard 1986), eine Art Geschichte, die sich Gesellschaften über sich erzählen, um dadurch bestimmte Institutionen zu legitimieren und andere zu delegitimieren. Vor allem von Autoren der Postmoderne – allen voran von Lyotard und Foucault – wurde dieser Vorwurf an die Adresse eines modernisierungstheoretischen Verständnisses der Moderne gerichtet. In den 1980er und 1990er Jahren konzentrierte sich die soziologische Debatte um die Moderne dementsprechend stark auf die Frage, ob die Moderne ein Projekt sei, das sich zu verteidigen und weiterzuverfolgen lohne, weil mit ihm das Emanzipationsversprechen der Aufklärung, also die Befreiung des Menschen aus seiner selbst verschuldeten Unmündigkeit, untrennbar verbunden sei. Oder ob die Moderne letztlich nichts anderes als eine spezifische Form von Herrschaft verkörpere: die Herrschaft des Universellen über das Partikulare (Lyotard 1989), die patriarchale Herrschaft des „Phallogozentrismus" (Derrida 2006; Butler 1995) und die disziplinierende Herrschaft des Subjekts (Foucault 1989). Die Moderne ist aus dieser Perspektive eine Art breit angelegter Disziplinierungsversuch, der sich den Anschein universeller Geltung verleiht, der in Wahrheit aber auf Prinzipien der Abwertung und des Ausschlusses von Lebensformen beruht.

Eine letzte Kritik richtet sich schließlich auf die Gleichsetzung von Moderne und westlicher Moderne. Aus kulturalistischer Sicht ist vor allem von Samuel Huntington gegen die Modernisierungstheorie vorgebracht worden, dass die Bestandteile der westlichen Kultur nicht mit Prozessen der Modernisierung verwechselt werden dürfen. Huntington zufolge können sich Gesellschaften modernisieren – das heißt demokratisieren, industrialisieren, alphabetisieren, Wohlstand auf- und Ungleichheiten abbauen –, trotzdem die westliche Kultur als ganze ablehnen. „Selbst militante Gegner der Verwestlichung und Befürworter indigener Kulturen zögern nicht", so Huntington (1996: 113f.), „moderne Techniken wie E-Mail, Audiocassetten und Fernsehen für ihre Anliegen zu benutzen." Die Modernisierungstheorie, die davon ausgeht, dass sich westliche Institutionen mit der Modernisierung weltweit durchsetzen, blendet aus Sicht Huntingtons das Konfliktpotential von Modernität aus, indem sie westliche Kultur und Modernisierung gleichsetzt.

In eine ähnliche Richtung weist Shmuel Eisenstadts These, dass die Modernisierungstheorie die Moderne als ein spezifisches kulturelles und politisches Programm mit religiösen Ursprüngen in der Achsenzeit, also der Zeitspanne der Entstehung der großen Religionen, mit einer ihrer Erscheinungsformen, nämlich der westlichen Moderne verwechsele (vgl. Eisenstadt 2000a). Zwar mag, so Eisenstadt, die westliche Moderne in vielerlei Hinsicht prägend für die Moderne gewesen sein, dennoch habe die Moderne je nach kulturellem Kontext sehr unterschiedliche Ausprägungen und Formen gesellschaftlicher Institutionalisierung erfahren. Die Moderne ist Eisenstadt zufolge eine Semantik, an der sich Gesellschaften und Gruppen in ihr orientieren und die je nach spezifischen zivilisatorischen Traditionen und historischen Erfahrungen unterschiedlich ausformuliert und in verschiedene institutionelle Formen gegossen wird. Insofern spricht Eisenstadt von „multiple modernities", d.h. von verschiedenen Varianten von Modernität. Gemeinsam ist diesen Varianten eine Orientierung an den Idealen der Moderne als einem ursprünglich vom Westen ausgehenden kulturellen Programm (vgl. Eisenstadt 2000b). Die von der klassischen Modernisierungstheorie nicht erwartete institutionelle und diskursive Varianz in der Umsetzung des Modernitätsprogramms erklärt sich Eisenstadt zufolge dadurch, dass der Gehalt dieser Ideale stets neu auf der Grundlage gemeinsamer kultureller, vor allem religiös codierter Überzeugungen und Traditionen (re)interpretiert wird. Dies ist für Eisenstadt der Grund dafür, dass die modernisierungstheoretische Annahme, der Modernisierungsprozess würde langfristig zur Kongruenz politischer, ökonomischer und kultureller Entwicklung führen, empirisch nicht bestätigt wurde. Die Varianz unterschiedlicher institutioneller Dynamiken und kultureller Deutungsmuster beruht aus kulturalistischer Sicht auf der kontextgebundenen Realisierung des kulturellen Programms der Moderne.

Zwei Elemente der Modernitätssemantik sind dabei entscheidend: erstens die Überzeugung, die politische Ordnung einer Gesellschaft sei kontingent, d.h. nicht notwendiger Weise so, wie wir sie vorfinden, und insofern gestaltbar. Das kulturelle Programm der Moderne lässt Gesellschaften politisierte Gesellschaften werden, weil alle politischen Entscheidungen unter Legitimationsdruck geraten können. Zweitens aber führt diese Kontingenzerfahrung nicht dazu, alles in Frage zu stellen, sondern dazu, nach einer idealen politischen Ordnung zu suchen. Worin jene besteht, ist wiederum unter anderem abhängig von vorgefundenen religiösen Traditionen. Es kann deshalb auch nicht überraschen, dass politische Entscheidungen auch bzw. gerade unter modernen Bedingungen religiös codiert und eingefärbt werden – die Frage ist nur, mit welcher religiösen Rhetorik dies geschieht und welche Konfliktlinien sich daraus ergeben. Zum kulturellen Programm der Moderne gehört insofern im Kern, dass ursprünglich religiöse Vorstellungen mit den Mitteln der modernen Politik verwirklich werden sollen (vgl. Eisenstadt 2000a, Kap. 4).

Und schließlich weist Eisenstadt auch darauf hin, dass politische Optionen, Institutionen und Legitimationen selbst Ergebnisse von Konflikten zwischen dem gesellschaftlichen Zentrum und der Peripherie sind, gerade weil Legitimation immer umkämpft ist (vgl. Eisenstadt 1963; Giesen 1991: 184f.). In Gesellschaften, die sich als modern verstehen, werden deshalb mit hoher Wahrscheinlichkeit Konflikte darüber ausgetragen, welche Legitimationen politischer Ordnung erfolgreich Geltung beanspruchen können.

5 Reflexive Modernisierung

Eisenstadts Arbeiten gehören zweifelsohne zu den bedeutendsten Beiträgen zu einer Soziologie der Moderne. Aus der Tradition der funktionalistischen Modernisierungstheorie kommend und vor allem an die religionssoziologischen Arbeiten Webers anknüpfend hat Eisenstadt die soziologische Debatte um die Moderne um eine globale Perspektive erweitert. Ihm geht es zentral darum, unterschiedliche Wege der Moderne zu verstehen, ohne zugleich der Konvergenzthese der Modernisierungstheorie zu verfallen, der zufolge alle Gesellschaften sich letztlich in Richtung der westlichen Moderne entwickeln. Eisenstadt bleibt dabei der Vorstellung treu, dass die Moderne ein (noch) unabgeschlossenes Projekt ist und dass die klassischen Mittel der Soziologie im Prinzip ausreichen, die Moderne in ihrer Vielfalt zu verstehen. Genau diese Prämissen werden im Rahmen der ab Mitte der 1980er Jahre einsetzenden Diskussion um die Postmoderne bestritten.

Der Begriff der Postmoderne lässt sich als Reaktion auf die mit dieser Kritik eingeleitete Krise der Modernisierungstheorie verstehen. Zwei Bedeutungen kann man dabei unterscheiden: Zum einen meint der Begriff eine Veränderung im Nachdenken über die Moderne. Autoren der Postmoderne betonen stärker als modernisierungstheoretische Arbeiten die Partikularität und historische Kontingenz der Moderne und sie nehmen eine für die Klassiker bereits typische ambivalente Haltung zur Moderne ein. Es geht Autoren wie Lyotard, Bauman oder Foucault sowohl um das Verstehen als auch um eine kritische Distanz zur Moderne.

Zum anderen wird mit dem Begriff der Postmoderne die Moderne selbst historisiert und als mehr oder weniger abgeschlossene Epoche beschrieben. Unterschiedliche soziologische Gegenwartsdiagnosen schließen daran an: Daniel Bells postindustrielle Gesellschaft (Bell 1975), Gerhard Schultzes Erlebnisgesellschaft (Schultze 2000) oder Jean Baudrillards Simulationsgesellschaft (Baudrillard 1982). Zwei Diagnosen haben die soziologische Debatte um die Moderne und die Postmoderne besonders geprägt: die Theorie reflexiver Modernisierung von Ulrich Beck und Anthony Giddens und die Soziologie der Moderne und der Postmoderne von Zygmunt Bauman. Beide zeichnet aus, dass sie die von den Klassikern der Soziologie und später noch einmal von Adorno und Horkheimer betonte Ambivalenz der Moderne systematisch herausarbeiten.

Analog zu den genannten postmodernen Strömungen innerhalb der Sozialwissenschaften bildet für Theorien reflexiver Modernisierung, wie sie seit den 1980er Jahren von Ulrich Beck und Anthony Giddens, aber auch von Johannes Berger und Claus Offe entwickelt worden sind, die Kritik sozialwissenschaftlicher Modernisierungstheorien der 1950er bis 70er Jahre einen wichtigen Referenzpunkt. Ein entscheidender Unterschied besteht allerdings darin, dass diese Autoren gesellschaftliche Modernisierung keineswegs negativ konnotieren und das „Projekt der Moderne" (Habermas) unter veränderten Vorzeichen fortsetzen wollen. Während klassische Modernisierungstheorien ausgehend von einem häufig stark ethnozentrisch eingefärbten Verständnis von (westlicher) gesellschaftlicher Moderne darum bemüht waren, Bedingungen für die Modernisierung (nichtwestlicher) traditionaler Gesellschaften zu formulieren, rückt bei Beck und Giddens die Frage nach der „Modernisierung der Moderne" im Sinne einer Modernisierung moderner Gesellschaften in den Mittelpunkt.

Die von Beck bereits in seiner *Risikogesellschaft* (Beck 1986) vertretene und für seine Soziologie bis heute prägende zeitdiagnostische Grundthese besagt, dass am Ende des 20. Jahrhunderts ein grundlegender Wandel der Bedingungen gesellschaftlicher Integration zu beobachten sei, der in neuen sozialen Gefährdungslagen zum Ausdruck komme. Während die Industriegesellschaften der klassischen oder ersten Moderne als Klassengesellschaften durch einen innersozialen Kampf um die Verteilung von Reichtum und materiellen Ressourcen geprägt und auf diese Weise am stärksten in ihrem Zusammenhalt bedroht waren, führt an der Schwelle zum dritten Jahrtausend der wissenschaftlich-technische Fortschritt – einst wesentliche Grundvoraussetzung gesellschaftlicher Modernisierung und Gewähr für die Lösung sozialer Probleme – zu einer zunehmenden Selbstgefährdung des sozialen Lebens. Den eindrucksvollsten historischen Beleg für diese These lieferte sicherlich der Atom-Reaktorunfall von Tschernobyl, der sich beinahe gleichzeitig mit dem Erscheinen von „Risikogesellschaft" ereignete und Becks Thesen auf diese Weise über fachliche Grenzen hinaus eine ungeahnte Popularität verschaffte. Derartige Gefahrenlagen haben – so Beck – für die Frage nach dem Zusammenhalt und Fortbestand moderner Gesellschaften eine gänzlich andere Qualität und verlangen bezogen auf vorhandene soziologische und politische Modernisierungskonzepte nach neuen Lösungsstrategien. Es handelt sich bei ihnen nicht mehr um bloß schicksalhafte, außersoziale Gefahren (wie bspw. Naturkatastrophen), die keinerlei Verursacher, damit auch keinerlei gesellschaftliche Verantwortlichkeit kennen und denen Gesellschaften seit jeher ausgesetzt waren, sondern um Risiken im Sinne von hergestellten Unsicherheiten.

Durch die Antizipation ihrer Selbstgefährdung wird die Moderne sich selbst zum Problem und damit zur reflexiven oder zweiten Moderne. Die Einsicht in die Gefahren des Fortschritts kann nun zwar die Ambivalenz gesellschaftlicher Modernisierung verdeutlichen, diese jedoch durch eine weitere Steigerung wissenschaftlich-technischer Rationalität keineswegs beseitigen. Die Welt ist im Zuge fortschreitender Selbstgefährdungen unumkehrbar zu einem wissenschaftlichen Großversuch geworden. Die Folgen wissenschaftlich-technischen Handelns können dabei weder bis zur absoluten Gewissheit experimentell nachvollzogen werden, da ein solcher „Laborversuch" auf das Ende des menschlichen Lebens hinaus liefe, noch können sinnvolle objektive Wahrscheinlichkeiten für Menschheitsgefährdungen angegeben werden. Sie entziehen sich auf diese Weise dem (Risiko-)Versicherungsprinzip der ersten Moderne, in der jeder mögliche Schaden bezifferbar und durch die soziale Gemeinschaft abgedeckt scheint (Beck 2007: 234ff.). Das notwendige Auseinandertreten der Antizipation von Gefahren einerseits und der objektiven Gefährdungslage andererseits lassen Ungewissheit und soziales Nicht-Wissen um die Nebenfolgen von Modernisierung zum wesentlichen sozialen Bewegungsprinzip der zweiten Moderne werden (vgl. auch die Beiträge zu „Technik" und „Wissen" in diesem Band).

Diese Veränderungen im Selbstverständnis der Moderne ereignen sich jedoch keineswegs nur an der Oberfläche industrieller „Großgruppengesellschaften". Vorhandene soziale Institutionen wie Familie, Klasse oder Nationalstaat verlieren unter den veränderten Bedingungen der Gegenwart allmählich ihre integrative Funktion. Die fortschreitende Auflösung der „Basisinstitutionen" der ersten Moderne führt zu einer Freisetzung der Individuen, die Beck und Giddens übereinstimmend als *Individualisierung* von Sozialbeziehungen beschreiben. Weite Bereiche des sozialen Lebens (wie bspw. individuelle Biographien, die

Gestaltung von Paarbeziehungen oder soziale Gruppenzugehörigkeit) werden in ambivalenter Weise zunehmend wähl- und gestaltbar (vgl. auch den Beitrag zu „Individualisierung" in diesem Band). Neben den faktischen Freiheitsgewinnen auf Seiten der Handelnden besteht umgekehrt auch eine zunehmende Pflicht und Verantwortlichkeit für die aktive Gestaltung des eigenen Lebens, da potentiell entlastende gemeinschaftliche Institutionen zunehmend versagen (zur Möglichkeit und zum Problem von neuen, reflexiven Vergemeinschaftungen vgl. Beck/Giddens/Lash 1996).

Die fortschreitende „Entkernung" moderner Basisinstitutionen führt u.a. zu einer Neuentdeckung von Handlungsspielräumen, die weit über bloß private Bereiche des individuellen Lebens hinausweisen. Beck (1993) spricht dabei von einer (Neu-)Erfindung des Politischen und einer damit verbundenen Renaissance historischer Gestaltungsmöglichkeiten (scheinbar) unpolitischer sozialer Akteure. Analog zu Giddens (1997a: 149ff.) argumentiert er hier nicht zuletzt gegen Francis Fukuyamas These von einem Ende der Geschichte. Während Fukuyama (1992) das Ende des Ost-West-Konfliktes als endgültigen Sieg der Strukturprinzipien der westlich-kapitalistischen Moderne interpretiert, wird diese Zäsur von beiden Autoren gerade als Indiz für eine zunehmende historische Offenheit von Modernisierung beschrieben. Beck (1993) begreift diesen welthistorischen Umbruch gar als „institutionenlose Renaissance der Moderne". Giddens (1996a; 1996b) spricht dagegen etwas zurückhaltender von einem institutionellen Wandel, der vor allem durch eine Zunahme institutioneller Reflexivität gekennzeichnet sei.

Institutionelle Reflexivität bezieht sich dabei auf eine entscheidende Neuordnung des Verhältnisses zwischen Expertensystemen und Laien in modernen Gesellschaften. Dieses Verhältnis spiegelt die für Giddens nur scheinbar dualistische Unterscheidung von Sozial- und Systemintegration, die vor allem in seinen systematischen Schriften problematisiert wird (vgl. Giddens 1997b). Da hoch spezialisiertes und damit ausdifferenziertes Wissen, wie es u.a. in wissenschaftlich-technischen Kontexten zum Ausdruck kommt, nichtwissenschaftliche, alltagsweltliche Lebensbereiche zunehmend berührt und durchdringt, außerhalb von Expertenzirkeln in seinen möglichen Konsequenzen niemals umfassend verstanden, überblickt und bewertet werden kann, wird Vertrauen in abstrakte Systeme zum Kennzeichen der „Spät- oder Hochmoderne". Vertrauen ist die Kehrseite von Risiko und somit das entscheidende Medium des sozialen Zusammenhalts in der Moderne. Es ist aber nicht mit einem blinden und bedingungslosen Fortschrittsglauben zu verwechseln, sondern zeichnet sich gerade dadurch aus, dass es Experten immer wieder entzogen werden kann. Da zudem in modernen, stark differenzierten Gesellschaften einzelne Handelnde nur noch in bestimmten Handlungssituationen und -bereichen als Experten auftreten können, werden Laie und Experte „kontextspezifische Begriffe" (Giddens 1996a: 157) und Expertenwissen unterscheidbar von dogmatischem, sakralem und formelhaftem Wissen universeller „Amtsinhaber" traditionaler Gesellschaften. Risiko und Vertrauen führen so zu einem Anstieg unfreiwilliger, wechselseitiger Abhängigkeitsverhältnisse in der Moderne. Dies hat einerseits einen zunehmenden Kontrollverlust einzelner Handelnder zur Folge, gewährt ihnen andererseits auch immer eine gewisse Macht über die sozialen Verhältnisse, in denen sie leben. Die Moderne ist dementsprechend geprägt von Freiheitsgewinnen und Autonomieverlusten, beschränkenden und ermöglichenden Facetten und wird in eben dieser Ambivalenz zu einer „Fahrt auf dem Dschagannath-Wagen" (Giddens 1996b: 187ff.) – einem Bild, das der indischen Mythologie entlehnt ist. Der Dschagannath-Wagen trägt die auf ihm fahrenden Menschen durch die „Untiefen der Zeit" und bleibt dabei zumindest bedingt durch ihre Bewegungen und ihr Handeln steuerbar. Er zermalmt jedoch all diejenigen, die sich ihm entgegenstellen.

6 Die Ambivalenz der Moderne und der Postmoderne

Beck und Giddens durchaus ähnlich hat der polnisch-britische Soziologe Zygmunt Bauman in der Tradition von Adornos und Horkheimers „Dialektik der Aufklärung" die Ambivalenz der Moderne in den Mittelpunkt seiner Arbeiten gestellt. Baumans Charakterisierung der Moderne läuft auf die These hinaus, dass der Moderne eine Widersprüchlichkeit innewohnt, die fast zwangsläufig in eine historisch einmalige Destruktivität mündet. Baumans und Eisenstadts Verständnis der Moderne berühren sich an diesem Punkt. Auch Eisenstadt zufolge können totalitäre Formen wie der Stalinismus und der Faschismus nur vor dem Hintergrund der strukturellen Widersprüchlichkeit der Moderne verstanden werden. Während Eisenstadt diese Widersprüchlichkeit allerdings religionssoziologisch rekonstruiert, orientiert sich Bauman stärker an der „Dialektik der Aufklärung", d.h. an den Schattenseiten des kulturellen Programms der Moderne. Ähnlich wie Beck und Giddens historisiert Bauman die Moderne in seinen neueren Arbeiten als eine Epoche, die sich in der zweiten Hälfte des 20. Jahrhundert transformiert. Statt von reflexiver Moderne spricht Bauman von der Postmoderne, die von anderen Ambivalenzen als die Moderne geprägt ist.

Wie Adorno und Horkheimer geht es Bauman darum, die exzessive Gewalt der Moderne zu verstehen. Der „Geist der Moderne" (Bauman 1995b: 46) beruht ihm zufolge auf einer politisch umgesetzten Ausschließung der Ambivalenz. Der Genozid ist vor diesem Hintergrund nicht ein Unfall oder Rückfall der Moderne, dem durch ein Mehr an Modernisierung begegnet werden könnte. Modernisierung ist statt dessen Voraussetzung für den Höhepunkt der grundsätzlichen gärtnerischen Ambitionen des modernen Staates, d.h. für den Holocaust. Dass sich dort rassenbiologische Begründungen der Vernichtungspraxis mit der Selbstcharakterisierung des Staates als Gärtner trafen, ist für Bauman eine direkte Folge der modernen Mentalität, des Strebens nach einer vollkommenen politischen Ordnung, in der die Teile der Ordnung ein wohlgeordnetes Ganzes ergeben, das ein Produkt einer erfolgreichen – staatlich durchgeführten – Zücht(ig)ung ist. Ordnung herzustellen, heißt demzufolge, Krankheiten und ihre potentiellen Träger zu beseitigen. Wer diese Träger sind, ist damit zunächst nicht gesagt, denn es geht hier in erster Linie darum, was unter Politik in der Moderne verstanden wird und wie Politik sich und ihre Aufgaben beschreibt. Unter diesem Aspekt können sowohl die nationalsozialistische als auch die stalinistische Herrschaft „als legitime Kinder des modernen Geistes" (Bauman 1995b: 45) gelten, denn beide politischen Systeme rechtfertigen sich durch die Vorstellung, sie könnten mit eingreifenden und regulierenden Maßnahmen soziale Probleme endgültig lösen, indem sie die wissenschaftlichen Erkenntnisse über die Ursachen der Ordnungsstörung zu deren Beseitigung benutzen. Rassenbiologie und eine wissenschaftliche Begründung des Sozialismus sind in dieser Hinsicht funktionale Äquivalente.

Die Auslöschung der Ambivalenz richtet sich in der modernen Gesellschaft auf sozial nicht einzuordnende „Fremde". Als Beispiele für solche Fremde nennt Bauman Kriminelle, Trunkenbolde und Geistesschwache, „Geschöpfe von bizarrer Hautfarbe, Körpergestalt oder Verhaltensweise, die sich mit Dingen beschäftigen, die ‚keinen Sinn' haben" (Bauman 1995a: 57), also auch Intellektuelle oder – unter bestimmten Umständen – Künstler. Sein größtes Interesse gilt aber dem Juden als jenem Fremden, der aufgrund einer spezifischen historischen Konstellation zur Zentralfigur des modernen Ordnungsstrebens wurde (vgl. Bauman 1992). Bei ihm trafen sich die Mittel der Modernisierung, d.h. die Entmoralisierung politischer Entscheidungen durch die Verwissenschaftlichung und Technisierung bzw. Bürokratisierung der Politik sowie der moderne Rassendiskurs auf der einen und das Ziel der Modernisierung, d.h. Ordnungsbegehren der modernen Mentalität auf der anderen Seite. Der zur Zivilisierung ungeeignete und die Ambivalenz der Ordnung aufdeckende Fremde in Gestalt des Juden sollte – neben anderen Fremden, die ebenfalls das Bild einer perfekten Ordnung störten – isoliert, stigmatisiert und schließlich entfernt werden.

Die Postmoderne unterscheidet sich für Bauman vor allem dadurch von der Moderne, dass in ihr das Problem der Ambivalenz gleichsam privatisiert wird. In der Moderne sollten die Individuen in die Ordnung integriert werden, während in der Postmoderne die Gesellschaft in eine Vielzahl individuell gewählter Lebensstile zerfällt und fragmentiert wird. Ambivalenz verschwindet damit nicht, sie ist aber kein politisch zu lösendes Problem mehr. Das Wissen um die Unmöglichkeit einer Entscheidung, was zu tun ist, um die Zweideutigkeit jeder Situation, in der gehandelt werden muss, um die Uneindeutigkeit von Handlungszielen und -präferenzen beherrschen den postmodernen politischen Diskurs. Zugleich wissen wir aber auch, so Bauman, dass wir handeln müssen. Aus dieser ambivalenten Situation, handeln zu müssen, aber nicht handeln zu können, gibt es keinen Ausweg. Die Differenz zur Moderne liegt nun darin, dass in der Postmoderne um die Ambivalenz dieser Situation gewusst wird und dass diese Ambivalenz jedes Mal individuell mit jeder eigenen Entscheidung, so und nicht anders zu handeln, gelöst werden muss. Insofern ist die postmoderne Mentalität über die Fehler der modernen Mentalität aufgeklärt und wird deshalb von Bauman auch als ‚Moderne für sich' bezeichnet, während die Moderne eine ‚Moderne an sich', d.h. ohne ein Wissen um ihre Begrenztheit und ihre Ambivalenz war.

Freilich wird dieses diskursive Wissen, in dem sich die postmoderne Mentalität artikuliert, begleitet von einer neuen Art der Flucht vor der Ambivalenz. Während die Moderne auf Ambivalenz mit dem absoluten Geltungsanspruch von objektiver Wahrheit und moralischer Richtigkeit reagierte, geht es in der Postmoderne nur noch um Selbsterschaffung, bei der die Ambivalenz dadurch verdeckt wird, dass das Kriterium, so und nicht anders zu handeln, nicht mehr in einer Vorstellung einer theoretisch, moralisch oder ästhetisch vollkommenen Ordnung gesucht wird, sondern im individuellen Erlebniswert einer Entscheidung. In der Postmoderne wird nach dem Lustprinzip gehandelt, das dieselbe Naturwüchsigkeit besitzt wie das Realitätsprinzip der Moderne. Anders gesagt: Auch postmoderne Menschen glauben an die Notwendigkeit ihres Handelns, nur sehen sie den Grund, der sie so und nicht anders handeln lässt, nicht in einem normativen Konsens, sondern in ihrem individuellen Glücksgefühl. Dadurch werden Handlungen in einer ähnlichen Weise naturalisiert wie in der modernen Gesellschaft. Und insofern wird die Erleichterung, die die Deregulierung der Postmoderne mit sich bringt, bei Bauman von der Angst begleitet, dass sich der Genozid unter veränderten, postmodernen Bedingung wiederholen könnte, denn „das unvollendete Geschäft der modernen Sozialtechnologie kann sich sehr wohl in einem erneuten Ausbruch einer wilden Misanthropie Luft schaffen, eher unterstützt als gehindert von der neuerlich legalisierten postmodernen Selbstzentriertheit und Gleichgültigkeit" (Bauman 1995a: 317f.).

7 Die gegenwärtige kultursoziologische Debatte um die Moderne

Baumans Diagnose ist nur ein Beispiel für eine soziologische Historisierung der Moderne, die unter anderem im Zuge um die Diskussion der Postmoderne zu beobachten ist. Andere wichtige Beiträge für eine solche Soziologie der Moderne stammen etwa von Peter Wagner (1995), Michael Mann (1988), John Meyer (2005) oder Bruno Latour (1995). Bei aller Unterschiedlichkeit geht es ihnen um ein soziologisches Verständnis der Moderne, das auf der einen Seite immer auch eine kritische Distanz zur Moderne und Postmoderne beinhaltet, die schon für die Klassiker charakteristisch war. Zum anderen brechen diese neueren Beiträge aber auch mit zentralen modernisierungstheoretischen Prämissen. Die zeitgenössische, stärker von Kulturtheorien geprägte soziologische Diskussion um die Moderne lässt sich anhand von vier zentralen Punkten kennzeichnen (vgl. Bonacker & Reckwitz 2007: 12ff.):

Erstens wird die Moderne im Rahmen dieser Ansätze als ein kulturell konstituiertes Phänomen gedeutet, das spezifische soziale Praktiken hervorbringt. Funktionale Differenzierung oder Kapitalismus erscheinen dann etwa als kulturell über symbolische Codes erzeugte Sinnsysteme, die historisch kontingent sind (vgl. bspw. Meyer 2005).

Zweitens wird die klare Grenzziehung zwischen Modernität und Traditionalität in Frage gestellt. Die Moderne erscheint einerseits selbst als Tradition, die mit spezifischen Ritualen und Praktiken verbunden ist. Andererseits weisen verschiedene Autoren auf typisch traditionale Elemente in modernen Gesellschaften hin. In diesem Zusammenhang werden hybride Kombinationen von westlichen und nicht-westlichen Elementen, aber auch nicht-westliche Konzeptionen von Modernität betont (vgl. bspw. Randeria et al. 2004; Mouzelis 1999; Tiryakian 2001).

Drittens betonen neuere Ansätze sowohl die Diversität als auch die Konflikthaftigkeit der Moderne. Nicht zuletzt Eisenstadt (2005) hat darauf hingewiesen, dass die Bedeutung von Modernität letztlich von Deutungskämpfen unterschiedlicher kollektiver Akteure – wie etwa sozialer Bewegungen – abhängt (vgl. auch Bonacker 2005, 2007). Die Sozialwissenschaften können bestimmte Deutungen stärken, sind aber aus dieser kulturalistischen Sicht immer schon in gesellschaftliche Selbstverständigungsprozesse involviert.

Und viertens wird der normative Gehalt der Moderne als Effekt kultureller Konstruktionen betrachtet, die zum Gegenstand empirischer Forschung etwa über jene semantischen Mittel werden, mit denen sich Grundmuster der Moderne – bspw. die Unterscheidung zwischen Natur und Kultur – konstruieren und legitimieren lassen (vgl. Knorr Cetina 2007).

Resümiert man die soziologische Diskussion um die Moderne, dann lassen sich grob drei große Etappen unterscheiden: Die Beschäftigung mit der Moderne – ihr Verstehen und ihre kritische Bewertung – stand am Beginn der Soziologie. Die Soziologie ist letztlich selbst ein Produkt der Moderne. Deshalb ist der soziologische Diskurs der Moderne immer auch ein Selbstverständigungsdiskurs über die Rolle der Soziologie in der Gesellschaft. Die Modernisierungstheorie der 1950er bis 1970er Jahre greift spezifische Deutungsmuster aus der Klassik auf und interpretiert die Moderne als Endpunkt einer gesellschaftlichen Entwicklung, die einen spezifischen normativen Gehalt und gesellschaftliche Rationalität freisetzt. Parallel dazu – und inspiriert von der kritischen Bewertung der Moderne durch klassische Autoren – entwickelt sich eine Auseinandersetzung mit den Schattenseiten der Moderne, wie sie etwa von Adorno und Horkheimer und später von Bauman thematisiert wurden. Die Krise der Modernisierungstheorie, der gesellschaftliche Wandel in westlichen Gesellschaften und die einsetzende Diskussion um Globalisierung und um die Herausbildung einer Weltgesellschaft führen schließlich zu einer neuen Auseinandersetzung um die Moderne, die zum einen zunehmend historisiert und mit der Postmoderne kontrastiert und die zum anderen stärker aus einer kulturtheoretischen Sicht als kulturelles, in sich multiples Paradigma verstanden wird. Die zeitgenössische soziologische Debatte um die Moderne knüpft zwar an viele Fragen der Klassiker an – etwa an das Problem einer „transnationalen Solidarität" (Beckert, Eckert, Kohli & Streeck 2004) oder einer globalen Arbeitsteilung. Aber sie tut dies unter anderen gesellschaftlichen Rahmenbedingungen, nämlich im Zeitalter einer globalen Moderne.

Literatur

Adorno, Theodor W./Horkheimer, Max (1971): Dialektik der Aufklärung. Frankfurt a.M.: Fischer
Baudrillard, Jean (1982): Der symbolische Tausch und der Tod. München: Matthes & Seitz
Bauman, Zygmunt (1992): Dialektik der Ordnung. Die Moderne und der Holocaust. Hamburg: Europäische Verlagsanstalt
Bauman, Zygmunt (1995a): Moderne und Ambivalenz. Das Ende der Eindeutigkeit. Frankfurt a.M.: Fischer Taschenbuch Verlag
Bauman, Zygmunt (1995b): Ansichten der Postmoderne. Hamburg/Berlin: Argument Verlag
Beck, Ulrich (1986): Risikogesellschaft. Auf dem Weg in eine andere Moderne. Frankfurt a.M.: Suhrkamp
Beck, Ulrich (1993): Die Erfindung des Politischen. Zu einer Theorie reflexiver Modernisierung. Frankfurt a.M.: Suhrkamp
Beck, Ulrich (2007): Weltrisikogesellschaft. Auf der Suche nach der verlorenen Sicherheit. Frankfurt a.M.: Suhrkamp
Beck, Ulrich/Giddens, Anthony/Lash, Scott (Hrsg.) (1996): Reflexive Modernisierung. Eine Kontroverse. Frankfurt a.M.: Suhrkamp
Beckert, Jens/Eckert, Julia/Kohli, Martin/Streeck, Wolfgang (Hrsg.) (2004): Transnationale Solidarität. Frankfurt a.M./New York: Campus Verlag
Bell, Daniel (1975): Die nachindustrielle Gesellschaft. München: Campus Verlag
Berger, Johannes (Hrsg.) (1986): Die Moderne – Kontinuitäten und Zäsuren. Soziale Welt. Sonderband 4. Göttingen: Schwartz
Bonacker, Thorsten (2005): Modernitätskonflikte in der Weltgesellschaft. Zur kulturellen Konstruktion globaler Konflikte. In: Soziale Welt 57: 47-64
Bonacker, Thorsten (2007): Der Kampf der Interpretationen. Zur Konflikthaftigkeit der politischen Moderne. In: Bonacker et al. (2007): 199-218.
Bonacker, Thorsten/Reckwitz, Andreas (2007): Das Problem der Moderne. Modernisierungstheorien und Kulturtheorien. In: Bonacker et al. (2007): 7-18.
Bonacker, Thorsten/Reckwitz, Andreas (Hrsg.) (2007): Kulturen der Moderne. Soziologische Perspektiven. Frankfurt a.M./New York: Campus Verlag
Brunner, Otto/Conze, Werner/Koselleck, Reinhart (Hrsg.) (1978): Geschichtliche Grundbegriffe: Historisches Lexikon zur politisch-sozialen Sprache in Deutschland. IV. Stuttgart: Klett-Cotta
Butler, Judith (1995): Körper von Gewicht. Frankfurt a.M.: Suhrkamp
Durkheim, Emile (1992): Über soziale Arbeitsteilung. Studien über die Organisation höherer Gesellschaften. Frankfurt a.M.: Suhrkamp
Eisenstadt, Shmuel N. (1963): The Political Systems of Empires. London: Free Press
Eisenstadt, Shmuel N. (2000a): Multiple Modernities. In: Daedalus 12: 1-29
Eisenstadt, Shmuel N. (2000b): Die Vielfalt der Moderne. Weilerswist: Velbrück Wissenschaft

Eisenstadt, Shmuel N. (2005): Paradoxien der Demokratie. Die politische Theorie auf der Suche nach dem Politischen. Frankfurt a.M.: Humanities Online
Eisenstadt, Shmuel N. (2006): Theorie und Moderne. Soziologische Essays. Wiesbaden: VS
Foucault, Michel (1989): Die Ordnung der Dinge. Frankfurt a.M.: Suhrkamp
Fukuyama, Francis (1992): Das Ende der Geschichte. Wo stehen wir? München: Kindler
Giddens, Anthony (1996a): Leben in einer posttraditionalen Gesellschaft. In: Beck et al. (1996): 113-194.
Giddens, Anthony (1996b): Konsequenzen der Moderne. Frankfurt a.M.: Suhrkamp
Giddens, Anthony (1997a): Jenseits von Links und Rechts. Die Zukunft radikaler Demokratie. Frankfurt a.M.: Suhrkamp
Giddens, Anthony (1997b): Die Konstitution der Gesellschaft. Grundzüge einer Theorie der Strukturierung. Frankfurt a.M./New York: Campus Verlag
Giesen, Bernhard (1991): Die Entdinglichung des Sozialen. Eine evolutionstheoretische Perspektive auf die Postmoderne. Frankfurt a. M.: Suhrkamp
Gumbrecht, Hans Ulrich (1978): Modern, Modernität, Moderne. In: Brunner et al. (1978): 93-131.
Habermas, Jürgen (1985): Der philosophische Diskurs der Moderne. Frankfurt a.M.: Suhrkamp
Habermas, Jürgen (1988): Theorie kommunikativen Handelns. 2 Bände. Frankfurt a.M.: Suhrkamp
Habermas, Jürgen (1992): Faktizität und Geltung. Frankfurt a.M.: Suhrkamp
Hegel, Georg Wilhelm Friedrich (1986): Grundlinien der Philosophie des Rechts. Frankfurt a.M.: Suhrkamp
Huntington, Samuel P. (1996): Kampf der Kulturen: Die Neugestaltung der Weltpolitik im 21. Jahrhundert. München/Wien: Europaverlag
Imbusch, Peter (2005): Moderne und Gewalt. Zivilisationstheoretische Perspektiven auf das 20. Jahrhundert. Wiesbaden: VS
Kaesler, Dirk (Hrsg.) (2005): Aktuelle Theorien der Soziologie. Von Shmuel N. Eisenstadt bis zur Postmoderne. München: Beck
Kaufmann, Franz-Xaver (1986): Religion und Modernität. In: Berger (1986): 284-307
Knöbl, Wolfgang (2001): Spielräume der Modernisierung. Das Ende der Eindeutigkeit. Weilerswist: Velbrück Wissenschaft
Knorr Cetina, Karin (2007): Postsoziale Beziehungen. Theorie der Gesellschaft in einem postsozialen Kontext. In: Bonacker et al. (2007): 267-300.
Latour, Bruno (1995): Wir sind nie modern gewesen: Versuch einer symmetrischen Anthropologie. Berlin: Akademie Verlag
Lefebvre, Henri (1972): Soziologie nach Marx. Frankfurt a.M.: Suhrkamp
Lefebvre, Henri (1976): Kritik des Alltagslebens Bd.1. München: Hanser Verlag
Lefebvre, Henri (1978): Einführung in die Modernität. Zwölf Präludien. Frankfurt a.M.: Suhrkamp
Lockwood, David (1970): Soziale Integration und Systemintegration. In: Zapf (1970): 124-137.
Lyotard, Jean-Francois (1986): Das postmoderne Wissen. Wien: Böhlau
Lyotard, Jean-Francois (1989): Der Widerstreit. München: Fink
Mann, Michael (1988): States, War and Capitalism. Studies in Political Sociology. Oxford: Blackwell
Marshall, Thomas (1992): Bürgerrechte und soziale Klassen. Frankfurt a.M./New York: Campus
Marx, Karl (1966): Das Kapital. Erster Band. Berlin: Dietz
Marx, Karl (1970): Manifest der kommunistischen Partei. Berlin: Dietz
Marx, Karl: Ökonomisch-philosophische Manuskripte. In: Marx et al. (1990): 467-567
Marx, Karl: Einleitung zu den „Grundrissen der Kritik der politischen Ökonomie". In: Marx et al. (2005): 15-43
Marx, Karl/Engels, Friedrich (1990): Werke Bd. 42. Berlin: Dietz
Marx, Karl/Engels, Friedrich (2005): Werke Bd. 40. Berlin: Dietz
Meyer, John (2005): Weltkultur. Wie die westlichen Prinzipien die Welt durchdringen. Frankfurt a.M.: Suhrkamp

Miller, Max/Soeffner, Hans-Georg (Hrsg.) (1996): Modernität und Barbarei. Soziologische Zeitdiagnose am Ende des 20.Jahrhunderts. Frankfurt am Main: Suhrkamp
Mouzelis, Nicos (1999): Modernity: A Non-European Conceptualization. In: British Journal of Sociology 50: 141-159
Münch, Richard (1984): Die Struktur der Moderne. Frankfurt a.M.: Suhrkamp
Nassehi, Armin (2006): Der soziologische Diskurs der Moderne. Frankfurt a.M.: Suhrkamp
Parsons, Talcott (1975): Gesellschaften. Evolutionäre und komparative Perspektiven. Frankfurt a.M.: Suhrkamp
Randeria, Shalini/Fuchs, Martin/Linkenbach, Antje (Hrsg.) (2004): Konfigurationen der Moderne: Diskurse zu Indien. Schriftenreihe Soziale Welt. Sonderband 15. Baden-Baden: Nomos
Schultze, Gerhard (2000): Die Erlebnisgesellschaft. Frankfurt a.M./New York: Campus
Schwinn, Thomas (Hrsg.) (2006): Die Vielfalt und die Einheit der Moderne. Kultur- und strukturvergleichende Analysen. Wiesbaden: VS
Simmel, Georg (1983): Philosophische Kultur. Über das Abenteuer, die Geschlechter und die Krise der Moderne. Berlin: Wagenbach
Spencer, Herbert (1896): Principles of Sociology. New York/London: Williams & Norgate
Tiryakian, Edward A.: The Civilization of Modernity and the Modernity of Civilizations. In: International Sociology 16. 2001: 277-292.
Tönnies, Ferdinand (1921): Marx. Leben und Lehre. Berlin: Verlag für Sozialwissenschaft
Tönnies, Ferdinand (1998): Gemeinwirtschaft und Gemeinschaft. In: Ders.: 404- 415
Tönnies, Ferdinand (1998): Gesamtausgabe Bd. 22. 1932-1936. Berlin/New York: de Gruyter
Tönnies, Ferdinand (2000): Gesamtausgabe Bd. 9. 1911-1915. Berlin/New York: de Gruyter
Tönnies, Ferdinand (2000a): Geld und Genossenschaft. In: Ders.: 347-354
Tönnies, Ferdinand (2000b): Rechtsstaat und Wohlfahrtsstaat. In: Ders.: 413- 418
Wagner, Peter (1995): Soziologie der Moderne. Freiheit und Disziplin. Frankfurt a.M./New York: Campus
Weber, Max (2004): Die protestantische Ethik und der Geist des Kapitalismus. München: Beck
Wehling, Peter (1992): Die Moderne als Sozialmythos. Zur Kritik sozialwissenschaftlicher Modernisierungstheorien. Frankfurt a.M./New York: Campus
Zapf, Wolfgang (Hrsg.) (1970): Theorien des sozialen Wandels. Köln/Berlin: Kiepenheuer & Witsch

Prozess

Bernhard Miebach

1 Definition

Die Soziologie hat eine Vielzahl von Modellen und Theorien entwickelt, um die soziale Ordnung des Handelns von Individuen in sozialen Systemen zu erklären. Ein Ansatz zur Systematisierung sozialen Handelns ist die Zusammenfassung unter eine Strukturkategorie. Diese *Strukturen* können aus kulturellen Symbolen bestehen, die bestimmten Handlungen ihren Sinn geben, oder aus Strukturbeschreibungen wie Rollen oder Institutionen. Der zweite Ansatz ist die Betrachtung von Handlungen als *Ereignisketten*. Nach der Definition des englischen Soziologen A. Giddens ist Handeln ein „kontinuierlicher Prozeß" (1997: 60), und für die Organisationstheorie lenkt der Organisationspsychologe K. E. Weick (1985) den Fokus auf den *Prozess des Organisierens*, anstatt Organisationen durch Ziele und Strukturen zu beschreiben. Prozesse bilden einen zentralen Gegenstand der soziologischen Theorie und der empirischen Sozialforschung.

Für Prozesse stellt sich wie für das Handeln die Frage der Geordnetheit oder der Systematik. Ein wesentliches Merkmal von Prozessen bildet die *zeitliche* Abfolge, so dass soziales Handeln aus Interaktions- oder Kommunikationsakten besteht, die sich zeitlich parallel, versetzt oder nacheinander ereignen. Für eine kausale Abhängigkeitsbeziehung von zwei oder mehr Handlungen ist die zeitliche Abfolge ein Kriterium, um Ursache und Wirkung zu bestimmen. Falls man die zeitliche Reihenfolge nicht als zufällige Kette von Ereignissen betrachtet, sondern eine Beziehung der Ereignisse untereinander unterstellt, gelangt man zu einer spezielleren Prozessdefinition. Nach Ansicht des Systemtheoretikers N. Luhmann kommen Prozesse in diesem spezielleren Sinne dadurch zustande, „dass konkrete selektive Ereignisse zeitlich aufeinander aufbauen, aneinander anschließen, also vorherige Selektionen bzw. zu erwartende Selektionen als Selektionsprämisse in den Einzelselektionen einbauen" (Luhmann 1984: 74). Bei diesen *rekursiven* Prozessen setzen die nachfolgenden Handlungen auf den vorangehenden auf und verstärken auf diese Weise die Selektivität der vorangegangenen Handlungen (ebd.: 484). Zusätzlich bezieht sich intentionales Handeln – so ist soziales Handeln definiert – auf zukünftige Ereignisse, z.B. durch Handlungsziele, Prognosen oder Planungen.

Die erste Prozessdefinition als Ereignissukzession lässt sich auf jedes soziale Handeln anwenden, weil Handeln immer eine zeitliche Dimension aufweist. Die zweite Definition von systematisch verketteten Ereignisfolgen als rekursive Prozesse trifft den Prozessbegriff genauer und erfordert spezielle Methoden der Prozessanalyse. Eine dritte Definition des Prozessbegriffs bezieht sich auf Wandlungsprozesse, die auf der Interaktions- und Gesellschaftsebene analysiert werden. Nach der bisherigen Darstellung lassen sich somit drei Prozessdefinitionen unterscheiden:

P1: Prozesshaftigkeit sozialen Handelns
P2: Rekursive Ereignisketten
P3: Prozesse sozialen Wandels

Mit der allgemeinen Prozesshaftigkeit (P1) beschäftigen sich alle soziologischen Theorien. Die interpretativ-interaktionistische Soziologie analysiert *symbolische Interaktionssequenzen*. Die ‚Rational-Choice Theorie' legt den Fokus auf *Entscheidungs-* und *Transformationsprozesse*, während die Systemtheorie *Kommunikationsakte* als elementare Systemoperationen analysiert. Die zweite Prozessdefinition (P2) ist spezieller, indem die Handlungsketten nicht in zufälliger Abfolge, sondern in einer bestimmten Abhängigkeitsbeziehung zueinander stehen, die Luhmann *Selektivitätsverstärkung* (1984: 484) nennt. Die dritte Dimension des sozialen Wandels (P3) könnte man als Unterkategorie der zweiten Definition (P2) ansehen, weil es sich um zeitlich strukturierte Ereignisketten handelt, die auf einer institutionellen Ebene stattfinden. Innerhalb der Soziologie und der Organisationstheorie haben Wandlungstheorien allerdings ein solches Eigenleben entwickelt, dass Veränderungsprozesse als eine separate Prozessgruppe definiert werden (P3).

Zur Analyse *rekursiver Prozesse* (P2) stehen quantitative Methoden zur Verfügung, z.B. Zeitreihenanalysen für Börsenkurse. Die Verwendung von *mathematisch* formalisierten Prozessmodellen bildet einen Trend innerhalb der Prozessanalyse (Poole/Van de Ven/Dooley/Holmes 2000). Die alternative Richtung der Analyse rekursiver Prozesse im Sinne der bereits dargestellten Selektivitätsverstärkung wird von der *Systemtheorie* (Baecker 2005: 257), der *Strukturationstheorie* (Ortmann 1995: 89) und der *Sequenzanalyse* (Oevermann 1991: 278) ausgearbeitet, ohne mathematische Modelle zu verwenden. Bei der Analyse von sozialen Prozessen versuchen alle Forscher, *Muster* von Prozessverläufen zu erkennen, die jeweils auf eine Klasse von konkreten Prozessen zutreffen und auf diese Weise die empirische Prozesswelt systematisieren. An der Frage, wie diese Prozessmuster ermittelt, dokumentiert und theoretisch beschrieben werden, scheiden sich allerdings die verschiedenen Theorien und Methoden. Einigkeit besteht darin, die Prozessmuster als *Strukturen* anzusehen.

Eine Prozessveränderung im Sinne der *dritten Prozessdefinition* (P3) liegt dann vor, wenn sich die Strukturen mehr oder weniger grundlegend während eines Zeitabschnitts ändern. In der Prozessliteratur hat sich der Begriff der *Transformation* für diese Art von Veränderungsprozessen durchgesetzt. Die Ausrichtung der klassischen soziologischen Prozesstheorie auf langfristigen gesellschaftlichen Wandel wird von N. Elias, der als Begründer der Prozesstheorie innerhalb der Soziologie (Hillmann 1994: 224-225) gilt, in seiner Definition von sozialen Prozessen als Grundbegriff der Soziologie unterstützt, indem er den Begriff ausschließlich auf Transformationsprozesse bezieht, die er als „kontinuierliche, langfristige, d.h. gewöhnlich nicht weniger als drei Generationen umfassende Wandlungen der von Menschen gebildeten Figurationen oder ihrer Aspekte in einer von zwei entgegen gesetzten Richtungen" (Elias 2006: 221) definiert.

2 Prozessansatz

Die Methodiker der empirischen Sozialforschung unterscheiden zwischen *Varianz-* und *Prozessansatz*. Der *Varianzansatz* umfasst Querschnittsanalysen, z.B. Pfadanalysen, die die

Variation einer abhängigen Variablen kausal aus der Variation von unabhängigen Variablen erklären. Die einfachste Festlegung der kausalen Richtung erfolgt über die Zeitachse, indem die unabhängigen Variablen zeitlich der abhängigen Variablen vorausgehen. Das klassische Beispiel ist die Variable *Schulbildung,* die zeitlich dem *Einkommen* von Erwachsenen vorangeht und daher als kausale Ursache betrachtet wird (Esser 2000: 207). Die Vertreter des Varianzansatzes sind sich bewusst, dass sich der kausale Effekt aus einer Vielzahl von Teilprozessen ergibt. Für das Beispiel der kausalen Beziehung zwischen Schulbildung und späterem Einkommen können die Prozesse der Bewerbung, Einstellung und Einarbeitung in das Berufsleben von besonderer Bedeutung sein.

Der Varianzansatz hat den Vorteil, kausale Zusammenhänge in größeren sozialen Gruppen zu identifizieren und verallgemeinerungsfähige Zusammenhänge zwischen Variablen empirisch zu testen. Eine detaillierte Rekonstruktion der einzelnen Prozesse ist mit dem Varianzansatz nicht möglich, so dass für diese Art von Prozessanalyse der *Prozessansatz* zum Einsatz kommt: „Der Prozessansatz konzeptualisiert Entwicklungs- und Veränderungsprozesse als Ereignissequenzen, die Einheit und Kohärenz über Zeit aufweisen. Er erklärt die Ergebnisse als Resultate der Ordnung, in der die Ereignisse sich entfalten, und als spezielle Verknüpfungen von Ereignissen und kontextuellen Bedingungen. Der generative Mechanismus für die narrative Erklärung ist eine Sequenz oder ein Zyklus von prototypischen Ereignissen, aus denen sich der Entwicklungspfad der Einheiten durch Raum und Zeit generiert" (Poole/Van de Ven/Dooley/Holmes 2000: 36; Übersetzung vom Verf.). Das Ziel des Prozessansatzes bildet nach dieser Definition die Beschreibung und Erklärung von rekursiven Prozessen, wobei qualitative oder quantitative Methoden verwendet werden können. Entscheidend ist die genaue Rekonstruktion der einzelnen Prozesse im Gegensatz zu der Beschränkung auf kausale Zusammenhangsstrukturen.

Mit dem Prozessansatz würde in dem Beispiel die biografische Entwicklung von Personen detailliert rekonstruiert. Wie verlief das erste Bewerbungsgespräch, und welche Rolle spielte der Bildungsabschluss bei der Vorselektion der Bewerbung durch die Personalabteilung und während des Gesprächs? Wie kamen Karriereschritte zustande, und welche Rolle spielte darin der Bildungsabschluss? Neben der Rekonstruktion dieser Geschichten ist es wesentlich, die Veränderung der Untersuchungseinheiten über die Zeit zu betrachten. So kann eine Person im Verlauf mehrerer Bewerbungen gelernt haben, die fehlende formale Bildung in der Argumentation durch andere Fähigkeiten und Erfahrungen zu kompensieren. In diesem Falle hat sich die Untersuchungseinheit selbst verändert. Diese Veränderung ließe sich im Varianzansatz theoretisch auch ermitteln, indem nach den erworbenen Qualifikationen und Erfahrungen gefragt wird. Trotzdem bliebe die Frage offen, wie die Person mit diesen neu gelernten Fähigkeiten umgeht, um Vorteile in Bewerbungssituationen zu erreichen.

Während im Varianzansatz Daten zu Variablen aus einer Stichprobe von Personen statistisch mit Hilfe eines Kausalmodells ausgewertet werden, bildet der *Text* den methodischen Angelpunkt der qualitativen Verfahren des Prozessansatzes. Mit dem Text werden Erzählungen von Teilnehmern eines sozialen Kontextes oder Beobachtungen von Interaktionssequenzen im Detail aufgezeichnet. Diese Textdokumente werden anschließend kategorisiert und soziologisch interpretiert (Corbin/Strauss 2008). Damit bildet der Text das Material für die Analysen des Prozessansatzes: Nur was durch Texte dokumentiert ist, kann in der Auswertung verwendet werden. Alternativ verwenden quantitativ orientierte Prozessforscher Verfahren, die zeitabhängige Ereignisdaten mit mathematischen Modellen analysieren. Diese Modelle abstrahieren ähnlich wie die Kausalmodelle von den einzelnen Interaktionsprozessen, die die quantitativ ermittelte Zeitreihe generieren. Der Prozessforscher Abbott bringt mit dem Titel seines Buchs *Time Matters* (2001) die Botschaft des Prozessansatzes auf den Punkt:

Prozesse zählen in der soziologischen Theorie und Empirie nicht nur als grobe Muster oder Zeitreihen, sondern auch als feingliedrige Prozesse der Kommunikation und Interaktion.

3 Hauptmerkmale von Prozessen

3.1 Struktur und Prozess

Alle soziologischen Theorien setzen voraus, dass soziale Interaktion und Kommunikation grundsätzlich prozesshaft sind, weil sie durch Rückgriff auf vorangegangene und Vorgriff auf zukünftige Ereignisse eine zeitliche Dimension besitzen. Daraus ergeben sich die prozesstheoretischen Kernfragen, wie diese Prozesshaftigkeit theoretisch beschrieben und erklärt und wie sie auf Gegenstandsbereiche angewendet werden kann. Für die *strukturtheoretische* Prozessanalyse baut T.H. Davenport den Strukturbegriff direkt in die Definition von Prozess als „a structure for action" (Davenport 1993: 5) ein. Diese Strukturen können konkret aus Regeln, Routinen oder Machtbeziehungen bestehen, aus denen sich die Prozessverläufe ergeben. Prozesse sind zwar in jeder konkreten Situation in ihrer Ausprägung unterschiedlich, folgen aber einem identifizierbaren Muster und kommen im Wesentlichen zu denselben Ergebnissen. Die Variabilität und Dynamik von Prozessen, die Luhmann Mikrodiversität (2000: 255) nennt, ist aus Sicht der Strukturtheorie forschungspraktisch vernachlässigbar.

Da auch die Vertreter des *Prozessansatzes* nach Regelmäßigkeiten und Mustern von Prozessverläufen – und damit nach Prozessstrukturen – suchen, lassen sich Struktur- und Prozesstheorie mit diesem allgemeinen Strukturbegriff nicht hinreichend abgrenzen. Klarheit bringt hier der von dem amerikanischen Systemtheoretiker Talcott Parsons (1959: 639) eingeführte Begriff der *Potenzialität (potency)*. Soziales Handeln wird in sozialen Systemen durch Rollen, Normen und Werte als Strukturelemente reguliert. Diese Strukturelemente entfalten nach Parsons ein bestimmtes Potenzial, das die konkrete Handlungslogik bestimmt. Dabei interessiert nicht die Feinkörnigkeit der resultierenden Handlungsprozesse, weil sie durch die Strukturen hinreichend genau beschrieben und erklärt werden. Von dieser strukturtheoretischen Position grenzt sich die Prozesstheorie ab, indem sie im Unterschied zu der Potenzialitätsthese davon ausgeht, dass Prozesse von den Akteuren laufend sozial *konstruiert* werden. Auch wenn sich die Prozessgenerierung an institutionalisierten Regeln orientiert oder Routinen abspult, enthält sie trotzdem Elemente von Variabilität und Dynamik, die zur Veränderung oder Ablehnung von strukturellen Vorgaben führen.

Wie lassen sich Strukturen im Hinblick auf Prozesse definieren, ohne in die Falle der Potenzialität zu geraten? Der erste Schritt besteht darin, die Prozesse in das Zentrum der Analyse zu stellen, also die konkreten Ereignisfolgen sorgfältig zu beschreiben. Im nächsten Schritt werden typische Verlaufsmuster und Regeln der Prozessentwicklung identifiziert, die in bestimmten sozialen Situationen beobachtbar sind. Eine solche Regel kann darin bestehen, dass die Individuen mit einem Prozessschritt bereits nachfolgende Aktivitäten einplanen und sich an vorangehenden orientieren. Diese rekursive Verknüpfung der einzelnen Prozessaktivitäten bildet eine Form der Reflexion, mit denen sich die Interaktionsteilnehmer die in der Prozesssituation erwarteten oder auch alternativen Prozessaktivitäten vor Augen führen. Dazu greifen sie auf die Strukturen der sozialen Systeme zurück, die sie aus dem Systemgedächtnis abrufen. Giddens hat mit dem Begriff der *Strukturelemente (structural properties)* den Leitsatz der Wechselbeziehung zwischen Prozessen und Strukturen formuliert: „Alle Strukturmomente sozialer Systeme, dies als Wiederholung eines Leitsatzes der Theorie der Strukturierung, sind Mittel und Ergebnis der kontingent ausgeführten Handlungen situierter Akteure" (Giddens 1997: 246). Der Kern dieser These besteht darin, dass die Strukturelemente einerseits als *Mittel* von den Akteuren zum Handeln genutzt werden und andererseits als *Ergebnis* der Handlungen von Individuen bestätigt oder verändert werden. Aus der Dichotomie von Prozess und Struktur ergibt sich als erstes Ergebnis zu den Hauptmerkmalen von Prozessen:

Die soziologischen Theorien haben die Trennung von Strukturen und Prozessen überwunden, indem sie Prozesse als reflexiv gesteuerte Wechselbeziehungen zwischen Interaktionen und Strukturen modellieren.

3.2 Prozessdynamik

Durch die Strukturmomente ist in die Prozesse eine gewisse Dynamik eingebaut, weil die Strukturen im Prozessverlauf verändert werden können. Mit dieser Form von Prozessdynamik geben sich die Prozesstheoretiker allerdings nicht zufrieden, weil die Quelle der Dynamik in den *Individuen* als Teilnehmer von Interaktionsprozessen liegt und durch den Begriff der Strukturmomente nicht ausreichend gewürdigt wird. Innerhalb der soziologischen Theorien vertritt die ‚Rational-Choice Theorie' konsequent den Standpunkt, dass soziales Handeln nur durch Rückgriff auf die Nutzenkalkulation von Individuen erklärt werden kann. Soziale Kontexte und normative Orientierungen spielen als Randbedingungen der Entscheidungsfindung durch Akteure zwar eine Rolle, determinieren aber nicht das Handeln, wie Parsons mit dem Begriff der Potenzialität von Strukturen nahe gelegt hat.

Die Beziehung der rationalen Entscheidungen von Akteuren zu sozialen Kontexten wird im Methodologischen Individualismus (Coleman 1994: 5; Esser 1999: 27) als spezielles Modell der ‚Rational-Choice Theorie' herausgearbeitet. Im Gegensatz zu der Strukturtheorie gehen die Vertreter des Methodologischen Individualismus davon aus, dass makrosoziologische Zusammenhangsstrukturen nur durch Rückgriff auf das konkrete Handeln von Akteuren in sozialen Situationen erklärt werden können. Aus diesem handlungstheoretischen Postulat ergibt sich als Konsequenz, die Variabilität des individuellen Handelns als entscheidenden Faktor in die Prozesstheorie einzubauen. Für die Rational-Choice Theorie entwickelt der Wirtschaftswissenschaftler D.C. North (1992) ein Modell des Nutzen maximierenden Austauschhandelns. Die Dynamik der Austauschprozesse entsteht daraus, dass die Akteure laufend nach Chancen suchen, um ihre Kosten-Nutzen Bilanz zu verbessern. In der Regel verändern sie im ersten Schritt informelle Regeln und versuchen dann in einem zweiten Schritt, die veränderten Regeln institutionell verbindlich abzusichern (North 1992: 56).

Bereits in den 60er Jahren des 20. Jahrhunderts hat die interpretativ-interaktionistische Soziologie die Interaktionen unter Anwesenden, die Identitätsdarstellungen der Individuen und die Bedeutung der Sinnkomponente für soziales Handeln als Abgrenzung von dem vorherrschenden normativen Paradigma von Parsons ausgearbeitet. E. Goffman (1974; 1991) untersucht an den Beispielen der Rollendistanz und der Selbstdarstellung von Individuen und Teams in sozialen Situationen die Strukturen von Interaktionsprozessen, wobei besonders die Veränderungsdynamik von Interaktionssequenzen durch die Interventionen der Akteure herausgearbeitet wird. Ein Beispiel bilden *Modulationen* (Goffman 1977) wie die Reaktionsformen „So-tun-als-ob" oder „In-anderen-Zusammenhang-Stellen", die den Sinn der Interaktion modifizieren und damit die Verlaufsbahn des Prozesses verändern.

Zeitlich leicht versetzt hat H. Garfinkel (1966; 2006) mit der *Ethnomethodologie* eine interpretative Theorie und eine Methode zur empirischen Analyse entwickelt, die sich in der qualitativen Sozialforschung behauptet hat. Ausgehend von der *Indexikalität* als Eingebundenheit des Handelns in den sozialen Kontext wird der Prozess des *In-Ordnung-Bringens* (*Remedial Practices*) der aus der Indexikalität resultierenden Unsicherheit beschrieben (Garfinkel/Sacks 1979: 132). Die Individuen generieren den Prozessverlauf, indem sie durch *Darstellungen* (*Accounts*) die konkreten Interaktionssequenzen kommentieren, auf diese Weise mit Sinn belegen und gleichzeitig die Übergänge zu Anschlusshandlungen steuern (Garfinkel 2006: 2). Der Forscher hat die Aufgabe, die Tätigkeiten des In-Ordnung-Bringens und die Darstellungen der Interaktionsteilnehmer genau zu beobachten, um die „Kohärenz der sie identifizierenden Ordnungen" (Garfinkel 2002: 66; Übersetzung vom Verf.) zu identifizieren.

Zur empirischen Analyse der Normalisierungsarbeit in Interaktionssequenzen verwenden ethnomethodologisch orientierte Konversationsanalytiker die Technik des *Einklammerns* (Garfinkel/Sacks 1979: 147): Die *Formulierungen* (*Formulations*) der Interaktionsteilnehmer, mit denen sie die Tätigkeit des In-Ordnung-Bringens ausführen, werden im Textdokument in eckige Klammern gesetzt. Für die Analyse von Kommunikationsprozessen verfügen Formulierungen über zwei Dimensionen, um den Verlauf der Konversation zu beeinflussen. Erstens sind Formulierungen „konstitutive Merkmale" (ebd.: 147) der Konversation, indem sie den Verlauf der Konversation reproduzieren, modifizieren oder verändern. Zweitens ermöglichen Formulierungen den Konversationsteilnehmern, „Berichte und Erklärungen" (ebd.: 147) zu generieren und auf diese Weise eine Reflexionsebene in die Konversation einzuziehen, die zur Bildung von Konversationsstrukturen aus dem Prozessverlauf heraus genutzt werden kann.

Zur *systemtheoretischen* Analyse der Prozessdynamik verwendet Luhmann den Begriff *Mikrodiversität* für die Variation von Interaktionsprozessen in Organisationen: „Diese Mikrodiversität finden wir in den massenhaft vorkommenden Interaktionen unter Anwesenden, die, wie Goffman gezeigt hat, einer eigenen Ordnung der wechselseitigen Anpassung von Darstellungen folgen und daher nicht aus den Organisationszielen und den Organisationsstrukturen abgeleitet werden können" (Luhmann 2000: 255, vgl. auch den Beitrag zu „Organisation" in diesem Band). Die Mikrodiversität ist in Interaktionssystemen von den Organisationszielen und -strukturen abgekoppelt und bildet daher eine Sondertypik der Interaktionssysteme (ebd.: 255).

Als Komplemetärbegriff zu der unberechenbaren Mikrodiversität führt Luhmann das Konzept der *Selbstorganisation* ein. Mit Selbstorganisation entwickeln Systemprozesse eigene Logiken und Strukturen, die nicht auf vorhandene Systemstrukturen reduzierbar sind. Auslöser für die Selbstorganisation ist die in Systemen vorhandene Unsicherheit, die durch Strukturen zwar eingegrenzt, aber nicht vermieden werden kann. Systeme kämpfen in den konkreten Prozessen mit dieser Unsicherheit und reduzieren sie durch Strukturbildung in laufenden Kommunikationsprozessen (Luhmann 1997: 93). Diese *Unsicherheitsabsorption* ist immer nur vorläufig, weil im weiteren Prozessverlauf neue Unsicherheit auftaucht und wieder bewältigt werden muss. In Interaktionssystemen bildet die Mikrodiversität eine Hauptquelle der Unsicherheit, indem sie die formalen Interaktionsprozesse begleitet, variiert und untergräbt und auf diese Weise für eine Dynamik sorgt, die das System jeweils durch Selbstorganisation einzufangen versucht. Umgekehrt lenkt die Selbstorganisation die Mikrodiversität in bestimmte Bahnen, um Chaos zu vermeiden, und ermöglicht dadurch weitere Mikrodiversität im Prozessverlauf.

Die Systemtheorie definiert Kommunikationsakte und nicht Individuen als Elemente von sozialen Systemen. Individuen als psychische Systeme bilden Umweltsysteme für soziale Systeme, mit denen sie durch *strukturelle Kopplung* (ebd.: 100) verbunden sind. Das bedeutet, dass soziale Systeme auf Individuen angewiesen sind, um Systemoperationen wie Wahrnehmungen oder Handlungen auszuführen. Psychische Systeme können soziale Systeme beeinflussen, so dass ein Teil der Prozessdynamik aus der Reaktion des sozialen Systems auf die Irritation durch Individuen entsteht. Eine zweite Quelle von Unsicherheit liegt im System selbst, weil die Prozesse nicht automatisch ablaufen, sondern vom System konstruiert werden müssen. Wegen der nicht aufhebbaren Unsicherheit ist der Verlauf dieses Konstruktionsprozesses nicht vollständig planbar und nur eingeschränkt steuerbar. Weick erklärt die Unsicherheit in Organisationen als Folge von Informationsflut, Komplexität und Umweltturbulenzen (Weick 1995: 87). Zusätzlich haben Chancen, Glück, Unfälle, Vertrauen und Schicksal laufend einen Effekt auf die Organisationsprozesse, so dass sich Aktivitäten unabhängig von dem formalen System entfalten, die auf eine große Bandbreite von Umweltsignalen reagieren (ebd.: 134). Diese Aktivitäten versorgen die Organisationsmitglieder mit Puzzles, die durch „*Sensemaking*" (ebd.: XI) zu lösen sind. Die Prozessdynamik ist nach Weick in der immanenten Variabilität begründet. Aus diesen Ausführungen zur Prozessdynamik ergibt sich als zweites Ergebnis:

Kein Prozess verläuft im Detail wie ein anderer, sondern weist jeweils eine individuelle Mikrodiversität auf. Diese grundlegende Variation entwickelt sich zur Prozessdynamik, wenn die Interaktionsteilnehmer Chancen ausnutzen, um ihre Interessen zu optimieren oder Kreativität zu entwickeln. Die Prozessdynamik bahnt sich durch Selbstorganisation eigenständige Prozessverlaufsmuster, die durch das Wechselspiel von Mikrodiversität und Selbstorganisation immer wieder verändert werden können.

3.3 Rekursivität von Prozessen

Nach Luhmann sind Prozesse grundsätzlich rekursive Verkettungen von Ereignissen. Die Rekursivität besteht einerseits aus dem Vorgriff auf spätere Systemzustände und andererseits aus der Abhängigkeit von vorangehenden Prozessschritten. In der ökonomisch orientierten Prozessliteratur wird die Abhängigkeit von der Vergangenheit durch das Modell der *Pfadabhängigkeit* (Arthur 2000: 111; Pierson 2004: 44) modelliert und auf das Beispiel der Technologieentwicklung angewendet. Die Ausrichtung auf Ziele als zukünftige Systemzustände ist das zentrale Thema der *entscheidungslogischen Modelle* (Frese 2005: 113).

Das systemtheoretische Modell der Rekursivität unterscheidet sich von der Vergangenheitsabhängigkeit der Pfadabhängigkeit und Ausrichtung auf Zielzustände der Entscheidungstheorie grundlegend. Der Kernbegriff Luhmanns (1997: 372) ist *prozessuale Reflexi-*

vität, der aus zwei Komponenten besteht: Erstens beobachtet und steuert sich das System reflexiv, und zweitens bestehen die Systemoperationen aus Ereignissen, die im Zeitverlauf miteinander vernetzt sind. Zentral für die systemtheoretische Prozesstheorie ist der *Kontingenzbegriff*, den die Ökonomie als Abhängigkeit definiert, während in der Systemtheorie damit gemeint ist, dass konkrete Handlungen *auch anders möglich* sein können. Die Akteure wissen bei der Entscheidung für eine bestimmte Handlung, dass sie andere Handlungen ausgeschlossen haben, und sind jederzeit in der Lage, auf die ausgeschlossenen Möglichkeiten wieder zuzugreifen, wenn sie mit der getroffenen Entscheidung in einer bestimmten Situation nicht weiter kommen.

Der Systemtheoretiker D. Baecker konstruiert den Raum der kontingenten Möglichkeiten als „Kontext von etwas Unbestimmtem, aber Bestimmbaren" (Baecker 2005: 23). Diese paradox klingende Formulierung lässt sich konkretisieren: Während der Auswahl (Selektion) einer bestimmten Systemaktivität sind die nicht selektierten Möglichkeiten im Raum der Kontingenz weiterhin präsent, allerdings als unbestimmte Möglichkeiten. Das System kann durch Reflexion aus dem Kontingenzraum Selektionen vornehmen und dadurch etwas Unbestimmtes in etwas Bestimmtes umwandeln (ebd.: 23). In dieses Verhältnis zwischen der ausgewählten Handlung und dem Kontingenzraum ist die Zeitdimension als Bezug zu Vergangenheit und Zukunft eingebaut: Kommunikation muss „die Beobachtung mitführen, dass das Thema unter bestimmten Bedingungen gewechselt werden kann, Vergangenheit und Zukunft ausgedehnt oder verkürzt werden können und andere Teilnehmer beteiligt beziehungsweise jetzige Teilnehmer auch ausgeschlossen werden können" (ebd.: 257).

Die Vertreter der quantitativen Prozessanalyse gehen wie Luhmann und Baecker von der zweiten Prozessdefinition als rekursive Verkettung von Ereignissen aus. Anders als die theoretische Beschreibung der Rekursivität durch die Systemtheorie wenden die quantitativen Methoden mathematische Verfahren an. Die quantitative Prozessanalyse basiert auf dem Grundmodell, dass eine Zustandsvariable im zeitlichen Verlauf variiert und dass die Abhängigkeit der Zustandsvariablen von der Zeitvariablen einem *generischen Mechanismus* entspricht. Das einfachste Modell eines generischen Mechanismus ist ein linearer Anstieg der Zustandsvariablen in Abhängigkeit vom Zeitverlauf, der mathematisch eine Gerade darstellt. Das lineare Modell ist einfach, kommt in der Realität aber selten vor. Daher werden Modelle für komplexere Verlaufsmuster bis zu chaotischen Verlaufsformen benötigt.

Die klassischen Zeitreihenanalysen (Box/Jenkins 1976) modellieren den zeitlichen Verlauf der Zustandsvariablen mit mathematischen Formeln, die einen stochastischen Fehlerterm der zu vernachlässigenden Abweichung des gemessenen von dem nach der Formel prognostizierten Wertes enthalten. Häufig kann keine ausreichende Übereinstimmung (Fit) der Daten mit dem Zeitreihenmodell erreicht werden, weil die Daten den verfügbaren mathematischen Modellen der Zeitreihenanalyse nicht entsprechen. In diesen Fällen kann die Anwendung *nichtlinearer dynamischer Modelle* zum Erfolg führen, falls eine ausreichende Übereinstimmung der empirischen Messreihe mit der durch das Modell prognostizierten Zeitreihe nachgewiesen werden kann. In sozialwissenschaftlichen Anwendungen dominieren die ‚*Chaos-Modelle*', die dynamische nichtlineare Modelle mit Sensitivität gegenüber Anfangsbedingungen darstellen (Poole/Van de Ven/Dooley/Holmes 2000: 310). Der Begriff ‚*Chaos*' charakterisiert die Abhängigkeit von Anfangswerten, die Verzweigungsmöglichkeit (Bifurkation) und die Besonderheit, dass der Phasenverlauf der Zustandsvariablen sich nicht auf einen oder mehrere fixe Werte einpendelt, sondern in bestimmten Bereichen immer neue Werte zufällig annimmt. Dieser Streuungsbereich wird ‚*Strange Attractor*' genannt, weil der Attraktor als Zielzustand weder ein fixer Wert wie in Gleichgewichtsmodellen noch eine Schwingungskurve wie in periodischen Systemen ist (ebd.: 326).

Ereignisanalysen kombinieren eine kontinuierliche Zeitmessung mit kategorialen Zustandsvariablen. Ein Beispiel für eine diskrete Zustandsvariable ist die Variable Familienstand, die nach Tuma/Hannan (1984: 46) die Ausprägungen ‚nicht verheiratet' (not married), ‚verheiratet' (married) oder ‚tot' (dead) annehmen kann. Eine spezielle Methode der Ereignisanalyse ist die ‚*Event-History Analysis*' (ebd.: 43-77). Ausgangspunkt für die mathematische Analyse ist der ‚*Sample Path*', der pro Fall (bei der Heiratshistorie die einzelnen Personen der Population) die Zeitpunkte mit den jeweiligen Zustandsausprägungen dokumentiert. Ausgehend von diesen Datenpfaden lassen sich unterschiedliche mathematische Verfahren anwenden, mit denen sich Verlaufsmuster der Zustandsvariablen über die Zeit ermitteln lassen (ebd.: 52).

Nur die quantitativen Verfahren sind in der Lage, die rekursive Verkettung als zeitabhängige *Gesetzmäßigkeit* mathematisch zu modellieren und an empirischen Daten zu testen. Als Nachteil nehmen die quantitativ orientierten Prozessforscher eine eingeschränkte Anwendbarkeit und geringe Komplexität der Erklärungsmodelle in Kauf. Die theoretisch begründeten qualitativen Methoden verfügen über den Vorteil, jeden textförmig dokumentierten Prozess detailgetreu beschreiben und theoretisch interpretieren zu können. Dabei gehen die qualitativ orientierten Prozessforscher von theoretisch begründeten Metaregeln aus, mit denen sie den konkreten Prozessverlauf empirisch rekonstruieren. Für rekursive Prozesse ergibt sich somit als drittes Ergebnis:

Die Ereignisfolgen rekursiver Prozesse folgen bestimmten Gesetzmäßigkeiten der Abhängigkeit von vorangehenden Prozessschritten und Vorgriffen auf zukünftige Prozesszustände. Damit bilden rekursive Prozesse den Hauptgegenstand der Prozesstheorie. Die Systemtheorie entwickelt ein qualitatives Modell der Rekursivität, während die quantitativen Analysemethoden mathematische Verlaufsmustermodelle an empirischen Daten testen.

3.4 Veränderungsprozesse

Die klassische soziologische Prozesstheorie konzentriert sich auf den langfristigen gesellschaftlichen Wandel, wie Norbert Elias in seiner Definition von *sozialen Prozessen* betont: „kontinuierliche, langfristige, d.h. gewöhnlich nicht weniger als drei Generationen umfassende Wandlungen der von Menschen gebildeten Figurationen oder ihrer Aspekte in einer von zwei entgegen gesetzten Richtungen" (Elias 2006: 221). Elias knüpft an die *historische* Orientierung der Soziologie des 19. Jahrhunderts an, die von Parsons mit dessen „Variablensoziologie" (Elias 1993: 124) als Suche nach universellen sozialen Gesetzen unterbrochen wurde und mit der Prozesstheorie wieder zu beleben ist: „Man bekommt die Sachverhalte, mit denen es die Soziologie zu tun hat, weit besser in den Griff, wenn man von den Bewegungen, dem Prozeßcharakter nicht abstrahiert und Begriffe, die den Prozeßcharakter der Gesellschaften und ihrer verschiedenen Aspekte mit einschließen, als Bezugsrahmen für die Erforschung irgendeines gegebenen gesellschaftlichen Zustandes benutzt" (ebd.: 124).

Die historisch orientierten Theorien sozialen Wandels analysieren lange Zeitverläufe auf der Makroebene und grenzen die mikrosoziologischen Dimensionen der Prozesshaftigkeit und Mikrodiversität weitgehend aus. Ein Beispiel für eine große gesellschaftliche Umwälzung bildet die „postsozialistische Transformation" (Kollmorgen 1996: 283) der ehemaligen Ostblockstaaten nach dem Zusammenbruch der Sowjetunion. Tilly kommt in seiner Analyse der soziologischen und politikwissenschaftlichen Theorien gesellschaftlicher Wandlungsprozesse zu dem Schluss, dass sich mit der historisch-vergleichenden Methode nicht Modelle von Wandlungsprozessen identifizieren lassen, die eine *konkrete* historische Entwicklung erklären können. Trotzdem lassen sich übergreifende *Gesetzmäßigkeiten* beobachten: „Vergleiche zur Identifikation von Variation versprechen uns dabei zu helfen, soziale Prozesse und Strukturen zu verstehen, die niemals in derselben Form auftreten, aber dennoch allgemeine Prinzipien von Kausalität ausdrücken" (Tilly 1984: 146; Übersetzung vom Verf.). So zeigen z.B. die historischen Analysen, dass es keinen einfachen Pfad gibt, der in unterschiedlichen Regionen von niedrigem zu hohem Einkommen führt. Trotzdem lassen sich bestimmte Gesetzmäßigkeiten extrahieren, z.B. die Verringerung des Anteils der Ausgaben für Nahrungsmittel an den Gesamtausgaben bei wachsendem Einkommen (ebd.: 146).

Die von U. Oevermann entwickelte qualitative Methode der *Objektiven Hermeneutik* stellt die Veränderungsdynamik des Wechselspiels von *Reproduktion* und *Transformation* in das Zentrum der *Sequenzanalyse* (Oevermann 1991: 275). Sobald im Verlauf der Interaktionssequenz etwas unvorhergesehen Neues auftritt, bietet sich erstens die Interpretation an, dass es sich um eine typische Prozessvariation handelt, die zwar Auswirkungen auf den nachfolgenden Prozessverlauf hat, aber die Sequenzordnung nicht verändert. Diese Prozessvariation ist immer vorzufinden, wenn konkrete Prozesse analysiert werden (ebd.: 279). Eine zweite Interpretationsoption bildet die *Transformation* (ebd.: 275) als Veränderung von Strukturen, z.B. Normen, Routinen, Gewohnheiten und Erfahrungswerte. Aus der Dynamik der Interaktionssequenz entsteht laufend *Emergentes*, das sich im weiteren Verlauf der Sequenz als *lebensgeschichtliche Determination* (ebd: 316) verfestigen kann.

Ein gesellschaftstheoretisches Modell der Verschränkung laufender Interaktionsprozesse mit der Veränderung dieser Interaktionsprozesse im historischen Verlauf hat Elias entwickelt und auf den *Prozess der Zivilisation* (Elias 1997a, b) angewendet. Die Dynamik des Verflechtungsprozesses in konkreten Handlungssituationen erzeugt die laufende Veränderung der *Figuration*, die definiert ist als: „Geflecht der Angewiesenheiten von Menschen aufeinander, ihre Interdependenzen, sind das, was sie aneinander bindet. Sie sind das Kernstück dessen, was hier als Figuration bezeichnet wird, als Figuration aufeinander ausgerichteter, voneinander abhängiger Menschen" (Elias 1997a: 71). Ein Beispiel ist der Tanz als das „Bild der beweglichen Figurationen interdependenter Menschen" (ebd.: 71). In *Verflechtungsprozessen* reagieren Akteure jeweils auf die Handlungen der anderen Akteure: „Man kann die Abfolge der Akte beider Seiten nur in ihrer Interdependenz miteinander verstehen und erklären. Wenn man die Abfolge der Akte jeder Seite für sich betrachten würde, würden sie sinnlos erscheinen" (Elias 1993: 83).

In einem zweiten Theorieschritt werden die Veränderungen dieser Prozesse im zeitlichen Verlauf als gesellschaftliche *Transformationsprozesse* analysiert, die laufend stattfinden und somit von den operativen Prozessen in der Augenblicksbetrachtung nicht zu unterscheiden sind. Erst die langfristige Beobachtung der Veränderungsprozesse ermöglicht die Identifikation von Transformationen (ebd.: 18). Da Elias auch Individuen als Prozesse definiert, lassen sich am Individuum Transformationen über einen längeren Zeitraum des Prozesses der Zivilisation als Veränderung der Persönlichkeitsstrukturen parallel zur Figurationsänderung beobachten (Elias 1997a: 73). Elias analysiert auf der Individualebene die wachsende Affekt- und Selbstkontrolle von Individuen, z.B. Esssitten oder Schamverhalten, während auf der Figurationsebene die Verstärkung der Staatskontrolle im Fokus steht: „Schließlich und endlich wurde dann in dem vorläufigen Entwurf einer Theorie der Zivilisation ein Modell der möglichen Zusammenhänge zwischen dem langfristigen Wandel der menschlichen Individualstrukturen in der Richtung auf eine Festigung und Differenzierung der Affektkontrollen und dem langfristigen Wandel der Figurationen, die Menschen miteinander bilden, in der Richtung auf einen höheren Standard der Differenzierung und Integrierung, also zum Beispiel auf eine Differenzierung und Verlängerung der Interdependenzketten und auf eine Festigung der 'Staatskontrollen', ausgearbeitet" (ebd.: 12).

Analog zu dem Grundtheorem des Austauschhandelns formuliert North innerhalb der ‚Rational-Choice Theorie' das Grundtheorem des institutionellen Wandels: „Maximierungsverhalten ökonomischer Organisationen gestaltet also den Institutionenwandel in folgender Weise mit: 1) durch die sich ergebende abgeleitete Nachfrage nach Investitionen in Wissen aller Art; 2) durch die fortdauernden Wechselwirkungen zwischen organisierter Wirtschaftstätigkeit, Wissensstand und institutionellen Gegebenheiten und 3) durch die schrittweise Änderung der formlosen Beschränkungen als Nebenwirkung der Maximierungstätigkeiten von Organisationen" (North 1992: 93-94). Einen Motor für Transformationen bilden veränderte Preise, die extern durch Markt und Wettbewerb oder intern verursacht werden. Aus veränderten Preisen ergeben sich Chancen für die Akteure, die Verträge neu zu verhandeln (North 1990: 86). Dies führt zu einem gestörten Gleichgewicht von institutionellen Regeln, so dass die Akteure neue Konventionen und Normen zur Verbesserung ihrer Kostensituation durchsetzen können (ebd.: 87-88), falls sie über ausreichende Verhandlungsmacht verfügen (ebd.: 67). Daraus entstehen veränderte Regeln, die ein neues Gleichgewicht ermöglichen (ebd.: 88, vgl. auch den Beitrag zu „Markt" in diesem Band).

Der *systemtheoretische* Ansatz beschreibt die konkreten Handlungsverläufe als Kommunikationsprozesse, die sich von individuellen Interessen ablösen. Als Organisationsexperte kennt Luhmann den Einfluss von *Personen* in Organisationen. Personen treffen Entscheidungen, setzen Interessen durch, führen Veränderungen herbei, entwickeln Widerstände gegen Wandel oder werden zu Symbolfiguren für Erfolg oder Misserfolg. Systemtheoretisch wird die Veränderung der Organisation ursächlich dem Willen und der Entscheidung der Person *zugeschrieben*. Diese Zuschreibung ist nach Luhmann ein *Entlastungsmechanismus*, den soziale Systeme verwenden, um trotz der Ungewissheit der Zukunft handlungsfähig zu bleiben. Man kann auf die Kompetenz dieser Person vertrauen, mit der unsicheren Zukunft besser zurechtzukommen als das soziale System selbst (Luhmann 1995: 116). Das System wäre überfordert, wenn es sich der Ungewissheit der Zukunft vollständig auslieferte. Daher hat es den Schutzmechanismus erfunden, den Entscheidungen bestimmter Personen zu vertrauen.

Gemäß dieser Annahme erklärt die Systemtheorie Transformationsprozesse nicht durch Rückgriff auf Personen, sondern als *evolutionäre* Systemveränderungen. *Variation* bildet die erste evolutionäre Phase, die „in einer abweichenden Reproduktion der Elemente durch die Elemente des Systems besteht, die in sozialen Systemen als unerwartete, überraschende Kommunikation auftritt" (Luhmann 1997: 454). Ein systemischer Mechanismus der Erzeugung von Variation ist der *Konflikt*: „Von Konflikten wollen wir immer dann sprechen, wenn einer Kommunikation widersprochen wird" (Luhmann 1984: 530). Mit Konflikten werden *Ablehnungspotenziale* (Luhmann 1997: 466) vom System zur weiteren Kommunikation genutzt, die prozesstheoretisch in Reproduktion eingefangen oder in Strukturänderungen transformiert werden. Der zweite Mechanismus zur Generierung von Prozessvariation ist *Zufall*, durch den sich die von Luhmann bevorzugte Theorie des evolutionären Wandels von den Modellen des geplanten Wandels grundsätzlich unterscheidet: „Wir verstehen unter 'Zufall' eine Form des Zusammenhangs von System und Umwelt, die sich der Synchronisation (also auch der Kontrolle, der 'Systematisierung') durch das System entzieht" (ebd.: 449). Zufall hat somit zwei Seiten: Das System ist einerseits nicht in der Lage, diese Ereignisse in den rekursiven Strom der normalen Reproduktion zu integrieren, und zweitens kann das System diese nicht-kontrollierbaren Ereignisse zum Strukturaufbau nutzen: „'Zufall benutzen' soll heißen: ihm mit Mitteln systemeigener Operationen strukturierende Effekte abzugewinnen" (ebd.: 450).

Die *Selektion* von Variationen durch das System führt zur Strukturänderung in Form von Umweltanpassung, Fremdanpassung oder Morphogenese (Luhmann 1984: 480). *Umwelt-* und *Selbstanpassung* bestehen aus der Verarbeitung von fremd- und selbstinduzierter Irritation, so dass die Konflikte mit der Umwelt bzw. im System entschärft werden, ohne grundlegende Strukturänderungen auszulösen. Erst die *Morphogenese* führt zu einer nicht vorhersagbaren Strukturänderung des Systems (ebd.: 480-481). Die Auslöser sind, wie bereits dargestellt, Zufall und Konflikt. Systeme sind offen für Variation, weil sie grundsätzlich in Bewegung sind und dabei nicht ein Strukturmuster strikt reproduzieren, sondern in loser Kopplung Unschärfen und Bruchstellen selbst erzeugen, die zur Variation einladen. Falls sich neu selektierte Strukturen über einen längeren Zeitraum gegenüber der Umwelt durchsetzen können, spricht Luhmann von *Restabilisierung*. Die Restabilisierung erfolgt somit durch „die Erhaltung des evoluierenden Systems in einer auf dessen Evolution nicht eingestellten Umwelt" (Luhmann 2002: 411). Das Ergebnis der Restabilisierung ist kein stabiles Gleichgewicht nach dem Modell der klassischen Systemtheorie, sondern eine *„dynamische Stabilität"* (Luhmann 1997: 52, 495): „Evolutionsfähig sind gerade dynamische Systeme, die sich fernab vom Gleichgewicht halten und reproduzieren können" (ebd.: 486).

Parallel zu diesen mit sprachlichen Mitteln formulierten Modellen sind formale mathematische Modelle der Transformation entwickelt und empirisch angewendet worden. Das paradigmatische Beispiel bildet die Theorie der *Population Ecology* (Hannan/Freeman 1976, 1984) mit der Lebensphasenkurve für Branchen. Die ökonomisch ausgerichteten formalen Modelle der Transformation (Nelson/Winter 1982; Nickerson/Zenger 2002) verfügen, wie die quantitativen Methoden der Prozessanalyse, über mathematische Prozessformalisierungen, die durch die restriktiven Modellprämissen nur wenige Anwendungen zulassen. Nach Tilly unterliegt die historisch orientierte Prozessforschung mit der Ablehnung formaler Prozessanalysen einem doppelten Missverständnis, indem sie die historische Analyse erstens mit einer Zusammenstellung von Evidenzen (Collection of Evidence) und zweitens mit dem Verfassen von narrativen Beschreibungen (Writing of Narratives) identifiziert (Tilly 2004: 598). Stattdessen sind nach Tillys Auffassung formale Prozessanalysen unverzichtbare Bestandteile von historischer Prozessforschung und sie erfüllen ihre Rolle zwischen der ursprünglichen Sammlung von Archivmaterial und der Produktion von historischen Beschreibungen: „Formalisierungen spielen ihre Rollen in dem Raum zwischen der initialen Sammlung von Archivmaterial und der finalen Produktion von narrativen Beschreibungen" (Tilly 2004: 598; Übersetzung vom Verf.). Für die Veränderungsprozesse ergibt sich als viertes Ergebnis:

Die anspruchsvollsten Veränderungsmodelle entwickeln die Veränderungsverläufe aus der Wechselbeziehung von Reproduktion und Transformation. Die Prozessveränderung resultiert aus der Dynamik der Interaktionsteilnehmer und aus systemischen Mechanismen wie Konflikt und Zufall. Wie im Fall der Analyse rekursiver Prozesse teilt sich auch die

Veränderungsforschung in das Lager der Prozesstheorien, die mit sprachlichen Mitteln arbeiten, und die Gruppe der mathematischen Formalisierungen.

4 Zeit

Eine Elementarkategorie im Zusammenhang mit Prozessen bildet die *Zeit*. Da Prozesse als zeitabhängige Ereignisketten definiert werden, ist die Zeitdimension von dem Prozessbegriff nicht zu trennen. N. Baur (2005) versieht daher das Buch *Verlaufsmusteranalyse* mit dem Untertitel „Methodische Konsequenzen der Zeitlichkeit sozialen Handelns". Weick und Luhmann vermeiden in ihren Veränderungstheorien die Formulierung von Entwicklungsmodellen und stellen sich konstruktivistisch auf den Standpunkt des Beobachters, der zeitliche Veränderungen registriert. Elias vertritt im Rahmen seines Essays *Über die Zeit* (Elias 1988) einen ähnlichen Standpunkt, indem er die Fähigkeit des Menschen, Prozesse zu beobachten und in Symbole zu fassen, als fünfte Dimension von Menschen, „die das Geschehen in Zeit und Raum wahrnehmen und verarbeiten" (ebd.: XLVI), ansieht. Nach Elias bedarf es einer „langen sozialen Entwicklung", bis Menschen lernen, für zeitliche Prozesse „komplexe Vorstellungen" (ebd.: XXXIX) zu entwickeln. Historisch ist Prozessdenken ein relativ junges Phänomen, da vor dem Zeitalter der exakten Wissenschaften dem Unwandelbaren ein höherer Wert als dem Wandelbaren zugewiesen wurde. Erst mit dem Aufbrechen dieses Weltbildes entwickeln insbesondere Wissenschaftler die Fähigkeit zur Prozessanalyse als Weiterentwicklung der Wahrnehmung und Symbolisierung (Elias 1993: 164). Trotz dieser besonderen Bedeutung der Zeitdimension behält der Begriff ‚*Prozess*' als Oberkategorie seine Berechtigung, weil die Zeitdimension ein Merkmal von Prozessen bildet.

5 Prozessorganisation

In der klassischen Organisationslehre wird die *Aufbauorganisation* von der *Ablauforganisation* unterschieden (Fischermanns/Liebelt 1997: 8; Gaitanides 2007: 18-21). Grundsätzlich handelt es sich um zwei Sichtweisen auf die Organisation. Unter der *Aufbauorganisation* versteht man die Aufgaben von Stelleninhabern, die disziplinarische und fachliche Zuordnung von Mitarbeitern zu Vorgesetzten und die Entscheidungs- und Informationsregeln. Die *Ablauforganisation* besteht aus *Prozessen*: „Ein Prozeß ist eine zeitlich und räumlich spezifisch strukturierte Menge von Aktivitäten mit einem Anfang und einem Ende sowie klar definierten Inputs und Outputs" (Gaitanides 1998: 371). Stellt man die Ablauforganisation in das Zentrum der Organisationsgestaltung, so ergibt sich der Organisationstyp der *prozessorientierten Organisation*, der folgende Merkmale aufweist: 1. Prozesskonzept als Konzentration auf bereichsübergreifende Prozesse, 2. Kundenorientierung als Beurteilung der Leistungen am Kundennutzen, 3. Rundumbearbeitung durch Teams, 4. Erweiterte Verantwortung und Handlungsspielräume für die Mitarbeiter, 5. Nutzung von Informationstechnologie zur Effizienzsteigerung (ebd.: 370-371).

Aus Sicht der Prozesstheorie ergeben sich allerdings Zweifel an der Berechtigung dieser Gestaltungsregeln der prozessorientierten Organisation. Die Strukturationstheorie als Beispiel einer erklärungsfähigen Prozesstheorie führt zu dem Ergebnis, dass Prozessbeschreibungen und -richtlinien von den Prozessakteuren nur rudimentär gekannt und genutzt werden. Stattdessen greifen die Prozessakteure in der *regelmäßigen Praxis* (Ortmann 1995: 299) auf Strukturmomente zurück, die dann mit Leben erfüllt und als Orientierung für weitere Prozessschritte verwendet werden: „Akteure schließen daher in ihren Handlungen den nicht erkannten, in der Bewusstheit begrenzten strukturellen Kontext durch rekursives Strukturieren ein. Der Output einer Handlung/Operation/Transformation geht als neuer Input in eben diese Handlung/Operation/Transformation wieder ein" (Gaitanides 2007: 104). Daraus folgt, dass formale Organisationsstrukturen als *Blaupausen* lediglich einen Orientierungsrahmen liefern, aber nicht direkt das Prozesshandeln strukturieren: „Per se entfalten formale Organisationsstrukturen keine handlungsinstruierende Macht" (ebd: 104).

Als Fazit dieser prozesstheoretischen Analyse ergibt sich die Notwendigkeit, das Modell der Prozessorganisation grundlegend zu modifizieren. Anstelle der Vorgabe und Durchsetzung von Prozessstrukturen wäre im Sinne der Prozesstheorie das Grundverständnis zu vermitteln, dass Prozessstrukturen, Regelwerke und Leitlinien nur grobe Orientierungen darstellen können, die nicht eindeutig fixierbar sind. Die konkrete Prozesspraxis erfordert für jeden Prozess eine Ausgestaltung durch die operativen Prozessbeteiligten, weil der spezifische empirische Fall nicht vollständig durch Prozessregeln und Verfahrensanweisungen abgedeckt werden kann.

Diese Ausgestaltung eröffnet Freiräume für die *regelmäßige Praxis* (Ortmann 1995: 298) der Prozesse und wird von den Prozessausführenden durch ‚*Sensemaking*' (Weick 1995) reflektiert, gesteuert und modifiziert. Diese Ebene des Sensemaking ist eingebettet in einen mitlaufenden *Kommunikationsprozess*, z.B. mit vor- und nachgelagerten Teilprozessen, mit Prozessverantwortlichen, Controllern sowie Kunden und Lieferanten für Auftragsabwicklungsprozesse in Wirtschaftsunternehmen. Damit ist die Steuerung der Prozessorganisation mit einem differenzierten Regelsystem, wie es z.B. die ISO-Norm (Walgenbach/Beck 2000) nahe legt, zum Scheitern verurteilt. Es wird mit dieser Form von Regel- und Zertifizierungssystemen der Versuch unternommen, die Ebene der Regeln und der regelmäßigen Praxis fest zu koppeln, was prozesstheoretisch nicht funktionieren kann.

Prozesstheoretisch interessanter als die Regelungsversuche der regelmäßigen Praxis sind die Vorschläge zur Steuerung der Prozesse innerhalb der Organisations- und Managementliteratur. Die erste Steuerungsmöglichkeit erfolgt über das Kriterium der Kosten im Verhältnis zu einem vorgegebenen Budget, z.B. Transformationskosten (Gaitanides 2007; Picot/Reichwald/Wigand 2003), Ergebnis-Kennzahlen (Reichmann 1993) oder Zielvereinbarungssystemen mit quantitativen Zielvorgaben (Roberts 2004). Flankiert werden diese Steuerungssysteme auf der Teamebene durch Trainings- und Motivationsmaßnahmen (Gaitanides 2007: 189-203), die das Verständnis und die Akzeptanz der Prozessorganisation verbessern, und durch Benennung von Prozessverantwortlichen (Allweyer 2005: 265-266), die als Personen die Verantwortung für die regelmäßige Praxis und die Ergebnisse der Prozesse übernehmen. Auf diese Weise werden von den Organisationsmitgliedern Kommunikations- und Steuerungsprozesse praktiziert und reflektiert.

Ein anderer Weg der Prozesssteuerung ist die Regulierung von Prozessen durch Informations- und Kommunikationssysteme (IuK), z.B. SAP (Keller/Teufel 1997) als Marktführer der Enterprise Resource Planning (ERP) Systeme. Die ERP-Systeme greifen direkt regulierend und kontrollierend in die regelmäßige Prozesspraxis ein. Diese Form der Prozessabwicklung beschränkt sich auf standardisierbare Prozesse und führt bei Übertragung auf komplexere Prozesse zu grundsätzlichen Problemen, wie z.B. mangelnde Datenqualität in ERP-Systemen, die zu parallelen manuellen Aufschreibungen, häufigen Abstimmmeetings und erhöhtem E-mail-Verkehr führt. Wie im Fall der Regelsysteme ist auch bei Informations- und Kommunikationssystemen zu erwarten, dass sie in der Organisationspraxis bis auf wenige Ausnahmefälle nicht den geplanten Effekt erzielen und daher immer wieder neue IuK-Projekte aufgesetzt werden, um die bestehenden Systeme zu optimieren oder zu revidieren.

Mit Hilfe der Prozesstheorie lassen sich diese Methoden der Organisationsgestaltung beschreiben und deren Chancen und Risiken theoretisch erklären. Die Universalität der Erklärung wird mit einem Verzicht auf einfache Rezepte der Prozessorganisation erkauft. Die Prozesstheorie weist stattdessen den Weg der Verstärkung von Selbstorganisationsprozessen, der rekursiven Reflexion durch die Extrapolation in die Zukunft mit der Option der Veränderbarkeit von Entscheidungen und den Rückgriff auf ausgebildete Pfadverläufe und schließlich der laufenden Verwirklichung von Prozesszielen durch Kommunikation. Der Einsatz von IuK erweitert die Komplexität der Kommunikation und reduziert gleichzeitig die Kontingenz von Teilprozessen durch computerintern strikt gekoppelte Prozeduren (Miebach 2008: 298-305). Nach Luhmann besitzt die Informations- und Kommunikationstechnik ein Veränderungspotenzial, dessen evolutionäre Tragweite für die Gesellschaft noch nicht absehbar ist (Luhmann 1997: 314).

6 Fazit

Die soziologischen Theorien und empirischen Methoden erfüllen in Summe die prozesstheoretischen Anforderungen an die Beschreibung und Erklärung von sozialen Prozessen. Allerdings ist es erforderlich, die prozesstheoretischen Modelle und die Methoden der Prozessanalyse weiter auszubauen, weil die einzelnen Bausteine der Prozesstheorie in den Theorien nur implizit vorhanden sind. Dies gelingt nur, wenn die Gräben zwischen den soziologischen Theorien sowie zwischen Theorie und Empirie überwunden werden, um zu einer erklärungskräftigen Prozesstheorie zu gelangen. Abbott (2001) hat mit dem Slogan ‚Time Matters' die methodologische Diskussion innerhalb der Sozialwissenschaften in Richtung des ‚Process Approach' gelenkt und damit der Prozessanalyse neuen Auftrieb verschafft. Ein Haupttrend innerhalb der Prozessanalyse in den letzten Jahren bilden Formalisierungen und der forschungspragmatische Einsatz von qualitativen und quantitativen Methoden. Eine Aufgabe für zukünftige Prozessforschung wird die prozesstheoretische Interpretation der mit diesen Methoden ermittelten empirischen Ergebnisse bilden.

Literatur

Abbott, Andrew (2001): Time Matters. On Theory and Method. Chicago/London: The University of Chicago Press
Allweyer, Thomas (2005): Geschäftsprozessmanagement. Strategie, Entwurf, Implementierung, Controlling. Herdecke/Bochum: W3L-Verlag
Arthur, W. Brian (2000): Increasing Returns and Path Dependence in the Economy. Ann Arbor: The University of Michigan Press
Baecker, Dirk (2005): Form und Formen der Kommunikation. Frankfurt a.M.: Suhrkamp

Baur, Nina (2005): Verlaufsmusteranalyse. Methodologische Konsequenzen der Zeitlichkeit sozialen Handelns. Wiesbaden: VS
Box, George E.P./Jenkins, Gwilym M. (1976): TIME SERIES ANALYSIS for forecasting and control. San Francisco: Holden-Day
Coleman, James S. (1994): Foundations of Social Theory. Cambridge/London: The Belknap Press of Harvard University Press
Corbin, Juliet/Strauss, Anselm (2008): Basics of Qualitative Research. Techniques and Procedures for Developing Grounded Theory. Los Angeles/London: Sage
Davenport, Thomas H. (1993): Process Innovation. Reengineering Work through Information Technology. Boston: Harvard Business School Press
Elias, Norbert (1988): Über die Zeit. Frankfurt a.M.: Suhrkamp
Elias, Norbert (1993): Was ist Soziologie? Weinheim: Juventa
Elias, Norbert (1997a): Über den Prozeß der Zivilisation. Soziogenetische und psychogenetische Untersuchungen. Erster Band. Wandlungen des Verhaltens in den weltlichen Oberschichten des Abendlandes. Frankfurt a.M.: Suhrkamp
Elias, Norbert (1997b): Über den Prozeß der Zivilisation. Soziogenetische und psychogenetische Untersuchungen. Zweiter Band. Wandlungen der Gesellschaft. Entwurf zu einer Theorie der Zivilisation. Frankfurt a.M.: Suhrkamp
Elias, Norbert (2006): Soziale Prozesse. In: Schäfers et al. (2006): 221-226
Esser, Hartmut (1999): Soziologie. Spezielle Grundlagen. Bd. 1: Situationslogik und Handeln. Frankfurt a.M.: Campus
Esser, Hartmut (2000): Soziologie. Spezielle Grundlagen. Bd. 2: Die Konstruktion der Gesellschaft. Frankfurt a.M. : Campus
Fischermanns, Guido/Liebelt, Wolfgang (1997): Grundlagen der Prozeßorganisation. Gießen: Verlag Dr. Götz Schmidt
Frese, Erich (2005): Grundlagen der Organisation. Entscheidungsorientiertes Konzept der Organisationsgestaltung. 9. vollständig überarbeitete Auflage. Wiesbaden: Gabler
Gaitanides, Michael (1998): Business Reengineering/Prozeßmanagement – von der Managementtheorie zur Theorie der Unternehmung. In: Die Betriebswirtschaft 58. 1998: 369-381
Gaitanides, Michael (2007): Prozessorganisation. München: Vahlen
Garfinkel, Harold (1966): Common-Sense Knowledge of Social Structures: The Documentary Method of Interpretation. In: Scher (1966): 689-712
Garfinkel, Harold (2002): Ethnomethodology's Program. Working Out Durkheim's Aphorism. Edited and Introduced by Anne Warfield Rawls. Lanham/Boulder: Rowman & Littlefield Publishers
Garfinkel, Harold (2006): Studies in Ethnomethodology. Cambridge: Polity Press
Garfinkel, Harold/Sacks, Harvey (1979): Über formale Strukturen praktischer Handlungen. In: Weingarten et al. (1979): 130-176
Giddens, Anthony (1997): Die Konstitution der Gesellschaft. Grundzüge einer Theorie der Strukturierung. Frankfurt a.M.: Campus
Goffman, Erving (1974): Das Individuum im öffentlichen Austausch. Mikrostudien zur öffentlichen Ordnung. Frankfurt a.M.: Suhrkamp
Goffman, Erving (1977): Rahmen-Analyse. Ein Versuch über die Organisation von Alltagserfahrungen. Frankfurt a.M.: Suhrkamp
Goffman, Erving (1991): Wir alle spielen Theater. Die Selbstdarstellung im Alltag. München/Zürich: Piper
Hannan, Michael T./Freeman, John (1976): The Population Ecology of Organizations. American Journal of Sociology 82. 1976: 929-964
Hannan, Michael T./Freeman, John (1984): Structural Inertia and Organizational Change. American Sociological Review 49. 1984: 149-164
Hillmann, Karl-Heinz (1994): Wörterbuch der Soziologie. Stuttgart: Alfred Kröner Verlag
Keller, Gerhard/Teufel, Thomas (1997): SAP R/3 prozeßorientiert anwenden. Iteratives Prozeß-Prototyping zur Bildung von Wertschöpfungsketten. Bonn/Reading: Addison-Wesley

Koch, Sigmund (Hrsg.) (1959): Psychology: A Study of Science. Vol. 3. New York: McGraw-Hill Book Company
Kollmorgen, Raj (1996): Schöne Aussichten? Eine Kritik integrativer Transformationstheorien. In: Kollmorgen u.a. (1996): 281-331
Kollmorgen, Raj/Reißig, Rolf/Weiß, Johannes (Hrsg.) (1996): Sozialer Wandel und Akteure in Ostdeutschland. Empirische Befunde und theoretische Ansätze. Opladen: Leske + Buderich
Luhmann, Niklas (1984): Soziale Systeme. Grundriss einer allgemeinen Theorie. Frankfurt a.M.: Suhrkamp
Luhmann, Niklas (1995): Das Risiko der Kausalität. In: Zeitschrift für Wissenschaftsforschung 9/10. 1995: 107-119
Luhmann, Niklas (1997): Die Gesellschaft der Gesellschaft. Frankfurt a.M.: Suhrkamp
Luhmann, Niklas (2000): Organisation und Entscheidung. Wiesbaden: Westdeutscher Verlag
Luhmann, Niklas (2002): Die Politik der Gesellschaft. Frankfurt a.M.: Suhrkamp
Miebach, Bernhard (2008): Prozesstheorie. Wiesbaden: VS
Müller-Doohm, Stefan (Hrsg.) (1991): Jenseits von Utopia. Theoriekritik und Gegenwart. Frankfurt a.M.: Suhrkamp
Nelson, Richard R./Winter, Sidney G. (1982): An Evolutionary Theory of Economic Change. Cambridge: The Belknap Press of Harvard University Press
Nickerson, Jack A./Zenger, Todd R. (2002): Being Efficiently Fickle: A Dynamic Theory of Organizational Choice. In: Organization Science 13(5). 2002: 547-566
North, Douglass C. (1990): Institutions, Institutional Change and Economic Performance. Cambridge: University Press
North, Douglass C. (1992): Institutionen, institutioneller Wandel und Wirtschaftsleistung. Tübingen: Mohr Siebeck
Oevermann, Ulrich (1991): Genetischer Strukturalismus und das sozialwissenschaftliche Problem der Erklärung der Entstehung des Neuen. In: Müller-Doohm (1991): 267-336
Ortmann, Günther (1995): Formen der Produktion. Organisation und Rekursivität. Opladen: Westdeutscher Verlag
Parsons, Talcott (1959): An Approach to Psychological Theory in Terms of the Theory of Action. In: Koch (1959): 612-711
Picot, Arnold/Reichwald, Ralf/Wigand, Rolf T. (2003): Die grenzenlose Unternehmung. Information, Organisation, Management. Lehrbuch zur Unternehmensführung im Informationszeitalter. Wiesbaden: Gabler
Pierson, Paul (2004): History, Institutions, and Social Analysis. Princeton: Princeton University Press
Poole, Marchall Scott/Van de Ven, Andrew H./Dooley, Kevin/Holmes, Micheal E. (2000): Organizational Change and Innovation Process. Theory and Methods for Research. Oxford: University Press
Reichmann, Thomas (1993): Controlling mit Kennzahlen und Managementberichten. Grundlagen einer systemgestützten Controlling-Konzeption. München: Verlag Vahlen
Roberts, John (2004): The Modern Firm. Organizational Design for Performance and Growth. Oxford: University Press
Schäfers, Bernhard/Kopp, Johannes (Hrsg.) (2006): Grundbegriffe der Soziologie. 9. grundlegend überarbeitete und aktualisierte Auflage. Wiesbaden: VS
Scher, Jordan M. (Hrsg.) (1966): Theories of the Mind. New York: The Free Press
Tilly, Charles (1984): Big Structures, Large Processes, Huge Comparisons. New York: Russel Sage Foundation
Tilly, Charles (2004): Observations of Social Processes and Their Formal Representations. In: Sociological Theory 22. 2004: 594-601
Tuma, Nancy Brandon/Hannan, Michael T. (1984): Social Dynamics. Models and Methods. Orlando/ San Diego: Academic Press

Walgenbach, Peter/Beck, Nikolaus (2000): Von statistischer Qualitätskontrolle über Qualitätssicherungssysteme hin zum Total Quality Management – Die Institutionalisierung eines neuen Managementkonzepts. In: Soziale Welt 51. 2000: 325-354
Weick, Karl E. (1985): Der Prozeß des Organisierens. Frankfurt a.M.: Suhrkamp
Weick, Karl E. (1995): Sensemaking in Organizations. London: Sage
Weingarten, Elmar/Sack, Fritz/Schenkein, Jim (Hrsg.) (1979): Ethnomethodologie. Beiträge zu einer Soziologie des Alltagshandelns. Frankfurt a.M.: Suhrkamp

Raum & Stadt

Silke Steets

Die Geschichte der Stadtsoziologie lässt sich erzählen als eine wiederkehrende Auseinandersetzung um die soziologische Relevanz und Erklärungskraft des Raums. Während der Raum lange Zeit in der soziologischen Theoriebildung eine untergeordnete Rolle spielt (vgl. Schroer 2006), sieht sich die Stadtsoziologie bei der Frage nach dem Ob und Wie einer Definition ihres Gegenstandes – der Stadt – immer wieder mit der Raumproblematik konfrontiert. Mehrheitlich, so lässt sich hervorheben, wird die stadtsoziologische Auseinandersetzung um die Raumfrage jedoch in Form von Verwerfungen geführt. Aufgrund der Urbanisierung der gesamten Gesellschaft sei es, so schreiben Hartmut Häußermann und Walter Siebel 1978, unmöglich geworden, Stadt als räumlich abgrenzbare *soziologische* Kategorie zu definieren. Die Unterschiede in Produktions- und Reproduktionsweisen, welche einst zu unterschiedlichen Vergesellschaftungsformen in der Stadt und auf dem Land führten, hätten sich in hochentwickelten kapitalistischen Industriestaaten „aufgelöst zu einem Mehr-Oder-Weniger vom Selben" (Häußermann/Siebel 1978: 486). Stadt könne deshalb kein eigenständiger soziologischer Gegenstand mehr sein. Dem pflichtet Peter Saunders in seinem Standardwerk „Soziologie der Stadt" (1987) bei. Jeder Versuch, Stadt soziologisch zu definieren, müsse scheitern, da es nicht möglich und darüber hinaus auch alles andere als sinnvoll sei, *gesellschaftliche Prozesse* mit *räumlichen Kategorien* zu erklären. Er plädiert für eine klare Trennung zwischen dem aus seiner Sicht soziologisch nicht zugänglichen Raum und der sozialen Welt als genuinem Feld der Soziologie.

Die ausdrückliche Absage an den Raum, die sich Mitte der 1960er Jahre unter dem später formulierten Label „new urban sociology" durchzusetzen beginnt (vgl. Zukin 1980; Häußermann/Kemper 2005), ist vor allem eine Kritik an den *räumlichen* Grundannahmen der „alten" Stadtsoziologie Chicagoer Prägung. In den 1920er Jahren sind Robert E. Park, Ernest W. Burgess und Louis Wirth auf der Suche nach einer Theorie der Stadt, die Formen der Integration und Desintegration schnell wachsender und sich ständig wandelnder Großstädte (wie Chicago) erklären soll (vgl. Park 1967, orig. 1925). Sie entwerfen die Human- bzw. Sozialökologie, deren Grundgedanke aus der Pflanzensoziologie stammt. Er besagt, dass jede Störung eines Gleichgewichts im städtischen Zusammenleben durch den Zuzug von Menschen zu einem natürlichen Segregationsprozess führt, in dessen Folge sich eine Vielzahl differenter, in sich territorial abgrenzbarer Räume in der Stadt, sogenannte „natural areas", bildet. Auf diesen entstehen wiederum relativ homogene, eigenständige „communities" mit eigener kultureller Ordnung. Die Stadt wird zu einem „Mosaik der kleinen Welten" (Lindner 2007: 46). *Stadt*soziologie in der Tradition der Chicago School ist deshalb in erster Linie *Stadtteil*forschung (vgl. für eine kritische Betrachtung Löw 2001b), wenngleich sie außerordentlich tiefe Einblicke in die Alltagswelt unterschiedlichster städtischer Gemeinschaften hervorbrachte (einen Überblick findet sich z.B. in Lindner 2004). Der Raum dient in dieser Perspektive zum einen aber lediglich der (territorialen) Gegenstandsabgrenzung einer community study, zum anderen – und das ist der entscheidende

Kritikpunkt – beruhen Gemeindestudien sozialökologischer Prägung auf der Hintergrundannahme, dass sich menschliches Verhalten an die räumliche Umwelt anpasst. Mit andern Worten: der geografische Raum wird zur erklärenden Variablen für die soziale Welt.

Gegen diese Perspektive formiert sich also Mitte der 1960er Jahre Kritik. Ausgangspunkt dafür ist ein sozialwissenschaftlich angeleiteter Krisendiskurs über die Stadt (vgl. z.B. Mitscherlich 1996, orig. 1965) und die auf die Sozialökologie zurückführbare Suche nach den Ursachen dieser Krise *im Städtischen*. Nach Ansicht der Kritiker müssen die beklagten Krisenerscheinungen in den Städten aber als Ergebnis und Ausdruck übergeordneter, allgemeingesellschaftlicher Konfliktlagen – und nicht als Ausdruck der räumlichen Form Stadt – interpretiert werden, was nicht zuletzt zu einer soziologisch fundierten Hinterfragung zeitgenössischer Städtebau- und Architekturpraxis führt (vgl. Korte/Bauer/Riege u.a. 1972). Zu den prominentesten Vertretern dieser These gehört international der spanisch-amerikanische Stadtsoziologe Manuel Castells. Auf ihn geht der Begriff der „kapitalistischen Stadt" zurück (Castells 1977, orig. 1972), der helfen soll, Problemlagen zu beschreiben, „die ihren Ursprung und ihre Eigenart in den Strukturprinzipien einer spezifischen, kapitalistischen Form der Vergesellschaftung haben und die im Feld des Städtischen nicht nur ihren Ausdruck bzw. ihre symbolischen Kennzeichen finden, sondern auch und erst recht im und durch den städtischen Raum ausgeübt und exekutiert werden" (Häußermann/Kemper 2005: 29). *Die* Stadt interessiert also nicht mehr als Funktion *von Stadt*, sondern in ihrer Funktionslogik *für kapitalistische Entwicklung*. Stadtsoziologische Studien konzentrieren sich infolgedessen auf die Untersuchung von Lebensverhältnissen *in* Städten, die – der Logik dieses Paradigmas folgend – wiederum wertvolles empirisches Material für *allgemeine* Gesellschaftsanalysen liefern sollen (vgl. auch Krämer-Badoni 1991).

Als „anthropology *in* the city" hat Ulf Hannerz (1980) diese Theorieperspektive charakterisiert und mit der Forderung nach einer „anthropology *of* the city" einen neuerlichen Perspektivwechsel empfohlen, der langsam auch hierzulande an Aufmerksamkeit gewinnt (vgl. Berking/Löw 2005). Interessant an Hannerz' Differenzierung in Wissenschaft *in* und *von* der Stadt ist, dass sie auf systematische Blindflecken einer bis heute dominierenden Stadtforschung hinweist, die Stadt einzig als Anwendungsfall von Gesellschaft versteht. Denn *wo* Gesellschaft zur Anwendung kommt, also *wo* zum Beispiel eine Studie über Armut in Städten durchgeführt wird, spielt in dieser subsumtionslogischen Perspektive auf theoretischer Ebene keine Rolle. Wie aber kann sicher gestellt sein, dass Armut in München dasselbe ist wie Armut in Berlin? Systematisch aus dem Blick gerät also die Relevanz lokaler Sinnkontexte für die Einbettung gesellschaftlicher Phänomene (vgl. Berking 1998) ebenso wie die Bedeutung der spezifischen materialen Konstellationen vor Ort für das städtische Alltagshandeln. Helmuth Berking und Martina Löw formulieren dies folgendermaßen: „Ein Vergleich der verfügbaren Strukturdaten von Wanne-Eickel und New York City würde zweifellos signifikante Differenzen offenbaren, die Städte aber ließen sich hierüber nicht identifizieren. Und doch ist das Wissen darüber, dass Wanne-Eickel nicht New York und New York nicht Beirut ist, schwer zu bestreiten" (Berking/Löw 2005: 12). Der Geograf Martyn Lee hat vorgeschlagen, das Besondere einer Stadt mit dem Bourdieu'schen Begriff des „Habitus" zu fassen (vgl. Lee 1997; weiterführend auch Lindner 2005a). Damit ist eine relativ widerspruchsfreie, dauerhafte und generative kulturelle Disposition gemeint, durch die eine Stadt auf je spezifische Weise auf außerhalb ihres Einflussbereiches liegende Entwicklungen reagiert und so eine eigene Identität ausformt. Alternative Ansätze (vgl. Massey/Allen/Pile 1999; Berking/Löw 2005) schlagen vor, Stadt als *Form der räumlichen Ver-*

dichtung (die überall anders ist) zu konzeptionalisieren und darauf aufbauend *Prozesse der Verdichtung von Raum* und damit der Herstellung von Stadt zu untersuchen. Der Raum scheint damit wieder zurück zu sein auf der Bühne soziologischer Stadtforschung.

Im Kern geht es bei der hier nur grob skizzierten Auseinandersetzung also um die einfache, aber höchst folgenreiche Frage, *ob räumliche Strukturen* – das heißt naturräumliche Gegebenheiten ebenso wie die gebaute Umwelt – *gesellschaftliche Strukturen sind* und zwar in dem Sinne, dass sie als erklärungsrelevante Ursachen sozialer Phänomene angesehen werden können. Direkt daran schließt sich die zweite (und m.E. eigentlich entscheidende) Frage nach der *Art und Weise wie Raum gedacht und konzipiert wird* an. In Anlehnung an die historische Kontroverse über das Raumdenken in Philosophie und Physik (vgl. von Weizsäcker 1986) hat sich auch in der sozialwissenschaftlichen Literatur die Unterscheidung zwischen „absolutistischen" und „relativistischen" Denkmodellen durchgesetzt (vgl. Löw 2001a; Dünne/Günzel 2006; Schroer 2006).

Absolutistische Denkmodelle entwerfen Raum als neutrales Gefäß oder Territorium und werden als Container- oder Behälterraumkonzepte bezeichnet. Raum als Gefäß oder Territorium kann entweder leer sein (und auch dann noch existieren, wenn er leer ist) oder beliebig mit Menschen, Dingen, Sphären oder Eigenschaften gefüllt werden (wodurch er sich jedoch nicht verändert). Entscheidend ist, dass Raum und Materie als unabhängig voneinander gedacht werden. Carl Friedrich von Weizsäcker zählt zum Beispiel Ptolemäus, Kopernikus, Kepler, Galilei und Newton zu dieser Tradition. Auf die Soziologie übertragen schließt dieser Dualismus von Raum und Körpern die Annahme ein, dass Raum unabhängig vom Handeln existiert (vgl. Löw 2001a: 18). Das heißt in der Logik des Behälterraums gibt es bewegte Handlungen in bzw. auf einem an sich unbewegten (Hintergrund)Raum. Diesem Konzept gegenüber steht die „relativistische" Tradition, in der Raum aus der Anordnung von bewegten Körpern abgeleitet wird. Raum ist relativistisch gesehen allein das Ergebnis von Beziehungsverhältnissen zwischen Körpern, ein Standpunkt, den in der Physik zum Beispiel Cusanus, Bellarmin, Leibniz, Mach u.a. vertreten (von Weizsäcker 1986). Soziologisch gesprochen heißt das, dass Raum prozessual im Handeln hergestellt wird. Relativistische Modelle räumen dem Beziehungs- bzw. Handlungsaspekt eine primäre Rolle ein, vernachlässigen aber die strukturierenden Momente bestehender räumlicher Ordnungen.

Im Folgenden sollen zunächst unterschiedliche Ansätze vorgestellt werden, die Raum als soziologische Kategorie entwerfen, um daran anschließend eine Perspektive für eine Verbindung von Stadt und Raum zu umreißen.

1 Raum als soziologische Kategorie

Mit dem Blick auf frühe Ansätze soziologischen Raumdenkens wird deutlich, wie dominant die Vorstellung jenes immer schon existierenden physischen Hintergrundraums ist, *in* den sich etwa die soziale Ordnung der Gesellschaft „einschreibt" (vgl. Durkheim 1984, orig. 1912 und an diesen Gedanken anknüpfend Bourdieu 1991) oder der „zerlegt" und „fixiert" werden beziehungsweise „leer" sein kann (Simmel 1995, orig. 1908). Wenngleich diese Ansätze wertvolle Anhaltspunkte für eine Entnaturalisierung räumlicher Ordnungen oder Erkenntnisse über die soziale Konstruktion der Wahrnehmung von Raum liefern, basieren sie auf einem Dualismus zwischen einem an sich fixierten physischen Behälterraum einerseits und einem sozialstrukturell geprägten und veränderlichen sozialen Raum andererseits.

Eine theoretische Vermittlung zwischen der physischen und der sozialen Ebene bleibt ungelöst. Die Kategorie des Raums spielt infolgedessen in der Soziologie eine marginale Rolle. Noch Anfang der 1990er Jahre spricht der Stadtökonom Dieter Läpple von einer „Raumblindheit" (Läpple 1991b: 163) der Sozialwissenschaften. In den letzten beiden Dezennien hat sich jedoch eine lebhafte Diskussion um das Thema entwickelt. Als Ausgangspunkt gelten die Texte diverser französischer Autoren seit den späten 1960er Jahren (vgl. Dünne/Günzel 2006) wie Michel Foucaults Aufsatz über „Andere Räume" von 1967, in dem der Autor das „Zeitalter des Raums" proklamiert, oder Henri Lefèbvres einflussreiche Schrift „La production de l'espace" aus dem Jahr 1974. Lefèbvres marxistischer Ansatz fiel vor allem in der englischen und US-amerikanischen Humangeographie auf fruchtbaren Boden und wurde von Autoren wie David Harvey (1989) und Edward Soja (1996) weiterentwickelt.

Die Gründe für die „stürmische Emanzipation der sozialwissenschaftlichen Raumforschung" (Dünne 2006: 302) sieht Martina Löw in einer durch Globalisierung und technologische Innovationen bedingten Verunsicherung räumlicher Bezüge: „Durch schnelle Transporttechnologien, sekundengenaue Übertragung von Informationen über die ganze Welt, schließlich auch durch die neuen Möglichkeiten, sich in virtuellen Räumen zu bewegen, scheint der Raum im Sinne eines materiellen Substrats völlig bedeutungslos zu werden" (Löw 2001a: 10). Wie Peter Noller (2000: 21) richtig feststellt, induzieren solche Veränderungen, die unsere überlieferten Vorstellungen von Nähe und Ferne nachhaltig erschüttern, auch einen Wandel von Konzeptionen und Modellen, die helfen sollen, die Welt zu verstehen. „Was sich seit den 70er Jahren empirisch als Globalisierung ankündigt, geht mit einem epistemologischen Übergang von einem traditionalen, erdräumlich begrenzten zu einem posttraditionalen offenen und pluralen Verständnis des sozialen Raums einher" (ebd.). Die Erkenntnis, dass gesellschaftlicher Wandel ohne eine kategoriale Neukonzeption der räumlichen Komponente des sozialen Lebens nicht hinreichend erklärt werden kann, wird deshalb als „spatial turn" bezeichnet (vgl. auch den Beitrag zu „Globalisierung" in diesem Band). Die verstärkte Aufmerksamkeit für Raumfragen bedeutet auch eine Überwindung der Dominanz des Zeitlichen in historischen Erzählungen wie im philosophischen Denken (vgl. Foucault 1991, orig. 1967). Immer stärker setzt sich die Auffassung durch, dass „‚Sein und Zeit' nicht die ganze Dimension der menschlichen Existenz erfaßt" (Schlögel 2003: 9) und dass Raum nicht bloßer Behälter oder apriorische Naturgegebenheit ist, sondern als Bedingung und Resultat sozialer Prozesse gedacht und erforscht werden muss. Zahlreiche Publikationen der letzten Jahre (vgl. Wentz 1991; Noller 2000; Sturm 2000; Löw 2001a; Schroer 2006) heben nun die Zentralität der Kategorie „Raum" für die Sozialwissenschaften hervor. Was aber sieht man, wenn man mithilfe des Raums auf Gesellschaft blickt?

1.1 Marxistische Raumtheorie

1974 legt Henri Lefèbvre mit seinem einflussreichen Werk „La production de l'espace" (hier zitiert in der englischen Auflage von 1991) einen wichtigen Grundstein für die Wiederentdeckung des Raums als soziologische Kategorie. In Auseinandersetzung mit Marx und Hegel begreift Lefèbvre Materie nicht allein als Verkörperung gedanklicher Konstrukte oder Geist als Reaktion auf Materie, vielmehr betrachtet er Geistiges und Materielles in einem prozessualen dialektischen Zusammenhang (vgl. Elden 2002: 27). Nach Lefèbvre werden dialektische Momente nicht als Dualität, sondern als Triplizität, also mit drei statt mit zwei Begriffen ausgedrückt (vgl. Gottdiener 2002, orig. 1993: 23), wobei der dritte Begriff statische Gegensätze auflösen und dem „gesellschaftlichen Prozess eine fließende Dimension" hinzufügen soll (ebd.).

Die wohl wichtigste Triade Lefèbvres kreist um die gesellschaftliche Produktion von Raum, die er als Zusammenwirken von *erfahrenem* (1), *erdachtem* (2) und *gelebtem* (3) Raum beschreibt (vgl. Lefèbvre 1991: 38f.). Empirischer Ausgangspunkt seiner Untersuchung ist der Raum der Moderne („abstract space"), den er als Produkt einer „verstädterten Gesellschaft" (Lefèbvre 1972: 7ff.) bezeichnet. Als Ergebnis des vollständig entwickelten industriell-kapitalistischen Systems blickt er auf „ein programmiertes Alltagsleben an den entsprechenden urbanen Schauplätzen" (Lefèbvre 1977: 65). Verstädterter, abstrakter Raum ist für Lefèbvre vor allem eins: entfremdeter Raum. Die theoretische Basis der Lefèbvreschen Raumtheorie bildet Karl Marx' Analyse der Warenwelt (Marx 1977, orig. 1867: 49ff.). Marx argumentiert, dass die Beschreibung von Gütern, wenn sie allein als quantifizierbare und klassifizierbare Objekte betrachtet werden, zu deren „Verdinglichung" (ebd.: 838) führe und somit ihr wahrer Charakter verborgen bliebe. „Dinge" sind für Marx das *Produkt* gesellschaftlicher Arbeit, weshalb zuforderst ihr Herstellungsprozess analysiert werden müsse. In einer kapitalistischen Gesellschaft sind Dinge außerdem zum Tausch bestimmt und werden auf diese Weise zu *Waren*. Marx zeigt, dass Güter in ihrer Eigenschaft als Waren gleichzeitig einen über Materialqualitäten vermittelten Gebrauchswert und einen Geld- bzw. Tauschwert haben. Eine analoge Analyse sei, so fordert Lefèbvre, „heute bezogen auf den Raum zu tun (…). Es ist eine Wissenschaft des Raums zu entwickeln, eine wissenschaftliche Auseinandersetzung über den Raum, die sich eben nicht allein mit seiner dinglichen Gestalt beschäftigt. Die einzige Art und Weise, diese Auseinandersetzung als Wissenschaft derart in Gang zu bringen, dass man den verschiedenen Ideologien entgeht, besteht darin, den Raum im Prozess seiner Produktion zu betrachten" (Lefèbvre 2002, orig. 1975: 4f.).

So beginnt Lefèbvre sein Buch über den Raum mit einer Kritik vorherrschender Raumkonzepte. Er wendet sich gegen abstrakt-gedankliche Konstruktionen von Raum („invented spaces", Lefèbvre 1991: 2), wie er sie in Mathematik und Philosophie findet und die er analog zu Marx' Dingbegriff als „mental thing" (ebd.: 3) bezeichnet. Diese Vorstellungen von Raum – vom euklidisch-perspektivischen über den leeren oder den x-dimensionalen bis hin zum Container-Raum – seien nur scheinbar unideologisch, da sie als mentale Konstrukte die Ebene der Erfahrung zwar zweifelsohne (vor)strukturierten, sich in ihrer proklamierten Eigenschaft als vor jeder Erfahrung liegende, rein gedankliche Konstruktionen jedoch jeglicher Form einer kritischen Untersuchung entzögen. Lefèbvre geht davon aus, dass Raum vor allem gesellschaftlicher Raum und damit ein gesellschaftliches Produkt ist: „(social) space is a (social) product" (ebd.: 30). Er sucht nach einer Theorie des Raums, die umfassend („unitary theory", ebd.: 11) die verschiedenen Ebenen von Raum betrachtet: die *physische* (Natur, Kosmos), die *mentale* (Logik, Mathematik, Abstraktion) und die *soziale* Ebene (das sinnlich Wahrnehmbare, Imaginationen, Routinen, Erinnerungen, Utopien etc.). Und dies gelingt in der Logik Lefèbvres allein durch die Analyse der (gesellschaftlichen) Herstellungsbedingungen von Raum. Als analytisches Werkzeug schlägt Lefèbvre die bereits erwähnte *tripolare Dialektik* vor, die sich aus folgenden Aspekten zusammensetzt (vgl. ebd.: 33ff.). Raum entsteht in einer ständigen Interaktion zwischen:

1. der *räumlichen Praxis* („spatial practice"), somit dem Raum, wie er im Alltag erfahren bzw. (passiv!) wahrgenommen wird („perceived space"),
2. der *Repräsentation des Raums* („representation of space"), das heißt Raum, wie er kognitiv entwickelt wird z.B. durch Wissenschaftler/-innen, Architektinnen oder Stadtplaner/-innen („conceived space"), und
3. den *Räumen der Repräsentation* („spaces of representation"/„representational spaces"), womit Lefèbvre komplexe Symbolisierungen und Imaginationsräume meint, wie sie in der Kunst oder in Vorstellungen von nicht-entfremdeten Raumaneignungen aufgehoben sind („lived space").

Die räumliche Praxis basiert Lefèbvre zufolge auf einer nichtreflexiven Alltagserfahrung, welche die gesellschaftlichen Verhältnisse über in Routinen eingelagerte Handlungen (re)produziert. Dieser Aspekt des Raums garantiert gesellschaftliche Kontinuität. In zirkulärer Weise stellt die räumliche Praxis ihre eigenen Voraussetzungen her, das heißt, sie produziert und reproduziert die ihrer spezifischen Gesellschaftsformation entsprechenden Räume und Handlungen und damit ihre eigenen gesellschaftlichen Verhältnisse. Lefèbvre beschäftigt sich in seiner „Kritik des Alltagslebens" (Lefèbvre 1977) detaillierter mit diesem Aspekt des Raums. Er beobachtet, wie sich das Alltagsleben als Ort der tätigen und werkschaffenden Menschen unter kapitalistischen Bedingungen in den Zustand der Alltäglichkeit („everydayness"/„quotidienneté") verwandelt hat. Menschen „,go on autopilot', ,not really thinking', ,doing nothing' and ,walking around in a daze'" (Shields 1999: 67). Für Lefèbvre sind dies Idiome, die eine Selbstentfremdung zwischen Bewusstsein und Körper, zwischen Subjektivität und Identität ausdrücken. Der Alltag werde „zum sozialen Ort einer hochentwickelten Ausbeutung und einer sorgfältig überwachten Passivität" (Lefèbvre 1972: 149). „Alltäglichkeit" meint eine durch Vergesellschaftungsprozesse normierte und entfremdete Lebensweise, die für Lefèbvre bezeichnend ist für den Raum der Moderne („abstract space").

Unter der Repräsentation des Raums versteht Lefèbvre die Art und Weise, wie Raum in einer Gesellschaft gedanklich konstruiert und repräsentiert wird. Es ist der vorgestellte oder erdachte Aspekt des Raums und er bezieht sich auf jene abstrakten Raumkonzeptionen, wie sie in Philosophie und Mathematik, aber auch in Architektur und Planungswissenschaft als theoretische Kategorien entworfen werden. Nach Lefèbvre dominiert dieser Aspekt der wissenschaftlich-gedanklichen Konstruktion von Raum die Raumproduktion der Moderne, die Folge sind Homogenisierungseffekte.

Mit dem dritten Aspekt, den Räumen der Repräsentation (dem „gelebten Raum"), formuliert Lefèbvre ein differenzierendes Moment. Die Räume der Repräsentation kann man vielleicht am besten als Möglichkeitsräume bezeichnen – sinnlich vermittelt über Bilder, Vorstellungen und Visionen. Für Lefèbvre ist es der „directly lived (…) space of ,inhabitants' and ,users'" (Lefèbvre 1991: 39). Es ist der Aspekt des Raums, über den dominante gesellschaftliche Ordnungen und Diskurse unterlaufen und andere Räume imaginiert werden können. Dies können mythische, vormoderne Raumbilder sein, Impulse, die eine Ahnung vom vorkapitalistischen, nicht homogenisierten Raum aufscheinen lassen, und so gegebene gesellschaftliche Verhältnisse hinterfragen. Als Beispiele für solche Impulse nennt Lefèbvre slums, barrios und favellas, die er betrachtet als „localised ,reappropriations' of space that may furnish examples of such (…) ,spaces of representations' by which certain sites are removed or severed from the governing spatialisation and returned to the realm of ‚communitas'" (Shields 1999: 165). Ein gewisses Potential komme an dieser Stelle dem Körper zu, einem materialisierten Raum, stets auf der Suche nach echter, nichtentfremdeter Erfahrung: „the body, at the very heart of space and of the discourse of power, is irreducible and subversive" (Lefèbvre 1991: 89). Außerdem denkt Lefèbvre an die Räume der Künstler, deren Aufgabe er darin sieht, das Imaginäre hinter der räumlichen Praxis des Alltags freizusetzen und auf diese Weise utopische oder zumindest alternative Räume jenseits einer kapitalistischen Raumlogik überhaupt vorstellbar zu machen.

Aus der Annahme, dass der (soziale) Raum ein Produkt (des Sozialen) ist, leitet Lefèbvre zwei keinesfalls unproblematische Thesen ab: Die erste These bezieht sich auf den physischen Raum (Natur, Kosmos), der durch die Ausbreitung des sozialen Raums als Folge von Industrialisierung und Bevölkerungsentwicklung verschwinde. Deutlich wird an dieser Stelle, dass Lefèbvre mit zwei Raumlogiken argumentiert. Zwar entwirft er den sozialen Raum prozessual und als Dialektik von Materie und Geist, dies jedoch gilt nicht für den physischen Raum, den er als natürlichen Hintergrund und damit Behälterraum denkt, auf und in welchem soziale Prozesse stattfinden (was ihn zum Verschwinden bringt). Der Abschied von der Idee des Behälterraums gelingt Lefèbvre somit nicht vollständig und, wie die Beziehung zwischen physischem und sozialem Raum zu denken ist, bleibt weitgehend offen (vgl. Löw/Sturm 2005; Dünne 2006: 297). Die zweite These lautet, dass jede Gesellschaft beziehungsweise jede Produktionsweise ihren eigenen Raum hervorbringt. Dies versucht Lefèbvre durch die Konstruktion historischer Epochen der Raumproduktion zu untermauern, die weitgehend analog zur marxistischen Geschichtsperiodisierung verläuft (vgl. dazu auch: An Architektur 2002: 9ff.). Das Resultat dieser Entwicklung ist die Herausbildung des abstrakten, vom Kapitalismus komplett dominierten Raums („abstract space"). Wesentliches Kennzeichen des abstrakten Raums ist die Gleichzeitigkeit von Homogenisierung und Fragmentierung. Unter kapitalistischen Bedingungen wird Raum zur Ware. Das heißt Raum wird in einzelne Territorien (Grundstücke, Funktionsräume) aufgeteilt, somit fragmentiert. Neben dem materiellen Gebrauchswert haben die einzelnen Raumfragmente einen Tauschwert, den abstrakten Geldwert, den sie auf dem Markt realisieren und der sie austauschbar, somit homogen erscheinen lässt. Lefèbvre zufolge aber liegt in der Einheit dieser Gegensätze (Gleichzeitigkeit von Homogenisierung und Fragmentierung) die Ursache für das Auftreten von Widersprüchen („contradictory space"), die zu realen Konfrontationen führen können und so Voraussetzung möglicher Veränderungen sind. Eine kritische (Raum)theorie müsse ebenjene Widersprüche benennen, um sie produktiv zu machen. Das emanzipatorische Ziel einer solchen Raumtheorie sieht Lefèbvre in der Vorbereitung eines differentiellen Raums („differential space"), der Möglichkeiten zur Produktion alternativer Räume aus den Widersprüchen des gegenwärtigen kapitalistischen Raums heraus eröffnet. In der Periodisierung historischer Raumepochen zeigt sich ein Widerspruch in Lefèbvres Ansatz: Zwar betont er immer wieder das Potential der Kategorie „Raum" für die Erklärung gesellschaftlicher Differenzierungsprozesse, gleichzeitig ordnet er diese Prozesse einem streng linearen, orthodox-marxistischen Modell geschichtlichen Fortschritts unter, in dem letztlich die Zeit als ordnende Kategorie die räumliche Dimension unterwirft. Erst die theoretische Strömung des Postkolonialismus hat auf die eurozentristische Einengung einer Verzeitlichung räumlicher Unterschiede aufmerksam gemacht (vgl. insbesondere Massey 1999b sowie Abschnitt 1.2). Lefèbvre gelingt es deshalb (noch) nicht, die volle Erklärungskraft der Kategorie des Raums zu entfalten.

Eine entscheidende Weiterentwicklung erfährt die marxistische Raumtheorie durch die Arbeiten von David Harvey. Harvey interessiert sich für die Auswirkungen des Übergangs vom Fordismus zur „flexiblen Akkumulation" (Harvey 1995: 48) auf das Erleben von Raum und Zeit. Mit „flexibler Akkumulation" meint Harvey ein ökonomisches System, das sich in der Folge der Krise des Fordismus-Keynesianismus seit Mitte der 1970er Jahre entwickelt hat und das auf der Einführung neuer Organisationsformen in der Warenproduktion (vertikale Desintegration/Outsourcing/just-in-time Produktion) und neuer Technologien in Transport, Steuerung und Informationsaustausch basiert. Er zeigt, wie durch diese Neuerungen die krisenauslösende Starrheit des fordistischen Systems aufgebrochen und so die Umschlagsgeschwindigkeit des Kapitals erhöht wird. Dadurch komme es zu einer allgemeinen Beschleunigung ökonomischer Kreisläufe und zu der von Marx angesprochenen Vernichtung des Raums durch die Zeit. Finanzieller Mehrwert wird nun nicht mehr ausschließlich – wie bei Lefèbvre – aus der Verwandlung von Räumen in Waren erzielt, sondern auch aus der immer schnelleren Überwindung von Räumen. Das Resultat dieser Entwicklung sieht Harvey in einer sogenannten „time-space compression" (Harvey 1995: 240ff.), die jedoch nicht gleichbedeutend ist mit der Auflösung der räumlichen Ordnung in ortlose Kapital-, Waren- und Zeichenströme. Denn diese Ströme basieren laut Harvey paradoxerweise auf räumlich gebundenen Investitionen in fixes Kapital und Infrastruktur. Die territoriale Fixierung von Überschüssen der Kapitalakkumulation bezeichnet Harvey als „spatial fix" (Harvey 1984, orig. 1982: 415), das Resultat räumlich gebundener Investitionsprozesse als „inevitable uneven (geographical) development of capitalism" (ebd.: 417).

Zu den besonderen Verdiensten David Harveys gehört es, dass er das kulturellästhetische Phänomen der Postmoderne als Korrelat der kapitalistischen Vergesellschaftung untersucht (vgl. auch den Beitrag zu „(Post)Moderne" in diesem Band). Die Auswirkungen der Verdichtung von Raum und Zeit auf die kulturelle Ebene – auf das postmoderne Denken, Fühlen und Tun – sind Harvey zufolge gravierend. Während auf der Ebene der Zeit der Sinn für Langfristigkeit, für die Zukunft, für Kontinuität verloren gehe, werde auf der Ebene des Raums das Verhältnis von Nähe und Ferne immer schwieriger zu bestimmen: „In der postmodernen Fiktion triumphiert eine zerrissene Räumlichkeit über die Kohärenz der Perspektive und der Erzählung, und zwar in derselben Weise, wie Importbiere neben einheimischen Bieren zum Zuge kommen, lokale Arbeitsmärkte unter dem Druck ausländischer Konkurrenz zusammenbrechen und die Vielzahl der Räume unserer Erde allabendlich als Bildercollage auf unseren Fernsehschirmen erscheint" (Harvey 1995: 71).

Das zentrale Paradoxon dieser Entwicklung diagnostiziert Harvey in einer spezifischen Raum-Ort-Konstellation: Als Folge der Verdichtung von Raum und Zeit würden räumliche Barrieren zwar bedeutungsloser, gleichzeitig wachse aber die Sensibilität des Kapitals für die Verschiedenartigkeit der Orte auf der Suche nach dem global besten Standort. Dieser Mechanismus zwinge Städte dazu, ein eigenes Markenprofil auszubilden, welches für das global zirkulierende Kapital möglichst attraktiv sein soll. Die Folgen sind Fragmentierung, Unsicherheit und kurzlebige Ungleichentwicklungen innerhalb „eines für die Kapitalflüsse hochgradig vereinheitlichten Weltwirtschaftsraums" (ebd.: 63). Besonders prekär ist laut Harvey diese Entwicklung im Hinblick auf die Bedeutung und Konstruktion von Orten bzw. von lokaler Identität. Städtische Kreativindustrien produzierten Images und erzeugten auf vielfältige Weise Identitäten für den Markt, etwa durch die Vermarktung lokaler Geschichte, die oft verbunden sei mit der Schaffung von Simulakren, das heißt mit der Replikation von Gebäuden, die so vollkommen sind, dass die Unterscheidung von Original und

Kopie unmöglich werde. Simulakren stellen für Harvey das Sinnbild einer zerrissenen Räumlichkeit dar, da sie nicht zwingend an einen Ort gebunden sind. Sie können unterschiedlichste (Waren-)Welten zur selben Zeit in ein und demselben Raum zusammenbringen, wie die Beispiele Disneyland oder Las Vegas zeigen. „Doch das geschieht in einer Weise, die nahezu jede Spur ihrer Herkunft, der Arbeitsprozesse, aus denen sie hervorgegangen sind, und der sozialen Beziehungen tilgt, die bei ihrer Produktion im Spiel waren" (ebd.: 69). Auf der Ebene der Politik findet Harvey ein Schwinden der Macht lokal organisierter zugunsten global agierender Institutionen. So werde beispielsweise die Macht der Gewerkschaften durch Dezentralisierung der Produktion und wachsende geographische Mobilität unterlaufen. Auf der Suche nach der Bedeutung lokaler Identität fragt Harvey: „Wenn niemand in dieser unsteten Collagewelt ‚seinen Platz kennt', wie läßt sich dann eine sichere soziale Ordnung herstellen oder aufrechterhalten?" (ebd.: 71). Eine Antwort auf diese Frage zu formulieren, fällt ihm schwer. Er verweist auf das Potential sozialer Bewegungen, die meist eine starke Ortsbindung und lokale Autorität darstellen, aber eine schwache Machtposition auf globaler Ebene einnehmen. Hinzu komme die Tendenz der Postmoderne, „Orte und ihre Bedeutung qualitativ zu konstruieren" (ebd.: 73), um globale Kapitalflüsse anzuziehen. Einen Ausweg deutet Harvey an, indem er die Schöpfung neuer Politikformen fordert, die jenseits der nationalstaatlichen Logik funktionieren: „Dem Übergang vom Fordismus zur flexiblen Akkumulation, wie er in den vergangenen Jahrzehnten erfolgt ist, sollte eine Veränderung unserer geistigen Landkarte, politischen Einstellungen und politischen Institutionen folgen" (ebd.: 75).

Ähnlich argumentiert Fredric Jameson, der in seinem Text „Postmodernism, or the Cultural Logic of Late Capitalism" (1989, orig. 1984) die Frage des Raums zum zentralen Diskurs für Künstler/-innen und Wissenschaftler/-innen erklärt. Er veranschaulicht seine Überlegungen am Beispiel der Architektur. Detailliert analysiert er das Bonaventure Hotel (Architekt: John Portman, fertiggestellt 1976) im Zentrum von Los Angeles, das für Jameson zum Sinnbild dessen wird, was er den „postmodernen Hyperraum" (ebd.: 89) nennt. Er beschreibt das mit Glasfassaden ummantelte Hotel als „totalen" Raum, als in sich vollständige Miniaturstadt, die die (echte) Stadt außerhalb des Gebäudes zum Bild von sich selbst mache. Im Innern inspiriere das Hotel die Besucher, den körperlich erfahrbaren Durchgang durch das Gebäude als Erzählung, als Fiktion zu erleben. Diese Raumerfahrung werde durch die zahlreichen Rolltreppen und verglasten Fahrstühle des Gebäudes unterstützt. „Als Besucher sind wir aufgefordert, diese Architektur der dynamischen Wege und narrativen Paradigmen mit unserem eigenen Körper und unseren Bewegungen zu erfüllen und sie zu vervollständigen" (ebd.: 87). Jameson beschreibt hier einen Aspekt, der im sogenannten „Theming", einem auf Storyboardentwicklung und Bildproduktion basierenden Entwurfsverfahren in der Architekturtheorie, wieder aufgegriffen wird (vgl. Beeck 2001; Hackenbroich 2001). Allerdings fehle den postmodernen Subjekten (noch) der entsprechende Wahrnehmungsapparat, um sich in diesem Raum zurechtzufinden. Die Distanz zwischen wahrnehmendem Subjekt und wahrgenommenem Objekt, die notwendig ist für das Erfassen von Perspektive und Volumen, gehe im Bonaventure Hotel verloren. Man stehe buchstäblich „bis zum Hals" in diesem Hyperraum (Jameson 1989, orig. 1984: 88). Jamesons These lautet deshalb, „daß es dem postmodernen Hyperraum gelungen ist, die Fähigkeit des individuellen menschlichen Körpers zu überschreiten, sich selbst zu lokalisieren, seine unmittelbare Umgebung durch die Wahrnehmung zu strukturieren und kognitiv seine Position in einer vermeßbaren äußeren Welt durch Wahrnehmung und Erkenntnis zu bestimmen" (ebd.: 89). Der neue Raum kann nur in Bewegung dargestellt und erfahren werden. Jameson überträgt diese Aussage auf die Situation der postmodernen Subjekte, welche er als Dilemma bezeichnet, das in der „Unfähigkeit unseres Bewußtseins" besteht, „das große, globale, multinationale und dezentrierte Kommunikationsgeflecht zu begreifen, in dem wir als individuelle Subjekte gefangen sind" (ebd.: 89). Notwendig sei deshalb eine Ästhetik nach dem Muster der Kartografie. Diese müsse die kognitiven und pädagogischen Dimensionen der politischen Kunst und Kultur in den Vordergrund rücken. Mit anderen Worten: um im Spätkapitalismus Kritik zu üben bzw. um politisch handeln zu können, muss man wissen, wo man steht.

Marxistischen Theoretikern wie Jameson und Harvey gelingt es, die Lefèbvreschen Überlegungen zur kapitalistischen Produktion von Raum über die 1970er Jahre hinaus zu erweitern und unter den Bedingungen von „flexibler Akkumulation" (Harvey) bzw. „Spätkapitalismus" (Jameson) mit prägnanten Beispielen zu veränderten (postmodernen) Raumerfahrungen zu untermauern. Die beiden Theoretiker regen gleichzeitig zwei in den Folgejahren wichtige Diskussionen an: zum einen die Frage nach den Möglichkeiten von Kritik unter den Bedingungen einer kapitalistischen Vergesellschaftung (des Raums), zum anderen ein kritisches Nachdenken über das sich verändernde Verhältnis von Raum, Ort und Zeit in einer sich globalisierenden Welt. Doch ebenso wie Lefèbvre halten sie an der globozentristisch-strukturdeterministischen These fest, wonach ein global entfaltetes kapitalistisches Regime mit all seinen kulturellen Implikationen das Handeln an Orten, somit die Produktion von Orten bestimmt.

1.2 Globalisierung und Lokalisierung oder: die Macht des Lokalen

Der Zusammenhang von Globalisierung und Raumentwicklung wird lange Zeit unter dem Stichwort der „Deterritorialisierung" oder der „Auflösung des Raums" diskutiert. Die „Informatisierung der Gesellschaft" delokalisiere alle menschlichen Aktivitäten in einer Weise, dass die städtische und regionale Raumordnung endgültig durch eine weltumspannende Zeitordnung abgelöst werde (Virilio 1994). Virtuelle Unternehmen seien an keinen geografischen Standort mehr gebunden, wodurch die städtische Gesellschaft ihre geomorphologische Form und ihre soziale Bedeutung verliere. Für die Entwicklung neuer urbaner Formen in der „Netzwerkgesellschaft" interessiert sich auch Manuel Castells. Im ersten Teil seiner Trilogie über das Informationszeitalter untersucht Castells die Komplexität der Interaktionen von Technologie, Gesellschaft und Raum (2001). Auf empirischer Grundlage beschreibt er die Veränderungen im Verortungsraster wirtschaftlicher Kernaktivitäten für hochmoderne wissensbasierte Dienstleistungen und die Industrie. Aus dieser Analyse schließt er die Dominanz eines sich herausbildenden „Raums der Ströme", den er dem traditionellen „Raum der Orte" (der in sich geschlossenen und historisch verwurzelten räumlichen Organisation) entgegensetzt (ebd.: 431). Castells' Ausgangspunkt ist die vor allem in den 1990er Jahren geführte Diskussion um das Entstehen von global cities (vgl. z.B. Sassen 1996). Wirtschaftliche und finanztechnische Macht- und Kontrollfunktionen konzentrieren sich zunehmend in städtischen Zentren. Dort siedeln sich hochmoderne Dienstleistungen wie Finanzen, Werbung, Design, PR, Sicherheit, Informationsbeschaffung und wissenschaftliche Institutionen an, die gemeinsam den „Kern aller wirtschaftlichen Prozesse" (Castells 2001: 434) ausmachen. Diese Schlüsselindustrien lassen sich auf die

Produktion von Wissen und Informationen zurückführen und könnten deshalb – durch moderne Telekommunikationssysteme gestützt – an jedem beliebigen Ort des Globus entstehen. Dennoch ergibt sich ein anderes Raummuster, eine Ballungslogik, die gekennzeichnet ist durch eine gleichzeitige Konzentration der Schlüsselindustrien in den Zentren der global cities und eine weltweite Streuung dieser Zentren (Sassen 1993). Die Folge: global cities, beziehungsweise die Dienstleistungszentren der global cities, bilden ein Netzwerk, das heißt einen gemeinsamen Raum, der gekennzeichnet ist durch Prozesse des Austausches und der Interaktion. Castells nennt diesen Raum den „Raum der Ströme" und hält ihn für den charakteristischen Raum der Netzwerkgesellschaft. Raum entsteht für Castells zwar weiterhin durch Praxisformen, die eine gemeinsame Zeit teilen. Nur wird die Vorstellung von Gleichzeitigkeit traditionell, das heißt in der Logik des „Raums der Orte", mit Nähe verbunden, was aber für die Praxisformen des Informationszeitalters (die durch Informations- und Geldströme, Wissens- und Informationsaustausch sowie Migration geprägt sind) nicht mehr zwingend ist. Dadurch bilden sich innerhalb der Weltstädte bzw. zwischen den Stadtzentren und dem Hinterland neue räumliche Hierarchien und Ungleichheiten heraus. Die Folge dieser Fragmentierung bzw. Rekonfiguration des Raums bezeichnet Castells als „strukturelle Schizophrenie zwischen zwei räumlichen Logiken" (ebd.: 484). Menschen lebten zwar immer noch an Orten, da aber Funktion und Macht in der gegenwärtigen Gesellschaft im Raum der Ströme organisiert sind, habe dies dramatische Auswirkungen auf das Lokale. Die Orte, so schreibt Castells, verschwinden zwar nicht, aber ihre Logik und ihre Bedeutung würden im Netzwerk absorbiert.

Diese De- und Restrukturierung gesellschaftlicher Räume ist ein vielschichtiger Prozess, der sich Dieter Läpple (1991a) zufolge nur mithilfe eines vielschichtigen Forschungsansatzes rekonstruieren lässt, eines Ansatzes, der die historische Vorstrukturierung, die soziale und ökonomische Entwicklungsdynamik und Widerspruchskonstellationen, die politischen und kulturellen Vermittlungsformen und die ökologische Einbindung gesellschaftlicher Räume berücksichtigt. Eine zentrale Widerspruchskonstellation vermutet Läpple ähnlich wie Castells in der Polarität von „konkretem Ort" und „globalem Raum". Anders als Castells aber betont Läpple die Verflochtenheit unterschiedlicher räumlicher Ebenen: „Der konkrete ‚Ort' ist zwar Teil des globalen ‚Raums', geht jedoch nicht in ihm auf. Die jeweilige Besonderheit des ‚Ortes' reproduziert sich in Abhängigkeit von der Artikulation der spezifischen lokalen oder regionalen Bedingungen mit den nationalen und globalen Tendenzen und damit letztlich über die durch die lokalen Klassen- und Machtverhältnisse geprägte Praxis der in diesem regionalen Raum lebenden Menschen" (ebd.: 46).

Den wohl weitreichendsten Versuch, nach den konkreten Auswirkungen der „global flows" auf konkrete Orte und „local cultures" zu fragen, hat hierzulande Helmuth Berking unternommen (1998). Explizit gegen die Argumentation von Manuel Castells gerichtet, vertritt Berking die These, dass Globalisierung zwar eine radikale Verschiebung sozialräumlicher Maßstäbe impliziert, diese Verschiebung aber nicht ohne Weiteres mit Ent-Territorialisierung und der Etablierung eines alles dominierenden Raums der Ströme gleichgesetzt werden kann. Diese Einsicht untermauert Berking durch ein einfaches anthropologisches Argument, das die Unabdingbarkeit des lebensweltlich erfahrbaren „Horizonts der Vertrautheit" hervorhebt: „Gegenüber der konventionellen Weisheit schließlich, daß Orte und Räume globalisierungsbedingt an Signifikanz verlieren, reicht es völlig aus, mit Clifford Geertz an die schlichte Einsicht zu erinnern, daß ‚niemand in der Welt im Allgemeinen lebt' (…). Ortsbewußtsein und Orientierungssinn, Perzeption und Produktion von

Orten, kurz: ‚senses of place' (…) gehören zur conditio humana. Wir können uns eine Welt ohne Orte nicht vorstellen" (Berking 1998: 390). Wie aber sollen wir uns eine Welt vorstellen, die aus globalisierten Orten besteht? Diese Frage impliziert die Notwendigkeit eines Ortsbegriffes, der über die Vorstellung hinausgeht, lokale Kulturen seien territorial fixiert, kulturell homogen und historisch-erdräumlich verwurzelt. In der Entwicklung eines neuen Verständnisses von Lokalität orientiert sich Berking an den Überlegungen von Doreen Massey: „Wenn wir das so oft zitierte Mantra ernst nehmen, dass sich das Lokale und das Globale ‚gegenseitig konstituieren', dann sind lokale Orte nicht einfach ‚Opfer' und nicht einmal nur die Produkte des Globalen. Im Gegenteil: Sie sind auch die Momente, durch die das Globale konstituiert wird, das heißt, es gibt nicht nur globale Konstruktionen des ‚Lokalen', sondern auch lokale Konstruktionen des ‚Globalen'" (Massey 2006: 29).

Massey vertritt ein radikal plurales und dynamisches Raumkonzept, demzufolge Raum durch Beziehungen zwischen Subjekten und Dingen sowie im Prozess der Interaktion geschaffen wird. In diesem Prozess bedingen sich Raum und Heterogenität: „Multiplicity and space are co-constitutive" (Massey 1999b: 280). „Ergebnis" eines solchen immerwährenden Prozesses ist kein abgeschlossener, in sich kohärenter Raum, sondern ein System mit offenen Enden und inhärenten Widersprüchen. Die wichtigste Voraussetzung für die Untersuchung und Diskussion von Raum ist Massey zufolge die Möglichkeit echter Differenz. So lasse sich beispielsweise nicht sinnvoll von einem „Entwicklungsland" sprechen, da in dieser Redeweise räumliche Unterschiede – wie etwa der Unterschied zwischen England und Somalia – als zeitliche Differenz interpretiert werden. Somalia erscheint in dieser Logik nicht als anders, sondern bloß als frühe Version Englands, dessen Zukunft eindeutig vorgezeichnet ist und die dem Ziel folgt, irgendwann zu England aufzuschließen. Räumliche Unterschiede durch Verzeitlichung zu verhüllen, ist für Massey Teil des modernen Mythos der „großen Erzählungen" (Lyotard 1999, orig. 1979) von Fortschritt, Entwicklung und Modernisierung, eine spezifische Form des Historismus, die ohne Berücksichtigung lokaler Unterschiede auf die eine, vorgezeichnete Entwicklungslinie abzielen (vgl. die durch diese Position kritisierte marxistische Geschichtsperiodisierung Henri Lefèbvres, dargestellt in Abschnitt 1.1). Es ist die theoretische Strömung des Postkolonialismus (vgl. Jacobs 1996), die seit Mitte der 1990er Jahre auf genau jene „ethnozentristisch qualifizierte Zentralperspektive der europäischen Moderne" (Berking/Löw 2005: 15) aufmerksam macht und zeigt, dass das, was wir über die Welt wissen, in erster Linie kulturell und lokal spezifisches Wissen ist. Eine solche Forschungsperspektive dechiffriert nicht nur die europäische Moderne als ethnozentristisch, gleichzeitig wird deutlich, dass die Gegenüberstellung eines fortschrittlichen „Raums der Ströme" mit einem veralteten „Raum der Orte" globozentristisch ist und damit nichts anderes als einen Ethnozentrismus auf einer neuen Ebene darstellt (ebd.). Um dem zu entgehen, plädiert Massey für ein Raumkonzept von radikaler Differenz und Pluralität, da nur so die Möglichkeit alternativer, divergierender Wege und Narrationen erhalten werden kann (vgl. Massey 1999b: 281). Denn nur, wenn es eine offene Zukunft gibt, wenn Somalia auch eine andere Entwicklungsrichtung nehmen kann als England, dann ist politisches Handeln und politische Einflussnahme sinnvoll möglich.

Vor dem Hintergrund postkolonialer Theorien argumentiert auch Helmuth Berking, wenn er die Differenz und die Bedeutung lokaler Wissensbestände für die Produktion von Orten herausstellt. Lokale Kontexte bilden nach Berking den Rahmen („local frame"), eine Art Filter, durch den hindurch globale Prozesse und global zirkulierende Bilder und Symbole überhaupt angeeignet werden und Bedeutung erlangen. So sei die Filmfigur „Conan, der Barbar" in den rechtsradikalen Zirkeln der Bundesrepublik eine andere Figur als in den schwarzen Ghettos der Chicagoer Southside. Und die „Redeweise von der McDonaldisierung der Welt macht vergessen, daß das, was in Moskau als zivilisatorischer Fortschritt erscheint, in Paris als typischer Ausdruck des amerikanischen Kulturimperialismus dechiffriert werden mag" (Berking 1998: 388). Deshalb sind die globalen kulturellen Ströme nur die halbe Wahrheit, die andere Hälfte zeigt sich aus der sozialen und kulturellen Neu-Verortung dieser Ströme, die einen Hinweis „auf die kontextgenerierende Kraft ortsbezogener, nicht ortsgebundener, kultureller Wissensproduktion und sozialer Praktiken" (ebd.) liefern.

Sinnvoll ist es deshalb, so schließt Berking, genau jene Rahmungen empirisch zu untersuchen, durch die „global flows" zu Teilen von „local cultures" werden. Das Spezifische eines Ortes zeigt sich dann in der Art und Weise, in der sich die Welt in ihm wiederfindet. Ein solches Ortskonzept verabschiedet sich zum einen von der lange Zeit für die moderne Soziologie erkenntnisleitenden Idee, Orte seien schlicht territoriale Ausschnitte der Erdoberfläche, an denen eine bestimmte Kultur und Identität der in ihnen lebenden Menschen entstünde (Isomorphismus von Territorialität, Identität und Kultur). Zum anderen bedeutet dies ein Abschied von der verbreiteten Vorstellung einer starren Opposition von Globalem und Lokalem. Den methodologischen Ausweg aus dieser binären Opposition kann man dadurch erreichen, dass man soziale Phänomene in verschiedenen Skalen, genannt „scales", oder räumlichen Reichweiten denkt, wie es unter anderem Erik Swyngedouw vorschlägt (Swyngedouw 1997; vgl. auch Smith 1993; 2001). Swyngedouw versteht unter scales unterschiedliche Maßstabsebenen wie das Lokale, das Regionale, das Nationale, das Europäische oder das Globale. Diese Maßstabsebenen betrachtet er weder als statisch vorgegebene territoriale Einheiten noch als machtneutrale Diskursstrategien, sondern vielmehr als Gegenstand ständiger Aushandlungsprozesse, über die Machtgewinne erzielt werden. Folgt man dieser Einsicht, dann lassen sich zahlreiche der oben beschriebenen Phänomene wie der diagnostizierte Bedeutungsverlust des Nationalstaates, die Wiederentdeckung des Lokalen oder die Rede von der Dominanz der globalen Kapitalmacht als „re-scaling" (Swyngedouw 1997) oder als „jumping of scales" (Smith 1993) beschreiben. Wichtig ist, dass diese unterschiedlichen Skalen nicht als hierarchisch geordnet, sondern als simultan operierend gedacht werden. Der Vorteil dieses Ansatzes besteht darin, Globalisierungs- und Lokalisierungsprozesse in ihrer Gleichzeitigkeit zu beschreiben (was sich auch in dem hybriden Begriff der „Glocalization" vermittelt, den Swyngedouw formt), und zwar als „politics of scale" (Swyngedouw 1997), als Auseinandersetzung um die räumliche Reichweite eines sozialen Phänomens. Scales sind damit gleichzeitig Medium und Resultat sozialer Interaktionen (vgl. dazu jüngst auf deutsch Wissen/Röttger/Heeg 2008).

Postkolonial argumentierende Ansätze dechiffrieren neomarxistische Raumtheorien also als „ethnozetristisch qualifizierte Zentralperspektive der europäischen Moderne" (Berking/Löw 2005: 15, vgl. auch Massey 1999a; 1999b). Stattdessen betonen sie die Heterogenität lokaler Kontexte und die Ortsbezogenheit unseres Wissens über die Welt. Raum und Ort werden begrifflich getrennt: der Ort wird relational ‚zur Welt' als Art und Weise, wie die Welt in ihm anwesend ist, konzipiert, während der Begriff des Raums den theoretischen Blick auf Organisationsformen des Nebeneinanders, damit auf Differenz, richtet. Mit dem Begriff der „scales" werden Raum-Ort-Konstellationen und deren Machtaspekte analysierbar. Was bleibt ist die Frage nach einem Raumbegriff, der Raumkonstitutionsprozesse auf verschiedenen scales ebenso in den Blick zu nehmen vermag, wie er Raum gleichzeitig als Resultat menschlicher Handlungen und als handlungsstrukturierend begreifbar macht.

1.3 Dualität von Raum

2001 legt Martina Löw einen raumsoziologischen Ansatz vor, der an die Theorie der Strukturierung von Anthony Giddens (1988) anschließt und diese weiterentwickelt. Giddens' Ausgangspunkt ist das Bestreben, die Gegensatzkonstruktion von Handeln und Struktur in der Sozialtheorie – in Giddens' Terminologie: der „Dualismus von Subjektivismus und Objektivismus" (Giddens 1988: 34) – begrifflich neu als Dualität (und damit als Zweiheit, nicht als Gegensatz) zu fassen. Giddens entwickelt diese Zweiheit im Konzept einer „Dualität von Struktur" (vgl. Giddens 1988: 77ff.). Er unterscheidet zwischen Struktur und Strukturen, wobei Erstere die Gesamtheit aller gesellschaftlichen Strukturen umfasst. Unter Strukturen stellt er sich eine Menge von Regeln und Ressourcen vor, die rekursiv in Institutionen eingelagert sind. Am besten lässt sich dies am Beispiel der Sprache verdeutlichen: Alle Angehörigen einer Sprachgemeinschaft teilen – abgesehen von einer Reihe unbedeutender Abweichungen – dieselben Regeln und linguistischen Praktiken. Im Akt des Sprechens (Handelns) reproduzieren sie diese Regeln (Strukturmomente), die ihnen das Sprechen (Handeln) erst ermöglichen und es gleichzeitig – im Rahmen der Regeln – begrenzen (vgl. Giddens 1988: 76f.). Durch die beständige Reproduktion sprachlicher Praktiken (alltäglichen Handelns) werden Regeln/Strukturmomente rekursiv institutionalisiert, bleiben aber stets – etwa durch abweichende (sprachliche) Praktiken – veränderbar. Entscheidend ist, dass Giddens Handeln – anders als es in der Soziologie häufig der Fall ist – nicht unabhängig, sondern in einer Wechselwirkung zu gesellschaftlichen Strukturen denkt.

Routinen spielen in seiner Konzeption eine zentrale Rolle, da sie konstitutiv sind sowohl für die kontinuierliche Reproduktion der Persönlichkeitsstrukturen der Akteure im Alltagshandeln als auch für die sozialen Institutionen, die als solche nur aufgrund ihrer fortwährenden Reproduktion existieren (vgl. Giddens 1988: 111f.). Routinen vermitteln zudem „Seinsgewißheit" (ebd.: 101) und gesellschaftliche Stabilität, indem sie Strukturen reproduzieren. Giddens nennt zwei wichtige Strukturmomente: Regeln und Ressourcen. Als Regeln definiert Giddens bestimmte Verfahrensweisen von Aushandlungsprozessen in sozialen Beziehungen, die bei Verletzung Sanktionen nach sich ziehen. Regeln können als Strukturmerkmal nicht ohne Bezug auf Ressourcen gedacht werden, über die Giddens den Machtaspekt in seine Theorie integriert. Ressourcen sind für ihn „Medien, durch die Macht als ein Routineelement der Realisierung von Verhalten in der gesellschaftlichen Reproduktion ausgeübt wird" (Giddens 1988: 67). Auf sie beziehen sich die bewusst handelnden Subjekte in ihrem Handeln.

Neben den Strukturbegriff setzt Giddens den Begriff des „Systems", worunter er die räumlich und zeitlich situierten, routinierten Handlungen von Menschen fasst. Während Struktur als rekursiv organisierte Menge von Regeln und Ressourcen für Giddens außerhalb von Raum und Zeit denk- und analysierbar ist, sind soziale Systeme der Ort, an dem sich Strukturen realisieren. Soziale Systeme, somit Handlungsgeflechte, können, so Giddens, unterschiedlich große raum-zeitliche Reichweiten haben. In seiner Vorstellung weisen sie zudem zeitliche und räumliche Differenzierungen auf. Sie würden in Zonen aufgeteilt, welchen wiederum unterschiedliche repetitive soziale Praktiken entsprächen. Giddens nennt diesen Vorgang „Regionalisierung" (ebd.: 161ff. vgl. zum Aspekt der Regionalisierung bei Giddens die Weiterentwicklung durch Benno Werlen 1997; 1999; 2001).

Vor dem Hintergrund der Giddens'schen Unterscheidung zwischen System und Struktur zeigt Martina Löw, dass der Raum in der Theorie der Strukturierung soziologisch nur in seinem Ortsbezug relevant wird: „Die Aussage, Strukturen seien Raum und Zeit überdauernde Regeln und Ressourcen, ergibt nur dann Sinn, wenn Raum als ‚konkreter Ort' interpretiert wird" (Löw 2001a: 37), somit wenn Raum reduziert wird auf einen „ortsbezogenen" und territorial gedachten Raumbegriff (ebd.: 35ff.). An dieser Stelle setzt Löws entscheidende Weiterentwicklung der Theorie der Strukturierung an. Löw versteht „Strukturen nicht wie Giddens als unabhängig von Zeit und Raum, sondern als losgelöst von Ort und Zeitpunkt" (ebd.: 168). Sie geht davon aus, dass Räume im Handeln entstehen. *Mit* Giddens argumentiert sie *gegen* Giddens, dass räumliche Strukturen als Teil der gesellschaftlichen Struktur zu betrachten sind und damit gleichzeitig als Resultat des Handelns sowie als gesellschaftliches Ordnungsmuster. „Das Räumliche ist, so meine These, nicht gegen das Gesellschaftliche abzugrenzen, sondern es ist eine spezifische Form des Gesellschaftlichen. Räumliche Strukturen sind, wie zeitliche Strukturen auch, Formen gesellschaftlicher Strukturen" (ebd.: 167). Mithilfe dieser Konzeption entfaltet sie ihr relationales Raumkonzept: Räume sind nicht mehr nur als ortsbezogene Lokalisierungen sozialer Systeme, somit als ontologisch gegebene Hintergrundfolie für das Handeln denkbar, Räume können vielmehr im Prozess ihres Entstehens untersucht werden, wobei die Ermöglichungspotentiale des Handelns ebenso berücksichtigt werden wie die Zwänge einer durch Regeln und Ressourcen abgesicherten strukturellen Ordnung.

Löw begreift Räume deshalb als „relationale (An)Ordnungen" (vgl. Löw 2001a: 158ff.) sozialer Güter und Menschen. Der Begriff der „(An)Ordnung" in genau dieser Schreibweise betont den beschriebenen Doppelcharakter, das heißt die „Dualität von Raum" (ebd.: 172): Räume entstehen durch die Praxis des Anordnens und sind gleichzeitig eine gegebene sozialräumliche Ordnung. Analog zu Giddens argumentiert Löw, dass räumliche Strukturen dem Handeln sowohl vorrangig als auch Folge des Handelns sind. Ein Beispiel: Man stelle sich einen Supermarkt vor. Die (An)Ordnung der Regale zueinander (zuerst Obst, in der Mitte die Kühltheke, am Ende die Süßigkeiten), die Platzierung der Güter in den Regalen (auf Sichthöhe die teuren Marken), die Wege der Menschen um die Regale herum (i.d.R. gegen den Uhrzeigersinn), die (An)Ordnung der Kassen (parallel zueinander) – all dies ist trotz existierender Ausnahmen hoch institutionalisiert und verhaltenspsychologisch optimiert, somit für das einräumende Supermarktpersonal eine dem Handeln (Einräumen) vorrangige Ordnung. Dennoch wird diese Ordnung durch das tägliche Platzieren der Waren immer wieder neu hergestellt. Abweichende Platzierungen sind denkbar, würden aber beim Einkäufer für Verwirrung sorgen.

Beim Blick auf den Handlungsaspekt der Konstitution von Raum unterscheidet Löw analytisch zwei sich in der Regel gegenseitig bedingende Prozesse: das „Spacing" und die „Syntheseleistung" (ebd.: 158). Das Spacing bezeichnet den Akt des Platzierens bzw. das Platziertsein von sozialen Gütern und Menschen an Orten. Den Begriff „soziale Güter" übernimmt Löw von Reinhard Kreckel, der darunter „Produkte gegenwärtigen und vor allem vergangenen materiellen und symbolischen Handelns" (1992: 77) versteht. Als Raum wirksam wird, so argumentiert Löw, eine über Platzierungen geschaffene (An)Ordnung allerdings erst dadurch, dass die Elemente dieser (An)Ordnung aktiv durch Menschen verknüpft werden und zwar über Wahrnehmungs-, Vorstellungs- oder Erinnerungsprozesse.

Diesen Akt der Zusammenfassung von sozialen Gütern und Menschen zu Räumen nennt Löw Syntheseleistung.

Unter Wahrnehmung, dem wohl wichtigsten Aspekt der Syntheseleistung, versteht Löw den Prozess, soziale Wirklichkeit zu erfahren und zu interpretieren. Dies sei in der Moderne, die dominant über das Sehen Wirklichkeit erschließt, ein deutlich über den Blick geprägter Handlungszusammenhang. Wahrnehmung meint aber, so Löw, die Interpretation sozialer Realität mit allen Sinnen, das heißt Wahrnehmung ist kein unmittelbarer Vorgang, sondern aus der Vielfalt des möglich Wahrnehmbaren wird ausgewählt, so dass Wahrnehmung immer ein selektiver und konstruktiver Prozess, also eine Aktivität ist (vgl. Löw/Steets/Stoetzer 2007: 13). Dabei spielen laut Löw die „Außenwirkung" der sozialen Güter und der anderen Menschen eine gleichermaßen wichtige Rolle wie die Wahrnehmungsaktivität des Konstituierenden. „Nur indem berücksichtigt wird, daß beide Aspekte im Wahrnehmungsprozeß gleichzeitig verlaufen, läßt sich eine für Wahrnehmungstheorien typische Spaltung in objekt- und subjektorientierte überwinden" (Löw 2001a: 196). Löw betont, dass Wahrnehmungs- ebenso wie Vorstellungs- und Erinnerungsprozesse vom Habitus des Synthetisierenden und von gesellschaftlichen Strukturen vorarrangiert werden. Der Habitus wirke wie ein „Wahrnehmungschema" (ebd.: 197), das im Prozess der Sozialisation und Bildung dazu führe, dass manche Sinne stärker, manche schwächer ausgebildet würden und manche Sinneseindrücke wichtiger erscheinen als andere. Zudem sei unsere Wahrnehmung stark vorgeprägt durch die an der euklidischen Geometrie orientierte Schulung des Sehsinns, wenngleich sie nicht darin aufgehe.

Im Wahrnehmungsbegriff zeigt sich der vielleicht wesentlichste Unterschied zwischen der raumsoziologischen Konzeption von Martina Löw und der eines Henri Lefèbvre: Lefèbvre bezeichnet seine Kategorie der räumlichen Praxis (spatial practice) auch als wahrgenommenen Raum (perceived space), bezieht das Wahrgenommene aber ausschließlich auf den visuellen Aspekt, der Wahrnehmung überhaupt determiniere und zudem kolonialisiert sei durch moderne Repräsentationen des Raums (representations of space) wie Perspektive und euklidische Geometrie. Rob Shields bemerkt dazu: „The stress on perspectivalism leaves the impression that somehow ‚spatial practice' is defined only visually by ‚perception' (l'espace percu) without practice at all" (1999: 163). Für Lefèbvre ist die Wahrnehmung im Alltag ein passiver, von Entfremdung geprägter Vorgang. Alternative Sichtweisen sind für ihn in der Kategorie des gelebten Raums (lived space) als Ahnung oder Vision aufgehoben. Martina Löw hingegen konzeptualisiert Wahrnehmung (auch auf der Ebene des Alltags) als multisinnlichen und aktiven Akt der Raumkonstitution. Sie leugnet nicht, dass Wahrnehmung durch erlernte Seh-, Riech-, Spür- oder Hörweisen habituell und gesellschaftlich vorgeprägt ist, setzt die Vorprägung allerdings nicht wie Lefèbvre als bekannt voraus, sondern fragt gerade nach dem *Wie* der Wahrnehmung und damit der soziostrukturellen Prägung derselben. Räume können auf diese Weise im Prozess ihres Entstehens untersucht werden.

2 Perspektiven einer räumlichen Stadtsoziologie

Konzipiert man Stadt nicht als territorialen Ausschnitt der Erdoberfläche, der für die Soziologie allein hinsichtlich seiner (vom Land unterschiedenen) Funktionsweise für die kapitalistische Gesellschaft relevant wird, sondern als *(Teil)Funktion von Raum*, dann gelingt eine theoretische Zusammenführung von Räumlich-Physischem und Sozialem, die neue Forschungsperspektiven eröffnet. Doreen Massey hat einen solchen Ansatz formuliert (Massey 1999c). Sie versteht Städte „both individually and in the relations between them" als „spatial phenomena" (ebd.: 159). Städte, so Massey, seien Orte gesteigerter Intensitäten, deren ursächliche Faktoren in der Größe einer Ansiedlung, der Heterogenität der dort aufeinander treffenden Menschen und Lebensweisen, der Dichte der bebauten Umwelt und Infrastruktur und in einer Beschleunigung der Zeit zu finden seien. Dadurch entstehe eine stadtspezifische Räumlichkeit, die ihrerseits Effekte produziere wie beispielsweise soziale Distanzierung aufgrund physischer Nähe oder das Entstehen von Neuem als Folge des Zusammentreffens heterogener Strömungen. Ähnlich argumentiert Gerd Held in seiner Untersuchung zur räumlichen Differenzierung der Moderne (2005). Held unterscheidet das räumliche Anordnungsprinzip der Großstadt von dem des Nationalstaates, indem er beide Prinzipien auf spezifische Modi der Vergesellschaftung zurückführt. Während der Nationalstaat als Territorialform auf dem Prinzip des Ausschlusses basiert – er braucht die Grenze als konstituierendes Element und produziert deshalb Homogenität im Inneren – funktioniert die räumliche Form der Stadt nach dem Prinzip des Einschlusses. Die Stadt, so Held, verneint die Eindeutigkeit der Grenze und erhöht auf diese Weise Dichte und Heterogenität. Ihre „Raumstruktur wird sozusagen als Häufung von Kontaktflächen gebildet" (ebd.: 230).

Mit Löw lässt sich diese beschriebene räumliche Form der Stadt als (An)Ordnung konzipieren, das heißt als eine Menge von räumlichen Strukturen, die Teil der gesellschaftlichen Struktur (nach Giddens) sind, die also dem Handeln sowohl vorrangig als auch Folge des Handelns sind. Mit anderen Worten: Räume und damit auch die Räumlichkeit *der* beziehungsweise *einer* Stadt ist gleichzeitig Ursache und Folge einer spezifisch städtischen Form der Vergesellschaftung. Anders als in der Humanökologie der Chicago School ist Raum in diesem Verständnis keine Determinante von Stadt und für Handlung, sondern eine von mehreren erklärenden Variablen für Gesellschaft. Diesen Aspekt der „openness" von Raum betont auch Massey, für die Räume wichtige Potentialitäten darstellen, die Effekte ermöglichen oder behindern, jedoch keinesfalls determinieren, was sie an einem einfachen Beispiel verdeutlicht. „The very fact of high population density can ‚lead' either to the spread of disease or to the possibility of providing, relatively cheaply, a good local medical service. It will lead to *something*; *what* it leads to is a social choice" (Massey 1999c: 165, Herv. i. Orig.) und damit etwas, das es auf politischer Ebene auszuhandeln gilt.

Denkt man Raum relational und nicht territorial, dann lässt sich der skizzierte Ansatz einer räumlichen Stadtsoziologie erweitern, indem man auch auf außerhalb jeder einzelnen Stadt liegende Einflussfaktoren blickt (vgl. Abschnitt 1.2). „Each city lives in interconnection with other cities and with non-city areas" (ebd.: 160), schreibt Massey. Durch diese externen Verbindungen werde jede Stadt mit neuen Kulturen und Ideen versorgt. „Moreover it is through this spatial openness and interconnectedness of cities that they are both held together in interdependence and enabled to pursue their distinctive individual trajectories" (ebd.: 161). Versteht man Städte also wie Massey als „dynamic open intensities" (ebd.: 168), das heißt zum einen als Funktion einer internen Organisation von Größe, Dichte, Heterogenität und Beschleunigung und zum anderen als Funktion einer externen relationalen Verknüpfung mit der Welt, dann lässt sich empirisch nicht nur die Frage nach der räumlichen Form der Stadt, sondern auch die nach der Differenz *zwischen* Städten stellen. Die eingangs erwähnte Diskussion um den „Habitus" bzw. den Charakter einer Stadt kann somit raumsoziologisch fundiert werden, ein Ansatz der gegenwärtig mit dem Begriff der „Eigenlogik der Städte" (Berking/Löw 2005: 12) versucht wird zu fassen.

Eine Konsequenz hat eine solche Perspektive auch auf die ethnologische Stadtforschung, wie Rolf Lindner verdeutlicht: „Eine Ethnologie *der* Stadt (...) stellt die von der Ethnologie *in* der Stadt eingenommene Perspektive auf den Kopf. An die Stelle der Territorialität der lokalen Kultur tritt die ‚fluidité urbaine' (...). Das Idealgebilde der Ethnologie in der Stadt, das *urban village*, wird im Kontext einer genuin urbanen Existenz ersetzt durch das fluide, im wahrsten Sinne des Wortes flüchtige Gebilde der *Szene*, das die Intimität der *community* (...) mit der *fluidity*, dem Fließenden des Großstadtlebens verbindet. An die Stelle der Homogenität der lokalen Kultur tritt die Heterogenität der Stadtkultur, die mehr ist als die Summe der lokalen Kulturen" (Lindner 2005b: 59, Hervorh. im Orig.). Denkbar ist diese Stadtkultur als Netzwerk, raumsoziologisch gewendet heißt dies nichts anderes, als dass sich kulturelle Netzwerke, posttraditionale oder auch transnationale Gemeinschaften nicht – wie es der humanökologische Ansatz der Chicago School nahelegt – auf einem abgrenzbaren Stadtgebiet sammeln müssen, um eine gemeinsame symbolische Welt zu teilen. Martina Löw plädiert deshalb für einen doppelten Fokus zeitgemäßer community studies: Sie sollen zum einen die Verknüpfung von Handeln und Strukturen untersuchen und zum anderen die spezifischen Raum-Ort-Konstellationen sozialer Milieus in den Blick nehmen (vgl. Löw 2001b: 122ff., in einer empirischen Studie angewendet Steets 2008).

Von einem relationalen Raumverständnis profitiert nicht zuletzt auch eine Soziologie der Architektur. Vielfach wurde im sozialwissenschaftlichen Architekturdiskurs ähnlich wie in der Stadtsoziologie der funktionale Überhang einer marxistisch inspirierten Auseinandersetzung mit der *physischen Form* der Stadt beklagt (vgl. King 1984; Ball 1986). Studien wie die von Castells (Castells 1977, orig. 1972) und Harvey (1973) griffen zu kurz, indem sie die gebaute Umwelt lediglich im Hinblick auf ihre Funktion für die Reproduktion der Arbeitskraft und die Aufrechterhaltung des kapitalistischen Systems untersuchten. Neuere Arbeiten zeigen hingegen die Erkenntniskraft von Ansätzen, die die Perspektive einer politischen Ökonomie des Bauens systematisch um soziale, kulturelle und geschlechtsspezifische Ansätze erweitern. Ein gutes Beispiel dafür ist Anthony Kings Untersuchung über die Veränderungen des englischen Fußballs und seiner Orte – den Stadien – in den 1990er Jahren (King 1998). Fußball war, besonders in England, bis Ende der 1980er Jahre Ort männlichen Proletenkults („lad culture"), der seine baulich-räumliche Entsprechung in den Stehplatzfankurven der (alten) Stadien und in der physischen Erfahrung des gedrängten Stehens und Singens der nahezu ausschließlich männlichen Fans fand. Ausgelöst durch die Stadionkatastrophen von Heysel 1985 (39 Tote) und Hillsborough 1989 (96 Tote) kam es zu einer Transformation dieser baulich-räumlichen Ordnung. Die klassischen Stehplatztribünen fielen dem komplett bestuhlten Arenamodell mit VIP-Zonen und Firmen-Lounges zum Opfer. King zeigt, dass „the end of the terraces" in England verstanden werden muss vor dem Hintergrund einer rasanten Kommerzialisierung des Fußballs (Formierung der „Premier League"/TV-Vermarktung/Merchandising), deren diskursive Basis darin bestand, den englischen Fußball der 1970er und 80er Jahre sowie das damit verknüpfte Männlichkeitsmodell als ein anachronistisches Ritual erscheinen zu lassen. Das Ende der Stehplätze öffnete neuen kaufkräftigeren Schichten den Weg ins Stadion. Die modernen Arenen von heute sind sicherer, komfortabler und damit frauen- und familienfreundlicher. Gleichzeitig, so argumentiert King, machen sie aus Fans Konsumenten. Wenngleich King seine Studie nicht explizit architektursoziologisch anlegt, so steckt in seinem Ansatz doch der Kern einer

Soziologie des gebauten Raums, die angelehnt an die relationale Konzeption von Raum bauliche Strukturen als gesellschaftliche Strukturen untersucht. Gebäude und die physische Umwelt begrenzen und ermöglichen Handlungen (in diesem Beispiel: Fanrituale) viel manifester als Räume dies tun, die erst mit gelungener Syntheseleistung handlungsrelevant werden. Die gebaute Umwelt ist zudem wesentlicher, nämlich sicht-, riech-, fühl-, hör- und anfassbarer Bestandteil jedes Raums und damit jeder einzelnen Stadt.

Literatur

An Architektur (2002): Material zu: Henri Lefèbvre, Die Produktion des Raums. In: An Architektur. Produktion und Gebrauch gebauter Umwelt 1: 3-21
Ball, M. (1986): The Built Environment and the Urban Question. In: Environment and Planning D: Society and Space 4. 4: 447-464
Beeck, Sonja (2001): Theming: Mode oder Methode? In: Bittner (2001): 245-251
Berking, Helmuth (1998): „Global Flows and Local Cultures". Über die Rekonfiguration sozialer Räume im Globalisierungsprozeß. In: Berliner Journal für Soziologie 8. 3: 381-392
Berking, Helmuth (Hrsg.) (2006): Die Macht des Lokalen in einer Welt ohne Grenzen. Frankfurt a.M./New York: Campus
Berking, Helmuth/Löw, Martina (2005): Wenn New York nicht Wanne-Eickel ist … Über Städte als Wissensobjekt der Soziologie. In: Berking et al. (2005): 9-22
Berking, Helmuth/Löw, Martina (Hrsg.) (2005): Die Wirklichkeit der Städte. Baden-Baden: Nomos
Bird, Jon (Hrsg.) (1993): Mapping the Futures, Local Cultures, Global Change. London/New York: Routledge
Bittner, Regina (Hrsg.) (2001): Die Stadt als Event. Zur Konstruktion urbaner Erlebnisräume. Frankfurt a.M./New York: Campus
Bourdieu, Pierre (1991): Physischer, sozialer und angeeigneter physischer Raum. In: Wentz (1991): 25-34
Castells, Manuel (1977, orig. 1972): The Urban Question. A Marxist Approach. London: Edward Arnold
Castells, Manuel (2001): Das Informationszeitalter. Teil 1 der Trilogie. Der Aufstieg der Netzwerkgesellschaft. Opladen: Leske + Budrich
Cox, Kevin (Hrsg.) (1997): Spaces of Globalization. New York: Guilford Press
Dünne, Jörg (2006): Einleitung. Soziale Räume. In: Dünne et al. (2006): 289-302
Dünne, Jörg/Günzel, Stephan (2006): Raumtheorie. Grundlagentexte aus Philosophie und Kulturwissenschaften. Frankfurt a.M.: Suhrkamp
Durkheim, Émile (1984, orig. 1912): Die elementaren Formen des religiösen Lebens. Frankfurt a.M.: Suhrkamp
Elden, Stuart (2002): „Es gibt eine Politik des Raumes, weil Raum politisch ist." Henri Lefèbvre und die Produktion des Raumes. In: An Architektur. Produktion und Gebrauch gebauter Umwelt 1: 27-35
Foucault, Michel (1991, orig. 1967): Andere Räume. In: Wentz (1991): 65-72
Giddens, Anthony (1988): Die Konstitution der Gesellschaft. Grundzüge einer Theorie. Frankfurt a.M./New York: Campus
Gottdiener, Mark (2002, orig. 1993): Ein Marx für unsere Zeit: Henri Lefèbvre und Die Produktion des Raumes. In: An Architektur. Produktion und Gebrauch gebauter Umwelt 1: 22-26
Hackenbroich, Wilfried (2001): Entwerfen aus Bildern. In: Bittner (2001): 233-242
Hannerz, Ulf (1980): Exploring the City. Inquiries Toward an Urban Anthropology. New York: Columbia University Press

Harvey, David (1973): Social Justice and the City. Oxford/Cambridge: Blackwell
Harvey, David (1984, orig. 1982): The Limits to Capital. Oxford/Cambridge: Blackwell
Harvey, David (1989): The Condition of Postmodernity. Oxford/Cambridge: Blackwell
Harvey, David (1995): Die Postmoderne und die Verdichtung von Raum und Zeit. In: Kuhlmann (1995): 48-78
Häußermann, Hartmut (Hrsg.) (1993): New York – Strukturen einer Metropole. Frankfurt a.M.: Suhrkamp
Häußermann, Hartmut/Ipsen, Detlev/Krämer-Badoni, Thomas u.a. (Hrsg.) (1991): Stadt und Raum: Soziologische Analysen. Pfaffenweiler: Centaurus
Häußermann, Hartmut/Kemper, Jan (2005): Die soziologische Theoretisierung der Stadt und die ‚New Urban Sociology. In: Berking et al. (2005): 25-53
Häußermann, Hartmut/Siebel, Walter (1978): Thesen zur Soziologie der Stadt. In: Leviathan 6: 484-500
Held, Gerd (2005): Territorium und Großstadt. Die räumliche Differenzierung der Moderne. Wiesbaden: VS
Huyssen, Andreas/Scherpe, Klaus R. (Hrsg.) (1989): Postmoderne. Zeichen eines kulturellen Wandels. Reinbek bei Hamburg: Rowohlt
Jacobs, Jane (1996): Edge of Empire. Postcolonialism and the City. London/New York: Routledge
Jameson, Fredric (1989, orig. 1984): Postmoderne – Zur Logik der Kultur im Spätkapitalismus. In: Huyssen et al. (1989): 45-102
Kessl, Fabian/Reutlinger, Christian/Maurer, Susanne u.a. (Hrsg.) (2005): Handbuch Sozialraum. Wiesbaden: VS
King, Anthony (1998): The End of the Terraces: the Transformation of English Football in the 1990s. London: Leicester University Press
King, Anthony D. (1984): The Social Production of Building Form: Theory and Research. In: Environment and Planning D: Society and Space 2. 4: 429-446
Korte, Hermann/Bauer, Eckhart/Riege, Marlo u.a. (1972): Soziologie der Stadt. München: Juventa
Krämer-Badoni, Thomas (1991): Die Stadt als sozialwissenschaftlicher Gegenstand. In: Häußermann et al. (1991): 1-29
Kreckel, Reinhard (1992): Politische Soziologie der sozialen Ungleichheit. Frankfurt a.M./New York: Campus
Kuhlmann, Andreas (Hrsg.) (1995): Philosophische Ansichten der Kultur der Moderne. Frankfurt a.M.: Fischer
Läpple, Dieter (1991a): Gesellschaftszentriertes Raumkonzept. Zur Überwindung von physikalisch-mathematischen Raumauffassungen in der Gesellschaftsanalyse. In: Wentz (1991): 35-46
Läpple, Dieter (1991b): Essay über den Raum: für ein gesellschaftswissenschaftliches Raumkonzept. In: Häußermann et al. (1991): 157-207
Lee, Martyn (1997): Relocating Location: Cultural Geography, the Specificity of Place and the City Habitus. In: McGuigan (1997): 126-141
Lefèbvre, Henri (1972): Die Revolution der Städte. München: List
Lefèbvre, Henri (1977): Kritik des Alltagslebens. Kronberg/Taunus: Athenäum
Lefèbvre, Henri (1991): The Production of Space. Oxford/Cambridge: Blackwell
Lefèbvre, Henri (2002, orig. 1975): Die Produktion des städtischen Raums. In: An Architektur. Produktion und Gebrauch gebauter Umwelt 1: 4-20
Lindner, Rolf (2004): Walks on the Wild Side. Eine Geschichte der Stadtforschung. Frankfurt a.M./New York: Campus
Lindner, Rolf (2005a): Die Kultur der Metropole. In: Humboldt Spektrum 12. 2: 22-28
Lindner, Rolf (2005b): Urban Anthropology. In: Berking et al. (Hrsg.) (2005b): 55-66
Lindner, Rolf (2007, orig. 1990): Die Entdeckung der Stadtkultur. Soziologie aus der Erfahrung der Reportage. Frankfurt a.M./New York: Campus
Löw, Martina (2001a): Raumsoziologie. Frankfurt a.M.: Suhrkamp

Löw, Martina (2001b): Gemeindestudien heute: Sozialforschung in der Tradition der Chicagoer Schule? In: Zeitschrift für Qualitative Bildungs-, Beratungs- und Sozialforschung 1: 111-131
Löw, Martina/Steets, Silke/Stoetzer, Sergej (2007): Einführung in die Stadt- und Raumsoziologie. Opladen/Farmington Hills: Barbara Budrich
Löw, Martina/Sturm, Gabriele (2005): Raumsoziologie. In: Kessl et al. (Hrsg.) (2005): 31-48
Lyotard, Jean-François (1999, orig. 1979): Das postmoderne Wissen: ein Bericht. Wien: Passagen
Marx, Karl (1977, orig. 1867): Das Kapital. Kritik der politischen Ökonomie. Erster Band. Karl Marx – Friedrich Engels – Werke. Band 23. Berlin: Dietz
Massey, Doreen (1999a): Power-Geometries and the Politics of Space-Time. Heidelberg: Hettner-Lecture
Massey, Doreen (1999b): Spaces of Politics. In: Massey/Allen/Sarre (1999): 279-294
Massey, Doreen (1999c): On Space and the City. In: Massey/Allen/Pile (1999): 157-170
Massey, Doreen (2006): Keine Entlastung für das Lokale. In: Berking (2006): 25-31
Massey, Doreen/Allen, John/Pile, Steve (1999): City Worlds. London/New York: Routledge
Massey, Doreen/Allen, John/Sarre, Philip (Hrsg.) (1999): Human Geography Today. Cambridge/Oxford/Malden: Blackwell
McGuigan, Jim (Hrsg.) (1997): Cultural Methodologies. London/Thousand Oaks/New Delhi: Sage
Minca, Claudio (Hrsg.) (2001): Postmodern Geography. Theory and Praxis. Malden: Blackwell
Mitscherlich, Alexander (1996, orig. 1965): Die Unwirtlichkeit unserer Städte. Anstiftung zum Unfrieden. Frankfurt a.M.: Suhrkamp
Noller, Peter (2000): Globalisierung, Raum und Gesellschaft: Elemente einer modernen Soziologie des Raumes. In: Berliner Journal für Soziologie 10. 1: 21-48
Park, Robert Ezra (1967, orig. 1925): The City. Suggestions for the Investigation of Human Behavior in the Urban Environment. In: Park et al. (1967): 1-46
Park, Robert Ezra/Burgess, Ernest Watson/McKenzie, Roderick Duncan (Hrsg.) (1967, orig. 1925): The City. Chicago: University of Chicago Press
Sassen, Saskia (1993): Global City: Internationale Verflechtungen und ihre innerstädtischen Effekte. In: Häußermann (1993): 71-90
Sassen, Saskia (1996): Metropolen des Weltmarktes. Die neue Rolle der Global Cities. Frankfurt a.M./New York: Campus
Saunders, Peter (1987): Soziologie der Stadt. Frankfurt a.M./New York: Campus
Schlögel, Karl (2003): Im Raume lesen wir die Zeit. Über Zivilisationsgeschichte und Geopolitik. München/Wien: Carl Hanser
Schroer, Markus (2006): Räume, Orte, Grenzen. Auf dem Weg zu einer Soziologie des Raumes. Frankfurt a.M.: Suhrkamp
Shields, Rob (1999): Lefèbvre, Love & Struggle. Spatial Dialectics. London/New York: Routledge
Simmel, Georg (1995, orig. 1908): Der Raum und die räumliche Ordnung der Gesellschaft. In: Georg Simmel – Soziologie: Untersuchungen über die Formen der Vergesellschaftung. Gesamtausgabe Band 11 (hrsg. v. Otthein Rammstedt). Frankfurt a.M.: Suhrkamp: 687-790
Smith, Neil (1993): Homeless/global. Scaling Places. In: Bird (1993): 87-119
Smith, Neil (2001): Rescaling Politics. Geography, Globalism and the New Urbanism. In: Minca (2001): 147-168
Soja, Edward W. (1996): Thirdspace. Journeys to Los Angeles and Other Real and Imagined Places. Malden/Oxford: Blackwell
Steets, Silke (2008): „Wir sind die Stadt!" Kulturelle Netzwerke und die Konstitution städtischer Räume in Leipzig. Frankfurt a.M./New York: Campus
Sturm, Gabriele (2000): Wege zum Raum: methodologische Annäherungen an ein Basiskonzept raumbezogener Wissenschaften. Opladen: Leske + Budrich
Swyngedouw, Erik (1997): Neither Global nor Local: ‚Glocalization' and the Politics of Scale. In: Cox (1997): 137-166
Virilio, Paul (1994): Im Würgegriff der Zeit. In: DIE ZEIT vom 11.11.1994: 63
Weizsäcker, Carl Friedrich von (1986): Aufbau der Physik. München/Wien: Hanser

Wentz, Martin (Hrsg.) (1991): Stadt-Räume. Frankfurt a.M.: Campus
Werlen, Benno (1997): Sozialgeographie alltäglicher Regionalisierung II: Globalisierung, Region und Regionalisierung. Stuttgart: Franz Steiner
Werlen, Benno (1999): Sozialgeographie alltäglicher Regionalisierung I: Zur Ontologie von Raum und Gesellschaft. Stuttgart: Franz Steiner
Werlen, Benno (2001): Sozialgeographie alltäglicher Regionalisierung III: Geographien des Alltags – Empirische Befunde. Stuttgart: Franz Steiner
Wissen, Markus/Röttger, Bernd/Heeg, Susanne (Hrsg.) (2008): Politics of Scale. Räume der Globalisierung und Perspektiven emanzipatorischer Politik. Münster: Westfälisches Dampfboot
Zukin, Sharon (1980): A Decade of the New Urban Sociology. In: Theory and Society 9.4: 575-601

Religion

Katharina Liebsch

1 Jenseits des Alltäglichen. Versuch einer Begriffsbestimmung

Religion ist eine weit verbreitete Art und Weise, Sinn und Bedeutung zu schaffen. Indem Religionen ein sinnhaftes Zentrum bilden und die umfassende Bedeutsamkeit einer höheren Wirklichkeit formulieren, lassen sie alltägliche Probleme verstehbar werden und bieten zugleich utopische oder transzendente Visionen. So stellt die Religion im alltagsweltlichen Bereich Deutungs- und Erklärungsmuster für extreme Erfahrungen zur Verfügung und kann bei Krankheiten und Tod Trost und Orientierung stiften oder dabei helfen, große Glücksgefühle einzuordnen und zu verstehen. Auch werden Gruppenzugehörigkeiten durch Religion gestiftet und symbolisiert – man denke nur an das Kreuz am Goldkettchen um den katholischen Hals oder die orange-rote Kleidung der Bhagwan-Anhängerschaft als religiöse Erkennungs- und Zuordnungsmerkmale. Zudem bedient Religion Heilserwartungen und Zukunftsängste; sei es in der positiven Form der Vorstellung vom Paradies oder in der apokalyptischen Idee vom Jüngsten Tag. Alle Religionen und religiösen Orientierungen etablieren Ordnungen und Ganzheiten: Im Rückgriff auf nicht-empirische Sachverhalte, durch die Erklärung von Unerklärlichem und die Verdeutlichung von Undeutlichem, wird die Welt auf einer höheren Stufe zusammengefügt und mit Sinn versehen (vgl. Berger 1974; 1979; Hahn 1974; Stolz 1992; Tenbruck 1993).

Als Mittel und Instrument der Sinngebung wirkt Religion als eine Form von Vorstellungskraft, Fantasie und Kreativität, die nicht selten aus der Erfahrung der Begrenzung und Ohnmacht der eigenen Person resultiert. Solche Erfahrungen lassen den Wunsch nach außerweltlichen Mächten und Kräften entstehen und diese werden mit Bedeutungen angereichert, die das Ziel verfolgen, ein vereinheitlichtes Interpretationsmuster herzustellen.

Historisch entwickelt sich diese Art der Sinngebung durch die sukzessive Verdrängung von Magie und magischen Erklärungen durch die Religion. Wetterzauber, animistische Magie oder Ritualismus, die herangezogen wurden zur Beruhigung solchen Unheils, das von organischen Prozessen und Naturereignissen ausgeht, verloren durch die Etablierung von Prophetie und Priestertum als religiöse Machtinstanzen immer mehr an Bedeutung. Zunächst existierten Magie und Religion nebeneinander. Es gab sowohl eine Nachfrage nach magischen Erklärungen als auch entwickelte sich die Erwartung einer systematischen Botschaft, die dem Leben einen einheitlichen Sinn zu verleihen vermochte. Durch die Verstädterung und die Zunahme sozialer Verflochtenheit wie auch durch die Entwicklung eines Pflicht- und Lohn-Begriffs in der Kundenarbeit des Handwerks aber wurden zunehmend moralisierende Wertungen in die Religiosität wie auch der Wunsch nach einer allgemeinen, rationalen Ordnung hineingetragen. Es etablierte sich die rationalistische, zur religiösen Spekulation führende Frage nach einem ‚Sinn' des Daseins jenseits seiner selbst.

Dies bewirkte insgesamt, dass der Wandel von der Magie zur Religion mit Prozessen von Moralisierung und Ethisierung verbunden war. Die Religion übernahm zunehmend auch die Funktion, eine Rechtfertigung dafür zu bieten, wieso bestimmte Personen bestimmte Positionen innerhalb der Sozialstruktur einnehmen. Verbunden damit war die symbolische Überführung des Seins in ein Sein-Sollen („Du-sollst-nicht...") wie auch die Symbolisierung der Heilserwartung durch die Religion. Diese zeigt sich in der Hoffnung auf eine verkehrte Welt, in der die Letzten die Ersten sein werden oder auch in der Verwandlung von Stigmata wie Krankheit, Leiden, Missbildungen oder Gebrechen in Erkennungszeichen religiöser Erwähltheit.

Der Freiburger Soziologe Heinrich Popitz (1925-2002) hat sich darum bemüht, die vier wichtigsten religiösen Kategorien und Ideen sowie deren Erfahrungskontexte zu bestimmen. So geht er erstens davon aus, dass die religiöse Vorstellung der „Unsichtbarkeit" der Instanzen von „Beseelung" und Bedeutung als Antwort auf Verängstigungen zu verstehen sei: Die Verlagerung einer als bedrohlich erlebten Situation in ein Außen, das z.B. als Vorstellung von Seelen und Geistern oder in der eines „gütigen Gottes" auftritt, transzendiere Erfahrungen und mache sie bewältigbar. Die zweite Idee manifestiert sich in der Vorstellung vom „Schöpfergott", der mit der Kategorie des „Übermächtigen" ausgezeichnet ist. Der außenstehende, unsichtbare Andere wird als absolut gedacht und mit dem Zeichen der Allmächtigkeit versehen. Die dritte Dimension ist die Idee des „Himmels" und die Kategorie der „Ewigkeit". Hier werden alltägliche Erfahrungen von „Wiederkehr" in die Kategorie der Ewigkeit überführt. Der Glaube an die Überwindung des Todes wie auch an die Durchsetzung einer umfassenden Ethik sind Produkte dieser religiösen Idee. Die vierte und letzte Dimension religiösen Denkens sieht Popitz in der Ablösung der Leibhaftigkeit, die über die Kategorie der „Befreiung" ins Spiel gebracht wird. „Befreiung" im religiösen Denken ist geistig konzipiert und zielt auf die Überwindung von Alter, Krankheit und Tod (Popitz 1999: 692-703).

Die sinnstiftende Kraft der vier großen religiösen Kategorien – Unsichtbarkeit, Übermächtiges, Ewigkeit und Befreiung – hat im Prozess der Moderne deutlich nachgelassen und ist stark zu einer Frage individueller Deutungsvorlieben geworden. Die Sinndimensionen dieser Kategorien sind nicht länger übergreifend gegeben. So hat sich beispielsweise der Stellenwert von „Verängstigungen", modern gesprochen: „Risiken", deutlich verändert. Aktuelle Verängstigungen, wie z.B. solche, die durch Atomtechnologie oder das Ozonloch hervorgerufen werden, sind so deutlich als Ergebnisse menschlichen Handelns bestimmbar, dass es schwer fällt, eine unsichtbare, äußere Macht zur Beruhigung dieser Bedrohung zu postulieren. Auch fällt es in den westlichen Gesellschaften heute leichter, Phänomene von „Unsichtbarkeit" naturwissenschaftlich zu erklären als eine dahinter stehende unsichtbare Macht zu postulieren. Die Rede von der ‚gerechten, göttlichen Strafe' oder den Wunsch nach Rettung durch ein höheres Wesen hört man entsprechend seltener, und die Idee von der „Beseelung der Welt" als eine positive und konstruktive Phantasie von Belebung und Sinnhaftigkeit kann angesichts aktueller Konflikte und krisenhafter Entwicklungen nur schwer aufrecht erhalten werden.

Deshalb wird vielfach konstatiert, dass Religion und Gesellschaft heute tendenziell auseinander driften und in Konfrontation zueinander stehen. Der sozialwissenschaftliche Blick auf Religion und Gesellschaft ist demzufolge durch eine Gegenüberstellung charakterisiert, die bereits Ende des 19. Jahrhunderts mit der Institutionalisierung der Soziologie als akademischer Disziplin begann. Die Gründungsväter der Soziologie haben in Gestalt von Emile Durkheim, Georg Simmel und Max Weber der Auseinandersetzung mit dem Thema

„Religion" viel Raum gegeben, und umgekehrt spielt der Bezug auf die sogenannten Klassiker in der Religionssoziologie noch heute eine große Rolle.

2 Die Anfänge der Religionssoziologie: Durkheim, Simmel, Weber

Emile Durkheim (1858-1917) verstand Religion als eine kollektive, moralische und obligatorische Angelegenheit. Zugleich ging er davon aus, dass alles, was verpflichtenden Charakter hat, sozialen Ursprungs sei, und postulierte deshalb eine große Nähe zwischen Religion und Gesellschaft. Diese Annahme führte ihn auch zu der These, dass Gott der „symbolische Ausdruck der Kollektivität" (Durkheim 1984: 151) sei, dass sich also die Gesellschaft als Einheit wahrnimmt, indem sie das Bild einer Gottheit schafft, die kollektiv verehrt wird, und gemeinsam an sie glaubt. In seinem religionssoziologischen Hauptwerk „Die elementaren Formen des religiösen Lebens" definiert er Religion und religiöse Praxis wie folgt: Sie ist

> „ein solidarisches System von Überzeugungen und Praktiken, die sich auf heilige, d.h. abgesonderte und verbotene Dinge, Überzeugungen und Praktiken beziehen, die in einer und derselben moralischen Gemeinschaft, die man Kirche nennt, alle vereinen, die ihr angehören" (Durkheim 1981: 75).

Durkheim betont damit die gesellschaftliche Integrationsfunktion von Religion. Diese Sichtweise ist besonders im angelsächsischen Sprachraum aufgegriffen worden und hat die Debatte um die „Zivilreligion" als eine Form moralischer Grundlegung von Gesellschaft vorangetrieben (vgl. z.B. Bellah 1967; Mellor 2006).

Auch Georg Simmel (1858-1918) beschäftigte zunächst die Beobachtung, dass einige religiöse Ideen und einige Vergesellschaftungsprozesse strukturell ähnlich verlaufen. Beispielsweise thematisiert er die Analogie zwischen den moralischen Beziehungen des Einzelnen zu seiner Gruppe und dem Verhältnis des Individuums zu seinem Gott. In den Mittelpunkt seiner Überlegungen rückt er jedoch, dass sich die Beziehungen zwischen den Menschen und den äußeren Dingen im Verlauf der Gesellschaftsentwicklung wie auch im Verlauf der Vergesellschaftung des Einzelnen ausdifferenzieren. So entfaltet sich einerseits Religion als ein autonomes und geschlossenes Gebilde mit eigenen Inhalten und institutionellen Regelungen. Andererseits wirken die ins Transzendente verlagerten religiösen Ideen auch in das soziale Leben zurück. Sie bewirken u.a. eine „Einstellung des Subjekts in eine höhere Ordnung, die es doch zugleich als etwas Innerliches und Persönliches empfindet" (Simmel 1992: 269; Krech 1998). So trägt die Religion zu einer Vermittlung und zu Wechselwirkungen zwischen Vergesellschaftung und Individuation bei. In diesem Sinne schreibt auch Simmel ihr eine einheitsstiftende Funktion zu.

Demgegenüber diskutiert Max Weber (1864-1920) Religion in ihrer Bedeutung für die Reglementierung der Lebensführung und der Persönlichkeitsbildung der Einzelperson. In seinem berühmt gewordenen 200 Seiten langen Zeitschriftenartikel „Die protestantische Ethik und der Geist des Kapitalismus" folgt Weber der These, dass der Typus des modernen Berufsmenschen wie auch die geistigen Grundlagen des modernen Kapitalismus maßgeblich durch die puritanische Religiosität hervorgebracht worden seien (Weber 1988: 8). Eine spezifische Form der puritanischen „Lebensführung", so lautet Webers Grundannahme, wirke als eine Art „innerer Antrieb" einer unablässigen Kapitalakkumulation und einer Intensivierung der Produktion bei gleichzeitigem Konsumverzicht.

Weber versteht die Religion als Lebens- und Glaubenssystem als einen zentralen soziologischen Gegenstand, als eine gesellschaftliche Macht, die auf die „Lebensführung und die Wirtschaft" der Völker stereotypisierend gewirkt und berechenbare soziale Handlungsabläufe geschaffen habe. Die Religion schaffe „wirklich letzte Motive" des Handelns und damit Quellen der Systematisierung der Lebensgestaltung. Diese ordnenden und disziplinierenden Eigenschaften werden bei Weber als Elemente selbstpraktischer Lebensführung – zuerst kleinerer, dann größerer – religiöser Kollektive beschrieben.

In der internationalen Religionssoziologie dominiert bis heute die Beschäftigung und Auseinandersetzung mit den religionssoziologischen Überlegungen Max Webers. Schon bei Erscheinen des Aufsatzes „Die protestantische Ethik und der Geist des Kapitalismus" gab es eine breite Debatte, die bis zum Ende des 20. Jahrhunderts anhielt. Dabei kreiste der Rezeptionsprozess vor allem um die Frage, wie der Aufsatz gelesen werden sollte. Zunächst wurde Webers Aufsatz schlicht gegenständlich als eine Auseinandersetzung um den Zusammenhang von Protestantismus und Kapitalismus begriffen (Schellong 1995; Brocker 1995). Später wurde er als Interesse am modernen Rationalisierungsprozess gedeutet und entsprechend diskutiert (dagegen argumentiert Schluchter 1979; 1988; Seyfarth/Sprondel 1973; Campbell 2006; Liebsch 2006) und schließlich als ein Beitrag zur Frage nach der „Qualität" der menschlichen Lebensführung unter den Bedingungen von Rationalität und Kapitalismus, als eine „empirische Erfassung menschlicher Gesinnungen" (Hennis 1996: 43) gelesen.

Diese Debatte zeigt, dass sich Religion als ein Querschnittsthema auf diversen Ebenen und Dimensionen des sozialen Miteinanders finden lässt und keinesfalls auf die Organisation ‚Kirche' und die herkömmlichen Tätigkeiten, wie Kirchgang und Beten, reduziert werden kann. Trotzdem spielt die organisationelle und strukturelle Verfasstheit von Religion – als Konfession, als Glaubensinhalte, als Institution und Gemeinschaft samt der damit verbundenen Arbeit spezifischer Akteure sowie deren charakteristische Art und Weise der Kommunikation – für das Verständnis von Religion eine wichtige Rolle und soll im Folgenden typisiert und beschrieben werden.

3 Struktur und Organisation des Religiösen

Der französische Soziologe Pierre Bourdieu (1930-2002) hat in seinen Thesen zum „religiösen Feld" ausgeführt, dass sich Religion in spezifischen Autoritätsbeziehungen zeigt und in allen Weltreligionen auf einer Arbeitsteilung zwischen Laien und religiösen Experten, zwischen Predigern und Erlösungsbedürftigen, zwischen Orthodoxie und Heterodoxie, zwischen religiöser Bürokratie und marginalisierten Charismatikern beruht. Wie genau religiöse Praxis aussieht, welcher Formen und Inhalte sie sich bedient, und welche Akteure sie zu mobilisieren vermag, ist – so Bourdieu – zum einen davon abhängig, wie die Arbeitsteilung zwischen Laien und Experten (Prediger, Priester) organisiert ist. Zum zweiten hängt die Art der religiösen Arbeit davon ab, welche Position die religiösen Akteure innerhalb des religiösen Feldes einnehmen (Bourdieu 1998; Bourdieu 2000: 23). So ist beispielsweise die Art der religiösen Arbeit davon bestimmt, dass das Charisma eines Propheten historisch an eine Institution und an ein Amt gebunden wurde. Durch eine solche Institutionalisierung und Bürokratisierung von religiöser Arbeit entstand zum einen eine Ritualisierung religiöser Praxis, eine Art „Veralltäglichung" (Weber), die als Grundbedingung für das Funktionieren einer Bürokratie zur Verwaltung von Heilsgütern gelten kann (vgl. auch den Beitrag zu „Institution" in diesem Band). Zum anderen ermöglicht die Institutionalisierung eine Spaltung in Prediger, die durch die Bürokratie abgesichert sind, und solche, die nicht verbeamtet als individuell charismatische Prediger auftraten.

Derartige Spaltungs- und Ausschließungsprozesse haben wiederum Auswirkungen auf die Art der religiösen Praxis von etablierten wie auch marginalisierten religiösen Interessensystemen: Die Struktur der symbolischen Kräfteverhältnisse zwischen den religiösen Akteuren und der zwischen ihnen bestehenden Konkurrenzbeziehungen bestimmt die religiösen Inhalte wie auch die Struktur und Arbeitsformen der religiösen Gruppen. Dies zeigt sich zum Beispiel an den inhaltlichen und religionspraktischen Unterschieden zwischen der Evangelischen Kirche Deutschlands und der Evangelischen Allianz, dem Dachverband evangelikaler Gemeinschaften. Letztere praktizieren eine Art religiösen Partikularismus, indem sie sich durch ein „gelebtes Christentum" von der symbolisch dominierenden Institution abzugrenzen trachten. Beide verrichten religiöse Arbeit, mit Hilfe derer mit institutioneller oder nicht-institutioneller Macht ausgestattete Produzenten und spezialisierte Wortführer einen bestimmten Typ von Praxis oder Diskurs etablieren. Sie antworten damit auf eine besondere Kategorie von Bedürfnissen, die bestimmte Gruppen von Personen in Abhängigkeit von ihren Existenzbedingungen entwickelt haben (Bourdieu 2000: 47).

Dabei wird die Legitimität des spezifischen Charismas in einem Akt der symbolischen Anerkennung hergestellt. Die von den konkurrierenden religiösen Gruppierungen gewählten Formen sind nicht einfach Zeichen, welche das Gefühl zum Ausdruck bringen, das jede Gruppe für sich selbst hat, sondern sie bringen dieses Gefühl gleichermaßen hervor.

Durch die religiöse Arbeit, welche die unterschiedlichen religiösen Instanzen, Akteure und Institutionen leisten, entsteht das Potenzial an materieller und symbolischer Kraft, das von einer Gruppe mobilisiert werden kann. Zugleich legitimiert sich damit all das, was die Gruppen gesellschaftlich definiert und sie von anderen Gruppen unterscheidet. Indem durch religiöse Arbeit eine religiöse Ethik als systematisierte und rationalisierte Gesamtheit von expliziten Normen etabliert wird, leistet Religion einen praktischen und politischen Beitrag zur Aufrechterhaltung der politischen Ordnung, genauer: an der symbolischen Verstärkung der Einteilungen dieser Ordnung. Indem sie die Praxis wie auch die Vorstellungen der Laien formt und ihnen an die politischen Strukturen angepasste Wahrnehmungs-, Denk- und Handlungsschemata nahe legt, begründet und erneuert sie die Übereinkunft über politische Ordnungen.

Dies vollzieht sich als religiöse Praxis durch die Auferlegung und Einprägung von Denkschemata und durch die feierliche Bestätigung und Versicherung der Übereinstimmung in religiösen Feiern, Zeremonien oder Ritualen. Bourdieu spricht deshalb von Zeremonien als einer „symbolischen Handlung zweiten Ranges, welche die symbolische Wirksamkeit religiöser Symbole nutzt, um ihre symbolische Wirksamkeit durch die Stärkung des kollektiven Glaubens an eben ihre Wirksamkeit zu steigern" (Bourdieu 2000: 97). Zugleich mobilisiert die religiöse Arbeit und die religiöse Arbeitsteilung die jeweilige religiöse Autorität, um prophetische oder häretische Umkehrungsversuche der symbolischen Ordnung zu bekämpfen.

Bourdieu zufolge ist deshalb die Funktion von Religion vor allem darin zu sehen, dass sie durch die Zusammenführung unterschiedlicher Ordnungen eine Ordnung nach Art des

Mythos etabliere, der die „Verschiedenheit der Welt an einfache und hierarchisierte Gegensatzreihen rückbindet, die ihrerseits wieder auf die anderen rückführbar sind – das Hohe und das Niedrige, rechts und links, männlich und weiblich, trocken und feucht" (Bourdieu 2000: 99). Ein zentrales Strukturmoment von Religion ist demzufolge darin zu sehen, dass sie antagonistische Gruppen bildet und Sinn und Konsens gemäß einer Logik von Einschließung und Ausschließung erzeugt. Bourdieu schlussfolgert deshalb, dass Religion aufgrund ihrer Struktur geradezu prädestiniert dafür sei, gleichzeitig Einschließungs- und Ausschließungs-, Assoziations- und Dissoziationsfunktionen sowie Integrations- und Distinktionsfunktionen zu übernehmen.

Diese Wirkungs- und Einflussbereiche der von Bourdieu typisierten Strukturmomente des Religiösen sind seit langem Gegenstand einer umfänglichen Debatte, in der die Rolle und Bedeutung von Religion in westlichen Gegenwartsgesellschaften diskutiert wird.

4 Zur Position und Bedeutung der Religion in der heutigen Gesellschaft – Säkularisierung, Individualisierung, Religionslosigkeit

Mit dem 20. Jahrhundert begann auch die Rede vom Untergang der Religion. Die Diagnose eines wachsenden Bedeutungsverlusts der Religion im Prozess der Säkularisierung konstatiert, dass die Trennung von Staat und Kirche eine Konzentration von Religion auf die Institution Kirche mit sich bringt. Damit wird die symbolische Integrationsfähigkeit von Religion eingeschränkt, da sie jetzt nur noch im Bereich des Kirchlichen oder des Privaten anerkannt und aus der Öffentlichkeit verdrängt wird. Auf diese Weise wird die Bedeutung und der Einfluss der Religion auf die Gesellschaft geringer, andererseits schafft die Säkularisierung aber auch eine institutionelle Zuständigkeit für religiöse Anliegen und stärkt die Religion insofern, als dass sie sich als Institution erhalten und ausdifferenziert hat (Lübbe 1965, Franzmann et al. 2006).

4.1 Säkularisierte Religion

Der mit der Säkularisierung einhergehende Wandel der Religion und Religiosität zeigt sich hauptsächlich in ihrer schwindenden lebenspraktischen Bedeutung, als Verlust der Selbstverständlichkeit einer akzeptierten alltäglichen religiösen Lebenswelt sowie auf institutioneller Ebene in Form von schwindenden Mitgliedszahlen in den Kirchen (Gabriel 2003; Kecskes/Wolf 1995). Diese Entwicklung wird gern mit Verweis auf Max Webers These von der „Entzauberung der Welt" und dem damit einhergehenden Einsatz von Vernunft (statt Religion) in den allermeisten Wissens- und Lebensbereichen begründet. Andererseits ist schon bei Max Weber angedeutet, dass aufgrund von „Rationalisierung" und „Entzauberung" die religiösen Haltungen und Erklärungen nicht vollständig verschwinden. Sie werden zwar zunehmend durch rational-wissenschaftliche Deutungen ersetzt und in den Privatbereich verwiesen, aber sie existieren weiter. Religion und Religiosität haben sich, so ließe sich vorsichtiger formulieren, im Prozess der Säkularisierung verändert. Ihre Bedeutungen, ihre Ausdrucksformen, ihre Anlässe und Motivationen sind weniger deutlich sichtbar und stärker privatisiert, in den Bereich der persönlichen Meinungen und Haltungen verwiesen.

Eine Parallelität von religiösen und areligiösen Systemen und Lebenswelten ist auch in anderen Ländern beschreibbar, zeigt sich jedoch jeweils anders. So ist beispielsweise in den USA oder auch in Italien trotz einer säkularisierten Politik der gesellschaftliche Einfluss von Religion deutlich größer als in der Bundesrepublik, während in Frankreich die Trennung von Politik und Kirche ausgeprägt vollzogen und in den Niederlanden im Prinzip realisiert, aber durch fundamentalismus-ähnliche Gruppen herausgefordert ist (PVS 2002). In Deutschland haben die Kirchen nach wie vor einen klar definierten Machtbereich in der Gesellschaft und nehmen zu aktuellen gesellschaftlichen und sozialen Fragen Stellung; man denke nur an das Engagement der Katholischen Kirche in Sachen Embryonenschutz, an die Debatte um das Kreuz in bayrischen Klassenzimmern oder an den Papst-Besuch auf dem Weltjugend-Tag. Darüber hinaus gibt es einen – wenn auch zahlenmäßig nicht sonderlich bedeutsamen – Prozess der Vervielfältigung von Religion durch neue religiöse Bewegungen, Freikirchen und Sekten (Baer 2005). Einzig in den im Zuge der deutschen Vereinigung entstandenen „Neuen Bundesländern" geht die ohnehin niedrige Kirchenmitgliedschaft weiter zurück und wurde durch die Hinwendung zu alternativ-religiösen Gruppierungen nicht kompensiert. Nur noch 30 Prozent der ostdeutschen Bevölkerung sind heute Mitglieder einer Kirche und die Frage nach dem Glauben an einen Gott oder eine höhere Macht verneinen mehr als 50 Prozent entschieden (Wohlrab-Sahr 2000: 50).

Viele Versuche, Religion heute zu bestimmen, konstatieren das Problem, dass Religion und Kirche trotz Säkularisierung weiter existieren, und begrifflich doch kaum zu fassen sind. Die Religionssoziologie ist aufgrund schneller gesellschaftlicher Veränderungen immer wieder damit beschäftigt zu definieren, was denn eigentlich ihr Gegenstand ist (Küenzlen 2003).

Den Impuls zu einer erneuten Debatte dieser Fragestellungen gab Anfang der 1990er Jahre die Neuübersetzung des Buches „The Invisible Religion" von Thomas Luckmann. Hier plädiert Luckman dafür, Religion und Säkularisierung weniger kirchenzentriert zu bestimmen, und schlägt stattdessen vor, Religion ganz allgemein als eine „elementare Religiösität" zu definieren, als eine Notwendigkeit, sich mit einem geschichtlich-gesellschaftlichen ‚a priori' auseinander zu setzen, das den konkreten Sinn aller subjektiven Erfahrungen und Handlungen mitprägt. So betrachtet, vollziehe sich einerseits eine Art „Privatisierung" von Religion (Luckmann 1991: 167-182). Andererseits werde die Notwendigkeit einer Sinnsuche durch die Modernisierungsprozesse geradezu befördert. Besonders an den „Bruchstellen der Moderne" entstünden neue Unsicherheiten, z.B. Arbeitslosigkeit, Flexibilisierungsanforderungen oder Migration, die selbst einen neuen Bedarf für Religiosität produzierten (auch Gabriel 1993). Zudem moniert Luckmann, dass die moderne Gesellschaft nicht nur zentrale Institutionen, wie Religion und das bürgerliche Subjekt, auflöse, sondern zudem die Suche nach Sinn und Transzendenz in einem massenkulturindustriellen Zusammenhang zur Ware werden lasse. Religiöse Sinnangebote müssten um ihre Marktanteile auf dem „Warenmarkt der Transzendenzen" (Luckmann 1996: 24/5) kämpfen. Die Individuen suchten ihre eigenen Sinn-Konstruktionen aus einer Bandbreite verschiedener Angebote aus.

4.2 Religiöse Individualisierung

Damit charakterisiert Luckmann eine gesellschaftliche Entwicklung, die Mitte der 1980 Jahre mit Ulrich Becks Buch „Risikogesellschaft" unter dem Schlagwort der „Individualisierung" Furore machte (Beck 1986). Unter der Überschrift „Religiöse Individualisierung oder Säkularisierung" wird in den 1990er Jahren in der deutschen Religionssoziologie nun verstärkt eine biografische Perspektive auf die Zusammenhänge von Religion und Gesellschaft diskutiert (vgl. auch den Beitrag zu „Individualisierung" in diesem Band). In Untersuchungen über Prozesse einer Individualisierung des Glaubens werden biografische Verläufe und Fragestellungen des Lebenslaufs beschrieben, verschiedene Transzendenzbewegungen thematisiert und individuelle Lebenspraxen und religiös oder spirituell angeleitete Formen der Selbst-Suche ins Zentrum gerückt (z.B. Wohlrab-Sahr 1995; ZSE 1998). Diese thematische Verschiebung ist begleitet von einem Bedeutungsaufschwung religiöser Themenstellungen im allgemeinen (vgl. Kaufmann 1989). Mit Beginn der 1990er Jahre mehren sich religionssoziologische Publikationen und Beiträge, auch das Feuilleton und populärwissenschaftliche Veröffentlichungen bemühen die Religion auf ihrer Suche nach „Sinn" und „Werten".

In diesem Zusammenhang hat Niklas Luhmann (1927-1998) die Frage untersucht, welche gesellschaftsstrukturellen Bedingungen einer „Individualisierung der Religion" und der mit ihr einhergehenden Bildung neuer Gemeinschaften förderlich sind. Seine Theorie funktionaler Differenzierung beschreibt auch die „Ausdifferenzierung der Religion" als eine Entwicklung hin zu einem funktionalen Teilsystem der Gesellschaft. Luhmann geht davon aus, dass sich die Sozialstruktur im Zuge von Modernisierungsprozessen weg von einer Schichtenstruktur hin zu einer Strukturierung entlang von Funktionen entwickelt. Alle Teilsysteme, so eine weitere Annahme, operieren aus ihrer funktionsspezifischen Perspektive, die sie nicht hintergehen können. Als jeweils unterschiedliche Kommunikationssysteme arbeiten die Teilsysteme mit Hilfe von Grundunterscheidungen, den „binären Codes", die dem Sachverhalt ihrer gesellschaftlichen Teilfunktion entsprechen: So kommuniziere das Teilsystem Recht hinsichtlich Recht und Unrecht oder das Teilsystem Wirtschaft mit dem binären Code Zahlungen oder Nicht-Zahlungen. Das religiöse Teilsystem hat die Aufgabe, Unbestimmtes bestimmbar zu machen und verwendet dazu den binären Code vertraut/unvertraut und Transzendenz/Immanenz (Luhmann 2000). Da die Teilsysteme nicht füreinander substituierbar sind, ist keine Perspektive in der Lage, für die andere zu sprechen. Gesellschaft als Einheit ist somit nur als differenziert zu denken, als „paradoxe Form" (Luhmann 1986: 65).

Der Münchener Soziologe Armin Nassehi (geb. 1960) wendet diese Perspektive einer funktionalen Kommunikationsstrategie des Teilsystems Religion auf die Frage nach der „religiösen Individualisierung" an (Nassehi 1995). Er gelangt zu der Einschätzung, dass die Religion im Verlauf des Prozesses einer funktionalen Differenzierung von Gesellschaft in ihrer Reflexion zunehmend auf sich selbst verwiesen wird. Dieses Schicksal teile sie zwar mit anderen Teilsystemen, im Falle der Religion sei dies jedoch besonders problematisch, da sie den Anspruch habe, die Welt als Ganzes zu verantworten und zu erklären. Die Religion muss sich also ein neues Bezugssystem suchen und findet dies, so die systemfunktionale These, in der Individualität der Einzelperson. Damit wird der Ganzheitsanspruch der Religion gerettet, da das Individuum als der einzige Ort gilt, an dem die disparaten Systeme der Gesellschaft verbunden werden. Hinzu kommt, dass das Individuum auch der einzig unbestimmte Ort in einer funktional differenzierten Gesellschaft ist. Das Individuum, so Luhmann, werde Träger einer Transzendenz der Gesellschaft.

Religiosität erscheint aus dieser systemfunktionalen Perspektive als religiöse Kommunikation, die ihren Ort in biografischen Thematisierungen findet. In den Prozessen individueller Selbstverortung werden die Ansprüche verschiedener Teilsysteme mit dem Anspruch auf Vereinheitlichung in einer biografischen Perspektive zusammengebracht. Die Bestimmbarkeit des Unbestimmten vollzieht sich in der biografischen Thematisierung. Dies entspricht dem, was Luckmann als „Privatisierung von Religion" bezeichnet. Die Biografie wird zum Bezugspunkt von Religion und sorgt dafür, dass sich das System Religion auch in einer säkularisierten Welt erhalten kann. Biografien werden zu Bezugspunkten religiöser Kommunikation. Die Sorge um das Seelenheil, die Sorge um die Gesamtheit einer Person, wird zur entscheidenden kommunikativen Technik der Religion (siehe dazu auch Tyrell/ Krech/Knoblauch 1998).

5 Religiosität: Wie und warum wird geglaubt?

Trotz des konstatierten Verlusts der transzendierenden Kraft religiöser Ideen praktizieren auch heute viele Menschen verschiedene Formen von Religiosität, die sie in die Lage versetzen, religiöse Kategorien und Vorstellungen auf ihre Umwelt und ihr Handeln zu beziehen. Die Bestimmung von Religiosität als inneres Erleben und als eine Form von Innerlichkeit ist deshalb ein wichtiges Thema in sozialwissenschaftlichen Abhandlungen über Religion.

Dieses Denken geht zurück auf Friedrich Schleiermacher (1768-1834), der 1799 seine Thesen über die Religion als irreduziblen Erfahrungsmodus des Individuums publizierte. Schleiermacher versteht die Religion als „Anschauung und Gefühl", die des Menschen „Sinn und Geschmack fürs Unendliche" bestimme (Schleiermacher 1991: 50/52). Das Prinzip dieser „Anschauung" basiert auf einzelnen Wahrnehmungen und Erfahrungen, die mit dem „Gefühl" des Religiösen verbunden sind. Fast mystisch, und im Schleiermacherschen Denken ohne institutionelle Verankerungen sowie Deutungs- und Interpretationsmuster, vollziehe sich die religiöse Erfahrung in der Innerlichkeit des Gemüts. Diese Erfahrung werde dann mitgeteilt und im kommunikativen Austausch zu bestätigen gesucht.

Als Gegenstand soziologischen Verstehens und struktureller Analyse interessiert weniger das religiöse Gefühl an sich als die gesellschaftlich bereit gestellte und sozial akzeptierte Ausdrucksform des religiösen Erlebens. So werden aus soziologischer Perspektive besonders die institutionalisierten Formen, die Traditionen, die Symbolisierungen und Ritualisierungen von Religiosität zum Gegenstand der Betrachtung gemacht. Im Mittelpunkt steht die Frage, ob und wie die religiösen Symbolisierungen Autorität gewinnen und beanspruchen können, und wie sie als Maßstäbe des Handelns und der Sinndeutung angeeignet werden.

In diesem Zusammenhang legte James Fowler (geb. 1940) 1981 ein interdisziplinär konzipiertes Entwicklungsmodell von „Glaubensstufen" vor, die er in empirischen Untersuchungen zu belegen suchte. In Interviews zur Glaubensentwicklung erfragten er und sein Forschungsteam die Biografien der Interview-Partner/-innen, ihre bedeutsamsten Beziehungen, die gegenwärtigen Wertvorstellungen und Verpflichtungen sowie das Religionsverständnis. Das Material wurde unter sieben „Aspekten des Glaubens" ausgewertet (Fowler 1991: 46ff.). Diese umfassen die logischen Operationen über die Objektwelt, wie Jean Piaget sie beschrieben hat, die Stufen der Rollenübernahme, die Stufen des moralischen Urteils nach Lawrence Kohlberg, die Gruppenbezüge in verschiedenen Lebensphasen, das Autoritätsverständnis, den Zusammenhang zwischen Lebensgeschichte und Weltbildkonstruktion, und schließlich die Entwicklung der Symbolisierungsfähigkeit. Diese komplexen Beziehungsgefüge synthetisiert Fowler abschließend zu einem Modell von sechs aufsteigenden Glaubensstufen, die durch die sieben eben genannten Aspekte des Glaubens bestimmt sind. Wie alle entwicklungspsychologischen Stufentheorien geht auch Fowler von einer Ausdifferenzierung mit fortschreitendem Lebensalter aus.

Demgegenüber vertritt der Frankfurter Soziologe Ulrich Oevermann (geb. 1940) in seinem „Strukturmodell von Religiosität" die These, dass die im Leben unvermeidbare Erfahrung von Krisen und die damit für jeden Menschen verbundene Notwendigkeit, sich angesichts von Krisen zu bewähren, den Anlass und Motor von Religiosität darstellten. Oevermann entwickelt ein Modell, das die religiöse Praxis nicht als schon mit Sinn aufgeladen voraussetzt, sondern die Religiosität in ihren eigenen Struktureigenschaften und Konstitutionsbedingungen analysieren möchte. Das Ziel seiner Bemühungen ist es, von dem Schlagwort der „Individualisierung" wegzukommen und statt dessen – ähnlich wie es einleitend für Simmel gezeigt wurde – eine *Theorie* zu entwickeln, „in der das objektiv gegebene Strukturproblem von *Individuierung* und die darauf bezogene objektive Strukturgesetzlichkeit von Individualisierungsprozessen" (Oevermann 1995: 27) betrachtet werden.

Oevermann geht dabei von der Universalität einer Abfolge von Krise, Vorschlägen zur Problemlösung und praktischer Bewährung als einem grundlegenden Prozess des sozialen Lebens aus. Die Notwendigkeit von Bewährung versteht er zudem als ein Moment, das nicht still stellbar sei, ein Leben lang eine Rolle spiele, und welches als das strukturelle Moment von Religiosität angesehen werden müsse. So bleibe die Suche nach „Bewährung" auch dann erhalten, wenn im Prozess der Säkularisierung die substantiellen Gehalte von Religion wie auch die traditionellen religiösen Antworten auf das Bewährungsproblem kontinuierlich an Bedeutung verlieren. Für die Individuen sei, so Oevermann, die Notwendigkeit der Bewährung dauerhaft gegeben. Im Zuge des Bedeutungsverlust religiös institutionalisierter Bewährungsmythen aber müssen sich die Einzelnen nunmehr durch die Rekonstruktion ihrer eigenen Biografie ihren persönlichen Bewährungsmythos kreieren (Oevermann 1995: 100).

So unterschiedlich die Ansätze von Schleiermacher, Fowler und Oevermann zur Erklärung von Religiosität auch sind, sie transportieren alle die Vorstellung, dass in und vermittels Prozessen religiöser Kommunikation Sinn hergestellt wird. Da religiöse Erfahrungen nicht sichtbar, nicht in der alltagsweltlichen Wirklichkeit zu bestimmen sind und zunächst einmal nicht von anderen verstanden und anerkannt werden können, müssen sie kommunikabel gemacht werden. Sie bedürfen der „Objektivation" durch Kommunikation. Dies vollzieht sich zum einen darüber, dass die religiöse Erfahrung „sozialisiert", d.h. in den interaktiven Austausch eingebettet wird. Erst dann entsteht Glaube, und die soziale Gruppenbildung zu Glaubensgemeinschaften kann einsetzen. Zudem muss die religiöse Erfahrung in „verfügbare Ausdrucksformen" gesteckt, kulturell geformt und geprägt werden.

Eine Ausdrucksform des Religiösen, die seit geraumer Zeit von sich reden macht, ist die Radikalisierung von Religion, wie sie in fundamentalistisch gewendeten Formen von Religion zum Ausdruck gebracht wird. Der von Fundamentalisten präsentierte „Bewährungsmythos" steht in direktem Zusammenhang mit dem Postulat einer gesellschaftlichen Krise und präsentiert sich als eine aktuelle politisierte Form von Religion.

6 Dynamisierungen: Fundamentalismus

Das weltweite Erstarken des religiösen Fundamentalismus gilt vielen Beobachtern und Kommentatoren als ein Ausdruck der „Gegenmoderne" (Beck 1993: 99f.; Mills 1982: 5) oder als eine Facette der pluralisierten Gesellschaften. Als „Gespenst" der modernen Welt, als „Fluchtbewegung", die so „universell wie die Moderne" sei (Meyer 1989: Klappentext), geistert der Fundamentalismus durch die sozialwissenschaftliche Literatur und wird in seinen religiösen, kulturellen und politischen Ausprägungen beschrieben. Seine religiösen Erscheinungen werden in den Medien dieser Tage vor allem anhand des islamischen, des hinduistischen und des jüdischen Fundamentalismus thematisiert. Ausprägungen des katholischen und protestantischen Fundamentalismus hingegen sind ‚leiser', weniger gewalttätig, und durch den säkularen Staat eingeschränkt und begrenzt.

Zumeist wird der Fundamentalismus als radikale Antwort auf den Zerfall religiöser Traditionen, auf die verwirrende Vielfalt von Glaubens- und Weltanschauungssystemen in modernen Gegenwartsgesellschaften verstanden. Das Interesse an einer Auseinandersetzung mit dem Phänomen des Fundamentalismus resultiert aus der Annahme, dass die fundamentalistischen Bewegungen und ihre Anhänger die unmittelbaren Lebensprobleme unserer Zeit besonders zugespitzt artikulieren (vgl. Kochanek 1991: 7, Marty/Appleby 1996: 246/7; Tezcan 1998; 2005). Der Fundamentalismus gilt als eine „Reaktion" auf die Pluralität und Widersprüchlichkeit heutiger Gesellschaften, als der Versuch, Verwirrung zu vermeiden und neue Stabilität durch den Bezug auf traditionelle Lebensformen und Glaubenssätze herzustellen. Die Traditionalisierungsbemühungen des Fundamentalismus stehen also in unmittelbarem Zusammenhang mit gegenwärtigen Gesellschaften.

Inhaltlich ist das fundamentalistische Denken – egal welcher religiösen Ausprägung – organisiert um das Primat der Familie als Keimzelle und Fundament der Gesellschaft (Friedland 2001). Es ist ein Kennzeichen fundamentalistisch gewendeter Religionen, dass sie durch ihre Bezugnahme auf den privaten Lebensraum und die Thematisierung von Familie und Ehe die Geschlechterverhältnisse, die Geschlechterordnung und die Geschlechterrollen nicht nur in den Blick, sondern auch in den Griff nehmen. Nicht die Demokratie oder die Marktwirtschaft stehen im Mittelpunkt des Verständnisses von Religion und Politik, sondern die Familie, weshalb die Logik von Liebe und Treue in den fundamentalistischen Diskursen eine überragende Rolle spielt. Die Akteure des fundamentalistischen Denkens sind nicht abstrakte Individuen, die in Tausch- und Vertragsverhältnissen miteinander verkehren, sondern konkrete über ihr Geschlecht definierte Menschen aus Fleisch und Blut. Favorisiert wird das Konkrete vor dem Abstrakten, die Gemeinschaft wird der Gesellschaft vorgezogen, Moral statt Recht propagiert und gruppenspezifische Ehre und individuelle Würde als zusammengehörig akzentuiert. Der Raum ist nicht der externe, instrumentelle der Geopolitik, der Öffentlichkeit oder des Marktes, sondern der durch Bindung und Wesensgleichheit geprägte Kreis von Gemeinde und von Familien (Friedland 2001: 26; Liebsch 2001).

Damit wird die Komplexität der Welt eingeebnet und diese Komplexitätsreduktion zeigt sich in den Erklärungsmustern und Sinn-Angeboten. So postuliert zum Beispiel der christliche Fundamentalismus, dass die übernatürliche Welt eine Realität ist, dass Gott *existiert* und Jesus auferstanden und für unsere Sünden gestorben *ist*.

In einer vergleichenden Perspektive hat Martin Riesebrodt (geb. 1948) den christlichen Fundamentalismus in den Vereinigten Staaten zu Beginn des 20. Jahrhunderts und den schiitischen Fundamentalismus im Iran während der 1960er und 1970er Jahre analysiert (Riesebrodt 1990). Trotz vieler Unterschiede, so lautet die zentrale These des Buches, wären beide „städtische Protestbewegungen", die auf eine erneute Etablierung von „Tradition" in dem oben beschriebenen Sinne zielten. Im Zentrum der Sozialkritik beider Strömungen stand der sogenannte „moralische Verfall der Gesellschaft", der sich insbesondere auf Veränderung von Familienstrukturen und die Rolle der Frau konzentrierte. Diese These vom Zusammenbruch der patriarchalen Strukturen und Moralität in den primären Sozialbeziehungen strukturierte auch den Blick beider Bewegungen auf Politik und Ökonomie (ebd.: 216).

Bis heute lässt sich breit belegen, dass dieses Denkmuster auch den jüdischen, islamischen, hinduistischen und christlichen Fundamentalismus des 21. Jahrhunderts entscheidend strukturiert (vgl. Liebsch 2007). Aufgrund der weltweiten Zunahme religiös begründeter Gewalt ist jedoch verstärkt das Thema „Terror" in den Fokus sozialwissenschaftlicher Aufmerksamkeit gerückt (vgl. z.B. Czempiel 2001; Lutterbach/Manemann 2002; Krech 2003; Jäger/Roedig/Treusch-Dieter 2003; Harris 2006). Wie kann erklärt werden, dass in den Gewaltakten des fundamentalistischen Terrorismus eine radikalisierte Form von Religion mit der Kritik an der Globalisierung und der mit ihr verbundenen Formen und Strukturen von Unrecht und Ungleichheit zusammen gebracht und als Begründung und Rechtfertigung von Gewalt verwendet wird? Auffällig ist in jedem Fall die Verkehrung der bislang dominanten Funktion von Religion als Medium sinnhafter Bewältigung des Unbestimmten: Individuelle und kollektive Ohnmachtserfahrungen werden nicht länger transzendiert, sondern in konkreten Gewalt-Akten im Namen eines Rache-Gottes zum Ausdruck gebracht. In ökonomisch vollständig marginalisierten Regionen wie Palästina, Afghanistan und Teilen Indonesiens – um nur einige zu nennen – mobilisiert die Religion letzte Sinn-Reserven.

Hier zeigt sich eine paradoxe Entwicklung der Funktion von Religion: Auf der einen Seite nehmen fundamentalistisch gewendete Formen des Religiösen weltweit zu, in denen Religion politisiert, als Gesellschaftskritik fungiert und der Gründung neuer religiöser Kollektive dient. Auf der anderen Seite bringt auch der Prozess der Entdifferenzierung des Religiösen neue Formen, Perspektiven und Zuspitzungen hervor. Diese sollen abschließend beschrieben werden.

7 Religion in Zeiten des Neoliberalismus

Die Religionssoziologie des 20. Jahrhunderts, das hat dieser Beitrag vielfältig veranschaulicht, kreist zentral darum, dass sich der Bedarf nach Deutungen und Erklärungen, um mit Ungewissheiten und Unsicherheiten umgehen zu können, in den westlichen Gesellschaften in seinen Formen und Angeboten von der kirchlich verfassten Religiosität gelöst hat. Stattdessen hat sich „Religion" hinsichtlich der Themen und Gegenstände stark vervielfältigt und tritt warenförmig auf einem Markt der Möglichkeiten in Erscheinung. Max Webers These von der historischen Bedeutung einer religiös motivierten Askese als Motor für Fleiß und wirtschaftliche Produktivität hat sich – so könnte man sagen – im Prozess der Globalisierung verselbstständigt. Sie tritt nunmehr als die dauerhafte „Arbeit am Selbst" in Erscheinung. Diese ist nötig, um den Anforderungen des Arbeitsmarktes und der Konkurrenz sozialer Beziehung im Hinblick auf Fähigkeiten, Wissen und Ästhetik standhalten zu können. Darüber hinaus ist sie zu einem Ausmaß verbreitet und sinnstiftend, dass gemutmaßt wird, ihr wohne eine quasi-religiöse Qualität inne (Bröckling 2000).

Religiöses, Quasi-Religiöses und Ersatz-Religionen gehen heute eine Symbiose ein. So wird derzeit Gütern, technischen Errungenschaften oder gar dem Kapitalismus selbst religiöse Qualität zugeschrieben; beispielsweise wenn die Rede ist vom „Fernsehen als Religion" (Reichertz 2000), von der religiösen Wirkung des Fußballs (Gebauer 2000) oder von der religiösen Natur des Kapitalismus und des Geldes als „Verheißung des absoluten Reichtums" (Deutschmann 2001).

Diese These von der religiösen Qualität des Geldes findet sich bereits in der frühen Soziologie, schon Walter Benjamin und Georg Simmel sprachen vom „Kapitalismus als Religion" und postulierten einen historischen Ursprung des Geldes aus dem religiösen Opfer. Simmels These des im Geldvermögen angelegten, verallgemeinerten sozialen Machtpotenzials, dem „Superadditum des Reichtums" (Simmel 1989: 22), sowie die These Benjamins vom Kapital als Realisierung der Diesseitswendung von Religion ohne die Aufhebung ihres schicksalsvollen Charakters (Benjamin 1991) postulieren eine Funktionsähnlichkeit von Geld und Religion. Diese zeigt sich zum Beispiel in sprachlichen Parallelen – Erlös/Erlösung, Kredit/Credo, Schulden/Schuld. Christoph Deutschmann hat dazu die These aufgestellt, dass in Zeiten des wachsenden Einflusses neoliberaler Doktrinen die Beweglichkeit des Geldes zum direkten Maßstab nicht nur wirtschaftlichen, sondern allen sozialen Handelns werde und Züge eines „gesinnungsethisch radikalisierten Eifertums" aufweise (Deutschmann 2001: 14).

Dieser These zufolge ist Religion heute in das Diesseits verlagert, weil nunmehr das „Geld" einen Verweis auf ein höchstes Sein transportiert: Die heutigen Verheißungen des Kapitalismus samt der Option auf absoluten Reichtum sind säkularisierte Glaubensbekenntnisse, insofern sie als gesellschaftliches Credo und als Motor von Aktivitäten funktionieren. Implementiert in die Strukturen der Ökonomie werden deren utopische Überhöhungen und Imaginationen nicht von außen herangetragen, sondern sind ihnen immanent. Die imaginäre Dimension des Geldes treibt die gegenwärtigen Lebensformen als beschränkte Realisierungsweisen über sich hinaus und eröffnet Möglichkeitshorizonte. Diese sind jedoch unbestimmt, können durch Handeln nicht erschlossen oder zugänglich gemacht werden, und es entsteht andauernde Unsicherheit, die auch das Geld nicht zu beruhigen in der Lage ist. Deshalb braucht auch die heutige kapitalistische Ökonomie ihre Propheten, Zauberer und Priester. Sie müssen den Sinn der Verheißungen deuten und sie in die Form konkreter Handlungsempfehlungen einbinden, damit aus der Unendlichkeit der durch das Geld angezeigten Möglichkeiten eine bestimmte Option ausgewählt und andere ausgeschlossen werden können. Erst dann wird es möglich, im Horizont von gewünschten oder ersehnten Verheißungen, das Undeutbare immer neu zu deuten.

Einen ganz anderen Blick auf religiöse Ökonomien wirft der Forschungsansatz der „Ökonomik des Religiösen". Er interessiert sich weniger für die spirituelle oder transzendierende Wirkung weltlicher Güter und Tätigkeiten, sondern untersucht den ökonomischen Niederschlag religiöser Deutungs- und Sinnangebote samt der durch sie hervorgebrachten Variationen religiöser Nachfrage. Hier wird betrachtet, wie Finanzierung von Religion verläuft, wie Religion unter Kosten- und Preisgesichtspunkten einzuschätzen ist, welches die ökonomischen Triebkräfte zur Bildung religiöser Institutionen und Organisationen sind, und worin der Beitrag von Religionen und religiösen Institutionen zum Wohlstand der Nationen besteht. Im Unterschied zur vorherrschenden Alltagsannahme, die Religion als einen Gegenpart zu einer rationalen Ökonomie ansieht, vertreten die „Religionsökonomen" die Auffassung, dass Gläubige sowie Anbieter religiöser Programme Rationalverhalten praktizieren (Schmidtchen 2000: 41) und dass religiöse und transzendierende Handlungen insofern ökonomische Faktoren seien, als dass der Versuch, Leiden zu vermeiden, ein *rationales* Streben sei, eine Form der Steigerung des Wohlbefindens, ein Versuch, den Nutzen zu mehren.

Die Annahme, dass religiös motiviertes Streben nach diesseitigen Wohlergehen ein rational ökonomisches Ansinnen sei, war in historischen Formen von Religion, wie z.B. Pierre Bourdieu zeigt, offenkundig. Diese waren deutlich durch religionsökonomische Transaktionen geprägt; im klassischen „do-ut-des-Opfer" etwa wird etwas Materielles gezahlt, um später hoffentlich ein Mehr an Materiellem zu erhalten. Interessanterweise wird aber genau das strategische Moment des berechnenden Subjekts und das ökonomische Kalkül des Opfervorgangs geleugnet und ein „Tabu der Berechnung" etabliert (Bourdieu 1998: 168/176). Diesem historischen Tabu setzt der religionsökonomische Ansatz die moderne Einsicht entgegen, dass die Religion keineswegs aus dem Bereich des rationellen Mitteleinsatzes eliminiert werden kann und dass beispielsweise das Engagement in Kirchen, Gemeinden und Sekten für deren Mitglieder auch heute eine günstige Kosten-Nutzen-Relation bereit hält. Religionsökonomisch betrachtet, bezahlen hier die Individuen für religiöse Dienstleistungen in der Hoffnung, dass das Erworbene vor dem befürchteten Tod seine Wirkung entfalten möge.

Es ist diese Bezugnahme auf Verheißung und Versprechen als Moment und Option auf Überwindung der Gegenwart, die allen beschriebenen Formen religiöser Praxis und religiösen Denkens innewohnt. Alle Religion zielt auf Transzendenz.

Literatur

Baer, Harald/Gasper, Hans/Müller, Joachim/Sinabell, Johannes (Hrsg.) (2005): Lexikon neureligiöser Gruppen, Szenen und Weltanschauungen. Orientierungen im religiösen Pluralismus. Freiburg: Herder
Beck, Ulrich (1986): Risikogesellschaft. Auf dem Weg in eine andere Moderne. Frankfurt a.M.: Suhrkamp
Beck, Ulrich (1993): Die Erfindung des Politischen. Zu einer Theorie reflexiver Modernisierung. Frankfurt a.M.: Suhrkamp
Beckford, James A./Walliss, John (Hrsg.) (2006): Theorising Religion. Classical and Contemporary Debates. Hamphire: Ashgate
Bellah, Robert N. (1967): Civil Religion in America. In: Daedalus. Journal of the American Academy of Arts and Sciences 96: 1-21
Benjamin, Walter (1991): Kapitalismus als Religion. In: ders.: Gesammelte Schriften. Hrsg. unter der Mitwirkung von Th. W. Adorno und G. Sholem von R. Thiedemann und H. Schweppenhäuser. Bd. VI. Frankfurt a.M.: Suhrkamp: 100-103
Berger, Peter L. (1974): The Heretical Imperative. Contemporary Possibilities of Religious Affirmation. New York: Anchor Press
Berger, Peter L. (1979): Auf den Spuren der Engel. Die moderne Gesellschaft und die Wiederentdeckung der Transzendenz. Frankfurt a.M.: Fischer

Bielefeldt, Heiner/Heitmeyer, Wilhelm (Hrsg.) (1998): Politisierte Religion. Ursachen und Erscheinungsformen des modernen Fundamentalismus. Frankfurt a.M.: Suhrkamp.
Bourdieu, Pierre (1998): Die Ökonomie der symbolischen Güter. In: ders.: Praktische Vernunft. Zur Theorie des Handelns. Frankfurt a.M.: Suhrkamp: 163-202
Bourdieu, Pierre (2000): Das religiöse Feld. Texte zur Ökonomie des Heilsgeschehens. Herausgegeben von Stephan Egger, Andreas Pfeuffer und Franz Schultheiss. Konstanz: UVK
Brocker, Manfred (1995): Max Webers Erklärungsansatz für die Entstehung des Kapitalismus. Thesen und Kritik. In: Zeitschrift für Geschichtswissenschaft. 43. Jg. H. 6: 495-514
Bröckling, Ulrich (2000): Totale Mobilmachung. Menschenführung im Qualitäts- und Selbstmanagement. In: ders./Krasmann, Susanne/Lemke, Thomas (Hrsg.) (2000): 131-167. Gouvernementalität der Gegenwart. Studien zur Ökonomisierung des Sozialen, Frankfurt a.M.: Suhrkamp
Campbell, Colin (2006): Weber, Rationalisation, and Religious Evolution in the Modern Era. In: Beckford et al. (2006). London: Ashgate: 19-31
Czempiel, Ernst-Otto (2001): Schlägt die Globalisierung zurück? In: Wendepunkt 11. September 2001. Terror, Islam und Demokratie. Hrsg. von Hilmar Hoffmann und Wilfried F. Schoeller. Köln: DuMont: 235-249
Deutschmann, Christoph (2001): Die Verheißung des absoluten Reichtums. Zur religiösen Natur des Kapitalismus, Frankfurt a.M./New York: Campus
Durkheim, Emile (1981, orig. 1925): Die elementaren Formen des religiösen Lebens. Frankfurt a.M.: Suhrkamp
Durkheim, Emile (1984): Erziehung, Moral und Gesellschaft. Vorlesung an der Sorbonne 1902/1903. Frankfurt a.M.: Suhrkamp
Eisenstadt, Shmuel N. (1998): Die Antinomien der Moderne. Die jakobinischen Grundzüge der Moderne und des Fundamentalismus. Heterodoxien, Utopismus und Jakobinismus in der Konstitution fundamentalistischer Bewegungen. Frankfurt a.M.: Suhrkamp
Elm, Ralf (Hrsg.) (2006): Vernunft und Freiheit in der Kultur Europas. Ursprünge, Wandel, Herausforderungen. Freiburg: Karl Alber
Fowler, James W. (1991, orig. 1981): Stufen des Glaubens. Die Psychologie der menschlichen Entwicklung und die Suche nach Sinn. Gütersloh: Gütersloher Verlagshaus
Franzmann, Manuel/Gärtner, Christel/Köck, Nicole (Hrsg.) (2006): Religiosität in der säkularisierten Welt. Theoretische und empirische Beiträge zur Säkularisierungsdebatte in der Religionssoziologie. Wiesbaden: VS
Friedland, Roger (2001): Geld, Sex und Gott. Zu einer Kritik des religiösen Nationalismus. In: Lettre international. Heft 52: 26-30
Gabriel, Karl (1993): Wandel des Religiösen. In: Forschungsjournal Neue Soziale Bewegungen 3-4: 28-36
Gabriel, Karl (2003): Entwicklungstrends in Kirchengemeinden und die Zukunft ökumenischer Beziehungen. In: „Einheit suchen – in Vielfalt einander begegnen". epd-Dokumentation zum Ökumenischen Kirchentag in Berlin 2003: 25. 70-74
Gabriel, Karl (Hrsg.) (1996): Religiöse Individualisierung oder Säkularisierung. Biographie und Gruppe als Bezugspunkte moderner Religiösität. Veröffentlichungen der Sektion Religionssoziologie in der DGS. Band 1. Gütersloh: Kaiser, Gütersloher Verlagshaus
Gebauer, Gunter (2000): Unterhaltender Fußball, verliebte Spieler und die Sport-Geld-Ehe. Interview mit der Frankfurter Rundschau. 11.06.2000
Hahn, Alois (1974): Religion und der Verlust der Sinngebung. Identitätsprobleme in der modernen Gesellschaft. Frankfurt a.M./New York: Herder & Herder
Hammond, Phillip E. (Hrsg.) (1985): The sacred in a secular age. Toward revision in the scientific study of religion. Berkeley: University of California Press
Harris, Sam (2006): The End of Faith: Religion, Terror, and the Future of Reason. London: Free Press
Hennis, Wilhelm (1996): Max Webers Wissenschaft vom Menschen. Neue Studien zur Biographie des Werks. Tübingen: Mohr Siebeck

Honegger, Claudia/Hradil, Stefan/Traxler, Franz (Hrsg.) (1999): Grenzenlose Gesellschaft? Verhandlungen des 29. Kongresses der Deutschen Gesellschaft für Soziologie, des 16. Kongresses der Österreichischen Gesellschaft für Soziologie, des 11. Kongresses der Schweizerischen Gesellschaft für Soziologie in Freiburg i. Br. 1998. Teil 2. Opladen: Leske + Budrich

Jäger, Michael/Roedig, Andrea/Treusch-Dieter, Gerburg (Hrsg.) (2003): Gott und die Katastrophen. Eine Debatte über Religion, Gewalt und Säkularisierung. Berlin: Zeitungsverlag Freitag

Juergensmeyer, Mark (2001): Terror in the Mind of God: The Global Rise of Religious Violence. Berkeley: University of California Press

Kaufmann, Franz-Xaver (1979): Kirche begreifen. Analysen und Thesen zur gesellschaftlichen Verfassung des Christentums. Freiburg: Herder

Kaufmann, Franz Xaver (1989): Religion und Modernität. Sozialwissenschaftliche Perspektiven. Tübingen: Mohr Siebeck

Kecskes, Robert/Wolf, Christof (1995): Christliche Religiosität: Konzepte, Indikatoren, Messinstrumente. In: Kölner Zeitschrift für Soziologie und Sozialpsychologie 45: 270-287

Kochanek, Hermann (Hrsg.) (1991): Die verdrängte Freiheit: Fundamentalismus in den Kirchen. Freiburg/Basel/Wien: Herder

Krech, Volkhard (1998): Georg Simmels Religionstheorie. Tübingen: Mohr

Krech, Volkhard (2003): Religion und Terror, in: Michael Bothe (Hrsg.). Der 11. September – Ursachen und Folgen. Sammelband der Vorträge des Studium Generale der Ruprecht-Karls-Universität Heidelberg im Sommersemester 2002: 9-23

Küenzlen, Gottfried (2003): Die Wiederkehr der Religion. Lage und Schicksal in der säkularen Moderne. München: Olzog

Liebsch, Katharina (2001): Panik und Puritanismus. Über die Herstellung traditionalen und religiösen Sinns. Opladen: Leske + Budrich

Liebsch, Katharina (2006): Rationalität und Rationalisierung. Zum Diskurs über Parodoxien, Verschiebungen und Kehrseiten gegenwärtiger Modernisierungsprozesse – Beobachtungen im Anschluss an Max Weber. In: Elm (2006): 338-360

Liebsch, Katharina (2007): Plakativ, eindeutig und grundlegend. Zur Konstruktion, Funktion und Wirkung politischer Symbolik. In: Symbolon. Jahrbuch der Gesellschaft für wissenschaftliche Symbolforschung Bd. 16/2007: 129-143

Lübbe, Hermann (1965): Säkularisierung. Geschichte eines Ideenpolitischen Begriffs. Freiburg/München: Alber

Luckmann, Thomas (1991, orig. 1967): Die unsichtbare Religion. Frankfurt a.M.: Suhrkamp

Luckmann, Thomas (1996): Privatisierung und Individualisierung. Zur Sozialform der Religion in spätindustriellen Gesellschaften. In: Gabriel (1996): 17-28

Luhmann, Niklas (1976): Die Funktion der Religion. Frankfurt a.M.: Suhrkamp

Luhmann, Niklas (1986): Ökologische Kommunikation. Opladen: Westdeutscher Verlag

Luhmann, Niklas (2000): Die Religion der Gesellschaft. Hrsg. von André Kieserling. Frankfurt a.M.: Suhrkamp

Lutterbach, Hubertus/Manemann, Jürgen (Hrsg.) (2002): Religion und Terror. Stimmen zum 11. September aus Christentum, Islam und Judentum. Münster: Aschendorff

Marty, Martin E./Appleby, R. Scott: Herausforderung Fundamentalismus (1996, orig. 1992): Radikale Christen, Moslems und Juden im Kampf gegen die Moderne. 246/7. Frankfurt a.M./New York: Campus

Mellor, Philip A. (2006): Religion as an Elementary Aspect of Society: Durkheim's Legacy for Social Theory. In: Beckford et al. (2006): 3-18

Meyer, Thomas (Hrsg.) (1989): Fundamentalismus in der modernen Welt. Die Internationale der Unvernunft. Frankfurt a.M.: Suhrkamp

Mills, Elaine J. (1982): Cult extremism: The reduction of normative dissonance. In: Levi, Kevin (Hrsg.): Violence and Religious Commitment. University Park: 75-97.

Nassehi, Armin (1995): Religion und Biographie. Zum Bezugsproblem religiöser Kommunikation in der Moderne. In: Wohlrab-Sahr (1995): 103-126

Oevermann, Ulrich (1995): Ein Modell der Struktur von Religiosität. Zugleich ein Strukturmodell von Lebenspraxis und von sozialer Zeit. In: Wohlrab-Sahr (1995): 27-102
PVS-Sonderheft (2002): „Religion und Politik" hrsg. von Michael Minkenberg und Ulrich Willems. Sonderheft der Politischen Vierteljahresschrift: Wiesbaden: Westdeutscher Verlag
Popitz, Heinrich (1999): Die Kreativität religiöser Ideen. Zur Anthropologie der Sinnstiftung. In: Honegger et al. (1999): 691-707
Reichertz, Jo (2000): Die Frohe Botschaft des Fernsehens. Kulturwissenschaftliche Untersuchung medialer Diesseitsreligion. Konstanz: UVK
Riesebrodt, Martin (1990): Fundamentalismus als patriarchale Protestbewegung. Amerikanische Protestanten (1910-1928) und iranische Schiiten (1961-1979). Tübingen: Mohr
Schellong, Dieter (1995): Wie steht es um die „These" vom Zusammenhang von Calvinismus und „Geist des Kapitalismus"? Paderborner Universitätsreden Hrsg. von Peter Freese. Paderborn
Schleiermacher, Friedrich D.E. (1991, orig. 1799): Über die Religion. Reden an die Gebildeten unter ihren Verächtern. Hrsg. von Rudolf Otto, 7. Auflage Göttingen: Vandenhoeck und Ruprecht
Schluchter, Wolfgang (1979): Die Entwicklung des okzidentalen Rationalismus. Tübingen: Mohr Siebeck
Schluchter, Wolfgang (Hrsg.) (1988): Max Webers Sicht des okzidentalen Rationalismus. Frankfurt a.M.: Suhrkamp
Schmidtchen, Dieter (2000): Ökonomik der Religionen. In: Zeitschrift für Religionswissenschaft 8. Jg. 1: 11-43.
Seyfarth, Constans/Sprondel, Walter M. (Hrsg.) (1973): Seminar: Religion und gesellschaftliche Entwicklung. Studien zur Protestantismus These Max Webers. Frankfurt a.M.: Suhrkamp
Simmel, Georg (1989): Philosophie des Geldes. In: Gesamtausgabe, Hrsg. durch O. Rammstedt und D. Frisby, Band 6. Frankfurt a.M.: Suhrkamp
Simmel, Georg (1992): Zur Soziologie der Religion. In: Simmel, Georg: Aufsätze und Abhandlungen 1894 – 1900 (Gesamtausgabe, Bd. 5.) Frankfurt a.M.: Suhrkamp
Stolz, Fritz (1992): Komplementarität in Zugängen zur Religion. In: Themenheft Religion, Sociologia Internationalis 30: 159-175
Tenbruck, Friedrich H. (1993): Die Religion im Maelstrom der Reflexion. In: Religion und Kultur. Sonderheft 33 der Kölner Zeitschrift für Soziologie und Sozialpsychologie, hrsg. von Jörg Bergmann, Alois Hahn und Thomas Luckmann: 31-67
Tezcan, Levent (1998): Der Westen im türkischen Islamismus. In: Bielefeldt et al. (1998): 109-129
Tezcan, Levent (2005): The problems of religious modernity. In: Asian Journal of Social Science Vol. 33. No. 3: 25-45.
Tyrell, Hartmann/Krech, Volkhard/Knoblauch, Hubert (Hrsg.) (1998): Religion als Kommunikation. Würzburg: Ergon
Weber, Max (1988, orig. 1920): Die protestantische Ethik und der Geist des Kapitalismus. In: ders.: Gesammelte Aufsätze zur Religionssoziologie. Bd. 1. Tübingen: Mohr: 7-206
Wohlrab-Sahr, Monika (2000): Neuere Entwicklungen in der deutschsprachigen Religionssoziologie. In: Soziologie. Forum der Deutschen Gesellschaft für Soziologie 3: 36-60
Wohlrab-Sahr, Monika (Hrsg.) (1995): Biographie und Religion. Zwischen Ritual und Selbstsuche. Frankfurt a.M../New York: Campus
Zeitschrift für Soziologie der Erziehung und Sozialisation (ZSE) 18. Jg. Heft 4, 1998: Schwerpunkt Religion, Sozialisation und Biographie

Sexualität

Martina Löw

Wenn ein Paar beginnt, sexuell zu interagieren, wird es kompliziert. Die Unbekanntheit des Partners oder der Partnerin sowie die Unbestimmtheit der Situation lassen jede Handlung riskant erscheinen. Umso ungewisser ein Ereignis ist, umso mehr bemühen sich Menschen, über bewährte Routinen die Risiken abzumildern. Das bedeutet zum Beispiel, dass Männer in der Anbahnung sexueller Kontakte direkte Kommunikationsangebote machen, während Frauen stark indirekt kommunizieren (Gerhards/Schmidt 1992: 187). Heterosexuelle Paare wählen für den ersten Geschlechtsverkehr meist den vaginalen Koitus, weil diese Stellung die größte Wahrscheinlichkeit in sich birgt, dass sie beide Partner sowohl als angenehm/angemessen wie auch als klar „sexuell" (im Unterschied zum Beispiel zu „nur intim" beim Oralverkehr) definieren (Laumann u.a. 1994). Da Sexualität in Liebessemantiken eingebettet ist, ist das Überstreifen von Kondomen in gefestigten Beziehungen deutlich leichter als in ersten Begegnungen, in denen das Kondom als unromantisches Zeichen für gelebte andere Sexualkontakte gelesen wird: „Der hinter den Liebesvorstellungen versteckten Sexualität steht die mit Kondomen verbundene Offenheit der sexuellen Intention gegenüber, Vertrauen steht Mißtrauen gegenüber, die Vorstellung des Gleichklangs der Seelen, die in der sexuellen Vereinigung ihren Ausdruck findet, kollidiert mit den mit Kondomen verbundenen Grenzziehungen, die Einzigartigkeitsvorstellungen geraten in Widerspruch zu mit den Kondomen assoziierten anderen Beziehungen und die Lebenssemantik kollidiert mit der Todessemantik" (Gerhard/Schmidt 1992: 153). Selbst „der Morgen danach" (so der Titel, den Jean-Claude Kaufmann 2004 für seine Analyse wählt) ist klar choreografiert vom Brötchenkauf des Mannes bis zum inspizierenden Blick ins Badezimmer, das den Charakter des möglichen neuen Partners/der möglichen neuen Partnerin offener legen soll und deshalb in der Erinnerung von Paaren eine wichtige Bedeutung erlangt (vgl. Kaufmann 2002: 56ff.).

Die soziologische Perspektive auf Sexualität ist angesichts solcher Befunde wesentlich auf die Frage gerichtet, wie sexuelle Interaktionen ausgehandelt und strukturiert werden sowie welcher Wandel in Bezug auf Sexualität zu beobachten ist. Sexualität wird hierbei je nach theoretischem Werkzeug als soziale Formung eines Triebes (Schelsky, aber auch Beck/Beck-Gernsheim und Giddens), als in Interaktionen erzeugte soziale Konstruktion (Gagnon/Simon oder Plummer), als Intimkommunikation (Ahlemeyer) oder als Dispositiv, in dem „sich die Stimulierung der Körper, die Intensivierung der Lüste, die Anreizung zum Diskurs, die Formierung der Erkenntnisse, die Verstärkung der Kontrollen und der Widerstände in einigen großen Wissens- und Machstrategien miteinander verketten" (Foucault 1983; orig. 1976: 128), verstanden. Allen Ansätzen gemeinsam ist die Einsicht, dass Sexualität ein sich historisch wandelnder Sachverhalt ist. Was gesellschaftlich ins Zentrum sexuellen Handelns gerückt wird, variiert nach Milieu und nach Zeitpunkt (Elias 1976, Bd.1: 230ff.; Maasen 1998). So lässt sich zum Beispiel eine deutliche Veränderung der Bedeutung von Oralverkehr im letzten Jahrhundert in den USA beobachten. Während noch in den

1920er Jahren orale Techniken in Eheratgebern dezent empfohlen wurden, kann man für die 1950er Jahre bereits eine Verbreitung für die USA nachweisen, in den 1970er Jahren verliert er den Charakter des Besonderen und wird zur erwartbaren Handlung (Michael u.a. 1994).

1 Die Modernisierung der Sexualität

Sexualität wird in der zeitgenössischen deutschen Soziologie dominant unter modernisierungstheoretischen Annahmen reflektiert, was zur Folge hat, dass dem *Wandel* des intimen Handelns die größte Aufmerksamkeit geschenkt wird. Elisabeth Beck-Gernsheim und Ulrich Beck (1990) knüpfen in ihrem Buch „Das ganz normale Chaos der Liebe" an den Beckschen Befund der Individualisierung als Prinzip an. Dieses besagt: „Die Biographie der Menschen wird aus traditionalen Vorgaben und Sicherheiten, aus fremden Kontrollen und überregionalen Sittengesetzen herausgelöst, offen, entscheidungsabhängig und als Aufgabe in das Handeln jedes einzelnen gelegt. Die Anteile der prinzipiell entscheidungsverschlossenen Lebensmöglichkeiten nehmen ab, und die Anteile der entscheidungsoffenen, selbst herzustellenden Biographien nehmen zu" (Beck/Beck-Gernsheim 1990: 12f.). Daraus folge, dass leitende Normen abnehmen und stattdessen „was früher stumm vollzogen wurde, (...) nun beredet, begründet, verhandelt, vereinbart (...) werden" (vgl. Beck/Beck-Gernsheim 1990: 15) muss (vgl. auch den Beitrag zu „Individualisierung" in diesem Band). Liebe und Beziehung wird in diesem Prozess, so Beck/Beck-Gernsheim, zu einem konflikthaften Austragungsort. Das Paar muss heute alles in beständiger Auseinandersetzung verhandeln. Als Kompensation beginnt die Suche nach „geteilter Innerlichkeit" und „Sinn". Neben psychologischen und religiösen Zugriffsweisen verändert sich hierbei auch die sexuelle Praxis. „Enttraditionalisierung und Entmoralisierung öffnen die Schleusen der sexuellen Wünsche und Begehrlichkeiten. Daraus geht zugleich hervor, daß mit ihr ein irdischer Sinnanspruch und Sinnenglaube sich der Menschen bemächtigt, aus ihrem Innersten und Geheimsten hervorquillt, der die Hürden institutioneller Überlieferung unterläuft, seine Kulturstabilität sozusagen *triebabhängig*, *unterbewußt*, *vorbewußt* sichert und gerade deshalb als individuelle (...) ‚Religion', als Nicht- und Nachtradition dem Hoffen und Suchen der freigesetzten Individuen Sinn, Orientierung – Lust und Kampfeslust verleiht" (Beck/Beck-Gernsheim 1990: 63; Hervorhebung der Verfasserin). Mit deutlichen Bezügen auf Michel Foucaults These (1983, orig. 1976, im Folgenden ausführlich dargestellt), dass die Diskursivierung der Sexualität den Sex erst machtvoll „eingepflanzt" und also keineswegs unterdrückt hat, argumentieren auch Beck/Beck-Gernsheim, dass Enttraditionalisierung Sexualität wie im freien Wasserfall verbreitet habe. Sexualität wird zu einer mit Sinn aufgeladenen Praxis. Einer Praxis allerdings, so das Autorenpaar, welche im Innersten des Individuums seinen Kern findet, triebhaft angelegt ist und sich un- bzw. vorbewusst reproduziert.

Auch Anthony Giddens (1993) setzt an dem Punkt an, dass sich Sexualität in modernen (im Unterschied zu traditionalen) Gesellschaften von äußeren Vorgaben befreit habe (vgl. auch den Beitrag zu „(Post)Moderne" in diesem Band). Anders als Beck/Beck-Gernsheim, welche eher auf die Auflösung normativer Vorgaben blicken, sieht Giddens in der Herauslösung der Sexualität aus der Frage der Generativität (durch neue Verhütungsmethoden) den wesentlichen Veränderungsmotor. Sexualität werde frei verfügbar. Insbesondere für Frauen entstünden hierbei neue Freiheitsräume. Die Herauslösung der Sexualität aus der engen Verschränkung mit Zeugung, Geburt und Tod (z.B. durch Kindbettfieber) führe zu einer „modellierbaren Sexualität" (Giddens 1993: z.B. 10), welche – um modelliert zu werden – verhandelt werden müsse. Dieser Prozess habe zwei – tendenziell krisenhafte – Auswirkungen: So gehe Sexualität erstens in das reflexive Projekt ein. Identität werde nun an sexuelle Bekenntnisse geknüpft. Von nun an *ist* man heterosexuell oder homosexuell, sadistisch oder pädofil und lebt nicht länger in bestimmten Situationen eine so definierte Praxis. Zweitens nehme Sexualität einen biografisch zentralen Stellenwert ein und werde derart mit Sinnsuche verschmolzen, dass Sexsucht zur dem Alkoholismus vergleichbaren Krankheit werde. Eine Krankheit liegt nach Giddens vor, wenn das Grundbedürfnis/Trieb zwar gesättigt werden könne, die permanente Suche nach sexueller Praxis jedoch das Verhalten bestimme (vgl. Giddens 1993: 89).

Die Arbeiten von Beck/Beck-Gernsheim und Giddens haben die Sexualwissenschaft in Deutschland deutlich geprägt. Mit soziologischen Theoriewerkzeugen argumentiert der Sexualwissenschaftler Gunter Schmidt (1998; 2000; 2004), dass in der Moderne die Perversionen weitgehend verschwinden. Er konstatiert, dass heute nicht mehr die Akte qualifiziert werden, sondern die Praxis ihres Zustandekommens. „Die alte Sexualmoral verschwindet. Sie war eine Moral der Akte und qualifizierte bestimmte sexuelle Handlungen – zum Beispiel voreheliche oder außereheliche Sexualität, Masturbation, Homosexualität, Oralverkehr, Verhütung oder was auch immer – *prinzipiell* als böse, weitgehend unabhängig von ihrem Kontext. Verhandlungsmoral dagegen bewertet nicht sexuelle Handlungen oder Praktiken, sondern die Art und Weise ihres *Zustandekommens*, also Interaktionen" (Schmidt 2005: 11; Hervorhebung im Original). Die heutige Verhandlungsmoral sei gegenüber der Praxis der Sexualität indifferent, solange sie zur Befriedigung führt. Entscheidend für die Bewertung sexueller Praxis sei, dass das Sexualverhalten unter den Beteiligten konsensuell ausgehandelt worden sei.

Auf der Basis empirischer Untersuchungen (drei Studenten- und Studentinnenerhebungen der Abteilung Sexualforschung, Universität Hamburg aus den Jahren 1966, 1981 und 1996 an insgesamt 8585 Männern und Frauen) konzentriert sich auch Schmidt auf die wesentlichen gesellschaftlichen Veränderungen sexuellen Handelns und zeigt, dass von den sechziger bis in die neunziger Jahre des letzten Jahrhunderts der Anteil derjenigen, die unter 18 Jahren bereits ihren ersten Geschlechtsverkehr hatten, von 20% auf knapp 60% angestiegen ist. Dabei ist die zeitliche Verlagerung des Koitus bei Mädchen sehr viel ausgeprägter als bei Jungen und in protestantisch-skandinavischen Ländern deutlicher zu beobachten als in katholischen und orthodoxen Ländern Südeuropas. Während 1966 diejenigen häufig Geschlechtsverkehr hatten, die verheiratet waren, bietet 1981 und 1996 die Ehe nicht mehr den ausschließlichen normativen Rahmen für Sexualität. Dennoch ist die Koitushäufigkeit nach wie vor an das Vorhandensein einer festen Beziehung gebunden. In der Erhebung von Schmidt u.a. (1998) geben immer noch fast 95% der Befragten an, ihre Sexualakte fänden in festen Beziehungen statt, 1% in Außenbeziehungen und gut 4% in Singlearrangements. Da hier das Verhalten der letzten vier Wochen abgefragt wird, sagen die Zahlen nichts über die Zahl der Sekundärbeziehungen und „Seitensprünge" im Lebenslauf aus. Auch kann das Antwortverhalten von der relativ jungen Kohorte der Studierenden nicht ohne Überprüfung auf die Praxis von Menschen in langjährigen Beziehungen/Ehen übertragen werden. Eine drei Generationen vergleichende finnische Untersuchung von Autobiografien (Haavio-Mannila/Kontulu/Rotkirch 2003) kommt zu dem Ergebnis, dass Parallelbeziehungen mit zunehmendem Alter häufiger vorkommen und verstärkt lustvoller bewertet werden. Prostitutive Sexualkontakte werden in den meisten Untersuchungen (auch Schmidt u.a. 1998) nicht berücksichtigt. Als markante Veränderungen stellen Schmidt u.a. (1998) ferner heraus, dass die monatliche Häufigkeit der Sexualkontakte insbesondere von 1981 bis 1996 abgenommen hat; Masturbation dagegen hat zugenommen (als Praxis und in der Bewertung als eigene Sexualform), was wiederum als Zeichen für Individualisierung interpretiert wird.

2 Sigmund Freud und die Soziologie

Es herrscht große Einigkeit in der Sexualforschung diesbezüglich, dass sich das Freudsche Triebmodell überaus erfolgreich als Deutungsmuster für sexuelle Praxis durchgesetzt hat (z.B. Wrede 2000; Rohde-Dachser 2002; Illouz 2006). In aller Kürze dargestellt, entwickelt Sigmund Freud (1961, orig. 1905) die Vorstellung, dass Sexualität, motiviert durch den Sexualtrieb/Libido, auf Lustgewinn zielt. Der Trieb ist ein sexueller Spannungszustand; Sexualität zielt auf Spannungsabbau (Orgasmus). Libido wird von Freud als biophysikalische Disposition eingeführt, die rasch gesellschaftlich geformt wird. Freud entwickelt mit der These einer polymorph-perversen Anlage des Kindes (Freud 1961, orig. 1905: 91f.) die Vorstellung, dass Sexualität in sozial ausschlaggebender Weise durch die lebensgeschichtliche Entwicklung geformt wird. Die lustvolle, vielseitige Körpererfahrung des Kindes werde in eine heterosexuelle, auf den Orgasmus zielende Erwachsensexualität transformiert. Bereits Freud (zumindest in früheren Werken) unterscheidet somit eine grundsätzliche Bisexualität des Menschen von der reifen, gesellschaftskonformen/normalen Ausformung der erwachsenen Heterosexualität (Freud 1923: 260ff.). Die Pubertät interpretiert Freud als Institution und Phase der Umschreibung. Diffuse sexuelle Erfahrungen müssen nun als genitale heterosexuelle Praxis vereinheitlicht und als Erwachsenen-Sexualität genormt werden. In dem Versuch, diesen Prozess in seiner Konflikthaftigkeit zu deuten, erscheint Freud nicht nur die Homosexualität, sondern auch die Heterosexualität erklärungsbedürftig und zwar im Sinne der Formung eines Triebes durch die gesellschaftliche Praxis. Ilka Quindeau (2005) interpretiert die Freudsche Sexualtheorie als einen Ansatz, der das Primat des Körperlichen durch das Primat des Psychischen ersetzt, welches dann den Körper konstituiert.

Die triebtheoretische Grundannahme des Freudschen Modells übernehmen nicht nur Beck/Beck-Gernsheim und Giddens, sondern auch Helmut Schelsky (1955) in seinem bis heute einzigartigen Versuch einer „Soziologie der Sexualität" (ähnlich umfassend angelegt sind ansonsten vor allem Lautmann 2002 und Plummer 2002, die sich beide additiv um eine Zusammenstellung der vielfältigen Aspekte des Sozialen in der Sexualität bemühen). Schelskys Ausgangspunkt ist ein Verständnis von Sexualität als biologisch bedingtem Antrieb. Er konzipiert Sexualität als unspezialisierte Grundbedürfnisse, die „gerade wegen ihrer biologischen Ungesichertheit und Plastizität der Formung und Führung durch soziale Normierung und durch Stabilisierung zu konkreten Dauerinteressen in einem kulturellen Überbau von Institutionen bedürfen" (Schelsky 1955: 11). Die soziale Formung sei vor allem deshalb notwendig, weil der „biologische Zweck", die Fortpflanzung, sichergestellt werden müsse, produziere jedoch gleichzeitig, dass sich das Lustgefühl von der biologischen Zweckmäßigkeit löse. Sexualität ist für Schelsky „Geschlechtlichkeit", ihre Existenz verdankt Sexualität der „Superstruktur" (Schelsky 1955: 17) der Zweigeschlechtlichkeit. Institutionen übernehmen die Funktion der kulturellen Formung und Regulierung der Sexualität. Die wichtigste ist ihm zufolge die Ehe. Die Regularien der Ehe könnten kulturell variieren (gemäßigte Polygamie, absolute Polygamie, gemäßigte Monogamie, absolute Monogamie), dienten aber alle der Organisation erwartbarer Handlungen und privilegierten den Mann, was sich aus dem Kontrollwunsch über den Nachwuchs erkläre. Die strenge Einehe als Praxis moderner westlicher Gesellschaften schaffe mit ihrer Beschränkung auf die eheliche Sexualbeziehung eine erotische Motivschicht für den Ehebruch. Die Dynamik von ehelicher Kontrolle der Sexualität und Sexualisierung des außerehelichen Geschlechtsverkehrs werde dadurch unterstützt, dass die Gesellschaft der Ehe eine „Komplementär-Institution" zur Seite stellt: die Prostitution. Wie die Ehe wird auch die Prostitution staatlich streng reguliert. Sie ist eine sozial verachtete, aber zugleich erlaubte, konventionalisierte Geschlechtsbeziehung. Gesellschaftlich festgeschrieben werde so scheinbar ein Widerspruch zwischen der Ehe, die alle Geschlechtsbeziehungen zu monopolisieren trachte, und der Organisation außerehelicher Sexualität. Auflösen ließe sich dieser Widerspruch, so Schelsky, wenn man berücksichtige, dass mit der Institution der monogamen Einehe die Sexualität der Frauen monopolisiert und die Vaterschaft kontrolliert werden solle. Den Männern werde eine Sekundärinstitution zur Seite gestellt, welche gerade durch die regulierte, institutionelle Form „uferloses Überwallen mit zerstörerischen Wirkungen" (Schelsky 1955: 42 – Vierkandt zitierend) der männlichen Sexualität verhindere. Zeitdiagnostischer Ausblick der Arbeit Schelskys ist es, dass Institutionen wie die Ehe zunehmend an Bedeutung verlieren. Gleichzeitig finde durch eine Allgegenwärtigkeit erotischer Bilder eine „Sexualisierung des modernen Menschen von außen" (Schelsky 1955: 126) statt. Es handele sich um eine „Daueraktualisierung sexueller Impulse durch die Gesellschaft ohne eigentlichen Triebdruck vom Individuum her und mit der Konzession weitgehender Phantasie- und Gefühlsträgheit" (ebd.). Standardisierte Massengefühle seien die Folge.

Mit Freud ist es in vielen soziologischen Arbeiten üblich geworden, Sexualität zwar sozial geformt zu denken, dabei jedoch eine biologische Grundenergie (den Trieb) nicht infrage zu stellen. Sexuelle Sozialisation und sexuelle Praxis ist dann das Untersuchungsfeld, deren Wandel empirisch begleitet wird.

3 Sexualität als Konstruktion

Einwände gegen die Annahme eines biologischen Fundaments der Sexualität werden ab den 1970er Jahren in der Frauen- und Geschlechterforschung, im Kontext des symbolischen Interaktionismus und durch die Foucaultschen Diskursanalysen formuliert. Die Frauen- und Geschlechterforschung hat sich in vielen Arbeiten darum bemüht, körperliche Erfahrung nicht als naturwüchsig zu behandeln, sondern den Körper als Produkt einer symbolischen Ordnung zu verstehen (z.B. Duden 1987; Honnegger 1991, vgl. auch den Beitrag zu „Körper" in diesem Band). Sexualität wird in dieser Perspektive zu einer verleiblichten kulturellen Einschreibung. „Eine Handlung – z.B. ein Kuß auf den Mund – ist nicht per se sexuell oder erotisch einzustufen, sondern hat in verschiedenen sozialen Umfeldern und Situationen eine divergierende Bedeutung" (Stein-Hilbers 2000: 10). Sexualität (selbst der Orgasmus) gilt als soziales Phänomen, das je nach Kontext interpretiert wird und insofern als soziokulturelle Kategorie zu fassen ist (vgl. auch Wrede/Hunfeld 1997). „Sexuell sein zu können, ist Menschen auch durchaus nicht qua Biologie mitgegeben, sondern muß individuell und interaktiv entwickelt werden. Wir entwickeln uns in lebenslangen Prozessen zu sexuell empfindenden und handelnden Personen. Diese Prozesse sind aufs engste mit sozialen Vorgängen verbunden, durch die in bestehenden Gesellschaften Menschen zu Männern und Frauen werden und aktiv an den sozialen Praktiken teilhaben, in den sich Gesellschaften selbst produzieren und verändern" (Stein-Hilbers 2000: 9).

Auch in der angloamerikanischen Sexualsoziologie wird der Annahme einer Triebgebundenheit der Sexualität mit Verweis auf die soziale Konstruktion sexueller Wirklichkeit heftig widersprochen. Kenneth Plummer, der früh mit seinem Buch „Sexuell Stigma: An Interactionist Account" auf die soziale Herstellung sexueller Kontexte hinweist, fasst die Basisannahme folgendermaßen: „The fundamental axiom of the interactionist approach is simply put: nothing is sexual but naming makes it so. Sexuality is a social construction learnt in interaction with others" (Plummer 1975: 30). Menschen werden durch gesellschaftliche Prozesse sexuell, das heißt auch, sie unterscheiden sich in der Art und Weise, wie sie sexuell werden, und sie können in die Situation geraten (oder sich in die Situation bringen), dass ihre Sexualität als deviant stigmatisiert wird (Plummer 1975: z.B. 202).

Plummers Analyse ist von der Arbeit John Gagnons und William Simons (1970; 1973) beeinflusst. Die beiden amerikanischen Soziologen fassen mit dem Konzept des „sexuellen Skripts" den Prozess des Erlernens sexuellen Handelns und Interpretierens. Individuen internalisieren hiernach normative Erwartungen und handeln unter dem Druck sozialer Sanktionen. Wichtig erscheint Ihnen, dass diese Eingewöhnung in kulturelle Routinen des heterosexuellen Paarungsverhaltens kein rein passiver Prozess ist, sondern auch eine aktive Identifizierung. Nur so lasse sich Abweichung und Widerstand erklären. Kenneth Plummer (1975) entwickelt diesen Ansatz weiter und betont, dass es keine essentielle Differenz in Bezug auf Sexualität zwischen Menschen gibt, also z.B. Homosexuelle und Heterosexuelle nicht unterschiedlichen Naturen entsprechen. Plummer konzentriert seine Analyse auf die Bedeutungszuweisung als einen Prozess des Definierens: „A ‚pornographic book' is not the same ‚object' in the worlds of schoolboys, prists, moral crusaders, ‚sex friends', anxious parents, printers and newsagents. In each of these cases, the meanings that emerge from a situation involving a ‚pornographic book' are likely to vary" (Plummer 1975: 12). Die Bedeutung eines pornografischen Buches erwachse der Interaktion und sei demzufolge stets verhandelbar. Anders formuliert: Sexualität lässt sich über drei Konzeptbegriffe erfassen: Bedeutung (meaning), Prozess und Interaktion. Gagnon/Simon und Plummer begründen eine Sexualsoziologie, die in der Folge, nach ethnischen Kulturen und Geschlechtern ausdifferenziert, die Frage bearbeitet, wie Menschen interagieren, so dass Sexualität geweckt, praktiziert oder abgebrochen wird. Woran orientieren sich Menschen, wenn Sie eine Situation als sexuell definieren? Welche Handlungen, das heißt zum Beispiel auch welches Risikoverhalten, folgen aus der jeweiligen Interpretation? Sexualität wird in den Konzepten des symbolischen Interaktionismus zur Potenz, die man entwickeln kann, aber nicht muss.

Wird in soziologischen Arbeiten Sexualität historisiert, werden die Arbeiten von Michel Foucault (1983, orig. 1976; 2005, orig. 1980; 1986, orig. 1984) wichtige Quellen der Inspiration. Mit Blick auf die Biologie und die sich auf biologischer Basis neu entwickelnde Anthropologie und Sexualwissenschaft des 19. Jahrhunderts bezeichnet Foucault „den Sex" als eine Erfindung der Moderne und unterzieht die Psychoanalyse Freuds einer weit reichenden Kritik. Nach Foucault ist die Sexualität ein szientisches wie sozialstatistisch-pädagogisches Konstrukt, das die Individuen zu einer vorher nicht da gewesenen „Sorge" um eine vermeintlich unberechenbare und potentiell perverse Innerlichkeit des eigenen Körpers zwingt. In der Moderne wird Sexualität nicht etwa unterdrückt, sondern durch Anreize zum Reden über das Sexuelle erst geschaffen. Dabei findet nicht etwa eine Überformung von etwas bereits Vorhandenem statt, sondern die Einheit des Sexuellen wird durch eine gewaltsame Kultur der Sorge, durch den Zwang zum „Geständnis" erst produziert. Früher Ort der sexuellen Disziplinierung ist die bürgerliche Familie. Forensische Institutionen bringen das Schema des Sexualverbrechers, medizinische Institutionen das Schema der hysterischen Frau hervor. Die Psychoanalyse funktioniert als besonders elaborierte Form in diesem Feld. Auch sie gehorcht nach Foucault dem „Geständnisdispositiv" und hat insbesondere die heterosexuelle Normierung des Beziehungsgefüges „Familie", wie sie im Ödipuskomplex sinnbildlich wird, bis heute festgeschrieben.

Mit Foucault wird die Sexualität als Schauplatz von Machtbeziehungen und Normierungen des Handelns durch physische Disziplinierung angesprochen. Im Unterschied zur für eine kurze Phase sehr virulenten marxistischen Sexualsoziologie, die auch Macht ins Zentrum der Analyse rückt, wird jedoch nicht die Unterdrückung der Sexualität, sondern ihre körperliche Einlagerung problematisiert. Die Soziologen Herbert Marcuse (1965, orig. in Englisch 1955; 1969) und Wilhelm Reich (1969) hatten mit ihren Schriften Vorschläge erarbeitet, wie die Freudsche Psychoanalyse mit der Theorie von Marx verknüpft werden könnte. Ihr Ziel besteht darin, die historische Macht- und Unterdrückungsanalyse von Marx mit kultur- und sexualsoziologischen Überlegungen zu bereichern. Reich vertritt die These, dass Sublimierung nicht etwa – wie Freud vermutet – kulturelle Leistung hervorbringt, sondern umgekehrt zur Herausbildung autoritärer Persönlichkeitsstrukturen führt, die in der Folge Diktaturen wie den Nationalsozialismus ermöglichen. Marcuse wiederum stellt die Möglichkeit antikapitalistischer Potenzen von Sexualität ins Zentrum der Betrachtung. Ungehemmte, nicht-kommerzielle sexuelle Praxis unterlaufe die Disziplinierung kapitalistischer Ordnung und entfalte auf diese Weise eine befreiende Wirkung.

Heute findet die These der allgegenwärtigen Produktion von Sexualität deutlich mehr Zustimmung als die Behauptung ihrer Unterdrückung. Mit Skepsis wird nicht nur die permanente Rede von der Sexualität und die Flut der sexualisierten Bilder, sondern auch die Negativ-Bezugnahme auf Sexualität beobachtet. Zygmunt Bauman (1998) zufolge verfängt sich die „postmoderne" Sexualität in einer Spirale von Verdächtigungen (Thematisierungsformen von sexueller Belästigung, Gesetze gegen Vergewaltigung in der Ehe etc.). Sexualität werde gleichzeitig als Sinnträger idealisiert und als Gewaltverhältnis sorgenvoll observiert: „Einerseits lobpreist die postmoderne Kultur sexuelle Genüsse und ermutigt dazu, jeden Winkel der Lebenswelt mit erotischer Bedeutung zu versehen; sie fordert vom postmodernen Erregungssammler, sein Potential als sexuelles Subjekt voll zu entwickeln. Andererseits verbietet diese Kultur, einen anderen Erregungssammler wie ein sexuelles Objekt zu behandeln" (Bauman 1998: 34). Auch Volkmar Sigusch argumentiert, dass die sexuelle Revolution Sexualität positiv als Ekstase und Transgression mystifizierte. Im Unterschied dazu erlebten wir derzeit eine „neosexuelle Revolution". Geschlechtsverkehr werde seltener praktiziert und die Art der Thematisierung wandle sich. In den Vordergrund rücke eine stärkere Thematisierung der Gewaltfrage seit den achtziger und neunziger Jahren. Sexualität werde heute „negativ diskursiviert als Gewalt, Mißbrauch und tödliche Infektion" (Sigusch 2000: 229). Begleitet werde dieser Prozess durch eine durchgreifende Kommerzialisierung der Sexualität in Sexshops, Love Parades und Gay Games.

4 Systemtheoretische Sexualitätsforschung

Nicht Interaktion, sondern Kommunikation rücken in den Vordergrund, wenn Systemtheoretiker über Sexualität nachdenken (vgl. auch den Beitrag zu „Kommunikation & Medien" in diesem Band). Niklas Luhmann (1982; 1997 und daran anknüpfend Fuchs 1999) greift den Gedanken von Talcott Parsons (1964, orig. 1943) auf, dass Liebe in der Ehe nicht nur sozial kontrolliert und kanalisiert werde, sondern gleichzeitig eine Intensivierung erfahre, und entwickelt die Figur des Intimsystems (als Einengungs- und Steigerungszusammenhang). Sexualität thematisiert Luhmann vor allem im Kontext romantischer Liebe. Sie ist der symbiotische Mechanismus des symbolisch generalisierten Kommunikationsmediums „Liebe". So wie Macht sich an körperliche Gewalt anbinde, stütze Liebe sich auf Sexualität (könne aber ohne Sexualität existieren). Wie Foucault argumentiert auch Luhmann historisch: Für Sexualität und romantische Liebe bilde sich seit dem 17. Jahrhundert (zunächst für den Adel) eine Semantik heraus, die Sexualität nicht länger als körperliche Notwendigkeit, sondern als Bereich der Lebenserfahrung abbilde. Daraus folge die Forderung nach freier Gestaltung im 18. Jahrhundert. Sexualität wird zur sexuellen Kommunikation, die die Liebenden vor das Paradox stelle, dass unterstellt werden muss, man wisse, wie der andere empfindet, man dies jedoch nie wissen kann.

Heinrich Ahlemeyer (2000) knüpft in einer Untersuchung zur Prostitution an die skizzierten Arbeiten von Luhmann an. Seine soziologische Fassung von Sexualität ist die der „Intimkommunikation". Er definiert sie „als ein Mitteilungsverhalten (...), dass seine Informations- und Mitteilungsselektion auf die Einbeziehung der körperlich-erotischen Dimension orientiert, indem es körperlich-sexuelle Interaktionen zwischen den Beteiligten ermöglicht, anbahnt, vorbereitet, mit Sinn ausstattet, integriert, gegen konkurrierende Anforderungen zugleich durchsetzt und mit ihnen synthetisiert" (Ahlemeyer 2000: 6). Sexualität wird als Intimität gefasst, die mit einer Unterscheidung von „alltäglicher" und „erotischer" Wirklichkeit arbeitet. Soziale Systeme intimer Kommunikation (körperlich und verbal) arbeiten selbstreferentiell und schaffen damit eine Differenz zur Umwelt. Prostitutive Intimkommunikation unterscheidet sich demnach von anderen Formen von Sexualität durch unterschiedliche kommunikative Kontexte (Verhandlungen über Sauberkeit, Sicherheit, Geld).

Auch Sven Lewandowski (2004) setzt an Luhmanns Arbeiten mit seinem Versuch einer systemtheoretischen Analyse von Sexualität in den Zeiten funktionaler Differenzierung an. Er konstruiert ein „Sexualitätssystem", dessen binärer Code die Differenz von sexuellem Begehren und sexueller Befriedigung ist. Wird in Bezug auf diese Differenzierung gehandelt, so Lewandowski, wird im sexuellen System agiert. Folge der historischen Autonomisierung des Sexuellen (Systembildung als Folge funktionaler Differenzierung) sei es, dass Sexualitäten mannigfaltiger werden.

5 Sexualität, Geschlecht und Milieu

Sexualität ist eine Praxis, die so eng mit der Herstellung von Geschlecht verknüpft ist, dass die eine Kategorie nicht ohne die andere denkbar ist (Villa 2000). Demzufolge war Sexualität immer ein zentrales Thema der soziologischen Frauen- und Geschlechterforschung (vgl. auch den Beitrag zu „Geschlecht" in diesem Band). Andrea Bührmann (2000) identifiziert vier Felder im Themenbereich „Sexualität", die Thematisierungsfoki bilden: Erstens den Komplex „sexuelle Selbstbestimmung und männliche Gewalt", zweitens eine Kritik an psychoanalytischen Sexualitätskonzepten, drittens die Problematisierung von Heterosexualität als Norm und schließlich viertens die Relevanz der Normativität von Heterosexualität. Mit den Arbeiten in allen vier Feldern habe sich die Thematisierungsform in der Frauen- und Geschlechterforschung von einem biologisch bedingten Kern weiblicher Sexualität, den es zu befreien galt, zur Frage nach der Konstruktion homo- und heterosexuellen Begehrens auf der Folie einer geschlechterdualen Anordnung entwickelt. Hierbei sind die (an Foucault anknüpfenden) Dekonstruktionen von Judith Butler (1991) wichtige Anregungen. Judith Butler (1991) zufolge wird eine Person als in sich kohärent wahrgenommen, wenn es ihr gelingt, „sex", gender und „Sexualität" als stimmig aufeinander bezogen in Szene zu setzen. Reproduktive Heterosexualität basiere ihr zufolge darauf, Akte, Gesten und Begehren in einer Weise zu koordinieren, dass die Illusion von Geschlechtsidentität entsteht. Die Konstruktion von Zweigeschlechtlichkeit werde nur dann als sinnhaft erfahren, wenn sie in einen Kontext von institutionalisierter Heterosexualität, also geschlechtlich wechselseitigem Begehren, gestellt wird.

An diese Überlegungen anknüpfend wird heute nicht nur Heterosexualität als soziale Konstruktion problematisiert (z.B. Sedgwick 1993), sondern auch die Heterosexualisierung sozialer Praxis untersucht. Linda McDowell (1995) zeigt am Beispiel von drei völlig verschiedenen Berufen, Verkäuferin im Fast Food Gewerbe, sexuelle Massage und Bank, dass die Anforderung, das Geschlecht „richtig" darzustellen, mit der Präsentation einer heterosexuellen Identität einhergeht. Um Produkte gut verkaufen zu können, muss der einzelne – jenseits der individuellen Praxis – Heterosexualität in Szene setzen. Diese führe, so z.B. Phil Hubbard (2000), nicht nur zur Heterosexualisierung des weiblichen Körpers, sondern die sexuelle Durchdringung aller Sphären (Arbeit, Konsum und Freizeit) produziere auch einen spezifischen heterosexuellen männlichen Körper. Rosemary Pringle (1988) belegt in einer Studie über Sekretärinnen, dass Sexualität nicht etwa eine mögliche Handlungsoption im Arbeitsleben, noch eine flüchtig und gelegentlich sich zeigende Praxis bei Weihnachtsfeiern ist, sondern in die Routinetätigkeiten eingewoben ist. Sexualität ist ein fundamentaler Teil, so ihre These, der Konstitution der Beziehung zwischen Chef und Sekretärin. Jeff Hearn und Wendy Parkin (1987) sprechen von „organization sexuality" und meinen damit, dass Sexualität sich weniger in diskreten Praktiken als vielmehr in einer ständigen öffentlichen Ausübung gerade am Arbeitsplatz vollzieht.

Das Anliegen, Sexualität nicht als private Praxis in Schlafzimmern, sondern auch und konstitutiv öffentlich zu konzeptualisieren, teilen Laumann u.a. (2004) in einer Arbeit über die „Sexual Organisation of the City". Sie untersuchen die Sexmärkte als urbane Praxis und finden hierin eine Erklärung für lokal spezifische und strukturierte Partizipationschancen an Sexualität. Sexuelle Partnerschaftssuche ist eine lokale Aktivität, so ihre Basisannahme. Da man in der Regel den körperlichen Kontakt suche, sei man auf geografische Nähe angewiesen. Dies führe zu einer ausgefeilten Organisation ethnisch- und geschlechtsregulierter Märkte. Nicht nur seien die Chancen, spezifische Sexualitäten für sich zu entdecken oder zu praktizieren, von der jeweiligen Stadt vorstrukturiert (z.B. ist Homosexualität in San Francisco selbstverständlicher als in Austin/Texas), sondern die Städte selbst offerierten Sexualitätsräume. Chicago ließe sich als Sexualitätslandschaft kartieren. Erlinda sei ein Ort, an dem Männer Oral Sex mit spanischen und afroamerikanischen Prostituierten fänden, Shoreland biete Bars für die sadomasochistische Kultur usw. (Laumann u.a. 2004: 21). „In short, when space is collectively defined as sexual, it improves markets coordination because it signals the type of partner, sexual activities, and possible relationships that one can expect to find there" (Laumann u.a. 2004: 22). Es ist demnach nicht nur der Arbeitsplatz, sondern auch der städtische Raum, der über Sexualität definiert wird. Dies hat den Vorteil, dass die gesuchte sexuelle Praxis leicht zu finden ist, aber – so Laumann u.a. weiter – auch den Nachteil, dass sich ethnische, milieu- und geschlechtsspezifische Muster des Handelns problemlos reproduzieren. Welche Orte vertraut sind, welche Praxis nahe liegt, organisiert sich über Vertrautheit. So finden sich klar definierbare soziale Gruppen an den je spezifischen Orten und reproduzieren in der praktizierten Sexualität (und sei sie noch so sehr als „abweichend" definiert) die soziale Ordnung der Gesellschaft.

Aufgrund der öffentlichen Praxis und Struktur von Sexualität plädiert Jeffrey Weeks für „putting sexuality into citizenship" (2002, orig. 1999: 365). Das Konzept des Bürgers sei an den öffentlichen Raum gebunden. Als Bürger habe der Mensch Rechte, aber auch Verantwortung für die Gemeinschaft. Der sexuelle Bürger (sexual citizen) sei ein Hybrid, da Sexualität traditionell als private Arena von Vergnügen und Leid, von Liebe und Gewalt, in jedem Fall als dem öffentlichen Blick verborgen verstanden werde, Bürgerschaft dagegen ein öffentliches Konzept sei. „Sexual Citizenship" binde Sexualität an Rechte sowie an Verantwortung und verankere damit ein Verständnis von Sexualität im kollektiven Gedächtnis, das diese in einen Kontext von Kontrolloption über den eigenen Körper, Einfluss auf gesellschaftliche Repräsentationen sowie die Wahl von Geschlechtererfahrungen stellt (siehe auch Plummer 1995).

6 Zusammenfassung

Zusammenfassend kann man sagen, es existieren drei soziologische Theorieformationen, Sexualität zu analysieren. Erstens die Formung des biologischen Triebes durch Sozialisation und Institutionen (deren Wandel erhoben wird), zweitens die Einpflanzung und Normierung von Sexualität durch Disziplinierung und Verwissenschaftlichung vor dem Hintergrund einer heterosexuellen, zweigeschlechtlichen Matrix und drittens als neuer Strang die systemtheoretische Beschreibung eines eigenen Systems „Sexualität" bzw. einer eigenen Logik von Intimkommunikation. Während sich die erste Traditionslinie die Frage, was Sexualität ist, nicht stellen muss, weil diese in die Biologie delegiert wird (Trieb), widmet sich die Foucaultsche Tradition einer Genealogie der Sexualität und fragt nach Strukturen, in denen Sexualität gefasst und produziert wird. Dabei erscheint „der Sex" (in seiner Doppeldeutigkeit einer Praxis wie einer Körpernatur) vor allem als diskursives, und das heißt als symbolisches oder auch „performatives" Produkt. Im Gegensatz zur Systemtheorie reichen in der Foucaultschen Tradition die „Diskurse" auch in diejenigen handlungspraktischen Zonen hinein, in denen das „Dispositiv" des Sexuellen die stoffliche Wirklichkeit der Körper formt. Die Systemtheorie wiederum legt das Augenmerk darauf, dass Sexualität ein Feld ist, das nach eigenen Regeln funktioniert.

Empirisch beobachtbar zeichnet sich eine Sexualitätskultur der Gegenwart ab, die Jugendliche heute damit konfrontiert, dass Sexualität hochgradig mit Sinn aufgeladen ist. Sexualität wird als etwas praktiziert, was gleichzeitig die eigene Identität formt und ausdrückt, nach eigenen Maßstäben zu modellieren ist, dabei aber zwei Grundprämissen beachten soll, nämlich dass Sexualität zu Befriedigung zu führen und im Konsens der Beteiligten zu geschehen habe. Sexualität wird im Alltag als jedem Menschen innewohnende Kraft, die es zu nutzen und zu formen gilt, eingeführt und positiv als sinnvolle Praxis vermittelt. Die positive Bewertung von Sexualität wird durch die Schwierigkeit überschrieben, dass Sexualität als selbst zu gestaltende, aber in jedem Fall notwendige Entwicklungsaufgabe erscheint, und wird ferner heute flankiert von dem Wissen um sexuell übertragbare, im schlimmsten Fall langfristig tödliche Krankheiten und dem Wissen um Gewalterfahrungen im Feld der Sexualität sowie von einer allgegenwärtigen Bilderwelt kommerzieller Sexualitätsangebote.

Sexualität wird nur unzureichend als private Praxis gefasst. Sie wird über öffentliche Räume vorstrukturiert, öffentlich inszeniert und über Geschlechterarrangements, ethnische Kulturen und Milieus kanalisiert.

Literatur

Ahlemeyer, Heinrich W. (2000): Prostitutive Intimkommunikation. Zur Mikrosoziologie heterosexueller Prostitution. Gießen: Psychosozial Verlag
Bauman, Zygmunt (1998): Über den postmodernen Gebrauch der Sexualität. In: Schmidt/Strauß (Hrsg.) (1998): 17-35
Beck-Gernsheim, Elisabeth/Beck, Ulrich (1990): Das ganz normale Chaos der Liebe. Frankfurt a.M.: Suhrkamp
Bell, David/Valentine, Gill (Hrsg.) (1995): Mapping Desire: Geographies of Sexualities. London: Routledge
Bührmann, Andrea (2000): Von der Konstatierung einer unterdrückten weiblichen Sexualität. Zur Frage nach der Konstitution weiblichen Begehrens. In: Bührmann/Diezinger/Metz-Göckel (Hrsg.) (2000): 193- 197
Bührmann, Andrea/Diezinger, Angelika/Metz-Göckel, Sigrid (Hrsg.) (2000): Arbeit – Sozialisation – Sexualität. Opladen: Leske + Budrich
Butler, Judith (1991): Das Unbehagen der Geschlechter. Frankfurt a.M.: Suhrkamp
Duden, Barbara (1987): Geschichte unter der Haut: ein Eisenacher Arzt und seine Patientinnen um 1730. Stuttgart: Klett-Cotta
Elias, Norbert (1976, orig. 1939): Über den Prozeß der Zivilisation. Bd.1 Wandlungen des Verhaltens in den westlichen Oberschichten des Abendlandes. Frankfurt a.M.: Francke
Foucault, Michel (1983, orig. 1976): Sexualität und Wahrheit. Band 1: Der Wille zum Wissen. Frankfurt a.M.: Suhrkamp
Foucault, Michel (1986, orig. 1984): Sexualität und Wahrheit. Band 2: Der Gebrauch der Lüste. Frankfurt a.M.: Suhrkamp
Foucault, Michel (1980): Das wahre Geschlecht. Einleitung in: Herculine Barbin. Being the recently discovered Memoirs of a Nineteenth Century French Hermaphrodite. In: Foucault (2005): 142-152
Foucault, Michel (2005): Dits et Ecrits, Bd. 4: 1980-1988. Frankfurt a.M.: Suhrkamp
Freud, Sigmund (1923): Das Ich und das Es. Frankfurt a.M.: Fischer
Freud, Sigmund (1961, orig. 1905): Drei Abhandlungen zur Sexualtheorie. Frankfurt a.M.: Fischer
Fuchs, Peter (1999): Liebe, Sex und solche Sachen. Zur Konstruktion moderner Intimsysteme. Konstanz: UVK
Gagnon, John/Simon, William (1970): The Sexual Scene. Chicago: Aldine
Gagnon, John/Simon, William (1973): Sexual Conduct: The Social Sources of Human Sexuality. Chicago: Aldine
Gerhards, Jürgen/Schmidt, Bernd (1992): Intime Kommunikation. Eine empirische Studie über Wege der Annäherung und Hindernisse für „safer sex". Baden-Baden: Nomos

Giddens, Anthony (1993): Wandel der Intimität. Frankfrut a.M.: Fischer
Haavio-Mannila, Elina/Kontula, Osmo/Rotkirch, Anna (2003): Sexuelle Lebensstile in drei Generationen: Eine Analyse autobiographischer Geschichten über Sexualität und Beziehung. In: Zeitschrift für Sexualforschung 16. 2: 143-159
Hartwich, Peter/Haas, Steffen (Hrsg.) (2002): Sexuelle Störungen und Probleme bei psychisch Kranken. Sternenfels: Verlag Wissenschaft & Praxis
Hearn, Jeff/Parkin, Wendy (1987): Sex at Work: The Power and Paradox of Organization Sexuality. Brighton: Wheatsheaf
Honegger, Claudia (1991): Die Ordnung der Geschlechter. Die Wissenschaften vom Menschen und das Weib 1750-1850. Frankfurt a.M.: Campus
Hornung, Rainer/Buddeberg, Claus/Bucher, Thomas (Hrsg.) (2004): Sexualität im Wandel. Zürich: Vdf Hochschulverlag Zürich
Hubbard, Philip (2000): Desire/disgust: mapping the moral contours of hetero sexuality. In: Progress in Human Geography 24. 2: 191-217
Illouz, Eva (2006): Gefühle in Zeiten des Kapitalismus. Frankfurt a.M.: Suhrkamp
Kaufmann, Jean-Claude (2004): Der Morgen danach. Wie eine Liebesgeschichte beginnt. Konstanz: UVK
Laumann, Edward O./Gagnon, John H./Michael, Robert T. (1994): The social organisation of sexuality: sexual practices in the United States. Chicago: University of Chicago Press
Laumann, Edward O./Ellingson, Stephen/Mahay, Jenna u.a. (2004): The Sexual Organization of the City. Chicago: University of Chicago Press
Lautmann, Rüdiger (2002): Soziologie der Sexualität. Erotische Körper, intimes Handeln und Sexualkultur. Weinheim/München: Juventa
Lewandowski, Sven (2004): Sexualität in den Zeiten funktionaler Differenzierung. Eine systemtheoretische Analyse. Bielefeld: transcript
Luhmann, Niklas (1982): Liebe als Passion. Zur Codierung von Intimität. Frankfurt a.M.: Suhrkamp
Luhmann, Niklas (1997): Die Gesellschaft der Gesellschaft. Frankfurt a.M.: Suhrkamp
Marcuse, Herbert (1965): Triebstruktur und Gesellschaft. Frankfurt a.M.: Suhrkamp
Marcuse, Herbert (1969): Versuch über die Befreiung. In: Marcuse (1984): 237- 317
Marcuse, Herbert (1984): Schriften. Band 8. Frankfurt a.M.: Suhrkamp
Maasen, Sabine (1998): Genealogie der Unmoral. Zur Therapeutisierung sexueller Selbste. Frankfurt a.M.: Suhrkamp
McDowell, Linda (1995): Body work: heterosexual gender performances in city workplaces. In: Bell/Valentine (Hrsg.) (1995): 75-95
Michael, Robert/Gagnon, John/Laumann, Edward/Kolata, Gina (1994): Sexwende – Liebe in den 90ern – Der Report. München: Knaur Verlag
Parsons, Talcott (1964): Das Verwandtschaftssystem in den Vereinigten Staaten. In: Parsons (Hrsg.) (1964): 84-108
Parsons, Talcott (Hrsg.) (1964): Beiträge zur soziologischen Theorie. Neuwied: Luchterhand
Plummer, Kenneth (1975): Sexual Stigma: An Interactionist Account. London: Routledge
Plummer, Kenneth (1995): Telling Sexual Stories: Power, Change and Social Worlds. London: Routledge
Plummer, Kenneth (Hrsg.) (2002): Sexualities. London: Routledge
Pringle, Rosemary (1988): Secretaries Talk Sexuality, Power and Work. London/New York: Verso
Quindeau, Ilka (2005): Sexuelles Begehren als Einschreibung. In: Zeitschrift für Sexualforschung 18. 1: 88-90
Reich, Wilhelm (1969): Die Entdeckung des Orgons. Bd.1: Die Funktion des Orgasmus. Köln: Kiepenheuer & Witsch
Rohde-Dachser, Christa (2002): Sexualität und Psychoanalyse. In: Hartwich/Haas (Hrsg.) (2002): 37-55
Schelsky, Helmut (1955): Soziologie der Sexualität. Hamburg: Rowohlt

Schmerl, Christiane/Soine, Stefanie/Stein-Hilbers, Marlene/Wrede, Brigitta (Hrsg.) (2000): Sexuelle Szenen: Inszenierungen von Geschlecht und Sexualität in modernen Gesellschaften. Opladen: Leske + Budrich
Schmidt, Gunter (1998): Sexuelle Verhältnisse. Über das Verschwinden der Sexualmoral. Reinbek: Rowohlt
Schmidt, Gunter (Hrsg.) (2000): Kinder der sexuellen Revolution. Kontinuität und Wandel studentischer Sexualität 1966-1996. Gießen: Psychosozial Verlag
Schmidt, Gunter (2004): Sexualität und Kultur: Soziokultureller Wandel der Sexualität. In: Hornung/Buddeberg/Bucher (Hrsg.) (2004): 11-28
Schmidt, Gunter (2005): Das neue Der Die Das: Über die Modernisierung des Sexuellen. 2. Auflage. Gießen: Psychosozial Verlag.
Schmidt, Gunter/Klusmann, Dietrich/Matthiesen, Silja, u.a. (1998): Veränderungen des Sexualverhaltens von Studentinnen und Studenten 1966-1981-1996. In: Schmidt/Strauß (Hrsg.) (1998): 118-136
Schmidt, Gunter/Strauß, Bernhard (Hrsg.) (1998): Sexualität und Spätmoderne. Über den kulturellen Wandel der Sexualität. Stuttgart: Ferdinand Enke Verlag
Sedgwick, Eve Kosofsky (1993): Tendencies. Durham, N.C.: Duke University Press
Sigusch, Volkmar (2000): Vom König Sex zum Selfsex. Über gegenwärtige Transformationen der kulturellen Geschlechts- und Sexualformen. In: Schmerl/Soine/Stein-Hilbers u.a. (Hrsg.) (2000): 229-249
Stein-Hilbers, Marlene/Soine, Stefani/Wrede, Birgitta (2000): Einleitung: Sexualität und Geschlecht im Kontext kultureller Zweigeschlechtlichkeit. In: Schmerl/Soine/Stein-Hilbers u.a. (Hrsg.) (2000): 9-22
Villa, Paula-Irene (2000): Sexy Bodies. Eine soziologische Reise durch den Geschlechtskörper. Opladen: Leske + Budrich
Weeks, Jeffrey (2002, orig. 1999): The Sexual Citizen. In: Plummer (2002): 363-381
Wrede, Birgitta (2000): Was ist Sexualität? Sexualität als Natur, als Kultur und als Diskursprodukt. In: Schmerl/Soine/Stein-Hilbers u.a. (Hrsg.) (2000): 25-43
Wrede, Birgitta/Hunfeld, Maria (1997): Sexualität – (K)ein Thema in der Hochschulausbildung? Entwicklung einer hochschuldidaktischen Ausbildungskonzeption für Sexualpädagogik. Bielefeld: Kleine Verlag

Technik

Ingo Schulz-Schaeffer

1 Was ist Technik?

Techniken sind künstlich erzeugte und in der einen oder anderen Weise festgelegte Wirkungszusammenhänge, die genutzt werden können, um hinreichend zuverlässig und wiederholbar bestimmte erwünschte Effekte hervorzubringen.

Technik kommt in modernen Gesellschaften in den unterschiedlichsten Realisierungsformen vor und lässt kaum einen Lebensbereich unberührt. Einige Beispiele mögen die Vielfalt und Unterschiedlichkeit von Technik illustrieren, die der eben angeführte weite Technikbegriff zu umfassen sucht:

1. *Die Technik der nicht-direktiven Gesprächsführung*: Diese Technik hat zum Ziel, den Patienten zum Sprechen zu bringen, ohne dass der Therapeut die Richtung des Gesprächsverlaufs steuert. Sie besteht wesentlich darin, dass der Therapeut Äußerungen des Patienten in Frageform wiederholt (z.B.: Patient: „Ich habe schlecht geschlafen.", Therapeut: „Sie haben schlecht geschlafen?", Patient: „Ja, ich hatte einen komischen Traum", Therapeut: „Erzählen Sie mir mehr von Ihrem Traum" usw.).
2. *Die Technik der Briefzustellung*: Die in den Postfilialen und Briefkästen eingegangenen Briefe werden in einem regionalen Briefzentrum nach Leitregionen vorsortiert und in die Briefzentren dieser Regionen geschickt. Dort werden sie nach Einzugsgebieten und Zustellrouten der einzelnen Briefträger sortiert und schließlich von den Briefträgern ausgetragen.
3. *Die Technik der Datenbankrecherche*: Die Datensätze in der Datenbank werden so angelegt, dass sie Zeichenfolgen enthalten, die für bestimmte Inhalte stehen (z.B. der Name des Autors in einer Literaturdatenbank). Wird eine Zeichenfolge als Suche eingegeben, vergleicht das Programm sie mit den entsprechenden Zeichenfolgen in den Datensätzen und liefert die übereinstimmenden Datensätze als Suchergebnis zurück.

Was ist in Anbetracht dieser Vielfalt und Unterschiedlichkeit von Technik das Gemeinsame und wodurch unterscheidet sich der Bereich des Technischen vom Nicht-Technischen? Zur Beantwortung dieser Fragen betrachte ich die einzelnen Bestandteile der eingangs angeführten Definition.

1.1 Hinreichend zuverlässige Wirkungszusammenhänge

Technische Wirkungszusammenhänge sind Ursache-Wirkungs-Ketten: Ein Anfangszustand („Input") führt zu bestimmten Folgezuständen, die wiederum zu Anfangszuständen darauf folgender Zustände werden usw. bis ein bestimmter Endzustand („Output") erreicht ist. Die

Ursache-Wirkungs-Ketten können länger oder kürzer sein, sie können unterschiedliche Verkettungsformen (linear, verzweigt, rekursiv) aufweisen und sie können in ihrer kausalen Wirksamkeit eindeutiger oder unschärfer sein.

Der Idealtyp einer *zuverlässigen Technik* liefert für eine eindeutig festgelegte Menge von Inputs über eine eindeutig festgelegte Abfolge von Ursache-Wirkungs-Schritten eine eindeutig festgelegte Menge von Outputs. Techniken dieser Art lassen sich als Abläufe beschreiben, die durchgängig einer eindeutigen Verfahrensvorschrift folgen. Es gibt Techniken, von denen wir nicht weniger als dies verlangen, wenn sie uns als zuverlässig gelten sollen. Die Datenbankrecherche ist ein Beispiel hierfür. Bei anderen Techniken, wie etwa der nicht-direktiven Gesprächsführung, ist man schon zufrieden, wenn der angezielte Effekt manchmal eintritt.

Was als hinreichend zuverlässig gilt, ist zum einen eine Frage der Nutzungspraxis und Akzeptanz, also dessen, was als normal oder hinnehmbar wahrgenommen wird oder sich durch nachbesserndes Handeln der Nutzer kompensieren lässt (Collins/Kusch 1998: 121ff.). Es ist zum anderen aber auch eine Frage der Technisierbarkeit eines Wirkungszusammenhangs, also der herstellbaren Eindeutigkeit der Ursache-Wirkungs-Ketten, und eine Frage der Kontrollierbarkeit der Anfangs- und Rahmenbedingungen. Die Datenbankrecherche ist ein Beispiel hochgradiger Technisierbarkeit: Eine Verfahrensvorschrift in Gestalt des Computerprogramms legt die Art und Weise des Zeichenvergleichs zwischen der eingegebenen Zeichenfolge und den in den Datensätzen abgespeicherten Zeichenfolgen eindeutig fest und das Programm reagiert auf keine anderen Inputs als auf Zeichenfolgen eines vorgegebenen Zeichensatzes. Bei der Technik der nicht-direktiven Gesprächsführung dagegen ist sowohl die herstellbare Eindeutigkeit des Ursache-Wirkungs-Zusammenhangs begrenzt wie auch die Kontrollierbarkeit der Rahmenbedingungen. So ist es zwar mit einer gewissen Wahrscheinlichkeit so, dass ein Patient auf die Spiegelung seiner Äußerungen durch den Therapeuten mit einer eingehenderen Beschreibung dessen reagiert, was ihn bedrückt. Aber es gibt nichts, was ihn auf eine solche Reaktion festlegt.

1.2 Verfügbare Wiederholbarkeit

Um als Technik eingesetzt werden zu können, muss der betreffende Wirkungszusammenhang in einer Weise verfügbar sein, die es erlaubt, den gewünschten Effekt dann hervorzubringen, wenn er benötigt wird. In der Natur wie auch in der Sozialwelt gibt es eine Vielzahl wiederkehrender Abläufe, die sich als mehr oder minder eindeutige Ursache-Wirkungs-Ketten beschreiben lassen. Sie sind dennoch keine Techniken, weil ihnen das Merkmal verfügbarer Wiederholbarkeit fehlt. So besteht zwar zwischen den Nährstoffen im Boden, der Sonneneinstrahlung und der Niederschlagsmenge einerseits und dem Pflanzenwachstum andererseits ein kausaler Wirkungszusammenhang. Dies ist aber keine Technik. Eine Technik dagegen ist es, wenn der Landwirt das Wissen über diese Wirkungszusammenhänge nutzt und die zur Bodenbeschaffenheit passenden Pflanzen in der richtigen Jahreszeit pflanzt, um einen möglichst großen Ertrag zu erzielen.

Das Ausmaß verfügbarer Wiederholbarkeit kann höchst unterschiedlich ausgeprägt sein. Im Fall landwirtschaftlicher Techniken ist die Verfügbarkeit der technischen Abläufe dadurch begrenzt, dass sie auf natürlich vorgegebenen Wirkungszusammenhängen beruhen. Dagegen ist etwa bei der Technik der Datenbankrecherche der Wirkungszusammenhang durchgängig künstlich erzeugt, um genau die Effekte immer dann zu produzieren, wenn der Nutzer es wünscht, und er besitzt dadurch ein hohes Maß verfügbarer Wiederholbarkeit.

Verfügbare Wiederholbarkeit der hinreichend zuverlässigen Herbeiführung bestimmter Effekte bedeutet, dass es bei Technik nicht um die Bereitstellung einmaliger Handlungsmittel für einmalige Handlungen geht, sondern um typische Mittel für typische Zwecke. Der technische Wirkungszusammenhang ist mit anderen Worten ein vorgefertigtes Teilstück der typischen Art und Weise der Durchführung von Handlungen (Schulz-Schaeffer 2007a: 6f.).

1.3 In der einen oder anderen Weise festgelegt – die „Materialbasis" von Technik

Im heutigen Alltagsbewusstsein assoziieren wir mit dem Begriff „Technik" Werkzeuge, Geräte, Maschinen und Anlagen. In der griechischen Antike bezeichnete der Begriff dagegen zunächst handwerkliche Geschicklichkeit und dann auch die Anwendung methodischer Verfahren im Handeln. Lewis Mumford (1977: 219ff.) wiederum hat darauf hingewiesen, dass das Funktionsprinzip der Maschine lange vor den ersten gerätetechnischen Maschinen realisiert war: In Gestalt der zentral gesteuerten, streng arbeitsteilig organisierten und durch „exakte Weitergabe von Anweisung und absolute Unterwerfung" (ebd.: 223) der Arbeiter charakterisierten „Arbeitsmaschinen" zum Zweck des Pyramidenbaus im alten Ägypten. Dies alles sind Realisierungsformen von Technik.

Für die Frage, was Technik ist, ist es im Grundsatz „unerheblich, auf welcher Materialbasis die Technik funktioniert, wenn sie nur funktioniert" (Luhmann 1997: 526). Werner Rammert systematisiert diese Beobachtung, indem er „drei Arten von Stoffen" unterscheidet, aus denen Techniken gemacht sein können: „erstens, die *menschlichen Körper*, einschließlich der Handlungen und Wahrnehmungen, die üblicherweise als Stoff angesehen werden, aus dem die interaktive und soziale Welt konstituiert wird, zweitens, *die materiellen Dinge*, einschließlich der physikalischen und biologischen Elemente und Prozesse, welche die objektive oder natürliche Welt konstituieren, und drittens, die *symbolischen Zeichen*, einschließlich der Spuren, Ziffern, Bilder und Buchstaben, der Stoff, aus dem die intersubjektive oder kulturelle Welt geschaffen wird" (Rammert 1998: 314). Es ist sinnvoll, diese Typologie noch um die Kategorie der Organisationstechnik bzw. der Interaktionstechnik zu ergänzen. Damit sind Techniken gemeint, deren Materialbasis das handelnde Zusammenwirken von Akteuren ist. Ausgehend davon lassen sich dann Körpertechnik und Organisationstechnik unter dem Oberbegriff der *Handlungstechnik* zusammenfassen und der *Sachtechnik* gegenüberstellen (auch Zeichentechniken sind entweder Handlungs- oder Sachtechniken oder Kombinationen aus beidem).

Der Ursache-Wirkungs-Zusammenhang muss in dem jeweiligen „Trägermedium" (Rammert 2007: 486) in einer geeigneten Weise fixiert werden, um ihn als verfügbares technisches Handlungsmittel bereitstellen und bereithalten zu können. Manche Techniken lassen sich in unterschiedlichen Trägermedien realisieren, andere benötigen eine ganz bestimmte Materialbasis. Meist ist die Materialbasis von Technik heterogen, nämlich zu je unterschiedlichen Anteilen aus handlungstechnischen und sachtechnischen Komponenten zusammengesetzt. Das Spektrum der unterschiedlichen Kombinationen reicht von der Handwerkstechnik, also der Technik als Körperbeherrschung im Umgang mit Werkzeugen, bis hin zum programmgesteuerten Automaten, eine Technik, bei der sich die handlungstechnische Komponente auf eine bestimmte Art und Weise des „Knöpfchen-Drückens" beschränkt. Der Befund der Variabilität und Heterogenität der Materialbasis verbietet es, eine bestimmte Realisierungsform zum Definitionskriterium von Technik zu machen.

1.4 Herstellung und Nutzung

Techniken sind künstliche Erzeugnisse, zum einen, weil es bei der Techniknutzung um verfügbare Wiederholbarkeit geht, zum anderen, weil es vielfach auch darum geht, Effekte hervorzubringen, die sich auf der Grundlage gegebener Wirkungszusammenhänge der Natur oder der Sozialwelt nicht erzielen lassen.

Wenn man eine bestimmte Form von Handlungen nicht direkt ausführt, sondern zunächst einen technischen Wirkungszusammenhang einrichtet, um jene Handlungen dann mit dessen Hilfe durchzuführen, macht man aus einem Handlungszusammenhang zwei unterschiedliche Handlungszusammenhänge: den *Erzeugungskontext* und den *Nutzungskontext* einer Technik. Die zunehmende Ausdifferenzierung dieser beiden Handlungskontexte ist Ausdruck gesellschaftlicher Arbeitsteilung. Dennoch sind beide Kontexte auch wechselseitig aufeinander bezogen. Soll ein künstlich erzeugter Wirkungszusammenhang als technische Innovation erfolgreich sein, dann reicht es nicht aus, dass er zuverlässig und wiederholbar funktioniert, sondern es ist ebenso erforderlich, dass er sich in konkreten Nutzungskontexten als Handlungsmittel für Handlungsvollzüge eignet. Dies erfordert spezifische Anpassungsleistungen. Aus der Perspektive des Erzeugungszusammenhangs kommt es dabei darauf an, die typischen Handlungsziele und Handlungsvollzüge im Blick zu haben, für welche die Technik als Handlungsmittel gedacht ist, sowie die typischerweise zu erwartenden Rahmenbedingungen der zugehörigen Handlungskontexte zu berücksichtigen. Aus der Perspektive des Nutzungskontextes besteht die Anpassungsleistung in der Entwicklung von Nutzungspraktiken, mittels derer das technisch vorgefertigte Teilstück der Handlung in die jeweils konkreten Nutzungssituationen eingebettet wird (Schulz-Schaeffer 2000b: 146ff.).

Diese beidseitigen Anpassungsleistungen fallen bei technischen Weiterentwicklungen (*inkrementellen Innovationen*) in der Regel leichter als bei grundlegenden technischen Neuerungen (*radikalen Innovationen*). Aus den typischen Nutzungsformen der Vorläufertechnik können Technikentwickler Schlussfolgerungen über die Nutzungsanforderungen an die weiterentwickelte Technik ziehen. Und Nutzer können an ihre Nutzungserfahrungen und -praktiken mit der Vorgängertechnik anknüpfen.

Im Fall grundlegender technischer Innovationen muss neben dem technischen Wirkungszusammenhang auch die Nutzungsform erst noch „erfunden" werden. Der technische Wirkungszusammenhang ist in diesem Fall Handlungsmittel für Handlungsvollzüge, von denen sich erst noch zeigen muss, ob sie tatsächlich entstehen werden. „Man könnte die Erfindung neuer Technologien", so Wolfgang Krohn (1992: 29), „geradezu als die Entwicklung von *Hypothesen über Handlungsformen* verstehen, also als die Entwicklung von Vermutungen darüber, wie Menschen sich hinsichtlich bestimmter neuer Artefakte, Regelungen und Methoden tatsächlich verhalten werden. (...) Diese Vermutungen können richtig sein oder auch falsch. Der Test ist immer erst die tatsächliche Implementation einer neuen Technologie." Vielerlei Beispiele vom Telefon über den Computer bis zum Short Message Service (SMS) verdeutlichen, dass sich keineswegs unbedingt die ursprünglichen Hypothesen der Technikentwickler bewahrheiten. Die Aneignungsweisen im Nutzungskontext sind für die Entstehung einer neuen sozio-technischen Handlungsform ebenfalls bedeutsam.

1.5 Hervorbringung erwünschter Effekte – der instrumentelle Technikbegriff

Wodurch unterscheidet sich die technische von der nicht-technischen Hervorbringung erwünschter Effekte? Die übliche Antwort lautet, dass Techniken Mittel sind, „mit deren Hilfe sich (...) Effekte erzielen lassen, die ohne diese Hilfsmittel nicht oder nur mit größerem Aufwand erreicht werden können" (Schulz-Schaeffer 1999: 410). Mit dieser Antwort wird Technik als instrumentelle Mittel-Zweck-Relation charakterisiert: die überlegene Effizienz unterscheidet die technische Realisierung des Effekts von der nicht-technischen oder weniger technisierten. Die Einbeziehung der instrumentellen Dimension ist unverzichtbar, um Technik als einen eigenen Phänomenbereich erfassen zu können. Denn das Merkmal, als effizienzorientierte Mittel-Zweck-Relation erdacht, konstruiert, verbreitet und genutzt zu werden, unterscheidet technische von anderen künstlich erzeugten Wirkungszusammenhängen. Zugleich ist der instrumentelle Technikbegriff keineswegs unproblematisch.

Effizienz ist ein Maß für den Aufwand zur Erreichung eines bestimmten Zielzustandes. Effizienzaussagen sind mithin relationale Aussagen, die stets nur bezogen auf den jeweils betrachteten Zielzustand Gültigkeit besitzen. Wie gut sich die instrumentelle Dimension von Technik erfassen lässt, hängt deshalb davon ab, wie genau das Ziel der Handlung bestimmt ist, und davon, wie spezifisch die Technik als Handlungsmittel auf dieses Ziel bezogen ist.

Es gibt Techniken, die in sehr spezifischer Weise als bestimmte Formen des Handlungsvollzugs auf genau definierte Formen von Handlungszielen bezogen sind. Von dieser Art ist beispielsweise meine gegenwärtige Handlung der Produktion einer alphanumerischen Zeichenfolge in einem elektronischen Dokument. Das Handlungsziel ist präzise definiert: Die jeweils ausgewählten Zeichen sollen in der jeweils vorgesehenen Reihenfolge in das elektronische Dokument aufgenommen werden. Der technische Wirkungszusammenhang, bestehend aus einer Technik der Tastaturbenutzung und der elektronischen Textverarbeitung, ist spezifisch auf die Herbeiführung genau dieses Effekts ausgerichtet. Bei derartigen technischen Wirkungszusammenhängen in Verbindung mit Handlungszielen dieser Art steht der instrumentelle Charakter von Technik völlig außer Frage.

Vielfach aber sind die Handlungsziele und die technischen Handlungsmittel weniger dezidiert aufeinander bezogen. Zum einen kann das Handlungsziel so beschaffen sein, dass während des Handlungsverlaufs konkurrierenden Effizienzkriterien Rechnung getragen werden muss. Das Mountain-Bike ist ein schönes Beispiel hierfür: Um in hügeligem Gelände bergab zu fahren, ist es vorteilhaft, wenn der Körperschwerpunkt möglichst weit hinten liegt, was das Risiko verringert, über den Lenker zu stürzen. Bergauf aber ermöglicht ein weiter nach vorne verlagerter Sattel Kraft sparendere Trittbewegungen (Rosen 1993). Sobald also eine Technik in mehr als einer Dimension Effekte hat, ist Effizienz eine Frage der Abwägung und Kompromissbildung.

Zum anderen sind viele Techniken auf ein breites Spektrum unterschiedlicher Handlungsvollzüge ausgerichtet. Dies ist ein typisches Merkmal von technischen Infrastrukturen und von technischen Massenprodukten. Ein öffentliches Verkehrssystem, das allen Bewohnern eines Landes eine bestimmte Grundversorgung bieten soll, oder ein weltweit verbreitetes Textverarbeitungssystem können nicht besonders gut auf spezifische Handlungsziele bezogen sein.

In bestimmten Hinsichten sind Techniken dieser Art zudem eher institutionelle Strukturen als instrumentelle Mittel-Zweck-Relationen: Die Bahn- und Busverbindungen prägen die Raum-Zeit-Geographie einer Stadt und wirken dadurch als institutionelle Rahmenbedingungen auf Wohnortentscheidungen oder Mietpreisentwicklungen mit ein. Die weite Verbreitung des Textverarbeitungsprogramms von Microsoft wirkt in vielerlei Weise normierend auf die Herstellung, Formatierung, Bearbeitung und Übermittlung elektronischer Textdokumente und übt dadurch eine nicht zu unterschätzende institutionelle Wirksamkeit aus.

Probleme der Technisierbarkeit von Handlungsvollzügen, unspezifische Handlungsziele und unspezifische Techniken sowie konkurrierende Effizienzgesichtspunkte – dies alles sind Aspekte, die einem instrumentellen Technikverständnis zu schaffen machen, es aber nicht grundsätzlich in Frage stellen. Mit der institutionellen Wirkungsweise von Technik aber kommt ein Gesichtspunkt ins Spiel, der sich nicht mehr im Rahmen des instrumentellen Technikbegriffs erfassen lässt.

Eines ist abschließend zu ergänzen: Aus dem instrumentellen Charakter von Technik folgt keineswegs, dass es eine innertechnische Logik des „one best way" gibt. Dies wird sofort deutlich, wenn man sich vor Augen führt, dass die beiden zentralen Begriffe des Effizienzkalküls (Aufwand und Effekt) rein formale, also inhaltsleere Begriffe sind. Das Effizienzkalkül gibt keine Auskunft darüber, welche technisch erzeugten oder erzeugbaren Effekte für wen erwünscht oder unerwünscht sind oder sein könnten (Krohn 1976: 38). Ebenso wenig gibt es Auskunft darüber, welche der Mittel, die zur Erzielung eines bestimmten Effektes benötigt werden, in welcher Weise in die jeweilige Aufwandsberechnung einbezogen werden müssen. Beides sind vielmehr Fragen der gesellschaftlichen Bewertung von Technik. Wenn man aber weiß, welche Effekte erwünscht oder unerwünscht sind und welcher Mitteleinsatz einem was wert ist, hilft das Effizienzkalkül, bessere von schlechteren Techniken zu unterscheiden.

2 In welcher Weise ist Technik Gegenstand der Soziologie?

Technik ist in dreifacher Weise Gegenstand der Soziologie: 1. als gemachte Umwelt des Sozialen, 2. als Teilstück von Handlungszusammenhängen und 3. als Form der institutionellen Verfestigung sozialer Prozesse und Strukturen.

Der Wirkungszusammenhang einer Technik kann auf Kausalgesetzen und Materialeigenschaften der physikalischen, chemischen und biologischen Natur beruhen. In dieser Hinsicht ist Technik dann für sich betrachtet ein außersoziales Phänomen. Ein Beispiel hierfür ist das mechanische Prinzip der Drehimpulserhaltung, das dafür verantwortlich ist, dass man beim Fahrradfahren nicht seitlich umkippt. Einem technischen Wirkungszusammenhang können umgekehrt aber auch soziale Regeln zu Grunde liegen. Die Rechtschreibhilfe von Textverarbeitungsprogrammen, die Textdokumente anhand der amtlichen Regeln der Rechtschreibung überprüft, ist dafür ein Beispiel. Hier repräsentiert der technische Wirkungszusammenhang eine Form der institutionellen Verfestigung des Sozialen. In beiden Fällen ist das Arrangement, in dem Technik als wiederholt verfügbares Handlungsmittel bereitgestellt und genutzt wird, eine Form der gesellschaftlich organisierten Arbeitsteilung und damit Bestandteil sozialer Handlungszusammenhänge.

2.1 Technik als gemachte Umwelt des Sozialen

Die Techniken der Pflanzen- und Tierzüchtung, der Lebensmittelproduktion, -konservierung und -lagerung, die Techniken des Güter- und Personentransports, die Techniken des Bauens, der Herstellung neuer Materialien, der Informationsübermittlung und die Techniken der Manipulation der Grundbausteine des Lebens (Gentechnologie) und der unbelebten Natur (Nanotechnologie) – sie alle repräsentieren für sich genommen außersoziale Sachverhalte, insofern ihr Funktionieren auf der Beherrschung, Nutzung und Manipulation von Wirkungszusammenhängen der physikalischen, biologischen und chemischen Natur beruht. Nichtsdestotrotz ist der Einfluss auf das menschliche Zusammenleben, den alle diese und viele weitere Techniken in ihrer Eigenschaft als gemachte Umwelt bzw. als künstliche Natur ausüben, in vielerlei Hinsicht bedeutsamer als der Einfluss der vorgegebenen Natur. Von den technisch ermöglichten Siedlungsstrukturen heutiger Megastädte über die Entstehung neuer Internet-Ökonomien bis hin zum globalen Klimawandel ist diese künstliche Natur mit den Chancen und Risiken, die sie eröffnet, eine entscheidende Rahmenbedingung des Sozialen.

Von Max Weber stammt der Hinweis, dass auch ein außersozialer Sachverhalt „natürlich erstklassige soziologische Tragweite" haben kann „durch die verschiedenen Arten, in welchen menschliches Handeln sich an diesem Sachverhalt orientiert" (Weber 1972, orig. 1922: 3). Eine solche Tragweite kommt Technik zweifellos zu. Diesen Gesichtspunkt betont auch die soziologische Systemtheorie, für die Technik – mit Ausnahme technisierter Kommunikation – Umwelt sozialer Systeme ist. Soziale Systeme, so Niklas Luhmann (1984: 139f.), „operieren mit einer Vielzahl von Erwartungen, die sich auf außermenschliche Sachverhalte beziehen: Sie setzen zum Beispiel das Funktionieren der Uhren, der Autos, der Technologien usw. voraus." Gegenstand der Soziologie ist demnach nicht die Technik selbst, sondern die Frage, wie Technik in der Gesellschaft thematisiert wird und in welcher Weise die ständig zunehmenden Möglichkeiten wie auch Risiken technischer Naturbeherrschung und -manipulation in der gesellschaftlichen Kommunikation wahrgenommen und gedeutet werden.

Allerdings birgt diese an sich richtige und wichtige Perspektive auf Technik zugleich die Gefahr, die gemachte Umwelt der künstlichen Natur mit der vorgegebenen Umwelt der unabhängig vom menschlichen Eingriff wirkenden Natur gleichzusetzen. Diese Gefahr zeigt sich deutlich in Luhmanns Beschreibung des Verhältnisses von Technik und Gesellschaft als strukturelle Kopplung: „Die Gesellschaft stellt sich auf das pure Vorhandensein von Technik ein. Sie geht davon aus, daß die Technik funktioniert. Man verabredet sich in der Annahme, daß der Motor des Autos anspringt. Am Begriff der strukturellen Kopplung ist vor allem wichtig, daß er kein Kausalverhältnis bezeichnet, sondern ein Verhältnis der Gleichzeitigkeit (...) von System und Umwelt und Gleichzeitigkeit heißt immer auch: Unkontrollierbarkeit." (Luhmann 1991: 108f.) In der gleichen Weise lässt sich auch das Verhältnis von Natur und Gesellschaft als strukturelle Kopplung beschreiben: „Die Gesellschaft stellt sich auf das pure Vorhandensein von Natur ein. Man verabredet sich in der Annahme, dass die Sonne scheinen wird usw.".

Anders als die Natur ist die Technik – und damit auch die technisch zugerichtete Natur – in ihrer Eigenschaft als Umwelt des Sozialen jedoch *sozial konstruierte* Umwelt des Sozialen. Die technischen Möglichkeiten der Fortbewegung durch die Luft oder der Manipulation von Erbinformationen sind ja nicht vom Himmel gefallen, sondern das Resultat menschlichen Wollens und Handelns. Aus der systemtheoretischen Perspektive heißt es dazu, soziale Systeme könnten keine Maschinen konstruieren (denn sie bestehen lediglich aus Kommunikationen), sondern dies könnten nur psychische Systeme (Bewusstseinssysteme), die Absichten entwickeln können, verbunden mit Körpern, die mit Werkzeugen operieren können (Halfmann 1996: 126). Dies ist eine stark irreführende Betrachtungsweise, denn sie suggeriert, dass Technikentwicklung individuelle Bewusstseinsleistung und individueller Handlungsvollzug ist. Tatsächlich aber ist Technikentwicklung und technische Innovation ein durch und durch sozialer Prozess (vgl. Abschnitt 3.1). Die soziale Dimension von Technik (auch solcher Techniken, die für sich genommen außersoziale Sachverhalte darstellen) lässt sich systemtheoretisch offensichtlich schwer erfassen. Hier erweist sich die handlungstheoretische Perspektive als überlegen:

2.2 Technik als Teilstück von Handlungszusammenhängen

Helmut Schelsky argumentiert, die Welt der technischen Gegenstände sei viel eher „künstlicher Mensch" als „künstliche Natur": „Diese technische Welt ist in ihrem Wesen Konstruktion, und zwar, die des Menschen selbst. Man denkt in rückwärts gewandten Bildern, wenn man von ihr als ‚künstlicher Natur' spricht, sie ist in viel exakterem Sinne der ‚künstliche Mensch', die Form, in der der menschliche Geist sich als Weltgegenständlichkeit verkörpert und schafft. (…) in der technischen Zivilisation tritt der Mensch sich selbst als wissenschaftliche Erfindung und technische Arbeit gegenüber" (Schelsky 1979, orig. 1961: 457).

Das soziale Verhältnis, in dem der Mensch sich selbst als wissenschaftliche Erfindung und technische Arbeit gegenübertritt, ist handlungstheoretisch betrachtet ein Verhältnis der Delegation von Teilen des Handlungsvollzugs an technische Wirkungszusammenhänge. Für die genauere Betrachtung dieser Delegationsbeziehung ist James Colemans Konzept der Einheit des Akteurs hilfreich (Schulz-Schaeffer 2007b: 177ff., 482ff.). Coleman zufolge ist das Handeln von Akteuren grundlegend durch zwei Merkmale bestimmt: durch das Interesse an der Erreichung bestimmter Handlungsziele und durch die Verfügungsgewalt über bestimmte Handlungsmittel. Mit Blick auf diese beiden Merkmale besteht ein Akteur gleichsam aus zwei Teil-Akteuren: einem Teil-Akteur, der Handlungsmittel besitzt, mittels derer sich bestimmte Ziele realisieren lassen – ihn bezeichnet Coleman als „Handlungsselbst" der Handlung; und ein Teil-Akteur, der ein Interesse an der Realisierung dieser Ziele hat – dem „Objektselbst" der Handlung (Coleman 1990: 508f.).

Nützlich wird diese Unterscheidung dann, wenn das Interesse an der Erreichung bestimmter Ziele nicht zugleich auch mit der Kontrolle der zugehörigen Handlungsmittel einhergeht. In der gesellschaftlichen Wirklichkeit arbeitsteilig organisierter Gesellschaften ist dies der Normalfall. Wir sind vielleicht noch das Objektselbst unseres Handelns. Aber wir sind nicht mehr in einem umfassenden Sinne zugleich auch das Handlungsselbst unseres Handelns. Zumindest Teile unserer Handlungsvollzüge sind fast immer an Andere delegiert. Die Anderen können andere Menschen sein, es können Organisationen sein, es können aber auch technische Artefakte sein.

Die Einheit einer Handlung besteht, wenn man Alfred Schütz folgt, darin, dass im Handlungsvollzug der Handlungsentwurf schrittweise realisiert wird. Der Handlungsvollzug bezieht seinen Sinn mit anderen Worten aus dem Handlungsentwurf (Schütz 1974, orig. 1932: 79ff.). Dies gilt auch für Handlungsvollzüge, die in technischer Gestalt bereitgestellt werden. Technische Wirkungszusammenhänge in ihrer Eigenschaft als Teilstücke von Handlungsvollzügen beziehen ihren Sinn aus erwarteten typischen Handlungsentwürfen, für die sie im Rahmen gesellschaftlicher Arbeitsteilung als typische Handlungsvollzüge bereitgestellt werden.

Das Delegationsverhältnis zwischen dem Objektselbst und dem Handlungsselbst einer Handlung beschreibt die instrumentelle Dimension der Bereitstellung und Nutzung technischer Wirkungszusammenhänge. Dabei kann das Handlungsselbst ein sachtechnisches Artefakt sein, in dessen Mechanismus oder Algorithmus der Wirkungszusammenhang eingeschrieben ist, ein menschlicher Akteur und hier als eingeübte Form körperlicher Fertigkeiten zum Ausdruck kommen, oder ein organisationaler bzw. ein Interaktionszusammenhang, in den die Technik als Form handelnden Zusammenwirkens eingeprägt ist.

Dass die instrumentelle Betrachtung von Technik nicht unproblematisch ist, lässt sich aus der hier zu Grunde gelegten Perspektive ebenfalls anschaulich zeigen: Die technischen Geräte, die wir benutzen, nötigen uns immer wieder dazu, Dinge zu tun, an denen wir kein unmittelbares Interesse haben – wie etwa das Auto zu betanken oder ein Software-Update aufzuspielen. Wenn wir uns dergestalt in den Dienst unserer Geräte stellen, so dient dies unserem mittelbaren Interesse, etwa dem an zukünftiger Funktionsfähigkeit der Geräte. Hier findet eine Rollenumkehrung statt: Die Geräte fordern ein, in einer bestimmten Weise bedient zu werden. Sie fungieren gleichsam als Objektselbst unserer mittelbaren Interessen. Die Wirksamkeit als Objektselbst mittelbarer Interessen kann bei heutigen technischen Geräten so weit gehen, dass sie mittelbare Interessen sogar gegen unmittelbare Interessen von Nutzern durchsetzen. Ein Beispiel hierfür ist die „Adaptive Cruise Control" beim Auto, welche die Geschwindigkeit des eigenen Fahrzeugs so anpasst, dass der erforderliche Sicherheitsabstand zu anderen Fahrzeugen gewahrt bleibt, und damit das mittelbare Interesse des Autofahrers an der Vermeidung von Auffahrunfällen im konkreten Fall auch gegen das unmittelbare Interesse zügiger Fortbewegung durchsetzt.

Das soziale Verhältnis, in dem der Mensch sich in der Technik als „künstlicher Mensch" gegenübertritt, erschöpft sich also keineswegs in der instrumentellen Dimension des Delegationsverhältnisses, in dem der Technik die Rolle als Handlungsselbst zukommt. Es ist, wie Schelsky fortfährt, darüber hinaus ein soziales Verhältnis der Ko-Konstitution von Mensch und Technik. Mit der Konstruktion neuer Techniken geht zugleich „eine Umkonstruktion und Neuformung des Menschen selbst in seinen leiblichen, seelischen und sozialen Bezügen" (Schelsky 1979, orig. 1961: 460) einher. Für das Thema der sozio-technischen Ko-Konstitution ist von Bedeutung, dass Technik soziale Forderungen nicht nur stellt (das ist Schelskys Sachzwang-These), sondern soziale Forderungen bereits verkörpern kann. Pointiert formuliert Rammert dies so: „Hinter jedem Sachzwang steht ein sozial konstruierter Zwang" (Rammert 1993: 156). Dies führt zur Betrachtung von Technik als Form der institutionellen Verfestigung des Sozialen:

2.3 Technik als Form der institutionellen Verfestigung sozialer Prozesse und Strukturen

Technische Wirkungszusammenhänge repräsentieren als wiederholt verfügbare Teilstücke typischer Handlungsvollzüge „relativ stabile, überindividuelle Wissens- und Verhaltensmuster" (Ropohl 1991: 190). Beispielsweise liegt in Gestalt des elektronischen Taschenrechners „das Können und Wissen, das man zum Rechnen benötigt, (...) in objektivierter Form" (ebd.) vor. „Nun werden relativ stabile, überindividuelle Wissens- und Verhaltensmuster in der Soziologie bekanntlich als Institutionen bezeichnet" (ebd.), woraus folgt, dass Technik institutionellen Charakter besitzt (vgl. auch den Beitrag zu „Institution" in diesem Band).

Damit ist aber noch nicht gesagt, dass der technische Wirkungszusammenhang eine verfestigte Form sozialer Regeln und Normen darstellt. Im Fall des Taschenrechners mag dies fraglich sein. Andere Beispiele sind in dieser Hinsicht jedoch eindeutig: Auch in der Rechtschreibhilfe der heutigen Textverarbeitungsprogramme etwa sind relativ stabile, überindividuelle Wissens- und Verhaltensmuster gespeichert. Die Rechtschreibregeln, die die Verfahrensvorschriften dieser Programme bilden, sind ohne Frage soziale Normen. Technisch institutionalisierte soziale Regeln finden wir in großem Umfang in den Anwendungen der Informations- und Kommunikationstechnologie: von der Festlegung von Zugangsberechtigungen über die Zuteilung von Arbeitspensen bis hin zur Überwachung des korrekten Ausfüllens von Formularen. Aber auch mechanische Abläufe können sozialen Regeln folgen. So besteht etwa die Tätigkeit einer Uhr darin, uns beständig die herrschende soziale Konvention der Zeiteinteilung vor Augen zu führen.

In allen diesen Fällen tragen technische Wirkungszusammenhänge dazu bei, einer bestimmten sozialen Wirklichkeit zur Durchsetzung zu verhelfen, indem ihre technischen Abläufe die sozialen Regeln befolgen, die diese Wirklichkeit beschreiben. Sie wirken gleichsam als *institutionelle Agenturen*. Ihre Rolle bei der Durchsetzung sozialer Normen kann aber auch darin bestehen, als *institutionelle Anreizstrukturen* zu wirken (Schulz-Schaeffer 2007a: 10). Dies ist dann der Fall, wenn Technik eingesetzt wird, um eine soziale Forderung in Gestalt einer technischen Anforderung durchzusetzen. Als soziale Anreizstruktur gleicht beispielsweise die wirksam sanktionierte soziale oder rechtliche Norm einer Geschwindigkeitsbegrenzung dem technischen Arrangement einer Straßenschwelle, durch die der Autofahrer angesichts der sonst drohenden Beschädigung seines Fahrzeugs genötigt wird, seine Geschwindigkeit zu drosseln (Latour 1992: 244). Ein wichtiger Aspekt der technischen Institutionalisierung sozialer Normen ist es, dass sich unter dem Deckmantel technischer Anforderungen soziale Verhaltensmuster durchsetzen lassen, die sich unter Umständen nicht oder weniger leicht durchsetzen ließen, wenn die zu Grunde liegende Regel offen zum Ausdruck gebracht werden müsste (Zuboff 1988: 315ff.; Winner 1985).

Die Betrachtung von Sachtechniken als soziale Institutionen geht wesentlich auf eine Durkheim-Interpretation von Hans Linde zurück: Durkheim habe rechtliche und sittliche Normen und Artefakte „gleicherweise als ‚typisch verfestigte oder kristallisierte Arten gesellschaftlichen Handelns, [betrachtet], von denen auf den Lauf des individuellen Lebens die gleichen Zwänge ausgehen" (Linde 1982: 2). Was eine Institution als verfestigte Arten gesellschaftlichen Handelns ist, charakterisiert Durkheim auf zweierlei Weise. Zum einen bezeichnet er Institutionen als Arten des Handelns, die „körperhafte Gestalt, wahrnehmbare, ihnen eigene Formen" (Durkheim 1984, orig. 1895: 109) angenommen haben. Damit sind institutionelle Agenturen angesprochen, soziale Gebilde, die durch eigene Regelbefolgung für die gesellschaftliche Gültigkeit der Regeln sorgen. Zum anderen charakterisiert Durkheim Institutionen als „Gußformen, in die wir unsere Handlungen gießen müssen" (ebd.: 126). Hier kann man mit Douglass North (1990: 3) von sozialen Anreizstrukturen sprechen. Sachtechnik kann in beiden Hinsichten als soziale Institution wirksam werden. Ob und in welcher Weise dies der Fall ist, ist eine empirische Frage.

3 Schwerpunkte der Techniksoziologie

Die Techniksoziologie ist nicht die einzige soziologische Teildisziplin, die sich mit Technik befasst. Technische Wirkungszusammenhänge sind in ihren verschiedenen Erscheinungsformen in den unterschiedlichsten gesellschaftlichen Handlungsfeldern von Bedeutung und damit auch für die soziologische Forschung, die sich diesen Handlungsfeldern widmet. In der deutschen Soziologie besitzt vor allem die Arbeits- und Industriesoziologie eine lange Forschungstradition der Beschäftigung mit Technik. Diese reicht von der Erforschung des Zusammenhanges von Produktionstechnik und Arbeitskoordination (Popitz et al. 1957) über die Frage nach neuen Rationalisierungsmustern und Qualifikationsprofilen im Zuge der Einführung von Computertechnik (Altmann et al. 1986; Kern/Schumann 1984), bis hin zu heutigen Fragen der technikvermittelten Flexibilisierung und Entgrenzung von Arbeit (Gottschall/Voß 2003). Von Max Webers Bürokratiethese bis hin zu strukturationstheoretischen Konzepten des Verhältnisses von Technik und Organisation (Ortmann et al. 1990; Orlikowski 1992) ist Technik aber auch Gegenstand der Organisationssoziologie. Die Wissenschaftssoziologie ist zu großen Teilen eine Soziologie der technikvermittelten Produktion von Erkenntnis (Latour 1987; Knorr-Cetina 2002). In der Medizinsoziologie gewinnt die Medizintechnik zunehmende Bedeutung (Schubert 2007). Die Risikosoziologie beschäftigt sich mit technisch erzeugten Risiken (Krohn/Krücken 1993). Und die Mediensoziologie ist eine Soziologie der technischen Kommunikationsmedien und ihres Stellenwerts in der heutigen Gesellschaft. Im Konzert der unterschiedlichen Formen der soziologischen Beschäftigung mit Technik konzentriert sich die Techniksoziologie auf die Erforschung der sozialen Entstehungsbedingungen von Technik (Technikgenese) und der sozialen Wirkungen ihres gesellschaftlichen Einsatzes (Technikfolgen) (Rammert 1993: 9). In letzter Zeit rücken darüber hinaus die Wechselwirkungen zwischen beiden Prozessen stärker in den Blick (sozio-technische Konstellationen).

3.1 Technikgenese

Die Entwicklung neuer Techniken ist ein sozialer Prozess. Technikentwicklung beruht auf kollektiven Wissensbeständen, Handlungsmustern, Wertvorstellungen und Zukunftserwartungen: auf dem historisch gewachsenen Stand von Wissenschaft und Technik, den professionellen Konstruktionstraditionen und den Konstruktionsstilen sowie den Suchheuristiken innovierender Unternehmen (Knie 1989), auf technikbezogenen Zukunftsvorstellungen (van Lente/Rip 1998a), auf Annahmen über technische Entwicklungschancen (Van de Ven et al. 1999: 25ff.) und über aktuelle oder zukünftig erwartete Nutzerbedürfnisse (Krohn 1992: 29; Rammert 1993: 300f.) sowie auf den Strategien und institutionellen Rahmenbedingungen der Akteure im Innovationsgeschehen (Schneider/Mayntz 1995).

Für die Betrachtung von Technikentwicklung als ein sozialer Prozess ist das Programm der Social Construction of Technology wegweisend gewesen, das Trevor Pinch und Wiebe Bijker (1984) am Fallbeispiel der Fahrradentwicklung präsentiert haben. Die unterschiedlichen Varianten der ersten Fahrräder (Hochrad mit Achsantrieb vs. kettengetriebene Fahrräder mit geringerem Radumfang, Luftbereifung vs. Vollgummibereifung), so Pinch und Bijker, reflektieren unterschiedliche Vorstellungen über Nutzerwünsche und -bedürfnisse (Sportlichkeit und Nervenkitzel vs. Sicherheit und Bequemlichkeit). Dies demonstriert die Interpretationsoffenheit der Technikentwicklung. Dass sich das niedrigrädige, kettengetriebene Fahrrad mit Luftbereifung schließlich als dominantes Design durchsetzt, ist das Resultat eines sozialen Aushandlungsprozesses, in dessen Verlauf es den Protagonisten dieser Variante gelingt, das Hochrad aus seiner Position als Sportgerät zu verdrängen.

Nun ist *soziale Aushandlung* ein recht allgemeines Konzept. Um es weiter zu spezifizieren, ist es sinnvoll, zwischen unterschiedlichen Phasen der Technikentwicklung und zwischen verschiedenen Orientierungsmustern zu unterscheiden, die in diesen Phasen mit unterschiedlichem Gewicht zum Tragen kommen. In der Technik- und Innovationsforschung sind viele, insgesamt recht ähnliche Phasenmodelle entwickelt worden (einen Überblick bietet Rammert 1992: 180). Im Kern kann man anknüpfend an Johannes Weyer (1997: 133ff.) drei Phasen unterscheiden: Entstehung, Stabilisierung und Durchsetzung.

Die *Entstehungsphase* ist, zumindest bei grundlegenden technischen Neuerungen, durch hohe Unsicherheit und große Interpretationsoffenheit gekennzeichnet. Typischerweise werden in dieser frühen Phase der Technikentwicklung unterschiedliche Entwicklungslinien parallel vorangetrieben und es wird gleichzeitig an unterschiedlichen technischen Varianten gearbeitet: Weil man noch nicht weiß, welche der Varianten sich als vielversprechender erweisen wird. Weil man noch keine Kriterien besitzt, um zu entscheiden, welche der Varianten in welcher Hinsicht die effizientere Technik sein wird. Weil sich erst noch herausstellen muss, für welche der alternativen Möglichkeiten geeignete Kooperationspartner gefunden werden können. Und weil unterschiedliche Vorstellungen über die Art und Weise der Nutzung der anvisierten Technik bestehen (Van de Ven et al. 1999: 34ff.).

In dieser Phase der Technikentwicklung stehen Orientierungsmuster des Handelns unter der Bedingung von Unsicherheit im Vordergrund. Dazu zählen der jeweilige Stand von Wissenschaft und Technik und die etablierten Konstruktionstraditionen, aus denen Annahmen darüber abgeleitet werden, welche technischen Entwicklungen in der Zukunft realisierbar sein könnten. Dazu zählt das Erfahrungswissen der innovierenden Akteure über frühere Erfolge und Misserfolge und über die eigenen Stärken und Schwächen, aus dem Such- und Entscheidungsheuristiken für aktuelle und zukünftige Innovationsprojekte abgeleitet werden. Dazu zählen schließlich auch die Zukunftsvorstellungen über vielversprechende Techniken, die Technikvisionen, Leitbilder und Nutzungsvisionen, die zum einen ein Mittel sind, um Kapitalgeber und Kooperationspartner von der Attraktivität eines Entwicklungsprojekts zu überzeugen, zum anderen eine, wenn auch zunächst noch vage Vorstellung über die Richtung des Entwicklungsvorhabens vermitteln.

Die *Stabilisierungsphase* ist die Phase der Selektion aus der zunächst produzierten Variantenvielfalt, in der sich eine Variante als Protoyp der neuen Technik herausbildet und zunehmend zum dominanten Design wird. Diese Phase der Technikentwicklung ist durch eine Vielfalt von Handlungsorientierungen geprägt: Der unterschiedliche Entwicklungserfolg der verschiedenen Entwicklungsrichtungen ermöglicht es zunehmend, Kriterien technischer Machbarkeit in Anschlag zu bringen und Entwicklungskosten abzuschätzen. Die

Wahl der Kooperationspartner führt dazu, dass bestimmte Entwicklungsoptionen forciert werden können und andere Optionen aufgegeben werden müssen. Es zeigt sich, dass bestimmte Technikvarianten auf günstigere institutionelle Rahmenbedingungen treffen werden (oder dass solche Rahmenbedingungen sich entsprechend beeinflussen lassen), etwa bei der rechtlichen Zulassung oder der politischen Förderung. Angesichts des Entwicklungsfortschritts in konkurrierenden Entwicklungsprojekten erweisen sich bestimmte Entwicklungslinien als nicht mehr konkurrenzfähig usw.

Die *Durchsetzungsphase* schließlich ist die Phase, in der aus der Hypothese über eine neue sozio-technische Handlungsform, die das Entwicklungsprojekt bis dahin ist, soziale Wirklichkeit wird – oder eben auch nicht oder in anderer Weise als zunächst gedacht. Dies ist ein Prozess, in dem kulturelle Handlungsorientierungen ebenso eine Rolle spielen wie ökonomische und politische: Hier geht es darum, an bestehende Nutzungsbedürfnisse anzuknüpfen (das noch bessere Fernsehbild mit HDTV) oder neue Bedürfnisse zu erzeugen (ununterbrochene telefonische Erreichbarkeit), bestehende Nutzungspraktiken aufzugreifen (die Übernahme der gewohnten Schreibmaschinentastatur beim Computer) und Raum für die Entwicklung neuer Nutzungspraktiken zu eröffnen (z.B. die Möglichkeit des Copy und Paste bei elektronischer Textverarbeitung). Nicht weniger geht es aber auch darum, Nutzungsbedürfnisse und -praktiken aufzugreifen, die sich unerwartet entwickeln (SMS). Nischen müssen gefunden oder erzeugt werden, um der neuen Technik bessere Startchancen gegenüber bereits etablierten Techniken zu verschaffen. So wählt Edison den dicht besiedelten Wall-Street-Distrikt in New York als Pilotanwendung für die Einführung der elektrischen Beleuchtung, um pro Haushalt möglichst wenig des teuren Kupferkabels zu verbrauchen und so mit dem etablierten System der Gasbeleuchtung konkurrieren zu können (Hughes 1985). Ökonomische Anreize sind ein weiteres Mittel. Hierfür ist die Strategie der staatlichen Telefongesellschaft in Frankreich, zur Durchsetzung des Videotext-Systems alle Haushalte kostenlos mit dem erforderlichen Endgerät zu versorgen, ein gutes Beispiel (Mayntz/Schneider 1995). Dass die Durchsetzung neuer Techniken darüber hinaus auch ein politischer Prozess ist, zeigt sich nicht zuletzt im Fall der direkten staatlichen Einflussnahme. Ein Beispiel ist das Stromeinspeisegesetz zur Förderung der Verbreitung erneuerbarer Energietechnologien.

Die Unterscheidung von Phasen der Technikentwicklung ermöglicht eine differenzierte Betrachtung des sozialen Konstruktionsprozesses von Technik, indem sie den Blick auf die unterschiedlichen Handlungsprobleme und -erfordernisse lenkt, die sich im Verlauf des Innovationsprozesses in unterschiedlicher Weise stellen, und auf die Orientierungsmuster und Akteurskonstellationen, die dabei jeweils von Bedeutung sind. Dass diese Phasen keine lineare Abfolge darstellen, sondern rekursiv (Asdonk et al. 1991) aufeinander bezogen sind, ergibt sich daraus, dass Technikentwicklung mit dem Vorgriff auf ein unsicheres Ziel beginnt, weshalb mit jedem Entwicklungsschritt, mit dem dieses Ziel konkretisiert, modifiziert oder neu bestimmt wird, zugleich auch die vorangegangenen Entwicklungsschritte auf dem Prüfstand stehen (vgl. auch den Beitrag zu „Prozess" in diesem Band).

3.2 Technikfolgen

Technik soll zuverlässig und wiederholbar erwünschte Effekte hervorbringen und möglichst keine unerwünschten Nebenfolgen zeitigen. Was eine gute Technik ist, ist also nicht nur eine Frage technischer Funktionsfähigkeit, sondern immer auch eine normative Frage. Technikfolgenabschätzung bzw. Technikbewertung ist gemäß der Definition der VDI-Richtlinie 3780 „das planmäßige, systematische, organisierte Vorgehen, das den Stand der Technik und ihre Entwicklungsmöglichkeiten analysiert, unmittelbare und mittelbare technische, wirtschaftliche, gesundheitliche, ökologische, humane, soziale und andere Folgen dieser Technik und möglicher Alternativen abschätzt, aufgrund definierter Ziele und Werte diese Folgen beurteilt oder auch weitere wünschenswerte Entwicklungen fordert, Handlungs- und Gestaltungsmöglichkeiten daraus herleitet und ausarbeitet, so daß begründete Entscheidungen ermöglicht und gegebenenfalls durch geeignete Institutionen getroffen und verwirklicht werden können" (VDI 1991: 5).

Im Rahmen der damit als interdisziplinär beschriebenen Forschungsaufgabe, an der Philosophen, Theologen, Juristen, Ökonomen und Politologen ebenso beteiligt sind wie die natur- und ingenieurwissenschaftlichen Experten der betrachteten Technologien, kommt der Soziologie die Aufgabe zu, die sozialen und gesellschaftlichen Wirkungen von Technik in den Blick zu nehmen.

Wesentlicher Motor für die Entwicklung und Institutionalisierung der Technikfolgenforschung ist das seit den 1970er Jahren entstehende und wachsende öffentliche Bewusstsein für die Risiken der wissenschaftlich-technischen Zivilisation – von Ulrich Beck (1986) auf den Begriff der Risikogesellschaft gebracht. Damit einhergehend entstand ein wachsender Bedarf nach wissenschaftlicher Politikberatung bei der Abschätzung der Chancen und Risiken neuer Technologien. Als Reaktion darauf wurde die Technikfolgenabschätzung „von Beginn an als ein politikbezogenes Informationsinstrument konzipiert" (Dierkes 1993: 98). Dementsprechend ist Technikfolgenabschätzung weniger Grundlagenforschung als anwendungsorientierte Forschung. Sie zielt darauf, Entscheidungsprozesse, und zwar vor allem politische Entscheidungsprozesse zu unterstützen. Dies spiegelt sich auch in den Zielsetzungen wider: Technikfolgenforschung soll zukünftige Wirkungen neuer Techniken antizipieren und auf diese Weise eine Frühwarn-Funktion übernehmen; sie soll die zu beurteilende Technik im Kontext von Handlungsalternativen betrachten; sie soll herausfinden, wo Handlungsbedarf besteht und welche Handlungsoptionen zur Verfügung stehen; sie soll partizipativ vorgehen und die betroffenen gesellschaftlichen Gruppen in den Bewertungsprozess einbeziehen; und sie soll hinsichtlich der Werturteile, auf deren Grundlage sie zu ihren Bewertungen und Handlungsempfehlungen gelangt, offen darlegen und den Bewertungsprozess dadurch nachvollziehbar machen (Paschen/Petermann 1991: 26ff.). Diese Entscheidungsorientierung ist auch den Methoden der Technikfolgenforschung deutlich anzusehen, die sich im Laufe der letzten Jahrzehnte herausgebildet haben (einen Überblick bieten Bröchler et al. 1999): Neben den Methoden, die im engeren Sinne darauf gerichtet sind, etwas über die zu erwartenden oder eingetretenen Folgewirkungen von Techniken herauszufinden, finden sich Verfahren, die der normativen Bewertung dienen und der Einbeziehung gesellschaftlicher Gruppen in diesen Bewertungsprozess, wie schließlich auch Verfahren, die der Technikgestaltung im Sinne des gesellschaftlich Wünschenswerten dienen (Steinmüller 1999).

Jede Technikfolgenabschätzung unterliegt dem Antizipations-Steuerungs-Dilemma, das darin besteht, dass sich die Folgen einer neuen Technologie in den späteren Phasen ihrer Entwicklung besser abschätzen lassen als zu Beginn, die Einflusschancen auf die Richtung der Technikentwicklung aber zu Beginn deutlich größer sind als in späteren Phasen (Collingridge 1980: 16ff.). Dieses Dilemma lässt sich nicht lösen – sonst wäre es keines

– wohl aber abschwächen. Die Strategie, auf die bereits Collingridge (1980) setzt, besteht darin, Technik so zu entwickeln, dass sie möglichst lange und möglichst leicht veränderbar ist. Modulare Technik-Architekturen, die es erlauben, bestimmte Komponenten auszutauschen, ohne andere Komponenten verändern zu müssen, gehen in diese Richtung. Die dazu komplementäre Strategie besteht darin, die Faktoren und Prozesse zu identifizieren, die im Entwicklungsprozess selbst die voraussichtliche Richtung der Technikentwicklung beeinflussen, um diese dann gegebenenfalls im gewünschten Sinne umzusteuern. Diese Strategie hat dazu geführt, dass die Rolle von kognitiven Orientierungsmustern (Visionen, Szenarien, Roadmaps) in der Technikentwicklung wieder stärker in den Blick gerückt ist (vgl. z.B. van Lente/Rip 1998b). Beide Strategien führen dazu, dass Technikgeneseforschung und Technikfolgenforschung enger zusammenrücken.

3.3 Sozio-technische Konstellationen

Die soziologische Beschäftigung mit Technik ist in der letzten Zeit durch Ansätze geprägt, welche die beiden Aspekte der sozialen und gesellschaftlichen Geprägtheit von Technik und der Prägung sozialer und gesellschaftlicher Zusammenhänge durch Technik wechselseitig aufeinander beziehen und Technik und Gesellschaft in ein Verhältnis der Ko-Konstitution stellen.

Aus der Richtung der Technikgeneseforschung ist der Gedanke der Ko-Konstitution in besonders markanter Weise in der Akteur-Netzwerk-Theorie ausbuchstabiert worden (eine Sammlung grundlegender Beiträge in deutscher Übersetzung findet sich in Belliger/Krieger 2006; vgl. auch Schulz-Schaeffer 2000a; 2008). Hier wird Technik als Resultat der Verknüpfung menschlicher und nicht-menschlicher Komponenten zu Netzwerken konzipiert, ein Prozess, der in dem Maße erfolgreich ist, in dem die beteiligten Komponenten sich in einer aufeinander abgestimmten Weise verhalten. Prozesse des Netzwerkbildens beruhen dabei stets auf einer doppelten Innovation: auf neuen oder veränderten Komponenten und auf neuen oder veränderten Beziehungen zwischen ihnen. Im Prozess des Netzwerkbildens wird die Identität der Komponenten ebenso wie die Art und Weise ihrer wechselseitigen Verknüpfung zu einem möglichen Gegenstand der Neubestimmung oder Modifikation. Die Eigenschaften und Verhaltensweisen der involvierten technischen Artefakte wie auch die der menschlichen Akteure sind Gegenstand und Resultat der wechselseitigen Relationierungen im Netzwerk. Zugleich aber sind alle Komponenten auch Subjekte im Prozess des Netzwerkbildens. Der Akteur-Netzwerk-Theorie gelten deshalb alle Komponenten gleichermaßen als Akteure: als menschliche und nicht-menschliche Akteure. Besonderes Gewicht legt die Akteur-Netzwerk-Theorie auf die Feststellung, dass die menschlichen wie die nicht-menschlichen Akteure gleichermaßen soziale wie technische Eigenschaften und Verhaltensmerkmale aufweisen können. Darin kommt zum einen der Tatbestand der technischen Institutionalisierung sozialer Normen zum Ausdruck, zum anderen der Tatbestand der heterogenen Materialbasis von Technik. Zentraler Kritikpunkt an der Akteur-Netzwerk-Theorie ist die übermäßige Nivellierung der analytischen Begriffe (nicht nur des Akteur-Begriffs), die der empirischen Wirklichkeit nicht gerecht wird und sich auch konzeptionell nicht durchhalten lässt (Schulz-Schaeffer 2008; Rammert/Schulz-Schaeffer 2002).

Aus der Richtung der Technikfolgenabschätzung liegt der Gedanke der Ko-Konstitution insbesondere dem Ansatz des Constructive Technology Assessment (Schot/Rip 1997) zu Grunde. Technikentwicklung wird hier als ein „quasi-evolutionärer" Prozess beschrieben (Rip/Kemp 1998: 355): Die Erzeugung technischer Neuerungen ist demnach vergleichbar mit der evolutionären Produktion von Variationen. Deren Überlebensfähigkeit entscheidet sich erst in der Selektionsumgebung des Marktes und anderer Institutionen wie z.B. der rechtlichen Regulierung oder der Technologiepolitik. *Quasi*-evolutionär ist dieser Prozess, weil die Variation nicht vollständig blind erfolgt, sondern die innovierenden Akteure Suchheuristiken verwenden, um vielversprechende technische Neuerungen zu identifizieren. Quasi-evolutionär ist er auch deshalb, weil die Selektionsumgebung nicht vollständig vorgegeben ist, sondern beeinflusst werden kann, um der betreffenden technischen Neuerung bessere Überlebenschancen zu verschaffen – etwa durch die oben schon angesprochene Schaffung von Nischen. Der Herstellungs- und der Verwendungskontext bilden dementsprechend gleichsam einen ko-evolutionären Zusammenhang, der sich nicht direkt steuern, wohl aber „von innen" modulieren lässt: durch Einflussnahme auf die Suchheuristiken der innovierenden Akteure (z.B. technikbezogene Zukunftsvorstellungen, vgl. Kemp/Rotmans 2004) und durch Einflussnahme auf die Selektionsumgebung (z.B. durch „strategisches Nischenmanagement", vgl. Schot/Rip 1997: 261).

Aus der Perspektive der Ko-Konstitution stellt technischer Wandel sich als ein Prozess dar, dessen Ausgangspunkt die zum jeweiligen Zeitpunkt etablierte sozio-technische Konstellation und dessen Ergebnis eine neue oder veränderte sozio-technische Konstellation ist (Rammert/Schulz-Schaeffer 2002: 21f.; Rammert 2007: 493ff.). Als sozio-technische Konstellation gilt dabei das jeweilige Netzwerk der heterogenen Elemente und Prozesse, die den technischen Wirkungszusammenhang bilden und die Art und Weise seiner Einbettung und Wirksamkeit innerhalb der Kontexte seiner Nutzung bestimmen. Technischer Wandel erfolgt danach ausgehend von der bestehenden Konstellation durch Veränderung oder grundlegende Neuerung technischer Wirkungszusammenhänge *und zugleich auch* der Nutzungsvorstellungen, Nutzungspraktiken und institutionellen Rahmenbedingungen des Technikeinsatzes. Konzeptionelle Bemühungen dieser Art machen die Technikgeneseforschung und die Technikfolgenforschung als jeweils gesonderte Unternehmungen nicht überflüssig. Sie stellen sie in den umfassenderen Zusammenhang der Analyse des sozio-technischen Wandels, den besser zu verstehen ebenso eine akademische Herausforderung ist wie eine Voraussetzung seiner Beeinflussung im Sinne des gesellschaftliche Wünschenswerten.

Literatur

Altmann, Norbert et al. (1986): Ein „Neuer Rationalisierungstyp" – neue Anforderungen an die Industriesoziologie. In: Soziale Welt 37: 191-206

Asdonk, Jupp/Bredeweg, Udo/Kowol, Uli (1991): Innovation als rekursiver Prozeß. Zur Theorie und Empirie der Technikgenese am Beispiel der Produktionstechnik. In: Zeitschrift für Soziologie 20. 4: 290-304

Beck, Ulrich (1986): Risikogesellschaft. Auf dem Weg in eine andere Moderne. Frankfurt a.M.: Suhrkamp

Belliger, Andréa/Krieger, David J. (Hrsg.) (2006): ANThology. Ein einführendes Handbuch zur Akteur-Netzwerk-Theorie. Bielefeld: transcript

Bröchler, Stephan/Simonis, Georg/Sundermeyer, Karsten (Hrsg.) (1999): Handbuch Technikfolgenabschätzung, 3 Bde. Berlin: Edition Sigma

Coleman, James S. (1990): Foundations of Social Theory. Cambridge, Mass. u.a.: The Belknap Press of Harvard University Press

Collingridge, David (1980): The Social Control of Technology. London: Frances Pinter Ltd.
Collins, Harry M./ Kusch, Martin (1998): The Shape of Actions. What Humans and Machines Can Do. Cambridge, Mass. u.a.: The MIT Press
Degele, Nina (2002): Einführung in die Techniksoziologie. München: Fink
Dierkes, Meinolf (1993): Was ist und wozu betreibt man Technikfolgen-Abschätzung? In: Ders. (1993): Die Technisierung und ihre Folgen. Zur Biographie eines Forschungsfeldes. Berlin: Edition Sigma: 95-118
Durkheim, Emile (1984, orig. 1895): Die Regeln der soziologischen Methode, hg. und eingeleitet von René König. Frankfurt a.M.: Suhrkamp
Gottschall, Karin/G. Günter Voß (2003): Entgrenzung von Arbeit und Leben – Zum Wandel der Beziehungen von Erwerbstätigkeit und Privatsphäre im Alltag. München/Mering: Hampp
Halfmann, Jost (1996): Die gesellschaftliche „Natur" der Technik. Eine Einführung in die soziologische Theorie der Technik. Opladen: Leske + Budrich
Hughes, Thomas P. (1985): Edison and Electric Light. In: Donald MacKenzie/Judy Wajcman (1985): The Social Shaping of Technology. How the Refrigerator Got its Hum. Milton Keynes u.a.: Open University Press: 39-52
Kemp, René/Rotmans, Jan (2004): Managing the Transition to Sustainable Mobility. In: Elzen, Boelie/Geels, Frank/Green, Ken (2004): System Innovation and the Transition to Sustainability: Theory, Evidence and Policy. Cheltenham: Edgar Elgar: 137-167
Kern, Horst/Schumann, Michael (1984): Das Ende der Arbeitsteilung? Rationalisierung in der industriellen Produktion. München: Beck
Knie, Andreas (1989): Das Konservative des technischen Fortschritts. Zur Bedeutung von Konstruktionstraditionen, Forschungs- und Konstruktionsstilen in der Technikgenese, WZB, FS II 89-101. Berlin: Wissenschaftszentrum Berlin
Knorr-Cetina, Karin (2002): Wissenskulturen. Ein Vergleich naturwissenschaftlicher Wissensformen. Frankfurt a.M.: Suhrkamp
Krohn, Wolfgang (1976): Technischer Fortschritt und fortschrittliche Technik – die alternativen Bezugspunkte technischer Innovation. In: Walter Ch. Zimmerli (1976): Technik oder: wissen wir, was wir tun? Basel u.a.: Schwabe: 38-65
Krohn, Wolfgang (1992): Zum historischen Verständnis von Technik. In: Hurrle, Gerd/Jelich, Franz-Josef/Seitz, Jürgen (1992): Technik – Kultur – Arbeit: Dokumentation einer Tagung 27. bis 29. Mai 1991, veranst. vom DGB-Bildungszentrum Hattingen. Marburg u.a.: Schüren Presseverlag: 27-34
Krohn, Wolfgang/Krücken, Georg (Hrsg.) (1993): Riskante Technologien: Reflexion und Regulation. Einführung in die sozialwissenschaftliche Risikoforschung. Frankfurt a.M.: Suhrkamp
Latour, Bruno (1987): Science in Action. How to Follow Scientists and Engineers through Society. Cambridge, Mass.: Harvard University Press
Latour, Bruno (1992): Where are the Missing Masses? The Sociology of a Few Mundane Artifacts. In: Bijker, Wiebe E./Law, John (1992): Shaping Technology; Building Society. Studies in Sociotechnical Change. Cambridge, Mass. u.a.: The MIT Press: 225-258
Lente, Harro van/Arie Rip (1998a): Expectations in Technological Developments: An Example of Prospective Structures to be Filled in by Agency. In: Cornelis Disco/Barend J. R. van der Meulen (1998a): Getting New Technologies Together. Studies in Making Sociotechnical Order. Berlin u.a.: de Gruyter: 203-229
Lente, Harro van/Arie Rip (1998b): The Rise of Membrane Technology: From Rhetorics to Social Reality. In: Social Studies of Science 28: 221-254
Linde, Hans (1982): Soziale Implikationen technischer Geräte, ihrer Entstehung und Verwendung. In: Jokisch, Rodrigo (1982): Techniksoziologie. Frankfurt a.M.: Suhrkamp: 1-31
Luhmann, Niklas (1984): Soziale Systeme. Grundriß einer allgemeinen Theorie. Frankfurt a.M.: Suhrkamp
Luhmann, Niklas (1991): Soziologie des Risikos. Berlin: de Gruyter
Luhmann, Niklas (1997): Die Gesellschaft der Gesellschaft, 2 Bde. Frankfurt a.M.: Suhrkamp

Mayntz, Renate/Schneider, Volker (1995): Die Entwicklung technischer Infrastruktursysteme zwischen Steuerung und Selbstorganisation. In: Renate Mayntz/Fritz W. Scharpf (1995), Gesellschaftliche Selbstregelung und politische Steuerung. Frankfurt a.M.: Campus: 73-100

Mumford, Lewis (1977): Mythos der Maschine. Kultur, Technik und Macht. Die umfassende Darstellung der Entdeckung und Entwicklung der Technik. Frankfurt a.M.: Fischer

North, Douglass C. (1990): Institutions, Institutional Change and Economic Performance. New York: Cambridge University Press

Orlikowski, Wanda J. (1992): The Duality of Technology: Rethinking the Concept of Technology in Organizations. In: Organization Science 3. 3: 398-427

Ortmann, Günther et al. (1990): Computer und Macht in Organisationen. Mikropolitische Analysen. Opladen: Westdeutscher Verlag

Paschen, H./Petermann, Thomas (1991): Technikfolgenabschätzung – Ein strategisches Rahmenkonzept für die Analyse und Bewertung von Techniken. In: Petermann, Thomas (1991): Technikfolgen-Abschätzung als Technikforschung und Politikberatung. Frankfut/Main u.a.: Campus: 19-41

Pinch, Trevor J./Bijker, Wiebe E. (1984): The Social Construction of Facts and Artefacts: Or How the Sociology of Science and the Sociology of Technology might Benefit Each Other. In: Social Studies of Science 14: 399-441

Popitz, Heinrich et al. (1957): Technik und Industriearbeit. Soziologische Untersuchungen in der Hüttenindustrie. Tübingen: J. C. B. Mohr

Rammert, Werner (1992): Entstehung und Entwicklung der Technik: Der Stand der Forschung zur Technikgenese in Deutschland. In: Journal für Sozialforschung 32. 2: 177-208

Rammert, Werner (1993): Technik aus soziologischer Perspektive. Opladen: Westdeutscher Verlag

Rammert, Werner (1998): Die Form der Technik und die Differenz der Medien. In: Ders.: Technik und Sozialtheorie. Frankfurt a.M. u.a.: Campus: 293-326

Rammert, Werner (2007): Technik und Gesellschaft. In: Hans Joas (2007): Lehrbuch der Soziologie. 3. überarb. und erweit. Auflage. Frankfurt a.M. u.a.: Campus: 481-504

Rammert, Werner/Schulz-Schaeffer, Ingo (2002): Technik und Handeln. Wenn soziales Handeln sich auf menschliches Verhalten und technische Abläufe verteilt. In: Dies.: Können Maschinen handeln? Soziologische Beiträge zum Verhältnis von Mensch und Technik. Frankfurt a.M. u.a.: Campus: 11-64

Rip, Arie/René Kemp (1998): Technological Change. In: Rayner, Steve/Malone, Elizabeth L. (1998): Human Choice and Climate Change, Vol. 2: Resources and Technology. Columbus, Ohio: Battelle Press: 327-399

Ropohl, Günter (1991): Technologische Aufklärung. Beiträge zur Technikphilosophie. Frankfurt a.M.: Suhrkamp

Rosen, Paul (1993): The Social Construction of Mountain Bikes: Technology and Postmodernity in the Cycle Industry. In: Social Studies of Science 23: 479-513

Schelsky, Helmut (1979, orig. 1961): Der Mensch in der wissenschaftlichen Zivilisation. In: Ders.: Auf der Suche nach Wirklichkeit. Gesammelte Aufsätze zur Soziologie der Bundesrepublik. München: Wilhelm Goldmann: 449-499

Schneider, Volker/Renate Mayntz (1995): Akteurzentrierter Institutionalismus in der Technikforschung. Fragestellungen und Erklärungsansätze. In: J. Halfmann et al. (1995): Technik und Gesellschaft. Jahrbuch 8: Theoriebausteine der Techniksoziologie. Frankfurt a.M.: Campus: 107-130

Schot, Johan/Rip, Arie (1997): The Past and Future of Constructive Technology Assessment. In: Technological Forecasting and Social Change 54. 2/3: 251-268

Schubert, Cornelius (2007): Die Praxis der Apparatemedizin. Ärzte und Technik im Operationssaal. Frankfurt a.M. u.a.: Campus

Schulz-Schaeffer, Ingo (1999): Technik und die Dualität von Ressourcen und Routinen. In: Zeitschrift für Soziologie 28. 6: 409-428

Schulz-Schaeffer, Ingo (2000a): Akteur-Netzwerk-Theorie. Zur Koevolution von Gesellschaft, Natur und Technik. In: J. Weyer (2000): Soziale Netzwerke. Konzepte und Methoden der sozialwissenschaftlichen Netzwerkforschung. München u.a.: Oldenbourg: 187-209
Schulz-Schaeffer, Ingo (2000b): Sozialtheorie der Technik. Frankfurt a.M. u.a.: Campus
Schulz-Schaeffer, Ingo (2007a): Technik als sozialer Akteur und als soziale Institution. Sozialität von Technik statt Postsozialität, TUTS-WP-3-2007, www.tu-berlin.de/~soziologie/Tuts/Wp/TUTS_WP_3_2007.pdf, erscheint in: Rehberg, Karl-Siegbert (Hrsg.) (2008): Die Natur der Gesellschaft. Verhandlungen des 33. Kongresses der DGS, Frankfurt a.M.: Campus.
Schulz-Schaeffer, Ingo (2007b): Zugeschriebene Handlungen. Ein Beitrag zur Theorie sozialen Handelns. Weilerswist: Velbrück Wissenschaft
Schulz-Schaeffer, Ingo (2008): Technik in heterogener Assoziation. Vier Konzeptionen der gesellschaftlichen Wirksamkeit von Technik im Werk Latours. In: Kneer, Georg/Schroer, Markus/Schüttpelz, Erhard (2008): Bruno Latours Kollektive. Kontroversen zur Entgrenzung des Sozialen. Frankfurt a.M.: Suhrkamp: 106-150
Schütz, Alfred (1974, orig. 1932): Der sinnhafte Aufbau der sozialen Welt. Eine Einleitung in die verstehende Soziologie. Frankfurt a.M.: Suhrkamp
Steinmüller, Karlheinz (1999): Methoden der TA – ein Überblick. In: Bröchler, Stephan/Simonis, Georg/Sundermeyer, Karsten (1999): Handbuch Technikfolgenabschätzung, 3 Bde. Berlin: Edition Sigma: 655-667
Van de Ven, Andrew H. et al. (1999): The Innovation Journey. New York: Oxford University Press
VDI (Hrsg.) (1991): Technikbewertung Begriffe und Grundlagen. Erläuterungen und Hinweise zur VDI-Richtlinie 3780. Düsseldorf: Verein Deutscher Ingenieure (VDI)
Weber, Max (1972, orig. 1922): Wirtschaft und Gesellschaft. Grundriß der verstehenden Soziologie, 5., revidierte Aufl., besorgt von Johannes Winckelmann. Tübingen: Mohr
Weyer, Johannes (1997): Vernetzte Innovationen – innovative Netzwerke. Airbus, Personal Computer, Transrapid. In: Rammert, Werner/Bechmann, Gotthard (1997): Technik und Gesellschaft. Jahrbuch 9: Innovation – Prozesse, Produkte, Politik. Frankfurt a.M.: Campus: 125-152
Weyer, Johannes (2008): Techniksoziologie. Genese, Gestaltung und Steuerung soziotechnischer Systeme. Weinheim: Juventa
Winner, Langdon (1985): Do Artifacts have Politics? In: MacKenzie, Donald/Wajcman, Judy (1985): The Social Shaping of Technology. How the Refrigerator Got its Hum. Milton Keynes u.a.: Open University Press: 26-38
Zuboff, Shoshana (1988): In the Age of the Smart Machine. The Future of Work and Power. New York: Basic Books

Wissen

Hubert Knoblauch

Einführung

Wissen ist zu einem Schlüsselwort der Gegenwart und zu einem Schlüssel für die Zukunft geworden: Wissen ist nicht nur sprichwörtlich Macht, sondern Wissen entscheidet heute auch über Reichtum oder Armut, so dass es als wichtigster Rohstoff einer nachindustriellen Gesellschaft angesehen wird. Wissen soll an Schulen, Universitäten und im lebenslangen Lernen aufbereitet werden und für die Zukunft wappnen.

Schon lange bevor die Ökonomie die Relevanz des Wissens entdeckt hat, beschäftigte sich die Soziologie mit dem Wissen. Kurz nach dem Ersten Weltkrieg hat gerade in Deutschland die Ausbildung einer („deutschen") Wissenssoziologie eingesetzt, die mit Namen wie Karl Mannheim und Max Scheler Weltruf erlangte. In einer veränderten, phänomenologischen Fassung weitete sich die Wissenssoziologie auch im angelsächsischen Raum sowie weltweit aus und bildete eine Grundlage für die epochemachende Formulierung des (soziologischen) Konstruktivismus. Während sich die internationale Relevanz der Wissenssoziologie vor allem auf die Wissenschaftsforschung konzentriert, hat sich vor allem im deutschsprachigen Raum eine Reihe von fruchtbaren wissenssoziologischen Ansätzen entwickelt. Daneben hat die Wissenssoziologie durch die Debatte um die Wissensgesellschaft an Bedeutung gewonnen.

Die Wissenssoziologie versteht sich keineswegs als eine Bindestrich-Soziologie, die sich mit dem Wissen beschäftigt, wie die Familiensoziologie mit der Familie. Vielmehr ist die Wissenssoziologie ein grundlegender Ansatz der allgemeinen Soziologie. Um dies zu erläutern, wollen wir uns zunächst mit der Frage beschäftigen, wie sich die Wichtigkeit des Wissens für die Gesellschaft – und damit die grundlegende Stellung der Wissenssoziologie – erklärt (1). Darauf sollen einige der bedeutendsten wissenssoziologischen Ansätze kurz mit Blick darauf skizziert werden, wie sie Wissen bestimmen (2), um uns dann den wichtigsten neueren Entwicklungen zuzuwenden (3). Dann werden wir die wichtigsten Forschungsbereiche betrachten (4), um abschließend die gegenwärtigen Herausforderungen und zukünftigen Aufgaben der Wissenssoziologie zu benennen (5).

1 Der soziologische Begriff des Wissens

Die grundlegende Bedeutung des Wissens ergibt sich aus seiner Rolle für die Soziologie – zumindest in ihrer von Weber geprägten „verstehenden" Variante. Bekanntlich definiert Max Weber (1980) die Soziologie als eine Wissenschaft vom sozialen Handeln. Soziales Handeln ist durch seine sinnhafte Orientierung an anderen definiert. Wie alles Handeln ist auch das soziale Handeln durch die soziale Sinnhaftigkeit bestimmt. Diese Definition ist höchst folgenreich, denn Weber macht damit deutlich, dass es beim Handeln weniger darauf ankommt, was sichtbar vonstatten geht, d.h. wie man sich verhält; vielmehr zeichnet sich das Handeln durch das aus, was man beabsichtigt. Deswegen ist auch von einer verstehenden Soziologie die Rede – einer Soziologie, die das Handeln erst dann erklären kann, wenn sie seinen Sinn verstanden hat. Ziel der Soziologie ist es jedoch nicht, den Sinn festzulegen, der beabsichtigt werden soll oder der im einzelnen Fall handlungsleitend war (wie das in der Rechtswissenschaft geschieht); das Ziel der Soziologie besteht vielmehr darin herauszufinden, was Handelnde typischerweise leitet bzw. was typische Arten von Handelnden leitet: Wie, so fragte Weber beispielsweise, kommt es, dass Protestanten wirtschaftlich erfolgreicher sind als Katholiken (jedenfalls im 17., 18. und 19. Jahrhundert)? Weber beantwortete diese Frage mit seiner berühmten Protestantismus-These: Der (insbesondere reformierte) Protestantismus führt tatsächlich zu einer produktionsorientierten, den Verbrauch geringschätzenden Handlungsorientierung, die in der kapitalistischen Wirtschaft ökonomischen Erfolg verspricht. Diese Handlungsorientierung wird keineswegs vom Protestantismus gepredigt, sondern ist eine Folgerung bestimmter typischer Handelnder (insbesondere des städtischen Bürgertums) für ihre alltägliche Lebenspraxis aus dem, was im Bereich des Religiösen kommuniziert wird.

Obwohl sich Sinn so eigentlich und „authentisch" anhört, vollzieht Weber mit diesem Begriff eine folgenreiche Ausweitung: Der Sinn nämlich, an dem sich die Handelnden orientieren, muss keineswegs immer von ihnen erfunden werden. Ganz im Gegenteil steht ihnen ein Reservoir an Sinn zur Verfügung, wie etwa, in diesem Falle, der Protestantismus oder der Katholizismus – um nur zwei institutionell starke bestimmte Formen des Sinns zu nennen. Auch wenn diese Orientierungen das subjektive Handeln leiten, handelt es sich dabei also keineswegs um rein subjektive Bestände, sondern um Sinn, den die Handelnden über andere beziehen, der also sozial vermittelt ist. Diesen vermittelten und vermittelbaren Sinn nennen wir „*Wissen*". „Wissen" sollte man also im soziologischen Sinne nicht als etwas ansehen, das einen privilegierten Anspruch auf Wahrheit und Wirklichkeitsgeltung erhebt, wie dies seit der Aufklärung der Fall ist. Für die Wissenssoziologie ist Wissen vielmehr etwas, das die Akteure für wahr oder wirklich halten. Ob diese Meinung zutrifft, ist aus der Sicht der Wissenssoziologie nicht zu entscheiden – ja, sie ist auch nicht einmal bedeutsam. Denn gemäß dem „Thomas-Theorem" (Thomas/Thomas 1928: 571) geht die Wissenssoziologie davon aus, dass das, was die Menschen für wirklich halten, auch in seinen Folgen (ver-)wirk(licht) wird – denn Wissen ist das, was Handeln leitet. Die Unterschiedlichkeiten des Wissens erklären dann die Verschiedenheit der Handlungen und ihrer Folgen. Genauer gesagt: Wissen ist der sozial vermittelte Teil des Sinns, der Handeln leitet. Wenn man die menschliche Wirklichkeit als etwas ansieht, das erst dadurch, dass es für die Menschen von Sinn erfüllt ist und von den Menschen mit Sinn gefüllt wird, eine Wirklichkeit für sie ist, dann könnte man dieses Wissen auch als Kultur bezeichnen: Also den sinnhaft ausgeleuchteten Teil der Wirklichkeit, der im Handeln der Menschen einen herausragenden Status als „Wirklichkeit" bestätigt.

Die Soziologie interessiert sich für diesen Sinn aus zweierlei Gründen: Zum einen ist er für sie grundlegend, weil es der Sinn ist, der Handlungen definiert: Was jemand tut, beabsichtigt oder gemacht hat, ist letzten Endes vom Sinn der Handlungen bestimmt. Zum anderen aber hat der Sinn auch deswegen eine soziologische Relevanz, weil er in den meisten empirischen Fällen von Menschen übernommen, durch sie vermittelt und damit „sozial abgeleitet" ist, wie Alfred Schütz (2003) sagt. Diesen sozial vermittelten Sinn nennen wir, wie bereits erwähnt, Wissen. Seine Verteilung, seine Vermittlung und seine Bedeutung bilden den Gegenstand der empirischen Wissenssoziologie. Während der subjektive Sinn schwer zugänglich bleibt (und etwa durch phänomenologische Methoden eingeholt wird), kann das Wissen zum Gegenstand der empirischen Forschung werden, gerade weil es wesentlich sozial vermittelt und damit beobachtbar ist. Diese vermittelte Seite des Wissens wird vom österreichischen Soziologen Gumplowicz (1905: 268) auf eine sehr prägnante Weise hervorgehoben. Er erachtet es als einen Irrtum anzunehmen, dass der einzelne Mensch die Quelle des Denkens und Wissens sei. „Denn erstens, was im Menschen denkt, das ist gar nicht er, sondern die soziale Gemeinschaft. Die Quelle seines Denkens liegt gar nicht in ihm, sondern in der sozialen Umwelt, in der er lebt, in der sozialen Atmosphäre, in der er atmet, und er kann nicht anders denken als so, wie es auch den in seinem Hirn sich konzentrierenden Einflüssen der ihn umgebenden sozialen Umwelt mit Notwendigkeit sich ergibt".

Erst die soziale Vermitteltheit ist es, die den empirischen Zugang eröffnet: Weil das Wissen sozial vermittelt wird, ist dieses Wissen nicht nur für die Akteure zugänglich, sondern auch für die soziologischen Beobachter/-innen, so dass die Wissenssoziologie eine sehr dezidierte empirische Ausrichtung nehmen kann – auch wenn sie dabei eben immer verstehend und deutend vorgehen muss.

2   Ansätze der Wissenssoziologie und Konzepte des Wissens

Der Begriff des Wissens wurde sehr wesentlich in einer Phase und einer Richtung der Soziologie geprägt, die man auch als „deutsche Wissenssoziologie" bezeichnet. Ihr gehören so bedeutsame Denker wie Max Scheler und Karl Mannheim an, deren Begriff des Wissens hier unbedingt erläutert werden muss. Der Gegenstand ihres Denkens hat jedoch in der Soziologie schon eine lange Vorgeschichte, die wir nur skizzieren können. Etwas ausführlicher müssen wir dagegen auf die jüngeren Entwicklungen der Wissenssoziologie eingehen. Dabei sollte man beachten, dass der Begriff des Wissens zuweilen im aktiven Sinne des Begriffes der „Erkenntnis" oder des Denkens gebraucht wird, so dass auch gelegentlich von einer „Soziologie der Erkenntnis" oder einer „Soziologie des Denkens" gesprochen wird. Diese doppelte semantische Bedeutung ist auch im Englischen „knowledge" verschmolzen.

Genau genommen beginnt die Geschichte der Soziologie und die Geschichte der modernen Gesellschaft mit der Beobachtung über die zunehmende Bedeutung des Wissens. Es war Auguste Comte (1974/1923), der Erfinder des Begriffes „Soziologie", der im frühen 19. Jahrhundert bemerkte, dass die Besonderheit der anbrechenden modernen Gesellschaft darin bestehe, dass in ihr eine neue Form des Wissens dominiere. Während in herkömmlichen Gesellschaften das religiöse und das spekulative Wissen dominiert habe, stehe jetzt das „positive", also empirisch begründbare, wissenschaftliche Wissen im Vordergrund. Im ersten Stadium der Geschichte erklärte der Mensch die Erscheinungen, indem er sie Wesen und Kräften zuschrieb, die dem Menschen ähneln. Im zweiten Stadium berief er sich auf abstrakte Wesenheiten, wie etwa die Natur. Im dritten Stadium beschränkt sich der Mensch nun darauf, die Erscheinungen zu beobachten und die Regeln festzustellen, die zwischen ihnen bestehen. Hatte die Phantasie in der theologischen und metaphysischen Phase noch das Übergewicht, so ist es nun die empirische Beobachtung. Damit unterscheidet Comte nicht nur drei substantielle Arten des Wissens, er unterstellt schon unausgesprochen die These, wir lebten in einer Wissen(schaft)sgesellschaft; und schließlich betont er, dass Wissen in allen Gesellschaften eine Rolle spielt. Die Gesellschaften unterschieden sich – neben den sozialstrukturellen Aspekten – vor allem dadurch, welche Art des Wissens im Vordergrund steht.

Allerdings vollziehe sich die Entwicklung des positiven Wissens nicht gleichzeitig, vielmehr kann man das positive Wissen weiter unterteilen. So habe schon zu Comtes Lebzeiten die Mathematik den höchsten Grad an Positivität erreicht, gefolgt von der Astronomie. Auf die Physik folge die Chemie und die Biologie bzw. Physiologie. Erst dann sei die (von Comte ins Leben gerufene) Soziologie an der Reihe, da sie es nicht nur mit dem komplexesten Gegenstand, der Gesellschaft, zu tun hat, sondern auch die größte Vielfalt an Methoden anwenden müsse, um ihr Wissen zu generieren. Genüge der Mathematik noch die Logik, so bedürfe die Mechanik oder die Geometrie zusätzlich der Beobachtung. In der Physik werde überdies noch das Experiment erforderlich; in der Chemie komme die Klassifikation dazu und in der Biologie der Vergleich. Die Soziologie schließlich nutze all die genannten Methoden und setze darüber hinaus noch den historischen Vergleich ein. Somit ermögliche sie erstmals die rationale Planung des Gemeinwesens.

Die Rolle des Wissens wird auch von anderen Beobachtern der Industriegesellschaft anerkannt. So rechnete John Stuart Mill schon 1863 „den in einem Gemeinwesen oder in einer jeden Classe desselben bestehenden Grad von Kenntnissen und von geistiger und moralischer Bildung" zum wichtigsten Merkmal für den „Zustand der Gesellschaft" – noch vor dem „Zustand der Industrie" und der „Menge des Reichtums" (Mill 1976: 437). Auch Karl Marx und Friedrich Engels anerkannten die Rolle des Wissens in der Industriegesellschaft – und wenn man will, auf eine doppelte Weise. Auf der einen Seite widersprachen sie der Ansicht der Idealisten, dass Wissen etwas sein müsse, was von der Praxis auf eine ebensolche Weise abgekoppelt ist wie das Bürgertum von der Arbeiterschaft. Erkenntnis ist in ihren Augen vielmehr ein aktiver Prozess, der sich in der handelnden Praxis vollzieht. Die Ablösung der Erkenntnis von der Praxis in der modernen bürgerlichen Gesellschaft – etwa die „Abgehobenheit" der universitären Wissenschaft von den Handlungsproblemen der Gesellschaftsmitglieder – ist für sie ein Ausdruck der Arbeitstrennung von intellektueller und manueller Arbeit und bildet für sie den Grund für die „Entfremdung" in der modernen Industriegesellschaft. (Es ist bezeichnend, dass die wenigen Hinweise auf die utopische kommunistische Gesellschaft besonders die Vereinigung von geistiger und körperlicher Arbeit fordern.) In Verbindung mit den verschiedenen Klasseninteressen verweist diese geistige Arbeitsteilung auf die Voraussetzung für den zweiten Aspekt ihres Wissensbegriffes: In arbeitsteiligen Gesellschaften führt die materielle Ausbeutung dazu, dass das anerkannte Wissen zu einer Ideologie wird. Ideologie heißt jenes Wissen, das von den herrschenden Klassen geschaffen wird, die Welt aus ihrer Perspektive beschreibt und dabei – meist unausdrücklich – darum bemüht ist, die bestehenden sozialen Verhältnisse, besonders aber die Ungleichheiten, zu rechtfertigen. Die Ideologie ist also mit der materiellen Lage der Menschen verknüpft, denn „die Gedanken der herrschenden Klasse sind in jeder Epoche die herrschenden Gedanken, d.h. die Klasse, welche die herrschende *materielle* Macht der Gesellschaft ist, ist zugleich ihre herrschende *geistige* Macht". Es geht hier jedoch keineswegs um ausdrückliche oder absichtlich verhüllte Interessen, „denn die Klasse, die die Mittel der materiellen Produktion zu ihrer Verfügung hat, disponiert damit zugleich über die Mittel zur geistigen Produktion. (…) Die herrschenden Gedanken sind weiter Nichts als der ideelle Ausdruck der herrschenden materiellen Verhältnisse, die als Gedanken gefassten herrschenden materiellen Verhältnisse; also der Verhältnisse, die eben die eine Klasse zur herrschenden machen, also die Gedanken ihrer Herrschaft" (Marx/Engels 1969: 46).

Die von Marx stark betonte ökonomische Prägung des Wissens kommt in seinem eher propagandistisch gemeinten Vergleich von Basis und Überbau zur Geltung. Die gesellschaftlichen Institutionen des Wissens erscheinen ihm als wesentlich bedingt durch die ökonomische Struktur der Gesellschaft und die materiellen Verhältnisse. Diesen Vorstellungen trat bekanntlich Max Weber entgegen, der zeigte, dass die Ideologien – also etwa der Glaube des calvinistischen Protestantismus – durchaus eine eigene Dynamik entfalten, die von der Ökonomie nicht bestimmt wird, sondern eher mit ihr derart zusammenspielt, dass beide sich zu einer besonderen Art der Lebensführung, einer „Ethik" fügen.

Als Grundlage dieser Ethik dient im Falle des Calvinismus die Prädestinationslehre, derzufolge das menschliche Leben keinen anderen Sinn hat als den der Verherrlichung Gottes. Gott erscheint dabei als so allmächtig und allwissend, dass er durch keine unserer Handlungen beeinflusst werden kann. Gott weiß nicht nur Vergangenheit und Zukunft, er weiß auch, wer errettet wird. Schon vor der Geburt ist für jede Person bestimmt, ob sie in den Himmel kommen oder in der Hölle enden wird. Kein Rosenkranz, keine Beichte und kein Almosen kann ihr helfen. Selbst gute Werke nutzen den Nichtauserwählten wenig. Gute Werke sollten ohnehin alle vollbringen, ob sie nun auserwählt sind oder nicht. Scheint es zunächst rätselhaft, wie diese schier fatalistische Prädestinationslehre als Grundlage für den Geist des Kapitalismus dienen sollte, so betont Weber gerade mit dem Begriff der Ethik nicht die Lehre, sondern ihre Folgen für das praktische Handeln. Die Prädestinationslehre stellt die Menschen im Alltagsleben nämlich vor das Problem: Wie kann ich wissen, ob ich zu den Auserwählten gehöre? Woran sollte ich das erkennen? Als Zeichen, so mutmaßten die Calvinisten, müsste der materielle Erfolg dienen. Denn wie ein kranker Baum keine Früchte trägt, so müssten auch die Nichtauserwählten im Leben erfolglos bleiben. Wer dagegen fleißig seiner Berufung folgt und dabei Erfolg hat, der sollte dies doch als Zeichen seiner Erwähltheit verstehen dürfen! Die Prädestinationslehre, für die das diesseitige Leben keine Rolle spielt, hat somit zur Konsequenz, dass die Calvinisten hart arbeiteten, ihr Geld wieder investierten und den daraus entstandenen Wohlstand als Symbol für ihre Erwähltheit sahen. Der Gedanke der notwendigen Bewährung des Glaubens im weltlichen Berufsleben „gab damit den breiten Schichten der religiös orientierten Naturen den positiven Antrieb zur Askese" (Weber 1988: 120). Die Prädestinationslehre führt also zu dem, was Weber die aktive oder innerweltliche Askese nennt, also eine Askese, die auf Handeln in dieser Welt zielt.

Bei Weber tritt Wissen aber nicht nur als historisch gewachsene religiöse oder nichtreligiöse Weltanschauung auf. Weber ist es, der Wissen sehr eng an das Handeln bindet, weil er es als wesentlich sinnhaft ansieht. Seine grundlegenden Handlungstypen unterscheiden sich deswegen nach Wissensarten: Das zweckrationale oder zielgerichtete Handeln kalkuliert ökonomisch seine Mittel mit Blick auf das Ziel. Dabei verbinden Handelnde mit dem Ziel ein gewisses Ergebnis, sie erwarten also eine Art Nutzen – eine Erwartung, die als Wissensannahme in das Handeln eingeht. Als wertrationales Handeln bezeichnet Weber jenes Handeln, das sich an bestimmten gesellschaftlichen Werten orientiert (Freiheit, Frieden, Rettung, Tugend, Schönheit), deren Verfolgung zu sehr deutlichen Abweichungen von einer zweckrationalen Mittelabwägung führen kann. Das traditionale Handeln beruht dagegen auf Gewohnheiten und Gewohnheitswissen, während schließlich das affektuelle Handeln ein Grenzfall des Handelns ist, weil er mit so wenig Wissen wie nur denkbar vorgestellt werden muss.

Wissen muss aber nicht nur dann eine Rolle spielen, wenn es mit dem Handeln verknüpft ist, wie dies bei Weber der Fall ist. In seiner ebenfalls klassischen Grundlegung der Soziologie räumt auch Emile Durkheim dem Wissen eine zentrale Rolle ein. Durkheim sieht das Bewusstsein weniger als Ergebnis psychischer Prozesse, sondern als Ausdruck sozialer Prozesse. Die Verbindungen zwischen einzelnen Vorstellungen stellen auch das Bindeglied zwischen den Individuen und ihren sozialen Strukturen dar. Wissen und Denken sind demnach mehr kollektive als individuelle Vorgänge. Durkheim nimmt die Frage des Verhältnisses von Wissen und Gesellschaft zusammen mit Marcel Mauss (1969) auf eine eigene Weise auf: Die Struktur des Wissens stellt eine Art Widerspiegelung sozialer Strukturen dar. In einfachen Gesellschaften, die aus einander ähnlichen Segmenten bestehen, bilden die zumeist religiösen kollektiven Vorstellungen ein Kollektivbewusstsein, das sich mit dem der meisten Individuen weitgehend überschneidet. Unter einem Kollektivbewusstsein versteht Durkheim die Gesamtheit des gemeinsamen Wissens und der Gefühle der Mitglieder einer Gesellschaft. Das Kollektivbewusstsein bezeichnet den sozialen Ursprung, den das Denken und Fühlen des Individuums hat. Tatsächlich scheint Durkheim hier eine Art „Gruppengeist" vorzuschweben, der eine eigenständige Wirklichkeit hat. Das Kollektivbewustein ist deswegen sehr eng mit der Integration der Gesellschaft verknüpft. Man kann hier die Regeln aufstellen: Je ähnlicher sich individuelles und kollektives Bewusstsein sind, je stärker die Zustände des kollektiven Bewusstseins und je bestimmter die Glaubensüberzeugungen und Rituale sind, desto stärker sind die Einzelnen in die Gesellschaft integriert. Je komplexer aber die soziale Struktur einer Gesellschaft ist, umso verwickelter wird auch der Zusammenhang zwischen Kollektivbewusstsein und Gesellschaft.

Die deutsche Wissenssoziologie bildete ihre eigene Vorstellung von Wissen aus, die sich sowohl von denen Durkheims wie von denen Webers unterscheidet. Dabei schließt Max Schelers Konzept des Wissens an Comte an. Er unterschied drei Hauptformen des Wissens, Religion, Metaphysik und Wissenschaft, betont aber gegen Comte gerichtet, dass die Ankunft der Wissenschaft nicht notwendig zum Ende der Religion oder der Magie führe. Religion, Metaphysik und die positiven Wissenschaften sind voneinander unabhängige und gesondert voneinander entstandene, gleichwertige Formen, die jeweils eine besondere, für die Gesellschaft relevante Funktion erfüllen und deswegen auch sehr spezifische soziale Formen annehmen: Religiös ist das Heilswissen, das z.B. in der Institution der Kirche seinen sozialen Ausdruck findet. Wissenschaft dagegen ist eine Art des Wissens, mit dem man Herrschaft über die Natur ausüben könne; sozial erscheint es in der sozialen Rolle und in der Institution, also etwa im „Forscher" oder im „Forschungsinstitut". Scheler bleibt nicht bei diesen drei Wissensformen stehen, sondern gliedert sie noch in weitere Unterformen auf. Wissenschaftliches Wissen teilt sich in technologisches und positives Wissen auf, religiöses Wissen in religiöses und mystisches. Das philosophisch-metaphysische Wissen bildet eine eigene Kategorie. Innerhalb dieser Wissensformen unterscheidet Scheler zwischen den „künstlichen", die sehr explizit sind und von eigens dafür unterstützten Experten erzeugt und gepflegt werden, und denjenigen, die eher unausgesprochen und ohne besondere Zuwendung gedeihen, wie etwa den „volkstümlichen" Formen des Wissens, die in Mythen und Legenden sowie im Volkswissen aufgehoben sind. Am nichtkünstlichen Ende dieser Skala siedelt er die relativ natürliche Weltanschauung an, wie sie sich in Volksliedern, Volkssprache, Sitten, Gebräuchen und der Volksreligion manifestiert. Die „künstlicheren"

Formen des Wissens setzen sich dagegen aus den „gehobenen" Weltanschauungen, Hochkultur, Kunst und Wissenschaft zusammen. Diese Wissensformen schweben jedoch nicht im luftleeren Raum. Vielmehr interessiert sich Scheler für ihren Zusammenhang mit den „Realfaktoren", also dem, was wir Sozialstruktur nennen würden (Machtstrukturen, ethnische Gruppen, ökonomische Klassen). Diese Verbindung vergleicht er mit einer Schleuse: „Erst da, wo sich die ‚Ideen' irgendwelcher Art mit Interessen, Trieben, Kollektivtrieben oder, wie wir letztere nennen, ‚Tendenzen' *vereinen*, gewinnen sie *indirekt* Macht und Wirksamkeitsmöglichkeit; z.B. als religiöse, wissenschaftliche Ideen" (Scheler 1960: 121). Dabei sind die Realfaktoren ausschlaggebend, aber nicht determinierend: Sie üben die Funktion einer Schleuse aus, sie entscheiden darüber, welches Wissen realisiert werden kann. Das Wissen (bzw. die „Idealfaktoren") hat von sich aus keine „Kraft" oder „Wirksamkeit". Idealfaktoren können die Form der Realfaktoren nicht bestimmen, die sich völlig blind für Sinn entwickeln, und diese haben keinen Einfluss auf die Inhalte der Idealfaktoren. Diese bestimmen lediglich, ob sich bestimmte Ideen und Werte in einer historischen Situation durchsetzen können.

Während sich Ideen und Sozialstruktur für Scheler nur punktuell verbinden, sieht Karl Mannheim einen engen Zusammenhang zwischen beiden, den er auf die Formel der „Seinsverbundenheit" oder „Standortgebundenheit des Denkens" bringt. Mit dem Begriff der *Seinsverbundenheit* weist Mannheim darauf hin, dass sich Erkennen nicht weitgehend nach „immanenten Erfahrungsgesetzen" historisch entwickelt, wie Scheler meint. Vielmehr sei Wissen an entscheidenden Punkten von nichttheoretischen Faktoren bestimmt, die er „Seinsfaktoren" nennt. Diese Seinsfaktoren sind nicht nur Beiwerk des Erkennens, sondern bestimmen Inhalt, Form, Gehalt und Formulierungsweise von Erfahrungs- und Beobachtungszusammenhängen. Mit anderen Worten: Denken ist in einem sozialen Raum verankert, und diese Verankerung ist konstitutiv für den Inhalt des Denkens.

Hinter Gedanken und Wissensinhalten steckt also immer ein kollektiver Erfahrungszusammenhang. Das bezieht sich nicht nur auf alltägliches, sondern auch auf historisches, politisches, geistes- und sozialwissenschaftliches Denken. Auch dieses kann „so intensiv mit ihren Interessen an eine Situation gebunden sein (…), dass [die Menschen] schließlich die Fähigkeit verlieren, bestimmte Tatsachen zu sehen, die sie in ihrem Herrschaftsbewusstsein stören könnten" (Mannheim 1980: 36). Diese Gebundenheit des Denkens an soziale Strukturen (Gruppen, Gemeinschaften, Klassen) zeichnet die Ideologie aus. Unter Ideologie versteht Mannheim, dass Ideen keinen Sinn aus sich heraus haben, sondern aus der Perspektive derer, die sie verwenden, betrachtet werden müssen.

Insbesondere Mannheims Konzept des Wissens erregte heftigstes Aufsehen und wurde in der internationalen Diskussion rasch aufgenommen. Das liegt sicherlich auch daran, dass seine Konzentration auf die Seinsgebundenheit des politischen Denkens die Relativität des häufig sehr absolut formulierten Wahrheitsanspruchs der sich heftig widerstreitenden politischen Ideologien in den 1920er und 1930er Jahren besonders gut erklärte. Zugleich jedoch hatte er eine Verengung des Wissensbegriffs auf die ausgeprägten Weltanschauungen zur Folge. Diese Eingrenzung wurde von der phänomenologisch orientierten Wissenssoziologie behoben. Zunächst war es vor allem Alfred Schütz, der die Wissenssoziologie an die Handlungstheorie von Max Weber anband. Er betonte, dass man klären müsse, was der „Sinn des Handelns" ist, wenn man Handeln verstehen wolle (um es dann, wie auch Weber betonte, erklären zu können). Diesen Sinn klärte er zunächst mit Hilfe der phänomenologischen Philosophie Edmund Husserls: Er identifizierte eine spezifische Zeitstruktur des Handelns, den Entwurf „modo futuri exacti", als elementare Form des Sinns von Handlungen, und zeigte dann auf, welche anderen Sinnebenen noch in das Handeln eingehen: Elementare Annahmen über die Zeitlichkeit, Räumlichkeit und Sozialität der Welt bilden die Grundlage des Wissens, das sich in „Fertigkeiten", abgelagertes Körperwissen, Routine- und Kochbuchwissen aufgliedert. Erst auf der Grundlage von „Alltagswissen", mit dem wir die kleinen Routinen des Alltags betätigen, könnten solche ausdrücklichen Wissensformen handlungsleitend werden, wie etwa Weltanschauungen. Auch wenn dieses Wissen aus Sinn besteht, das auf den Aktivitäten des einzelnen Bewusstseins beruhe, so betonte Schütz, wie erwähnt, dass der meiste Sinn empirisch nicht jeweils von jedem Bewusstsein erzeugt werden müsse, sondern „sozial abgeleitet" sei. Was wir für wirklich halten, ist nicht Resultat eigener unmittelbarer Erfahrungen, sondern wird von anderen vermittelt, etwa den Eltern, den Lehrern, den Medien.

Es ist dieser Gedanke, den Peter Berger und Thomas Luckmann in ihrer „wissenssoziologischen Abhandlung" zum grundlegenden Tatbestand erklären: Die „Wirklichkeit", in der wir uns bewegen, ist weder einfach gegeben noch eine Illusion des einzelnen Bewusstseins, sondern eine „gesellschaftliche Konstruktion". Denn was uns als wirklich erscheint und deswegen von uns als Handlungsziel verfolgt, angestrebt oder abgelehnt werden kann, ist etwas, das auch von Anderen als wirklich anerkannt sein muss. Diese Anerkennung braucht jedoch nicht als rationale Einsicht erfolgen. Ganz im Gegenteil: Das Unausgesprochene, das Gewohnheitshandeln, der „Habitus" und die „Institutionen" spielen eine entscheidende Rolle in dem, was wir für wirklich halten – und was wir wissen. Berger und Luckmann (1969: XIV) vermeiden es allerdings, einen substantiellen Wissensbegriff zu entwickeln. Alles, „was im offenen Rahmen der Lebenswelt Wissen zu sein behauptet und den Anspruch darauf plausibel findet, hat damit das Recht auf dieses Wort und die in seinem Horizont intendierte Sache". Als *Wissen* definieren sie „die Gewissheit, dass Phänomene wirklich sind und bestimmbare Elemente haben" (Berger/Luckmann 1969: 1). Man tut ihren Vorstellungen sicher keine Gewalt an, wenn man Wissen als den gesellschaftlich relevanten, gesellschaftlich objektivierten und gesellschaftlich vermittelten Sinn bezeichnet. Deswegen muss sich die empirische Wissenssoziologie damit beschäftigen, „was in einer Gesellschaft als ‚Wissen' gilt", und sie „muss untersuchen, aufgrund welcher Vorgänge ein bestimmter Vorrat von ‚Wissen' gesellschaftlich etablierte Wirklichkeit wird" (ebd.: 3). Wir haben schon bei Schütz gelernt, wie vielfältig diese Wirklichkeiten sein können. Hervorheben sollte man aber, dass Berger und Luckmann „Wissen" nicht zufällig in Anführungsstrichen setzen. Denn Wissen ist sozusagen eine Alltagskategorie: Wissen ist, was die Handelnden für Wissen halten. Anders gesagt: Alles, was Menschen für wirklich halten, ist Wissen – und auch die Wissenschaft hat keinen privilegierten Anspruch auf Wissen. Wie schon Schütz gezeigt hat, baut Wissen auf Sinn auf. Sinn besteht aus den genannten, hoch abstrakten Bewusstseinsprozessen der Typisierung und der mit ihnen verbundenen leiblichen Prozesse. Wenn wir von Wissen reden, haben wir es mit sozial konstruiertem Sinn zu tun. Zwar ist Wissen natürlich Sinn, Sinn aber ist nicht unbedingt Wissen. Wissen ist derjenige Sinn, der objektiviert, vermittelt und dann internalisiert werden kann. Als internalisierter ist er zwar wieder – wie genau, bestimmt, klar und glaubwürdig auch immer – Sinn; als objektivierter aber nimmt er eine Form der Intersubjektivität an, die man auch mit dem Begriff der Bedeutung bezeichnet.

3 Jüngere wissenssoziologische Entwicklungen

Berger und Luckmanns epochemachendes Buch begründet nicht nur den Sozialkonstruktivismus, sondern auch das, was als „neoklassische Wissenssoziologie" bezeichnet wird. Diese *neuere Wissenssoziologie* beschränkt sich nicht auf die „höheren Wissensformen" von Religion, Politik oder Wissenschaft, sondern schließt das elementare handlungsleitende Wissen mit ein. Dabei geht es keineswegs nur um das „praktische Wissen" des profanen Alltags. Vielmehr richten Berger und Luckmann schon sehr früh ihr Augenmerk u.a. auf das religiöse Wissen, aber auch künstlerisches oder wissenschaftliches Wissen ist für sie von Interesse. Ihr konstruktivistischer Zugang äußert sich darin, dass sie der etwa von Comte oder Scheler vertretenen Annahme widersprechen, es gebe „an sich" unterschiedliche Arten oder Formen des Wissens. So betont etwa Luckmann (1963/1991), die Funktion des Religiösen läge in der anthropologischen Fähigkeit zum Transzendieren, die eigentlich allen Kulturphänomenen zugrunde liegt: Die „Sinnhaftigkeit" der Welt ist sozusagen die Grundlage der Religion. Es ist eigentlich erst die Art, wie diese Sinnhaftigkeit „objektiviert" wird, wie sie in sozialen Handlungen, in Institutionen und damit auch in sozialen Strukturen verfestigt wird, die den Unterschied zwischen etwa religiösem Wissen oder Alltagswissen erzeugen. Es macht doch einen entscheidenden Unterschied, ob wir glauben, dass das Heilige etwas ist, was uns allerorten überkommen kann, oder ob es an bestimmten Orten und in bestimmen Gebäuden haust.

Weil die Institutionen als Kristallisationen menschlichen Handelns wirken, hat die Ordnung der Institutionen, also die institutionelle Struktur der Gesellschaft, eine große Bedeutung für das Wissen. Das Wissen ist jedoch nicht einfach mit ihnen korreliert; sondern selbst in den Institutionen so verfestigt, dass beides zusammen wirkt. So entwickelt sich für Berger und andere (1987) in und durch die institutionelle Auffächerung der modernen Gesellschaft ein eigener Denkstil. Der technologische Aspekt dieses Denkstils zeichnet sich zum einen durch Komponentialität aus: Die Komponenten der Wirklichkeit sind in sich abgeschlossene Einheiten, die systematisch zwischen Mitteln und Zwecken unterscheiden. Der Grundzug dieses modernen Denkstils besteht in der impliziten Abstraktion: Jede Tätigkeit, so konkret sie auch sein mag, kann in einem abstrakten Bezugsrahmen verstanden werden. Dies gilt auch für soziale Beziehungen, die ein doppeltes Bewusstsein erzeugen: Der Andere kann gleichzeitig in seiner konkreten Individualität und als Teil der hochabstrakten Tätigkeitskomplexe erlebt werden, in denen er fungiert. Durch seine Neigung zur Maximierung der Ergebnisse ergibt sich die Tendenz zur Neuerung. Schließlich zeichnet sich der moderne Denkstil durch Multi-Relationalität aus: vom Einzelnen aus gesehen gehen viele Dinge gleichzeitig vor; die Beziehungen zu materiellen Gegenständen und Personen werden sehr komplex. Auch die Bürokratie enthält eine Reihe von Elementen, die sich auf den Denkstil auswirken. Dazu zählen: Geregeltheit, Hang zur Klassifizierung, allgemeine und autonome Organisierbarkeit, Voraussehbarkeit, allgemeine Erwartung der Gerechtigkeit und die Untrennbarkeit von Mitteln und Zweck (die dem entsprechenden technologisch abgeleiteten Prinzip immanent widerspricht).

Weil die soziale Vermittlung ein wesentlicher Grund für die Sozialität und wissenschaftliche Beobachtbarkeit des Wissens ist, wandte sich die empirische Forschung zunächst dem offensichtlichsten Medium der Vermittlung von Wissen, der Sprache, zu. Denn die Sprache bildet ein Warenlager für vorgefertigtes Wissen und damit den wichtigsten Baustoff der Kultur: Die verschiedenen Sprachen beinhalten jeweils unterschiedliche Weltansichten;

sie erlauben es überdies, eine große Bandbreite unterschiedlichster Wirklichkeiten herzustellen: vergangene, gegenwärtige und zukünftig-mögliche. Grammatik und Semantik enthalten eine sozial vordefinierte Topographie der Welt (von botanischen Taxonomien bis zur Terminologie von Verwandtschaftssystemen), ein Vokabular der Motive, mit dem Handlungen begründet und gerechtfertigt werden, sowie eine „Logik" und „Rhetorik" des Handelns. „Die Kultur und – vermittels der Kultur – die Gesellschaft, die dem Individuum als ein Gefüge von mehr oder minder selbstverständlichen Bedeutungszusammenhängen und Verhaltensweisen erscheinen, sind ihm hauptsächlich in Sprachformen zugänglich. Ein bestimmter Lebens-‚Stil' einer Gesellschaft, einer sozialen Schicht, einer Gruppe, wird im Sozialisierungsprozess sprachlich vermittelt und wird im Verlauf der Einzelbiographie zum gewohnheitsmäßigen subjektiven ‚inner-sprachlichen' Denk- und Erfahrungsstil: zu einer Routine der handlungssteuernden Weltorientierung" (Luckmann 1979: 2).

Neben der Sprache aber stieß man zunehmend auf die Sprachverwendung, also die Kommunikation, und damit auch die nonverbalen und medialen Aspekte des kommunikativen Handelns. Bei der Untersuchung der wissenssoziologischen Kommunikationsforschung achtet man nicht mehr nur auf die „Struktur" des in Zeichen verankerten Wissens, sondern mehr und mehr auf die situativen Prozesse, in denen spezifische Deutungen der Welt sozial konstruiert werden. Es ging der Wissenssoziologie zunächst nicht um eine abstrakte Theorie der Kommunikation, wie sie etwa Luhmann oder Habermas entwickelten (Knoblauch 1995). Vielmehr konzentrierte sie sich auf die empirische Untersuchung sprachlicher und nonverbaler Interaktionen. Wissen wird hier als etwas untersucht, das prozessual in der Interaktion ausgehandelt wird. Während jedoch die Ethnomethodologie, die ebenfalls Interaktionen untersucht, darauf besteht, dass es ausschließlich um Aushandlungsprozesse geht, betont der Sozialkonstruktivismus dagegen, dass es auch hier zu Institutionalisierungen kommt: So stellt die Sprache selbst schon eine Institution dar. Zudem bilden sich in den Interaktionen Verfestigungen aus, die Luckmann (1986) als kommunikative Gattungen bezeichnet. Sie bilden die festen Wissensbestände, an denen sich die kommunikativ Handelnden orientieren können, und zwar nicht nur bei der sprachlichen Interaktion, sondern auch bei nichtsprachlichen Ritualen sowie bei medialer Kommunikation: Liebesbriefe, Fernsehkrimis oder Homepages sind allesamt Gattungen des verfestigten Wissens.

Wie insbesondere die hermeneutische Wissenssoziologie (vgl. Soeffner 1991) betont, verwendet die Kommunikation zwar Objektivationen (wie Berger und Luckmann es nennen), doch ist das Wissen damit keineswegs einfach objektiv zugänglich. Ganz im Gegenteil setzen Objektivationen, wie Zeichen, Texte oder Kulturgegenstände, ein Verstehen voraus, das die Hermeneutik als Kunstlehre des Verstehens auf den Plan ruft. So bildete sich eine eigene sozialwissenschaftliche Hermeneutik bzw. hermeneutische Wissenssoziologie aus. Sie betont, dass es in der Soziologie nicht einfach um die Deutung von Texten geht, die deutende Wissenschaftler durch den skizzierten Prozess bewältigen müssen. Sie zielt auch auf die von Schütz so genannten „Konstrukte Erster Ordnung", als den (auch in Texten zum Ausdruck kommenden) Sinn bzw. des Wissens von Handlungen. Das wirft nicht nur das Problem der Deutung von Handlungen auf, sondern deutet auch eine Lösung an, stellt sich dieses Problem doch keineswegs nur den deutenden Wissenschaftlern, sondern auch den Handelnden. Mit ihrer eigenen Auslegung „leisten Akteure demzufolge (zumindest) zweierlei: Sie legen das gesellschaftlich vorausgelegte Wissen entsprechend den eigenen Dispositionen aus, und sie entwerfen auf dieser Basis Handlungsziele und Handlungsabläufe" (Hitzler/Reichertz/Schröer 1999: 10). Die Handelnden selbst gestalten deswegen ihre Handlungen so, dass sie für die anderen Handelnden verständlich sind: Sie bieten reflexive „Inszenierungs-" und „Regieanweisungen", wie ihre Handlungen verstanden werden sollen – und zwar sowohl für die anderen Handelnden wie auch für die beobachtenden Forscher. Diese Anweisungen schlagen sich deswegen in sichtbaren Zeichen und Symbolen nieder, die allerdings eben nicht nur als „Text", sondern auch als gegenständliche Symbole oder als handelndes Ritual oder Performanz auftreten können. Dabei handelt es sich sozusagen um Objektivationen des Wissens der Handelnden, das sozial relevant ist: Zur zeitlichen Koordination sozialer Handlungen, zur Abstimmung der Motive und zur Anzeige der symbolischen Ordnung, die den Kontext der Handlungen bilden. Diese Objektivierungen sind also nicht beliebig, sondern erfüllen eindeutige Funktionen für die Regelung des Sozialen, das deswegen auch wiederum ihre Ordnung prägt.

Diese Objektivationen werden auch von einem dritten wissenssoziologischen Zugang aufgenommen, der sie als Teil eines umfassenden gesellschaftlichen Diskurses ansieht. Dabei wird nicht nur das, was gesprochen oder bedeutet wird, beachtet, sondern auch das, was nicht ausgesprochen oder gesagt werden kann. Diskurse sind Praktiken, in denen Bedeutungszuschreibungen und Sinn-Ordnungen auf Zeit stabilisiert und zu einer kollektiv verbindlichen Wissensordnung institutionalisiert werden. Die vor allem von Reiner Keller ausgearbeitete *wissenssoziologische Diskursanalyse* beschäftigt sich nicht vorrangig mit Sprachgebrauch oder Argumentationsprozessen, sondern mit der „Analyse institutioneller Regulierungen von Aussagepraktiken und deren performative, wirklichkeitskonstituierende Macht" (Keller 2004: 8). In konflikttheoretischer Weise betont sie vor allen Dingen die dabei ablaufenden sozialen Kämpfe um das je gültige Wissen über die Wirklichkeit durch die gesellschaftlichen Akteure. Ihr in diesen Konflikten ausgehandelter Gegenstand sind „gesellschaftliche Praktiken und Prozesse der kommunikativen Konstruktion, Stabilisierung und Transformation symbolischer Ordnungen sowie deren Folgen: Gesetze, Statistiken, Klassifikationen, Techniken, Dinge oder Praktiken" als Ergebnisse und Ressourcen von Diskursen (Keller 2007).

Die sprach- und kommunikationssoziologische Ausrichtung, die Hermeneutik und die Diskursanalyse bilden zwar nur ausgewählte, sicherlich aber die innovativsten analytischen Ansätze der neueren Wissenssoziologie im deutschsprachigen Raum, die hier nicht weiter ausgeführt werden können (vgl. Knoblauch 2005). Stattdessen wollen wir uns abschließend auf die wichtigsten Forschungs- und Anwendungsbereiche der Wissenssoziologie konzentrieren.

4 Themen wissenssoziologischer Forschung

Wenn wir uns daran erinnern, dass Comte die moderne Gesellschaft durch ihre Ausrichtung an dem (als von anderen Wissensarten wesentlich unterscheidbar geltenden) positiven wissenschaftlichen Wissen charakterisierte, dann ist es auch nicht verwunderlich, dass sich ein guter Teil der wissenssoziologischen Forschung so sehr mit der *Wissenschaft* beschäftigte, dass daraus mittlerweile eigene Bindestrichsoziologien entstanden sind. Seit seiner Begründung durch Merton hat sich innerhalb der Wissenschaftssoziologie ein institutionalistischer Zugang etabliert, der sich einerseits mit den Besonderheiten der Wissenschaft als eines eigenständigen Institutionsbereichs oder Subsystems der Gesellschaft, andererseits mit dem Verhältnis dieses Institutionsbereiches zu anderen Bereichen der Gesellschaft beschäftigt.

So ist die Abgrenzung der Wissenschaft von der Religion schon seit Galilei ein konstitutives Prinzip der Wissenschaft. Die Frage, inwiefern die Wissenschaft von ökonomischen Interessen bestimmt wird, spielte bereits bei Marx eine zentrale Rolle und wird auch heute zum Beispiel bei unterschiedlichen Universitätsreformen immer wieder diskutiert. Und die Frage, ob etwa politische Interessen Antrieb für die Wissenschaft geben können, wird spätestens seit Max Webers berühmter Forderung erörtert, die Wissenschaft sollte sich politischer und moralischer Wertungen enthalten. Als Institution lässt sich Wissenschaft jedoch nicht nur nach außen abgrenzen, sondern auch nach innen. So betonte Merton (1972), dass sich die Wissenschaft keineswegs (nur?) durch eine besondere Art des rationalen, methodisch erhobenen Wissens auszeichnet, sondern auch durch eigene Normen und Werte. Wissenschaft zeichnet sich also durch ein bestimmtes Ethos aus. Dieses Ethos, das eine gewisse Nähe zur Demokratie aufweist, ist durch verschiedene „institutionelle Imperative" charakterisiert: (a) Universalismus zeichnet die Wissenschaft insofern aus, als die Bestätigung von Aussagen nicht von persönlichen Vorlieben, sondern von vorgängig gebildeten unpersönlichen Kriterien abhängt, denen – im Prinzip und vor dem Hintergrund des entsprechenden Wissens – jede vernünftige Person folgen kann. Ethnie, Nationalität, Religion, Klassenzugehörigkeit oder persönliche Besonderheiten spielen dabei keine Rolle; (b) Gemeinschaftlichkeit oder „Kommunismus" bedeutet, dass die Produkte wissenschaftlichen Arbeitens der Gemeinschaft zugeschrieben werden und somit allen gehören. Sie zählen zum gemeinsamen Erbe, auf das nicht nur einzelne Anspruch erheben können; (c) Uneigennützigkeit basiert auf dem öffentlichen und überprüfbaren Charakter der Wissenschaft, die Wissenschaftler davor schützen soll, zum eigenen Vorteil unerlaubte Mittel einzusetzen; (d) Organisierter Skeptizismus schließlich meint, dass endgültige Urteile solange hinausgezögert werden sollen, bis die „Tatsachen" erhoben und „die unvoreingenommene Prüfung von Glaubensinhalten und Überzeugungen aufgrund empirischer und logischer Kriterien" erfolgen kann. Sie findet ihren Ausdruck etwa in der Replikation von Experimenten oder im Gutachterverfahren.

Die Frage nach der Besonderheit des wissenschaftlichen Wissens wird auch von interaktionistischen Ansätzen aufgenommen. Im Gefolge vor allem des Sozialkonstruktivismus und der Ethnomethodologie beschäftigen sie sich vor allem damit, wie Wissenschaft wirklich betrieben wird. Sie konzentrieren sich auf die Praktiken des Handelns und Kommunizierens in der Wissenschaft. Weil sich die soziologischen Forscher in die Labore der Naturwissenschaften begeben, werden diese Untersuchungen auch als „Laborstudien" bezeichnet. Wie Anthropologen, die andere Kulturen erforschen, betreten die Feldforscher (vornehmlich avancierte) Labors etwa der Biochemie oder der Hochenergiephysik, um dort zu beobachten, wie Wissenschaft „gemacht" wird. Gegenstand also ist der Ort wissenschaftlicher Arbeit, der „context of discovery" selbst. Im Unterschied zu Merton folgt diese Forschung einem dezidiert mikrosoziologischen Ansatz, der Wissenschaft im Prozess ihrer handelnden Erzeugung betrachtet. Dabei erweist sich das Wissen der Wissenschaft keineswegs als eigenständiges Faktum, sondern als eine von den Forschergemeinschaften erzeugte Konstruktion. Seine Besonderheit liegt weniger in den Dingen, die untersucht werden, als in den Praktiken, mit denen die Dinge untersucht werden. Wissen, also das Produkt der Wissenschaft, stellen „kontext-spezifische Konstruktionen dar (…), die durch die Situationsspezifizität und Interessenstrukturen, aus denen sie erzeugt wurden, gezeichnet sind" (Knorr-Cetina 1984: 25).

Im Unterschied zu diesem konstruktivistischen Verständnis erkennen andere Soziologen das wissenschaftliche Wissen zwar als positiv an, verbinden dies jedoch mit einer kritischen Perspektive. Dies gilt vor allem für das Konzept des *Nichtwissens*. Wissenschaftliches Wissen zählte schon für Merton (1987) zu den wesentlichen Voraussetzungen wissenschaftlichen Arbeitens. In ähnlicher Weise betrachtet auch Luhmann (1992), wie schon angedeutet, das Nichtwissen als einen Ausgangspunkt für Wissen und Wissenschaft, wenn es spezifiziert werde. Erst Beck stellt die kritische Bedeutung des Nichtwissens heraus, indem er es mit der Risikogesellschaft verbindet. Unter Nichtwissen versteht Beck (1996: 289) „das gewusste, verdrängte, aufrechterhaltene, bestürmte oder anerkannte und eingestandene Nicht-Wissen". Nichtwissen bezeichnet die möglichen Risiken der Gesellschaft, die zunehmend von der Wissenschaft erzeugt und von ihr erkannt werden. (Diese Selbsterkenntnis bezeichnet er als reflexive Verwissenschaftlichung.) Je moderner Gesellschaften werden, desto mehr erkennbare Nebenfolgen erzeugen sie. In dem Maße, wie sie dies erkennen, werden sie reflexiv und stellen ihre eigenen Grundlagen in Frage. Merkmal der reflexiven Gesellschaft ist also nicht nur das Wissen, sondern auch das Nichtwissen. Ein Beispiel dafür ist etwa das durch technische Erfindungen erzeugte Ozonloch, dessen zu spätes Erkennen auf eklatante und folgenreiche Weise lange ein Nichtwissen darstellte. Deswegen wird nicht mehr nur der Umgang mit dem Wissen, sondern auch der mit dem Nichtwissen, seine Einschätzung und Übermittlung zum Gegenstand der gesellschaftlichen Auseinandersetzung, zu einem Politikum. Beck (1996: 289) spricht deswegen von einer „politischen Wissenstheorie", geht es doch darum: wer weiß was warum und warum nicht? Wie werden Wissen und Nichtwissen konstruiert, anerkannt, in Frage gestellt, geleugnet, behauptet, ausgegrenzt?

Eine weitaus positivere Funktion wird dem Wissen dagegen in den Theorien der *„Wissensgesellschaft"* eingeräumt. Diese Theorien gehen von einer sehr weitreichenden strukturellen Veränderung der Gesellschaft aus, die vor allem in der ökonomischen Produktion zum Ausdruck kommt: So betont Daniel Bell (1985) schon in den 1970er Jahren, dass die industrielle Produktion von Gütern durch Maschinen und Handarbeit immer mehr an Bedeutung verliere. An seine Stelle trete die technologische Produktion (vor allem von Informations- und Kommunikationstechnologien), die durch Wissen geleitet werde. Dieser Wandel kommt in der Ausweitung eines dritten (Verkehr, Erholung), vierten (Banken, Versicherungen), ja eines fünften (Gesundheit, Ausbildung, Forschung, Regierung) wirtschaftlichen Sektors zum Ausdruck. Das zentrale bzw., wie Bell es nennt, „axiale" Prinzip, um das herum sich die Gesellschaft anordnet, ist das theoretische Wissen, das vor allem von der Wissenschaft generiert wird.

Die wachsende Bedeutung des wissenschaftlichen Wissens wird auch von anderen Autoren hervorgehoben. So spricht etwa Kreibich (1986) sogar von einer „Wissenschaftsgesellschaft". Wissenschaftliches Wissen ist demnach nicht nur für die materielle Produktion zentral, sondern entscheidet auch darüber, wer über Macht verfügt. Die Vorstellung, dass die Wissensgesellschaft vor allem vom positiven Wissen der Wissenschaft getragen werde, steht auch im Mittelpunkt der Definition der Wissensgesellschaft etwa von Willke. Von einer Wissensgesellschaft könne dann gesprochen werden, „wenn die Strukturen und Prozesse der materiellen Reproduktion einer Gesellschaft so von wissensabhängigen Operationen durchdrungen sind, dass Informationsverarbeitung, symbolische Analyse und Expertensysteme gegenüber anderen Formen der Reproduktion vorrangig werden" (Willke 2001: 380). Neben Geld und Macht werde Wissen zur gesellschaftlich zentralen Steuerungsressource. Was immer sonst noch unter Wissen verstanden werden kann – der wichtigste Grund, um von einer Wissensgesellschaft zu sprechen, liegt auch für Stehr (1994: 33) „am unmissverständlichen Vordringen der Wissenschaft in alle gesellschaftlichen Lebensbereiche".

Diese Ausbreitung des wissenschaftlichen Wissens verändert nicht nur die Gesellschaft zur Wissensgesellschaft; sie verändert auch die Wissenschaft selbst und ihre Art und Weise, wie Wissen produziert wird, die in einer berühmten Arbeit (Gibbons u.a. 1994) in zwei Typen unterteilt wird: Der herkömmliche „Modus 1 der Wissensproduktion" ist an disziplinären, kognitiven Ordnungen orientiert. Dagegen wird Wissen im sich ausbreitenden „Modus 2" in transdisziplinären Kontexten gebildet. Steht bei Modus 1 das akademische Interesse einer bestimmten disziplinären Gemeinschaft im Vordergrund, so dominiert im Modus 2 die Anwendung. Die zunehmende Anwendungsorientierung des wissenschaftlichen und technischen Wissens, die im „mode 2" vor sich gehen soll, führt zu einer grundlegenden Neubewertung des „Erfahrungswissens" und damit auch des „impliziten Wissens". Diese Unterschiede wirken sich nicht nur darauf aus, wie, sondern auch darauf, welches Wissen erzeugt wird, das nun einen stark sozial verteilten Charakter aufweist.

Die *soziale Verteilung des Wissens* ist ein letzter Schwerpunkt wissenssoziologischer Forschung. Dabei geht es einmal darum, wie Wissen auf verschiedene Rollenträger in Institutionen verteilt ist, also die institutionelle Organisation des Wissens. Verschiedene soziale Rollen zeichnen sich dadurch aus, dass sie jeweils unterschiedliche Arten des Wissens besitzen. Dabei spielt die Verteilung nach Geschlechtern (Männerwissen, Frauenwissen, Wissen von Jungen oder Alten) ebenso eine Rolle wie die Ausbildung von Sonderwissen, das von religiösen Experten über Magier bis zu Intellektuellen reichen kann. Erwähnenswert sind in jüngerer Zeit vor allem „Spezialisten", „Experten" und „Professionelle". Alle drei Kategorien verweisen auf soziale Formen des gesellschaftlichen Sonderwissens. So definiert Hitzler etwa den *Spezialisten* „im Verhältnis zum Dilettanten hie und zum Generalisten da (als) Träger einer besonderen, relativ genau umrissenen und von seinem Auftraggeber typischerweise hinsichtlich ihrer Problemlösungsadäquanz kontrollierbaren Kompetenz" (Hitzler 1994: 25). Die zunehmende Professionalisierung trägt wiederum der zunehmenden gesellschaftlichen Anerkennung und Bedeutung bestimmter Wissensbestände Rechnung, die von der Medizin bis zur Sozialhilfe reichen können. Eine besondere Rolle kommt dabei zweifellos der institutionalisierten sozialen Vermittlung von Wissen zu, die in unseren ausdifferenzierten Gesellschaften im Laufe jahrelanger Erziehungskarrieren von riesigen und enorm teuren Bildungssystemen geleistet wird. Aus wissenssoziologischer Sicht wird dabei besonders auf die Frage geachtet, welches Wissen in diesen Institutionen vermittelt wird. Denn ihre Lehre besteht ja darin, dass wir beschreiben, durch welche sozialen Prozesse welche Art von „Wissen" sozial anerkannt ist und Prestige einbringen kann. So zeigt etwa Schulze (1992), dass die sozialen Milieus in der alten Bundesrepublik ganz wesentlich von den eingespielten Deutungsmustern geprägt waren, die er als „alltagsästhetische Schemata" bezeichnete. Entsprechend erweist sich auch die Bildung als wesentlicher Faktor für die Milieuzugehörigkeit. Wissen kann als „kulturelles Kapital" auch gegen ökomomisches Kapital eingetauscht werden und die Zugangschancen zur Macht steuern (Bourdieu 1984). Es trägt damit nicht nur wesentlich zur Konstruktion der sozialen Ordnung, sondern auch zu all dessen bei, was in einer Gesellschaft als Wirklichkeit gilt.

5 Wissensforschung und die Aufgabe der Wissenssoziologie

Wissen ist keineswegs nur ein Thema für die Soziologie. Auch wenn sie sich des Themas schon seit langem angenommen hat, wenden sich in jüngerer Zeit immer mehr Disziplinen dem Wissen zu, so dass man von einer regelrechten *Wissensforschung* reden kann. So hat sich im Zusammenhang mit der Debatte um die Wissensgesellschaft ein sehr praktisch orientierter Zweig der Wirtschaftswissenschaften ausgebildet, der sich mit der Nutzung und dem „Management" des Wissens beschäftigt. Wissen sieht er als die zentrale ökonomische Ressource nicht nur für viele Betriebe, sondern für die westlichen Volkswirtschaften insgesamt an. Auch die Politik hat die Rolle des Wissens für die Identifizierung mit den modernen Gemeinwesen erkannt und leistet eine Erinnerungsarbeit am kollektiven Gedächtnis – einem Begriff des Durkheim-Schülers Halbwachs (1985). Gerade in Deutschland wird dies sehr offensichtlich am Umgang mit dem Dritten Reich, aber auch etwa mit der kolonialen Vergangenheit. Wird das Wissen von der technischen Seite durch die Kognitionswissenschaft und die Frage der materialen Speicherung von Wissen als Informationen aufgeworfen, so ist es auch in den Naturwissenschaften vor allem durch die Hirnforschung in den Mittelpunkt gerückt worden, die nach den stofflichen Trägern menschlichen Wissens fragt und sich zuweilen zur Behauptung versteigt, Wissen sei nichts anderes als ein innerer Gehirnprozess. Diese und andere Entwicklungen bestätigen nicht nur die gesellschaftliche Rolle des Wissens; sie machen auch auf die besondere Rolle des wissenssoziologischen Zugangs zum Wissen aufmerksam. Denn die Wissenssoziologie geht nicht einfach und sozusagen naiv von der positiven Existenz des Wissens aus, sondern analysiert die Prozesse, in denen Wissen erst zum Wissen wird. Sie kann damit nicht nur die Konstruiertheit des Wissens aufweisen, sondern auch die Relativität des Wissens und seine Abhängigkeit von Anerkennung und Macht. Es ist anzunehmen, dass dieser Zugang in dem Maße an Bedeutung gewinnt, wie wir in einer Welt leben, in der immer mehr Kulturen miteinander kommunizieren und in der zugleich diese Kommunikation auf eine immer standardisiertere Weise erfolgt – in demselben Allerweltsenglisch, über dieselben ergoogelten Kategorien oder in denselben mündlichen oder medialen Gattungen, in denselben Medienformaten.

Literatur

Beck, Ulrich (1996): Wissen oder Nichtwissen. Zwei Perspektiven reflexiver Modernisierung. In: ders., Anthony Giddens und Scott Lash (Hrsg.): Reflexive Modernisierung. Frankfurt a.M.: Suhrkamp: 289-315
Bell, Daniel (1985): Die nachindustrielle Gesellschaft. Frankfurt a.M.: Fischer
Berger, Peter/Luckmann, Thomas (1969): Die gesellschaftliche Konstruktion der Wirklichkeit. Frankfurt a.M.: Fischer
Berger, Peter L./Berger, Brigitte/Kellner, Hansfried (1987, orig. 1973): Das Unbehagen in der Modernität. Frankfurt a.M.: Campus
Bourdieu, Pierre (1984): Die feinen Unterschiede. Frankfurt a.M.: Suhrkamp
Comte, Auguste (1974, orig. 1923): Die Soziologie. Die positive Philosophie im Auszug. Stuttgart: Kröner
Gibbons, Michael/Limoges, Camille/Nowotny, Helga/Schwartman, Simon/Scott, Peter/ Trow, Martin (1994): The New Production of Knowledge. The Dynamics of Science and Research in Contemporary Societies. London: Routledge
Gumplowicz, Ludwig (1905): Grundriß der Soziologie. 2. Aufl. Wien: Springer 1905

Halbwachs, Maurice (1985): Das Gedächtnis und seine sozialen Bedingungen. Frankfurt a.M.: Suhrkamp
Hirseland, Andreas/Keller, Reiner/Schneider, Werner/Viehöver, Willy (Hrsg.) (2006): Handbuch Diskursanalyse Band 1: Theorien und Methoden. 2. Aufl. Wiesbaden: VS
Hitzler, Ronald (1994):Wissen und Wesen des Experten. In: ders./Honer, Anne/Maeder, Christoph (Hrsg.): Expertenwissen. Die institutionalisierte Kompetenz zur Konstruktion von Wirklichkeit. Opladen: Leske + Budrich: 13-30
Hitzler, Ronald/Reichertz, Jo/Schröer, Norbert (Hrsg.) (1999): Hermeneutische Wissenssoziologie. Eine methodologisch-theoretische Positionsbestimmung. Konstanz: Universitätsverlag: 213-235
Keller, Reiner (2004): Diskursforschung. Eine Einführung für SozialwissenschafterInnen. Wiesbaden: VS
Keller, Reiner (2007): Wissenssoziologische Diskursanalyse. Grundlegung eines Forschungsprogramms. 2. Aufl. Wiesbaden: VS
Knoblauch, Hubert (1995): Die kommunikative Konstruktion kultureller Kontexte. Berlin und New York: De Gruyter
Knoblauch, Hubert (2000): Das Ende der linguistischen Wende. Sprache und empirische Wissenssoziologie. In: Soziologie 2 (2000): 16-28
Knoblauch, Hubert (2005): Wissenssoziologie. Konstanz: UVK
Knorr-Cetina, Karin (1984): Die Fabrikation von Erkenntnis. Zur Anthropologie der Naturwissenschaft. Frankfurt a.M.: Suhrkamp
Kreibich, Rolf (1986): Die Wissenschaftsgesellschaft. Von Galilei zur High-Tech-Revolution. Frankfurt a.M.: Suhrkamp
Luckmann, Thomas (1979): Soziologie der Sprache. In: König, René (Hrsg.): Handbuch der empirischen Sozialforschung Bd. 11. Stuttgart: Thieme: 1-116
Luckmann, Thomas (1986): Grundformen der gesellschaftlichen Vermittlung des Wissens: Kommunikative Gattungen. In: Kölner Zeitschrift für Soziologie und Sozialpsychologie. Sonderband 27: 191-211
Luckmann, Thomas (1991, orig. 1963): Die unsichtbare Religion. Frankfurt a.M.: Suhrkamp
Luhmann, Niklas (1992): Die Wissenschaft der Gesellschaft. Frankfurt a.M.: Suhrkamp
Mannheim, Karl (1980): Strukturen des Denkens. Frankfurt a.M.: Suhrkamp
Marx, Karl/Engels, Friedrich (1969): Die Deutsche Ideologie. Berlin: Dietz
Mauss, Marcel/Durkheim, Emile (1969): De quelques formes primitives de classification. In: Mauss, Marcel : Essais de sociologie. Paris: PUF 1969: 162-230
Merton, Robert K. (1972): Wissenschaft und demokratische Sozialstruktur. In: Weingart, Peter (Hrsg.): Wissenschaftssoziologie, 1. Wissenschaftliche Entwicklung als sozialer Prozess. Frankfurt a.M.: Suhrkamp: 45-59
Merton, Robert K. (1987): Three fragments from a sociological notebook: establishing a phenomenon, specified ignorance, and strategic research materials. In: Annual Review of Sociology 13 (1987): 1-28
Mill, John Stuart (1976): Das System der deductiven und inductiven Logik. In: Jonas, Friedrich: Geschichte der Soziologie 1. Reinbek bei Hamburg: Rowohlt: 434-445
Scheler, Max (1960): Die Wissensformen und die Gesellschaft. Bern/München: Francke
Schulze, Gerhard (1992): Die Erlebnisgesellschaft. Frankfurt a.M.: Campus
Schütz, Alfred (2003): Symbol, Wirklichkeit und Gesellschaft. In: ders.: Theorie der Lebenswelt 2. Konstanz: UVK: 119-199
Schütz, Alfred/Luckmann, Thomas (1979): Strukturen der Lebenswelt Band 1. Frankfurt a.M.: Suhrkamp
Soeffner, Hans-Georg (1991): Die Auslegung des Alltags – der Alltag der Auslegung. Frankfurt a. M.: Suhrkamp
Stehr, Nico (1994): Arbeit, Eigentum und Wissen. Zur Theorie von Wissensgesellschaften. Frankfurt a.M.: Suhrkamp

Thomas, William I./ Thomas, Dorothy Swain (1928): *The Child in America*. Behavior Problems and Programs. New York: Wiley
Weber, Max (1980): Wirtschaft und Gesellschaft. Tübingen: Niemeyer
Weber, Max (1988): Die protestantische Ethik und der Geist des Kapitalismus. In: ders.: Gesammelte Aufsätze zur Religionssoziologie I. Tübingen: Niemeyer
Willke, Helmut (2001): Wissensgesellschaft. In: Kneer, Georg/Nassehi, Armin/Schroer, Markus (Hrsg.): Klassische Gesellschaftsbegriffe der Soziologie. München: Fink: 379-398

Wohlfahrtsstaat

Stephan Lessenich

1 Perspektiven auf den Wohlfahrtsstaat

Der Wohlfahrtsstaat ist aus dem öffentlichen und privaten Leben der Gegenwartsgesellschaft nicht mehr wegzudenken. Geschöpf einer vergangenen Zeit und ihrer ‚sozialen Probleme', ist er im Verlauf seiner mittlerweile mehr als hundertjährigen Geschichte zu einem wesentlichen Strukturmerkmal moderner Vergesellschaftung geworden. Seine Existenz und Entwicklungsdynamik – seine Entstehung im späten 19. Jahrhundert, sein Durchbruch nach dem Zweiten Weltkrieg, seine nachfolgende Expansion, schließlich sein gegenwärtiger Umbau – haben einen permanenten, teils gewollten, teils ungewollten Gestaltwandel der Gesellschaften der westlichen (europäischen, nordamerikanischen und ozeanischen) Welt bewirkt. Der Wohlfahrtsstaat ist zum Garanten individueller Existenzsicherung und kollektiver Handlungsfähigkeit, sozialer Teilhabe und gesellschaftlicher Integration, der Angleichung von Lebenslagen und der Stabilität von Lebensläufen geworden. Er ist aber zugleich auch ein Produzent neuer Ungleichheiten und neuartiger Verunsicherungen, ein Instrument politischer Partikular- und administrativer Bestandsinteressen, eine Instanz sozialer Exklusion, Kontrolle und Disziplinierung – oder kann jedenfalls auch all dies sein. So oder so aber ist der Wohlfahrtsstaat der modernen Gesellschaft vor allen Dingen eines: eine unabweisbare und unhintergehbare soziale Tatsache.

Die Rede vom „Wohlfahrtsstaat" jedoch ist hierzulande, jenseits des wissenschaftlichen Sprachgebrauchs, nicht unbedingt verbreitet. In der politischen Alltagssprache gebraucht, weckt der Begriff vielmehr werthaltige Assoziationen des ‚wohltätigen' und ‚sorgenden' oder aber ‚ausufernden' und ‚alimentierenden' Staates. Die deutsche Öffentlichkeit, aber auch breite Teile der Wissenschaft sprechen lieber – in Anlehnung an die verfassungsrechtliche Diktion der Artikel 20 und 28 des Grundgesetzes – vom „Sozialstaat", den es zu bewahren oder zu begrenzen (bzw. zugleich zu bewahren und zu begrenzen) gelte. Im englischen Sprachraum, und damit auch international, hat sich hingegen seit längerem der Terminus „welfare state" durchgesetzt – eine Redeweise, die weniger sozialrechtlich und stärker soziologisch konnotiert ist, indem sie auf die staatliche bzw. staatlich organisierte und verantwortete Produktion individueller und/oder kollektiver Wohlfahrt verweist. Mit dem (rückübersetzten) Konzept des Wohlfahrtsstaats ist deshalb mehr bezeichnet als nur ein Konglomerat öffentlicher Vorkehrungen zur sozialen Sicherung gegen die Risiken des Einkommensausfalls, mehr als nur die institutionelle Architektur und Infrastruktur sozialpolitischer Gesetze, Programme und Einrichtungen. Aus soziologischer Perspektive geht die Bedeutung des wohlfahrtsstaatlichen Arrangements – und zwar weit – über diese gewissermaßen technische Seite desselben hinaus: Der Wohlfahrtsstaat ist in dieser Sicht die moderne Form politischer Vergesellschaftung (vgl. Kaufmann 2005).

Man wird allerdings auch nicht sagen können, dass diese Perspektive im deutschen Kontext die wissenschaftspolitisch dominante wäre. Die begriffliche Präferenz für den

„Sozialstaat" ist nicht zufällig entstanden, sondern entspringt der lang andauernden Vormundschaft zunächst des Sozialrechts, sodann auch der Ökonomik (bzw. der Finanzwissenschaft) über die hiesige Sozialpolitikforschung. Das akademisch gängige Lehrbuch der Sozialpolitik (Lampert 2007) stammt aus dem Grenzbereich beider Disziplinen und spiegelt ein eher enges Verständnis von sozialpolitischer Staatstätigkeit, ihren Bedingungen und Effekten wider. Soweit sich der ökonomische Fachdiskurs mit dem Sozialstaat beschäftigt, etwa im Rahmen des im Verlauf seiner Geschichte sozialwissenschaftlicher Traditionsbestände verlustig gegangenen „Vereins für Socialpolitik", tut er dies in einer Weise, die sich für die klassischen Fragen der sozialen Einbettung der Ökonomie (Polanyi 1979) kaum noch und dafür um so mehr – und öffentlichkeitswirksamer – für Probleme der finanziellen Nachhaltigkeit und allokativen Effizienz staatlicher Intervention interessiert.

Die sozialwissenschaftliche Literatur zum Thema ist – nicht nur im nationalen Kontext und von soziologischer Warte aus gesehen bedauerlicherweise – stark von politikwissenschaftlichen Fragestellungen und Herangehensweisen geprägt: Auf internationalen Kongressen zur Wohlfahrtsstaatsforschung dominieren ganz eindeutig Programm- und Politikfeldanalysen, Studien zur Reformfähigkeit und Konvergenz nationaler Wohlfahrtssysteme – Beiträge zu einer Politik des Wohlfahrtsstaates, die in ihrer Fixierung auf autoritative Texte und Konzepte (z.B. Pierson 2001) häufig nicht weniger ‚mainstreamig' anmuten als jene zu seiner Ökonomie. Als gewinnbringender für eine soziologische Herangehensweise an das Phänomen erweisen sich daher nicht selten Untersuchungen aus dem Feld einer sozialpolitischen Geschichtsschreibung, die Prozesse der sozialen Konstruktion von Risiken, der Konstitution von Risikogemeinschaften und der Etablierung von Risikotechnologien nachzeichnet (vgl. z.B. Baldwin 1990, Ewald 1993, Zimmermann 2006). Hingegen stellt die Sozialpädagogik eine bis in die jüngere Vergangenheit hinein – auf eigentlich unerklärliche Weise – von der soziologischen entkoppelte Forschungswelt dar, wobei allerdings in jüngster Zeit, im Zuge neuerer Tendenzen sozialpolitischer Verhaltenssteuerung im „aktivierenden Sozialstaat", das Bewusstsein wechselseitiger Anschlussfähigkeit beider Teildisziplinen der Wohlfahrtsstaatsanalyse erfreulicherweise zu wachsen scheint (vgl. z.B. Dahme/Wohlfahrt 2005, Kessl 2005).

Wie aber müsste eine spezifisch soziologische Bezugnahme auf den Wohlfahrtsstaat aussehen? Im Folgenden gilt es, ein Bild der Vielfalt soziologisch möglicher Lesarten und Deutungsangebote des Wohlfahrtsstaates, seiner historischen Dynamik und seiner gegenwärtigen Gestalt(en), zu zeichnen. Dabei geht es nicht darum, verschiedene Ansätze einer Soziologie des Wohlfahrtsstaates gegeneinander auszuspielen oder in ihrer Güte zu hierarchisieren, sondern vielmehr steht im Vordergrund, den jeweiligen analytischen Eigenwert und die forschungsstrategische Komplementarität unterschiedlicher Erklärungsangebote herauszustellen. Denn der Wohlfahrtsstaat ist – zugleich und gleichermaßen – eine Instanz der Ermöglichung gesellschaftlicher Modernisierungsprozesse, der Normalisierung lohnarbeitsgesellschaftlicher Lebensverhältnisse, der Umverteilung sozialer Risiken und Lebenschancen, der Befriedigung individueller wie gesellschaftlicher Sicherheitsbedarfe, der materiellen und symbolischen Integration hochkomplexer und -differenzierter Sozialsysteme. Gleichwohl kann und soll aber auch nicht verschwiegen werden, dass der Autor des vorliegenden Beitrages unter all diesen möglichen durchaus eine bestimmte soziologische Lesart des hier interessierenden Phänomens favorisiert – denn gerade eine vorgängige Aufklärung über diesbezügliche Präferenzen gibt dem Publikum die Möglichkeit einer kritisch prüfenden Lektüre der folgenden Ausführungen. Insofern sei vorausgeschickt, dass mir für soziologische Analysen die Kombination einer beziehungs-, wissens- und krisentheoretischen Perspektive auf die gesellschaftliche Bedeutung und historische Entwicklung des Wohlfahrtsstaates besonders geeignet erscheint, für die im deutschen Kontext die frühe (und teilweise auch spätere) Bielefelder Soziologie steht, namentlich Franz-Xaver Kaufmann (2005) und Claus Offe (2006). Diese Perspektive, die meiner Ansicht nach einen Weg zu einer nicht nur wissenschafts-, sondern auch gesellschaftspolitisch relevanten Soziologie des Wohlfahrtsstaats weisen kann, sei in ihrer beziehungssoziologischen Dimension vorab kurz erläutert.

In der modernen Gesellschaft ist der Wohlfahrtsstaat eine – wenn nicht die – zentrale Instanz der Konstitution und Gestaltung sozialer Beziehungen, „an active force in the ordering of social relations" (Esping-Andersen 1990: 23). Der Wohlfahrtsstaat prägt, durch seine Programme und Interventionen, die Handlungsverflechtungen und Interaktionsorientierungen sozialer Akteure in maßgeblicher Weise. Er weist ihnen Rollen in gesellschaftlichen Feldern und Positionen im sozialen Raum zu und setzt sie, als Rollenträger und Positionsinhaber, in eine institutionell definierte und (im Stabilitätsfall) gesellschaftlich akzeptierte, symbolische wie materielle Beziehung zueinander (vgl. Bourdieu 1999). Er ist damit die Triebkraft eines Vergesellschaftungsprozesses, der sich als beständig fortschreitendes Wechselspiel der Institutionalisierung und Deinstitutionalisierung sozialer Beziehungen und Beziehungsmuster darstellt. Analytisch differenzierter lassen sich drei Ebenen einer Struktur gesellschaftlicher Relationierung unterscheiden: Akteure ‚in Gesellschaft' können durch Institutionen bzw. institutionelles Handeln (1) mit der sozialen Ordnung (bzw. der politischen Selbstbeschreibung derselben), (2) mit anderen Akteuren und/oder (3) mit sich selbst in eine bestimmte und bestimmbare Beziehung gesetzt werden; dies gilt für individuelle, kollektive und korporative Akteure gleichermaßen.

All diese Beziehungsmuster sind dabei immer machtbesetzt und -durchwirkt, stellen also auch – entsprechend umstrittene und umkämpfte – Machtrelationen dar. Der Phantasie (und Realität) politisch herbeigeführter Relationierungen im Sozialstaat – zwischen Individuen, Gruppen, Sozialkategorien, Klassen, Geschlechtern und Generationen – sind dabei praktisch keine Grenzen gesetzt.

Erst aus dieser Sicht politisch-sozialer Relationierung wird die soziologisch fundamentale, weil basale Formen der Sozialität konstituierende Wirkung wohlfahrtsstaatlichen Handelns offensichtlich. In der politischen Regulierung, Ordnung und Regierung sozialer Beziehungen konstituiert, schafft, ja ‚erfindet' der Wohlfahrtsstaat die moderne Gesellschaft als eine komplexe Struktur symbolisch und materiell institutionalisierter Muster wechselseitiger Unterstützung und Abhängigkeit sozialer Akteure. Diese Struktur ist inhärent dynamisch, weil die gesellschaftlichen Beziehungskonstellationen individueller, kollektiver und korporativer Akteure zwar sozialstaatlich geformt, in Form gebracht, aber nicht mumifiziert und still gestellt werden (und werden können). Zwar gewinnen die sozialpolitischen Institutionen – als Verfestigungen sozialer Wechselwirkungen – durchaus ein Eigenleben und eine Eigengesetzlichkeit, mit denen sie ihren Adressaten gegenübertreten. Aber trotz und jenseits der sozialpolitischen Fixierungsversuche bleiben die Akteursbeziehungen z.B. zwischen Arbeit und Kapital, Erwerbstätigen und Rentnern, Männern und Frauen dennoch lebendig und eigensinnig und wandeln sich beständig – ebenso wie die Institutionen ihrer politischen Steuerung.

So auch im aktuellen „Umbau des Sozialstaats". Was sich in diesem Prozess vor unseren Augen abzeichnet, ist ein tiefgreifender Wandel in den sozialstaatlichen Praktiken gesellschaftlicher Relationierung, eine politische Rekonfiguration sozialer Akteursbeziehungen auf allen (zuvor genannten) Ebenen: zwischen Individuum und Gesellschaft, im Verhältnis von individuellen, kollektiven und korporativen Akteuren untereinander sowie im Selbstverhältnis der Subjekte. In diesem (dreifachen) Sinne handelt es sich um eine politische Rekonstitution, eine „Neuerfindung des Sozialen" (Lessenich 2008), in der die sozialpolitische Ordnung der Gesellschaft in Bewegung gerät. Doch dazu im letzten Abschnitt mehr – zunächst zur Frage, wie es überhaupt zur modernen „Erfindung des Sozialen" (vgl. Donzelot 1988) gekommen ist.

2 Erklärungsansätze zu Entstehung und Entwicklung des Wohlfahrtsstaates

Wie in praktisch allen soziologischen Gegenstandsbereichen ist die Vielzahl an Paradigmen, Modellen, Interpretationen und Darstellungen der wohlfahrtsstaatlichen Entwicklung kaum mehr zu überschauen. In einem Akt systematisierender Gewaltanwendung werden im Folgenden jedoch vier Schulen unterschieden, die mit Blick auf die Ursprünge des modernen Wohlfahrtsstaats jeweils alternative Erklärungsangebote unterbreiten: funktionalistische, interessentheoretische, institutionalistische und kulturalistische Ansätze. Diese vier Interpretationsschulen lassen sich in gewisser Weise auch als zeitlich aufeinander folgende ‚Generationen' der Wohlfahrtsstaatsanalyse verstehen, die – indem sie an Lücken und blinden Flecken der jeweils vorangegangenen Ansätze ansetzen – den wissenschaftlichen Wissensfundus immer wieder um neue, im Rückblick nicht etwa konkurrierende, sondern durchaus komplementäre Erkenntnisse und Theoreme bereichert haben. Anknüpfend an diese Unterscheidung soll sodann ein synthetisierender Erklärungsansatz präsentiert werden: eine Deutung der Entstehung und Entwicklung des wohlfahrtsstaatlichen Vergesellschaftungsmodus aus dem kontingenten Zusammenspiel von Funktionen, Interessen, Institutionen, Ideen – und Krisen.

2.1 Funktionen

Funktionalistische Ansätze betonen die Bedeutung der wirtschaftlichen Entwicklung, und spezifischer des kapitalistischen Produktionszusammenhangs, seiner Erfordernisse und Effekte, für die Entstehung sozialstaatlicher Strukturen. Weniger das zielgerichtete Handeln historisch-konkreter Akteure als vielmehr die Funktionsbedingungen und Folgewirkungen anonymer makrosozialer Entwicklungstrends sind es, die aus dieser Perspektive den Weg zum Wohlfahrtsstaat geebnet haben. Der Wohlfahrtsstaat erscheint hier als politische Reaktion auf veränderte wirtschaftliche Gegebenheiten bzw. auf soziale Probleme und Verwerfungen, die sich im Zuge des Übergangs von der Agrar- zur Industriegesellschaft einstellen. Dabei sind die sozioökonomischen Transformationen, die dem sozialstaatlichen Arrangement historisch zum Durchbruch verholfen haben sollen, wahlweise als Prozesse der Industrialisierung, der Modernisierung oder der Herausbildung einer kapitalistischen Gesellschaftsformation beschrieben und analysiert worden. In jedem der drei Fälle zeichnet sich die Erklärung jedoch durch ihren funktionalistischen Charakter aus: Der Wohlfahrtsstaat kam in die Welt, weil es seiner bedurfte.

Die frühesten (vergleichenden) Untersuchungen wohlfahrtsstaatlicher Entwicklung stellen die Tendenz der Industrialisierung vormals agrarisch geprägter Gesellschaften in den Mittelpunkt ihrer Erklärungsversuche (vgl. Achinger 1958). Die industrielle Revolution mit all ihren Risiken und Nebenwirkungen sei es gewesen, die den Staat zu sozialpolitischen Eingriffen herausgefordert, ja genötigt habe. Die Zerstörung traditionaler Lebenszusammenhänge, die Auflösung der Haushaltsökonomie, das Wachstum und die Wanderung der Bevölkerung sowie ihre Konzentration in den Städten, die elenden Lebensbedingungen in den städtischen Wohnquartieren, die steigende Lebenserwartung der Menschen, die Zunahme der Fabrikarbeit und die Mechanisierung der Produktion – all dies habe neuartige soziale Bedürfnisse, Gefährdungen und Nöte hervorgebracht, denen mit einer Erweiterung des Gegenstandsbereichs und einer Veränderung der Formen staatlicher Intervention habe Rechnung getragen werden müssen. Der Wohlfahrtsstaat trete demgemäß an die Stelle überkommener, in ihrer Funktion geschwächter und in ihrer Leistungsfähigkeit überforderter, vorindustrieller sozialer Sicherungsinstanzen: Familie und Haushalt, Hof und Kommune.

Ein zweiter Strang funktionalistischer Erklärungen begreift den Wohlfahrtsstaat zwar ebenfalls als historisch notwendige Antwort auf objektive gesellschaftliche Funktionsprobleme, stellt dessen Aufstieg jedoch in den umfassenderen Kontext des Prozesses der Modernisierung – hier verstanden als unabhängige, erklärende Variable sozialstaatlicher Entwicklung (vgl. Alber 1982). Neben den neuartigen systemischen und sozialen Integrationsproblemen, die sich als Folge der funktionalen Ausdifferenzierung der modernen (industriellen) Ökonomie ergeben, müssen dieser Erklärungsvariante zufolge jedoch auch die makrosozialen Prozesse der Demokratisierung und Säkularisierung als weitere Bestimmungsmomente der wohlfahrtsstaatlichen Entwicklung in Betracht gezogen werden (vgl. auch den Beitrag zu „Nation, Nationalstaat" in diesem Band). Die Neudefinition von Notlagen als gesellschaftlich zu bearbeitende (und nicht etwa bloß schicksalhaft in die Welt gekommene) ‚Probleme' und die Zuweisung ihrer ‚Lösung' an staatliche Instanzen vollzieht sich im Kontext umfassender politisch-kultureller Modernisierungsprozesse wie etwa der Herausbildung einer nationalen Staatsbürgerrolle und der Rationalisierung der öffentlichen Verwaltung. Damit nimmt der modernisierungstheoretische Ansatz eine Perspektivenerweiterung vor, die – ohne allerdings reale politische Akteure oder konkrete kulturelle Deutungsmuster ins Zentrum der Betrachtung zu stellen – bereits auf nachfolgende Ansätze verweist.

Eine dritte und letzte Spielart funktionalistischer Ansätze beruft sich in ihrem Erklärungsmodell auf die unentrinnbare Logik des Kapitalismus (vgl. Offe 2006). Der Wohlfahrtsstaat gilt diesem „neomarxistischen" Paradigma als Antwort auf die systemreproduktiven Erfordernisse der kapitalistischen Produktionsweise. Ein gewisses Maß an sozialstaatlicher Grundierung und Rahmung sei zur Reproduktion des kapitalistischen Akkumulationszusammenhangs unverzichtbar – und müsse vom Wohlfahrtsstaat im Zweifel auch gegen einzelwirtschaftliche Interessen der Kapitalseite durchgesetzt werden. Als (nicht bloß ideeller) „Gesamtkapitalist" habe der Wohlfahrtsstaat in letzter Instanz den unabweisbaren, systemischen Imperativen der Kapitalverwertung und -profitabilität zu gehorchen. Der Grad der politischen Berücksichtigung von Forderungen der (lohn-)abhängigen Klassen bemesse sich stets an diesem obersten Kriterium; die Wohlfahrtseffekte sozialpolitischer Intervention sind dem Wohlfahrtsstaat insofern nicht etwa vorrangiges Staatsziel, sondern bloß abgeleiteter Natur, Nebenwirkungen einer systemstabilisierenden Politik.

2.2 Interessen

Interessen- bzw. konflikttheoretische Ansätze markieren die Abkehr von struktur- und systemfunktionalen und den Übergang zu akteursorientierten und politiksensibleren Erklärungsmustern des Wohlfahrtsstaats. Sie betonen die zentrale Rolle der Demokratisierung, also der Durchsetzung des allgemeinen Wahlrechts und/oder der Ausbreitung demokratischer Formen der Interessenorganisation, -repräsentation und -vermittlung für sozialstaatliche Institutionalisierungsprozesse. Dieser Interpretation zufolge war es die Mobilisierung der Bevölkerung und insbesondere der Arbeiterschaft, die der Ausweitung staatlicher Lohnarbeitsregulierung und öffentlicher Daseinsvorsorge historisch zum Durchbruch verholfen hat. Alle unter das Interessen-Paradigma zu subsumierenden Erklärungen vertreten eine Variante der „Politics matters"-These: Es sind wahlweise die im politischen Willensbildungsprozess zum Ausdruck gebrachten und zur Geltung gelangten Interessen der übergroßen Mehrheit der Bevölkerung, die am Beginn der sozialstaatlichen Entwicklung stehen; der starke Arm der Arbeiterklasse bzw. „sozialen Bewegung" (Heimann 1929), der das – jeweils nationale – Sozialrecht erkämpft; oder die Konfliktmuster und Koalitionsbildungen zwischen unterschiedlichen sozialen Status- bzw. Risikogruppen, die für die Errichtung und Ausgestaltung der modernen Wohlfahrtsarchitektur verantwortlich zeichnen.

Für das einfachste, von der historischen Durchsetzung der Massendemokratie in den westlichen Industriegesellschaften ausgehende Argumentationsmuster führt die Etablierung des Wahlmechanismus per se und quasi-automatisch – vermittelt über den (partei)politischen Wettbewerb um Wählerstimmen – zur Ausweitung der Staatsausgaben und vor allem ihres unmittelbar wählerwirksamen (weil konsumtiven) Teils, der Sozialausgaben. Eine andere, tiefgründigere und differenziertere Spielart dieses Ansatzes rekonstruiert den Weg zum Wohlfahrtsstaat als einen auf der schrittweisen Demokratisierung der gesellschaftlichen Verhältnisse beruhenden, geradezu unaufhaltsamen Prozess der kumulativen Ausstattung des Staatsbürgers mit bürgerlichen Freiheits-, politischen Partizipations- und sozialen Teilhaberechten. Die Gewährleistung und Garantie sozialer Rechtsansprüche im Wohlfahrtsstaat ist demnach die Krönung moderner „citizenship" (Marshall 1949): Sie erst ermöglicht dem Staatsbürger die effektive Inanspruchnahme seiner freiheitlichen und politischen Grundrechte; erst im Wohlfahrtsstaat vollzieht sich mithin die Materialisierung des demokratischen Gleichheitsversprechens.

In einem konfliktsoziologischen Argumentationsrahmen operierend, stellt Marshalls Vorstellung von einem säkularen sozialen Kampf um die graduelle Ausweitung des „Staatsbürgerstatus" – im Sinne von beständig erweiterten Rechtsgarantien für stetig wachsende Bevölkerungsgruppen (vgl. Dahrendorf 1988) – das theoriegeschichtliche Bindeglied zu all jenen Ansätzen dar, welche die zentrale Bedeutung von Prozessen der Klassenmobilisierung und Klassenpolitik für die Geschichte des Wohlfahrtsstaats hervorheben (vgl. auch den Beitrag zu „Klasse" in diesem Band). In aller Regel stehen dabei die Sozialdemokratie, d.h. die politische Organisation der Arbeiterklasse, ihr Marsch in die Institutionen politischer Herrschaft und ihre dadurch ermöglichte Rolle als Triebkraft der wohlfahrtsstaatlichen Entwicklung im Mittelpunkt dieses Interpretationsmusters. Wir haben es hier mit dem zweifellos wirkungsmächtigsten und international über lange Zeit hinweg gleichsam das wohlfahrtsstaatliche Deutungsmonopol für sich reklamierenden Erklärungsansatz zu tun (vgl. z.B. Esping-Andersen 1985). Von zentraler Bedeutung für dieses Paradigma, das empirisch stark auf der Untersuchung des schwedischen Falls gründet, ist das Argument, dass sich der Charakter des klassenpolitischen Konflikts zwischen Lohnarbeit und Kapital durch die gesellschaftsweite Verankerung demokratischer politischer Strukturen und Prozeduren grundlegend verändere: Durch die von ihr selbst erstrittene und beförderte Demokratisierung werde die Arbeiterklasse in die Lage versetzt, ihr Schicksal in die eigene Hand zu nehmen, sprich die nunmehr etablierten Institutionen politischer Einflussnahme – vom Parlament bis zum Betriebsrat – im Interesse ihrer selbst zu nutzen. Dem liegt die Überzeugung zugrunde, dass die moderne Gesellschaft durch den Strukturkonflikt zwischen Markt und Staat, Ökonomie und Politik, bestimmt ist, dessen historisch-konkrete Gestalt wiederum wesentlich durch die (relativen) Machtressourcen von Kapital und Arbeit bestimmt werde. Erst die voranschreitende Demokratisierung ermögliche es der strukturell unterlegenen Konfliktpartei der Arbeit, der übermächtigen Kapitalseite in effektiver Weise mit ihrer einzig Erfolg versprechenden „power resource" zu begegnen, nämlich mit der Macht der großen Zahl. Die konkrete Entwicklungsgeschichte nationaler Wohlfahrtsstaaten sei dann in erster Linie ein Effekt der Stärke der gewerkschafts- und parteipolitisch organisierten Arbeiterbewegung (und ihrer Gelegenheiten und Strategien der klassenpolitischen Koalitionsbildung mit agrarischen, kleinbürgerlichen oder mittelständischen Interessen) einerseits, des Organisationsgrads und der politischen Gegenmacht von Arbeitgeberverbänden und bürgerlich-konservativen Parteien andererseits.

Ein weiterer Argumentationsstrang, der in kritischer Auseinandersetzung mit diesem klassischen „Machtressourcenansatz" entwickelt worden ist (und bereits vom Bedeutungsgewinn institutionalistischer Erklärungsangebote kündet), verweist schließlich – unter dem Motto „parties matter" – auf die Spezifika der modernen Demokratie als Parteiendemokratie und erklärt in diesem Sinne die zahlreichen Sonderfälle wohlfahrtsstaatlicher Entwicklung, die sich dem sozialdemokratisch-skandinavischen Muster nicht fügen wollen. Die Aufmerksamkeit gilt hier der Struktur und Dynamik nationaler Parteiensysteme und damit beispielsweise der Tatsache, dass starke liberale Parteien häufig, auch in wirtschaftlich hoch entwickelten Industrienationen, als Bremser der wohlfahrtsstaatlichen Entwicklung wirken, konservative Parteien hingegen – unter bestimmten historischen Bedingungen und dem Druck des Parteienwettbewerbs – durchaus auch als Sachwalter wohlfahrtsstaatlicher Expansion auftreten. Zumal christdemokratische Parteien, insbesondere solche mit einer stark sozialkatholischen Ader, können mit Blick auf die politische Beförderung des Wohlfahrtsstaats als funktionale Äquivalente einer hegemonialen Sozialdemokratie gelten und darüber hinaus als Initiatoren und Promotoren einer eigenständigen, charakteristischen Form von Wohlfahrtsstaatlichkeit, eines „sozialen Kapitalismus" (Kersbergen 1995), verstanden werden.

2.3 Institutionen

Institutionalistische Ansätze gehen davon aus, dass die Akteure im Feld der Sozialpolitik, seien dies nun soziale Bewegungen oder Eliten, Klassen oder Parteien, immer schon im Rahmen institutioneller Kontexte handeln, d.h. in einer auf bestimmte Weise gesellschaftlich „eingerichteten" Welt (vgl. Polanyi 1957). Dieses Handeln führt selbst wiederum zu Institutionenbildungen bzw. -umbildungen (neuen oder veränderten gesellschaftlichen „Einrichtungen"), die ihrerseits neuartige Kontextbedingungen für das soziale Handeln darstellen (vgl. Giddens 1984). So wie die Erfüllung gesellschaftlicher Funktionserfordernisse nur von realen sozialen Akteuren vollzogen (oder verweigert) werden kann, so lassen sich deren (reproduktiv oder transformativ gearteten) Aktivitäten sinnvoll nur als gesellschaftlich „eingebettetes", institutionell gerahmtes Handeln denken.

Wenig überraschend hält nun die institutionalistische Wohlfahrtsstaatstheorie dafür, dass dem Staat eine zentrale Bedeutung bei der institutionellen Rahmung sozialen Handelns zukommt. Dies zu behaupten bedeutet mehr als die bloße Feststellung, dass der Staat als Arena politischer Interessenartikulation und Konfliktaustragung fungiert, also die institutionelle Bühne von „politics" dar- und bereitstellt. Der Staat ist aus dieser Perspektive gesehen nicht bloß der Regelgeber und Schiedsrichter des politischen Spiels. Er kommt vielmehr als eigenständiger, (wenigstens relativ) autonomer, ‚aktivischer' Akteur in den Blick, der den politisch-sozialen Kampf der Interessen nicht nur zulässt, sondern diesen auch steuert, lenkt und aktiv in ihn interveniert. In den Fokus gerät somit die „polity"-Dimension der Politik: die besonderen Merkmale und historischen Wurzeln moderner Staatlichkeit, die administrativen Strukturen und Organisationskapazitäten des Staates, seine Funktion und Qualität auch als mächtige, selbstinteressierte und eigenlogisch operierende Partei im Prozess der politischen Gestaltung von Gesellschaft.

Es sind die staatlichen Funktions- und Positionseliten, die hier wesentlich für die Erklärung der wohlfahrtsstaatlichen Entstehungs- und Entwicklungsgeschichte in Anspruch genommen werden: Die Einführung und der Ausbau sozialpolitischer Einrichtungen und Programme diente demnach nicht zuletzt der Durchsetzung, Stabilisierung und Ausweitung staatlicher bzw. staatspolitischer Machtansprüche. Generell wird man in diesem Sinne sagen können, dass die Zentralisierung, Bürokratisierung und Professionalisierung der Staatsadministration eine entscheidende Voraussetzung (zugleich aber auch ein wesentlicher Effekt) sozialpolitischer Aufgabenübernahme und Funktionserfüllung seitens der öffentlichen Hand gewesen ist. Und die mit den sozialpolitischen Programmentwicklungen expandierende öffentliche Sozialadministration ist ihrerseits zu einem eigenständigen Interessenträger und Machtfaktor sozialstaatlich verfasster Gesellschaften geworden. In modernen Wohlfahrtsstaaten entsteht ein komplexes, undurchschaubares Netz öffentlicher (bzw. halböffentlicher, im öffentlichen Auftrag operierender) Ämter und Behörden, Verwaltungsstäbe und Kontrollinstanzen, Dienstleistungsorganisationen und Versorgungseinrichtungen, Professionsvereinigungen und Verbandsorgane, die institutionell generierte – unmittelbar an den Erhalt oder den Ausbau des bestehenden sozialpolitischen Institutionensystems geknüpfte – Interessenlagen entwickeln. All diese (im weitesten Sinne) Sozialprofessionellen tragen ebenso zur Stabilisierung und Selbstreproduktion des ‚sozialpolitisch-institutionellen Komplexes' bei wie die – erst einmal ins Leben gerufen geistergleich fortexistierenden – Ansprüche und Anspruchshaltungen der wohlfahrtsstaatlichen „Versorgungsklassen", insbesondere der vom Ausbau der öffentlichen Bildungs- und Sicherungssysteme vorrangig profitierenden gesellschaftlichen Mittelschichten (vgl. Swaan 1988, Vogel 2007).

Diese – je nach Lesart – Komplementarität bzw. Komplizität institutionell generierter Loyalitäten auf der Angebots- und der Nachfrageseite der Sozialpolitik hat historisch maßgeblich zur Stabilität des wohlfahrtsstaatlichen Arrangements beigetragen. Sie gehört zu jenen politischen Rückkopplungseffekten, auf die institutionalistische Interpretationen regelmäßig verweisen. Gemeint sind damit „policy feedbacks" (Pierson 1993) der Art, dass die materiellen Ergebnisse einer (sozial-)politischen Entscheidung in den Options- und Handlungskontext historisch nachfolgender Entscheidungsprozesse eingehen und damit die spätere Entscheidungsfindung beeinflussen. Diese Überlegung bildet auch die Grundlage des in der Wohlfahrtsstaatsforschung der beiden vergangenen Jahrzehnte zunehmend prominent gewordenen Konzepts der „Pfadabhängigkeit" („path dependence"), wonach an – jedenfalls im nachhinein auszumachenden – historischen Wendepunkten („critical junctures") getroffene, kontingente (also prinzipiell auch anders mögliche) sozialpolitische Richtungsentscheidungen eine langfristig wirksame Prägekraft hinsichtlich des weiterhin verfolgten wohlfahrtsstaatlichen Entwicklungspfades ausüben (Borchert 1998; Pierson 2000).

2.4 Ideen

Ideenpolitische Ansätze zur Erklärung wohlfahrtsstaatlicher Entwicklung haben in jüngster Zeit zunehmend an Bedeutung gewonnen – auch wenn der „cultural turn" die (zumindest deutschsprachige) Wohlfahrtsstaatsforschung bislang nicht wirklich in der Tiefe beeinflusst hat. Allerdings kündet schon die von dem zuletzt wohl einflussreichsten Autor des internationalen Forschungsbetriebs, dem dänischen Soziologen Gøsta Esping-Andersen, popularisierte Unterscheidung (mindestens) dreier „Welten des Wohlfahrtskapitalismus" (Esping-Andersen 1990; Lessenich/Ostner 1998) von der wachsenden Relevanz, die den ideellen Grundlagen wohlfahrtsstaatlichen Handelns zugeschrieben wird. Für Esping-Andersen sind es unterschiedliche – genauer: konkurrierende – normative politische Philosophien, die hinter der historischen Ausprägung eines „liberalen", „konservativen" und „sozialdemokratischen" Typus moderner Wohlfahrtsstaatlichkeit stehen. Im Streit politischer Parteien und Positionen um den Wohlfahrtsstaat, dessen Aufgaben, Kompetenzen und Ressourcen, ging es demnach nicht allein (und nicht einmal vorrangig) um rein quantitative Fragen von ‚mehr' oder ‚weniger' Sozialpolitik, eines höheren oder niedrigeren öffentlichen Sozialhaushalts. Vielmehr kämpften die historisch relevanten Akteure, vorder- oder hintergründig, für die Realisierung je spezifischer sozialpolitischer Ordnungsideen, für die politische Umsetzung je eigener Vorstellungen von der Gestaltung der Gesellschaft: für (mehr) Freiheit, Gleichheit oder Sicherheit, für (oder eben gegen) Ideen wie die gesellschaftliche Herrschaft marktförmiger Allokationsmechanismen, die politische Aufrechterhaltung sozialer Statushierarchien oder die soziale Emanzipation und Autonomie des Individuums. In letztgenannter Hinsicht lässt sich allerdings, den national unterschiedlich ausgeprägten sozialpolitischen „gender regimes" (Lewis 1992) zum Trotz, konstatieren, dass der Wohlfahrtsstaat über lange Zeit hinweg ein Kind (bzw. einer der Väter) der industriegesellschaftlich „halbierten" Moderne gewesen ist, insofern er Männer, bzw. typisch männliche Lebenslagen und Lebensläufe, auf Kosten gleicher Erwerbs- und Lebenschancen von Frauen privilegiert hat (vgl. Sainsbury 1996).

Auf die soziale Handlungswirksamkeit von Ideen hat nachhaltig Max Weber in seinem berühmten „Weichensteller-Zitat" hingewiesen. Sicher: Ideen allein verändern nicht die Welt, sie bedürfen dazu des – in der Weberschen Terminologie – wertbezogenen Handelns von zugleich und womöglich sogar primär interessengeleiteten Akteuren: „Ideen sind interessenbezogen, sie konkretisieren sich an Interessenlagen und erhalten durch diese Deutungsmacht" (Lepsius 1990: 7). Anders ausgedrückt: Es ist schwer vorstellbar, dass irgendein politischer Akteur historisch für eine Idee *an sich* gekämpft haben sollte; der sozialpolitische Kampf für die Freiheit (Gleichheit, Sicherheit usw.) ist kein bloß ideelles Unterfangen, sondern immer auch interessenbestimmt. Aber umgekehrt gilt, dass Interessen in der realen sozialen Welt ebenso wenig *als solche*, gewissermaßen in reiner Form, durchgesetzt werden können: „Interessen sind ideenbezogen, sie bedürfen eines Wertbezuges für die Formulierung ihrer Ziele und für die Rechtfertigung der Mittel, mit denen diese Ziele verfolgt werden" (ebd.). Jedenfalls in repräsentativ-demokratischen politischen Systemen gilt es, Machtinteressen mit einem Wertbezug auszustatten: Dann dient politisches Machtstreben und Herrschaftskalkül eben (auch und wahlweise) der Garantie politischer Stabilität, der Gewährleistung der Marktfreiheit, der Herstellung sozialer Gerechtigkeit oder der Durchsetzung irgendeiner anderen „Wertidee". Damit ist erkennbar mehr gemeint als nur der strategisch-instrumentelle Charakter von politischen Ideen (bzw. von, in diesem Sinne, ‚Ideenpolitik') – ihnen kommt vielmehr eine eigenständige Bedeutung im Prozess der politischen Gestaltung gesellschaftlicher Verhältnisse zu. In Webers klassischen Worten: „Interessen (materielle und ideelle), nicht: Ideen, beherrschen unmittelbar das Handeln der Menschen. Aber: die ‚Weltbilder', welche durch ‚Ideen' geschaffen wurden, haben sehr oft als Weichensteller die Bahnen bestimmt, in denen die Dynamik der Interessen das Handeln fortbewegte" (Weber 1915: 252).

Sozialpolitische Akteure haben demnach (oder machen sich zuallererst) ein Bild von der Welt – wie sie ‚ist' und wie sie sein bzw. wie sie, vermittelt durch ihr eigenes Handeln, werden soll (vgl. Prisching 1996). Diese Bilder aber sind im strikten Sinne keine je individuellen, sondern immer durch und durch soziale Vorstellungen: Die gesellschaftsgestalterischen Ideen (und Ideale) sozialpolitisch Handelnder reflektieren (und prägen ihrerseits) gesellschaftlich bestehende Deutungsmuster des Sozialen. Sozialpolitische Akteure nehmen herrschende Deutungen von sozialen Problemen und den ihnen angemessenen politischen Lösungen auf und institutionalisieren diese als Leitideen sozialpolitischer Programme, Einrichtungen und Interventionen (Lessenich 2003). Sie vermögen es aber gegebenenfalls auch, kraft ihrer institutionellen Machtressourcen und womöglich gegen soziale Widerstände, die (erneut mit Weber formuliert) Herrschaft eines bestimmten Gesichtspunkts im gesellschaftlichen Deutungshaushalt zu etablieren. Die Frage, was eigentlich das soziale und sozialpolitische ‚Problem' ist und was dementsprechend jeweils die ‚Lösung' desselben sein könnte, unterliegt folglich einem permanenten gesellschaftlichen Definitionsprozess und beständigen sozialen Deutungskämpfen (Dyk 2006).

Aus diesen „hoch kontingenten politischen Auseinandersetzungen resultiert unter nationalstaatlichen Bedingungen der *idiosynkratische Charakter* wohlfahrtsstaatlicher Entwicklungen" (Kaufmann 2003: 33; Hervorhebung im Original): Wie die „soziale Frage" ursprünglich gestellt und wie sie beantwortet wurde, welche gesellschaftlichen Deutungen sozialer Probleme und welche normativen Vorstellungen politischer Intervention vorherrschend waren, welche „institutionellen Realisierungen" (ebd.: 36) diese Deutungen und Vorstellungen schließlich in einem langwierigen und konflikthaften historischen Prozess gefunden haben, all dies stellt sich von Nation zu Nation höchst unterschiedlich dar und kann aus einer kulturalistischen Perspektive die Entstehung (national) spezifischer Varianten des Wohlfahrtsstaats erklären. Wissenssoziologisch und sozialkonstruktivistisch fundierte Analysen von Sozialpolitik könn(t)en in diesem Sinne dafür sensibilisieren, dass die ‚Macht der Ideen' von konstitutiver Bedeutung ist für den Prozess gesellschaftlicher Politikproduktion: in Form und Gestalt nämlich einer Politik des Wissens, einer Regierungskunst des Denk- und des Sagbaren. Sozialpolitik ist immer auch ein sozialer Prozess der wissensvermittelten Herstellung sozialer Realitäten, der diskursiven Konstruktion gesellschaftlich akzeptierter ‚Wahrheiten' (vgl. auch den Beitrag zu „Wissen" in diesem Band). Was Aufgabe des Staates ist und was nicht, was der Markt regeln soll bzw. was Privatangelegenheit ist bzw. zu sein hat, welche Arbeits- und Verantwortungsteilung zwischen den Geschlechtern herrschen soll, ob die Löhne ‚zu hoch' sind und die Belastung der Beitragszahler an (oder noch unter oder schon jenseits) der Grenze des ‚Zumutbaren' liegt: All diese und alle weiteren Wissensbestände der Sozialpolitik werden politisch produziert und als soziale Selbstverständlichkeiten im gesellschaftlichen Selbstverständnis verankert. Aber wie und auf welchem Wege?

2.5 Krisen

Die Soziologie konstituierte sich an der Schwelle zum 20. Jahrhundert, in den wegweisenden Schriften ihrer (späteren) Klassiker, als jene wissenschaftliche Disziplin, die – nicht zufällig, sondern den Zeiten angemessen – nach „Antworten auf die ‚großen' Fragen der Stabilitätsbedingungen und der Transformation von Gesellschaften" (Friedrichs et al. 1998a: 15) suchte. Konfrontiert mit den fundamentalen sozialen Umbrüchen auf dem Weg in die industriekapitalistische Gesellschaftsformation, etablierte sich die frühe Soziologie *nolens volens* als soziale Krisenwissenschaft – und sah sich darin in der Folge grundsätzlich und immer wieder bestätigt. Die politischen Verwerfungen, wirtschaftlichen Dynamiken und kulturellen Verschiebungen im „Zeitalter der Extreme" (Hobsbawm 1994) ließen die Überzeugung wachsen und analytisch plausibel werden, dass die Stabilität gesellschaftlicher Verhältnisse ein zwar normativ hoch geschätztes Gut, zugleich aber (diese Wertschätzung erklärend) einen höchst voraussetzungsvollen und empirisch äußerst unwahrscheinlichen Aggregatzustand des Sozialen darstellt. Soziologisch spricht Vieles dafür, dass die gesellschaftliche Moderne als die institutionalisierte, d.h. durch Institutionenbildung auf Dauer gestellte Krise des Sozialen zu deuten und zu verstehen ist. In diesem Interpretationsrahmen kann dann der moderne Sozialstaat als ein wesentliches – und vielleicht als das zentrale – Moment im modernen Prozess gesellschaftlicher Kriseninstitutionalisierung gelten.

Die gesellschaftliche Konstruktion eines Verantwortungs- und Gestaltungsraums der öffentlichen (‚sichtbaren') Hand für das Soziale – und damit die Verwandlung des ‚alten' Staates in den modernen Sozialstaat – erfolgt im Zuge der und als soziale Reaktion auf die Industrialisierung und Durchkapitalisierung der europäischen Gesellschaften. Die ‚Erfindung' des Wohlfahrtsstaats und die fortschreitende Institutionalisierung seiner Programmatik lässt sich aus dem Zusammenspiel von Funktionen, Interessen und Institutionen erklären: von Erfordernissen der kapitalistischen Ökonomie (im Sinne der Produktion öffentlicher Infrastruktur, der Regulierung des Wettbewerbs, der Sicherung des Arbeitsangebots usw.), Forderungen einer zunehmend politisierten und organisierten Gesellschaft (in Richtung auf die Gewährleistung sozialer Sicherheit, die Garantie von Mitbestimmungsrechten, die Bereitstellung öffentlicher Beschäftigung usw.) und der sich herausbildenden Eigenlogik staatlich-administrativen Handelns (wie es sich in den Wahlambitionen politischer Eliten, den Aufgabensicherungsbestrebungen der öffentlichen Verwaltung oder den Erwerbsinteressen der Sozialprofessionen manifestiert). Doch ist die damit angesprochene politökonomische ‚Staatsgleichung' Claus Offes (Sozialstaat = [Akkumulation + Legitimation] x Interesse an sich selbst; vgl. Offe 2006) solange unvollständig, wie nicht die Idee des ‚Sozialen' selbst, das Wissen um das und über das Soziale, in die Rechnung einbezogen wird: das Wissen um und über seine politische Gestaltbarkeit, seine permanente Schutzbedürftigkeit, seine potentielle Produktivität (vgl. Evers & Nowotny 1987; Bröckling et al. 2000) – und die strukturelle Krisenhaftigkeit seiner Ordnung.

Die Entdeckung des Sozialen und der Aufstieg des Wohlfahrtsstaats gehen gesellschaftshistorisch Hand in Hand. In gewisser Weise ‚findet' der entstehende Wohlfahrtsstaat das Soziale oder anders: die Gesellschaft findet es (und damit sich) in ihm. Karl Polanyi hat diesen Effekt in eindrucksvoller Weise für das vor- und frühindustrielle Britannien beschrieben: „Die Revolution, (...) die schließlich durch die Reform des Armenrechts entfesselt worden war, lenkte den Blick der Menschen nun auf ihr kollektives Sein, als hätten sie dessen Existenz vorher völlig übersehen" (Polanyi 1944: 122). Der Sozialstaat entsteht aus diesem kollektiven Sein, gründet auf diesem gesellschaftlichen ‚Kollektivbewusstsein', und er prägt es mit jedem Schritt seiner Expansion. Er spannt das soziale Band, webt das Netz des Sozialen. Als steuernder ebenso wie als sorgender, als alter „Policey"-Staat wie als demokratischer Sozialstaat regiert er die Menschen, ihre soziale Welt, ihre sozialen Beziehungen. Er wird zum Adressat gesellschaftlicher Erwartungen, Ansprüche und Anrufungen – und dabei selbst zum Ausgangspunkt von ebenso erwartungs- und anspruchsvollen Anrufungen der Gesellschaft.

Das ‚Kollektivsein' – gewissermaßen: die Gesellschaftlichkeit – der Gesellschaft aber ist stets gefährdet. Die Dynamik des Sozialen ist das Charakteristikum moderner Vergesellschaftung. Gesellschaft ist „keine feste Bindung, sondern Ver- und Entgesellschaftung, ein kontinuierlicher Prozess" (Geiger 1950: 137). Die moderne Gesellschaft ist beständige Unbeständigkeit, die Krise in Permanenz, eine einzige Abfolge von wirtschaftlichen Akkumulations-, politischen Legitimations- und sozialen Sicherungskrisen (bzw. von entsprechenden gesellschaftlichen Krisendeutungen) – und der moderne Sozialstaat ist die normative, funktionale und ‚technische' Instanz des permanenten politisch-ökonomisch-sozialen Krisenmanagements. Als solcher, nämlich als gesellschaftlicher Krisenmanager, ist der Sozialstaat zu einer unhintergehbaren sozialen Tatsache geworden (vgl. Offe 1973, 1984a). Und als solcher operiert er nicht nur beständig unter Krisenbedingungen, sondern er ‚ist' auch selbst ständig – gleichsam *ex officio* – in der Krise.

3 Perspektiven des Wohlfahrtsstaates

Der moderne Wohlfahrtsstaat ist ein institutionelles Arrangement gesellschaftlicher Krisenbearbeitung – und er ist selbst Ausdruck und Symbol der institutionalisierten Krisenhaftigkeit moderner Gesellschaften. Was im „golden age" wohlfahrtsstaatlicher Entwicklung nach dem Zweiten Weltkrieg zeitweilig in den Hintergrund der Selbstwahrnehmung demokratisch-kapitalistischer Gesellschaften gerückt war, drängt heute wieder mit Macht ins Zentrum ihrer soziologischen Beobachtung. Die spätindustriellen Ökonomien des Westens stehen gegenwärtig vor (bzw. stecken bereits mitten in) einer Krise ‚des Sozialen', wie es im Zeichen der Prosperitätskonstellation der langen Nachkriegszeit durch den Wohlfahrtsstaat und dessen Wirken konstituiert und strukturiert worden ist. Es dominieren sozialpolitische Diagnosen der jahrzehntelangen normativen Überfrachtung, funktionalen Überdehnung und (infolgedessen) fiskalischen Überlastung des Wohlfahrtsstaates einerseits, andererseits auf dieser Diagnostik beruhende Forderungen nach seinem Rückbau, nach einer Neujustierung kollektiver und individueller Verantwortlichkeiten, nach „Aktivierung" der Bürgerinnen und Bürger im Sinne verstärkter Eigen(vor)sorge und erweiterter Selbststeuerung. Wir werden Zeugen einer „Neuerfindung des Sozialen" (Lessenich 2008): eines neuen gesellschaftlichen Krisenzyklus', in dem das politische Wissen über den Wohlfahrtsstaat neu verhandelt und – damit eng verbunden – die wohlfahrtsstaatliche Regulierung sozialer Beziehungsmuster und Machtrelationen politisch neu gestaltet wird.

Der damit bezeichnete gesellschaftliche Konflikt um einen ‚neuen' Wohlfahrtsstaat findet gleichzeitig – wenn vielleicht auch einstweilen noch mit unterschiedlicher Intensität – an zwei Fronten statt. Zum einen geht es dabei um das gesellschaftliche Arbeitsregime der Zukunft (vgl. auch den Beitrag zu „Arbeit" in diesem Band). Die beeindruckende historische Studie des französischen Soziologen Robert Castel über „Die Metamorphosen der sozialen Frage" (Castel 2000) lässt in ihren Schlussfolgerungen erahnen, was an dieser Konfliktfront auf dem Spiel steht: Eine Lohnarbeitsgesellschaft, die strukturell nicht dazu in der Lage ist, jedem einzelnen ihrer Mitglieder zu garantieren, dass sie oder er „einen Platz im Kontinuum der gesellschaftlich anerkannten Positionen findet, behält oder wieder findet, Positionen, die auf einer echten Arbeit fußen und Voraussetzungen für ein würdiges Dasein und soziale Rechte sind" (ebd.: 394), hat offenkundig ein Strukturproblem. In hochproduktiven kapitalistischen Ökonomien gibt es, auf eine in gewisser Weise brutalere Art als in früheren Phasen der Lohnarbeitsgeschichte, einen unhintergehbaren „*Platzmangel* in der Sozialstruktur" (ebd.: 359; Hervorhebung im Original). Weder die zyklisch-konjunkturellen Schwankungen amtlich erhobener Arbeitslosenzahlen oder das in politischen Verlautbarungen regelmäßig verkündete Licht am Ende des Tunnels massenhafter Erwerbslosigkeit noch die neuerdings vorherrschende Strategie der Problemumdeutung eines strukturellen Arbeitsplatzmangels in Motivationsdefizite der Arbeitskraftanbieter können darüber hinwegtäuschen: Die globalkapitalistische Gesellschaftsformation produziert – auch und gerade in ihren hoch entwickelten Zentren – systematisch für den gesellschaftlichen Produktions- und Reproduktionszusammenhang „Überzählige", deren sozialpolitische Reintegration in den Erwerbsprozess entweder gar nicht oder aber nur unter Bedingungen gelingen kann, die in hochgradig individualisierten Wohlstandsgesellschaften sozial kaum akzeptabel sind (und die von daher nicht zufällig – in verschiedensten Weisen – sozial nicht akzeptiert werden). Der Umgang mit diesen nach gängigen marktwirtschaftlichen Kriterien ‚unproduktiven' Personen und Sozialkategorien, mit „den Waisenkindern der Lohnarbeitsgesellschaft" (ebd.: 413) und ihren in einem demokratischen Gemeinwesen prinzipiell wohlbegründeten Ansprüchen auf gleichberechtigte Teilhabe am gesellschaftlichen Leben, wird in einer auf den Lohn-Leistungs-Nexus fixierten Gesellschaft ein erwartbar hart umkämpftes politisches Terrain sein.

Das zweite zentrale Konfliktfeld der Zukunft – in seiner Bedeutung derzeit gesellschaftlich wohl noch stärker verdrängt als das erstgenannte – wird das wohlfahrtsstaatliche Grenzregime sein. In einer weltgesellschaftlichen Konstellation, in der Solidargemeinschaften nach wie vor national definiert werden, die auf Inklusionschancen spekulierende transnationale Mobilitätsbereitschaft jedoch tendenziell zunimmt, wird die Frage der Grenzen von gesellschaftlicher Zugehörigkeit und sozialer Berechtigung zu einem politischen Problem erster Ordnung (vgl. Bommes 1999). Wir leben in einer Welt, in der systematisch der Widerspruch offener wirtschaftlicher und auch kultureller, aber geschlossener politischer und sozial(staatlich)er Grenzen kultiviert wird – und (als Wohlfahrtsstaatsbürger/-innen) in Gesellschaften, die sozialpolitisch gewissermaßen im selben Atemzug die Mobilisierung der ‚Inländer' und die Immobilisierung der ‚Ausländer' praktizieren (vgl. Lessenich 2006). Auch wenn es die politischen Eliten hierzulande (immer) noch nicht wahrhaben wollen:

Die gesellschaftliche und politische Auseinandersetzung über die Grenzen und Grenzziehungen wohlfahrtsstaatlicher Inklusionsansprüche wird die Zukunft ‚unserer' Gesellschaft prägen. Akut wäre dabei schon viel gewonnen, wenn einige Grundeinsichten in den gegenwärtigen Stand globalkapitalistischer Vergesellschaftungsprozesse in nüchtern-analytischer Wendung politische Verbreitung fänden: etwa das Wissen darum, dass die Prozesse transnationaler Arbeitswanderung, ob nun die medial betrauerte Abwanderung deutscher „high potentials" oder die politisch behinderte Zuwanderung mittel- und osteuropäischer Hilfskräfte, je auf ihre Weise gesamtwirtschaftlich funktionale und leistungsideologisch plausible Phänomene sind – und also nichts anderes als einen Ausdruck eben jener eigeninitiativ-chancenbewussten individuellen Mobilitätsbereitschaft darstellen, die ansonsten wortreich eingeklagt und gewürdigt wird. Dass die in diesem Prozess neu entstehenden, transnationalen Wirtschaftsräume auch Sozialräume sind (vgl. Pries 2008), die, nicht anders als die im 19. und 20. Jahrhundert gebildeten nationalen Gesellschaftsräume, politischer Gestaltung bedürfen, wird sich, ebenso wie damals, herausstellen und herumsprechen – früher oder später, auf mehr oder weniger dramatische (und – um es in der Sprache zu sagen, die diese Gesellschaft versteht – ‚kostenträchtige') Weise.

In diesem gesellschaftlichen Prozess des Kampfes um den und der „Politik mit dem Wohlfahrtsstaat" (Vobruba 1983) sollte die Soziologie tunlichst nicht abseits stehen – denn ihre Expertise wird durchaus gebraucht. Zum einen kommt eine angemessene wissenschaftliche Diagnostik der Eigenarten, des Wandels und der Zukunft des Wohlfahrtsstaates ohne eine explizite gesellschaftstheoretische Fundierung nicht aus. Zum anderen aber erfordert die gesellschaftspolitische Relevanz dieser Thematik – so meine Überzeugung – nicht nur eine analytische, sondern auch eine normative Theorie des Wohlfahrtsstaats, „welche gleichzeitig die Begründung seiner Notwendigkeit und die Kritik seiner Wirklichkeit erlaubt" (Kaufmann 2005: 17). Nur in der Verknüpfung beider Ansätze, in der systematischen Verbindung von Gesellschaftsanalyse *und* Gesellschaftskritik, kann die Soziologie den Wohlfahrtsstaat als das begreifen und begreiflich machen, was er in der Tat ist: „ein *constituens* des Alltags aller und des Begreifens der Gesellschaft selbst" (Achinger 1979: 124; Hervorhebung im Original). Und nur so auch wird die Soziologie die Möglichkeit ergreifen können, als wissenschaftliche Disziplin selbst „am gesellschaftlichen Definitionsprozeß von Wirklichkeit mitzuwirken" (Kaufmann 1977: 42) – eine Chance, die sie sich nicht (länger) entgehen lassen sollte.

Literatur

Achinger, Hans (1958): Sozialpolitik als Gesellschaftspolitik. Von der Arbeiterfrage zum Wohlfahrtsstaat. Hamburg: Rowohlt
Achinger, Hans (1979): Sozialpolitik als Gesellschaftspolitik. Von der Arbeiterfrage zum Wohlfahrtsstaat. 3., erw. Aufl. Frankfurt a.M.: Deutscher Verein für öffentliche und private Fürsorge
Alber, Jens (1982): Vom Armenhaus zum Wohlfahrtsstaat. Analysen zur Entwicklung der Sozialversicherung in Westeuropa. Frankfurt a.M./New York: Campus
Baldwin, Peter (1990): The Politics of Social Solidarity. Class Bases of the European Welfare State 1875-1975. Cambridge: Cambridge University Press
Bommes, Michael (1999): Migration und nationaler Wohlfahrtsstaat. Ein differenzierungstheoretischer Entwurf. Wiesbaden: Westdeutscher Verlag
Borchert, Jens (1998): Ausgetretene Pfade? Zur Statik und Dynamik wohlfahrtsstaatlicher Regime. In: Lessenich/Ostner (1998): 137-176

Bourdieu, Pierre (1999): Rethinking the State: Genesis and Structure of the Bureaucratic Field. In: Steinmetz (1999): 53-75
Bröckling, Ulrich/Krasmann, Susanne/Lemke, Thomas (Hrsg.) (2000): Gouvernementalität der Gegenwart. Studien zur Ökonomisierung des Sozialen. Frankfurt a.M.: Suhrkamp
Castel, Robert (2000): Die Metamorphosen der sozialen Frage. Eine Chronik der Lohnarbeit. Konstanz: UVK
Dahme, Heinz-Jürgen/Wohlfahrt, Norbert (Hrsg.) (2005): Aktivierende Soziale Arbeit. Theorie – Handlungsfelder – Praxis. Baltmannsweiler: Schneider-Verlag Hohengehren
Dahrendorf, Ralf (1988): The Modern Social Conflict. An Essay on the Politics of Liberty. London: Weidenfeld and Nicolson
Donzelot, Jacques (1988): The promotion of the social. In: Economy and Society 17. 3: 395-427
Dyk, Silke van (2006): Die Ordnung des Konsenses. Krisenmanagement durch soziale Pakte am Beispiel Irlands und der Niederlande. Berlin: edition sigma
Esping-Andersen, Gøsta (1985): Politics Against Markets. The Social Democratic Road to Power. Princeton: Princeton University Press
Esping-Andersen, Gøsta (1990): The Three Worlds of Welfare Capitalism. Cambridge: Polity Press
Evers, Adalbert/Nowotny, Helga (1987): Über den Umgang mit Unsicherheit. Die Entdeckung der Gestaltbarkeit von Gesellschaft. Frankfurt a.M.: Suhrkamp
Ewald, François (1993): Der Vorsorgestaat. Frankfurt a.M.: Suhrkamp
Friedrichs, Jürgen/Lepsius, M. Rainer/Mayer, Karl Ulrich (1998a): Diagnose und Prognose in der Soziologie. In: Friedrichs et al. (1998b): 9-31
Friedrichs, Jürgen/Lepsius, M. Rainer/Mayer, Karl Ulrich (Hrsg.) (1998b): Die Diagnosefähigkeit der Soziologie. Kölner Zeitschrift für Soziologie und Sozialpsychologie, Sonderheft 38/1998. Opladen: Westdeutscher Verlag
Geiger, Theodor (1950): Typologie und Mechanik der gesellschaftlichen Fluktuation, in: Geiger (1962): 114-167
Geiger, Theodor (1962): Arbeiten zur Soziologie. Methode, Moderne Großgesellschaft, Rechtssoziologie, Ideologiekritik. Neuwied/Berlin: Luchterhand
Giddens, Anthony (1984): The Constitution of Society. Outline of the Theory of Structuration. Cambridge: Polity Press
Heimann, Eduard (1929): Soziale Theorie des Kapitalismus. Theorie der Sozialpolitik. Neuausgabe 1980. Frankfurt a.M.: Suhrkamp
Hobsbawm, Eric (1994): Age of Extremes. The short twentieth century, 1914-1991. London: Joseph
Jänicke, Martin (Hrsg.) (1973): Herrschaft und Krise. Beiträge zur politikwissenschaftlichen Krisenforschung. Opladen: Westdeutscher Verlag
Kaufmann, Franz-Xaver (1977): Sozialpolitisches Erkenntnisinteresse und Soziologie: Ein Beitrag zur Pragmatik der Sozialwissenschaften, in: Kaufmann (2005): 31-68
Kaufmann, Franz-Xaver (2003): Varianten des Wohlfahrtsstaats. Der deutsche Sozialstaat im internationalen Vergleich. Frankfurt a.M.: Suhrkamp
Kaufmann, Franz-Xaver (2005): Soziologie und Sozialstaat: Soziologische Analysen. 2., erw. Aufl. Wiesbaden: VS
Kersbergen, Kees van (1995): Social Capitalism. A Study of Christian Democracy and the Welfare State. London: Routledge
Kessl, Fabian (2005): Der Gebrauch der eigenen Kräfte. Eine Gouvernementalität sozialer Arbeit. Weinheim: Juventa
Lampert, Heinz (2007): Lehrbuch der Sozialpolitik. 8., überarb. und vollst. aktualisierte Aufl. Berlin: Springer
Leibfried, Stephan/Mau, Steffen (Hrsg.) (2007): Welfare States: Construction, Deconstruction, Reconstruction. 3 vols. Cheltenham: Edward Elgar
Lepsius, M. Rainer (1990): Interessen, Ideen und Institutionen. Opladen: Westdeutscher Verlag

Lessenich, Stephan (Hrsg.) (2003): Wohlfahrtsstaatliche Grundbegriffe. Historische und aktuelle Diskurse. Frankfurt a.M./New York: Campus
Lessenich, Stephan (2006): Beweglich – Unbeweglich. In: Lessenich/Nullmeier (2006): 336-352
Lessenich, Stephan (2008): Die Neuerfindung des Sozialen. Der Sozialstaat im flexiblen Kapitalismus. Bielefeld: transcript
Lessenich, Stephan/Nullmeier, Frank (Hrsg.) (2006): Deutschland – eine gespaltene Gesellschaft. Frankfurt a.M./New York: Campus
Lessenich, Stephan/Ostner, Ilona (Hrsg.) (1998): Welten des Wohlfahrtskapitalismus. Der Sozialstaat in vergleichender Perspektive. Frankfurt a.M./New York: Campus
Lewis, Jane (1992): Gender and the Development of Welfare Regimes. In: Journal of European Social Policy 2. 2: 159-173
Marshall, Thomas H. (1949): Citizenship and Social Class. In: Marshall (1963): 67-127
Marshall, Thomas H. (1963): Sociology at the crossroads and other essays. London: Heinemann
Offe, Claus (1973): Krisen des Krisenmanagements. Elemente einer politischen Krisentheorie, in: Jänicke (1973): 197-223
Offe, Claus (1984a): Zu einigen Widersprüchen des modernen Sozialstaates. In: Offe (1984b): 323-339
Offe, Claus (1984b): „Arbeitsgesellschaft": Strukturprobleme und Zukunftsperspektiven. Frankfurt a.M./New York: Campus
Offe, Claus (2006): Strukturprobleme des kapitalistischen Staates. Aufsätze zur Politischen Soziologie. Veränderte Neuausgabe herausgegeben und eingeleitet von Jens Borchert und Stephan Lessenich. Mit einem Vor- und Nachwort von Claus Offe. Frankfurt a.M./New York: Campus
Pierson, Christopher (1998): Beyond the Welfare State? The New Political Economy of Welfare. 2nd ed. Cambridge: Polity Press
Pierson, Paul (1993): When Effect Becomes Cause. Policy Feedback and Political Change. In: World Politics 45. 4: 595-628
Pierson, Paul (2000): Increasing Returns, Path Dependence, and the Study of Politics. In: American Political Science Review 94. 2: 251-268
Pierson, Paul (2001): The New Politics of the Welfare State. Oxford: Oxford University Press
Polanyi, Karl (1944): The Great Transformation. Politische und ökonomische Ursprünge von Gesellschaften und Wirtschaftssystemen. 1. Aufl. (Nachdruck 2004). Frankfurt a.M.: Suhrkamp
Polanyi, Karl (1957): Die Wirtschaft als eingerichteter Prozeß. In: Polanyi (1979): 219-244
Polanyi, Karl (1979): Ökonomie und Gesellschaft. Mit einer Einleitung von S. C. Humphreys. Frankfurt a.M.: Suhrkamp
Pries, Ludger (2008): Die Transnationalisierung der sozialen Welt. Sozialräume jenseits von Nationalgesellschaften. Frankfurt a.M.: Suhrkamp
Prisching, Manfred (1996): Bilder des Wohlfahrtsstaates. Marburg: Metropolis
Sainsbury, Diane (1996): Gender, Equality and Welfare States. Cambridge: Cambridge University Press
Steinmetz, George (Hrsg.) (1999): State/Culture. State Formation after the Cultural Turn. Ithaca/London: Cornell University Press
Swaan, Abram de (1988): In Care of the State. Health care, education and welfare in Europe and the USA in the modern era. Cambridge: Polity Press
Vobruba, Georg (1983): Politik mit dem Wohlfahrtsstaat. Frankfurt a.M.: Suhrkamp
Vogel, Berthold (2007): Die Staatsbedürftigkeit der Gesellschaft. Hamburg: Hamburger Edition
Weber, Max (1915): Die Wirtschafsethik der Weltreligionen. Vergleichende religionssoziologische Versuche. Einleitung. In: Weber (1988): 237-275
Weber, Max (1988): Gesammelte Aufsätze zur Religionssoziologie. Band 1. 9. Aufl. Tübingen: J.C.B. Mohr
Zimmermann, Bénédicte (2006): Arbeitslosigkeit in Deutschland. Zur Entstehung einer sozialen Kategorie. Frankfurt a.M./New York: Campus

Über die Autorinnen und Autoren

Nina Baur ist Juniorprofessorin für Methoden soziologischer Forschung an der Technischen Universität Berlin. Publikationen (Auswahl): *Soziologische and ökonomische Theorien der Erwerbsarbeit. Eine Einführung.* Frankfurt a.M.: Campus 2001; *Gewalt an Schulen 1994 - 1999 - 2004.* Wiesbaden: VS Verlag 2005 (mit Marek Fuchs, Siegfried Lamnek und Jens Luedtke); *Verlaufsmusteranalyse. Methodologische Konsequenzen der Zeitlichkeit sozialen Handelns.* Wiesbaden: VS Verlag 2005; *Datenanalyse mit SPSS für Fortgeschrittene. Ein Arbeitsbuch.* 2. Aufl. Wiesbaden: VS Verlag 2008 (Hg. mit Sabine Fromm); *Urbanism as a Way of Life? Räumliche Variationen der Lebensführung in Deutschland.* In. Zeitschrift für Soziologie, Jg. 37, H. 2, 2008: 93-116 (mit Gunnar Otte).

Mechthild Bereswill ist Professorin für Soziologie sozialer Differenzierung und Soziokultur am Fachbereich Sozialwesen der Universität Kassel. Publikationen (Auswahl): *Feministische Methodologien und Methoden. Traditionen, Konzepte, Erörterungen.* Opladen: Leske + Budrich 2001 (mit Martina Althoff und Birgit Riegraf); *Die Subjektivität von Forscherinnen und Forschern als methodologische Herausforderung. Ein Vergleich zwischen interaktionstheoretischen und psychoanalytischen Zugängen.* In: sozialer sinn. Zeitschrift für hermeneutische Sozialforschung. 3/2003: 515-536; *Dimensionen der Kategorie Geschlecht. Der Fall Männlichkeit.* Münster: Westfälisches Dampfboot 2007 (Hg. mit Michael Meuser und Sylka Scholz); *Selbstreflexion im Forschungsprozess und soziologische Theoriebildung.* In: Kalthoff, Herbert; Lindemann, Gesa; Hirschauer, Stefan (Hg.): Theoretische Empirie: Die Relevanz qualitativer Forschung. Frankfurt a.M.: Suhrkamp 2008.

Helmuth Berking ist Professor für Soziologie an der Technischen Universität Darmstadt. Publikationen (Auswahl): *Die Wirklichkeit der Städte.* Soziale Welt, Sonderband 16, Nomos: Baden-Baden 2005 (Hg. mit Martina Löw); *Die Macht des Lokalen in einer Welt ohne Grenzen.* Frankfurt a.M.: Campus 2006; *Experiencing Reunification: An East German Village after the Fall of the Wall.* In: Lloyd I. Rudolph, John Kurt Jacobsen (eds.): Experiencing the State. Oxford: Oxford University Press 2006. *Negotiating Urban Conflicts - Interaction, Space and Control.* Bielefeld: transcript 2006 (Hg. mit Sybille Frank, Lars Frers, Martina Löw, Lars Meier, Silke Steets, Sergej Stoetzer).

Ulrich Bielefeld, PD Dr., ist Leiter des Arbeitsbereichs Nation und Gesellschaft am Hamburger Institut für Sozialforschung. Publikationen (Auswahl): *Ethnizität und Existenz.* in: Claudia Rademacher/Peter Wiechens (Hg.), Geschlecht – Ethnizität – Klasse. Zur sozialen Konstruktion von Hierarchie und Differenz. Opladen: Leske + Budrich 2001: 129-143; *Nation und Gesellschaft. Selbstthematisierungen in Deutschland und Frankreich.* Hamburg: Hamburger Edition 2003; *Die Form der Freiheit.* In: Mittelweg 36, 16. Jg., H. 6 2007: 33-57; *Die Gemeinschaft auf dem Platz und die Gemeinschaften.* In: Gabriele Klein/Michael Meuser (Hg.): Ernste Spiele. Zur politischen Soziologie des Fußballs. Bielefeld: transcript 2008: 17-30.

Mathias Bös ist Professor für Angewandte Soziologie am Institut für Soziologie der Philipps-Universität Marburg. Publikationen (Auswahl): *Rasse und Ethnizität – Zur Problemgeschichte zweier Begriffe in der amerikanischen Soziologie von 1920 bis 2000*. Wiesbaden: VS Verlag 2005; *Borderlines in a Globalized World*. Dordrecht: Kluwer 2002 (Hg. mit G. Preyer); *Wenn Grenzen wandern: zur Dynamik von Grenzverschiebungen im Osten Europas*. In: G. Vobruba/M. Eigmüller (Hg.): Grenzsoziologie. Die politische Strukturierung des Raumes. Wiesbaden: VS Verlag 2006: 157-184; *Ethnicity and Religion. Structural and Cultural Aspects of Global Phenomena*. In: Protosoziologie, 4/2004: 143-164.

Thorsten Bonacker ist Professor am Zentrum für Konfliktforschung und am Institut für Soziologie der Philipps-Universität Marburg. Aktuelle Publikationen: *Sozialwissenschaftliche Konflikttheorien*. 4. Aufl. Wiesbaden: VS Verlag 2008 (Hg.); *Kulturen der Moderne. Sozialwissenschaftliche Perspektiven der Gegenwart*. Frankfurt a.M./New York: Campus Verlag 2007 (Hg. mit Andreas Reckwitz); *Konflikte der Weltgesellschaft. Akteure, Strukturen, Dynamiken*. Frankfurt a.M./New York: Campus 2006 (Hg. mit Christoph Weller); *Modernitätskonflikte in der Weltgesellschaft. Zur kulturellen Konstruktion globaler Konflikte*, in: Soziale Welt, Jg. 57, H. 1, 2006: 47-64.

Lutz Ellrich ist Professor an der Universität Köln und Geschäftsführender Direktor des Instituts für Theater-, Film- und Fernsehwissenschaft. Publikationen (Auswahl): *Zwischen virtueller und wirklicher Realität*. In: Stefan Hradil (Hg.): Grenzenlose Gesellschaft. Verhandlungen des 29. Kongresses der Deutschen Gesellschaft für Soziologie. Opladen: Leske + Budrich 1999: 397-411; *Die unsichtbaren Dritten. Notizen zur ‚digitalen Elite'*. In: Ronald Hitzler/Stefan Hornbostel/Cornelia Mohr (Hg.): Elitenmacht. Wiesbaden: VS Verlag 2004: 79-90; *Liebeskommunikation in Datenlandschaften*. In: Marc Ries/Hildegard Fraueneder/Karin Mairitsch (Hg.): Dating 21. Bielefeld: transcript 2007: 67-98 (mit Christiane Funken).

Christiane Funken ist Professorin für Medien- und Geschlechtersoziologie an der Technischen Universität Berlin. Publikationen (Auswahl): *Raum - Zeit - Medialität. Interdisziplinäre Studien zu neuen Kommunikationstechnologien*. Opladen: Leske + Budrich 2003 (Hg. mit Martina Löw); *Female, Male, Neutre, Either. Gibt es ein Geschlecht im Cyberspace?* In: Udo Thiedeke (Hg.): Soziologie des Cyberspace. Medien, Strukturen und Semantiken. Wiesbaden: VS Verlag 2004: 193-214; *Geld statt Macht. Weibliche und männliche Karrieren im Vertrieb – eine organisationstheoretische Studie*. Frankfurt a.M.: Campus 2004; *Digitalisierung der Arbeitswelt: Zur Neuordnung formaler und informaler Prozesse in Wirtschaftsunternehmen*. Wiesbaden: VS Verlag 2008 (Hg. mit Ingo Schulz-Schaeffer).

Raimund Hasse ist Professor für Soziologie: Organisation und Wissen an der Universität Luzern. Publikationen (Auswahl): *Die Innovationsfähigkeit der Organisationsgesellschaft*. Wiesbaden: Westdeutscher Verlag 2003; *Wohlfahrtspolitik und Globalisierung. Zur Diffusion der World Polity durch Organisationswandel und Wettbewerbsorientierung*. Opladen: Leske + Budrich 2003; *Systems Theory, Societal Contexts, and Organizational Heterogeneity*. In: Greenwood, R./Oliver, C./Suddaby, R./Sahlin, K. (eds.), Handbook of Organizational Institutionalism. Thousand Oaks, CA: Sage 2008 (mit Georg Krücken); *Luhmann's Systems Theory and the New Institutionalism*. In: Becker, K.H./Seidl, D. (eds.), Niklas Luhmann and Organization Studies. Copenhagen: Copenhagen Business School Press 2005; *From Disorganized*

Capitalism to Transnational Fine Tuning? In: British Journal of Sociology 53/1: 107-126, 2002 (mit H. Leiulfsrud).

Hartmut Hirsch-Kreinsen ist Professor an der Technischen Universität Dortmund, Lehrstuhl Wirtschafts- und Industriesoziologie. Publikationen (Auswahl): *Renaissance der Industriesoziologie?* In: Soziologie. Jg. 32, H. 1, 2003: 5-20; *Genese und Wandel von Innovationsnetzwerken – Produktionstechnische Entwicklung.* In: Berghoff, H./Sydow, J. (Hrsg.): Unternehmerische Netzwerke. Eine historische Organisationsform mit Zukunft?, Stuttgart: Kohlhammer 2007; *„Low-Tech' Innovations.* In: Industry & Innovation, Vol. 15 (1), February 2008: 19-43; *Wirtschafts- und Industriesoziologie,* 2. Aufl., Weinheim: Juventa 2008 (im Erscheinen).

Katharina Inhetveen, Dr., ist Wissenschaftliche Assistentin an der Universität Siegen. Publikationen (Auswahl): *"Because We Are Refugees" – Utilizing a Legal Label.* In: Zeitschrift für Rechtssoziologie, Jg. 27, H. 1, 2006: 109-131; *Flucht als Politik. Berichte von fünf Kontinenten.* Köln: Köppe 2006 (Hg.); *Gewalt in ihren Deutungen. Anmerkungen zu Kulturalität und Kulturalisierung.* In: Österreichische Zeitschrift für Soziologie Jg. 30, H. 3, 2005: 28-50; *Institutionelle Innovation in politischen Parteien. Geschlechterquoten in Deutschland und Norwegen.* Wiesbaden: Westdeutscher Verlag; *Gesellige Gewalt. Ritual, Spiel und Vergemeinschaftung bei Hardcorekonzerten.* In: Trutz von Trotha (Hg.): Soziologie der Gewalt. Kölner Zeitschrift für Soziologie und Sozialpsychologie, Sonderheft 37. Opladen/Wiesbaden: Westdeutscher Verlag 1997.

Udo Kelle ist Professor für Methoden empirischer Sozialforschung an der Philipps-Universität Marburg. Publikationen (Auswahl): *Die Integration qualitativer und quantitativer Methoden in der empirischen Sozialforschung: Theoretische Grundlagen und methodologische Konzepte.* 2. Aufl. Wiesbaden: VS Verlag 2008; *Perspektiven der empirischen Alternssoziologie.* Opladen: Leske + Budrich (mit Andreas Motel-Klingebiel); *Methodeninnovation in der Lebenslaufforschung: Integration qualitativer und quantitative Verfahren in der Lebenslauf und Biographieforschung.* Weinheim und München: Juventa 2001 (mit Susann Kluge); *Datenerhebung in totalen Institutionen als Forschungsgegenstand einer kritischen gerontologischen Sozialforschung.* In: Amann, Anton; Kolland, Franz (Hg.): Das erzwungene Paradies des Alters. Fragen an eine Kritische Gerontologie. Wiesbaden: VS Verlag 2007 (mit Brigitte Metje und Christiane Niggemann); *„Kundenorientierung" in der Altenpflege? Potemkin'sche Dörfer sozialpolitischen Qualitätsmanagements.* PROKLA 1/2007: 113-128.

Gabriele Klein ist Professorin für Soziologie und Psychologie von Bewegung, Sport und Tanz am Fachbereich Bewegungswissenschaft der Universität Hamburg. Publikationen (Auswahl): *Electronic Vibration. Pop Kultur Theorie.* Wiesbaden: VS Verlag 2004; *Is this real? Die Kultur des HipHop.* Frankfurt a.M.: Suhrkamp 2003 (mit Malte Friedrich); *Performance. Positionen zur zeitgenössischen szenischen Kunst.* Bielefeld: transcript 2005 (Hg. mit Wolfgang Sting); *Die Theatralität des Politischen.* In: Soziale Welt. Sonderband 14 (Hg. von Armin Nassehi/Markus Schroer). Baden-Baden: Nomos 2003: 605-618.

Hubert Knoblauch ist Professor für Allgemeine Soziologie an der Technischen Universität Berlin. Publikationen (Auswahl): *Wissenssoziologie.* Konstanz: UVK 2005; *Qualitative Reli-*

gionsforschung. Religionsethnographie in der eigenen Gesellschaft. Paderborn, München, Wien, Zürich: Ferdinand Schöningh 2003; *Berichte aus dem Jenseits.* Freiburg: Herder 1999; *Religionssoziologie.* Berlin: de Gruyter 1999; *Kommunikationskultur. Die kommunikative Konstruktion kultureller Kontexte.* Berlin/New York: De Gruyter 1995.

Hermann Korte war von 1974 bis 2000 Professor für Soziologie an den Universitäten Bochum und Hamburg. Er ist Mitglied des P.E.N.-Zentrums Deutschland und des Vorstandes der Norbert Elias Stiftung in Amsterdam. Publikationen (Auswahl): *Eine Gesellschaft im Aufbruch: die Bundesrepublik Deutschland in den sechziger Jahren.* Frankfurt a.M.: Suhrkamp 1987; *Über Norbert Elias: das Werden eines Menschenwissenschaftlers.* Opladen: Leske + Budrich 1997; *Soziologie.* Konstanz. UVK 2004; *Statik und Prozess. Essays.* Wiesbaden: VS Verlag 2005; *Einführung in die Geschichte der Soziologie.* 8. Aufl. Wiesbaden: VS Verlag 2006.

Georg Krücken ist Professor für Wissenschaftsorganisation, Hochschul- und Wissenschaftsmanagement an der Deutschen Hochschule für Verwaltungswissenschaften Speyer. Publikationen (Auswahl): *World Society. The Writings of John Meyer.* Oxford: Oxford University Press 2009 (im Erscheinen) (Hg. mit Gili Drori); *Towards a Multiversity? Universities between Global Trends and National Traditions.* Bielefeld: transcript-Verlag 2007 (Hg. mit Anna Kosmützky und Mark Torka); *Turning the University into an Organizational Actor.* In: Gili Drori, John Meyer, Hokyu Hwang (eds.), Globalization and Organization. Oxford: Oxford University Press 2006: 241-257 (mit Frank Meier); *Neo-Institutionalismus.* 2. Aufl. Bielefeld: transcript-Verlag 2005; *Amerikanischer Neo-Institutionalismus – europäische Perspektiven,* in: Sociologia Internationalis 40, 2002: 227 - 259.

Stephan Lessenich ist Professor für Vergleichende Gesellschafts- und Kulturanalyse am Institut für Soziologie der Friedrich-Schiller-Universität Jena. Publikationen (Auswahl): *Welten des Wohlfahrtskapitalismus. Der Sozialstaat in vergleichender Perspektive*, Frankfurt a.M./New York: Campus 1998 (Hg. mit Ilona Ostner); *Wohlfahrtsstaatliche Grundbegriffe. Historische und aktuelle Diskurse,* Frankfurt a.M./New York: Campus 2003 (Hg.); *Dynamischer Immobilismus. Kontinuität und Wandel im deutschen Sozialmodell,* Frankfurt a.M./New York: Campus 2003; *Deutschland – eine gespaltene Gesellschaft*, Frankfurt a.M./New York: Campus 2006 (Hg. mit Frank Nullmeier); *Die Neuerfindung des Sozialen. Der Sozialstaat im flexiblen Kapitalismus*, Bielefeld: transcript 2008.

Katharina Liebsch ist Professorin für Soziologie an der Goethe Universität Frankfurt am Main. Publikationen (Auswahl): *Mit Ritalin leben. Zur Bedeutung der AD[H]S-Medikation für die betroffenen Kinder.* In: Psyche 7/2008: 673-692 (mit Rolf Haubl); *Entgrenzung und Begrenzung durch Medikalisierung. Das Beispiel Schmerz.* In: Psychosozial 10, H. 110: Neue moderne Leiden: 61-72; *Gottes Werk und Wille.* In: Imbusch, Peter/Sutterlüty, Ferdinand (Hg.): Abenteuer Feldforschung, Frankfurt a.M.: Campus 2008: 124-137; *Jenseits der Expertenkultur. Zur Aneignung und Transformation biomedizinischen und gentechnologischen Wissens in der Schule.* Wiesbaden: VS Verlag 2007 (mit Ulrike Manz); *Zwischen Sehnsucht und Langeweile. Zur Konstruktion von Wirklichkeit im Protestantischen Fundamentalismus.* In: Rohr, Elisabeth (Hg.): Die halbierte Emanzipation – Fundamentalismus und Geschlecht, Königstein/Taunus: Ulrike Helmer Verlag 2007: 7-20.

Martina Löw ist Professorin für Soziologie an der Technischen Universität Darmstadt. Publikationen (Auswahl): *Raumsoziologie*. Frankfurt a.M.: Suhrkamp 2001; *M. Rainer Lepsius. Soziologie als Profession*. Frankfurt a.M.: Campus 2008 (Hg. mit Adalbert Hepp); *Die Wirklichkeit der Städte*. Soziale Welt, Sonderband 16. Baden-Baden: Nomos 2005 (Hg. mit Helmuth Berking); *Schlüsselwerke der Geschlechterforschung*. Wiesbaden: VS Verlag 2005 (Hg. mit Bettina Mathes); *The Constitution of Space. The Structuration of Spaces Through the Simultaneity of Effect and Perception*. In: European Journal of Social Theory. Volume 11, No. 1, 2008: 25-49.

Bernhard Miebach, Dr., ist Dozent an der Heinrich-Heine-Universität Düsseldorf. Publikationen (Auswahl): *Strukturalistische Handlungstheorie. Zum Verhältnis von Soziologischer Theorie und empirischer Forschung im Werk Talcott Parsons'*. Opladen: Westdeutscher Verlag 1984; *Konfliktpotential zwischen Studenten und Hochschullehrern*. In: A. Elting (Hg.), Menschliches Handeln und Sozialstruktur - zur Ehrung von Leonhard Lowinski, Leverkusen: Leske Verlag 1986: 207-234; *Subgroup Comparisons in Linear Structural Equation Models Based on Cluster Analysis*. In: P.O. Degens, H.-J. Hermes, O. Opitz (Hg.), Die Klassifikation und ihr Umfeld, Frankfurt a.M.: INDEKS-Verlag 1987: 284-291; *Soziologische Handlungstheorie. Eine Einführung*. 2., grundlegend überarbeitete und aktualisierte Auflage. Wiesbaden: VS Verlag 2006; *Organisationstheorie. Problemstellung – Modelle – Entwicklung*. Wiesbaden: VS Verlag 2007.

Tanja Mühling, Dr., ist wissenschaftliche Mitarbeiterin am Staatsinstitut für Familienforschung an der Universität Bamberg. Publikationen (Auswahl): *Die Bedeutung institutioneller Regulierungen für die Arbeitsmarktsituation von Minderheiten*. In: Abraham, Martin/Hinz, Thomas: Arbeitsmarktsoziologie. Probleme, Theorien, empirische Befunde. Wiesbaden: VS Verlag 2005: 241-262; *Kontinuität trotz Wandel. Die Bedeutung traditioneller Familienleitbilder für die Berufsverläufe von Müttern und Vätern*. Weinheim; München: Juventa 2006 (mit Rost, Harald/Rupp, Marina/Schulz, Florian); *Wie informieren sich bayerische Eltern über erziehungs- und familienbezogene Themen?* ifb-Materialien 5-2007 (mit Adelheid Smolka). *Väter im Blickpunkt. Perspektiven der Familienforschung*. Opladen: Verlag Barbara Budrich 2007 (Hg. mit Harald Rost).

Gerd Nollmann ist Professor für Soziologie an der Universität Karlsruhe. Neuere Publikationen: *Erhöht Globalisierung die Ungleichheit der Einkommen?* Kölner Zeitschrift für Soziologie und Sozialpsychologie 4/2006: 573-591; *Endstation Amerika?* Wiesbaden: VS Verlag 2005 (Hg. mit Hermann Strasser); *Sozialstruktur und Gesellschaftsanalyse*, Wiesbaden: VS Verlag 2007 (Hg.).

Oliver Römer, Diplom-Soziologe, promoviert am Fachbereich Gesellschaftswissenschaften und Philosophie der Philipps-Universität Marburg zum Thema ‚Die räumliche Strukturierung postnationaler normativer Ordnungen am Beispiel der Konstitutionalisierung Europas'.

Marina Rupp, Dr. rer. pol., ist stellv. Leiterin des Staatsinstituts für Familienforschung an der Universität Bamberg. Publikationen (Auswahl): *Kinderreiche Familien*. Wiesbaden: VS Verlag 2006 (Hg. mit Bernd Eggen); *Von der Mütterschule zur modernen Dienstleistung. Die Entwicklung der Konzeption von Familienbildung und ihre aktuelle Bedeutung*. In: Zeitschrift für Erziehungswissenschaft 10 (3) 2007: 317-333 (mit Adelheid Smolka); *Familie im Kontext moderner Gesellschaft – neue Aufgaben (Family in the Context of modern Society – new Challenges)*. In: Höver, G. (Hrsg.): Freedom of the Family? Tagungsband zur gleichnamigen Fachtagung (im Erscheinen); *Rechtstatsächliche Untersuchung zum Gewaltschutzgesetz. Begleitforschung zum Gesetz zur Verbesserung des zivilgerichtlichen Schutzes bei Gewalttaten und Nachstellungen sowie zur Erleichterung der Überlassung der Ehewohnung bei Trennung.* Köln: Bundesanzeiger Verlag 2005.

Markus Schroer, Dr., ist Heisenbergstipendiat der DFG und Privatdozent an der Technischen Universität Darmstadt. Publikationen (Auswahl): *Räume, Orte, Grenzen. Auf dem Weg zu einer Soziologie des Raums.* Frankfurt a.M.: Suhrkamp 2005; *Das Individuum der Gesellschaft. Synchrone und diachrone Theorieperspektiven.* Frankfurt a.M.: Suhrkamp 2001; *Bruno Latours Kollektive: Kontroversen zur Entgrenzung des Sozialen.* Frankfurt a.M.: Suhrkamp 2008 (Hg. mit Georg Kneer und Erhard Schüttpelz); *Soziologische Theorien. Ein Handbuch.* Wiesbaden: VS Verlag 2009 (im Erscheinen) (Hg. mit Georg Kneer).

Silke Steets, Dr., ist wissenschaftliche Mitarbeiterin am Institut für Soziologie der TU Darmstadt. Publikationen (Auswahl): *»Wir sind die Stadt!« Kulturelle Netzwerke und die Konstitution städtischer Räume in Leipzig.* Frankfurt a.M./New York: Campus 2008; *Einführung in die Stadt- und Raumsoziologie.* Opladen: Barbara Budrich 2007 (mit Martina Löw und Sergej Stoetzer); *Orbit Palace. Locations and Cultures of Redundant Time.* In: Helmuth Berking/Sybille Frank u.a. (Hg.): Negotiating Urban Conflicts. Interaction, Space and Control. Bielefeld: transcript 2006: 235-246; *Leben mit Walter. Kleines Glück im großen Plan.* In: Regina Bittner (Hg.): Bauhausstil. Zwischen International Style und Lifestyle. Berlin: Jovis 2003:142-149.

Ingo Schulz-Schaeffer, Dr. rer. soc., ist Privatdozent für Soziologie an der Technischen Universität Berlin und wissenschaftlicher Mitarbeiter am Fachgebiet Techniksoziologie der Technischen Universität Dortmund. Publikationen (Auswahl): *Zugeschriebene Handlungen. Ein Beitrag zur Theorie sozialen Handelns.* Weilerswist: Velbrück 2007; *Die drei Logiken der Selektion. Handlungstheorie als Theorie der Situationsdefinition.* In: Zeitschrift für Soziologie, Jg. 37, H. 5, 2008; *Technik in heterogener Assoziation. Vier Konzeptionen der gesellschaftlichen Wirksamkeit von Technik im Werk Latours*, in: G. Kneer et al. (Hg.), Bruno Latours Kollektive. Kontroversen zur Entgrenzung des Sozialen, Frankfurt a.M.: Suhrkamp, 2008: 108-152; *Digitalisierung der Arbeitswelt. Zur Neuordnung formaler und informeller Prozesse in Unternehmen.* Wiesbaden: VS Verlag, 2008 (Hg. mit Christiane Funken).

Annette Treibel ist Professorin für Soziologie am Institut für Sozialwissenschaften der Pädagogischen Hochschule Karlsruhe. Publikationen (Auswahl): *Einführung in soziologische Theorien der Gegenwart.* 7., aktualisierte Aufl. Wiesbaden: VS Verlag 2006; *Migration in modernen Gesellschaften. Soziale Folgen von Einwanderung, Gastarbeit und Flucht.* 4. Aufl. Weinheim, München: Juventa 2008; *Die Soziologie von Norbert Elias. Eine Einführung in ihre Geschichte, Systematik und Perspektiven.* Wiesbaden: VS Verlag 2008; *Gender medienkompetent. Medienbildung in einer heterogenen Gesellschaft.* Wiesbaden: VS Verlag 2006 (Hg. mit Maja S. Maier, Sven Kommer und Manuela Welzel).

Klaus Türk ist Universitätsprofessor i.R. für Soziologie, insbesondere Soziologie der Organisation, an der Universität Wuppertal. Publikationen (Auswahl): *„Die Organisation der Welt". Herrschaft durch Organisation in der modernen Gesellschaft.* Opladen: Westdeutscher Verlag 1995. *Bilder der Arbeit. Eine ikonografische Anthologie.* Wiesbaden: Westdeutscher Verlag 2000. Gemeinsam mit Thomas Lemke und Michael Bruch: *Organisation in der modernen Gesellschaft. Eine historische Einführung.* 2. Auflage. Wiesbaden: VS Verlag 2006. Gemeinsam mit Michael Bruch: *Organisation als Regierungsdispositiv der modernen Gesellschaft.* In: Jäger, Wieland/Schimank, Uwe (Hrsg.): Organisationsgesellschaft. Facetten und Perspektiven. Wiesbaden: VS Verlag, 2005: 89-123.

Paula-Irene Villa ist Professorin für Allgemeine Soziologie/Gender Studies an der LMU München. Publikationen (Auswahl): *schön normal. Körpermanipulationen als Technologien des Selbst* (Hg.) Bielefeld: transcript 2008; *Sexy Bodies. Eine soziologische Reise durch den Geschlechtskörper.* 3. Aufl. Wiesbaden: VS Verlag 2006; *Judith Butler* Frankfurt a.M.: Campus 2003.

Theorie

Dirk Baecker (Hrsg.)
**Schlüsselwerke
der Systemtheorie**
2005. 352 S. Geb. EUR 24,90
ISBN 978-3-531-14084-1

Ralf Dahrendorf
Homo Sociologicus
Ein Versuch zur Geschichte,
Bedeutung und Kritik der Kategorie
der sozialen Rolle
16. Aufl. 2006. 126 S. Br. EUR 14,90
ISBN 978-3-531-31122-7

Shmuel N. Eisenstadt
**Die großen Revolutionen und
die Kulturen der Moderne**
2006. 250 S. Br. EUR 34,90
ISBN 978-3-531-14993-6

Shmuel N. Eisenstadt
Theorie und Moderne
Soziologische Essays
2006. 607 S. Geb. EUR 49,90
ISBN 978-3-531-14565-5

Axel Honneth /
Institut für Sozialforschung (Hrsg.)
**Schlüsseltexte der
Kritischen Theorie**
2006. 414 S. Geb. EUR 34,90
ISBN 978-3-531-14108-4

Niklas Luhmann
Beobachtungen der Moderne
2. Aufl. 2006. 220 S. Br. EUR 24,90
ISBN 978-3-531-32263-6

Uwe Schimank
**Differenzierung und Integration
der modernen Gesellschaft**
Beiträge zur akteurzentrierten
Differenzierungstheorie 1
2005. 297 S. Br. EUR 29,90
ISBN 978-3-531-14683-6

Uwe Schimank
**Teilsystemische Autonomie
und politische Gesellschafts-
steuerung**
Beiträge zur akteurzentrierten
Differenzierungstheorie 2
2006. 307 S. Br. EUR 29,90
ISBN 978-3-531-14684-3

Jürgen Raab / Michaela Pfadenhauer /
Peter Stegmaier / Jochen Dreher /
Bernt Schnettler (Hrsg.)
Phänomenologie und Soziologie
Theoretische Positionen, aktuelle Pro-
blemfelder und empirische Umsetzungen
2008. 415 S. Br. EUR 29,90
ISBN 978-3-531-15428-2

Erhältlich im Buchhandel oder beim Verlag.
Änderungen vorbehalten. Stand: Juli 2008.

www.vs-verlag.de

VS VERLAG FÜR SOZIALWISSENSCHAFTEN

Abraham-Lincoln-Straße 46
65189 Wiesbaden
Tel. 0611.7878-722
Fax 0611.7878-400

Soziologie

Hans Paul Bahrdt
Die moderne Großstadt
Soziologische Überlegungen
zum Städtebau
Hrsg. von Ulfert Herlyn
2. Aufl. 2006. 248 S. Br. EUR 34,90
ISBN 978-3-531-14985-1

Jürgen Gerhards
**Kulturelle Unterschiede
in der Europäischen Union**
Ein Vergleich zwischen Mitgliedsländern,
Beitrittskandidaten und der Türkei
2., durchges. Aufl. 2006. 316 S.
Br. EUR 29,90
ISBN 978-3-531-34321-1

Andreas Hadjar / Rolf Becker (Hrsg.)
Die Bildungsexpansion
Erwartete und unerwartete Folgen
2006. 362 S. Br. EUR 29,90
ISBN 978-3-531-14938-7

Ronald Hitzler /
Michaela Pfadenhauer (Hrsg.)
Gegenwärtige Zukünfte
Interpretative Beiträge zur sozialwissen-
schaftlichen Diagnose und Prognose
2005. 274 S. Br. EUR 19,90
ISBN 978-3-531-14582-2

Andrea Mennicken /
Hendrik Vollmer (Hrsg.)
Zahlenwerk
Kalkulation, Organisation
und Gesellschaft
2007. 274 S. (Organisation und
Gesellschaft) Br. EUR 29,90
ISBN 978-3-531-15167-0

Armin Nassehi
Soziologie
Zehn einführende Vorlesungen
2008. 207 S. Geb. EUR 16,90
ISBN 978-3-531-15433-6

Gunter Schmidt / Silja Matthiesen /
Arne Dekker / Kurt Starke
Spätmoderne Beziehungswelten
Report über Partnerschaft und Sexualität
in drei Generationen
2006. 159 S. Br. EUR 24,90
ISBN 978-3-531-14285-2

Georg Vobruba
**Entkoppelung von Arbeit
und Einkommen**
Das Grundeinkommen in der
Arbeitsgesellschaft
2., erw. Aufl. 2007. 227 S. Br. EUR 24,90
ISBN 978-3-531-15471-8

Erhältlich im Buchhandel oder beim Verlag.
Änderungen vorbehalten. Stand: Juli 2008.

www.vs-verlag.de

VS VERLAG FÜR SOZIALWISSENSCHAFTEN

Abraham-Lincoln-Straße 46
65189 Wiesbaden
Tel. 0611.7878-722
Fax 0611.7878-400

Das Grundlagenwerk für alle Soziologie-Interessierte

> in überarbeiteter Neuauflage!

Das **Lexikon zur Soziologie** ist das umfassendste Nachschlagewerk für die sozialwissenschaftliche Fachsprache. Für die 4. Auflage wurde das Werk völlig neu bearbeitet und durch Aufnahme zahlreicher neuer Stichwortartikel erheblich erweitert.

Das **Lexikon zur Soziologie** bietet aktuelle, zuverlässige Erklärungen von Begriffen aus der Soziologie sowie aus Sozialphilosophie, Politikwissenschaft und Politischer Ökonomie, Sozialpsychologie, Psychoanalyse und allgemeiner Psychologie, Anthropologie und Verhaltensforschung, Wissenschaftstheorie und Statistik.

Werner Fuchs-Heinritz /
Rüdiger Lautmann /
Otthein Rammstedt /
Hanns Wienold (Hrsg.)
Lexikon zur Soziologie
4., grundl. überarb. Aufl.
2007. 748 S. Geb. EUR 39,90
ISBN 978-3-531-15573-9

Die Herausgeber:

Dr. Werner Fuchs-Heinritz ist Professor für Soziologie an der FernUniversität Hagen.

Dr. Rüdiger Lautmann ist Professor an der Universität Bremen und Leiter des Instituts für Sicherheits- und Präventionsforschung (ISIP) in Hamburg.

Dr. Otthein Rammstedt ist Professor für Soziologie an der Universität Bielefeld.

Dr. Hanns Wienold ist Professor für Soziologie an der Universität Münster.

Erhältlich im Buchhandel
oder beim Verlag.
Änderungen vorbehalten.
Stand: Juli 2008.

www.vs-verlag.de

VS VERLAG FÜR SOZIALWISSENSCHAFTEN

Abraham-Lincoln-Straße 46
65189 Wiesbaden
Tel. 0611.7878-722
Fax 0611.7878-400